한권으로 끝내는

비영리법인 설립절차 실무총람

법학박사 · 행정사 김동근 저 · 변호사 정동근 감수

법률출판사

머리말

상법상 영리법인(주식회사, 유한회사, 합자회사, 합명회사 등)과 달리 비영리법인은 말 그대로 영리 아닌 사업을 목적으로 하는 법인을 말합니다. 이에 관하여 우리 민법 제32조는 '학술, 종교, 자선, 기예, 사교 기타 영리 아닌 사업을 목적으로 하는 사단 또는 재단은 주무관청의 확인을 얻어 이를 법인으로 할 수 있다.'고 규정하고 있습니다. 이러한 비영리법인은 민법상 법인으로 사단법인, 재단법인 및 특별법에서 규율하는 영리·비영리법인으로 구분할 수 있는데, 본서에서는 위 각 법인 등의 설립에 관한 내용을 다루고자 합니다.

그 외 학교법인, 의료법인 등의 특수법인은 통상의 상법이나 민법의 규정이 아닌 특별법에 의해 설립되는 법인을 지칭합니다. 가령 의료법인을 설립코자 하는 경우에는 상법이나 민법이 아닌 의료법이 우선하여 적용되는 형태입니다. 그 외 법무법인, 세무법인, 농업협동조합법인, 수산업협동조합법인 등을 설립하고자 하는 경우에도 상법이나 민법이 아닌 당해 법인의 설립근거가 되는 특별법 등이 우선하여 적용되며, 위 각 특별법에서 규정하는 내용 외에는 그 성질에 반하지 않는 한 예외적으로 민법 및 상법이 적용됩니다.

한편, 비영리법인의 설립은 현행법상 주무관청의 허가를 얻어 이를 법인으로 설립할 수 있는 허가주의를 채택하고 있습니다. 그러므로 비영리법인의 설립은 주관하는 주무관청에서 요구하는 허가요건에 충족하여야만 비로소 설립될 수 있는 것입니다.

따라서 본서에서는 위에서 각 열거한 민법상의 비영리 사단법인·재단법인에 관한 각 주무관청의 허가요건 및 그 설립에 관한 절차 그리고 그 변경등기에 관한 이론적 정리 및 그에 따른 서식들을 모두 망라하여, 본서에서 언급한 내용만 순차적으로 따라하면 누구라도 손쉽게 비영리법인 등을 설립절차를 진행할 수 있도록 하는 점에 주안점을 두었습니다. 또한 그 외 협동조합 등 특수법인 및 법인 아닌 사단 또는 재단의 설립 및 그 변경절차에 관하여도 관련 이론의 정리는 물론 그와 관련된 서식 또한 모두 망라하여 이 한권의 책에 비영리 사단법인·재단법인 그리고 특수법인 및 법인 아닌 사단·재단 등의 설립절차에 관한 모든 내용을 담았다는 데에 그 특징이 있습니다.

아무쪼록 본서가 법인설립을 준비 중인 당사자는 물론 행정사 및 로펌 등 관련 실무에 종사하는 독자분들에게 충실한 길라잡이 역할을 할 수 있기를 바라고, 다만, 내용상 다소 미흡하거나 부족한 부분은 독자님들의 계속된 지도편달을 바라며, 판을 거듭하면서 이를 보완해 나가고자 합니다.

끝으로 여러 어려운 여건 속에서도 본서의 출판을 위하여 불철주야 노력을 다하신 법률출판사 김용성 사장님을 비롯한 편집자 및 임직원분들께 깊은 감사를 드리는 바입니다.

2019. 10.

저자 김동근 씀

차 례

제1편 법인제도

제2편 법인의 등기

제3편 법인의 설립

제4편 법인의 변경

제5편 특수법인

제1편 법인제도

제1장 법인제도 총론

제1절 개 설

1. 의 의

권리(權利)란 법적인 보호의 대상이 되는 생활이익 또는 법적으로 보호받아야 할 이익을 말한다. 이러한 권리의 주체에는 모든 살아 있는 사람 즉 '자연인'과 일정한 사람의 집단 즉, '사단(社團)' 및 일정한 재산의 집단 즉 '재단(財團)'이 있는데, 사단과 재단을 자연인과 구별하여 '법인(法人)'이라 한다. 즉, 법인(法人)이란 법률에 의해 권리능력이 인정되는 단체 또는 재산이다. 이와 같이 법인은 법률관계의 권리 · 의무의 주체가 될 수 있고, 기관을 통하여 사회적으로 활동한다. 우리 법은 「민법」(제3장 제31조에서 제97조), 「공익법인의 설립 · 운영에 관한법률」 및 동법 규칙, 각 행정부처 소관 비영리법인의 설립 및 감독에 관한 규칙 등을 통해 법인에 대하여 규율하고 있다. 민법은 법인에 대하여 정관으로 정한 목적의 범위 내에서 자연인과 유사한 권리능력, 행위능력 및 불법행위능력 등을 인정하고 있다. 자연인이 생존기간 동안 권리와 의무의 주체가 되는 것과는 달리 법인은 법률의 규정과 설립등기에 의하여 성립하고(민법 제31조 및 제33조), 청산등기를 마침으로써 소멸된다(민법 제94조).

2. 법인제도의 필요성

1) 법률관계의 단순화

법인을 설립하면, 구성원과는 별개로 단체 자체에 법인격이 인정되기 때문에 단체와 관련된 법률관계를 단순화시킬 수 있다.

참 고

예컨대, 100명의 회원으로 구성된 단체가 사무실을 마련하기 위해서 건물을 임대하려고 할 때, 만약 자연인에게만 권리능력이 인정된다면 100명의 회원 전원이 임대계약의 당사자로 나서야 하고 상대방과의 분쟁 시에는 전체회원이 원고 또는 피고가 되어야 할 것이다. 또한 건물을 매수할 경우에도 전체회원의 명의로 등기해야 할 것이며 은행에서 계좌를 개설하더라도 전체회원의 명의로 해야 하는 등의 불편함이 생길 수 있다. 이러한 단체에 법인격을 부여하여 법인으로 인정하면 자연인과 같이 법인이 단독으로 계약당사자가 될 수 있다.

단체가 법인격을 취득하여 법인이 되면, 단체 자체가 자연인과 동일하게 자신의 명의로 계약을 체결하거나 소송에서 원 · 피고가 될 수 있으며 단체명의의 부동산등기나 계좌개설 등이 가능하게 되어 법률관계가 단순해지게 된다. 거래상대방의 입장에서도 법인으로 인정된 단체에 대해서는 권리 · 의무의 주체가 명확해지므로 원활하게 거래를 할 수 있게 되는 장점이 있다.

2) 법인재산과 구성원 재산의 구별

법인의 설립에 의해 단체에 귀속하는 재산과 구성원 각 개인에 귀속하는 재산은 상호 구별된다. 만약 단체에 법인격이 부여되어 있지 않다면 단체의 영역과 구성원 개인의 영역이 명확하지 않으므로, 단체의 구성원은 단체의 공동목적을 위해서 부담하게 된 채무에 대해서도 자신의 재산으로 개인적인 책임을 부담하여야 한다. 그러나 단체가 법인격을 취득하여 법인으로 인정되면, 법인과 구성원의 법인격이 서로 구별되므로, 법인의 재산과 구성원 개인의 재산은 엄격히 분리된다.

참 고

예컨대, 100명의 회원이 회비를 납부하여 조성된 법인의 재산과 각 회원의 개인재산은 엄격히 구분된다. 따라서 법인명의의 사업으로 벌어들인 재산은 법인의 고유재산으로 귀속하게 되고, 법인명의를 부담한 채무는 법인의 재산으로 변제하여야 한다. 법인이 벌어들인 재산을 회원이 개인적으로 착복하게 되면 횡령죄 또는 배임죄가 성립한다. 법인명의로 부담한 채무에 대해서 회원은 원칙적으로 변제할 의무가 없다.

제2절 법인의 종류

1. 구성요소에 의한 분류

법인은 법인을 구성하는 요소가 사람을 중심으로 하는 회원(사원)이 중심인지, 아니면 특정한 목적을 위해 출연된 재산인지에 따라 크게 사단법인과 재단법인으로 분류된다.

1) 사단법인

일정한 목적을 위해 결합한 사람의 단체(사단)에 권리주체가 되는 자격을 인정한 것으로, 구성원의 증감변동에 관계없이 존속하고, 하나의 단일체로서 구성원으로부터 독립하여 존재하는 단체이다. 사단법인은 일정한 목적을 위하여 결합한 사람의 집단에 법인격을 부여한 것으로 재산을 본체로 하는 재단법인과 다르다. 사단법인은 사람의 집단이기 때문에 구성요소인 사원이 필요하고, 최고의사결정도 사원총회의 자주적 결정에 의해 이루어진다. 이러한 사단법인은 통상 정관을 작성하여 주무관청의 허가를 받아 주된 사무소소재지에 등기를 마침으로써 성립되지만, 회사와 같은 영리법인의 경우에는 주무관청의 허가절차가 없이 법이 정한 설립요건을 갖춰 등기를 마침으로써 성립되기도 한다. 사단법인에 가입된 구성원을 사원이라고 한다. 사원은 반드시 자연인일 필요는 없고 단체 자체가 사원으로 될 수도 있다.

참 고

예컨대, 사단법인 전국은행연합회는 시중 은행(주식회사)이 사원이며, 사단법인 대한축구협회는 시 · 도 협회나 연맹단체 및 등록팀 등을 사원으로 한다.

2) 재단법인

재단법인은 일정한 목적에 바쳐진 재산을 중심으로 한 사업체(재단)에 권리주체가 되는 자격을 인정한 것을 말한다. 재단법인은 일정한 목적을 위하여 모은 재산이나 출연한 재산을 개인의 권리에 귀속시키지 않고 별개의 실체로 운영하기 위해 재산을 구성요소로 성립된 법인격체라는 점에서 사단법인과 차이가 있다. 재단법인은 재산출연자의 의사를 존중하기 위한 취지에서 설립목적을 비롯한 정관변경에 특별히 많은 제약을 두고 있다(민법 제46조). 다만, 재산이 의사를 표시할 수는 없으므로 (이사가 법인을 대표하여 법률행위를 하지만 인적 단체는 아니다) 사단법인과 같은 사원총회(또는 주주총회)가 없으며, 영리를 목적으로 한 재단법인의 설립은 허용되지 않는다(민법 제49조제1항).

〈사단법인과 재단법인의 비교〉

사단법인	재단법인
일정한 목적을 위하여 결합한 사람의 집단	일정한 목적을 위하여 출연한 재산
구성요소인 사원이 필요	사원이 부존재
최고 의사결정은 사원총회의 자주적 결정에 의해 이루어짐	출연자의 의사가 존중됨
사원들에 의해서 단체의 설립, 법인의 형태, 조직의 구성 및 정관의 작성과 변경 등에 있어서 폭넓은 자율성 인정	출연자의 의사를 존중하기 위해 정관 변경에 많은 제약이 가해지는 등 타율적인 조직체
비영리법인뿐만 아니라 영리를 목적으로 하는 영리법인도 허용	재단법인에는 구성원인 사원이 없으므로 비영리를 목적으로

2. 영리성에 의한 분류

1) 영리법인

영리를 목적으로 한 법인을 영리법인이라 한다. 단순히 수익사업을 하는 것만이 아니라 그 이익을 구성원에게 분배하는 것을 목적으로 한 법인이다. 영리법인은 모두 사단법인으로, 상법상의 회사인 합명회사 · 합자회사 · 주식회사 · 유한회사 등이 이에 해당하고, 영리를 목적으로 한 재단법인의 설립은 허용되지 않는다(민법 제39조).

2) 비영리법인

(1) 의의

영리를 목적으로 하지 않는 법인을 비영리법인이라 한다.

(2) 사업목적의 비영리성

민법 제32조는 “학술, 종교, 자선, 기예, 사교 기타 영리 아닌 사업을 목적으로 하는 사단 또는 재단은 주무관청의 허가를 얻어 이를 법인으로 할 수 있다”라고 규정하고 있다.
비영리법인이라고 해서 반드시 불특정 다수인을 위한 ‘공익’을 목적으로 활동해야 하는 것은 아니다. 향우회, 동창회와 같은 사교를 목적으로 하는 비영리법인의 설립도 가능하다. 비영리법인에서 말하는 "영리 아닌 사업"의 핵심은 법인사업에서 발생한 이익이 구성원에게 분배되지 않는다는 점이다. 따라서 구조적으로 이익을 분배할 구성원이 없는 재단법인에 있어서는 언제나 비영리재단법인만 인정되고, 사단법인의 경우 이익분배 유무에 따라 영리사단법인과 비영리사단법인으로 나누어지는 바, 민법을 설립근거 법률로 하여 법인을 설립하기 위해서는 반드시 '사업목적의 비영리성'이 인정되어야 한다.

(3) 수익사업 가부

비영리법인은 비영리사업의 목적을 달성하는데 필요하며 법인의 설립목적과 본질에 위배되지 아니하는 범위 내에서 수익활동을 할 수 있다(예: 비영리사단법인인 학술단체가 전시회를 개최하면서 입장료를 징수하거나 운영경비를 마련하기 위하여 간행된 잡지를 일반인에게 유상으로 판매하는 행위 등).

다만 이러한 수익을 구성원들에게 분배하여서는 아니 된다. 수익사업을 하더라도 그 이익을 구성원에게 분배하는 것을 목적으로 하지 않는다면 비영리법인이 된다. 따라서 이 경우 창출된 이익은 법인의 구성원들에게 분배되지 아니하고 법인 고유의 재산으로 적립될 뿐이다. 만약 구성원에게 법인 활동을 통해 벌어들인 수익을 분배하게 되면 영리목적의 법인이 되어 상사회사에 관한 규정이 준용된다(민법 제39조).

(4) 수익사업에 대한 규율

수익사업에 관하여는 영리법인과 동일하게 세법의 규정을 적용받는다. 즉 필요한 자금 확보를 위해 수익사업을 했을 경우 그 사업경영 범위 내에서 법인세를 납부할 의무를 지게 된다.

❙ 대법원 2003. 2. 14. 선고 2001두8100 판결 ❙
판시사항 비영리법인이 수익사업을 영위하는 경우 당해 수익사업에 있어 매입처별계산서합계표의 미제출에 대하여 법인세법상 가산세의 납세의무가 있는지 여부(적극)
판결요지 비영리법인이라 하더라도 법인세법상의 수익사업을 영위하는 경우에는 당해 수익사업에 있어 거래상대방으로부터 재화 또는 용역을 공급받고 교부받은 계산서의 매입처별합계표를 기한 내에 제출하지 아니할 경우 그 미제출에 대하여 법인세법상 가산세의 납세의무가 있다. 그렇지만 이러한 영리행위를 하였을 경우에도 그 수익은 법인의 비영리목적사업에 사용되어야 하고 어떠한 형식으로든지 구성원에게 분배하는 것은 허용되지 않는다. 어떤 단체의 성격이 영리법인인지 아니면 비영리법인인지에 대한 판단은 우선 법인설립당시 허가를 맡은 주무관청이 하여야 하는데, 주무관청은 설립허가신청시에 단체가 제출한 정관에 나타난 단체의 설립목적, 단체의 사업내용, 사원의 자격, 출 자방법이나 자산상태 등을 종합적으로 살 펴서 구성원의 이익분배가능성을 파악하고 그에 따라 법인의 영리성을 판단하여야 한다.

참 고

만약 비영리를 목적으로 하는 법인으로 법인설립허가를 받은 단체가 추후 실제 활동에 있어서 영리를 추구하는 법인으로 판명되면 주무관청은 설립허가를 취소할 수 있다(민법 제38조 참조).

3. 설립근거에 의한 분류

1) 상법법인

상법 제3편 회사편 제169조 이하에 근거하여 설립한 법인으로 합명회사, 합자회사, 주식회사, 유한회사, 유한책임회사의 5가지가 이에 속한다. 모두 영리를 목적으로 하는 법인(영리법인)에 해당한다.

2) 민법법인

민법 제3장 법인편 제31조 이하에 근거하여 설립한 법인으로 사단법인과 재단법인을 의미하며, 「학술, 종교, 자선, 기예, 사교 기타 영리 아닌 사업을 목적」으로 설립되는 법인으로서 통상 "비영리법인"이라고 한다.

민법법인은 민법의 규정에 따라 설립하고, 법인의 설립목적과 관련한 중앙행정기관 등(주무관청)이 정하는 바에 의하여 설립허가와 감독이 이루어진다.

※ 각 부처 소관 비영리법인의 설립 및 감독에 관한 규칙의 적용을 받게 된다.

3) 공익법인

통상 공익법인이라고 하면 비영리법인으로서 공익활동을 주된 목적으로 설립된 단체를 총칭하지만, 법률적으로 보면 「공익법인의 설립 · 운영에 관한 법률」에 근거하여 설립된 협의의 공익법인과 「상속세 및 증여세법」에 따른 광의의 공익법인이 존재한다.

협의의 공익법인은 성격상 민법상 비영리법인이면서, 특히 「공익법인의 설립 · 운영에 관한 법률」상 요건을 갖추어 '공익법인'으로 설립허가를 받은 법인을 말한다.

「공익법인의 설립 · 운영에 관한 법률」 제2조는 '공익법인'을 '재단법인이나 사단법인으로서 사회 일반의 이익에 이바지하기 위하여 학자금 · 장학금 또는 연구비의 보조나 지급, 학술, 자선(慈善)에 관한 사업을 목적으로 하는 법인'으로 정의하고 있다.

일반 비영리법인과 비교하여 협의의 공익법인에는 상속세 및 증여세법에 따른 혜택이 부여되는 반면, 공익법인법에 따른 엄격한 규제가 이루어지게 된다.

혜택	① 출연자에 대한 상속세면제(상증법 제16조 제1항), ② 공익법인에 대한 증여세면제(상증법 제48조 제2항), ③ 고유목적준비금의 손금삽입(법인세법 제29조), ④ 재화 및 용역에 대한 부가가치세 면제(부가가치세법 제12조 제1항) 등
규제	① 사업범위가 「공익법인법」 시행령 제2조의 규정범위 내로 제한 ② '이사회' 설치가 의무(제6조) ③ 임원 관련 요건이 강화(제5조) ④ 주무관청의 승인을 받아 상근 임직원 수를 정함(제5조 제9항) ⑤ 수익사업을 하려면 주무관청의 승인이 필요(제4조 제3항) ⑥ 기본재산 처분에 주무관청의 허가 필요(제11조 제2항) ⑦ 잔여재산 귀속이 제한(제13조) ⑧ 주무관청의 관리감독권이 구체화(제14조 제2항, 제3항) ⑨ 비영리법인의 경우 과태료 제재만이 있으나, 공익법인은 징역 · 벌금 등의형사처벌 제재도 존재(제19조)

민법과 공익법인법은 일반법과 특별법의 관계로써, 비영리법인 중에서 공익법인의 설립에 관해서는 특별법 우선적용의 원칙에 따라 공익법인법 제4조 이하의 규정이 민법에 우선해서 적용되고, 해산에 관한 규정 등 공익법에 규정되지 않은 부분은 민법의 규정이 적용된다(공익법인법 제1조 참조).

4) 특수법인

특수법인은 사립학교법, 사회복지사업법, 의료법, 변호사법 등 각종 개별법에 따라 설립된 법인을 말한다.

비영리법인 중에서 민법 제32조의 규정에 의하지 않고 각종 개별법에 근거하여 설립된 법인을 통칭하며, 학교법인, 사회복지법인, 의료법인, 법무법인 기타 개별법에 의하여 법인격이 부여된 각종 조합 및 연합회 등이 이에 해당된다.

또한 강학상으로는 한국은행법, 한국도로공사법, 한국연구재단법 등 특수한 공공목적을 수행하기 위해서 특별법에 의해 설립된 법인도 특수법인의 개념에 포함된다. 이를 법정법인으로 부르기도 한다.

| 법인의 분류 |

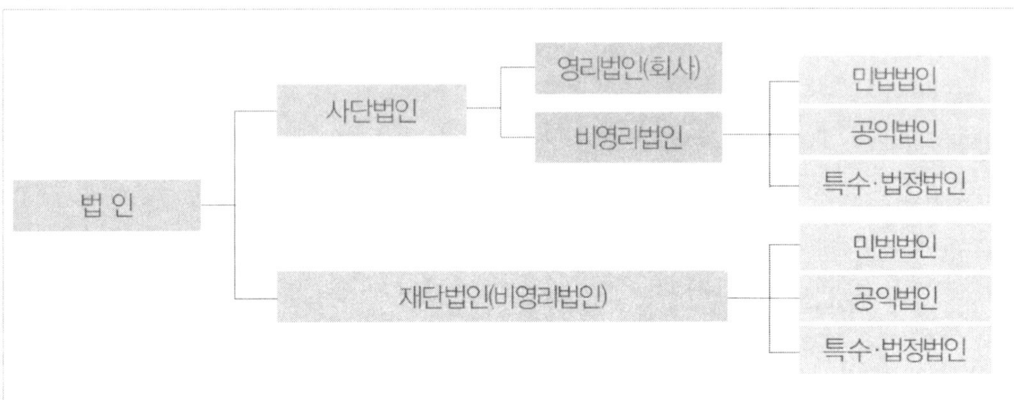

제3절 비영리법인과 구분되는 단체

1. 법인세법상 비영리내국법인

법인세법 제1조는 비영리법인을 내국법인(內國法人)과 외국법인 (外國法人)으로 구분하면서, 비영리내국법인을 아래와 같이 민법에 의한 법인 등으로 정의하고 있다.

> **법인세법 제1조 제2호**
> " 비영리내국법인"이란 내국법인 중 다음 각 목의 어느 하나에 해당하는 법인을 말한다.
>
> ▶ 민법 제32조의 규정에 의하여 설립된 법인
> ▶ 사립학교법이나 그 밖의 특별법에 따라 설립된 법인으로서 민법 제32조에 규정된 목적과 유사한 목적을 가진 법인(대통령령으로 정하는 조합법인 등이 아닌 법인으로서 그 주주(株主) · 사원 또는 출자자(出資者)에게 이익을 배당할 수 있는 법인은 제외한다)
> ▶ 국세기본법 제13조 제4항의 규정에 의한 법인으로 보는 단체

다만, 법인세법의 경우 국세기본법 제13조 제4항의 규정에 의한 '법인으로 보는 단체'에 대해서도 비영리내국법인으로 보고 있는데, 법인세법상으로는 법인격이 없이 사회적 활동을 하는 이른바 '법인격 없는 사단'이나 '법인격 없는 재단' 기타 단체에 대하여도 비영리법인이라는 용어를 사용하고 있다. 이러한 점에서 비영리법인에 관해서는 민법상 개념과 법인세법상의 개념이 서로 차이가 있음을 유의하여야 한다.

2. 비영리민간단체지원법상 비영리민간단체

'비영리민간단체지원법' 제2조는 '비영리민간단체'를 영리가 아닌 공익활동을 수행하는 것을 주된 목적으로 하는 민간단체로서 다음의 요건을 갖춘 단체로 정의하고 있다.

> ■ **비영리민간단체지원법 제2조**
>
> ▶ 사업의 직접 수혜자가 불특정 다수일 것
> ▶ 구성원 상호간에 이익분배를 하지 아니할 것
> ▶ 사실상 특정정당 또는 선출직 후보를 지지 · 지원할 것을 주된 목적으로 하거나, 특정 종교의 교리전파를 주된 목적으로 하여 설립 · 운영되지 아니할 것

▶ 상시 구성원수가 100인 이상일 것
▶ 최근 1년 이상 공익활동실적이 있을 것
▶ 법인이 아닌 단체일 경우에는 대표자 또는 관리인이 있을 것

비영리민간단체지원법은 상기와 같은 요건을 갖춘 '비영리민간단체'에 대해서는 성장을 지원함으로써 비영리민간단체의 공익활동증진과 민주사회발전에 기여함을 목적으로 하는데, 법인(민법상 비영리법인, 공익법인법상 공익법인)뿐만 아니라 법인이 아닌 단체라도 "공익활동을 수행하는 것을 주된 목적으로 하는" 단체라면 지원 대상에 해당한다.
법률이 정한 지원을 받고자 하는 비영리민간단체는 그의 주된 공익활동을 주관하는 중앙행정기관의 장이나 특별시장 · 광역시장 · 특별자치시장 · 도지사 또는 특별자치도지사(이하 "시 · 도지사"라 한다)에게 등록을 신청하여야 하며, 등록신청을 받은 시 · 도지사는 그 등록을 수리하여야 하는데(동법 제4조 1항), 이러한 점은 민법에서 법인설립을 위해 주무관청의 허가를 받아 주된 사무소의 소재지에 설립등기를 하는 것과는 다른 것이다.

3. 상속세 및 증여세법상 공익법인(광의의 공익법인)

'상속세 및 증여세법 시행령' 제12조는 '공익법인등'을 영위하는 사업을 기준으로 규정하고 있으며, 공익법인에 대하여는 일정한 요건 하에 과세를 면제토록 하고 있다. 이 법에서 규정하고 있는 공익법인은 '적극적으로 공익을 구현하는 것을 목적으로 하는 법인'으로 공익을 저해하지 않는 정도로 족한 비영리법인과는 차이가 있다.이 법에서 규정하고 있는 공익법인은 '적극적으로 공익을 구현하는 것을 목적으로 하는 법인'으로 공익을 저해하지 않는 정도로 족한 비영리법인과는 차이가 있다.

〈공익법인 등의 범위〉

■ **상속세 및 증여세법 시행령 제12조**

▶ 종교의 보급 기타 교화에 현저히 기여하는 사업
▶ '초 · 중등교육법' 및 '고등교육법'에 의한 학교, '유아교육법'에 따른 유치원을 설립 · 경영하는 사업
▶ '사회복지사업법'의 규정에 의한 사회복지법인이 운영하는 사업
▶ '의료법' 또는 '정신보건법'의 규정에 의한 의료법인 또는 정신의료법인이 운영하는 사업

▶ '공익법인의 설립 · 운영에 관한 법률'의 적용을 받는 공익법인이 운영하는 사업
▶ 예술 및 문화에 현저히 기여하는 사업중 영리를 목적으로 하지 아니하는 사업으로서 관계행정기관의 장의 추천을 받아 기획재정부장관이 지정하는 사업
▶ 공중위생 및 환경보호에 현저히 기여하는 사업으로서 영리를 목적으로 하지 아니하는 사업
▶ 공원 기타 공중이 무료로 이용하는 시설을 운영하는 사업

4. 개별법에 따른 비영리법인

비영리법인은 민법 제32조의 규정 이외에도 각종 개별법에 의하여 설립될 수 있다. 이렇게 개별법에 의해 설립된 비영리법인으로는 '사립학교법'에 의한 학교법인, '의료법'에 의한 의료법인, '사회복지사업법'에 의한 사회복지법인, '새마을금고법'에 의한 새마을금고와 연합회, '농업협동조합법'에 의한 농업협동조합 등이 이에 해당한다. 이들 법인은 비영리법인에 해당하더라도 특별법 우선의 원칙에 따라 해당 개별법이 민법에 우선하여 적용된다. 그렇지만 개별법에서 규정된 바가 없는 경우에는 민법의 규정이 적용된다.

5. 공공법인

정부조직법에 근거하지 않고 각각의 지원법 또는 육성법 등에 의해 설립된 법인으로서 활동내용에 공익성이 강한 정부투자기관, 공단, 기금, 사업단, 감독원, 정부투자기관이나 공사, 정부출연 연구기관 등이 여기에 해당된다. 관련한 법적 문제에 대하여는 원칙적으로 해당 법률이 우선적으로 적용되나, 특별한 규정이 없는 경우에는 일반법인 민법이 적용될 수 있다.

6. 법인격 없는 사단 · 재단

법인과 유사한 인적 · 물적 실체를 갖추고 있으나 주무관청의 법인설립 허가를 받지 않았거나, 법인설립허가를 받았더라도 아직 법인설립등기를 완료하지 아니한 단체를 말한다.
민법이 허가주의를 채택하고 있기 때문에 단체가 주무관청으로부터 허가를 받지 못한 경우도 있지만, 행정관청의 지도나 감독 등 법적 규제를 받는 것을 원하지 않아 처음부터 허가를 신청하지 않아 법인격을 갖지 못한 경우도 있다.

사회적 필요가 존재하므로 법인 아닌 사단이나 재단의 발생은 불가피한 바, 특히 종중과 교회는 많은 구성원과 재산을 보유하여 그 재산의 귀속과 처분을 둘러싸고 자주 분쟁이 일어나고 있기 때문에, 법인 아닌 사단이나 재단의 재산의 법률관계는 사회적으로 매우 중요하고도 민감한 문제이다. 부동산등기법은 법인 아닌 사단과 재단에 등기능력을 부여하고 있으며 민사소송법도 법인 아닌 사단과 재단에 당사자능력을 부여하고 있다. 그러나 민법은 법인 아닌 사단에 대해서는 추상적인 3개 조문만을 규정하고 법인 아닌 재단에 대해서는 아무런 규정을 두고 있지 않아 법인 아닌 사단과 재단의 구체적인 법률관계는 현재 학설 · 판례에 의하여 해결하여야 하는 상황이다.

제2장 법인의 설립

제1절 의 의

자연인과 마찬가지로 법인의 권리능력은 법률에 의하여 인정되는데(민법 제31조), 법인의 권리능력의 시기로서 법인의 성립을 민법 제32조와 제33조가 규정하고 있다. 즉 영리 아닌 사업을 목적으로 하는 법인은 설립행위와 주무관청의 허가 및 설립등기라는 요건을 갖춘 때에 성립하고, 등기할 때까지는 법인이 아니다.

제2절 법인설립의 입법정책

1. 총 설

법인설립에 관한 입법정책이란 법인설립에 있어서 설립의 자유를 어디까지 인정할 것인가 하는 논의이다. 현행 민법 제32조는 비영리법인의 설립에 있어 허가주의를 취하고 있다. 이러한 법인설립에 대한 허가주의는 법인설립의 자유를 제한한다는 많은 비판이 제기되어 왔다. 비영리법인은 명백히 공익을 목적으로 하지 않은 경우에도 그 목적에 기초한 활동을 통하여 사회에 이바지하는 바가 매우 큰데도 불구하고 비영리법인의 공익적 활동을 통한 사회발전을 제한한다는 문제점을 안고 있기 때문이다.

2. 법인설립의 입법정책

1) 자유설립주의

자유설립주의란 법인의 설립에 아무런 제한을 두지 않고 법인으로서의 실질만 갖추면 당연히 법인격을 인정하는 주의를 말한다. 자유설립주의는 등기주의까지 배제되어 법인의 설립이 공시되지 않아 거래의 안전을 해칠 위험을 안게 된다.

2) 준칙주의

준칙주의란 법으로 법인이 성립하는 데에 필요한 요건을 정하고 이 요건이 충족되면 당연히 법인격을 인정하는 입법정책이다. 준칙주의에는 이론상 법인설립에 있어서 등기를 요하게 되므로 등기주의라고도 한다. 현재 상법 제172조는 영리사단법인인 회사의 경우 인가주의와 허가주의를 특별히 규정하고 있지 않아 준칙주의를 취하고 있다고 볼 수 있고 준칙주의를 취함에 있어 등기주의를 요구하고 있다.

3) 신고주의

신고주의란 법인이 성립하기 위해서는 일정한 요건을 요구할 뿐만 아니라 당시 행정기관에 대한 신고가 되어야 하는 입법정책이다. 법인설립에 신고주의를 취하고 있는 입법으로 [노동조합 및 노동관계조정법]을 들 수 있다.

4) 인가주의

인가주의란 법인이 성립하기 위해서는 법률이 정하는 요건을 갖추어야 할 뿐만 아니라 당시 행정기관의 인가가 있어야 하는 입법정책이다. 인가주의의 경우 주무관청은 법정의 요건이 갖추어진 경우 반드시 인가하여야 한다. 이러한 점에서 인가주의는 준칙주의와 큰 차이가 없다고 할 수 있다.

5) 허가주의

허가주의란 법인이 성립하기 위해서는 법률이 정하는 요건을 갖추어야 할 뿐만 아니라 행정기관의 허가가 있어야 하는 입법정책이다. 허가주의의 경우 법정요건이 갖추어진 경우에도 주무관청은 반드시 허가하여야 하는 것은 아니다. 허가는 자유재량행위라고 한다.

6) 특허주의

특허주의란 특별법을 제정하여 법인을 설립하는 입법정책을 말한다. 특허란 반드시 특별법의 제정을 통해서만 이루어져야 하는 것인지는 의문의 여지가 있지만 적어도 이론상으로는 법인설립의 경우에도 특허는 행정기관의 행정행위를 통해서도 이루어 질 수 있다고 볼 수 있다. 현재 우리나라의 경우 공법인을 설립하는 경우 특별법의 제정을 통하여 이루어지기 때문에 법인설립에 대한 특허주의란 특허법률주의를 의미한다고 할 수 있다.

제3절 법인의 성립요건

1. 총 설

민법법인은 법률의 규정에 의함이 아니면 성립하지 못한다(민법 제31조). 즉 학술, 종교, 자선, 사교 기타 영리 아닌 사업을 목적으로 하는 사단 또는 재단은 주무관청의 허가를 얻어(민법 제32조[1]) 주된 사무소에서 설립등기를 하여야 성립할 수 있다(민법 제33조). 사단법인의 설립자는 설립등기를 하기 전에 정관을 작성하여야 한다(민법 제43조). 이상의 목적의 비영리성, 설립행위(정관작성행위, 출연행위), 주무관청의 허가 그리고 설립등기를 일반적으로 민법법인의 성립요건이라고 한다.

2. 목적의 비영리성

민법 제23조에 의하면 민법법인은 [학술, 종교, 자선, 기예, 사교 기타 영리 아닌 사업]을 목적으로 하여야 한다. 여기서 영리성의 판단 기준은 학술, 종교, 자선, 기예, 사교 등의 사업자체가 아니라, 사업을 비영리적으로 하는 데에 있다고 할 것이다. 비영리성의 판단 기준에 대하여 사원에게 법인의 활동으로 발생한 이익을 분배하지 않는 것을 말하는 견해(이익분배설)와 법인의 활동이 정당한 대가와 이외의 이윤을 포함하느냐의 여부에 의하여 결정된다는 견해(정당이윤설)가 있다.

3. 설립행위

민법 제40조 및 제43조는 법인의 설립자에게 정관을 작성할 것과 재산을 출연할 것을 요구하고 있는데 이 행위들을 통상적으로 민법법인의 설립행위라고 부른다. 그러나 법인을 설립하기 위해서는 정관을 작성하거나 재산을 출연하는 것만으로는 부족하고 그 밖에 주무관청으로부터 설립허가를 받고 또 최종적으로 법인격취득을 위하여 등기소에서 설립등기를 하여야 한다. 이러한 행위들도 모두 법인의 설립을 위해서 필요한 행위로서 모두 설립행위에 해당한다.

---

1) 민법 제32조(비영리법인의 설립과 허가) 학술, 종교, 자선, 기예, 사교 기타 영리 아닌 사업을 목적으로 하는 사단 또는 재단은 주무관청의 허가를 얻어 이를 법인으로 할 수 있다.

1) 사단법인의 실체형성행위

(1) 정관

가. 정관의 의의

정관이란 법인의 존재, 조직과 활동에 관한 근본 규칙이다. 민법 제40조가 정관의 기재사항으로 규정하고 있는 사항은 바로 법인의 존재, 조직과 활동에 필요한 최소한도의 사항이라고 할 수 있다. 정관은 법인의 성립을 위하여 필요한 것으로 설립자들의 합의에 따라 최초로 성립하는데 이를 원시정관이라 부른다.

나. 정관의 기재사항

민법 제40조는 원시정관에 기재하여야 할 사항을 규정하고 있다. 즉 민법 제40조에 규정된 사항은 주무관청의 설립허가와 설립등기를 위하여 필요한 사항이라고 할 수 있다. 일반적으로 민법 제40조의 사항은 정관이 성립하여 그 효력을 발생하기 위하여 필요한 사항이고, 민법 제41조 이하의 사항은 해당 사항 자체의 효력을 위하여 정관의 기재가 필요한 사항으로서 정관에 반드시 기재할 필요가 없으므로 임의적 기재사항이라고 한다.

가) 필요적 기재사항

민법 제40조(사단법인의 정관) 사단법인의 설립자는 다음 각 호의 사항을 기재한 정관을 작성하여 기명날인하여야 한다. 그 중 하나라도 빠지면 정관으로서의 효력이 생기지 않아 주무관청으로부터 법인설립의 허가를 받을 수 없게 된다.

- 목적 : 비영리법인의 목적사업은 영리 아닌 사업이어야 한다.
- 명칭 : 명칭사용에 특별한 제한은 없고, 「사단법인」이라는 명칭을 쓰지 않아도 무방하다. 다만 실무적으로 기존 법인과 동일한 명칭을 사용하는 것은 허용되지 아니한다. 개정 「법무부 소관 비영리법인의 설립 및 감독에 관한 규칙」에서도 명시적으로 “다른 법인과 동일한 명칭이 아닐 것‘을 설립허가 요건으로 규정하고 있다.
- 사무소의 소재지 : 사무소가 수개일 때에는 이를 모두 기재하여야 하고 주된 사무소를 정하여야한다. 실무적으로 도로명과 건물번호, 건물명, 호수까지 모두 기재함이 타당하다.
- 자산에 관한 규정 : 민법에는 어느 정도까지 자산에 관한 규정을 표시하여야 하는 지에 대한규정이 없으나, 통상적으로 주무관청 및 일반의 제3자에게 비영리법인의 견실한 재정적 기초를 알리는 데 필요한 정도라고 해석된다. 구체적으로 자산의 종류 · 구성 · 관리 ·

운용방법 · 각 사원의 출자액 · 출자의무(회비)에 관한 것이 그 기재사항이 된다. 개정 「법무부 소관 비영리법인의 설립 및 감독에 관한 규칙」에서는 "목적하는 사업을 수행할 수 있는 충분한 능력이 있고 재정적 기초가 확립되어 있거나 확립될 수 있을 것"을 법인 설립허가 요건으로 규정(제4조 제1항 제2호)하고 있다.

- 이사의 임면에 관한 규정 : 이사의 임면방법에 관한 규정, 즉 이사의 수, 자격, 임기, 선임과 해임의 방법 등에 관한 사항이 여기에 해당된다. 이사 및 감사의 수를 정관에서 확정할 필요는 없고, 'O명 이상의 이사', 'O명이하의 감사' 식으로 규정하는 것도 가능하다. 민법에는 이사선임방법에 관한 제한 규정이 없다. 따라서 비영리법인의 이사는 반드시 사원총회에서 선임하도록 하지 않아도 되고, 사원이 아닌 자를 이사로 선임할 수 있도록 규정하여도 무방하다.
- 사원자격의 득실에 관한 : 규정사원의 자격, 입사, 퇴사, 제명 등에 관한 사항을 의미한다. ※ 절대로 퇴사를 인정하지 않는다거나 퇴사의 조건으로 부당한 위약금을 정하는 것과 같은 정관규정은 사회질서에 반하는 규정으로 무효일 수 있다.
- 존립시기나 해산사유를 정하는 때에는 그 시기 또는 사유 : 이에 관한 사항은 반드시 정하여야 하는 것은 아니므로, 특히 이를 정하고 있는 때에만 기재하면 된다.

나) 임의적 기재사항

정관에 기재하지 아니하여도 정관의 무효사유가 되거나 설립허가 취소사유가 되지 아니하나 일단 정관에 기재되면 필요적 기재사항과 같은 효력을 발생하게 되는 사항을 임의적 기재사항이라고 한다. 임의적 기재사항에 해당하는 것으로는 이사의 대표권제한(민법 41조), 정관변경의 정족수(민법 42조1항), 사무집행의 정족수(민법 58조2항), 이사의 대표방식(민법 59조1항), 이사의 대리인 선임(민법 62조) 감사의 설치(민법 66조), 이사에 대한 사단사무의 위임(민법 68조), 임시총회소집요구 사원정족수(민법 70조2항), 총회소집의 방법(민법 75조1항), 사단법인 해산의 경우 정족수(민법 78조), 잔여재산귀속자(민법 80조), 청산인(민법 82조)에 관한 사항 등이 있다.

(2) 정관작성행위

정관작성행위의 법적 성격에 대해서는 계약설, 특수계약설과 합동행위설이 대립하고 있다. 계약설은 정관작성행위를 일반 계약과 동일하게 보지는 않는다는 점에서 실질적으로는 특수계약설과 동일한 견해라고 볼 수 있다. 현재 정관작성행위의 법적 성질을 규명하는 실익은 민법상의 능력, 의사표시의 흠, 자기계약과 쌍방대리금지에 관한 규정의 적용여부에서 찾고 있다.

2) 재단법인의 실체형성행위

(1) 정관작성행위

가. 의의

정관작성행위는 원칙적으로 설립자에 의하여 이루어지고 또 일정한 사항(필요적 기재사항)을 기재하여야 한다. 필요적 기재사항이 기재되지 않은 정관은 원칙적으로 무효이다. 그러나 민법은 재단법인의 성립을 적극적으로 장려하기 위하여 정관의 보충을 허용하고 있다. 즉 설립자가 명칭, 사무소의 소재지, 자산에 관한 규정, 이사의 임면에 관한 사항을 정하지 않고 사암한 때에는 이해관계인 또는 검사의 청구에 의하여 법원이 이를 보충할 수 있다.

나. 내용

정관에는 목적, 명칭, 사무소의 소재지, 자산, 이사의 임면에 관한 사항을 반드시 기재하여야 한다(민법 43조). 우선 정관의 기재사항 중 목적, 명칭, 사무소의 소재지, 이사의 임면이 갖는 법적 의미는 사단법인의 정관의 경우와 동일하다. 사단법인이든 재단법인이든 자산은 법인의 활동의 재정적 기초가 되고 또 활동의 결과 부담하게 될 채무에 대한 최종적인 담보가 된다는 점에서는 동일하다. 그러나 재단법인의 경우 자산은 본질적으로 재단법인을 형성하는 실체로서 목적사업을 위한 재정적 기초가 된다. 이런 이유에서 민법은 정관의 작성은 물론 출연행위를 요구하고 있다. 재단법인이 성립한 후에도 얼마든지 출자의 형식으로 이어질 수 있다.

(2) 출연행위

가. 의의

출연행위란 재단법인의 기초가 되는 재산을 형성하는 행위로서 정관에 기재된 자산을 형성하는 것이다. 따라서 출연된 자산의 총액이 설립등기사항이 된다. 출연행위는 재단법인의 성립에 있어서 가장 중요한 의미를 갖는 행위로서 재단법인이 성립하기 전에 이루어져야 한다(민법 43조).

나. 출연행위의 형식

출연행위는 생전처분으로 할 수 도 있고, 또 유언으로 할 수 도 있다. 민법은 생전처분의 출연행위에는 증여에 관한 규정을 그리고 유언에 의한 출연행위는 유증의 규정을 준용한다.

다. 출연재산의 귀속시기

출연재산은 생전처분으로 법인을 설립하는 경우에는 법인이 성립하는 때 즉 등기가 있는 때에 법인에 귀속한다. 그리고 유언으로 법인을 설립하는 경우에는 유언이 효력을 발생하는 때 즉 유언자가 사망하는 때에 법인에 귀속한다.

3) 기관의 구성

(1) 개설

법인이 의사를 결정하고, 그 의사에 의거하여 외부에 대하여 행동하며, 내부의 사무를 처리하기 위해서는 일정한 조직이 필요한데, 이 조직을 이루는 것이 법인의 「기관」이다. 여기에는 의사결정기관, 의사집행기관, 감독기관 등이 존재한다.

기관은 법률상 반드시 두어야 하는 필요기관과 둘 수도 있는 임의기관으로 나뉜다. 대표기관이자 집행기관인 「이사」는 모든 법인이 두어야 하는 필요기관이지만, 이사의 감독기관인 「감사」는 민법상 법인에는 임의기관이다(다만 공익법인법상 공익법인에는 필요기관이다). 법인의 최고의사결정기관인 「사원총회」는 사단법인에게는 필요기관이지만, 재단법인에는 성질상 존재하지 아니한다.

(2) 이사

이사는 대외적으로 법인을 대표하고(대표기관), 대내적으로 법인의 업무를 집행하는(업무집행기관), 상설적인 필요기관이다. 사단법인이든 재단법인이든 법인에는 반드시 이사를 두어야 한다(민법 제57조). 이사의 수에는 제한이 없으며, 정관에서 임의로 정할 수 있다.이사가 될 수 있는 것은 자연인에 한하는 것으로 해석함이 통설이다. 그러나 자격상실 또는 자격정지의 형을 받은 자는 이사가 될 수 없다(형법 제43조 · 제44조). 이사의 임면방법은 정관에 반드시 기재되어야 하는 필요적 기재사항이다.

이사의 성명 · 주소는 등기사항이며(민법 제49조 제2항), 이를 등기하지 않으면 이사의 선임 · 해임 · 퇴임을 가지고서 제3자에게 대항할 수 없다.

(3) 이사회

이사가 수인이 있는 경우 이사들로 구성된 회의체인 이사회를 둘 수 있다. 그러나 현행 민법은 이사회에 관한 규정을 두고 있지 아니하여, 이사회는 필요기관이 아니라 정관의 규정에 의하여 설치할 수 있는 임의기관이다.

(4) 사원총회

사단법인에는 사단법인을 구성하는 사원의 전원으로써 구성되는 최고 의사결정기관인 사원총회를 반드시 두어야 한다(즉 '필요기관'이다). 사원이 없는 재단법인에는 사원총회가 존재하지 아니한다. 사단법인은 정관의 변경 · 법인의 해산 등을 비롯한 사단법인에 관한 모든 근본적 의사를 결정하는 최고 의사결정 기관이면서 필요기관이므로, 정관의 규정에 의해서도 이를 폐지하지 못한다.

(5) 감사

사단법인 또는 재단법인은 정관 또는 총회의 결의로 감사를 둘 수 있다(민법 제66조). 즉 현행 민법상 감사는 필요기관이 아닌 임의기관이다. 이사와는 달리, 감사의 성명 · 주소는 등기사항이 아니다.

4. 주무관청의 허가

1) 주무관청

비영리를 목적으로 하는 단체(사단 또는 재단)가 법인으로 되기 위해서는 주무관청으로부터 허가를 받아야 한다(민법 제32조). 따라서 사단이나 재단이 법인으로서의 실질을 갖추었더라도 주무관청의 허가를 받지 못하면 법인으로 성립되지 못한다.

주무관청이란 법인의 목적사업을 주관하는 행정관청을 의미한다. 어떤 단체가 법인설립허가신청을 하고자 할 때 어느 관청에다가 허가신청을 해야 하는가는 법인정관에 기재된 목적에 따라 달라진다.

참 고

예컨대 법인의 사업이 법률문화의 진흥을 위한 목적이라면 법무부장관, 장학사업을 목적으로 한다면 교육부장관 또는 시 · 도교육청장, 자선 · 보건 · 위생사업이 목적인 경우는 보건복지부장관, 종교 · 예술 · 문화사업 등의 목적이라면 문화관광부장관이 주무관청이 된다.

구체적으로 법인의 목적사업을 관할하는 주무관청의 확인은 '정부조직법'에 적시된 소관사무를 보고 일응 판단할 수 있다.

[사단법인과 재단법인의 비교]

주무관청	소관사무
기획재정부	중장기 국가발전전략수립, 경제 · 재정정책의 수립 · 총괄 · 조정, 예산 · 기금의 편성 · 집행 · 성과관리, 화폐 · 외환 · 국고 · 정부회계 · 내국세제 · 관세 · 국제금융, 공공기관 관리, 경제협력 · 국유재산 · 민간투자 및 국가채무에 관한 사무
미래창조과학부	인적자원개발정책, 학교교육 · 평생교육, 학술에 관한 사무
교육부	출연자의 의사가 존중됨
외교부	외교, 경제외교 및 국제경제협력외교, 국제관계 업무에 관한 조정, 조약 기타 국제협정, 재외국민의 보호 · 지원, 재외동포정책의 수립, 국제정세의 조사 · 분석에 관한 사무
통일부	통일 및 남북대화 · 교류 · 협력에 관한 정책의 수립, 통일교육, 그 밖에 통일에 관한 사무
법무부	검찰 · 행형 · 인권옹호 · 출입국관리 그 밖에 법무에 관한 사무
국방부	국방에 관련된 군정 및 군령과 그 밖에 군사에 관한 사무
안전행정부	안전 및 재난에 관한 정책의 수립 · 총괄 · 조정, 비상대비 · 민방위제도, 국무회의의 서무, 법령 및 조약의 공포, 정부조직과 정원, 공무원의 인사 · 윤리 · 복무 · 연금, 상훈, 정부혁신, 행정능률, 전자정부, 개인정보보호, 정부청사의 관리, 지방자치제도, 지방자치단체의 사무지원 · 재정 · 세제, 낙후지역 등 지원, 지방자치단체 간 분쟁조정, 선거, 국민투표에 관한 사무
문화체육관광부	문화 · 예술 · 영상 · 광고 · 출판 · 간행물 · 체육 · 관광, 국정에 대한 홍보 및 정부발표에 관한 사무
농림축산식품부	농산 · 축산, 식량 · 농지 · 수리, 식품산업진흥, 농촌개발 및 농산물유통에 관한 사무
산업통상자원부	상업 · 무역 · 공업 · 통상, 통상교섭 및 통상교섭에 관한 총괄 · 조정, 외국인 투자, 산업기술 연구개발정책 및 에너지 · 지하자원에 관한 사무
보건복지부	보건위생 · 방역 · 의정(醫政) · 약정(藥政) · 생활보호 · 자활지원 · 사회보장 · 아동(영 · 유아 보육을 포함한다) · 노인 및 장애인에 관한 사무
환경부	자연환경, 생활환경의 보전 및 환경오염방지에 관한 사무

고용노동부	고용 정책의 총 괄, 고용보험, 직업능력개발훈련, 근로 조건의 기준, 근로자의 복지후생, 노사관계의 조정, 산 업안전보건, 산업재해보상보험과 그 밖에 고용과 노동에 관한 사무
여성가족부	여성정책의 기획 · 종합, 여성의 권익증진 등 지위향상, 청소년 및 가족(다문화가족과 건강가정사업을 위한 아동업무를 포함한다)에 관한 사무
국토교통부	국토종합계획의 수립 · 조정, 국토 및 수자원의 보전 · 이용 및 개발, 도시 · 도로 및 주택의 건설, 해안 · 하천 및 간척, 육운 · 철도 및 항공에 관한 사무
해양수산부	해양정책, 수산, 어촌개발 및 수산물 유통, 해운 · 항만, 해양환경, 해양조사, 해양자원개발, 해양과학기술연구 · 개발 및 해양안전심판에 관한 사무

상기의 정부조직상 주무관청의 업무는 「행정권한의 위임 및 위탁에 관한 규정」에 의거하여, 비영리법인의 설립허가 및 취소, 정관변경허가, 해산신고의 수리, 그 밖의 지도 · 감독 업무가 지방자치단체의 장이나 하급행정기관의 장에게 위임되어 있는 경우가 많다.

[법인업무를 위탁받은 기관]

주무관청	법인업무를 위임 또는 위탁 받은 기관
미래창조과학부	중앙전파관리소장 우정사업본부장 (우정사업 관련한 법인에 국한)
교육부장관	교육감
외교부장관	특별시장 · 광역시장 · 특별자치시장 · 도지사 또는 특별자치도지사
안전행정부장관	특별시장 · 광역시장 · 특별자치시장 · 도지사 또는 특별자치도지사
문화체육부장관	특별시장 · 광역시장 · 특별자치시장 · 도지사 또는 특별자치도지사
문화재청장 농림축산식품부장관	특별시장 · 광역시장 · 특별자치시장 · 도지사 또는 특별자치도지사
농촌진흥청장	특별시농업기술센터소장, 광역시농업기술센터소장, 특별자치시농업기술센터소장, 도 농업기술원장 및 특별자치도농업기술원장
산림청장 산업통상자원부장관	특별시장 · 광역시장 · 특별자치시장 · 도지사 또는 특별자치도지사
중소기업청장	지방중소기업청장
보건복지부장관	특별시장 · 광역시장 · 특별자치시장 · 도지사 또는 특별자치도지사
환경부장관	특별시장 · 광역시장 · 특별자치시장 · 도지사 또는 특별자치도지사
고용노동부장관	지방고용노동청장 또는 지청장
여성가족부장관	특별시장 · 광역시장 · 특별자치시장 · 도지사 또는 특별자치도지사

참 고

※ 법인의 목적이 두 개 이상의 행정관청의 소관사항인 때에는 해당 행정관청 으로부터 모두 허가를 받아야 하는지 아니면 그중 하나의 행정관청으로부터 허가를 받으면 충분한 것인지에 대해서는 다툼의 여지가 있다. 예컨대 법인이 문화 · 체육 관련 내용(문화체육부)을 교육 · 연구(교육부 또는 교육감)하는 사업을 할 때, 법인이 2가지 이상 복수의 사업을 동시에 목적사업으로 하려고 할 때 어디가 주무관청인지가 문제된다.

- 민법에는 이에 관한 해당규정이 없으며, 현재 이에 관한 명확한 판례도 없는 상태이다. 학계에서는 해당 행정관청이 모두 주무관청이므로 해당 행정관청의 허가를 모두 받아야 한다는 복수설과 그 중의 어느 한 관청으로부터 허가로 족하다는 단수설이 대립하고 있다(제3판 주석민법 총칙 1권 599면에서는 양 주무관청의 허가가 필요한 것으로 서술하고 있다).
- 민법이 법인설립 허가주의를 취하는 이유는 무분별한 법인 난립을 방지하고 법인을 관리 · 감독하기 위해서인데, 업무 소관 행정관청이 아니면 업무를 실질적으로 관리를 할 수 없는 점 등을 고려하면 현재로서는 학설상 다수설과 같이 각각 설립허가를 받는 것이 상당하다고 판단된다.
- 하나의 주무관청 허가만으로 충분하다고 해석한다면, A사업을 관장하는 주무관청이 그 구체적인 사업내용을 잘 알지 못하는 B사업에 관한 부분까지 허가 및 관리 · 감독하여야 한다는 문제가 발생하기 때문이다.
- 그런데 참고로, 공익법인법이 적용되는 공익법인의 경우에는 공익법인법 시행령 제4조 제2항, 제5조 제2항에서 주된 사업을 주관하는 주무관청이 설립허가의 주체가 되고, 다른 행정관청과 '협의'가 필요한 것으로 명시적으로 규정하고 있다.
- 따라서 예를 들어 설립허가 신청을 하는 법인이 A, B 2가지 목적사업을 수행하려고 하는데, B 사업이 극히 부수적인 내용이고 A 사업 주무관청에서 전체적인 관리 · 감독이 가능한 정도라면 A 사업 주무관청에서 단독 설립허가도 가능할 것이지만, B 사업이 일정 정도 비중이 있고 B 사업 주무관청의 의견을 들어볼 필요가 있는 경우에는 A 사업 주무관청에서 B 사업 주무관청과 협의하여 설립허가 여부를 정하고, A와 B 사업의 비중이 상당정도 대등한 경우에는 양 주무관청 모두의 설립허가가 필요하다고 해석함이 관련 법령 해석에도 크게 어긋나지 않으면서 실무적인 문제도 발생시키지 않을 수 있는 방안이라고 판단된다.

2) 주무관청의 허가

한편 주무관청의 허가 여부는 주무관청의 자유재량에 속하며, 따라서 비록 법인성립을 목적으로 하는 단체가 법인설립허가신청을 하였으나 주무관청으로부터 허가를 받지 못하였더라도 행정소송으로 이를 다툴 수 없다는 것이 판례의 입장이다(大判 1996. 9. 10. 선고 95누18437 판결 등).

[대법원 1996. 9. 10. 선고 95누18437 판결]

판시사항	비영리법인 설립허가의 성질과 주무관청의 재량의 정도
판결요지	민법은 제31조에서 "법인은 법률의 규정에 의함이 아니면 성립하지 못한다."고 규정하여 법인의 자유 설립을 부정하고 있고, 제32조에서 "학술, 종교, 자선, 기예, 사교 기타 영리 아닌 사업을 목적으로 하는 사단 또는 재단은 주무 관청의 허가를 얻어 이를 법인으로 할 수 있다."고 규정하여 비영리법인의 설립에 관하여 허가주의를 채용하고 있으며, 현행 법령상 비영리법인의 설립허가에 관한 구체적인 기준이 정하여져 있지 아니하므로, 비영리법인의 설립허가를 할 것인지 여부는 주무관청의 정책적 판단에 따른 재량에 맡겨져 있다. 따라서 주무관청의 법인설립 불허가처분에 사실의 기초를 결여하였다든지 또는 사회관념상 현저하게 타당성을 잃었다는 등의 사유가 있지 아니하고, 주무관청이 그와 같은 결론에 이르게 된 판단 과정에 일응의 합리성이 있음을 부정할 수 없는 경우에는, 다른 특별한 사정이 없는 한 그 불허가처분에 재량권을 일탈 · 남용한 위법이 있다고 할 수 없다.

[구비서류]

법 인 별 구 비 서 류		근거법령	비영리 법인		공인 법인		비고
1	비영리법인 설립허가 신청서(비영리법인용, 공익법인용 구분)	법인규칙 제3조, 동 별지 제1호 서식	ㅇ	ㅇ	ㅇ	ㅇ	공통
2	설립취지서 (임의서식으로 작성)	공익법인령 제4조 제1항 제1호	△	△	ㅇ	ㅇ	공통
3	설립발기인의 인적사항 (성명 · 주소 · 약력) ※설립발기인이 법인인 경우에는 그 명칭, 주된 사무소의 소재지, 대표자의 성명 · 주민등록번호 · 주소와 정관을 적은 서류	법인규칙 제3조 제1호; 공익법인령 제4조 제1항 제1호	ㅇ	ㅇ	ㅇ	ㅇ	공통
4	임원 취임 예정자의 성명 · 주민등록번호 · 주소 · 약력을 적은 서류	법인규칙 제3조 제5호; 공익법인령 제7조 제1항 제2호	ㅇ	ㅇ	ㅇ	ㅇ	공통
5	임원 취임승낙서 (서명 · 날인요함)	법인규칙 제3조 제5호;	ㅇ	ㅇ	ㅇ	ㅇ	공통

		공익법인령 제7조 제1항 제4호					
6	특수관계 부존재 각서 (※사후 발견시 임원취임 취소)	공익법인령 제7조 제1항 제7호	x	x	o	o	공익 법인
7	창립총회회의록 (회의록 내용상의 별첨서류 첨부 · 간인) ※설립발기인이 법인인 경우에는 법인의 설립에 관한 의사의 결정을 증명하는 서류	법인규칙 제3조 제6호 공익법인령 제4조 제1항 제8호	o	x	o	x	사단 법인
8	정관 (필요적 기재사항 확인)	법인규칙 제3조 제2호; 공익법인령 제4조 제1항 제3호; 민법 제40조, 제43조	o	o	o	o	공통
10	법인조직 및 상근임직원 정수표	공익법인령 제14조	△	△	o	o	공통
11	재산목록 (※재단법인의 경우에는 기본재산과 보통재산으로 구분하여 기재)	법인규칙 제3조 제3호; 공익법인령 제4조 제1항 제4호	o	o	o	o	공통
12	재산출연증서 (기부신청서)	법인규칙 제3조 제3호; 공익법인령 제4조 제1항 제4호	△	△	o	o	공통
13	재산증명서(부동산 · 예금 · 유가증권 등 주된 재산에 관한 등기소 · 금융기관 등의 증명서)	법인규칙 제3조 제3호; 공익법인령 제6호	△	△	o	o	공통
14	회비징수 예정명세서 또는 기부신청서	공익법인령 제4조 제1항 제4호	△	x	o	x	사단 법인
15	사원명부 (성명 · 주소) ※100명이 넘을 경우 "이상 100명 외 ○○명"으로 총수	공익법인령 제4조 제1항 제8호	△	x	o	x	사단 법인

	기재서류						
16	당해연도 사업계획서 및 수지예산서	법인규칙 제3조 제4호	o	o	x	x	비영리법인
17	사업개시예정일 및 사업개시이후 2 사업년도분의 사업계획서 및 수지예산서	공익법인령 제4조 제1항 제7호	x	x	o	o	공익법인
18	사무실 확보증명서 (※건물사용승낙서 또는 임대차계약서, 건물소유권 입증서류 등)	민법 제33조, 제36조	△	△	△	△	공통

○ : 근거법령에 의한 제출서류

△ : 근거법령에 규정되어 있지 않으나 설립허가 검토시 필요한 서류

× : 제출하지 않는 서류

참 고

법제처 국가법령정보 사이트(http://www.law.go.kr)에서 '법인'이라는 키워드를 검색하면, 법무부 소관 비영리법인의 설립 및 감독에 관한 규칙을 비롯하여, 국방부 및 그 소속청 소관 비영리법인의 설립 및 감독에 관한 규칙, 국토교통부 및 그 소속청 소관 비영리법인의 설립 및 감독에 관한 규칙, 금융위원회 소관 비영리법인의 설립 및 감독에 관한 규칙, 기획재정부 및 그 소속청 소관 비영리법인의 설립 및 감독에 관한 규칙, 농림축산식품부장관 및 그 소속 청장 소관 비영리법인의 설립 및 감독에 관한 규칙, 문화체육관광부 및 문화재청 소관 비영리법인의 설립 및 감독에 관한 규칙 등을 열람할 수 있으며, 각 규칙의 하단에 첨부된 서류를 활용할 수 있다.

※ 법무부소관 비영리법인 설립절차

민법 제32조의 규정에 의하여 법인의 설립허가를 받고자 하는 자(이하 "설립발기인"이라함)는 별지 제1호 서식의 법인설립허가신청서에 다음의 서류를 첨부하여 법무부장관에게 제출하여야 한다(법인규칙 제3조).

- 설립발기인의 성명 · 주민등록번호 · 주소 및 약력을 적은 서류 (설립발기인이 법인인 경우에는 그 명칭, 주된 사무소의 소재지, 대표자의 성명 · 주민등록번호 · 주소와 정관을 적은 서류를 제출하여야 한다)
- 정 관 1부
- 재산목록 및 그 증명서류 1부(재단법인의 경우에는 기본재산과 운영재산으로 구분하여 기재한다)

• 재산출연의 신청이 있는 경우에는 그 사실을 증명하는 서류 1부
• 해당 사업연도분의 사업계획서 1부
• 수입 · 지출 예산을 기재한 서류 1부
• 임원 취임 예정자의 성명 · 주민등록번호 · 주소 · 약력을 적은 서류
• 임원취임승낙서 1부(취임하는 임원의 서명 · 날인이 있어야 한다)
• 창립총회회의록 1부(설립발기인이 법인인 경우에는 법인설립에 관한 의사의 결정을 증명하는 서류를 제출한다)

관련서류의 작성 · 기재시 유의사항

임원취임승낙서
• 임원취임자의 취임 승낙의사 표시와 인적사항을 기재한다.
• 이사 및 감사 등의 직위와 취임기간을 명시하고 날인한다.

창립총회회의록
• 회의록에는 설립취지, 정관의 심의 · 의결, 임원선출, 재산출연 및 수증에 관한 사항 의결, 사업계획서 및 수입 · 지출예산서 의결에 관한 사항이 포함되도록 하여야 하며, 발기인 전원이 기명하고 인감 날인한다.
• 회의록의 각 면과 면 사이에 발기인 전원 인감 간인한다.

재산출연증서
• 출연인의 인적사항, 출연일자 기재 후 인감을 날인하고 출연자의 인감증명서를 첨부한다.
• 주식, 예금 등의 출연행위에 대하여는 공증인의 공증을 받아야 한다.

재산목록
• 법인이 출연하는 재산 중 법인의 목적사업 수행에 관계되는 부동산 또는 동산으로서 법인 설립시 기본재산으로 출연한 재산, 기부에 의하거나 기타 무상으로 취득한 재산, 회계연도 세계잉여금으로 기본재산에 편입된 재산과 이사회에서 기본재산으로 정한재산은 이를 기본재산으로 하고 그 이외의 재산은 운영재산으로 한다. 출연재산목록은 기본재산과 운영재산으로 명확하게 구분하고 금액은 감정평가액을 기재
· 기본재산 : 소재지, 지번, 지목, 면적, 평가가액 등을 기재
· 보통재산 : 재산의 종류, 수량 및 금액 등을 기재
• 기본재산이 수익발생을 할 수 있는 경우에는 수익을 파악할 수 있도록 작성하고 수익산출 근거를 명시한다.
수익을 증명할 수 있는 기관이 발행하는 증빙서류(수익확인서, 배당이익증명서, 이자수익확인서, 납세필증 등)첨부

사업 수입 · 지출예산서
• 기본방향, 주요추진사업, 주요사업별 추진일정 및 소요예산, 수지예산서의

내용이 담기도록 작성한다.

사무소의 사용 가능성을 증명하는 서류
- 법인규칙에는 적시되어 있지 않으나, 민법상 사무소 소재지의 등기를 위해 사무소의 확보를 증명할 필요가 있다.
- 건물사용승낙서, 임대차계약서 또는 건물소유권 입증서류 등을 제출한다.

5. 허가 이후의 후속절차

허가서를 전달받은 법인은 다음의 사항을 이행하여야 한다.

1) 설립등기 : 관할등기소에 등기

사단이든 재단이든 법인성립이 인정되기 위해서는, 법인설립의 허가가 있은 때로부터 3주간 내에 주된 사무소의 소재지에서 설립등기를 하여야 한다(민법 제49조 제1항).이 때 등기기간은 주무관청의 「설립허가서」가 도착한 날로부터 기산한다(민법제53조).

「주된 사무소」란 사무소가 둘 이상 있는 경우에 법인활동의 중심을 이루는 사무소를 말하지만, 설립등기를 함에 있어서는 형식적으로 정관과 등기부에 주된 사무소로 기재된 사무소를 의미한다. 등기를 해태하는 경우 과태료가 부과될 수 있다(민법 제97조).

등기사항(민법 제39조 제2항)

① 목적

- 법인이 영위 또는 추구하고자 하는 사업이 무엇인지 제3자가 알 수 있을 정도로 표시하여야 한다.
- 사업의 종류도 구체적으로 표시해야 한다.

② 명칭

- 법인의 명칭은 법령상 사용이 제한되는 명칭을 제외하고는(은행법 제14조, 보험법 제8조 제2항 등) 자유롭게 정할 수 있다.
- 다만, 법인명칭의 등기시에 법인의 종류(즉 사단법인 또는 재단법인)를 부기하여야 한다(민법법인 및 특수법인 등기규칙 제4조).

③ 사무소

• 법인의 사무소의 소재지를 등기하여야 한다. 사무소가 수개인 때에는 그 중 1곳을 주된 사무소로, 나머지를 분사무소로 등기한다.

• 정관에 사무소의 소재지를 기재할 때에는 최소행정구역까지만 기재하여도 무방하지만, 등기상에는 소재지의 구체적인 지번까지 등기하여야 한다.

④ 설립허가의 연월일

• 주무관청으로부터 교부받은 「설립허가서」에 기재된 일자를 등기한다.

⑤ 존립시기나 해산사유

• 법인이 존속하기로 하는 기간을 미리 정하여 놓거나, 법정해산사유 이외에 일정한 사유가 발생하면 법인이 해산하기로 정한 사유가 있으면 이를 등기하여야 한다.

⑥ 자산의 총액

• 자산의 총액이란 정관상의 기본재산은 물론 기타 법인이 보유하는 일체의 적극재산의 총액에서 채무 등의 소극재산을 공제한 순재산액을 의미한다.

• 사단법인의 경우에는 설립시에 자산총액이 전혀 없어도 상관이 없지만, 재단법인에 있어서는 자산총액이 반드시 있어야 하고 이를 등기하여야 한다. 다만 사단법인의 경우에도 자산총액이 0원으로 기재할 수는 있지만, 자산총액을 미정 혹은 공란으로 하여 등기할 수는 없다.

⑦ 출자의 방법을 정한 때에는 그 방법

• 가령 사단법인의 정관에 발기인이나 사원들의 출자의무에 관한 규정이 있거나, 재단법인의 정관에 설립자가 정기적으로 출연하기로 하는 규정이 있을 때에는 그러한 사항은 등기하여야 한다.

⑧ 이사의 성명 · 주소

• 법인의 이사의 성명과 주소를 등기하여야 한다.

• 이사의 등기시에 주민등록번호도 등기하여야 한다(비송사건절차법 제62조).

⑨ 이사의 대표권을 제한한 때에는 그 제한

- 이사는 법인의 사무에 관하여 각자 법인을 대표하는 것을 원칙으로 하지만, 정관이나 사원총회의 결의에 의해서 이사의 대표권을 제한할 수 있다(민법 제59조 제1항).
- 그러한 이사의 대표권의 제한에 관한 사항은 등기하여야 하며, 이를 등기하지 않으면 대표권이 제한되어 있음을 이유로 제3자에게 대항하지 못한다(민법 제60조).

2) 설립신고 및 사업자등록

가. 법인설립신고

법인의 설립허가를 받은 자는 설립등기를 한 날로부터 2개월 이내에 소재지 관할 세무서에 법인설립신고를 하여야 한다(법인세법 제109조 제1항). 법인설립신고서에 기재할 사항은 다음과 같다.

- 법인의 명칭과 대표자의 성명
- 본점이나 주사무소 또는 사업의 실질적 관리장소의 소재지
- 사업 목적
- 설립일

나. 사업자등록신청

법인이 영리이든 비영리이든 관계없이 사업상 독립적으로 재화 또는 용역을 공급하는 경우에는 사업자등록을 하여야 한다.

사업자는 사업장마다 대통령령으로 정하는 바에 따라 사업 개시일부터 20일 이내에 사업장 관할 세무서장에게 사업자등록을 신청하여야 한다. 다만, 신규로 사업을 시작하려는 자는 사업 개시일 이전이라도 사업자등록을 신청할 수 있다(부가가치세법 제8조 제1항).

사업자는 상기 사업자등록의 신청을 사업장 관할 세무서장이 아닌 다른 세무서장에게도 할 수 있으며, 이 경우 사업장 관할 세무서장에게 사업자등록을 신청한 것으로 보게 된다(부가가치세법 제8조 제2항).

3) 법인설립등기 완료사실 및 법인에게로 재산이전 완료사실을 주무관청에 보고

가. 설립등기 등의 보고

법인은 법인설립등기를 완료한 날로부터 10일 이내에 그 사실을 주무관청에 보고하여야 한다(법인규칙 제5조 제2항).

참 고

개정 전 법인규칙 제6조는 등기부등본을 첨부하여 보고하도록 하고 있었으나, 개정 법인규칙은 주무관청이 행정정보 공동이용으로 등기사실을 확인하게 하고, 신청인에게는 보고의무만을 부여하였다.

나. 재산이전 등 이행결과보고

공익법인(재단법인에 한정)의 설립허가를 받은 자는 그 허가를 받은 후 지체없이 출연재산을 법인에 이전하고 3개월 내에 주무관청에 이행결과를 보고하여야 한다(공익법인법 시행령 제8조). 이행결과 보고시, 재산이전보고서(전자문서로 된 보고서를 포함)를 제출하되, 출연재산이 부동산인 경우에는 부동산등기부등본을, 부동산등기부등본으로 확인할 수 없는 경우에는 금융기관의 증명서 (예시 : 예금잔고증명, 주식소유증명서, 기타 권리증명 증빙서류 등)를 첨부하여야 한다.

※ 이행결과 보고시 주무관청은 「전자정부법」 제36조 제1항에 따른 행정정보의 공동이용을 통하여 부동산등기부 등본을 확인하여야 한다. 실무적으로 출연하기로 한 보통재산이 설립등기 비용 등으로 차액이 발생한 경우 증빙자료를 제출하도록 하고, 기본재산으로 출연된 재산 중 유동성이 심한 예금 등은 법인재산에서 손실 또는 유출되는 경우가 없도록 수시로 재산변동 상황을 파악할 필요가 있다.

4) 장부 및 서류의 비치

가. 재산목록의 작성(민법 제55조 제1항)

법인은 성립한 때 및 매년 3월내 재산목록을 작성하여 사무소에 비치한다.

※ 사업연도를 정한 법인은 성립한 때 및 그 연도 말에 이를 작성

나. 사원명부의 비치(민법 제55조 제2항)

사단법인은 사원명부를 비치하고 회원의 변경이 있는 때에는 이를 기재하여야 한다.

다. 기타 장부 및 서류의 비치

법인은 다음의 장부 및 서류를 사무실에 비치하여야 한다.

번호	서류 및 장부명	보존기간	근거
1	재산목록	10년 이상	해석상
2	장부와 중요증빙서류	10년	상법 제33조, 국세기본법제85조의3
3	전표	5년~10년	법인세법 제112조, 상증법 제51조, 상증령 제44조, 소득세법 제160조
4	근로자명부, 근로계약서, 임금대장 등 근로계약에 관한 중요서류	3년	근로기준법 제41조 · 제42조 동법 시행령 제21조 · 제22조
5	사원(회원)명부(사단법인)	영구	해석상
6	회의록	10년 이상	해석상
7	설립허가서(정관포함), 정관변경허가서(정관포함)	영구	해석상
8	임원취임(해임) 승인 문서	영구	해석상
9	기타 허가 · 승인 · 보고 문서	(10년)	소관부처 규칙에 따름 해당규칙 없으면 중요증비서류에 준함

재산목록 및 회의록의 보존기간에 대한 직접적인 근거규정은 없으나, 장부와 중요증빙서류의 보존기간이 10년인 점을 감안하여 최소 10년은 보존할 필요가 있다.

상법 제33조는 전표의 보존기간을 5년으로 따로 정하고 있으나, 상증법 제51조는 전표를 따로 구분하지 않고 장부 및 장부와 관계있는 중요한 증빙서류를 모두 10년간 보존하도록 하고 있는 점, 상증령 제44조가 일정한 경우에 전표와 이에 대한 증빙서류를 장부로 인정할 수도 있음을 규정하고 있는 점 등을 감안하여 10년간 보존할 필요가 있다.

사원(회원)명부의 보존기간에 대한 직접 근거규정은 없으나, 민법이 사원(회원)의 변경사항을 사원(회원)명부에 기재하도록 하고 있고, 사원(회원)은 사단법인의 본질이므로 법인이 존재하는 동안 보존되어야 한다.

정관과 설립허가는 법인이 인격을 부여받은 근거이므로, 설립허가서(정관포함) 및 정관변경허가서(정관포함)는 법인이 존재하는 동안 보존되어야 한다.

임원취임(해임) 승인 문서는 법인의 역사를 나타내고, 책임의 귀속을 판단할 자료이므로 법인이 존재하는 동안 보존되어야 한다.

개별법 또는 다른 관청이 위에서 정하지 않은 장부 · 서류의 비치의무를 정하거나 위의 기준 이상의 보존기간을 정한 경우에는 그에 따라야 한다.

제3장 법인의 능력

제1절 의 의

법인도 자연인과 같이 권리능력, 행위능력, 불법행위능력이 인정된다. 법인의 의사능력의 문제는 발생하지 않으며, 법인의 행위능력은 누구의 행위를 법인의 행위로 볼 것인가의 문제인 점에서 자연인과 구별된다.

제2절 법인의 권리능력

1. 의 의

법인도 권리주체이며 따라서 권리능력을 가진다. 그런데 법인이 권리주체라고 하여 그 성질상 자연인과 완전히 동일시 될 수 없다. 가령 자연인의 천연적 성질을 전제로 하는 권리나 의무를 누릴 수 없음은 당연하다. 나아가 법인은 법률의 규정에 좇아 정관으로 정한 목적의 범위 내에서 권리와 의무의 주체가 된다고 규정하는 민법 제34조에 비추어 보면 자연인의 그것과 달리 법인의 권리능력은 일단 법률의 규정과 정관의 목적에 의하여 제한된다고 할 수 있다.

2. 권리능력의 범위

1) 성질에 의한 제한

법인은 성이나 친족관계와 같은 자연인의 천연적 성질을 전제로 하는 권리, 의무의 주체가 될 수 없다. 따라서 친권, 생명권, 육체상의 자유권, 상속권 등을 누릴 수 없다.

2) 법률에 의한 제한

법인은 법률에 의하여 제한될 수 있다. 이러한 제한의 예로 흔히 드는 것은 민법 제81조(해산한 법인은 청산의 목적 범위내에서만 권리가 있고 의무를 부담한다)와 상법 제173조(회사는 다른 회사의 무한책임사원이 되지 못한다)이다.

3) 목적에 의한 제한

법인은 정관에 목적을 기재하여야 하고 이를 등기하여야 한다. 그런데 법인이 정관에 기재된 목적의 범위 내에서만 권리능력을 가지는가 하는 점이 문제된다. 학설은 대체로 민법 제34조를 근거로 정관으로 정한 목적의 범위내에서만 권리능력을 가진다고 한다.

제3절 법인의 행위능력

1. 의 의

관념상의 법인이 실제로 권리를 취득하거나 의무를 부담하는 것은 일정한 자연인의 행위에 의할 수밖에 없다. 그렇다면 누구의 행위가 법인의 행위로 되는가 하는 문제가 발생하는데 이것이 바로 법인의 행위능력의 문제이다. 예를 들어 의사능력을 전제로 하는 자연인과 달리 법인의 행위능력은 요컨대 대표기관내지 대표권의 문제이다.

2. 법인의 대표기관의 행위

1) 대표기관

법인을 대표할 수 있는 지위에서 법인을 위하여 권리를 취득하고 의무를 부담할 수 있는 자연인을 대표기관이라고 한다. 즉 대표기관의 행위만이 법인의 행위로 된다. 누가 법인의 대표기관이 되는지는 법인의 내부조직에 의하지만 민법상의 비영리법인에서는 이사, 이사의 직무대행자, 임시이사, 특별대리인, 청산인이 대표기관이다.

2) 행위능력의 제한

(1) 목적범위에 의한 제한

민법 제34조(법인의 권리능력)는 '법인은 법률의 규정에 좇아 정관으로 정한 목적의 범위 내에서 권리와 의무의 주체가 된다.'라고 규정하고 있어 법인의 권리능력에 속하는 권리를 취득하거나 의무를 부담하기 위하여 행한 행위만이 법인의 행위로 된다.

(2) 강행규정에 의한 제한

공익법인의 설립운영에 관한 법률 11조 3항과 같이 법인의 행위를 제한하는 강행규정이 있는 경우에 대표기관인 이사의 대표행위가 그것을 위반하였다면 그 행위가 법인의 권리능력범위 및 대표권의 범위 내에 속하는 것이라도 무효여서 그 효과가 법인에 미치지 않는다(대결 1984. 12. 1. 84마591).

제4장 법인의 기관

제1절 의 의

독립된 권리주체이지만 그 자체로 자연인처럼 행동할 수 없는 법인이 의사를 결정하고, 그 의사에 의거하여 외부에 대하여 행동하며, 내부의 사무를 처리하기 위해서는 일정한 조직이 필요한데, 이 조직을 이루는 것이 법인의 「기관」이다. 여기에는 의사결정기관, 의사집행기관, 감독기관 등이 존재한다. 기관은 법률상 반드시 두어야 하는 필요기관과 둘 수도 있는 임의기관으로 나뉜다. 대표기관이자 집행기관인 「이사」는 모든 법인이 두어야 하는 필요기관이지만, 이사의 감독기관인 「감사」는 민법상 법인에는 임의기관이다(다만 공익법인법상 공익법인에는 필요기관이다). 법인의 최고의사결정기관인 「사원총회」는 사단법인에게는 필요기관이지만, 재단법인에는 성질상 존재하지 아니한다.

제2절 이 사

1. 의의

이사는 대외적으로 법인을 대표하고(대표기관), 대내적으로 법인의 업무를 집행하는(업무집행기관), 상설적인 필요기관이다.

사단법인이든 재단법인이든 법인에는 반드시 이사를 두어야 한다(민법 제57조). 이사의 수에는 제한이 없으며, 정관에서 임의로 정할 수 있다.이사가 될 수 있는 것은 자연인에 한하는 것으로 해석함이 통설이다. 그러나 자격상실 또는 자격정지의 형을 받은 자는 이사가 될 수 없다(형법 제43조 · 제44조).

2. 이사의 임면방법

이사의 임면방법은 정관에 반드시 기재되어야 하는 필요적 기재사항이다.

1) 선임과 사임

이사를 선임하는 행위는 법인과 이사 사이의 위임과 유사한 계약이다. 이사의 선임은 묵시적으로 행하여질 수 있다. 그리고 이사는 언제나 사임할 수 있는데 사임의 의사표시는 상대방 있는 단독행위로서 수령권한 있는 기관에 도달함으로서 효력을 발생하는 바, 법인의 승낙, 또는 이사회의 결의나 관할 관청의 승인이 있어야 하는 것은 아니며 도달한 후에는 이를 임의로 철회할 수 없다.

2) 이사의 해임과 퇴임

이사의 해임 및 퇴임은 정관에 따라야 하지만 정관에 규정이 없거나 있더라도 불충분하면 대리와 위임에 관한 규정을 유추하여야 한다. 따라서 임기만료 또는 사임으로 물러난 후에는 이사와 법인 사이의 위임 유사의 관계가 종료하지만 기관에 의하여 행위를 할 수 밖에 없는 법인으로서는 후임이사의 선임시 까지 이사가 존재하지 않는다면 당장 정상적인 활동을 중단하여야 할 상황에 놓이고 이는 위임종료의 급박한 사정이 있는 때와 같으므로 이러한 경우에는 후임이사가 결정될 때까지 구 이사에게 종전의 업무를 수행할 의무와 권한이 있고 후임이사의 선임이 있었으나 그 선임결의가 무효인 경우에도 같다.

3) 이사의 등기

이사의 성명 · 주소는 등기사항이며(민법 제49조 제2항), 이를 등기하지 않으면 이사의 선임 · 해임 · 퇴임을 가지고서 제3자에게 대항할 수 없다. 다만 변경 등기가 경료되기 전이라도 가령 새로이 선임된 이사가 한 집무집행행위는 법인에 대하여 유효하다.

4) 이사의 직무권한

이사는 대외적으로 법인을 대표하고 대내적으로 법인의 사무를 집행할 권한을 가진다. 이러한 직무를 집행함에 있어서 이사는 선량한 관리자의 주의를 기울여야 한다. 이를 위반하면 이사는 법인에 대하여 채무불이행으로 인한 손해배상책임을 지며 임무를 해태한 이사가 수인이면 그들은 연대하여 배상책임을 진다.

가. 대외적 권한(법인의 대표)

가) 원칙

이사는 법인의 사무에 관하여 각자 법인을 대표한다. 즉 각자대표가 원칙이다. 이점은 수인의 이사가 있더라도 마찬가지이다. 그리고 이사는 원칙적으로 법인의 권리능력에 속하는 모든 사항에 관하여 법인을 대표할 수 있다.

나) 적용법리

대표기관이 법인을 대표하여 어떤 행위를 하면 그 행위는 법인의 행위로 되어 법인이 그로 인한 권리를 취득하고 의무를 부담한다.

나. 대내적 권리(법인의 직무집행)

이사는 대내적으로 법인의 모든 사무를 집행한다. 그리고 이사가 수인인 경우에 정관에 다른 규정이 없으면 법인의 사무집행은 이사의 과반수로서 결정한다.

이사의 사무집행권원의 내용은 ① 재산목록의 작성 및 비치, ② 사원명부의 작성 및 비치, ③ 사원총회의 소집, ④ 사원총회 의사록의 작성, ⑤ 파산신청, 청산인이 되는 것, ⑥ 각종의 등기

3. 이사회

1) 의의

이사회는 법인의 사무집행을 결정하기 위하여 이사 전원으로 구성된 의결기관으로 민법상 필요기관이 아니다. 즉 이사가 수인 있는 경우 이사들로 구성된 회의체인 이사회를 둘 수 있다. 그러나 현행 민법은 이사회에 관한 규정을 두고 있지 아니하여, 이사회는 필요기관이 아니라 정관의 규정에 의하여 설치할 수 있는 임의기관이다. 이사회에 관하여 정관에 특별한 정함이 없으면 사원총회에 관한 규정을 유추 할 것이다.

2) 임시이사

법인이 성립한 후에 일시적으로 이사가 없게 되거나 결원이 생기더라도 법인의 존립자체에는 원칙적으로 영향이 없다. 그러나 이사가 없거나 결원이 있고 그로 인하여 손해가 생길 염려가 있는 경우에 법원은 법률상의 이해관계인이나 검사의 청구에 의하여 임시이사를 선임하여야 한다. 그 절차는 비송사건절차법에 의한다.

4. 사원총회

1) 의의

사원총회란 사원 전원으로 구성되는 사단법인의 최고의사결정 기관으로 정관의 규정에 의하더라도 두지 않거나 폐지할 수 없는 필요기관이다. 사단법인에는 사단법인을 구성하는 사원의 전원으로써 구성되는 최고 의사결정기관인 사원총회를 반드시 두어야 한다(즉 '필요기관'이다). 사원이 없는 재단법인에는 사원총회가 존재하지 아니한다.

사단법인은 정관의 변경 · 법인의 해산 등을 비롯한 사단법인에 관한 모든 근본적 의사를 결정하는 최고 의사결정 기관이면서 필요기관이므로, 정관의 규정에 의해서도 이를 폐지하지 못한다.

2) 사원총회의 종류

사원총회로 적어도 1년에 1회 이상 정관에 정한 시기에 소집하는 통상총회와 특별한 필요에 따라 임시로 소집되는 임시이사의 두 가지가 있다. ① 임시총회는 이사가 필요하다고 인정하는 때, ② 감사가 필요하다고 인정하는 때, ③ 총사원 5분의 1이상 회의 목적을 제시하여 청구하는 때 소집된다.

3) 소집절차

사원총회를 소집하기 위해 이사나 소수사원 등 적법한 소집권자가 1주전에 그 회의의 목적사항을 기재한 통지를 발하고 기타 정관에 정한 방법에 의하여야 한다.

4) 사원총회의 권한

정관으로 이사 기타 임원에게 위임한 사항을 제외한 나머지 사항은 모두 사단법인의 최고의사결정 기관인 사원총회의 결의에 의하여 결정된다. 특히 정관의 변경과 임의해산은 중요한 문제이므로 반드시 사원총회의 결의로 결정하여야 한다.

사원총회의 결의로 사원의 권리를 제한 또는 박탈할 수 있는지가 문제되는데 소수 사원권과 같은 사원의 고유권은 사원이 사원자격에 기하여 사단법인에 대하여 가지는 권리 중 그 사원의 동의 없이는 정관의 규정 또는 총회의 결의에 의하더라도 제한 하거나 박탈할 수 없는 권리이고 따라서 총회의 결의에 의하여 제한 또는 박탈할 수 없다.

5) 사원총회의 결의

사원총회의 결의가 성립하기 위하여 우선 총회가 성립하여야 하는데 적법한 소집절차 각 사원에 대한 토의 결의의 기회 부여 및 의사정족수의 충족이라는 요건이 구비되어야 한다. 사원총회의 결의사항은 정관에 다른 규정이 없으면 총회를 소집할 때 미리 통지한 사항에 한한다. 각 사원은 원칙적으로 평등한 의결권을 가지지만, 정관으로 달리 정할 수 있다. 민법이나 정관에 달리 정함이 없으면 결의의 성립에 필요한 의결정족수는 사원과반수의 출석과 출석사원 결의권의 과반수이다(민법 제75조).

5. 감사

1) 의의

민법상 법인에서 감사는 이사의 사무집행을 감독하는 기관으로 사단법인 또는 재단법인은 정관 또는 총회의 결의로 감사를 둘 수 있다(민법 제66조). 즉 현행 민법상 감사는 필요기관이 아닌 임의기관이다. 이사와는 달리, 감사의 성명 · 주소는 등기사항이 아니다.

2) 직무권한

감사는 내부적으로 이사의 사무집행을 감독할 권한을 가질 뿐이고 외부적으로 법인을 대표할 권한은 없다. 감사는 이사와 마찬가지로 선량한 관리자의 주의로 직무를 수행하여야 하고 이를 위반하면 채무불이행책임을 진다. 감사의 중요한 직무권한으로는 ① 법인의 재산상황을 감사하는 일, ② 이사의 업무집행의 상황을 감사하는 일, ③ 재산상황 또는 업무집행에 관하여 부정, ④ 불비한 것이 있음을 발견한 경우에 이를 총회 또는 주무관청에 보고하는 일 등이 있다.

제5장 법인의 소멸

제1절 의 의

법인의 소멸이란 법인이 권리능력을 상실하는 것을 말하며 자연인의 사망에 상응한다. 그런데 법인의 경우에 상속이 인정되지 않으므로 권리능력의 상실에 따른 재산관계를 정리하기 위하여 단계적인 절차를 거친다. 일정한 사유가 있으면 법인은 해산하고, 이에 따른 청산절차가 끝나 법인 등기부에 청산종결의 등기를 함으로써 법인은 소멸한다. 다만 법인에 대한 청산종결등기가 경료되었더라고 하더라도 청산사무가 종결되지 않으면 그 범위 내에서 청산법인으로서 존속한다.

제2절 법인의 해산

1) 해산의 개념

법인의 해산이란 법인이 본래의 목적달성을 위한 적극적인 활동을 그치고 청산절차로 들어가는 것을 말한다.

2) 해산사유

(1) 사단법인과 재단법인에 공통된 해산사유

① 법인은 존립기간의 만료, 기타 정관에 정한 해산사유의 발생

② 법인의 목적의 달성 또는 달성의 불능

③ 파산

법인이 채무를 완제하지 못하게 된 때에는 이사는 지체없이 파산신청을 하여야 한다.

④ 설립허가의 취소

(2) 사단법인에 특유한 해산사유

① 사단법인은 사원이 없게 되거나

② 총회의 결의로도 해산한다.

사단법인은 총 사원 4분의 3 이상의 동의가 없으면 해산을 결의하지 못한다. 그러나 정관에 다른 규정이 있는 때에는 그 규정에 의한다. 이 사유에 의한 해산은 임의해산이며 사원총회의 전권사항이다.

제3절 법인의 청산

1. 의의

법인의 청산이란 해산한 법인의 잔무를 처리하고 재산을 정리하여 권리능력을 완전히 소멸시키는 절차를 말한다. 그런데 파산에 의하여 해산한 경우에 채무자 회생 및 파산에 관한 법률 소정의 절차에 따라 청산이 이루어지며 민법 소정의 청산절차는 그 밖의 원인으로 인한 해산에 적용된다. 청산에 관한 규정은 제3자의 이해관계에 중대한 영향을 미치는 것으로 강행규정이다.

2. 청산법인의 능력

청산법인은 해산 전의 법인과 동일성을 가지지만 청산의 목적범위 내에서만 권리를 가지고 의무를 부담한다. 이 범위를 초과하는 행위는 무효이다. 청산의 목적범위 내란 청산목적과 직접 관련된 것에 한정할 것은 아니고 청산의 목적달성을 위한 행위라면 이에 포함된다.

3. 청산법인의 기관

1) 의의

청산법인은 해산 전의 법인과 동일성을 가지므로 그 법인의 기관들도 그대로 유지된다. 다만 해산 전의 이사에 갈음하여 청산인이 청산법인의 업무 집행권과 대표권을 가진다.

2) 청산인

법인이 해산하면 해산 전의 이사에 갈음하여 청산인이 대내적으로 청산법인의 사무를 집행하고 대외적으로 청산법인을 대표한다. 즉 청산인은 해산전의 법인의 이사와 같은 지위에 선다. 따라서 이사에 관한 규정들이 청산인에 준용된다. 파산으로 인한 해산의 경우를 제외하고 원칙적으로 해산 당시의 이사가 그대로 청산인이 되지만 정관 또는 사원총회의 결의로 달리 정할 수 있다. 법인 해산 시 청산인으로 될 자가 없거나 청산인의 결원으로 손해가 생길 염려가 있는 경우에 법원은 직권으로 또는 이해관계인이나 검사의 청구에 의하여 청산인을 선임할 수 있다.

4. 민법상의 청산사무

1) 의의

청산인의 직무권한이 청산사무이다.

2) 중요한 청산사무

(1) 해산등기와 신고

청산인은 파산의 경우를 제하고는 그 취임 후 3주간내에 해산의 사유 및 연월일, 청산인의 성명 및 주소와 청산인의 대표권을 제한한 때에는 그 제한을 주된 사무소 및 분사무소소재지에서 등기하여야 한다. 청산인은 파산의 경우를 제하고는 그 취임 후 3주간내에 위 사항 등을 주무관청에 신고하여야 한다. 청산 중에 취임한 청산인은 그 성명 및 주소를 신고하면 된다.

(2) 현존사무의 종결

(3) 채권의 추심 및 채무의 변제

(4) 잔여재산의 인도

제2편 법인의 등기

제1장 법인등기 총론

제1절 개 관

1. 의의

법인등기란 민법, 상법, 각종의 특별법, 비송사건절차법, 상업등기법 등 법령의 규정에 의하여 등기관이 법인에 관한 일정한 사항을 등기부에 기록하는 것 또는 그 기록 자체를 말한다. 법인은 사법상 법률관계에 있어 권리의무의 주체이지만, 자연인과 달리 외부적으로는 형체가 없기 때문에 법인과 거래하는 제3자로서는 법인의 존재, 조직, 재산상태 등 거래상 필요한 사항을 쉽게 아는 방법이 없다면 뜻하지 않은 손해를 입힐 수 있다. 따라서 사회거래의 안전을 꾀하기 위하여 그의 조직이나 내용을 등기하여 일반인에게 공시하는 것이 필요한 바, 현행 민법에서는 법인이 해야 할 등기를 강제하고, 이를 해태 할 경우 강제의 수단을 강구하고 있다.
이와 같은 광의의 법인등기는 각각 설립의 근거가 되는 법령에 따라 민법법인등기, 상법법인등기, 특수법인등기로 나누어진다. 그 중 민법법인등기란 민법에 의하여 설립된 사단법인과 재단법인에 관한 일정한 사항을 등기관이 등기부에 기록하는 것 또는 그 기록 자체를 말한다.

2. 법인등기의 구분

1) 서설

법인의 등기사항에 관한 특례법 제1조는 등기사항에 관한 특례를 규정할 대상이 될 법인으로 특별법에 의하여 설립된 법인, 상사법인 및 민법법인을 구분하고 있으므로 법은 법인등기를 민법법인등기, 상법법인등기, 특수법인등기로 구분하고 있다.

2) 상법법인등기

실무상 상업등기란 상법 및 기타 법령에 따라 상인 또는 합자조합에 관한 일정한 사항을 등기관이 등기부에 기록하는 것 또는 그 기록 자체를 말하는 것으로(상등법 2조 1호). 실무상 법인등기와 별도로 불리어 사용되고 있다.

3) 특수법인등기

(1) 의의

법인 중에서 국가 정책상 필요나 공공의 이익을 달성하기 위해 민법 또는 상법 외의 특별법에 따라 설립되는 법인이 특수법인이다. 따라서 특수법인등기란 사립학교법, 사회복지사업법, 농업협동조합법, 의료법 등 특별법에 의하여 설립된 법인에 관한 등기를 말한다.

(2) 법인등록번호에 의한 구분

주된 사무소 소재지 관할 등기소의 등기관은 법인설립등기를 할 때 부동산등기법 제49조 제1항 제2호와 「법인 및 재외국민의 부동산등기용등록번호 부여에 관한 규칙」 제3조에 따라 해당 법인에 대해 법인등록번호를 부여하고 있는데 민법법인 중 사단법인의 법인등록번호는 같은 규칙 [별표 3]의 분류번호 등에 따라 부여된다. 반면 특수법인의 경우 같은 규칙 [별표 3]에 별도의 분류번호가 있는 경우에는 그 번호가 법인등록번호가 되지만 없는 경우에는 기타 분류할 수 없는 법인에 해당하는 '71'을 법인등록번호(000071-0000000)로 등기하고 있다.

■ 법인 및 재외국민의 부동산등기용등록번호 부여에 관한 규칙 [별표 3] 〈개정 2016. 8. 1.〉

법인종류별 분류번호

법인종류	법률근거	법인분류	분류번호
상법법인	상법	주식회사	11
		합명회사	12
		합자회사	13
		유한회사	14
		유한책임회사	15
민법법인	민법	사단법인	21
		재단법인	22
특수법인	사립학교법	학교법인	31
	사회복지사업법	사회복지법인	32
	의료법	의료법인	33
	공인회계사법	회계법인	34
	한국은행법등	특별법에 의한 은행	35
	농업협동조합법	단위농업협동조합	36
		특수농업협동조합(양잠협동조합)	

		농업협동조합중앙회	
	축산업협동조합법	지역별축산업협동조합 업종별축산업협동조합 축산업협동조합중앙회	37
	수산업협동조합법	지역별수산업협동조합 업종별수산업협동조합 수산물제조업협동조합 수산업협동조합중앙회 어업협동조합 어촌계	38
	산림조합법	산림조합중앙회 산림조합 산림계	39
	중소기업협동조합법	지역별중소기업협동조합 업종별중소기업협동조합 중소기업협동조합 중소기업협동조합연합회 (업종별) 중소기업협동조합중앙회	40
	신용협동조합법	신용협동조합 신용협동조합연합회	41
	농촌근대화촉진법	농지개량조합 농지개량조합연합회 농업진흥공사	42
	노동조합법	노동조합	43
	새마을금고법	새마을금고(마을금고) 새마을금고연합회	44
	의료보험조합법	의료보험조합 (직장별, 지역별, 직종별)	45
	변호사법	법무법인	46
	상공회의소법	상공회의소 대한상공회의소	47
	상호신용금고법	상호신용금고 상호신용금고연합회 상호신용보증기금	48
	자동차운수사업법	자동차운송사업조합 자동차운송사업연합회	49
	공업협동조합법	단위공업협동조합 특수공업협동조합 공업협동조합중앙회	50
	협동조합기본법	협동조합	51

		협동조합연합회	
		사회적협동조합	
		사회적협동조합연합회	
	외국법자문사법	합작법무법인	52
	법무사법	법무사법인	53
	기타	(기타 분류할 수 없는 법인)	71
외국법인		주식회사	81
		합명회사	82
		합자회사	83
		유한회사	84
		유한책임회사	86
		기타	85

3. 관할

1) 의의

구체적인 등기사건에 관하여 현실적으로 어느 등기소가 그 등기사무를 처리할 것이냐 하는 것이 관할의 문제이다. 비송사건절차법 제60조는 “법인등기에 관하여는 법인의 사무소 소재지를 관할하는 지방법원, 그 지원, 또는 등기소를 관할하는 등기소로 한다.”고 규정하고 있고, 상업등기법 제4조는 “등기사무는 등기 당사자의 영업소 소재지를 관할하는 등기사무를 담당하는 지방법원, 그 지원 또는 등기소에서 담당한다.”고 규정하고 있다. 이에 따라 지방법원, 지원의 관할구역은 ‘각급 법원의 설치와 관할구역에 따른 법률’에 따르고, 지방법원 관내에 설치한 등기소와 그 관할구역은 ‘등기소의 설치와 관할구역에 관한 규칙’에서 정하고 있다. 등기소의 관할은 대체로 행정구역인 시, 군, 구를 기준으로 정해져 있다.

2) 상법법인의 관할

교통사정 등 등기사무 처리의 편의를 고려하여 대법원장은 어느 등기소의 관할에 속하는 사무를 다른 등기소에 위임할 수 있는데(상등법 5조) 현재 동일 상호 판단의 편의와 상업등기의 전문화 등을 위해서 대체로 동일 시내에 여러 개의 등기소가 있을 경우 다른 등기소의 상업등기사무를 그 중 하나의 등기소에 위임하여 1곳에서 상업등기사무를 처리하도록 하고 있다. 이에 따라 서울특별시 내의 상업등기사무는 서울중앙지방법원 등기국에서, 대구광역시 내의 상업등기사무는 대구지방법원 등기국에서, 부산광역시 내의 상업등기사무는 부산지방법원에서, 인천광역시 내의 상업등기는 인천지방법원 등기국에서, 대전광역시 내의 상업등기사무는 대전지방법원에서 이를 각 처리하고 있다(등기소의 설치와 관할구역에 관한 규칙 4조). 이렇게 관할의 위임이 있게 되면 등기사무는 위임받은 등기소만 관할권을 갖게 된다.

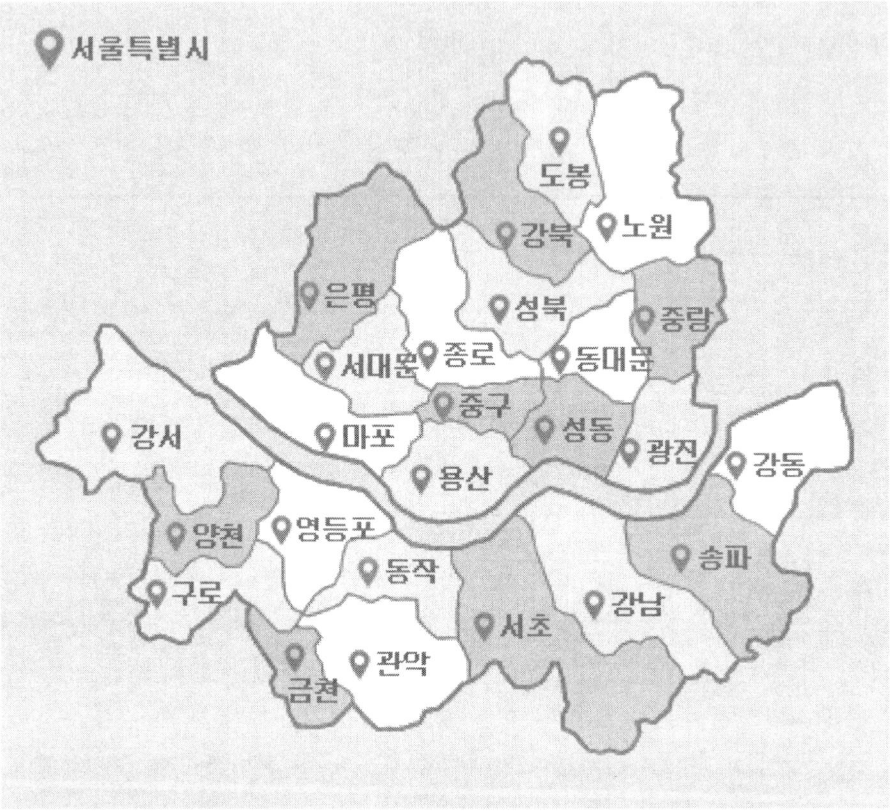

▸ 광역등기소

등기소	개청일	관할구역
서울중앙지방법원 등기국	2011. 03. 26	서울특별시 서초구, 관악구, 강남구, 동작구 (단, 상업등기, 선박등기 및 동산 · 채권담보등기는 서울특별시 전지역)
대구지방법원 등기국	2013. 04. 29	대구광역시 수성구, 남구, 중구, 북구, 동구 (단, 상업등기, 선박등기 및 동산 · 채권담보등기는 대구광역시 전지역)
광주지방법원 등기국	2005. 12. 05	광주광역시 전지역
인천지방법원 등기국	2016. 03. 01	인천광역시 중구, 동구, 미추홀구, 연수구, 남동구, 부평구, 계양구, 서구, 옹진군 (단, 상업등기와 동산 · 채권담보등기는 인천광역시 전지역, 선박등기는 강화군을 제외한 인천광역시 전지역)
서울남부지방법원 등기국	2016. 06. 27	서울특별시 양천구, 영등포구, 강서구, 구로구, 금천구
서울동부지방법원 등기국	2017. 03. 01	서울특별시 강동구, 광진구, 성동구, 송파구
서울서부지방법원 등기국	2019. 02. 11	서울특별시 마포구, 서대문구, 은평구, 용산구

서울중앙지방법원 등기과, 상업등기소, 강남등기소, 관악등기소, 성북등기소, 동작등기소가 폐소되고 서울특별시 동작구, 관악구, 서초구, 강남구를 관할구역으로 하는 서울중앙지방법원 등기국(서울시 전 지역의 상법상 법인등기)이 신설되었다. (2011.09.26.)

3) 민법법인 및 특수법인의 관할

민법법인 및 특수법인등기의 경우 [등기소의 설치와 관할구역에 관한 규칙] 4조와 같은 별도의 관할에 관한 위임규정이 없으므로 원칙으로 돌아가 비송사건절차법 제60조와 [각급 법원의 설치와 관할구역에 관한 법률] 및 [등기소의 설치와 관할에 관한 규칙] 제3조에 따라 법인의 주사무소 및 분사무소 소재지를 관할하는 지방법원, 그 지원 또는 등기소에 등기사무를 처리한다.

제2절 법인등기의 법원과 그 내용

1. 의의

법인등기를 규율하는 법원으로는 민법, 상법, 공익법인의 설립 · 운영에 관한 법률, 비송사건절차법, 상업등기 및 상업등기규칙, 법인의 등기사항에 관한 특례법, 법인 등의 등기사항에 관한특례규칙, 민법법인 및 특수법인 등기규칙, 기타 특수법인에 관한 특별법 등이 있다.

2. 민법

민법은 민법법인뿐만 아니라 공익법인과 특수법인을 포함하는 모든 비영리법인의 일반적 법원이다.

1) 민법 내용

민법이 법인등기와 관련하여 두고 있는 규정은 크게 두 가지로 구분할 수 있다. 하나는 등기하여야 할 등기사항에 관한 규정으로서 일종의 등기종류에 관한 규정이라고 볼 수 있다. 다른 하나는 등기의 종류와 관계없이 순수하게 등기의 효력과 절차와 관련된 규정이다.

(1) 등기사항

① 법인의 설립등기에 관한 규정(민법 33조, 49조)
② 법인의 해산 및 청산의 등기에 관한 규정(민법85조, 94조)
③ 법인의 존속과 활동을 규율하는 등기에 관한 규정(민법50조, 51조, 52조, 60조)

(2) 등기효력과 절차

① 등기의 효력에 관한 규정(민법 54조 1항)
② 등기사항 공고에 관한 규정(민법 54조2)
③ 등기기간의 기산에 관한 규정(민법 53조)

2) 일반법으로서의 민법

특수법인의 근거법인 특별법은 관련법에 규정된 사항을 제외하고는 민법이나 상법에 관한 규정을 준용할 것을 규정하고 있다. 그 결과 민법을 준용하는 경우 민법법인등기에 관한 규정은 대부분 특수법인등기에 준용된다. 공익법인의 설립 · 운영에 관한 법률 제1조는 '이 법은 법인의 설립 · 운영 등에 관한 「민법」의 규정을 보완하여 법인으로 하여금 그 공익성을 유지하며 건전한 활동을 할 수 있도록 함을 목적으로 한다.'고 규정하고 있는데 이 법은 공익법인 등기에 대하여는 아무런 규정을 두고 있지 않아 민법법인등기에 관한 규정은 공익법인 등기에도 적용 된다.

3. 비송사건절차법

1) 비영리법인등기의 절차법

비송사건절차법은 2007. 7. 27. 개정이 있기 전까지 민사비송사건에서 법인의 등기라는 표제 하에 법인등기를 규율하였다. 이후 2007. 8. 3. 회사등기를 포함한 상업등기만을 따로 규율하기 위하여 상업등기법이 제정되어 비송사건절차법의 규율대상에서 상업등기가 제외되어 그 결과 현재 비송사건절차법은 비영리법인등기의 절차에 관한 일반법원으로서의 지위만을 가지게 되었다. 즉 법인등기는 법인의 비영리성과 영리성에 따라 비영리법인등기의 절차법은 비송사건절차법이 되고 영리법인등기의 절차법은 상업등기법이 된다.

2) 규정의 내용

(1) 법인설립에 관한 규정

제63조는 민법 제33조 및 제49조의 시행규정으로서 설립등기의 신청자와 첨부할 서면에 대하여 규정하고 있다.

(2) 해산등기에 관한 규정

제65조는 민법 제85조의 시행규정에 해당하는데 해산사유를 증명하는 서면과 청산인이 이사가 아닌 경우 청산인의 자격을 증명하는 서면을 첨부할 것을 규정하고 있다.

(3) 법인존속에 관한 규정

이사 · 청산인의 등기, 변경의 등기에 관한 규정이 있다. 제62조는 민법 제49조 및 제85조의 시행규정으로서 이사 또는 청산인의 주민등록번호를 등기할 것을 규정하고 있다.

(4) 법인등기 일반에 관한 규정

관할등기소(비송법 60조), 등기사항의 공시(비송법 65조의2), 등기사항을 공고할 신문의 선정(비송법 65조의3), 신문공고에 갈음하는 게시(비송법 65조의4)에 관한 규정이 있다.

3) 상업등기법의 준용

비송사건절차법은 민법법인뿐만 아니라 모든 비영리법인등기를 실행하는 일반적인 절차법이지만 이에 대하여는 일부의 규정만을 두고 있을 뿐이므로 비송사건절차법은 법인등기의 절차를 규율하기 위하여 필요한 대부분의 규정을 상업등기법으로 준용하고 있다. 그 결과 비록 형식적으로는 비송사건절차법이 비영리법인등기의 절차에 관한 일반법이라고 할 수 있지만 실질적으로는 상업등기법이 그 역할을 하고 있다.

4. 법인의 등기사항에 관한 특례법 · 규칙

법인의 등기사항에 관한 특례법은 법인 등의 등기사항에 관한 특례를 규정함을 목적으로 하며 특수법인, 상사법인 및 민법법인을 그 규율의 대상으로 하고 있으므로 비영리법인등기와 영리법인등기 모두에 관한 법원이 된다. 같은 법은 임원등기(특례법 2조)와 분사무소 등기(특례법 3조)의 등기사항에 대하여 특별규정을 두고 있다. 따라서 임원의 등기와 분사무소의 등기사항에 관해서는 본법이 특별법으로서 민법이나 비송사건절차법보다 우선 적용된다.

같은 법의 시행을 위하여 규칙이 제정되어 있다. 이 규칙은 분사무소의 등기사항에 관해 구체적으로 규정하고 있으며 분사무소의 등기기록에 관해서도 규정하고 있다(특례규칙 3조, 4조).

5. 민법법인 및 특수법인 등기규칙

민법법인 및 특수법인 등기규칙은 민법법인, 특수법인과 회사가 아닌 외국법인의 등기에 관하여 비송사건절차법에서 위임된 사항과 그 시행에 필요한 사항을 규정함을 목적으로 한다. 따라서 비송사건절차법과 더불어 비영리법인의 등기 절차에 관한 일반적인 법원이 된다. 민법법인 및 특수법인 등기규칙은 제정 상업등기법의 시행에 맞추어 종래 민법법인 및 특수법인 등기처리규칙을 전면 개정한 것이다.

6. 상업등기법 · 상업등기규칙

종래 비송사건절차법 제3편에서 규정하던 상업등기에 관한 내용을 별도로 규율하기 위하여 상업등기법이 독립한 입법으로 제정되었다. 상업등기란 상법에 의하여 등기할 모든 사항에 관한 등기로서 이에는 회사등기도 당연히 포함된다. 그리고 같은 법의 시행을 위하여 종전의 상업등기처리규칙은 상업등기규칙으로 개정되었다. 형식적으로는 비영리법인등기의 절차를 규율하는 일반적 법원은 비송사건절차법이라고 할 수 있지만 실질적으로는 상업등기법과 상업등기규칙이 비영리법인등기와 영리법인등기를 포함하는 법인등기의 절차에 관한 일반적 법원으로서의 지위를 가진다고 보아야 한다.

제3절 법인등기의 분류

1. 의의

민법법인등기는 몇 가지 관점에서 분류할 수 있으나 여기서는 등기사항을 기록하는 등기부의 종류에 의한 분류, 등기의 목적에 의한 분류, 설립근거법령에 의한 분류로 나누어 설명하기로 한다.

2. 등기부의 종류에 의한 분류

등기사항을 기록하는 등기부의 종류에 따라 민법법인 등기를 분류하면 ① 사단법인의 등기, ② 재단법인의 등기, ③ 대한민국에 사무소를 둔 비영리외국법인의 분사무소의 등기로 구분할 수 있다.

3. 등기의 목적에 의한 분류

1) 기입등기

새로운 등기권원에 의하여 등기기록을 새로이 개설하거나 이미 개설되어 있는 등기기록에 등기사항을 새로이 기입하는 등기를 말한다. 전자의 경우로는 설립등기와 사무소이전이나 분사무소 설치, 이전의 경우 신소재지에서 하는 등기 등이 있고, 후자의 경우로는 해산이나 청산인에 관한 등기 및 파산등기 등이 있다.

2) 변경등기

변경등기는 등기된 사항이 실체와 일치하지 않는 경우 그를 일치시키기 위하여 고쳐서 행하는 등기를 말하는 것으로서 이에는 이미 등기된 사항이 등기 후에 변경되어 불일치한 경우에 행하는 협의의 변경등기와 등기당초부터 착오나 오류가 있어 불일치한 경우에 행하는 경정등기가 있다. 통상 변경등기라 함은 협의의 변경등기만을 지칭한다(민법 52조).

3) 말소등기

말소등기는 이미 등기된 사항이 실체와 일치하지 않는 경우에 그 말소를 목적으로 행하는 등기를 말한다. 이에는 청산종결등기, 합병에 의한 해산등기, 구소재지에서 하는 사무소이전등기처럼 일단 적법하게 성립된 실체관계가 후에 이르러 소멸하는 경우와 등기관의 직권말소등기처럼 등기당초부터 실체관계가 부합하지 아니하여 말소하는 경우가 있다.

4) 회복등기

회복등기는 일단 등기된 사항이 후에 어떤 사유로 인하여 소멸된 경우에 종전의 상태로 회복시키기 위하여 행하는 등기로서 이에는 그 전부나 일부가 멸실된 등기부를 회복시키기 위하여 행하는 멸실회복등기와 변경이나 말소로 인하여 말소된 등기사항을 회복시키기 위하여 행하는 말소회복등기가 있다.

4. 설립근거법령에 의한 분류

1) 민법상 법인등기

민법에 의하여 설립된 법인, 즉 ① 목적의 비영리성, ② 설립행위(정관작성, 재단법인의 경우 정관작성과 재산출연), ③ 주무관청의 허가, ④ 설립등기라는 요건을 갖추어서 성립된 비영리사단법인과 재단법인에 관한 등기를 말하는 것으로서 좁은 의미에서 법인등기라 할 때는 통상 이 등기만을 가리킨다.

2) 특별법상 법인등기

이는 민법 이외의 사립학교법, 한국은행법 등 특별법에 의하여 설립된 법인에 관한 등기를 말하는 것으로 통상 특수법인등기라 한다.

특수법인의 등기절차에 관하여는 「법인등의등기사항에관한특례법」, 동법 시행규칙과 「민법법인과특수법인등기규칙」 외에 당해 법인의 설립의 준거가 되는 각 특별법과 그 시행령 및 시행규칙이 적용된다.

제4절 법인등기의 양태

1. 설립등기

법인은 설립허가를 받은 때에는 3주 내에 주된 사무소 소재지에서 다음의 사항을 설립등기 하여야 한다(민법 제49조).

- 목 적
- 명 칭
- 사무소
- 설립허가의 연월일
- 존립 시기나 해산사유를 정한 때에는 그 시기 또는 사유
- 자산의 총액
- 출자의 방법을 정한 때에는 그 방법
- 이사의 성명 · 주소
- 이사의 대표권을 제한할 때에는 그 제한

2. 변경등기

설립등기사항 중에 변경이 있으면 3주 내에 변경등기를 하여야 한다(민법 제52조). 만일 행정청의 허가가 필요한 사항이면 그 허가서가 도착한 날로부터 3주 내에 이를 하여야 한다(민법 제53조).

법인 사무소의 신설 · 이전, 그 밖의 등기사항의 변경등기 신청서에는 사무소의 신설 · 이전 또는 등기사항의 변경을 증명하는 서면을 첨부하되, 주무관청의 허가가 필요한 사항은 그 허가서 또는 그 인증이 있는 등본을 첨부하여야 한다(비송사건절차법 제64조 제1항).

이 변경등기는 등기한 후가 아니면 제3자에게 대항하지 못한다(민법 제54조 제1항).

3. 분사무소 설치등기

법인이 분사무소를 설치할 때에는 주사무소 소재지에서는 3주내에 분사무소를 설치한 것을 등기하고, 그 분사무소 소재지에서는 같은 기간 내에 설립등기사항을 등기하여야 하며, 다른 분사무소 소재지에서는 같은 기간에 그 분사무소를 설치한 것을 등기하여야 한다(민법 제50조 제1항).
그러나 주 사무소 또는 분사무소의 소재지를 관할하는 등기소의 관할 구역 내에 분사무소를 설치한 때에는 3주 내에 그 사무소를 설치한 것을 등기하면 된다(민법 제50조 제2항).
법인의 분사무소를 설치한 때에는 다른 모든 사무소 소재의 등기사항에 대한 변경이 되므로 위의 변경등기를 하여야 한다(민법 제52조 참조).

4. 사무소 이전등기

법인이 그 사무소를 이전하는 때에는 구 소재지에서는 3주 내에 이전등기를 하고, 신 소재지에서는 이 기간 내에 설립등기사항을 등기한다(민법 제51조 제1항).
같은 등기소의 관할 구역 내에 사무소를 이전할 때에는 그 이전한 것을 등기하면 족하다(민법 제51조 제2항).
사무소 이전은 다른 모든 사무소의 등기사항에 대한 변경사항이 되므로 이 점에 관한 변경등기를 하여야 한다(민법 제52조 참조).

5. 해산등기

파산을 제외한 법인해산사유가 발생하면 청산인은 그 취임 후 3주 내에 다음의 사항을 주된 사무소 및 분사무소 소재지에서 등기하여야 한다(민법 제85조).

- 해산사유
- 해산 연월일
- 청산인의 성명 및 주소
- 청산인의 대표권을 제한한 때에는 그 사항

법인의 해산등기 신청서에는 해산의 사유를 증명하는 서면을 첨부하고, 이사가 청산인으로 된 경우를 제외하고는 청산인의 자격을 증명하는 서면을 첨부하여야 한다(비송사건절차법 제65조).
해산등기의 등기사항에 대한 변경이 생긴 경우에도 3주 내에 변경등기를 하여야 한다.

6. 청산종결등기

법인의 청산이 종결한 때에는 청산인은 3주간 내에 이를 등기하고, 주무관청에 이를 신고하여야 한다(민법 제94조).

법인등기에 관한 이상의 내용을 요약 정리하면 다음과 같다.

등기유형	등기내용	등기기간	결과보고	근거법령
설립등기	민법 제49조에 정한 "법인의 등기사항"	허가서 도착 후 3주간 내	등기완료 후 7일 이내	민법 제33조 공익법인법 시행령 제9조
분사무소 설치등기	분사무소 설치 내용	〃	〃	민법 제50조 민법 제52조
사무소 이전등기	사무소 이전 내용	〃	〃	민법 제51조 민법 제52조
변경등기	설립등기의 등기사항에서 변경된 내용	〃	〃	민법 제52조
해산등기	해산사유, 해산일자 청산인 주소, 성명과 대표권의 제한 내용	청산인 취임 후 3주간 내	〃	민법 제85조
청산종결의 등기	청산종결의 내용	청산종료 후 3주간 내	〃	민법 제94조

제5절 등기사항

1. 의의

등기사항은 민법 등 법령에 의하여 법인등기부에 등기하도록 정하여진 사항을 말한다. 법인등기는 거래안전을 위하여 법인의 현황을 대외적으로 공시하는 것이 목적이나, 등기할 필요성이 있다고 하여 무조건 등기할 수는 없고 법령에 의하여 등기할 수 있는 사항으로 규정된 사항만 등기할 수 있다. 이처럼 민법이나 설립 근거 법령 등에서 법인등기부에 등기하도록 정하여진 사항만을 등기하는 것을 등기사항 법정주의라고 한다.

어떠한 사항을 등기사항으로 할 것인가는 입법정책의 문제이나 민법은 거래의 안전을 도모하기 위하여 중요한 사항을 등기사항으로 하나하나 개별적으로 규정하는 등기사항 열거주의를 취하고 있다. 등기사항이 아닌 것은 등기할 수 없고 착오로 이를 등기하더라도 그 등기의 효력이 발생하지 않는다.

2. 등기사항의 구분

민법은 제49조에서 법인의 등기사항을 정하고 있으며 이는 다음과 같은 기준으로 구분할 수 있다.

1) 절대적 등기사항과 상대적 등기사항

등기사항 중에는 법령상 반드시 등기하여야 할 사항, 즉 등기할 것이 강제되어 있어 이를 게을리 한 경우에는 과태료의 제재를 받는 사항과 등기를 할 것인지 아닌지를 당사자가 결정할 수 있는 사항이 있다. 전자를 절대적 등기사항이라 하고 후자를 상대적 등기사항이라고 한다. 민법은 절대적 등기사항으로 목적, 명칭, 사무소, 설립허가의 연월일, 자산의 총액, 이사의 성명과 주소를 규정하고 있고 상대적 등기사항으로는 존립 시기나, 해산이유, 출자의 방법 및 대표권의 제한이 있다(민법 49조 2항). 상대적 등기사항이라도 일단 등기를 한 후에는 그 변경이나 소멸에 따른 등기는 반드시 하여야 한다.

2) 설정적 등기사항과 면책적 등기사항

등기에 의하여 법률관계가 창설되는 것을 설정적 등기사항이라 하고, 등기에 의하여 당사자의 책임이 면책되는 경우를 면책적 등기사항이라 한다. 설정적 등기사항으로는 법인의 설립등기가 대표적이며, 면책적 등기사항으로는 법인의 해산등기, 이사의 해임등기 등이 있다.

3) 주사무소 등기사항과 분사무소 등기사항

민법은 분사무소가 있는 경우에 주사무소에서 등기한 사항은 분사무소에서 등기하도록 하고 있다. 그러나 법인의 등기사항으로 위 특례법 및 대법원규칙에서 정한 사항만 등기하도록 하고 있다.

제6절 법인등기의 효력

1. 의 의

법인과 거래를 하고자 하는 자에게 법인에 관한 사항을 용이하게 알 수 있게 하는 제도가 필요하다. 즉 법인에 관한 사항은 일반인에게 공시할 필요가 있는데 그 수단이 바로 등기이다. 그런데 법인에 관한 사항을 등기로 공시하는 방법에는 등기하지 않으면 해당 사항에 대한 효력 자체가 발생하지 않게 하는 방법과, 등기에 의한 공시 이전에도 효력은 발생하게 하되 이를 등기하지 않으면 제3자에게 대항하지 못하게 하는 방법이 있다. 전자의 등기의 효력을 권리창설 또는 권리변동의 효력이라고 부르고, 후자의 등기의 효력을 대항력이라고 부른다. 민법 제54조 제1항도 민법 법인등기의 효력을 권리창설적 또는 권리변동의 효력과 대항력으로 구분하고 있다.

2. 창설적 효력

민법 제33조에 의하면 설립등기에 의하여 비로소 법인이 설립하는 것이므로 이런 의미에서 민법은 설립등기에 창설적 효력을 부여한다. 즉 민법이 설립등기에 법인 창설적 효력을 인정함으로써 그 등기에 의해 법의 세계에 자연인 이외에 새로운 법적 주체인 법인이 탄생하게 되는 것이다. 한편 법인설립등기에 의해 법인이 비로소 성립한다는 점에서 설립등기는 법인의 성립요건이라고 할 수 있다. 그러나 설립등기가 유일한 법인성립요건인 것은 아니다. 설립등기 이전에 사단과 재단의 실체를 형성하는 실체행위와 주무관청의 허가가 있어야 비로소 설립등기에 의하여 법인이 성립할 수 있다. 요컨대 설립등기는 실체행위 및 주무관청의 허가와 더불어 법인의 성립요건이 되는 것이다.

3. 대항력

성립등기 이외의 등기는 등기 이전에도 해당 사항은 이미 그 내용대로 법률적 효력을 발생한다. 다만 그 효력을 제3자에게 주장하기 위해서 등기가 필요한 것이다. 따라서 설립등기 이외의 등기란 법률적 효력이 발생한 것을 대외적으로 주장하기 위한 등기이며 그러한 등기가 마쳐지면 일정한 법률효과를 제3자에게 주장할 수 있는데 이를 대항력이라 한다.

2) 제3자(대항력)의 범위

제3자란 법인 이외의 모든 자를 말한다. 법인에는 당연히 법인의 기관뿐만 아니라 기관을 구성하는 개인, 예를 들면 사단법인의 사원도 포함된다고 할 것이다. 상법 제37조는 등기하지 않으면 선의의 제3자에게 대항하지 못하는 것으로 명확하게 규정하고 있다. 이에 반하여 민법은 등기하지 않으면 제3자에게 대항하지 못하는 것으로 규정하고 있어 대항력의 인적 범위를 어떻게 이해할 것인지에 대하여는 견해가 대립하고 있다. 등기되지 않은 사항은 악의의 제3자에 대하여서도 주장할 수 없다는 견해와 대항등기가 실행되어 있지 않더라도 해당 사항은 악의의 제3자에 대하여서는 대항할 수 있다는 견해가 있다. 판례는 "법인의 정관에 법인 대표권의 제한에 관한 규정이 있으나 그와 같은 취지가 등기되어 있지 않다면 법인은 그와 같은 정관의 규정에 대하여 선의냐 악의냐에 관계없이 제3자에게 대항할 수 없다"고 하여 무제한설을 택하고 있다(대법원 1992. 2. 14. 선고 91다24564 판결참조).

4. 면책적 효력

법인등기가 일정한 책임을 면제하는 기초가 되는 경우가 있는데 이를 면책적 효력이라 한다. 예를 들어 합명회사 및 합자회사의 사원은 퇴사등기를 한때로부터 2년이 경과하면 퇴사 전에 발생한 회사의 채무에 대해서 책임을 면하고(상법 제225조, 269조), 합명회사에서 합자회사로 조직변경을 하면서 유한책임사원이 된 자는 조직변경의 등기를 한 후 2년이 경과하면 무한책임사원으로서의 책임을 면하게 되는데 이러한 효력을 면책적 효력이라 한다. 민법에는 이러한 규정이 없으므로 민법법인등기에 면책적 효력은 인정되지 않는다.

5. 공신력

등기의 공신력이란 등기의 외관을 신뢰하고 거래한 자를 보호하기 위하여 설사 그 등기가 실체관계에 부합하지 아니하는 경우라도 등기된 외관에 따라 법률효과가 부여되는 것을 말한다. 민법법인 등기는 객관적 사실을 공시하여 그 효력을 확보하는 제도이므로 객관적 사실과 상이한 사항을 등기하더라도 원칙적으로 아무런 효력이 생기지 않는다. 즉 법인등기에서는 공신력은 인정되지 않는다(대법원 1996. 10. 29. 선고 9619321 판결 참조).

6. 추정력

법인등기부에 등기된 사항은 일응 진실하다는 사실상의 추정은 있으나 등기된 사항이 적법하다는 법률상의 추정력은 없다. 대법원도 주식회사의 이사, 감사등기와 관련한 사안(대법원 1983. 12. 17. 선고 83다카331 판결 참조)에서 법인등기기록에 이사 또는 감사로 등재되어 있는 경우에는 특단의 사정이 없는 한 정당한 절차에 의하여 선임된 적법한 이사 또는 감사로 추정된다고 하여 등기상의 사실의 추정력을 인정하고 있는 것으로 보인다.

제7절 등기기관

1. 등기소

등기사무를 담당하는 국가기관을 '등기소'라 한다. 등기사무는 법원이 정하며(법원조직법 2조3항), 구체적으로는 지방법원과 소속 지원이 관할구역내의 등기사무를 관장한다(같은 법 29조3항). 그리고 지방법원은 등기사무의 일부를 처리하기 위하여 그 관할구역 안에 등기소를 둘 수 있다. 따라서 등기소라는 명칭을 가진 관서뿐만 아니라 등기사무를 담당하는 지방법원 등기국이나 등기과 및 지원의 등기과도 하나의 등기소가 된다.

2. 등기관

1) 의의

등기관은 지방법원장(등기소의 사무를 지원장이 관장하는 경우에는 지원장을 말한다)의 지정을 받아 지방법원, 그 지원 또는 등기소에서 등기사무를 처리하는 자를 말한다(법 8조1항). 등기소에는 등기관 외에 접수사무, 등기사항증명서 발급 등을 담당하는 직원이 있으나 이들은 등기관의 사무를 보조하는 사람이다.

등기관은 자기 책임 하에 등기사무를 처리하는 독립적인 단독관청으로서 법원조직법상 상사의 일반적인 지휘 · 감독 하에 있음을 물론이나, 구체적인 사건처리에 있어서는 지휘감독을 받지 아니한다.

2) 등기관의 지정

등기관은 등기소에 근무하는 법원서기관, 등기사무관, 등기주사 또는 등기주사보 중에서 지방법원장이 지정한다. 등기관은 지방법원장의 지정을 받아야 하므로 법원서기관 등이 등기소 발령을 받았다고 하여 당연히 등기관이 되는 것은 아니다. 그러나 실무상 등기소장은 별도로 등기관으로 지정을 받지 않더라도 등기소장 임명과 동시에 등기관으로 지정된 것으로 본다.

3) 등기관의 권한과 책임

등기관은 구체적인 등기사무 처리에 관한 한 독립적인 직무권한을 갖는다. 즉 상사의 지휘, 명령에 의하여 등기사무를 처리하는 것이 아니고 자기 판단과 책임으로 등기사무를 처리하게 된다. 다만 등기관의 독립성은 등기사무를 처리하는 것에 한정되며 등기업무의 개선 및 등기관 상호간의 업무통일 등 등기소 업무에 관하여는 등기소장의 행정지시를 따라야 한다. 등기관이 직무를 집행함에 있어 고의 또는 과실로 법령에 위반하여 타인에게 손해를 가한 경우에는 국가가 사용자로서 손해배상책임을 지고 등기관에게 고의 또는 과실이 있는 때에는 국가는 등기관에게 구상할 수 있다. 등기관의 책임과 관련하여 등기관이 가지는 주의의무는 등기신청서류와 등기부에 의하여 등기요건에 합당한지 여부를 심사할 형식적 심사권에 따른 통상의 주의의무를 말한다.

제2장 법인등기의 공시

제1절 개 관

누구든지 수수료를 내고 등기기록에 기록되어 있는 사항의 전부 또는 일부의 열람과 이를 증명하는 등기사항증명서의 발급을 청구할 수 있다. 다만 등기 기록의 부속서류에 대해서는 이해관계 있는 부분만 열람을 신청할 수 있다(비송법 66조 1항, 상등법 15조). 한편 등기의 공시와는 직접적인 관계가 없지만 거래의 편의를 위해서 인감 증명제도가 있는 바, 등기소에 인감을 제출한 법인의 대표자 등에 대하여 그 인감에 관한 증명서를 발급하고 있다(비송법 66조 1항, 상등법 16조).

제2절 등기사항증명서의 발급

1. 등기사항증명서

등기사항증명서란 등기사항에 대한 증명서, 즉 등기기록에 기록된 등기사항의 전부 또는 일부에 대해 법원행정처 중앙관리소 전산운영책임관이 증명하는 서면을 말한다. 등기신청 사건이 접수되면 해당 등기기록에 관하여는 등기관이 그 등기를 마칠 때까지 등기사항증명서를 발급하지 않는다. 다만 그 등기기록에 등기신청 사건이 접수되어 처리 중에 있다는 뜻을 등기사항증명서에 표시하여 발급할 수 있다.

2. 등기사항증명서의 종류와 기재사항

1) 종류

등기사항증명서의 종류에는 등기사항전부증명서(말소사항 포함), 등기사항 전부증명서(현재유효사항), 등기사항전부증명서(폐쇄사항), 등기사항일부증명서(말소사항포함), 등기사항일부증명서(현재유효사항), 등기사항일부증명서(폐쇄사항), 그 밖에 대법원예규로 정하는 바에 따라 등기기록의 전부 또는 일부를 증명하는 증명서가 있다.

2) 기재사항

(1) 기본적 사항

등기사항증명서를 발급할 때에는 그 종류를 명시하고 등기기록의 내용과 다름이 없음을 증명하는 내용의 증명문을 부기하며 발급연월일과 중앙관리소 전산운영책임관의 직명을 기재한 후 전자이미지관인을 기록하여야 한다.

(2) 등기사항전부증명서

법인의 등기사항전부증명서는 말소된 등기사항을 포함하여 전체 사항을 표시한다.

(3) 등기사항일부증명서

대법원예규로 정하는 바에 따라 명칭, 법인등록번호 등 해당 등기기록을 특정할 수 있는 사항과 신청인이 청구한 사항을 기록하여 작성한다.

3. 발급절차

1) 유인창구 발급

발급신청서를 작성하여 등기소에 제출하는 방식으로 한다.

2) 무인발급기에 의한 발급

신청인이 직접 상호, 본점 등 해당 등기기록을 특정할 수 있는 정보 및 발급하고자 하는 등기사항증명서의 종류를 발급기에 입력해서 발급한다. 무인발급기로는 등기사항전부증명서만 발급하고 등기사항일부 증명서는 발급하지 아니한다.

3) 인터넷등기소를 통한 발급

신청인인 인터넷 서비스 화면의 안내에 따라 발급받고자 하는 등기사항증명서의 종류, 통수 등 필요한 사항을 입력하는 방식으로 발급한다.

제3절 등기기록 등의 열람

1. 의 의

비송사건절차법 제66조 1항에 의해 준용되는 상업등기법 제15조 제1항은 등기의 공시방법의 하나로 누구든지 수수료를 내고 대법원규칙으로 정하는 바에 따라 등기기록을 열람할 수 있도록 하고 있다.

2. 열람방법

등기기록을 열람하고자 하는 신청인은 해당 법인의 종류, 명칭, 등기번호 등을 표시한 신청서를 제출하여야 한다. 다만 인터넷에 의한 등기기록 열람의 경우에는 신청서를 제출할 필요 없이 일정한 사항을 입력하면 된다.

3. 등기신청서 기타 부속서류의 열람

1) 개설

비송사건절차법 제66조 1항에 의해 준용되는 상업등기법 제15조 제1항 단서는 등기기록의 부속서류에 대해서는 이해관계 있는 부분만 열람을 청구할 수 있다고 규정하고 있다. 신청서 기타 부속서류의 열람신청서에서는 이해관계인을 명백히 하는 사유를 적거나 이를 적은 서면을 첨부하여야 한다.

2) 열람신청

(1) 신청인

신청서 기타 부속서류의 열람은 법률상 이해관계가 있는 자만이 할 수 있다. 여기서 법률상 이해관계란 등기사항과 관련하여 법률상 이익을 얻거나 불이익을 보는 관계를 의미한다고 볼 수 있다.

(2) 대상

열람신청은 등기가 완료되어 등기기록에 기재가 된 등기신청서와 기타 부속서류에 대해서 인정되므로 등기가 완료되기 전의 신청서 기타 부속서류는 아직 열람대상이 되지 않는다.

(3) 방법

신청서 기타 부속서류가 종이 형태로 작성된 경우에는 등기관이 보는 앞에서 열람하게 하여야 한다. 이 경우 등기관은 열람 중에 등기신청서 기타 부속서류가 훼손될 수 있으므로 그 업무를 처리함에 있어서 종이 폐쇄등기부의 열람업무에 관한 정도의 주의를 하여야 한다.

(4) 불복방법

등기관은 이해관계가 있는지 여부 및 이해관계 있는 부분에 대한 열람인지를 개별적 구체적으로 판단하여 결정한다. 등기관이 열람신청을 거부한 때에는 그 신청인은 상업등기법 제82조에 따른 이의신청의 방법 또는 민사소송법 제352조에 따른 문서송부촉탁 등 다른 법령에 규정된 방법을 통해 간접적으로 그 목적을 달성할 수 있다.

제4절 인감증명

1. 의 의

인감을 증명하는 방식에는 직접증명방식(인감이 날인된 인감증명신청서를 등기소에 직접 확인하고 증명해주는 방식)과 간접증명방식(인감이 등록 되어 있다는 사실만을 증명해 주는 방식)이 있는데 종래에는 직접증명방식에 의하여 인감의 증명을 하였으나 현재는 전산정보처리조직에 의해 인감사무를 처리하면서 간접증명방식에 의하여 인감증명을 하고 있다.

2. 발급신청

인감증명서의 발급을 신청할 때에는 인감증명서 발급신청서를 작성해 제출하여야 한다. 이 경우 인감카드와 그 비밀번호 또는 전자증명서와 인감증명서 발급용 비밀번호를 제시하여야 한다. 인감증명서의 용도가 부동산매도용 또는 자동차 매도용인 경우에는 인감증명서 발급신청서에 매수자의 성명, 부동산등기용등록번호(법인등록번호, 주민등록번호), 주소를 기재하여야 한다.

3. 인감카드

인감을 제출한 자가 인감증명서를 교부 받기 위해서는 인감카드를 발급받거나 전자증명서를 발급받아야 한다. 인감증명서의 발급에 대한 신청권한은 인감카드 또는 전자증명서로만 확인하기 때문이다. 따라서 인감제출자 본인이 등기소에 출석하더라도 인감카드 또는 전자증명서를 제시하지 않으면 인감증명서의 교부를 청구할 수 없다.

별지 제5-가호 양식(인감증명서 발급신청서 - 앞면)

인감증명서 발급신청서

<table>
<tr><td>상호(명칭)</td><td colspan="2"></td><td>인감제출자의 성명</td><td></td></tr>
<tr><td>비밀번호(6자리)</td><td colspan="2"></td><td>신청통수(수수료)</td><td>통(금 원)</td></tr>
<tr><td colspan="5">매도용 인감증명서 발급시 기재란</td></tr>
<tr><td>용도</td><td colspan="2">부동산매도용( )</td><td colspan="2">자동차매도용( )</td></tr>
<tr><td rowspan="3">인터넷등기소에 사전등록하지 않은 경우</td><td rowspan="3">매수자</td><td>성명(법인명)</td><td colspan="2"></td></tr>
<tr><td>주민등록번호
(등기용등록번호)</td><td colspan="2"></td></tr>
<tr><td>주소
(본점 또는 사무소)</td><td colspan="2"></td></tr>
<tr><td>인터넷등기소에 사전등록한 경우</td><td colspan="2">입력확인번호</td><td colspan="2"></td></tr>
</table>

위와 같이 인감증명서의 발급을 신청합니다.

신청인 인감제출자 (본 인) 성명 (인 또는 서명) (전화:)
(대리인) 성명 (인 또는 서명) (전화:)

년 월 일

지방법원 등기소 귀중

주 1. 매수자 정보를 인터넷등기소에 사전등록을 하지 않고 매도용 인감증명서 발급을 신청하는 경우에는 아래와 같이 기재하여야 합니다.

1) 해당하는 용도란에 (0) 표시를 하고

2) 매수자란을 기재하되, 매수자가 2명 이상인 경우에는 매수자의 성명란에 "뒷면 기재"라고 표시하고 뒷면에 매수자의 인적사항을 기재하여야 하며

3) 매수자의 주민등록번호(등기용등록번호)란에는 주민등록번호 또는 「부동산등기법」 제49조 제1항의 부동산등기용등록번호(법인등록번호 등)를 기재하여야 합니다.

2\. 매수자 정보를 인터넷등기소에 사전등록을 하고 매도용 인감증명서 발급을 신청하는 경우에는 입력확인번호를 기재하거나 사전입력확인서를 첨부하여야 합니다. 이 경우 사전등록한 정보에 의하여 인감증명서가 작성되며 반드시 용도란에 (0) 표시를 하여야 합니다.

별지 제5–나호 양식(인감증명서 발급신청서 – 뒷면)

연번	성명(법인명)	주민등록번호, 법인등록번호 등	주소(본점 또는 주사무소)	비고(통 수)

※ 개별매수자 목록을 작성하는 경우에는 각 매수자별 인감증명서 발급신청 통 수를 비고란에 기재함.

제3장 법인등기 신청절차

제1절 신청주의

1. 원 칙

신청주의란 원칙적으로 당사자의 신청 또는 관공서의 촉탁에 의하여 등기를 하고 등기관이 직권에 의하여 등기할 수 없다는 것을 의미한다. 비송사건절차법 제66조 제1항에 의해 준용되는 상업등기법 제22조 제1항은 "등기는 당사자의 신청 또는 관공서의 촉탁에 따라 한다. 다만, 법률에 다른 규정이 있는 경우에는 그러하지 아니하다"고 규정함으로써 원칙적으로 신청주의를 채택하고 있다. 법인등기의 효력은 원칙적으로 당사자의 신청에 의하여 등기절차를 개시하도록 하되 재판이 있는 경우 등 일정한 경우 거래의 안전보호라는 공익적인 관점에서 법원 기타 관공서로 하여금 등기를 촉탁하도록 한 것이다. 여기서 당사자라 함은 등기를 받는 주체인 각종의 법인을 말한다.

2. 예외

등기관의 직권에 의한 등기는 법령에 근거 규정이 있는 경우에만 허용되는데 직권에 의한 등기의 근거규정으로는 비송사건절차법 제66조 제1항 및 제2항에 의해 준용되는 상업등기법 제80조(등기의 직권말소) 등이 있다.

등기신청은 당사자신청주의가 원칙이나 그 예외로 당사자의 신청이 아닌 등기관의 직권이나 법원의 촉탁에 의하여도 등기할 수 있다. 직권등기 및 촉탁등기를 하는 경우는 다음과 같다.

(1) 법률상 허용할 수 없는 등기를 직권 말소하는 경우(비송 66조)

(2) 등기관의 과오로 인한 등기를 직권 경정하는 경우(비송 66조)

(3) 당사자의 이의신청을 인용한 관할법원의 명령에 의하여 등기하는 경우(법 66조)

(4) 등기사유가 재판 등에 의하여 발생한 경우

3. 강제주의

법인등기는 법인 자신의 입장에서의 필요성보다도 오히려 그와 거래하는 일반 공중의 입장에서의 필요성이 더욱 중시되기 때문에 민법상 기타 각종 특별법에는 등기기간을 규정하여 그 기간 내에 등기할 것을 강제하고 있으며 그를 해태한 때에는 등기신청당사자에게 과태료의 제도를 가하고 있다(민법 97조 등).

그러나 농업협동조합법, 수산업협동조합법 등 특별법에 따라서는 등기기간만을 규정하고 있을 뿐 그 해태에 대한 제재에 관해서는 전혀 규정이 없는 경우도 있다. 영농조합법인의 경우에는 그러한 규정이 없어 등기를 해태하여도 과태료를 과할 근거가 없으나, 농업회사법인의 경우에는 상법을 준용하므로 그에 대하여는 과태료를 과할 수 있다.

제2절 당사자에 의한 등기신청

1. 서 설

법인설립의 등기는 법인을 대표할 사람이 신청한다, 그 외의 민법법인의 등기도 법률에 다른 규정이 없는 한 그 법인의 대표자가 신청한다(민법 59조 1항). 등기신청은 당사자뿐만 아니라 대리인에 의하여 할 수 있다(비송법 66조 1항).

2. 등기신청인

1) 의 의

민법법인의 등기는 법률에 다른 규정이 없는 경우에는 그 대표자가 신청한다.

등기신청인은 또는 등기의무자라 함은 등기를 신청해야 할 자를 말하는 것으로서 법인등기의 등기신청인은 원칙적으로 등기를 받는 법인일 것이나 구체적으로는 민법 기타 특별법이나 그 시행령에서 법인등기의 신청인으로 규정된 자가 등기신청인이 되며, 그 대표자에게 신청의무가 지워진다.

민법법인의 등기는 법률에 다른 규정이 없는 경우에는 그 대표자가 신청한다. 민법법인의 대표자가 수인인 경우 각 대표자가 단독으로 등기를 신청할 수 있지만 공동대표라면 그 전원이 공동으로 등기를 신청하여야 한다. 민법법인의 대표자는 등기기록을 기준으로 하지 않는 실체상의 대표자를 말한다. 즉 대표자가 사임의 의사표시를 하고 그 의사가 민법법인에 의하여 받아들여져 사임의 효력이 발생한 이상 그 사임에 따른 퇴임등기를 하지 않았다고 하더라도 그 사람은 더 이상 민법법인의 대표자가 아니므로 자신의 사임 등에 따른 퇴임등기를 신청할 수 없다. 이에 반하여 아직 등기되어 있지 않지만 새로 대표자로 취임한 자는 민법법인의 대표자로서 자신의 취임등기는 물론 전임 대표자의 퇴임등기를 신청할 수 있다. 다만 대표권을 제한받은 이사는 등기신청을 할 수 없다(비송 63조).
그러나 학교법인의 경우에는 이사장만이 대표권이 있으므로(사학 19조 1항), 이사장만이 등기신청을 할 수 있다.

2) 특수한 경우

(1) 대한민국에 사무소를 둔 비영리외국법인

비송사건절차법 제66조 3항에 의하면 대한민국에 사무소를 둔 외국법인의 등기에 관하여는 상업등기법 제23조 제3항이 준용되므로 비영리외국법인의 등기는 대한민국에서의 대표자가 외국법인 또는 비영리외국법인을 대표하여 신청한다.

(2) 회생법인

가. 보전관리인

회생절차개시결정 전까지 채무자의 업무수행, 재산의 관리 및 처분을 하는 권한은 보전관리인에게 전속하므로, 회생절차개시결정이 있기 전에 법원사무관 등이 촉탁하여야 할 등기사항 이외의 등기사항은 보전관리인의 신청에 의하여 등기한다.

나. 관리인

회생절차개시결정을 받은 민법법인의 경우 회생절차와 관련하여 법원사무관 등이 촉탁하여야 할 등기사항 외의 등기사항에 관하여는 관리인 또는 관리인으로 간주되는 자가 등기를 신청하여야 한다.

(3) 파산법인

파산법인은 민법법인의 비재산적 활동범위에 속하는 사항에 관한 권한이 있다 따라서 선임하거나 주사무소 이전을 할 경우 그 등기는 파산관재인이 신청할 수 없고 파산법인의 업무집행기관인 대표권 있는 이사 등이 신청하여야 한다.

3. 신청대리인

1) 의의

신청대리인이란 본인의 의사에 의하여 등기신청에 관한 대리권이 주어진 대리인을 말한다. 등기를 신청함에 있어서 대리인이 될 수 있는 자격에는 제한이 없으므로 누구나 대리인이 될 수 있다. 이러한 대리인은 행위능력자임을 요하지 아니하므로(민법 117조), 의사능력이 있으면 미성년자라도 상관없다.

2) 대리권

등기신청에 관한 대리권만 주어진 대리인의 경우에는 등기신청의 취하, 복대리인의 선임과 같은 행위는 당사자로부터 특별수권을 받아야 한다. 대리인이 가지는 대리권은 그 신청행위의 종료 시 즉 등기관이 그 신청을 접수하는 때에 있는 것으로 충분하고 등기를 완료하는 시기까지 존속하고 있어야 하는 것은 아니다. 따라서 등기신청 후 등기완료 전에 본인이나 대리인이 사망하더라도 그 등기신청은 유효하다. 더 나아가 민법법인의 대표권 있는 이사가 등기신청을 법무사에게 위임한 후 그 등기신청 전에 변경된 것만으로 당연히 법무사의 등기신청에 관한 대리권이 소멸하는 것은 아니다.

복대리인이란 대리인이 자기 명의로 자기가 가진 권한의 전부 또는 일부를 행하게 할 자를 선임하여, 그 자를 직접 본인의 대리인으로 하는 제도이다. 복대리인은 그 권한 내에서 본인을 대리하며, 본인이나 제3자에 대하여 대리인과 동일한 권리와 의무를 갖는다(민법 123조). 복대리인이 등기를 신청할 때에는 신청서에 복대리인이라 표시하고 기명날인하여야 하며, 직접 등기소에 출석하여 신청하여야 한다. 신청서에는 복대리인에 대한 위임장과 본대리인에 대한 위임장을 각각 첨부하여야 한다.

3) 일반인의 업으로 하는 등기신청대리의 금지

(1) 원칙

대리인의 자격에는 특별한 제한이 없지만, 변호사, 법무사가 아니면 등기신청의 대리를 업으로 할 수 없고 이를 위반하면 형사상 처벌을 받게 된다(법무사법 74조). 대리인에 의하여 등기를 신청할 때에는 그 권한을 증명하는 서면을 제출해야 한다(비송 66조).

변호사 또는 법무사가 아닌 자는 법원에 제출하는 서류의 작성이나 그 서류의 제출대행을 업으로 할 수 없으므로, 일반인이 등기신청인의 위임을 받아 대리인으로서 등기를 신청하는 경우에는 신청인과 대리인의 관계를 밝혀 보수를 받지 않는다는 사실을 소명하여야 하고(1995. 1. 6. 등기 3402-8), 법무사가 위임받은 사건을 다시 그 사무원에게 재위임하여 사무원 자신의 이름으로 복대리등기신청을 한 경우에는 법무사법 제3조에 위반된다(1994. 6. 30. 등기 3501-596).

(2) 판단기준

등기신청의 대리 등의 사무를 업으로 하였는지 여부는 사무처리의 반복, 계속성, 영업성 등의 유무와 그 행위의 목적이나 규모, 횟수 기간, 태양 등 여러 사정을 종합적으로 고려하여 사회통념에 따라 판단하여야 할 것이고 반복 계속하여 보수를 받고 그러한 사무를 처리하는 것은 물론 반복 계속할 의사로서 그 사무를 하면 단 한번의 행위도 이에 해당한다고 본다(대법원 2003. 6. 13. 선고 2003도935판결).

법인인 농어촌진흥공사가 법인등기를 신청하는 경우에는 농어촌진흥공사를 대표하는 사장이 신청하여야 하나 농어촌진흥공사및농지관리기금법 제11조 및 동법시행령 제10조제 의하여 대리인선임등기를 한 대리인도 이를 신청할 수 있다. 그러나 농어촌진흥공사 사장이 농어촌진흥공사 직원에게 등기신청에 관한 권한을 위임하여 등기신청행위를 대리하게 하는 것은 법무사법 제3조 제1항에 위배되어 할 수 없다고 할 것이다(1997. 12. 19. 등기 3501-1055).

(3) 등기관의 조치

등기관 또는 접수공무원은 변호사 또는 법무사가 아닌 자가 다른 사람을 대리하여 수시로 반복하여 등기신청을 하는 등 등기신청의 대리를 업으로 한다는 의심이 있을 경우 신청인 본인과 대리인과의 관계를 가족관계등록사항별증명서, 주민등록표 등본 등에 의하여 소명할 것을 요청할 수 있고, 대리인이 해당 등기신청의 대리를 업으로 한다는 판단을 한 경우 등기관 또는 접수공무원은 그 대리인에게 법무사법 위반의 사유로 고발 조치될 수 있음을 알리고 등기신청의 취하 또는 접수의 자체를 권고할 수 있다.

[선례] 법인이 그 직원에게 등기신청행위를 위임할 수 있는 지 여부(등기선례 5-24)

법인이 등기권리자 또는 등기의무자인 경우에는 법인의 대표자(대표이사 또는 이사장)가 그 대표권한에 기하여 직접 법인 명의의 등기신청을 하거나 대리인에게 위임하여 신청할 수 있다. 그러나 법인의 대표자는 당해 법인에 관한 등기신청의 권한을 그 법인 소속 직원에게 위임하여 등기신청을 하게 할 수는 없다. 왜냐하면 법인의 대표자는 법인의 대표자를 대리하여 법인의 업무수행에 필요한 재판상 또는 재판 외의 모든 행위를 포괄적으로 행사할 지배인(상사법인의 경우) 또는 대리인(특수법인의 경우)을 선임하고 그를 통하여 그 권한을 행사하게 하는 경우를 제외하고는, 법률에 특별한 규정이 없는 한 그에게 주어진 대표권의 행사를 그를 보조하는 소속 직원에게 직접 위임하여 행사하게 할 수는 없을 것이기 때문이다. 한편, 법무사 아닌 자도 법인이나 법인 이외의 제3자로부터 등기신청의 위임을 받아 등기신청을 대리할 수는 있지만, 그러한 경우에도 계속적으로 등기신청업무를 위임받아 대리하는 것은 보수의 유무를 떠나 법무사법 제3조의 규정에 위배될 것이다.

[선례] 일반인에게 등기신청대리권이 있는지의 여부(등기선례 4-28)

등기의 신청은 그 권리자 또는 의무자가 상대방의 대리인이 되거나 쌍방이 동일인에게 위임하여 할 수 있으나, 변호사 또는 법무사가 아닌 자는 법원에 제출하는 서류의 작성이나 그 서류의 제출의 대행을 업으로 할 수는 없으므로 일반인이 등기신청인의 위임을 받아 대리인으로서 등기를 신청하는 경우에는 신청인과 대리인의 관계를 밝혀 보수를 받고 하지 않는다는 사실을 소명하여야 한다.

제3절 촉탁에 의한 등기신청

1. 의 의

법인의 등기촉탁과 관련하여 법령에 촉탁규정이 없는 경우에도 촉탁하여 등기할 수 있다는 판례(대법원 1973. 6. 12. 선고 71다 1915 판결)와 선례(선례 2-91)도 있지만 재판에 따른 등기는 법령에 촉탁 근거가 있는 경우에는 법원의 촉탁으로 법령에 촉탁근거가 없는 경우에는 법인을 대표하는 자가 등기를 신청하여야 한다.

관공서의 촉탁에 따른 등기도 넓은 의미에서 신청에 따른 등기와 같으므로 법률에 다른 규정이 없는 경우에는 신청에 따른 등기에 관한 규정이 준용된다.

2. 촉탁의 근거규정

법인의 경우 비송사건절차법에서는 법원의 재판에 의한 때에도 그에 따른 법인등기에 관한 촉탁규정이 없다. 다만 ① 법원이 법인의 대표자 그 밖의 임원으로 등기된 사람에 대하여 직무의 집행을 정지하거나 그 직무를 대행할 사람을 선임하는 가처분을 하거나 그 가처분을 변경 취소한 때 법원사무관 등이 하는 촉탁에 관한 규정인 민사집행법 제306조 ② 회생절차 파산절차와 관련하여 회생절차 개시, 보전관리인 및 관리인 선임 해임, 보전관리대리인 및 관리대리인의 선임, 해임, 회생계획의 인가 또는 불인가의 등기와 회생계획의 수행을 위한 등기 회생절차개시결정취소, 회생절차폐지 또는 회생절차 종결의 등기, 회생절차폐지 또는 회생계획불인가에 의한 결정의 기입등기와 동시에 하는 파산등기, 파산선고, 파산취소, 파산폐지, 파산종결의 등기 등의 겨우 법원사무관 등의 촉탁에 관한 규정인 채무자 회생 및 파산에 관한 법률 제23조의 규정 등이 있다.

제4절 등기신청행위

1. 서 설

등기의 신청은 등기신청권자 또는 그 대리인이 등기소에 출석하여 신청정보 및 첨부정보를 적은 서면을 제출하는 방법으로 하거나 대법원규칙으로 정하는 바에 따라 전산정보처리조직을 이용하여 신청정보 및 첨부정보를 등기소에 보내는 방법(법원행정처장이 지정하는 등기유형에 한정된다)으로 하여야 한다.

2. 등기신청서의 작성

등기를 신청하기 위한 서면(전자문서를 포함한다. 이하 "신청서"라 한다)에는 소정의 사항을 기재하고 신청인 또는 그 대리인이 기명날인(전자문서에 의한 신청시의 전자서명을 포함한다. 이하 같다)하여야 한다. 다만, 경미한 사항의 등기에 대하여는 대법원규칙으로 다르게 정할 수 있다(비송 66조).

1) 기재정보

(1) 신청인의 성명 및 주소 등

신청서에는 신청인의 성명 및 주소를 기재하여야 한다. 다만 신청인이 법인인 경우 그 명칭, 주 사무 및 대표자의 성명이나 명칭과 주소 또는 주사무소 소재지(대표자가 법인인 경우에는 그 직무를 행할 사람의 성명 및 주소를 포함한다)를 기재하여야 한다. 신청서에 기재할 대표자는 등기신청에 관하여 법인을 대표할 자를 말한다. 만약 법인을 대표할 자가 여러 명일 경우에는 등기를 신청하는 대표자만 기재하면 되고 공동으로 대표권을 행사하여야 하는 자가 등기를 신청하는 경우에는 공동으로 대표권을 행사하게 되어 있는 자 전원을 기재하여야 한다.

(2) 대리인에 의하여 신청할 때에는 그 성명과 주소

임의대리인뿐만 아니라 법정대리인에 의하여 신청하는 경우에도 신청서에 대리인(복대리인을 포함한다)의 성명과 주소를 기재하여야 한다.

(3) 등기의 목적 및 사유

등기의 목적이란 신청하는 등기의 내용 또는 종류를 말하고 등기사유란 등기의 원인이 되는 사실을 말한다.

(4) 등기할 사항

등기할 사항이란 법령에 의하여 등기하지 않으면 안 되는 구체적인 사항으로 일반적으로 민법에 정해져 있지만 다른 법령에 의하여 정해져 있는 것도 있다. 등기할 사항의 기재는 법령에서 정하고 있는 사항을 모두 기재하여야 한다. 특히 일정한 등기의 경우에는 여러 개의 사항을 등기하여야 하는 경우도 있는데 그 사항을 모두 기재하지 않고 그 중 하나라도 기재를 빠뜨린다면 등기사항의 기재에 불비가 있게 된다. 이 경우 등기관은 그 등기신청을 각하한다.

(5) 관청의 허가 또는 인가가 필요한 사항의 등기를 신청하는 경우 그 허가서 또는 인가서의 도달연월일

관청의 허가 또는 인가가 필요한 사항의 등기를 신청하는 경우에는 허가서 또는 인가서의 도달연월일을 신청정보의 내용으로 등기소에 제공하여야 한다. 이는 허가 또는 인가가 필요한 등기의 경우 허가서 또는 인가서가 도달한 날로부터 비로소 등기신청을 할 수 있으므로 신청서에 그 도달연월일을 기재함으로써 등기기간을 계산하여 등기해태의 통지 여부를 결정하기 위한 것이다.

(6) 다른 법률로 부과한 의무사항이 있을 때에는 그 의무사항과 법인의 분사무소 소재지에서 하는 등기신청의 경우에는 그 분사무소의 표시

다른 법률로 부과한 의무사항이 있을 때에는 그 의무사항을 기재하여야 하는데 이는 등기신청과 관련된 의무에 한한다. 법인의 분사무소 소재지에서 하는 등기신청의 경우에는 그 분사무소의 표시를 하여야 하는데 이는 분사무소 소재지에서 하는 등기신청이라는 점을 명확히 하기 위해서다.

(7) 등록면허세와 그 과세표준액

과세표준액은 등록면허세가 일정한 금액에 비례해서 결정하는 경우 그 금액을 말한다.
법인등기를 신청하는 때에는 지방세법 소정의 등록면허세와 등록면허세액의 100분의 20에 해당하는 지방교육세를 납부하고, 그 등기신청서에 등록면허세와 교육세를 납부한 영수필확인서 및 영수필통지서를 첨부하여야 한다.
등록면허세가 감면되는 경우에는 농어촌특별세를 납부하며, 등기신청수수료로 소정의 대법원수입증지를 첨부하여야 한다.

(지방세법 제28조 관련)

<table>
<tr><td rowspan="9">법인의 등기</td><td colspan="2">① 상사회사가 기타 영리법인의 설립 또는 합병으로 인한 존속법인</td></tr>
<tr><td>(가) 설립과 불입</td><td>불입한 주식금액이나 출자금액 또는 현금이외의 출자가액의 1,000분의 4</td></tr>
<tr><td>(나) 자본증가 또는 출자증가</td><td>불입한 금액 또는 현금 이외의 출자가액의 1,000분의 4</td></tr>
<tr><td colspan="2">② 비영리법인의 설립 또는 합병으로 인한 존속법인</td></tr>
<tr><td>(가) 설립과 불입
(나) 출자의 총액 또는 재산의 총액 증가</td><td>불입한 출자총액 또는 재산가액의 1,000분의 2
불입한 출자 또는 재산가액의 1,000분의 2</td></tr>
<tr><td>③ 자산재평가적립금에 의한 자본 또는 출자의 증가, 출자 또는 자산총액의 증가(자산재평가법에 의한 자본전입을 제외함)</td><td>증가한 금액의 1,000분의 1</td></tr>
<tr><td>④ 본점 또는 주사무소의 이전</td><td>매 1건당 75,000원</td></tr>
<tr><td>⑤ 지점 또는 분사무소 설치</td><td>매 1건당 40,200원</td></tr>
<tr><td>⑥ 위의 ① ~⑤ 이외의 등기</td><td>매 1건당 40,200원</td></tr>
<tr><td colspan="2">대도시지역 내 법인등기 등</td><td>지방세법 제28조에 규정한 당해 세율의 3배로 함.</td></tr>
<tr><td colspan="2">상호의 설정 또는 취득</td><td>매 1건당 45,000원</td></tr>
<tr><td colspan="2">지배인의 선임 또는 대리인의 소멸</td><td>매 1건당 6,000원</td></tr>
<tr><td colspan="2">선박관리인의 선임 또는 대리인의 소멸</td><td>매 1건당 6,000원</td></tr>
</table>

대도시내 법인 중과세의 예외

등록면허세 중과

수도권을 포함한 대도시내에 법인을 설립하면 등록면허세가 3배 중과된다. 자본금 1,000만원 기준으로 90,000원(교육세 포함)이 3배 중과되어 부과되므로 270,000원이 된다. 단 아래의 예외조항에 해당되는 업종의 경우 중과세가 면제된다. 중과세 면제대상 업종과 비대상 업종을 동시에 영위하는 경우 면제가 어렵다는 해석이 있다.

지방세법 시행령

[2011. 5. 30-22942호] 일부개정

제26조 【대도시 법인 중과세의 예외】

① 법 제13조제2항 각 호 외의 부분 단서에서 "대통령령으로 정하는 업종"이란 다음 각 호에 해당하는 업종을 말한다.

1. 사회기반시설에 대한 민간투자법 제2조 제2호에 따른 사회기반시설사업(같은 법 제2조 제8호에 따른 부대사업을 포함한다)
2. 한국은행법 및 한국수출입은행법에 따른 은행업
3. 해외건설촉진법에 따라 신고된 해외건설업(해당 연도에 해외건설 실적이 있는 경우로서 해외건설에 직접 사용하는 사무실용 부동산만 해당한다) 및 주택법 제9조에 따라 국토해양부에 등록된 주택건설사업(주택건설용으로 취득한 후 3년 이내에 주택건설에 착공하는 부동산만 해당한다)
4. 전기통신사업법 제5조에 따른 전기통신사업
5. 산업발전법에 따라 지식경제부장관이 고시하는 첨단기술산업과 산업집적활성화 및 공장설립에 관한 법률 시행령 별표 1 제2호 마목에 따른 첨단업종
6. 유통산업발전법에 따른 유통산업, 농수산물유통 및 가격안정에 관한 법률에 따른 농수산물도매시장·농수산물공판장·농수산물종합유통센터·유통자회사 및 축산법에 따른 가축시장
7. 여객자동차 운수사업법에 따른 여객자동차운송사업 및 화물자동차 운

수사업법에 따른 화물자동차운송사업과 물류시설의 개발 및 운영에 관한 법률 제2조 제3호에 따른 물류터미널사업 및 물류정책기본법 시행령 제3조 및 별표 1에 따른 창고업

8. 정부출자법인(국가나 지방자치단체가 납입자본금 또는 기본재산의 100분의 20 이상을 직접 출자한 법인만 해당한다)이 경영하는 사업
9. 의료법 제3조에 따른 의료업
10. 개인이 경영하던 제조업(소득세법 제19조 제1항 제3호에 따른 제조업을 말한다). 다만, 행정안전부령으로 정하는 바에 따라 법인으로 전환하는 기업만 해당하며, 법인전환에 따라 취득한 부동산의 가액(법 제4조에 따른 시가표준액을 말한다)이 법인전환 전의 부동산가액을 초과하는 경우에 그 초과부분과 법인으로 전환한 날 이후에 취득한 부동산은 법 제13조 제2항 각 호 외의 부분 본문을 적용한다.
11. 산업집적활성화 및 공장설립에 관한 법률 시행령 별표 1 제3호 가목에 따른 자원재활용업종
12. 소프트웨어산업 진흥법 제2조 제3호에 따른 소프트웨어사업 및 같은 법 제27조에 따라 설립된 소프트웨어공제조합이 소프트웨어산업을 위하여 수행하는 사업
13. 공연법에 따른 공연장 등 문화예술시설운영사업
14. 방송법 제2조 제2호·제5호·제8호·제11호 및 제13호에 따른 방송사업·중계유선방송사업·음악유선방송사업·전광판방송사업 및 전송망사업
15. 과학관육성법에 따른 과학관시설운영사업
16. 중소기업진흥에 관한 법률에 따른 협동화사업으로서 산업집적활성화 및 공장설립에 관한 법률 시행령 제34조 제1호에 따른 도시형공장을 경영하는 사업
17. 중소기업창업 지원법 제10조에 따라 등록한 중소기업창업투자회사가 중소기업창업 지원을 위하여 수행하는 사업. 다만, 법인설립 후 1개월 이내에 같은 법에 따라 등록하는 경우만 해당한다.
18. 광산피해의 방지 및 복구에 관한 법률 제31조에 따라 설립된 한국광해관리공단이 석탄산업합리화를 위하여 수행하는 사업
19. 소비자기본법 제33조에 따라 설립된 한국소비자원이 소비자 보호를 위하여 수행하는 사업

20. 건설산업기본법 제54조에 따라 설립된 공제조합이 건설업을 위하여 수행하는 사업
21. 엔지니어링산업 진흥법 제34조에 따라 설립된 공제조합이 그 설립 목적을 위하여 수행하는 사업
22. 주택법 제76조에 따라 설립된 대한주택보증주식회사가 주택건설업을 위하여 수행하는 사업
23. 여신전문금융업법 제2조 제12호에 따른 할부금융업
24. 통계법 제22조에 따라 통계청장이 고시하는 한국표준산업분류에 따른 실내경기장·운동장 및 야구장 운영업
25. 산업발전법 (법률 제9584호 산업발전법 전부개정법률로 개정되기 전의 것을 말한다) 제14조에 따라 등록된 기업구조조정전문회사가 그 설립 목적을 위하여 수행하는 사업. 다만, 법인 설립 후 1개월 이내에 같은 법에 따라 등록하는 경우만 해당한다.
26. 지방세특례제한법 제21조 제1항에 따른 청소년단체, 같은 법 제45조 제1항에 따른 학술연구단체·장학단체·과학기술진흥단체 및 같은 법 제52조 제1항에 따른 문화예술단체·체육진흥단체가 그 설립 목적을 위하여 수행하는 사업
27. 중소기업진흥에 관한 법률 제69조에 따라 설립된 회사가 경영하는 사업
28. 도시 및 주거환경정비법 제18조에 따라 설립된 조합이 시행하는 같은 법 제2조 제2호의 정비사업
29. 방문판매 등에 관한 법률 제35조에 따라 설립된 공제조합이 경영하는 보상금지급책임의 보험사업 등 같은 법 제34조 제1항 제3호에 따른 공제사업
30. 한국주택금융공사법에 따라 설립된 한국주택금융공사가 같은 법 제22조에 따라 경영하는 사업
31. 임대주택법 제6조에 따라 등록을 한 임대사업자가 경영하는 주택임대사업. 다만, 주택법 제80조의2 제1항에 따른 주택거래신고지역에서 매입임대주택사업을 하기 위하여 취득하는 임대주택은 법 제13조 제2항 각 호 외의 부분 본문을 적용한다.
32. 전기공사공제조합법에 따라 설립된 전기공사공제조합이 전기공사업

을 위하여 수행하는 사업

33. 소방산업의 진흥에 관한 법률 제23조에 따른 소방산업공제조합이 소방산업을 위하여 수행하는 사업

② 법 제13조 제2항 각 호 외의 부분 단서에서 "대통령령으로 정하는 주거용 부동산"이란 1구(1세대가 독립하여 구분 사용할 수 있도록 구획된 부분을 말한다. 이하 같다)의 건축물의 연면적(전용면적을 말한다)이 60제곱미터 이하인 공동주택 및 그 부속토지를 말한다.

③ 법 제13조 제3항 제1호 각 목 외의 부분 단서에서 "대통령령으로 정하는 업종"이란 제1항 제3호의 주택건설사업을 말하고, 법 제13조 제3항 제1호 각 목에도 불구하고 직접 사용하여야 하는 기한 또는 다른 업종이나 다른 용도에 사용·겸용이 금지되는 기간은 3년으로 한다.

④ 법 제13조 제4항에서 "대통령령으로 정하는 임대가 불가피하다고 인정되는 업종"이란 다음 각 호의 어느 하나에 해당하는 업종을 말한다.

1. 제1항 제4호의 전기통신사업(전기통신사업법에 따른 전기통신사업자가 같은 법 제41조에 따라 전기통신설비 또는 시설을 다른 전기통신사업자와 공동으로 사용하기 위하여 임대하는 경우로 한정한다)
2. 제1항 제6호의 유통산업, 농수산물도매시장·농수산물공판장·농수산물종합유통센터·유통자회사 및 가축시장(유통산업발전법 등 관계 법령에 따라 임대가 허용되는 매장 등의 전부 또는 일부를 임대하는 경우 임대하는 부분에 한정한다)

(8) 등기신청수수료액

등 기 의 목 적		수 수 료			기 타
		서면방문 신청	전자표준 양식신청	전자신청	
합명·합자·주식·유한 회사 및 외국 회사의	회사 설립등기	30,000원	17,000원	10,000원	
	본점을 다른 등기소 관할구역내로 이전하는 경우의 신소재지에서 하는 본점이전등기	30,000원	17,000원	10,000원	이에 부수하여 다른 등기를 신청하는 경우에는 그 등기신청에 따른 수수료는 별도로 납부하여야 함

<table>
<tr><td rowspan="6">등기</td><td>신설합병에 있어 신설 회사에 대한 설립등기</td><td>30,000원</td><td>17,000원</td><td>10,000원</td><td>소멸회사에 관한 해산 등기의 신청수수료는 별도로 납부하여야 함</td></tr>
<tr><td>조직변경에 있어 설립 등기</td><td>30,000원</td><td>17,000원</td><td>10,000원</td><td>조직변경으로 인한 해산등기의 신청수수료는 별도로 납부하여야 함</td></tr>
<tr><td>상호, 본점, 목적, 공고 방법, 존립기간, 1주의 금액, 발행할 주식의 총수</td><td>6,000원</td><td>4,000원</td><td>2,000원</td><td>각 등기의 목적마다 신청수수료를 납부하여야 함</td></tr>
<tr><td>경정 및 주소 · 성명 등의 변경 등기</td><td>6,000원</td><td>4,000원</td><td>2,000원</td><td>위와 같음. 다만, 등기관의 과오로 인한 착오 또는 유루발견 및 행정구역 · 지번변경, 주민등록번호 정정 등을 원인으로 하는 경우에는 신청수수료 없음</td></tr>
<tr><td>지점설치 및 이전등기, 전환사채의 등기, 해산의 등기, 청산인에 관한 등기 등 위에서 열거한 등기 이외의 기타 등기</td><td>6,000원</td><td>4,000원</td><td>2,000원</td><td>각 등기의 목적마다 신청수수료를 납부하여야 함</td></tr>
<tr></tr>
<tr><td colspan="2">상호등기 · 상호가등기 및 그 등기의 변경, 말소등기 등 일체의 등기</td><td rowspan="3">6,000원</td><td rowspan="3">4,000원</td><td rowspan="3">2,000원</td><td rowspan="3">위와 같음</td></tr>
<tr><td colspan="2">무능력자와 법정대리인등기 및 그 등기의 변경, 말소등기 등 일체의 등기</td></tr>
<tr><td colspan="2">지배인 등기 및 그 등기의 변경, 말소 등 일체의 등기</td></tr>
<tr><td colspan="6">※ 민법법인등기, 특수법인등기 및 외국법인등기의 신청수수료는 위 1호, 4호와 동일함.</td></tr>
</table>

과 밀 억 제 권 역

(수도권정비계획법시행령 별표 1)

(개정 2011. 3. 9)

과밀억제권역이란 인구와 산업이 지나치게 집중되었거나 집중될 우려가 있어 이전하거나 정비할 필요가 있는 지역을 말한다(수도권정비계획법 제6조 제1항 제1호)

"과밀억제권역"은

- 서울특별시
- 인천광역시(강화군, 옹진군, 서구 대곡동 · 불로동 · 마전동 · 금곡동 · 오류동 · 왕길동 · 당하동 · 원당동, 인천경제자유구역 및 남동 국가산업단지는 제외한다)
- 의정부시
- 구리시
- 남양주시(호평동, 평내동, 금곡동, 일패동, 이패동, 삼패동, 가운동, 수석동, 지금동 및 도농동만 해당한다)
- 하남시
- 고양시
- 수원시
- 성남시
- 안양시
- 부천시
- 광명시
- 과천시
- 의왕시
- 군포시
- 시흥시[반월특수지역(반월특수지역에서 해제된 지역을 포함한다)은 제외한다]

(9) 신청연월일(상등규칙 51조 1항 10호)

(10) 등기소의 표시

2) 기재문자 등

(1) 한글과 아라비아 숫자로 작성

신청서나 그 밖의 등기에 관한 서면을 작성할 때에는 자획을 분명히 하여야 한다. 신청서 그 밖의 등기에 관한 서면을 작성할 때에는 한글과 아라비아숫자로 기재하여야 한다(상등규칙 2조).

(2) 외래어 표기

외국의 국호, 지명, 외국인의 성명, 외국 주소, 명칭 등을 한글로 표기함에 있어서는 문화체육부관광부가 고시하는 외래어 표기법에 의함을 원칙으로 한다. 이 경우 신청서의 첨부서면이 외래어로 작성된 때에는 번역문을 첨부여야 한다.

(3) 주사무소 또는 주소의 표시

법인의 주사무소와 분사무소 대표자의 주소 표시는 행정구역 명칭 그대로 전부 기재하여야 하며 '서울특별시' '부산광역시' 등을 '서울' '부산' 등으로 약기하여서는 아니 된다. 다만 지번의 경우 '번지'라는 문자를 사용함이 없이 108 또는 108-1과 같이 기재한다.
등기신청서에 주사무소, 분사무소, 임원 등의 주소를 기재할 경우에는 원칙적으로 도로명주소를 포함하여 건축물대장 등 도로명 주소의 정보에 표기된 도로명 주소를 말한다.

(4) 금액의 표시

금액의 표시는 아라비아숫자로 하되 그 표시를 내국화폐로 하는 경우에는 '금10,000,000원'과 같이 기재하고 외국화폐로 하는 경우에는 '미화 금 10,000,000달러', '일화 금 10,000,000엔'과 같이 그 외국화폐를 통칭하는 명칭을 함께 기재한다.

3) 기명날인 또는 서명

(1) 기명날인

등기신청서에는 신청인 또는 그 대리인이 기명날인하여야 하는 바(비송 66조), 신청서가 여러 장에 걸쳐 있을 때에는 신청인 또는 그 대리인은 각 장에 간인을 하여야 한다. 다만, 신청인이나 그 대리인이 수인일 때에는 간인은 그 중 1인만 해도 무방하다.
신청인이 수인인 때에는 전원이 연기명하여 신청하여야 하나 해외여행 등 정당한 사유로 연기명할 수 없는 자가 있는 때에는 그 사유를 증명하는 서면을 첨부하여 나머지 신청인이 기명날인함으로써 등기를 신청할 수 있다(비송 66조). 2인 이상이 공동으로 등기를 신청하여야 하는 경우에 정당한 사유로 신청서에 서명 날인할 수 없는 사람이 있는 때에는 그 밖의 사람의 기명날인만으로 신청할 수 있다. 이때에는 신청서에 그 사유를 증명하는 서면을 첨부하여야 한다(비송 151조).

등기신청서에 날인할 자가 외국인으로서 인감을 제출하는 경우에는 인감신고서의 서명이 본인의 것임을 확인하는 본국 관공서 또는 본국 공증인이 관할관청으로서 인증한 증명서를 첨부함으로써 인감증명의 첨부에 갈음할 수 있다(1992. 1. 15. 등기예규 제740호). 또한 우리나라에 체류하는 외국인인 경우에는 대한민국에 있는 공증인의 인증으로도 대신할 수 있다(2005. 2. 18. 등기선례 200502-13).

(2) 서명

신청인 또는 대리인이 ① 법인의 주사무소 및 분사무소 소재지에서 공통을 등기할 사항에 관하여 분사무소 소재지에서 하는 등기, ② 주소의 변경에 관한 등기, ③ 그 밖의 대법원예규로 정하는 등기를 신청하는 경우에는 상업등기 규칙 제60조 제1항의 기명날인을 갈음하여 서명할 수 있다.

4) 간인

신청서가 2장 이상일 때에는 신청인 또는 그 대리인이 간인을 하여야 하고 신청인 또는 그 대리인이 2인 이상인 때에는 그 중 1인이 간인을 하여야 한다. 다만 신청서에 기명날인을 갈음하여 서명할 수 있는 경우에는 각 장마다 연결되는 서명을 함으로써 간인을 대신할 수 있다.

3. 일괄신청

1) 서설

일괄신청은 원칙적으로 동일한 등기사항에 대해 여러 개의 등기사항을 하나의 신청서로 신청하는 것을 말한다. 즉 동일당사자가 동일등기소에 수개의 등기사항에 대한 등기를 동시에 신청하는 때에는 등기목적, 등기사유가 다를지라도 1통의 신청서로써 일괄하여 신청할 수 있다. 따라서 이사변경, 사무소이전, 목적변경 등 수개의 등기사항에 대한 등기사유가 여러 차례에 걸쳐 발생했고 그 등기목적이 서로 다를 지라도 신청인이 같은 때에는 이를 한 신청서로써 일괄하여 신청할 수 있다.

2) 일괄신청의 요건

등기 받을 당사자가 동일하고 관할등기소가 동일한 경우에 한하여 일괄신청이 가능하므로 등기부의 종류를 달리하는 등기는 일괄신청을 할 수 없다. 법인등기에 있어 부동산 등기와 동일하게 등기원인과 등기목적이 동일한 경우에 한하여 일괄신청 할 수 있는지 문제될 수 있으나 법인등기의 경우에는 그러한 요건은 필요 없다.

한편 동일한 등기기록에 관한 등기신청이 아니지만 일괄신청이 인정되는 경우가 있고 일괄신청이 강제되는 경우도 있다. 예를 들어 ① 주사무소, 분사무소 공통등기사항에 대하여는 당사자의 의사에 의하여 주사무소, 분사무소 일괄신청을 할 수 있고, ② 관할 외 주사무소 이전에 따라 구주사무소 소재지 관할 등기소와 신주사무소 소재지 관할 등기소에서 하는 2개의 주사무소이전등기의 신청은 일괄신청이 강제되어 있다.

일괄신청을 하는 때에는 신청서의 기재사항 중 등기의 사유와 등기할 사항은 일괄하여 기재하고 등록면허세액은 합계액을 기재한다.

3) 일부취하 또는 일부각하

일괄신청이 있는 경우 신청인은 등기 완료 전에 그 신청 중 일부를 취하 할 수 있고 등기관도 일부신청에 대해서만 각하할 수도 있다. 예를 들어 명칭변경 등기와 임원변경등기 등을 하나의 신청서로 일괄신청을 한 경우 그 신청의 적법 여부는 각 신청사건별로 판단할 수 있으므로 등기관은 일괄로 신청된 사건 중 각하 사유가 있는 일부 신청에 대하여만 각하할 수 있다. 다만 관할 외 주사무소 또는 주사무소 이전등기와 같이 일괄신청이 강제되는 경우에는 그러하지 아니하다.

4) 주사무소, 분사무소 일괄신청

(1) 개 설

주사무소, 분사무소 일괄신청을 할 때에는 주사무소 관할 등기소에 제출하는 등기신청서에 동시에 신청하고자 하는 분사무소 소재지를 관할하는 등기소를 함께 기록하여 제출하도록 하였다.

주사무소, 분사무소 일괄신청은 주사무소와 일괄신청한 각 분사무소에 관한 등기의 신청이므로 이에 대해 각각의 등록면허세와 등기신청수수료를 납부하여야 한다. 특히 등록면허세의 경우 주사무소 또는 각 분사무소의 소재지를 관할하는 관할 관청에 납부한 후 그 등록면허세 영수필 확인서를 첨부하여야 함을 주의하여야 한다.

(2) 주사무소, 분사무소 일괄신청이 불가능한 경우

주사무소, 분사무소 공통등기사항 중에서 주사무소 관할 등기소에 일괄하여 등기를 신청하면 등기실행이 복잡하게 되는 등기유형에 대해서는 주사무소 분사무소 일괄신청이 제한된다. 즉 법인이 주사무소를 다른 등기소 관할구역으로 이전한 경우에 하는 주사무소이전등기에는 주사무소, 분사무소 일괄 신청이 제한된다.

5) 관할 외 주사무소 이전등기

(1) 관할 외 주사무소이전등기의 일괄신청 강제

관할 외 주사무소 이전에 따라 구소재지와 신소재지 관할 등기소에 하는 관할 외 주사무소이전등기신청의 경우에는 반드시 2개의 신청을 하나의 신청서로 작성하여 구소재지 관할 등기소에 제출하여야 한다. 다만 구소재지와 신소재지 관할 등기소에 대한 주사무소이전등기신청이 2건이므로 각각 그에 해당하는 등록면허세와 등기신청수수료 등을 납부하여야 한다.

(2) 다른 변경등기와 일괄신청

다른 등기소의 관할 구역으로 주사무소를 이전하는 등기를 신청하는 경우에는 다른 등기와 일괄신청을 할 수 없다. 다만 동일 관할 구역 내에서의 주사무소이전등기와 다른 등기는 일괄신청을 할 수 있다.

4. 동시신청

1) 의 의

동시신청이란 2개 이상의 등기를 한 개의 신청서로 일괄하여 신청하거나 2개 이상의 신청서로 연속하여 신청하는 것을 말한다. 동시신청이 요구되는 등기는 그 등기사항들이 상호 밀접하게 관련되어 있으므로 그들의 등기 여부를 한번에 판단하여 한꺼번에 등기하거나 각하하도록 함으로써 부실등기를 막고자 하기 위함이다.

2) 구체적인 예

주사무소를 다른 등기소의 관할 구역 내로 이전하는 경우에 신주사무소 소재지에서 하는 등기의 신청과 구사무소 소재지에서 하는 등기신청은 구주사무소 소재지를 관할하는 등기소에 동시에 하여야 한다. 이 경우 구주사무소 소재지 관할 등기소에서 하는 등기의 신청서에 신주사무소 소재지 관할 등기소에서 하는 등기의 신청에 관한 정보를 함께 기재하여 신청하여야 한다.

제5절 법인등기 첨부정보

1. 서 설

첨부정보란 등기를 하기 위하여 등기소에 제공하여야 하는 정보를 말한다. 첨부정보에 관하여는 [민법법인 및 특수법인 등기규칙]에 의해 준용되는 상법등기규칙 및 그 밖의 법령에서 정하고 있는데 신청에 필요한 첨부정보를 제공하지 아니하는 경우에는 등기신청을 각하하게 된다.

2. 대리권을 증명하는 정보

1) 위임장

대리인에 의하여 등기신청을 하는 때에는 신청서에 그 권한을 증명하는 서면을 첨부하여야 한다. 법정대리인의 경우에는 가족관계등록부의 증명서, 임의대리인의 경우에는 위임장 등이 그 서면이 된다. 본인의 대리인에 대한 위임장에 복 대리인 선임에 대한 본인의 승낙이 있음을 증명하는 서면을 첨부정보로 제공하여야 한다.

2) 작성방법

첨부정보로서 위임장에는 등기소에 제출한 인감이 날인되어 있어야 한다. 다만 법인의 분사무소 소재지에서 등기를 신청하는 경우에는 위임장에 인감이 날인될 필요는 없다.

3. 관청의 허가 또는 인가가 있음을 증명하는 정보

1) 관청의 허가

관청의 허가를 요하는 등기를 신청하는 경우에는 신청서에 관청의 허가서 또는 그 인증 있는 등본을 첨부하여야 한다.

준칙주의를 택하고 있는 상법상의 회사설립에는 관청의 허가가 필요 없는 것이 원칙이나, 허가주의를 택하고 있는 민법상의 비영리법인설립에는 주무관청의 허가를 얻어야만 법인으로 할 수 있다. 특별법상의 각종 법인의 설립은 대부분 주무관청의 허가나 인가를 얻도록 규정하고 있고 그 외에 사무소이전이나 임원의 선임, 해임, 정관의 변경, 출자의 변경, 법인의 합병 등에도 관청의 허가를 얻도록 규정한 경우가 적지 않다.

은행법, 단기금융업, 증권업 등은 허가가 전제된다고 보아야 하므로 허가서를 첨부하여 등기신청을 하여야 하며, 기존 법인의 목적을 변경하거나 추가하여 허가사항인 목적사업을 영위하기 위해서는 등기 전에 당해 관청의 허가를 받고 이를 등기신청 시 첨부하여야 할 것이다.

2) 관청의 등록

관청의 허가를 필요로 하는 사항에는 관청에 등록을 요하는 사항도 포함되므로 이러한 등기를 신청하는 경우에는 주무관청의 등록증을 첨부하여야 한다.

4. 주소, 주민등록번호 등을 증명하는 정보

1) 개설

주소, 주민등록번호(주민등록번호가 없는 재외국민 또는 외국인의 경우에는 생년월일을 말한다. 이하 같다)를 등기하는 경우에는 원칙적으로 주민등록표등본, 초본을 첨부정보로 제출하여야 하고, 성명의 변경에 관한 등기를 신청하는 경우에는 원칙적으로 가족관계등록사항별증명서 중 기본증명서를 첨부정보로 제공하여야 한다. 그리고 증명서는 발행일로부터 3개월 이내의 것이어야 한다.

2) 재외국민

재외국민의 성명, 주민등록번호 또는 주소를 증명하는 서면은 주민등록표등본, 초본(해외이주법 제12조에 따른 영주귀국의 신고를 하지 않은 사람 중 주민등록이 말소되었던 자가 귀국 후 재등록 신고를 한 경우 또는 주민등록이 없던 사람이 귀국 후 최초로 주민등록을 신고한 경우에는 외국 주재 한국대사관이나 영사관 또는 우리나라 외교통상부에서 발급받은 재외국민 등록부 등본이다. 그러나 여권은 성명 및 주민등록번호 또는 생년월일을 증명하는 정보지만 주소를 증명하는 정보에 해당되지 않는다.

3) 외국인 및 외국국적동포

(1) 성명, 국적, 생년월일 등

외국인의 국적, 성명, 생년월일을 증명하는 서면에는 여권 등 본국 관공서에서 발급한 국적, 성명, 생년월일이 기재된 신분증명서 등이 있다. 이 경우 원본을 제출하여야 한다. 다만 원본을 제출할 수 없는 경우에는 원본과 동일하다는 취지를 기재한 사본에 대해 원본과 동일하다는 등기관의 확인을 받거나 그 증명서의 사본에 대해 공증인의 인증을 제출한 때에는 그 증명서의 사본으로 원본을 갈음할 수 있다.

(2) 주소

외국인의 주소를 증명하는 서면을 제출하여야 하는 경우에는 본국 관공서의 주소증명서 또는 거소사실증명서(일본, 독일, 프랑스, 대만 등의 경우)를 제출하여야 하나, 본국에 주소증명서 또는 거소사실증명서를 발급하는 기관이 없는 경우(미국, 영국 등의 경우)에는 주소를 공증한 서면을 제출하여야 한다. 한편 출입국관리법에 의하여 외국인 등록을 한 외국인이 발급받은 외국인등록 사실증명서 또는 국내거소신고를 한 외국국적동포가 발급받은 국내거소신고 사실증명서로도 할 수 있다.

구분	국적, 성명, 주민등록번호, 주소 등의 증명정보	
국민	성명, 주민번호 및 주소	1.주민등록표등본, 초본
	성명의 변경	1.기본증명서
재외국민	성명, 주민번호 및 주소	1.주민등록표등본, 초본 2.재외국민등록부등본
	주소	1.주재국의 주소증명서면
외국인	국적, 성명, 생년월일	1.본국의 신분증명서(여권) 또는 인증서면
	국적, 성명, 생년월일, 주소	1.외국인등록 사실증명 2.국내거소신고 사실증명
	주소	1.주소증명서(거소증명서) 또는 인증서면

위에서 첨부되는 정보가 공증한 외국문서인 경우에는 영사관의 확인을 받거나 아포스티유를

발급받아 제출할 수 있다.

<table>
<tr><th colspan="2">▣ 외 국 인(대한민국 국적을 보유하고 있지 아니한 자)</th></tr>
<tr><td>입국
하지
않은
경우</td><td>1. 인감증명
□ 본국에 인감증명 날인제도가 있는 경우(예: 일본 등)
○ 위임장에 날인한 인감에 대하여 본국 관공서가 발행한 인감증명을 첨부
□ 본국에 인감증명 날인제도가 없는 경우(예: 미국 등)
○ 위임장에 한 서명에 관하여 본인이 직접 작성하였다는 취지의 본국 관공서의 증명이나 이에 대한 공증을 첨부
2. 주소를 증명하는 서면
□ 본국에 주소증명서 등을 발급하는 기관이 있는 경우(예: 일본 등)
○ 본국 관공서의 주소증명서 또는 거주사실증명서를 첨부
□ 본국에 주소증명서 등을 발급하는 기관이 없는 경우(예: 미국 등)
○ 주소를 공증한 서면을 첨부
□ 본국에 주소증명서를 발급하는 기관은 없으나, 그 주소증명서를 대신할 수 있는 증명서(운전면허증 또는 신분증 등)를 본국 관공서에서 발급하는 경우
○ 관할등기소 등기관에게 그 증명서 및 그 사본(원본과 동일하다는 취지를 기재)을 제출하여 원본과 동일함을 확인받거나,
○ 또는 그 증명서 사본(원본과 동일하다는 취지를 기재)에 본국 관공서의 증명이나 공증인의 공증 또는 외국주재 한국 대(영)사관의 확인을 받아 주소증명서 대신 제출할 수 있음
3. 외국국적 취득으로 성명이 변경된 경우
□ 변경 전 · 후의 성명이 동일인이라는 본국 관공서의 증명 또는 공증을 첨부</td></tr>
<tr><td>입국</td><td>1. 인감증명</td></tr>
</table>

☐ 본국에 인감증명 날인제도가 있는 경우(예: 일본 등)

◯ 위임장 등에 날인한 인감에 대한 본국 관공서가 발행한 인감증명 제출

☐ 본국에 인감증명 날인제도가 없는 경우(예: 미국 등)

◯ 위임장 등에 한 서명이 본인의 서명임을 증명하는 본국 관공서의 증명이나 이에 대한 공증서면 또는 주한 본국 대(영)사관의 확인서면으로도 가능

☐『출입국관리법』에 의하여 외국인등록을 한 자는『인감증명법』에 의한 인감증명을 발급받아 제출할수 있음

☐ 국내거소신고를 한 외국국적동포의 경우『인감증명법』에 의한 인감을 발급 받아 제출할 수 있음

2. 주소를 증명하는 서면

☐ 외국인등록사실증명 또는 국내거소신고를 한 외국국적동포의 경우에는 국내거소신고사실증명으로도 가능

☐ 따라서 앞서 기술한 주소증명서면을 제출하거나 위의 외국인등록사실증명 또는 국내거소신고사실증명을 제출해도 됨

▣ 재외국민
(대한민국에 현재하지 아니한 자로서 국외로 이주를 하여 주민등록이 말소되거나 처음부터 없는 자)

입국하지 않은 경우

1. 인감증명

☐ 인감증명의 제출

◯ 위임장에 찍힌 인영이 본인의 것임을 증명하기 위하여 본인의 인감증명(우리 나라의 인감증명)을 제출하여야 하며, 이때 등기원인이 매매인 경우에는 부동산매수자란에 매수자의 성명 · 주소(법인인 경우에는 법인명과 주된 사무소의 소재지) 및 주민등록번호를 기재한 부동산매도용 인감증명서를 제출함(인감증명법 시행령 제13조 제3항 참조)

2. 주소를 증명하는 서면

☐ 외국주재 대한민국 대(영)사관에서 발행하는 재외국민 거주사실증명 또는 재외국민 등록부등본을 첨부해야 함

☐ 다만 주재국에 대사관 등이 없어 그와 같은 증명을 발부 받을 수 없을 때에는 주소를 공증한 서면으로 대신할 수 있음

	입국	첨부서면은 위의 경우와 같다. 다만, 주소를 증명하는 서면으로 국내거소신고사실증명도 가능

5. 인감증명 등에 관한 정보

1) 개설

인감신고 또는 개인신고, 인감의 폐지신고, 사용자등록신청, 임원등의 취임승낙 또는 사임 등의 경우에는 인감증명법에 따른 인감증명을 첨부정보로 제공하여야 한다. 이 경우 인감증명은 발행일로부터 3개월 이내의 것이어야 한다.

2) 본인서명사실확인서 등

등기소에 제출하는 신청서나 첨부서면(등기신청서, 인감신고서, 위임장, 취임승낙서, 사임서 등을 말한다. 이하 같다)에 인감증명법에 따라 신고한 인감을 날인하고 그 인감증명서를 첨부정보로 제공하여야 한다고 정한 경우 이에 갈음하여 그 서면에 서명을 하고 본인서명사실 확인 등에 관한 법률에 따라 발급 받은 본인서명사실확인서를 첨부하거나 발급증을 첨부할 수 있다.

3) 연기명날인불능증명서

다수의 신청인이 공동으로 등기를 신청하도록 규정된 경우 그 중 일부 신청인이 부득이한 사유로 인하여 정해진 기간 내에 등기신청서에 기명날인할 수 없는 경우에는 본의 아니게 다른 신청인까지 해태의 제재를 받게 될 것이므로 신청인이 다수인 경우 그 중 일부 신청인이 해외출장중이거나 또는 기명날인할 수 없을 정도의 중상 등으로 기명날인할 수 없는 정당한 사유가 있는 때에는 그 사유를 증명하는 연기불능증명서를 첨부하여 다른 신청인만의 기명날인으로 그 등기를 신청할 수 있다.

이 때 위 증명서는 일정한 형식이 필요 없고 또 반드시 공문서일 필요도 없으며 객관적으로 그 정당성만 증명되면 사인의 증명서도 무방하다.

연기명날인불능증명서

사단법인 영남00회
이사 홍 길 동

위 사람은 2019년 6월 O일부터 12개월 예정으로 현재 미국에 체류 중에 있으므로 법정의 등기기간 내에 귀환하기가 불가능하여 OO등기신청서 및 그 위임장에 연기명날인할 수 없으므로 이를 증명합니다.

2019년 7월 1일
사단법인 영남00회
이사장 박 0 0 (인)
또는 감사 김 0 0 (인)

6. 외국문서 및 외국어로 작성된 문서의 제출방법

1) 제출방법

법인등기를 신청하는 경우에 첨부되는 문서가 외국공문서인 때에는 재외공관공증법 제30조 제1항 본문에 따라 우리나라 영사관의 확인을 받아 제출하여야 한다. 다만 외국공문서에 대한 인증의 요구를 폐지하는 협약에 가입한 국가인 경우에는 그 협약에 정한 바에 따라 아포스티유를 발급받아 제출할 수 있다.

통상적으로 공문서가 아닌 사문서는 해당 국가에서 공증을 받음으로써 아포스티유 확인 발급대상이 되기 때문에 외국사문서의 경우 먼저 해당 국가의 공증사무소에서 공증을 받아야 해당 국가에서 아포스티유를 발급 받을 수 있다.

“아포스티유 확인” 이란?

- 한 국가에서 발행한 문서가 다른 국가에서 사용되는 사례가 급격히 증가하고 있는 가운데, 이처럼 한 국가의 문서가 다른 국가에서 인정받기 위해서는 문서의 국외사용을 위한 확인(Legalization)을 받아야만 합니다.

- 문서접수국 해외공관원(영사)이 문서발행국 문서를 '영사확인'하는 경우, 문서발행국 공문서 신뢰성 여부를 신속하게 확인하기 힘들고 확인에 장시간이 소요되는 불편이 있어 공관 소재국의 외교부 영사확인 등을 먼저 이행하도록 요구하고 있으며, 민원인 또한 시간·비용 면에서 이중의 불편을 감수하고 있습니다. 이러한 불편을 해소하기 위해, 문서발행국의 권한 있는 당국이 자국 문서를 확인하면, 아포스티유 협약 가입국들은 자국의 해외공관이 현지 국가가 발행한 문서에 대한 추가적 확인 없이 자국에서 직접 사용할 수 있도록 인정하는 '외국공문서에 대한 인증의 요구를 폐지하는 협약(이른바 아포스티유 협약)' 이 도입된 것입니다.
- 우리나라에서는 '외교부'와 '법무부'가 권한기관으로 지정되어 있으며, 동 기관들이 아포스티유 협약에서 규정한 방식에 따라 문서의 관인 또는 서명을 대조 하여 확인하고 발급하는 것이 아포스티유(Apostille) 확인입니다. 따라서 아포스티유 확인서가 부착된 우리 공문서는 한국에 소재하고 있는 외국공관의 영사확인 없이 협약가입국(문서접수국)에서 공문서로서의 효력을 인정받게 됩니다.

- 영사확인 (아포스티유 미가입국 제출용)

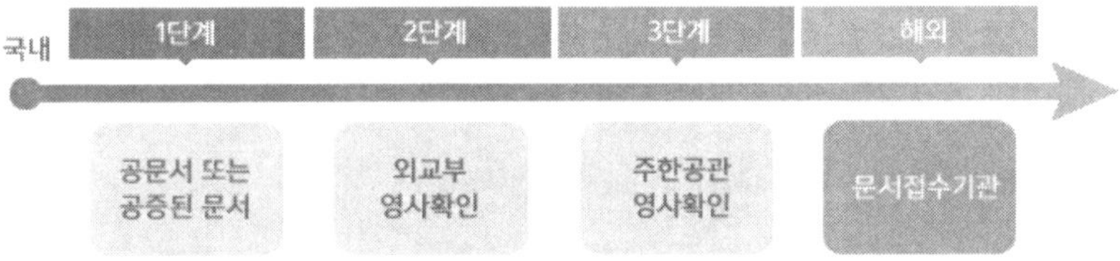

- 아포스티유 (아포스티유 가입국 제출용)

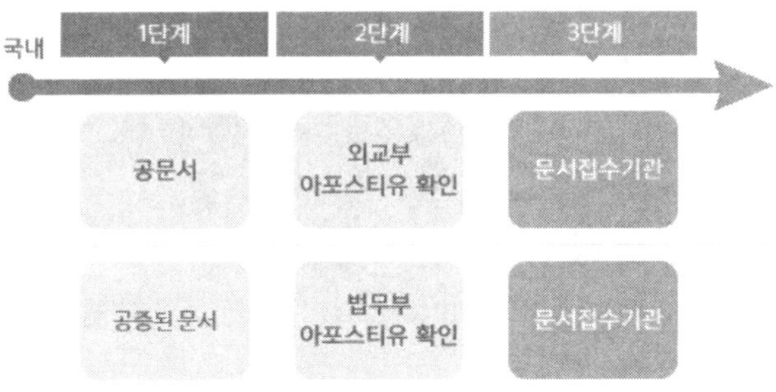

아포스티유 확인 대상문서 종류

1. 문서의 성격에 따른 분류

공문서	공증문서
• 행정기관(입법·사법·행정 등) 발행문서 • 국가공무원법 제2조 또는 지방공무원법 제2조에 규정한 공무원 신분인 자가 기관장인 기관에서 업무 수행을 위해 발급한 문서가 해당 (예시) 가족관계증명서, 납세사실증명서, 이혼판결문, 의약품 허가 확인서, 국공립학교 발행 성적증명서 등	• 통상적으로 공문서가 아닌 (사)문서는 공증을 받음으로써 아포스티유 확인 발급대상이 됨 • 공증인법 또는 변호사법 규정에 의하여 공증인의 자격을 가진 자가 작성한 공증문서 (예시) 회사발행 문서, 진단서, 사립학교 발행 성적 및 졸업 증명서 등 행정기관 발행문서가 아닌 문서(단, 현재 사립 초중고 성적, 졸업증명서는 행정기관 발행문서로 취급), 번역문

2.아포스티유 확인 발급 기관에 따른 분류

외교부 아포스티유 확인 대상문서	법무부 아포스티유 확인 대상문서
• 법무부 아포스티유 확인 대상문서 이외의 행정기관 발행문서	• 법무부 또는 그 소속기관(검찰청 포함)에서 공무상 작성한 문서 • 검찰보존사무규칙에 따라 보존되는 재판서 또는 재판을 적은 조서의 등본이나 초본 • 공증문서

3.번역문에 대한 아포스티유 확인

- 아포스티유 확인은 원칙적으로 문서 '원문'을 대상으로 문서 발행기관의 관인 또는 해당 공무원의 서명을 확인하고 부여하는 것임
- 국가간 언어의 차이로 인해 부가적으로 필요한 번역문은 우리나라 내에서 번역을 하고 그 번역문에 대해서도 아포스티유 확인이 필요한 경우, 원문 및 번역문에 대하여 각각 별도로 아포스티유 확인을 신청해야 하며 번역문은 공증사무소 '공증'을 먼저 받고 법무부의 아포스티유 확인을 신청해야 함.
- 번역문에 대한 공증은 단지 해당 번역문이 문서 원본 내용과 상이하지 않음을 신청인 진술로 인증하는 것임

아포스티유 확인 신청 구비서류

우리나라 발행문서에 대한 아포스티유 확인을 받기 위해서는 아래와 같은 구비서류가 필요합니다.

- 아포스티유 확인 신청서(페이지 가장아래 첨부파일 다운로드)
- 아포스티유 확인을 받고자 하는 '공문서' 또는 '공증된 문서'
  - 사문서는 아포스티유 확인에 앞서 공증사무소에서 '공증'을 받아야 함.
- 대리인에 의한 신청인 경우 대리인의 신분증
- 전자수입인지 (1건당 1,000원)

아포스티유(Apostille) 신청방법

분류	신청방법
본인 접수시	아포스티유 신청서 아포스티유를 받고자 하는 대상문서 신분증 지참 전자수입인지 (1건당 1,000원)
대리인 접수시	아포스티유 신청서 아포스티유를 받고자 하는 대상문서 대리인 신분증 지참 전자수입인지 (1건당 1,000원)
회사 접수시	아포스티유 신청서(신청서 하단 회사 명판, 인감날인) 아포스티유를 받고자 하는 대상문서 대리인 신분증 지참 전자수입인지 (1건당 1,000원)
대행사 접수시	아포스티유 신청서(신청서 하단 대행사 명판, 인감날인) 아포스티유를 받고자 하는 대상문서 신청인 신분증 사본 대리인 신분증 지참 전자수입인지 (1건당 1,000원) ※ 대행사 접수시 (여행사, 번역사, 유학원 등 대행업체) 1박 2일 소요
우편 접수시	아포스티유 신청서(회사 신청시 신청서 하단 서명란에 회사 명판, 인감날인, 연락 가능한 전화번호를 필히 기입) 아포스티유를 받고자 하는 대상문서 신청인 신분증 사본, 대리인 신분증 사본 전자수입인지 (1건당 1,000원, 구입 후 동봉) 반송봉투, 반송봉투에 우표(등기비용)부착 후 반송주소, 우편번호, 수취인명 기입 주소 : 서울특별시 서초구 남부순환로 2558 외교센터 6층 외교부 영사민원실 아포스티유 담당자 우편번호 : 06750 우편신청은 현재 국내에 한해서만 서비스를 하고 있습니다 소요기간은 통상 7일에서 10일 정도(우편 상황, 미비서류 등으로 연장 가능)

2) 번역문

첨부정보가 외국어로 된 경우에는 번역문을 첨부하여야 하는데 이러한 번역문에는 그 번역의 정확성을 보장하기 위하여 번역인의 성명 및 주소를 기재하고 번역인이 서명 또는 기명날인하여야 한다. 다만 등기실무에 의하면 번역인의 자격에는 제한이 없고 등기신청인이 번역문에 서명 또는 기명날인할 필요가 없으며 번역문에 대해 공증인의 인증을 받을 필요도 없다. 하지만 아포스티유를 발급받은 외국 발행 문서에 대하여 국내에서 번역 후 공증사무소에서 공증을 받도록 해야 외국어 원문이 국내법에서 정하는 요건을 갖추고 있는지를 정확하게 판단할 수 있으므로 번역 후 국내 공증사무소에서 공증을 받게 하는 규정이 조속히 마련되어야 할 것이다.

7. 첨부정보의 원용과 첨부서류의 반환

1) 첨부정보의 원용

같은 등기소에서 동시에 여러 건의 등기신청을 하는 경우에 첨부정보의 내용이 같은 것이 있을 때에는 먼저 접수되는 신청서에만 그 첨부정보를 제공하고 다른 신청서에는 먼저 접수된 신청서에 그 첨부정보를 제공하였다는 뜻을 기재하는 것으로 그 첨부정보의 제공을 갈음할 수 있다.

2) 첨부서류의 반환

(1) 반환청구

등기신청서에 첨부하는 서류는 원래 그 원본을 첨부해야 할 것이나 첨부서류 중에는 의사록, 허가서, 면허장 등과 같이 신청인 자신에게도 그를 보존해야 할 필요가 있을 경우가 있을 것이므로 그러한 경우에는 신청인은 원본과 함께 상위 없다는 뜻을 기재한 사본을 첨부하고 그 원본은 환부를 청구할 수 있다. 다만, 전자문서로 제출한 경우에는 그러하지 아니하다(상등규 60조).

대리인에 의해서도 원본환부를 청구할 수 있고 그 때에는 대리권을 증명하는 위임장을 첨부해야 하지만 등기신청위임장 외에 반드시 별도의 위임장을 첨부해야 하는 것은 아니고 등기신청위임장의 위임사항에 원본환부청구에 관한 사항도 위임한다는 취지를 기재하면 된다.

(2) 반환청구의 배제

등기신청에 첨부된 위임장 등 해당 등기신청만을 위하여 작성한 서류 또는 인감증명, 법인등기사항증명서, 주민등록표등본, 초본, 가족관계등록사항별증명서 등 별도의 방법으로 다시 취득할 수 있는 서류에 대해서는 원본인 첨부서류의 반환을 청구할 수 없다.

[첨부서류 원용]

첨 부 서 류	
1. 정관	1통
1. 이사회의사록	1통
1. 주무관청의 허가서	1통
1. 위임장	1통

다만, 이사회의사사록 1통은 동시 제출하는 OO등기신청서에 첨부된 것을 원용함.

– 이하 생략 –

제6절 인감의 제출과 등록면허세 등 납부

1. 인감의 제출

1) 의의

등기신청서에 기명날인 할 사람은 미리 그 인감을 등기소에 제출하여야 한다. 인감을 변경한 때에도 같다(상등법 25조 1항).

등기소에 인감을 제출하여야 할 등기신청인이 인감을 제출하지 않거나 신청서 또는 위임에 따른 대리인의 권한을 증명하는 서면에 찍힌 인감이 제출된 인감과 다른 때에는 등기관이 그 신청을 각하한다.

2) 적용의 배제

촉탁에 따른 등기, 주사무소, 분사무소 공통 등기사항에 대한 분사무소 소재지에서의 등기, 주사무소를 다른 등기소의 관할 구역 내로 이전한 경우에 신주사무소 소재지에서 하는 등기의 신청 등에 대해서는 인감이 제출이 적용되지 않는다. 즉 이 경우에는 법인인감 없이 등기를 신청할 수 있다.

2. 인감제출자

등기신청서에 날인한 자는 미리 등기소에 그 인감을 제출하여야 하고 대리인에 의하여 등기를 신청하는 경우에는 그 위임인의 인감을 제출하여야 한다(비송 66조).

인감의 제출은 주사무소소재지 등기소에서 당사자가 등기를 신청할 때에 한하며 관공서의 촉탁에 의하여 등기를 신청할 때와 분사무소소재지 등기소에서 등기를 신청할 때에는 적용하지 아니한다(비송 66조). 다만 분사무소의 경우에도 상법상 지배인과 동일한 권한이 있는 특수법인의 대리인은 지배인과 같이 분사무소에 인감을 제출하여 인감증명을 발급 받을 수 있다.

인감의 제출은 최초의 설립등기를 신청할 때 뿐 아니라 그 후 법인의 대표자가 변경되는 때에도 하며, 종전의 인감대지에 기재되어 있는 사항이 변경되는 명칭변경, 각 사무소의 이전 등의 변경등기나 경정등기를 신청하는 때에는 변경 또는 경정된 사항으로 기재된 인감을 재제출하여야 한다. 한 개 법인에 수인의 대표자가 있는 경우에는 각기 다른 인감을 제출하여야 하며 동일 인감으로 공용할 수는 없다.

3. 인감의 신고

1) 방문제출

인감의 신고는 인감제출자에 관한 사항을 적고 사용할 인감을 날인한 인감신고를 작성하여 관할 등기소에 제출하는 방식으로 한다.

2) 인감의 적격

인감은 대조에 적당하고 가로. 세로 2.4센티미터의 정사각형 안에 들어갈 수 있는 것이어야 한다. 가로, 세로 1센티미터의 정사각형 안에 들어가는 것이 아닌 것으로 선명하지 않거나 너무 복잡한 것이어서는 안 된다. 특히 인감의 문자에는 법령에 특별한 규정이 없으므로 반드시 법인의 명칭이나 제출자의 자격 등이 기재되어 있을 필요는 없으며 제출자의 성명 또는 다른 문자나 형상을 새긴 인감을 제출하는 것도 무방하다.

3) 첨부정보

(1) 인감날인 및 인감증명서 첨부

인감을 제출할 수 있는 자는 인감신고서에 인감증명법에 따라 신고한 인감을 날인하고 그 인감증명서(발행일로부터 3개월 이내)를 첨부하거나 그 신고서에 등기소에 인감을 제출할 사람이 기명날인 또는 서명하였다는 공증인의 인증서면을 첨부하여야 한다. 인감의 제출(재제출을 포함한다) 또는 개인인감의 제출은 상업등기규칙 소정의 인감신고서 또는 개인신고서에 인감대지를 첨부하여 제출하여야 한다.

(2) 외국인

등기신청서에 날인할 자가 외국인으로서 인감을 제출하는 경우, ① 인감증명제도가 있는 국가의 국민이 신고하는 경우에는 인감신고서에 본국 관공서에 신고한 인감을 날인하고 그 인감증명서를 제출할 수 있고(외국공문서이므로 영사관의 확인이나 아포스티유도 있어야 함), ② 인감증명제도가 없는 국가의 국민이 신고하는 경우에는 인감신고서에 서명을 하고 그 서명이 본인의 것임을 확인하는 본국관공서의 증명을 첨부할 수 있다. 다만 외국문서는 영사관의 확인을 받거나 아포스티유를 발급받아야 한다.

4. 인감의 개인 및 폐인신고

1) 개인신고

인감의 개인신고도 인감의 신고절차에 따른다. 다만 개인신고의 경우 개인신고서에 인감증명법에 따른 인감을 날인하고 그 인감증명서를 첨부하거나 그 신고서에 등기소에 인감을 제출할 사람이 기명날인 또는 서명하였다는 공증인의 인증서면을 첨부하는 대신에 등기소에 제출한 유효한 종전 인감을 날인할 수도 있다.

2) 폐인신고

인감을 제출한 사람은 폐인신고서를 관할 등기소에 제출하여 인감의 폐지를 신청할 수 있다. 폐인신고서에는 등기소에 제출한 인감을 날인하여야 하며 그 인감을 날인할 수 없는 때에는 인감증명법에 의하여 신고한 인감을 날인하고 그 인감증명서를 첨부하여야 한다. 인감의 폐지를 신청하는 때에는 발급받은 인감카드를 반납하여야 한다.

[별지 제1호 양식{인감 · 개인(改印)신고서}]

인감 · 개인(改印) 신고서

(신고하는 인감날인란) (인감제출자에 관한 사항)

상호(명칭)		사단법인 청출어람	등기번호	12345
본점(주사무소)		서울 강남구 논현동 00 00		
인감제출자	자격/성명	이사장/ 김00		
	주민등록번호	711025-1047896		
	주 소	서울 성동구 0000		

ㅁ 위와 같이 인감을 신고합니다.

ㅁ 위와 같이 개인(改印)하였음을 신고합니다.

년 월 일

신고인 본 인 성 명 사단법인 청출어람 이사장 김00 (인)# (전화 :)

대리인 성 명 (인) (전화 :)

서울중앙지방법원 등기국 귀중

주 1. 인감 · 개인(改印) 신고서의 **신고인의 날인란(#)에는** 「인감증명법」에 따라 신고한 인감을 날인하고 그 인감증명서(발행일로부터 3개월 이내의 것)를 첨부하거나, 등기소에 제출한 유효한 종전 인감(**법인인감**)을 날인하여야 합니다. 또한 인감제출자가 기명날인 또는 서명하였다는 공증인의 인증서면으로 갈음할 수 있습니다.

2. 인감 · 개인신고서에는 신고하는 인감을 날인한 인감대지를 첨부하여야 합니다.

3. 지배인이 인감을 신고하는 경우에는 인감제출자의 주소란에 지배인을 둔 장소를 기재하고, **위 1. 의 방법 대신** 「상업등기규칙」 제35조제3항의 보증서면(영업주가 등기소에 제출한 인감날인)을 첨부하여야 합니다. 위 보증서면은 아래의 보증서면란에 기재하는 것으로 갈음할 수 있습니다.

4. **위임에 의한 대리인**이 인감을 신고하거나 개인(改印)을 신고하는 경우에는 **위 1. 대신에아래 위임장의 신고인 날인란(※)에** 「인감증명법」에 따라 신고한 인감을 날인하고 그 인감증명서를 첨부하거나, 등기소에 제출한 유효한 종전 인감(**법인인감**)을 날인하여야 합니다.

보 증 서 면

위 신고하는 인감은 지배인 　　　　　　의 인감임이 틀림없음을 보증합니다.

대표이사 　　　　　　　　(법인인감)

위 임 장

성 명 : 　　　　　　　　주민등록번호 : (　　　　 - 　　　　)

주 소 :

위의 사람에게, 위 인감(개인)신고에 관한 일체의 권한을 위임함.

년 　 월 　 일

인감(개인) 신고인 성 명 　　　　　 (인)※

[주] 이 인감신고서는 등기소에 제출하는 것으로서, 인감크기는 변의 길이가 2.4센티미터 정사각형 안에는 들어갈 수 있고, 1센티미터 정사각형 안에는 들어갈 수 없는 것이어야 한다.

[별지 제2호 양식(인감대지)]

인 감 대 지

	신고하는 인감날인란	상 호(명 칭) : 사단법인 청출어람 자격 및 성명 : 이사장 김OO 주민등록번호 : 7111025-OOOOOOO

[주] 1. 자격은 대표이사(이사), 이사장, 지배인, 대리인, 상호사용자, 무능력자, 법정대리인 등으로 기재한다.

2. 현행 상업등기규칙에는 인감대지의 규격이 정하여져 있지 아니하나 인감대지의 규격은 가로 16센티미터 세로 4센티미터로 하는 것이 좋다.

[별지 제9호 양식(인감카드 등 (재)발급신청서)]

인감카드 등 (재)발급신청서

상호(명칭)			등기 번호	
본점(주사무소)				
인감 제출자	자격 / 성명			
	주민등록번호			

발급사유	␣ 최초발급 ␣ 카드분실 ␣ 카드훼손 ␣ 인감증명서발급기능 ␣ 기타 ( )		
매체 구분	␣ 인감카드 ␣ HSM USB	인감카드 비밀번호	(변경 후 :)
수수료	금 원	납부번호	

위와 같이 인감카드 등의 (재)발급을 신청합니다.

년 월 일 (인감 날인란)

신청인 인감제출자 (본 인) 성 명 (인) (전화 :)

(대리인) 성 명 (인) (전화 :)

지방법원 등기소 귀중

접수번호		인감카드번호	

주 1. 인감카드 비밀번호란에는 (재)발급받아 사용할 인감카드의 비밀번호를 기재하며, 아라비아숫자 6자릿수를 기재하여야 합니다. 다만, 인감카드 재발급의 경우에는 기존 인감카드의 비밀번호와 재발급받아 사용할 인감카드의 비밀번호(변경 후)를 기재하여야 합니다.

2. 인감카드 (재)발급을 신청하는 경우에는 등기소에 제출한 인감을 날인하여야 합니다. 다만, 인감카드 재발급의 경우 기존 인감카드 비밀번호를 기재할 수 없을 때에는 인감제출자 본인은 신분증명서 사본을, 위임에 의한 대리인은 인감제출자가 「인감증명법」에 따라 신고한 인감을 신청서에 날인하고 그 인감증명서 및 대리인의 신분증명서 사본을 각각 첨부하여야 합니다.

3. **인감카드**의 **재발급**을 **신청**할 때에는 「등기사항증명서 등 수수료규칙」으로 정하는 **수수료**

를 납부하여야 합니다. **다만, 인감카드를 반납할 때에는 수수료를 납부할 필요가 없습니다.**

위 임 장

성 명 : 주민등록번호(-)

주 소 :

위의 사람에게, 위 (재)발급신청서에 기재된 인감카드 등의 발급신청과 그 수령 등에 관한 일체의 권한을 위임함.

20 년 월 일

인감신고인 성 명 (인) (전화)

별지 제11호 양식(인감카드 등 사건신고서)

<table>
<tr><th colspan="5">인감카드 등 사건신고서</th></tr>
<tr><td colspan="2">사건구분</td><td colspan="3">␣ 효력정지 ␣ 효력정지해제 ␣ 비밀번호변경
␣ 인감카드 등 폐기(퇴임등 자격상실 · 분실 · 훼손 · 기타)</td></tr>
<tr><td colspan="2">매체구분</td><td colspan="3">␣ 인감카드 ␣ HSM USB</td></tr>
<tr><td colspan="2">상호(명칭)</td><td></td><td>등기번호</td><td></td></tr>
<tr><td colspan="2">본점(주사무소)</td><td colspan="3"></td></tr>
<tr><td rowspan="2">인
감
제출
자</td><td>자격/성명</td><td colspan="3"></td></tr>
<tr><td>주민등록번
호</td><td colspan="3"></td></tr>
<tr><td colspan="2">카드번호</td><td></td><td>비밀번호</td><td>(변경 후:)</td></tr>
<tr><td colspan="2">사 유</td><td colspan="3"></td></tr>
<tr><td colspan="5">위와 같이 인감카드 등의 효력정지 · 효력정지해제 · 비밀번호변경 · 폐기를 신청합니다.</td></tr>
</table>

년 월 일

(인감 날인란)

신고인 본 인 성 명 (인) (전화 :)

대리인 성 명 (인) (전화 :)

지방법원 등기소 귀중

주 1. 신고인의 인감날인란에는 등기소에 신고한 인감을 날인하거나 인감제출자가 「인감증명법」에 의하여 신고한 인감을 날인하고 그 인감증명서(발행일로부터 3개월 이내의 것)를 첨부하여야 합니다.

2. 비밀번호 변경으로 인한 사건신고인 경우에는 기존 인감카드 비밀번호와 새로운 인감카드 비밀번호(변경 후)를 기재하여야 합니다. 다만, 기존 인감카드 비밀번호를 기재할 수 없는 때에는 인감제출자 본인은 신분증명서 사본을, 대리인은 인감제출자가 「인감증명법」에 따라 신고한 인감을 신고서에 날인하고 그 인감증명서(발행일로부터 3개월 이내의 것) 및 대리인의 신분증명서 사본도 첨부하여야 합니다.

3. 효력정지 신청 또는 퇴임 등으로 인한 인감카드 폐기신청을 인감제출자 본인이 신청하거나 대리인이 비밀번호를 기재하여 효력정지 신청을 하는 경우에는 등기소에 신고한 인감 또는 「인감증명법」에 의하여 신고한 인감을 날인하지 않아도 됩니다.

위 임 장

성 명 : 주민등록번호(−)

주 소 :

위의 사람에게, 위 인감카드 등의 효력정지 · 효력정지해제 · 비밀번호변경 · 폐기 신청에 관한 일체의 권한을 위임함.

20 년 월 일

인감신고인 성 명 (인)

[별지 제14호 양식(인감카드 계속사용신청서)]

<table>
<tr><th colspan="5">인감카드 계속사용신청서</th></tr>
<tr><td colspan="2">상호(명　　칭)</td><td></td><td>등 기 번 호</td><td></td></tr>
<tr><td colspan="2">본점(주사무소)</td><td colspan="3"></td></tr>
<tr><td colspan="2">카 드 번 호</td><td></td><td>비밀번호(6자리)</td><td></td></tr>
<tr><td rowspan="4">인
감
제
출
자</td><td rowspan="2">종 전
사용자</td><td>자격 / 성명</td><td colspan="2"></td></tr>
<tr><td>주민등록번호</td><td colspan="2"></td></tr>
<tr><td rowspan="2">계 속
사용자</td><td>자격 / 성명</td><td colspan="2"></td></tr>
<tr><td>주민등록번호</td><td colspan="2"></td></tr>
<tr><td colspan="5">년　　월　　일

신청인　계속사용자 본 인 성　명　　　　(인)　(전화 :　　　)
대리인 성　명　　　　(인)　(전화 :　　　)

지방법원　　　등기소　귀중</td></tr>
<tr><td colspan="5">주 1. 비밀번호란에는 계속사용자가 사용하고자 하는 비밀번호를 기재합니다.
2. 신청인의 날인란에는 등기소에 신고한 인감을 날인하여야 하고, 대리인이 신청하는 경우에는 등기소에 신고한 인감을 날인한 위임장을 첨부하고 신청인의 날인란에는 대리인이 기명날인 하여야 합니다.</td></tr>
<tr><td colspan="5">위 임 장

성 명 :　　　　주민등록번호(　　　－　　　)
주 소 :

위의 사람에게, 위 인감카드의 계속사용신청에 관한 일체의 권한을 위임함.
20　년　　월　　일
인감(개인) 신고인　성 명　　　　(인)</td></tr>
</table>

[별지 제1호 양식(전자증명서발급신청서)]

전 자 증 명 서 발 급 신 청 서

<table>
<tr><td colspan="2">상호(명칭)</td><td colspan="2"></td><td>등기번호</td><td></td></tr>
<tr><td colspan="2">본점(주사무소)</td><td colspan="2"></td><td>관할등기소</td><td></td></tr>
<tr><td colspan="2">지점(분사무소)</td><td colspan="2"></td><td>관할등기소</td><td></td></tr>
<tr><td rowspan="4">신
청
인</td><td>자격 / 성명</td><td></td><td>주민등록
번호</td><td colspan="2"></td></tr>
<tr><td>주 소</td><td colspan="4"></td></tr>
<tr><td>전화번호</td><td colspan="4"></td></tr>
<tr><td>전자우편주소</td><td colspan="4"></td></tr>
<tr><td colspan="2">지배인의 발급신청에 대한 대표자의 확인</td><td colspan="2">지배인 ○○○의 전자증명서 발급신청을 확인함</td><td colspan="2">대표자 ○○○ (법인인감)</td></tr>
</table>

<table>
<tr><td>발급사유</td><td colspan="3">␣ 신규발급 ␣ 변경발급 ␣ 갱신발급 ␣ 초기화발급</td></tr>
<tr><td>수수료</td><td>금 원</td><td>납부번호</td><td></td></tr>
</table>

법무법인 · 법무법인(유한) · 법무사합동법인의 지배인	␣ 법무사 ␣ 변호사	자격등록번호	

위와 같이 전자증명서의 발급을 신청합니다.

년 월 일

신청인 본 인 성 명 (법인인감)

대리인 성 명 (명 칭) (인) (전화 :)

(자격등록번호 :)

지방법원 등기소 귀중			
접수번호		첨부서면	1. 신분증명서 2. 자격을 증명하는 서면의 사본

주 1. 신청인란에는 대표이사 등 전자증명서를 발급받는 사람에 관한 사항을 기재합니다.
2. 전자증명서의 비밀번호는 아라비아숫자 6개 내지 8개로 구성하며 인감증명서 발급용 비밀번호는 아라비아숫자 6개로 구성합니다.
3. 변경발급 또는 갱신발급의 경우에는 전자증명서를 제시하여야 하나, 신청서 또는 위임장에 법인인감이나 개인인감을 날인할 필요는 없습니다.
4. 전자증명서를 신규발급 또는 초기화발급 받은 경우에는 발급일부터 10일 이내에 대법원 인터넷등기소(http://www.iros.go.kr)에서 이용등록을 하여야 합니다.
5. 대리인의 자격등록번호, 법무법인 · 법무법인(유한) · 법무사합동법인의 지배인이 자격자대리인인 경우 그 자격등록번호를 기재하여야 합니다.

위 임 장

성 명 (명 칭) :

사무소 소재지 :

위 사람에게, 전자증명서 발급신청과 그 수령 등에 관한 일체의 권한을 줌

200 년 월 일

위임인 성 명 (법인인감)

별지 제2호 양식(전자증명서 사건신고서)

<table>
<tr><th colspan="4">전 자 증 명 서 사 건 신 고 서</th></tr>
<tr><td colspan="2">사건구분</td><td colspan="2">␣ 효력정지 ␣ 효력회복 ␣ 폐지 ␣ 기타 변경</td></tr>
<tr><td colspan="2">상호(명칭)</td><td></td><td>등기번호</td><td></td></tr>
<tr><td colspan="2">본점(주사무소)</td><td></td><td>관할등기소</td><td></td></tr>
<tr><td colspan="2">지점(분사무소)</td><td></td><td>관할등기소</td><td></td></tr>
<tr><td>신고</td><td>성명</td><td></td><td>자격</td><td></td></tr>
</table>

인	주민등록번호	
사 유		

위와 같이 전자증명서의 효력정지 · 효력회복 · 폐지 등을 신청합니다.

년 월 일

신고인 본 인 성 명 (인)
대리인 성 명 (명 칭) (인) (전화 :)

지방법원 등기소 귀중

주 1. 신고인란에는 대표이사 등 전자증명서를 발급받은 사람에 관한 사항을 기재합니다.
2. 위임장에 등기소에 제출한 법인인감을 날인할 수 없는 때에는 개인인감을 날인하고 그 인감증명서(발행일부터 3개월 이내의 것)를 첨부하여야 합니다.
3. 전자증명서를 제시하는 때에는 위임장에 법인인감이나 개인인감을 날인할 필요가 없습니다.
4. 효력정지는 인터넷등기소(http://www.iros.go.kr)에서도 할 수 있습니다.

위 임 장

성 명 (명 칭) :
사무소 소재지 :
위 사람에게, 전자증명서 사건신고와 관련한 일체의 권한을 줌

200 년 월 일

위임인 성 명 (법인인감 또는 개인인감)

제7절 법인등기의무 해태 및 과태사항통지

1. 법인등기의무해태

1) 등기기간

법인등기는 민법 기타 사립학교법 등의 특별법에 일정한 기간 내에 등기하도록 규정되어 있는 바, 이처럼 규정된 기간을 등기기간이라 한다.

민법상 법인의 설립등기는 허가가 있는 날로부터 3주간 내에 주된 사무소소재지에서 하여야 하고(민법 49조), 분사무소 설치등기도 주된 사무소 및 분사무소에 3주간 내에 등기하여야 한다. 주사무소를 이전하는 등기는 구사무소소재지에서 3주간 내에(민법 51조), 기타 등기사항의 변경등기는 변경된 때부터 3주간 내에 등기하여야 한다(민법 52조).

청산인은 파산의 경우를 제외하고는 그 취임 후 3주간 내에 해산등기와 청산인선임등기를 하여야 하며(민법 85조), 청산이 종결한 때에도 3주간 내에 청산종결등기를 하여야 한다(민법 94조).

그 외 특별법에서 달리 설립등기의 기간을 정하지 않는 영농조합법인과 농업회사법인의 경우에는 설립등기의 기간이 없으며, 일단 법인으로 설립등기를 한 후에는 거의 대부분이 변경등기의 기간을 3주간 내로 정하고 있다.

2) 성질

이와 같은 법인등기의 등기기간은 일반 공중의 거래안전을 보호코자 함에 그 취지가 있을 뿐이므로, 설사 그 등기기간이 경과한 뒤의 등기신청이라 할지라도 그 신청의 효력에는 아무런 영향이 없고 과태료의 제재를 받을 뿐이다(민법 97조 등). 등기기간은 등기를 신청하여야 하는 기한을 의미하며 등기가 완료되어야 하는 기한을 의미하지는 않는다. 따라서 등기기간 내에 등기를 신청하였다면 실제 그 등기가 등기기간이 만료된 이후에 이루어졌다고 하더라도 과태료 부과대상이 되는 것은 아니다.

3) 계산

기간의 계산은 법령, 재판상의 처분 또는 법률행위에 다른 정한 바가 없으면 민법 156조부터 161조까지의 규정에 의한다.

등기기간의 기산점에 관하여는 등기사항이 허가를 요하는 경우에는 그에 관한 허가서가 도달한 날로부터 기산한다는 민법 제53조의 규정 외에 다른 규정이 없다.

그러나 초일이 오전 영시로부터 시작한 때에는 초일을 산입하고(민법 157조), 기간의 만료는 그 말일이 종료한 때에 종료될 것이나, 말일이 공휴일인 때에는 그 익일로서 만료된다(민법 159조, 161조).

이사, 감사 등이 예선되어 미리 그 취임승낙을 한 경우에는 이에 따라 계산하는 것이라 할 것이고, 등기할 사항으로 관청의 허가(인가)를 요하는 것에 관하여는 그 서류가 도달한 날로부터 등기기간을 기산하여(상법 177조), 외국회사에 관한 등기사항이 외국에서 생긴 때에는 그 등기기간은 통지가 도달한 날부터 기산한다(상법 615조).

등기기간은 등기사유의 효력이 발생한 날로부터 기산하여야 한다고 보아야 하는 바, 각 등기사유의 효력이 언제 발생하느냐는 그 시기가 항상 일정하지는 않다.

관청의 허가가 요건인 경우에 있어서 이사 등의 임기만료 후에 주무관청의 허가서가 도착하더라도 등기해태에 따른 등기기간의 계산은 임기만료시부터 할 것이다.

4) 등기의무자

법인에 관한 등기는 원칙적으로 법인을 대표하는 자가 신청하여야 하고, 법인의 이사 또는 청산인이 등기를 해태한 때에는 500만 원 이하의 과태료에 처한다. 이와 같이 등기신청의무는 법인이 아니라 법인을 대표하는 자에게 있고 등기 해태에 대한 과태료 부과도 법인이 아니라 법인을 대표하는 자에게 부과한다. 또한 감사는 등기를 신청해야 할 의무가 있는 자가 아니므로 등기해태에 따른 과태료 부과 대상자가 아니다.

2. 과태사항 통지

등기해태에 대한 과태료는 법원이 1차적으로 부과하므로 과태료재판절차는 법원이 직권으로 개시할 수 있다. 그러나 법원으로서는 등기해태사실을 알 수 없으므로 등기관이 관할 법원에 해태사실을 통지함으로써 절차가 개시되고 있다. 등기관은 그 직무상 과태료 부과대상이 있음을 안 때에는 지체 없이 그 사건을 관할 지방법원 또는 지원에 통지하여야 한다. 다만 이 통지는 법원의 직권발동을 촉구하는 것에 지나지 않는다.

제8절 등기신청의 취하 및 보정

1. 등기신청의 취하

1) 의의

등기신청의 취하란 그 신청에 따른 등기가 완료되기 전에 등기신청의 의사표시를 철회하는 것을 말한다. 등기신청인은 등기관이 등기신청을 각하하거나 등기의 실행을 완료하기 전까지는 그 등기신청을 취하할 수 있다.

2) 취하권자

등기신청을 취할 수 있는 자는 등기신청인이다. 법인의 등기는 원칙적으로 그 대표자가 신청하여야 하므로 대표자가 하여야 한다. 대리인 및 복대리인이 취하함에 있어서는 취하에 관한 특별수권이 있어야 한다. 따라서 취하에 관한 위임장 등을 제출하여야 한다.

3) 시기

등기신청의 취하는 등기관이 등기를 마치기 전까지 할 수 있다. 여기서 등기관이 등기를 마치기 전이란 등기완료 전 또는 각하결정 전이라 해석된다.

4) 방법

방문신청의 경우 등기신청의 취하는 등기신청인 또는 그 대리인이 등기소에 출석하여 취하서를 제출하는 방법으로 하여야 한다. 다만 주사무소, 분사무소 공통등기사항에 관하여 분사무소 소재지에서 한 등기신청에 대한 취하서는 우편으로 제출 할 수 있다.

취　　하　　서

1. 신청인 : 사단(재단법인) OOOO
　　　　　　OO시 OO구 OO로 OO(OO동)
　　　　　　이사장 O O O
　　　　　　OO시 OO구 OO로 OO(OO동)
2. 등기의 목적 : 주사무소이전의 등기
3. 접수년월일 및 접수번호 : 20OO년 O월 O일 접수 제OOO호

위 등기신청을 취하합니다.

20OO년 O월 O일

위 대리인 변호사 O O O (인)

서울중앙지방법원 등기소 귀중

[서식 1] 취 하 서

취 하 서

1. 신청인
   ① 상호(명칭) :
   ② 본점(주사무소) 소재지 :
   ③ 대표자 :

2. 등기의 목적

3. 접수연월일 및 번호
   년 월 일 접수 제 호 (지방법원 등기(과)소)
   년 월 일 접수 제 호 (지방법원 등기(과)소)
   년 월 일 접수 제 호 (지방법원 등기(과)소)

위 등기신청을 취하합니다.

년 월 일

대표자 ㊞

위 대리인 ㊞

지방법원 지원 등기(과)소 귀중

2. 등기신청의 보정

1) 의의

등기관은 각하사유에 해당하는 경우에는 이를 기재한 결정으로 신청을 각하하여야 한다. 그러나 신청의 잘못된 부분이 보정될 수 있는 경우로서 등기관이 보정을 명한 날의 다음날까지 신청인이 그 잘못된 부분을 보정하였을 때에는 그러하지 아니한데 여기서 등기신청을 한 당사자가 등기관으로부터 지적을 받은 신청정보 및 첨부정보의 흠결을 보충하고 바로잡는 것을 보정이라 말한다.

2) 보정통지

등기관은 흠결사항에 대한 보정이 없으면 그 등기신청을 각하할 수밖에 없는 경우에만 보정통지를 하여야 하고 그 흠결이 각하사유에 해당하지 않는다면 보정통지를 할 필요가 없고 보정통지를 해서도 안 된다 보정통지는 신청인에게 말로 하거나 전화, 팩스 또는 인터넷을 이용하여 할 수 있다. 실무상으로는 인터넷등기소 홈페이지 신청사건처리현황 등기완료통지서열람에서 확인이 가능하므로 이를 스스로 확인하고 보정하는 경우가 많다.

[인터넷등기소 홈페이지 신청사건처리현황]

3) 보정기간 및 보정방법

(1) 보정기간

등기의 신청에 비송사건절차법 제66조 제1항에 의해 준용되는 상업등기법 제26조 제1호부터 제12호까지 및 제14호, 제17호의 각하사유에 해당하는 흠결이 있더라도 그 흠결이 보정될 수 있는 경우로서 신청인이 등기관이 보정을 명한 날의 다음 날까지 그 잘못된 부분을 보정하였을 때에는 각하하여서는 아니 된다. 여기서 다음날이 토요일 또는 공휴일에 해당하는 때에는 그 다음날까지 보정을 할 수 있다. 다만 등기관은 흠결이 보정될 수 없는 경우에는 보정명령 없이 등기신청을 각하한다.

(2) 보정방법

방문신청의 경우 등기신청의 흠결에 대한 보정은 신청인 또는 대리인 본인 또는 허가받은 사무원이 등기소에 직접 출석하여 하여야 한다. 이 경우 등기관은 그의 면전에서 필요한 보정을 하게하여야 하고 흠결에 대한 보정을 위하여 신청서나 그 부속서류를 반환해서는 안 된다.

(3) 처리절차

등기관이 보정통지를 한 후에는 보정 없이 등기를 하여서는 안된다. 따라서 신청의 흠결이 보정기간 내에 보정되지 않는 한 신청을 각하하여야 하고 각하결정을 한 후 이를 고지하기 전에 보정되었다고 하여 이미 내려진 각하결정을 되돌릴 수는 없다.

[서식] 보 정 서

보　　정　　서

1. 신청인 : 사단(재단법인) OOOO
OO시 OO구 OO로 OO(OO동)
이사장 O O O
OO시 OO구 OO로 OO(OO동)
2. 등기의 목적 : 주사무소이전의 등기
3. 접수년월일 및 접수번호 : 20OO년 O월 O일 접수 제OOO호

위 등기신청에 관한 귀원의 보정명령에 따라 다음과 같이 인감증명서를 제출합니다.

다　음

1. 인감증명서　　　　1부

20OO년 O월 O일

위 대리인 변호사 O O O (인)

서울중앙지방법원 등기소 귀중

제4장 등기관의 처분에 대한 이의

제1절 총설

1. 의의

등기관의 처분 또는 결정이 부당한 때에는 국가배상법에 의한 손해배상의 청구 등으로 당사자의 권리를 구제할 수도 있지만 그 부당한 결정이나 처분의 효과를 제거해서 당사자가 원하였던 대로 등기 또는 처분을 하는 것이 보다 직접적이다. 이러한 이유로 상업등기법은 등기관의 결정 또는 처분에 이의가 있는 자는 관할 지방법원에 이의신청을 할 수 있다고 정하고 있다. 일반적으로 행정청의 위법 부당한 처분에 대해서는 행정심판 또는 행정소송을 제기하여 구제를 받을 수 있으나 등기사무는 사법행정사무로서의 특수성 때문에 등기관의 처분이나 결정이 부당한 경우에 행정소송 등에 의한 구제를 배제하는 대신 비송사건절차법에 의해 준용되는 상업등기법이 정한 이의신청절차에 의하여 구제를 받도록 한 것이다.

2. 신청인

이의신청을 할 수 있는 자는 등기관의 결정 또는 처분이 부당하다고 하는 자로 이의신청을 하는 것에 관해 직접적 이해관계를 가진 자이어야 한다. 여기서 직접적 이해관계가 있는 자란 등기관의 결정 또는 처분에 의하여 불이익을 받은 자로서 이의가 인정되면 직접 이익을 받게 될 자를 말한다. 판례도 등기관의 결정이나 처분의 부당을 주장하는데 아무런 이해관계가 없는 자는 이의신청을 할 수 없다고 한다(대법원 1987. 3. 18.자 87마206결정). 등기관의 각하결정에 대하여는 등기신청인에 한하여 이의신청을 할 수 있고 제3자는 이의신청을 할 수 없으며 등기관이 부적법한 신청을 간과하여 등기를 한 경우라면 등기상 이해관계 있는 제3자에 한하여 이의신청을 할 수 있고 등기신청인은 이의신청을 할 수 없다. 만약 완료된 등기에 대하여 경정 또는 말소사유가 있는 경우라면 등기신청인은 비송사건절차법 제66조에 제1항에 의해 준용되는 상업등기법 제75조 또는 제77조에 의하여 자신이 신청한 등기에 대해 경정 또는 말소신청을 하면 된다.

3. 대상

이의신청의 대상이 되는 것은 등기관의 부당한 결정 또는 처분이다(비송법 제66조 1항, 상등법 82조).

1) 등기관의 결정 또는 처분

등기관의 결정이란 비송사건절차법 제66조 제1항에 의해 준용되는 상업등기법 제26조 제1호부터 제12호까지 및 제14호 제17호에 의하여 등기신청을 각하 하는 등기관의 결정 등을 말하고, 등기관의 처분이란 등기신청의 접수, 등기의 실행 및 직권말소, 신청서 기타부속서류의 열람과 그 거부 등 상업등기법에서 등기관이 하여야 하는 것으로 정하고 있는 모든 처분을 말한다.

2) 결정 또는 처분의 부당

등기관의 결정 또는 처분이 부당한 것이어야 한다. 여기서 결정 또는 처분이 부당하다는 것은 하여야 할 것을 하지 않는 소극적 부당과 해서는 안 되는 것을 하는 적극적 부당으로 구분되며 이의의 대상에 따라 그 내용이 달라진다.

제2절 이의신청 절차 및 이의에 대한 조치

1. 이의신청의 절차

1) 관할권

이의신청은 관할 지방법원에 하여야 한다. 여기서 관할 지방법원이라 함은 법원조직법 및 등기소의 설치와 관할구역에 관한 규칙에서 정하고 있는 관할 지방법원을 말한다. 이러한 이의신청은 그 기간에 제한이 없으므로 이익이 있는 한 언제라도 관할 지방법원에 이의신청할 수 있다.

2) 방법

이의신청은 구술로 할 수 없고 반드시 이의 신청서를 제출하는 방법으로 하여야 하는데 이의신청서는 지방법원이 아니라 해당 처분을 한 당해 등기소에 제출하여야 한다. 이러한 이의신청서에는 이의신청인의 성명, 주소, 이의신청의 대상인 등기관의 결정 또는 처분, 이의신청의 취지와 이유, 신청연월일, 관할 지방법원 등의 표시를 기재하고 신청인이 기명날인 또는 서명하여야 한다.

3) 효력

등기관의 결정 또는 처분에 대한 이의는 집행정지의 효력이 없다. 왜냐하면 등기사무는 그 성질상 신속을 요하므로 이의신청이 있다고 하여 결정 또는 처분의 집행을 정지하는 것이 타당하지 않기 때문이다. 따라서 완료된 등기에 대한 이의신청이 있고 그 이의의 취지가 부기등기 된 후에도 그 법인에 대한 등기신청을 수리하여야 한다.

2. 이의에 대한 조치

1) 등기관의 조치

(1) 각하결정이나 거부처분에 대한 이의신청이 있는 경우

가. 이의가 이유 없다고 인정한 경우

등기관은 결정 또는 처분의 당부를 그 처분 당시를 기준으로 하여 판단하여야 하며 그 당시에 제출되지 않았던 새로운 사실이나 새로운 증거방법을 가지고 판단할 수 없다. 등기관이 이의신청이 이유 없다고 인정하면 이의신청일 부터 3일 이내에 의견을 붙여 이의 신청서를 관할 지방법원에 보내야 한다.

나. 이의가 이유 있다고 인정한 경우

등기관은 이의신청이 이유 있다고 인정하면 그에 해당하는 처분을 하여야 한다.

(2) 등기신청을 수리하여 완료된 등기에 대한 이의신청이 있는 경우

가. 이의가 이유 없다고 인정한 경우

등기관이 이의신청이 이유 없다고 인정하면 이의신청일부터 3일 이내에 의견을 붙여 이의 신청서를 관할 지방법원에 보내고 등기를 한자에게 이의신청 사실을 통보하여야 한다.

나. 이의가 이유 있다고 인정한 경우

등기관은 이의신청이 이유 있다고 인정하면 그 등기를 직권으로 말소하여야 한다.

2) 이의신청에 대한 관할 지방법원의 재판

등기관으로부터 이의 신청서를 송부 받은 관할 지방법원은 변론을 열지 아니하고 신청서와 첨부서면에 의하여 서면심리로써 재판을 한다. 이 심리는 비송사건절차법에 의하여 하는 것이므로 필요한 경우 심문 등을 할 수 있다. 재판의 형식은 이유를 붙인 결정으로 한다.

3. 이의신청의 재판에 대한 불복

1) 이의신청을 기각(각하)한 경우

이의신청을 기각(각하)하는 결정에 대하여는 이의신청인만이 비송사건절차법에 의하여 항고할 수 있다. 또한 이의신청인은 항고에 대한 항고법원의 기각결정에 대하여 그것이 헌법, 법률, 명령, 규칙의 위반이 있음을 이유로 하는 때에 대법원에 재항고 할 수 있다.

2) 이의신청을 인용한 경우

등기관이 등기를 완료한 처분에 대한 이해관계인의 이의에 대하여 관할 법원이 이를 인용하여 그 등기의 말소를 명한 경우 말소의 대상이 된 당해 등기의 등기신청인은 항고할 수 있다(대법원 2008. 12. 15.자 2007마1154 결정).

[서식] 항고장

항 고 장

항 고 인 　　ㅇ ㅇ ㅇ 　(ㅇㅇㅇㅇㅇㅇ-ㅇㅇㅇㅇㅇㅇ) 　　　　(전화 : 　　　　)
ㅇㅇ시 ㅇㅇ구 ㅇㅇ동 ㅇㅇㅇ

위 항고인은 ㅇㅇ지방법원 ㅇㅇㅇ호 ㅇㅇㅇ사건에 관한 20ㅇㅇ. ㅇ. ㅇ.자 ㅇㅇ각하결정에 대하여 불복하므로 이에 항고합니다(동 결정은 20ㅇㅇ. ㅇ. ㅇ. 송달받았음)

항 고 취 지

원 결정을 취소하고 다시 상당한 재판을 구합니다.

항 고 이 유

1. ㅇㅇ지방법원은 20ㅇㅇ. ㅇ. ㅇ.에 상기 신청은 ㅇㅇㅇ의 첨부가 없다'라는 사유로 각하결정을 하였습니다.

3. 그러나 항고인은 ㅇㅇㅇ 가능함으로 원재판은 법령에 위반되었다 할 것입니다.

4. 따라서 항고취지 기재의 재판을 구하기 위하여 본 항고를 제기합니다.

20ㅇㅇ. ㅇ. ㅇ.
위 항고인 0 0 0 (인)

ㅇ ㅇ 법 원 귀중

제3편 법인의 설립

제1장 총 설

제1절 의 의

자연인과 마찬가지로 법인의 권리능력은 법률에 의하여 인정되는데(민법 제31조), 법인의 권리능력의 시기로서 법인의 성립을 민법 제32조와 제33조가 규정하고 있다. 즉 영리 아닌 사업을 목적으로 하는 법인은 설립행위와 주무관청의 허가 및 설립등기라는 요건을 갖춘 때에 성립하고, 등기할 때까지는 법인이 아니다.

민법상의 법인은 설립형태에 따라 사단법인과 재단법인으로 나눌 수 있고 목적에 따라 영리법인과 비영리법인으로 구분할 수 있다. 민법상 영리를 목적으로 하는 영리법인은 민법 제39조에 의하여 사단법인 형태로 설립할 수 있을 뿐이고 재단법인 형태로 설립할 수 없다. 이때 '영리를 목적으로 한다.'라 함은 일반적으로 법인의 활동 이익을 구성원 각자에게 분배하여 경제적 이익을 주는 것을 목적으로 하는 것을 의미한다.

민법상 비영리를 목적으로 하는 법인은 목적의 공익성을 필수적으로 요하지 않으므로 비공익적 사업을 목적으로 하는 비영리 사단법인이나 재단법인도 민법상 비영리법인에 해당한다. 그리고 비영리인 동시에 공익적 사업을 목적으로 하는 사단법인이나 재단법인도 당연히 민법상 비영리법인에 해당한다.

공익법인은 민법상 재단법인이나 사단법인 중에서 사회 일반의 이익에 이바지 하기 위하여 학자금, 장학금 또는 연구비의 보조나 지급, 학술 자선에 관한 사업을 목적으로 하는 법인을 말하고 이에 대하여는 민법과 「공익법인의 설립, 운영에 관한 법률」이 적용된다. 따라서 등기실무상 공익법인은 재단법인과 사단법인이므로 특수법인이 아닌 민법법인의 법인등록번호를 부여하고 있다.

통상 공익법인이라고 하면 비영리법인으로서 공익활동을 주된 목적으로 설립된 단체를 총칭하지만 법률적으로 보면 「공익법인의 설립, 운영에 관한 법률」에 근거하여 설립된 협의의 공익법인과 「상속세 및 증여세법」에 따른 광의의 공익법인이 존재한다. 협의의 공익법인은 민법상 비영리법인이면서 「공익법인의 설립, 운영에 관한 법률」상 요건을 갖추어 '공익법인'으로 설립허가를 받은 법인을 말한다.

제2절 법인설립의 입법정책

법인설립에 관한 입법정책이란 법인설립에 있어서 설립의 자유를 어디까지 인정할 것인가 하는 논의이다. 현행 민법 제32조는 비영리법인의 설립에 있어 허가주의를 취하고 있다. 이러한 법인설립에 대한 허가주의는 법인설립의 자유를 제한한다는 많은 비판이 제기되어 왔다. 비영리법인은 명백히 공익을 목적으로 하지 않은 경우에도 그 목적에 기초한 활동을 통하여 사회에 이바지하는 바가 매우 큰데도 불구하고 비영리법인의 공익적 활동을 통한 사회발전을 제한한다는 문제점을 안고 있기 때문이다.

제3절 법인의 성립요건

1. 총 설

민법법인은 법률의 규정에 의함이 아니면 성립하지 못한다(민법 제31조). 즉 학술, 종교, 자선, 사교 기타 영리 아닌 사업을 목적으로 하는 사단 또는 재단은 주무관청의 허가를 얻어(민법 제32조) 주된 사무소에서 설립등기를 하여야 성립할 수 있다(민법 제33조). 사단법인의 설립자는 설립등기를 하기 전에 정관을 작성하여야 한다(민법 제43조). 이상의 목적의 비영리성, 설립행위(정관작성행위, 출연행위), 주무관청의 허가 그리고 설립등기를 일반적으로 민법법인의 성립요건이라고 한다.

2. 목적의 비영리성

민법 제23조에 의하면 민법법인은 「학술, 종교, 자선, 기예, 사교 기타 영리 아닌 사업」을 목적으로 하여야 한다. 여기서 영리성의 판단 기준은 학술, 종교, 자선, 기예, 사교 등의 사업자체가 아니라, 사업을 비영리적으로 하는 데에 있다고 할 것이다. 비영리성의 판단 기준에 대하여 사원에게 법인의 활동으로 발생한 이익을 분배하지 않는 것을 말하는 견해(이익분배설)와 법인의 활동이 정당한 대가와 이외의 이윤을 포함하느냐의 여부에 의하여 결정된다는 견해(정당이윤설)가 있다.

3. 설립행위

민법 제40조 및 제43조는 법인의 설립자에게 정관을 작성할 것과 재산을 출연할 것을 요구하고 있는데 이 행위들을 통상적으로 민법법인의 설립행위라고 부른다. 그러나 법인을 설립하기 위해서는 정관을 작성하거나 재산을 출연하는 것만으로는 부족하고 그 밖에 주무관청으로부터 설립허가를 받고 또 최종적으로 법인격취득을 위하여 등기소에서 설립등기를 하여야 한다. 이러한 행위들도 모두 법인의 설립을 위해서 필요한 행위로서 모두 설립행위에 해당한다.

제2장 사단법인의 설립

제1절 의 의

사단법인이란 일정한 목적을 위하여 결합한 사람의 집단으로 권리능력이 인정되는 것을 말한다. 일정한 목적을 위해 결합한 사람의 단체(사단)에 권리주체가 되는 자격을 인정한 것으로, 구성원의 증감변동에 관계없이 존속하고, 하나의 단일체로서 구성원으로부터 독립하여 존재하는 단체이다. 사단법인은 일정한 목적을 위하여 결합한 사람의 집단에 법인격을 부여한 것으로 재산을 본체로 하는 재단법인과 다르다 사단법인은 사람의 집단이기 때문에 구성요소인 사원이 필요하고, 최고 의사결정도 사원총회의 자주적 결정에 의해 이루어진다. 이러한 사단법인은 통상 정관을 작성하여 주무관청의 허가를 받아 주된 사무소 소재지에 등기를 마침으로써 성립되지만, 회사와 같은 영리법인의 경우에는 주무관청의 허가절차가 없이 법이 정한 설립요건을 갖춰 등기를 마침으로써 성립되기도 한다. 사단법인에 가입된 구성원을 사원이라고 한다. 사원은 반드시 자연인일 필요는 없고 단체 자체가 사원으로 될 수도 있다.

민법상의 법인은 반드시 학술, 종교, 자선, 기예, 사교, 기타 영리 아닌 사업을 목적으로 해야 한다(민법 32조). 영리 아닌 사업이라 함은 구성원의 경제적 이익을 목적으로 하지 않는 사업을 말하나, 비영리사업의 목적을 달성하기 위한 수단으로서 그 본질에 반하지 않는 범위 내에서 필요한 영리적 수익사업을 할 수는 있다. 또한 반드시 공익 즉 사회 전반의 이익일 필요는 없고 비공익사업이라 할지라도 비영리사업이기만 하면 된다. 비영리법인의 성질을 갖는 특별법인 중 학교법인(사학 6조, 46조), 사회복지법인(복지 28조)은 수익사업을 할 수 있는 명문규정이 있다. 그러나 영리행위를 하는 때에도 그 수익은 언제나 사업목적수행에 충당되어야 하며 어떤 형태로든지 구성원의 경제적 이익으로 분배되어서는 아니된다. 특수법인 중 건설공제조합, 농업협동조합, 수산업협동조합, 대한교원공제회 등은 각기 그 사업에서 얻은 이익을 구성원에게 배분되므로 비영리법인에 해당하지 아니한다는 것이 판례의 입장이다(대판 1977. 12. 13. 77누91, 1993. 6. 29. 92누14168).

제2절 사단법인의 설립절차

1. 정관의 작성

사단법인의 경우에는 반드시 2인 이상의 설립자가 법인의 근본규칙을 정한 서면, 즉 정관을 작성하여 기명·날인하여야 한다(민법 40조). 정관에는 목적, 명칭, 사무소의 소재지, 자산에 관한 규정, 이사의 임면에 관한 규정, 사원자격의 득실에 관한 규정, 존립시기나 해산사유를 정하는 때에는 그 시기 또는 사유 등의 필요적 기재사항을 반드시 기재하여야 하고(민법 40조), 또 그 외에도 어떤 사항이라도 임의로 기재할 수 있는 바, 이러한 임의적 기재사항도 공서양속과 강행법규에 반하지 않는 한 일단 정관에 기재되면 필요적 기재사항과 똑같이 정관의 기재로서 유효하고, 그 변경에는 정관변경절차를 거쳐야 한다. 정관에는 설립자들이 반드시 기명날인하여야 하며(민법 40조), 기명날인이 없는 정관은 효력이 없다.

1) 정관

(1) 정관의 의의

정관이란 법인의 존재, 조직과 활동에 관한 근본 규칙이다. 민법 제40조가 정관의 기재사항으로 규정하고 있는 사항은 바로 법인의 존재, 조직과 활동에 필요한 최소한도의 사항이라고 할 수 있다. 정관은 법인의 성립을 위하여 필요한 것으로 설립자들의 합의에 따라 최초로 성립하는데 이를 원시정관이라 부른다.

(2) 정관의 기재사항

민법 제40조는 원시정관에 기재하여야 할 사항을 규정하고 있다. 즉 민법 제40조에 규정된 사항은 주무관청의 설립허가와 설립등기를 위하여 필요한 사항이라고 할 수 있다. 일반적으로 민법 제40조의 사항은 정관이 성립하여 그 효력을 발생하기 위하여 필요한 사항이고, 민법 제41조 이하의 사항은 해당 사항 자체의 효력을 위하여 정관의 기재가 필요한 사항으로서 정관에 반드시 기재할 필요가 없으므로 임의적 기재사항이라고 한다.

가. 필요적 기재사항

민법 제40조(사단법인의 정관) 사단법인의 설립자는 다음 각 호의 사항을 기재한 정관을 작성하여 기명날인하여야 한다. 그 중 하나라도 빠지면 정관으로서의 효력이 생기지 않아 주무관청으로부터 법인설립의 허가를 받을 수 없게 된다.

• 목적 : 비영리법인의 목적사업은 영리 아닌 사업이어야 한다.

• 명칭 : 명칭사용에 특별한 제한은 없고, 「사단법인」이라는 명칭을 쓰지 않아도 무방하다. 다만 실무적으로 기존 법인과 동일한 명칭을 사용하는 것은 허용되지 아니한다. 개정 「법무부 소관 비영리법인의 설립 및 감독에 관한 규칙」에서도 명시적으로 '다른 법인과 동일한 명칭이 아닐 것'을 설립허가 요건으로 규정하고 있다.

• 사무소의 소재지 : 사무소가 수개일 때에는 이를 모두 기재하여야 하고 주된 사무소를 정하여야한다. 실무적으로 도로명과 건물번호, 건물명, 호수까지 모두 기재함이 타당하다.

• 자산에 관한 규정 : 민법에는 어느 정도까지 자산에 관한 규정을 표시하여야 하는지에 대한 규정이 없으나, 통상적으로 주무관청 및 일반의 제3자에게 비영리법인의 견실한 재정적 기초를 알리는 데 필요한 정도라고 해석된다. 구체적으로 자산의 종류 · 구성 · 관리 · 운용방법 · 각 사원의 출자액 · 출자의무(회비)에 관한 것이 그 기재사항이 된다. 개정 「법무부 소관 비영리법인의 설립 및 감독에 관한 규칙」에서는 "목적하는 사업을 수행할 수 있는 충분한 능력이 있고 재정적 기초가 확립되어 있거나 확립될 수 있을 것"을 법인 설립허가 요건으로 규정(제4조 제1항 제2호)하고 있다.

• 이사의 임면에 관한 규정 : 이사의 임면방법에 관한 규정, 즉 이사의 수, 자격, 임기, 선임과 해임의 방법등에 관한 사항이 여기에 해당된다. 이사 및 감사의 수를 정관에서 확정할 필요는 없고, 'O명 이상의 이사', 'O명이하의 감사' 식으로 규정하는 것도 가능하다. 민법에는 이사선임방법에 관한 제한 규정이 없다. 따라서 비영리법인의 이사는 반드시 사원총회에서 선임하도록 하지 않아도 되고, 사원이 아닌 자를 이사로 선임할 수 있도록 규정하여도 무방하다.

• 사원자격의 득실에 관한 규정 : 사원의 자격, 입사, 퇴사, 제명 등에 관한 사항을 의미한다.※ 절대로 퇴사를 인정하지 않는다거나 퇴사의 조건으로 부당한 위약금을 정하는 것과 같은 정관규정은 사회질서에 반하는 규정으로 무효일 수 있다.

• 존립시기나 해산사유를 정하는 때에는 그 시기 또는 사유 : 이에 관한 사항은 반드시 정하여야 하는 것은 아니므로, 특히 이를 정하고 있는 때에만 기재하면 된다.

나. 임의적 기재사항

정관에 기재하지 아니하여도 정관의 무효사유가 되거나 설립허가 취소사유가 되지 아니하나 일단 정관에 기재되면 필요적 기재사항과 같은 효력을 발생하게 되는 사항을 임의적 기재사항이라고 한다. 임의적 기재사항에 해당하는 것으로는 이사의 대표권제한(민법 41조), 정관변경의 정족수(민법 42조1항), 사무집행의 정족수(민법 58조2항), 이사의 대표방식(민법 59조1항), 이사의 대리인 선임(민법 62조) 감사의 설치(민법 66조), 이사에 대한 사단사무의 위임(민법 68조), 임시총회소집요구 사원정족수(민법 70조2항), 총회소집의 방법(민법 75조1항), 사단법인 해산의 경우 정족수(민법 78조), 잔여재산귀속자(민법 80조), 청산인(민법 82조)에 관한 사항 등이 있다.

2) 정관작성행위

정관작성행위의 법적 성격에 대해서는 계약설, 특수계약설과 합동행위설이 대립하고 있다. 계약설은 정관작성행위를 일반 계약과 동일하게 보지는 않는다는 점에서 실질적으로는 특수계약설과 동일한 견해라고 볼 수 있다. 현재 정관작성행위의 법적 성질을 규명하는 실익은 민법상의 능력, 의사표시의 흠, 자기계약과 쌍방대리금지에 관한 규정의 적용여부에서 찾고 있다.

2. 기관의 구성

1) 개설

법인이 의사를 결정하고, 그 의사에 의거하여 외부에 대하여 행동하며, 내부의 사무를 처리하기 위해서는 일정한 조직이 필요한데, 이 조직을 이루는 것이 법인의 「기관」이다. 여기에는 의사결정기관, 의사집행기관, 감독기관 등이 존재한다.

기관은 법률상 반드시 두어야 하는 필요기관과 둘 수도 있는 임의기관으로 나뉜다. 대표기관이자 집행기관인 「이사」는 모든 법인이 두어야 하는 필요기관이지만, 이사의 감독기관인 「감사」는 민법상 법인에는 임의기관이다(다만 공익법인법상 공익법인에는 필요기관이다). 법인의 최고의사결정기관인 「사원총회」는 사단법인에게는 필요기관이지만, 재단법인에는 성질상 존재하지 아니한다.

2) 이사

이사는 대외적으로 법인을 대표하고(대표기관), 대내적으로 법인의 업무를 집행하는(업무집행기관), 상설적인 필요기관이다.

사단법인이든 재단법인이든 법인에는 반드시 이사를 두어야 한다(민법 제57조).

이사의 수에는 제한이 없으며, 정관에서 임의로 정할 수 있다.이사가 될 수 있는 것은 자연인에 한하는 것으로 해석함이 통설이다. 그러나 자격상실 또는 자격정지의 형을 받은 자는 이사가 될 수 없다(형법 제43조 · 제44조). 이사의 임면방법은 정관에 반드시 기재되어야 하는 필요적 기재사항이다.

이사의 성명 · 주소는 등기사항이며(민법 제49조 제2항), 이를 등기하지 않으면 이사의 선임 · 해임 · 퇴임을 가지고서 제3자에게 대항할 수 없다.

3) 이사회

이사가 수인 있는 경우 이사들로 구성된 회의체인 이사회를 둘 수 있다. 그러나 현행 민법은 이사회에 관한 규정을 두고 있지 아니하여, 이사회는 필요기관이 아니라 정관의 규정에 의하여 설치할 수 있는 임의기관이다.

4) 사원총회

사단법인에는 사단법인을 구성하는 사원의 전원으로써 구성되는 최고 의사결정기관인 사원총회를 반드시 두어야 한다(즉 '필요기관'이다). 사원이 없는 재단법인에는 사원총회가 존재하지 아니한다.

사단법인은 정관의 변경 · 법인의 해산 등을 비롯한 사단법인에 관한 모든 근본적 의사를 결정하는 최고 의사결정 기관이면서 필요기관이므로, 정관의 규정에 의해서도 이를 폐지하지 못한다.

5) 감사

사단법인 또는 재단법인은 정관 또는 총회의 결의로 감사를 둘 수 있다(민법 제66조). 즉 현행 민법상 감사는 필요기관이 아닌 임의기관이다. 이사와는 달리, 감사의 성명 · 주소는 등기사항이 아니다.

3. 주무관청의 허가

1) 주무관청

민법상의 법인설립은 허가주의를 취하고 있기 때문에 반드시 주무관청의 허가를 얻어야 하며, 정관변경의 경우에도 주무관청의 허가를 얻어야 한다(민법 42조, 45조 3항). 따라서 사단이나 재단이 법인으로서의 실질을 갖추었더라도 주무관청의 허가를 받지 못하면 법인으로 성립되지 못한다.

주무관청이란 원칙적으로 법인이 목적으로 하는 사업을 주관하는 중앙행정관청을 말하나, 「행정권한의 위임 및 위탁에 관한규정」에 의하여 허가권이 그 하부기관 또는 지방자치단체에 위임되어 있는 경우가 많다. 어떤 단체가 법인설립허가신청을 하고자 할 때 어느 관청에다가 허가신청을 해야 하는가는 법인정관에 기재된 목적에 따라 달라진다. 법인의 사업목적이 두 개 이상의 행정관청의 소관사항인 때에는 그들 행정관청 모두의 허가를 얻어야 하며, 그 중 어느 하나의 허가를 얻지 못하면 법인으로 설립되지 아니한다. 민법 제32조의 규정에 의하여 법인의 설립허가를 받고자 하는 자는 법인설립허가신청서에 다음 각 호의 서류를 첨부하여 주무관청(행정안전부장관 또는 경찰청장 등)에 제출하여야 한다. 다만 아래의 첨부서면은 각 주무관청에 따라 일부 다를 수도 있다. 구체적으로 법인의 목적사업을 관할하는 주무관청의 확인은 '정부조직법'에 적시된 소관 사무를 보고 일응 판단할 수 있다.

참 고

예컨대 법인의 사업이 법률문화의 진흥을 위한 목적이라면 법무부장관, 장학사업을 목적으로 한다면 교육부장관 또는 시 · 도교육청장, 자선 · 보건 · 위생사업이 목적인 경우는 보건복지부장관, 종교 · 예술 · 문화사업 등의 목적이라면 문화관광부장관이 주무관청이 된다.

[사단법인과 재단법인의 비교]

주무관청	소관사무
기획재정부	중장기 국가발전전략수립, 경제 · 재정정책의 수립 · 총괄 · 조정, 예산 · 기금의 편성 · 집행 · 성과관리, 화폐 · 외환 · 국고 · 정부회계 · 내국세제 · 관세 · 국제금융, 공공기관 관리, 경제협력 · 국유재산 · 민간투자 및 국가채무에 관한 사무
미래창조과학부	인적자원개발정책, 학교교육 · 평생교육, 학술에 관한 사무
교육부	출연자의 의사가 존중됨
외교부	외교, 경제외교 및 국제경제협력외교, 국제관계 업무에 관한 조정, 조약 기타 국제협정, 재외국민의 보호 · 지원, 재외동포정책의 수립, 국제정세의 조사 · 분석에 관한 사무
통일부	통일 및 남북대화 · 교류 · 협력에 관한 정책의 수립, 통일교육, 그 밖에 통일에 관한 사무
법무부	검찰 · 행형 · 인권옹호 · 출입국관리 그 밖에 법무에 관한 사무
국방부	국방에 관련된 군정 및 군령과 그 밖에 군사에 관한 사무
안전행정부	안전 및 재난에 관한 정책의 수립 · 총괄 · 조정, 비상대비 · 민방위제도, 국무회의의 서무, 법령 및 조약의 공포, 정부조직과 정원, 공무원의 인사 · 윤리 · 복무 · 연금, 상훈, 정부혁신, 행정능률, 전자정부, 개인정보보호, 정부청사의 관리, 지방자치제도, 지방자치단체의 사무지원 · 재정 · 세제, 낙후지역 등 지원, 지방자치단체 간 분쟁조정, 선거, 국민투표에 관한 사무
문화체육관광부	문화 · 예술 · 영상 · 광고 · 출판 · 간행물 · 체육 · 관광, 국정에 대한 홍보 및 정부발표에 관한 사무
농림축산식품부	농산 · 축산, 식량 · 농지 · 수리, 식품산업진흥, 농촌개발 및 농산물유통에 관한 사무
산업통상자원부	상업 · 무역 · 공업 · 통상, 통상교섭 및 통상교섭에 관한 총괄 · 조정, 외국인 투자, 산업기술 연구개발정책 및 에너지 · 지하자원에 관한 사무
보건복지부	보건위생 · 방역 · 의정(醫政) · 약정(藥政) · 생활보호 · 자활지원 · 사회보장 · 아동(영 · 유아 보육을 포함한다) · 노인 및 장애인에 관한 사무
환경부	자연환경, 생활환경의 보전 및 환경오염방지에 관한 사무
고용노동부	고용 정책의 총 괄, 고용보험, 직업능력개발훈련, 근로조건의 기준, 근로자의 복지후생, 노 사관계의 조정, 산 업안전보건, 산업재해보상보험과 그 밖에 고용과 노동에 관한 사무
여성가족부	여성정책의 기획 · 종합, 여성의 권익증진 등 지위향상, 청소년 및 가족(다문화가족과 건강가정사업을 위한 아동업무를 포함한다)에 관한 사무
국토교통부	국토종합계획의 수립 · 조정, 국토 및 수자원의 보전 · 이용 및 개발, 도시 · 도로 및 주택의 건설, 해안 · 하천 및 간척, 육운 · 철도 및 항공에 관한 사무
해양수산부	해양정책, 수산, 어촌개발 및 수산물 유통, 해운 · 항만, 해양환경, 해양조사, 해양자원개발, 해양과학기술연구 · 개발 및 해양안전심판에 관한 사무

상기의 정부조직상 주무관청의 업무는 「행정권한의 위임 및 위탁에 관한 규정」에 의거하여, 비영리법인의 설립허가 및 취소, 정관변경허가, 해산신고의 수리, 그 밖의 지도 · 감독 업무가 지방자치단체의 장이나 하급행정기관의 장에게 위임되어 있는 경우가 많다.

[법인업무를 위탁받은 기관]

주무관청	법인업무를 위임 또는 위탁 받은 기관
미래창조과학부	중앙전파관리소장 우정사업본부장 (우정사업 관련한 법인에 국한)
교육부장관	교육감
외교부장관	특별시장 · 광역시장 · 특별자치시장 · 도지사 또는 특별자치도지사
안전행정부장관	특별시장 · 광역시장 · 특별자치시장 · 도지사 또는 특별자치도지사
문화체육부장관	특별시장 · 광역시장 · 특별자치시장 · 도지사 또는 특별자치도지사
문화재청장 농림축산식품부장관	특별시장 · 광역시장 · 특별자치시장 · 도지사 또는 특별자치도지사
농촌진흥청장	특별시농업기술센터소장, 광역시농업기술센터소장, 특별자치시농업기술센터소장, 도 농업기술원장 및 특별자치도농업기술원장
산림청장 산업통상자원부장관	특별시장 · 광역시장 · 특별자치시장 · 도지사 또는 특별자치도지사
중소기업청장	지방중소기업청장
보건복지부장관	특별시장 · 광역시장 · 특별자치시장 · 도지사 또는 특별자치도지사
환경부장관	특별시장 · 광역시장 · 특별자치시장 · 도지사 또는 특별자치도지사
고용노동부장관	지방고용노동청장 또는 지청장
여성가족부장관	특별시장 · 광역시장 · 특별자치시장 · 도지사 또는 특별자치도지사

참 고

※ 법인의 목적이 두 개 이상의 행정관청의 소관사항인 때에는 해당 행정관청으로부터 모두 허가를 받아야 하는지 아니면 그중 하나의 행정관청으로부터 허가를 받으면 충분한 것인지에 대해서는 다툼의 여지가 있다. 예컨대 법인이 문화 · 체육 관련 내용(문화체육부)을 교육 · 연구(교육부 또는 교육감)하는 사업을 할 때, 법인이 2가지 이상 복수의 사업을 동시에 목적사업으로 하려고 할 때 어디가 주무관청인지가 문제된다.

- 민법에는 이에 관한 해당규정이 없으며, 현재 이에 관한 명확한 판례도 없는 상태이다. 학계에서는 해당 행정관청이 모두 주무관청이므로 해당 행정관청의 허가를 모두 받아야 한다는 복수설과 그 중의 어느 한 관청으로부터 허가로 족하다는 단수설이 대립하고 있다(제3판 주석민법 총칙 1권 599면에서는 양 주무관청의 허가가 필요한 것으로 서술하고 있다).
- 민법이 법인설립 허가주의를 취하는 이유는 무분별한 법인 난립을 방지하고 법인을 관리 · 감독하기 위해서인데, 업무 소관 행정관청이 아니면 업무를 실질적으로 관리를 할 수 없는 점 등을 고려하면 현재로서는 학설상 다수설과 같이 각각 설립허가를 받는 것이 상당하다고 판단된다.
- 하나의 주무관청 허가만으로 충분하다고 해석한다면, A사업을 관장하는 주무관청이 그 구체적인 사업내용을 잘 알지 못하는 B사업에 관한 부분까지 허가 및 관리 · 감독하여야 한다는 문제가 발생하기 때문이다.
- 그런데 참고로, 공익법인법이 적용되는 공익법인의 경우에는 공익법인법 시행령 제4조 제2항, 제5조 제2항에서 주된 사업을 주관하는 주무관청이 설립허가의 주체가 되고, 다른 행정관청과 '협의'가 필요한 것으로 명시적으로 규정하고 있다.
- 따라서 예를 들어 설립허가 신청을 하는 법인이 A, B 2가지 목적사업을 수행하려고 하는데, B 사업이 극히 부수적인 내용이고 A 사업 주무관청에서 전체적인 관리 · 감독이 가능한 정도라면 A 사업 주무관청에서 단독 설립허가도 가능할 것이지만, B 사업이 일정 정도 비중이 있고 B 사업 주무관청의 의견을 들어볼 필요가 있는 경우에는 A 사업 주무관청에서 B 사업 주무관청과 협의하여 설립허가 여부를 정하고, A와 B 사업의 비중이 상당정도 대등한 경우에는 양 주무관청 모두의 설립허가가 필요하다고 해석함이 관련 법령 해석에도 크게 어긋나지 않으면서 실무적인 문제도 발생시키지 않을 수 있는 방안이라고 판단된다.

2) 주무관청의 허가

한편 주무관청의 허가 여부는 주무관청의 자유재량에 속하며, 따라서 비록 법인성립을 목적으로 하는 단체가 법인설립허가신청을 하였으나 주무관청으로부터 허가를 받지 못하였더라도 행정소송으로 이를 다툴 수 없다는 것이 판례의 입장이다(大判 1996. 9. 10. 선고 95누18437 판결 등).

[대법원 1996. 9. 10. 선고 95누18437 판결]

판시사항	비영리법인 설립허가의 성질과 주무관청의 재량의 정도
판결요지	민법은 제31조에서 "법인은 법률의 규정에 의함이 아니면 성립하지 못한다."고 규정하여 법인의 자유 설립을 부정하고 있고, 제32조에서 "학술, 종교, 자선, 기예, 사교 기타 영리 아닌 사업을 목적으로 하는 사단 또는 재단은 주무 관청의 허가를 얻어 이를 법인으로 할 수 있다."고 규정하여 비영리법인의 설립에 관하여 허가주의를 채용하고 있으며, 현행 법령상 비영리법인의 설립허가에 관한 구체적인 기준이 정하여져 있지 아니하므로, 비영리법인의 설립허가를 할 것인지 여부는 주무관청의 정책적 판단에 따른 재량에 맡겨져 있다. 따라서 주무관청의 법인설립 불허가처분에 사실의 기초를 결여하였다든지 또는 사회관념상 현저하게 타당성을 잃었다는 등의 사유가 있지 아니하고, 주무관청이 그와 같은 결론에 이르게 된 판단 과정에 일응의 합리성이 있음을 부정할 수 없는 경우에는, 다른 특별한 사정이 없는 한 그 불허가처분에 재량권을 일탈 · 남용한 위법이 있다고 할 수 없다.

[구비서류]

법 인 별 구 비 서 류		근거법령	비영리 법인		공인 법인		비고
1	비영리법인 설립허가 신청서 (비영리법인용, 공익법인용 구분)	법인규칙 제3조, 동 별지 제1호 서식	o	o	o	o	공통
2	설립취지서 (임의서식으로 작성)	공익법인령 제4조 제1항 제1호	△	△	o	o	공통
3	설립발기인의 인적사항(성명 · 주소 · 약력) ※ 설립발기인이 법인인 경우에는 그 명칭, 주된 사무소의 소재지, 대표자의 성명 · 주민등록번호 · 주소와 정관을 적은 서류	법인규칙 제3조 제1호; 공익법인령 제4조 제1항 제1호	o	o	o	o	공통
4	임원 취임 예정자의 성명 · 주민등록번호 · 주소 · 약력을 적은 서류	법인규칙 제3조 제5호; 공익법인령 제7조 제1항 제2호	o	o	o	o	공통
5	임원 취임승낙서(서명 · 날인요함)	법인규칙 제3조 제5호; 공익법인령 제7조 제1항 제4호	o	o	o	o	공통
6	특수관계 부존재 각서 (※사후 발견시 임원취임 취소)	공익법인령 제7조 제1항 제7호	x	x	o	o	공익 법인
7	창립총회회의록 (회의록 내용상의 별첨서류 첨부 · 간인) ※설립발기인이 법인인 경우에는 법인의 설립에 관한 의사의 결정을 증명하는 서류	법인규칙 제3조 제6호 공익법인령 제4조 제1항 제8호	o	x	o	x	사단 법인
8	정관	법인규칙 제3조 제2호;	o	o	o	o	공통

	(필요적 기재사항 확인)	공익법인령 제4조 제1항 제3호; 민법 제40조, 제43조					
10	법인조직 및 상근임직원 정수표	공익법인령 제14조	△	△	○	○	공통
11	재산목록 (※재단법인의 경우에는 기본재산과 보통재산으로 구분하여 기재)	법인규칙 제3조 제3호; 공익법인령 제4조 제1항 제4호	○	○	○	○	공통
12	재산출연증서(기부신청서)	법인규칙 제3조 제3호; 공익법인령 제4조 제1항 제4호	△	△	○	○	공통
13	재산증명서(부동산 · 예금 · 유가증권 등 주된 재산에 관한 등기소 · 금융기관 등의 증명서)	법인규칙 제3조 제3호; 공익법인령 제6호	△	△	○	○	공통
14	회비징수 예정명세서 또는 기부신청서	공익법인령 제4조 제1항 제4호	△	x	○	x	사단법인
15	사원명부 (성명 · 주소) ※100명이 넘을 경우 "이상 100명외 ○○명"으로 총수 기재서류	공익법인령 제4조 제1항 제8호	△	x	○	x	사단법인
16	당해연도 사업계획서 및 수지예산서	법인규칙 제3조 제4호	○	○	x	x	비영리법인
17	사업개시예정일 및 사업개시이후 2 사업년도분의 사업계획서 및 수지예산서	공익법인령 제4조 제1항 제7호	x	x	○	○	공익법인
18	사무실 확보증명서 (※건물사용승낙서 또는 임대차계약서, 건물소유권 입증서류 등)	민법 제33조, 제36조	△	△	△	△	공통

○ : 근거법령에 의한 제출서류

△ : 근거법령에 규정되어 있지 않으나 설립허가 검토시 필요한 서류

× : 제출하지 않는 서류

※ 법제처 국가법령정보 사이트(http://www.law.go.kr)에서 '법인'이라는 키워드를 검색하면, 법무부 소관 비영리법인의 설립 및 감독에 관한 규칙을 비롯하여, 국방부 및 그 소속청 소관 비영리법인의 설립 및 감독에 관한 규칙, 국토교통부 및 그 소속청 소관 비영리법인의 설립 및 감독에 관한 규칙, 금융위원회 소관 비영리법인의 설립 및 감독에 관한 규칙, 기획재정부 및 그 소속청 소관 비영리법인의 설립 및 감독에 관한 규칙, 농림축산식품부장관 및 그 소속 청장 소관 비영리법인의 설립 및 감독에 관한 규칙, 문화체육관광부 및 문화재청 소관 비영리법인의 설립 및 감독에 관한 규칙 등을 열람할 수 있으며, 각 규칙의 하단에 첨부된 서류를 활용할 수 있다.

(1) 설립발기인의 성명, 주소, 양력(설립발기인이 법인 또는 조합인 경우에는 그 명칭, 주된 사무소소재지, 대표자의 성명, 주소와 정관 또는 조합계약 및 최근의 사업활동)을 기재한 서류 : 1부
(2) 설립취지서 : 1부
(3) 정관 : 1부
(4) 설립발기인이 개인인 경우에는 창립총회회의록, 설립발기인이 법인 또는 조합인 경우에는 법인설립에 관한 의사의 결정을 증명하는 서류 : 1부
(5) 임원취임예정자의 이력서(명함판사진 첨부), 취임승낙서(인감증명 첨부) 및 신원증명서 : 각 1부
(6) 사원명부 : 1부(사단법인의 경우)
(7) 재산의 종류, 수당 및 금액을 기재한 재산목록(재단법인의 경우에는 기본재산과 운용재산으로 구분하여 기재하여야 한다) 및 기부의 신청이 있는 경우에는 그 사실을 증명하는 서류 : 각 1부
(8) 부동산, 예금, 유가증권 등 주된 재산에 관한 등기소, 금융기관 등의 증명서 : 1부
(9) 사업개시예정일 및 사업개시 이후 그 사업연도분의 사업계획 및 수지예산을 기재한 서류 : 1부
(10) 설립발기인이 수인인 경우에 대표자에 의하여 신청되는 경우에는 다른 설립발기인의 위임장 : 각 1부

※ 법무부소관 비영리법인 설립절차
민법 제32조의 규정에 의하여 법인의 설립허가를 받고자 하는 자(이하 "설립발기인"이라 함)는 별지 제1호 서식의 법인설립허가신청서에 다음의 서류를 첨부하여 법무부장관에게 제출하여야 한다(법인규칙 제3조). • 설립발기인의 성명 · 주민등록번호 · 주소 및 약력을 적은 서류 (설립발기인이 법인인 경우에는 그 명칭, 주된 사무소의 소재지, 대표자의 성명 · 주민등록번호 · 주소와 정관을 적은 서류를 제출하여야 한다) • 정 관 1부 • 재산목록 및 그 증명서류 1부 (재단법인의 경우에는 기본재산과 운영재산으로 구분하여 기재한다) • 재산출연의 신청이 있는 경우에는 그 사실을 증명하는 서류 1부 • 해당 사업연도분의 사업계획서 1부 • 수입 · 지출 예산을 기재한 서류 1부 • 임원 취임 예정자의 성명 · 주민등록번호 · 주소 · 약력을 적은 서류 • 임원취임승낙서 1부 (취임하는 임원의 서명 · 날인이 있어야 한다) • 창립총회회의록 1부 (설립발기인이 법인인 경우에는 법인설립에 관한 의사의 결정을 증명하는 서류를 제출한다)

관련서류의 작성 · 기재 시 유의사항

임원취임승낙서

- 임원취임자의 취임 승낙의사 표시와 인적사항을 기재한다.
- 이사 및 감사 등의 직위와 취임기간을 명시하고 날인한다.

창립총회회의록

- 회의록에는 설립취지, 정관의 심의 · 의결, 임원선출, 재산출연 및 수증에 관한 사항 의결, 사업계획서 및 수입 · 지출예산서 의결에 관한 사항이 포함되도록 하여야 하며, 발기인 전원이 기명하고 인감 날인한다.
- 회의록의 각 면과 면 사이에 발기인 전원 인감 간인한다.

재산출연증서

- 출연인의 인적사항, 출연일자 기재 후 인감을 날인하고 출연자의 인감증명서를 첨부한다.
- 주식, 예금 등의 출연행위에 대하여는 공증인의 공증을 받아야 한다.

재산목록

- 법인이 출연하는 재산 중 법인의 목적사업 수행에 관계되는 부동산 또는 동산으로서 법인 설립시 기본재산으로 출연한 재산, 기부에 의하거나 기타 무상으로 취득한 재산, 회계연도 세계잉여금으로 기본재산에 편입된 재산과 이사회에서 기본재산으로 정한재산은 이를 기본재산으로 하고 그 이외의 재산은 운영재산으로 한다. 출연재산목록은 기본재산과 운영재산으로 명확하게 구분하고 금액은 감정평가액을 기재

· 기본재산 : 소재지, 지번, 지목, 면적, 평가가액 등을 기재

· 보통재산 : 재산의 종류, 수량 및 금액 등을 기재

- 기본재산이 수익발생을 할 수 있는 경우에는 수익을 파악할 수 있도록 작성하고 수익산출 근거를 명시한다. 수익을 증명할 수 있는 기관이 발행하는 증빙서류(수익확인서, 배당이익증명서, 이자수익확인서, 납세필증 등)첨부

사업 수입 · 지출예산서

- 기본방향, 주요추진사업, 주요사업별 추진일정 및 소요예산, 수지예산서의 내용이 담기도록 작성한다.

사무소의 사용 가능성을 증명하는 서류

- 법인규칙에는 적시되어 있지 않으나, 민법상 사무소 소재지의 등기를 위해 사무소의 확보를 증명할 필요가 있다.
- 건물사용승낙서, 임대차계약서 또는 건물소유권 입증서류 등을 제출한다.

제3절 사단법인의 등기신청절차

1. 관할등기소 및 등기의 신청

1) 관할 등기소

설립등기는 법인의 주된 사무소 소재지를 관할하는 지방법원, 그 지원 또는 등기소에 신청하여야 한다.

2) 등기신청인

법인을 대표할 자가 등기신청인이 되며, 법인의 이사들은 원칙적으로 각자 대표권이 있으므로 각자가 등기신청을 할 수 있으나 대표권을 제한받는 이사는 등기신청을 할 수 없다(비송 62조). 대표권 있는 이사는 당해 법인의 인감증명을 받기 위하여는 관할등기소에 인감신고를 하여야 한다.

등기신청은 대리인에 의하여도 할 수 있다. 대리인에 의하여 등기신청을 하는 경우에는 신청서에 그 권한을 증명하는 서면을 첨부하여야 한다(비송 66조). 다만 변호사 또는 법무사가 아닌 사람은 신청서의 작성이나 그 서류의 제출 대행을 업(業)으로 할 수 없다.

2. 등기기간

등기기간은 주무관청으로부터 허가서가 도달한 날로부터 3주간 이내에 주된 사무소소재지에서 설립등기를 하여야 한다(민법 49조). 여기서 허가서가 도달한 날로부터라 함은 민법의 기간계산의 원칙에 따라 도착일 다음날부터 기산한다.

3. 등기사항

1) 목 적

목적이란 법인이 영위하고자 하는 사업 또는 그 사업을 통하여 법인이 추구하고자 하는 목표를 가리키는 것으로서 이를 등기사항으로 정하고 있는 것은 법인은 원래 정관으로 정한 목적의 범위 내에서만 권리능력이 있으며(민법 34조), 그 목적사업 이외의 사업은 영위할 수 없기 때문에 목적을 특정함으로써 법인의 권리능력의 범위를 일반에게 공시하고 주무관청의 업무감독범위를 확정하기 위하여 필요하기 때문이다.

목적을 기재할 때에는 사회관념상 법인이 어떤 종류의 사업을 영위하고자 하는지를 알 수 있도록 구체적으로 특정해서 기재하여야 하나 반드시 1개의 사업에 한정할 필요는 없고 수개의 사업이라도 무방하다.

민법상의 법인은 반드시 학술, 종교, 자선, 기예, 사교, 기타 비영리사업을 목적으로 해야 하나 목적달성의 수단으로서 필요한 수익사업을 할 수 있다.

다만, 그 경우에는 그 수익을 비영리사업목적에 충당되어야 하며 어떤 형태로든 구성원이나 설립자에게 귀속되어서는 아니 된다.

2) 명 칭

법인의 명칭은 법인이 영위하는 사업을 나타내는 명칭이거나 인명이나 지명을 나타내는 명칭 등 아무런 제한이 없고 한글로 표기하기만 하면 외국어로 된 명칭도 상관없다.

3) 사 무 소

법인의 사무소는 반드시 1개일 필요는 없고 수개이어도 무방하나 사무소가 수개인 때에는 반드시 그 모두를 등기하되 그 중 1개를 주된 사무소, 나머지를 분사무소로 등기해야 한다.

사무소를 기재할 때에는 최소행정구역까지만 기재해도 되는 정관과는 달리 반드시 그가 소재하는 지번까지 확정하여 기재해야 한다.

통상 정관변경의 번거로움 때문에 관할구역 내의 사무소이전에 대비하여 정관에는 최소행정구역까지만 표시하고 이사회 또는 이사과반수 결의에 의하여 구체적인 사무소주소를 정할 수 있도록 하는 경우가 많다.

4) 설립허가연월일

주무관청으로부터 설립허가를 얻은 설립허가연월일을 기재한다. 그러나 설립등기가 단순한 대항요건에 불과한 법제(일본민법 45조)에서는 이를 따로 등기사항으로 할 실익이 있겠으나, 설립등기를 법인의 성립요건으로 하고 있는 우리 법제(민법 33조)에서는 이를 등기사항으로 할 실익이 별도로 없다 할 것이다.

5) 존립시기나 해산사유를 정한 때에는 그 시기 또는 사유

존립시기란 "법인설립일로부터 만 10년간" 또는 "2030년 12월 31일까지"라고 정하는 것과 같이 법인의 존속에 시간적 제한을 가하여 그 시기의 도래로써 법인은 당연히 해산하기로 정하는 것을 말하고, 해산사유라 함은 "설립자 OOO가 사망하면 법인은 해산한다"라고 정하는 것과 같이 법정의 해산사유 이외에 일정한 사유가 발생하면 법인은 당연히 해산하기로 정하는 것을 말하는 바, 존립시기나 해산사유는 정관의 절대적 기재사항은 아니지만 만일 이에 관한 사항을 정한 때에는 정관에 기재해야만 효력이 발생하고 또 이를 등기해야만 제3자에게 대항할 수 있다.

그러나 사단법인의 경우에는 이에 관한 사항을 정관에 기재하여 등기했다고 해도 그 시기도래나 사유발생 전에는 전연 해산할 수 없는 것은 아니고 총사원의 4분의 3 이상의 동의로서 언제든지 해산할 수 있다.

6) 자산의 총액

자산의 총액이란 적극재산에서 소극재산(채무 등)을 뺀 순재산액을 의미한다. 이를 등기사항으로 한 것은 법인채무의 일반담보인 법인의 재산상태를 공시하여 채권자를 보호하고자 하는 취지이다.

사단법인은 설립 당초에는 자산이 전혀 없어도 상관이 없으나, 재단법인에는 자산의 총액이 반드시 있어야 하고 그 기재가 없는 것은 등기가 되지 않는다.

따라서 사단법인설립등기의 경우에는 자산총액을 0으로 기재한 신청도 무방하나 자산총액 미정이라거나 아예 그에 관한 기재가 없는 신청은 수리할 수 없다 할 것이다.

7) 출자방법을 정한 때에는 그 방법

출자방법이란 예컨대 사단법인의 정관에 사원의 출연의무가 정해졌거나 재단법인의 정관에 설립자가 정기적 출연에 출연행위를 정한 것과 같은 것을 말하는 것으로서 이에 관한 정함은 자산에 관한 규정으로서 정관에 기재해야 하고 정관에 기재된 경우에 한하여 등기사항이 된다.

회비, 분납금 등의 명목이라 할지라도 그것이 법인에 대한 금전출납방법을 정해 놓은 것이라면 그것은 출자로서 그 방법을 등기하지 않으면 안되지만 재단법인의 경우 출연금품이나 기타의 자산으로부터 생기는 과실에 관한 규정은 출자방법이 아니므로 등기할 필요가 없다.

8) 이사의 성명, 주민등록번호와 법인을 대표할 이사의 성명, 주소

법인의 이사의 수에는 제한이 없으며(단, 공익법인은 5인 이상 15인 이하를 두되 주무관청의 승인을 얻어 그 수를 증감할 수 있음. 공익 5조) 정관으로 그를 수인으로 정할 수도 있는 바, 그 경우에는 내외적 업무집행은 재적이사 과반수의 찬성으로서 결정하고(민법 58조, 공익 9조) 대외적 업무에서는 이사 각자가 단독으로 대표함이 원칙이다(민법 59조 1 본). 그런 이사 각자의 법인대표권은 정관으로(사단법인의 경우에는 사원총회의 결의에 의해서도) 제한할 수 있다(민법 59조).

동일인이 이사에 재선되어 중임이 된 경우에 비록 그 성명과 주소가 변동되지 아니하여도 일단 그 자격이 상실되고 새로운 자격을 취득한 것이므로 여기에 의하여 그 변동사항으로 등기를 하여야 하며, 이를 퇴임과 취임으로 등기하지 않고 중임으로 등기한다.

9) 이사의 대표권을 제한한 때에는 그 제한

이사는 법인의 사무에 관하여 각자 법인을 대표함이 원칙이나(민 59조), 정관이나 사원총회의 결의에 의하여 제한할 수 있다(민법 59조 1항 단서).

정관에 의한 대표권의 제한은 ① 이사의 다수결 또는 전원에 의한 공동대표, ② 사원총회의 의결을 조건으로 하는 결의, ③ 이사장에게만 대표권을 주고 평이사에게는 대표권을 제한하는 경우 등이 있다.

실무상 이사장에게만 대표권을 주는 경우와 공동대표로 하는 경우가 많으며 사원총회에 의한 제한은 별로 없다. 법인의 이사는 법인의 이익과 상반되는 사항에 대하여는 대표권이 없다(민법 64조). 이때에는 이해관계인이나 검사의 청구에 의하여 법원이 선임한 특별대리인이 법인을 대표한다(민법 64조).

4. 첨부서류 등

민법상 법인의 설립등기를 신청할 때에는 일반적인 첨부서면 이외에 다음 서류를 첨부해야 한다(비송 63조 2항).

1) 정 관

비영리법인의 설립등기를 신청하는 경우에 정관에는 상법상 주식회사(상법 292조)나 유한회사와 같이 정관을 공증하여야 하는 규정이 민법에는 없으므로 공증인의 인증을 받을 필요는 없으나, 총회의사록은 공증인의 인증을 받아야 하고, 영리법인인 경우에는 정관과 총회의사록에 공증인의 인증을 받아야 한다(등기선례 4-883).

등기신청서에 첨부하는 정관은 주무관청의 허가를 받은 정관이어야 하므로, 주무관청의 허가를 받은 사실을 소명하는 자료를 첨부하여야 한다. 통상 주무관청은 허가한 정관에 관인을 날인하고, 공문으로 설립허가서와 정관을 설립자에게 통보하고 있다.

2) 창립총회 의사록

창립총회 회의록은 법인설립이 적법한 절차를 거쳐 성립되었느냐를 판단하는 중요한 기준이 되므로 육하원칙에 따라 작성하되 진행자 등이 누락되지 않도록 한다. 특히 회의 진행과 관련하여 정관 심의과정 및 임원선출의 표결사항, 찬반 토론내용 등을 상세히 기재하고 회의록 작성이 끝나면 참석한 서명위원들이 기록내용을 확인하고 연명으로 날인하여야 한다. 회의록의 내용 중 별첨 유인물로 설명 된 것은 회의록에 첨부하여 서명위원들이 간인하여야 한다.

3) 이사회 의사록

정관에서 이사회의 권한으로 정하고 있는 사항을 이사회에서 결의한 경우 이사회의사록을 첨부하여야 한다.

4) 이사의 자격증명서

최초의 이사는 정관에 정해지는 것이 보통이므로 그 경우에는 정관 이외에 별도로 이사자격증명서를 첨부할 필요가 없으나 그렇지 않는 경우에는 이사의 자격증명서로서 그를 선임한 선임서나 창립총회의사록 및 취임승낙서 등을 첨부해야 한다.

공익법인은 이사를 선임하는 경우 주무관청의 허가를 받아야 하므로 그 이사 선임에 관한 주무관청의 승낙서가 필요하나 일반의 민법법인의 경우에는 그러한 규정이 없으므로 총회의 선임으로 가능하다.

5) 재산목록

민법법인의 정관에는 자산에 관한 규정을 두어야 하고, 법인등기에는 자산의 총액을 등기하도록 되어 있는 바, 자산의 총액을 등기하는 경우에는 재산목록을 첨부하여야 한다.

6) 주무관청의 설립허가서 또는 그 인증 있는 등본

민법상의 법인설립은 반드시 주무관청의 허가를 받아야 하고, 그 설립등기신청서에는 허가서나 허가서의 등본을 첨부해야 하는 바, 등본을 첨부하는 경우에는 허가기관이 인증한 등본이어야 한다.

주무관청은 설립허가서에 그 설립허가조건을 부여하고 설립등기 후 보고하도록 함이 보통이다. 공익법인이 이사를 선임하는 경우에는 주무관청의 허가를 받아야 하므로 그 이사선임에 관한 주무관청의 승낙서가 필요하나 일반의 민법법인의 경우에는 그러한 규정이 없으므로 총회의 선임으로 가능하다. 다만, 정관 또는 최초의 설립허가 시에 주무관청에서 이사선임에 관하여 주무관청의 승낙을 조건으로 한 경우에는 그에 따라야 한다. 허가서 원본을 제출한 경우에는 허가서 사본에 대하여 등기관이 원본대조필을 한 후 원본을 반환받을 수 있다.

7) 등록면허세, 등기신청수수료

(1) 법인설립등기의 등록면허세는 설립 시 자본금의 1,000분의 2이고, 지방교육세는 등록면허세의 100분의 20이다. 설립등기신청 시 자산이 전혀 없다면 지방세법 제28조 제1항 제6호 가.의 규정에 따라 112,500원의 등록면허세를 납부하여야 한다.

(2) 대도시내에서의 설립등기 시에는 당해세율의 3배 등록면허세를 납부하여야 한다. 여기서 대도시라 함은 수도권정비계획법 제6조 제1항 제1호의 규정에 의한 과밀억제권을 말한다. 등록면허세가 조세특례제한법과 지방세법 의하여 감면되는 경우에는 농어촌특별세를 납부하여야 한다. 농어촌특별세는 등록면허세의 100분의 20이다. 신청서에는 등록면허세 감면 통지서 또는 등록면허세 감면확인서 기타 등록면허세 면제됨을 확인하는 소관 지방자치단체의 장의 서면을 처분하여야 한다.

(3) 설립등기의 경우 등기신청수수료는 30,000원이다. 법원구내 및 등기소 가까운 금융기관에서 구입할 수 있으며 등기신청서의 '을지란'에 붙힌다.

8) 기 타

(1) 대리인에 의하여 신청할 때에는 그 대리권을 증명하는 서면으로서 위임장을 첨부해야 한다.

(2) 설립등기신청인인 이사 전원의 인감을 제출하여야 한다.

5. 의사록의 인증

1) 의의

법인등기를 할 때 그 신청서류에 첨부되는 법인 총회 등의 의사록은 공증인의 인증을 받아야 한다. 정관이나 의사록 인증제도는 결의절차나 내용의 진실성을 담보하여 허위 또는 위조된 정관이나 의사록에 의한 부실등기를 방지하고 법적 분쟁을 미연에 방지하기 위해 도입된 것이다.

2) 공증인의 인증절차

인증은 법인설립 등기 시와 법인 변경 시에 받는다. 법인의 등기를 할 때에 그 신청서류에 첨부되는 법인의 총회 등의 의사록은 의사록 인증 제외 대상법인에 해당되지 않는 한 공증인의 인증을 받아야 한다.

그리고 상법 제292조는 자본금 총액이 10억 원 미만인 회사를 발기 설립하는 경우 정관의 공증(인증)의무를 면제하고 발기인들의 기명날인 또는 서명만으로 효력이 발생할 수 있게 하였는데 이러한 상법의 적용을 받는 자본금 총액이 10억 원 미만인 농업회사법인, 어업회사법인을 발기 설립하는 경우에는 공증을 받지 않아도 된다. 그러나 모집설립의 경우 자본금 총액이 10억 원 미만이라도 정관 및 의사록의 인증을 받아야 한다.

3) 의사록 인증 제외 대상 법인

공증인법 제66조의2(법인의사록의 인증)에서 다음 각 호의 어느 하나에 해당하는 경우에는 인증을 면제한다. ① 자본금 총액이 10억원 미만인 회사를 「상법」 제295조제1항에 따라 발기설립하는 경우 ② 대통령령으로 정하는 공법인 또는 비영리법인인 경우 ③ 대통령령으로 정하는 경미한 사항을 의결한 경우이다. 즉 법인등기 시 의사록 인증이 제외되는 대상 법인은 개정법에서는 주무관청의 추천을 받아 '법무부 장관이 지정 · 고시'하는 방식으로 간소화하였다.

4) 준비서류

공증사무소에서는 공증용 위임장과, 공증용 진술서를 작성하여야 하고, 대리인의 신분증 및 도장, 창립총회의사록, 이사회의사록, 의사록에 날인한 각 사원의 인감증명서, 사원명부, 정관사본 각 3부를 제출한다.

[서식] 사단법인 설립등기신청서

사단법인 설립등기신청

<table>
<tr><td rowspan="2">접
수</td><td>년 월 일</td><td rowspan="2">처
리
인</td><td>접 수</td><td>조 사</td><td>기 입</td><td>교 합</td><td>각종통지</td></tr>
<tr><td>제 호</td><td></td><td></td><td></td><td></td><td></td></tr>
</table>

<table>
<tr><td>등 기 의 목 적</td><td colspan="3">사단법인 설립</td></tr>
<tr><td>등 기 의 사 유</td><td colspan="3">사단법인을 설립하기 위하여 정관을 작성하고(20○○년 ○월 ○일 창립총회를 마치고) 20○○년 ○월 ○일 주무관청의 허가를 얻었으므로 다음 사항의 등기를 구함.</td></tr>
<tr><td>설 립 허 가 서
도 착 연 월 일</td><td colspan="3">20○○년 ○월 ○일</td></tr>
<tr><td>주사무소/분사무소
신청구분</td><td>1.주사무소
신청 □</td><td>2.분사무소
신청 □</td><td>3.주 · 분사무소
일괄신청 □</td></tr>
<tr><td colspan="4">등 기 할 사 항</td></tr>
<tr><td>명 칭</td><td colspan="3">사단법인 ○○○회</td></tr>
<tr><td>주 사 무 소</td><td colspan="3">서울특별시 ○○구 ○○로 ○○(○○동)</td></tr>
<tr><td>이사의 성명 및
주민등록번호</td><td colspan="3">이사 ○ ○ ○ (000000-0000000)
이사 ○ ○ ○ (000000-0000000)
이사 ○ ○ ○ (000000-0000000)</td></tr>
<tr><td>이사의 대표권에
대한 제한</td><td colspan="3">이사 ○ ○ ○ (000000-0000000)
서울특별시 ○○구 ○○로 ○○(○○동)
외에는 대표권 없음</td></tr>
<tr><td colspan="4">등 기 할 사 항</td></tr>
<tr><td>목 적</td><td colspan="3">1. ○○○○의 설치 운영
1. ○○○○의 연구 및 조사
1. ○○○○의 장학사업
1. 위 각 호에 관련된 부대사업</td></tr>
<tr><td>분 사 무 소</td><td colspan="3">○○시 ○○구 ○○로(○○동)</td></tr>
</table>

설립허가연월일	20○○년 ○월 ○일
존립기간 또는 해산사유	법인설립일로부터 만 20년 (또는 해산사유 : 본 법인의 사원이 ○명 이하로 된 경우, 또는 본 법인을 해산하고자 할 때에는 총회 또는 이사회에서 가각 재적구성원 3분의 2 이상의 찬성으로 의결하여 주무관처의 허가를 받아야 한다)
자산의 총액	금 ○○○○○원
출 자 방 법	1. 회비 1. 정부, 지방자치단체의 출연금 보조금 및 ○○○회 지원금 1. 출연금품 1. 찬조금 1. 기타 수입금
기 타	해당 없음

신청등기소 및 등록면허세/수수료						
순번	신청등기소	구분	등록면허세	지방교육세	세 액 합 계	등기신청수수료
			금 원	금 원	금 원	금 원
합 계						
등기신청수수료 은행수납번호						
과 세 표 준 액			금 원			

첨 부 서 면	
1. 정 관 1통 1. 창립총회의사록(이사자격증명서) 1통 1. 취임승낙서와 인감증명서 1통 1. 주민등록표등(초)본 1통 1. 주무관청 설립허가서 또는 인증있는 허가서 등본 1통 1. 자산총액증명서(재산목록) 1통	1. 인감신고서 1통 1. 등록면허세영수필확인서 1통 1. 위임장(대리인이 신청할 경우) 1통

년 월 일

신청인 명 칭

주사무소
대표자 성 명 ㊞ (전화 :)
주 소
대리인 성 명 ㊞ (전화 :)
주 소

지방법원 등기소 귀중

[신청서 작성요령 및 등기수입증지 첩부란]
1. 해당란이 부족할 때에는 별지를 이용합니다.
1. 해당 등기신청과 관계없는 사항에 대하여는 "해당없음"으로 기재하거나 삭제하고, 필요한 사항은 추가 기재합니다.
1. 등기신청수수료 상당의 대법원등기수입증지를 이 난에 붙입니다.

(용지규격 21㎝×29.7㎝)

◈ 등기신청서 기재 요령

신청서는 원칙적으로 한글과 아라비아 숫자로 기재합니다(다만 법인의 명칭과 외국인의 성명은 먼저 한글과 아라비아숫자로 기재한 후, 로마자 등의 표기를 병기할 수 있습니다). 신청서의 기재사항 난이 부족할 경우 별지를 사용하고 신청서와 별지의 각 장 사이에 간인을 하여야 합니다.

① 등기의 목적

"사단법인 설립"으로 기재합니다.

② 등기의 사유

등기를 신청하는 이유를 기재하는 항목으로, 일반적으로 "사단법인을 설립하기 위하여 정관을 작성하고(20ㅇㅇ년 ㅇ월 ㅇ일 창립총회를 마치고) 20ㅇㅇ년 ㅇ월 ㅇ일 주무관청의 허가를 얻었으므로 다음 사항의 등기를 구함"으로 기재합니다.

③ 설립허가서 도착연월일

주무관청으로부터 허가서가 도달한 다음날부터 등기기간을 기산하므로 이를 확인하기 위하여 기재합니다(교부받은 경우는 교부일자임).

④ 주사무소/분사무소 신청 구분

주사무소에서의 등기신청(주사무소신청 선택), 분사무소에서의 등기신청(분사무소신청 선택), 또는 주사무소 및 분사무소에 관한 등기를 주사무소에서 일괄하여 신청하는지 여부를 표시하는 항목입니다. 법인 설립과 동시에 분사무소를 설치(주사무소와 다른 관할)하여 주사무소 관할 등기소에서 설립등기와 분사무소 설치등기를 일괄하여 동시에 신청하는 경우 주·분사무소 일괄신청임을 표시하면 됩니다.

⑤ 명칭

정관에 기재된 명칭을 기재하며, 민법법인의 명칭을 등기하는 때에는 사단법인 또는 재단법인임을 표시하여야 합니다. 등기부상 로마자 등의 표기를 병기하고자 할 경우(대법원 등기예규 제1455호 참조)는 명칭 오른쪽에 괄호를 사용하여 병기할 수 있으며, 병기되는 로마자 등의 표기는 반드시 정관에 기재되어 있어야 합니다.

⑥ 주사무소

창립총회 등에서 정한 주된 사무소 소재지를 기재하며, 정관에는 소재지의 최소행정구역을 표시함으로써 족하지만 신청서에는 그 소재 지번까지 모두 기재하여야 합니다.

⑦ 이사의 성명 및 주민등록번호

정관에서 정한 또는 창립총회에서 선출된 이사의 성명 · 주민등록번호를 기재하고, 주민등록번호가 없는 재외국민 또는 외국인의 경우에는 주민등록번호 대신 생년월일을 기재하여야 합니다. 대표권이 있는 이사는 그 주소도 기재하여야 합니다. 외국인의 성명은 국적과 원지음을 한글 등으로 기재한 후, 괄호를 사용하여 로마자 등의 표기를 병기할 수 있습니다(예 : 이사 미합중국인 존에프케네디(John. F. Kennedy)). 이사의 수와 임기는 제한이 없으며 정관으로 정한 바에 따릅니다.

⑧ 이사의 대표권에 대한 제한

이사는 법인의 사무에 관하여 각자 법인을 대표함이 원칙이나 정관이나 창립총회에서 제한할 수 있습니다. 실무상 특정 이사에게만 대표권을 주거나 수인으로 하여금 공동으로 대표를 정하는 것으로 대표권을 제한하고 있으며 이에 관한 사항을 기재합니다.

⑨ 목적

목적은 법인이 영위하고자 하는 사업 또는 그 사업을 통하여 법인이 추구하고자 하는 목표를 말합니다. 정관에서 정한 목적을 기재하며 목적의 기재는 사회 관념상 일반인이 어떤 종류의 사업을 영위하고자 하는지 알 수 있도록 구체적으로 특정하여 기재하여야 합니다.

⑩ 분사무소

정관에 분사무소를 정한 경우 또는 창립총회에서 분사무소 설치를 결의하였을 때 기재하며, 주사무소와 동일하게 소재 지번까지 기재하여야 합니다. 설립등기시 본·지점 일괄신청을 하지 않았을 경우, 설립등기 후 3주 이내에 분사무소 소재지 관할등기소에서 분사무소설치 등기신청을 하여야 합니다.

⑪ 설립허가 연월일

주무관청의 설립허가 연월일을 기재합니다. 주무관청으로부터 교부받은 허가서에 기재된 설립허가일자를 의미합니다.

⑫ 존립기간 또는 해산사유

법인이 정관으로 존속기간이나 해산사유를 정한 경우에는 이를 기재합니다. 정관의 필수적 기재사항은 아니나 정한 경우에는 이를 등기하여야 합니다.

⑬ 자산의 총액

법인이 보유하고 있는 정관상의 기본재산은 물론 기타 부동산, 동산 및 채권 등을 포함하는 적극재산의 총액에서 채무 등의 소극재산을 공제한 순재산액을 의미합니다.

⑭ 출자방법

출자방법은 자산에 관한 규정의 내용으로 정관에서 정한 경우에 한하여 등기합니다.

⑮ 신청등기소 및 등록면허세 · 수수료

신청하는 등기소별로 기재하여야 하며 납부한 등록면허세영수필확인서에 기재된 등록면허세 및 지방교육세 금액을 기재합니다. 등기신청수수료는 등기사항증명서 등 수수료규칙 제5조의4 및 제5조의3에서 정한 금액을 기재합니다. 설립과 동시에 분사무소를 설치하고 주 · 분사무소 일괄신청을 하는 경우 분사무소 등기신청과 관련된 등록면허세 등을 별도로 납부하여야 합니다.

⑯ 과세표준액

과세표준은 자산의 총액을 기재합니다.

⑰ 첨부서면

등기신청서에 첨부하는 서면을 기재합니다.

⑱ 신청인 등

설립등기를 신청하는 법인의 명칭과 주사무소 대표자의 성명과 주소를 기재하며, 위임받은 대리인이 신청할 경우 대리인의 성명과 주소를 기재합니다. 대표자는 등기신청과 동시에 제출하는 법인 인감도장을 날인하여야 하며 대리인의 경우는 날인할 도장에 대한 제한은 없습니다.

◈ 등기신청서에 첨부할 서면

1. 정관

법인을 설립하고자 하는 자는 법인의 근본 규칙을 정하여 서면에 기재하고 기명날인하여야 합니다. 이 서면을 정관이라 하며 정관의 기재사항 중에는 그 기재가 없거나 위법인 때에는 효력이 생기지 않는 필요적 기재사항, 정관에 기재하지 않아도 무효나 설립허가 취소는 아니나 정관에 기재되면 필요적 기재사항과 같은 효력이 있는 임의적 기재사항이 있습니다.

가. 필요적 기재사항

▶ 목 적 : 법인은 법률의 규정에 좇아 정관으로 정한 목적 범위 내에서 권리능력이 있습니다. 법인의 목적은 법인이 영위하고자 하는 사업을 말하며 비영리로서 학술 · 종교 · 자선 · 기예 · 기타 영리 아닌 사업을 목적으로 하여야 합니다. 법인의 목적은 법인의 권리능력의 범위라 할 것이므로 정관의 목적은 권리능력의 범위를 명확히 확인할 수 있을 정도로 구체적으로 기재하여야 합니다. 일반적으로 "본회는 ○○○○○○ 를 행함을 목적으로 한다"라는 등으로 기재합니다.

▶ 명 칭 : 법인의 명칭은 사단법인이라는 문자를 반드시 사용해야 하는 것은 아니지만 등기부상에는 법인의 종류를 표시하고 있습니다. 주무관청의 허가시 명칭을 정하여 허가하고 있으며 일반적으로 본 법인은 "사단법인 ○○○회 라고 칭한다"라는 등으로 기재합니다.

▶ 사무소 소재지 : 법인 사무소란 법인 사업을 총괄하는 장소로서 사무소 소재지 모두(주사무소 분사무소 포함)를 정관에 기재하여야 하며 그 중 하나를 주사무소로 정하여야 합니다. 정관상 기재의 정도는 법률에 정함은 없으나 최소행정구역 정도의 기재로 가능하다고 해석하고 있습니다.

※ 정관 기재사항인 사무소 소재지는 주사무소 만을 의미하지 않고 분사무소도 포함하는 개념으로, 법인 설립등기시 뿐 아니라 설립등기 후에 분사무소를 설치하는 경우에도 정관의 변경사항으로 주무관청의 허가를 받아야 합니다.

▶ 자산에 관한 사항 : 법인의 목적달성을 위하여 자산은 반드시 필요하며 정관상으로 자산의 종류, 구성, 운용방법 등을 정하여야 하며 그 중 자산의 총액은 등기사항입니다. 일반적으로 자산의 표시 정도는 종류, 구성, 운용방법, 각 사원의 출자액, 출자 의무 등에 관한 규정을 기재하고 있습니다.

▶ 이사의 임면에 관한 규정 : 이사는 법인의 상설의 필수기관으로서 원수 · 자격 · 임기 · 선임 및 해임방법 등은 민법에 별도의 규정은 없고 정관으로 정하도록 하고 있습니다. 그 중 이사의 임면에 관한 사항은 정관의 필요적 기재사항이며 특히 이사의 성명 · 주민등록번호는 등기사항입니다.

※ 민법상 법인의 감사는 임의적인 기관으로 정관으로 둘 수 있으나 등기사항은 아니며, 공익법인의 설립 · 운영에 관한 법률에 의하여 설립된 공익법인은 감사가 필수기관이나 이 또한 등기사항은 아닙니다.

▸ <u>사원자격의 득실에 관한 규정</u> : 사원의 입사 · 퇴사 · 제명 등 사원의 자격득실에 관한 사항을 기재하여야 합니다.

▸ <u>존속기간이나 해산사유를 정한 때에는 그 시기 또는 사유</u> : 법인의 존속시기나 해산 사유를 반드시 정해놓아야 하는 것은 아니나 이를 정하였을 때 그 시기와 사유를 정관에 기재하여야 합니다. 존립기간을 정한 경우 존립기간 만료로, 해산사유를 정한 때에는 그 해산사유의 발생으로 법인은 당연히 해산됩니다.

나. 임의적 기재사항

정관에 기재하지 않더라도 정관의 효력에는 영향이 없으나 일단 정관에 기재하면 필요적 기재사항과 같은 효력이 발생하는 것을 말합니다. 임의적 기재사항으로 정관변경에 관한 사항, 이사의 대표권 제한 및 권한의 위임에 관한 사항, 감사 선임에 대한 사항 등이 이에 해당됩니다.

다. 기타

상법상의 주식회사의 경우와 달리 원시정관에 대하여 공증을 받아야 한다는 규정이 민법에는 없으므로 공증인의 인증을 받을 필요가 없습니다. 등기신청시 첨부하는 정관은 주무관청의 허가를 받은 사실을 소명하는 자료를 첨부하여야 합니다.

2. 이사자격증명서(정관 등)

이사는 법인의 사무를 집행하며 법인을 대표하는데 보통 최초의 이사는 정관으로 정하고 있습니다. 그렇지 않은 경우에는 이사의 자격증명서로서 그를 선임한 사원총회의사록(창립총회의사록)을 첨부하여야 합니다.

3. 취임승낙서(인감증명서나 본인서명사실확인서 또는 전자본인서명확인서의 발급증 포함)

이사는 취임함으로써 법적인 책임과 의무가 부과되므로, 취임자의 진정한 의사를 확인하기 위하여 취임자의 인감도장을 날인한 취임승낙서와 인감증명법에 의하여 신고한 인감증명서(발행일로부터 3개월 이내)나 본인서명사실확인서 또는 전자본인서명확인서의 발급증을 첨부하여야 합니다. 취임하는 자가 외국인인 경우에는 그 서면에 본국 관청에 신고한 인감을 날인하고 그 인감증명서를 첨부할 수 있으며, 본국에 인감증명제도가 없는 외국인의 경우에는 본인이 서명을 하였다는 본국 관청의 증명서면이나 공증인의 공증서면으로 대신할 수 있습니다.

4. 주민등록표등(초)본

취임하는 이사는 주민등록번호 및 주소를 증명하는 서면으로 주민등록표등(초)본을 제출하여야 합니다. 대표권 제한으로 인하여 대표권 없는 이사는 주민등록증 사본, 자동차운전면허증 사본으로도 가능합니다.

5. 주무관청 설립허가서 또는 그 인증 있는 허가서 등본

민법상의 법인은 반드시 주무관청의 허가를 받아야 하며 설립등기시 첨부서면으로 허가서 또는 허가기관이 인증한 등본을 첨부하여야 합니다. 허가서 원본을 제출한 경우 허가서 사본에 대하여 등기관이 원본대조필을 한 후 원본을 반환받을 수 있습니다.

6. 자산총액증명서(재산목록)

민법법인의 정관은 자산에 관한 규정을 두어야 하고, 등기부에는 자산의 총액을 등기하도록 규정하고 있습니다. 자산의 총액을 등기하는 경우 실제와 부합하는 등기를 위하여 재산목록(자산에 관한 사항, 부채에 관한 사항, 순자산총액을 기재한 서면)을 첨부하여야 합니다.

7. 인감신고서

등기신청서에 기명날인할 사람(법인의 대표자 등)은 미리(설립등기와 동시에) 등기소에 인감을 제출하여야 합니다. 인감신고서에는 인감증명법에 의하여 신고한 인감을 날인하고 발행일로부터 3개월 이내의 인감증명서를 첨부하여야 합니다. 또한 인감신고서와 함께 인감대지(인감의 제출관리 및 인감증명서 발급에 관한 업무처리지침 별지 제2호 양식)도 함께 제출하여야 합니다.

8. 등록면허세영수필확인서

주사무소 소재지 관할 시 · 군 · 구청장으로부터 등록면허세납부서를 발부받아 납부한 후 등록면허세영수필확인서를 첨부하여야 합니다. 법인설립과 동시에 분사무소를 설치하여 주 · 분사무소 일괄신청을 하는 경우는 분사무소 소재지 관할 시 · 군 · 구청장으로부터 별도의 등록면허세납부서를 발부받아 납부한 후 등록면허세영수필확인서를 첨부하여야 합니다. 대통령령으로 정하는 대도시 내에서의 설립등기시에는 당해 세율의 3배의 등록면허세를 납부하여야 합니다. 여기서 대도시라 함은 수도권정비계획법 시행령 제9조 별표1에 지정되어 있는 권역을 의미합니다.

9. 위임장

등기신청권자 이외의 대리인에 의하여 등기신청을 하는 때에는 그 권한을 증명하는 서면으로 위임장을 첨부하여야 합니다. 실무상 수임자, 위임자, 위임내용을 기재하고 등기소에 제출하는 인감을 날인하여 작성합니다.

10. 기타

▸ 이사회의사록 : 사단법인 설립등기시 이사회의사록은 필요적 첨부서면은 아니나 정관에서 이사회의 권한으로 정하고 그 사항을 이사회에서 결의한 경우 이사회의사록을 첨부하여야 합니다.

▸ 의사록 공증 : 등기신청시 첨부되는 총회 등의 의사록은 공증인의 인증을 받아야 합니다(다만 공증인

법 시행령 제2조의3에 따라 법무부장관이 지정·고시한 인증 제외대상 법인은 공증인의 인증이 면제됨).

▸ 번역문 : 등기신청 서류 중 외국어로 작성된 문서는 이를 번역하여 번역문을 첨부하여야 하며, 번역인의 자격에는 제한이 없으나 번역인의 성명 주소를 기재하고 기명날인 또는 서명하여야 합니다(번역문을 공증받을 필요는 없습니다).

▸ 법인인감카드 발급 : 법인인감증명서는 법인인감카드 또는 전자증명서(HSM USB)로 발급받을 수 있으므로 설립등기 완료 후 법인인감도장을 지참하여 법인인감카드 또는 전자증명서(HSM USB)를 발급받으시기 바랍니다.

◈ 등기신청서 편철순서

신청서, 등록면허세영수필확인서, 주무관청설립허가서, 정관, 창립총회의사록, 취임승낙서, 인감증명서나 본인서명사실확인서 또는 전자본인서명확인서의 발급증, 주민등록표등(초)본,(취임승낙서, 인감증명서, 주민등록표등(초)본은 임원별로 편철), 자산총액증명서, 인감신고서, 위임장 등의 순서로 편철하시면 업무처리에 편리합니다.

◈ 기타

1. 민법상 법인은 비영리를 목적으로 하는 것이며 그 사무가 공공의 이해관계에 영향이 크므로 부정한 목적으로 법인이 설립 운영되는 것을 방지하기 위하여 주무관청이 검사, 감독하고 있습니다. 등기신청시 첨부되는 정관, 의사록 등의 서면은 주무관청으로부터 설립허가를 받기 위해 제출되는 서면들이므로 법인설립 준비를 위해서는 먼저 주무관청에 문의하시는 것이 필요합니다.

2. 사단법인으로 사회일반의 이익에 이바지하기 위하여 학자금 · 장학금 · 연구비 등의 보조나 기타 학술 · 자선 등을 목적으로 하는 법인을 설립하고자 하는 경우 민법 외에 공익법인의 설립 · 운영에 관한 법률의 적용을 받습니다(법인설립의 근거법령은 설립허가증에 명기되어 있음). 법인설립이 공익법인의 설립 · 운영에 관한 법률에 의한 경우 정관의 기재사항, 이사의 원수 · 임면, 정관변경 등이 민법의 규정보다 엄격하게 규정되어 있는바 이에 대한 구체적인 내용은 관련법령을 참조합니다.

[서식] 위 임 장

위　　임　　장

변호사　○ ○ ○
OO시 OO구 OO로 OO(OO동)
전화 : OOO-OOO, 팩스 : OOO-OOO

위 사람을 대리인으로 정하고 다음사항의 권한을 위임한다.

다　　음

1. 사단법인 OOO회 설립등기신청서의 작성 및 제출하는 행위
1. 등기신청의 취하에 관한 행위
1. OOO의 원본환부 및 수령하는 행위
1. 기타 이에 부수되는 일체의 행위

2000년　0월　0일

위임인　사단법인 OOO회
OO시 OO구 OO로 OO(OO동)
이사장　김　○ ○ (인)

※ 법인을 대표할 이사가 대리인에게 위임해야 하며 위임장에 날인하는 인장은 등기소에 제출하는 인감과 동일한 인장이거나, 인감증명법에 의한 인영과 동일한 것이어야 한다.

[서식] 사단법인 정관

사단법인 ○○○회 정관

제1장 총　칙

제1조 (명 칭) 본 법인은 “사단법인 ○○○회”(이하 “본회”라 한다)이라 한다.

제2조 (사무소와 분사무소) 본회는 사무소를 OO시 OO구 OO로 OO(OO동)에 두고 분사무소를 OO시 OO구 OO로(OO동)에 둔다.

제3조 (목 적) 본회는 …… 함을 목적으로 한다.

제4조 (사 업) 본회는 전조의 목적을 달성하기 위하여 다음 사업을 행한다.

1. OOOO의 설치 운영
2. OOOO의 공동구입 및 판매알선
3. OOOO의 연구 및 조사
4. 지역발전을 위한 제반 봉사사업
5. 문화 및 홍보사업
6. 연구결과의 발간 및 출판
7. 기타 위 각 호에 부대하는 사업

제5조 (법인 이외의 수혜자) 이 법인의 제4조 각호에 규정된 목적사업을 수행함에 있어서 그 수혜자에게 제공하는 이익은 이를 무상으로 한다. 다만 수혜자에게 그 대가의 일부를 부담시킬 때에는 미리 OO부장관의 승인을 받아야 한다.

제2장 회　원

제6조 (회원의 종류 및 가입)

① 본회의 회원은 다음 2종으로 한다.

(가) 정회원 : 본회의 목적에 찬동하고 가입한 자

(나) 명예회원 : 본회에 특별한 공로가 있거나 학식 경험이 있는 자로서 총회의 추천을 받은 자(준회원 및 특별회원으로 표시할 수도 있음)

② 본회의 회원으로 가입하고자 하는 자는 소정의 서식에 의한 신청을 하고 총회의 승인을 받아야 한다.

제7조 (회원의 권리) 회원은 총회를 통하여 이 법인의 운영에 참여하되, 정회원은 발의권과 의결권, 피선거권을 가지나 명예회원(준회원, 특별회원)은 발의권만 받는다.

제8조 (회원의 의무) 회원은 본 법인의 정관 및 결의사항을 준수할 의무를 지명총회에서 정한 입회금 및 회비를 납부하여야 한다.

제9조 (회 비)

① 정회원은 총회에서 정한 회비를 납부해야 한다.

② 이미 납부한 회비 기타 갹출금은 이유 여하를 불문하고 반환하지 아니한다.

제10조 (회원자격의 상실) 회원은 다음 각 호의 1에 해당될 때에는 회원의 자격을 상실한다.

1. 본인의 탈퇴신고가 있는 때
2. 사망하였을 때
3. 제명되었을 때
4. O년 이상 회비를 납부하지 아니한 때

제11조 (제 명)

① 회원이 본회의 명예를 훼손한 때 또는 본회의 목적에 위배되는 행위를 하거나 회원으로서의 의무를 위반한 때에는 총회의 결의로 제명할 수 있다.

② 회원의 제명에 관한 의결은 회원 4분의 3 이상의 출석과 출석회원 과반수의 찬성으로 한다.

제12조 (임원의 재입회) 정관 제10조와 제11조의 규정에 의하여 탈퇴 또는 제명된 자는 탈퇴 또는 제명된 날로부터 O년 이내에 재입회할 수 없다.

제13조 (탈퇴시 회비 등 반납) 회원이 그 자격을 상실한 경우에는 기납부한 각종회비, 부과금 등의 반환 및 기타 재산상의 청구를 할 수 없다.

제3장 자산 및 회계

제14조 (출자방법) 본회의 출자방법은 다음과 같다.

1. 회 비

2. 출연금품

3. 찬조금

4. 기타 수입금

제15조 (자산의 구성) 본회의 자산은 다음 각 호에 게기한 것으로 구성한다.

1. 별지 목록 기재의 재산

2. 회 비

3. 자산으로부터 생기는 과실

4. 사업에 따른 수입

5. 기타 수입

제16조 (자산의 종류)

① 본회의 자산은 이를 기본재산과 보통재산 2종으로 한다.

② 기본재산은 다음 각 호에 게기한 것으로 하되 이를 처분하거나 담보로 제공할 수 없다. 다만, 부득이한 사유가 있는 때에는 총회의 결의를 거쳐 주무관청의 허가를 받아 그 일부를 처분하거나 담보로 제공할 수 있다.

1. 별지 목록 기재의 재산 중 기본재산으로 기재된 재산

2. 기본재산으로 하기로 지정하여 출연된 재산

3. 이사회에서 기본재산으로 하기로 결의한 재산

③ 보통재산은 기본재산의 원본 이외의 재산으로 한다.

제17조 (경비지출) 본회의 경비는 보통재산에서 지출한다.

제18조 (회비의 회비) 회원의 회비는 이사회에서 정한다.

제19조 (자산의 관리) 본회의 자산은 이사회의 결의에 의하여 정한 관리방법에 따라 이사장이 관리한다.

제20조 (현금보관) 자산 중에서 현금은 금융기관에서 예치하거나 국채 또는 공채 등 확실한 유가증권으로 바꾸어 보관한다.

제21조 (잉여금의 처분) 회계연도 말에 잉여금이 생긴 때에는 이사회의 결의에 따라 그 전부 또는 일부를 기본재산으로 하거나 다음 회계연도에 이월시킨다.

제22조 (예산의 의결, 결산의 승인)

① 본회의 매년도 세입세출예산은 연도개시 전에 이사회의 결의를 거쳐 총회의 승인을 받아야 한다.

② 세입세출결산은 연도 종료 후 1월 내에 연도말 현재의 재산목록과 함께 감사의 감사를 거쳐 총회의 승인을 받아야 한다.

제23조 (특별회계)

① 본회는 수익사업을 행하거나 또는 기타 필요한 때에는 이사회의 결의에 의하여 특별회계를 둘 수 있다.

② 전항의 특별회계는 전조의 세입세출예산에 계정해야 한다.

제24조 (수익 등의 사용) 전조의 특별회계로부터 생긴 수익 또는 잉여금은 이를 모두 기본재산이나 보통재산으로 하여야 한다.

제25조 (회계연도) 본회의 회계연도는 매년 1월 1일에 시작하여 12월 31일에 끝난다.

제26조 (회계감사) 감사는 회계감사를 연 2회 이상하여야 한다.

제27조 (임원의 보수) 사업운영을 전담하는 이사를 제외한 임원에게는 보수를 지급하지 아니한다.

제4장 임원 및 직원

제28조 (임원의 종별 및 원수) 본회에는 다음의 임원을 둔다.

이사 5인 이상 15인 이내(이사장 1인, 상무이사 1인 포함)

감사 2인 이내

제29조 (임원의 자격) 임원은 본 법인의 발전에 기여한 정회원으로 한다.

제30조 (임원의 선임)

① 이사 및 감사는 회원 중에서 총회의 결의에 의하여 선임한다.

② 이사장 및 상무이사는 이사 중에서 이사회의 결의에 의하여 선임한다.

③ 전 2항의 임원은 겸할 수 없다

제31조 (임원의 직무)

① 이사장은 본회의 업무를 통괄하고 본회를 대표한다.

② 상무이사는 이사장을 보좌하여 통상업무를 처리하고 이사장 유고시에는 이사장의 직무를 대행한다.

③ 이사는 이사회를 조직하고 업무집행을 결정한다.

④ 감사는 민법 제67조의 업무를 행한다.

제32조 (보 선) 임원이 임기 중에 궐위된 경우 3월 내에 총회에서 후임임원을 선출하여야 하며, 그 보선된 임원의 임기는 전임자의 잔여기간으로 한다.

제33조 (임원의 임기)

① 이사의 임기는 3년, 감사의 임기는 2년으로 한다. 단, 재임할 수 있다.

② 보궐을 위하여 취임한 임원의 임기는 전임자의 잔여기간으로 한다.

제34조 (임기만료 등의 경우) 임원은 사임 또는 임기만료된 때에는 후임자가 선임될 때까지는 그 직무를 행한다.

제35조 (자격상실에 의한 퇴임) 임원이 회원의 자격을 상실한 때에는 그 직에서 퇴임한 것으로 본다.

제36조 (임원의 해임)

① 임원이 본회의 명예를 훼손하거나 본회의 목적에 반하는 행위를 한 때 또는 임원의 직무를 위반한 때에는 총회의 결의에 의하여 해임할 수 있다.

② 임원의 해임결의는 총회원 4분의 3 이상의 출석과 출석회원 과반수 이상으로 한다.

제37조 (직 원) 본회는 간사, 서기, 기타의 유급직원을 두며 이사장이 임면한다.

제5장 회 의(총회와 이사회)

제38조 (회의의 종류)

① 회의는 총회와 이사회의 2종으로 하되, 총회는 최고의결기구로서 회원으로 구성한다.

② 총회는 정기총회와 임시총회의 2종으로 한다.

③ 정기총회는 매년 O월에 주사무소의 소재지에서 개최하고 임시총회와 이사회는 수시 필요한 때에 이를 개최한다.

제39조 (회의의 소집)

① 총회는 이사장이 소집한다.

② 이사장은 이사회의 결의나 회원 5분의 1 이상 또는 감사가 회의의 목적사항을 제시하여 청구한 때에는 총회를 소집해야 한다.

③ 이사장은 이사 5분의 1 이상 또는 감사가 회의의 목적사항을 제시하여 청구한 때에는 이사회를 소집해야 한다.

④ 총회는 회의 1주일 전에 그 회의의 목적사항을 기재한 통지서를 발송하여 이를 소집한다.

제40조 (회의의 의장) 이사장은 총회와 이사회의 의장이 된다.

제41조 (개회의 정족수) 회의는 회원 또는 이사과반수의 출석이 없으면 개회하지 못한다.

제42조 (총회의결의 정족수)

① 총회의 의사는 정관에 특별한 규정이 있는 경우를 제외하고는 출석회원 과반수로서 이를 의결한다.

② 가부동수일 때는 의장이 이를 결정한다.

제43조 (서면에 의한 표결 및 표결의 위임) 부득이한 사유로 회의에 출석할 수 없는 사원 또는 이사는 사전에 통지된 사항에 한하여 서면으로 표결할 수 있고, 다른 사원 또는 이사에게 표결권을 위임할 수 있다.

제44조 (총회에 부여할 사항) 다음에 게기하는 사항은 총회에 부의한다.

1. 사업계획의 승인
2. 세입세출의 예산 및 결산의 승인
3. 정관의 변경 및 법인의 해산
4. 재산의 처분, 매도, 증여, 기채, 담보, 대여, 취득 등의 승인
5. 임원의 선출 및 해임
6. 감사보고처리에 관한 사항
7. 기타 주요사항 및 이사장이 부의한 사항

제45조 (이사회의 구성) 이사회는 이사장과 이사로 구성한다.

제46조 (이사회의 소집)

① 이사회는 정기이사회와 임시이사회로 구분하고 이사장이 소집하며 그 의장이 된다.

② 정기이사회는 년 2회 내지 3회 개최한다.

③ 임시이사회는 이사장이 필요하다고 인정할 때 소집한다.

④ 이사장이 이사회를 소집하고자 할 때에는 회의 개최 7일 이전에 회의일시, 장소, 안건 등을 명시하여 통지하여야 한다.

제47조 (소집의 특례)

① 이사장은 다음 각 호에 해당하는 소집요구가 있을 때에는 이사회를 소집하여야 한다.

1. 재적이사 3분의 1 이상이 소집요구를 한 때
2. 제O조 제O호에 의거 감사 2인이 소집요구를 한 경우

② 이사장이 제1항의 소집요구를 받은 후 14일이 경과하여도 소집을 하지 않을 때에는 재적이사 과반수의 찬성으로 주무관청의 승인을 받아 회의를 소집할

수 있다.

제48조 (이사회의 부의할 사항) 다음에 게기하는 사항은 이사회에 부의한다.

1. 업무집행에 관한 사항
2. 사업계획의 수립
3. 세입세출의 예산 및 결산의 승인에 관한 의안
4. 정관변경 및 법인 해산에 관한 의한
5. 총회에서 위임받은 사항
6. 재산의 처분, 매도, 증여, 기채, 담보, 대여, 취득 등 재산관리에 관한 사항
7. 기타 법인운영 및 회무집행에 관하여 이사장이 부의한 사항

제49조 (이사회 의결정족수)

① 이사회는 재적이사 과반수의 출석과 출석이사 과반수의 찬성으로 의결한다.

② 이사회에 참석하지 못할 때에는 위임장으로 다른 이사에게 위임하여 의결권을 행사할 수 있다.

제50조 (의사록) 회의의 의사에 관하여는 다음에 게기하는 사항을 기재한 의사록을 작성하여 의장과 출석한 이사가 기명날인하여야 한다.

1. 회의일시 및 장소
2. 회원 또는 이사의 현재 수
3. 출석한 회원 또는 이사의 수(표결권을 위임한 회원 또는 이사 포함)
4. 의결사항
5. 의사의 경과요령 및 발언자의 발언요지

제6장 사무국(사무국을 둔 경우)

제51조 (사무국) 이 법인이 업무를 처리하기 위하여 사무국을 두고 사무국장 1인과 직원 약간 명을 둘 수 있다.

제52조 (직 원)

① 사무국장은 이사회의 동의를 얻어 이사장이 임명한다.

② 사무국장은 이사장의 지사를 받아 법인의 제반업무를 처리하고 이사회에 출석하여 발언할 수 있다.

③ 사무직원은 이사장이 임명한다.

제53조 (사무국장의 임기) 사무국장의 임기는 3년으로 한다.

제7장 정관의 변경 및 해산

제54조 (정관의 변경) 이 정관은 총회에서 회원 3분의 2 이상의 동의를 얻고 주무관청의 허가를 받아 이를 변경할 수 있다.

제55조 (해산, 잔여재산의 처분)

① 본회는 민법 제77조 및 제78조의 규정에 의하여 해산한다.

② 총회원의 4분의 3 이상의 출석과 출석회원 3분의 2 이상의 찬성으로 법인을 해산할 수 있다.

③ 본회가 해산한 때의 잔여재산은 총회의 결의를 거쳐 주무관청의 허가를 받아 본회의 유사한 목적을 가진 다른 단체에 출연한다.

제8장 부 칙

제1조 (시행세칙) 이 정관의 시행에 필요한 시행세칙은 이사회의 결의에 의하여 이를 따로 정한다.

제2조 (설립당초의 임원 및 그 임기)

① 본회의 설립당초의 이사 및 감사는 다음 사람이 된다.

이사(이사장) O O O
이사(상무이사) O O O
이사 O O O
이사 O O O
이사 O O O
감사 O O O

② 제23조의 규정에 불구하고 설립당초의 이사의 임기는 20OO년 12월 31일, 감사의 임기는 20OO년 12월 31일까지로 한다.

제3조 (사업계획, 수지결산보고) 다음년도 사업계획서 및 예산서, 해당연도 사업실적서와 수지결산서는 회계연도 종료 후 2개월 이내에 재산목록, 사업현황, 감사보고서 등을 첨부하여 주무관청에 제출하여야 한다.

제4조 (시행일) 이 정관은 법인설립등기일로부터 시행한다.

위 사단법인 OO회를 설립하기 위하여 이 정관을 작성하고 설립자 전원이 이에 기명 날인하다.

2000년 O월 O일

설립자 O O O (인)
설립자 O O O (인)
(설립자 전원이 연기명 날인)

[서식] 창립총회의사록

창립총회의사록

2000년 O월 O일 OO시 OO분, OO시 OO구 OO로 OO(OO동) 창립사무소에서 창립총회를 개최하다.

총사원수 O명 출석사원수 O명

설립자대표 OOO는 위와 같이 법정수에 달하는 사원이 출석하여 본 총회가 적법히 성립되었음을 알리고 회의 진행을 위하여 의장을 선임하여 줄 것을 요구한 바, 참석사원 전원일치 합의로 설립자대표 OOO를 의장으로 선임한 즉, 동인은 즉석에서 그 취임을 승낙하고 개회를 선언한 후 다음의 의안에 관하여 심의를 구하다

제1호 의 안 창립총회 보고의 건
의장은 이 법인을 설립하기 위하여 의장 외 O명이 발기인이 되어 설립에 필요한 소정의 절차를 완료하고 이 법인 설립취지와 사업목적에 찬성하는 발기인 여러분의 성원에 힘입어 오늘 총회를 개최하게 된 경위를 설명하고 상세히 그 경과를 보고하다.

제2호 의 안 정관 승인의 건
의장은 별지 정관을 낭독하고 축조설명을 가한 후, 그 승인 여부를 물은 바, 참석사원 전원의 찬성으로 원안대로 승인하여 가결하다.

제3호 의 안 임원 선임의 건

의장은 이사장 및 이사 O인, 감사 O인을 정관의 규정에 따라 선임할 필요성이 있음을 설명하고 그 선임방법을 물은 바, 무기명 비밀투표로 선출하자는 제안이 있자 참석사원 전원 이의 없이 그에 찬동하여 즉시 투표를 행한 결과 다음과 같이 선출되다.

이사장 O O O (000000-0000000)
이 사 O O O (000000-0000000)
이 사 O O O (000000-0000000)
감 사 O O O (000000-0000000)

위 피선자들은 즉석에서 각 그 취임을 승낙하다.

제4호 의 안 사무소 및 분사무소 설치장소 결정의 건

의장은 본회의 사무소와 분사무소를 다음 장소에 설치함이 상당하다는 취지를 설명하고 그 가부를 물은 바, 전원 이의 없이 찬성하여 그를 승인 가결하다.

사 무 소 : OO시 OO구 OO로 OO(OO동)
분사무소 : OO시 OO구 OO로 OO(OO동)

제5호 의 안 사업계획서 및 수지예산표 승인의 건

의장은 별지 사업계획서 및 수지예산표에 대한 내역을 상세히 설명하고, 그 승인여부를 물은 바, 참석사원 전원 이의 없이 이를 원안대로 승인 가결하다.

의장은 이상으로서 회의목적인 의안 전부의 심의를 종료하였으므로 폐회한다고 선언하다(회의종료시각 : OO시 OO분)

위 의사의 경과와 결의를 명확히 하기 위하여 이 의사록 3통을 작성하여 의장과 출석한 발기인이 다음과 같이 기명 날인하다.

20OO년 O월 O일

사단법인 OOO회
OO시 OO구 OO로 OO(OO동)
의장겸 이 사 O O O (인)
이 사 O O O (인)
이 사 O O O (인)

[서식] 이사회의사록

이 사 회 의 사 록

1. 개최일시 : 2000년 0월 0일 00시 00분
1. 개최장소 : OO시 OO구 OO로 OO(OO동) 당 법인 사무실
1. 이사총수 : O명
1. 출석이사수 : O명
1. 감사총수 : O명
1. 출석감사수 : O명

최연장자인 이사 OOO는 위와 같이 법정수에 달하는 이사가 출석하였으므로 본 이사회가 적법히 개최되었음을 알리고 의장을 선출하여 줄 것을 요구한 바, 출석이사 전원일치로 이사 OOO를 의장으로 선출하니 동인은 의장석에 등단하여 다음 의안을 부의하고 심의를 구하다.

제1호 의 안 이사장 선임의 건

의장은 이사 중에서 본회를 대표할 이사장을 선임해야 한다는 취지를 말한 바, 출석이사 전원 진지하게 토의한 결과 만장일치로 다음과 같이 본회를 대표할 이사를 선임하다.

이사장 O O O (000000-0000000)
OO시 OO구 OO로 OO(OO동)

위 피선자는 즉석에서 취임을 승낙하다.

이사장 O O O (000000-0000000)
OO시 OO구 OO로 OO(OO동)

피선자는 즉석에서 취임을 승낙하다.

제2호 의 안 사무소 및 분사무소 설치장소 결정의 건

의장은 본회의 사무소와 분사무소를 다음 장소에 설치함이 상당하다는 취지를 설명하고 그 가부를 물은 바 전원 이의 없이 찬성하여 그를 승인 가결하다.

사 무 소 : OO시 OO구 OO로 OO(OO동)
분사무소 : OO시 OO구 OO로 OO(OO동)

의장은 이상으로서 회의목적인 의안 전부의 심의를 종료하였으므로 폐회한다고 선언하다 (회의종료시각 : OO시 OO분)

위 결의를 명확히 하기 위하여 이 의사록을 작성하고 의장과 출석한 이사가 기명날인하다.

2000년 0월 0일

사단법인 OOO회
OO시 OO구 OO로 OO(OO동)
의장겸 이사장 O O O (인)
상무이사 O O O (인)
이 사 O O O (인)

[서식] 재산목록

재 산 목 록

1. 자산의 부
   (1) 기본재산 금 OOO원
      가. 토지(회관부지) OO㎡ 금 OOO원
      나. 건물(회관건물) OO㎡ 금 OOO원
   (2) 보통재산 금 OOO원

   자산의 총액 금 OOOOO원

2. 부채의 부
   (1) 차입금 금 OOO원
   (2) 미불금 금 OOO원
   (3) 전수금 금 OOO원
   부채의 총액 금 OOOOO원

3. 순재산의 총액 금 OOOOO원

위는 설립당초의 당 법인의 재산목록임.

2OOO년 O월 O일

사단법인 OOO회
이사 O O O (인)

[서식] 취임승낙서

취 임 승 낙 서

본인은 20OO년 O월 O일 창립총회에서 이사로 선임되었으므로 그 취임을 승낙합니다.

20OO년 O월 O일

이사 O O O (인)
(000000-0000000)
OO시 OO구 OO로 OO(OO동)

사단법인 OOO회 귀중

※ 취임승낙서에는 인감을 날인하고 인감증명서 및 주민등록등(초)본을 첨부하여야 한다.

[서식] 인감신고서

인감 · 개인(改印) 신고서

(신고하는 인감날인란) (인감제출자에 관한 사항)

상호(명 칭)		사단법인 OOOO	등기번호	
본점(주사무소)		OO시 OO구 OO로 OO(OO동)		
인감제출자	자격/성명	이사장 O O O		
	주민등록번호	OOOOOO-OOOOOOO		
	주 소	OO시 OO구 OO로 OO(OO동)		

␣ 위와 같이 인감을 신고합니다.
␣ 위와 같이 개인(改印)하였음을 신고합니다.

년 월 일 (인감 날인란)

신고인 본 인 성 명 (인)
대리인 성 명 (인)

지방법원 등기소 귀중

주 1. 인감 날인란에는 「인감증명법」에 의하여 신고한 인감을 날인하고 그 인감증명서(발행일로부터 3개월 이내의 것)를 첨부하여야 합니다. 개인(改印)신고의 경우, 개인 인감을 날인하는 대신에 등기소에 신고한 유효한 종전 인감을 날인하여도 됩니다.
2. 인감 · 개인신고서에는 신고하는 인감을 날인한 인감대지를 첨부하여야 합니다.
3. 지배인이 인감을 신고하는 경우에는 인감제출자의 주소란에 지배인을 둔 장소를 기재하고, 「상업등기규칙」 제36조제4항의 보증서면(영업주가 등기소에 신고한 인감 날인)을 첨부하여야 합니다. 위 보증서면은 아래의 보증서면란에 기재하는 것으로 갈음할 수 있습니다.

보 증 서 면

위 신고하는 인감은 지배인 OOO의 인감임이 틀림없음을 보증합니다.

대표이사 (법인인감)

위 임 장
성 명 : 주민등록번호(-) 주 소 : 위의 사람에게, 위 인감신고 또는 개인신고에 관한 일체의 권한을 위임함. 20 년 월 일 인감(개인) 신고인 성 명 (인)

[서식] 인감대지

인 감 대 지

	신고하는 인감날인란	상 호(명 칭) : 사단법인 OOOOO 자격 및 성명 : 이사장 O O O 주민등록번호 : OOOOOO-OOOOOOO

※ 1. 인감신고서를 제출할 때 인감대지(3장)도 함께 제출하여야 한다. 인감대지의 규격은 가로 16센티미터 세로 4센티미터로 하는 것이 통상적이다.

2. 자격은 대표이사(이사), 이사장, 지배인, 대리인, 상호사용자, 무능력자, 법정대리인 등으로 기재한다.

[서식] 인감카드 등 (재)발급신청서

인감카드 등 (재)발급신청서

(인감제출자에 관한 사항)

상호(명　　칭)			등기번호	
본점(주사무소)				
인감 제출자	자격 / 성명			
	주민등록번호			

발급사유	␣ 최초발급 ␣ 카드분실 ␣ 카드훼손 ␣ 인감증명서발급기능 ␣ 기타 (　　　　　　　　)		
매체구분	␣ 인감카드 ␣ HSM USB	인감카드 비밀번호	

위와 같이 인감카드 등의 (재)발급을 신청합니다.

년　　월　　일

신청인 인감제출자 (본　인)　성명　(인)　(전화 :　　　　)
(대리인)　성명　(인)　(전화 :　　　　)

지방법원　　등기소　귀중

접수번호		인감카드번호	

- 대법원수입증지를 붙이는 란 -

주 1. 인감카드 비밀번호란에는 (재)발급받아 사용할 인감카드의 비밀번호를 기재하며, 아라비아숫자 6자릿수를 기재하여야 합니다. 비밀번호는 인감카드와 함께 인감증명서의 발급을 신청할 권한이 있는 것으로 보게 되는 중요한 자료이므로 권한이 없는 사람이 알지 못하도록 주의하시기 바랍니다.

2. 인감카드의 재발급을 신청할 때에는 「등기부 등 · 초본 등 수수료규칙」 제5조의7에 의하여 5,000원 상당의 대법원수입증지를 이 란에 붙여야 합니다. 다만, 인감카드를 반납할 때에는 붙일 필요가 없습니다.

위 임 장

성 명 : 주민등록번호(-)

주 소 :

위의 사람에게, 위 인감신고 또는 개인신고에 관한 일체의 권한을 위임함.

20 년 월 일

인감(개인) 신고인 성 명 (인)

[서식] 전자증명서발급신청서

전자증명서발급신청서

(신청인에 관한 사항)

<table>
<tr><td colspan="2">상호(명칭)</td><td colspan="2"></td><td>등기번호</td><td></td></tr>
<tr><td colspan="2">본점(주사무소)</td><td colspan="2"></td><td>관할등기소</td><td></td></tr>
<tr><td colspan="2">지점(분사무소)</td><td colspan="2"></td><td>관할등기소</td><td></td></tr>
<tr><td rowspan="4">신
청
인</td><td>자격 / 성명</td><td></td><td>주민등록번호</td><td colspan="2"></td></tr>
<tr><td>주 소</td><td colspan="4"></td></tr>
<tr><td>전화번호</td><td colspan="4"></td></tr>
<tr><td>전자우편주소</td><td colspan="4"></td></tr>
<tr><td colspan="2">지배인의 발급신청에
대한 대표자의 확인</td><td colspan="2">지배인 ○○○의 전자증명서
발급신청을 확인함</td><td colspan="2">대표자 ○○○ (법인인감)</td></tr>
</table>

발 급 사 유	␣ 신규발급 ␣ 변경발급 ␣ 갱신발급 ␣ 초기화발급

법무법인 · 법무법인(유한) · 법무사합동법인의 지배인	␣ 법무사 ␣ 변호사	자격등록번호	

위와 같이 전자증명서의 발급을 신청합니다.

년 월 일

신청인 본 인 성 명 (법인인감)
대리인 성 명(명 칭) (인) (전화 :)
(자격등록번호 :)

지방법원 등기소 귀중

접수번호		첨부서면	1. 신분증명서 2. 자격을 증명하는 서면의 사본

- 대법원등기수입증지를 붙이는 란 -

주 1. 신청인란에는 대표이사 등 전자증명서를 발급받는 사람에 관한 사항을 기재합니다.

2. 전자증명서의 비밀번호는 아라비아숫자 6개 내지 8개로 구성하며 인감증명서 발급용 비밀번호는 아라비아숫자 6개로 구성합니다.

3. 변경발급 또는 갱신발급의 경우에는 전자증명서를 제시하여야 하나, 신청서 또는 위임장에 법인인감이나 개인인감을 날인할 필요는 없습니다.

4. 전자증명서를 신규발급 또는 초기화발급 받은 경우에는 발급일부터 10일 이내에 대법원 인터넷등기소(http://www.iros.go.kr)에서 이용등록을 하여야 합니다.

5. 대리인의 자격등록번호, 법무법인 · 법무법인(유한) · 법무사합동법인의 지배인이 자격자대리인인 경우 그 자격등록번호를 기재하여야 합니다.

위 임 장

성 명 (명 칭) :

사무소 소재지 :

위 사람에게, 전자증명서 발급신청과 그 수령 등에 관한 일체의 권한을 줌.

20 년 월 일

위임인 성 명 (법인인감)

[서식] 인감카드 등 (재)발급신청서

인감카드 등 (재)발급신청서

상호(명칭)			등기번호	
본점(주사무소)				
인감 제출자	자격 / 성명			
	주민등록번호			

발급사유	␣ 최초발급 ␣ 카드분실 ␣ 카드훼손 ␣ 인감증명서발급기능 ␣ 기타 ( )		
매체구분	␣ 인감카드 ␣ HSM USB	인감카드 비밀번호	(변경 후 :)
수수료	금 원	납부번호	

위와 같이 인감카드 등의 (재)발급을 신청합니다.

년 월 일 (인감 날인란)

신청인 인감제출자 (본 인) 성 명 (인) (전화 :)

(대리인) 성 명 (인) (전화 :)

지방법원 등기소 귀중

접수번호		인감카드번호	

주 1. 인감카드 비밀번호란에는 (재)발급받아 사용할 인감카드의 비밀번호를 기재하며, 아라비아숫자 6자릿수를 기재하여야 합니다. 다만, 인감카드 재발급의 경우에는 기존 인감카드의 비밀번호와 재발급받아 사용할 인감카드의 비밀번호(변경 후)를 기재하여야 합니다.

2. 인감카드 (재)발급을 신청하는 경우에는 등기소에 제출한 인감을 날인하여야 합니다. 다만, 인감카드 재발급의 경우 기존 인감카드 비밀번호를 기재할 수 없을 때에는 인감

제출자 본인은 신분증명서 사본을, 위임에 의한 대리인은 인감제출자가 「인감증명법」에 따라 신고한 인감을 신청서에 날인하고 그 인감증명서 및 대리인의 신분증명서 사본을 각각 첨부하여야 합니다.

3. **인감카드**의 **재발급**을 **신청**할 때에는 「등기사항증명서 등 수수료규칙」으로 정하는 **수수료를 납부**하여야 합니다. **다만, 인감카드를 반납할 때에는 수수료를 납부할 필요가 없습니다**.

위 임 장

성 명 : 주민등록번호(-)

주 소 :

위의 사람에게, 위 (재)발급신청서에 기재된 인감카드 등의 발급신청과 그 수령 등에 관한 일체의 권한을 위임함.

20 년 월 일

인감신고인 성 명 (인) (전화)

[서식] 사단법인 설립등기신청서

사단법인 설립등기신청

접 수	년 월 일	처 리 인	등기관 확인	각종 통지
	제 호			

① 등 기 의 목 적	사단법인 설립
② 등 기 의 사 유	사단법인을 설립하기 위하여 정관을 작성하고 (20○○년 ○월○일 창립총회를 마치고) 20○○년 ○월○일 주무관청의 허가를 얻었으므로 다음 사항의 등기를 구함
③ 설 립 허 가 서 도 착 연 월 일	20○○년 ○월○일
④ 주사무소/분사무소 신청구분	1.주사무소 신청 □ 2.분사무소 신청 □ 3.주 · 분사무소 일괄신청 □
등 기 할 사 항	
⑤ 명 칭	사단법인 ○○복지회
⑥ 주 사 무 소	서울특별시 ○○구 ○○로 ○○
⑦ 이사의 성명 및 주민등록번호	이사 ○ ○ ○ (000000-0000000) 이사 ○ ○ ○ (000000-0000000) 이사 ○ ○ ○ (000000-0000000)
⑧ 이사의 대표권에 대한 제한	이사 ○ ○ ○(-) 서울특별시 ○○구 ○○로 ○○ 외에는 대표권 없음

등 기 할 사 항	
⑨ 목 적	본회는 ○○○○○○ 를 행함을 목적으로 한다 위 목적을 달성하기 위하여 다음 사업을 행한다 1.○○○○의 설치 운영 1.○○○○의 연구 및 조사 1.○○○○의 복지사업 1.각 호에 관련된 부대사업
⑩ 분 사 무 소	경기도 ○○시 ○○구 ○○로 ○○
⑪설립허가 연월일	20○○년 ○월○일
⑫존립기간 또는 해산사유	법인설립일로부터 만20년 (또는 해산사유 : 본 법인의 사원이 ○명 이하로 된 경우)
⑬자산의 총액	금 ○○○천원
⑭출자방법	1. 회비 1. 정부, 지방자치단체의 출연금 보조금 및 ○○○회 지원금 1. 출연금품 1. 찬조금 1. 기타 수입금
기타	

신청등기소 및 등록면허세/수수료						
순번	신청등기소	구분	등록면허세 지방교육세	농어촌특별세	세액합계	등기신청수수료
			금 원 금 원	금 원	금 원	금 원
합 계						

<table>
<tr><td colspan="2">등기신청수수료 납부번호</td><td colspan="2"></td></tr>
<tr><td>과 세 표 준 액</td><td colspan="3">금 원</td></tr>
<tr><td colspan="4">첨 부 서 면</td></tr>
<tr><td colspan="2">1. 정 관
통
1. 이사자격증명서
통
*사원총회의사록(공증) 등
1. 취임승낙서(인감증명서나 본인서명사실 확인서 또는 전자본인서명확인서의 발급증 포함)
통
1. 주민등록표등(초)본
통
1. 주무관청의 설립허가서 또는 인증이 있는 허가서 등본
통</td><td colspan="2">1. 자산총액증명서(재산목록) 통
1. 인감신고서 통
1. 등록면허세영수필확인서 통
1. 등기신청수수료영수필확인서 통
1. 위임장(대리인이 신청할 경우) 통
〈기 타〉</td></tr>
<tr><td colspan="4">년 월 일

신청인 명 칭
주사무소
이 사 성 명 (인) (전화 :)
주 소
대리인 성 명 (인) (전화 :)
주 소

지방법원 등기소 귀중</td></tr>
</table>

(용지규격 21㎝× 29.7㎝)

– 신청서 작성요령 –

1. 해당란이 부족할 때에는 별지를 이용합니다.
1. 해당 등기신청과 관계없는 사항에 대하여는 "해당없음"으로 기재하거나 삭제하고, 필요한 사항은 추가 기재합니다.
1. 「인감증명법」에 따른 인감증명서 제출과 함께 관련 서면에 인감을 날인하여야 하는 경우, 본인서명사실확인서를 제출하고 관련 서면에 서명을 하거나 전자본인서명확인서 발급증을 제출하고 관련 서면에 서명을 하면 인감증명서를 제출하고 관련 서면에 인감을 날인한 것으로 봅니다.

[서식] 위 임 장

위 임 장

변호사 000
OO시 OO구 OO로 OO(OO동)
전화 : OOO-OOO, 팩스 : OOO-OOO

위 사람을 대리인으로 정하고 다음사항의 권한을 위임한다.

다 음

1. 사단법인 OOO회 설립등기신청서의 작성 및 제출하는 행위
1. 등기신청의 취하에 관한 행위
1. OOO의 원본환부 및 수령하는 행위
1. 기타 이에 부수되는 일체의 행위

2000년 0월 0일

위임인 사단법인 OOO회
OO시 OO구 OO로 OO(OO동)
이사장 김 0 0 (인)

※ 법인을 대표할 이사가 대리인에게 위임해야 하며 위임장에 날인하는 인장은 등기소에 제출하는 인감과 동일한 인장이거나, 인감증명법에 의한 인영과 동일한 것이어야 한다.

[서식] 정관

사단법인 ○○○회 정관

제1장 총　칙

제1조 (명 칭) 본 법인은 “사단법인 ○○○복지회”(이하 “본회”라 한다)이라 한다.

제2조 (사무소와 분사무소) 본회는 사무소를 OO시 OO구 OO로 OO(OO동)에 두고 분사무소를 OO시 OO구 OO로(OO동)에 둔다.

제3조 (목 적) 본회는 한국과 세계 여러 나라에서 가난하고 차별받고 소외된 사람들의 따뜻한 친구가 되며 인권존중과 평화를 증진시키고 자연을 지키며 사랑하는 일을 하는데 목적이 있다.

제4조 (사 업) 본회는 전조의 목적을 달성하기 위하여 다음 사업을 행한다.

1. OOOO의 설치 운영
2. OOOO의 연구 및 조사
3. OOOO의 복지사업
4. 기타 위 각 호에 부대하는 사업

제5조 (법인 이외의 수혜자) 이 법인의 제4조 각호에 규정된 목적사업을 수행함에 있어서 그 수혜자에게 제공하는 이익은 이를 무상으로 한다. 다만 수혜자에게 그 대가의 일부를 부담시킬 때에는 미리 OO부장관의 승인을 받아야 한다.

제2장 회　원

제6조 (회원의 종류 및 가입)

① 본회의 회원은 다음 2종으로 한다.

(가) 정회원 : 본회의 목적에 찬동하고 가입한 자

(나) 명예회원 : 본회에 특별한 공로가 있거나 학식 경험이 있는 자로서 총회의 추천을 받은 자(준회원 및 특별회원으로 표시할 수도 있음)

② 본회의 회원으로 가입하고자 하는 자는 소정의 서식에 의한 신청을 하고 총회의 승인을 받아야 한다.

제7조 (회원의 권리) 회원은 총회를 통하여 이 법인의 운영에 참여하되, 정회원은 발의권과 의결권, 피선거권을 가지나 명예회원(준회원, 특별회원)은 발의권만 받는다.

제8조 (회원의 의무) 회원은 본 법인의 정관 및 결의사항을 준수할 의무를 지명총회에서 정한 입회금 및 회비를 납부하여야 한다.

제9조 (회 비)

① 정회원은 총회에서 정한 회비를 납부해야 한다.

② 이미 납부한 회비 기타 갹출금은 이유 여하를 불문하고 반환하지 아니한다.

제10조 (회원자격의 상실) 회원은 다음 각 호의 1에 해당될 때에는 회원의 자격을 상실한다.

1. 본인의 탈퇴신고가 있는 때
2. 사망하였을 때
3. 제명되었을 때
4. O년 이상 회비를 납부하지 아니한 때

제11조 (제 명)

① 회원이 본회의 명예를 훼손한 때 또는 본회의 목적에 위배되는 행위를 하거나 회원으로서의 의무를 위반한 때에는 총회의 결의로 제명할 수 있다.

② 회원의 제명에 관한 의결은 회원 4분의 3 이상의 출석과 출석회원 과반수의 찬성으로 한다.

제12조 (임원의 재입회) 정관 제10조와 제11조의 규정에 의하여 탈퇴 또는 제명된 자는 탈퇴 또는 제명된 날로부터 O년 이내에 재입회할 수 없다.

제13조 (탈퇴시 회비 등 반납) 회원이 그 자격을 상실한 경우에는 기납부한 각종회비, 부과금 등의 반환 및 기타 재산상의 청구를 할 수 없다.

제3장 자산 및 회계

제14조 (출자방법) 본회의 출자방법은 다음과 같다.

1. 회 비
2. 출연금품
3. 찬조금
4. 기타 수입금

제15조 (자산의 구성) 본회의 자산은 다음 각 호에 게기한 것으로 구성한다.
1. 별지 목록 기재의 재산
2. 회 비
3. 자산으로부터 생기는 과실
4. 사업에 따른 수입
5. 기타 수입

제16조 (자산의 종류)
① 본회의 자산은 이를 기본재산과 보통재산 2종으로 한다.
② 기본재산은 다음 각 호에 게기한 것으로 하되 이를 처분하거나 담보로 제공할 수 없다. 다만, 부득이한 사유가 있는 때에는 총회의 결의를 거쳐 주무관청의 허가를 받아 그 일부를 처분하거나 담보로 제공할 수 있다.
1. 별지 목록 기재의 재산 중 기본재산으로 기재된 재산
2. 기본재산으로 하기로 지정하여 출연된 재산
3. 이사회에서 기본재산으로 하기로 결의한 재산
③ 보통재산은 기본재산의 원본 이외의 재산으로 한다.

제17조 (경비지출) 본회의 경비는 보통재산에서 지출한다.

제18조 (회비의 회비) 회원의 회비는 이사회에서 정한다.

제20조 (현금보관) 자산 중에서 현금은 금융기관에서 예치하거나 국채 또는 공채 등 확실한 유가증권으로 바꾸어 보관한다.

제21조 (잉여금의 처분) 회계연도 말에 잉여금이 생긴 때에는 이사회의 결의에 따라 그 전부 또는 일부를 기본재산으로 하거나 다음 회계연도에 이월시킨다.

제22조 (예산의 의결, 결산의 승인)
① 본회의 매년도 세입세출예산은 연도개시 전에 이사회의 결의를 거쳐 총회의 승인을 받아야 한다.
② 세입세출결산은 연도 종료 후 1월 내에 연도말 현재의 재산목록과 함께 감사의 감사를 거쳐 총회의 승인을 받아야 한다.

제23조 (특별회계)

① 본회는 수익사업을 행하거나 또는 기타 필요한 때에는 이사회의 결의에 의하여 특별회계를 둘 수 있다.

② 전항의 특별회계는 전조의 세입세출예산에 계정해야 한다.

제24조 (수익 등의 사용) 전조의 특별회계로부터 생긴 수익 또는 잉여금은 이를 모두 기본재산이나 보통재산으로 하여야 한다.

제25조 (회계연도) 본회의 회계연도는 매년 1월 1일에 시작하여 12월 31일에 끝난다.

제26조 (회계감사) 감사는 회계감사를 연 2회 이상하여야 한다.

제27조 (임원의 보수) 사업운영을 전담하는 이사를 제외한 임원에게는 보수를 지급하지 아니한다.

제4장 임원 및 직원

제28조 (임원의 종별 및 원수) 본회에는 다음의 임원을 둔다.

이사 5인 이상 15인 이내(이사장 1인, 상무이사 1인 포함)

감사 2인 이내

제29조 (임원의 자격) 임원은 본 법인의 발전에 기여한 정회원으로 한다.

제30조 (임원의 선임)

① 이사 및 감사는 회원 중에서 총회의 결의에 의하여 선임한다.

② 이사장 및 상무이사는 이사 중에서 이사회의 결의에 의하여 선임한다.

③ 전 2항의 임원은 겸할 수 없다

[유례] 제O조 ① 전항과 동일 ② 임원은 임원 상호간에 민법 제777조에 규정된 친족관계 있는 자가 임원정수의 반을 초과하지 못한다.

제31조 (임원의 직무)

① 이사장은 본회의 업무를 통괄하고 본회를 대표한다.

② 상무이사는 이사장을 보좌하여 통상업무를 처리하고 이사장 유고시에는 이사장의 직무를 대행한다.

③ 이사는 이사회를 조직하고 업무집행을 결정한다.

④ 감사는 민법 제67조의 업무를 행한다.

제32조 (보 선) 임원이 임기 중에 궐위된 경우 3월 내에 총회에서 후임임원을 선출하여야 하며, 그 보선된 임원의 임기는 전임자의 잔여기간으로 한다.

제33조 (임원의 임기)

① 이사의 임기는 3년, 감사의 임기는 2년으로 한다. 단, 재임할 수 있다.

② 보궐을 위하여 취임한 임원의 임기는 전임자의 잔여기간으로 한다.

제34조 (임기만료 등의 경우) 임원은 사임 또는 임기만료된 때에는 후임자가 선임될 때까지는 그 직무를 행한다.

제35조 (자격상실에 의한 퇴임) 임원이 회원의 자격을 상실한 때에는 그 직에서 퇴임한 것으로 본다.

제36조 (임원의 해임)

① 임원이 본회의 명예를 훼손하거나 본회의 목적에 반하는 행위를 한 때 또는 임원의 직무를 위반한 때에는 총회의 결의에 의하여 해임할 수 있다.

② 임원의 해임결의는 총회원 4분의 3 이상의 출석과 출석회원 과반수 이상으로 한다.

제37조 (직 원) 본회는 간사, 서기, 기타의 유급직원을 두며 이사장이 임면한다.

제5장 회 의(총회와 이사회)

제38조 (회의의 종류)

① 회의는 총회와 이사회의 2종으로 하되, 총회는 최고의결기구로서 회원으로 구성한다.

② 총회는 정기총회와 임시총회의 2종으로 한다.

③ 정기총회는 매년 O월에 주사무소의 소재지에서 개최하고 임시총회와 이사회는 수시 필요한 때에 이를 개최한다.

제39조 (회의의 소집)

① 총회는 이사장이 소집한다.

② 이사장은 이사회의 결의나 회원 5분의 1 이상 또는 감사가 회의의 목적사항을 제시하여 청구한 때에는 총회를 소집해야 한다.

③ 이사장은 이사 5분의 1 이상 또는 감사가 회의의 목적사항을 제시하여 청구한 때에는 이사회를 소집해야 한다.

④ 총회는 회의 1주일 전에 그 회의의 목적사항을 기재한 통지서를 발송하여 이를 소집한다.

제40조 (회의의 의장) 이사장은 총회와 이사회의 의장이 된다.

제41조 (개회의 정족수) 회의는 회원 또는 이사과반수의 출석이 없으면 개회하지 못한다.

제42조 (총회의결의 정족수)

① 총회의 의사는 정관에 특별한 규정이 있는 경우를 제외하고는 출석회원 과반수로서 이를 의결한다.

② 가부동수일 때는 의장이 이를 결정한다.

제43조 (서면에 의한 표결 및 표결의 위임) 부득이한 사유로 회의에 출석할 수 없는 사원 또는 이사는 사전에 통지된 사항에 한하여 서면으로 표결할 수 있고, 다른 사원 또는 이사에게 표결권을 위임할 수 있다.

제44조 (총회에 부여할 사항) 다음에 게기하는 사항은 총회에 부의한다.

1. 사업계획의 승인
2. 세입세출의 예산 및 결산의 승인
3. 정관의 변경 및 법인의 해산
4. 재산의 처분, 매도, 증여, 기채, 담보, 대여, 취득 등의 승인
5. 임원의 선출 및 해임
6. 감사보고처리에 관한 사항
7. 기타 주요사항 및 이사장이 부의한 사항

제45조 (이사회의 구성) 이사회는 이사장과 이사로 구성한다.

제46조 (이사회의 소집)

① 이사회는 정기이사회와 임시이사회로 구분하고 이사장이 소집하며 그 의장이 된다.

② 정기이사회는 년 2회 내지 3회 개최한다.

③ 임시이사회는 이사장이 필요하다고 인정할 때 소집한다.

④ 이사장이 이사회를 소집하고자 할 때에는 회의 개최 7일 이전에 회의일시, 장소, 안건 등을 명시하여 통지하여야 한다.

제47조 (소집의 특례)

① 이사장은 다음 각 호에 해당하는 소집요구가 있을 때에는 이사회를 소집하여야 한다.

1. 재적이사 3분의 1 이상이 소집요구를 한 때
2. 제O조 제O호에 의거 감사 2인이 소집요구를 한 경우

② 이사장이 제1항의 소집요구를 받은 후 14일이 경과하여도 소집을 하지 않을 때에는 재적이사 과반수의 찬성으로 주무관청의 승인을 받아 회의를 소집할 수 있다.

제48조 (이사회의 부의할 사항) 다음에 게기하는 사항은 이사회에 부의한다.

1. 업무집행에 관한 사항
2. 사업계획의 수립
3. 세입세출의 예산 및 결산의 승인에 관한 의안
4. 정관변경 및 법인 해산에 관한 의한
5. 총회에서 위임받은 사항
6. 재산의 처분, 매도, 증여, 기채, 담보, 대여, 취득 등 재산관리에 관한 사항
7. 기타 법인운영 및 회무집행에 관하여 이사장이 부의한 사항

제49조 (이사회 의결정족수)

① 이사회는 재적이사 과반수의 출석과 출석이사 과반수의 찬성으로 의결한다.

② 이사회에 참석하지 못할 때에는 위임장으로 다른 이사에게 위임하여 의결권을 행사할 수 있다.

제50조 (의사록) 회의의 의사에 관하여는 다음에 게기하는 사항을 기재한 의사록을 작성하여 의장과 출석한 이사가 기명날인하여야 한다.

1. 회의일시 및 장소
2. 회원 또는 이사의 현재 수
3. 출석한 회원 또는 이사의 수(표결권을 위임한 회원 또는 이사 포함)
4. 의결사항
5. 의사의 경과요령 및 발언자의 발언요지

제6장 사무국(사무국을 둔 경우)

제51조 (사무국) 이 법인이 업무를 처리하기 위하여 사무국을 두고 사무국장 1인과 직원 약간 명을 둘 수 있다.

제52조 (직 원)

① 사무국장은 이사회의 동의를 얻어 이사장이 임명한다.

② 사무국장은 이사장의 지사를 받아 법인의 제반업무를 처리하고 이사회에 출석하여 발언할 수 있다.

③ 사무직원은 이사장이 임명한다.

제53조 (사무국장의 임기) 사무국장의 임기는 3년으로 한다.

제7장 정관의 변경 및 해산

제54조 (정관의 변경) 이 정관은 총회에서 회원 3분의 2 이상의 동의를 얻고 주무관청의 허가를 받아 이를 변경할 수 있다.

제55조 (해산, 잔여재산의 처분)

① 본회는 민법 제77조 및 제78조의 규정에 의하여 해산한다.

② 총회원의 4분의 3 이상의 출석과 출석회원 3분의 2 이상의 찬성으로 법인을 해산할 수 있다.

③ 본회가 해산한 때의 잔여재산은 총회의 결의를 거쳐 주무관청의 허가를 받아 본회의 유사한 목적을 가진 다른 단체에 출연한다.

제8장 부 칙

제1조 (시행세칙) 이 정관의 시행에 필요한 시행세칙은 이사회의 결의에 의하여 이를 따로 정한다.

제2조 (설립당초의 임원 및 그 임기)

① 본회의 설립당초의 이사 및 감사는 다음 사람이 된다.

이사(이사장) ○ ○ ○
이사(상무이사) ○ ○ ○
이사 ○ ○ ○
이사 ○ ○ ○
이사 ○ ○ ○
감사 ○ ○ ○

② 제23조의 규정에 불구하고 설립당초의 이사의 임기는 20○○년 12월 31일, 감사의 임기는 20○○년 12월 31일까지로 한다.

제3조 (사업계획, 수지결산보고) 다음년도 사업계획서 및 예산서, 해당연도 사업실적서와 수지결산서는 회계연도 종료 후 2개월 이내에 재산목록, 사업현황, 감사보고서 등을 첨부하여 주무관청에 제출하여야 한다.

제4조 (시행일) 이 정관은 법인설립등기일로부터 시행한다.

위 사단법인 OO회를 설립하기 위하여 이 정관을 작성하고 설립자 전원이 이에 기명 날인하다.

2000년 O월 O일

설립자 O O O (인)
설립자 O O O (인)
(설립자 전원이 연기명 날인)

※ 사단법인의 설립자(발기인)은 반드시 2인 이상이어야 한다.

[서식] 창립총회의사록

창립총회의사록

2000년 O월 O일 OO시 OO분, OO시 OO구 OO로 OO(OO동) 창립사무소에서 창립총회를 개최하다.

총사원수 O명　　　　출석사원수 O명

설립자대표 OOO는 위와 같이 법정수에 달하는 사원이 출석하여 본 총회가 적법히 성립되었음을 알리고 회의 진행을 위하여 의장을 선임하여 줄 것을 요구한 바, 참석사원 전원일치 합의로 설립자대표 OOO를 의장으로 선임한 즉, 동인은 즉석에서 그 취임을 승낙하고 개회를 선언한 후 다음의 의안에 관하여 심의를 구하다

제1호 의 안 창립총회 보고의 건

의장은 이 법인을 설립하기 위하여 의장 외 O명이 발기인이 되어 설립에 필요한 소정의 절차를 완료하고 이 법인 설립취지와 사업목적에 찬성하는 발기인 여러분의 성원에 힘입어

오늘 총회를 개최하게 된 경위를 설명하고 상세히 그 경과를 보고하다.

제2호 의 안 정관 승인의 건

의장은 별지 정관을 낭독하고 축조설명을 가한 후, 그 승인 여부를 물은 바, 참석사원 전원의 찬성으로 원안대로 승인하여 가결하다.

제3호 의 안 임원 선임의 건

의장은 이사장 및 이사 O인, 감사 O인을 정관의 규정에 따라 선임할 필요성이 있음을 설명하고 그 선임방법을 물은 바, 무기명 비밀투표로 선출하자는 제안이 있자 참석사원 전원 이의 없이 그에 찬동하여 즉시 투표를 행한 결과 다음과 같이 선출되다.

이사(이사장) O O O (000000-0000000)
이사(상무이사) O O O (000000-0000000)
이사 O O O (000000-0000000)
이사 O O O (000000-0000000)
감사 O O O (000000-0000000)

위 피선자들은 즉석에서 각 그 취임을 승낙하다.

제4호 의 안 사무소 및 분사무소 설치장소 결정의 건

의장은 본회의 사무소와 분사무소를 다음 장소에 설치함이 상당하다는 취지를 설명하고 그 가부를 물은 바, 전원 이의 없이 찬성하여 그를 승인 가결하다.

사 무 소 : OO시 OO구 OO로 OO(OO동)
분사무소 : OO시 OO구 OO로 OO(OO동)

제5호 의 안 사업계획서 및 수지예산표 승인의 건

의장은 별지 사업계획서 및 수지예산표에 대한 내역을 상세히 설명하고, 그 승인여부를 물은 바, 참석사원 전원 이의 없이 이를 원안대로 승인 가결하다.

의장은 이상으로서 회의목적인 의안 전부의 심의를 종료하였으므로 폐회한다고 선언하다 (회의종료시각 : OO시 OO분)

위 의사의 경과와 결의를 명확히 하기 위하여 이 의사록 3통을 작성하여 의장과 출석한 발기인이 다음과 같이 기명 날인하다.

2000년 0월 0일

사단법인 OOO회
OO시 OO구 OO로 OO(OO동)
의장겸 이사장 O O O (인)
상무이사 O O O (인)
이 사 O O O (인)

[서식] 이사회의사록

이 사 회 의 사 록

1. 개최일시 : 2000년 0월 0일 OO시 OO분
1. 개최장소 : OO시 OO구 OO로 OO(OO동) 당 법인 사무실
1. 이사총수 : O명
1. 출석이사수 : O명
1. 감사총수 : O명
1. 출석감사수 : O명

최연장자인 이사 OOO는 위와 같이 법정수에 달하는 이사가 출석하였으므로 본 이사회가 적법히 개최되었음을 알리고 의장을 선출하여 줄 것을 요구한 바, 출석이사 전원일치로 이사 OOO를 의장으로 선출하니 동인은 의장석에 등단하여 다음 의안을 부의하고 심의를 구하다.

제1호 의 안 이사장 선임의 건

의장은 이사 중에서 본회를 대표할 이사장을 선임해야 한다는 취지를 말한 바, 출석이사 전원 진지하게 토의한 결과 만장일치로 다음과 같이 본회를 대표할 이사를 선임하다.

이사장 O O O (000000-0000000)

OO시 OO구 OO로 OO(OO동)

위 피선자는 즉석에서 취임을 승낙하다.

[유례] 의장은 이사 중에서 본회를 대표할 이사를 선임해야 한다는 취지를 말하다. 이사 OOO로부터 이사 OOO를 본회를 대표할 이사로 추대하자는 취지의 발언이 있고 이사 OOO의 동의가 있고, 전원 그에 찬동하여 다음과 같이 본회를 대표할 이사를 선임하다.

이사장 O O O (000000-0000000)
OO시 OO구 OO로 OO(OO동)

피선자는 즉석에서 취임을 승낙하다.

제2호 의 안 사무소 및 분사무소 설치장소 결정의 건

의장은 본회의 사무소와 분사무소를 다음 장소에 설치함이 상당하다는 취지를 설명하고 그 가부를 물은 바 전원 이의 없이 찬성하여 그를 승인 가결하다.

사 무 소 : OO시 OO구 OO로 OO(OO동)
분사무소 : OO시 OO구 OO로 OO(OO동)

의장은 이상으로서 회의목적인 의안 전부의 심의를 종료하였으므로 폐회한다고 선언하다 (회의종료시각 : OO시 OO분)

위 결의를 명확히 하기 위하여 이 의사록을 작성하고 의장과 출석한 이사가 기명날인하다.

20OO년 O월 O일

사단법인 OOO회
OO시 OO구 OO로 OO(OO동)
의장겸 이사장 O O O (인)
상무이사 O O O (인)
이 사 O O O (인)

[서식] 재산목록

<table>
<tr><td colspan="8">재산목록</td></tr>
<tr><td colspan="2">총계</td><td>소재지</td><td>자산분류</td><td>면적</td><td>평가액(원)</td><td>출연자</td><td>비고</td></tr>
<tr><td rowspan="7">1.기본재산</td><td rowspan="4">목적
사업용</td><td></td><td>건물</td><td></td><td></td><td></td><td></td></tr>
<tr><td></td><td>대지</td><td></td><td></td><td></td><td></td></tr>
<tr><td></td><td>출연금</td><td></td><td></td><td></td><td></td></tr>
<tr><td></td><td>소계</td><td></td><td></td><td></td><td></td></tr>
<tr><td rowspan="3">수익
사업용</td><td></td><td></td><td></td><td></td><td></td><td></td></tr>
<tr><td></td><td></td><td></td><td></td><td></td><td></td></tr>
<tr><td></td><td></td><td></td><td></td><td></td><td></td></tr>
<tr><td>2.보통재산</td><td colspan="3">품목</td><td>대수</td><td>종류</td><td>금액</td><td>비고</td></tr>
<tr><td></td><td>컴퓨터</td><td></td><td></td><td></td><td></td><td></td><td></td></tr>
<tr><td></td><td>차량</td><td></td><td></td><td></td><td></td><td></td><td></td></tr>
<tr><td></td><td>소계</td><td></td><td></td><td></td><td></td><td></td><td></td></tr>
</table>

※ 기본재산과 보통재산으로 구분하고 기본재산은 목적사업용과 수익사업용으로 구분하여 평가액을 일목요연하게 작성
기본재산: 목적사업 및 수익사업의 수행을 위해 기본적으로 필요한 재산으로 부동산, 정관에서 기본재산으로 정한 재산을 의미

[서식] 취임승낙서

취 임 승 낙 서

본인은 20OO년 O월 O일 창립총회(또는 이사회)에서 이사장(또는 이사, 감사)로 선임되었으므로 그 취임을 승낙합니다.

20OO년 O월 O일

이사장(또는 이사, 감사) O O O (인)
(000000-0000000)
OO시 OO구 OO로 OO(OO동)

사단법인 OOO회 귀중

※ 취임승낙서에는 인감을 날인하고 인감증명서 및 주민등록등(초)본을 첨부하여야 한다.

[서식] 인감신고서

인감 · 개인(改印) 신고서

(신고하는 인감날인란) (인감제출자에 관한 사항)

상호(명　　칭)		사단법인 OOOO	등기번호	
본점(주사무소)		OO시 OO구 OO로 OO(OO동)		
인감제출자	자격/성명	이사장　O O O		
	주민등록번호	OOOOOO-OOOOOOO		
	주　소	OO시 OO구 OO로 OO(OO동)		

␣ 위와 같이 인감을 신고합니다.
␣ 위와 같이 개인(改印)하였음을 신고합니다.

년　　월　　일　　(인감 날인란)

신고인 본 인 성 명　　(인)
대리인 성 명　　(인)

지방법원　　등기소　귀중

주 1. 인감 날인란에는 「인감증명법」에 의하여 신고한 인감을 날인하고 그 인감증명서(발행일로부터 3개월 이내의 것)를 첨부하여야 합니다. 개인(改印)신고의 경우, 개인 인감을 날인하는 대신에 등기소에 신고한 유효한 종전 인감을 날인하여도 됩니다.
2. 인감 · 개인신고서에는 신고하는 인감을 날인한 인감대지를 첨부하여야 합니다.
3. 지배인이 인감을 신고하는 경우에는 인감제출자의 주소란에 지배인을 둔 장소를 기재하고, 「상업등기규칙」 제36조제4항의 보증서면(영업주가 등기소에 신고한 인감 날인)을 첨부하여야 합니다. 위 보증서면은 아래의 보증서면란에 기재하는 것으로 갈음할 수 있습니다.

보 증 서 면

위 신고하는 인감은 지배인 OOO의 인감임이 틀림없음을 보증합니다.

대표이사	(법인인감)	

위 임 장

성 명 : 주민등록번호(-)
주 소 :

위의 사람에게, 위 인감신고 또는 개인신고에 관한 일체의 권한을 위임함.

20 년 월 일

인감(개인) 신고인 성 명 (인)

[서식] 인감대지

인 감 대 지

	신고하는 인감날인란	상 호(명 칭) : 사단법인 OOOOO 자격 및 성명 : 이사장 O O O 주민등록번호 : OOOOOO-OOOOOOO

[서식] 인감카드 등 (재)발급신청서

인감카드 등 (재)발급신청서

(인감제출자에 관한 사항)

상호(명 칭)			등기번호	
본점(주사무소)				
인감 제출자	자격 / 성명			
	주민등록번호			

발급사유	␣ 최초발급 ␣ 카드분실 ␣ 카드훼손 ␣ 인감증명서발급기능 ␣ 기타 ( )		
매체구분	␣ 인감카드 ␣ HSM USB	인감카드 비밀번호	

위와 같이 인감카드 등의 (재)발급을 신청합니다.

년 월 일

신청인 인감제출자 (본 인) 성 명 (인) (전화 :)
(대리인) 성 명 (인) (전화 :)

지방법원 등기소 귀중

접수번호		인감카드번호	

- 대법원수입증지를 붙이는 란 -

주 1. 인감카드 비밀번호란에는 (재)발급받아 사용할 인감카드의 비밀번호를 기재하며, 아라비아숫자 6자릿수를 기재하여야 합니다. 비밀번호는 인감카드와 함께 인감증명서의 발급을 신청할 권한이 있는 것으로 보게 되는 중요한 자료이므로 권한이 없는 사람이 알지 못하도록 주의하시기 바랍니다.

2. 인감카드의 재발급을 신청할 때에는 「등기부 등 · 초본 등 수수료규칙」 제5조의7에 의하여 5,000원 상당의 대법원수입증지를 이 란에 붙여야 합니다. 다만, 인감카드를

반납할 때에는 붙일 필요가 없습니다.

위 임 장

성 명 :　　　　　　　　　　주민등록번호(　　　　　－　　　　　)
주 소 :

위의 사람에게, 위 인감신고 또는 개인신고에 관한 일체의 권한을 위임함.

20　　년　　월　　일

인감(개인) 신고인 성 명　　　　　(인)

[서식] 전자증명서발급신청서

전자증명서발급신청서

(신청인에 관한 사항)

<table>
<tr><td colspan="2">상호(명칭)</td><td colspan="2"></td><td>등기번호</td><td></td></tr>
<tr><td colspan="2">본점(주사무소)</td><td colspan="2"></td><td>관할등기소</td><td></td></tr>
<tr><td colspan="2">지점(분사무소)</td><td colspan="2"></td><td>관할등기소</td><td></td></tr>
<tr><td rowspan="4">신
청
인</td><td>자격 / 성명</td><td></td><td>주민등록번호</td><td colspan="2"></td></tr>
<tr><td>주 소</td><td colspan="4"></td></tr>
<tr><td>전화번호</td><td colspan="4"></td></tr>
<tr><td>전자우편주소</td><td colspan="4"></td></tr>
<tr><td colspan="2">지배인의 발급신청에 대한 대표자의 확인</td><td colspan="2">지배인 ○○○의 전자증명서 발급신청을 확인함</td><td colspan="2">대표자 ○○○ (법인인감)</td></tr>
</table>

발 급 사 유	␣ 신규발급 ␣ 변경발급 ␣ 갱신발급 ␣ 초기화발급

법무법인 · 법무법인(유한) · 법무사합동법인의 지배인	␣ 법무사 ␣ 변호사	자격등록번호	

위와 같이 전자증명서의 발급을 신청합니다.

년 월 일

신청인 본 인 성 명 (법인인감)
대리인 성 명(명 칭) (인) (전화 :)
(자격등록번호 :)

지방법원 등기소 귀중

접수번호		첨부서면	1. 신분증명서 2. 자격을 증명하는 서면의 사본

– 대법원등기수입증지를 붙이는 란 –

주 1. 신청인란에는 대표이사 등 전자증명서를 발급받는 사람에 관한 사항을 기재합니다.

2. 전자증명서의 비밀번호는 아라비아숫자 6개 내지 8개로 구성하며 인감증명서 발급용 비밀번호는 아라비아숫자 6개로 구성합니다.

3. 변경발급 또는 갱신발급의 경우에는 전자증명서를 제시하여야 하나, 신청서 또는 위임장에 법인인감이나 개인인감을 날인할 필요는 없습니다.

4. 전자증명서를 신규발급 또는 초기화발급 받은 경우에는 발급일부터 10일 이내에 대법원 인터넷등기소(http://www.iros.go.kr)에서 이용등록을 하여야 합니다.

5. 대리인의 자격등록번호, 법무법인 · 법무법인(유한) · 법무사합동법인의 지배인이 자격자대리인인 경우 그 자격등록번호를 기재하여야 합니다.

위 임 장

성 명 (명 칭) :

사무소 소재지 :

위 사람에게, 전자증명서 발급신청과 그 수령 등에 관한 일체의 권한을 줌.

20 년 월 일

위임인 성 명 (법인인감)

[서식] 인감카드 등 (재)발급신청서

인감카드 등 (재)발급신청서

상호(명칭)			등기번호	
본점(주사무소)				
인감 제출자	자격 / 성명			
	주민등록번호			

발급사유	␣ 최초발급 ␣ 카드분실 ␣ 카드훼손 ␣ 인감증명서발급기능 ␣ 기타 ( )		
매체구분	␣ 인감카드 ␣ HSM USB	인감카드 비밀번호	(변경 후 :)
수수료	금 원	납부번호	

위와 같이 인감카드 등의 (재)발급을 신청합니다.

년 월 일 (인감 날인란)

신청인 인감제출자 (본 인) 성 명 (인) (전화 :)

(대리인) 성 명 (인) (전화 :)

지방법원 등기소 귀중

접수번호		인감카드번호	

주 1. 인감카드 비밀번호란에는 (재)발급받아 사용할 인감카드의 비밀번호를 기재하며, 아라비아숫자 6자릿수를 기재하여야 합니다. 다만, 인감카드 재발급의 경우에는 기존 인감카드의 비밀번호와 재발급받아 사용할 인감카드의 비밀번호(변경 후)를 기재하여야 합니다.

2. 인감카드 (재)발급을 신청하는 경우에는 등기소에 제출한 인감을 날인하여야 합니다.

다만, 인감카드 재발급의 경우 기존 인감카드 비밀번호를 기재할 수 없을 때에는 인감제출자 본인은 신분증명서 사본을, 위임에 의한 대리인은 인감제출자가 「인감증명법」에 따라 신고한 인감을 신청서에 날인하고 그 인감증명서 및 대리인의 신분증명서 사본을 각각 첨부하여야 합니다.

3. **인감카드**의 **재발급**을 **신청**할 때에는 「등기사항증명서 등 수수료규칙」으로 정하는 **수수료를 납부**하여야 합니다. **다만, 인감카드를 반납할 때에는 수수료를 납부할 필요가 없습니다**.

위 임 장

성 명 : 주민등록번호(－)

주 소 :

위의 사람에게, 위 (재)발급신청서에 기재된 인감카드 등의 발급신청과 그 수령 등에 관한 일체의 권한을 위임함.

20 년 월 일

인감신고인 성 명 (인) (전화)

제3장 재단법인의 설립

제1절 의 의

재단법인이란 일정한 목적을 위하여 재산을 기초로 설립된 법인을 말한다. 재산을 본체로 한다는 점에서 사람의 집단을 본체로 하는 사단법인과 다르다. 재단법인은 일정한 목적에 바쳐진 재산을 중심으로 한 사업체(재단)에 권리주체가 되는 자격을 인정한 것을 말한다. 재단법인은 일정한 목적을 위하여 모은 재산이나 출연한 재산을 개인의 권리에 귀속 시키지 않고 별개의 실체로 운영하기 위해 재산을 구성요소로 성립된 법인격체라는 점에서 사단법인과 차이가 있다. 재단법인은 재산출연자의 의사를 존중하기 위한 취지에서 설립목적을 비롯한 정관변경에 특별히 많은 제약을 두고 있다(민법 제46조). 다만, 재산이 의사를 표시할 수는 없으므로(이사가 법인을 대표하여 법률행위를 하지만 인적 단체는 아니다) 사단법인과 같은 사원총회(또는 주주총회)가 없으며, 영리를 목적으로 한 재단법인의 설립은 허용되지 않는다(민법제49조제1항).

〈사단법인과 재단법인의 비교〉

사단법인	재단법인
일정한 목적을 위하여 결합한 사람의 집단	일정한 목적을 위하여 출연한 재산
구성요소인 사원이 필요	사원이 부존재
최고 의사결정은 사원총회의 자주적 결정에 의해 이루어짐	출연자의 의사가 존중됨
사원들에 의해서 단체의 설립, 법인의 형태, 조직의 구성 및 정관의 작성과 변경 등에 있어서 폭넓은 자율성 인정	출연자의 의사를 존중하기 위해 정관변경에 많은 제약이 가해지는 등 타율적인 조직체
비영리법인뿐만 아니라 영리를 목적으로 하는 영리법인도 허용	재단법인에는 구성원인 사원이 없으므로 비영리를 목적으로

제2절 재단법인의 설립절차

재단법인의 경우에는 설립자(1인 이어도 무방)가 일정한 재산을 출연하고 위와 같은 정관을 작성하여 기명날인하여야 한다(민법 43조). 재단법인의 설립행위로 사단법인과 같이 법인의 근본규칙을 정한 서면, 즉 정관을 작성하여야 한다(민법 43조). 정관에는 필요적 기재사항인 목적, 명칭, 사무소의 소재지, 자산에 관한 규정, 이사의 임면에 관한 규정을 정하고 그 외 존립시기 및 해산사유 등 필요에 따라 임의적 기재사항을 정하고 설립자가 기명날인하여야 한다.

재단법인 설립행위는 일정한 재산의 출연 및 서면에 의한 정관작성이 요건인 요식행위이므로 그 실질은 재단에 법인격취득의 효과를 발생시키려는 의사표시를 요소로 하는 법률행위이고, 설립자는 사단법인과 달리 1인이어도 무방하다.

재단법인의 경우 정관작성 외에 설립자는 별도의 재산출연행위가 사단법인과 근본적인 차이가 있다. 재산출연행위는 증여나 유증과 비슷한 무상행위이며 출연재산의 종류는 동산, 부동산, 현금 등이나 채권이라도 무방하다.

1. 정관의 작성

1) 의의

정관작성행위는 원칙적으로 설립자에 의하여 이루어지고 또 일정한 사항(필요적 기재사항)을 기재하여야 한다. 필요적 기재사항이 기재되지 않은 정관은 원칙적으로 무효이다. 그러나 민법은 재단법인의 성립을 적극적으로 장려하기 위하여 정관의 보충을 허용하고 있다. 즉 설립자가 명칭, 사무소의 소재지, 자산에 관한 규정, 이사의 임면에 관한 사항을 정하지 않고 사임한 때에는 이해관계인 또는 검사의 청구에 의하여 법원이 이를 보충할 수 있다.

2) 기재사항

정관에는 목적, 명칭, 사무소의 소재지, 자산, 이사의 임면에 관한 사항을 반드시 기재하여야 한다(민법 43조). 우선 정관의 기재사항 중 목적, 명칭, 사무소의 소재지, 이사의 임면이 갖는 법적 의미는 사단법인의 정관의 경우와 동일하다. 사단법인이든 재단법인이든 자산은 법인의 활동의 재정적 기초가 되고 또 활동의 결과 부담하게 될 채무에 대한 최종적인 담보가 된다는 점에서는 동일하다. 그러나 재단법인의 경우 자산은 본질적으로 재단법인을 형성하는 실체로서 목적사업을 위한 재정적 기초가 된다. 이런 이유에서 민법은 정관의 작성은 물론 출연행위를 요구하고 있다. 재단법인이 성립한 후에도 얼마든지 출자의 형식으로 이루어질 수 있다.

2. 출연행위

1) 의의

출연행위란 재단법인의 기초가 되는 재산을 형성하는 행위로서 정관에 기재된 자산을 형성하는 것이다. 따라서 출연된 자산의 총액이 설립등기사항이 된다. 출연행위는 재단법인의 성립에 있어서 가장 중요한 의미를 갖는 행위로서 재단법인이 성립하기 전에 이루어져야 한다(민법 43조).

2) 출연행위의 형식

출연행위는 생전처분으로 할 수 도 있고, 또 유언으로 할 수 도 있다. 민법은 생전처분의 출연행위에는 증여에 관한 규정을 그리고 유언에 의한 출연행위는 유증의 규정을 준용한다.

3) 출연재산의 귀속시기

출연재산은 생전처분으로 법인을 설립하는 경우에는 법인이 성립하는 때 즉, 등기가 있는 때에 법인에 귀속한다. 그리고 유언으로 법인을 설립하는 경우에는 유언이 효력을 발생하는 때 즉 유언자가 사망하는 때에 법인에 귀속한다.

3. 기관의 구성

1) 개설

법인이 의사를 결정하고, 그 의사에 의거하여 외부에 대하여 행동하며, 내부의 사무를 처리하기 위해서는 일정한 조직이 필요한데, 이 조직을 이루는 것이 법인의 「기관」이다. 여기에는 의사결정기관, 의사집행기관, 감독기관 등이 존재한다.

기관은 법률상 반드시 두어야 하는 필요기관과 둘 수도 있는 임의기관으로 나뉜다. 대표기관이자 집행기관인 「이사」는 모든 법인이 두어야 하는 필요기관이지만, 이사의 감독기관인 「감사」는 민법상 법인에는 임의기관이다(다만 공익법인법상 공익법인에는 필요기관이다). 법인의 최고의사결정기관인 「사원총회」는 사단법인에게는 필요기관이지만, 재단법인에는 성질상 존재하지 아니한다.

2) 이사

이사는 대외적으로 법인을 대표하고(대표기관), 대내적으로 법인의 업무를 집행하는(업무집행기관), 상설적인 필요기관이다.

사단법인이든 재단법인이든 법인에는 반드시 이사를 두어야 한다(민법 제57조).

이사의 수에는 제한이 없으며, 정관에서 임의로 정할 수 있다.이사가 될 수 있는 것은 자연인에 한하는 것으로 해석함이 통설이다. 그러나 자격상실 또는 자격정지의 형을 받은 자는 이사가 될 수 없다(형법 제43조 · 제44조). 이사의 임면방법은 정관에 반드시 기재되어야 하는 필요적 기재사항이다.

이사의 성명 · 주소는 등기사항이며(민법 제49조 제2항), 이를 등기하지 않으면 이사의 선임 · 해임 · 퇴임을 가지고서 제3자에게 대항할 수 없다.

3) 이사회

이사가 수인 있는 경우 이사들로 구성된 회의체인 이사회를 둘 수 있다. 그러나 현행 민법은 이사회에 관한 규정을 두고 있지 아니하여, 이사회는 필요기관이 아니라 정관의 규정에 의하여 설치할 수 있는 임의기관이다.

4) 창립총회

창립총회란 단체를 구성하기 위해 단체를 구성하는 일에 대한 경과를 보고하고 임원선임, 정관의 채택 등과 같은 의사결정을 위한 모임이다. 재단법인은 설립자가 다수인 경우 창립총회에서 정관을 만들거나 임원선임에 대한 재산출연자들의 의사를 결정하며, 재산출연자가 1인인 경우에는 창립총회를 개최하지 않아도 된다.

총회는 정관이 정한 시기에 소집할 수 있으며 소집시기를 정하지 않은 경우에는 이사가 정하면 된다. 소집통지는 정관의 규정에 따르면 되고 정관에 규정이 없으면 개별적 통지, 신문광고 등으로 사원 전원에게 알릴 수 있는 적절한 방법을 이용하여 통지한다. 주무관청은 정관에 따라 이사회의 소집통지일시 및 소집일시, 장소, 의사정족수, 의결정족수 등을 확인하는바, 의결정족수를 충족하였는지를 검토한다.

5) 감사

사단법인 또는 재단법인은 정관 또는 총회의 결의로 감사를 둘 수 있다(민법 제66조). 즉 현행 민법상 감사는 필요기관이 아닌 임의기관이다.

이사와는 달리, 감사의 성명 · 주소는 등기사항이 아니다.

4. 주무관청의 허가

1) 주무관청

민법상의 법인설립은 허가주의를 취하고 있기 때문에 반드시 주무관청의 허가를 얻어야 하며, 정관변경의 경우에도 주무관청의 허가를 얻어야 한다(민법 42조, 45조 3항). 따라서 사단이나 재단이 법인으로서의 실질을 갖추었더라도 주무관청의 허가를 받지 못하면 법인으로 성립되지 못한다.

2) 주무관청의 허가

한편 주무관청의 허가 여부는 주무관청의 자유재량에 속하며, 따라서 비록 법인설립을 목적으로 하는 단체가 법인설립허가신청을 하였으나 주무관청으로부터 허가를 받지 못하였더라도 행정소송으로 이를 다툴 수 없다는 것이 판례의 입장이다(大判 1996. 9. 10. 선고 95누18437 판결 등).

[구비서류]

	법 인 별 구 비 서 류	근거법령	비영리 법인		공인 법인		비고
1	비영리법인 설립허가 신청서 (비영리법인용, 공익법인용 구분)	법인규칙 제3조, 동 별지 제1호 서식	o	o	o	o	공통
2	설립취지서 (임의서식으로 작성)	공익법인령 제4조 제1항 제1호	△	△	o	o	공통
3	설립발기인의 인적사항(성명 · 주소 · 약력) ※설립발기인이 법인인 경우에는 그 명칭, 주된 사무소의 소재지, 대표자의 성명 · 주민등록번호 · 주소와 정관을 적은 서류	법인규칙 제3조 제1호; 공익법인령 제4조 제1항 제1호	o	o	o	o	공통
4	임원 취임 예정자의 성명 · 주민등록번호 · 주소 · 약력을 적은 서류	법인규칙 제3조 제5호; 공익법인령 제7조 제1항 제2호	o	o	o	o	공통
5	임원 취임승낙서(서명 · 날인요함)	법인규칙 제3조 제5호; 공익법인령 제7조 제1항 제4호	o	o	o	o	공통
6	특수관계 부존재 각서 (※사후 발견시 임원취임 취소)	공익법인령 제7조 제1항 제7호	x	x	o	o	공익 법인
7	창립총회회의록 (회의록 내용상의 별첨서류 첨부 · 간인) ※ 설립발기인이 법인인 경우에는 법인의 설립에 관한 의사의 결정을 증명하는 서류	법인규칙 제3조 제6호 공익법인령 제4조 제1항 제8호	o	x	o	x	사단 법인
8	정관 (필요적 기재사항 확인)	법인규칙 제3조 제2호; 공익법인령 제4조 제1항 제3호; 민법 제40조, 제43조	o	o	o	o	공통
10	법인조직 및 상근임직원 정수표	공익법인령 제14조	△	△	o	o	공통
11	재산목록 (※ 재단법인의 경우에는 기본재산과 보통재산으로 구분하여 기재)	법인규칙 제3조 제3호; 공익법인령 제4조 제1항 제4호	o	o	o	o	공통
12	재산출연증서(기부신청서)	법인규칙 제3조 제3호; 공익법인령 제4조 제1항 제4호	△	△	o	o	공통
13	재산증명서(부동산 · 예금 · 유가증권 등 주된 재산에 관한 등기소 · 금융기관 등의 증명서)	법인규칙 제3조 제3호; 공익법인령 제6호	△	△	o	o	공통
14	회비징수 예정명세서 또는 기부신청서	공익법인령 제4조 제1항 제4호	△	x	o	x	사단 법인
15	사원명부 (성명 · 주소) ※ 100명이 넘을 경우 "이상 100명 외 ○○명"으로 총수 기재서류	공익법인령 제4조 제1항 제8호	△	x	o	x	사단 법인
16	당해연도 사업계획서 및 수지예산서	법인규칙 제3조 제4호	o	o	x	x	비영리 법인
17	사업개시예정일 및 사업개시이후 2 사업년도분의 사업계획서 및 수지예산서	공익법인령 제4조 제1항 제7호	x	x	o	o	공익 법인
18	사무실 확보증명서 (※건물사용승낙서 또는 임대차계약서, 건물소유권 입증서류 등)	민법 제33조, 제36조	△	△	△	△	공통

○ : 근거법령에 의한 제출서류
△ : 근거법령에 규정되어 있지 않으나 설립허가 검토시 필요한 서류
× : 제출하지 않는 서류

제3절 재단법인의 등기신청절차

1. 관할등기소 및 등기의 신청

1) 관할 등기소

설립등기는 법인의 주된 사무소 소재지를 관할하는 지방법원, 그 지원 또는 등기소에 신청하여야 한다.

2) 등기신청인

법인을 대표할 자가 등기신청인이 되며, 법인의 이사들은 원칙적으로 각자 대표권이 있으므로 각자가 등기신청을 할 수 있으나 대표권을 제한받는 이사는 등기신청을 할 수 없다(비송 62조). 대표권 있는 이사는 당해 법인의 인감증명을 받기 위하여는 관할등기소에 인감신고를 하여야 한다.

등기신청은 대리인에 의하여도 할 수 있다. 대리인에 의하여 등기신청을 하는 경우에는 신청서에 그 권한을 증명하는 서면을 첨부하여야 한다(비송 66조). 다만 변호사 또는 법무사가 아닌 사람은 신청서의 작성이나 그 서류의 제출 대행을 업(業)으로 할 수 없다.

2. 등기기간

등기기간은 주무관청으로부터 허가서가 도달한 날로부터 3주간 이내에 주된 사무소소재지에서 설립등기를 하여야 한다(민법 49조). 여기서 허가서가 도달한 날로부터라 함은 민법의 기간계산의 원칙에 따라 도착일 다음날부터 기산한다.

3. 등기사항

1) 목 적

목적이란 법인이 영위하고자 하는 사업 또는 그 사업을 통하여 법인이 추구하고자 하는 목표를 가리키는 것으로서 이를 등기사항으로 정하고 있는 것은 법인은 원래 정관으로 정한 목적의 범위 내에서만 권리능력이 있으며(민법 34조), 그 목적사업 이외의 사업은 영위할 수 없기 때문에 목적을 특정함으로써 법인의 권리능력의 범위를 일반에게 공시하고 주무관청의 업무감독범위를 확정하기 위하여 필요하기 때문이다.

목적을 기재할 때에는 사회관념상 법인이 어떤 종류의 사업을 영위하고자 하는지를 알 수 있도록 구체적으로 특정해서 기재하여야 하나 반드시 1개의 사업에 한정할 필요는 없고 수개의 사업이라도 무방하다.

민법상의 법인은 반드시 학술, 종교, 자선, 기예, 사교, 기타 비영리사업을 목적으로 해야 하나 목적달성의 수단으로서 필요한 수익사업을 할 수 있다.

다만, 그 경우에는 그 수익을 비영리사업목적에 충당되어야 하며 어떤 형태로든 구성원이나 설립자에게 귀속되어서는 아니 된다.

2) 명 칭

법인의 명칭은 법인이 영위하는 사업을 나타내는 명칭이거나 인명이나 지명을 나타내는 명칭 등 아무런 제한이 없고 한글로 표기하기만 하면 외국어로 된 명칭도 상관없다.

3) 사 무 소

법인의 사무소는 반드시 1개일 필요는 없고 수개이어도 무방하나 사무소가 수개인 때에는 반드시 그 모두를 등기하되 그 중 1개를 주된 사무소, 나머지를 분사무소로 등기해야 한다.

사무소를 기재할 때에는 최소행정구역까지만 기재해도 되는 정관과는 달리 반드시 그가 소재하는 지번까지 확정하여 기재해야 한다.

통상 정관변경의 번거로움 때문에 관할구역 내의 사무소이전에 대비하여 정관에는 최소행정구역까지만 표시하고 이사회 또는 이사과반수 결의에 의하여 구체적인 사무소주소를 정할 수 있도록 하는 경우가 많다.

4) 설립허가연월일

주무관청으로부터 설립허가를 얻은 설립허가연월일을 기재한다. 그러나 설립등기가 단순한 대항요건에 불과한 법제(일본민법 45조)에서는 이를 따로 등기사항으로 할 실익이 있겠으나, 설립등기를 법인의 성립요건으로 하고 있는 우리 법제(민법 33조)에서는 이를 등기사항으로 할 실익이 별도 없다 할 것이다.

5) 존립시기나 해산사유를 정한 때에는 그 시기 또는 사유

존립시기란 “법인설립일로부터 만 10년간” 또는 “2030년 12월 31일까지”라고 정하는 것과 같이 법인의 존속에 시간적 제한을 가하여 그 시기의 도래로써 법인은 당연히 해산하기로 정하는 것을 말하고, 해산사유라 함은 "설립자 OOO가 사망하면 법인은 해산한다"라고 정하는 것과 같이 법정의 해산사유 이외에 일정한 사유가 발생하면 법인은 당연히 해산하기로 정하는 것을 말하는 바, 존립시기나 해산사유는 정관의 절대적 기재사항은 아니지만 만일 이에 관한 사항을 정한 때에는 정관에 기재해야만 효력이 발생하고 또 이를 등기해야만 제3자에게 대항할 수 있다.

6) 자산의 총액

자산의 총액이란 적극재산에서 소극재산(채무 등)을 뺀 순재산액을 의미한다. 이를 등기사항으로 한 것은 법인채무의 일반담보인 법인의 재산상태를 공시하여 채권자를 보호하고자 하는 취지이다.

사단법인은 설립 당초에는 자산이 전혀 없어도 상관이 없으나, 재단법인에는 자산의 총액이 반드시 있어야 하고 그 기재가 없는 것은 등기가 되지 않는다.

따라서 사단법인설립등기의 경우에는 자산총액을 0으로 기재한 신청도 무방하나 자산총액 미정이라거나 아예 그에 관한 기재가 없는 신청은 수리할 수 없다 할 것이다.

7) 출자방법을 정한 때에는 그 방법

출자방법이란 예컨대 사단법인의 정관에 사원의 출연의무가 정해졌거나 재단법인의 정관에 설립자가 정기적 출연에 출연행위를 정한 것과 같은 것을 말하는 것으로서 이에 관한 정함은 자산에 관한 규정으로서 정관에 기재해야 하고 정관에 기재된 경우에 한하여 등기사항이 된다.

회비, 분납금 등의 명목이라 할지라도 그것이 법인에 대한 금전출납방법을 정해 놓은 것이라면 그것은 출자로서 그 방법을 등기하지 않으면 안되지만 재단법인의 경우 출연금품이나 기타의 자산으로부터 생기는 과실에 관한 규정은 출자방법이 아니므로 등기할 필요가 없다.

8) 이사의 성명, 주민등록번호와 법인을 대표할 이사의 성명, 주소

법인의 이사의 수에는 제한이 없으며(단, 공익법인은 5인 이상 15인 이하를 두되 주무관청의 승인을 얻어 그 수를 증감할 수 있음. 공익 5조) 정관으로 그를 수인으로 정할 수도 있는 바, 그 경우에는 내외적 업무집행은 재적이사 과반수의 찬성으로서 결정하고(민법 58조, 공익 9조) 대외적 업무에서는 이사 각자가 단독으로 대표함이 원칙이다(민법 59조 1 본). 그런 이사 각자의 법인대표권은 정관으로(사단법인의 경우에는 사원총회의 결의에 의해서도) 제한할 수 있다(민법 59조).

동일인이 이사에 재선되어 중임이 된 경우에 비록 그 성명과 주소가 변동되지 아니하여도 일단 그 자격이 상실되고 새로운 자격을 취득한 것이므로 여기에 의하여 그 변동사항으로 등기를 하여야 하며, 이를 퇴임과 취임으로 등기하지 않고 중임으로 등기한다.

9) 이사의 대표권을 제한한 때에는 그 제한

이사는 법인의 사무에 관하여 각자 법인을 대표함이 원칙이나(민 59조), 정관이나 사원총회의 결의에 의하여 제한할 수 있다(민법 59조 1항 단서).

정관에 의한 대표권의 제한은 ① 이사의 다수결 또는 전원에 의한 공동대표, ② 사원총회의 의결을 조건으로 하는 결의, ③ 이사장에게만 대표권을 주고 평이사에게는 대표권을 제한하는 경우 등이 있다.

실무상 이사장에게만 대표권을 주는 경우와 공동대표로 하는 경우가 많으며 사원총회에 의한 제한은 별로 없다.

법인의 이사는 법인의 이익과 상반되는 사항에 대하여는 대표권이 없다(민법 64조). 이때에는 이해관계인이나 검사의 청구에 의하여 법원이 선임한 특별대리인이 법인을 대표한다(민법 64조).

4. 첨부서류 등

민법상 법인의 설립등기를 신청할 때에는 일반적인 첨부서면 이외에 다음 서류를 첨부해야 한다(비송 63조 2항).

1) 정 관

비영리법인의 설립등기를 신청하는 경우에 정관에는 상법상 주식회사(상법 292조)나 유한회사와 같이 정관을 공증하여야 하는 규정이 민법에는 없으므로 공증인의 인증을 받을 필요는 없으나, 총회의사록은 공증인의 인증을 받아야 하고, 영리법인인 경우에는 정관과 총회의사록에 공증인의 인증을 받아야 한다(등기선례 4-883).

등기신청서에 첨부하는 정관은 주무관청의 허가를 받은 정관이어야 하므로, 주무관청의 허가를 받은 사실을 소명하는 자료를 첨부하여야 한다. 통상 주무관청은 허가한 정관에 관인을 날인하고, 공문으로 설립허가서와 정관을 설립자에게 통보하고 있다.

2) 창립총회 의사록

창립총회 회의록은 법인설립이 적법한 절차를 거쳐 성립 되었느냐를 판단하는 중요한 기준이 되므로 육하원칙에 따라 작성하되 진행자 등이 누락되지 않도록 한다. 특히 회의 진행과 관련하여 정관 심의과정 및 임원선출의 표결사항, 찬반 토론내용 등을 상세히 기재하고 회의록 작성이 끝나면 참석한 서명위원들이 기록내용을 확인하고 연명으로 날인하여야 한다.
회의록의 내용 중 별첨 유인물로 설명 된 것은 회의록에 첨부하여 서명위원들이 간인하여야 한다.

3) 이사회 의사록

정관에서 이사회의 권한으로 정하고 있는 사항을 이사회에서 결의한 경우 이사회의사록을 첨부하여야 한다.

4) 이사의 자격증명서

최초의 이사는 정관에 정해지는 것이 보통이므로 그 경우에는 정관 이외에 별도로 이사자격증명서를 첨부할 필요가 없으나 그렇지 않는 경우에는 이사의 자격증명서로서 그를 선임한 선임서나 창립총회의사록 및 취임승낙서 등을 첨부해야 한다.
공익법인은 이사를 선임하는 경우 주무관청의 허가를 받아야 하므로 그 이사 선임에 관한 주무관청의 승낙서가 필요하나 일반의 민법법인의 경우에는 그러한 규정이 없으므로 총회의 선임으로 가능하다.

5) 재산목록

민법법인의 정관에는 자산에 관한 규정을 두어야 하고(민법 40조, 43조), 법인등기에는 자산의 총액을 등기하도록 되어 있는 바(민법 49조 2항 6호), 자산의 총액을 등기하는 경우에는 재산목록을 첨부하여야 한다(비송 63조 2항 4호).

6) 주무관청의 설립허가서 또는 그 인증있는 등본

민법상의 법인설립은 반드시 주무관청의 허가를 받아야 하고(민법 32조), 그 설립등기신청서에는 허가서나 허가서의 등본을 첨부해야 하는 바, 등본을 첨부하는 경우에는 허가기관이 인증한 등본이어야 한다.
주무관청은 설립허가서에 그 설립허가조건을 부여하고 설립등기 후 보고하도록 함이 보통이다.

공익법인이 이사를 선임하는 경우에는 주무관청의 허가를 받아야 하므로 그 이사선임에 관한 주무관청의 승낙서가 필요하나 일반의 민법법인의 경우에는 그러한 규정이 없으므로 총회의 선임으로 가능하다. 다만, 정관 또는 최초의 설립허가시에 주무관청에서 이사선임에 관하여 주무관청의 승낙을 조건으로 한 경우에는 그에 따라야 한다. 허가서 원본을 제출한 경우에는 허가서 사본에 대하여 등기관이 원본대조필을 한 후 원본을 반환받을 수 있다.

7) 등록면허세, 등기신청수수료

(1) 법인설립등기의 등록면허세는 설립시 자본금의 1,000분의 2이고, 지방교육세는 등록면허세의 100분의 20이다. 설립등기신청시 자산이 전혀 없다면 지방세법 제28조 제1항 제6호 가.의 규정에 따라 112,500원의 등록면허세를 납부하여야 한다.

(2) 대도시내에서의 설립등기 시에는 당해세율의 3배 등록면허세를 납부하여야 한다. 여기서 대도시라 함은 수도권정비계획법 제6조 제1항 제1호의 규정에 의한 과밀억제권을 말한다. 등록면허세가 조세특례제한법과 지방세법 의하여 감면되는 경우에는 농어촌특별세를 납부하여야 한다. 농어촌특별세는 등록면허세의 100분의 20이다. 신청서에는 등록면허세 감면 통지서 또는 등록면허세 감면확인서 기타 등록면허세 면제됨을 확인하는 소관 지방자치단체의 장의 서면을 처분하여야 한다.

(3) 설립등기의 경우 등기신청수수료는 30,000원이다. 법원구내 및 등기소 가까운 금융기관에서 구입할 수 있으며 등기신청서의 '을지란'에 붙힌다.

8) 기 타

(1) 대리인에 의하여 신청할 때에는 그 대리권을 증명하는 서면으로서 위임장을 첨부해야 한다.

(2) 설립등기신청인인 이사 전원의 인감을 제출하여야 한다.

5. 의사록의 인증

1) 의의

법인등기를 할 때 그 신청서류에 첨부되는 법인 총회 등의 의사록은 공증인의 인증을 받아야 한다. 정관이나 의사록 인증제도는 결의절차나 내용의 진실성을 담보하여 허위 또는 위조된 정관이나 의사록에 의한 부실등기를 방지하고 법적 분쟁을 미연에 방지하기 위해 도입된 것이다.

2) 공증인의 인증절차

인증은 법인설립 등기 시와 법인 변경 시에 받는다. 법인의 등기를 할 때에 그 신청서류에 첨부되는 법인의 총회 등의 의사록은 의사록 인증 제외 대상법인에 해당되지 않는 한 공증인의 인증을 받아야 한다.

그리고 상법 제292조는 자본금 총액이 10억 원 미만인 회사를 발기 설립하는 경우 정관의 공증(인증)의무를 면제하고 발기인들의 기명날인 또는 서명만으로 효력이 발생할 수 있게 하였는데 이러한 상법의 적용을 받는 자본금 총액이 10억 원 미만인 농업회사법인, 어업회사법인을 발기 설립하는 경우에는 공증을 받지 않아도 된다. 그러나 모집설립의 경우 자본금 총액이 10억 원 미만이라도 정관 및 의사록의 인증을 받아야 한다.

3) 의사록 인증 제외 대상 법인

공증인법 제66조의2(법인의사록의 인증)에서 다음 각 호의 어느 하나에 해당하는 경우에는 인증을 면제한다. ① 자본금 총액이 10억원 미만인 회사를 「상법」 제295조제1항에 따라 발기설립하는 경우 ② 대통령령으로 정하는 공법인 또는 비영리법인인 경우 ③ 대통령령으로 정하는 경미한 사항을 의결한 경우이다. 즉 법인등기 시 의사록 인증이 제외되는 대상 법인은 개정법에서는 주무관청의 추천을 받아 '법무부 장관이 지정 · 고시'하는 방식으로 간소화하였다.

4) 준비서류

공증사무소에서는 공증용 위임장과, 공증용 진술서를 작성하여야 하고, 대리인의 신분증 및 도장, 창립총회의사록, 이사회의사록, 의사록에 날인한 각 사원의 인감증명서, 사원명부, 정관사본 각 3부를 제출한다.

[서식] 재단법인 설립등기신청서

재단법인 설립등기신청				
접 수	년 월 일	처 리 인	등기관 확인	각종 통지
	제 호			

① 등 기 의 목 적	재단법인 설립		
② 등 기 의 사 유	재단법인을 설립하기 위하여 정관을 작성하고 재산의 출연을 완료한 후 20○○년 ○월○일 주무관청의 허가를 얻었으므로 다음사항의 등기를 구함		
③ 설 립 허 가 서 도 착 연 월 일	20○○년 ○월○일		
주사무소/분사무소 신청구분	1. 주사무소 신청 □	2. 분사무소 신청 □	3. 주 · 분사무소 일괄신청 □
등 기 할 사 항			
⑤ 명 칭	재단법인 ○○○회		
⑥ 주 사 무 소	서울특별시 ○○구 ○○로 ○○		
⑦ 이사의 성명 및 주민등록번호	이사 ○ ○ ○ (–) 이사 ○ ○ ○ (–) 이사 ○ ○ ○ (–)		
⑧ 이사의 대표권에 대한 제한	이사 ○ ○ ○(–) 서울특별시 ○○구 ○○로 ○○ 외에는 대표권 없음		

등 기 할 사 항	
⑨ 목 적	본회는 ○○○○○○ 를 행함을 목적으로 한다 위 목적을 달성하기 위하여 다음 사업을 행한다 1. ○○○○의 설치 운영 1. ○○○○의 연구 및 조사 1. ○○○○의 장학사업 1. 각 호에 관련된 부대사업
⑩ 분사무소	경기도 ○○시 ○○구 ○○로 ○○지
⑪ 설립허가 연월일	20○○년 ○월○일
⑫ 존립기간 또는 해산사유	법인설립일로부터 만20년
⑬ 자산의 총액	금 ○○○천원
⑭ 출자방법	1. 회비 1. 정부, 지방자치단체의 출연금 보조금 및 ○○○회 지원금 1. 출연금품 1. 찬조금 1. 기타 수입금
기타	

신청등기소 및 등록면허세/수수료

순번	신청등기소	구분	등록면허세 지방교육세	농어촌특별세	세액합계	등기신청수수료
			금 원 금 원	금 원	금 원	금 원
합 계						
등기신청수수료 납부번호						
과 세 표 준 액	금 원					

첨 부 서 면	
1. 정 관 통	1. 자산총액증명서(재산목록) 통
1. 이사자격증명서 통 *이사회 의사록(공증) 등	1. 인감신고서 통
1. 취임승낙서(인감증명서나 본인서명사실 확인서 또는 전자본인서명확인서의 발급증 포함) 통	1. 등록면허세영수필확인서 통 1. 등기신청수수료영수필확인서 통 1. 위임장(대리인이 신청할 경우) 통 〈기 타〉
1. 주민등록표등(초)본 통	
1. 주무관청 설립허가서 또는 인증이 있는 허가서 등본 통	

년 월 일

신청인 명 칭

주사무소

이 사 성 명 (인) (전화 :)

주 소

대리인 성 명 (인) (전화 :)

주 소

지방법원 등기소 귀중

- 신청서 작성요령 -

1. 해당란이 부족할 때에는 별지를 이용합니다.
1. 해당 등기신청과 관계없는 사항에 대하여는 "해당없음"으로 기재하거나 삭제하고, 필요한 사항은 추가 기재합니다.
1. 「인감증명법」에 따른 인감증명서 제출과 함께 관련 서면에 인감을 날인하여야 하는 경우, 본인서명사실확인서를 제출하고 관련 서면에 서명을 하거나 전자본인서명확인서 발급증을 제출하고 관련 서면에 서명을 하면 인감증명서를 제출하고 관련 서면에 인감을 날인한 것으로 봅니다.

(용지규격 21㎝× 29.7㎝)

◉ 등기신청서 기재 요령

신청서는 원칙적으로 한글과 아라비아숫자로 기재합니다(다만 법인의 명칭과 외국인의 성명은 먼저 한글과 아라비아숫자로 기재한 후, 로마자 등의 표기를 병기할 수 있습니다). 신청서의 기재사항 난이 부족할 경우 별지를 사용하고 신청서와 별지 각 장 사이에 간인을 하여야 합니다.

① 등기의 목적

"재단법인 설립"으로 기재합니다.

② 등기의 사유

등기를 신청하는 이유를 기재하는 항목으로, 일반적으로 "재단법인을 설립하기 위하여 정관을 작성하고 재산의 출연을 완료한 후 20○○년 ○월○일 주무관청의 허가를 얻었으므로 다음사항의 등기를 구함"으로 기재합니다.

③ 설립허가서 도착연월일

주무관청으로부터 허가서가 도달한 다음날부터 등기기간을 기산하므로 이를 확인하기 위하여 기재합니다(교부받은 경우는 교부일자임).

④ 본/지점 신청 구분

주사무소에서의 등기신청(주사무소신청 선택), 분사무소에서의 등기신청(분사무소신청 선택), 또는 주사무소 및 분사무소에 관한 등기를 주사무소에서 일괄하여 신청하는지 여부를 표시하는 항목입니다. 법인 설립과 동시에 분사무소를 설치(주사무소와 다른 관할)하여 주사무소 관할 등기소에서 설립등기와 분사무소 설치등기를 일괄하여 동시에 신청하는 경우 본·지점 일괄신청임을 표시하면 됩니다.

⑤ 명칭

정관에 기재된 명칭을 기재하며, 민법법인의 명칭을 등기하는 때에는 재단법인임을 표시하여야 합니다. 등기부상 로마자 등의 표기를 병기하고자 할 경우(대법원 등기예규 제1455호 참조)는 명칭 오른쪽에 괄호를 사용하여 병기할 수 있으며, 병기되는 로마자 등의 표기는 반드시 정관에 기재되어 있어야 합니다.

⑥ 주사무소

이사회 등에서 결의한 사무소의 주된 소재지를 기재하며, 정관에는 소재지를 최소행정구역을 표시함으로써 족하지만 신청서에는 그 소재 지번까지 정확히 기재하여야 합니다.

⑦ 이사의 성명 및 주민등록번호

정관에서 정한 또는 이사회에서 선출된 이사의 성명·주민등록번호를 기재하고, 주민등록번호가 없는 재외국민 또는 외국인의 경우에는 주민등록번호 대신 생년월일을 기재하여야 합니다. 대표권이 있는 이사는 그 주소도 기재하여야 합니다. 외국인의 성명은 국적과 원지음을 한글 등으로 기재한 후, 괄호를 사용하여 로마자 등의 표기를 병기할 수 있습니다(예 : 이사 미합중국인 존에프케네디(John. F. Kennedy)). 이사의 수와 임기는 제한이 없으며 정관으로 정할 수 있습니다.

⑧ 이사의 대표권에 대한 제한

이사는 법인의 사무에 관하여 각자 법인을 대표함이 원칙이나 정관으로 제한할 수 있습니다. 실무상 법인의 대표자에게만 대표권을 주거나 공동으로 대표를 정하는 것으로 대표권을 제한하고 있으며 이에 관한 사항을 기재합니다.

⑨ 목적

목적은 법인이 영위하고자 하는 사업 또는 그 사업을 통하여 법인이 추구하고자 하는 목표를 말합니다. 정관에서 정한 목적을 기재하며 목적의 기재는 사회 관념상 일반인이 어떤 종류의 사업을 영위하고자 하는지 알 수 있도록 구체적으로 특정하여 기재하여야 합니다.

⑩ 분사무소

정관에 분사무소에 관한 규정을 두고 이사회 등에서 분사무소 설치 결의를 하였을 때 기재하며, 주사무소와 동일하게 소재 지번까지 기재하여야 합니다. 설립등기시 본·지점 일괄신청을 하지 않았을 경우, 설립등기 후 3주 이내에 분사무소 소재지 관할등기소에서 분사무소설치 등기신청을 하여야 합니다.

⑪ 설립허가 연월일

주무관청의 설립허가 연월일을 기재합니다. 주무관청으로부터 교부받은 허가서에 기재된 설립허가일자를 의미합니다.

⑫ 존립기간 또는 해산사유

법인이 정관으로 존속기간이나 해산사유를 정한 경우에는 이를 기재합니다. 정관의 필수적 기재사항은 아니나 정한 경우에는 이를 등기하여야 합니다.

⑬ 자산의 총액

법인이 보유하고 있는 정관상의 기본재산은 물론 기타 부동산, 동산 및 채권 등을 포함하는 적극재산의 총액에서 채무 등의 소극재산을 공제한 순재산액을 의미합니다.

⑭ 출자방법

출자방법에 관한 정함은 자산에 관한 규정으로 정관에서 정하여야 하며 정관에 기재된 출자방법을 등기하여야 합니다.

⑮ 신청등기소 및 등록면허세·수수료

신청하는 등기소별로 기재하여야 하며 납부한 등록면허세영수필확인서에 기재된 등록면허세 및 지방교육세 금액을 기재합니다. 등기신청수수료는 등기사항증명서 등 수수료규칙 제5조의4 및 제5조의3에서 정한 금액을 기재합니다. 설립과 동시에 분사무소를 설치하고 주·분사무소 일괄신청을 하는 경우 분사무소 등기신청과 관련된 등록면허세 등을 별도로 납부하여야 합니다.

⑯ 과세표준액

과세표준은 자산의 총액을 기재합니다.

⑰ 첨부서면

등기신청서에 첨부하는 서면을 기재하여야 합니다.

⑱ 신청인 등

설립등기를 신청하는 법인의 명칭과 주사무소, 대표자의 성명과 주소를 기재하며, 위임받은 대리인이 신청할 경우 대리인의 성명과 주소를 기재합니다. 대표자는 등기신청과 동시에 제출하는 법인 인감도장을 날인하여야 하며 대리인의 경우는 날인할 도장에 대한 제한은 없습니다.

◉ 등기신청서에 첨부할 서면

1. 정관

법인을 설립하고자 하는 자는 법인의 근본 규칙을 정하여 서면에 기재하고 기명날인하여야 합니다. 이 서면을 정관이라 하며 정관의 기재사항 중에는 그 기재가 없거나 위법인 때에는 효력이 생기지 않는 필요적 기재사항, 정관에 기재하지 않아도 무효나 설립허가 취소는 아니나 정관에 기재되면 필요적 기재사항과 같은 효력이 있는 임의적 기재사항이 있습니다.

가. 필요적 기재사항

- ▸ 목 적 : 법인은 법률의 규정에 좇아 정관으로 정한 목적 범위 내에서 권리능력이 있습니다. 법인의 목적은 법인이 영위하고자 하는 사업을 말하며 재단법인은 비영리 법인으로 학술·종교·자선·기예·기타 영리 아닌 사업을 목적으로 하여야 합니다. 법인의 목적은 법인의 권리능력의 범위와 관련되므로 정관의 목적은 권리능력의 범위를 명확히 확인할 수 있을 정도로 구체적으로 기재하여야 합니다. 일반적으로 "본회는 ○○○○○○ 를 행함을 목적으로 한다"라는 등으로 기재합니다.
- ▸ 명 칭 : 법인의 명칭은 재단법인이라는 문자를 반드시 사용해야 하는 것은 아니지만 등기부상에는 법인의 종류를 표시하고 있습니다. 주무관청의 허가시 명칭을 정하여 허가하고 있으며 일반적으로 본 법인은 "재단법인 ○○○회 라고 칭한다"라는 등으로 기재합니다.
- ▸ 사무소 소재지 : 법인 사무소란 법인 사업을 총괄하는 장소로서 사무소 소재지 모두(주사무소 분사무소 포함)를 정관에 기재하여야 하며 그 중 하나를 주사무소로 정하여야 합니다. 정관상 기재의 정도는 법률에 정함은 없으나 최소행정구역 정도의 기재로 가능하다고 해석하고 있습니다.

※ 정관 기재사항인 사무소 소재지는 주사무소 만을 의미하지 않고 분사무소도 포함하는 개념으로, 법인 설립등기시 뿐만 아니라 설립등기 후에 분사무소를 설치하는 경우에도 정관에 분사무소 소재지가 기재되어야 하며 그렇지 않을 경우 정관변경 절차를 거친 후 주무관청의 허가를 받아야 합니다.

▸ 자산에 관한 사항 : 법인의 목적달성을 위하여 자산이 반드시 필요하며 정관상으로 자산의 종류, 구성, 운용방법 등을 정하여야 하며 그 중 자산의 총액이 등기사항입니다. 일반적으로 자산의 표시 정도는 종류, 구성, 운용방법, 각 사원의 출자액, 출자 의무 등에 관한 규정을 기재하고 있습니다.

▸ 이사의 임면에 관한 규정 : 이사는 법인의 상설의 필수기관으로 원수·자격·임기·선임 및 해임방법 등은 민법에 별도의 규정은 없고 정관으로 정하도록 하고 있습니다. 따라서 이사의 임면에 관한 사항은 정관의 필요적 기재사항이며 특히 이사의 성명·주민등록번호는 등기사항입니다.

※ 민법상 법인의 감사는 임의적인 기관으로 정관으로 둘 수 있으나 등기사항은 아니며 공익법인의 설립·운영에 관한 법률에 의하여 설립된 공익법인은 감사가 필수기관이나 이 또한 등기사항은 아닙니다.

나. 임의적 기재사항

정관에 기재하지 않더라도 정관의 효력에는 영향이 없으나 일단 정관에 기재하면 필요적 기재사항과 같은 효력이 발생하는 것을 말합니다. 임의적 기재사항으로 정관변경에 관한 사항, 존속기간이나 해산사유를 정한 때에는 그 시기 또는 사유, 이사의 대표권 제한 및 권한의 위임에 관한 사항, 감사 선임에 대한 사항 등이 이에 해당됩니다.

다. 기타

정관은 상법상의 주식회사 등과 달리 공증을 받아야 한다는 규정이 없으므로 공증인의 인증을 받을 필요가 없습니다. 다만 등기신청시 첨부되는 정관은 주무관청의 허가를 받은 것이어야 합니다.

2. 이사자격증명서(정관 등)

이사의 임면에 관하여는 민법에는 구체적인 규정이 없고 정관에서 정하도록 규정하고 있으며, 이사 선임을 상급단체의 기관에 위임하거나 행정기관에 선임 권한을 부여하는 경우도 있으나 통상 이사회에서 선임하도록 정하고 있습니다. 등기신청시 정관으로 정한 방법으로 선임된 이사의 자격 증명서면을 첨부하여야 합니다.

3. 취임승낙서(인감증명서나 본인서명사실확인서 또는 전자본인서명확인서의 발급증 포함)

이사는 취임함으로써 법적인 책임과 의무가 부과되므로, 취임자의 진정한 의사를 확인하기 위하여 취임자의 인감도장을 날인한 취임승낙서와 인감증명법에 의하여 신고한 인감증명서(발행일로부터 3개월 이내)나 본인서명사실확인서 또는 전자본인서명확인서의 발급증을 첨부하여야 합니다. 취임하는 자가 외국인인 경우에는 그 서면에 본국 관청에 신고한 인감을 날인하고 그 인감증명서를 첨부할 수 있으며, 본국에 인감증명제도가 없는 외국인의 경우에는 본인이 서명을 하였다는 본국 관청의 증명서면이나 공증인의 공증서면으로 대신할 수 있습니다.

4. 주민등록표등(초)본

취임하는 이사는 주민등록번호 및 주소를 증명하는 서면으로 주민등록표등(초)본을 제출하여야 합니다. 대표권 제한으로 인하여 대표권 없는 이사는 주민등록증 사본, 자동차운전면허증 사본으로도 가능합니다.

5. 주무관청 설립허가서 또는 그 인증 있는 등본

민법상의 법인은 반드시 주무관청의 허가를 받아야 하며 설립등기시 첨부서면으로 허가서 또는 허가기관이 인증한 등본을 첨부하여야 합니다. 허가서 원본을 제출한 경우 허가서 사본에 대하여 등기관이 원본대조필을 한 후 원본을 반환받을 수 있습니다.

6. 자산총액증명서(재산목록)

민법법인의 정관은 자산에 관한 규정을 두어야 하고, 등기부에는 자산의 총액을 등기하도록 규정하고 있습니다. 자산의 총액을 등기하는 경우 실제와 부합하는 등기를 위하여 재산목록(자산에 관한 사항, 부채에 관한 사항 그리고 순재산총액을 기재한 서면)을 첨부하여야 합니다.

7. 인감신고서

등기신청서에 기명날인할 사람(법인의 대표자 등)은 미리(설립등기와 동시에) 등기소에 인감을 제출하여야 합니다. 인감신고서에는 인감증명법에 의한 인감을 날인하고 발행일로부터 3월 이내의 인감증명서를 첨부하여야 합니다. 또한 인감신고서와 함께 인감대지(인감의 제출·관리 및 인감증명서 발급에 관한 업무처리지침 별지 제2호 양식)도 함께 제출하여야 합니다.

8. 등록면허세영수필확인서

주사무소 소재지 관할 시·군·구청장으로부터 등록면허세납부서를 발부받아 납부한 후 등록면허세영수필확인서를 첨부하여야 합니다. 법인설립과 동시에 분사무소를 설치하여 주·분사무소 일괄신청을 하는 경우는 분사무소 소재지 관할 시·군·구청장으로부터 별도의 등록면허세납부서를 발부받아 납부한 후 등록면허세영수필확인서를 첨부하여야 합니다. 대통령령으로 정하는 대도시 내에서의 설립등기시에는 당해 세율의 3배의 등록면허세를 납부하여야 합니다. 여기서 대도시라 함은 수도권정비계획법 시행령 제9조 별표1에 지정되어 있는 권역을 의미합니다.

9. 위임장

등기신청권자 이외의 대리인에 의하여 등기신청을 하는 때에는 그 권한을 증명하는 서면으로 위임장을 첨부하여야 합니다. 실무상 수임자, 위임자, 위임내용을 기재하고 등기소에 제출하는 인감을 날인합니다.

10. 기타

- 이사회의사록 : 재단법인 설립등기시 이사회의사록은 필요적 첨부서면은 아니나 정관에서 이사회의 권한으로 정하고 있는 사항을 이사회에서 결의한 경우 이사회의사록을 첨부하여야 합니다.
- 의사록 공증 : 등기신청시 의사록을 첨부할 경우 공증인의 인증을 받아야 합니다(다만 공증인법 시행령 제2조의3에 따라 법무부장관이 지정·고시한 인증 제외대상 법인은 공증인의 인증이 면제됨).
- 번역문 : 등기신청 서류 중 외국어로 작성된 문서는 이를 번역하여 번역문을 첨부하여야 하며, 번역인의 자격에는 제한이 없으나 번역인의 성명 주소를 기재하고 기명날인 또는 서명하여야 합니다.
- 법인인감카드 발급 : 법인인감증명서는 법인인감카드 또는 전자증명서(HSM USB)로 발급받을 수 있으므로 등기완료 후 법인인감도장을 지참하여 법인인감카드 또는 전자증명서(HSM USB)를 발급받으시기 바랍니다.

◈ 등기신청서 편철순서

신청서, 등록면허세영수필확인서, 주무관청설립허가서, 정관, 취임승낙서, 인감증명서나 본인서명사실확인서 또는 전자본인서명확인서의 발급증, 주민등록표등(초)본(취임승낙서, 인감증명서, 주민등록표등(초)본은 임원별로 편철), 자산총액증명서, 인감신고서, 위임장 등의 순서로 편철하시면 업무처리에 편리합니다.

◆ 기타

1. 민법상 법인은 비영리를 목적으로 하는 것이며 그 사무가 공공의 이해관계에 영향이 크므로 부정한 목적으로 법인이 설립 운영되는 것을 방지하기 위하여 주무관청이 검사 감독하고 있습니다. 등기신청시 첨부되는 정관, 의사록 등의 서면은 주무관청으로부터 설립허가를 받기 위하여 제출되는 서면들이므로 법인설립 준비를 위하여 주무관청에 먼저 문의하시는 것이 필요합니다.

2. 사회일반의 이익에 이바지하기 위하여 학자금·장학금·연구비 등의 보조나 기타 학술·자선 등을 목적으로 하는 재단법인을 설립하고자 하는 경우 민법 외에 공익법인의 설립·운영에 관한 법률의 적용을 받습니다(법인 설립의 근거법령은 설립허가증에 명기되어 있음). 공익법인의 설립·운영에 관한 법률의 적용을 받을 경우 민법에 우선하여 같은 법의 적용을 받게 되므로 정관의 기재사항, 이사의 원수·임면, 정관변경 등에 관한 구체적인 내용은 관련법령을 참조합니다.

[서식] 정관

재단법인 ○○○회 정관

제1장 총 칙

제1조 (명 칭) 본 법인은 “재단법인 ○○○회”(이하 “본회”라 한다)이라 한다.

제2조 (사무소와 분사무소) 본회는 사무소를 OO시 OO구 OO로 OO(OO동)에 두고 분사무소를 OO시 OO구 OO로 OO(OO동)에 둔다.

제3조 (목 적) 본회는 …… 함을 목적으로 한다.

제4조 (사 업) 본회는 전조의 목적을 달성하기 위하여 다음 사업을 행한다.

1. OOOO의 설치 운영
2. OOOO의 장학사업
3. 학술연구 및 지원사업
4. 기타 위 각 호에 부대하는 사업

제2장 자산 및 회계

제5조 (출자방법) 본회의 출자방법은 다음과 같다.

1. 출연금품
2. 찬조금

3. 기타 수입금

제6조 (자산의 구성) 본회의 자산은 다음 각 호에 게기한 것으로 구성한다.

1. 별지 목록 기재의 재산
2. 회 비
3. 자산으로부터 생기는 과실
4. 사업에 따른 수입
5. 기타 수입

제7조 (자산의 종류)

① 본회의 자산은 이를 기본재산과 보통재산 2종으로 한다.

② 기본재산은 다음 각 호에 게기한 것으로 하되 이를 처분하거나 담보로 제공할 수 없다. 다만, 부득이한 사유가 있는 때에는 이사총수의 3분의 2 이상의 동의를 얻어 주무관청의 허가를 받아 그 일부를 처분하거나 담보로 제공할 수 있다.

1. 별지 목록 기재의 재산 중 기본재산으로 기재된 재산
2. 기본재산으로 하기로 지정하여 출연된 재산
3. 이사회에서 기본재산으로 하기로 결의한 재산

③ 보통재산은 기본재산의 원본 이외의 재산으로 한다.

제8조 (경비지출) 본회의 경비는 보통재산에서 지출한다.

제9조 (자산의 관리) 본회의 자산은 이사회의 결의에 의하여 정한 관리방법에 따라 이사장이 관리한다.

제10조 (현금보관) 자산 중에서 현금은 금융기관에서 예치하거나 국채 또는 공채등 확실한 유가증권으로 바꾸어 보관한다.

제11조 (잉여금의 처분) 회계연도 말에 잉여금이 생긴 때에는 이사회의 결의에 따라 그 전부 또는 일부를 기본재산으로 하거나 다음 회계연도에 이월시킨다.

제12조 (예산의 의결, 결산의 승인)

① 본회의 매년도 세입세출예산은 연도개시 전에 이사회의 결의에 의하여 이를 정한다.

② 세입세출결산은 연도 종료 후 1월 내에 연도말 현재의 재산목록과 함께 감사의 감사를 거쳐 이사회의 승인을 받아야 한다.

제13조 (특별회계)

① 본회는 수익사업을 행하거나 또는 기타 필요한 때에는 이사회의 결의에 의하여 특별회계를 둘 수 있다.

② 전항의 특별회계는 전조의 세입세출예산에 계정해야 한다.

제14조 (수익 등의 사용) 전조의 특별회계로부터 생긴 수익 또는 잉여금은 이를 모두 기본재산이나 보통재산으로 하여야 한다.

제15조 (회계연도) 본회의 회계연도는 매년 1월 1일에 시작하여 12월 31일에 종료한다.

제3장 임원 및 직원

제16조 (임원의 종별 및 원수) 본회에는 다음의 임원을 둔다.

이사 5인 이상 15인 이내(이사장 1인, 상무이사 1인 포함)

감사 2인 이내

제17조 (임원의 선임)

① 이사 및 감사는 이사회의 결의에 의하여 선임한다.

② 이사장 및 상무이사는 이사 중에서 이사회의 결의에 의하여 선임한다.

③ 전 2항의 임원은 겸할 수 없다

제18조 (임원의 직무)

① 이사장은 본회의 업무를 통괄하고 본회를 대표한다.

② 상무이사는 이사장을 보좌하여 통상업무를 처리하고 이사장 유고시에는 이사장의 직무를 대행한다.

③ 이사는 이사회를 조직하고 업무집행을 결정한다.

④ 감사는 민법 제67조의 업무를 행한다.

제19조 (임원의 임기)

① 이사의 임기는 3년, 감사의 임기는 2년으로 한다. 단, 재임할 수 있다.

② 보궐을 위하여 취임한 임원의 임기는 전임자의 잔여기간으로 한다.

제20조 (임기만료 등의 경우) 임원은 사임 또는 임기만료된 때에는 후임자가 선임될 때까지는 그 직무를 행한다.

제21조 (임원의 해임)

① 임원이 본회의 명예를 훼손하거나 본회의 목적에 반하는 행위를 한 때 또는 임원의 직무를 위반한 때에는 이사회의 결의에 의하여 해임할 수 있다.

② 임원의 해임은 이사정수의 3분의 2 이상의 찬성으로 의결한다.

제22조 (직 원) 본회는 간사, 서기, 기타의 유급직원을 두며 이사장이 임면한다.

제4장 이 사 회

제23조 (구 성) 이사회는 이사로서 구성한다.

제24조 (이사회의 소집)

① 이사회는 이사장이 소집한다.

② 이사장은 이사 5분의 1 이상 또는 감사가 회의의 목적사항을 제시하여 청구한 때에는 이사회를 소집해야 한다.

제25조 (의 장) 이사장은 이사회의 의장이 된다.

제26조 (개회의 정족수) 이사회는 이사과반수의 출석이 없으면 개회하지 못한다.

제27조 (의결의 정족수)

① 이사회의 의사는 이 정관에 특별한 규정이 없는 한 출석이사 과반수로서 이를 의결한다.

② 가부동수일 때는 의장이 이를 결정한다.

제28조 (서면에 의한 표결 및 표결의 위임) 부득이한 사유로 이사회에 출석할 수 없는 이사는 사전에 통지된 사항에 한하여 서면으로 표결할 수 있고, 다른 이사에게 표결권을 위임할 수 있다.

이때 서면으로 표결하거나 표결을 위임한 이사는 출석한 것으로 본다.

제29조 (이사회에 부여할 사항) 다음에 게기하는 사항은 이사회에 부의한다.

1. 사업계획
2. 세입세출의 예산 및 결산에 관한 의안
3. 정관변경에 관한 의안
4. 기타 법인운영 및 회무집행에 관하여 이사장이 부의한 사항

제30조 (의사록) 이사회의 의사에 관하여는 다음에 게기하는 사항을 기재한 의사록을 작성하여 의장과 출석한 이사가 기명날인하여야 한다.

1. 회의일시 및 장소
2. 이사의 현재 수
3. 출석한 이사의 수(표결권을 위임한 이사 포함)
4. 의결사항
5. 의사의 경과요령 및 발언자의 발언요지

제5장 정관의 변경 및 해산

제31조 (정관의 변경) 이 정관은 이사회에서 이사총수의 3분의 2 이상의 동의를 얻고 주무관청의 허가를 받아 이를 변경할 수 있다.

제32조 (해산, 잔여재산의 처분)

① 본회는 민법 제77조 제1항의 규정에 의하여 해산한다.

② 본회가 해산한 때의 잔여재산은 이사회의 결의를 거쳐 주무관청의 허가를 받아 본회의 유사한 목적을 가진 다른 단체에 출연한다.

제6장 부 칙

제1조 (시행세칙) 이 정관의 시행에 필요한 시행세칙은 이사회의 결의에 의하여 이를 따로 정한다.

제2조 (설립당초의 임원 및 그 임기)

① 본회의 설립당초의 이사 및 감사는 다음 사람이 된다.

이사(이사장) O O O
이사(상무이사) O O O
이사 O O O
이사 O O O
이사 O O O
감사 O O O

② 제19조의 규정에 불구하고 설립당초의 이사의 임기는 20OO년 12월 31일, 감사의 임기는 20OO년 12월 31일까지로 한다.

위 재단법인 OO회를 설립하기 위하여 이 정관을 작성하고 설립자 전원이 이에 기명날인한다.

20OO년 O월 O일

설립자 O O O (인)

설립자 O O O (인)

(설립자가 수인인 때에는 그 전원이 연기명 날인)

[서식] 발기인 총회의사록

발기인 총회 의사록

1. 일시 : 20OO년 O월 O일 OO시 OO분
2. 장소 : 서울 00구 00로 00길 5층, 대회의실
3. 안건 : 재단법인 "0000재단" 설립
4. 출석임원(발기인) : 7명(김00, 이00, 최00, 최00, 송00, 박00, 박00님)
5. 회의내용

1) 사회자가 참석임원에게 감사드리고 개회를 선언하다.

2) 임시의장 선출
회의장에 임시의장을 선출하기로 하고, 김00씨를 이00씨가 추전하고 최00씨의 재청으로 참석발기인 전원이 참석하여 임시의장을 선출하다.

3) 설립취지문 채택
임시의장 000씨는 별지 00장학재단 설립취지문을 낭독하고 채택여부를 부의하니 000시의 동의와 000씨 재청으로 원안대로 채택하기로 만장일치로 가결하다.

4) 사무소 설치
다음으로 임시의장은 재단법인 00장학재단의 사무소를 서울 00구 00동 00번지에 설치하기로 하였음을 설명하다. 이에 000씨가 동의하고 000씨 재청으로 사무소를 상기주소에 설치하는 것을 만장일치로 가결하다.

5) 법인조직 및 상근 임직원 정수
다음으로 임시의장은 00장학재단의 법인조직 및 상근 임직원 정수에 대하여 심의를 구하자 000씨가 법인조직의 이사장에게 위임하고 상근임직원은 7명으로 하여 재단을 설립키로 제의하고 000씨가 재청하자 참석 발기인 전원이 찬성하여 법인조직 및 상근임직원 정수를 별지

와 같이 심의하여 정하다.

6) 임원의 선임 및 임기결정

임시의장 000씨가 임원의 정수와 선출방법을 부의하자 000씨가 법이 정한 범위안에서 임원의 정수는 이사 0인과 감사 0인으로 하고 이사 선임은 임시의장인 000씨에게 일임하여 이사 0인의 지명 선출 및 그 임기를 정할 것을 제의하자 000씨가 동의하고 000씨의 재청으로 만장일치로 찬성하다.

이에 000씨는 임기 0년 임기이사에 000, 000, 000, 000씨를 0년 임기이사에 000, 000, 000씨를 지명 선출하니 선출자 모두가 수락하고 박수로써 환영하여 가결하다. 이어 감사 0인의 선임을 부의하자 000씨가 0년 임기 감사에 000씨를 추천하여 참석자 모두가 찬성하여 감사를 선출하고 수락의 표시로 취임승낙서를 받기로 하다.

7) 이사장 선임

이어 임시의장은 이사장을 선출할 것을 제의하자 참석자 모두가 000 이사를 추천하고 000이사가 재청하자 000 이사가 수락하다.

8) 재산출연 내용

이어 이사장은 설립자인 000 회장께서 출연한 재산 중 000원은 기본재산으로 0000원 보통재산으로 편입하여 관리하고 잔여액은 사업비등으로 사용토록 할 것을 제의하자 000이사가 재청하고 참석인원 전원이 찬성하여 가결하다.

9) 사업계획 및 예산심의

이어 3개년도 사업계획 및 예산서 및 추정 대차대조표, 추정손익계산서를 별지로 배포하고 심의를 제의하니 심의 후 000 이사가 별지 사업계획 및 예산서에 대하여 동의하고 000씨가 재청하여 원안대로 통과할 것을 만장일치로 가결하다.

10) 정관심의

이어서 임시의장이 별지 정관을 배포하고 심의를 부의하자 부의 후 000이사가 별지 정관에 대하여 동의하고 000씨가 재청하여 원안대로 통과할 것을 참석자 만장일치로 결의하여 정관을 제정하다.

11)서명날인

위의 사실을 명확히 하고 후일에 이를 증명하기 위하여 의사록을 작성하고 발기인 전원이 기명 날인하다.

2000년 0월 0일
재단법인 000회
00시 00구 00로 00(00동)

발기인대표 O O O (인)
발 기 인 O O O (인)
발 기 인 O O O (인)

첨부 : 설립취지문, 재산출연증서사본, 임원추임예정자명단, 사업계획서

[서식] 설립취지문

설 립 취 지 문

21세기 정보화 시대를 맞이한 우리는 지난 반세기 동안, 특유의 근면성과 도전적 창의를 바탕으로 세계가 부러워하는 정보기술 선진국으로서의 명성을 얻고 마침내 정보화 시대 주역으로 입지를 확보해 왔습니다.

특히 천연자원이 부족한 상황에서 경제성장과 국가 발전이 가능했던 것은 무엇보다도 우리 민족의 우수한 두뇌와 교육을 토대로 국가와 사회, 기업 모두가 한마음 한뜻으로 국가의 무궁한 발전을 위해 혼신의 힘을 기울인 성과라고 해도 과언이 아닐 것입니다.

– 중략 –

~~~~00재단을 설립하여 할 것을 약속드리는 바입니다.
~~~~

[서식] 임원취임예정자 인적사항

임원추임 예정자 인적사항

직위	성명	주민등록번호	주소	직업	임기
이사장	000				
이사	000				
이사	000				
이사	000				
이사	000				
이사	000				
감사	000				

[서식] 사업계획서

사 업 계 획 서

1. 기본계획

이 계획은 재단법인 0000재단 설립과 관련하여 정관에서 정한 목적사업의 향후 3개년간의 원할한 수행을 기하는데 있음

2. 장학기금의 확보와 기금모금 추진계획

1) 설립시 설립자로부터 아래와 같이 0000 재산을 출연 받아 기본재산으로 기금 000원을 확보하고, 보통재산은 0000원은 설립 후 곧바로 사업비 집행에 따른 수지 부족분 및 향후 5년간의 수지 부족분을 충당코자 함.

출연자	재산구분	평가액	비고
000	기본재산		
000	기본재산		

	보통재산		
합계			

4. 사무처리

 1) 사무국 설치 및 사무처리

설립과 동시에 사무국을 설치하고 설립 후 곧바로 사업실시

 2) 사무국 예산편성

재단의 독립성을 감안하여 집행예산 전항목 편성

5. 직원의 보수

– 중략 –

[서식] 이사회의사록

이사회의사록

1. 개최일시 : 20OO년 O월 O일 OO시 OO분
1. 개최장소 : OO시 OO구 OO로 OO(OO동) 당 법인 사무실
1. 이사총수 : O명
1. 출석이사수 : O명
1. 감사총수 : O명
1. 출석감사수 : O명

최연장자인 이사 OOO는 위와 같이 법정수에 달하는 이사가 출석하였으므로 본 이사회가 적법히 개최되었음을 알리고 의장을 선출하여 줄 것을 요구한 바, 출석이사 전원일치로 이사 OOO를 의장으로 선출하니 동인은 의장석에 등단하여 다음 의안을 부의하고 심의를 구하다.

제1호 의 안 이사장 선임의 건

의장은 이사 중에서 본회를 대표할 이사장을 선임해야 한다는 취지를 말한 바, 출석이사 전원이 진지하게 토의한 결과 만장일치로 다음과 같이 본회를 대표할 이사를 선임하다.

이사장 O O O (000000-0000000)

OO시 OO구 OO로 OO(OO동)

위 피선자는 즉석에서 취임을 승낙하다.

위 피선자는 즉석에서 취임을 승낙하다.

제2호 의 안 사무소 및 분사무소 설치장소 결정의 건

의장은 본회의 사무소와 분사무소를 다음 장소에 설치함이 상당하다는 취지를 설명하고 그 가부를 물은 바 전원 이의 없이 찬성하여 그를 승인가결하다.

사 무 소 : OO시 OO구 OO로 OO(OO동)

분사무소 : OO시 OO구 OO로 OO(OO동)

의장은 이상으로서 회의목적인 의안 전부의 심의를 종료하였으므로 폐회한다고 선언하다(회의종료시각 : OO시 OO분)

위 결의를 명확히 하기 위하여 이 의사록을 작성하고 의장과 출석한 이사가 기명날인하다.

2000년 0월 0일

재단법인 OOO회

OO시 OO구 OO로 OO(OO동)

의장겸 이사장 O O O (인)

이 사 O O O (인)

이 사 O O O (인)

[서식] 재산목록

재 산 목 록

1. 자산의 부
   (1) 기본재산 금 OOO원
   (2) 보통재산 금 OOO원
      가. 현금　금 OOO원
      나. 예금　금 OOO원
      다. 유가증권　금 OOO원
      라. 비품, 기타(자동차, 사무용품 등)　금 OOO원
   자산의 총액 금 OOOOO원

2. 부채의 부
   (1) 차입금　금 OOO원
   (2) 미불금　금 OOO원
   (3) 전수금　금 OOO원
   부채의 총액 금 OOOOO원

3. 순재산의 총액 금 OOOOO원

위는 설립당초의 당 법인의 재산목록임.

2OOO년 O월 O일

재단법인 OOO회
이사 O　O　O (인)

[서식] 선 임 서

선 임 서

재단법인 OOO회의 이사를 다음과 같이 선임한다.

이사(이사장) O O O (-)
이사(상무이사) O O O (-)
이사 O O O (-)
이사 O O O (-)
감사 O O O (-)

20OO년 O월 O일

재단법인 OOO회
OO시 OO구 OO로 OO(OO동)
설립자 O O O (인)
설립자 O O O (인)
(설립자가 전원이 연기명 날인)

※ 인감증명서를 첨부한다.

[서식] 재단법인 설립등기신청서

재단법인설립등기신청

접수	년 월 일	처리인	접 수	조 사	기 입	교 합	각종통지
	제 호						

등 기 의 목 적	재단법인 설립
등 기 의 사 유	재단법인을 설립하기 위하여 정관을 작성하고(20OO년 O월 O일 창립총회를 마치고) 20OO년 O월 O일 주무관청의 허가를 얻었으므로 다음 사항의 등기를 구함.
설 립 허 가 서 도 착 연 월 일	20ㅇㅇ년 ㅇ월 ㅇ일
주사무소/분사무소 신청구분	1.주사무소 신청 □ 2.분사무소 신청 □ 3.주 · 분사무소 일괄신청 □
등 기 할 사 항	
명 칭	재단법인 영암 장학회
주 사 무 소	서울특별시 ㅇㅇ구 ㅇㅇ로 ㅇㅇ(ㅇㅇ동)
이사의 성명 및 주민등록번호	이사 ㅇ ㅇ ㅇ (OOOOOO-OOOOOOO) 이사 ㅇ ㅇ ㅇ (OOOOOO-OOOOOOO) 이사 ㅇ ㅇ ㅇ (OOOOOO-OOOOOOO)
이사의 대표권에 대한 제한	이사 ㅇ ㅇ ㅇ (OOOOOO-OOOOOOO) 서울특별시 ㅇㅇ구 ㅇㅇ로 ㅇㅇ(ㅇㅇ동) 외에는 대표권 없음
등 기 할 사 항	
목 적	본회는 ㅇㅇㅇㅇㅇㅇ를 행함을 목적으로 한다. 위 목적을 달성하기 위하여 다음 사업을 행한다. 1. ㅇㅇㅇㅇ의 설치 운영 1. ㅇㅇㅇㅇ의 연구 및 조사 1. ㅇㅇㅇㅇ의 장학사업 1. 위 각 호에 관련된 부대사업
분 사 무 소	경기도 OO시 OO구 OO로 OO(OO동)
설립허가연월일	20ㅇㅇ년 ㅇ월 ㅇ일

존립기간 또는 해산사유	법인설립일로부터 만 20년 (또는 해산사유 : 본 법인을 해산하고자 할 때에는 총회 또는 이사회에서 재적구성원 3분의 2 이상의 찬성으로 의결하여 주무관청의 허가를 받아야 한다)
자산의 총액	금 ○○○○○○○원
출 자 방 법	1. 출연금품 1. 찬조금 1. 기타 수입금
기 타	해당 없음

신청등기소 및 등록면허세/수수료

순번	신청등기소	구분	등록면허세	지방교육세	세 액 합 계	등기신청수수료
			금 원	금 원	금 원	금 원
합 계						
등기신청수수료 은행수납번호						
과 세 표 준 액			금 원			

첨 부 서 면

1. 정 관 1통 1. 이사자격증명서 1통 1. 취임승낙서와 인감증명서 1통 1. 주민등록표등(초)본 1통 1. 주무관청 설립허가서 또는 인증 있는 허가서 등본 1통 1. 자산총액증명서(재산목록) 1통	1. 인감신고서 1통 1. 등록면허세영수필확인서 1통 1. 위임장(대리인이 신청할 경우) 1통 〈기 타〉

년 월 일

신청인 명 칭
주사무소
대표자 성 명 ㊞ (전화 :)
주 소

대리인 성 명 주 소	㊞ (전화 :)

지방법원 등기소 귀중

[신청서 작성요령 및 등기수입증지 첩부란]
1. 해당란이 부족할 때에는 별지를 이용합니다.
1. 해당 등기신청과 관계없는 사항에 대하여는 "해당없음"으로 기재하거나 삭제하고, 필요한 사항은 추가 기재합니다.
1. 등기신청수수료 상당의 대법원등기수입증지를 이 난에 붙입니다.

(용지규격 21㎝×29.7㎝)

◈ 등기신청서 기재 요령

신청서는 원칙적으로 한글과 아라비아숫자로 기재합니다(다만 법인의 명칭과 외국인의 성명은 먼저 한글과 아라비아숫자로 기재한 후, 로마자 등의 표기를 병기할 수 있습니다). 신청서의 기재사항 난이 부족할 경우 별지를 사용하고 신청서와 별지 각 장 사이에 간인을 하여야 합니다.

① 등기의 목적

"재단법인 설립"으로 기재합니다.

② 등기의 사유

등기를 신청하는 이유를 기재하는 항목으로, 일반적으로 "재단법인을 설립하기 위하여 정관을 작성하고 재산의 출연을 완료한 후 20○○년 ○월○일 주무관청의 허가를 얻었으므로 다음사항의 등기를 구함"으로 기재합니다.

③ 설립허가서 도착연월일

주무관청으로부터 허가서가 도달한 다음날부터 등기기간을 기산하므로 이를 확인하기 위하여 기재합니다(교부받은 경우는 교부일자임).

④ 본/지점 신청 구분

주사무소에서의 등기신청(주사무소신청 선택), 분사무소에서의 등기신청(분사무소신청 선택), 또는 주사무소 및 분사무소에 관한 등기를 주사무소에서 일괄하여 신청하는지 여부를 표시하는 항목입니다. 법인 설립과 동시에 분사무소를 설치(주사무소와 다른 관할)하여 주사무소 관할 등기소에서 설립등기와 분사무소 설치등기를 일괄하여 동시에 신청하는 경우 본·지점 일괄신청임을 표시하면 됩니다.

⑤ 명칭

정관에 기재된 명칭을 기재하며, 민법법인의 명칭을 등기하는 때에는 재단법인임을 표시하여야 합니다. 등기부상 로마자 등의 표기를 병기하고자 할 경우(대법원 등기예규 제1455호 참조)는 명칭 오른쪽에 괄호를 사용하여 병기할 수 있으며, 병기되는 로마자 등의 표기는 반드시 정관에 기재되어 있어야 합니다.

⑥ 주사무소

이사회 등에서 결의한 사무소의 주된 소재지를 기재하며, 정관에는 소재지를 최소행정구역을 표시함으로써 족하지만 신청서에는 그 소재 지번까지 정확히 기재하여야 합니다.

⑦ 이사의 성명 및 주민등록번호

정관에서 정한 또는 이사회에서 선출된 이사의 성명·주민등록번호를 기재하고, 주민등록번호가 없는 재외국민 또는 외국인의 경우에는 주민등록번호 대신 생년월일을 기재하여야 합니다. 대표권이 있는 이사는 그 주소도 기재하여야 합니다. 외국인의 성명은 국적과 원지음을 한글 등으로 기재한 후, 괄호를 사용하여 로마자 등의 표기를 병기할 수 있습니다(예 : 이사 미합중국인 존에프케네디(John. F. Kennedy)). 이사의 수와 임기는 제한이 없으며 정관으로 정할 수 있습니다.

⑧ 이사의 대표권에 대한 제한

이사는 법인의 사무에 관하여 각자 법인을 대표함이 원칙이나 정관으로 제한할 수 있습니다. 실무상 법인의 대표자에게만 대표권을 주거나 공동으로 대표를 정하는 것으로 대표권을 제한하고 있으며 이에 관한 사항을 기재합니다.

⑨ 목적

목적은 법인이 영위하고자 하는 사업 또는 그 사업을 통하여 법인이 추구하고자 하는 목표를 말합니다. 정관에서 정한 목적을 기재하며 목적의 기재는 사회 관념상 일반인이 어떤 종류의 사업을 영위하고자 하는지 알 수 있도록 구체적으로 특정하여 기재하여야 합니다.

⑩ 분사무소

정관에 분사무소에 관한 규정을 두고 이사회 등에서 분사무소 설치 결의를 하였을 때 기재하며, 주사무소와 동일하게 소재 지번까지 기재하여야 합니다. 설립등기시 본·지점 일괄신청을 하지 않았을 경우, 설립등기 후 3주 이내에 분사무소 소재지 관할등기소에서 분사무소설치 등기신청을 하여야 합니다.

⑪ 설립허가 연월일

주무관청의 설립허가 연월일을 기재합니다. 주무관청으로부터 교부받은 허가서에 기재된 설립허가일자를 의미합니다.

⑫ 존립기간 또는 해산사유

법인이 정관으로 존속기간이나 해산사유를 정한 경우에는 이를 기재합니다. 정관의 필수적 기재사항은 아니나 정한 경우에는 이를 등기하여야 합니다.

⑬ 자산의 총액

법인이 보유하고 있는 정관상의 기본재산은 물론 기타 부동산, 동산 및 채권 등을 포함하는 적극재산의 총액에서 채무 등의 소극재산을 공제한 순재산액을 의미합니다.

⑭ 출자방법

출자방법에 관한 정함은 자산에 관한 규정으로 정관에서 정하여야 하며 정관에 기재된 출자방법을 등기하여야 합니다.

⑮ 신청등기소 및 등록면허세·수수료

신청하는 등기소별로 기재하여야 하며 납부한 등록면허세영수필확인서에 기재된 등록면허세 및 지방교육세 금액을 기재합니다. 등기신청수수료는 등기사항증명서 등 수수료규칙 제5조의4 및 제5조의3에서 정한 금액을 기재합니다. 설립과 동시에 분사무소를 설치하고 주·분사무소 일괄신청을 하는 경우 분사무소 등기신청과 관련된 등록면허세 등을 별도로 납부하여야 합니다.

⑯ 과세표준액

과세표준은 자산의 총액을 기재합니다.

⑰ 첨부서면

등기신청서에 첨부하는 서면을 기재하여야 합니다.

⑱ 신청인 등

설립등기를 신청하는 법인의 명칭과 주사무소, 대표자의 성명과 주소를 기재하며, 위임받은 대리인이 신청할 경우 대리인의 성명과 주소를 기재합니다. 대표자는 등기신청과 동시에 제출하는 법인 인감도장을 날인하여야 하며 대리인의 경우는 날인할 도장에 대한 제한은 없습니다.

◈ 등기신청서에 첨부할 서면

1. 정관

법인을 설립하고자 하는 자는 법인의 근본 규칙을 정하여 서면에 기재하고 기명날인하여야 합니다. 이 서면을 정관이라 하며 정관의 기재사항 중에는 그 기재가 없거나 위법인 때에는 효력이 생기지 않는 필요적 기재사항, 정관에 기재하지 않아도 무효나 설립허가 취소는 아니나 정관에 기재되면 필요적 기재사항과 같은 효력이 있는 임의적 기재사항이 있습니다.

가. 필요적 기재사항

- ▸ 목 적 : 법인은 법률의 규정에 좇아 정관으로 정한 목적 범위 내에서 권리능력이 있습니다. 법인의 목적은 법인이 영위하고자 하는 사업을 말하며 재단법인은 비영리 법인으로 학술·종교·자선·기예·기타 영리 아닌 사업을 목적으로 하여야 합니다. 법인의 목적은 법인의 권리능력의 범위와 관련되므로 정관의 목적은 권리능력의 범위를 명확히 확인할 수 있을 정도로 구체적으로 기재하여야 합니다. 일반적으로 "본회는 ○○○○○○ 를 행함을 목적으로 한다"라는 등으로 기재합니다.
- ▸ 명 칭 : 법인의 명칭은 재단법인이라는 문자를 반드시 사용해야 하는 것은 아니지만 등기부상에는 법인의 종류를 표시하고 있습니다. 주무관청의 허가시 명칭을 정하여 허가하고 있으며 일반적으로 본 법인은 "재단법인 ○○○회 라고 칭한다"라는 등으로 기재합니다.
- ▸ 사무소 소재지 : 법인 사무소란 법인 사업을 총괄하는 장소로서 사무소 소재지 모두(주사무소 분사무소

포함)를 정관에 기재하여야 하며 그 중 하나를 주사무소로 정하여야 합니다. 정관상 기재의 정도는 법률에 정함은 없으나 최소행정구역 정도의 기재로 가능하다고 해석하고 있습니다.

※ 정관 기재사항인 사무소 소재지는 주사무소 만을 의미하지 않고 분사무소도 포함하는 개념으로, 법인 설립등기시 뿐만 아니라 설립등기 후에 분사무소를 설치하는 경우에도 정관에 분사무소 소재지가 기재되어야 하며 그렇지 않을 경우 정관변경 절차를 거친 후 주무관청의 허가를 받아야 합니다.

- ▸ 자산에 관한 사항 : 법인의 목적달성을 위하여 자산이 반드시 필요하며 정관상으로 자산의 종류, 구성, 운용방법 등을 정하여야 하며 그 중 자산의 총액이 등기사항입니다. 일반적으로 자산의 표시 정도는 종류, 구성, 운용방법, 각 사원의 출자액, 출자 의무 등에 관한 규정을 기재하고 있습니다.
- ▸ 이사의 임면에 관한 규정 : 이사는 법인의 상설의 필수기관으로 원수·자격·임기·선임 및 해임방법 등은 민법에 별도의 규정은 없고 정관으로 정하도록 하고 있습니다. 따라서 이사의 임면에 관한 사항은 정관의 필요적 기재사항이며 특히 이사의 성명·주민등록번호는 등기사항입니다.

※ 민법상 법인의 감사는 임의적인 기관으로 정관으로 둘 수 있으나 등기사항은 아니며 공익법인의 설립·운영에 관한 법률에 의하여 설립된 공익법인은 감사가 필수기관이나 이 또한 등기사항은 아닙니다.

나. 임의적 기재사항

정관에 기재하지 않더라도 정관의 효력에는 영향이 없으나 일단 정관에 기재하면 필요적 기재사항과 같은 효력이 발생하는 것을 말합니다. 임의적 기재사항으로 정관변경에 관한 사항, 존속기간이나 해산사유를 정한 때에는 그 시기 또는 사유, 이사의 대표권 제한 및 권한의 위임에 관한 사항, 감사 선임에 대한 사항 등이 이에 해당됩니다.

다. 기타

정관은 상법상의 주식회사 등과 달리 공증을 받아야 한다는 규정이 없으므로 공증인의 인증을 받을 필요가 없습니다. 다만 등기신청시 첨부되는 정관은 주무관청의 허가를 받은 것이어야 합니다.

2. 이사자격증명서(정관 등)

이사의 임면에 관하여는 민법에는 구체적인 규정이 없고 정관에서 정하도록 규정하고 있으며, 이사 선임을 상급단체의 기관에 위임하거나 행정기관에 선임 권한을 부여하는 경우도 있으나 통상 이사회에서 선임하도록 정하고 있습니다. 등기신청시 정관으로 정한 방법으로 선임된 이사의 자격 증명서면을 첨부하여야 합니다.

3. 취임승낙서(인감증명서나 본인서명사실확인서 또는 전자본인서명확인서의 발급증 포함)

이사는 취임함으로써 법적인 책임과 의무가 부과되므로, 취임자의 진정한 의사를 확인하기 위하여 취임자의 인감도장을 날인한 취임승낙서와 인감증명법에 의하여 신고한 인감증명서(발행일로부터 3개월 이내)나 본인서명사실확인서 또는 전자본인서명확인서의 발급증을 첨부하여야 합니다. 취임하는 자가 외국인인 경우에는 그 서면에 본국 관청에 신고한 인감을 날인하고 그 인감증명서를 첨부할 수 있으며, 본국에 인감증명제도가 없는 외국인의 경우에는 본인이 서명을 하였다는 본국 관청의 증명서면이나 공증인의 공증서면으로 대신할 수 있습니다.

4. 주민등록표등(초)본

취임하는 이사는 주민등록번호 및 주소를 증명하는 서면으로 주민등록표등(초)본을 제출하여야 합니다. 대표권 제한으로 인하여 대표권 없는 이사는 주민등록증 사본, 자동차운전면허증 사본으로도 가능합니다.

5. 주무관청 설립허가서 또는 그 인증 있는 등본

민법상의 법인은 반드시 주무관청의 허가를 받아야 하며 설립등기시 첨부서면으로 허가서 또는 허가기관이 인증한 등본을 첨부하여야 합니다. 허가서 원본을 제출한 경우 허가서 사본에 대하여 등기관이 원본대조필을 한 후 원본을 반환받을 수 있습니다.

6. 자산총액증명서(재산목록)

민법법인의 정관은 자산에 관한 규정을 두어야 하고, 등기부에는 자산의 총액을 등기하도록 규정하고 있습니다. 자산의 총액을 등기하는 경우 실제와 부합하는 등기를 위하여 재산목록(자산에 관한 사항, 부채에 관한 사항 그리고 순재산총액을 기재한 서면)을 첨부하여야 합니다.

7. 인감신고서

등기신청서에 기명날인할 사람(법인의 대표자 등)은 미리(설립등기와 동시에) 등기소에 인감을 제출하여야 합니다. 인감신고서에는 인감증명법에 의한 인감을 날인하고 발행일로부터 3월 이내의 인감증명서를 첨부하여야 합니다. 또한 인감신고서와 함께 인감대지(인감의 제출·관리 및 인감증명서 발급에 관한 업무처리지침 별지 제2호 양식)도 함께 제출하여야 합니다.

8. 등록면허세영수필확인서

주사무소 소재지 관할 시·군·구청장으로부터 등록면허세납부서를 발부받아 납부한 후 등록면허세영수필확인서를 첨부하여야 합니다. 법인설립과 동시에 분사무소를 설치하여 주·분사무소 일괄신청을 하는 경우는 분사무소 소재지 관할 시·군·구청장으로부터 별도의 등록면허세납부서를 발부받아 납부한 후 등록면허세영수필확인서를 첨부하여야 합니다. 대통령령으로 정하는 대도시 내에서의 설립등기시에는 당해 세율의 3배의 등록면허세를 납부하여야 합니다. 여기서 대도시라 함은 수도권정비계획법 시행령 제9조 별표1에 지정되어 있는 권역을 의미합니다.

9. 위임장

등기신청권자 이외의 대리인에 의하여 등기신청을 하는 때에는 그 권한을 증명하는 서면으로 위임장을 첨부하여야 합니다. 실무상 수임자, 위임자, 위임내용을 기재하고 등기소에 제출하는 인감을 날인합니다.

10. 기타

- 이사회의사록 : 재단법인 설립등기시 이사회의사록은 필요적 첨부서면은 아니나 정관에서 이사회의 권한으로 정하고 있는 사항을 이사회에서 결의한 경우 이사회의사록을 첨부하여야 합니다.
- 의사록 공증 : 등기신청시 의사록을 첨부할 경우 공증인의 인증을 받아야 합니다(다만 공증인법 시행령 제2조의 3에 따라 법무부장관이 지정・고시한 인증 제외대상 법인은 공증인의 인증이 면제됨).
- 번역문 : 등기신청 서류 중 외국어로 작성된 문서는 이를 번역하여 번역문을 첨부하여야 하며, 번역인의 자격에는 제한이 없으나 번역인의 성명 주소를 기재하고 기명날인 또는 서명하여야 합니다.
- 법인인감카드 발급 : 법인인감증명서는 법인인감카드 또는 전자증명서(HSM USB)로 발급받을 수 있으므로 등기 완료 후 법인인감도장을 지참하여 법인인감카드 또는 전자증명서(HSM USB)를 발급받으시기 바랍니다.

◉ 등기신청서 편철순서

신청서, 등록면허세영수필확인서, 주무관청설립허가서, 정관, 취임승낙서, 인감증명서나 본인서명사실확인서 또는 전자본인서명확인서의 발급증, 주민등록표등(초)본(취임승낙서, 인감증명서, 주민등록표등(초)본은 임원별로 편철), 자산총액증명서, 인감신고서, 위임장 등의 순서로 편철하시면 업무처리에 편리합니다.

◉ 기타

1. 민법상 법인은 비영리를 목적으로 하는 것이며 그 사무가 공공의 이해관계에 영향이 크므로 부정한 목적으로 법인이 설립 운영되는 것을 방지하기 위하여 주무관청이 검사 감독하고 있습니다. 등기신청시 첨부되는 정관, 의사록 등의 서면은 주무관청으로부터 설립허가를 받기 위하여 제출되는 서면들이므로 법인설립 준비를 위하여 주무관청에 먼저 문의하시는 것이 필요합니다.

2. 사회일반의 이익에 이바지하기 위하여 학자금·장학금·연구비 등의 보조나 기타 학술·자선 등을 목적으로 하는 재단법인을 설립하고자 하는 경우 민법 외에 공익법인의 설립·운영에 관한 법률의 적용을 받습니다(법인 설립의 근거법령은 설립허가증에 명기되어 있음). 공익법인의 설립·운영에 관한 법률의 적용을 받을 경우 민법에 우선하여 같은 법의 적용을 받게 되므로 정관의 기재사항, 이사의 원수·임면, 정관변경 등에 관한 구체적인 내용은 관련법령을 참조합니다.

[서식] 정관

재단법인 ○○○회 정관

제1장 총 칙

제1조 (명 칭) 본 법인은 "재단법인 영암 장학회"(이하 "본회"라 한다)이라 한다.

제2조 (사무소와 분사무소) 본회는 사무소를 OO시 OO구 OO로 OO(OO동)에 두고 분사무소를 OO시 OO구 OO로 OO(OO동)에 둔다.

제3조 (목 적) 본회는 회사일체의 이익에 공여하기 위하여 공익법인의 설립, 운영에 관한 법률 규정에 따라 장차 국가의 미래를 짊어질 세계적 수준의 젊은 인재를 적극 발굴하고 키워 나가는 장학사업을 실시함으로써 핵심인재를 양성하여 국가발전에 기여함함을 목적으로 한다.

제4조 (사 업) 본회는 전조의 목적을 달성하기 위하여 다음 사업을 행한다.

1. OOOO의 설치 운영
2. OOOO의 연구 및 조사
3. OOOO의 공동구입 및 판매알선
4. OOOO의 연구조사
5. 기타 위 각 호에 부대하는 사업

제2장 자산 및 회계

제5조 (출자방법) 본회의 출자방법은 다음과 같다.

1. 출연금품
2. 찬조금
3. 기타 수입금

제6조 (자산의 구성) 본회의 자산은 다음 각 호에 게기한 것으로 구성한다.

1. 별지 목록 기재의 재산
2. 회 비
3. 자산으로부터 생기는 과실
4. 사업에 따른 수입
5. 기타 수입

제7조 (자산의 종류)

① 본회의 자산은 이를 기본재산과 보통재산 2종으로 한다.

② 기본재산은 다음 각 호에 게기한 것으로 하되 이를 처분하거나 담보로 제공할 수 없다. 다만, 부득이한 사유가 있는 때에는 이사총수의 3분의 2 이상의 동의를 얻어 주무관청의 허가를 받아 그 일부를 처분하거나 담보로 제공할 수 있다.

1. 별지 목록 기재의 재산 중 기본재산으로 기재된 재산
2. 기본재산으로 하기로 지정하여 출연된 재산
3. 이사회에서 기본재산으로 하기로 결의한 재산

③ 보통재산은 기본재산의 원본 이외의 재산으로 한다.

제8조 (경비지출) 본회의 경비는 보통재산에서 지출한다.

제9조 (자산의 관리) 본회의 자산은 이사회의 결의에 의하여 정한 관리방법에 따라 이사장이 관리한다.

제10조 (현금보관) 자산 중에서 현금은 금융기관에서 예치하거나 국채 또는 공채등 확실한 유가증권으로 바꾸어 보관한다.

제11조 (잉여금의 처분) 회계연도 말에 잉여금이 생긴 때에는 이사회의 결의에 따라 그 전부 또는 일부를 기본재산으로 하거나 다음 회계연도에 이월시킨다.

제12조 (예산의 의결, 결산의 승인)

① 본회의 매년도 세입세출예산은 연도개시 전에 이사회의 결의에 의하여 이를 정한다.

② 세입세출결산은 연도 종료 후 1월 내에 연도말 현재의 재산목록과 함께 감사의 감사를 거쳐 이사회의 승인을 받아야 한다.

제13조 (특별회계)

① 본회는 수익사업을 행하거나 또는 기타 필요한 때에는 이사회의 결의에 의하여 특별회계를 둘 수 있다.

② 전항의 특별회계는 전조의 세입세출예산에 계정해야 한다.

제14조 (수익 등의 사용) 전조의 특별회계로부터 생긴 수익 또는 잉여금은 이를 모두 기본재산이나 보통재산으로 하여야 한다.

제15조 (회계연도) 본회의 회계연도는 매년 1월 1일에 시작하여 12월 31일에 종료한다.

제3장 임원 및 직원

제16조 (임원의 종별 및 원수) 본회에는 다음의 임원을 둔다.

이사 5인 이상 15인 이내(이사장 1인, 상무이사 1인 포함)

감사 2인 이내

제17조 (임원의 선임)

① 이사 및 감사는 이사회의 결의에 의하여 선임한다.

② 이사장 및 상무이사는 이사 중에서 이사회의 결의에 의하여 선임한다.

③ 전 2항의 임원은 겸할 수 없다

제18조 (임원의 직무)

① 이사장은 본회의 업무를 통괄하고 본회를 대표한다.

② 상무이사는 이사장을 보좌하여 통상업무를 처리하고 이사장 유고시에는 이사장의 직무를 대행한다.

③ 이사는 이사회를 조직하고 업무집행을 결정한다.

④ 감사는 민법 제67조의 업무를 행한다.

제19조 (임원의 임기)

① 이사의 임기는 3년, 감사의 임기는 2년으로 한다. 단, 재임할 수 있다.

② 보궐을 위하여 취임한 임원의 임기는 전임자의 잔여기간으로 한다.

제20조 (임기만료 등의 경우) 임원은 사임 또는 임기만료된 때에는 후임자가 선임될 때까지는 그 직무를 행한다.

제21조 (임원의 해임)

① 임원이 본회의 명예를 훼손하거나 본회의 목적에 반하는 행위를 한 때 또는 임원의 직무를 위반한 때에는 이사회의 결의에 의하여 해임할 수 있다.

② 임원의 해임은 이사정수의 3분의 2 이상의 찬성으로 의결한다.

제22조 (직 원) 본회는 간사, 서기, 기타의 유급직원을 두며 이사장이 임면한다.

제4장 이 사 회

제23조 (구 성) 이사회는 이사로서 구성한다.

제24조 (이사회의 소집)

① 이사회는 이사장이 소집한다.

② 이사장은 이사 5분의 1 이상 또는 감사가 회의의 목적사항을 제시하여 청구한 때에는 이사회를 소집해야 한다.

제25조 (의 장) 이사장은 이사회의 의장이 된다.

제26조 (개회의 정족수) 이사회는 이사과반수의 출석이 없으면 개회하지 못한다.

제27조 (의결의 정족수)

① 이사회의 의사는 이 정관에 특별한 규정이 없는 한 출석이사 과반수로서 이를 의결한다.

② 가부동수일 때는 의장이 이를 결정한다.

제28조 (서면에 의한 표결 및 표결의 위임) 부득이한 사유로 이사회에 출석할 수 없는 이사는 사전에 통지된 사항에 한하여 서면으로 표결할 수 있고, 다른 이사에게 표결권을 위임할 수 있다.

이때 서면으로 표결하거나 표결을 위임한 이사는 출석한 것으로 본다.

제29조 (이사회에 부여할 사항) 다음에 게기하는 사항은 이사회에 부의한다.

1. 사업계획
2. 세입세출의 예산 및 결산에 관한 의안
3. 정관변경에 관한 의안
4. 기타 법인운영 및 회무집행에 관하여 이사장이 부의한 사항

제30조 (의사록) 이사회의 의사에 관하여는 다음에 게기하는 사항을 기재한 의사록을 작성하여 의장과 출석한 이사가 기명날인하여야 한다.

1. 회의일시 및 장소
2. 이사의 현재 수
3. 출석한 이사의 수(표결권을 위임한 이사 포함)
4. 의결사항
5. 의사의 경과요령 및 발언자의 발언요지

제5장 정관의 변경 및 해산

제31조 (정관의 변경) 이 정관은 이사회에서 이사총수의 3분의 2 이상의 동의를 얻고 주무관청의 허가를 받아 이를 변경할 수 있다.

제32조 (해산, 잔여재산의 처분)

① 본회는 민법 제77조 제1항의 규정에 의하여 해산한다.

② 본회가 해산한 때의 잔여재산은 이사회의 결의를 거쳐 주무관청의 허가를 받아 본회의 유사한 목적을 가진 다른 단체에 출연한다.

제6장 부 칙

제1조 (시행세칙) 이 정관의 시행에 필요한 시행세칙은 이사회의 결의에 의하여 이를 따로 정한다.

제2조 (설립당초의 임원 및 그 임기)

① 본회의 설립당초의 이사 및 감사는 다음 사람이 된다.

이사(이사장) O O O

이사(상무이사) O O O

이사 O O O

이사 O O O

이사 O O O

감사 O O O

② 제19조의 규정에 불구하고 설립당초의 이사의 임기는 20OO년 12월 31일, 감사의 임기는 20OO년 12월 31일까지로 한다.

위 재단법인 OO회를 설립하기 위하여 이 정관을 작성하고 설립자 전원이 이에 기명날인한다.

20OO년 O월 O일

설립자 O O O (인)

설립자 O O O (인)

(설립자가 수인인 때에는 그 전원이 연기명 날인)

[서식] 이사회의사록

이사회의사록

1. 개최일시 : 2000년 0월 0일 00시 00분
1. 개최장소 : 00시 00구 00로 00(00동) 당 법인 사무실
1. 이사총수 : 0명
1. 출석이사수 : 0명
1. 감사총수 : 0명
1. 출석감사수 : 0명

최연장자인 이사 000는 위와 같이 법정수에 달하는 이사가 출석하였으므로 본 이사회가 적법히 개최되었음을 알리고 의장을 선출하여 줄 것을 요구한 바, 출석이사 전원일치로 이사 000를 의장으로 선출하니 동인은 의장석에 등단하여 다음 의안을 부의하고 심의를 구하다.

제1호 의 안 이사장 선임의 건

의장은 이사 중에서 본회를 대표할 이사장을 선임해야 한다는 취지를 말한 바, 출석이사 전원이 진지하게 토의한 결과 만장일치로 다음과 같이 본회를 대표할 이사를 선임하다.

이사장 0 0 0 (000000-0000000)
00시 00구 00로 00(00동)

위 피선자는 즉석에서 취임을 승낙하다.

위 피선자는 즉석에서 취임을 승낙하다.

제2호 의 안 사무소 및 분사무소 설치장소 결정의 건

의장은 본회의 사무소와 분사무소를 다음 장소에 설치함이 상당하다는 취지를 설명하고 그 가부를 물은 바 전원 이의 없이 찬성하여 그를 승인가결하다.

사 무 소 : OO시 OO구 OO로 OO(OO동)
분사무소 : OO시 OO구 OO로 OO(OO동)

의장은 이상으로서 회의목적인 의안 전부의 심의를 종료하였으므로 폐회한다고 선언하다
(회의종료시각 : OO시 OO분)

위 결의를 명확히 하기 위하여 이 의사록을 작성하고 의장과 출석한 이사가 기명날인하다.

2000년 0월 0일

재단법인 OOO회
OO시 OO구 OO로 OO(OO동)
의장겸 이사장 O O O (인)
상무이사 O O O (인)
이 사 O O O (인)

[서식] 설립당초의 기본재산목록

설립당초의 기본재산목록

1. 기본재산 총괄표

재산명	수량	평가액	비고
현금 주식	00주	00원	원/주
합계		00원	

2. 기본재산 세부목록

재산명	종별 (소재지)	수량 (지적)	단가	평가액	비고
현금 주식		00주		00원	
합계				00원	

[서식] 현재의 기본재산목록

현재의 기본재산목록

1. 기본재산 총괄표

재산명	수량	평가액	비고
현금 주식	00주	00원	원/주
합계		00원	

2. 기본재산 세부목록

재산명	종별 (소재지)	수량 (지적)	단가	평가액	비고
현금 주식		00주		00원	
합계				00원	

[서식] 자산총액증명서

자산총액증명서

금 0000원정

위 금액은 한국증권 00동지점 1234-5678-910(계좌명:00장학재단) 보유주식 00기업 00주를 10월 0일 종가로 평가한 금액 000,000,000원 중의 일부임을 증명함

2000년 0월 0일

보관인 00증권 00동지점

지점장 000

서울시 00구 00동 00번지

[서식] 선 임 서

선 임 서

재단법인 OOO회의 이사를 다음과 같이 선임한다.

이사(이사장) O O O (-)
이사(상무이사) O O O (-)
이사 O O O (-)
이사 O O O (-)
감사 O O O (-)

2000년 0월 0일

재단법인 OOO회
OO시 OO구 OO로 OO(OO동)
설립자 O O O (인)
설립자 O O O (인)
(설립자가 전원이 연기명 날인)

[서식] 취임승낙서

취 임 승 낙 서

다음 사람은 2000, 0. 0. 귀 00원 설립 총회에서 이사 및 감사에 선출되었으므로 그 취임을 각 승낙합니다.

2000년 0월 0일
이 사 O O O (인)

이 사 ○ ○ ○ (인)
이 사 ○ ○ ○ (인)
감 사 ○ ○ ○ (인)

재단법인 000장학재단 귀중

*취임승낙서에 각 취임임원은 인감을 날인하고 인감증명서를 첨부하여야 한다.

[서식] 인감신고서

인감 · 개인(改印) 신고서

(신고하는 인감날인란) (인감제출자에 관한 사항)

상호(명 칭)		사단법인 OOOO	등기번호	
본점(주사무소)		OO시 OO구 OO로 OO(OO동)		
인감제출자	자격/성명	이사장 ○ ○ ○		
	주민등록번호	OOOOOO-OOOOOOO		
	주 소	OO시 OO구 OO로 OO(OO동)		

□ 위와 같이 인감을 신고합니다.
□ 위와 같이 개인(改印)하였음을 신고합니다.

년 월 일

(인감 날인란)

신고인 본 인 성 명 (인)
대리인 성 명 (인)

지방법원 등기소 귀중

주 1. 인감 날인란에는 「인감증명법」에 의하여 신고한 인감을 날인하고 그 인감증명서(발행일로부터 3개월 이내의 것)를 첨부하여야 합니다. 개인(改印)신고의 경우, 개인 인감을 날인하는 대신에 등기소에 신고한 유효한 종전 인감을 날인하여도 됩니다.
2. 인감 · 개인신고서에는 신고하는 인감을 날인한 인감대지를 첨부하여야 합니다.
3. 지배인이 인감을 신고하는 경우에는 인감제출자의 주소란에 지배인을 둔 장소를 기재하고, 「상업등기규칙」 제36조제4항의 보증서면(영업주가 등기소에 신고한 인감 날인)을 첨부하여야 합니다. 위 보증서면은 아래의 보증서면란에 기재하는 것으로 갈음할 수 있습니다.

보 증 서 면

위 신고하는 인감은 지배인 OOO의 인감임이 틀림없음을 보증합니다.

대표이사 (법인인감)

위 임 장

성 명 : 주민등록번호(-)
주 소 :

위의 사람에게, 위 인감신고 또는 개인신고에 관한 일체의 권한을 위임함.

20 년 월 일

인감(개인) 신고인 성 명 (인)

[서식] 인감대지

인 감 대 지

	신고하는 인감날인란	상 호(명 칭) : 사단법인 OOOOO 자격 및 성명 : 이사장 O O O 주민등록번호 : OOOOOO-OOOOOOO

[서식] 인감카드 등 (재)발급신청서

인감카드 등 (재)발급신청서

(인감제출자에 관한 사항)

상호(명 칭)			등기번호	
본점(주사무소)				
인감 제출자	자격 / 성명			
	주민등록번호			

발급사유	␣ 최초발급 ␣ 카드분실 ␣ 카드훼손 ␣ 인감증명서발급기능 ␣ 기타 ( )		
매체구분	␣ 인감카드 ␣ HSM USB	인감카드 비밀번호	

위와 같이 인감카드 등의 (재)발급을 신청합니다.

년 월 일

신청인 인감제출자 (본 인) 성 명 (인) (전화 :)
(대리인) 성 명 (인) (전화 :)

지방법원 등기소 귀중

접수번호		인감카드번호	

- 대법원수입증지를 붙이는 란 -

주 1. 인감카드 비밀번호란에는 (재)발급받아 사용할 인감카드의 비밀번호를 기재하며, 아라비아숫자 6자릿수를 기재하여야 합니다. 비밀번호는 인감카드와 함께 인감증명서의 발급을 신청할 권한이 있는 것으로 보게 되는 중요한 자료이므로 권한이 없는 사람이 알지 못하도록 주의하시기 바랍니다.

2. 인감카드의 재발급을 신청할 때에는 「등기부 등 · 초본 등 수수료규칙」 제5조의7에 의하여 5,000원 상당의 대법원수입증지를 이 란에 붙여야 합니다. 다만, 인감카드를 반납할 때에는 붙일 필요가 없습니다.

위 임 장

성 명 : 주민등록번호(　　　　　–　　　　　)
주 소 :

위의 사람에게, 위 인감신고 또는 개인신고에 관한 일체의 권한을 위임함.

20　　년　　　월　　　일

인감(개인) 신고인 성 명　　　　　　(인)

[서식] 전자증명서발급신청서

전자증명서발급신청서

(신청인에 관한 사항)

상호(명칭)				등기번호	
본점(주사무소)				관할등기소	
지점(분사무소)				관할등기소	
신청인	자격 / 성명		주민등록번호		
	주 소				
	전화번호				
	전자우편주소				
지배인의 발급신청에 대한 대표자의 확인		지배인 ○○○의 전자증명서 발급신청을 확인함		대표자 ○○○ (법인인감)	

발 급 사 유	␣ 신규발급 ␣ 변경발급 ␣ 갱신발급 ␣ 초기화발급

법무법인 · 법무법인(유한) · 법무사합동법인의 지배인	␣ 법무사 ␣ 변호사	자격등록번호	

위와 같이 전자증명서의 발급을 신청합니다.

년 월 일

신청인 본 인 성 명 (법인인감)
대리인 성 명(명 칭) (인) (전화 :)
(자격등록번호 :)

지방법원 등기소 귀중

접수번호		첨부서면	1. 신분증명서 2. 자격을 증명하는 서면의 사본

– 대법원등기수입증지를 붙이는 란 –

주 1. 신청인란에는 대표이사 등 전자증명서를 발급받는 사람에 관한 사항을 기재합니다.

2. 전자증명서의 비밀번호는 아라비아숫자 6개 내지 8개로 구성하며 인감증명서 발급용 비밀번호는 아라비아숫자 6개로 구성합니다.

3. 변경발급 또는 갱신발급의 경우에는 전자증명서를 제시하여야 하나, 신청서 또는 위임장에 법인인감이나 개인인감을 날인할 필요는 없습니다.

4. 전자증명서를 신규발급 또는 초기화발급 받은 경우에는 발급일부터 10일 이내에 대법원 인터넷등기소(http://www.iros.go.kr)에서 이용등록을 하여야 합니다.

5. 대리인의 자격등록번호, 법무법인 · 법무법인(유한) · 법무사합동법인의 지배인이 자격자대리인인 경우 그 자격등록번호를 기재하여야 합니다.

위 임 장

성 명 (명 칭) :

사무소 소재지 :

위 사람에게, 전자증명서 발급신청과 그 수령 등에 관한 일체의 권한을 줌.

20 년 월 일

위임인 성 명 (법인인감)

[서식] 인감카드 등 (재)발급신청서

인감카드 등 (재)발급신청서

<table>
<tr><td colspan="2">상호(명칭)</td><td colspan="3"></td><td>등기번호</td><td></td></tr>
<tr><td colspan="2">본점(주사무소)</td><td colspan="5"></td></tr>
<tr><td rowspan="2">인감
제출자</td><td>자격 / 성명</td><td colspan="5"></td></tr>
<tr><td>주민등록번호</td><td colspan="5"></td></tr>
</table>

<table>
<tr><td colspan="2">발급사유</td><td colspan="3">␣ 최초발급 ␣ 카드분실 ␣ 카드훼손 ␣ 인감증명서발급기능
␣ 기타 ( )</td></tr>
<tr><td>매체구분</td><td>␣ 인감카드 ␣ HSM USB</td><td>인감카드 비밀번호</td><td colspan="2">(변경 후 :)</td></tr>
<tr><td>수수료</td><td>금 원</td><td>납부번호</td><td colspan="2"></td></tr>
</table>

위와 같이 인감카드 등의 (재)발급을 신청합니다.

년 월 일 (인감 날인란)

신청인 인감제출자 (본 인) 성 명 (인) (전화 :)

(대리인) 성 명 (인) (전화 :)

지방법원 등기소 귀중

접수번호		인감카드번호	

주 1. 인감카드 비밀번호란에는 (재)발급받아 사용할 인감카드의 비밀번호를 기재하며, 아라비아숫자 6자릿수를 기재하여야 합니다. 다만, 인감카드 재발급의 경우에는 기존 인감카드의 비밀번호와 재발급받아 사용할 인감카드의 비밀번호(변경 후)를 기재하여야 합니다.

2. 인감카드 (재)발급을 신청하는 경우에는 등기소에 제출한 인감을 날인하여야 합니다. 다만, 인감카드 재발급의 경우 기존 인감카드 비밀번호를 기재할 수 없을 때에는 인감

제출자 본인은 신분증명서 사본을, 위임에 의한 대리인은 인감제출자가 「인감증명법」에 따라 신고한 인감을 신청서에 날인하고 그 인감증명서 및 대리인의 신분증명서 사본을 각각 첨부하여야 합니다.

3. **인감카드**의 **재발급**을 **신청**할 때에는 「등기사항증명서 등 수수료규칙」으로 정하는 **수수료를 납부**하여야 합니다. **다만, 인감카드를 반납할 때에는 수수료를 납부할 필요가 없습니다.**

위 임 장

성 명 : 주민등록번호(-)

주 소 :

위의 사람에게, 위 (재)발급신청서에 기재된 인감카드 등의 발급신청과 그 수령 등에 관한 일체의 권한을 위임함.

20 년 월 일

인감신고인 성 명 (인) (전화)

[서식] 사단(재단)법인 설립등기신청서

사단(재단)법인설립등기신청

접수	년 월 일	처리인	접 수	조 사	기 입	교 합	각종통지
	제 호						

등기의목적	사단(재단)법인의 설립
등기의사유	사단(재단)법인을 설립하기 위하여 정관을 작성하고(20○○년 ○월 ○일 창립총회를 마치고) 20○○년 ○월 ○일 주무관청의 허가를 얻었으므로 다음 사항의 등기를 구함.
설립허가서 도착연월일	20○○년 ○월 ○일
주사무소/분사무소 신청구분	1.주사무소 신청 ☐ 2.분사무소 신청 ☐ 3.주·분사무소 일괄신청 ☐
등 기 할 사 항	
명 칭	사단(재단)법인 ○○○종중
주사무소	OO시 OO구 OO로 OO(OO동)
이사의 성명 및 주민등록번호	이사 ○ ○ ○ (OOOOOO-OOOOOOO) 이사 ○ ○ ○ (OOOOOO-OOOOOOO) 이사 ○ ○ ○ (OOOOOO-OOOOOOO) 이사 ○ ○ ○ (OOOOOO-OOOOOOO)
이사의 대표권에 대한 제한	이사 ○ ○ ○(OOOOOO-OOOOOOO) OO시 OO구 OO로 OO(OO동) 외에는 대표권 없음
등 기 할 사 항	
목 적	1. 본 법인 소유 재산의 유지, 보존, 관리에 관한 사업 1. 시조의 위업현양, 유적보존, 관리에 관한 사업 1. 선조의 위업현양 및 문화유물의 수호, 보존, 관리 및 개발에 관한 사업

<table>
<tr><td></td><td colspan="6">1. 선조제향 봉행과 제각, 단소관리, 보존에 관한 사업
1. 장학 및 육영에 관한 사업
1. 문화 및 복지에 관한 사업
1. 효행, 모범, 유공, 표창 및 포상
1. 대종보 및 제문헌의 수집 편역과 종족에 관련된 전기 등 발간사업
1. 기타 위 목적 달성에 부대되는 일체의 사업</td></tr>
<tr><td>분 사 무 소</td><td colspan="6">OO시 OO구 OO로 OO(OO동)</td></tr>
<tr><td>설립허가연월일</td><td colspan="6">20○○년 ○월 ○일</td></tr>
<tr><td>존립기간 또는 해산사유</td><td colspan="6">없음</td></tr>
<tr><td>자산의 총액</td><td colspan="6">금 ○○○○○원</td></tr>
<tr><td>출 자 방 법</td><td colspan="6">1. 회비(사단법인의 경우)
1. 출연금품
1. 찬조금
1. 기타 수입금</td></tr>
<tr><td>기 타</td><td colspan="6">해당 없음</td></tr>
<tr><td colspan="7">신청등기소 및 등록면허세/수수료</td></tr>
<tr><td>순번</td><td>신청등기소</td><td>구분</td><td>등록면허세</td><td>지방교육세</td><td>세액합계</td><td>등기신청수수료</td></tr>
<tr><td></td><td></td><td></td><td>금 원</td><td>금 원</td><td>금 원</td><td>금 원</td></tr>
<tr><td></td><td></td><td></td><td></td><td></td><td></td><td></td></tr>
<tr><td></td><td></td><td></td><td></td><td></td><td></td><td></td></tr>
<tr><td></td><td></td><td></td><td></td><td></td><td></td><td></td></tr>
<tr><td colspan="3">합 계</td><td></td><td></td><td></td><td></td></tr>
<tr><td colspan="4">등기신청수수료 은행수납번호</td><td colspan="3"></td></tr>
<tr><td colspan="3">과 세 표 준 액</td><td colspan="4">금 원</td></tr>
<tr><td colspan="7">첨 부 서 면</td></tr>
<tr><td colspan="4">1. 정 관 통</td><td colspan="3">1. 주무관청의 설립허가서(또는</td></tr>
</table>

1. 창립총회의사록(이사선임서)	통	인증있는 허가서 등본)	통
1. 취임승낙서와 인감증명서	통	1. 인감신고서	통
1. 주민등록표등(초)본	통	1. 등록면허세영수필확인서및통지서	통
1. 이사회의사록	통	1. 위임장(대리인이 신청할 경우)	통
1. 자산총액증명서(재산목록)	통	〈기 타〉	

년 월 일

신청인 명 칭
주사무소
대표자 성 명 ㉞ (전화 :)
주 소
대리인 성 명 ㉞ (전화 :)
주 소

지방법원 등기소 귀중

[신청서 작성요령 및 등기수입증지 첩부란]

1. 해당란이 부족할 때에는 별지를 이용합니다.
1. 해당 등기신청과 관계없는 사항에 대하여는 "해당없음"으로 기재하거나 삭제하고, 필요한 사항은 추가 기재합니다.
1. 등기신청수수료 상당의 대법원등기수입증지를 이 난에 붙입니다.

(용지규격 21cm×29.7cm)

[서식] 정관

정　　　관

종규

○○○종중

취지문

본 OOO중중의 설립취지는 과거 OO씨 00해년(OOOO년)으로부터 종계를 구성하여 종토를 조성하고 윤회경작하면서 OO공 이하 동 OO(지명)에 같이 모셔져 있는 OO파 직계선조 및 후손 10대묘소의 분향을 올리기 위한 숭조정신을 받들고 성역화하여 전국 자손들이 매년 봉제하기 편리하도록 하여 자손만대 영원히 수호하고 친목을 강구하기 위한 취지로 이 종규를 명확히 제정하는 바이다.

제1장 총　칙

제1조 (명 칭) 본 법인은 "사단법인 ○○○종중"이라 한다.

제2조 (목 적) 본 법인은 재산의 유지, 관리 및 선조를 봉사하며, 선조의 위업을 현양하고 종족의 친목과 번영을 도모하며, 문화창달, 유족보존, 관리를 목적으로 한다.

제3조 (사무소와 분사무소) 본 법인의 사무소는 OO시에 두고, 필요한 때에는 각 지방에 분사무소를 둘 수 있다.

제4조 (제규약 및 규정) 이 본 회칙에 정한 이외의 필요한 사항은 별도의 규약 및 규정으로 정할 수 있다.

제5조 (존립기간) 본회의 존립기간은 영구로 한다.

제2장 회　원(사단법인으로 할 경우만)

제6조 (회원의 자격)

① 본회의 회원이 될 자격은 OO이씨 OO공파의 후손으로 구성한다.

② 본회의 전항 중에서 '정회원'과 '준회원'으로 구분하여 '정회원'은 법률상 성년의 남자와 여자를 말한다.

③ 본회의 회원으로 표결을 할 권리와 기타 권리행사 및 의무이행자는 '정회원'에 한하여

적용한다.

④ 본회는 매 회계연도마다 회원에 대하여 상시 그 자격을 확인하여야 한다. 다만, 편의에 따라 신고등록제를 채택할 수 있다.

⑤ 본회의 정회원으로 취득될 때에는 본인 등이 본회에 그 자격사항을 신고하여 확인에 누락됨이 없이 하여야 하며, 누락된 불이익은 본인 등이 그 책임을 진다. 다만 신고는 구비서류를 갖추어 서면 신고하여야 한다.

제7조 (회원의 권리의무) 회원은 다음과 같은 권리를 취득한다.

1. 본회 재산권의 행사
2. 본회 재산의 이용권(소정의 절차에 따라)
3. 본회 총회에 출석발언권 및 의결권
4. 본회의 선거권 및 피선거권
5. 본회의 재산이용에 대한 이용료, 수수료, 운영에 필요한 부담 의무와 기타 필요에 따라 정한 의무

제8조 (회원의 자격상실) 회원은 사망에 따라 그 자격을 상실한다.

제3장 사 업

제9조 (사업범위) 본 법인은 이 규약의 목적을 달성하기 위하여 다음 각 호의 사업을 행할 수 있다.

1. 본 법인 소유재산의 유지, 보존, 관리에 관한 사업과 제례 및 행사에 관한 사업
2. 시조 OOOO이 위업앙양, 유적보존, 관리에 관한 사항과 선조의 유물 유적에 대한 보존 유지사업
3. 선조제향 봉행과 제각, 단소관리, 보존에 관한 사업
4. 회원의 복지와 교육 및 장학사업, 회원간의 친목 및 체육 문화사업
5. 회원 상호간의 경조에 대한 부조사업
6. 충효사상과 도의앙양을 위한 계몽활동에 관한 사업
7. 효행, 모범, 유공, 표창 및 포상
8. 기타 종중의 발전을 위한 부수사업
9. 각종 중요계약에 관한 사항
10. 대종보 및 제문헌의 모집번역과 회원명부 또는 간행물에 관한 사항
11. 회보발간사업
12. 기타 위 목적 달성에 부대되는 일체의 사업

제4장 임원 및 직원

제10조 (임원의 정수)

① 본회의 임원은 다음과 같이 두고 업무를 담당케 한다.

1. 이사장 : 1명
2. 부이사장 : 5명 이상
3. 총무이사 : 1명
4. 이사 : 10명 이상
5. 감사 : 2명

② 본회의 업무집행을 위하여 다음과 같이 임원을 두고 업무를 담당케 할 수 있다. 다만, 업무량을 감안하여 상무이사가 겸임할 수 있다.

1. 관리이사 : 1명
2. 재무이사 : 1명
3. 간사 : 약간 명

제11조 (임원의 선임)

① 이사 및 감사는 OOOO회상임위원회의 추천에 의하여 이사회에서 선출하고 주무관청의 승인을 받아 취임한다(또는 이사장은 총회에서 전형방법으로 선출하며 임원은 이사장의 제청에 의하여 선출한다). 또한 이사장은 이사 중에서 이사회에서 선임한다.

② 상무이사는 본회의 이사장이 임명한다.

③ 임원의 결원이 있을 때에는 결원의 사유가 발생한 후 2월 이내에 보선하여야 한다.

④ 임원의 퇴임 전에 관여한 행위는 그 효력을 상실하지 아니한다.

⑤ 임원의 임원 상호간에 민법 제777조에 규정된 친족관계가 있는 자가 임원정수의 반을 초과할 수 없다.

⑥ 감사는 감사상호간 또는 감사와 이사간에 전항에 규정된 친족관계가 없는 자로 한다.

제12조 (임원의 임기)

① 임원의 임기는 3년으로 한다. 다만 연임할 수 있다.

② 결원으로 인하여 선출된 임원의 임기는 전임자의 잔여기간으로 한다.

② 설립최초의 이사 과반수의 임기는 2년으로 하고 감사 1인은 1년으로 한다.

③ 보궐선임된 임원의 임기는 전임자의 잔임기간으로 한다.

제13조 (이사장의 직무) 이사장은 본회를 대표하고 업무를 통할하며, 이사회의 의장이 된다.

제14조 (부이사장의 직무) 부이사장은 이사장을 보좌하며 이사장 유고시 연장순에 따라 직무

를 대행한다.

제15조 (상무이사 직무)

① 상무이사는 이사장을 보좌하며 업무집행을 항시 수행하며, 집행된 업무를 이사장 및 이사회에 보고하여야 한다.

② 상무이사는 이사장의 유고시 또는 긴급을 요하는 사항에 관하여 즉시 처리하고 추인을 받아야 한다.

제16조 (이사의 직무) 이사는 임원회에 참석하여 의견을 진술하고 의결에 참여할 수 있다.

② 이사장이 유고시에는 이사장이 지명했거나, 지명을 할 수 없을 때에는 이사중에 연장자가 이사장의 직무를 대행한다(또는 이사장이 유고시에는 부이사장이 직무를 대행하되 연장순에 의한다).

③ 이사장 직무대행이사는 지체없이 이사장선출절차를 밟아야 한다.

④ 이사는 이사회에 출석하여 법인의 업무에 관한 사항을 의결하고 이사회 또는 이사장으로부터 위임을 받은 사항을 처리한다.

제17조 (감사의 직무) 감사는 다음 직무를 행한다.

1. 본 법인의 재산상황 감사
2. 이사회의 운영과 그 사업의 집행상황 감사
3. 위 1, 2항의 감사결과 부정 또는 부당한 점이 있음을 발견하였을 때에는 이를 이사회에 시정을 요구하고 이사회 또는 주무관청에 보고
4. 위 3항의 보고를 하기 위하여 이사회의 소집요구
5. 법인의 재산상황 또는 이사회의 운영과 그 업무에 관한 사항에 대하여 이사회에 출석하여 의견진술

② 감사는 본회의 재산과 업무집행 상황을 감사하여 총회에 보고하여야 한다.

제18조 (임원 개선의 청구와 해임) 회원은 총회원 1/5 이상의 연서로서 서면에 의하여 임원개선을 총회에 청구할 수 있다. 이 경우 총회에서 회원의 과반수 출석과 출석회원 2/3 이상의 찬성이 있을 때에는 당해 임원은 해임된다. 다만, 임원은 당해 회의 전에 변명할 기회를 주어야 한다.

제19조 (제척사유) 임원이 다음 각 항에 해당할 때에는 의결의 제척사유가 된다.

1. 임원의 취임 및 해임에 있어 자신에 관한 사항일 때
2. 금전 및 재산의 수수가 관련된 사항으로서 임원 자신이 본 법인과의 이해가 상반된 때

제20조 (임원의 충실의무) 임원은 법령 및 규약과 총회의 의결사항을 준수하고 본회를 위하여 성실히 직무를 수행하여야 한다.

第21조 (임원의 보수와 실비변상) 본회의 임원은 그에 상응한 보수를 지급할 수 있다. 다만, 재정면을 고려하여 무보수로 하고 직무처리에 필요한 여비 및 기타 설비에 변상을 받을 수 있다.

第22조 (규약 및 기타 서류의 비치)

① 이사장은 규약과 총회 및 이사회 등의 의사록, 회원명부를 주사무소에 비치하여야 한다.

② 회원과 본회의 채권자는 언제든지 이사장에 대하여 전항의 서류의 열람 또는 사본을 청구할 수 있다.

第23조 (결산관계 서류비치)

① 이사장은 정기총회 7일 전에 사업보고서, 대차대조표, 손익계산서, 잉여금 처분안을 주사무소에 비치하여야 한다.

② 이사장은 전항의 서류에 감사의 의견서를 첨부하여 정기총회에 제출하고 총회의 승인을 얻어야 한다.

③ 회원은 언제든지 이사장에게 회계장부와 서류의 열람을 청구할 수 있다.

第24조 (직 원) 직원에 관하여는 별도로 정하는 바에 의한다.

제5장 회 의(사단법인으로 설립하는 경우)

第25조 (회의통칙) 본회의 종별은 '총회'와 '이사회'로 구분한다.

第26조 (총 회) 총회는 '정기총회'와 '임시총회'로 이를 구분한다.

第27조 (정기총회)

① 정기총회는 매사업연도 마감 후 2월 이내에 이사장이 이를 소집한다.

② 매사업연도는 9월 1일부터 다음년도 8월 31일까지로 한다.

第28조 (임시총회) 임시총회소집은 다음 각 호의 1에 해당하는 경우에 이사장이 이를 행한다.

1. 이사장이 긴급 및 필요하다고 인정할 때
2. 이사회가 필요하다고 인정할 때(이사과반수)
3. 회원이 전회원의 1/5 이상의 동의를 얻어 회의의 목적사항과 소집사유를 기재한 서면을 이사장에게 제출하고, 소집을 청구할 때(이사장은 청구를 접수한 날로부터 2주 내에 이를 소집한다).

第29조 (총회의 소집절차)

① 총회의 소집절차는 회의일시 2주 전에 회의 목적사항과 회의일시 및 장소를 기재한

서면을 각 회원에게 통지하여야 한다. 회원이 부득이 참석할 수 없을 때에는 서명 날인하여 위임할 수 있다.

② 이사장이 유고로 인하여 총회를 소집할 수 없을 때에는 다음 예정하는 순위에 따라 이를 소집한다.

1. 부이사장
2. 부이사장이 유고시 연장자 순위에 의함.

제30조 (총회의 의결사항)

① 다음 각 호의 사항은 총회에서 의결한다.

1. 규약의 제정 및 변경과 폐지
2. 매 사업연도의 수지 예산 수립
3. 중요 사업계획의 설정 및 변경
4. 결산의 승리
5. 경비의 부과와 징수방법
6. 임원의 선출과 해임
7. 회비 및 잉여금의 처분과 손실금의 처리
8. 재산의 취득과 변경 및 처분
9. 차입금의 한도액과 설정
10. 기타 이사회에서 필요하다고 인정되는 사항

② 전항 중 2, 3, 5호는 총회의 결의로서 이사회에 위임할 수 있다.

제31조 (총회의 결의방법)

① 총회의 의사는 법령이나 규약에 특별한 약정이 없는 한 지정된 시간 내 참석한 총회원의 출석으로 개의하고, 출석회원 과반수의 찬성으로 의결하며 가부동수인 때에는 의장이 이를 결정한다.

② 총회의 의장은 이사장이 되며, 이사장이 유고시에는 부이사장이(연장자 순에 따라) 의장의 직무를 대행한다.

제32조 (의결권의 제한) 총회에서 미리 통지한 사항에 한하여 의결하는 것을 원칙으로 한다. 다만, 총회에서 긴급하다고 인정된 사항에 대하여는 예외로 한다

제33조 (의결권과 선거권의 대리)

① 회원은 각각 의결권과 선거권을 행사할 수 있다.

② 회원은 부득이 한 경우에 한하여 미리 통지한 의안에 대하여 서면 또는 대리인으로 하여금 의결권 또는 선거권을 행사할 수 있다.

③ 대리인이 대리할 수 있는 회원의 수는 1인에 한하며, 대리권을 인정할 서면을 본회의 이사장에게 제출하여야 한다.

제34조 (총회의 서면결의) 회원이 부득이한 사유로 인하여 총회에 참석할 수 없을 때에는 사전에 통지한 사항에 한하여 서면으로서 총회의 의결에 찬부를 통지할 수 있다.

제35조 (회의록) 총회의 회의에 관하여는 회의의 경과와 의결사항을 작성하고 총회에서 참석한 임원이 서명 날인하여야 한다.

제36조 (이사회)

① 이사회는 이사장, 부이사장, 이사로서 구성한다.

② 이사장은 이사회를 소집하고 그 의장이 된다.

③ 이사회는 구성권 과반수의 출석과 출석이사 과반수의 찬성으로 의결한다. 다만, 가부동수일 때에는 의장이 결정한다.

제37조 (이사회의 소집절차)

① 이사회의 소집절차는 회의 일시 1주일 전에 회의 목적사항과 회의일 및 장소를 기재한 서면을 각 임원에게 통지하여야 한다. 긴급을 요할 때에는 구성원 과반수의 동의를 얻어 이사장이 소집절차를 생략할 수 있다.

② 이사가 이사회를 소집할 필요가 있을 때에는 구성권 과반수의 동의를 얻어 이사장에 대하여 이사회를 소집할 것을 요구할 수 있다.

제38조 (이사회의 의결사항) 이사회는 다음 사항을 의결한다.

1. 정회원의 자격심사
2. 기채와 상환에 관한 사항
3. 총회에 부의할 사항
4. 총회에 위임할 사항
5. 본회에 업무집행에 관항 사항
6. 각종 시행규정 및 규칙의 제정과 개정 및 폐지
7. 기타 이사장이 필요하다고 인정하는 사항

제39조 (회 의) 이사회의 의사에 관하여는 회의록을 작성하고 이사회에 참석한 이사는 자필 서명날인하여야 한다.

② 이사장은 재적이사 5분의 1 이상의 요청이 있을 때 또는 제O조의 4호에 의거 감사가 회의목적을 제시하여 요청을 할 때에는 이사회를 소집한다.

③ 이사회를 소집하고자 할 때에는 적어도 회기 7일 전에 회의의 목적을 명시하여 각 이사에게 통지하여야 한다. 다만, 긴급하다고 인정되는 정당한 사유가 있을 때에는 통지기간에 대하여 예외로 할 수 있다.

④ OOOO회 회장은 이사회에 출석하여 의견을 개진할 수 있다.

제O조(의장) 이사장은 이사회의 의장이 된다.

제O조(정기이사회) 정기이사회는 매년 1회 개최하고, 필요한 때에는 수시로 임시 이사회를 개최한다.

제O조(의결정족수) ① 이사회의 이사는 본 정관에 다른 규정이 없는 한 재적이사 3분의 2 이상 출석과 출석이사 과반수의 찬성으로 의결한다.

② 과부동수인 때에는 의장이 이를 결정한다.

③ 이사회는 위임장에 의한 서면결의는 할 수 없다.

제O조(이사회의 기능) 이사회는 다음 사항을 심의결정한다.

1. 본 법인의 사업계획운영에 관한 사항
2. 세입세출외 예산 및 결선에 관한 사항
3. 재산유지, 예산 및 결산에 관한 사항
4. 임원의 선출에 관한 사항
5. 정관변경 및 법인의 해산에 관한 사항
6. 기본재산의 처분(매매, 증여, 담보, 취득, 대여, 기채, 교환, 의무의 부담, 권리의 포기)에 관한 사항
7. 업무집행에 관한 사항
8. 업무집행에 필요한 규칙 제정에 관한 사항
9. 정관에 의하여 권한에 속하는 사항
10. 이사장이 부의하는 사항

제O조(의사록) 이사회의 의사에 관하여는 다음 사항을 기재한 의사록을 작성하여 의장과 출석한 이사가 기명날인하여야 한다.

1. 회의의 일시 및 장소
2. 이사의 현재 수
3. 출석한 이사의 수
4. 의결사항
5. 의사의 경과요령 및 발언자의 발언요지

제6장 자산 및 회계

제40조 (출자방법) 본 법인의 출자방법은 다음과 같다.

1. 회원의 회비(사단법인의 경우에 한함)

2. 출연금품

3. 찬조금

4. 기타 수입금

제41조 (자산의 구성) 본 법인의 자산은 다음과 같다.

1. 별지 목록 기재의 재산
2. 자산으로부터 생기는 과실
3. 사업에 따른 수입
4. 기타 수입

제42조 (자산의 종류)

① 본회의 자산은 이를 기본재산과 보통재산 2종으로 한다.

② 기본재산은 다음 각 호에 게기한 것으로 하되 이를 처분하거나 담보로 제공할 수는 없다. 다만, 부득이한 사유가 있는 때에는 총회의 결의를 거쳐 주무관청의 허가를 받아 그 일부를 처분하거나 담보로 제공할 수 있다.

1. 별지 목록 기재 재산 중 기본재산으로 기재된 재산
2. 기본재산으로 하기로 지정하여 출연된 재산
3. 이사회에서 기본재산으로 하기로 결의한 재산

③ 보통재산은 기본재산의 원본 이외의 재산으로 한다. 보통재산으로 한다.

④ 기본재산은 아래와 같다.

1. 본 법인설립시에 출연한 재산
2. 기부에 의하거나 기타 무상으로 취득한 재산, 다만 기부목적에 비추어 기본재산으로 하기 곤란하여 주무관청의 승인을 얻은 것은 예외로 한다.
3. 기타 보통재산 중 이사회에서 기본재산으로 편입한 재산

⑤ 보통재산은 기본재산 이외의 재산으로 한다.

⑥ 설립당초 및 현재의 기본재산의 목록은 별첨 목록과 같으며, 기본재산은 연 1회 그 목적을 작성하여 주무관청으로 보고한다.

제O조(재산의 관리) 기본재산을 매도, 증여, 교환 또는 담보로 제공하거나 의무의 부담, 권리의 포기 및 기채하고자 할 때에는 OOOO회 대의원총회의 의결로 안건을 부의하여 이사회에서 의결하여 주무관청의 허가를 받아야 한다.

그 전부 또는 일부를 기본재산으로 하거나 다음 회계연도에 이월한다.

제43조 (현금보관) 자산 중에서 현금은 금융기관에 예치하거나 국채 또는 공채 등 확실한 유가증권으로 보관한다.

제44조 (사업연도) 본회의 사업연도는 9월 1일부터 익년 8월 31일까지로 한다.

[유례]

제O조(회계연도) 본 법인의 회계연도는 매면 1월 1일부터 같은 해 12월 31일까지로 한다.

제45조 (재정경비) 본회의 재정경비는 회비, 사업수익금, 찬조금, 각종 수수료로 종토에서 발생한 도조로 충당한다.

제46조 (회 계) 본회의 회계는 이사장이 정하거나 또는 일반 준칙에 의하여 처리한다.

제47조 (회계규정) 회계규정에 관하여는 별도로 정하는 바에 의하여 처리할 수 있다.

② 세입세출예산은 회계연도종료 후 2개월 내에 회계연도말 현재의 재산목록과 함께 감사의 감사를 거쳐 이사회(또는 총회)의 승인을 받아야 한다.

제48조 (임원의 보수) 본 법인의 임원의 보수는 지급하지 아니함을 원칙으로 한다. 단, 실비보상은 예외로 한다.

제7장 사 무 국(사무국을 둔 경우)

제49조 (사무국) 이사장의 지시를 받아 업무를 처리하기 위하여 사무국을 둔다.

제50조 (직 원)

① 사무국에 국장 1인과 직원 약간 명을 둘 수 있다.

② 사무국장은 이사회의 동의를 얻어 이사장이 임명한다.

③ 사무국장은 이사장의 지시를 받아 업무를 수행한다.

④ 사무직원은 사무국장의 지사를 받아 사무국의 업무를 처리한다.

제8장 보 칙

제51조 (해산사유 등) 본회가 해산사유가 있을 때에는 민법 규정에 따라 준용처리한다.

제52조 (잔여재산의 귀속) 본 법인을 해산하고자 할 때에는 그 잔여재산은 OO이씨 OO공파 종중에 증여한다.

제54조 (법규준용) 이 규약에 대비된 사항과 법규에 저촉되는 사항은 법규에 의하여 준용처리한다.

제55조 (규약개정) 이 규약의 개정은 총회의 의결을 거쳐야 한다.

제56조 (공증 및 공시최고) 본회의 업무처리를 위하여 필요한 사항은 공정증서 작성 또는 공시최고규정에 따라 처리한다.

제57조 (권리포기) 본회의 규정 등에 의하여 권리행사할 사항에 관하여 참여 또는 위임 및 대리행위 조차 의사표시를 하지 않을 경우에는 그 해당 권리에 관하여 포기한 것으로 간

주한다.

제58조 (각종 서식) 본회의 필요한 서식은 별도로 정한다.

부 칙

제1조 (시행일) 이 규약은 2000년 0월 0일부터 시행한다.

[유례] (시행일) 본 법인의 정관은 설립등기일로부터 시행한다.

제2조 (경과규정)

① 이 규약시행 이전에 처리된 사항 중 정당하게 처리된 사항은 이 규정에 의하여 처리된 것으로 본다.

② 이 규약시행 이전에 처리된 사항 중 부당하게 처리된 사항은 이 규정에 의하여 처리하기로 한다.

③ 이 규정이 다수의 의견이 될 수 없다고 판단되었을 때에는 서면동의로 추인을 받거나 이 규정 제48조에 의하여 확정한다.

제3조 (설립당초의 임원 및 임기) 본 법인의 설립당초의 임원 및 임기는 별지와 같다(생략).

위 사단법인 OOO종중을 설립하기 위하여 이 정관을 작성하고 설립자 전원이 이에 기명날인한다.

2000년 0월 0일

발기인 O O O (인)

발기인 O O O (인)

(발기인 전원이 연기명 날인)

※ 재단법인의 설립자는 1인이어도 가능.

[서식] 이사회의사록

이 사 회 의 사 록

1. 개최일시 : 2000년 0월 0일 00시 00분
1. 개최장소 : 00시 00구 00로 00(00동) 당 법인 사무실
1. 이사총수 : 0명
1. 출석이사수 : 0명
1. 감사총수 : 0명
1. 출석감사수 : 0명

최연장자인 이사 000는 위와 같이 법정수에 달하는 이사가 출석하였으므로 본 이사회가 적법히 개최되었음을 알리고 의장을 선출하여 줄 것을 요구한 바, 출석이사 전원일치로 이사 000를 의장으로 선출하니 동인은 의장석에 등단하여 다음 의안을 부의하고 심의를 구하다.

제1호 의 안 이사장선임의 건
의장은 이사 중에서 본회를 대표할 이사장을 선임해야 한다는 취지를 말한 바, 출석이사 전원이 진지하게 토의한 결과 만장일치로 다음과 같이 본회를 대표할 이사를 선임하다.

이사장 0 0 0 (000000-0000000)
00시 00구 00로 00(00동)

위 피선자는 즉석에서 취임을 승낙하다.

제2호 의 안 사무소 및 분사무소 설치장소 결정의 건
의장은 본회의 사무소와 분사무소를 다음 장소에 설치함이 상당하다는 취지를 설명하고 그 가부를 물은 바, 전원 이의 없이 찬성하여 승인가결하다.

사 무 소 : 00시 00구 00로 00(00동)
분사무소 : 00시 00구 00로 00(00동)

의장은 이상으로서 회의목적인 의안 전부의 심의를 종료하였으므로 폐회한다고 선언하다(회

의종료시각 : OO시 OO분)

위 결의를 명확히 하기 위하여 이 의사록을 작성하고 의장과 출석한 이사가 기명날인하다.

2000년 0월 0일

사단법인 OOO회
OO시 OO구 OO로 OO(OO동)
의장겸 이사장 O O O (인)
상무이사 O O O (인)
이 사 O O O (인)

[서식] 인감신고서

인감 · 개인(改印) 신고서

(신고하는 인감날인란) (인감제출자에 관한 사항)

상호(명 칭)		사단법인 OOOO	등기번호	
본점(주사무소)		OO시 OO구 OO로 OO(OO동)		
인감제출자	자격/성명	이사장 O O O		
	주민등록번호	OOOOOO-OOOOOOO		
	주 소	OO시 OO구 OO로 OO(OO동)		

␣ 위와 같이 인감을 신고합니다.
␣ 위와 같이 개인(改印)하였음을 신고합니다.

년 월 일 (인감 날인란)

신고인 본 인 성 명 (인)
대리인 성 명 (인)

지방법원 등기소 귀중

주 1. 인감 날인란에는 「인감증명법」에 의하여 신고한 인감을 날인하고 그 인감증명서(발행일로부터 3개월 이내의 것)를 첨부하여야 합니다. 개인(改印)신고의 경우, 개인인감을 날인하는 대신에 등기소에 신고한 유효한 종전 인감을 날인하여도 됩니다.
2. 인감 · 개인신고서에는 신고하는 인감을 날인한 인감대지를 첨부하여야 합니다.
3. 지배인이 인감을 신고하는 경우에는 인감제출자의 주소란에 지배인을 둔 장소를 기재하고, 「상업등기규칙」 제36조제4항의 보증서면(영업주가 등기소에 신고한 인감 날인)을 첨부하여야 합니다. 위 보증서면은 아래의 보증서면란에 기재하는 것으로 갈음할 수 있습니다.

보 증 서 면

위 신고하는 인감은 지배인 OOO의 인감임이 틀림없음을 보증합니다.

대표이사 (법인인감)

위 임 장

성 명 : 주민등록번호(-)
주 소 :

위의 사람에게, 위 인감신고 또는 개인신고에 관한 일체의 권한을 위임함.

20 년 월 일

인감(개인) 신고인 성 명 (인)

[서식] 인감대지

인 감 대 지

	(신고하는 인감날인란)	상 호(명 칭) : 사단법인 OOOOO 자격 및 성명 : 이사장 O O O 주민등록번호 : OOOOOO-OOOOOOO
	신고하는 인감날인란	

[서식] 인감카드 등 (재)발급신청서

인감카드 등 (재)발급신청서

(인감제출자에 관한 사항)

상호(명 칭)			등기번호	
본점(주사무소)				
인감 제출자	자격 / 성명			
	주민등록번호			

발급사유	␣ 최초발급 ␣ 카드분실 ␣ 카드훼손 ␣ 인감증명서발급기능 ␣ 기타 ( )		
매체구분	␣ 인감카드 ␣ HSM USB	인감카드 비밀번호	

위와 같이 인감카드 등의 (재)발급을 신청합니다.

년 월 일

신청인 인감제출자 (본 인) 성 명 (인) (전화 :)
(대리인) 성 명 (인) (전화 :)

지방법원　　　　등기소　귀중			
접수번호		인감카드번호	

- 대법원수입증지를 붙이는 란 -

주 1. 인감카드 비밀번호란에는 (재)발급받아 사용할 인감카드의 비밀번호를 기재하며, 아라비아숫자 6자릿수를 기재하여야 합니다. 비밀번호는 인감카드와 함께 인감증명서의 발급을 신청할 권한이 있는 것으로 보게 되는 중요한 자료이므로 권한이 없는 사람이 알지 못하도록 주의하시기 바랍니다.

2. 인감카드의 재발급을 신청할 때에는 「등기부 등 · 초본 등 수수료규칙」 제5조의7에 의하여 5,000원 상당의 대법원수입증지를 이 란에 붙여야 합니다. 다만, 인감카드를 반납할 때에는 붙일 필요가 없습니다.

위　임　장

성 명 :　　　　　　　주민등록번호(　　　　－　　　　)
주 소 :

위의 사람에게, 위 인감신고 또는 개인신고에 관한 일체의 권한을 위임함.

20　년　　월　　일

인감(개인) 신고인　성 명　　　　　(인)

[서식] 전자증명서발급신청서

전자증명서발급신청서

(신청인에 관한 사항)

상호(명칭)				등기번호	
본점(주사무소)				관할등기소	
지점(분사무소)				관할등기소	
신청인	자격 / 성명		주민등록번호		
	주 소				
	전화번호				
	전자우편주소				
지배인의 발급신청에 대한 대표자의 확인		지배인 ○○○의 전자증명서 발급신청을 확인함		대표자 ○○○ (법인인감)	
발 급 사 유		␣ 신규발급 ␣ 변경발급 ␣ 갱신발급 ␣ 초기화발급			
법무법인 · 법무법인(유한) · 법무사합동법인의 지배인		␣ 법무사 ␣ 변호사	자격등록번호		

위와 같이 전자증명서의 발급을 신청합니다.

년 월 일

신청인 본 인 성 명 (법인인감)
대리인 성 명(명 칭) (인) (전화 :)
(자격등록번호 :)

지방법원 등기소 귀중

접수번호		첨부서면	1. 신분증명서 2. 자격을 증명하는 서면의 사본

– 대법원등기수입증지를 붙이는 란 –

주 1. 신청인란에는 대표이사 등 전자증명서를 발급받는 사람에 관한 사항을 기재합니다.

2. 전자증명서의 비밀번호는 아라비아숫자 6개 내지 8개로 구성하며 인감증명서 발급용 비밀번호는 아라비아숫자 6개로 구성합니다.

3. 변경발급 또는 갱신발급의 경우에는 전자증명서를 제시하여야 하나, 신청서 또는 위임장에 법인인감이나 개인인감을 날인할 필요는 없습니다.

4. 전자증명서를 신규발급 또는 초기화발급 받은 경우에는 발급일부터 10일 이내에 대법원 인터넷등기소(http://www.iros.go.kr)에서 이용등록을 하여야 합니다.

5. 대리인의 자격등록번호, 법무법인 · 법무법인(유한) · 법무사합동법인의 지배인이 자격자대리인인 경우 그 자격등록번호를 기재하여야 합니다.

위 임 장

성 명 (명 칭) :

사무소 소재지 :

위 사람에게, 전자증명서 발급신청과 그 수령 등에 관한 일체의 권한을 줌.

20 년 월 일

위임인 성 명 (법인인감)

[서식] 인감카드 등 (재)발급신청서

인감카드 등 (재)발급신청서

<table>
<tr><td colspan="2">상호(명칭)</td><td colspan="2"></td><td>등기번호</td><td></td></tr>
<tr><td colspan="2">본점(주사무소)</td><td colspan="4"></td></tr>
<tr><td rowspan="2">인감
제출자</td><td>자격 / 성명</td><td colspan="4"></td></tr>
<tr><td>주민등록번호</td><td colspan="4"></td></tr>
</table>

<table>
<tr><td>발급사유</td><td colspan="3">␣ 최초발급 ␣ 카드분실 ␣ 카드훼손 ␣ 인감증명서발급기능
␣ 기타 ( )</td></tr>
<tr><td>매체구분</td><td>␣ 인감카드 ␣ HSM USB</td><td>인감카드 비밀번호</td><td>(변경 후 :)</td></tr>
<tr><td>수수료</td><td>금 원</td><td>납부번호</td><td></td></tr>
</table>

위와 같이 인감카드 등의 (재)발급을 신청합니다.

년 월 일 (인감 날인란)

신청인 인감제출자 (본 인) 성 명 (인) (전화 :)

(대리인) 성 명 (인) (전화 :)

지방법원 등기소 귀중

접수번호		인감카드번호	

주 1. 인감카드 비밀번호란에는 (재)발급받아 사용할 인감카드의 비밀번호를 기재하며, 아라비아숫자 6자릿수를 기재하여야 합니다. 다만, 인감카드 재발급의 경우에는 기존 인감카드의 비밀번호와 재발급받아 사용할 인감카드의 비밀번호(변경 후)를 기재하여야 합니다.

2. 인감카드 (재)발급을 신청하는 경우에는 등기소에 제출한 인감을 날인하여야 합니다. 다만, 인감카드 재발급의 경우 기존 인감카드 비밀번호를 기재할 수 없을 때에는 인감제출자 본인은 신분증명서 사본을, 위임에 의한 대리인은 인감제출자가 「인감증명법」에 따라 신고한 인감을 신청서에 날인하고 그 인감증명서 및 대리인의 신분증명서 사본을 각각

첨부하여야 합니다.

3. **인감카드**의 **재발급**을 **신청**할 때에는 「등기사항증명서 등 수수료규칙」으로 정하는 **수수료를 납부**하여야 합니다. **다만, 인감카드를 반납할 때에는 수수료를 납부할 필요가 없습니다.**

위 임 장

성 명 : 주민등록번호(-)

주 소 :

위의 사람에게, 위 (재)발급신청서에 기재된 인감카드 등의 발급신청과 그 수령 등에 관한 일체의 권한을 위임함.

20 년 월 일

인감신고인 성 명 (인) (전화)

제4편 법인의 변경

제1장 총 설

제1절 변경등기란

1. 의 의

변경등기란 후발적 사유에 의하여 등기사항에 변경이 있는 경우에 등기사항과 실체관계를 일치시키기 위해 등기사항을 변경하는 등기를 말한다. 등기할 당초부터 착오나 오류로 인하여 등기사항의 기재가 사실과 일치하지 아니한 경우 그를 시정하기 위하여 행하는 경정등기와 구별된다. 또 변경등기 시 기존의 등기사항을 말소하는 경우가 있는 데 이때의 말소는 기존의 등기사항을 변경하기 위한 삭제의 의미일 뿐이므로 비송사건절차법 제66조 제1항에 의해 준용되는 상업등기법 제77조 및 제78조의 말소등기의 말소와는 구별되어야 한다. 변경등기는 분사무소를 설치하는 등기, 주사무소를 이전하는 등기, 임원을 변경하는 등기, 등기된 직무집행정지 등의 가처분을 변경하는 경우의 등기, 해산등기의 사항을 변경하는 등도 모두 변경등기에 해당한다.

2. 변경등기와 정관의 변경

변경등기의 대상인 등기사항이 정관의 기재사항인 경우에는 정관의 변경이 없이 이루어진 변경등기는 무효의 등기가 되므로 변경등기 이전에 정관의 변경절차가 선행되어야 한다. 사단법인의 경우 사원총회의 결의, 재단법인의 경우 이사회의 결의에 의하여 하나, 법인의 목적 및 명칭의 변경과 같이 정관의 변경이 수반하는 경우도 있는 것이다. 이 때 정관의 기재사항과 등기사항은 반드시 일치하는 것은 아니므로 정관변경이 있다고 하여 반드시 변경등기절차가 뒤따르는 것도 아니고, 변경등기에 반드시 정관변경이 필수적인 것도 아니다. 다만 그 등기사항이 정관에 규정된 사항인 경우에 한하여 변경등기 시 반드시 정관변경절차를 거쳐야 한다.

3. 정관변경 허가 신청

1) 개설

민법상 법인의 정관변경은 사단법인의 경우에는 사원총회, 재단법인의 경우에는 설립자나 이사가 그 변경절차를 밟은 후 주무관청의 허가를 받아야만 비로소 그 효력이 발생되는 것이다. 정관변경에 따른 허가 신청서에 관하여는 각 부처소관의 「비영리법인 설립 및 감독에 관한 규칙」에서 규정하고 있다.

2) 첨부서면

정관변경에 기인한 첨부서면에 관하여는 각 부처 소관의 「비영리법인 설립 및 감독에 관한 규칙」에서 규정하고 있으며 통상 동 규칙 제6조가 ① 변경사유서 1부, ② 개정될 정관(신구조문대비표) 1부, ③ 정관의 변경에 관한 총회 또는 이사회의 회의록 1부, ④ 기본재산의 처분에 따른 정관변경의 경우에는 처분의 사유, 처분재산의 목록, 처분의 방법 등을 기재한 서류 1부를 첨부하도록 규정하고 있다.

3. 정관변경 허가 신청

법인의 등기 중 설립등기만이 성립요건이고 나머지 모두 대항요건에 불과하다. 변경등기는 제3자에 대한 대항요건이므로 등기된 사항의 변경 시 실체법적으로는 그 효력이 발생한다 할지라도 변경등기를 하지 않으면 변경된 사항으로 악의의 제3자에게 대항하지 못한다. 나아가 변경등기가 경료 되었다 하여 등기된 대로의 실체적 효력을 갖는 것도 아니다.

제2절 각종 변경등기절차

변경등기를 요하는 경우로서는 사무소의 이전, 분사무소의 설치 · 이전 · 폐지, 명칭, 목적, 자산의 총액, 출자의 방법, 이사 등의 변경이나 존립시기 또는 그 해산사유의 설정 · 변경 · 폐지 등 여러 경우가 있는 바 이러한 변경등기는 그 변경사유가 발생한 때로부터 3주간 내에 대표권의 제한이 있는 때에는 대표권이 있는 이사, 그 제한이 없는 때에는 이사장 1인이 신청해야 한다. 등기기간의 계산은 등기사항의 변경의 효력이 발생한 때 즉 실제로 사무소를 이전하거나 분사무소를 설치 · 이전 · 폐지한 때 또는 기존의 등기사항의 변경의 효력이 발생한 때로부터 기산할 것이나 그 변경에 관하여 관청의 허가를 요하는 경우에는 그 허가서가 도착한 때로부터 기산한다(민법 53조).

이 등기를 신청할 때에는 신청서에 사무소의 이전, 분사무소의 설치 · 이전 · 폐지 또는 등기사항의 변경을 증명하는 서면을 첨부해야 하고 그 변경에 관하여 허가를 요하는 경우에는 관청의 허가서나 그 인증있는 등본을 첨부해야 한다.

그리고 분사무소소재지에서 변경등기를 신청하는 경우에는 그 등기신청인이나 등기기간은 위와 같으나 첨부서류에 있어서는 주사무소소재지에서 신청하는 경우에 첨부하는 등기사항의 변경을 증명하는 서면 대신 당해 변경등기를 마친 후에 주사무소의 법인등기부등(초)본을 첨부를 해야 한다.

■ 산업통상자원부장관 및 그 소속 청장 소관 비영리법인의 설립 및 감독에 관한 규칙 [별지 제3호서식] <개정 2013.3.23>

비영리법인 정관 변경허가 신청서

접수번호	접수일	처리일	처리기간 **14일**

신청인	성명	생년월일
	주소	전화번호
법 인	명칭	전화번호
	소재지	
	설립허가일	설립허가번호
대표자	성명	생년월일
	주소	전화번호

「민법」 제42조제2항 · 제45조제3항 · 제46조 및 「산업통상자원부장관 및 그 소속 청장 소관 비영리법인의 설립 및 감독에 관한 규칙」 제6조에 따라 위와 같이 정관의 변경허가를 신청합니다.

년 월 일

신청인 (서명 또는 인)

산업통상자원부장관
(소속 청장)　　　　　　귀하

신청인 제출서류	1. 정관 변경 사유서 1부 2. 개정될 정관(신 · 구조문대비표를 첨부합니다) 1부 3. 정관 변경과 관계있는 총회 또는 이사회의 회의록 1부 4. 기본재산의 처분에 따른 정관 변경의 경우에는 처분 사유, 처분재산의 목록, 처분 방법 등을 적은 서류 1부	수수료 없 음

처리절차

신청서 작성 → 접 수 → 서류 확인 및 검토 → 결 재 → 결과 통지

신청인　　처리기관: 산업통상자원부, 소속청(비영리법인의 설립 및 감독 업무 담당부서)

210mm×297mm[일반용지 60g/㎡(재활용품)]

제2장 임원 변경등기

제1절 총설

1. 임원변경등기란

임원은 정관의 규정에 따라 이사회의 의결을 거쳐 변경할 수 있으며 ① 새로운 임원의 취임 ② 기존 임원의 퇴임 ③ 임원의 중임 ④ 임원대표권의 제한 등의 임원에 관한 변경사항이 있는 경우에 그 변경사항에 대해 등기를 하여야 제3자에게 주장할 수 있다.

2. 임원변경 신청절차

1) 등기신청인

이사의 취임, 변경, 퇴임, 대표권설정변경폐지의 등기는 당해 법인에 대표권 제한규정이 없는 때에는 법인의 이사가 각자 대표의 규정에 의하여 이사(이사가 없는 때에는 임시이사) 중의 1인이 신청인이 된다. 그러나 대표권제한 규정이 있는 때에는 대표권 있는 이사가 신청해야 한다. 다만 임시이사가 변경등기를 신청하는 경우에는 신청서에 그 자격을 증명하는 서면을 첨부하여야 한다.

2) 등기기간

등기기간은 이사나 대표권 있는 이사가 취임 또는 퇴임하거나 대표권제한규정이 설정, 폐지, 임원승인 취소된 날로부터 3주간 내이다.

대표권제한규정의 설정, 변경, 폐지 등 정관변경을 필요로 하는 경우에는 그에 관한 주무관청의 허가서가 도착한 날로부터 그 기간을 기산한다.

제2절 이사 취임등기

1. 이사의 임기

민법에는 이사의 임기에 관한 규정이 없으나, 정관이나 선임기관의 결의로 임기를 정할 수 있다. 최초의 임원의 임기는 법인성립일 즉, 설립등기일로부터 진행하며, 임기의 기산점은 이사가 취임을 승낙할 때이다. 그리고 임기의 정함이 있는 경우 그 임기의 말일이 종료한 때에 임기는 만료한다. 다만 공익법인은 이사의 임기를 정관으로 정할 수 있으나 그 법률의 제한으로 임기는 4년을 초과할 수 없고 연임은 가능하다. 재단법인의 이사의 임기는 그 취임일자로부터 기산하되 재단법인은 설립등기를 함으로써 성립하므로, 설립당시의 이사의 임기는 설립등기일로부터 기산하여야 한다.

2. 선임기관

1) 사원총회 또는 이사회

민법상 법인의 이사의 임면에 관한 사항은 정관의 필요적 기재사항이지만, 그 임면방법은 법인에 따라 임의로 정할 수 있기 때문에 반드시 통일되어 있는 것이 아니다. 즉, 사원총회를 가지는 사단법인의 경우에는 사원총회에서, 사원총회가 없는 재단법인의 경우에는 이사회에서 선임하도록 정하고 있고 일반적이기는 하지만 이사장이 선임할 수 있도록 위임되어 있는 사단법인의 경우도 있고 설립자나 이사장이 선임하되 이사회의 동의를 얻도록 되어 있는 재단법인의 경우도 있으며, 그 외 이사선임권한을 상급단체에 위임하거나 제3자인 행정기관에 부여하는 경우도 있다.

2) 법원

이사가 없거나 결원이 있는 경우에 이로 인하여 손해가 생길 염려가 있는 때에는 법원은 이해관계인이나 검사의 청구에 의하여 임시이사를 선임하여야 한다. 법원은 선임행위에 흠이 있는 등의 사유로 이사의 직무집행을 정지하고 당해 이사의 직무대행자를 선임하는 가처분결정을 할 수 있다. 법인과 이사의 이익이 상반하는 사항에 관하여 이사는 대표권이 없으며 이 경우 법원은 이해관계인이나 검사의 청구에 의하여 특별대리인을 선임하여야 한다. 직무대행자는 취임과 퇴임등기 등을 할 수 있으나 임시이사나 특별대리인은 등기할 사항이 아니므로 취임등기 등을 할 수 없다.

3. 취임승낙

법인과 그 기관인 이사와의 관계는 위임자와 수임자의 법률관계와 같은 것이므로 선임기관의 선임결의와 피선임자의 승낙으로 위임계약이 성립되어야 비로서 피선임자는 이사의 지위를 취득하게 된다.

4. 감독청의 승인

공익법인이 이사를 선임하는 때에는 주무관청의 허가를 받아야 하므로 그 이사선임에 관한 주무관청의 승낙서가 필요하나 일반 민법법인의 경우에는 그러한 규정이 없으므로 총회의 선임으로 가능하다. 다만 정관이나 최초의 설립 허가시에 주무관청에서 이사선임에 관하여 주무관청의 승낙을 조건으로 한 경우에는 그에 따라야 한다.

5. 등기사항

취임한 이사의 성명, 주민등록번호와 취임취지와 그 연월일을 기재한다. 이사의 취임일자는 당해 이사의 선임행위 및 취임승낙일과 전임자의 임기만료일, 주무관청의 허가일 중 늦은 쪽의 일자이다.

6. 첨부서류 등

사단법인의 경우에는 사원총회의사록, 재단법인의 경우에는 이사회의사록, 주민등록등(초)본, 피선자의 취임승낙서를 첨부해야 한다. 취임승낙서에 날인하는 인감은 인감증명법에 의하여 신고된 인감이어야 하며, 그 인감증명도 첨부해야 한다. 다만 의사록에 피선자의 취임을 승낙한 취지의 기재가 있고 당해 피선자가 그 의사록에 날인한 경우에는 그 취임승낙의 기재를 승낙서에 갈음하여 피선자의 취임승낙서는 별도로 첨부하지 않아도 된다.

등기부에 주민등록번호가 기재된 임원의 중임등기신청서에는 중임되는 임원의 주민등록번호를 증명하는 서면은 첨부하지 않아도 된다.

민법상 법인의 등기신청서에 첨부하는 의사록은 공증인의 인증을 받아야 한다.

대표권 있는 이사의 취임등기를 신청할 때에는 인감신고서에 당해 이사의 인감대지 및 인감증명서도 제출해야 한다. 그러나 취임의 경우에는 종전에 제출한 인감에 변경사항이 없으면 제출하지 아니하여도 된다.

7. 등록면허세, 교육세, 등기신청수수료 등

등록면허세는 일반변경등기의 등록면허세인 40,200원이고, 교육세는 등록면허세의 100분의 20이다.

조세특례제한법, 지방세법, 관세법 등에 의하여 등록면허세가 감면되는 경우에 그 감면세액의 100분의 20의 농어촌특별세를 납부하여야 하나, 농어촌특별세도 감면 또는 면제되는 경우가 있다(농특세법 4조).

등기신청수수료는 6,000원(서면방문), 4,000원(전자표준양식), 2,000원(전자신청)이며, 명칭, 주사무소, 이사변경등기를 하나의 신청서로 신청할 경우에는 각각의 수수료 각 6,000원(서면방문), 4,000원(전자표준양식), 2,000원(전자신청)을 합산하여야 한다. 그러나 수인의 이사, 대표자 등 임원의 퇴임, 취임으로 인한 변경등기는 일괄하여 하나의 임원변경등기신청으로 보아 6,000원(서면방문), 4,000원(전자표준양식), 2,000원(전자신청)만을 납부한다.

제3절 이사 중임등기

1. 중임의 의의

중임은 임기가 끝나거나 임기 중에 개편이 있을 때 거듭 그 자리에 임용하는 것을 말하며 연임은 원래 정해진 임기를 다 마친 뒤에 다시 계속하여 그 직위에 머무르는 것을 말한다. 따라서 임기가 끝난 뒤 같은 자리에 계속 임용(연이어서 임명)되는 경우는 연임이라 할 수도 있고 중임이라 할 수도 있다. 그러나 중임은 임기가 끝나기 전에 재임용될 때 쓸 수 있으나 연임은 그렇지 않다는 점에서 또 임기가 끝난 후 다른 사람이 그 자리에 임용되었다가 그 다음 다시 임용 되었을 경우에 중임은 쓸 수 있으나 연임은 쓸 수 없다는 점에서 차이가 있다. 그러나 위 논의와 달리 이사 등이 임기만료로 퇴임과 동시에 동일 직위에 재취임 하여 임기만료로 인한 퇴임과 재취임 사이에 시간적 간격이 없는 경우 등기원인을 연임이 아닌 중임으로 등기하는 것이 확고한 등기실무이다.

2. 이사 중임등기의 요건

중임을 원인으로 등기하기 위해서는 이사가 ① 임기만료로 인한 퇴임과 동시에 동일 직위에 연속해서 취임하여야 하고, ② 그 퇴임과 재취임 사이에 시간적 간격이 없어야 한다. 즉 임기만료로 퇴임하게 되는 이사를 임기만료 전에 동일 직위에 다시 선임하고 임기만료일 전에 재취임에 대해

승낙의 의사표시를 하여야 한다.
법령이나 정관에 의하여 임기가 연장된 후 임기만료로 인한 퇴임과 동시에 연속 취임하는 경우에도 중임등기가 가능하다. 이 경우 중임일자는 연장된 임기만료일자가 될 것이다. 그러나 임기만료된 이사가 정관규정에 따라 후임자가 취임할 때까지 권리의무를 행사하던 중에 재선된 때처럼 전임임기만료일과 후임 임기개시일이 서로 다른 경우에는 중임등기가 아니라 퇴임 및 취임등기로 해야 하고 그 퇴임등기를 하는 경우의 퇴임일자는 그 권리의무행사 종료일이 아니라 당초의 임기만료일로 기재해야 한다.
민법상 법인의 임원에 대한 중임결의가 그 임기만료 전에 이루어졌다 하더라도 임기만료일까지는 중임등기신청을 할 수 없다. 임기만료 전에 중임등기신청을 하려면 사임서를 받아 사임으로 인한 퇴임과 취임의 등기를 하면 된다. 주민등록번호가 기재된 임원의 중임등기 신청시에는 중임되는 임원의 주민등록번호를 증명하는 서면을 다시 제출하지 않아도 된다(1998. 9. 8. 등기예규 제943호). 또한 공익법인의설립운영에관한법률이 적용되는 재단법인의 이사가 중임되어 그 변경등기를 신청하는 경우에는 그 취임승낙을 증명하는 서면을 첨부하여야 하지만 인감증명은 첨부할 필요가 없다. 또한 재단법인의 감사는 등기사항이 아니다(등기선례 1995. 1. 10).

3. 첨부서류

이사 중임등기를 신청할 때에는 임기만료에 의한 퇴임등기와 취임등기 시의 첨부정보를 모두 제공하여야 한다. 임기만료에 의한 퇴임과 관련해서는 정관(정관에서 임기를 정한 경우), 사원총회의사록(사원총회에서 임기를 정한 경우) 등을 첨부정보로 제공하여야 한다. 취임과 관련해서는 정관, 사원총회의사록, 취임승낙서, 취임승인서, 인감증명서, 주소와, 주민등록번호를 증명하는 서면 등을 첨부정보로 제공하여야 한다.

4. 등록면허세, 교육세, 등기신청수수료 등

등록면허세는 일반변경등기의 등록면허세인 40,200원이고, 교육세는 등록면허세의 100분의 20이다.
조세특례제한법, 지방세법, 관세법 등에 의하여 등록면허세가 감면되는 경우에 그 감면세액의 100분의 20의 농어촌특별세를 납부하여야 하나, 농어촌특별세도 감면 또는 면제되는 경우가 있다(농특세법 4조).
등기신청수수료는 6,000원(서면방문), 4,000원(전자표준양식), 2,000원(전자신청)이며, 명칭,

주사무소, 이사변경등기를 하나의 신청서로 신청할 경우에는 각각의 수수료 각 6,000원(서면방문), 4,000원(전자표준양식), 2,000원(전자신청)을 합산하여야 한다. 그러나 수인의 이사, 대표자 등 임원의 퇴임, 취임으로 인한 변경등기는 일괄하여 하나의 임원변경등기신청으로 보아 6,000원(서면방문), 4,000원(전자표준양식), 2,000원(전자신청)만을 납부한다.

제4절 이사 퇴임등기

1. 이사의 퇴임 사유

1) 임기의 만료

이사의 임기는 정관에 의해 정해지는데 이사는 원칙적으로 임기의 만료로 퇴임한다. 임기의 만료여부는 정관의 임기, 인원수, 보권선임의 경우 임기승계규정에 따라 계산한다.

2) 사임

법인과 이사의 법률관계는 위임관계이므로, 이사는 언제든지 위임계약을 해지하는 방식으로 사임할 수 있다. 이사를 사임하는 행위는 상대방 있는 단독행위이므로 그 의사표시가 수령권한 있는 기관에 도달함으로써 효력을 발행하는 것이며 법인의 승낙이 있어야 하는 것은 아니다.

3) 해임

이사의 임면에 관한 규정은 정관의 필요적 기재사항이므로 이사의 해임은 정관의 정함에 의한다. 정관에 규정이 없는 경우에 위임 규정을 유추할 수 있다. 이사를 해임하는 경우에도 이를 등기하지 않으면 이사의 해임을 가지고서 제3자에게 대항 할 수 없다.

4) 법령 또는 정관에서 정한 자격상실사유의 발생

이사는 사형이나 무기징역 또는 무기금고 등의 형의 선고로 인하여 자격이 상실되면 당연히 그 직에서 퇴임된다.

이사의 임면에 관한 규정은 정관의 필요적 기재사항이다. 따라서 정관에 이사의 당연퇴직사유를 명시하고 있다면 당연퇴직사유가 발생한 이사에 대한 별도의 해임절차는 필요 없다. 당연 퇴직은 등기원인으로 하는 임원변경등기 신청서에는 정관과 함께 당연퇴직사유의 발생을 증명하는 서면을 첨부하여야 한다.

5) 위임의 종료에 의한 퇴임사유의 발생

이사와 법인의 관계는 정관에 규정이 없거나 규정이 있더라도 불충분한 경우에는 민법의 위임에 관한 규정이 유추 적용된다. 따라서 법인이 해산이나 이사 본인의 사망, 파산, 금치산선고에 의하여도 퇴임하게 된다. 따라서 이사는 절대로 사임할 수 없다는 정관규정이 있더라도 그러한 정관규정은 무효인 것으로서 이사는 자유로이 사임하여 그 직에서 물러날 수 있으며 정관에 해임에 관한 규정이 없는 경우라 할지라도 법인은 선임과 동일한 방법으로 이사를 해임하여 퇴임시킬 수 있음은 물론 이사 본인의 사망, 파산, 금치산선고에 의해서도 퇴임하게 된다.

정관에 보궐을 위하여 취임한 임기는 전임자의 잔임 기간으로 한다는 규정이 있는 경우라 할지라도 이는 이사의 임기를 모두 일치시키기 위한 규정일 뿐이므로 이사가 모두 사임하여 그 전원을 한꺼번에 개선한 경우의 개선된 이사의 임기는 전임자의 잔임 기간이 아니라 정관 소정의 통상임기라 할 것이다.

이사의 임기가 만료된 때에는 같은 사람이 재선되어 같은 직에 다시 취임하는 경우에도 반드시 그 변경등기를 생략할 수 없는 바, 그 때 동일인이 그 임기만료일에 다시 취임하여 전임 임기만료일과 후임 임기개시일이 동일한 경우에는 등기실무상 중임이라 하여 그 퇴임취지와 재취임 취지를 중복하여 기재하지 않고 단순히 중임의 취지만 기재하는 중임등기로 특별취급하고 있으나 임기만료 된 이사가 정관규정에 따라 후임자가 취임할 때까지 계속 권리의무를 행사하던 중에 재선된 때처럼 전임 임기만료일과 후임 임기개시일이 서로 다른 경우에는 설사 동일인이 같은 직에 다시 취임한 경우라 할지라도 중임등기로 취급할 수는 없고 퇴임 및 취임등기로 해야 할 것이다.

그리고 임기만료 된 이사가 후임자가 취임할 때까지 권리의무를 행사하다가 후임자가 취임한 후에 그 퇴임등기를 하는 경우에 퇴임일자는 그 권리의무행사종료일이 아니라 당초의 임기만료일로 기재해야 한다.

2. 이사의 퇴임등기

퇴임한 이사의 성명과 퇴임사유 및 그 연월일을 기재한다.

임기만료나 사임으로 퇴임한 이사가 정관규정에 따라 계속 그 권리의무를 행사하다가 후임자가 취임하여 전임자의 퇴임등기를 하는 경우의 퇴임일자는 그 권리의무행사종료일이 아니라 당초의 임기만료일이나 사임일이다.

3. 첨부서류 등

1) 정관

일반적 첨부서면 중 정관을 첨부하여야 한다, 이것은 정관상 당해 법인의 이사의 정수를 확인하기 위환 것이다.

2) 사임서

사임으로 인한 퇴임의 경우에는 이를 첨부해야 한다.

의사록에 기명날인한 이사가 당해 사원총회나 이사회석상에서 사임하여 그 취지가 당해 의사록에 기재되어 있는 경우에는 그 기록을 사임서에 갈음하여 별도로 사임서를 첨부하지 않아도 된다. 사임서에 날인된 인영은 인감증명법에 의하여 신고한 것이어야 하며 그 인감증명도 첨부해야 한다.

3) 사망진단서 또는 가족관계등록부의 증명서

사망으로 인한 퇴임의 경우에는 이를 첨부해야 한다.

4) 사원총회의사록 또는 이사회의사록

해임에 의한 퇴임의 경우에는 해임을 증명하는 서면으로서 해임을 결의한 사단법인의 사원총회나 재단법인의 이사회의사록 등을 첨부해야 한다.

5) 결격사유증명서

파산, 금치산선고 또는 형의 선고 등으로 인한 퇴임의 경우에는 그 사유를 증명하는 재판서의 등본과 그 확정증명서, 가족관계등록부의 증명서 등을 첨부해야 한다. 그 외 주무관청의 임원승인 취소로 인한 경우에는 그 취소를 한 사실을 증명하는 공문 등을 첨부해야 한다.

4. 등록면허세, 교육세, 등기신청수수료 등

등록면허세는 일반변경등기의 등록면허세인 40,200원이고, 교육세는 등록면허세의 100분의 20이다.
조세특례제한법, 지방세법, 관세법 등에 의하여 등록면허세가 감면되는 경우에 그 감면세액의 100분의 20의 농어촌특별세를 납부하여야 하나, 농어촌특별세도 감면 또는 면제되는 경우가 있다(농특세법 4조).
등기신청수수료는 6,000원(서면방문), 4,000원(전자표준양식), 2,000원(전자신청)이며, 명칭, 주사무소, 이사변경등기를 하나의 신청서로 신청할 경우에는 각각의 수수료 각 6,000원(서면방문), 4,000원(전자표준양식), 2,000원(전자신청)을 합산하여야 한다. 그러나 수인의 이사, 대표자 등 임원의 퇴임, 취임으로 인한 변경등기는 일괄하여 하나의 임원변경등기신청으로 보아 6,000원(서면방문), 4,000원(전자표준양식), 2,000원(전자신청)만을 납부한다.

제5절 대표권제한 규정의 설정 · 변경 · 폐지

1. 대표권제한 규정의 설정 · 변경 · 폐지

정관에 대표권제한규정을 새로 규정하거나 폐지하거나 또는 대표권제한규정의 내용을 변경하는 경우 이에 따른 변경등기가 필요하다. 이사의 대표권에 대한 제한은 이를 정관에 기재하지 아니하면 그 효력이 없고 등기하지 아니하면 정관의 규정에 대하여 선의냐 악의냐에 관계없이 제3자에게 대항하지 못한다. 대표권제한규정의 변경은 정관변경을 수반하므로 대표권제한규정을 변경하려면 주무관청의 허가를 받아야 한다.

2. 대표권제한의 요건

이사의 대표권은 정관이나 사원총회의 결의에 의하여 제한할 수 있고, 정관에 의한 대표권의 제한은 ① 이사의 다수결 또는 전원에 의한 공동대표, ② 사원총회의 의결을 조건으로 하는 결의, ③ 이사장에게만 대표권을 주고 이사에게는 대표권을 제한하는 경우 등으로 할 수 있다. 그러나 이사 전원에 대한 대표권제한은 허용되지 아니한다.
대표권제한등기를 신청할 때에는 대표권제한을 증명하는 정관 또는 총회의사록을 첨부하여야 한다.

대표권제한규정은 신설 또는 폐지되거나 대표권 있는 이사가 경질되어 변경된 때에는 그에 따른 변경등기를 해야 하는 바, 이때 대표권제한규정의 신설이나 폐지에는 정관변경사항이므로 정관변경절차를 밟아 주무관청의 허가를 받은 후에 등기신청 하여야 한다.
대표권 있는 이사의 선임은 정관이 정하는 바에 따를 것이나 이사회에서 선임하는 것이 일반적이고 이사의 지위를 잃으면 그 법인대표권도 소멸되므로 대표권 있는 이사는 전술한 이사의 퇴임사유로 퇴임됨은 물론 이사직은 보류하면서 법인대표직만 사임하여 퇴임할 수도 있다.

3. 대표권제한규정의 제정, 변경 폐지등기

대표권제한규정의 설정등기는 "대표권제한규정설정의 취지와 그 연월일 및 대표권 있는 이사의 성명 주소", 변경등기의 경우에는 "변경된 대표권 있는 이사의 성명, 주소와 변경취지 및 그 연월일" 폐지등기의 경우에는 "대표권제한규정폐지의 취지와 그 연월일"을 등기한다.
대표권제한에 관한 등기를 할 때 특정한 이사 또는 이사장으로 표시할 수 있다. 다만, 이 경우에도 이사장은 등기사항이 아니며, 특별법에서 규정하는 회장, 부회장은 민법에서 기관으로 규정하지 아니하므로 대표권규정을 "회장, 부회장 이외에는 대표권 없음" 등과 같이 등기할 수 없고, "이사 OOO 외에는 대표권이 없음" 등으로 기재하여야 한다.

4. 첨부서류 등

정관으로 대표권제한규정을 신설한 경우에는 그 정관변경을 결의한 사원총회의사록나 이사회의사록과 주무관청의 허가서를 첨부하여야 하고, 종전의 대표권 있는 이사가 경질된 때에는 구체적인 퇴임사유에 따라 이사퇴임의 경우에서와 같은 사임서, 사망진단서, 파산 · 금치산선고결정등본 등 전임자의 퇴임을 증명하는 서면과 새로 취임하는 이사의 자격을 증명하는 사원총회의사록 또는 이사회의사록과 취임승낙서, 주무관청의 허가서 등을 첨부해야 한다.
대표권제한규정을 폐지한 때에도 그 정관변경을 결의한 사원총회의사록 또는 이사회의사록과 주무관청의 허가서 등을 첨부해야 한다.

5. 등록면허세, 교육세, 등기신청수수료 등

등록면허세는 일반변경등기의 등록면허세인 40,200원이고, 교육세는 등록면허세의 100분의 20이다.

조세특례제한법, 지방세법, 관세법 등에 의하여 등록면허세가 감면되는 경우에 그 감면세액의 100분의 20의 농어촌특별세를 납부하여야 하나, 농어촌특별세도 감면 또는 면제되는 경우가 있다(농특세법 4조).

등기신청수수료는 6,000원(서면방문), 4,000원(전자표준양식), 2,000원(전자신청)이며, 명칭, 주사무소, 이사변경등기를 하나의 신청서로 신청할 경우에는 각각의 수수료 각 6,000원(서면방문), 4,000원(전자표준양식), 2,000원(전자신청)을 합산하여야 한다. 그러나 수인의 이사, 대표자 등 임원의 퇴임, 취임으로 인한 변경등기는 일괄하여 하나의 임원변경등기신청으로 보아 6,000원(서면방문), 4,000원(전자표준양식), 2,000원(전자신청)만을 납부한다.

[서식] 사단(재단)법인 변경등기신청서(이사 임기만료)

사단(재단)법인 변경등기신청

<table>
<tr><td rowspan="2">접
수</td><td>년 월 일</td><td rowspan="2">처
리
인</td><td>접 수</td><td>조 사</td><td>기 입</td><td>교 합</td><td>각종통지</td></tr>
<tr><td>제 호</td><td></td><td></td><td></td><td></td><td></td></tr>
</table>

<table>
<tr><td>등기의 목적</td><td>사단(재단)법인 ○○</td><td>등기번호</td><td>제○○○○호</td></tr>
<tr><td>주 사 무 소</td><td colspan="3">OO시 OO구 OO로 OO(OO동)</td></tr>
<tr><td>등기의 목적</td><td colspan="3">이사변경등기</td></tr>
<tr><td>등기의 사유</td><td colspan="3">이사 ○○○은 20○○년 ○월 ○일 임기만료로 퇴임하고 같은 날 사원총회(이사회)에서 다음 사람이 이사로 선임되어 같은 날 취임하였으므로 그 등기를 구함.</td></tr>
<tr><td>허가서도착연월일</td><td colspan="3">20○○년 ○월 ○일</td></tr>
<tr><td>주사무소/분사무소 신청구분</td><td colspan="3">1.주사무소 신청 ☐ 2.분사무소 신청 ☐ 3.주 · 분사무소 일괄신청 ☐</td></tr>
<tr><td colspan="4">등 기 할 사 항</td></tr>
<tr><td colspan="4">이사 ○ ○ ○ 20○○년 ○월 ○일 퇴임
이사 ○ ○ ○ (○○○○○○-○○○○○○○)

20○○년 ○월 ○일 취임</td></tr>
</table>

<table>
<tr><td colspan="7">신청등기소 및 등록면허세/수수료</td></tr>
<tr><td>순번</td><td>신청등기소</td><td>구분</td><td>등록면허세</td><td>지방교육세</td><td>세 액 합 계</td><td>등기신청수수료</td></tr>
<tr><td></td><td></td><td></td><td>금 원</td><td>금 원</td><td>금 원</td><td>금 원</td></tr>
<tr><td></td><td></td><td></td><td></td><td></td><td></td><td></td></tr>
<tr><td></td><td></td><td></td><td></td><td></td><td></td><td></td></tr>
<tr><td></td><td></td><td></td><td></td><td></td><td></td><td></td></tr>
<tr><td colspan="3">합 계</td><td></td><td></td><td></td><td></td></tr>
<tr><td colspan="4">등기신청수수료 은행수납번호</td><td colspan="3"></td></tr>
<tr><td colspan="3">과 세 표 준 액</td><td colspan="4">금 원</td></tr>
<tr><td colspan="7">첨 부 서 면</td></tr>
<tr><td colspan="4">1. 정관(필요한 경우) 1통
1. 법인등기부등본 1통</td><td colspan="3">1. 주민등록초본 1통
1. 등록면허세영수필확인서 1통</td></tr>
</table>

<table>
<tr><td>1. 사원총회(이사회)의사록 1통
1. 주무관청허가서 1통
1. 취임승낙서(인감증명 첨부) 1통</td><td>1. 위임장(대리인이 신청할 경우) 1통
〈기 타〉</td></tr>
<tr><td colspan="2">년 월 일

신청인 명 칭
주사무소
대표자 성 명 ㊞ (전화 :)
주 소
대리인 성 명 ㊞ (전화 :)
주 소

지방법원 등기소 귀중</td></tr>
</table>

[신청서 작성요령 및 등기수입증지 첨부란]
1. 해당란이 부족할 때에는 별지를 이용합니다.
1. 해당 등기신청과 관계없는 사항에 대하여는 "해당없음"으로 기재하거나 삭제하고, 필요한 사항은 추가 기재합니다.
1. 등기신청수수료 상당의 대법원등기수입증지를 이 난에 붙입니다.

(용지규격 21㎝×29.7㎝)

◈ 등기신청서 기재 요령

신청서는 원칙적으로 한글과 아라비아 숫자로 기재합니다(다만 취임하는 임원이 외국인인 경우 성명은 국적과 원지음을 한글 등으로 기재한 후, 괄호를 사용하여 로마자 등의 표기를 병기할 수 있습니다). 신청서의 기재사항 난이 부족할 경우 별지를 사용하고 신청서와 별지 각 장 사이에 간인을 하여야 합니다.

① 상호

법인 등기부상의 상호를 기재합니다.

② 등기번호

법인 등기부상의 등기번호를 기재합니다.

③ 본점

법인 등기부상의 본점소재지를 기재합니다.

④ 등기의 목적

"이사의 변경등기"라고 기재합니다.

⑤ 등기의 사유

- 이사가 사망(사임)하고 보선일 때 : 이사 OOO은 20OO년 O월 O일 사망(사임)하고, 20OO년 O월 O일 사원총회(이사회)에서 다음 사람이 이사로 선임되어 20OO년 O월 O일 주무관청의 승인을 얻어 20OO년 O월 O일 취임하였으므로 그 등기를 구함.
- 이사가 임기만료로 퇴임하고 보선인 때 : 이사 OOO은 20OO년 O월 O일 임기만료로 퇴임하고 다음 사람이 이사에 취임하였으므로 그 등기를 구함.
- 이사가 해임되고 보선인 때 : 이사 OOO은 20OO년 O월 O일 사원총회에서 해임되고 20OO년 O월 O일 다음 사람이 이사에 선임되어 취임하였으므로 그 등기를 구함.
- 이사 사임(임기만료) 후 권리의무 행사 중 보선인 때 : 이사 OOO은 사임하고, 이사 OOO은 20OO년 O월 O일 임기만료로 퇴임하였으나 후임자가 없어 그 권리의무 행사 중 20OO년 O월 O일 다음 사람이 이사에 취임하였으므로 그 등기를 구함.
- 이사가 파산 · 금치산선고로 자격상실하고 보선인 때 : 이사 OOO은 20OO년 O월 O일 OO법원의 파산(금치산)선고로 자격상실하고 20OO년 O월 O일 사원총회(이사회)에서 다음사람이 이사로 선임되어 20OO년 O월 O일 취임하였으므로 그 등기를 구함.
- 이사가 중임인 때 : 이사 OOO은 20OO년 O월 O일 사원총회의 결의로 선임되어 중임하므로 그 등기를 구함.
- 이사를 증원한 때 : 20OO년 O월 O일 이사정원을 증원하기로 정관을 변경하고 같은 날 다음 사람이 선임되어 취임하였으므로 그 등기를 구함.

⑥ 본/지점 신청구분

본점에서의 등기신청, 지점에서의 등기신청, 또는 본점 및 지점에 관한 등기를 본점에 서 일괄하여 신청하는지 여부를 표시하는 항목입니다. 주식회사 이사·감사 등 변경등기는 지점에서 등기할 사항이 아니므로 본점신청으로 선택합니다.

⑦ 이사 등의 사임, 취임 등과 그 연월일

사임하는 이사 등의 성명, 주민등록번호, 사임의 취지와 그 연월일(해임의 경우 해임일자)을 기재하고, 취임하는 이사등의 성명, 주민등록번호, 취임연월일을 기재하여야 합니다. 주민등록번호가 없는 재외국민 또는 외국인의 경우에는 주민등록번호 대신 생년월일을 기재하여야 합니다. 외국인의 성명은 국적과 원지음을 한글 등으로 기재한 후, 괄호를 사용하여 로마자 등의 표기를 병기할 수 있습니다(예 : 사내이사 미합중국인 존에프케네디(John. F. Kennedy)).

- 이사가 사망(사임)하고 보선인 때
  이사 OOO 20OO년 O월 O일 사망(사임)
  이사 O O O (000000-0000000)
  20OO년 O월 O일 취임
- 이사가 임기만료로 퇴임하고 보선인 때
  이사 OOO 20OO년 O월 O일 퇴임
  이사 O O O (000000-0000000)
  20OO년 O월 O일 취임
- 이사가 해임되고 보선인 때
  이사 OOO 20OO년 O월 O일 해임

이사 O O O (000000-0000000)

20OO년 O월 O일 취임

- 이사가 사임(임기만료) 후 권리의무행사 중 보선인 때

이사 OOO　20OO년 O월 O일 사임(퇴임)

이사 O O O (000000-0000000)

20OO년 O월 O일 취임

- 이사가 파산 · 금치산선고로 자격상실하고 보선인 때

이사 OOO　20OO년 O월 O일 자격상실

이사 O O O (000000-0000000)

20OO년 O월 O일 취임

- 이사가 중임인 때

이사 O O O (000000-0000000)

20OO년 O월 O일 중임

- 이사를 증원한 때

1. 정관변경

제O조 (임원의 종별 및 인원의 수) 당 법인은 다음의 임원을 둔다.

1. 이사장 O명
2. 이사 O명
3. 상무이사 O명
4. 감사 O명

20OO년 O월 O일 변경

2. 이사증원

이사 O O O (000000-0000000)

20OO년 O일 O일 취임

⑧ 신청등기소 및 등록면허세/수수료

신청하는 등기소를 기재하며, 납부한 등록면허세액, 지방교육세액(지방세법 제137조 제1항) 및 등기신청수수료(등기부등초본등수수료규칙 제5조의3)를 기재합니다.

- 등록면허세는 변경등기의 등록면허세인 40,200원, 교육세는 등록면허세의 100분의 20을 납부하여야 한다(지방세법 제28조). 그러나 명칭 · 목적 · 임원등기 등 각종 변경등기신청을 하나의 신청서로 일괄신청하더라도 각각에 대하여 산출한 세액을 합산하여 납부한다. 다만, 동일한 변경사항이 수개인 경우에는 1건의 등록면허세만 납부한다. 조세특례제한법, 지방세법, 관세법 등에 의하여 등록면허세가 감면되는 경우에 그 감면세액의 100분의 20의 농어촌특별세를 납부하여야 한다(다만, 이것도 면제되는 경우도 있다).
- 등기신청수수료는 6,000원(서면방문), 4,000원(전자표준양식), 2,000원(전자신청)이며, 명칭, 주사무소, 이사변경등기를 하나의 신청서로 신청할 경우에는 각각의 수수료 각 6,000원(서면방문), 4,000원(전자표준양식), 2,000원(전자신청)을 합산하여야 한다. 그러나 수인의 이사, 대표자 등 임원의 퇴임, 취임으로 인한 변경등기는 일괄하여 하나의 임원변경등기신청으로 보아 6,000원(서면방문), 4,000원(전자표준양식), 2,000원(전자신청)만을 납부한다.

⑨ 첨부서면

등기신청서에 첨부하는 서면을 기재하여야 합니다.

■ 정관

정관은 공증인의 인증을 받아야 한다. 당연직 이사인 경우에는 그 당연직에 취임 또는 발령받은 사실을 증명하는 인사발령문 등을 첨부한다. 또한 당연직 이사가 당연직의 보직이 변경된 경우에는 자격상실을 증명하는 서류인 인사발령문 등을 첨부한다. 정관은 이사의 선임 · 해임 등이 정관소정의 방법에 의한 것임을 증명하고, 당해 법인의 이사의 정수를 확인하기 위하여 첨부하는 것이다.

■ 의사록

이사의 인원수 증원을 위한 정관변경이나 이사의 선임 · 해임 등을 결의한 사단법인의 사원총회의사록이나 재단법인의 이사회의사록을 첨부한다. 이러한 법인의 총회 등의 의사록은 공증인의 인증을 받아야 한다.

■ 허가서

허가서는 이사의 인원수 증원으로 정관변경을 위한 주무관청의 허가가 필요한 경우나 설립허가 조건이 임원취임을 주무관청의 승인사항으로 한 경우 등에 첨부한다. 등본을 첨부하는 때에는 허가관청의 인증있는 등본도 첨부해야 한다.

■ 인감

첨부서류 중 인감증명서는 본인의 진정한 의사를 확인하기 위한 것으로, 취임승낙취지가 기재된 피선자의 기명날인이 있는 의사록을 첨부한 경우에는 이를 생략할 수 있다. 다만 대표자는 인감증명법에 의한 인감증명을 첨부하여야 하나 중임의 경우는 예외이다.

대표자는 등기소에서 인감증명을 받아야 하므로 인감증명을 받을 수 있는 대조용 인감대지와 인감신고를 제출하여야 한다. 다만 중임의 경우에는 종전의 인감을 습용할 수 있다.

사임시에는 인감증명법에 의하여 신고한 인장으로 날인하여야 한다. 그러나 회의석상에서 사임한 취지의 기재가 있고 그 임원의 기명날인이 있는 의사록을 첨부한 때에는 이의 첨부를 생략할 수 있다.

⑩ 신청인 등

변경등기를 신청하는 법인의 상호와 본점, 대표이사의 성명과 주소를 기재하며, 위임받은 대리인이 신청할 경우 대리인의 성명과 주소를 기재합니다. 대표이사는 등기소에 제출된 인감을 날인하여야 하며 대리인의 경우는 날인할 도장에 대한 제한은 없습니다.

[서식] 사원총회(이사회)의사록

사원총회(이사회)의사록

2000년 0월 0일 00시 00분, 00시 00구 00로 00(00동) 당 법인 회의실(또는 사무소)에서 사원총회(이사회)를 개최하다.

총사원수(또는 총이사수) : 0명
출석사원수(또는 출석이사수) : 0명

의장인 이사 000는 정관규정에 따라 의장석에 등단하여 위와 같이 법정수에 달하는 사원(이사)이 출석하였으므로 본 총회(이사회)가 적법히 성립되었음을 알리고 개회를 선언한 후, 다음의 의안을 부의하고 심의를 구하다.

제1호 의 안 이사 해임의 건
의장은 당 법인의 이사 000는 당 법인의 목적에 위배되는 어떠 어떠한 행위를 하였으므로 부득이 해임함이 상당하다는 취지를 상세히 설명하고 그 가부를 물은 바, 전원 이의 없이 찬성하여 만장일치로 그 해임을 가결하다.

제2호 의 안 이사보선의 건
의장은 이사 000는 2000년 0월 0일 사임하여 해임되어, 그들 보선해야 한다는 취지를 설명하고 그 선출방법을 물은 바, 전원일치로 무기명비밀투표로 선출하기로 결의하고 즉시 투표를 실시한 결과 다음과 같이 선출되다.

이사 O O O (000000-0000000)
00시 00구 00로 00(00동)

위 피선자는 즉석에서 그 취임을 승낙하다

의장은 이상으로서 회의목적인 의안 전부의 심의를 종료하였으므로 폐회한다고 선언하다(회의종료시각 : 00시 00분)

위 결의를 명확히 하기 위하여 이 의사록을 작성하고 의장과 출석한 이사가 기명날인하다.

2000년 0월 0일

사단(재단)법인 OOO회
OO시 OO구 OO로 OO(OO동)
의장겸 이사 O O O (인)
이사 O O O (인)
이사 O O O (인)
이사 O O O (인)

※ 이 의사록은 공증인의 인증을 받아야 한다.

[서식] 사원총회(이사회)의사록

사원총회(이사회)의사록

2000년 0월 0일 OO시 OO분, OO시 OO구 OO로 OO(OO동) 당 법인 회의실(또는 사무소)에서 사원총회(이사회)를 개최하다.

총사원수(또는 총이사수) : O명
출석사원수(또는 출석이사수) : O명

의장인 이사 OOO는 정관규정에 따라 의장석에 등단하여 위와 같이 법정수에 달하는 사원(이사)이 출석하였으므로 본 총회(이사회)가 적법히 성립되었음을 알리고 개회를 선언한 후, 다음의 의안을 부의하고 심의를 구하다.

제1호 의 안 이사 증원의 건
의장은 정관의 변경에 따라 이사의 인원수 증원되었으므로 증원된 이사를 새로 선출해야 한다는 취지를 설명하고 그 선출방법을 물은 바, 무기명 비밀투표로 선출하기로 전원 일치되어 즉시 투표를 실시한 결과 다음과 같이 선출되다.

이사 O O O (000000-0000000)
OO시 OO구 OO로 OO(OO동)

위 피선자는 즉석에서 그 취임을 승낙하다.

제2호 의 안 정관변경의 건
의장은 위 이사의 인원수 증원에 수반하여 현행정관 제O조를 다음과 같이 변경해야 한다는 취지를 설명하고 그 가부를 물은 바 전원 이의 없이 그를 승인 가결하다.

제O조(임원의 종별 및 인원수) 당 법인에는 다음의 임원을 둔다.
1. 이사 O명
(이사장 1명, 상무이사 1명 포함)
2. 감사 O명

제3호 의 안 감사보선의 건
의장은 당 법인의 감사 OOO은 20OO년 O일 사임하였으므로 후임 감사를 선출하여 줄 것을 구하니, 이사 OOO가 감사 OOO를 추천한 바, 전원일치하여 OOO을 감사로 선임함을 가결하다.

의장은 이상으로서 회의목적인 의안 전부의 심의를 종료하였으므로 폐회한다고 선언하다(회의종료시각 : OO시 OO분)

위 결의를 명확히 하기 위하여 이 의사록을 작성하고 의장과 출석한 이사가 기명날인하다.

20OO년 O월 O일

사단(재단)법인 OOO회
OO시 OO구 OO로 OO(OO동)
의장겸 이사 O O O (인)
이사 O O O (인)
이사 O O O (인)

※ 이 의사록은 공증인의 인증을 받아야 한다.

[서식] 취임승낙서

취 임 승 낙 서
본인은 2000년 0월 0일 사원총회(이사회)에서 이사로 선임되었으므로 그 취임을 승낙합니다.
2000년 0월 0일
이사 ○ ○ ○ (인)
사단(재단)법인 0000 귀중

※ 1. 인감날인 후 그 인감증명 및 주민등록등(초)을 첨부해야 한다.
2. 취임승낙하는 임원이 여러 명인 경우 1장의 서면에 모두 작성할 수 있다.

[첨부서류] 사 임 서

사 임 서
본인은 귀 법인의 이사인 바, 이번에 일신상의 형편에 의하여 그 직을 사임합니다.
2000년 0월 0일
이사 ○ ○ ○ (인)
사단(재단)법인 0000 귀중

※ 인감을 날인하고 그 인감증명을 첨부해야 한다.

[서식] 사단(재단)법인 변경등기신청서(대표권제한규정에 관한 변경)

사단(재단)법인 변경등기신청

접수	년 월 일	처리인	접 수	조 사	기 입	교 합	각종통지
	제 호						

등기의 목적	사단(재단)법인 ㅇㅇ	등기번호	제ㅇㅇㅇㅇ호
주 사 무 소	OO시 OO구 OO로 OO(OO동)		
등기의 목적	대표권제한규정 변경등기		
등기의 사유	대표권 있는 이사 ㅇㅇㅇ은 대표직을 사임하고 20ㅇㅇ년 ㅇ월 ㅇ일 이사회에서 이사 ㅇㅇㅇ이 대표권 있는 이사로 선임되어 같은 날 취임하여 대표권제한규정이 다음과 같이 변경되었으므로 그 등기를 구함.		
허가서도착연월일	20ㅇㅇ년 ㅇ월 ㅇ일		
주사무소/분사무소 신청구분	1.주사무소 신청 □ 2.분사무소 신청 □ 3.주 · 분사무소 일괄신청 □		

등 기 할 사 항

이사 ㅇㅇㅇ외에는 대표권이 없음
OO시 OO구 OO로 OO(OO동)

20ㅇㅇ년 ㅇ월 ㅇ일 변경

신청등기소 및 등록면허세/수수료

순번	신청등기소	구분	등록면허세	지방교육세	세 액 합 계	등기신청수수료
			금 원	금 원	금 원	금 원
합 계						
등기신청수수료 은행수납번호						
과 세 표 준 액			금 원			

첨 부 서 면

1. 정관(필요한 경우) 1통	1. 인감신고서 및 인감증명서 1통
1. 사원총회(이사회)의사록 1통	1. 주민등록초본 1통

1. 사임서 및 인감증명` 1통 1. 취임승낙서(인감증명 첨부) 1통 1. 주무관청허가서 1통	1. 등록면허세영수필확인서 1통 1. 위임장(대리인이 신청할 경우) 1통 〈기 타〉

년 월 일

신청인 명 칭
주사무소
대표자 성 명 ㊞ (전화 :)
주 소
대리인 성 명 ㊞ (전화 :)
주 소

지방법원 등기소 귀중

[신청서 작성요령 및 등기수입증지 첨부란]
1. 해당란이 부족할 때에는 별지를 이용합니다.
1. 해당 등기신청과 관계없는 사항에 대하여는 "해당없음"으로 기재하거나 삭제하고, 필요한 사항은 추가 기재합니다.
1. 등기신청수수료 상당의 대법원등기수입증지를 이 난에 붙입니다.

(용지규격 21㎝×29.7㎝)

◈ 등기신청서 기재 요령

신청서는 원칙적으로 한글과 아라비아 숫자로 기재합니다. 신청서의 기재사항 난이 부족할 경우 별지를 사용하고 신청서와 별지 각 장 사이에 간인을 하여야 합니다.

① 상호
법인 등기부상의 상호를 기재합니다.

② 등기번호
법인 등기부상의 등기번호를 기재합니다.

③ 본점
법인 등기부상의 본점소재지를 기재합니다.

④ 등기의 목적
"대표권제한규정 변경등기"라고 기재합니다.

⑤ 등기의 사유

■ 대표권제한규정 신설의 경우

2000년 0월 0일 사원총회(또는 이사회)에서 대표권의 제한규정의 설정과 정관변경을 결의하고 2000년 0월 0일 주무관청의 허가를 얻어 2000년 0월 0일 이사회에서 이사 000가 대표권 있는 이사로 선임되어 같은 날 취임함에 따라, 대표권의 제한규정을 다음과 같이 설정하였으므로(분사무소에서 등기할 때 : …… 설정하여 2000년 0월 0일 주사무소소재지 관할등기소에서 등기를 하였으므로 이 등기소에서) 그 등기를 구함.

⑧ 신청등기소 및 등록면허세/수수료

신청하는 등기소를 기재하며, 납부한 등록면허세액, 지방교육세액(지방세법 제137조 제1항) 및 등기신청수수료(등기부등초본등수수료규칙 제5조의3)를 기재합니다.

■ 등록면허세는 변경등기의 등록면허세인 40,200원, 교육세는 등록면허세의 100분의 20을 납부하여야 한다(지방세법 제28조). 그러나 명칭 · 목적 · 임원등기 등 각종 변경등기신청을 하나의 신청서로 일괄신청하더라도 각각에 대하여 산출한 세액을 합산하여 납부한다. 다만, 동일한 변경사항이 수개인 경우에는 1건의 등록면허세만 납부한다. 조세특례제한법, 지방세법, 관세법 등에 의하여 등록면허세가 감면되는 경우에 그 감면세액의 100분의 20의 농어촌특별세를 납부하여야 한다(다만, 이것도 면제되는 경우도 있다).

■ 등기신청수수료는 6,000원(서면방문), 4,000원(전자표준양식), 2,000원(전자신청)이며, 명칭, 주사무소, 이사변경등기를 하나의 신청서로 신청할 경우에는 각각의 수수료 각 6,000원(서면방문), 4,000원(전자표준양식), 2,000원(전자신청)을 합산하여야 한다. 그러나 수인의 이사, 대표자 등 임원의 퇴임, 취임으로 인한 변경등기는 일괄하여 하나의 임원변경등기신청으로 보아 6,000원(서면방문), 4,000원(전자표준양식), 2,000원(전자신청)만을 납부한다.

⑨ 첨부서면

등기신청서에 첨부하는 서면을 기재하여야 합니다.

■ 정관

정관은 공증인의 인증을 받아야 한다. 당연직 이사인 경우에는 그 당연직에 취임 또는 발령받은 사실을 증명하는 인사발령문 등을 첨부한다. 또한 당연직 이사가 당연직의 보직이 변경된 경우에는 자격상실을 증명하는 서류인 인사발령문 등을 첨부한다. 정관은 이사의 선임 · 해임 등이 정관소정의 방법에 의한 것임을 증명하고, 당해 법인의 이사의 정수를 확인하기 위하여 첨부하는 것이다.

■ 의사록

이사의 인원수 증원을 위한 정관변경이나 이사의 선임 · 해임 등을 결의한 사단법인의 사원총회의사록이나 재단법인의 이사회의사록을 첨부한다. 이러한 법인의 총회 등의 의사록은 공증인의 인증을 받아야 한다.

■ 허가서

허가서는 이사의 인원수 증원으로 정관변경을 위한 주무관청의 허가가 필요한 경우나 설립허가 조건이 임원취임을 주무관청의 승인사항으로 한 경우 등에 첨부한다. 등본을 첨부하는 때에는 허가관청의 인증있는 등본도 첨부해야 한다.

■ 인감

첨부서류 중 인감증명서는 본인의 진정한 의사를 확인하기 위한 것으로, 취임승낙취지가 기재된 피선자의 기명날인이 있는 의사록을 첨부한 경우에는 이를 생략할 수 있다. 다만 대표자는 인감증명법에 의한 인감증명을 첨부하여야 하나 중임의 경우는 예외이다.

대표자는 등기소에서 인감증명을 받아야 하므로 인감증명을 받을 수 있는 대조용 인감대지와 인감신고를 제출하여야 한다. 다만 중임의 경우에는 종전의 인감을 습용할 수 있다.

사임시에는 인감증명법에 의하여 신고한 인장으로 날인하여야 한다. 그러나 회의석상에서 사임한 취지의 기재가 있고 그 임원의 기명날인이 있는 의사록을 첨부한 때에는 이의 첨부를 생략할 수 있다.

⑩ 신청인 등

변경등기를 신청하는 법인의 상호와 본점, 대표이사의 성명과 주소를 기재하며, 위임받은 대리인이 신청할 경우 대리인의 성명과 주소를 기재합니다. 대표이사는 등기소에 제출된 인감을 날인하여야 하며 대리인의 경우는 날인할 도장에 대한 제한은 없습니다.

[서식] 사원총회(이사회)의사록

사원총회(이사회)의사록

2000년 0월 0일 00시 00분, 00시 00구 00로 00(00동) 당 법인 회의실(또는 사무소)에서 사원총회(이사회)를 개최하다.

총사원수(또는 총이사수) : 0명
출석사원수(또는 출석이사수) : 0명

의장인 이사 000는 정관규정에 따라 의장석에 등단하여 위와 같이 법정수에 달하는 사원(이사)이 출석하였으므로 본 총회(이사회)가 적법히 성립되었음을 알리고 개회를 선언한 후, 다음의 의안을 부의하고 심의를 구하다.

제1호 의 안 대표권의 제한규정 신설(또는 폐지)의 건

의장은 당 법인의 사업규모에 비추어 보아 법인의 대표권제한규정을 신설(또는 폐지)할 필요가 있음을 상세히 설명하고 그 가부를 물은 바, 당 법인의 대표권제한규정을 신설(또는 폐지) 하기로 전원 이의 없이 찬성하여 그를 만장일치로 가결하다.

제2호 의 안 정관변경의 건

위 대표권의 제한규정의 신설(또는 폐지)에 수반하여 현행 정관 제0조를 다음과 같이 변경할 필요가 있음을 설명하고 그 가부를 물으니 전원 이의 없이 찬성하여 만장일치로 그를 승인 가결하다.

제O조(임원의 직무권한 및 선임방법)

① 이사장은 회무를 통할하고 본회를 대표한다.

② 이사장은 이사회에서 선출한다.

– 이하 생략 –

의장은 이상으로서 회의목적인 의안 전부의 심의를 종료하였으므로 폐회한다고 선언하다(회의종료시각 : OO시 OO분)

위 결의를 명확히 하기 위하여 이 의사록을 작성하고 의장과 출석한 이사가 기명날인하다.

20OO년 O월 O일

사단(재단)법인 OOO회
OO시 OO구 OO로 OO(OO동)
의장겸 이사 O O O (인)
이사 O O O (인)
이사 O O O (인)

※ 공증인의 인증을 받아야 한다.

[서식] 사원총회(이사회)의사록

사원총회(이사회)의사록

2000년 0월 0일 00시 00분, 00시 00구 00로 00(00동) 당 법인 회의실(또는 사무소)에서 사원총회(이사회)를 개최하다.

총사원수(또는 총이사수) : 00명
출석사원수(또는 출석이사수) : 00명

의장인 이사 이몽룡은 정관규정에 따라 의장석에 등단하여 위와 같이 법정수에 달하는 사원(이사)이 출석하였으므로 본 총회(이사회)가 적법히 성립되었음을 알리고 개회를 선언한 후, 다음의 의안을 부의하고 심의를 구하다.

제1호 의 안 대표권 있는 이사 선출의 건
의장은 대표권의 제한규정 신설에 관한 정관변경에 따라 대표권 있는 이사인 이사장을 선출해야 한다는 취지를 설명하고(대표권 있는 이사인 이사장 이몽룡이가 2000년 0월 0일 사임, 주무관청으로부터 승인취소되어 결원이 생겼으므로 그를 보선해야 한다는 취지를 설명하고), 그 선출방법을 물으니 무기명 비밀투표로 선출하기로 전원 일치되어 즉시 투표를 실시한 결과 다음과 같이 선출되다.

이사장 김 O O (000000-0000000)
00시 00구 00로 00(00동)

위 피선자는 즉석에서 그 취임을 승낙하다.

제2호 의 안 대표권 있는 이사 변경의 건(대표권 있는 이사 변경시)
의장은 대표권 이사인 이사장 이OO이가 2000년 0월 0일 사임하여 결원이 생겼으므로 그를 보선해야 한다는 취지를 설명하고 그 선출방법을 물은바, 무기명 비밀투표로 선출하기로 전원 일치되어 즉시 투표를 실시한 결과 다음과 같이 선출되다.

이사장 김 O O (000000-0000000)
00시 00구 00로 00(00동)

위 피선자는 즉석에서 그 취임을 승낙하다.

의장은 이상으로서 회의목적인 의안 전부의 심의를 종료하였으므로 폐회한다고 선언하다(회의종료시각 : OO시 OO분)

위 결의를 명확히 하기 위하여 이 의사록을 작성하고 의장과 출석한 이사가 기명날인하다.

2000년 0월 0일

사단(재단)법인 OOO회
OO시 OO구 OO로 OO(OO동)
의장겸 이사 김 O O (인)
이사 이 O O (인)
이사 장 O O (인)

※ 이 의사록은 공증인의 인증을 받아야 한다.

제3장 주사무소 이전, 지점의 설치 · 이전 · 폐지

제1절 주사무소 이전의 등기

1. 의 의

법인이 그 사무소를 다른 등기소의 관할 구역으로 이전하는 때에는 구소재지에서 이전한 날로부터 3주간 내에 이전등기를 하고 신소재지에서는 3주간 내에 설립등기사항을 등기하여야 한다. 다만 주사무소를 이미 분사무소가 설치되어 있는 다른 등기소의 관할 구역으로 이전하거나 또는 분사무소를 이미 주사무소, 분사무소가 설치되어 있는 다른 등기소의 관할 구역으로 이전하는 경우에는 신소재지에 이미 설립등기사항의 등기가 실행되어 있어 제49조 제2항의 설립등기사항의 등기를 할 필요가 없다고 보아야 한다. 동일한 등기소의 관할 구역 내에서 사무소를 이전한 때에는 그 이전한 것을 등기하면 족하고 따로 설립등기사항을 등기할 필요가 없다.
여기서 사무소란 주사무소뿐만 아니라 분사무소를 의미하므로 민법 제51조의 사무소의 이전은 주사무소뿐 아니라 분사무소에도 적용되어 분사무소를 이전한 경우에도 등기하여야 한다.

2. 주사무소 이전에 관한 권한

사단법인의 사무는 정관으로 이사 또는 기타 임원에게 위임한 사항 외에는 총회의 결의에 의하여 하므로 정관에서 주사무소 이전을 이사회의 권한으로 규정하고 있으면 이사회의 결의에 따르고 다른 규정이 없다면 사원총회의 결의에 의하여야 한다.
다만 주사무소 소재지는 정관의 절대적 기재사항이므로 정관변경절차를 밟아 주무관청의 허가를 받아야 하지만, 정관에 최소행정구역까지만 표시해도 무방하지만 정관상 그 기재가 최소행정구역까지만 표시된 경우 동일한 행정구역 내에서 주사무소를 이전할 때에는 정관을 변경할 필요 없이 이전장소 및 이전시기 등 이전업무집행을 위한 이사과반수의 결의만으로도 할 수 있다. 하지만, 정관상 주사무소의 기재가 그 소재지번까지 확정적으로 표시된 경우에 주사무소를 이전할 때나 정관상 주사무소의 기재가 최소행정구역까지만 표시된 경우라 할지라도 그를 다른 행정구역으로 이전할 때에는 언제나 사단법인의 경우에는 사원총회의 결의에 의하여, 재단법인의 경우에는 정관의 규정에 따라 설립자나 이사회가 정관을 변경하여 주무관청의 허가를 받고 다시 그 이전업무집행을 위한 이사과반수의 결의를 거쳐야 한다.

3. 등기신청인 및 등기기간

1) 등기신청인

사무소의 이전으로 인한 변경등기는 법인을 대표할 사람이 신청한다. 이사가 2인 이상인 경우 이사는 단독대표가 원칙이므로 각자 등기신청을 할 수 있지만 대표권 제한 규정이 있는 경우에는 대표권 있는 이사만 신청한다.

2) 등기기간

법인이 그 사무소를 이전하는 때에는 구사무소 소재지와 신사무소 소재지에서 각각 3주간 내에 사무소이전에 관한 변경등기를 하여야 한다. 등기기간은 사무소의 이전으로 주무관청의 허가가 필요한 경우에는 주무관청의 허가서가 도착한 다음 날 0시부터 주무관청의 허가가 필요하지 않은 경우에는 현실적으로 사무소가 이전한 다음 날 0시부터 기산한다.

4. 등기사항

1) 동일등기소 관할구역 내에서 이전한 경우

주사무소가 기존의 주사무소 소재지를 관할하는 등기소의 관할 구역으로 이전하는 경우에는 그 이전한 것을 등기하면 된다.

2) 다른 등기소관할 구역으로 주사무소를 이전한 경우

주사무소가 다른 등기소의 관할구역으로 이전되는 경우에는 구소재지에서는 3주간 내에 이전등기를 하고, 신소재지에서는 동기간 내 설립등기사항의 등기를 하여야 한다. 이 경우 주사무소의 신소재지에서는 구주사무소의 등기기록과의 연속성을 표시하기 위해 법인성립의 연월일과 주사무소이전의 뜻 및 그 연월일도 등기하여야 한다.

5. 첨부정보

1) 개설

법인 사무소이전의 변경등기 신청서에는 사무소의 이전을 증명하는 서면을 첨부하되 주무관청의 허가가 필요한 사항은 그 허가서 또는 인증이 있는 등본을 첨부하여야 한다. 임시이사가 이러한 변경등기를 신청하는 경우에는 신청서에 그 자격을 증명하는 서면을 첨부하여야 한다.

2) 구소재지 등기신청

구 소재지의 등기신청서에는 대리인에 의하여 신청하는 경우의 위임장 지방세법 소정의 등록면허세 또는 등록면허세가 감면되는 경우 소정의 농어촌특별세, 등기신청수수료 등 일반적인 첨부서면을 첨부하여야 한다.

또한 주사무소이전에 정관변경이 필요한 경우에는 정관변경을 결의한 사단법인의 사원총회의사록이나 재단법인의 이사회의사록과 정관변경에 필요한 관청의 허가서나 그 인증 있는 등본 및 이전일자결정 등 이전업무집행사항을 결의한 이사회의사록 또는 이사과반수의 결의서를 첨부해야 한다.

정관의 변경이 필요 없는 경우에는 이전장소 및 이전일자 등 이전업무집행사항을 결의한 이사회의사록 또는 이사과반수 결의서만 첨부하면 된다.

민법법인의 사원총회 및 이사회의사록은 기명날인하여야 하고 서명으로 대체할 수 없으며(민법 76조 2항), 민법상 법인등기신청서에 첨부하는 사원총회의사록 또는 이사회의사록은 공증인의 인증을 받아야 한다. 다만, 공증인법에서 인증의 예외를 인정하는 법인의 경우에는 그러하지 아니하다(공증 66조의 2).

3) 신소재지 등기신청

신소재지에서 하는 등기의 신청서에는 등록면허세와 등기신청수수료, 인감신고서, 위임장 외에 구소재지의 등기신청서에 첨부한 정관변경결의를 증명하는 서면 및 주무관청의 허가서 등 다른 서면을 첨부할 필요가 없다(비송 66조).

6. 등록면허세 등

1) 등록면허세

법인이 주사무소를 다른 등기소관할 구역 내로 이전한 경우에는 구소재지에서는 40,200원, 신소재지에서는 112,500원(대도시에서 대도시 외의 관할로 이전하는 경우에는 면제)의 등록면허세와 등록면허세의 20/100의 지방교육특별세를 납부하여야 하나, 신소재지가 동일 등기소 관할 구역 내인 경우에는 등록면허세 112,500원과 등록면허세의 20/100의 지방교육세만을 납부한다.

2) 등기신청수수료

신소재지등기소에서는 등기신청수수료로 설립등기와 같은 금액은 30,000원(서면방문), 17,000원(전자표준양식), 10,000원(전자신청)을 납부하여야 한다. 또한 주사무소이전에 부수하여 분사무소를 설치하는 경우에는 주사무소이전의 등기신청수수료 외에 부수하여 등기하는 부분에 대한 등기신청수수료를 별도로 납부하여야 한다. 그러나 구소재지등기소에서의 등기신청수수료는 일반 변경등기로 보아 6,000원(서면방문), 4,000원(전자표준양식), 2,000원(전자신청)을 납부하면 된다. 그러나 명칭, 주사무소, 이사변경등기를 하나의 신청서로 신청할 경우에는 각각의 수수료 각 6,000원(서면방문), 4,000원(전자표준양식), 2,000원(전자신청)을 합산하여야 한다.

[서식] 사단(재단)법인 주사무소이전등기신청서

사단(재단)법인 주사무소이전등기신청

접수	년 월 일	처리인	접 수	조 사	기 입	교 합	각종통지
	제 호						

등기의 목적	사단(재단)법인ㅇㅇ	등기번호	제ㅇㅇㅇㅇ호
주 사 무 소	OO시 OO구 OO로 OO(OO동)		
등기의 목적	주사무소 이전등기 및 정관변경등기		
등기의 사유	20ㅇㅇ년 ㅇ월 ㅇ일 사원총회(이사회)의 결의로 정관을 변경하고 20ㅇㅇ년 ㅇ월 ㅇ일 주무관청의 허가를 받아 20ㅇㅇ년 ㅇ월 ㅇ일 OO시 OO구 OO로 OO(OO동) 주사무소를 다음 장소로 이전하였으므로 그 등기를 구함.		
허가서도착연월일	20ㅇㅇ년 ㅇ월 ㅇ일		
주사무소/분사무소 신청구분	1.주사무소 신청 ☐ 2.분사무소 신청 ☐ 3.주ㆍ분사무소 일괄신청 ☐		

등 기 할 사 항

정관변경 :
제3조(주사무소) 본 법인의 주사무소는 ㅇㅇ시 시내에 둔다.
20ㅇㅇ년 ㅇ월 ㅇ일 변경
주사무소 : OO시 OO구 OO로 OO(OO동)
20ㅇㅇ년 ㅇ월 ㅇ일 이전

신청등기소 및 등록면허세/수수료

순번	신청등기소	구분	등록면허세	지방교육세	세 액 합 계	등기신청수수료
			금 원	금 원	금 원	금 원
합 계						
등기신청수수료 은행수납번호						
과 세 표 준 액			금 원			

<table>
<tr><th colspan="2">첨 부 서 면</th></tr>
<tr><td>1. 정관(필요한 경우) 1통
1. 법인등기부등본 1통
1. 사원총회(이사회)의사록 1통
1. 주무관청허가서 1통</td><td>1. 등록면허세영수필확인서 1통
1. 위임장(대리인이 신청할 경우) 1통
〈기 타〉</td></tr>
<tr><td colspan="2">년 월 일

신청인 명 칭
주사무소
대표자 성 명 ㊞ (전화 :)
주 소
대리인 성 명 ㊞ (전화 :)
주 소

지방법원 등기소 귀중</td></tr>
</table>

[신청서 작성요령 및 등기수입증지 첩부란]
1. 해당란이 부족할 때에는 별지를 이용합니다.
1. 해당 등기신청과 관계없는 사항에 대하여는 "해당없음"으로 기재하거나 삭제하고, 필요한 사항은 추가 기재합니다.
1. 등기신청수수료 상당의 대법원등기수입증지를 이 난에 붙입니다.

(용지규격 21㎝×29.7㎝)

[서식] 사원총회(이사회)의사록

사원총회(이사회)의사록

2000년 0월 0일 00시 00분, 00시 00구 00로 00(00동) 당 법인 회의실(또는 사무소)에서 사원총회(이사회)를 개최하다.

총사원수(또는 총이사수) : 0명
출석사원수(또는 출석이사수) : 0명

의장 000는 정관규정에 따라 의장석에 등단하여 위와 같이 법정수에 달하는 사원(이사)이 출석하였으므로 본 총회(이사회)가 적법히 성립되었음을 알리고 개회를 선언한 후, 다음의 의안을 부의하고 심의를 구하다.

제1호 의 안 주사무소이전의 건
의장은 사업형편상 당 법인의 주사무소를 다음 장소로 이전할 필요가 있음을 설명하고 그 가부를 물으니 전원 이의 없이 찬성하여 만장일치로 승인가결하다.

주사무소 이전장소 : 00시 00구 00로 00(00동)
이전연월일 : 2000년 0월 0일

제2호 의 안 정관변경의 건
의장은 위 주사무소이전에 수반하여 현행 정관 제0조를 다음과 같이 변경해야 한다는 취지를 설명하고 그 가부를 물으니 전원 이의 없이 찬성하여 만장일치로 그를 승인 가결하다.

제0조(주사무소) 당 법인의 주사무소는 00시 00구 00로 00(00동)에 둔다.

의장은 이상으로서 회의목적인 의안 전부의 심의를 종료하였으므로 폐회한다고 선언하다(회의종료시각 : 00시 00분)
위 결의를 명확히 하기 위하여 이 의사록을 작성하고 의장과 출석한 이사가 기명날인하다.

2000년 0월 0일

사단(재단)법인 OOO회

OO시 OO구 OO로 OO(OO동)

의장겸 이사 O O O (인)

이사 O O O (인)

이사 O O O (인)

[서식] 이사과반수결의서

이사과반수결의서

2000년 0월 0일 00시 00분, 00시 00구 00로 00(00동) 당 법인 회의실(또는 사무소)에서 이사 전원의 일치(또는 이사과반수의 일치)로서 다음 사항을 결의한다.

결 의 사 항

1. 당 법인의 주사무소와 분사무소를 다음과 같이 이전함.

주사무소 : ○○시 ○구 ○○로 ○○(○○동)

분사무소 : ○○시 ○구 ○○로 ○○(○○동)

이전연월일 : 2000년 0월 0일

위의 결의사실을 명확히 하기 위하여 이 결의서를 작성하고 이에 기명날인하다.

2000년 0월 0일

사단(재단)법인 000회

이사 ○ ○ ○ (인)

이사 ○ ○ ○ (인)

이사 ○ ○ ○ (인)

[서식] 사단(재단)법인의 주사무소이전등기(관할 외)

사단(재단)법인 주사무소이전 (관할 외)등기신청

접 수	년 월 일	처 리 인	등기관 확인	각종 통지
	제 호			

명 칭	00사단(재단)법인	등기번호	
주 사 무 소	00시 00구 00로 00		
등기의 목적	주사무소이전(관할 외)		
등기의 사유	2000년 0월 0일 사원총회(이사회) 결의에 의하여 200년 0월 0일 주사무소를 이전하였으므로 다음 사항의 등기를 구함		
허 가 서 도 착 연 월 일	2000년 0월 0일		
구 주사무소 관할등기소에 등기할 사항			
주사무소를 이전한 뜻과 그 연월일	2000년 0월 0일 이전		
신 주사무소 관할등기소에 등기할 사항			
주사무소를 이전한 뜻과 그 연월일	신주사무소 : 00시 00구 00로 00 2000년 0월 0일 이전		
이사의 성명 및 주민등록번호,	이사 000(000000-0000000) 2000년 0월 0일 취임 이사 000(000000-0000000) 2000년 0월 0일 취임		

취임 연월일	감사 000(000000-0000000) 2000년 0월 0일 취임
이사의 대표권을 제한한 때에는 대표권 있는 이사의 성명과 주소, 취임연월일	김 0 0 00시 00구 00로 00 2000년 0월 0일 취임

신청등기소 및 등록면허세/수수료						
순번	신청등기소	구분	등록면허세 지방교육세	농어촌특별세	세액합계	등기신청수수료
		구 주사무소	금 40,200원 금 8,040원	금 원	금 48,240원	금 6,000원
		신 주사무소	금 112,500원 금 22,500원	금 원	금 90,000원	금 30,000원
합 계						
등기신청수수료 납부번호						

첨 부 서 면	
1. 정관 통 1. 사원총회 또는 이사회 의사록(공증) 통 *이사결정서(이사회가 없는 경우) 1. 주무관청의 허가서 통 (정관변경이 필요한 경우) 1. 등록면허세영수필확인서 통 1. 등기신청수수료영수필확인서 통	1. 위임장(대리인이 신청하는 경우) 통 〈기 타〉

년 월 일

신 청 인 명 칭 00사단(재단)법인
주사무소 00시 00구 00로 00

이 사 성 명 000 (인) (전화 :)
주 소 00시 00구 00로 00

대 리 인 성 명 (인) (전화 :)
주 소

000지방법원 000등기소 귀중

– 신청서 작성요령 –

1. 해당란이 부족할 때에는 별지를 이용합니다.
1. 해당 등기신청과 관계없는 사항에 대하여는 "해당없음"으로 기재하거나 삭제하고, 필요한 사항은 추가 기재합니다.

(용지규격 21㎝× 29.7㎝)

[서식] 사단(재단)법인 주사무소이전등기신청서(분사무소소재지에서 신청)

사단(재단)법인 주사무소이전등기신청

<table>
<tr><td rowspan="2">접
수</td><td>년 월 일</td><td rowspan="2">처
리
인</td><td>접 수</td><td>조 사</td><td>기 입</td><td>교 합</td><td>각종통지</td></tr>
<tr><td>제 호</td><td></td><td></td><td></td><td></td><td></td></tr>
</table>

<table>
<tr><td>등기의 목적</td><td>사단(재단)법인○○</td><td>등기번호</td><td>제○○○○호</td></tr>
<tr><td>주 사 무 소</td><td colspan="3">OO시 OO구 OO로 OO(OO동)</td></tr>
<tr><td>등기의 목적</td><td colspan="3">주사무소 이전등기</td></tr>
<tr><td>등기의 사유</td><td colspan="3">20○○년 ○월 ○일 사원총회(이사회)의 결의로 정관을 변경하고 20○○년 ○월 ○일 주무관청의 허가를 받아 20○○년 ○월 ○일 주사무소 OO시 OO구 OO로 OO(OO동) ○○시지부를 다음 장소로 이전하고 20○○년 ○월 ○일 주사무소소재지 관할 등기소에서 등기를 하였으므로 이 등기소에서 다음사항의 등기를 구함.</td></tr>
<tr><td>허가서도착연월일</td><td colspan="3">20○○년 ○월 ○일</td></tr>
<tr><td>주사무소/분사무소
신청구분</td><td colspan="3">1.주사무소 신청 □   2.분사무소 신청 □   3.주 · 분사무소 일괄신청 □</td></tr>
<tr><td colspan="4">등 기 할 사 항</td></tr>
<tr><td colspan="4">주사무소 : ○○시 시내에 둔다.
20○○년 ○월 ○일 이전</td></tr>
</table>

<table>
<tr><td colspan="7">신청등기소 및 등록면허세/수수료</td></tr>
<tr><td>순번</td><td>신청등기소</td><td>구분</td><td>등록면허세</td><td>지방교육세</td><td>세 액 합 계</td><td>등기신청수수료</td></tr>
<tr><td></td><td></td><td></td><td>금 원</td><td>금 원</td><td>금 원</td><td>금 원</td></tr>
<tr><td></td><td></td><td></td><td></td><td></td><td></td><td></td></tr>
<tr><td></td><td></td><td></td><td></td><td></td><td></td><td></td></tr>
<tr><td colspan="3">합 계</td><td></td><td></td><td></td><td></td></tr>
<tr><td colspan="4">등기신청수수료 은행수납번호</td><td colspan="3"></td></tr>
<tr><td colspan="3">과 세 표 준 액</td><td colspan="4">금 원</td></tr>
</table>

첨 부 서 면	
1. 정관(필요한 경우) 1통 1. 법인등기부등본 1통 1. 사원총회(이사회)의사록 1통 1. 주무관청허가서 1통	1. 등록면허세영수필확인서 1통 1. 위임장(대리인이 신청할 경우) 1통 〈기 타〉

20○○년 ○월 ○일

신청인 명 칭
주사무소
대표자 성 명 ㉨ (전화 :)
주 소
대리인 성 명 ㉨ (전화 :)
주 소

지방법원 등기소 귀중

[신청서 작성요령 및 등기수입증지 첩부란]
1. 해당란이 부족할 때에는 별지를 이용합니다.
1. 해당 등기신청과 관계없는 사항에 대하여는 "해당없음"으로 기재하거나 삭제하고, 필요한 사항은 추가 기재합니다.
1. 등기신청수수료 상당의 대법원등기수입증지를 이 난에 붙입니다.

(용지규격 21㎝×29.7㎝)

[서식] 사단(재단)법인의 주사무소이전등기(분사무소소재지에서 하는 등기신청)

사단(재단)법인 주사무소이전등기신청

접수	년 월 일	처 리 인	등기관 확인	각종 통지
	제 호			

명 칭	00사단(재단)법인	등기번호	
주 사 무 소	00시 00구 00로 00		
분 사 무 소	00시 00구 00로 00		
등 기 의 목 적	주사무소이전		
등 기 의 사 유	2000년 0월 0일 사원총회(이사회)에서 정관을 변경하고 같은 날 사원총회(이사회) 결의에 의하여 200년 0월 0일 주사무소를 이전하였으므로 다음 사항의 등기를 구함		
허 가 서 도 착 연 월 일	2000년 0월 0일		
등 기 할 사 항			
신주사무소를 이전한 뜻과 그 연월일	00시 00구 00로 00 2000년 0월 0일 이전		
기 타			

등록면허세	금 40,200원	지방교육세	금 8,040원	농어촌특별세	금 원
세 액 합 계	금 48,240원		등기신청수수료	금 6,000원	

첨 부 서 면	
1. 등록세영수필확인서 통 1. 등기신청수수료영수필확인서 통 1. 위임장(대리인이 신청할 경우) 통	〈기 타〉

200년 0 월 0 일

신청인 명 칭 00사단(재단)법인
주사무소 00시 00구 00로 00

이 사 성 명 000 (인) (전화 :)
주 소 00시 00구 00로 00

대리인 성 명 000 (인) (전화 :)
주 소 00시 00구 00로 00

00지방법원 00 등기소 귀중

– 신청서 작성요령 –

1. 해당란이 부족할 때에는 별지를 이용합니다.
1. 해당 등기신청과 관계없는 사항에 대하여는 "해당없음"으로 기재하거나 삭제하고, 필요한 사항은 추가 기재합니다.

(용지규격 21㎝× 29.7㎝)

제2절 분사무소의 설치 · 이전 · 폐지의 등기

1. 의 의

사무소가 여러 개 있는 경우 하나는 주된 사무소가 되고 나머지는 분사무소가 된다. 민법에 의하면 사단법인의 분사무소는 사단법인과 독립된 별개의 법인격이나 권리 주체가 아니라 사단법인에 소속된 하부조직에 불과하므로 사단법인의 분사무소가 그 주사무소의 회계와는 별도의 독립채산제 방식으로 운영되고 있다고 하더라도 사단법인의 분사무소가 보유한 재산은 그 사단법인의 소유일 뿐 법인격도 없고 권리 주체도 아닌 사단법인의 분사무소 혹은 그 구성원들 개인의 소유가 되는 것은 아니다. 분사무소를 설치하려면 정관에 분사무소의 소재지가 기재되어 있어야 하는데 분사무소의 소재지로서는 최소 행정구역이 기재되어 있으면 되고 소재 지번까지 기재되어 있을 필요는 없다. 다만 등기 시에는 도로명주소 또는 지번까지 기재하여야 한다. 법인이 분사무소를 설치한 때에는 주사무소소재지 및 그 분사무소소재지, 다른 분사무소소재지에서 3주간 내에 분사무소를 설치한 것을 등기하여야 한다(민법 50조 1항). 또한 주사무소 또는 분사무소의 소재지를 관할하는 등기소의 관할구역 내에 분사무소를 설치한 때에는 위 기간 내에 그 사무소를 설치한 것을 등기한다(민법 60조).

2. 분사무소 설치 · 이전 · 폐지에 관한 권한

분사무소를 설치 · 이전 · 폐지함에는 사단법인의 경우에는 사원총회에서, 재단법인의 경우에는 정관규정에 따라 설립자나 이사회에서 정관을 변경하여 주무관청의 허가를 받고 다시 그 설치 · 이전 · 폐지 등의 업무집행을 위한 이사회의 결의를 거쳐야 한다. 다만 정관상 분사무소의 기재가 최소행정구역까지만 표시된 경우, 동일한 행정구역 내에서 분사무소를 이전하는 데에는 정관변경의 절차를 필요로 하지 않고 업무집행의 일환으로 이사회 또는 이사과반수의 결의로 이전할 분사무소의 주소를 확정하면 된다.

3. 등기신청인과 등기기간

1) 등기신청인

이사의 대표권제한이 있는 때에는 대표권 있는 이사가 신청하며, 대표권제한이 없는 때에는 수인의 이사가 있어도 반드시 이사전원이 신청하여야 하는 것은 아니고, 그 중 1인이 신청하여도 된다(비송 66조 2항).

임시이사가 등기를 신청하는 경우에는 신청서에 그 자격을 증명하는 서면을 첨부하여야 한다(비송 64조 2항).

2) 등기기간

등기기간은 분사무소를 실제 설치 · 이전 · 폐지한 때로부터 3주간 내이다(민법 50조 내지 53조). 신청권한 있는 이사가 이 등기를 해태할 때에는 과태료의 제재를 받는다(민법 97조). 주무관청의 허가를 필요로 하지 아니하는 경우에는 분사무소를 현실로 설치한 날부터, 주무관청의 허가가 필요한 경우에는 그 허가서가 도착한 날로부터 기산하되(민 53조), 민법의 기간계산의 원칙상 그 다음날부터 계산한다(민 157조).

등기에 관청의 허가가 필요한 때에는 그 허가서가 도착한 날부터 등기기간을 기산하므로, 분사무소의 설치 · 이전 · 폐지에 정관변경을 요하는 경우에는 실제로 분사무소를 설치 · 이전 · 폐지한 일자와 정관변경에 관한 관청의 허가서가 도착한 일자 중 늦은 쪽을 기준으로 하여 등기기간을 기산한다(민 53조).

4. 등기사항

1) 분사무소설치의 경우

(1) 주사무소 또는 기존분사무소의 관할구역 내의 분사무소설치

이미 주사무소 또는 분사무소 등기기록이 편성되어 있으므로 신설 분사무소의 등기기록을 따로 편성하지 아니한다. 신설 분사무소를 설치한 뜻, 소재지, 명칭 및 설치연월일을 등기한다.

(2) 주사무소 또는 분사무소의 관할구역 외의 분사무소 설치

주사무소 소재지에서는 분사무소에 관한 사항 란에 그 분사무소의 소재지와 설치연월일을 등기하고 분사무소 소재지에서는 분사무소의 등기기록을 개설하여 분사무소의 등기사항을 등기하여야 한다.

2) 분사무소이전의 경우

(1) 동일 관할구역 내의 이전

동일한 등기소의 관할 구역 내에서 분사무소를 이전하는 경우에는 그 이전한 것을 등기하면 된다.

(2) 동일 관할구역 외의 이전

등기기록이 개설되어 있는 관할 구역 내로 이전한 경우에는 주사무소 등기기록의 분사무에 관한 사항란과 다른 분사무소의 등기기록의 분사무소에 관한 사항란에 이전하는 분사무소의 소재지와 명칭과 이전의 뜻, 연월일을 등기하고, 등기기록이 개설되어 있지 않은 관할구역 내로 이전하는 경우에는 신소재지에서는 3주간 내에 분사무소 등기사항의 등기를 하여 분사무소 등기기록을 개설한다.

3) 분사무소폐지의 경우

분사무소폐지의 등기는 주사무소소재에서는 "폐지한 분사무소와 그 폐지의 취지 및 연월일"을 폐지한 당해 분사무소소재지에서는 "분사무소폐지의 취지와 그 연월일"을 기재한다.

5. 첨부서류 등

주사무소소재지에서 이 등기를 신청함에는 분사무소의 설치 · 이전 · 폐지 등에 따른 정관변경을 결의한 사단법인의 사원총회의사록이나 재단법인의 이사회의사록 및 정관변경에 관한 주무관청의 허가서나 그 인증 있는 등본을 첨부해야 한다. 그리고 분사무소의 설치 · 이전 · 폐지 업무집행사항을 결정한 이사회의사록 또는 이사과반수결의서(이사회가 없는 경우)도 첨부해야 한다.

다만, 정관상의 분사무소 표시가 최소행정구역까지만 기재된 경우에는 동일한 행정구역 내에서의 분사무소이전등기에는 정관변경이 필요 없으므로 정관변경을 결의한 총회나 이사회의사록과 정관변경에 관한 주무관청의 허가서 등은 첨부할 필요가 없다. 사무소이전을 결의한 업무집행기관인 이사과반수의 결의서나 이사회의사록만을 첨부하면 된다.

등기신청수수료는 6,000원(서면방문), 4,000원(전자표준양식), 2,000원(전자신청)을 납부하여야 한다. 그러나 명칭, 주사무소, 이사변경등기를 하나의 신청서로 신청할 경우에는 각각의 수수료 각 6,000원(서면방문), 4,000원(전자표준양식), 2,000원(전자신청)을 합산하여야 한다.

[서식] 사단(재단)법인 분사무소설치등기신청서(법인설립 후 주사무소에서 신청하는 경우)

사단(재단)법인 분사무소설치등기신청

접수	년 월 일	처리인	접 수	조 사	기 입	교 합	각종통지
	제 호						

등기의 목적	사단(재단)법인 ○○	등기번호	제○○○○호
주 사 무 소	OO시 OO구 OO로 OO(OO동)		
등기의 목적	분사무소 설치등기		
등기의 사유	20○○년 ○월 ○일 사원총회(이사회)의 결의로 정관을 변경하고 20○○년 ○월 ○일 주무관청의 허가를 받아 20○○년 ○월 ○일 분사무소를 설치하였으므로 다음 사항의 등기를 구함.		
허가서도착연월일	20○○년 ○월 ○일		
주사무소/분사무소 신청구분	1.주사무소 신청 □	2.분사무소 신청 □	3.주 · 분사무소 일괄신청 □

등 기 할 사 항

분사무소 : OO시 OO구 OO로 OO(OO동) ○○지부
20○○년 ○월 ○일 설치

신청등기소 및 등록면허세/수수료

순번	신청등기소	구분	등록면허세	지방교육세	세 액 합 계	등기신청수수료
			금 원	금 원	금 원	금 원
합 계						
등기신청수수료 은행수납번호						
과 세 표 준 액			금 원			

첨 부 서 면

1. 정관(필요한 경우) 1통	1. 등록면허세영수필확인서 1통
1. 법인등기부등본 1통	1. 위임장(대리인이 신청할 경우) 1통

1. 사원총회(이사회)의사록 1통 1. 주무관청허가서 1통	〈기 타〉

년 월 일

신청인 명 칭
주사무소
대표자 성 명 ㊞ (전화 :)
주 소
대리인 성 명 ㊞ (전화 :)
주 소

지방법원 등기소 귀중

[신청서 작성요령 및 등기수입증지 첩부란]

1. 해당란이 부족할 때에는 별지를 이용합니다.
1. 해당 등기신청과 관계없는 사항에 대하여는 "해당없음"으로 기재하거나 삭제하고, 필요한 사항은 추가 기재합니다.
1. 등기신청수수료 상당의 대법원등기수입증지를 이 난에 붙입니다.

(용지규격 21㎝×29.7㎝)

[서식] 사원총회의사록

사원총회의사록

2000년 0월 0일 00시 00분, 00시 00구 00로 00(00동) 당 법인 회의실(또는 사무소)에서 사원총회를 개최하다.

총사원수 : 0명　　　출석사원수 : 0명

의장인 이사 000는 정관규정에 따라 의장석에 등단하여 위와 같이 법정수에 달하는 사원이 출석하였으므로 본 총회가 적법히 성립되었음을 알리고 개회를 선언한 후, 다음의 의안을 부의하고 심의를 구하다.

제1호 의 안 분사무소 설치의 건

의장은 당 법인의 사업이 날로 번창함에 따라 사업을 확장하기 위하여 다음 장소에 분사무소를 설치할 필요가 있음을 설명하고 그 가부를 물으니 전원 이의 없이 찬성하여 만장일치로 승인가결하다.

분사무소 : 00시 00구 00로 00(00동)(ㅇㅇ지부)

제2호 의 안 정관변경의 건

의장은 위 분사무소에 수반하여 현행 정관 제0조를 다음과 같이 변경해야 한다는 취지를 설명하고 그 가부를 물으니 전원 이의 없이 찬성하여 만장일치로 그를 승인 가결하다.

제0조(분사무소) 당 법인은 다음 장소에 분사무소를 둔다.

분사무소 : 00시 00구 00로 00(00동)(ㅇㅇ지부)

분사무소 : 00시 00구 00로 00(00동)(ㅇㅇ지부)

의장은 이상으로서 회의목적인 의안 전부의 심의를 종료하였으므로 폐회한다고 선언하다(회의종료시각 : 00시 00분)

위 결의를 명확히 하기 위하여 이 의사록을 작성하고 의장과 출석한 이사가 기명날인하다.

2000년 0월 0일

사단법인 000회

00시 00구 00로 00(00동)

의장겸 이사 0 0 0 (인)

이사 0 0 0 (인)

이사 0 0 0 (인)

[서식] 이사회의사록

이 사 회 의 사 록

2000년 0월 0일 00시 00분, 00시 00구 00로 00(00동) 당 법인 회의실(또는 사무소)에서 이사회를 개최하다.

총이사수 : 0명　　　　　출석이사수 : 0명

의장인 이사 000는 정관규정에 따라 의장석에 등단하여 위와 같이 법정수에 달하는 이사가 출석하였으므로 본 이사회가 적법히 성립되었음을 알리고 개회를 선언 한 후, 다음의 의안을 부의하고 심의를 구하다.

제1호 의 안　분사무소 설치의 건

의장은 이사회의 결의를 거쳐 주무관청의 허가를 받아 변경한 정관 제0조의 규정에 따라 다음 장소에 분사무소를 설치함에 있어서 그 설치시기를 결정하여 줄 것을 요구하니 전원 이의 없이 만장일치로 다음과 같이 가결하다.

분사무소 설치장소 : 00시 00구 00로 00(00동)
설치연월일 : 2000년 0월 0일

의장은 이상으로서 회의목적인 의안 전부의 심의를 종료하였으므로 폐회한다고 선언하다 (회의종료시각 : 00시 00분)

위 결의를 명확히 하기 위하여 이 의사록을 작성하고 의장과 출석한 이사가 기명날인하다.

2000년 0월 0일

재단법인 000회
00시 00구 00로 00(00동)
의장겸 이사 0 0 0 (인)
이사 0 0 0 (인)
이사 0 0 0 (인)

[서식] 사단(재단)법인 분사무소설치등기신청서(신설 분사무소에서 신청하는 경우)

사단(재단)법인 분사무소설치등기신청

접수	년 월 일	처리인	접 수	조 사	기 입	교 합	각종통지
	제 호						

등기의 목적	사단(재단)법인 ○○	등기번호	제○○○○호
주 사 무 소	OO시 OO구 OO로 OO(OO동)		
등기의 목적	분사무소 설치등기		
등기의 사유	20○○년 ○월 ○일 사원총회(이사회)의 결의로 정관을 변경하고 20○○년 ○월 ○일 주무관청의 허가를 받아 20○○년 ○월 ○일 분사무소를 설치하고 주사무소소재지 관할등기소에서 그 등기를 하였으므로 이 등기소에서 다음사항의 등기를 구함.		
허가서도착연월일	20○○년 ○월 ○일		
주사무소/분사무소 신청구분	1.주사무소 신청 □ 2.분사무소 신청 □ 3.주 · 분사무소 일괄신청 □		

등 기 할 사 항

명칭 : 사단(재단법인) ○○
주사무소 : OO시 OO구 OO로 OO(OO동)
지사무소 : OO시 OO구 OO로 OO(OO동)(○○지부)
20○○년 ○월 ○일 설치
목적 : ○○○○
존립시기 : ○○○○
법인을 대표할 이사의 성명, 주소, 주민등록번호 :
이사 ○ ○ ○ (OOOOOO-OOOOOOO)
OO시 OO구 OO로 OO(OO동)
법인성립연월일 : 20○○년 ○월 ○일

신청등기소 및 등록면허세/수수료

순번	신청등기소	구분	등록면허세	지방교육세	세 액 합 계	등기신청수수료
			금 원	금 원	금 원	금 원

합 계						
등기신청수수료 은행수납번호						
과 세 표 준 액			금			원

첨 부 서 면	
1. 정관(필요한 경우) 1통 1. 법인등기부등본 1통 1. 사원총회(이사회)의사록 1통 1. 주무관청허가서 1통	1. 등록면허세영수필확인서 1통 1. 위임장(대리인이 신청할 경우) 1통 〈기 타〉

년 월 일

신청인 명 칭
주사무소
대표자 성 명 ㊞ (전화 :)
주 소
대리인 성 명 ㊞ (전화 :)
주 소

지방법원 등기소 귀중

[신청서 작성요령 및 등기수입증지 첨부란]
1. 해당란이 부족할 때에는 별지를 이용합니다.
1. 해당 등기신청과 관계없는 사항에 대하여는 "해당없음"으로 기재하거나 삭제하고, 필요한 사항은 추가 기재합니다.
1. 등기신청수수료 상당의 대법원등기수입증지를 이 난에 붙입니다.

(용지규격 21㎝×29.7㎝)

[서식] 사원총회(이사회)의사록

사원총회(이사회)의사록

2000년 0월 0일 00시 00분, 00시 00구 00로 00(00동) 당 법인 회의실(또는 사무소)에서 사원총회(이사회)를 개최하다.

총사원수(또는 총이사수) : 0명
출석사원수(또는 출석이사수) : 0명

의장 000는 정관규정에 따라 의장석에 등단하여 위와 같이 법정수에 달하는 사원(이사)이 출석하였으므로 본 총회(이사회)가 적법히 성립되었음을 알리고 개회를 선언한 후, 다음의 의안을 부의하고 심의를 구하다.

제1호 의 안 분사무소설치의 건
의장은 당 법인의 분사무소를 다음 장소에 설치할 필요성을 설명하고 이에 수반하여 현행 정관 제0조를 다음과 같이 변경하여야 할 필요가 있음을 설명하고 그 가부를 물으니 전원 이의 없이 찬성하여 만장일치로 승인가결하다.

분사무소 설치장소 : 00시 00구 00로 00(00동)

제2호 의 안 정관변경의 건
의장은 위 분사무소설치에 수반하여 현행 정관 제0조를 다음과 같이 변경해야 한다는 취지를 설명하고 그 가부를 물으니 전원 이의 없이 찬성하여 만장일치로 그를 승인 가결하다.

제0조(분사무소) 당 법인의 분사무소는 00시 00구 00로 00(00동)에 둔다.

의장은 이상으로서 회의목적인 의안 전부의 심의를 종료하였으므로 폐회한다고 선언하다(회의종료시각 : 00시 00분)

위 결의를 명확히 하기 위하여 이 의사록을 작성하고 의장과 출석한 이사가 기명날인하다.

2000년 0월 0일

사단(재단)법인 OOO회
OO시 OO구 OO로 OO(OO동)
의장겸 이사 ○ ○ ○ (인)
이사 ○ ○ ○ (인)
이사 ○ ○ ○ (인)

[서식] 사단(재단)법인 분사무소이전등기신청서(주사무소에서 신청하는 경우)

사단(재단)법인 분사무소이전등기신청

접수	년 월 일	처리인	접 수	조 사	기 입	교 합	각종통지
	제 호						

등기의 목적	사단(재단)법인 ○○	등기번호	제○○○○호
주 사 무 소	OO시 OO구 OO로 OO(OO동)		
등기의 목적	분사무소 이전등기		
등기의 사유	20○○년 ○월 ○일 사원총회(이사회)결의로 OO시 OO구 OO로 OO(OO동)(○○분사무소)을 다음 장소로 이전하였으므로 그 등기를 구함.		
주사무소/분사무소 신청구분	1.주사무소 신청 □	2.분사무소 신청 □	3.주·분사무소 일괄신청 □
등 기 할 사 항			
지사무소 이전장소 : OO시 OO구 OO로 OO(OO동)(○○분사무소) 20○○년 ○월 ○일 이전			

신청등기소 및 등록면허세/수수료

순번	신청등기소	구분	등록면허세	지방교육세	세 액 합 계	등기신청수수료
			금 원	금 원	금 원	금 원

합 계						
등기신청수수료 은행수납번호						
과 세 표 준 액			금			원

첨 부 서 면	
1. 정관(필요한 경우) 1통 1. 법인등기부등본 1통 1. 사원총회(이사회)의사록 1통	1. 등록면허세영수필확인서 1통 1. 위임장(대리인이 신청할 경우) 1통 〈기 타〉

년 월 일

신청인 명 칭
주사무소
대표자 성 명 ㊞ (전화 :)
주 소
대리인 성 명 ㊞ (전화 :)
주 소

지방법원 등기소 귀중

[신청서 작성요령 및 등기수입증지 첩부란]
1. 해당란이 부족할 때에는 별지를 이용합니다.
1. 해당 등기신청과 관계없는 사항에 대하여는 "해당없음"으로 기재하거나 삭제하고, 필요한 사항은 추가 기재합니다.
1. 등기신청수수료 상당의 대법원등기수입증지를 이 난에 붙입니다.

(용지규격 21㎝×29.7㎝)

[서식] 사원총회(이사회)의사록

사원총회(이사회)의사록

2000년 0월 0일 00시 00분, 00시 00구 00로 00(00동) 당 법인 회의실(또는 사무소)에서 사원총회(이사회)를 개최하다.

총사원수(또는 총이사수) : 0명
출석사원수(또는 출석이사수) : 0명

의장인 이사 000는 정관규정에 따라 의장석에 등단하여 위와 같이 법정수에 달하는 사원(이사)이 출석하였으므로 본 총회(이사회)가 적법히 성립되었음을 알리고 개회를 선언한 후, 다음의 의안을 부의하고 심의를 구하다.

제1호 의 안 분사무소이전의 건

의장은 당 법인의 사업상 형편에 의하여 00시 00구 00로 00(00동)의 분사무소를 다음 장소에 이전할 필요가 있다고 설명하고 그 가부를 물으니 전원 이의 없이 그를 찬성하여 만장일치로 승인 가결하다.

분사무소 이전장소 : 00시 00구 00로 00(00동)

제2호 의 안 정관변경의 건

의장은 위 분사무소 이전에 수반하여 현행 정관 제0조를 다음과 같이 변경해야 한다는 취지를 설명하고 그 가부를 물으니 전원 이의 없이 찬성하여 만장일치로 그를 승인 가결하다.

제0조(분사무소) 당 법인은 다음 장소에 분사무소를 둔다.
분사무소 : 00시 00구 00로 00(00동)(00시 지부)

의장은 이상으로서 회의목적인 의안 전부의 심의를 종료하였으므로 폐회한다고 선언하다(회의종료시각 : 00시 00분)

위 결의를 명확히 하기 위하여 이 의사록을 작성하고 의장과 출석한 이사가 기명날인하다.

2000년 0월 0일

사단(재단)법인 OOO회
OO시 OO구 OO로 OO(OO동)
의장겸 이사 O O O (인)
이사 O O O (인)
이사 O O O (인)

[서식] 이사회의사록

이 사 회 의 사 록

2000년 0월 0일 00시 00분, 00시 00구 00로 00(00동) 당 법인 회의실(또는 사무소)에서 이사회를 개최하다.

총이사수 : 0명　　　　출석이사수 : 0명

의장인 이사 OOO는 정관규정에 따라 의장석에 등단하여 위와 같이 법정수에 달하는 이사가 출석하였으므로 본 이사회가 적법히 성립되었음을 알리고 개회를 선언 한 후, 다음의 의안을 부의하고 심의를 구하다.

제1호 의 안 분사무소 이전의 건

의장은 이사회의 결의를 거쳐 주무관청의 허가를 받아 변경한 정관 제O조의 규정에 따라 분사무소를 이전함에 있어서 그 이전시기를 결정하여 줄 것을 요구하니 전원 이의 없이 만장일치로 다음과 같이 가결하다.

분사무소 이전장소 : 00시 00구 00로 00(00동)
이전연월일 : 2000년 0월 0일

의장은 이상으로서 회의목적인 의안 전부의 심의를 종료하였으므로 폐회한다고 선언하다(회의종료시각 : OO시 OO분)

위 결의를 명확히 하기 위하여 이 의사록을 작성하고 의장과 출석한 이사가 기명날인하다.

2000년 0월 0일

재단법인 OOO회
OO시 OO구 OO로 OO(OO동)
의장겸 이사 O O O (인)
이사 O O O (인)
이사 O O O (인)

[서식] 사단(재단)법인 분사무소이전등기신청서(이전 분사무소에서 신청하는 경우)

사단(재단)법인 분사무소이전등기신청

접수	년 월 일	처리인	접 수	조 사	기 입	교 합	각종통지
	제 호						

등기의 목적	사단(재단)법인 ○○	등기번호	제○○○○호
주 사 무 소	OO시 OO구 OO로 OO(OO동)		
등기의 목적	분사무소 이전등기		
등기의 사유	20○○년 ○월 ○일 사원총회(이사회)의 결의로 정관을 변경하고 20○○년 ○월 ○일 주무관청의 허가를 받아 20○○년 ○월 ○일 분사무소를 이전하고 주사무소소재지 관할등기소에서 그 등기를 하였으므로 이 등기소에서 다음사항의 등기를 구함.		
허가서도착연월일	20○○년 ○월 ○일		
주사무소/분사무소 신청구분	1.주사무소 신청 □ 2.분사무소 신청 □ 3.주 · 분사무소 일괄신청 □		

등 기 할 사 항

명칭 : 사단(재단법인) ○○
주사무소 : OO시 OO구 OO로 OO(OO동)
지사무소 : OO시 OO구 OO로 OO(OO동)(○○지부)
20○○년 ○월 ○일 설치
목적 : ○○○○
존립시기 : ○○○○
자산의 총액 : ○○○○
법인을 대표할 이사의 성명, 주소, 주민등록번호 :
이사 ○ ○ ○ (OOOOOO-OOOOOOO)
OO시 OO구 OO로 OO(OO동)
법인성립연월일 : 20○○년 ○월 ○일

신청등기소 및 등록면허세/수수료

순번	신청등기소	구분	등록면허세	지방교육세	세 액 합 계	등기신청수수료
			금 원	금 원	금 원	금 원

<table>
<tr><td>합 계</td><td></td><td></td><td></td><td></td></tr>
<tr><td colspan="2">등기신청수수료 은행수납번호</td><td colspan="3"></td></tr>
<tr><td>과 세 표 준 액</td><td colspan="4">금 원</td></tr>
<tr><td colspan="5">첨 부 서 면</td></tr>
<tr><td colspan="2">1. 정관(필요한 경우) 1통
1. 법인등기부등본 1통
1. 사원총회(이사회)의사록 1통
1. 주무관청허가서 1통</td><td colspan="3">1. 등록면허세영수필확인서 1통
1. 위임장(대리인이 신청할 경우) 1통
〈기 타〉</td></tr>
<tr><td colspan="5">년 월 일

신청인 명 칭
주사무소
대표자 성 명 ㉾ (전화 :)
주 소
대리인 성 명 ㉾ (전화 :)
주 소

지방법원 등기소 귀중</td></tr>
</table>

[신청서 작성요령 및 등기수입증지 첩부란]
1. 해당란이 부족할 때에는 별지를 이용합니다.
1. 해당 등기신청과 관계없는 사항에 대하여는 "해당없음"으로 기재하거나 삭제하고, 필요한 사항은 추가 기재합니다.
1. 등기신청수수료 상당의 대법원등기수입증지를 이 난에 붙입니다.

(용지규격 21㎝×29.7㎝)

[서식] 사원총회(이사회)의사록

사원총회(이사회)의사록

2000년 0월 0일 00시 00분, 00시 00구 00로 00(00동) 당 법인 회의실(또는 사무소)에서 사원총회(이사회)를 개최하다.

총사원수(또는 총이사수) : O명

출석사원수(또는 출석이사수) : O명

의장인 이사 OOO는 정관규정에 따라 의장석에 등단하여 위와 같이 법정수에 달하는 사원(이사)이 출석하였으므로 본 총회(이사회)가 적법히 성립되었음을 알리고 개회를 선언한 후, 다음의 의안을 부의하고 심의를 구하다.

제1호 의 안 분사무소이전의 건

의장은 당 법인의 사업상 형편에 의하여 OO시 OO구 OO로 OO(OO동)의 분사무소를 다음 장소에 이전할 필요가 있다고 설명하고 그 가부를 물으니 전원 이의 없이 그를 찬성하여 만장일치로 승인 가결하다.

분사무소 이전장소 : 경기도 OO시 OO구 OO로 OO(OO동)

제2호 의 안 정관변경의 건

의장은 위 분사무소 이전에 수반하여 현행 정관 제O조를 다음과 같이 변경해야 한다는 취지를 설명하고 그 가부를 물으니 전원 이의 없이 찬성하여 만장일치로 그를 승인 가결하다.

제O조(분사무소) 당 법인은 분사무소는 경기도 OO시 시내에 둔다.

의장은 이상으로서 회의목적인 의안 전부의 심의를 종료하였으므로 폐회한다고 선언하다(회의종료시각 : OO시 OO분)

위 결의를 명확히 하기 위하여 이 의사록을 작성하고 의장과 출석한 이사가 기명날인하다.

20OO년 O월 O일

사단(재단)법인 OOO회

서울특별시 강남구 강남대로 OO(OO동)

의장겸 이사 O O O (인)

이사 O O O (인)

이사 O O O (인)

[서식] 사단(재단)법인 분사무소폐지등기신청서(주사무소에서 신청하는 경우)

사단(재단)법인 분사무소폐지등기신청

접수	년 월 일	처리인	접 수	조 사	기 입	교 합	각종통지
	제 호						

등기의 목적	사단(재단)법인 ○○	등기번호	제○○○○호
주 사 무 소	OO시 OO구 OO로 OO(OO동)		
등기의 목적	분사무소 폐지등기		
등기의 사유	20○○년 ○월 ○일 사원총회(이사회)의 결의로 정관을 변경하고 20○○년 ○월 ○일 주무관청의 허가를 받아 20○○년 ○월 ○일 분사무소를 폐지하였으므로 다음사항의 등기를 구함.		
허가서도착연월일	20○○년 ○월 ○일		
주사무소/분사무소 신청구분	1.주사무소 신청 □ 2.분사무소 신청 □ 3.주·분사무소 일괄신청 □		

등 기 할 사 항

20○○년 ○월 ○일 OO시 OO구 OO로 OO(OO동)(○○지부) 분사무소 폐지

신청등기소 및 등록면허세/수수료

순번	신청등기소	구분	등록면허세	지방교육세	세 액 합 계	등기신청수수료
			금 원	금 원	금 원	금 원
합 계						
등기신청수수료 은행수납번호						
과 세 표 준 액	금 원					

첨 부 서 면

1. 정관(필요한 경우) 1통 1. 법인등기부등본 1통 1. 사원총회(이사회)의사록 1통 1. 주무관청허가서 1통	1. 등록면허세영수필확인서 1통 1. 위임장(대리인이 신청할 경우) 1통 〈기 타〉

년 월 일

신청인 명 칭
주사무소
대표자 성 명 ㊞ (전화 :)
주 소
대리인 성 명 ㊞ (전화 :)
주 소

지방법원 등기소 귀중

[신청서 작성요령 및 등기수입증지 첩부란]
1. 해당란이 부족할 때에는 별지를 이용합니다.
1. 해당 등기신청과 관계없는 사항에 대하여는 "해당없음"으로 기재하거나 삭제하고, 필요한 사항은 추가 기재합니다.
1. 등기신청수수료 상당의 대법원등기수입증지를 이 난에 붙입니다.

(용지규격 21㎝×29.7㎝)

[서식] 사원총회(이사회)의사록

사원총회(이사회)의사록

2000년 0월 0일 00시 00분, 00시 00구 00로 00(00동) 당 법인 회의실(또는 사무소)에서 사원총회(이사회)를 개최하다.

총사원수(또는 총이사수) : 0명
출석사원수(또는 출석이사수) : 0명

의장인 이사 000는 정관규정에 따라 의장석에 등단하여 위와 같이 법정수에 달하는 사원(이사)이 출석하였으므로 본 총회(이사회)가 적법히 성립되었음을 알리고 개회를 선언한 후, 다음의 의안을 부의하고 심의를 구하다.

제1호 의 안 분사무소 폐지의 건

의장은 당 법인의 영업 형편상 00시 00구 00로 00(00동)의 분사무소를 폐지해야 할 필요가 있음을 설명하고 그 가부를 물으니 전원 이의 없이 그를 찬성하여 만장일치로 그 분사무소를 폐지하기로 승인 가결하다.

제2호 의 안 정관변경의 건
의장은 위 분사무소 폐지에 수반하여 현행 정관 제O조를 다음과 같이 변경해야 한다는 취지를 설명하고 그 가부를 물으니 전원 이의 없이 그와 같이 변경할 것을 만장일치로 승인 가결하다.

제O조(사무소) 당 법인은 사무소를 OO시 시내에 둔다.

제3호 의 안 분사무소 폐지일자 결정의 건
의장은 위 분사무소 폐지일자를 결정하여 줄 것을 요구하니 주무관청이 허가가 언제 나올지 예측할 수 없어 그 일자를 당장 확정할 수 없는 바, 주무관청의 허가서가 도착한 날을 폐지일자로 하기로 만장일치로 찬성하여 그를 승인 가결하다.

의장은 이상으로서 회의목적인 의안 전부의 심의를 종료하였으므로 폐회한다고 선언하다(회의종료시각 : OO시 OO분)

위 결의를 명확히 하기 위하여 이 의사록을 작성하고 의장과 출석한 이사가 기명날인하다.

2OOO년 O월 O일

사단(재단)법인 OOO회
OO시 OO구 OO로 OO(OO동)
의장겸 이사 O O O (인)
이사 O O O (인)
이사 O O O (인)

[서식] 이사회의사록

이 사 회 의 사 록

2000년 0월 0일 00시 00분, 00시 00구 00로 00(00동) 당 법인 회의실(또는 사무소)에서 이사회를 개최하다.

총이사수 : 0명　　　　　출석이사수 : 0명

의장인 이사 000는 정관규정에 따라 의장석에 등단하여 위와 같이 법정수에 달하는 이사가 출석하였으므로 본 이사회가 적법히 성립되었음을 알리고 개회를 선언한 후, 다음의 의안을 부의하고 심의를 구하다.

제1호 의 안 분사무소 폐지의 건
의장은 이사회의 결의를 거쳐 주무관청의 허가를 받아 변경한 정관 제0조의 규정에 따라 00시 00구 00로 00(00동)의 분사무소를 폐지선언(시간은 00시 00분 이었음) 함에 있어서 그 분사무소의 사업정리관계상 그 폐지일자를 2000년 0월 0일로 결정함이 가장 적합하다는 취지를 설명하고, 그 가부를 물은 바, 전원 이의 없이 그를 찬성하여 만장일치로 승인 가결하다.

의장은 이상으로서 회의목적인 의안 전부의 심의를 종료하였으므로 폐회한다고 선언하다(회의종료시각 : 00시 00분)

위 결의를 명확히 하기 위하여 이 의사록을 작성하고 의장과 출석한 이사가 기명날인하다.

2000년 0월 0일

재단법인 000회
00시 00구 00로 00(00동)
의장겸 이사 0 0 0 (인)
이사 0 0 0 (인)
이사 0 0 0 (인)

[서식] 사단(재단)법인 분사무소폐지등기신청서(폐지하는 분사무소에서 신청하는 경우)

사단(재단)법인 분사무소폐지등기신청

접수	년 월 일	처리인	접 수	조 사	기 입	교 합	각종통지
	제 호						

등기의 목적	사단(재단)법인 ○○	등기번호	제○○○○호
주 사 무 소	OO시 OO구 OO로 OO(OO동)		
등기의 목적	분사무소 폐지등기		
등기의 사유	20○○년 ○월 ○일 사원총회(이사회)의 결의로 정관을 변경하고 20○○년 ○월 ○일 주무관청의 허가를 받아 20○○년 ○월 ○일 OO시 OO구 OO로 OO(OO동)(○○지부) 분사무소를 폐지하고 20○○년 ○월 ○일 주사무소 소재지 관할등기소에 그 등기를 하였으므로 다음사항의 등기를 구함.		
허가서도착연월일	20○○년 ○월 ○일		
주사무소/분사무소 신청구분	1.주사무소 신청 □ 2.분사무소 신청 □ 3.주 · 분사무소 일괄신청 □		

등 기 할 사 항
20○○년 ○월 ○일 OO시 OO구 OO로 OO(OO동)(○○지부) 분사무소 폐지

신청등기소 및 등록면허세/수수료						
순번	신청등기소	구분	등록면허세	지방교육세	세 액 합 계	등기신청수수료
			금 원	금 원	금 원	금 원
합 계						
등기신청수수료 은행수납번호						
과 세 표 준 액			금 원			

첨 부 서 면	
1. 정관(필요한 경우) 1통 1. 법인등기부등본 1통 1. 사원총회(이사회)의사록 1통	1. 등록면허세영수필확인서 1통 1. 위임장(대리인이 신청할 경우) 1통 〈기 타〉

1. 주무관청허가서 1통	

년 월 일

신청인 명 칭

주사무소

대표자 성 명 ㊞ (전화 :)

주 소

대리인 성 명 ㊞ (전화 :)

주 소

지방법원 등기소 귀중

[신청서 작성요령 및 등기수입증지 첩부란]

1. 해당란이 부족할 때에는 별지를 이용합니다.
1. 해당 등기신청과 관계없는 사항에 대하여는 "해당없음"으로 기재하거나 삭제하고, 필요한 사항은 추가 기재합니다.
1. 등기신청수수료 상당의 대법원등기수입증지를 이 난에 붙입니다.

(용지규격 21㎝×29.7㎝)

제4장 명칭, 목적의 변경등기

제1절 총설

명칭, 목적은 정관의 기재사항이므로(민법 40조) 이를 변경하기 위해서는 정관변경절차를 거쳐야 한다. 즉, 사단법인의 경우에는 사원총회의 특별결의에 의하여, 재단법인의 경우에는 정관이 정하는 바에 따라 설립자나 이사회에서 정관을 변경하여 주무관청의 허가를 받아야 한다.

사단법인은 사원총회의 결의로써 명칭 또는 목적을 변경할 수 있으나(민법 42조), 재단법인은 원칙적으로 정관변경이 아니 된다. 다만, 명칭, 사무소이전 등 경미한 사항은 목적달성 및 재산의 보전을 위하여 변경할 수 있다(민법 45조).

제2절 명칭의 변경

1. 의 의

법인의 명칭은 정관의 절대적 기재사항이므로 법인의 성립 후에 그 명칭을 변경할 경우에는 정관변경절차를 거쳐 주무관청의 허가를 받아야 한다. 재단법인의 정관은 원칙적으로 그 변경 방법을 정관에 정한 때에 한하여 변경할 수 있지만 재단법인의 목적달성 또는 그 재산의 보전을 위하여 적당한 때에는 그 변경방법을 정관에 정하지 않은 경우에도 명칭을 변경할 수 있다.

2. 유사상호에 대한 제한 여부

법인의 명칭을 변경함에는 상사회사(상등 23조)와는 달리 유사상호에 대한 등기를 제한하는 규정은 없으나, 설립허가를 담당하는 각 주무관청은 실무적으로 기존 법인과 동일한 명칭을 사용하는 것을 허용하지 아니한다. 하지만 등기절차에 있어 민법법인에는 동일상호금지규정이 적용되지 않으므로 어떠한 경위로든 명칭변경에 대한 정관변경의 허가서를 첨부하였다면 동일한 관할 내에 설립된 법인과 동일한 명칭으로의 변경등기를 거부하기는 어렵다고 보인다.

3. 법령의 규정에 따라 사용이 금지된 명칭

법인도 법령의 규정에 따라 사용이 금지된 명칭으로는 변경 할 수 없고 주무관청에서 사용을 허락하지 않는 한 국가공공단체 또는 그 소속기관 및 공법인과 관련성이 있다고 오인될 우려가 있는 명칭 또는 선량한 풍속 기타 사회질서에 반하는 명칭으로 변경하여 등기할 수는 없다.

제3절 목적의 변경

1. 의의

명칭과 마찬가지로 법인의 목적도 정관의 절대적 기재사항이므로 법인의 성립 후에 그 명칭을 변경할 경우에는 정관변경절차를 거쳐 주무관청의 허가를 받아야 한다. 법인의 권리능력 혹은 행위능력은 법인의 설립근거가 된 법률과 정관상의 목적에 의하여 제한되나 그 목적범위 내의 행위라 함은 법률이나 정관에 명시된 목적 자체에는 국한되는 것이 아니라 그 목적을 수행하는 데 있어 직접 간접으로 필요한 행위는 모두 포함된다.

2. 영리목적 여부

민법법인은 비영리 목적으로 설립되는 법인이므로 영리를 목적으로 하는 사업으로는 변경할 수 없다. 다만 법인의 목적달성을 위하여 부수적인 영리행위는 가능하다. 사단법인은 사원총회에서 비영리법인 소정의 목적사항으로 자유로이 그 목적을 변경할 수 있으나, 재단법인은 원칙적으로 그 변경이 허용되지 아니한다. 다만, 당해 재단법인의 정관에 정관변경에 관한 규정이 없더라도 재단법인의 목적을 달성할 수 없을 경우에는 설립자나 이사는 주무관청의 허가를 얻어 설립의 취지를 참작하여 그 목적 기타 정관의 규정을 변경할 수 있다.

3. 목적의 구체성

법인의 목적사업은 막연하고 추상적이어서는 아니 되고 구체적이고 실현가능한 것이어야 한다. 법인이 영위 또는 추구하고자 하는 사업이 무엇인지 제3자가 알 수 있을 정도로 표시하여야 한다. 다만 정관의 본래의 목적 조항이 아닌 다른 조항에 법인의 사업내용으로 기재된 수익사업은 등기기록의 '목적'란에 기록하는 것은 타당하지 않다.

제4절 등기절차

1. 등기신청인

명칭이나 목적의 변경등기는 대표권의 제한이 없는 때에는 이사(이사가 없는 때에는 임시이사) 중의 1인이, 대표권의 제한이 있는 때에는 대표권 있는 이사가 신청인이 된다(비송 66조).
등기기간은 명칭이나 목적의 변경의 효력이 발생한 때로부터 3주간 내이다(민 52조). 따라서 이러한 변경등기는 그에 관한 정관규정의 변경의 효력이 발생하는 주무관청의 정관변경허가가 있은 때로부터 3주간 내에 신청해야 한다. 그 기간은 주무관청의 허가서가 도착한 날로부터 기산한다(민법 53조).

2. 등기사항

변경된 명칭이나 목적과 변경의 취지 및 그 연월일을 기재한다.

3. 첨부서류 등

1) 주무관청의 허가서나 그 인증 있는 등본

명칭이나 목적에 관한 정관규정의 변경을 특별결의 한 사단법인의 사원총회의사록이나 재단법인의 이사회의사록과 정관변경에 관한 주무관청의 허가서나 그 인증있는 등본을 첨부해야 한다. 이에 첨부하는 의사록은 공증인의 인증을 받아야 한다(공증 66조의2). 여기서 하가서 원본을 제출한 경우 허가서 사본에 대하여 등기관이 원본대조필을 한 후 원본을 반환받을 수 있다.

2) 기타 서류

기타 서류로는 대리인에 의하여 신청하는 경우에는 위임장, 법인을 대표하는 자의 인감 등을 첨부하여야 하고, 재산목록과 그 입증서류와 출연의 신청이 있는 경우에는 그 사실을 증명하는 서류, 당해 사업년도분의 사업계획 및 수지예산을 기재한 서류를 첨부한다.

3) 등록세

등록면허세는 일반변경등기의 등록면허세인 40,200원이고, 교육세는 등록면허세의 100분의 20이다.

조세특례제한법, 지방세법, 관세법 등에 의하여 등록세가 감면되는 경우에 그 감면세액의 100분의 20의 농어촌특별세를 납부하여야 하나, 농어촌특별세도 감면 또는 면제되는 경우가 있다(농특세법 4조).

4) 등기신청수수료

등기신청수수료는 6,000원(서면방문), 4,000원(전자표준양식), 2,000원(전자신청)을 납부하여야 한다. 그러나 명칭, 주사무소, 이사변경등기를 하나의 신청서로 신청할 경우에는 각각의 수수료 각 6,000원(서면방문), 4,000원(전자표준양식), 2,000원(전자신청)을 합산하여야 한다.

[서식] 사단(재단)법인의 변경등기(명칭, 목적의 변경)

사단(재단)법인 변경등기신청

접 수	년 월 일	처 리 인	등기관 확인	각종 통지
	제 호			

명 칭	사단(재단)법인00	등기번호	
주 사 무 소	00시 00구 00로		
등 기 의 목 적	명칭 및 목적사업변경 등기		
등 기 의 사 유	2000년 0월 0일 사원총회(이사회)결의로 정관을 변경하고 2000년 0월 0일 주무관청의 허가를 받아 명칭과 목적을 다음과 같이 변경하였으므로 그 등기를 구함		
허가서 도착연월일	2000년 0월 0일		
주사무소/분사무소 신청구분	1.주사무소 신청 ☐	2.분사무소 신청 ☐	3.주사무소 · 분사무소 일괄신청 ☐
등 기 할 사 항			
명칭, 목적, 존립기간 또는 해산사유의 변경과 그 연월일	명칭 : 사단(재단)법인 00 2000년 0월 0일 변경 목적사업 다음 목적을 추가(삭제) 1. 0000업 2. 00000업 2000년 0월 0일 변경		
기 타			

신청등기소 및 등록면허세/수수료						
순번	신청등기소	구분	등록면허세 지방교육세	농어촌특별세	세액합계	등기신청수수료
			금 40,200원 금 8,040원	금 원	금48,240원	금 6,000원
합 계						
등기신청수수료 납부번호						

첨 부 서 면	
1. 정관 통 1. 사원총회 또는 이사회 의사록(공증) 통 *이사결정서(이사회가 없는 경우) 1. 주무관청의 허가서 통 1. 등록면허세영수필확인서 통 1. 등기신청수수료영수필확인서 통	1. 위임장(대리인이 신청할 경우) 통 〈기 타〉

년 월 일

신청인 명 칭 사단(재단)법인 00
주사무소 00시 00구 00로
이 사 성 명 000 (인) (전화 :)
주 소 00시 00구 00로
대리인 성 명 (인) (전화 :)
주 소

지방법원 등기소 귀중

– 신청서 작성요령 –

1. 해당란이 부족할 때에는 별지를 이용합니다.
1. 해당 등기신청과 관계없는 사항에 대하여는 "해당없음"으로 기재하거나 삭제하고, 필요한 사항은 추가 기재합니다.

◈ 등기신청서 기재 요령

신청서는 원칙적으로 한글과 아라비아 숫자로 기재합니다(다만 법인의 명칭과 외국인의 성명은 먼저 한글과 아라비아숫자로 기재한 후, 로마자 등의 표기를 병기할 수 있습니다). 신청서의 기재사항 난이 부족할 경우 별지를 사용하고 신청서와 별지의 각 장 사이에 간인을 하여야 합니다.

1. 명칭은 변경등기 전이므로 변경 전의 명칭을 기재하고, .신청인 란은 변경후의 명칭으로 기재한다.
2. 등록면허세는 변경등기의 등록면허세인 40,200원, 교육세는 등록면허세의 100분의 20(8,040원)을 납부하여야 한다(지방세법 제28조). 그러나 명칭·목적·임원등기 등 각종 변경등기신청을 하나의 신청서로 일괄 신청하더라도 각각에 대하여 산출한 세액을 합산하여 납부한다. 다만, 동일한 변경사항이 수개인 경우에는 1건의 등록면허세만 납부한다. 조세특례제한법, 지방세법, 관세법 등에 의하여 등록면허세가 감면되는 경우에 그 감면세액의 100분의 20의 농어촌특별세를 납부하여야 한다(다만, 이것도 면제되는 경우도 있다).
3. 등기신청수수료는 6,000원(서면방문), 4,000원(전자표준양식), 2,000원(전자신청)을 납부하여야 한다.
4. 정관을 변경하기 위하여 특별결의한 사단법인의 사원총회의사록이나 재단법인의 이사회의사록을 첨부해야 하며, 이들 의사록은 공증인의 인증을 받아야 한다.

[서식] 사원총회의사록

총회의사록

2000년 0월 0일 00시 00분, 00시 00구 00로 00(00동) 당 법인 회의실(또는 사무소)에서 사원총회(이사회)를 개최하다.

총사원수(또는 총이사수) : 0명
출석사원수(또는 출석이사수) : 0명

의장인 이사 000는 정관규정에 따라 의장석에 등단하여 위와 같이 법정수에 달하는 사원이 출석하였으므로 본 총회가 적법히 성립되었음을 알리고 개회를 선언한 후, 다음의 의안을 부의하고 심의를 구하다.

제1호 의 안 법인명칭 및 목적변경의 건
의장은 당 법인의 사업형편상 당 법인의 명칭을 변경해야 할 필요성을 설명하고 다음과 같이 변경해야 할 필요가 있음을 설명하고 그 가부를 물은 바, 전원 이의 없이 찬성하여 만장일치로 그를 승인 가결하다.

명칭 : 사단(재단)법인 000

제2호 의 안 정관변경의 건
의장은 위 목적 및 명칭변경에 수반하여 현행 정관 제0조, 제0조를 다음과 같이 변경해야 한다는 취지를 설명하고 그 가부를 물으니 전원 이의 없이 그와 같이 변경할 것을 만장일치로 승인 가결하다.

제0조(명칭) 당 법인은 사단(재단)법인 00이라 칭한다.

제0조(목적사업) ① 당 법인은 제1조의 목적을 달성하기 위하여 다음의 목적사업을 행한다

1. 00000000
2. 00000000

의장은 이상으로서 회의목적인 의안 전부의 심의를 종료하였으므로 폐회한다고 선언하다
(회의종료시각 : OO시 OO분)

위 결의를 명확히 하기 위하여 이 의사록을 작성하고 의장과 출석한 이사가 기명날인하다.

2OOO년 O월 O일

사단(재단)법인 OOO회
OO시 OO구 OO로 OO(OO동)
의장겸 이사 O O O (인)
이사 O O O (인)
이사 O O O (인)

[서식] 정관 신구대조표

정관변경 전	정관변경 후
제0조(명칭) 본 법인은 사단(재단)법인 00이라 칭한다. 제0조 (목적사업) ① 본 법인은 제1조으 목적을 달성하기 위하여 다음의 목적사업을 행한다 1. 00000000 2. 00000000	제0조(명칭) 본 법인은 사단(재단)법인 00이라 칭한다. 제0조 (목적사업) ① 본 법인은 제1조으 목적을 달성하기 위하여 다음의 목적사업을 행한다 1. 00000000 2. 00000000

[서식] 사단(재단)법인 변경등기신청서(명칭변경)

사단(재단)법인 변경등기신청

접수	년 월 일	처리인	접 수	조 사	기 입	교 합	각종통지
	제 호						

등기의 목적	사단(재단)법인 ○○	등기번호	제○○○○호
주 사 무 소	OO시 OO구 OO로 OO(OO동)		
등기의 목적	명칭변경등기		
등기의 사유	20○○년 ○월 ○일 사원총회(이사회)의 결의로 정관을 변경하고 20○○년 ○월 ○일 주무관청의 허가를 받아 다음과 같이 명칭을 변경하였으므로 그 등기를 구함.		
허가서도착연월일	20○○년 ○월 ○일		
주사무소/분사무소 신청구분	1.주사무소 신청 □ 2.분사무소 신청 □ 3.주 · 분사무소 일괄신청 □		

등 기 할 사 항

명 칭 : 사단(재단)법인 ○○○
20○○년 ○월 ○일 변경

신청등기소 및 등록면허세/수수료

순번	신청등기소	구분	등록면허세	지방교육세	세 액 합 계	등기신청수수료
			금 원	금 원	금 원	금 원
합 계						
등기신청수수료 은행수납번호						
과 세 표 준 액			금 원			

첨 부 서 면

1. 정관(필요한 경우) 1통	1. 등록면허세영수필확인서 1통
1. 법인등기부등본 1통	1. 위임장(대리인이 신청할 경우) 1통

1. 사원총회(이사회)의사록 1통 1. 주무관청허가서 1통 1. 인감신고서 1통	〈기 타〉

년 월 일

신청인 명 칭 사단(재단)법인 000
주사무소 00시 00구 00로
대표자 성 명 0 0 0 ㊞ (전화 :)
주 소 00시 00구 00로
대리인 성 명 ㊞ (전화 :)
주 소

지방법원 등기소 귀중

[신청서 작성요령 및 등기수입증지 첩부란]
1. 해당란이 부족할 때에는 별지를 이용합니다.
1. 해당 등기신청과 관계없는 사항에 대하여는 "해당없음"으로 기재하거나 삭제하고, 필요한 사항은 추가 기재합니다.
1. 등기신청수수료 상당의 대법원등기수입증지를 이 난에 붙입니다.

(용지규격 21㎝×29.7㎝)

● 등기신청서 기재 요령

신청서는 원칙적으로 한글과 아라비아 숫자로 기재합니다(다만 법인의 명칭과 외국인의 성명은 먼저 한글과 아라비아숫자로 기재한 후, 로마자 등의 표기를 병기할 수 있습니다). 신청서의 기재사항 난이 부족할 경우 별지를 사용하고 신청서와 별지의 각 장 사이에 간인을 하여야 합니다.

1. 명칭은 변경등기 전이므로 변경 전의 명칭을 기재하고, .신청인 란은 변경후의 명칭으로 기재한다.
2. 등록면허세는 변경등기의 등록면허세인 40,200원, 교육세는 등록면허세의 100분의 20(8,040원)을 납부하여야 한다(지방세법 제28조). 그러나 명칭·목적·임원등기 등 각종 변경등기신청을 하나의 신청서로 일괄 신청하더라도 각각에 대하여 산출한 세액을 합산하여 납부한다. 다만, 동일한 변경사항이 수개인 경우에는 1건의 등록면허세만 납부한다. 조세특례제한법, 지방세법, 관세법 등에 의하여 등록면허세가 감면되는 경우에 그 감면세액의 100분의 20의 농어촌특별세를 납부하여야 한다(다만, 이것도 면제되는 경우도 있다).
3. 등기신청수수료는 6,000원(서면방문), 4,000원(전자표준양식), 2,000원(전자신청)을 납부하여야 한다.
4. 정관을 변경하기 위하여 특별결의한 사단법인의 사원총회의사록이나 재단법인의 이사회의사록을 첨부해야 하며, 이들 의사록은 공증인의 인증을 받아야 한다.

[서식] 사원총회(이사회)의사록

사원총회(이사회)의사록

2000년 0월 0일 00시 00분, 00시 00구 00로 00(00동) 당 법인 회의실(또는 사무소)에서 사원총회(이사회)를 개최하다.

총사원수(또는 총이사수) : 0명
출석사원수(또는 출석이사수) : 0명

의장인 이사 000는 정관규정에 따라 의장석에 등단하여 위와 같이 법정수에 달하는 사원(이사)이 출석하였으므로 본 총회(이사회)가 적법히 성립되었음을 알리고 개회를 선언한 후, 다음의 의안을 부의하고 심의를 구하다.

제1호 의 안 법인명칭변경의 건
의장은 당 법인의 사업형편상 당 법인의 본래의 명칭인 사단(재단)법인 00를 다음과 같이 변경해야 할 필요가 있음을 설명하고 그 가부를 물은 바, 전원 이의 없이 찬성하여 만장일치로 그를 승인 가결하다.

명칭 : 사단(재단)법인 000

제2호 의 안 정관변경의 건
의장은 위 명칭변경에 수반하여 현행 정관 제0조를 다음과 같이 변경해야 한다는 취지를 설명하고 그 가부를 물으니 전원 이의 없이 그와 같이 변경할 것을 만장일치로 승인 가결하다.

제0조(명칭) 당 법인은 사단(재단)법인 00이라 칭한다.
의장은 이상으로서 회의목적인 의안 전부의 심의를 종료하였으므로 폐회한다고 선언하다(회의종료시각 : 00시 00분)

위 결의를 명확히 하기 위하여 이 의사록을 작성하고 의장과 출석한 이사가 기명날인하다.

2000년 0월 0일

사단(재단)법인 OOO회

OO시 OO구 OO로 OO(OO동)

의장겸 이사 O O O (인)

이사 O O O (인)

이사 O O O (인)

[서식] 사단(재단)법인 변경등기신청서(목적사업변경)

사단(재단)법인 변경등기신청

접수	년 월 일	처리인	접 수	조 사	기 입	교 합	각종통지
	제 호						

등기의 목적	사단(재단)법인 ㅇㅇ	등기번호	제ㅇㅇㅇㅇ호
주 사 무 소	OO시 OO구 OO로 OO(OO동)		
등기의 목적	목적변경등기		
등기의 사유	20ㅇㅇ년 ㅇ월 ㅇ일 사원총회(이사회)의 결의로 정관을 변경하고 20ㅇㅇ년 ㅇ월 ㅇ일 주무관청의 허가를 받아 목적 사업 중 제3호를 다음과 같이 변경하였으므로 그 등기를 구함.		
허가서도착연월일	20ㅇㅇ년 ㅇ월 ㅇ일		
주사무소/분사무소 신청구분	1.주사무소 신청 □ 2.분사무소 신청 □ 3.주 · 분사무소 일괄신청 □		

등 기 할 사 항

목적사업 : "3. ㅇㅇ창작활동 지원사업"을
"3 ㅇㅇ창작활동 지원 및 환경조성에 관한 사업"으로 변경

20ㅇㅇ년 ㅇ월 ㅇ일 변경

신청등기소 및 등록면허세/수수료

순번	신청등기소	구분	등록면허세	지방교육세	세 액 합 계	등기신청수수료
			금 원	금 원	금 원	금 원

합 계						
등기신청수수료 은행수납번호						
과 세 표 준 액			금			원

첨 부 서 면

1. 정관(필요한 경우) 1통 1. 법인등기부등본 1통 1. 사원총회(이사회)의사록 1통 1. 주무관청허가서 1통	1. 등록면허세영수필확인서 1통 1. 위임장(대리인이 신청할 경우) 1통 〈기 타〉

년 월 일

신청인 명 칭
주사무소
대표자 성 명 ㊞ (전화 :)
주 소
대리인 성 명 ㊞ (전화 :)
주 소

지방법원 등기소 귀중

[신청서 작성요령 및 등기수입증지 첨부란]

1. 해당란이 부족할 때에는 별지를 이용합니다.
1. 해당 등기신청과 관계없는 사항에 대하여는 "해당없음"으로 기재하거나 삭제하고, 필요한 사항은 추가 기재합니다.
1. 등기신청수수료 상당의 대법원등기수입증지를 이 난에 붙입니다.

(용지규격 21㎝×29.7㎝)

[서식] 사원총회(이사회)의사록

사원총회(이사회)의사록

2000년 0월 0일 00시 00분, 00시 00구 00로 00(00동) 당 법인 회의실(또는 사무소)에서 사원총회(이사회)를 개최하다.

총사원수(또는 총이사수) : 0명
출석사원수(또는 출석이사수) : 0명

의장인 이사 000는 정관규정에 따라 의장석에 등단하여 위와 같이 법정수에 달하는 사원(이사)이 출석하였으므로 본 총회(이사회)가 적법히 성립되었음을 알리고 개회를 선언한 후, 다음의 의안을 부의하고 심의를 구하다.

제1호 의 안 목적변경의 건
의장은 사업형편상 당 법인의 목적을 다음과 같이 변경해야 할 필요가 있음을 설명하고 그 가부를 물은 바, 전원 이의 없이 찬성하여 만장일치로 그를 승인 가결하다.

목적 : 1. 0000000
1. 0000000

제2호 의 안 정관변경의 건
의장은 위 목적의 변경에 수반하여 현행 정관 제0조를 다음과 같이 변경해야 한다는 취지를 설명하고 그 가부를 물으니 전원 이의 없이 그와 같이 변경할 것을 만장일치로 승인 가결하다.

제0조(명칭) 당 법인은 다음 사업을 경영함을 목적으로 한다.
명칭 : 1. 0000000
1. 0000000

의장은 이상으로서 회의목적인 의안 전부의 심의를 종료하였으므로 폐회한다고 선언하다(회의종료시각 : 00시 00분)

위 결의를 명확히 하기 위하여 이 의사록을 작성하고 의장과 출석한 이사가 기명날인하다.

2000년 0월 0일

사단(재단)법인 OOO회
OO시 OO구 OO로 OO(OO동)
의장겸 이사 O O O (인)
이사 O O O (인)
이사 O O O (인)

제5장 자산의 총액과 출자방법의 변경등기

제1절 총설

정관에는 자산에 관하여 여러 가지 사항을 규정할 수 있지만 이 중 등기사항은 자산의 총액과 출자의 방법 두 가지 뿐이다. 자산의 총액은 등기사항으로 정하고 있으나 필요적 기재사항은 아니므로 정관에 기재할 필요가 없지만 정관에 자산의 총액을 특정하여 기재한 경우에는 이를 변경할 때에도 정관변경절차를 거쳐 변경등기를 하여야 한다.

출자의 방법이란 법인에 대한 재산의 출연방법을 말하는 것으로서 이의 변경에는 기존의 출자방법을 폐지하거나, 다른 방법으로 이를 새로 신설하는 경우가 모두 포함되는데 이를 변경할 때에도 정관변경절차를 거쳐 변경등기를 하여야 한다.

제2절 등기절차

1. 등기신청인

이 등기는 대표권의 제한이 없는 때에는 이사(이사가 없는 때에는 임시이사) 중의 1인이, 대표권의 제한이 있는 때에는 대표권 있는 이사가 신청인이 된다(비송 66조).

2. 등기기간

등기기간은 출자방법의 변경의 효력이 발생한 때로부터 3주간 내이다(민법 52조). 그러나 정관의 출자방법변경에 관한 주무관청의 허가가 있는 때로부터 3주간 내에 신청해야 하나 그 기간은 주무관청의 허가서가 도착한 날로부터 기산한다(민법 53조).

3. 등기사항

변경 또는 신설된 출자의 방법과 변경, 신설, 폐지의 취지 및 그 연월일을 기재한다.

4. 첨부서류 등

1) 등기사항의 변경을 증명하는 서면

일반적인 첨부서류 이외에 출자방법에 관한 정관규정의 변경을 특별결의한 사단법인의 사원총회의사록이나 재단법인의 이사회의사록과 정관변경에 관한 주무관청의 허가서나 그 인증 있는 등본을 첨부해야 한다. 이에 첨부하는 의사록은 공증인의 인증을 받아야 한다(공증 66조의2).

2) 등록면허세

등록면허세는 일반변경등기의 등록면허세인 40,200원이고, 교육세는 등록면허세의 100분의 20(8,040원)이다.

조세특례제한법, 지방세법, 관세법 등에 의하여 등록면허세가 감면되는 경우에 그 감면세액의 100분의 20의 농어촌특별세를 납부하여야 하나, 농어촌특별세도 감면 또는 면제되는 경우가 있다(농특세법 4조).

3) 등기신청수수료

등기신청수수료는 6,000원(서면방문), 4,000원(전자표준양식), 2,000원(전자신청)을 납부하여야 한다. 그러나 명칭, 주사무소, 이사변경등기를 하나의 신청서로 신청할 경우에는 각각의 수수료 각 6,000원(서면방문), 4,000원(전자표준양식), 2,000원(전자신청)을 합산하여야 한다.

[서식] 사단(재단)법인의 변경등기(자산총액의 변경)

사단(재단)법인 변경등기신청

접 수	년 월 일	처 리 인	등기관 확인	각종 통지
	제 호			

명 칭	사단(재단)법인 00	등기번호	
주 사 무 소	00시 00구 00로 00		
등 기 의 목 적	자산의 총액변경 등기		
등 기 의 사 유	20000년 0월 0일 사원총회(이사회) 결의에 의하여 자산총액을 변경하고 2000년 0월 0일 주무관청의 허가를 받았으므로 다음과 같이 등기를 구함.		
허가서 도착연월일	20000년 0월 0일		
주사무소/분사무소 신청구분	1. 주사무소 신청 □	2. 분사무소 신청 □	3. 주사무소 · 분사무소 일괄신청 □
등 기 할 사 항			
자산의 총액의 변경과 그 연월일	금 000,000,000원 20000년 0월 0일 변경		
기 타			

<table>
<tr><td colspan="7">신청등기소 및 등록면허세/수수료</td></tr>
<tr><td rowspan="2">순번</td><td rowspan="2">신청등기소</td><td rowspan="2">구분</td><td>등록면허세</td><td rowspan="2">농어촌특별세</td><td rowspan="2">세액합계</td><td rowspan="2">등기신청수수료</td></tr>
<tr><td>지방교육세</td></tr>
<tr><td rowspan="2"></td><td rowspan="2"></td><td rowspan="2"></td><td>금 원</td><td rowspan="2">금 원</td><td rowspan="2">금 원</td><td rowspan="2">금 6,000원</td></tr>
<tr><td>금 원</td></tr>
<tr><td rowspan="2"></td><td rowspan="2"></td><td rowspan="2"></td><td></td><td rowspan="2"></td><td rowspan="2"></td><td rowspan="2"></td></tr>
<tr><td></td></tr>
<tr><td rowspan="2"></td><td rowspan="2"></td><td rowspan="2"></td><td></td><td rowspan="2"></td><td rowspan="2"></td><td rowspan="2"></td></tr>
<tr><td></td></tr>
<tr><td colspan="3" rowspan="2">합 계</td><td></td><td rowspan="2"></td><td rowspan="2"></td><td rowspan="2"></td></tr>
<tr><td></td></tr>
<tr><td colspan="4">등기신청수수료 납부번호</td><td colspan="3"></td></tr>
<tr><td colspan="7">첨 부 서 면</td></tr>
<tr><td colspan="4">1. 정관통
1. 사원총회 또는 이사회 의사록(공증) 통
*이사결정서(이사회가 없는 경우)
1. 주무관청의 허가서 통
(정관변경이 필요한 경우)
1. 재산목록(재산총액증명서) 통
1. 등록면허세영수필확인서 통</td><td colspan="3">1. 등기신청수수료영수필확인서 통
1. 위임장(대리인이 신청할 경우) 통
〈기 타〉</td></tr>
<tr><td colspan="7">년 월 일

신청인 명 칭 사단(재단)법인 000
주사무소
이 사 성 명 (인) (전화 :)
주 소
대리인 성 명 (인) (전화 :)
주 소

지방법원 등기소 귀중</td></tr>
</table>

– 신청서 작성요령 –

1. 해당란이 부족할 때에는 별지를 이용합니다.
1. 해당 등기신청과 관계없는 사항에 대하여는 "해당없음"으로 기재하거나 삭제하고, 필요한 사항은 추가 기재합니다.

(용지규격 21㎝× 29.7㎝)

[서식] 사원총회(이사회)의사록

사원총회(이사회)의사록

2000년 0월 0일 00시 00분, 00시 00구 00로 00(00동) 당 법인 회의실(또는 사무소)에서 사원총회(이사회)를 개최하다.

총사원수(또는 총이사수) : 0명
출석사원수(또는 출석이사수) : 0명

의장인 이사 000는 정관규정에 따라 의장석에 등단하여 위와 같이 법정수에 달하는 사원(이사)이 출석하였으므로 본 총회(이사회)가 적법히 성립되었음을 알리고 개회를 선언한 후, 다음의 의안을 부의하고 심의를 구하다.

제1호 의 안 자산총액변경 및 재산목록 수지계산서승인의 건
의장은 당 법인의 2000년 결산보고서와 대차대조표 및 손익계산서를 출석사원에게 배포한 후 검토를 위하여 약 30분간 정회를 선포한 후 곧이어 회의를 속개하여 자산총액을 변경하여야 할 필요성을 설명하고 그 가부를 물은 바, 전원 이의 없이 찬성하여 만장일치로 그를 승인 가결하다.

자산총액 : 금 000,000,000원

의장은 이상으로서 회의목적인 의안 전부의 심의를 종료하였으므로 폐회한다고 선언하다(회의종료시각 : 00시 00분)

위 결의를 명확히 하기 위하여 이 의사록을 작성하고 의장과 출석한 이사가 기명날인하다.

2000년 0월 0일

사단(재단)법인 000회

00시 00구 00로 00(00동)

의장겸 이사 0 0 0 (인)

이사 0 0 0 (인)

이사 0 0 0 (인)

[서식] 재산목록 신구대비표

변경전재산목록				변경후재산목록			
재산명	수량	평가액	비고	재산명	수량	평가액	비고
합계							

[서식] 사단(재단)법인 변경등기신청서(출자방법변경)

사단(재단)법인 변경등기신청

접수	년 월 일	처리인	접 수	조 사	기 입	교 합	각종통지
	제 호						

명 칭	사단(재단)법인 ○○	등기번호	제○○○○호
주 사 무 소	OO시 OO구 OO로 OO(OO동)		
등기의 목적	출자방법변경등기		
등기의 사유	20○○년 ○월 ○일 사원총회(이사회)에서 정관변경을 결의하고, 20○○년 ○월 ○일 주무관청의 허가를 받아 출자방법을 다음과 같이 변경하였으므로 그 등기를 구함.		
허가서도착연월일	20○○년 ○월 ○일		
주사무소/분사무소 신청구분	1.주사무소 신청 □ 2.분사무소 신청 □ 3.주·분사무소 일괄신청 □		

등 기 할 사 항

출자방법 : 1. ○○○○○○○○○
1. ○○○○○○○○○
1. ○○○○○○○○○

20○○. ○. ○. 변경

신청등기소 및 등록면허세/수수료

순번	신청등기소	구분	등록면허세	지방교육세	세액합계	등기신청수수료
			금 원	금 원	금 원	금 원
합 계						

<table>
<tr><td>등기신청수수료 은행수납번호</td><td></td></tr>
<tr><td colspan="2">첨 부 서 면</td></tr>
<tr><td>1. 정관(필요한 경우) 통
1. 재산목록 통
1. 사원총회(이사회)의사록 통
1. 주무관청허가서 통</td><td>1. 등록면허세영수필확인서및통지서 통
1. 위임장(대리인이 신청할 경우) 통
〈기 타〉</td></tr>
<tr><td colspan="2">년 월 일

신청인 명 칭
주사무소
대표자 성 명 ㉑ (전화 :)
주 소
대리인 성 명 ㉑ (전화 :)
주 소

지방법원 등기소 귀중</td></tr>
</table>

[신청서 작성요령 및 등기수입증지 첩부란]
1. 해당란이 부족할 때에는 별지를 이용합니다.
1. 해당 등기신청과 관계없는 사항에 대하여는 "해당없음"으로 기재하거나 삭제하고, 필요한 사항은 추가 기재합니다.
1. 등기신청수수료 상당의 대법원등기수입증지를 이 난에 붙입니다.

(용지규격 21㎝×29.7㎝)

[서식] 사원총회(이사회)의사록

사원총회(이사회)의사록

2000년 0월 0일 00시 00분, 00시 00구 00로 00(00동) 당 법인 회의실(또는 사무소)에서 사원총회(이사회)를 개최하다.

총사원수(또는 총이사수) : 0명
출석사원수(또는 출석이사수) : 0명

의장인 이사 000는 정관규정에 따라 의장석에 등단하여 위와 같이 법정수에 달하는 사원(이사)이 출석하였으므로 본 총회(이사회)가 적법히 성립되었음을 알리고 개회를 선언한 후, 다음의 의안을 부의하고 심의를 구하다.

제1호 의 안 출자방법변경의 건
의장은 사업형편상 당 법인의 출자방법을 다음과 같이 변경해야 할 필요가 있음을 설명하고 그 가부를 물은 바, 전원 이의 없이 찬성하여 만장일치로 그를 승인 가결하다.

출자방법 : 1. 0000000
2. 0000000
3. 0000000

제2호 의 안 정관변경의 건
의장은 위 출자방법 변경에 수반하여 현행 정관 제0조를 다음과 같이 변경해야 한다는 취지를 설명하고 그 가부를 물으니 전원 이의 없이 그와 같이 변경할 것을 만장일치로 승인 가결하다.

제0조(출자방법) 당 법인의 출자방법은 다음과 같다.
출자방법 : 1. 0000000
2. 0000000
3. 0000000

의장은 이상으로서 회의목적인 의안 전부의 심의를 종료하였으므로 폐회한다고 선언하다(회의종료시각 : 00시 00분)

위 결의를 명확히 하기 위하여 이 의사록을 작성하고 의장과 출석한 이사가 기명날인하다.

20OO년 O월 O일

사단(재단)법인 OOO회
OO시 OO구 OO로 OO(OO동)
의장겸 이사 O O O (인)
이사 O O O (인)
이사 O O O (인)

※ 1. 이는 출자방법에 관한 정관의 변경을 결의한 의사록으로서 사단법인의 경우에는 사원총회 의사록, 재단법인의 경우에는 이사회의사록으로 작성한다.

2. 정관의 변경은 주무관청의 허가를 얻지 아니하면 그 효력이 없다(민법 제42조 2항).

[서식] 사단(재단)법인 변경등기신청서(자산총액변경)

사단(재단)법인 변경등기신청

접수	년 월 일	처리인	접 수	조 사	기 입	교 합	각종통지
	제 호						

등기의 목적	사단(재단)법인 ○○	등기번호	제○○○○호
주 사 무 소	OO시 OO구 OO로 OO(OO동)		
등기의 목적	자산총액변경등기		
등기의 사유	20○○년 ○월 ○일 사원총회(이사회)의 결의로 정관을 변경하였으므로(변경하고 20○○년 ○월 ○일 주무관청의 허가를 받았으므로) 다음과 같이 그 등기를 구함.		
허가서도착연월일	20○○년 ○월 ○일		
주사무소/분사무소 신청구분	1.주사무소 신청 □	2.분사무소 신청 □	3.주 · 분사무소 일괄신청 □

등 기 할 사 항

자산총액 : 금 300,000,000원

20○○년 ○월 ○일 변경

신청등기소 및 등록면허세/수수료

순번	신청등기소	구분	등록면허세	지방교육세	세 액 합 계	등기신청수수료
			금 원	금 원	금 원	금 원
합 계						
등기신청수수료 은행수납번호						
과 세 표 준 액			금 원			

첨 부 서 면

1. 정관(필요한 경우) 1통	1. 등록면허세영수필확인서 1통
1. 재산목록 1통	1. 위임장(대리인이 신청할 경우) 1통
1. 사원총회(이사회)의사록 1통	〈기 타〉

1. 주무관청허가서	1통	

년 월 일

신청인 명 칭
주사무소
대표자 성 명 ㊞ (전화 :)
주 소
대리인 성 명 ㊞ (전화 :)
주 소

지방법원 등기소 귀중

[신청서 작성요령 및 등기수입증지 첨부란]
1. 해당란이 부족할 때에는 별지를 이용합니다.
1. 해당 등기신청과 관계없는 사항에 대하여는 "해당없음"으로 기재하거나 삭제하고, 필요한 사항은 추가 기재합니다.
1. 등기신청수수료 상당의 대법원등기수입증지를 이 난에 붙입니다.

(용지규격 21㎝×29.7㎝)

[서식] 재산목록

재 산 목 록

1. 자산의 부
   (1) 기본재산 금 OOO원
   (2) 보통재산 금 OOO원
      가. 현금 금 OOO원
      나. 예금 금 OOO원
      다. 유가증권 금 OOO원
      라. 비품, 기타(자동차, 사무용품 등) 금 OOO원
   자산의 총액 금 OOOOO원

2. 부채의 부
   (1) 차입금 금 OOO원
   (2) 미불금 금 OOO원
   (3) 전수금 금 OOO원
   부채의 총액 금 OOOOO원

3. 순재산의 총액 금 OOOOO원

위는 2OOO년 O월 O일 현재 당 법인의 재산목록임.

2OOO년 O월 O일

신청인 사단(재단)법인 OOO
이사 O O O (인)

[서식] 사원총회(이사회)의사록

사원총회(이사회)의사록

2000년 0월 0일 00시 00분, 00시 00구 00로 00(00동) 당 법인 회의실(또는 사무소)에서 사원총회(이사회)를 개최하다.

총사원수(또는 총이사수) : 0명

출석사원수(또는 출석이사수) : 0명

의장인 이사 000는 정관규정에 따라 의장석에 등단하여 위와 같이 법정수에 달하는 사원(이사)이 출석하였으므로 본 총회(이사회)가 적법히 성립되었음을 알리고 개회를 선언한 후, 다음의 의안을 부의하고 심의를 구하다.

제1호 의 안 자산총액변경 및 재산목록, 수지계산서 승인의 건

의장은 당 법인 2000년도 제0기(200. 0. 0.부터 2000. 0. 0.까지)의 결산보고서와 대차대조표 및 손익계산서를 출석사원에게 배포한 후 검토를 위하여 약 30분간 정회를 선포한다. 곧이어 회의를 속개하여 자산총액을 변경하여야 할 필요성을 설명하고 그 의안의 승인 여부를 물은 바, 전원 이의 없이 찬성하여 만장일치로 그를 승인 가결하다.

자산총액 : 금 0000000원

의장은 이상으로서 회의목적인 의안 전부의 심의를 종료하였으므로 폐회한다고 선언하다(회의종료시각 : 00시 00분)

위 결의를 명확히 하기 위하여 이 의사록을 작성하고 의장과 출석한 이사가 기명날인하다.

2000년 0월 0일

사단(재단)법인 000회

00시 00구 00로 00(00동)

의장겸 이사 0 0 0 (인)

이사 0 0 0 (인)

이사 0 0 0 (인)

[서식] 재산목록 신 · 구대비표

재산목록 신 · 구대비표

재단법인 OOOO

변 경 후				변 경 전			
재산명	수량	평가액(원)	비 고	재산명	수량	평가액(원)	비 고
부동산	2	OOOOO		부동산	1	OOOOO	
현금	1	OOOOO		현금	1	OOOOO	
예금	1	OOOOO	OO은행	예금	1	OOOOO	OO은행
주식	1	OOOOO	(주)OO	주식	1	OOOOO	(주)OO
차량	2	OOOOO		차량	1	OOOOO	
		OOOOO				OOOOO	
합계	7	OOOOOO			5	OOOOOO	

제6장 존립시기, 해산사유의 변경등기

제1절 총설

민법상 법인에 있어서 존립 시기나 해산사유를 정한 때에는 그 시기나 사유를 반드시 정관에 기재하여 등기해야 한다(민법 40조).

따라서 이에 관한 변경등기를 하기 위해서는 사단법인의 경우에는 사원총회의 특별결의에 의하여, 재단법인의 경우에는 정관의 정하는 바에 따라 설립자나 이사회에서 정관을 변경하여 주무관청의 허가를 받아야 한다(민법 42조, 45조, 46조).

존립시기나 해산사유를 변경함에 있어서는 기존의 존립시기나 해산사유를 폐지하거나 다른 시기나 사유로 교체 또는 신설할 수 있으나, 이는 반드시 기존의 존립시기 도래 전이거나 해산사유 발생 전이어야 한다.

제2절 등기절차

1. 등기신청인

이 등기는 대표권의 제한이 없는 때에는 이사(이사가 없는 때에는 임시이사) 중의 1인이, 대표권의 제한이 있는 때에는 대표권 있는 이사가 신청인이 된다(비송 66조). 임시이사가 변경등기를 신청하는 경우에는 신청서에 그 자격을 증명하는 서면을 첨부하여야 한다(비송 64조 2항).

2. 등기기간

등기기간은 존립시기나 해산사유 변경이 발생한 때로부터 3주간 내이다(민법52조). 따라서 이러한 변경등기는 그에 관한 정관규정의 변경의 효력이 발생하는 주무관청의 정관변경허가가 있은 때로부터 3주간 내에 신청해야 한다. 그 기간은 주무관청의 허가서가 도착한 날로부터 기산한다(민법 53조).

3. 등기사항

변경 또는 신설된 존립시기나 해산사유와 변경, 신설, 폐지의 취지 및 그 연월일을 기재한다.

4. 첨부서류 등

일반적인 첨부서류 이외에 정관변경을 특별결의한 사단법인의 사원총회의사록이나 재단법인의 이사회의사록과 정관변경에 관한 주무관청의 허가서나 그 인증있는 등본을 첨부해야 한다. 이에 첨부하는 의사록은 공증인의 인증을 받아야 한다.

5. 등록면허세

등록면허세는 일반변경등기의 등록면허세인 40,200원이고, 교육세는 등록면허세의 100분의 20(8,040원)이다.

조세특례제한법, 지방세법, 관세법 등에 의하여 등록면허세가 감면되는 경우에 그 감면세액의 100분의 20의 농어촌특별세를 납부하여야 하나, 농어촌특별세도 감면 또는 면제되는 경우가 있다.

6. 등기신청수수료

등기신청수수료는 6,000원(서면방문), 4,000원(전자표준양식), 2,000원(전자신청)을 납부하여야 한다. 그러나 명칭, 주사무소, 이사변경등기를 하나의 신청서로 신청할 경우에는 각각의 수수료 각 6,000원(서면방문), 4,000원(전자표준양식), 2,000원(전자신청)을 합산하여야 한다.

[서식] 사단(재단)법인 변경등기신청서(존립시기 또는 해산사유변경)

사단(재단)법인 변경등기신청

<table>
<tr><td rowspan="2">접
수</td><td>년 월 일</td><td rowspan="2">처
리
인</td><td>접 수</td><td>조 사</td><td>기 입</td><td>교 합</td><td>각종통지</td></tr>
<tr><td>제 호</td><td></td><td></td><td></td><td></td><td></td></tr>
</table>

<table>
<tr><td>명 칭</td><td>사단(재단)법인○○</td><td>등기번호</td><td>제○○○○호</td></tr>
<tr><td>주 사 무 소</td><td colspan="3">OO시 OO구 OO로 OO(OO동)</td></tr>
<tr><td>등기의 목적</td><td colspan="3">존립시기(또는 해산사유)변경의 등기</td></tr>
<tr><td>등기의 사유</td><td colspan="3">(1) 주사무소에서 등기하는 등기
20○○년 ○월 ○일 사원총회(이사회)에서 정관변경을 결의하고 20○○년 ○월 ○일 주무관청의 허가를 받아 존립 시기(또는 해산사유)를 다음과 같이 변경(설정 또는 폐지) 하였으므로 이 등기소에서 그 등기를 구함.
(2) 분사무소소재지에서의 등기하는 경우
20○○년 ○월 ○일 사원총회(이사회)에서 정관변경을 결의하고 20○○년 ○월 ○일 주무관청의 허가를 받아 존립 시기(또는 해산사유)를 변경(설정 또는 폐지)하고, 20○○년 ○월 ○일 주사무소 소재지 관할등기소에서 등기를 하였으므로 이 등기소에서 그 등기를 구함.</td></tr>
<tr><td>허가서도착연월일</td><td colspan="3">20○○년 ○월 ○일</td></tr>
<tr><td>주사무소/분사무소
신청구분</td><td colspan="3">1.주사무소 신청 ☐ 2.분사무소 신청 ☐ 3.주 · 분사무소 일괄신청 ☐</td></tr>
<tr><td colspan="4">등 기 할 사 항</td></tr>
<tr><td colspan="4">존립시기(또는 해산사유) : ○○○○○○○○○

20○○. ○. ○. 변경</td></tr>
</table>

<table>
<tr><td colspan="7">신청등기소 및 등록면허세/수수료</td></tr>
<tr><td>순번</td><td>신청등기소</td><td>구분</td><td>등록면허세</td><td>지방교육세</td><td>세액합계</td><td>등기신청수수료</td></tr>
<tr><td></td><td></td><td></td><td>금 40,200원</td><td>금 8,040원</td><td>금 원</td><td>금 6,000원</td></tr>
<tr><td></td><td></td><td></td><td></td><td></td><td></td><td></td></tr>
<tr><td></td><td></td><td></td><td></td><td></td><td></td><td></td></tr>
<tr><td colspan="3">합 계</td><td></td><td></td><td></td><td></td></tr>
</table>

<table>
<tr><td>등기신청수수료 은행수납번호</td><td>000-0000-000000</td></tr>
<tr><td colspan="2">첨 부 서 면</td></tr>
<tr><td>1. 정관(필요한 경우) 1통
1. 사원총회(이사회)의사록 1통
1. 주무관청허가서 1통</td><td>1.등록면허세영수필확인서및통지서 1통
1. 위임장(대리인이 신청할 경우) 1통
〈기 타〉</td></tr>
<tr><td colspan="2">년 월 일

신청인 명 칭 재단(사단)법인 00
주사무소 서울 00구 00로0길, 5층
대표자 성 명 이사 000 ㉑ (전화 :)
주 소
대리인 성 명 법무법인 00 담당변호사 000 ㉑ (전화 :)
주 소

서울중앙지방법원 등기소 귀중</td></tr>
</table>

[신청서 작성요령 및 등기수입증지 첨부란]
1. 해당란이 부족할 때에는 별지를 이용합니다.
1. 해당 등기신청과 관계없는 사항에 대하여는 "해당없음"으로 기재하거나 삭제하고, 필요한 사항은 추가 기재합니다.
1. 등기신청수수료 상당의 대법원등기수입증지를 이 난에 붙입니다.

(용지규격 21㎝×29.7㎝)

※ 1. 존립시기 또는 해산사유를 설정 · 변경 · 폐지하기 위하여 사단법인 의 경우에는 사원총회, 재단법인의 경우에는 이사회에서 정관변경을 결의한 취지를 기재한다.

2. 등록면허세는 변경등기의 등록면허세인 40,200원, 교육세는 등록면허세의 100분의 20(8,040원)을 납부하여야 한다(지방세법 제28조). 그러나 명칭 · 목적 · 임원등기 등 각종 변경등기신청을 하나의 신청서로 일괄 신청하더라도 각각에 대하여 산출한 세액을 합산하여 납부한다. 다만, 동일한 변경사항이 수개인 경우에는 1건의 등록면허세만 납부한다. 조세특례제한법, 지방세법, 관세법 등에 의하여 등록면허세가 감면되는 경우에 그 감면세액의 100분의 20의 농어촌특별세를 납부하여야 한다(다만, 이것도 면제되는 경우도 있다).

3. 등기신청수수료는 6,000원(서면방문), 4,000원(전자표준양식), 2,000원(전자신청)을 납부하여야 한다. 그러나 명칭 · 목적 · 임원등기 등 각종 변경등기신청을 하나의 신청하는 경우 각각의 수수료 6,000원(서면방문), 4,000원(전자표준양식), 2,000원(전자신청) 합산하여야 한다.
4. 정관을 변경하기 위하여 특별결의한 사단법인의 사원총회의사록이나 재단법인의 이사회의사록을 첨부해야 하며 민법상 법인의 등기신청서에 첨부하는 이들 의사록은 공증인의 인증을 받아야 하다.
5. 정관변경을 하는 경우에는 주무관청의 허가서를 첨부하되 주무관청의 허가서의 등본을 첨부하는 경우에는 주무관청의 허가서인 인증있는 등본을 첨부해야 한다.

[서식] 사원총회(이사회)의사록

사원총회(이사회)의사록

2000년 0월 0일 00시 00분, 00시 00구 00로 00(00동) 당 법인 회의실(또는 사무소)에서 사원총회(이사회)를 개최하다.

총사원수(또는 총이사수) : 0명
출석사원수(또는 출석이사수) : 0명

의장인 이사 000는 정관규정에 따라 의장석에 등단하여 위와 같이 법정수에 달하는 사원(이사)이 출석하였으므로 본 총회(이사회)가 적법히 성립되었음을 알리고 개회를 선언한 후, 다음의 의안을 부의하고 심의를 구하다.

제1호 의 안 존립시기(또는 해산사유)변경(설정 또는 폐지)의 건
의장은 사업형편에 따라 본 법인의 존립시기(또는 해산사유)를 다음과 같이 변경(설정 또는 폐지)해야 할 필요가 있음을 설명하고 그 가부를 물은 바, 전원 이의 없이 찬성하여 만장일치로 그를 승인 가결하다.

존립시기(또는 해산사유) 00000000

제2호 의 안 정관변경의 건

의장은 위 존립시기(또는 해산사유)의 변경(설정 또는 폐지)에 수반하여 현행 정관 제O조를 다음과 같이 변경(신설 또는 삭제)해야 한다는 취지를 설명하고 그 가부를 물은 바 전원 이의 없이 찬성하여 만장일치로 승인 가결하다.

> 제O조(존립시기 또는 해산사유) 당 법인은 존립시기(또는 해산사유)는 OOOOOOOO로 한다.

의장은 이상으로서 회의목적인 의안 전부의 심의를 종료하였으므로 폐회한다고 선언하다(회의종료시각 : OO시 OO분)

위 결의를 명확히 하기 위하여 이 의사록을 작성하고 의장과 출석한 이사가 기명날인하다.

2000년 O월 O일

사단(재단)법인 OOO회
OO시 OO구 OO로 OO(OO동)
의장겸 이사 O O O (인)
이사 O O O (인)
이사 O O O (인)

제7장 표시의 변경등기

제1절 총설

법인 사무소의 소재 장소에 변경이 없으나 행정구역 또는 구획, 그 명칭이 변경되어 주사무소, 분사무소 소재지나 이사의 주소 등 그 표시가 변경된 때에는 그에 관한 등기부의 기재는 그에 따라 당연히 변경된 것으로 보게 되므로, 당사자의 신청이 없더라도 등기관이 직권으로 그 변경등기를 하여야 할 것이지만, 등기관의 직권발동을 촉구하는 의미에서 법인이 그 표시변경등기를 신청할 수 있다. 이때는 그 등록면허세가 면제되며, 이에 따라 농어촌특별세도 면제된다.
그리고 개명이나 주소의 전거 등으로 인하여 이사의 성명이나 주소 등 그 표시가 달라지게 된 때에는 일반의 경우와 같이 법인이 그 표시변경등기를 신청해야 한다. 이때에는 등록면허세 및 등기신청수수료를 납부하여야 하며, 이 등기를 해태하면 과태료의 제재를 받는다.
주사무소의 행정구역변경, 대표권 있는 이사의 주소변경은 주사무소 뿐만 아니라 분사무소에서도 등기하여야 한다.

제2절 등기절차

1. 등기신청인

이 등기는 대표권의 제한이 없는 때에는 이사(이사가 없는 때에는 임시이사) 중의 1인이, 대표권의 제한이 있는 때에는 대표권 있는 이사가 신청인이 된다.

2. 등기기간

행정구역 또는 그 명칭으로 인한 변경등기는 직권사항이므로 당사자 측에 신청을 강제하는 의미의 등기기간이란 있을 수 없다.
그러나 개명, 전거 등으로 인한 이사의 변경등기는 그 변경사유가 발생한 날로부터 3주간 내에 신청하여야 한다.

변경등기 사항이 분사무소에도 등기하여야 하는 것인 때에는 그 변경사유가 발생한 날로부터 3주간 내에 신청하여야 한다.

3. 등기사항

1) 사무소의 표시변경등기

변경된 사무소의 표시와 변경취지 및 그 연월일을 기재한다.

2) 이사의 표시변경등기

이사의 개명, 전거, 주민등록번호의 변경 등으로 인한 변경등기는 변경된 이사의 성명, 주민등록번호와 변경 취지 및 그 연월일을 기재한다.

4. 첨부서류 등

행정구역개편으로 변경등기를 신청하는 때에는 행정구역이 개편되었다는 사실을 증명하는 서면을 첨부하면 되고, 그 외에 총회의사록 또는 관할 행정관청의 인가증 등을 첨부할 필요는 없다.

1) 토지대장

이는 행정구역 또는 그 명칭변경으로 인한 사무소의 소재지나 이사의 주소변경등기에서 그 변경사실을 증명하기 위한 서면이다.

2) 가족관계등록부의 증명서면 또는 주민등록등(초)본

이는 개명 또는 전거로 인한 이사의 성명이나 주소, 주민등록번호 등의 변경등기에는 그 변경사실을 증명하기 위한 서면이다.

5. 등록면허세

행정구역변경, 주민등록번호의 변경, 등기관의 착오로 인한 변경등기의 경우에는 등록면허세와 교육세, 농어촌특별세와 등기신청수수료는 면제된다(지세법 26조 1항, 농특세령 4조). 그러나 이사의 성명변경, 주소변경 등의 등기를 하는 때에는 일반 변경등기의 등록면허세인 40,200원이고, 교육세는 등록면허세의 100분의 20이다.

6. 등기신청수수료

등등기신청수수료는 6,000원(서면방문), 4,000원(전자표준양식), 2,000원(전자신청)이며, 명칭, 주사무소, 이사변경등기를 하나의 신청서로 신청할 경우에는 각각의 수수료 각 6,000원(서면방문), 4,000원(전자표준양식), 2,000원(전자신청)을 합산하여야 한다.

[서식] 사단(재단)법인 변경등기신청서

사단(재단)법인 변경등기신청

접수	년 월 일	처리인	접 수	조 사	기 입	교 합	각종통지
	제 호						

명 칭	사단(재단)법인 ○○	등기번호	○○○○호
주 사 무 소	OO시 OO구 OO로 OO(OO동)		
등기의 목적	행정구역변경(행정구역명칭변경)으로 인한 주사무소(분사무소)변경등기		
등기의 사유	20○○년 ○월 ○일 행정구역변경(행정구역명칭변경)으로 주사무소의 주소(분사무소소재지에서 신청할 때 : 분사무소의 주소)가 다음과 같이 변경되었으므로 그 등기를 구함.		
주사무소/분사무소 신청구분	1.주사무소 신청 □	2.분사무소 신청 □	3.주 · 분사무소 일괄신청 □

등 기 할 사 항

주사무소 : OO시 OO구 OO로 OO(OO동)

20○○. ○. ○. 변경

신청등기소 및 등록면허세/수수료

순번	신청등기소	구분	등록면허세	지방교육세	세액합계	등기신청수수료
			금 원	금 원	금 원	금 원
합 계						
등기신청수수료 은행수납번호						

첨 부 서 면

1. 행정구역변경증명서(토지대장등본) 통 1. 인감신고서와 인감대지 통	1. 주사무소 법인등기부등본 통 1. 위임장(대리인이 신청할 경우) 통 〈기 타〉

년 월 일

신청인 명 칭
주사무소
대표자 성 명 ㊞ (전화 :)
주 소
대리인 성 명 ㊞ (전화 :)
주 소

지방법원 등기소 귀중

[신청서 작성요령 및 등기수입증지 첨부란]
1. 해당란이 부족할 때에는 별지를 이용합니다.
1. 해당 등기신청과 관계없는 사항에 대하여는 "해당없음"으로 기재하거나 삭제하고, 필요한 사항은 추가 기재합니다.
1. 등기신청수수료 상당의 대법원등기수입증지를 이 난에 붙입니다.

(용지규격 21㎝×29.7㎝)

※ 1. 등록면허세 및 교육세, 농어촌특별세 및 등기신청수수료는 납부하지 아니한다(지세법 제26조 제1항, 농특세령 제4조).

2. 첨부서류 중 법인등기부등(초)본은 분사무소소재지에서 신청하는 경우에 한하여 첨부하는 것으로서 그 경우에는 주사무소소재지에서 신청할 때 첨부하는 등기사항을 증명하는 서면인 토지대장등본 대신 주사무소에서 이 등기를 마친 후의 주사무소의 법인등기부등(초)본만 첨부하면 된다.

[서식] 사단(재단)법인 변경등기신청서

사단(재단)법인 변경등기신청

접수	년 월 일	처리인	접 수	조 사	기 입	교 합	각종통지
	제 호						

명 칭	사단(재단)법인 ○○	등기번호	제○○○○○호
주 사 무 소	OO시 OO구 OO로 OO(OO동)		
등기의 목적	행정구역변경(행정구역명칭변경)으로 인한 이사의 주소 변경등기		
등기의 사유	20○○년 ○월 ○일 행정구역변경(행정구역명칭변경)으로 이사 ○○○의 주소가 다음과 같이 변경되었으므로(분사무소 소재지에서 신청할 때 : …… 변경되어 20○○년 ○월 ○일 주사무소소재지 관할등기소에서 등기를 하였으므로 이 등기소에서) 그 등기를 구함.		
주사무소/분사무소 신청구분	1.주사무소 신청 □	2.분사무소 신청 □	3.주 · 분사무소 일괄신청 □

등 기 할 사 항

이사 ○○○의 주소 : OO시 OO구 OO로 OO(OO동)

20○○. ○. ○. 변경

신청등기소 및 등록면허세/수수료

순번	신청등기소	구분	등록면허세	지방교육세	세액합계	등기신청수수료
			금 원	금 원	금 원	금 원
합 계						
등기신청수수료 은행수납번호						

첨 부 서 면

1. 행정구역변경증명서(토지대장등본) 통 1. 인감신고서와 인감대지 통	1. 주사무소 법인등기부등본 통 1. 위임장(대리인이 신청할 경우) 통 〈기 타〉

년 월 일

신청인 명 칭
주사무소
대표자 성 명 ㊞ (전화 :)
주 소
대리인 성 명 ㊞ (전화 :)
주 소

지방법원 등기소 귀중

[신청서 작성요령 및 등기수입증지 첩부란]
1. 해당란이 부족할 때에는 별지를 이용합니다.
1. 해당 등기신청과 관계없는 사항에 대하여는 "해당없음"으로 기재하거나 삭제하고, 필요한 사항은 추가 기재합니다.
1. 등기신청수수료 상당의 대법원등기수입증지를 이 난에 붙입니다.

(용지규격 21㎝×29.7㎝)

제8장 해산 및 청산에 관한 등기

제1절 해산의 등기

1. 법인의 해산

법인의 해산이란 법인이 더 이상 그 목적활동을 계속할 수 없거나 계속하지 않는 것을 말한다. 자연인이 사망한 경우에는 바로 권리능력을 상실하지만 사망한 자연인이 바로 권리능력을 상실하더라도 재산관계는 상속에 의하여 상속인에게 이전되므로 특별히 문제가 발생하지 않는다. 그런데 법인이 소멸하는 경우에는 상속과 같은 포괄적인 승계가 존재하지 않는다. 따라서 법인은 재산관계를 포함한 종래의 법률관계를 종결시키는 단계적인 절차가 필요한데 법인은 고유의 활동이 정지한 다음 법인의 잔무를 처리하고 잔여재산을 정리하는 청산절차에 들어가고, 그러한 청산이 종결되면 이로써 법인의 권리능력이 상실되어 소멸된다.

즉 법인의 해산이란 법인의 법인격을 소멸시키는 원인이 되는 법률사실을 말하는 것으로서 이는 해산함으로써 법인격이 소멸되는 것은 아니고 청산절차가 종료되어야 비로소 소멸한다. 청산이란 청산에 이어 기존의 법률관계를 마무리하고 그 재산을 분배하는 것을 목적으로 하는 절차를 말한다.

따라서 법인이 해산되었다고 곧 바로 법인이 소멸하는 것은 아니다. 그 권리능력의 범위가 청산목적의 범위 내로 감축되고 그 청산목적의 범위 내에서는 여전히 법인은 존속한다(민법 81조). 이 법인을 청산법인이라고 하며, 법인은 청산절차가 종료되어야 비로소 소멸하는 것이다.

2. 해산사유

1) 법인에 공동한 해산사유

민법상 사단법인과 재단법인은 공통적으로 존립기간의 만료, 법인의 목적의 달성 또는 달성의 불능, 기타 정관에 정한 해산사유의 발생, 파산 또는 설립허가의 취소로 해산한다. 민법상 해산사유는 공익법인에도 적용된다.

(1) 존립기간의 만료 기타 정관에 정한 해산사유의 발생

법인은 존립 시기나 해산사유를 정한 때 에는 그 시기 또는 사유를 정관에 기재하여야 한다.

따라서 그 존립기간이 만료되면 당연히 해산되고 해산사유가 발생하면 당연히 해산된다. 법정해산사유가 아닌 존립기간이나 해산사유를 따로 정한 때에는 그 시기나 사유를 정관에 기재해야만 효력이 발생하고 또 그를 등기해야만 제3자에게 대항할 수 있다. 그러나 파산, 합병, 설립허가취소 등과 같은 법률이 정한 해산사유는 정관에 기재할 필요는 없고 또 설사 기재되어 있다 할지라도 이는 등기할 사항이 아니다.

(2) 법인의 목적달성이나 그 달성불능

법인은 모두 일정한 목적의 달성을 위하여 설립되는 것이므로, 그 목적을 달성하게 되면 그 존속사유를 잃게 되기 때문에 당연히 해산하게 되고 그 법령의 개폐, 사회사정의 변화 등으로 인하여 법률상 또는 사실상 그 목적달성이 불가능하게 되면 법인 자체의 존속의의를 잃게 되어 해산할 수밖에 없다. 다만 재단법인의 경우 법인의 목적을 달성할 수 없는 때에는 설립자나 이사는 주무관청의 허가를 얻어 설립의 취지를 참작하여 그 목적 기타 정관의 규정을 변경할 수 있다.

(3) 파 산

법인이 채무를 완제할 수 없게 된 때에는 이사는 지체 없이 파산신청을 하여야 하며 이사가 파산의 신청을 게을리 하면 과태료의 처분을 받게 된다. 파산결정에 대한 즉시항고에는 집행정지의 효력이 없으므로 법원이 파산을 선고한 때로부터 법인은 즉시 해산된다.

파산으로 해산한 법인은 파산의 목적의 범위 안에서만 한다. 법인에 대하여 파산선고가 있으면 파산재단의 재산은 파산관재인이 관리하나 파산법인의 비재산적 영역에 속하는 사항인 주사무소 이전 또는 기존이사의 퇴임등기나 신임이사의 취임등기 등은 대표권이 있는 이사가 신청한다.

(4) 설립허가의 취소

법인이 목적 이외의 사업을 하거나 설립허가조건에 위반하거나 기타 공익을 해하는 행위를 한 때에는 주무관청은 그 설립허가를 취소할 수 있다(민법 38조). 따라서 그 허가 취소된 때에는 곧바로 법인은 해산된다(민법 77조).

2) 사단법인의 특유한 해산사유

민법상 사단법인은 사원이 없게 되거나 총회의 결의로도 해산한다.

(1) 사원총회의 해산결의

민법상 사단법인에만 있는 특유한 해산사유의 하나로 사원총회에 의한 해산 결의가 있다. 사단법인은 정관에 다른 규정이 없는 한 총사원의 4분의 3 이상의 동의가 없으면 결의하지 못한다(민법 78조).

사원총회의 결의에 의한 해산을 임의해산이라고 하는 데 임의해산은 사원총회의 전권사항이므로 정관에 의해서도 사원총회가 아닌 다른 기관이 해산결의를 할 수 없고 그러한 정관규정은 효력도 없다.

(2) 사원의 부존재

사단법인은 사망, 탈퇴 기타의 사유로 인하여 사원이 전혀 없게 된 때에는 그 법인은 당연이 해산된다. 사원이 2명 이상인 복수 사원의 존재는 사단법인의 성립요건일 뿐 존속요건은 아니다. 사원이 1명만 남아 있을지라도 사원총회의에 의한 의사결정이 가능하고 이사에 의해 법인의 목적 달성이 가능하다는 이유로 민법은 단수사원을 해산사유로 규정하지 않았다. 사원이 1명도 남지 않아 해산된 경우라도 즉시 법인의 권리능력이 상실되는 것은 아니고 통상적인 법인의 소멸절차와 마찬가지로 청산절차를 거쳐 청산이 종료된 때에 법인이 소멸한다.

제2절 청산인에 관한 등기

1. 청산인

1) 의의

법인이 해산되면 법인 고유의 활동은 정지되고 청산사무가 종결되어 법인이 소멸될 때 까지 청산의 목적범위 내에서만 권리의무가 있고 의무를 부담하는 청산법인으로 존재한다. 청산법인은 청산의 목적과 관련된 행위만 할 수 있으므로 해산 전 법인이 수행하던 적극적인 사업을 수행할 순 없지만 해산 전의 법인과 동일성이 유지되고 이사를 제외한 감사, 사원총회 등의 기관은 청산법인의 기관으로서 계속 유지된다.

법인이 청산절차를 이행하면 업무집행을 담당하던 이사는 그 지위를 잃고 청산사무를 집행하는 청산인이 이에 갈음한다.

2) 청산인의 선임과 해임

법인이 해산한 때에는 파산의 경우를 제하고는 이사가 청산이인 된다. 그러나 정관 또는 총회의 결의로 달리 정한 바가 있으면 그에 의한다. 이에 따라 법인은 사원총회나 이사회에서 해산결의를 하면서 청산인을 선인하는 것이 일반적이다. 청산인의 원수에 관해서는 특별한 규정이 없으므로 청산인은 1명이라도 상관없으며 그 경우에는 1인 청산이니 당연히 대표권 있는 청산인이 된다.

청산인이 될 자가 없거나 청산인의 결원으로 인하여 손해가 생길 염려가 있는 때에는 법원은 직권 또는 이해관계인이나 검사의 청구에 의하여 청산인을 선임할 수 있으나 중요한 사유가 있는 때에는 법원은 직권 또는 이해관계인이나 검사의 청구에 의하여 선임된 청산인을 해임할 수 있다.

3) 청산인의 청산사무

(1) 해산등기와 신고

청산인은 파산의 경우를 제외하고는 취임 후 3주간 내에 주사무소 및 분사무소에서 해산 및 청산인취임등기를 해야 하고(민법 85조), 주무관청에 신고하여야 한다.

(2) 청산인의 직무

청산인은 위임 후 3월 내에 채권자에 대하여 2월 이상의 기간을 정하여 그 기간 내에 채권을 신고할 것을 3회 이상 공고하고, 알고 있는 채권자에 대하여는 각 별로 최고를 해야 하며(민법 88조, 89조), 잔존채권의 추심과 잔존채무의 변제를 완료한 다음 잔여재산이 있는 경우에는 정관과 법률이 정하는 바에 따라 이를 처분해야 한다(민법 80조).

(3) 청산종결의 등기와 신고

절차에 따라 청산이 종결되면 청산인은 3주간 내에 청산종결등기를 하여야 하고 주무관청에 신고하여야 한다.이 청산종결등기는 일반 공시적 효력에 불과할 뿐 법인소멸의 창설적 효력이 있는 것은 아니므로 설사 이 등기가 마쳐졌다 할지라도 사실상 잔존채권채무가 남아 있다면 법인은 소멸하지 않고 그 범위 내에서는 여전히 존속한다 할 것이므로 그 경우에는 청산종결등기가 착오임을 증명하여 경정의 방법으로 그를 말소할 수 있다.

2. 청산인의 취임 및 퇴임

1) 청산인의 취임

(1) 법정청산인

정관 또는 총회의 결의로 청산인을 따로 정하지 않은 경우에는 해산 당시의 이사가 당연히 청산인이 되는데 이때의 청산인을 법정청산인이라 한다.

해산 전의 법인에서 이사장만이 대표권을 가진 경우 법정청산이 되면 정관이나 사원총회의 결의를 특별히 제한하지 않는 그 이사장이 대표청산인이 되고 나머지 이사는 청산인회의 구성원으로 그 권한에 속한 사항만 행할 수 있다.

(2) 정관의 규정에 의한 청산인

정관의 규정에 의하여 이사가 아닌 자를 청산인으로 미리 정한 때에는 그 자가 청산인이 되며 정관에 어느 기관에서 청산인을 선임하도록 정한 때에는 그 기관에서 선임된 자가 청산인이 된다.

(3) 사원총회의 결의에 의한 청산인

사단법인에 있어서 정관에 청산인에 관한 정함이 없는 경우로써 사원총회의 결의에 의하여 청산인을 선임한 때에는 그 자가 청산인이 된다.

해산당시 이사가 존재하지 아니하고 정관이나 사원총회의 결의에 의하여 청산인을 선임할 수 있다는 규정을 정하지 아니한 경우에는 이사의 선임과 같은 방법으로 청산인을 선임할 수 있다.

(4) 법원의 선임에 의한 청산인

정관에 청산인에 관한 규정이 없고, 사원총회에서도 청산인을 선임하지 않아 청산인이 없는 때, 기타 중요한 사유가 있거나 청산인의 결원으로 인하여 손해가 생길 염려가 있는 때에는 법원이 직권 또는 이해관계인이나 검사의 청구에 의하여 청산인을 선임할 수 있으며 법원의 청산인 선임에 대해서는 불복신청을 할 수 없다. 나아가 법원이 청산인을 선임한 경우 사원총회에서 해임할 수 없다고 보아야 할 것이다.

법원이 청산인을 선임하는 때에는 미리 승인을 얻어 선임할 것이므로 선임 후에 다시 취임승낙을 받을 필요가 없으나 그 이외의 경우에는 청산인에 취임하는 자의 취임승낙이 필요하다.

2) 청산인의 퇴임

(1) 의의

청산인은 정관 또는 총회의 결의로 정한 임기가 만료되거나 정관 또는 총회의 결의로 정한 퇴임사유가 발생한 때에는 그 임기만료 또는 퇴임사유의 발생으로 퇴임한다. 그리고 청산인과 법인은 위임관계에 있으므로 청산인은 법인과의 위임계약을 해지하는 차원에서 언제든지 사임할 수 있고 법인도 청산인과의 위임계약을 해지하는 차원에서 정관이 정한 바에 따라 청산인을 해임할 수 있다.

(2) 퇴임사유

청산인은 그 직무권한만 청산목적범위내로 제한될 뿐 청산중인 법인의 업무집행기관으로서 그 성질상 존속중인 법인의 업무집행기관인 이사와 동일한 지위의 기관이라 할 수 있으므로 퇴임에 관하여도 대부분 이사에 관한 규정을 준용한다(민법 96조).
따라서 청산인은 사형 또는 사망, 금치산선고나 파산선고 등 형의 선고로 자격이 상실되면 당연히 퇴임되고 사임, 사망, 금치산선고나 파산선고로 인하여 퇴임됨은 물론 그의 선임기관에 의한 해임으로 인해서도 퇴임된다. 또한 법원의 청산법인에 대한 감독권 행사로써도 퇴임된다. 그 외에 청산인을 중요한 사유가 있는 때에는 직권 또는 이해관계인이나 검사의 청구에 의하여 청산인을 해임할 수 있다(민법 84조).

3. 청산의 종결

법인의 청산은 민법의 규정에 따라 현존사무를 종결, 잔존채권을 추심하고, 잔존채무를 변제한 후 잔여재산의 처분을 완료함으로서 그 절차가 종결되며 청산절차가 종결되면 청산인은 3주간 내에 이를 등기하고 주무관청에 신고해야 한다(민법 94조).
그러나 청산종결등기가 되어도 재산이 남아 있으면 청산은 종결되지 않으므로 남은 재산을 처리하기 위하여 청산법인은 법인격을 가지며 소송상의 당사자능력을 청산범위 내에서 가진다.

제3절 등기절차

1. 해산 및 청산인취임등기

1) 등기신청인 등기기간

대표권 있는 청산인은 파산의 경우를 제외하고는 그 취임 후 3주간내에 해산등기와 청산인선임등기를 신청하여야 한다. 법인이 해산한 때에는 파산의 경우를 제외하고는 이사가 청산인이 된다. 그러나 정관 또는 총회의 결의로 달리 정한 바가 있으면 그에 의한다. 청산인이 될 자가 없거나 청산인의 결원으로 인하여 손해가 생길염려가 있는 때에는 법원은 직권 또는 이해관계인이나 검사의 청구에 의하여 청산인을 선임 할 수 있다.

임시청산인이 변경등기를 신청하는 경우에는 신청서에 그 자격을 증명하는 서면을 첨부하여야 한다. 이사가 청산인으로 된 경우를 제외하고는 청산인의 자격을 증명하는 서면을 첨부하여야 한다. 해산등기와 청산인 선임등기는 1건의 신청서로 신청하지 아니하여도 되나 통상 1건의 신청서에 의하여 동시에 신청한다. 등기기간은 청산인이 취임한 날로부터 3주간 내에 신청하여야 한다(민법 85조).

2) 등기사항

해산등기는 해산사유, 해산취지 및 그 연월일을 기재하고, 청산인취임등기는 청산인의 성명, 주민등록번호 및 대표권제한의 취지, 대표권 있는 청산인의 성명과 주소를 기재한다.

3) 첨부서류 등

(1) 해산을 증명하는 서면

정관 소정의 해산사유발생으로 해산한 경우에는 그 사유발생을 증명하는 서면(존립기간만료로 해산한 경우에는 그 해산이 등기부상 명백하므로 별도의 서류를 첨부할 필요가 없다), 목적달성 또는 달성불능으로 해산한 경우에는 그 달성 또는 달성불능을 확인하는 사단법인의 사원총회의사록이나 재단법인의 이사회의사록을 첨부한다. 또한 사원의 부족으로 해산한 경우에는 그로 인하여 청산인도 선임할 수 없기 때문에 법원이 청산인을 선임한 결정서의 등본, 설립허가가 취소되어 해산한 경우에는 주무관청의 설립허가취소서나 그 통지서, 사원총회(사단법인의 경우)나 이사회(재단법인의 경우)의 결의에 의하여 해산한 경우에는 사원총회나 이사회의사록 등을 첨부해야 한다. 이때 주무관청의 허가를 조건으로 해산을 결의한 때에는 그 허가서도 첨부해야 한다.

(2) 청산인의 자격을 증명하는 서면

청산인의 자격을 증명하는 서면으로서 정관으로 청산인을 정한 경우에는 정관을, 사원총회나 이사회에서 청산인을 선임한 경우에는 공증인의 인증을 받은 사원총회나 이사회의사록을, 법원이 청산인을 선임한 경우에는 법원의 청산인 선임결정서등본 등을 첨부해야 한다. 그리고 법원이 청산인을 선임한 경우 이외에는 청산인의 취임승낙서도 첨부해야 하나, 사원총회나 이사회에서 선임한 경우 의사록에 피선자의 취임승낙취지의 기재와 기명날인이 있는 의사록을 첨부하는 때에는 그를 별도로 첨부하지 않아도 된다.

청산인의 대표권제한이 있는 경우에는 그 제한규정설정을 증명하는 정관이나 사단법인의 사원총회의사록과 대표권 있는 청산인의 자격을 증명하는 청산인회의사록을 첨부해야 한다. 또한 수인의 청산인이 공동으로 법인을 대표할 것을 정한 경우에도 그 규정에 관한 사항을 증명하는 서면인 사원총회의사록 또는 청산인회의사록을 첨부하여야 한다.

2. 청산인변경등기

1) 등기신청인과 등기기간

민법법인의 이사는 각자 대표권이 있는 것이 원칙(민법 59조)이고, 이를 청산규정에서 준용하므로(민법 96조), 이 등기는 청산인의 대표권제한이 없는 때에는 청산인 중의 1인이, 대표권제한이 있는 때에는 대표권 있는 청산인이 신청해야 한다(비송 66조).

등기기간은 등기사유가 발생한 때 즉, 종전의 청산인의 퇴임이나 대표권제한규정의 신설, 변경, 폐지, 새로운 청산인의 선임 또는 청산인의 성명이나 주소의 표시가 변경된 때로부터 3주간 내에 신청해야 한다.

2) 등기사항

(1) 청산인의 퇴임한 경우

임원란에 퇴임한 청산인의 성명과 퇴임사유 및 퇴임취지와 그 연월일을 기재한다.

(2) 청산인의 취임한 경우

임원란에 취임한 청산인의 성명, 주민등록번호 및 취임취지와 그 연월일을 기재하고, 대표권 있는 청산인의 경우에는 주소도 기재하여야 한다(민법 85조, 특례법 2조).

(3) 대표권제한규정을 변경한 경우

청산인의 대표권제한규정을 신설한 경우에는 임원란에 대표권제한규정 설정의 취지와 그 연월일 및 대표권 있는 청산인의 성명, 주소를 기재하고, 규정을 폐지한 경우에는 대표권제한규정 폐지의 취지와 그 연월일, 변경한 경우에는 변경된 대표권 있는 청산인의 성명, 주소와 변경취지 및 그 연월일을 각 기재한다.

(4) 청산인의 표시변경의 경우

청산인이 변경된 경우에는 임원란에 청산인의 변경된 성명과 주민등록번호 등과 변경취지 및 그 연월일을 기재한다.

3) 첨부서류 등

(1) 해산등기 및 청산인취임등기

가. 해산을 증명하는 서면

정관 소정의 해산사유발생으로 해산한 경우에는 그 사유발생을 증명하는 서면, 목적달성 또는 달성불능으로 해산한 경우에는 그 달성 또는 달성 불능을 확인하는 사단법인의 사원총회의사록이나 재단법인의 이사회의사록을 첨부한다. 다만 존립기간만료로 해산한 경우에는 별도의 서류를 첨부할 필요가 없다.

또한 사원의 부족으로 해산한 경우에는 청산인을 선임한 결정서의 등본, 설립허가가 취소되어 해산한 경우에는 주무관청의 설립허가취소서나 그 통지서, 사원총회(사단법인의 경우)나 이사회(재단법인의 경우)의 결의에 의하여 해산한 경우에는 사원총회의사록이나 의사회의사록 등을 첨부해야 한다. 이때 주무관청의 허가를 조건으로 해산을 결의한 때에는 그 허가서도 첨부해야 한다.

나. 청산인의 자격을 증명하는 서면

정관으로 청산인을 정한 경우에는 정관을, 사원총회나 이사회에서 청산인을 선임한 경우에는 공증인을 인증을 받은 사원총회나 이사회의사록을, 법원이 청산인을 선임한 경우에는 법원의 청산인 선임결정서등본 등을 첨부해야 한다.
이사가 청산인으로 된 경우에는 청산인의 자격을 증명하는 서면을 첨부하지 아니한다(비송 65조).
법원이 청산인을 선임한 경우 이외에는 청산인의 취임승낙서도 첨부해야 하나, 사원총회나 이사회에서 선임한 경우 의사록에 피선자의 취임승낙취지의 기재와 기명날인이 있는 의사록을 첨부하는 때에는 그를 별도로 첨부하지 않아도 된다.
그러나 대표권 있는 청산인의 경우에는 의사록 외에 별도로 승낙서와 인감증명법에 의한 인감증명을 첨부하여야 한다. 다만 중임의 경우에는 당해 대표자의 등기소에 제출한 인영을 날인하면 된다.
청산인의 대표권제한이 있는 경우에는 그 제한규정설정을 증명하는 정관이나 사단법인의 사원총회의사록과 대표권 있는 청산인의 자격을 증명하는 청산인회의사록을 첨부하여야 한다. 또한 수인의 청산인이 공동으로 법인을 대표할 것을 정한 경우에도 그 규정에 관한 사항을 증명하는 서면인 사원총회의사록이나 청산인회의사록을 첨부하여야 한다.

(3) 정 관

정관으로 청산인 선임방법이나 청산인의 최소한의 수를 정하는 것이 보통이므로 등기관이 이를 확인할 수 있는 정관을 첨부한다.

(4) 취임승낙서

대표권이 없는 청산인은 등기신청서에 첨부된 사원총회의사록에 취임승낙의 뜻이 기재되고 당해 청산인의 날인이 있는 경우에는 인감증명을 첨부하지 않아도 되며, 대표권 있는 청산인은 언제나 취임승낙을 증명하는 서면에 인감증명법에 의한 인감증명을 첨부하여야 한다.
다만 중임의 경우에는 당해 대표자의 등기소에 제출한 인영을 날인하면 된다.

(5) 주민등록등(초)본

청산인은 주민등록번호, 대표청산인은 주민등록번호와 주소를 등기하여야 하므로 이를 증명하는 주민등록등(초)본 첨부한다.

(6) 등록면허세, 농어촌특별세, 등기신청수수료 등

등록면허세는 일반적인 변경등기와 같이 등록면허세인 40,200원이고, 교육세는 등록면허세의 100분의 20이다.
조세특례제한법, 관세법, 지방세법에 의하여 등록세가 감면되는 경우에 그 감면세액의 100분의 20의 농어촌특별세를 납부하여야 하나, 농어촌특별세도 감면 또는 면제되는 경우가 있다(농특세법 4조).
등기신청수수료는 6,000원(서면방문), 4,000원(전자표준양식), 2,000원(전자신청)이며, 명칭, 주사무소, 이사, 청산인변경등기를 하나의 신청서로 신청할 경우에는 각각의 수수료 각 6,000원(서면방문), 4,000원(전자표준양식), 2,000원(전자신청)을 합산하여야 한다.

(7) 청산인변경등기

청산인 퇴임의 경우에는 퇴임사유에 따라 사임서, 사망진단서, 파산, 금치산선고결정등본, 법원의 해임결정등본, 해임의사록 등 퇴임사유를 증명하는 서면을 첨부하여야 한다.
대표권 없는 청산인의 사임의 경우에 등기신청서에 첨부된 공증받은 의사록에 사임하는 청산인의 사임의 뜻이 기재되고 당해 청산인 등이 날인한 경우에는 인감증명을 생략할 수 있으며, 대표권 있는 청산인은 원칙적으로 사임의 경우에도 인감증명을 첨부하여야 하나, 그 사임을 증명하는 서면에는 등기소에 제출된 인감이 날인되거나 공증받은 의사록에 사임의 뜻이 기재되고 당해 대표권 있는 이사 또는 대표청산인의 등기소에 신고된 인감이 있는 경우에는 인감증명의 첨부를 생략할 수 있다(등기예규 제1145호). 그리고 청산인 표시의 경우에는 가족관계등록부의 증명서, 주민등록등(초)본 등 그 표시변경을 증명하는 서류를 첨부해야 한다.
등록면허세는40,200원이고, 교육세는 등록면허세의 100분의 20이다. 조세특례제한법, 관세법, 지방세법에 의하여 등록면허세가 감면되는 경우에 그 감면세액의 100분의 20의 농어촌특별세를 납부하여야 하나, 농어촌특별세도 감면 또는 면제되는 경우가 있다(농특세법 4조).
등기신청수수료는 6,000원(서면방문), 4,000원(전자표준양식), 2,000원(전자신청)이며, 명칭, 주사무소, 이사, 청산인변경등기를 하나의 신청서로 신청할 경우에는 각각의 수수료 각 6,000원(서면방문), 4,000원(전자표준양식), 2,000원(전자신청)을 합산하여야 한다.

(8) 청산종결등기

청산종결 등기신청서에는 사단법인의 경우에는 사원총회, 재단법인의 경우에는 청산인회에서 청산결산보고서의 승인을 결의한 의사록을 첨부한다.
등록면허세는 40,200원이고, 교육세는 등록면허세의 100분의 20이다. 조세특례제한법, 관세법, 지방세법에 의하여 등록면허세가 감면되는 경우에 그 감면세액의 100분의 20의 농어촌특별세를 납부하여야 하나, 농어촌특별세도 감면 또는 면제되는 경우가 있다(농특세법 4조).
등기신청수수료는 6,000원(서면방문), 4,000원(전자표준양식), 2,000원(전자신청)이며, 명칭, 주사무소, 이사, 청산인변경등기를 하나의 신청서로 신청할 경우에는 각각의 수수료 각 6,000원(서면방문), 4,000원(전자표준양식), 2,000원(전자신청)을 합산하여야 한다.

[서식] 사단(재단)법인 해산 및 청산인취임등기신청서

사단(재단)법인 해산 및 청산인취임등기신청

접수	년 월 일	처리인	접 수	조 사	기 입	교 합	각종통지
	제 호						

명 칭	사단(재단)법인 ㅇㅇ	등기번호	제ㅇㅇㅇㅇ호
주 사 무 소	OO시 OO구 OO로 OO(OO동)		
등기의 목적	해산 및 청산인취임등기		
등기의 사유	20ㅇㅇ년 ㅇ월 ㅇ일 사원총회(이사회)에서 해산을 결의하고 20ㅇㅇ년 ㅇ월 ㅇ일 주무관청의 허가를 얻어 해산하였으므로 다음 사항의 등기를 구함.		
허가서도착연월일	20ㅇㅇ년 ㅇ월 ㅇ일		
주사무소/분사무소 신청구분	1.주사무소 신청 □	2.분사무소 신청 □	3.주·분사무소 일괄신청 □
등 기 할 사 항			
해 산 사 유	20ㅇㅇ년 ㅇ월 ㅇ일 사원총회(이사회) 결의로 해산		
청산인의 성명·주민등록번호 및 취임연월일	청산인 홍ㅇㅇ (OOOOOO-OOOOOOO) 20ㅇㅇ. ㅇ. ㅇ. 취임 청산인 이ㅇㅇ (OOOOOO-OOOOOOO) 20ㅇㅇ. ㅇ. ㅇ. 취임 청산인 장ㅇㅇ (OOOOOO-OOOOOOO) 20ㅇㅇ. ㅇ. ㅇ. 취임		

청산인 대표권에 대한 제한	청산인 홍 길 동 (000000-0000000) OO시 OO구 OO로 OO(OO동) 외에는 대표권이 없음
기 타 (공동대표규정)	

신청등기소 및 등록면허세/수수료						
순번	신청등기소	구분	등록면허세	지방교육세	세액합계	등기신청수수료
		해산	금 원	금 원	금 원	금 원
		청산인 선임	금 원	금 원	금 원	금 원
합 계						
등기신청수수료 은행수납번호						

첨 부 서 면	
1. 정관 통 1. 사원총회(이사회)의사록 통 1. 주무관청허가서 통 1. 주무관청의 설립허가취소서 (또는 취소통지서) 통 1. 청산인선임결정서(총회의사록 또는 정관 등) 통	1. 청산인 인감신고서(인감증명 첨부) 통 1. 청산인 주민등록초본 통 1. 청산인회의록 통 1. 취임승낙서 및 인감증명 통 1. 등록면허세영수필확인서및통지서 통 1. 위임장(대리인이 신청할 경우) 통 〈기 타〉

년 월 일

신청인 명 칭
주사무소
대표자 성 명 ㊞ (전화 :)
주 소
대리인 성 명 ㊞ (전화 :)
주 소

지방법원 등기소 귀중

[신청서 작성요령 및 등기수입증지 첨부란]
1. 해당란이 부족할 때에는 별지를 이용합니다.
1. 해당 등기신청과 관계없는 사항에 대하여는 "해당없음"으로 기재하거나 삭제하고, 필요한 사항은 추가 기재합니다.
1. 등기신청수수료 상당의 대법원등기수입증지를 이 난에 붙입니다.

(용지규격 21㎝×29.7㎝)

[서식] 사원총회(이사회)의사록

사원총회(이사회)의사록

2000년 O월 O일 OO시 OO분, OO시 OO구 OO로 OO(OO동) 당 법인 회의실(또는 사무소)에서 사원총회(이사회)를 개최하다.

총사원수(또는 총이사수) : O명
출석사원수(또는 출석이사수) : O명

의장인 이사 OOO는 정관규정에 따라 의장석에 등단하여 위와 같이 법정수에 달하는 사원(이사)이 출석하였으므로 본 총회(이사회)가 적법히 성립되었음을 알리고 개회를 선언한 후, 다음의 의안을 부의하고 심의를 구하다.

제1호 의 안 법인해산의 건
의장은 주변의 여건과 당 법인이 사정상 당 법인의 사업을 계속하기가 불가능하므로 부득이(정관 제O조의 규정에 따라 주무관청의 허가를 얻을 것을 조건으로 하여) 해산할 수밖에 없다는 취지를 상세히 설명하고 그 가부를 물으니, 출석사원(이사)전원 이의 없이 당 법인을 해산할 것을 만장일치로 찬성하여 그를 승인 가결하다.

제2호 의 안 청산인 선임의 건
의장은 당 법인의 해산에 수반하여 청산인을 선임할 것인지의 여부를 물은 바, 무기명 비밀투표로 청산인 3명을 선출하기로 전원 일치되어 즉시 투표를 실시한 결과 다음과 같이 선임되다.

청산인 O O O (000000-0000000)
OO시 OO구 OO로 OO(OO동)

청산인 O O O (000000-0000000)
OO시 OO구 OO로 OO(OO동)

청산인 O O O (000000-0000000)
OO시 OO구 OO로 OO(OO동)

위 피선자들은 즉석에서 그 취임을 승낙하다.

의장은 이상으로서 회의목적인 의안 전부의 심의를 종료하였으므로 폐회한다고 선언하다
(회의종료시각 : OO시 OO분)

위 결의를 명확히 하기 위하여 이 의사록을 작성하고 의장과 출석한 이사 및 청산인이 기명날인하다.

2000년 0월 0일

사단(재단)법인 OOO회
OO시 OO구 OO로 OO(OO동)
의장겸 이사 O O O (인)
이사 O O O (인)
이사 O O O (인)
청산인 O O O (인)
청산인 O O O (인)

[서식] 청산인회의사록

청산인회의사록

2000년 0월 0일 00시 00분, 00시 00구 00로 00(00동) 당 법인 회의실(또는 사무소)에서 청산인회를 개최하다.

총청산인수 : 0명　　　　　　　출석청산인수 : 0명

최연장자인 청산인 000는 위와 같이 법정수에 달하는 청산인이 출석하였으므로 본 청산인회가 적법히 성립되었음을 알리고 회의를 주재할 의장을 선출하여 줄 것을 요구한 바, 전원일치로 청산인 000를 의장으로 선출하니 동인은 그를 승낙하고 의장석에 등단하여 다음의 의안을 부의하고 심의를 구하다.

제1호　의 안　대표권 있는 청산인 선임의 건

의장은 청산인 중에서 당 법인을 대표할 대표청산인을 선임해야 한다는 취지를 말한 바, 전원 진지하게 토의한 결과 다음과 같이 대표청산인을 선임하다.

대표청산인　0　0　0 (000000-0000000)
00시 00구 00로 00(00동)

위 피선자는 즉석에서 그 취임을 승낙하다.

의장은 이상으로서 회의목적인 의안 전부의 심의를 종료하였으므로 폐회한다고 선언하다 (회의종료시각 : 00시 00분)

위 결의를 명확히 하기 위하여 이 의사록을 작성하고 의장과 출석한 청산인이 기명날인하다.

2000년　0월　0일

사단(재단)법인 000회
00시 00구 00로 00(00동)
의장겸 청산인　0　0　0　(인)
청산인　0　0　0　(인)
청산인　0　0　0　(인)

[서식] 취임승낙서

취 임 승 낙 서

본인은 20OO년 O월 O일 청산인총회에서 대표청산인으로 선임되었으므로 그 취임을 승낙합니다.

20OO년 O월 O일

대표청산인 O O O (인)

사단(재단)법인 OOOO 귀중

[서식] 인감 · 개인신고서

인감 · 개인(改印) 신고서

(신고하는 인감날인란) (인감제출자에 관한 사항)

상 호(명 칭)		사단(재단)법인 OOO	등기번호	
본점(주사무소)		OO시 OO구 OO로 OO(OO동)		
인감제출자	자격 / 성명	청산인대표 O O O		
	주민등록번호	OOOOOO-OOOOOOO		
	주 소	OO시 OO구 OO로 OO(OO동)		

␣ 위와 같이 인감을 신고합니다.
␣ 위와 같이 개인(改印)하였음을 신고합니다.

년 월 일 (인감 날인란)

신고인 본 인 성 명 (인)
대리인 성 명 (인)

지방법원 등기소 귀중

주 1. 인감 날인란에는 「인감증명법」에 의하여 신고한 인감을 날인하고 그 인감증명서(발행일로부터 3개월 이내의 것)를 첨부하여야 합니다. 개인(改印)신고의 경우, 개인인감을 날인하는 대신에 등기소에 신고한 유효한 종전 인감을 날인하여도 됩니다.
2. 인감 · 개인신고서에는 신고하는 인감을 날인한 인감대지를 첨부하여야 합니다.
3. 지배인이 인감을 신고하는 경우에는 인감제출자의 주소란에 지배인을 둔 장소를 기재하고, 「상업등기규칙」 제36조제4항의 보증서면(영업주가 등기소에 신고한 인감 날인)을 첨부하여야 합니다. 위 보증서면은 아래의 보증서면란에 기재하는 것으로 갈음할 수 있습니다.

보 증 서 면

위 신고하는 인감은 지배인 OOO의 인감임이 틀림없음을 보증합니다.

대표이사 (법인인감)

위 임 장

성 명 : 주민등록번호(-)

주 소 :

위의 사람에게, 위 인감신고 또는 개인신고에 관한 일체의 권한을 위임함.

2000년 0월 0일

인감(개인) 신고인 성 명 (인)

[서식] 인감대지

인 감 대 지

	신고하는 인감날인란	상 호(명 칭) : 사단(재단)법인 OOO 자격 및 성명 : 청산인대표 O O O 주민등록번호 : OOOOOO-OOOOOOO

[서식] 인감카드 등 (재)발급신청서

인감카드 등 (재)발급신청서

(인감제출자에 관한 사항)

상호(명칭)		사단(재단)법인 OOO	등기번호	
본점(주사무소)		OO시 OO구 OO로 OO(OO동)		
인감 제출자	자격 / 성명	청산인대표 O O O		
	주민등록번호	OOOOOO-OOOOOOO		

발급사유	␣ 최초발급 ␣ 카드분실 ␣ 카드훼손 ␣ 인감증명서발급기능 ␣ 기타 ( )		
매체구분	␣ 인감카드 ␣ HSM USB	인감카드 비밀번호	

위와 같이 인감카드 등의 (재)발급을 신청합니다.

년 월 일

신청인 인감제출자 (본 인) 성 명 (인) (전화 :)
(대리인) 성 명 (인) (전화 :)

지방법원 등기소 귀중

접수번호		인감카드번호	

– 대법원수입증지를 붙이는 란 –

주 1. 인감카드 비밀번호란에는 (재)발급받아 사용할 인감카드의 비밀번호를 기재하며, 아라비아숫자 6자릿수를 기재하여야 합니다. 비밀번호는 인감카드와 함께 인감증명서의 발급을 신청할 권한이 있는 것으로 보게 되는 중요한 자료이므로 권한이 없는 사람이 알지 못하도록 주의하시기 바랍니다.

주 2. 인감카드의 재발급을 신청할 때에는 「등기부 등 · 초본 등 수수료규칙」 제5조의7에 의하여 5,000원 상당의 대법원수입증지를 이 란에 붙여야 합니다. 다만, 인감카드를 반납할 때에는 붙일 필요가 없습니다.

위 임 장

성 명 : 주민등록번호(–)

주 소 :

위의 사람에게, 위 (재)발급신청서에 기재된 인감카드 등의 발급신청과 그 수령 등에 관한 일체의 권한을 위임함.

2000년 0월 0일

인감신고인 성 명 (인)

[서식] 사단(재단)법인 청산인변경등기신청서

사단(재단)법인 변경등기신청

접수	년 월 일	처리인	접 수	조 사	기 입	교 합	각종통지
	제 호						

명 칭	사단(재단)법인 ○○	등기번호	제○○○○호
주 사 무 소	OO시 OO구 OO로 OO(OO동)		
등기의 목적	청산인(대표권제한규정)변경등기		
등기의 사유	20○○년 ○월 ○일 청산인회에서 대표권 있는 ○○○은 대표직만을 사임하고 같은 날 이사 ○○○이 대표권 있는 이사로 선임되어 같은 날 취임함에 따라 대표권제한 규정이 다음과 같이 변경되었으므로 그 등기를 구함.		
허가서도착연월일	20○○년 ○월 ○일		
주사무소/분사무소 신청구분	1.주사무소 신청 □ 2.분사무소 신청 □ 3.주·분사무소 일괄신청 □		

등 기 할 사 항

청산인 ○ ○ ○ (000000-0000000)
OO시 OO구 OO로 OO(OO동)
외에는 대표권이 없음

20○○. ○. ○. 취임

신청등기소 및 등록면허세/수수료

순번	신청등기소	구분	등록면허세	지방교육세	세액합계	등기신청수수료
		청산인 변경	금 원	금 원	금 원	금 원
합 계						
등기신청수수료 은행수납번호						

첨 부 서 면

1. 정관(필요한 경우) 통	1. 인감신고서 및 인감증명 통
1. 청산인회의록 통	1. 주민등록초본 통
1. 주무관청허가서 통	1. 인감카드계속사용신청서 통

1. 취임승낙서(인감증명 첨부) 통 1. 사임서(사망의 경우 가족관계 등록부의 증명서) 통	1. 등록면허세영수필확인서및통지서 통 1. 위임장(대리인이 신청할 경우) 통 〈기 타〉

년 월 일

신청인 명 칭

주사무소

(대표)청산인 성 명 ㊞ (전화 :)

주 소

대리인 성 명 ㊞ (전화 :)

주 소

지방법원 등기소 귀중

[신청서 작성요령 및 등기수입증지 첨부란]

1. 해당란이 부족할 때에는 별지를 이용합니다.
1. 해당 등기신청과 관계없는 사항에 대하여는 "해당없음"으로 기재하거나 삭제하고, 필요한 사항은 추가 기재합니다.
1. 등기신청수수료 상당의 대법원등기수입증지를 이 난에 붙입니다.

(용지규격 21㎝×29.7㎝)

[서식] 사원총회(청산인회)의사록

사원총회(청산인회)의사록

2000년 0월 0일 00시 00분, 00시 00구 00로 00(00동) 당 법인 회의실(또는 사무소)에서 사원총회(청산인회)를 개최하다.

총사원수(총청산인수) : O명
출석사원수(출석청산인수) : O명

청산인 OOO는 위와 같이 의장석에 등단하여 위와 같이 법정수에 달하는 사원(청산인)이 출석하였으므로 본 총외(청산인회)가 적법히 성립되었음을 알리고 개회를 선언한 후, 다음의 의안을 부의하고 심의를 구하다.

제1호 의 안 청산인 해임의 건
의장은 청산인 OOO는 당 법인의 목적에 위배되는 어떠 어떠한 행위를 하였으므로 부득이 해임함이 상당하다는 취지를 상세히 설명하고 그 가부를 물은 바, 전원 이의 없이 찬성하여 만장일치로 그 해임을 가결하다.

제2호 의 안 청산인 보선의 건
의장은 청산인 OOO는 2000년 0월 0일 사임하여(또는 ① 해임되어, ② 사망하여) 결원이 생겼으므로 그를 보선해야 한다는 취지를 설명하고 그 선출방법을 물은 바, 무기명 비밀투표로 선출하기로 전원일치되어 즉시 투표를 실시한 결과 다음과 같이 선출되다.

청산인 O O O (000000-0000000)
00시 00구 00로 00(00동)

위 피선자는 즉석에서 그 취임을 승낙하다.

의장은 이상으로서 회의목적인 의안 전부의 심의를 종료하였으므로 폐회한다고 선언하다(회의종료시각 : 00시 00분)
위 결의를 명확히 하기 위하여 이 의사록을 작성하고 의장과 출석한 청산인이 기명날인하다.

2000년 0월 0일

사단(재단)법인 000회
00시 00구 00로 00(00동)
의장겸 청산인 0 0 0 (인)
청산인 0 0 0 (인)
청산인 0 0 0 (인)

[서식] 청산인회의사록

청산인회의사록

2000년 0월 0일 00시 00분, 00시 00구 00로 00(00동) 당 법인 회의실(또는 사무소)에서 청산인회를 개최하다.

총청산인수 : 0명 출석청산인수 : 0명

청산인 000는 정관규정에 따라 의장석에 위와 같이 위와 같이 법정수에 달하는 청산인이 출석하였으므로 본 청산인회가 적법히 성립되었음을 알리고 개회를 선언한 후, 다음의 의안을 부의하고 심의를 구하다.

제1호 의 안 대표권 있는 청산인 선임의 건
의장은 대표권 있는 청산인 000의 사임에 따라 새로운 대표권 있는 청산인을 선임해야 한다는 취지를 설명하고 그 선출방법을 물은 바, 무기명비밀투표로 선출하기로 전원일치되어 즉시 투표를 실시한 결과 다음과 같이 선출되다.

대표권 있는 청산인 0 0 0 (000000-0000000)
00시 00구 00로 00(00동)

위 피선자는 즉석에서 그 취임을 승낙하다.

의장은 이상으로서 회의목적인 의안 전부의 심의를 종료하였으므로 폐회한다고 선언하다

(회의종료시각 : OO시 OO분)

위 결의를 명확히 하기 위하여 이 의사록을 작성하고 의장과 출석한 청산인이 기명날인하다.

2000년 0월 0일

사단(재단)법인 OOO회
OO시 OO구 OO로 OO(OO동)
의장겸 청산인 O O O (인)
청산인 O O O (인)
청산인 O O O (인)

[서식] 취임승낙서

취 임 승 낙 서

본인 등은 2000년 0월 0일 사원총회(이사회)에서 청산인으로 각 선임되었으므로 그 취임을 승낙합니다.

2000년 0월 0일

청산인 O O O (인)
청산인 O O O (인)
청산인 O O O (인)

사단(재단)법인 OOOO 귀중

[서식] 사 임 서

사　　임　　서
본인은 일신상의 사정에 의하여 귀 법인의 청산인(대표청산인)직을 사임합니다.
2000년　0월　0일
청산인(대표청산인)　○　○　○ (인)
사단(재단)법인 OOOO　　귀중

[서식] 취임승낙서

취 임 승 낙 서
본인은 2000년 0월 0일 사원총회(청산인회)에서 청산(대표청산인)으로 선임되었는 바 그 취임을 승낙합니다.
2000년　0월　0일
청산인(대표청산인)　○　○　○ (인)
사단(재단)법인 OOOO　　귀중

[서식] 인감 · 개인신고서

인감 · 개인(改印) 신고서

(신고하는 인감날인란) (인감제출자에 관한 사항)

상호(명 칭)		사단(재단)법인 OOO	등기번호	
본점(주사무소)		OO시 OO구 OO로 OO(OO동)		
인감제출자	자격/성명	청산인대표 O O O		
	주민등록번호	OOOOOO-OOOOOOO		
	주 소	OO시 OO구 OO로 OO(OO동)		

ㅁ 위와 같이 인감을 신고합니다.
ㅁ 위와 같이 개인(改印)하였음을 신고합니다.

년 월 일 (인감 날인란)

신고인 본 인 성 명 (인)
대리인 성 명 (인)

지방법원 등기소 귀중

주 1. 인감 날인란에는 「인감증명법」에 의하여 신고한 인감을 날인하고 그 인감증명서(발행일로부터 3개월 이내의 것)를 첨부하여야 합니다. 개인(改印)신고의 경우, 개인 인감을 날인하는 대신에 등기소에 신고한 유효한 종전 인감을 날인하여도 됩니다.
2. 인감 · 개인신고서에는 신고하는 인감을 날인한 인감대지를 첨부하여야 합니다.
3. 지배인이 인감을 신고하는 경우에는 인감제출자의 주소란에 지배인을 둔 장소를 기재하고, 「상업등기규칙」 제36조제4항의 보증서면(영업주가 등기소에 신고한 인감 날인)을 첨부하여야 합니다. 위 보증서면은 아래의 보증서면란에 기재하는 것으로 갈음할 수 있습니다.

보 증 서 면

위 신고하는 인감은 지배인 OOO의 인감임이 틀림없음을 보증합니다.

대표이사 (법인인감)

위 임 장

성 명 : 주민등록번호(-)
주 소 :

위의 사람에게, 위 인감신고 또는 개인신고에 관한 일체의 권한을 위임함.

20 년 월 일

인감(개인) 신고인 성 명 (인)

[서식] 인감대지

인 감 대 지

	신고하는 인감날인란	상 호(명 칭) : 사단(재단)법인 OOO 자격 및 성명 : 청산인대표 O O O 주민등록번호 : OOOOOO-OOOOOOO

[서식] 사단(재단)법인 청산종결등기신청서

사단(재단)법인 청산종결등기신청

<table>
<tr><td rowspan="2">접
수</td><td>년 월 일</td><td rowspan="2">처
리
인</td><td>접 수</td><td>조 사</td><td>기 입</td><td>교 합</td><td>각종통지</td></tr>
<tr><td>제 호</td><td></td><td></td><td></td><td></td><td></td></tr>
</table>

<table>
<tr><td>명 칭</td><td>사단(재단)법인 ○○</td><td>등기번호</td><td>제○○○○호</td></tr>
<tr><td>주 사 무 소</td><td colspan="3">OO시 OO구 OO로 OO(OO동)</td></tr>
<tr><td>등기의 목적</td><td colspan="3">청산종결등기</td></tr>
<tr><td>등기의 사유</td><td colspan="3">20○○년 ○월 ○일 청산을 종결하고 청산인회에서 그 결산보고서의 승인을 받았으므로 다음 사항의 등기를 구함.</td></tr>
<tr><td>허가서도착연월일</td><td colspan="3">20○○년 ○월 ○일</td></tr>
<tr><td>주사무소/분사무소
신청구분</td><td colspan="3">1.주사무소 신청 □ 2.분사무소 신청 □ 3.주 · 분사무소 일괄신청 □</td></tr>
<tr><td colspan="4">등 기 할 사 항</td></tr>
<tr><td colspan="4">20○○년 ○월 ○일 청산종결</td></tr>
</table>

<table>
<tr><td colspan="7">신청등기소 및 등록면허세/수수료</td></tr>
<tr><td>순번</td><td>신청등기소</td><td>구분</td><td>등록면허세</td><td>지방교육세</td><td>세액합계</td><td>등기신청수수료</td></tr>
<tr><td></td><td></td><td>청산
종결</td><td>금 원</td><td>금 원</td><td>금 원</td><td>금 원</td></tr>
<tr><td></td><td></td><td></td><td></td><td></td><td></td><td></td></tr>
<tr><td></td><td></td><td></td><td></td><td></td><td></td><td></td></tr>
<tr><td></td><td></td><td></td><td></td><td></td><td></td><td></td></tr>
<tr><td colspan="3">합 계</td><td></td><td></td><td></td><td></td></tr>
<tr><td colspan="4">등기신청수수료 은행수납번호</td><td colspan="3"></td></tr>
<tr><td colspan="7">첨 부 서 면</td></tr>
<tr><td colspan="4">1. 사원총회(청산인회)의사록
(결산보고서 첨부) 통
1. 주무관청허가서 통</td><td colspan="3">1. 등록면허세영수필확인서및통지서 통
1. 위임장(대리인이 신청할 경우) 통
〈기 타〉</td></tr>
</table>

년 월 일

신청인 명 칭
주사무소
(대표)청산인 성 명 ㊞ (전화 :)
주 소
대리인 성 명 ㊞ (전화 :)
주 소

지방법원 등기소 귀중

[신청서 작성요령 및 등기수입증지 첩부란]
1. 해당란이 부족할 때에는 별지를 이용합니다.
1. 해당 등기신청과 관계없는 사항에 대하여는 "해당없음"으로 기재하거나 삭제하고, 필요한 사항은 추가 기재합니다.
1. 등기신청수수료 상당의 대법원등기수입증지를 이 난에 붙입니다.

(용지규격 21㎝×29.7㎝)

[서식] 사원총회(청산인회)의사록

사원총회(청산인회)의사록

2000년 0월 0일 00시 00분, 00시 00구 00로 00(00동) 당 법인 회의실(또는 사무소)에서 사원총회(청산인회)를 개최하다.

총사원수(총청산인수) : 0명
출석사원수(출석청산인수) : 0명

청산인 000는 정관규정에 따라 의장석에 등단하여 위와 같이 법정수에 달하는 사원(청산인)이 출석하였으므로 본 총외(청산인회)가 적법히 성립되었음을 알리고 개회를 선언한 후, 다음의 의안을 부의하고 심의를 구하다.

제1호 의 안 청산결산보고서 승인의 건
의장은 당 법인의 해산 이래 청산종결에 이르기까지 경과를 자세히 보고하하고 별지 결산보고서를 낭독, 내용을 설명한 후, 그의 승인을 구한 바, 전원 이의 없이 만장일치로 그를 승인하다.
의장은 이상으로서 회의목적인 의안 전부의 심의를 종료하였으므로 폐회한다고 선언하다 (회의종료시각 : 00시 00분)

위 결의를 명확히 하기 위하여 이 의사록을 작성하고 의장과 출석한 청산인이 기명날인하다.

2000년 0월 0일

사단(재단)법인 000회
00시 00구 00로 00(00동)
의장겸 청산인 0 0 0 (인)
청산인 0 0 0 (인)
청산인 0 0 0 (인)

[서식] 청산결산보고서

청산결산보고서

(단위 : 원)

구 분	과 목	금 액	합 계
자 산	부동산 비품 예금		
부 채	차입금 미지급배당금		
자 본			
총수익	매출총이익		
총비용	직원급여 사무실 관리비 공공요금 청산등기비용		
순이익			
청산할 잔액			

2000년 0월 0일

사단(재단)법인 OOOO
대표청산인 O O O (인)
청산인 O O O (인)

[서식] 해산 및 채권제출공고

해산 및 채권제출공고

채권자 제위 귀하

당 법인은 20OO년 O월 O일 임시(사원)총회에서 해산을 결의하고 20OO년 O월 O일자로 해산등기를 완료하였으나 당 법인에 대하여 채권이 있는 채권자는 이 공고 게재일로부터 2개월 이내에 그 채권을 제출하여 주시기 바랍니다.
만약 위 기간 내에 제출이 없으면 청산에서 제외됨을 공고합니다.

20OO년 O월 O일

사단(재단)법인 OOOO
OO시 OO구 OO로 OO(OO동)
대표청산인 O O O (인)

제5편 특수법인

제1장 총 론

제1절 개 설

특수법인이란 법인 중에서 국가정책상 필요나 공공의 이익을 달성하기 위하여 민법 또는 상법 외의 특별법에 의하여 설립되는 법인을 말한다. 현행법상 특수법인으로 '민법 및 상법 외의 법령에 의하여 설립된 법인' 또는 '특별법에 의하여 설립된 특수법인' 등으로 규정하고 있다.

법인등기에 관하여 규정한 대법원 규칙인 '민법법인 및 특수법인 등기처리규칙'에서도 '특별법에 의하여 설립된 법인'을 특수법인으로 규정하고 있다. 특수법인은 공법인, 사법인, 중간적 법인으로 분류할 수 있고 재단법인, 사단법인, 법인 아닌 사단 · 재단법인으로 분류할 수도 있다.

제2절 특수법인의 설립규정

1. 설립규정

법인은 법률의 규정에 의하지 아니하면 성립할 수 없으므로 특수법인을 설립하고자 하는 경우에는 각 특별법에 그 설립근거가 있으므로 먼저 각 특별법을 기준으로 적용하고 그 법령에 특별한 규정이 있거나 성질상 허용되지 아니하는 때에는 적용하지 아니한다. 개별 설립법률인 경우에는 설립에 관한 규정의 제목을 '목적'으로 표현하며 제1조에 규정한다. 그러나 법률의 일부 조항에 특수법인의 설립규정을 두는 경우에는 보통은 '설립'규정을 둔다. 설립목적이 비영리 목적이라도 그 법인의 설립근거 법령이 별도로 있는 법인은 특수법인으로 분류하고 이에 대하여는 비송사건절차법 중 특수법인등기규정과 민법법인 및 특수법인 등기규칙이 적용된다.

2. 준용

특수법인인 경제주체로서 활동하려면 설립등기 및 변경등기 그 밖의 등기를 할 필요가 있는데 이에 관하여 설립법에 어느 범위까지 이를 규정하여야 하는지 문제된다. 비송사건절차법 제67조는 "이 법 중 법인의 등기에 관한 규정은 민법 및 상법 외의 법령에 의하여 설립된 특수법인의 등기에 대하여도 이를 적용한다. 그러나 그 법령에 특별한 규정이 있거나 성질상 허용되지 아니하는 때에는 그러하지 아니하다"고 규정하고 있다.

특수법인을 설립하는 현행 입법례 중에는 설립등기사항만을 직접 법률에서 정하고 그 밖의 등기에 관하여는 민법 또는 상법을 준용하도록 한 경우 설립등기 이전등기 변경등기 및 그 밖의 등기에 관하여 필요한 사항을 대통령령에 위임한 경우 등 다양한 입법형식이 있다.

해당 법률에서 달리 정하여야 할 특별한 필요가 없으면 법인의 설립등기에 관한 필요최소한의 사항만을 정하고 그 밖의 등기에 관한 사항은 특수법인의 성격에 따라 민법 또는 상법에 따르도록 한다. 특수법인의 설립근거가 된 법률에는 법인등기를 게을리 한 경우에 관하여 과태료를 부과하는 조항이 없더라도 그 법률이 민법을 준용하도록 규정하고 있는 경우에는 등기해태시의 과태료에 관한 민법 제97조의 규정이 준용될 것이다.

제2장 사회복지법인 설립과 변경등기

제1절 총 설

사회복지법인이라 함은 사회복지사업을 행할 목적으로 설립된 법인이나 그 연합체를 말한다. 사회복지사업이라 함은 국민기초생활보장법, 아동복지법, 노인복지법, 장애인복지법, 한부모가족지원법, 영유아보육법, 성매매방지 및 피해자보호 등에 관한 법률, 정신보건법, 성폭력방지 및 피해자보호 등에 관한 법률, 입양특례법, 일제하 일본군위안부 피해자에 대한 생활안정지원 및 기념사업 등에 관한 법률, 사회복지공동모금회법, 장애인 · 노인 · 임산부 등의 편의증진 보장에 관한 법률, 가정폭력방지 및 피해자보호 등에 관한 법률 , 농어촌주민의 보건복지증진에 관한 특별법, 식품기부 활성화에 관한 법률, 의료급여법, 기초노령연금법, 긴급복지지원법, 다문화가족지원법, 장애인연금법, 장애인활동 지원에 관한 법률, ,노숙인 등의 복지 및 자립지원에 관한 법률, 보호관찰 등에 관한 법률, 장애아동 복지지원법 등에 의한 보호, 선도 또는 복지에 관한 사업과 사회복지상담, 부랑인 및 노숙인보호, 직업보도, 무료숙박, 지역사회복지, 의료복지, 재가복지, 사회복지관 운영, 정신질환자 및 한센병력자 사회복귀에 관한 사업 등 각종 복지사업과 이와 관련된 자원봉사 활동 및 복지시설의 운영 또는 지원을 목적으로 하는 사업을 말한다.

분류	세부내용	적용법령
비영리법인 일반사항	법인관련기본사항	민법
	공익법인 관련사항	공익법인의설립 · 운영에 관한 법률
사회복지법인 일반사항	설립운영 관련사항	사회복지사업법
	재산회계 관련사항	사회복지법인재무 · 회계규칙
사회복지사업관련 사항(목적사업)	사회복지일반	사회복지사업법 국민기초생활보장법 의료급여법 사회복지공동모금회법 식품기부활성화에관한법률

	노인복지	노인복지법, 기초노령연금법
	아동복지	아동복지법, 입양촉진및절차에관한특례법
	장애인복지	장애인복지법 장애인, 노인, 임산부등의편의증진에관한법률
	부랑노숙인복지 결핵한센인복지	사회복지사업법
	정신보건	정신보건법
	농어촌보건복지	농어촌주민의보건복지증진을위한특별법
	모부자복지	한부모가족지원법
	영유아복지	영유아보육법
	다문화복지	다문화가족지원법
	특수폭력피해자복지	성매매방지및피해자보호에관한법률 성폭력범죄의처벌및피해자보호등에관한법률 가정폭력방지및피해자보호등에관한법률
	기타	긴급복지지원법
기타사항	조세특려관련	법인세법, 소득세법, 관세법, 지방세법 상속세및증여세법, 조세특례제한법등
	부담금특례관련	사압사업법 등
	재산 및 계약 특례관련	지방재정법, 도시개발법, 폐교재산의활용촉진을위한특별법, 국가를당사자로하는계약에관한법률 등
	기타적용사항	건축법, 개발제한구역의지정및관리에관한특별법, 산림기본법, 산지관리법, 소방시설설치유지및안전에관리에관한법률, 전기사업법, 공공기관의정보공개에관한법률등

제2절 사회복지법인의 설립

1. 서 설

1) 의 의

사회복지법사업법은 그 법인을 설립하고자 하는 자가 사회복지사업을 행할 목적으로 하여 일정한 재산을 출연하고 정관을 작성하여 시 도지사의 허가를 받은 후 그 주된 사무소의 소재지에서 설립등기를 함으로서 성립한다.

2) 목적의 비영리성

사회복지사업은 사회복지사업법 제2조 제1항 소정의 사회복지사업을 목적으로 해야 하며, 사회복지사업을 수행함에 있어 이윤추구를 위한 영리목적이 아닌 사회복지라는 비영리목적을 위해 존재해야 한다. 비영리사업의 목적을 달성하기 위해 필요한 한도에서 비영리사업의 본질에 반하지 않을 정도의 영리행위를 하는 것은 가능하나 영리행위로 인한 수익은 언제나 사업목적의 수행에 충당되어야 한다.

2. 사회복지법인의 설립절차

1) 재산출연행위

(1) 출연재산의 종류

사회복지법인은 반드시 사회복지사업의 운영에 필요한 자산을 소유해야 하므로 설립자는 법인을 설립하기 위하여 반드시 일정한 재산을 출연해야 한다. 출연재산으로서는 동산이건 부동산이건 채권이건 상관없다.

(2) 출연재산의 귀속

재산의 출연이란 자기의 재산상의 손실행위로서, 생전행위인 증여든 사후행위인 유증이든 상관없는데 재산출연자가 살아 있는 동안 비영리재단법인의 설립에 재산을 출연하는 경우 그 재산은 법인의 설립등기 시부터 법인의 재산으로 된다. 재산출연자가 유언으로 비영리재단법인을 설립하는 경우 그 재산은 재산출연자의 사망으로 유언의 효력이 발생하는 때부터 법인의 재산으로 된다.

2) 정관의 작성

정관이란 법인의 기본준칙을 기재한 서면으로서 사회복지법인의 정관에는 반드시 사회복지사업법 제17조 각호 소정의 필요적 기재사항을 기재해야 하고 그 외에도 어떠한 사항이건 임의로 이를 정관에 기재할 수 있는 바, 이러한 임의적 기재사항도 공서양속과 강행법규에 반하지 않는 한 일단 정관에 기재되면 필요적 기재사항과 동일하게 정관의 기재로서 유효하다.

3) 시 · 도지사의 설립허가

(1) 설립허가

사회복지법인의 설립에는 보건복지부장관의 허가를 받아야 하고 법인은 목적사업의 경비에 충당하기 위하여 법인의 설립목적 수행에 지장이 없는 범위 안에서 수익사업을 할 수 있다. 사회복지법인의 설립허가를 받고자 하는 자는 법인설립허가신청서에 보건복지부령이 정하는 서류를 첨부하여 사회복지법인의 주된 사무소의 소재지를 관할하는 시 · 도지사의 허가를 받아야 한다.

(2) 신청서류

① 사회복지법인 설립허가신청서

신청인의 인적사항, 법인명칭 및 주된 사무소, 기본재산과 보통재산, 임원 및 직원 인적사항 등이 기재된 신청서로 사회복지사업법 시행규칙 별지 7호서식이다.

② 설립취지서

법인설립 취지를 6하 원칙에 따라 기재하는 서식으로서, 법인설립취지. 사업내용 등을 간략 명료하게 정리하여 기재해야 하며, 설립취지에 따른 목적사업을 개조식으로 기재한다.

③ 발기인총회회의록

회의일시, 회의장소, 참석자, 의제 등을 기재하는 것으로 의제별로 구체적인 토의사항을 발표자 순서대로 기록정리 하는 서류다. 회의록에는 재산출연사항, 임원선출, 정관의 심의의결, 사업계획 및 수지예산 등에 관한 의결사항을 포함하며, 발기인 전원이 인감 날인해야 한다.

④ 설립발기인 명단

설립발기인들의 직위, 성명, 주민등록번호, 주소 및 약력 등을 간략하게 기재하면 된다.

⑤ 정 관

법 제17조에 명시된 정관기재사항은(필수적 기재사항) 반드시 기재하고, 기타 관련법규에 어긋남이 없도록 작성해야 하며, 발기인 전원이 기명하고 인감날인 해야 한다.

⑥ 기본재산목록

설립당시의 기본재산을 소재지, 규모, 평가가액(현금이 아닌 경우), 출연자 등이 나타나도록 작성하는 기본재산 목록이다.

⑦ 임원명단

법인설립 시 임원을 대표이사, 이사, 감사로 직위를 구분하여 임기, 성명, 생년월일, 주소 등을 기재하는 서류다.

⑧ 법인이 사용할 인장

법인설립 후 법인이 사용할 인장을 직인, 대표이사 인장, 계인 등으로 구분한 인장을 발기인 전원이 기명 · 날인함으로써 이를 확인하는 서류다.

⑨ 재산출연증서

출연재산의 소재지, 지목, 지적, 평가가액 등의 구체적 내용과 출연인의 인적사항, 출연일자 등을 기재 후 인감 · 날인하는 서류입니다. 주식, 예금 등의 출연행위에 대하여는 공증인의 공증이 필요하다.

⑩ 재산소유 증명 서류

부동산 등기부등본, 주식의 주주명부사본, 현금의 경우 예금 잔고증명, 유가증권의 사본, 각종 무체재산권의 등록필증 사본 등을 첨부해야 한다. 다만, "전자정부법" 제36조 제1항에 따른 행정정보의 공동이용을 통하여 소유권에 대한 정보를 확인할 수 있는 경우에는 그 확인으로 첨부서류에 갈음한다.

⑪ 재산의 평가조서

재산을 기본재산과 보통재산으로 구분하여 작성하고 특히 기본재산은 목적사업용 수익용으로 구분하여 평가 가액을 일목요연하게 파악할 수 있도록 작성해야 한다.

[서식] 사회복지법인 설립허가신청서

■ 사회복지사업법 시행규칙 [별지 제7호서식] 〈개정 2019. 6. 12.〉

사회복지법인 설립허가 신청서

(앞쪽)

접수번호	접수일	허가일	처리기간	17일

신청인 (대표자)	성명		생년월일	
	주소		전화번호	
법인	법인의 명칭			
	주된 사무소의 소재지		전화번호	
	설립 목적			
	사업의 종별			

자산			종류	규모	평가액 (천원)	연간수익액 (천원)	출연자
	기본재산	목적사업용					
			계				
		수익용					
			계				

자산		종류	수량	가액(천원)
	보통재산			

임직원		직위	임기	성명	생년월일	주소
	임원					
	직원	총 인원	명	사회복지사자격증 소지자 수	명	

「사회복지사업법」 제16조, 같은 법 시행령 제8조 및 같은 법 시행규칙 제7조제1항에 따라 사회복지법인 설립허가를 신청합니다.

년 월 일

신청인 (서명 또는 인)

시 · 도지사 귀하

210㎜×297㎜[백상지 80g/㎡]

신청인 (대표자) 제출서류	1. 설립취지서 1부 2. 정관 1부 3. 재산출연증서 1부 4. 재산의 소유를 증명할 수 있는 서류 1부(「전자정부법」 제36조제1항에 따른 행정정보의 공동이용을 통하여 소유권에 대한 정보를 확인할 수 있는 경우에는 그 확인으로 첨부서류를 갈음합니다) 5. 재산의 평가조서 1부(「부동산 가격공시 및 감정평가에 관한 법률」에 따른 감정평가업자의 감정평가서를 첨부하되, 개별공시지가 확인서로 첨부서류에 대한 정보를 확인할 수 있는 경우에는 그 확인으로 첨부서류를 갈음합니다) 6. 재산의 수익조서 1부(수익용 기본재산을 갖춘 경우만 첨부하며, 공인된 감정평가기관의 수익증명 또는 수익을 증명할 수 있는 기관의 증빙서류를 첨부하여야 합니다) 7. 임원의 취임승낙서 및 이력서 각 1부 8. 「사회복지사업법」 제18조제2항 각 호의 어느 하나에 해당하는 기관으로부터 받은 이사 추천서 1부 9. 임원 상호간의 관계에 있어 「사회복지사업법」 제18조제3항에 저촉되지 아니함을 입증하는 각서 1부 9의2. 「사회복지사업법」 제19조제1항 각 호의 어느 하나에 해당하지 않음을 입증하는 각서 1부 10. 설립 해당 연도 및 다음 연도의 사업계획서 및 예산서 각 1부	수수료 없음
담당 공무원 확인사항	1. 건물등기부 등본 2. 토지등기부 등본 3. 개별공시지가 확인서	

처리 절차

이 신청서는 아래와 같이 처리됩니다.

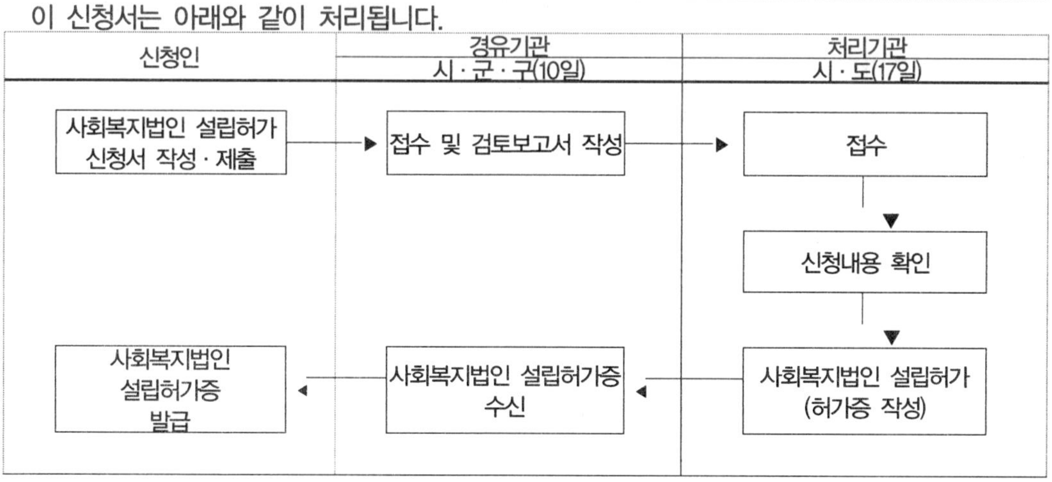

[서식] 설립취지서

설립취지서

1. 법인설립치지

우리는 현재 산업사회의 급격한 발전으로 인하여 경제대국의 대열에 올라 풍요로운 삶을 누리고 있는가 하면 한편으로는 사회의 양극화, 고령화, 핵가족화로 인한 가족구조의 변화로 사회의 발전에 적용하지 못하는 각종 소외계층이 있다.
우리나라는 국민의 생존권을 보장하기 위해 헌법 제34조 제1항에 '모든 국민은 인간다운 생활을 할 권리를 갖는다.'라고 규정하고 있다.
우리 사회복지법인 00발기인들은 이러한 인간의 생존권을 규정한 헌법 제34조를 구체적으로 구현하기 위하여 힘을 모으기로 하였다.
따라서 소외계층 스스로가 능력을 기를 수 있도록 내재되어 있는 잠재적 능력을 최대한 발휘되도록 도와주고자 하는 것이 본 사회복지법인 00의 설립취지이다.

2. 사업내용
 1) 정신질환자 요양보호사업
 2) 정신 및 신체장애인 재활사업
 3) 정신 및 신체장애인 의료사업
 4) 사회복지관 사업
 5) 그 밖에 이법인 목적달성에 필요한 사업

첨부서류 : 1. 발기인 회의록 1부
2. 설립발기인 명단 1부

[서식] 발기인 명단

발기인 명단					
번호	성명	약력	주민등록번호	주소	서명 날인
1	김00	00 장관	711108-1045698	서울 00구00동00	
2	김00	00 국장	000000-0000000	00시 00구 00동	
3	박00	00회사 대표이사	000000-0000000	00시 00구 00동	
4	최00	00회사 대표이사	000000-0000000	00시 00구 00동	
5	이00	00회사 대표이사	000000-0000000	00시 00구 00동	

[서식] 정관

사회복지법인 ○○○ 정관

제1장 총 칙

제1조 (명 칭) 본 법인은 "사회복지법인 OOO회 · 원 · 단",(이하 "법인회 · 원 · 단" 이라 한다.

제2조 (사무소의 소재지)

① 본 법인은 주된 사무소는 OO시 OO구 OO로 OO(OO동)에 둔다.

② 기타 필요한 지역에 민법 제50조의 규정에 의한 분사무소를 둘 수 있다.

제3조 (목 적) 본 법인은 사회복지사업법 제2조의 규정에 의한 각종 사회복지시설을 운영함을 그 목적으로 한다.

제4조 (사업의 종류) 본 법인은 제3조의 목적을 달성하기 위하여 다음 사업을 행한다.

1. 아동복지시설의 설치 운영
2. 노인복지시설의 설치 운영
3. 부랑인복지시설의 설치 운영
4. 정신질환자복지시설의 설치 운영
5. 탁아소 운영사업
6. 사회복지관 사업
7. 기타 위 각호에 부대하는 사업

제2장 자산 및 회계

제5조 (자산의 구분)

① 본 법인의 자산은 기본재산과 보통재산으로 구분하되, 기본재산은 목적사업용 기본재산과 수익용 기본재산으로 구분하여 관리한다.

② 기본재산은 다음 각 호의 재산으로 하며, 그 이외에 재산은 보통재산으로 한다.

1. 별지 1의 기본재산목록에 기재된 재산
2. 부동산
3. 이사회결의에 의하여 기본재산에 편입된 재산

제6조 (자산의 관리)

① 기본재산을 매도, 증여, 교환, 임대, 담보제공 또는 용도변경을 하고자 하거나 그 밖에 권리의 포기, 의무의 부담 등의 처분을 하고자 하는 때에는 이사회 의결을 거쳐 주무관청의 사전허가를 얻어야 한다.

② 기본재산과 보통재산의 운영과 관리에 관하여는 법령과 이 정관에 따로 정한 경우를 제외하고는 별도의 규정이 정하는 바에 의한다.

제7조 (경비와 유지방법) 본 법인의 경비는 기본재산에서 생기는 과실, 수익사업의 수익금, 기부금과 그 밖의 수입으로 충당한다.

제8조 (회계의 구분 등)

① 본 법인의 회계는 법인에 속하는 법인 일반회계와 시설운영에 속하는 시설회계, 수익사업에 속하는 수익사업회계 및 기타 특별회계로 구분한다.

② 법인 일반회계 및 수익사업 회계는 대표이사가 집행하고, 시설회계는 그 시설의 장이 각각 집행한다.

제9조 (회계의 처리) 본 법인의 회계처리는 사회복지사업법 및 관계법규에서 따로 정한 경우를 제외하고는 별도의 규정이 정하는 바에 따른다.

제10조 (회계연도) 본 법인의 회계연도는 1월 1일부터 12월 31일까지로 한다.

제11조 (사업계획 및 예산) 본 법인의 매 회계연도의 사업계획 및 예산은 대표이사가, 시설의 사업계획 및 예산은 시설의 장이 각각 작성하여 매 회계연도 개시 1월 전에 이사회의 의결을 거쳐 주무관청에 제출한다.

제12조 (사업실적 및 결산) 본 법인의 매 회계연도의 사업실적 및 결산은 회계연도가 끝난 후 1월 이내에 대표이사가 작성하여 감사의 감사를 거친 후 이사회의 승인을 얻어 주무관청에 제출하여야 한다.

제13조 (잉여금의 처분) 본 법인의 매 회계연도 결산잉여금이 있을 때에는 차입금상환 및 다음 회계연도에 이월하거나 기본재산에 편입하는 것을 원칙으로 하되, 이사회의 의결에 의하여 특정한 사업을 위한 기금으로 적립할 수 있다.

제14조 (예산 외의 채무부담) 수지예산으로서 정한 것 이외의 의무부담 또는 권리의 포기는 이사회의 의결을 거쳐야 한다.

제3장 임 원

제15조 (임원의 종별과 정수) 본 법인에는 다음의 임원을 둔다.

1. 대표이사 1인
2. 이사 5인 이상 10인 이사(대표이사 1인, 회장 1인 포함)
3. 감사 2인
4. 이 법인에 회장을 두며 회장은 이사회의 의결사항 집행과 법인 목적사업 달성을 위한 업무를 처리한다. 회장은 이사회에서 선출하여 상근 당연직 이사가 되고 그 임기는 3년으로 하되 중임을 할 수 있다.

제16조 (임원의 선임)

① 대표이사, 이사 및 감사는 이사회에서 선출하고 대표이사는 이사 중에서 호선한다.

② 상임이사는 대표이사가 선임된 이사 중에서 지명하여 이사회의 의결을 거쳐 선임한다.

③ 이사를 임면하는 경우에는 보건복지부령이 정하는 바에 따라 지체 없이 이를 주무관청에 보고하여야 한다.

제17조 (임원선임의 제한)

① 이 임원은 이사 상호간의 관계에 있어서 사회복지사업법 제18조 제2항의 규정에 의한 "특별한 관계에 있는 자"가 아니어야 한다.

② 감사는 감사 상호간 또는 이사와의 관계에 있어서 사회복지사업법 제28조 제2항의 규정에 의한 "특별한 관계에 있는 자"가 아니어야 한다.

제18조 (임원의 임기 등)

① 본 법인의 대표이사 및 이사의 임기는 3년으로 하고 감사의 임기는 2년으로 한다. 단 중임할 수 있다.

② 보궐에 의하여 취임한 이사와 감사의 임시는 전임자의 잔임기간으로 한다.

③ 임원 중 결원이 생긴 때에는 2월 이전에 선임하여야 하며, 임기가 만료되는 임원의 후임자는 임기만료 1월 이전에 선임하여야 한다.

제19조 (임원의 결격사유)

① 대표이사는 법인의 임원에 대하여 사회복지사업법 제19조 각호의 1에 해당하의 사유에 해당하는 자는 법인의 임원으로 될 수 없다.

② 법인의 임원이 제1항의 사유에 해당할 때에는 그 직을 상실한다.

제20조 (임원의 해임)

① 대표이사는 법인의 임원에 대하여 사회복지사업 제22조의 규정에 의한 시 · 도지사의 해임명령을 받은 때에는 지체 없이 해임하여야 한다.

② 대표이사는 법인의 임원이 다음 각 호의 1에 해당할 때에는 이사회의 의결을 거쳐 해임할 수 있다.

1. 법령, 법인의 정관 또는 규정에 위반한 때
2. 고의 또는 중대한 과실로 법인에 상당한 손해를 기친 때
3. 직무태만, 품위손상, 기타 사유로 인하여 임원으로서 적당하지 아니하다고 인정되는 때
4. 기타 임원으로서의 능력이나 자질이 현저히 부족하다고 판단하는 때

제21조 (임원의 직무)

① 대표이사는 본 법인을 대표하고, 제반업무를 총괄하며, 이사회의 의장이 된다.

② 상임이사는 대표이사를 보좌하고, 대표이사가 사고가 있는 때에는 그 직무를 대행한다.

③ 대표이사 유고시에는 대표이사가 지명하는 이사가 대표이사의 직무를 대행한다. 다만, 이표이사가 직무대행자를 지명하지 못한 경우에는 나머지 이사 중에서 연장자순으로 그 직무를 대행한다.

④ 감사는 다음의 직무를 행한다.

1. 본 법인의 재산상황과 회계를 감사하는 일
2. 이사회의 운영과 그 업무에 관한 사항을 감사하는 일
3. 제1호 및 제2호의 감사결과 부정 또는 불비한 점이 있음을 발견한 때에는 이를 이사회와 주무관청에 보고하는 일
4. 이사회에 보고를 하기 위하여 필요한 때에는 이사회의 소집을 요구하는 일
5. 그 밖에 이사회 운영과 그 업무에 관한 사항에 대하여 이사회에 참석하여 의견을 진술하는 일

제22조 (대표권의 제한) 본 법인의 대표이사 이외의 이사는 본 법인을 대표하지 아니한다.

제23조 (임원의 대우) 본 법인의 상임이사를 제외한 임원은 명예직으로 하며, 예산의 범위 안에서 임원의 활동에 필요한 실비를 지급할 수 있다.

제24조 (겸직금지)

① 이사는 본 법인의 시설장을 제외한 직원을 겸할 수 없다.

② 감사는 본 법인의 이사 또는 시설장 및 직원을 겸할 수 없다.

제4장 이 사 회

제25조 (이사의 구성)

① 본 법인에 대표이사 및 이사로 구성되는 이사를 둔다.

② 감사는 이사회에 출석하여 발언할 수 있다.

제26조 (의결사항)

① 사업계획 실적 및 예산·결산에 관한 사항

② 재산의 취득·처분 및 관리에 관한 사항

③ 임원선출에 관한 사항

④ 수익사업에 관한 사항

⑤ 법인의 합병 및 해산에 관한 사항

⑥ 정관의 변경, 제 규정의 제정 및 개정에 관한 사항

⑦ 법인이 설치한 시설의 장의 임면에 관한 사항

⑧ 법인이 설치한 시설의 운영에 관한 사항

⑨ 기타 법인사업수행에 중요한 사항

⑩ 그 밖에 법령이나 이 정관에 의하여 이사회의 권한에 속하는 사항

제27조 (이사회의 소집 등)

① 이사회는 정기이사회와 임시이사회로 구분한다.

② 정기이사회는 매년 1월중에 개최하고, 임시이사회는 대표이사가 필요하다고 인정하는 때 또는 재적이사 3분의 1 이상의 서면요청이 있는 때와 감사의 연서에 의한 요청이 있는 때에 소집한다.

③ 이사회를 소집하고자 하는 때에는 대표이사가 회의목적을 명시하여 회의개최 7일 이전까지 각 이사에게 통지하여야 한다.

④ 대표이사는 재적이사 3분의 1 이상이 회의안건을 명시하여 소집을 요구한 때와 감사가 연서로 소집을 요구한 때로부터 14일 이내에 이사회를 소집하여야 한다.

제28조 (이사회의 개의와 의결정족수)

① 이사회는 이 정관에서 따로 정한 바를 제외하고는 재적이사 과반수의 출석으로 개의하고, 출석이사 과반수의 찬성으로 의결한다.

② 이사회의 의사는 원칙적으로 서면결의에 의할 수 없다. 다만, 다음의 경우에는 서면결

의를 할 수 있다. 이 경우 대표이사는 자기 이사회에서 그 결과를 보고하여야 한다.

1. 대표이사가 사항의 내용이 경미하다고 인정할 때
2. 대표이사가 긴급을 요하는 사항으로 인정할 때

제29조 (의결권의 대리행사)

① 이사는 대리인으로 하여금 의결권 또는 표결권을 행사하게 할 수 있다. 이 경우 그 이사는 출석한 것으로 본다.

② 대리인은 다른 이사이어야 하며, 대리인이 대리할 수 있는 이사의 수는 1인에 한한다.

③ 대리인은 대리권을 증명하는 서면을 의장에게 제출하여야 한다.

제30조 (의결제척사유) 대표이사 또는 이사가 다음 각 호의 1에 해당하는 때에는 그 의결에 참여하지 못한다.

1. 임원선임 및 해임에 있어서 자신에 관한 사항
2. 금전 및 재산의 수수를 수반하는 사항으로서 임원 자신이 법인과 직접 관계되는 사항

제31조 (이사회회의록)

① 이사회의 의사에 관하여는 의사록을 작성하여야 한다.

② 의사록에는 의사의 경과 · 요령 및 결과를 기재하고, 의장과 출석한 이사 전원이 기명날인하여야 한다.

③ 대표이사는 의사록을 법인의 사무실에 비치하여야 한다.

제5장 수 익 사 업

제32조 (수익사업의 종류)

① 본 법인은 사회복지사업법 제28조의 규정에 의하여 다음의 수익사업을 할 수 있다.

1. 유휴부동산의 임대사업
2. 축산 및 과수, 원예, 기타 각종 영농사업
3. 수용인의 기술습득을 위한 가내수공업
4. 법인의 경비조달을 위한 목적사업에 관련되는 부대사업

② 제1항의 수익사업을 경영하기 위하여 대표이사는 이사회의 의결을 거쳐 관리자 또는 책임자를 임명한다.

[유례] 이 법인은 사회복지사업법 제28조의 규정에 의하여 법인의 목적사업 수행에 지장이 없는 범위 안에서 수익사업을 할 수 있다.

제6장 사무조직 및 운영

제33조 (수익의 처분 및 관리) 수익사업에서 얻어지는 순수익은 법인의 목적사업에 충당하거나, 이사회의 의결에 의거 특정한 기금을 적립할 수 있다.

제34조 (사무국)

① 본 법인의 업무를 처리하기 위하여 법인사무국을 둔다.

② 사무국의 조직과 운영에 관하여는 별도의 규정으로 정한다.

제35조 (직 원) 직원의 임용 · 복무 · 보수 등에 관하여는 별도의 규정으로 정한다.

제7장 정관변경 및 해산

제36조 (정관변경) 본 법인의 정관을 변경하고자 하는 때에는 재적이사 3분의 2 이상의 의결을 거쳐 주무관청의 인가를 받아야 한다.

제37조 (해산 및 합병) 본 법인을 해산하거나 다른 법인과 합병하고자 하는 때에는 재적이사 4분의 3 이상의 의결을 거쳐 주무관청의 허가를 받아야 한다.

제38조 (잔여재산의 귀속) 본 법인이 해산하는 때의 청산 후 잔여재산은 주무관청의 허가를 받아 본 법인과 유사한 목적을 가진 사회복지법인에 기부하거나, 국가 또는 지방자치단체에 귀속한다.

제8장 공 고 방 법

제39조 (공고의 방법)

① 본 법인이 법령과 정관 및 이사회의 의결에 의하여 공고하여야 할 사항은 본 법인의 게시판이나 일간신문에 싣는다.

② 제1항의 공고기간은 7일 이상으로 한다.

제9장 보 칙

제40조 (준용규칙) 이 정관에 규정하지 아니한 사항에 대하여는 사회복지사업법, 공익법인의설립 · 운영에관한법률, 민법과 그 밖의 관계법규를 준용한다.

제41조 (운영규정) 이 정관은 총회에서 회원 3분의 2 이상의 동의를 얻고 주무관청의 허가

를 받아 이를 변경할 수 있다.

제42조 (규정의 제 · 개정)

① 본 법인의 운영과 관련된 주요 규정의 제 · 개정에 대하여는 이사회의 의결을 거쳐야 한다.

② 제1항의 내용 중 주요규정의 여부는 이사회에서 결정한다.

부 칙

제1조 (시행일) 이 정관은 주무관청의 인가를 받은 날로부터 시행한다.

제2조 (설립당시의 임원선임에 대한 경과조치) 본 법인 설립당시 발기인 총회에서 선임된 임원은 이 정관에 의하여 선임된 것으로 본다.

제3조 (설립당시의 기본재산 등) 본 법인 설립당시의 기본재산, 임원은 별지 1, 2와 같다.

이상과 같이 사회복지법인 OOO원을 설립하기 위하여 재산을 출연하고 정관을 작성하여 발기인 전원이 기명날인하다.

2000년 0월 0일

발기인대표 O O O (인)
발기인 O O O (인)
발기인 O O O (인)
발기인 O O O (인)

[별지] 재산목록

재 산 목 록

1. 기본재산

구 분	소 재 지	수량	평가가액(천원)	취득원인	비 고
현 금		계좌			
주 식		주			
토 지	OO시 OO동 OO				
건 물	OO시 OO로 OO(OO동)			OOO	
				OOO	
	계				

2. 보통재산

구 분	소 재 지	수량	평가가액(천원)	출연자	비 고
현 금		계좌			
주식		주			
토 지	OO시 OO구 OO동 OO			OOO	
건 물	OO시 OO로 OO(OO동)			OOO	
	계				

[별지] 재산기부(출연)신청서

재산기부(출연)신청서

사회복지법인 00설립대표자 귀하

본인소유의 다음의 재산을 설립코자 하는 00법인에게 무상기부(출연) 합니다.

기부(출연)재산표시

구 분	소 재 지	종별	수량	금액	비 고
현 금		계좌			
주식		주			
토 지					
건 물					

제3절 사회복지법인의 설립등기

1. 총 설

사회복지법인은 소정의 절차를 마친 후 그 주된 사무소의 소재지를 관할하는 등기소에서 설립등기를 함으로서 성립한다.
설립등기 외의 등기사항에 대해서는 그 등기가 제3자에 대한 대항요건일 뿐이지만 법인의 설립사실 그 자체에 대해서는 설립등기가 그 성립요건이 된다.

2. 등기절차

1) 등기신청인 및 등기기간

사회복지법인은 그 대표이사가 주된 사무소의 소재지에서 설립등기를 함으로써 성립한다. 사회복지법인의 설립의 허가서가 있는 때로부터 3주간 내에 주된 사무소 소재지에서 설립등기를 하여야 한다. 등기기간의 기산은 주무관청의 허가서가 도달한 다음날부터이다. 그 기간 내에 등기를 신청하지 아니하면 과태료가 부과된다.

2) 등기사항

사회복지법인의 등기사항은 다음과 같다.

(1) 목 적

(2) 명 칭

반드시 사회복지법인이라는 문자를 사용하도록 법률상 강제받지는 않으나 다른 종류의 법인과 확연히 구별될 수 있도록 그 명칭 중에 사회복지법인이라는 문자를 사용하는 것이 보통이며 기존법인과 혼동될 우려있는 명칭은 사용하지 않는 것이 좋다.

(3) 사 무 소

사무소는 반드시 1개일 필요는 없고 수개여도 무방하며 사무소가 수개인 때에는 그 중 1개를 주된 사무소로 하고 나머지를 분사무소로 하여 그 모두를 등기해야 한다. 사무소가 수개인 경우 정관에는 주된 사무소만 기재해도 무방하지만 등기할 때에는 주된 사무소뿐만 아니라 분사무소도 반드시 등기해야 한다.

(4) 설립허가연월일

시 · 도지사로부터 설립허가를 받은 연월일을 등기해야 한다.

(5) 존립시기나 해산사유를 정한 때에는 그 시기 또는 사유

정관의 절대적 기재사항은 아니지만 만일 이를 정한 때에는 정관에 기재해야만 효력이 발생하고 이를 등기해야만 제3자에게 대항할 수 있다.

그러나 파산, 합병, 설립허가취소 등 법정해산사유는 정관에 기재할 필요도 없고, 또 설사 정관에 기재되어 있더라도 이는 등기할 필요가 없다.

(6) 자산의 총액

자산의 총액이란 적극재산에서 소극재산을 뺀 총재산을 뜻하는 것으로써 사회복지법인은 반드시 사회복지사업에 필요한 자산을 소유해야 하며, 그 총액은 정관에 기재할 사항은 아니지만 반드시 등기하지 아니하면 아니된다.

(7) 출자방법을 정한 때에는 그 방법

이를 정하지 아니한 때에는 등기할 필요가 없으나 이를 특히 정한 때에는 출자의 방법으로서 재산출연의 방법, 시기, 액수 등을 반드시 정관에 기재해야 하고, 또 그를 등기하지 아니하면 아니된다.

(8) 이사의 성명, 주민등록번호와 이사의 대표권의 제한

사회복지법인에는 대내적으로 법인의 업무를 집행하고 대외적으로 법인을 대표하는 상설필요기관으로써 대표이사를 포함한 이사 5인 이상을 두고(복지 18조 2항) 그 성명과 주소를 등기해야 한다.

3) 첨부서류 등

(1) 정 관

정관에는 목적, 명칭, 주된 사무소의 소재지, 사업의 종류, 자산 및 회계에 관한 사항, 임원의 임면 등에 관한 사항, 회의에 관한 사항, 정관의 변경에 관한 사항, 존립시기와 해산사유를 정한 때에는 그 시기와 사유 및 잔여재산의 처리방법, 공고 및 그 방법에 관한 사항을 기재한다.

(2) 창립총회의사록

창립총회 회의록은 법인설립 시 적법한 절차를 거쳐 성립 되었느냐를 판단하는 중요한 기준이 되므로 육하원칙에 따라 작성하되 진행자 등이 누락되지 않도록 한다. 특히 회의진행과 관련하여 정관 심의과정 및 임원선출의 표결사항, 찬반 토론내용 등을 상세히 기재하고 회의록 작성이 끝나면 참석한 서명위원들이 기록내용을 확인하고 연명으로 날인하여야 한다. 회의록의 내용 중 별첨 유인물로 진행된 것은 회의록에 첨부하여 서명위원들이 간인하여야 한다.

(3) 이사회의사록

정관에서 이사회의 권한으로 정하고 있는 사항을 이사회에서 결의한 경우 이사회의사록을 첨부하여야 한다.

(4) 이사의 자격증명서

이사의 자격을 증명하는 서면으로서는 이사선임서 등을 첨부해야 한다.
그러나 최초의 이사는 정관에 이를 기재하는 것이 일반적인 통례이므로 그 경우에는 정관 이외에 이사의 자격을 증명하는 서면은 이를 따로 첨부할 필요가 없다. 다만, 그 경우에도 이사의 취임승낙서는 별도로 첨부해야 한다.

(5) 재산목록

명문의 규정은 없지만 자산의 총액에 관한 등기사항의 진정을 보장하기 위하여 실무상 이 증명서로서 주무관청이 발행한 자산증명서나 법인의 비치장부인 재산목록 등을 첨부한다.

(6) 주무관청의 허가서나 그 인증있는 등본

시 · 도지사로부터 설립허가를 받은 허가서나 허가기관의 인증이 있는 등본을 첨부해야 한다.

(7) 등록면허세 등

신청서에는 등록면허세 또는 감면확인서 등의 서면을 첨부하여야 한다. 설립등기의 경우 등기신청수수료는 30,000원이다.

(8) 기 타

가. 대리인에 의하여 신청할 때에는 그 대리권을 증명하는 서면으로서 위임장을 첨부해야 한다.

나. 설립등기신청인인 이사 전원의 인감도 제출해야한다.

참 고

의사록의 인증

법인의 등기를 할 때 그 신청서류에 첨부되는 법인의 총회 등의 의사록은 의사록인증 제외대상법인에 해당하지 않는 한 공증인의 인증을 받아야 한다. 이는 법인이 주무관청의 하가서를 첨부한 경우에도 마찬가지다(등기선례 제6-685호)

[서식] 사회복지법인 설립등기신청서

사회복지법인 설립등기신청

<table>
<tr><td rowspan="2">접
수</td><td>년 월 일</td><td rowspan="2">처
리
인</td><td>접 수</td><td>조 사</td><td>기 입</td><td>교 합</td><td>각종통지</td></tr>
<tr><td>제 호</td><td></td><td></td><td></td><td></td><td></td></tr>
</table>

<table>
<tr><td>등 기 의 목 적</td><td colspan="3">사회복지법인 설립</td></tr>
<tr><td>등 기 의 사 유</td><td colspan="3">사회복지법인을 설립하기 위하여 정관을 작성하고 20○○년 ○월 ○일 주무관청의 허가를 얻었으므로 다음 사항의 등기를 구함.</td></tr>
<tr><td>설 립 허 가 서
도 착 연 월 일</td><td colspan="3">20○○년 ○월 ○일</td></tr>
<tr><td>주사무소/분사무소
신청구분</td><td>1.주사무소 신청 □</td><td>2.분사무소 신청 □</td><td>3.주 · 분사무소 일괄신청 □</td></tr>
<tr><td colspan="4">등 기 할 사 항</td></tr>
<tr><td>명 칭</td><td colspan="3">사회복지법인 ○○○</td></tr>
<tr><td>주 사 무 소</td><td colspan="3">OO시 OO구 OO로 OO(OO동)</td></tr>
<tr><td>이사의 성명 및
주민등록번호</td><td colspan="3">이사 ○ ○ ○ (OOOOOO-OOOOOOO)
이사 ○ ○ ○ (OOOOOO-OOOOOOO)
이사 ○ ○ ○ (OOOOOO-OOOOOOO)
이사 ○ ○ ○ (OOOOOO-OOOOOOO)</td></tr>
<tr><td>대표이사의 성명
및 주민등록번호,
주소</td><td colspan="3">대표이사 ○ ○ ○(OOOOOO-OOOOOOO)
OO시 OO구 OO로 OO(OO동)</td></tr>
<tr><td colspan="4">등 기 할 사 항</td></tr>
<tr><td>목 적</td><td colspan="3">본 법인은 요아동의 보호, 노인, 부랑인 및 정신질환자를 수용, 보호하고 그 재활을 지원함으로써 사회복지증진에 기여함을 목적으로 한다.
위 목적을 달성하기 위하여 다음 사업을 행한다.
1. 아동복지시설의 설치 운영
1. 노인복지시설의 설치 운영
1, 부랑인복지시설의 설치 운영
1. 정신질환자복지시설의 설치 운영
1. 기타 위 각호에 부대하는 사업</td></tr>
</table>

분 사 무 소	OO시 OO구 OO로 OO(OO동)
설립허가연월일	20○○년 ○월 ○일
존립기간 또는 해산사유	존립시기 : 법인성립일로부터 만 20년 해산사유 : 1. 법인의 사업목적을 달성할 수 없게 된 때 2. 재적이사 4분의 3 이상의 찬성에 의한 이사회의 해산결의가 있는 때
자산의 총액	금 ○○○○○원
출 자 방 법	1. 정부, 지방자치단체의 출연금 보조금 및 ○○○회 지원금 1. 출연금품 1. 찬조금 1. 기타 수입금
기　　타	해당 없음

신청등기소 및 등록면허세/수수료						
순번	신청등기소	구분	등록면허세	지방교육세	세액합계	등기신청수수료
			금　　원	금　　원	금　　원	금　　원
합　　계						
등기신청수수료 은행수납번호						
과 세 표 준 액			금　　원			

첨　부　서　면	
1. 정 관　통 1. 이사선임서　통 1. 이사회의사록　통 1. 재산목록(자산총액증명서)　통 1. 주무관청의 설립허가서 (또는 허가서 등본)　통 1. 이사 취임승낙서와 인감증명서, 주민등록등(초)본　통	1. 대표이사의 인감신고서(인감대지 포함)　통 1. 대표이사의 인감증명서　통 1. 법인인감카드발급신청서　통 1. 등록면허세영수필확인서및통지서　통 1. 위임장(대리인이 신청할 경우)　통

년　　월　　일

신청인 명　　칭
주사무소
대표자 성　　명　　　㊞ (전화 :　　　)
주　　소
대리인 성　　명　　　㊞ (전화 :　　　)
주　　소

지방법원　　　등기소　귀중

[신청서 작성요령 및 등기수입증지 첨부란]
1. 해당란이 부족할 때에는 별지를 이용합니다.
1. 해당 등기신청과 관계없는 사항에 대하여는 "해당없음"으로 기재하거나 삭제하고, 필요한 사항은 추가 기재합니다.
1. 등기신청수수료 상당의 대법원등기수입증지를 이 난에 붙입니다.

(용지규격 21㎝×29.7㎝)

[서식] 위 임 장

위 임 장

변 호 사 0 0 0
OO시 OO구 OO로 OO(OO동)
전화 : OOO-OOO, 팩스 : OOO-OOO

위 사람을 대리인으로 정하고 다음사항의 권한을 위임한다.

다 음

1. 사회복지법인 OOO 설립등기신청서의 작성 및 제출하는 행위
1. 등기신청의 취하에 관한 행위
1. OOO의 원본환부 및 수령하는 행위
1. 기타 이에 부수되는 일체의 행위

2000년 0월 0일

위임인 사회복지법인 OOO
OO시 OO구 OO로 OO(OO동)
대표이사 O O O (인)

[서식] 정관

사회복지법인 ○○○ 정관

제1장 총 칙

제1조 (명 칭) 본 법인은 "사회복지법인 OOO회 · 원 · 단",(이하 "법인회 · 원 · 단" 이라 한다.

제2조 (사무소의 소재지)

① 본 법인은 주된 사무소는 OO시 OO구 OO로 OO(OO동)에 둔다.

② 기타 필요한 지역에 민법 제50조의 규정에 의한 분사무소를 둘 수 있다.

제3조 (목 적) 본 법인은 사회복지사업법 제2조의 규정에 의한 각종 사회복지시설을 운영함을 그 목적으로 한다.

제4조 (사업의 종류) 본 법인은 제3조의 목적을 달성하기 위하여 다음 사업을 행한다.

1. 아동복지시설의 설치 운영
2. 노인복지시설의 설치 운영
3. 부랑인복지시설의 설치 운영
4. 정신질환자복지시설의 설치 운영
5. 탁아소 운영사업
6. 사회복지관 사업
7. 기타 위 각호에 부대하는 사업

제2장 자산 및 회계

제5조 (자산의 구분)

① 본 법인의 자산은 기본재산과 보통재산으로 구분하되, 기본재산은 목적사업용 기본재산과 수익용 기본재산으로 구분하여 관리한다.

② 기본재산은 다음 각 호의 재산으로 하며, 그 이외에 재산은 보통재산으로 한다.

1. 별지 1의 기본재산목록에 기재된 재산
2. 부동산

3. 이사회결의에 의하여 기본재산에 편입된 재산

제6조 (자산의 관리)

① 기본재산을 매도, 증여, 교환, 임대, 담보제공 또는 용도변경을 하고자 하거나 그 밖에 권리의 포기, 의무의 부담 등의 처분을 하고자 하는 때에는 이사회 의결을 거쳐 주무관청의 사전허가를 얻어야 한다.

② 기본재산과 보통재산의 운영과 관리에 관하여는 법령과 이 정관에 따로 정한 경우를 제외하고는 별도의 규정이 정하는 바에 의한다.

제7조 (경비와 유지방법) 본 법인의 경비는 기본재산에서 생기는 과실, 수익사업의 수익금, 기부금과 그 밖의 수입으로 충당한다.

제8조 (회계의 구분 등)

① 본 법인의 회계는 법인에 속하는 법인 일반회계와 시설운영에 속하는 시설회계, 수익사업에 속하는 수익사업회계 및 기타 특별회계로 구분한다.

② 법인 일반회계 및 수익사업 회계는 대표이사가 집행하고, 시설회계는 그 시설의 장이 각각 집행한다.

제9조 (회계의 처리) 본 법인의 회계처리는 사회복지사업법 및 관계법규에서 따로 정한 경우를 제외하고는 별도의 규정이 정하는 바에 따른다.

제10조 (회계연도) 본 법인의 회계연도는 1월 1일부터 12월 31일까지로 한다.

제11조 (사업계획 및 예산) 본 법인의 매 회계연도의 사업계획 및 예산은 대표이사가, 시설의 사업계획 및 예산은 시설의 장이 각각 작성하여 매 회계연도 개시 1월 전에 이사회의 의결을 거쳐 주무관청에 제출한다.

제12조 (사업실적 및 결산) 본 법인의 매 회계연도의 사업실적 및 결산은 회계연도가 끝난 후 1월 이내에 대표이사가 작성하여 감사의 감사를 거친 후 이사회의 승인을 얻어 주무관청에 제출하여야 한다.

제13조 (잉여금의 처분) 본 법인의 매 회계연도 결산잉여금이 있을 때에는 차입금상환 및

다음 회계연도에 이월하거나 기본재산에 편입하는 것을 원칙으로 하되, 이사회의 의결에 의하여 특정한 사업을 위한 기금으로 적립할 수 있다.

제14조 (예산 외의 채무부담) 수지예산으로서 정한 것 이외의 의무부담 또는 권리의 포기는 이사회의 의결을 거쳐야 한다.

제3장 임 원

제15조 (임원의 종별과 정수) 본 법인에는 다음의 임원을 둔다.

1. 대표이사 1인
2. 이사 5인 이상 10인 이사(대표이사 1인, 회장 1인 포함)
3. 감사 2인
4. 이 법인에 회장을 두며 회장은 이사회의 의결사항 집행과 법인 목적사업 달성을 위한 업무를 처리한다. 회장은 이사회에서 선출하여 상근 당연직 이사가 되고 그 임기는 3년으로 하되 중임을 할 수 있다.

제16조 (임원의 선임)

① 대표이사, 이사 및 감사는 이사회에서 선출하고 대표이사는 이사 중에서 호선한다.

② 상임이사는 대표이사가 선임된 이사 중에서 지명하여 이사회의 의결을 거쳐 선임한다.

③ 이사를 임면하는 경우에는 보건복지부령이 정하는 바에 따라 지체 없이 이를 주무관청에 보고하여야 한다.

제17조 (임원선임의 제한)

① 이 임원은 이사 상호간의 관계에 있어서 사회복지사업법 제18조 제2항의 규정에 의한 "특별한 관계에 있는 자"가 아니어야 한다.

② 감사는 감사 상호간 또는 이사와의 관계에 있어서 사회복지사업법 제28조 제2항의 규정에 의한 "특별한 관계에 있는 자"가 아니어야 한다.

제18조 (임원의 임기 등)

① 본 법인의 대표이사 및 이사의 임기는 3년으로 하고 감사의 임기는 2년으로 한다. 단 중임할 수 있다.

② 보궐에 의하여 취임한 이사와 감사의 임시는 전임자의 잔임기간으로 한다.

③ 임원 중 결원이 생긴 때에는 2월 이전에 선임하여야 하며, 임기가 만료되는 임원의 후임자는 임기만료 1월 이전에 선임하여야 한다.

제19조 (임원의 결격사유)

① 대표이사는 법인의 임원에 대하여 사회복지사업법 제19조 각호의 1에 해당하의 사유에 해당하는 자는 법인의 임원으로 될 수 없다.

② 법인의 임원이 제1항의 사유에 해당할 때에는 그 직을 상실한다.

제20조 (임원의 해임)

① 대표이사는 법인의 임원에 대하여 사회복지사업 제22조의 규정에 의한 시 · 도지사의 해임명령을 받은 때에는 지체 없이 해임하여야 한다.

② 대표이사는 법인의 임원이 다음 각 호의 1에 해당할 때에는 이사회의 의결을 거쳐 해임할 수 있다.

1. 법령, 법인의 정관 또는 규정에 위반한 때
2. 고의 또는 중대한 과실로 법인에 상당한 손해를 기친 때
3. 직무태만, 품위손상, 기타 사유로 인하여 임원으로서 적당하지 아니하다고 인정되는 때
4. 기타 임원으로서의 능력이나 자질이 현저히 부족하다고 판단하는 때

제21조 (임원의 직무)

① 대표이사는 본 법인을 대표하고, 제반업무를 총괄하며, 이사회의 의장이 된다.

② 상임이사는 대표이사를 보좌하고, 대표이사가 사고가 있는 때에는 그 직무를 대행한다.

③ 대표이사 유고시에는 대표이사가 지명하는 이사가 대표이사의 직무를 대행한다. 다만, 이표이사가 직무대행자를 지명하지 못한 경우에는 나머지 이사 중에서 연장자 순으로 그 직무를 대행한다.

④ 감사는 다음의 직무를 행한다.

1. 본 법인의 재산상황과 회계를 감사하는 일
2. 이사회의 운영과 그 업무에 관한 사항을 감사하는 일
3. 제1호 및 제2호의 감사결과 부정 또는 불비한 점이 있음을 발견한 때에는 이를 이사회와 주무관청에 보고하는 일

4. 이사회에 보고를 하기 위하여 필요한 때에는 이사회의 소집을 요구하는 일
5. 그 밖에 이사회 운영과 그 업무에 관한 사항에 대하여 이사회에 참석하여 의견을 진술하는 일

제22조 (대표권의 제한) 본 법인의 대표이사 이외의 이사는 본 법인을 대표하지 아니한다.

제23조 (임원의 대우) 본 법인의 상임이사를 제외한 임원은 명예직으로 하며, 예산의 범위 안에서 임원의 활동에 필요한 실비를 지급할 수 있다.

제24조 (겸직금지)

① 이사는 본 법인의 시설장을 제외한 직원을 겸할 수 없다.

② 감사는 본 법인의 이사 또는 시설장 및 직원을 겸할 수 없다.

제4장 이 사 회

제25조 (이사의 구성)

① 본 법인에 대표이사 및 이사로 구성되는 이사를 둔다.

② 감사는 이사회에 출석하여 발언할 수 있다.

제26조 (의결사항)

① 사업계획 실적 및 예산 · 결산에 관한 사항

② 재산의 취득 · 처분 및 관리에 관한 사항

③ 임원선출에 관한 사항

④ 수익사업에 관한 사항

⑤ 법인의 합병 및 해산에 관한 사항

⑥ 정관의 변경, 제 규정의 제정 및 개정에 관한 사항

⑦ 법인이 설치한 시설의 장의 임면에 관한 사항

⑧ 법인이 설치한 시설의 운영에 관한 사항

⑨ 기타 법인사업수행에 중요한 사항

⑩ 그 밖에 법령이나 이 정관에 의하여 이사회의 권한에 속하는 사항

제27조 (이사회의 소집 등)

① 이사회는 정기이사회와 임시이사회로 구분한다.

② 정기이사회는 매년 1월중에 개최하고, 임시이사회는 대표이사가 필요하다고 인정하는 때 또는 재적이사 3분의 1 이상의 서면요청이 있는 때와 감사의 연서에 의한 요청이 있는 때에 소집한다.

③ 이사회를 소집하고자 하는 때에는 대표이사가 회의목적을 명시하여 회의개최 7일 이전까지 각 이사에게 통지하여야 한다.

④ 대표이사는 재적이사 3분의 1 이상이 회의안건을 명시하여 소집을 요구한 때와 감사가 연서로 소집을 요구한 때로부터 14일 이내에 이사회를 소집하여야 한다.

제28조 (이사회의 개의와 의결정족수)

① 이사회는 이 정관에서 따로 정한 바를 제외하고는 재적이사 과반수의 출석으로 개의하고, 출석이사 과반수의 찬성으로 의결한다.

② 이사회의 의사는 원칙적으로 서면결의에 의할 수 없다. 다만, 다음의 경우에는 서면결의를 할 수 있다. 이 경우 대표이사는 자기 이사회에서 그 결과를 보고하여야 한다.

1. 대표이사가 사항의 내용이 경미하다고 인정할 때
2. 대표이사가 긴급을 요하는 사항으로 인정할 때

제29조 (의결권의 대리행사)

① 이사는 대리인으로 하여금 의결권 또는 표결권을 행사하게 할 수 있다. 이 경우 그 이사는 출석한 것으로 본다.

② 대리인은 다른 이사이어야 하며, 대리인이 대리할 수 있는 이사의 수는 1인에 한한다.

③ 대리인은 대리권을 증명하는 서면을 의장에게 제출하여야 한다.

제30조 (의결제척사유) 대표이사 또는 이사가 다음 각 호의 1에 해당하는 때에는 그 의결에 참여하지 못한다.

1. 임원선임 및 해임에 있어서 자신에 관한 사항
2. 금전 및 재산의 수수를 수반하는 사항으로서 임원 자신이 법인과 직접 관계되는 사항

제31조 (이사회회의록)

① 이사회의 의사에 관하여는 의사록을 작성하여야 한다.

② 의사록에는 의사의 경과 · 요령 및 결과를 기재하고, 의장과 출석한 이사 전원이 기명날인하여야 한다.

③ 대표이사는 의사록을 법인의 사무실에 비치하여야 한다.

제5장 수 익 사 업

제32조 (수익사업의 종류)

① 본 법인은 사회복지사업법 제28조의 규정에 의하여 다음의 수익사업을 할 수 있다.

1. 유휴부동산의 임대사업
2. 축산 및 과수, 원예, 기타 각종 영농사업
3. 수용인의 기술습득을 위한 가내수공업
4. 법인의 경비조달을 위한 목적사업에 관련되는 부대사업

② 제1항의 수익사업을 경영하기 위하여 대표이사는 이사회의 의결을 거쳐 관리자 또는 책임자를 임명한다.

제6장 사무조직 및 운영

제33조 (수익의 처분 및 관리) 수익사업에서 얻어지는 순수익은 법인의 목적사업에 충당하거나, 이사회의 의결에 의거 특정한 기금을 적립할 수 있다.

제34조 (사무국)

① 본 법인의 업무를 처리하기 위하여 법인사무국을 둔다.

② 사무국의 조직과 운영에 관하여는 별도의 규정으로 정한다.

제35조 (직 원) 직원의 임용 · 복무 · 보수 등에 관하여는 별도의 규정으로 정한다.

제7장 정관변경 및 해산

제36조 (정관변경) 본 법인의 정관을 변경하고자 하는 때에는 재적이사 3분의 2 이상의 의결을 거쳐 주무관청의 인가를 받아야 한다.

제37조 (해산 및 합병) 본 법인을 해산하거나 다른 법인과 합병하고자 하는 때에는 재적이사 4분의 3 이상의 의결을 거쳐 주무관청의 허가를 받아야 한다.

제38조 (잔여재산의 귀속) 본 법인이 해산하는 때의 청산 후 잔여재산은 주무관청의 허가를 받아 본 법인과 유사한 목적을 가진 사회복지법인에 기부하거나, 국가 또는 지방자치단체에 귀속한다.

제8장 공 고 방 법

제39조 (공고의 방법)

① 본 법인이 법령과 정관 및 이사회의 의결에 의하여 공고하여야 할 사항은 본 법인의 게시판이나 일간신문에 싣는다.

② 제1항의 공고기간은 7일 이상으로 한다.

제9장 보 칙

제40조 (준용규칙) 이 정관에 규정하지 아니한 사항에 대하여는 사회복지사업법, 공익법인의설립 · 운영에관한법률, 민법과 그 밖의 관계법규를 준용한다.

제41조 (운영규정) 이 정관은 총회에서 회원 3분의 2 이상의 동의를 얻고 주무관청의 허가를 받아 이를 변경할 수 있다.

제42조 (규정의 제 · 개정)

① 본 법인의 운영과 관련된 주요 규정의 제 · 개정에 대하여는 이사회의 의결을 거쳐야 한다.

② 제1항의 내용 중 주요규정의 여부는 이사회에서 결정한다.

부 칙

제1조 (시행일) 이 정관은 주무관청의 인가를 받은 날로부터 시행한다.

제2조 (설립당시의 임원선임에 대한 경과조치) 본 법인 설립당시 발기인 총회에서 선임된 임원은 이 정관에 의하여 선임된 것으로 본다.

제3조 (설립당시의 기본재산 등) 본 법인 설립당시의 기본재산, 임원은 별지 1, 2와 같다.

이상과 같이 사회복지법인 OOO원을 설립하기 위하여 재산을 출연하고 정관을 작성하여 발기인 전원이 기명날인하다.

2000년 0월 0일

발기인대표 ○ ○ ○ (인)
발기인 ○ ○ ○ (인)
발기인 ○ ○ ○ (인)
발기인 ○ ○ ○ (인)

[별지] 기본재산목록

기 본 재 산 목 록

1. 목적사업용 기본재산

구 분	소 재 지	규모(㎡)	평가가액	출연자	비 고
토 지					
건 물					
현 금					
	계				

2. 수익사업용 기본재산

구 분	소 재 지	규모(㎡)	평가가액	출연자	비 고
토 지					
건 물					

[별지] 임원명단

임 원 명 단

연번	직 위	임기	성 명	주민등록번호	주 소
1	대표이사	O년	O O O	000000-0000000	OO시 OO로 OO(OO동)
2	이 사	O년	O O O	000000-0000000	OO시 OO로 OO(OO동)
3	이 사	O년	O O O	000000-0000000	OO시 OO로 OO(OO동)
4	감 사	O년	O O O	000000-0000000	OO시 OO로 OO(OO동)
5	감 사	O년	O O O	000000-0000000	OO시 OO로 OO(OO동)

[서식] 취임승낙서

취 임 승 낙 서

본인은 20OO년 O월 O일 귀 법인의 대표이사(또는 이사)로 선임되었으므로 그 취임을 승낙합니다.

20OO년 O월 O일

대표이사(또는 이사) O O O (인)
(000000-0000000)
OO시 OO구 OO로 OO(OO동)

사회복지법인 OOO 귀중

※ 인감도장을 날인하고 인감증명서 및 주민등록등(초)본을 첨부 한다.

[서식] 인감신고서

인감 · 개인(改印) 신고서

(신고하는 인감날인란) (인감제출자에 관한 사항)

상호(명 칭)		사회복지법인 OOO	등기번호	
본점(주사무소)		OO시 OO구 OO로 OO(OO동)		
인감제출자	자격/성명	대표이사 O O O		
	주민등록번호	OOOOOO-OOOOOOO		
	주 소	OO시 OO구 OO로 OO(OO동)		

□ 위와 같이 인감을 신고합니다.
□ 위와 같이 개인(改印)하였음을 신고합니다.

년 월 일 (인감 날인란)

신고인 본 인 성 명 (인)
대리인 성 명 (인)

지방법원 등기소 귀중

주 1. 인감 날인란에는 「인감증명법」에 의하여 신고한 인감을 날인하고 그 인감증명서(발행일로부터 3개월 이내의 것)를 첨부하여야 합니다. 개인(改印)신고의 경우, 개인인감을 날인하는 대신에 등기소에 신고한 유효한 종전 인감을 날인하여도 됩니다.
2. 인감 · 개인신고서에는 신고하는 인감을 날인한 인감대지를 첨부하여야 합니다.
3. 지배인이 인감을 신고하는 경우에는 인감제출자의 주소란에 지배인을 둔 장소를 기재하고, 「상업등기규칙」 제36조제4항의 보증서면(영업주가 등기소에 신고한 인감 날인)을 첨부하여야 합니다. 위 보증서면은 아래의 보증서면란에 기재하는 것으로 갈음할 수 있습니다.

보 증 서 면

위 신고하는 인감은 지배인 OOO의 인감임이 틀림없음을 보증합니다.

대표이사 (법인인감)

위 임 장
성 명 : 주민등록번호(-)
주 소 :
위의 사람에게, 위 인감신고 또는 개인신고에 관한 일체의 권한을 위임함.
20 년 월 일
인감(개인) 신고인 성 명 (인)

[서식] 인감대지

인 감 대 지

	신고하는 인감날인란	상 호(명 칭) : 사회복지법인 OOO 자격 및 성명 : 대표이사 O O O 주민등록번호 : OOOOOO-OOOOOOO

[서식] 인감카드 등 (재)발급신청서

인감카드 등 (재)발급신청서

(인감제출자에 관한 사항)

상호(명 칭)			등기번호	
본점(주사무소)				
인감 제출자	자격 / 성명			
	주민등록번호			

발급사유	␣ 최초발급 ␣ 카드분실 ␣ 카드훼손 ␣ 인감증명서발급기능 ␣ 기타 ( )		
매체구분	␣ 인감카드 ␣ HSM USB	인감카드 비밀번호	

위와 같이 인감카드 등의 (재)발급을 신청합니다.

년 월 일

신청인 인감제출자 (본 인) 성 명 (인) (전화 :)
(대리인) 성 명 (인) (전화 :)

지방법원 등기소 귀중

접수번호		인감카드번호	

- 대법원수입증지를 붙이는 란 -

주 1. 인감카드 비밀번호란에는 (재)발급받아 사용할 인감카드의 비밀번호를 기재하며, 아라비아숫자 6자릿수를 기재하여야 합니다. 비밀번호는 인감카드와 함께 인감증명서의 발급을 신청할 권한이 있는 것으로 보게 되는 중요한 자료이므로 권한이 없는 사람이 알지 못하도록 주의하시기 바랍니다.

2. 인감카드의 재발급을 신청할 때에는 「등기부 등 · 초본 등 수수료규칙」 제5조의7에 의하여 5,000원 상당의 대법원수입증지를 이 란에 붙여야 합니다. 다만, 인감카드를 반납할 때에는 붙일 필요가 없습니다.

위 임 장

성 명 : 주민등록번호(-   )
주 소 :

위의 사람에게, 위 (재)발급신청서에 기재된 인감카드 등의 발급신청과 그 수령 등에 관한 일체의 권한을 위임함.

20 년 월 일

인감(개인) 신고인 성 명 (인)

제4절 사회복지법인의 변경등기

1. 임원변경등기

1) 임원변경

이사의 임면방법에 관하여 민법은 정관으로 규정하도록 하고 있으며 사단법인의 경우에는 사원총회, 재단법인의 경우에는 이사회에서 선임한다. 공익법인과 사회복지법인 등의 경우에는 임원선임과 관련하여 결격사유를 규정하고 있다. 한편 공익법인의 경우나 정관으로 주무관청의 승인을 받도록 규정하고 있는 경우 또는 설립허가조건으로 이사선임에 관하여 주무관청의 승인을 받도록 한 경우 등에는 사원총회의 선임결의 외에 주무관청의 승인을 받아야 한다.

사회복지법인은 임원을 임면하는 경우에는 지체 없이 시도지사에게 보고하여야 한다. 감사와 이사는 특별한 관계에 있는 사람이 아니어야 한다. 이사 또는 감사 중에 결원이 생겼을 때에는 2개월 이내에 보충하여야 한다. 이사는 법인이 설치한 사회복지시설의 장을 제외한 그 시설의 직원을 겸할 수 없다.

2) 변경등기 사항

(1) 이사의 취임등기

법인의 이사의 성명과 주소 그리고 이사의 대표권을 제한한 때에는 그 제한사항은 등기사항이다. 그러나 감사는 등기사항이 아니고 공익법인의 경우에는 감사가 필적 기관이나 등기사항으로 규정하고 있지는 아니하다.

이사 취임등기에는 취임한 이사의 성명, 주민등록번호와 취임취지 및 등기연월일을 임원란에 기재하여야 하고 이사의 취임일자는 당해 이사의 선임행위 및 취임승낙일과 전임자의 임기만료일, 주무관청의 허가일 중 늦은 쪽의 일자를 기재한다.

(2) 이사의 중임등기

법인의 이사의 임기가 만료된 때에는 같은 사람이 재선되어 같은 직에 다시 취임하는 경우에 변경등기를 하는데 동일인이 다시 취임하여 전임 임기만료일과 후임 임기개시일이 동일한 경우에도 이사의 임기가 연장되는 것이 아니라 이사의 지위가 새로 시작되는 것이므로 원칙적으로 취임등기와 퇴임등기를 하여야 하나 등기실무상 중임이라 하여 그 퇴임취지와 재취임 취지를 중복하여 기재하지 않고 단순히 중임의 취지만 기재하는 중임등기로 특별한 취급

을 하고 있다.

임기만료 된 이사가 정관규정에 따라 후임자가 취임할 때까지 계속 권리의무를 행사하던 중에 재선된 때처럼 전임 임기만료일과 후임 임기개시일이 서로 다른 경우에는 설사 동일인이 같은 직에 다시 취임한 경우라 할지라도 중임등기로 취급할 수는 없고 퇴임 및 취임등기로 하여야 하고 그 퇴임등기를 하는 경우의 퇴임일자는 그 권리의무행사 종료일이 아니라 당초의 임기만료일로 기재해야 한다.

(3) 이사의 퇴임등기

법인이사 퇴임의 등기는 퇴임한 이사의 성명과 퇴임사유 및 그 등기연월일을 기재하여야 한다. 퇴임자의 등기기간은 초임일로부터 기산하나 결원으로 인하여 후임자가 없어 이사의 권리의무를 행사하고 있는 동안은 퇴임에 의한 변경등기를 할 필요가 없으며 이때의 퇴임등기의 등기기간은 후임자의 취임 시 부터 기산한다. 이사가 권리의무를 행사하고 있는 경우에 후임자를 선임하였으나 여전히 법률 또는 정관에 정한 원수에 미달하는 때에는 권리의무행사자의 퇴임등기는 법률 또는 정관에 정하는 원수에 달하는 후임자의 취임등기와 동시에 하지 않으면 이를 할 수 없지만 법률 또는 정관에 정한 원수에 미달되는 경우라도 후임자의 취임의 등기는 하여야 한다.

(4) 이사의 사임등기

임기만료나 사임으로 퇴임한 이사가 정관규정에 따라 계속 그 권리의무를 행사하다가 후임자가 취임하여 전임자의 퇴임등기를 하는 경우의 퇴임일자는 그 권리의무행사 종료일이 아니라 당초의 임기만료일이나 사임일이다.

(5) 이사의 해임등기

임기종료 전에 임원을 해임하고자 하는 경우 이사회의 의결을 거쳐야 하며 정관이 정하는 바에 따라 새로 선임된 임원의 임기는 전임자의 잔여기간으로 한다.

(6) 대표권제한 구정의 설정, 변경, 폐지

등기기간은 이사나 대표권이 있는 이사가 취임 또는 퇴임하거나 대표권제한규정이 설정, 폐지 임원승인이 취소된 날 등으로부터 3주간 내이다. 대표권 제한 규정의 설정, 변경, 폐지 등 정관변경을 필요로 하는 사항을 등기하는 경우에는 그에 관한 주무관청의 허가서가 도착한 날로부터 그 기간을 기산한다. 민법법인의 대표권 있는 이사가 1명이어야 한다는 제한은 없고 원칙적으로 이사는 법인을 각자 대표하므로 수인을 대표권 있는 이사로 등기할 수 있다.

3) 등기기간

변경등기기간은 법령, 재판상의 처분 또는 법률행위에 다른 정한 바가 없으면 민법의 규정에 의한다. 등기기간은 민법 제52조의 규정에 의하여 등기사항에 변경이 있는 때로부터 3주내에 변경등기를 신청하여야 한다.

4) 첨부서면

(1) 정관

이사의 취임, 퇴임등기의 경우 신청서에 정관을 첨부하여야 한다. 이는 당해 법인이 이사의 수를 정한 경우와 임기를 정한 경우에 정관을 확인하지 않고는 당해 이사의 퇴임등기 수리여부를 등기관이 결정할 수 없기 때문이다.

(2) 의사록

이사 임면은 사단법인의 경우에는 사원총회 재단법인의 경우에는 이사회에서 선임하므로 사원총회 의사록 또는 이사회 의사록을 첨부하여야 한다. 법인의 총회 등의 의사록은 의사록 인증 제외 대상 법인에 해당되지 않는 한 공증인의 인증을 받아야 한다.

(3) 취임승낙서

이사 취임 시 취임승낙서를 첨부하여야 하고 이를 증명하는 인감증명서를 첨부하여야 한다. 그리고 취임이 주무관청의 승낙사항일 경우에는 주무관청의 승인도 받아야 한다.

(4) 주민등록등본 등

대표권 있는 이사는 주소와 성명, 주민등록번호를 등기하여야 하고, 대표권 없는 이사는 성명과 주민등록번호를 등기하여야 하며, 외국인의 경우에는 주민등록번호에 갈음하여 생년월일을 등기하여야 하므로 주소, 주민등록번호 또는 생년월일을 증명하는 주민등록등본 등의 서면을 첨부하여야 한다.

5) 등록세 등

(1) 등록세

정액등록세 40,200원(임원변경)이고, 교육세는 등록면허세의 100분의 20이다. 조세특례제한법, 관세법, 지방세법에 의하여 등록면허세가 감면되는 경우에 그 감면세액의 100분의

20의 농어촌특별세를 납부하여야 하나, 농어촌특별세도 감면 또는 면제되는 경우가 있다(농특세법 4조).

(2) 수수료

등기신청수수료는 6,000원(서면방문), 4,000원(전자표준양식), 2,000원(전자신청)이며, 명칭, 주사무소, 이사, 청산인변경등기를 하나의 신청서로 신청할 경우에는 각각의 수수료 각 6,000원(서면방문), 4,000원(전자표준양식), 2,000원(전자신청)을 합산하여야 한다.

[서식] 사회복지법인 변경등기신청서(이사임기만료)

사회복지법인 변경등기신청

접수	년 월 일	처리인	접 수	조 사	기 입	교 합	각종통지
	제 호						

명 칭	사회복지법인 ○○○	등기번호	제○○○○호
주 사 무 소	OO시 OO구 OO로 OO(OO동)		
등기의 목적	이사변경등기		
등기의 사유	이사 ○○○은 20○○년 ○월 ○일 임기만료로 퇴임하고 같은 날 이사회에서 다음 사람이 이사로 선임되어 같은 날 취임하였으므로 그 등기를 구함.		
인가서도착연월일	20○○년 ○월 ○일		
주사무소/분사무소 신청구분	1.주사무소 신청 ☐ 2.분사무소 신청 ☐ 3.주 · 분사무소 일괄신청 ☐		
등 기 할 사 항			
이사 ○○○ 20○○. ○. ○. 퇴임 이사 ○ ○ ○ (OOOOOO-OOOOOOO) 20○○. ○. ○. 취임			
신청등기소 및 등록면허세/수수료			

순번	신청등기소	구분	등록면허세	지방교육세	세액합계	등기신청수수료

			금 40,200원	금 8,040원	금 48,240원	금 6,000원
합		계				
등기신청수수료 은행수납번호						

첨 부 서 면	
1. 이사회의사록 통 1. 정관등본 통 1. 취임승낙서 통 1. 대표이사의 인감신고 통	1. 등록면허세영수필확인서및통지서 통 1. 위임장(대리인이 신청할 경우) 통 〈기 타〉

년 월 일

신청인 명 칭

주사무소

대표자 성 명 ㊞ (전화 :)

주 소

대리인 성 명 ㊞ (전화 :)

주 소

지방법원 등기소 귀중

[신청서 작성요령 및 등기수입증지 첨부란]

1. 해당란이 부족할 때에는 별지를 이용합니다.
1. 해당 등기신청과 관계없는 사항에 대하여는 "해당없음"으로 기재하거나 삭제하고, 필요한 사항은 추가 기재합니다.
1. 등기신청수수료 상당의 대법원등기수입증지를 이 난에 붙입니다.

(용지규격 21㎝×29.7㎝)

※ 등록면허세는 변경등기의 등록면허세인 40,200원, 교육세는 등록면허세의 100분의 20(8,040원)을 납부하여야 한다(지방세법 제28조). 그 등기신청수수료는 6,000원(서면방문), 4,000원(전자표준양식), 2,000원(전자신청)이며, 명칭, 주사무소, 이사변경등기를 하나의 신청서로 신청할 경우에는 각각의 수수료 각 6,000원(서면방문), 4,000원(전자표준양식), 2,000원(전자신청)을 합산하여야 한다. 그러나 수인의 이사, 대표자 등 임원의 퇴임, 취임으로 인한 변경등기는 일괄하여 하나의 임원변경등기신청으로 보아 6,000원(서면방문), 4,000원(전자표준양식), 2,000원(전자신청)만을 납부한다.

[서식] 이사회의사록

이 사 회 의 사 록

20OO년 O월 O일 OO시 OO분, OO시 OO구 OO로 OO(OO동) 당 법인 회의실(또는 사무소)에서 이사회를 개최하다.

총이사수 : O명 출석이사수 : O명

의장인 대표이사 OOO는 정관규정에 따라 의장석에 등단하여 위와 같이 법정수에 달하는 이사가 출석하였으므로 본 이사회가 적법히 성립되었음을 알리고 개회를 선언한 후, 다음의 의안을 부의하고 심의를 구하다.

제1호 의 안 이사의 인원수 증원의 건

의장은 당 법인의 사업번창으로 인하여 현행 정관상 이사 정원인 O명의 이사만으로는 업무처리가 불가능하므로 부득이 그들 O명으로 증원해야 할 필요가 있음을 상세히 설명하고 그 가부를 물은 바, 전원 이의 없이 찬성하여 만장일치로 그를 승인 가결하다.

제2호 의 안 정관변경의 건

의장은 위 이사의 인원수 증원에 수반하여 현행 정관 제O조를 다음과 같이 변경해야 한다는 취지를 설명하고 그 가부를 물은 바, 전원 이의 없이 찬성하여 만장일치로 그를 승인 가결하다.

제O조(임원의 종별 및 인원수) 당 법인에는 다음의 임원을 둔다.

이사 O명(대표이사 1명, 상무이사 1명 포함)

감사 O명

제3호 의 안 이사 선임의 건

의장은 정관의 변경에 따라 이사의 인원수가 증원되었으므로 증원된 이사를 새로 선출해야 한다는 취지를 설명하고 그 선출방법을 물은 바, 무기명 비밀투표로 선출하기로 전원 일치되어 즉시 투표를 실시한 결과 다음과 같이 선출되다.

이사 O O O (000000-0000000)

OO시 OO구 OO로 OO(OO동)

위 피선자는 즉석에서 그 취임을 승낙하다.

의장은 이상으로서 회의목적인 의안 전부의 심의를 종료하였으므로 폐회한다고 선언하다(회의종료시각 : OO시 OO분).

위 결의를 명확히 하기 위하여 이 의사록을 작성하고 의장과 출석한 이사가 기명날인하다.

20OO년 O월 O일

사회복지법인 OOO

OO시 OO구 OO로 OO(OO동)

의장겸 대표이사 O O O (인)

이사 O O O (인)

이사 O O O (인)

이사 O O O (인)

[서식] 취임승낙서

취 임 승 낙 서

본인은 2000년 0월 0일 이사회에서 귀 법인의 이사로 선임되었으므로 그 취임을 승낙합니다.

2000년 0월 0일

이사 0 0 0 (인)
(000000-0000000)
00시 00구 00로 00(00동)

사회복지법인 000 귀중

※ 인감도장 날인 후 인감증명서를 첨부한다

[서식] 사 임 서

사 임 서

본인은 귀 법인의 이사인 바, 이번에 일신상의 형편에 의하여 그 직을 사임합니다.

2000년 0월 0일

이사 0 0 0 (인)

사회복지법인 000 귀중

※ 인감도장 날인 후 인감증명서를 첨부한다.

[서식] 인감신고서

인감 · 개인(改印) 신고서

(신고하는 인감날인란) (인감제출자에 관한 사항)

상호(명 칭)		사회복지법인 OOO	등기번호	
본점(주사무소)		OO시 OO구 OO로 OO(OO동)		
인감제출자	자격/성명	대표이사 O O O		
	주민등록번호	OOOOOO-OOOOOOO		
	주 소	OO시 OO구 OO로 OO(OO동)		

☐ 위와 같이 인감을 신고합니다.

☐ 위와 같이 개인(改印)하였음을 신고합니다.

년 월 일 (인감 날인란)

신고인 본 인 성 명 (인)

대리인 성 명 (인)

지방법원 등기소 귀중

주 1. 인감 날인란에는 「인감증명법」에 의하여 신고한 인감을 날인하고 그 인감증명서(발행일로부터 3개월 이내의 것)를 첨부하여야 합니다. 개인(改印)신고의 경우, 개인인감을 날인하는 대신에 등기소에 신고한 유효한 종전 인감을 날인하여도 됩니다.

2. 인감 · 개인신고서에는 신고하는 인감을 날인한 인감대지를 첨부하여야 합니다.

3. 지배인이 인감을 신고하는 경우에는 인감제출자의 주소란에 지배인을 둔 장소를 기재하고, 「상업등기규칙」 제36조제4항의 보증서면(영업주가 등기소에 신고한 인감 날인)을 첨부하여야 합니다. 위 보증서면은 아래의 보증서면란에 기재하는 것으로 갈음할 수 있습니다.

보 증 서 면
위 신고하는 인감은 지배인 OOO의 인감임이 틀림없음을 보증합니다. 대표이사 (법인인감)
위 임 장
성 명 : 주민등록번호(-) 주 소 : 위의 사람에게, 위 인감신고 또는 개인신고에 관한 일체의 권한을 위임함. 20 년 월 일 인감(개인) 신고인 성 명 (인)

[서식] 인감대지

인 감 대 지

	신고하는 인감날인란	상 호(명 칭) : 사회복지법인 OOO 자격 및 성명 : 대표이사 O O O 주민등록번호 : OOOOOO-OOOOOOO

[서식] 인감카드 등 (재)발급신청서

인감카드 등 (재)발급신청서

(인감제출자에 관한 사항)

상호(명칭)			등기번호	
본점(주사무소)				
인감 제출자	자격 / 성명			
	주민등록번호			

발급사유	␣ 최초발급 ␣ 카드분실 ␣ 카드훼손 ␣ 인감증명서발급기능 ␣ 기타 ( )		
매체구분	␣ 인감카드 ␣ HSM USB	인감카드 비밀번호	

위와 같이 인감카드 등의 (재)발급을 신청합니다.

년 월 일

신청인 인감제출자 (본 인) 성 명 (인) (전화 :)

(대리인) 성 명 (인) (전화 :)

지방법원 등기소 귀중

접수번호		인감카드번호	

- 대법원수입증지를 붙이는 란 -

주 1. 인감카드 비밀번호란에는 (재)발급받아 사용할 인감카드의 비밀번호를 기재하며, 아라비아숫자 6자릿수를 기재하여야 합니다. 비밀번호는 인감카드와 함께 인감증명서의 발급을 신청할 권한이 있는 것으로 보게 되는 중요한 자료이므로 권한이 없는 사람이 알지 못하도록 주의하시기 바랍니다.

2. 인감카드의 재발급을 신청할 때에는 「등기부 등 · 초본 등 수수료규칙」 제5조의7에

의하여 5,000원 상당의 대법원수입증지를 이 란에 붙여야 합니다. 다만, 인감카드를 반납할 때에는 붙일 필요가 없습니다.

위 임 장

성 명 : 주민등록번호(-)
주 소 :

위의 사람에게, 위 (재)발급신청서에 기재된 인감카드 등의 발급신청과 그 수령 등에 관한 일체의 권한을 위임함.

20 년 월 일

인감(개인) 신고인 성 명 (인)

[서식] 법인임원임면보고서

[별지 제10호 서식] 〈개정 2009.11.30〉

<table>
<tr><td colspan="7">법인임원 임면보고서</td></tr>
<tr><td rowspan="2">보고자</td><td>법인명</td><td colspan="3"></td><td>대표자성명</td><td></td></tr>
<tr><td>소재지</td><td colspan="5"></td></tr>
<tr><td rowspan="6">임원선임
또는
해임내용</td><td>직위</td><td>임기</td><td>성명</td><td>생년월일</td><td>주 소</td><td>출연자 등과의
특별관계 여부</td></tr>
<tr><td></td><td></td><td></td><td></td><td></td><td></td></tr>
<tr><td></td><td></td><td></td><td></td><td></td><td></td></tr>
<tr><td></td><td></td><td></td><td></td><td></td><td></td></tr>
<tr><td></td><td></td><td></td><td></td><td></td><td></td></tr>
<tr><td></td><td></td><td></td><td></td><td></td><td></td></tr>
<tr><td>선임 또는
해임사유</td><td colspan="6"></td></tr>
<tr><td colspan="7">「사회복지사업법」 제18조제5항 및 같은 법 시행규칙 제10조에 따라 사회복지법인의 임원선임(해임)을 보고합니다.

년 월 일

사회복지법인 대표이사 (서명 또는 날인)

(시·도지사) 귀하</td></tr>
<tr><td colspan="7">※ 구비서류
1. 해당 임원의 선임 또는 해임을 결의한 이사회의 회의록 사본 1부
2. 임원의 취임승낙서 및 이력서 각 1부
3. 임원 상호간의 관계에 있어 법 제18조제2항에 저촉되지 아니함을 입증하는 각서 1부</td></tr>
</table>

210mm×297mm[일반용지 60g/㎡]

[서식] 사회복지법인 변경등기신청서(대표이사, 공동대표규정변경)

사회복지법인 변경등기신청

접수	년 월 일	처리인	접 수	조 사	기 입	교 합	각종통지
	제 호						

명 칭	사회복지법인 ○○○	등기번호	제○○○○호
주 사 무 소	OO시 OO구 OO로 OO(OO동)		
등기의 목적	대표이사(공동대표이사규정)변경		
등기의 사유	대표이사 ○○○은 20○○년 ○월 ○일 임기만료로 퇴임하고, 같은 날 이사회의 결의로 다음 사람이 대표이사인 이사로 선임되어 같은 날 취임하였으므로 그 등기를 구함.		
인가서도착연월일	20○○년 ○월 ○일 (※ 정관개정이 필요한 경우 기재한다)		
주사무소/분사무소 신청구분	1.주사무소 신청 □	2.분사무소 신청 □	3.주·분사무소 일괄신청 □

등 기 할 사 항

대표이사인 이사가 이사직 퇴임으로 인한 대표이사직 퇴임 보선

대표이사인 이사 ○○○ 20○○. ○. ○. 퇴임

이 사 ○ ○ ○ (000000-0000000)
대표이사 ○ ○ ○ (000000-0000000)
OO시 OO구 OO로 OO(OO동)

각 20○○. ○. ○. 취임

신청등기소 및 등록면허세/수수료

순번	신청등기소	구분	등록면허세	지방교육세	세액합계	등기신청수수료
			금 원	금 원	금 원	금 원
합 계						

등기신청수수료 은행수납번호	
첨 부 서 면	
1. 이사회의사록 통 1. 주무관청의 정관변경인가서 (또는 인가서등본) 통 1. 사임서(인감증명서 첨부) 통 1. 취임승낙서 통	1. 대표이사의 인감신고서와 인감대지 통 1. 등록면허세영수필확인서및통지서 통 1. 위임장(대리인이 신청할 경우) 통
년 월 일 신청인 명 칭 주사무소 대표자 성 명 ㊞ (전화 :) 주 소 대리인 성 명 ㊞ (전화 :) 주 소 **지방법원 등기소 귀중**	

[신청서 작성요령 및 등기수입증지 첨부란]
1. 해당란이 부족할 때에는 별지를 이용합니다.
1. 해당 등기신청과 관계없는 사항에 대하여는 "해당없음"으로 기재하거나 삭제하고, 필요한 사항은 추가 기재합니다.
1. 등기신청수수료 상당의 대법원등기수입증지를 이 난에 붙입니다.

(용지규격 21㎝×29.7㎝)

[서식] 이사회의사록

이 사 회 의 사 록

2000년 0월 0일 00시 00분, 00시 00구 00로 00(00동) 당 법인 회의실(또는 사무소)에서 이사회를 개최하다.

총이사수 : 0명 출석이사수 : 0명

의장인 대표이사 000는 정관규정에 따라 의장석에 등단하여 위와 같이 법정수에 달하는 이사가 출석하였으므로 본 이사회가 적법히 성립되었음을 알리고 개회를 선언한 후, 다음의 의안을 부의하고 심의를 구하다.

제1호 의 안 대표이사 선출의 건

의장은 이사인 대표이사 000가 2000년 0월 0일 이사직을 사임하여 결원이 생겼으므로 그를 보선해야 한다는 취지를 설명하고 그 선출방법을 물은 바, 무기명 비밀투표로 선출하기로 전원 일치되어 즉시 투표를 실시한 결과 다음과 같이 선출되다.

이 사 0 0 0 (000000-0000000)
00시 00구 00로 00
대표이사 0 0 0

위 피선자는 즉석에서 그 취임을 승낙하다.

의장은 이상으로서 회의목적인 의안 전부의 심의를 종료하였으므로 폐회한다고 선언하다(회의종료시각 : 00시 00분)

위 결의를 명확히 하기 위하여 이 의사록을 작성하고 의장과 출석한 이사가 기명날인하다.

2000년 0월 0일
사회복지법인 000
00시 00구 00로 00(00동)
의장겸 대표이사 0 0 0 (인)

이사 O O O (인)
이사 O O O (인)
이사 O O O (인)

[서식] 취임승낙서

취 임 승 낙 서

본인은 20OO년 O월 O일 이사회에서 귀 법인의 대표이사로 선임되었으므로 그 취임을 승낙합니다.

20OO년 O월 O일

대표이사 O O O (인)
(000000-0000000)
OO시 OO구 OO로 OO(OO동)

사회복지법인 OOO 귀중

※ 인감도장 날인 후 인감증명서를 첨부한다.

2. 주사무소 이전등기

1) 의 의

사회복지법인의 주사무소 이전의 등기란 사회복지법인을 총괄 지휘하는 등기부상에 기재된 주 사무소의 구체적인 소재장소를 이전하는 등기를 말한다. 주 사무소 이전의 등기는 등기소의 관할을 기준으로 동일한 등기소의 관할 구역 내에서 주사무소를 이전하는 경우와 다른 등기소의 관할 구역 내로 이전하는 경우로 구분할 수 있다.

2) 관내이전

(1) 신청방법

다른 등기소의 관할 구역 내로 주 사무소를 이전한 경우에는 구소재지에서 하는 주사무소 이전의 등기신청과 신소재지에서의 이전등기신청을 하여야 하나 동일한 등기소 관할 구역 내에서 주사무소를 이전하는 경우에는 신소재지에서의 이전등기만 하면 된다. 주사무소 이전의 등기는 대표자가 등기신청서를 제출함으로서 한다.

(2) 기간

법인이 그 사무소를 이전하는 때에는 구소재지에서 3주간 내에 이전등기를 하고 신소재지에서는 동 기간 내에 변경등기를 하여야 한다.

(3) 첨부서면

첨부서면으로 원칙적으로 이사회의사록을 첨부하여야 한다. 다만 정관상 주사무소의 소재지가 그 소재지번, 동, 호수까지 기재되어 있을 경우에는 정관변경을 하여야 하므로 정관변경의 이사회의사록을 제출하여야 한다. 주사무소 이전의 등기 시에는 인감의 제출자에 관한 사항에 변경이 생기지만 대표자의 인감을 다시 제출할 필요가 없고 주사무소 이전과 동시에 인감 자체를 변경한 경우에만 개인신고서를 제출하면 된다.

(4) 등록세 등

신소재지가 동일 등기소 관할 구역내인 경우에는 등록면허세 112,500원과 등록면허세의 20/100의 지방교육세를 납부한다.

등기신청수수료는 6,000원(서면방문), 4,000원(전자표준양식), 2,000원(전자신청)이며, 명칭, 주사무소, 이사, 청산인변경등기를 하나의 신청서로 신청할 경우에는 각각의 수수료 각 6,000원(서면방문), 4,000원(전자표준양식), 2,000원(전자신청)을 합산하여야 한다.

[서식] 사회복지법인 주사무소이전등기신청서(동일관할 내 이전)

사회복지법인 주사무소이전등기신청

<table>
<tr><td rowspan="2">접
수</td><td>년 월 일</td><td rowspan="2">처
리
인</td><td>접 수</td><td>조 사</td><td>기 입</td><td>교 합</td><td>각종통지</td></tr>
<tr><td>제 호</td><td></td><td></td><td></td><td></td><td></td></tr>
</table>

<table>
<tr><td>명 칭</td><td>사회복지법인 ○○○</td><td>등기번호</td><td>제○○○○○호</td></tr>
<tr><td>주 사 무 소</td><td colspan="3">OO시 OO구 OO로 OO(OO동)</td></tr>
<tr><td>등기의 목적</td><td colspan="3">주사무소 이전등기</td></tr>
<tr><td>등기의 사유</td><td colspan="3">20○○년 ○월 ○일 이사회의 결의에 의하여(20○○년 ○월 ○일 이사회에서 정관변경을 결의하고 20○○년 ○월 ○일 주무관청의 인가를 받아) 20○○년 ○월 ○일 주사무소를 다음 장소로 이전하였으므로 그 등기를 구함.</td></tr>
<tr><td>인가서도착연월일</td><td colspan="3">20○○년 ○월 ○일</td></tr>
<tr><td>주사무소/분사무소
신청구분</td><td colspan="3">1.주사무소 신청 □ 2.분사무소 신청 □ 3.주 · 분사무소 일괄신청 □</td></tr>
<tr><td colspan="4">등 기 할 사 항</td></tr>
<tr><td colspan="4">주사무소 : OO시 OO구 OO로 OO(OO동)
20○○. ○. ○. 이전</td></tr>
</table>

<table>
<tr><td colspan="7">신청등기소 및 등록면허세/수수료</td></tr>
<tr><td>순번</td><td>신청등기소</td><td>구분</td><td>등록면허세</td><td>지방교육세</td><td>세액합계</td><td>등기신청수수료</td></tr>
<tr><td></td><td></td><td></td><td>금 112,500원</td><td>금 22,500원</td><td>금 원</td><td>금 원</td></tr>
<tr><td></td><td></td><td></td><td></td><td></td><td></td><td></td></tr>
<tr><td></td><td></td><td></td><td></td><td></td><td></td><td></td></tr>
<tr><td></td><td></td><td></td><td></td><td></td><td></td><td></td></tr>
<tr><td colspan="3">합 계</td><td></td><td></td><td></td><td></td></tr>
<tr><td colspan="4">등기신청수수료 은행수납번호</td><td colspan="3"></td></tr>
<tr><td colspan="7">첨 부 서 면</td></tr>
<tr><td colspan="4">1. 이사회의사록 통
1. 주무관청의 정관변경인가서
(또는 인가서 등본) 통</td><td colspan="3">1. 대표자의 인감증명서 통
1. 등록면허세영수필확인서및통지서 통
1. 위임장(대리인이 신청할 경우) 통</td></tr>
</table>

1. 인감신고서 및 인감대지	통	〈기 타〉

년 월 일

신청인 명 칭
주사무소
대표자 성 명 (인) (전화 :)
주 소
대리인 성 명 (인) (전화 :)
주 소

지방법원 등기소 귀중

[신청서 작성요령 및 등기수입증지 첩부란]
1. 해당란이 부족할 때에는 별지를 이용합니다.
1. 해당 등기신청과 관계없는 사항에 대하여는 "해당없음"으로 기재하거나 삭제하고, 필요한 사항은 추가 기재합니다.
1. 등기신청수수료 상당의 대법원등기수입증지를 이 난에 붙입니다.

(용지규격 21㎝×29.7㎝)

[서식] 이사회의사록

이 사 회 의 사 록

2000년 0월 0일 00시 00분, 00시 00구 00로 00(00동) 당 법인 회의실(또는 사무소)에서 이사회를 개최하다.

총이사수 : 0명 출석이사수 : 0명

의장 000는 정관규정에 따라 의장석에 등단하여 위와 같이 법정수에 달하는 이사가 출석하였으므로 본 이사회가 적법히 성립되었음을 알리고 개회를 선언한 후, 다음의 의안을 부의하고 심의를 구하다.

제1호 의 안 주사무소이전의 건

의장은 사업형편상 당 법인의 주사무소를 다음 장소로 이전할 필요가 있음을 상세히 설명하고 그 가부를 물은 바, 전원 이의 없이 찬성하여 만장일치로 승인가결하다.

주사무소 이전장소 : OO시 OO구 OO로 OO(OO동)

이전연월일 : 2000년 0월 0일

제2호 의 안 정관변경의 건

의장은 위 주사무소이전에 수반하여 현행 정관 제O조를 다음과 같이 변경해야 한다는 취지를 설명하고 그 가부를 물으니 전원 이의 없이 찬성하여 만장일치로 그를 승인 가결하다.

제O조(주사무소) 당 법인의 주사무소는 OO시 OO구 OO로 OO(OO동)에 둔다.

의장은 이상으로서 회의목적인 의안 전부의 심의를 종료하였으므로 폐회한다고 선언하다(회의종료시각 : OO시 OO분)

위 결의를 명확히 하기 위하여 이 의사록을 작성하고 의장과 출석한 이사가 기명날인하다.

2000년 0월 0일

사회복지법인 OOO

OO시 OO구 OO로 OO(OO동)

의장겸 대표 이사 O O O (인)

이사 O O O (인)

이사 O O O (인)

이사 O O O (인)

[서식] 사회복지법인 정관변경인가신청서

[별지 제9호 서식] 〈개정 2010. 9. 1〉 (앞쪽)

<table>
<tr><td colspan="5">사회복지법인정관변경인가신청서</td><td>처리기간
보건복지부 : 7일
시 · 도 : 5일</td></tr>
<tr><td rowspan="2">신 청 인</td><td>① 법인명</td><td colspan="2"></td><td>② 대표자성명</td><td></td></tr>
<tr><td>③ 소재지</td><td colspan="4"></td></tr>
<tr><td rowspan="2">변경내용
및 사유</td><td colspan="2">④ 변경전의 정관 조문</td><td colspan="2">⑤ 변경후의 정관 조문</td><td>⑥ 변경사유</td></tr>
<tr><td colspan="2"></td><td colspan="2"></td><td></td></tr>
</table>

「사회복지사업법」 제17조제2항 및 같은 법 시행규칙 제8조에 따라 사회복지법인 정관변경인가를 신청합니다.

년 월 일

신청인 (서명 또는 날인)

(보건복지부장관 / 시 · 도지사) 귀하

수수료
없 음

※ 구비서류 : 뒤쪽 참조

210㎜ × 297㎜[일반용지 60g/㎡(재활용품)]

이 신청서는 아래와 같이 처리됩니다. (뒤쪽)

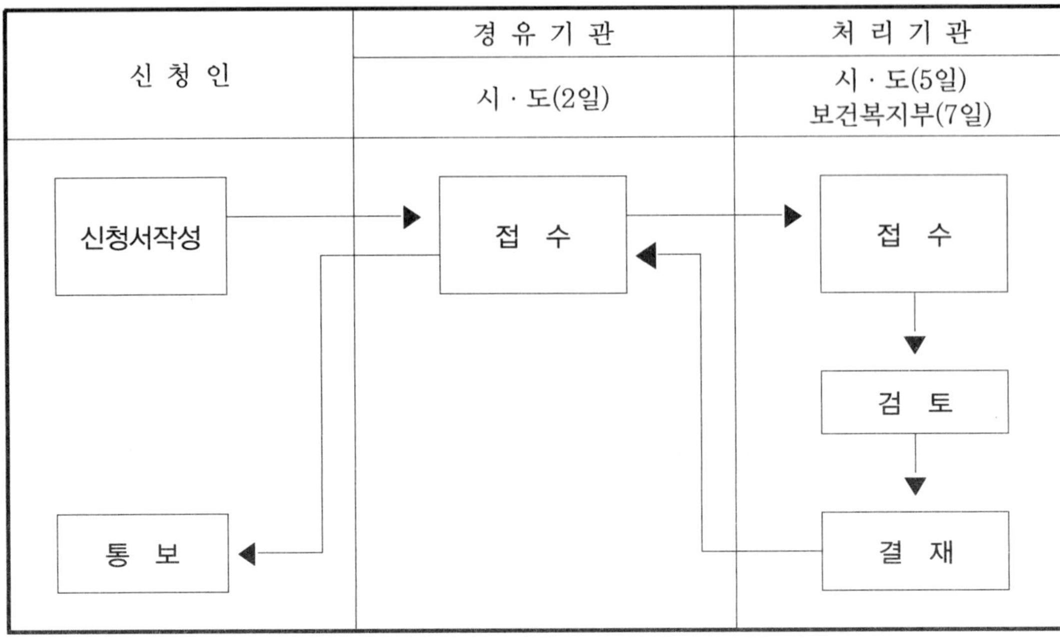

구비서류	신청인 제출 서류	담당 공무원 확인사항
	1. 정관의 변경을 결의한 이사회 회의록 사본 1부 2. 정관변경안 1부 3. 사업계획서 및 예산서 각 1부 4. 재산의 소유를 증명할 수 있는 서류(사업변동이 있는 경우에만 해당하며, 행정정보의 공동이용을 통하여 소유권에 대한 정보를 확인할 수 있는 경우에는 그 확인으로 첨부서류를 갈음합니다) 각 1부 5. 재산의 평가조서(감정평가업자의 감정평가서를 첨부하되, 개별공시지가 확인서로 첨부서류에 대한 정보를 확인할 수 있는 경우에는 그 확인으로 첨부서류를 갈음합니다) 1부 6. 재산의 수익조서(사업의 변동이 있는 경우에만 해당하며, 수익용 기본재산을 갖춘 경우에 한하며, 공인된 감정평가기관의 수익증명 또는 수익을 증명할 수 있는 기관의 증빙서류를 첨부하여야 합니다) 1부	1. 건물등기부 등본 2. 토지등기부 등본 3. 개별공시지가 확인서

[서식] 사회복지법인 주사무소이전등기신청서(분사무소소재지에서 신청하는 경우)

사회복지법인 주사무소이전등기신청

접수	년 월 일	처리인	접 수	조 사	기 입	교 합	각종통지
	제 호						

명 칭	사회복지법인 ○○○	등기번호	제○○○○호
주 사 무 소	OO시 OO구 OO로 OO(OO동)		
등기의 목적	주사무소 이전등기		
등기의 사유	20○○년 ○월 ○일 이사회의 결의에 의하여(20○○년 ○월 ○일 정관변경을 결의하고 20○○년 ○월 ○일 주무관청의 인가를 받아) 20○○년 ○월 ○일 주사무소를 다음 장소로 이전하고 20○○년 ○월 ○일 주사무소소재지 관할등기소에서 그 등기를 하였으므로 이 등기소에서 이 등기소에서 그 등기를 구함.		
인가서도착연월일	20○○년 ○월 ○일		
주사무소/분사무소 신청구분	1. 주사무소 신청 □ 2. 분사무소 신청 □ 3. 주·분사무소 일괄신청 □		

등 기 할 사 항

주사무소 : OO시 OO구 OO로 OO(OO동)

20○○. ○. ○. 이전

신청등기소 및 등록면허세/수수료

순번	신청등기소	구분	등록면허세	지방교육세	세액합계	등기신청수수료
			금 원	금 원	금 원	금 원
합 계						
등기신청수수료 은행수납번호						

<table>
<tr><td colspan="2">첨　부　서　면</td></tr>
<tr><td>1. 주사무소의 법인등기부등본　통
1. 주무관청의 정관변경인가서
(또는 인가서 등본)　통
1. 법인등기부등본　통</td><td>1. 등록면허세영수필확인서및통지서　통
1. 위임장(대리인이 신청할 경우)　통
〈기 타〉</td></tr>
<tr><td colspan="2">년　월　일

신청인 명　칭
주사무소
대표자 성　명　㊞　(전화 :　)
주　소
대리인 성　명　㊞　(전화 :　)
주　소

지방법원　등기소　귀중</td></tr>
</table>

[신청서 작성요령 및 등기수입증지 첩부란]
1. 해당란이 부족할 때에는 별지를 이용합니다.
1. 해당 등기신청과 관계없는 사항에 대하여는 "해당없음"으로 기재하거나 삭제하고, 필요한 사항은 추가 기재합니다.
1. 등기신청수수료 상당의 대법원등기수입증지를 이 난에 붙입니다.

(용지규격 21㎝×29.7㎝)

3. 분사무소 설치 · 이전 · 폐지등기

1) 의 의

분사무소의 소재지는 정관의 절대적 기재사항이 아니고 분사무소의 설치, 이전, 폐지는 이사회의 권한에 속하는 사항이므로 분사무소를 설치하거나 이전 또는 폐지하는 경우에는 원칙적으로 이사회의 결의만으로 족하다.

정관에 분사무소의 소재지가 기재되어 있는 경우에는 이외의 경우에 분사무소를 설치 또는 이전하는 경우에는 정관의 변경절차를 거쳐야 한다.

2) 등기신청

분사무소의 설치, 이전, 폐지에 관한 사항은 주사무소와 분사무소 소재지에서 모두 등기할 사항에 해당하므로 주사무소 소재지에서 분사무소의 설치, 이전, 폐지에 관한 사항을 등기한 다음에 분사무소 소재지에서 그에 관한 사항을 등기할 수 있지만 주사무소와 분사무소 소재지를 관할하는 등기소가 다른 경우에는 분사무소 소재지에서 하는 등기를 주사무소 소재지를 관할하는 등기소에 할 수 있는데 이 경위 동시에 하여야 한다.

[서식] 사회복지법인 분사무소설치등기신청서(법인설립 후 분사무소를 설치시 주 사무소소재지에서 신청하는 경우)

사회복지법인 분사무소 설치등기신청

<table>
<tr><td rowspan="2">접
수</td><td>년 월 일</td><td rowspan="2">처
리
인</td><td>접 수</td><td>조 사</td><td>기 입</td><td>교 합</td><td>각종통지</td></tr>
<tr><td>제 호</td><td></td><td></td><td></td><td></td><td></td></tr>
</table>

<table>
<tr><td colspan="2">명 칭</td><td>사회복지법인 ○○○</td><td>등기번호</td><td>제○○○○호</td></tr>
<tr><td colspan="2">주 사 무 소</td><td colspan="3">OO시 OO구 OO로 OO(OO동)</td></tr>
<tr><td colspan="2">등기의 목적</td><td colspan="3">분사무소 설치등기</td></tr>
<tr><td colspan="2">등기의 사유</td><td colspan="3">20○○년 ○월 ○일 이사회의 결의에 의하여(20○○년 ○월 ○일 이사회에서 정관변경을 결의하고 20○○년 ○월 ○일 주무관청의 인가를 받아) 분사무소를 설치하였으므로 그 등기를 구함.</td></tr>
<tr><td colspan="2">인가서도착연월일</td><td colspan="3">20○○년 ○월 ○일</td></tr>
<tr><td colspan="2">주사무소/분사무소
신청구분</td><td colspan="3">1.주사무소 신청 □ 2.분사무소 신청 □ 3.주 · 분사무소 일괄신청 □</td></tr>
<tr><td colspan="5">등 기 할 사 항</td></tr>
<tr><td rowspan="2">분사무소</td><td>명 칭</td><td colspan="3">○○분사무소</td></tr>
<tr><td>소재지</td><td colspan="3">OO시 OO구 OO로 OO(OO동)</td></tr>
<tr><td colspan="2">설치연월일</td><td colspan="3">20○○년 ○월 ○일 취임</td></tr>
<tr><td colspan="2">기 타</td><td colspan="3"></td></tr>
</table>

<table>
<tr><td colspan="7">신청등기소 및 등록면허세/수수료</td></tr>
<tr><td>순번</td><td>신청등기소</td><td>구분</td><td>등록면허세</td><td>지방교육세</td><td>세액합계</td><td>등기신청수수료</td></tr>
</table>

			금 원	금 원	금 원	금 원
합 계						
등기신청수수료 은행수납번호						

첨 부 서 면	
1. 이사회의사록 통 1. 주무관청의 정관변경인가서 (또는 인가서등본) 통	1. 등록면허세영수필확인서및통지서 통 1. 위임장(대리인이 신청할 경우) 통 〈기 타〉

년 월 일

신청인 명 칭
주사무소
대표자 성 명 ㊞ (전화 :)
주 소
대리인 성 명 ㊞ (전화 :)
주 소

지방법원 등기소 귀중

[신청서 작성요령 및 등기수입증지 첨부란]
1. 해당란이 부족할 때에는 별지를 이용합니다.
1. 해당 등기신청과 관계없는 사항에 대하여는 "해당없음"으로 기재하거나 삭제하고, 필요한 사항은 추가 기재합니다.
1. 등기신청수수료 상당의 대법원등기수입증지를 이 난에 붙입니다.

(용지규격 21㎝×29.7㎝)

[서식] 이사회의사록

이 사 회 의 사 록

20OO년 O월 O일 OO시 OO분, OO시 OO구 OO로 OO(OO동) 당 법인 회의실(또는 사무소)에서 이사회를 개최하다.

총이사수 : O명 출석이사수 : O명

의장 OOO는 정관규정에 따라 의장석에 등단하여 위와 같이 법정수에 달하는 이사가 출석하였으므로 본 이사회가 적법히 성립되었음을 알리고 개회를 선언한 후, 다음의 의안을 부의하고 심의를 구하다.

제1호 의 안 분사무소설치의 건
의장은 당 법인의 사업이 날로 번창함에 따라 사업을 확장하기 위하여 다음 장소에 분사무소를 설치한 필요가 있음을 설명하고 그 가부를 물은 바, 전원 이의 없이 찬성하여 만장일치로 승인가결하다.

분사무소 : OO시 OO구 OO로 OO(OO동)

제2호 의 안 정관변경의 건
의장은 위 분사무소설치에 수반하여 현행 정관 제O조를 다음과 같이 변경해야 한다는 취지를 설명하고 그 가부를 물은 바, 전원 이의 없이 찬성하여 만장일치로 승인 가결하다.

제O조(주사무소) 당 법인의 주사무소는 OO시 OO구 OO로 OO(OO동)에 두고 다음 장소에 분사무소를 둔다.
분사무소 : OO시 OO구 OO로 OO(OO동)

의장은 이상으로서 회의목적인 의안 전부의 심의를 종료하였으므로 폐회한다고 선언하다(회의종료시각 : OO시 OO분)

위 결의를 명확히 하기 위하여 이 의사록을 작성하고 의장과 출석한 이사가 기명날인하다.

20OO년 O월 O일

사회복지법인 OOO

OO시 OO구 OO로 OO(OO동)

의장겸 대표이사 O O O (인)

이사 O O O (인)

이사 O O O (인)

이사 O O O (인)

[서식] 사회복지법인 분사무소설치등기신청서(당해 신설분사무소소재지에서 신청하는 경우)

사회복지법인 분사무소 설치등기신청

접수	년 월 일	처리인	접 수	조 사	기 입	교 합	각종통지
	제 호						

명 칭	사회복지법인 ○○○	등록번호	0000000-000000
주 사 무 소	OO시 OO구 OO로 OO(OO동)		
등기의 목적	분사무소 설치등기		
등기의 사유	20○○년 ○월 ○일 이사회의 결의에 의하여(20○○년 ○월 ○일 이사회에서 정관변경을 결의하고 20○○년 ○월 ○일 주무관청의 인가를 받아) 20○○년 ○월 ○일 ○○시 ○○구 ○○로 ○○에 분사무소를 설치하고 20○○년 ○월 ○일 ○○시 ○○ 주사무소소재지 관할등기소에서 그 등기를 하였으므로 이 등기소에서 다음 사항의 등기를 구함.		
인가서도착연월일	20○○년 ○월 ○일		
주사무소/분사무소 신청구분	1.주사무소 신청 □ 2.분사무소 신청 □ 3.주 · 분사무소 일괄신청 □		
등 기 할 사 항			
명 칭	사회복지법인 ○○○		
주 사 무 소	OO시 OO구 OO로 OO(OO동)		
분사무소 명 칭	○○분사무소		
분사무소 소재지	OO시 OO구 OO로 OO(OO동)		
대표이사의 성명, 주민등록번호, 주소 및 취임연월일	대표이사 ○ ○ ○ (000000-0000000) OO시 OO구 OO로 OO(OO동) 20○○년 ○월 ○일 취임		
법인성립연월일	20○○년 ○월 ○일		
분사무소설치연월일	20○○년 ○월 ○일		
목 적	목적 1. ○○○○○○○○○ 1. ○○○○○○○○○		
존립기간 또는 해산사유	1. ○○○○○○○○○ 2. ○○○○○○○○○		

기 타	

신청등기소 및 등록면허세/수수료						
순번	신청등기소	구분	등록면허세	지방교육세	세액합계	등기신청수수료
			금 원	금 원	금 원	금 원
합 계						
등기신청수수료 은행수납번호						

첨 부 서 면	
1. 주사무소의 법인등기부등본 통 1. 등록면허세영수필확인서및통지서 통	1. 위임장(대리인이 신청할 경우) 통 〈기 타〉

년 월 일

신청인 명 칭
주사무소
대표자 성 명 ㊞ (전화 :)
주 소
대리인 성 명 ㊞ (전화 :)
주 소

지방법원 등기소 귀중

[신청서 작성요령 및 등기수입증지 첨부란]
1. 해당란이 부족할 때에는 별지를 이용합니다.
1. 해당 등기신청과 관계없는 사항에 대하여는 "해당없음"으로 기재하거나 삭제하고, 필요한 사항은 추가 기재합니다.
1. 등기신청수수료 상당의 대법원등기수입증지를 이 난에 붙입니다.

(용지규격 21㎝×29.7㎝)

[서식] 사회복지법인 분사무소이전등기신청서(주사무소소재지에서 신청하는 경우)

사회복지법인 분사무소이전등기신청

접수	년 월 일	처리인	접 수	조 사	기 입	교 합	각종통지
	제 호						

명 칭	사회복지법인 ○○○	등기번호	제○○○○호
주 사 무 소	OO시 OO구 OO로 OO(OO동)		
등기의 목적	분사무소 이전등기		
등기의 사유	20○○년 ○월 ○일 이사회의 결의에 의하여(20○○년 ○월 ○일 이사회에서 정관변경을 결의하고 20○○년 ○월 ○일 주무관청의 인가를 받아) 20○○년 ○월 ○일 ○○시 ○○구 ○○로 ○○(○○동)의 분사무소를 다음 장소로 이전하였으므로 그 등기를 구함.		
인가서도착연월일	20○○년 ○월 ○일		
주사무소/분사무소 신청구분	1.주사무소 신청 □	2.분사무소 신청 □	3.주 · 분사무소 일괄신청 □
등 기 할 사 항			
신분사무소	OO시 OO구 OO로 OO(OO동)(○○분사무소)		
이전연월일	20○○년 ○월 ○일		
기 타			

신청등기소 및 등록면허세/수수료						
순번	신청등기소	구분	등록면허세	지방교육세	세액합계	등기신청수수료
			금 원	금 원	금 원	금 원
합 계						
등기신청수수료 은행수납번호						
첨 부 서 면						

1. 이사회의사록 통 1. 주무관청의 정관변경인가서 (또는 인가서등본) 통	1. 등록면허세영수필확인서및통지서 통 1. 위임장(대리인이 신청할 경우) 통 〈기 타〉

년 월 일

신청인 명 칭
주사무소
대표자 성 명 ㊞ (전화 :)
주 소
대리인 성 명 ㊞ (전화 :)
주 소

지방법원 등기소 귀중

[신청서 작성요령 및 등기수입증지 첩부란]
1. 해당란이 부족할 때에는 별지를 이용합니다.
1. 해당 등기신청과 관계없는 사항에 대하여는 "해당없음"으로 기재하거나 삭제하고, 필요한 사항은 추가 기재합니다.
1. 등기신청수수료 상당의 대법원등기수입증지를 이 난에 붙입니다.

(용지규격 21㎝×29.7㎝)

[서식] 사회복지법인 분사무소이전등기신청서(당해 신분사무소소재지에서 신청하는 경우)

사회복지법인 분사무소이전등기신청

접수	년 월 일	처리인	접 수	조 사	기 입	교 합	각종통지
	제 호						

명 칭	사회복지법인 ○○○	등록번호	제○○○○호
주 사 무 소	OO시 OO구 OO로 OO(OO동)		
등기의 목적	분사무소 이전등기		
등기의 사유	20○○년 ○월 ○일 이사회의 결의에 의하여(20○○년 ○월 ○일 이사회에서 정관변경을 결의하고 20○○년 ○월 ○일 주무관청의 인가를 받아) 20○○년 ○월 ○일 OO시 OO구 OO로 OO(OO동)의 분사무소를 OO시 OO구 OO로 OO(OO동)로 이전하고, 20○○년 ○월 ○일 주사무소소재지 관할등기소에서 그 등기를 하였으므로 등기소에서 다음 사항의 등기를 구함.		
인가서도착연월일	20○○년 ○월 ○일		
주사무소/분사무소 신청구분	1.주사무소 신청 □ 2.분사무소 신청 □ 3.주 · 분사무소 일괄신청 □		
등 기 할 사 항			
기 타	명 칭 : 사회복지법인 ○○○ 주사무소 : OO시 OO구 OO로 OO(OO동) 분사무소 : OO시 OO구 OO로 OO(OO동) 목 적 : ○○○○○○ 존립시기 또는 해산사유 : ○○○○○○○ 대표이사의 성명, 주소와 주민등록번호 ○ ○ ○ (000000-0000000) OO시 OO구 OO로 OO(OO동) 20○○년 ○월 ○일 취임 분사무소이전연월일 20○○년 ○월 ○일 법인성립연월일 : 20○○년 ○월 ○일		
신청등기소 및 등록면허세/수수료			

순번	신청등기소	구분	등록면허세	지방교육세	세액합계	등기신청수수료
			금 원	금 원	금 원	금 원
합 계						
등기신청수수료 은행수납번호						
첨 부 서 면						
1. 주사무소의 법인등기부등본 통 1. 등록면허세영수필확인서및통지서 통			1. 위임장(대리인이 신청할 경우) 통 〈기 타〉			

년 월 일

신청인 명 칭
주사무소
대표자 성 명 ㊞ (전화 :)
주 소
대리인 성 명 ㊞ (전화 :)
주 소

지방법원 등기소 귀중

[신청서 작성요령 및 등기수입증지 첨부란]
1. 해당란이 부족할 때에는 별지를 이용합니다.
1. 해당 등기신청과 관계없는 사항에 대하여는 "해당없음"으로 기재하거나 삭제하고, 필요한 사항은 추가 기재합니다.
1. 등기신청수수료 상당의 대법원등기수입증지를 이 난에 붙입니다.

(용지규격 21㎝×29.7㎝)

[서식] 사회복지법인 분사무소이전등기신청서(구 분사무소소재지에서 신청하는 경우)

사회복지법인 분사무소이전등기신청

접수	년 월 일	처리인	접 수	조 사	기 입	교 합	각종통지
	제 호						

명 칭	사회복지법인 ○○○	등기번호	제○○○○호
주 사 무 소	OO시 OO구 OO로 OO(OO동)		
등기의 목적	분사무소 이전등기		
등기의 사유	20○○년 ○월 ○일 이사회의 결의에 의하여(20○○년 ○월 ○일 이사회에서 정관변경을 결의하고 20○○년 ○월 ○일 주무관청의 인가를 받아) OO시 OO구 OO로 OO(OO동)의 분사무소를 다음 장소로 이전하고 20○○년 ○월 ○일 주사무소소재지 관할등기소에서 등기를 하였으므로 이 등기소에서 그 등기를 구함.		
인가서도착연월일	20○○년 ○월 ○일		
주사무소/분사무소 신청구분	1.주사무소 신청 □ 2.분사무소 신청 □ 3.주 · 분사무소 일괄신청 □		

등 기 할 사 항	
분 사 무 소	OO시 OO구 OO로 OO(OO동)(○○분사무소)
이전연월일	20○○년 ○월 ○일
기 타	

신청등기소 및 등록면허세/수수료						
순번	신청등기소	구분	등록면허세	지방교육세	세액합계	등기신청수수료
			금 원	금 원	금 원	금 원
합 계						
등기신청수수료 은행수납번호						

첨 부 서 면	
1. 주사무소의 법인등기부등본 통 1. 등록면허세영수필확인서및통지서 통	1. 위임장(대리인이 신청할 경우) 통 〈기 타〉

년 월 일

신청인 명 칭
주사무소
대표자 성 명 ㊞ (전화 :)
주 소
대리인 성 명 ㊞ (전화 :)
주 소

지방법원 등기소 귀중

[신청서 작성요령 및 등기수입증지 첩부란]
1. 해당란이 부족할 때에는 별지를 이용합니다.
1. 해당 등기신청과 관계없는 사항에 대하여는 "해당없음"으로 기재하거나 삭제하고, 필요한 사항은 추가 기재합니다.
1. 등기신청수수료 상당의 대법원등기수입증지를 이 난에 붙입니다.

(용지규격 21㎝×29.7㎝)

[서식] 사회복지법인 분사무소폐지등기신청서(주사무소소재지에서 신청하는 경우)

사회복지법인 분사무소폐지등기신청

<table>
<tr><td rowspan="2">접
수</td><td>년 월 일</td><td rowspan="2">처
리
인</td><td>접 수</td><td>조 사</td><td>기 입</td><td>교 합</td><td>각종통지</td></tr>
<tr><td>제 호</td><td></td><td></td><td></td><td></td><td></td></tr>
</table>

<table>
<tr><td>명 칭</td><td>사회복지법인 ○○○</td><td>등기번호</td><td>제○○○○호</td></tr>
<tr><td>주 사 무 소</td><td colspan="3">OO시 OO구 OO로 OO(OO동)</td></tr>
<tr><td>등기의 목적</td><td colspan="3">분사무소 폐지등기</td></tr>
<tr><td>등기의 사유</td><td colspan="3">20○○년 ○월 ○일 이사회의 결의에 의하여(20○○년 ○월 ○일 이사회에서 정관변경을 결의하고 20○○년 ○월 ○일 주무관청의 인가를 받아) 분사무소를 폐지하였으므로 그 등기를 구함.</td></tr>
<tr><td>인가서도착연월일</td><td colspan="3">20○○년 ○월 ○일</td></tr>
<tr><td>주사무소/분사무소
신청구분</td><td colspan="3">1.주사무소 신청 □ 2.분사무소 신청 □ 3.주 · 분사무소 일괄신청 □</td></tr>
<tr><td colspan="4">등 기 할 사 항</td></tr>
<tr><td>분 사 무 소</td><td colspan="3">OO시 OO구 OO로 OO(OO동)(○○분사무소)</td></tr>
<tr><td>폐 지 연 월 일</td><td colspan="3">20○○년 ○월 ○일</td></tr>
<tr><td>기 타</td><td colspan="3"></td></tr>
</table>

<table>
<tr><td colspan="7">신청등기소 및 등록면허세/수수료</td></tr>
<tr><td>순번</td><td>신청등기소</td><td>구분</td><td>등록면허세</td><td>지방교육세</td><td>세액합계</td><td>등기신청수수료</td></tr>
<tr><td></td><td></td><td></td><td>금 원</td><td>금 원</td><td>금 원</td><td>금 원</td></tr>
<tr><td></td><td></td><td></td><td></td><td></td><td></td><td></td></tr>
<tr><td></td><td></td><td></td><td></td><td></td><td></td><td></td></tr>
<tr><td></td><td></td><td></td><td></td><td></td><td></td><td></td></tr>
<tr><td colspan="3">합 계</td><td></td><td></td><td></td><td></td></tr>
<tr><td colspan="3">등기신청수수료 은행수납번호</td><td colspan="4"></td></tr>
<tr><td colspan="7">첨 부 서 면</td></tr>
<tr><td colspan="3">1. 의사회의사록 통
1. 주무관청의 정관변경인가서
(또는 인가서등본) 통</td><td colspan="4">1. 등록면허세영수필확인서및통지서 통
1. 위임장(대리인이 신청할 경우) 통
〈기 타〉</td></tr>
</table>

년　　월　　일

신청인 명 칭
주사무소
대표자 성 명　　　　　　　　㊞ (전화 : 　　　)
주 소
대리인 성 명　　　　　　　　㊞ (전화 : 　　　)
주 소

지방법원　　　등기소 귀중

[신청서 작성요령 및 등기수입증지 첩부란]
1. 해당란이 부족할 때에는 별지를 이용합니다.
1. 해당 등기신청과 관계없는 사항에 대하여는 "해당없음"으로 기재하거나 삭제하고, 필요한 사항은 추가 기재합니다.
1. 등기신청수수료 상당의 대법원등기수입증지를 이 난에 붙입니다.

(용지규격 21㎝×29.7㎝)

[서식] 사회복지법인 분사무소폐지등기신청서(폐지하는 분사무소소재지에서 신청 하는 경우)

사회복지법인 분사무소폐지등기신청

<table>
<tr><td rowspan="2">접
수</td><td>년 월 일</td><td rowspan="2">처
리
인</td><td>접 수</td><td>조 사</td><td>기 입</td><td>교 합</td><td>각종통지</td></tr>
<tr><td>제 호</td><td></td><td></td><td></td><td></td><td></td></tr>
</table>

<table>
<tr><td>명 칭</td><td>사회복지법인 ○○○</td><td>등기번호</td><td>제○○○○호</td></tr>
<tr><td>주 사 무 소</td><td colspan="3">OO시 OO구 OO로 OO(OO동)</td></tr>
<tr><td>등기의 목적</td><td colspan="3">분사무소 폐지등기</td></tr>
<tr><td>등기의 사유</td><td colspan="3">20○○년 ○월 ○일 이사회의 결의에 의하여(20○○년 ○월 ○일 이사회에서 정관변경을 결의하고 20○○년 ○월 ○일 주무관청의 인가를 받아) 20○○년 ○월 ○일 OO시 OO구 OO로 OO(OO동)의 분사무소를 폐지하고 20○○년 ○월 ○일 주사무소소재지 관할등기소에서 등기를 하였으므로 이 등기소에서 그 등기를 구함.</td></tr>
<tr><td>인가서도착연월일</td><td colspan="3">20○○년 ○월 ○일</td></tr>
<tr><td>주사무소/분사무소
신청구분</td><td colspan="3">1.주사무소 신청 □ 2.분사무소 신청 □ 3.주 · 분사무소 일괄신청 □</td></tr>
<tr><td colspan="4">등 기 할 사 항</td></tr>
<tr><td>분 사 무 소</td><td colspan="3">OO시 OO구 OO로 OO(OO동)(○○분사무소)</td></tr>
<tr><td>폐지연월일</td><td colspan="3">20○○년 ○월 ○일</td></tr>
<tr><td>기 타</td><td colspan="3"></td></tr>
</table>

<table>
<tr><td colspan="7">신청등기소 및 등록면허세/수수료</td></tr>
<tr><td>순번</td><td>신청등기소</td><td>구분</td><td>등록면허세</td><td>지방교육세</td><td>세액합계</td><td>등기신청수수료</td></tr>
<tr><td></td><td></td><td></td><td>금 원</td><td>금 원</td><td>금 원</td><td>금 원</td></tr>
<tr><td></td><td></td><td></td><td></td><td></td><td></td><td></td></tr>
<tr><td></td><td></td><td></td><td></td><td></td><td></td><td></td></tr>
<tr><td></td><td></td><td></td><td></td><td></td><td></td><td></td></tr>
<tr><td colspan="3">합 계</td><td></td><td></td><td></td><td></td></tr>
</table>

<table>
<tr><td>등기신청수수료 은행수납번호</td><td></td></tr>
<tr><td colspan="2">첨 부 서 면</td></tr>
<tr><td>1. 주사무소의 법인등기부등본 통
1. 등록면허세영수필확인서및통지서 통</td><td>1. 위임장(대리인이 신청할 경우) 통
〈기 타〉</td></tr>
<tr><td colspan="2">년 월 일

신청인 명 칭
주사무소
대표자 성 명 ㊞ (전화 :)
주 소
대리인 성 명 ㊞ (전화 :)
주 소

지방법원 등기소 귀중</td></tr>
</table>

[신청서 작성요령 및 등기수입증지 첩부란]
1. 해당란이 부족할 때에는 별지를 이용합니다.
1. 해당 등기신청과 관계없는 사항에 대하여는 "해당없음"으로 기재하거나 삭제하고, 필요한 사항은 추가 기재합니다.
1. 등기신청수수료 상당의 대법원등기수입증지를 이 난에 붙입니다.

(용지규격 21㎝×29.7㎝)

4. 목적 · 명칭 등 기타변경등기

명칭 목적 등은 정관의 기재사항에 해당하므로 이를 변경하는 경우에는 정관을 변경하여야 한다.

[서식] 사회복지법인 변경등기신청서(명칭변경)

사회복지법인 변경등기신청

<table>
<tr><td rowspan="2">접
수</td><td>년 월 일</td><td rowspan="2">처
리
인</td><td>접 수</td><td>조 사</td><td>기 입</td><td>교 합</td><td>각종통지</td></tr>
<tr><td>제 호</td><td></td><td></td><td></td><td></td><td></td></tr>
</table>

<table>
<tr><td>명 칭</td><td>사회복지법인 ○○○</td><td>등기번호</td><td>제○○○○호</td></tr>
<tr><td>주 사 무 소</td><td colspan="3">OO시 OO구 OO로 OO(OO동)</td></tr>
<tr><td>등기의 목적</td><td colspan="3">명칭변경등기</td></tr>
<tr><td>등기의 사유</td><td colspan="3">(1) 주사무소의 경우
20○○년 ○월 ○일 이사회에서 정관변경을 결의하고 20○○년 ○월 ○일 주무관청의 인가를 받아 다음과 같이 명칭을 변경하였으므로 그 등기를 구함.
(2) 분사무소에서의 경우
20○○년 ○월 ○일 이사회에서 정관변경을 결의하고 20○○년 ○월 ○일 주무관청의 인가를 받아 20○○년 ○월 ○일 주사무소소재지 관할등기소에서 다음과 같이 명칭변경등기를 하였으므로 이 등기소에서 그 등기를 구함.</td></tr>
<tr><td>인가서도착연월일</td><td colspan="3">20○○년 ○월 ○일</td></tr>
<tr><td>주사무소/분사무소
신청구분</td><td colspan="3">1.주사무소 신청 □ 2.분사무소 신청 □ 3.주 · 분사무소 일괄신청 □</td></tr>
<tr><td colspan="4">등 기 할 사 항</td></tr>
<tr><td colspan="4">명 칭 : 사회복지법인 ○○○○
20○○. ○. ○. 변경</td></tr>
<tr><td colspan="4">신청등기소 및 등록면허세/수수료</td></tr>
</table>

순번	신청등기소	구분	등록면허세	지방교육세	세액합계	등기신청수수료

			금 원	금 원	금 원	금 원
합 계						
등기신청수수료 은행수납번호						

첨 부 서 면	
1. 이사회의사록 통 1. 주무관청의 정관변경인가서 (또는 인가서등본 통 1. 인감신고서(인감대지 포함) 통 1. 대표이사의 인감증명서 통	1. 주사무소의 법인등기부등본 통 1. 등록면허세영수필확인서및통지서 통 1. 위임장(대리인이 신청할 경우) 통 〈기 타〉

년 월 일

신청인 명 칭
주사무소
대표자 성 명 ㊞ (전화 :)
주 소
대리인 성 명 ㊞ (전화 :)
주 소

지방법원 등기소 귀중

[신청서 작성요령 및 등기수입증지 첨부란]
1. 해당란이 부족할 때에는 별지를 이용합니다.
1. 해당 등기신청과 관계없는 사항에 대하여는 "해당없음"으로 기재하거나 삭제하고, 필요한 사항은 추가 기재합니다.
1. 등기신청수수료 상당의 대법원등기수입증지를 이 난에 붙입니다.

(용지규격 21cm×29.7cm)

[서식] 이사회의사록

이 사 회 의 사 록

2000년 0월 0일 00시 00분, 00시 00구 00로 00(00동) 당 법인 회의실(또는 사무소)에서 이사회를 개최하다.

총이사수 : 0명　　　　출석이사수 : 0명

의장인 대표이사 000는 정관규정에 따라 의장석에 등단하여 위와 같이 법정수에 달하는 이사가 출석하였으므로 본 이사회가 적법히 성립되었음을 알리고 개회를 선언한 후, 다음의 의안을 부의하고 심의를 구하다.

제1호　의 안　법인명칭변경의 건
의장은 당 법인의 사업형편상 당 법인의 본래의 명칭인 사회복지법인 000를 다음과 같이 변경해야 할 필요가 있음을 상세히 설명하고 그 가부를 물은 바, 전원 이의 없이 찬성하여 만장일치로 그를 승인 가결하다.

명칭 : 사회복지법인 0000

제2호　의 안　정관변경의 건
의장은 위 명칭변경에 수반하여 현행 정관 제0조를 다음과 같이 변경해야 한다는 취지를 설명하고 그 가부를 물으니 전원 이의 없이 그와 같이 변경할 것을 만장일치로 승인 가결하다.

제0조(명칭) 당 법인은 "사회복지법인 ○○○○"이라 칭한다.

의장은 이상으로서 회의목적인 의안 전부의 심의를 종료하였으므로 폐회한다고 선언하다(회의종료시각 : 00시 00분)

위 결의를 명확히 하기 위하여 이 의사록을 작성하고 의장과 출석한 이사가 기명날인하다.

2000년　0월　0일

사회복지법인 OOO

OO시 OO구 OO로 OO(OO동)

의장겸 대표이사 O O O (인)

이사 O O O (인)

이사 O O O (인)

이사 O O O (인)

[서식] 사회복지법인 정관변경인가신청서

[별지 제9호 서식] 〈개정 2010. 9. 1〉 (앞쪽)

<table>
<tr><td colspan="5">사회복지법인정관변경인가신청서</td><td>처리기간
보건복지부 : 7일
시 · 도 : 5일</td></tr>
<tr><td rowspan="2">신 청 인</td><td>① 법인명</td><td colspan="2"></td><td>② 대표자성명</td><td></td></tr>
<tr><td>③ 소재지</td><td colspan="4"></td></tr>
<tr><td rowspan="2">변경내용 및 사유</td><td colspan="2">④ 변경전의 정관 조문</td><td colspan="2">⑤ 변경후의 정관 조문</td><td>⑥ 변경사유</td></tr>
<tr><td colspan="2"></td><td colspan="2"></td><td></td></tr>
<tr><td colspan="6">「사회복지사업법」 제17조 제2항 및 같은 법 시행규칙 제8조에 따라 사회복지법인 정관변경인가를 신청합니다.

년 월 일

신청인 (서명 또는 날인)

(보건복지부장관 / 시 · 도지사) 귀하

※ 구비서류 : 뒤쪽 참조</td></tr>
<tr><td colspan="5"></td><td>수수료
없 음</td></tr>
</table>

210㎜ × 297㎜[일반용지 60g/㎡(재활용품)]

이 신청서는 아래와 같이 처리됩니다. (뒤쪽)

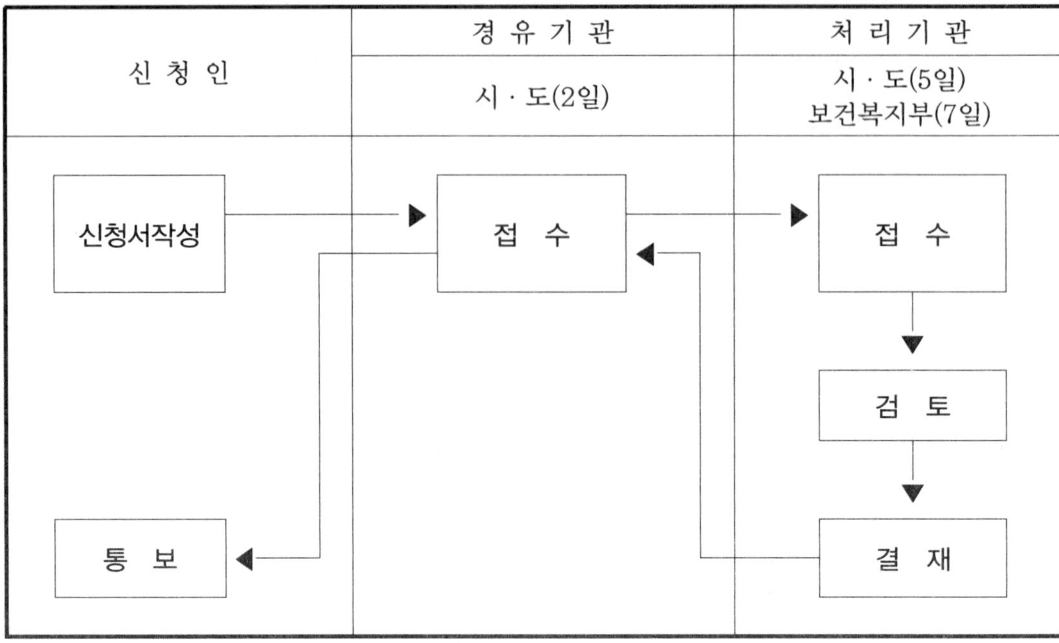

구비서류	신청인 제출 서류	담당 공무원 확인사항
구비서류	1. 정관의 변경을 결의한 이사회 회의록 사본 1부 2. 정관변경안 1부 3. 사업계획서 및 예산서 각 1부 4. 재산의 소유를 증명할 수 있는 서류(사업변동이 있는 경우에만 해당하며, 행정정보의 공동이용을 통하여 소유권에 대한 정보를 확인할 수 있는 경우에는 그 확인으로 첨부서류를 갈음합니다) 각 1부 5. 재산의 평가조서(감정평가업자의 감정평가서를 첨부하되, 개별공시지가 확인서로 첨부서류에 대한 정보를 확인할 수 있는 경우에는 그 확인으로 첨부서류를 갈음합니다) 1부 6. 재산의 수익조서(사업의 변동이 있는 경우에만 해당하며, 수익용 기본재산을 갖춘 경우에 한하며, 공인된 감정평가기관의 수익증명 또는 수익을 증명할 수 있는 기관의 증빙서류를 첨부하여야 합니다) 1부	1. 건물등기부 등본 2. 토지등기부 등본 3. 개별공시지가 확인서

[서식] 사회복지법인 변경등기신청서(목적사업변경)

사회복지법인 변경등기신청

<table>
<tr><td rowspan="2">접
수</td><td>년 월 일</td><td rowspan="2">처
리
인</td><td>접 수</td><td>조 사</td><td>기 입</td><td>교 합</td><td>각종통지</td></tr>
<tr><td>제 호</td><td></td><td></td><td></td><td></td><td></td></tr>
</table>

<table>
<tr><td>명 칭</td><td>사회복지법인 ○○○</td><td>등기번호</td><td>제○○○○호</td></tr>
<tr><td>주 사 무 소</td><td colspan="3">OO시 OO구 OO로 OO(OO동)</td></tr>
<tr><td>등기의 목적</td><td colspan="3">목적변경등기</td></tr>
<tr><td>등기의 사유</td><td colspan="3">(1) 주사무소의 경우
20○○년 ○월 ○일 이사회에서 정관변경을 결의하고 20○○년 ○월 ○일 주무관청의 인가를 받아 다음과 같이 목적을 변경하였으므로 그 등기를 구함.
(2) 분사무소에서의 경우
20○○년 ○월 ○일 이사회에서 정관변경을 결의하고 20○○년 ○월 ○일 주무관청의 인가를 받아 다음과 같이 목적을 변경하고 20○○년 ○월 ○일 주사무소소재지 관할등기소에서 등기를 하였으므로 이 등기소에서 그 등기를 구함.</td></tr>
<tr><td>인가서도착연월일</td><td colspan="3">20○○년 ○월 ○일</td></tr>
<tr><td>주사무소/분사무소
신청구분</td><td colspan="3">1.주사무소 신청 □ 2.분사무소 신청 □ 3.주 · 분사무소 일괄신청 □</td></tr>
<tr><td colspan="4">등 기 할 사 항</td></tr>
<tr><td colspan="4">목 적 : 다음 목적을 변경
"1. ○○○○○○○○"을
"1. ○○○○○○○○○○○"으로 변경

다음 목적을 삭제
1. 각 항에 부대하는 사업

다음 목적을 추가
1. ○○○○○○○○
1. ○○○○○○○○
1. 위 각 항에 관련된 부대사업 일체

20○○년 ○월 ○일 변경</td></tr>
</table>

신청등기소 및 등록면허세/수수료						
순번	신청등기소	구분	등록면허세	지방교육세	세액합계	등기신청수수료
			금 원	금 원	금 원	금 원
합 계						
등기신청수수료 은행수납번호						

첨 부 서 면	
1. 이사회의사록 통 1. 주무관청의 정관변경인가서 (또는 인가서 등본) 통 1. 주사무소의 법인등기부등본 통	1. 등록면허세영수필확인서및통지서 통 1. 위임장(대리인이 신청할 경우) 통 〈기 타〉

년 월 일

신청인 명 칭
주사무소
대표자 성 명 ㊞ (전화 :)
주 소
대리인 성 명 ㊞ (전화 :)
주 소

지방법원 등기소 귀중

[신청서 작성요령 및 등기수입증지 첩부란]
1. 해당란이 부족할 때에는 별지를 이용합니다.
1. 해당 등기신청과 관계없는 사항에 대하여는 "해당없음"으로 기재하거나 삭제하고, 필요한 사항은 추가 기재합니다.
1. 등기신청수수료 상당의 대법원등기수입증지를 이 난에 붙입니다.

(용지규격 21㎝×29.7㎝)

[서식] 이사회의사록

이 사 회 의 사 록

2000년 0월 0일 00시 00분, 00시 00구 00로 00(00동) 당 법인 회의실(또는 사무소)에서 이사회를 개최하다.

총이사수 : 0명 출석이사수 : 0명

의장인 대표이사 000는 정관규정에 따라 의장석에 등단하여 위와 같이 법정수에 달하는 이사가 출석하였으므로 본 이사회가 적법히 성립되었음을 알리고 개회를 선언한 후, 다음의 의안을 부의하고 심의를 구하다.

제1호 의 안 목적변경의 건

의장은 당 법인의 사업형편상 당 법인의 목적을 다음과 같이 변경해야 할 필요가 있음을 상세히 설명하고 그 가부를 물은 바, 전원 이의 없이 찬성하여 만장일치로 그를 승인 가결하다.

목 적 : 다음 목적을 변경

"1. ○○○○○○○○"을

"1. ○○○○○○○○○○"으로 변경

다음 목적을 삭제

1. 각 항에 부대하는 사업

다음 목적을 추가

1. ○○○○○○○○

1. ○○○○○○○○

1. 위 각 항에 관련된 부대사업 일체

제2호 의 안 정관변경의 건

의장은 위 목적의 변경에 수반하여 현행 정관 제0조를 다음과 같이 변경해야 한다는 취지를 설명하고 그 가부를 물으니 전원 이의 없이 그와 같이 변경할 것을 만장일치로 승인 가결하다.

목 적 : 다음 목적을 변경

"1. ○○○○○○○○"을

"1. ○○○○○○○○○○"으로 변경

다음 목적을 삭제

1. 각 항에 부대하는 사업

다음 목적을 추가

1. ○○○○○○○○

1. ○○○○○○○○

1. 위 각 항에 관련된 부대사업 일체

의장은 이상으로서 회의목적인 의안 전부의 심의를 종료하였으므로 폐회한다고 선언하다(회의종료시각 : OO시 OO분).

위 결의를 명확히 하기 위하여 이 의사록을 작성하고 의장과 출석한 이사가 기명날인하다.

20OO년 O월 O일

사회복지법인 OOO
OO시 OO구 OO로 OO(OO동)
의장겸 대표이사 O O O (인)
이사 O O O (인)
이사 O O O (인)
이사 O O O (인)

[서식] 사회복지법인 변경등기신청서(출자방법변경)

사회복지법인 변경등기신청

접수	년 월 일	처리인	접 수	조 사	기 입	교 합	각종통지
	제 호						

명 칭	사회복지법인 ○○○	등기번호	제○○○○호
주 사 무 소	OO시 OO구 OO로 OO(OO동)		
등기의 목적	출자방법변경등기		
등기의 사유	20○○년 ○월 ○일 이사회에서 정관변경을 결의하고, 20○○년 ○월 ○일 주무관청의 인가를 받아 출자방법을 다음과 같이 변경하였으므로 그 등기를 구함.		
인가서도착연월일	20○○년 ○월 ○일		
주사무소/분사무소 신청구분	1.주사무소 신청 □	2.분사무소 신청 □	3.주 · 분사무소 일괄신청 □

등 기 할 사 항

출자방법 : 1. ○○○○○○○○○
1. ○○○○○○○○○
1. ○○○○○○○○○

20○○. ○. ○. 변경

신청등기소 및 등록면허세/수수료

순번	신청등기소	구분	등록면허세	지방교육세	세액합계	등기신청수수료
			금 원	금 원	금 원	금 원
합 계						
등기신청수수료 은행수납번호						

첨 부 서 면

1. 이사회의사록 통 1. 주무관청의 정관변경인가서 통 (또는 인가서등본) 통	1. 등록면허세영수필확인서및통지서 통 1. 위임장(대리인이 신청할 경우) 통 〈기 타〉

년　　월　　일

신청인 명　　칭
주사무소
대표자 성　　명　　　　　　　　　㊞　(전화 :　　　　)
주　　소
대리인 성　　명　　　　　　　　　㊞　(전화 :　　　　)
주　　소

지방법원　　　　등기소　귀중

[신청서 작성요령 및 등기수입증지 첩부란]

1. 해당란이 부족할 때에는 별지를 이용합니다.
1. 해당 등기신청과 관계없는 사항에 대하여는 "해당없음"으로 기재하거나 삭제하고, 필요한 사항은 추가 기재합니다.
1. 등기신청수수료 상당의 대법원등기수입증지를 이 난에 붙입니다.

(용지규격 21㎝×29.7㎝)

[서식] 이사회의사록

이 사 회 의 사 록

2000년 0월 0일 00시 00분, 00시 00구 00로 00(00동) 당 법인 회의실(또는 사무소)에서 이사회를 개최하다.

총이사수 : 0명 출석이사수 : 0명

의장인 대표이사 000는 정관규정에 따라 의장석에 등단하여 위와 같이 법정수에 달하는 이사가 출석하였으므로 본 이사회가 적법히 성립되었음을 알리고 개회를 선언한 후, 다음의 의안을 부의하고 심의를 구하다.

제1호 의 안 출자방법변경의 건

의장은 당 법인의 사업형편상 당 법인의 출자방법을 다음과 같이 변경해야 할 필요가 상세히 있음을 설명하고 그 가부를 물은 바, 전원 이의 없이 찬성하여 만장일치로 그를 승인 가결하다.

출자방법 : 1. 00000000
1. 00000000

제2호 의 안 정관변경의 건

의장은 위 출자방법에 수반하여 현행 정관 제0조를 다음과 같이 변경해야 한다는 취지를 설명하고 그 가부를 물으니 전원 이의 없이 그와 같이 변경할 것을 만장일치로 승인 가결하다.

제0조(출자방법) 당 법인의 출자방법은 다음과 같다.
출자방법 : 1. 00000000
1. 00000000

의장은 이상으로서 회의목적인 의안 전부의 심의를 종료하였으므로 폐회한다고 선언하다(회의종료시각 : 00시 00분)

위 결의를 명확히 하기 위하여 이 의사록을 작성하고 의장과 출석한 이사가 기명날인하다.

2000년 0월 0일

사회복지법인 OOO
OO시 OO구 OO로 OO(OO동)
의장겸 대표이사 O O O (인)
이사 O O O (인)
이사 O O O (인)
이사 O O O (인)

[서식] 사회복지법인 변경등기신청서(존립시기 또는 해산사유변경)

사회복지법인 변경등기신청

접수	년 월 일	처리인	접 수	조 사	기 입	교 합	각종통지
	제 호						

명 칭	사회복지법인 ○○○	등기번호	제○○○○호
주 사 무 소	OO시 OO구 OO로 OO(OO동)		
등기의 목적	존립시기(또는 해산사유)변경의 등기		
등기의 사유	(1) 주사무소에서 등기하는 등기 20○○년 ○월 ○일 이사회에서 정관변경을 결의하고 20○○년 ○월 ○일 주무관청의 인가를 받아 존립시기(또는 해산사유)를 다음과 같이 변경(설정 또는 폐지)하였으므로 이 등기소에서 그 등기를 구함. (2) 분사무소소재지에서의 등기하는 경우 20○○년 ○월 ○일 이사회에서 정관변경을 결의하고 20○○년 ○월 ○일 주무관청의 인가를 받아 존립시기(또는 해산사유)를 변경(설정 또는 폐지)하고, 20○○년 ○월 ○일 주사무소소재지 관할등기소에서 등기를 하였으므로 이 등기소에서 그 등기를 구함.		
인가서도착연월일	20○○년 ○월 ○일		
주사무소/분사무소 신청구분	1. 주사무소 신청 □ 2. 분사무소 신청 □ 3. 주 · 분사무소 일괄신청 □		
등 기 할 사 항			

<table>
<tr><td colspan="7">존립시기(또는 해산사유) : ○○○○○○○○○

20○○. ○. ○. 변경</td></tr>
<tr><td colspan="7">신청등기소 및 등록면허세/수수료</td></tr>
<tr><td>순번</td><td>신청등기소</td><td>구분</td><td>등록면허세</td><td>지방교육세</td><td>세액합계</td><td>등기신청수수료</td></tr>
<tr><td></td><td></td><td></td><td>금 원</td><td>금 원</td><td>금 원</td><td>금 원</td></tr>
<tr><td></td><td></td><td></td><td></td><td></td><td></td><td></td></tr>
<tr><td></td><td></td><td></td><td></td><td></td><td></td><td></td></tr>
<tr><td></td><td></td><td></td><td></td><td></td><td></td><td></td></tr>
<tr><td colspan="3">합 계</td><td></td><td></td><td></td><td></td></tr>
<tr><td colspan="4">등기신청수수료 은행수납번호</td><td colspan="3"></td></tr>
<tr><td colspan="7">첨 부 서 면</td></tr>
<tr><td colspan="4">1. 이사회의사록 통
1. 주무관청의 인가서
(또는 인가서 등본) 통
1. 주사무소의 법인등기부등본 통</td><td colspan="3">1. 등록면허세영수필확인서및통지서 통
1. 위임장(대리인이 신청할 경우) 통
〈기 타〉</td></tr>
<tr><td colspan="7">년 월 일

신청인 명 칭
주사무소
대표자 성 명 ㉤ (전화 :)
주 소
대리인 성 명 ㉤ (전화 :)
주 소

지방법원 등기소 귀중</td></tr>
</table>

[신청서 작성요령 및 등기수입증지 첩부란]

1. 해당란이 부족할 때에는 별지를 이용합니다.
1. 해당 등기신청과 관계없는 사항에 대하여는 "해당없음"으로 기재하거나 삭제하고, 필요한 사항은 추가 기재합니다.
1. 등기신청수수료 상당의 대법원등기수입증지를 이 난에 붙입니다.

(용지규격 21㎝×29.7㎝)

[서식] 이사회의사록

이 사 회 의 사 록

2000년 0월 0일 00시 00분, 00시 00구 00로 00(00동) 당 법인 회의실(또는 사무소)에서 이사회를 개최하다.

총이사수 : 0명 출석이사수 : 0명

의장인 대표이사 000는 정관규정에 따라 의장석에 등단하여 위와 같이 법정수에 달하는 이사가 출석하였으므로 본 이사회가 적법히 성립되었음을 알리고 개회를 선언한 후, 다음의 의안을 부의하고 심의를 구하다.

제1호 의 안 존립시기(또는 해산사유) 변경(설정 또는 폐지)의 건

의장은 당 법인의 사업형편에 따라 당 법인의 존립시기(또는 해산사유)를 다음과 같이 변경(설정 또는 폐지)해야 할 필요가 상세히 있음을 설명하고 그 가부를 물은 바, 전원 이의 없이 찬성하여 만장일치로 그를 승인 가결하다.

존립시기(또는 해산사유) : 00000000

제2호 의 안 정관변경의 건

의장은 위 존립시기(또는 해산사유)의 변경(설정 또는 폐지)에 수반하여 현행 정관 제0조를 다음과 같이 변경(신설 또는 삭제)해야 한다는 취지를 설명하고 그 가부를 물은 바, 전원 이의 없이 그와 같이 변경할 것을 만장일치로 승인 가결하다.

제0조(존립시기 및 해산사유) 당 법인의 존립시기(또는 해산사유)는 000 00000로 한다(단, 존립시기를 폐지하는 경우에는 기재할 필요가 없다).

의장은 이상으로서 회의목적인 의안 전부의 심의를 종료하였으므로 폐회한다고 선언하다(회의종료시각 : 00시 00분).

위 결의를 명확히 하기 위하여 이 의사록을 작성하고 의장과 출석한 이사가 기명날인하다.

2000년 0월 0일

사회복지법인 000
00시 00구 00로 00(00동)
의장겸 대표이사 0 0 0 (인)
이사 0 0 0 (인)
이사 0 0 0 (인)
이사 0 0 0 (인)

제3장 의료법인 설립과 변경등기

제1절 총 설

의료법인을 설립하는 경우에는 의료법의 적용을 받는다. 의료법인은 특수법인으로서 의료법에 규정된 것 외에는 민법 중 재단법인에 관한규정을 준용한다. 의료법인을 설립하기 위해서는 우선 주무관청인 보건복지부장관의 허가를 받아야 하고 의료법인은 그 법인이 개설하는 의료기관에 필요한 시설이나 시설을 갖추는 데에 필요한 자금을 보유하여야 한다.

제2절 의료법인의 설립

1. 의 의

의료법인 설립은 정관의 작성과 창립총회 개최 등의 재단법인 설립준비, 주무관청의 의료법인 설립허가, 법원에의 의료법인 설립등기 단계를 거쳐 설립한다. 의료법인은 공익을 목적으로 하는 비영리사업자에 해당하므로 주무관청의 허가를 받아 설립의 효력이 발생하면 국가가 감독권을 행사하게 된다. 의료법인의 설립요건에 관하여 의료법 제48조 제2항은 '의료기관에 필요한 시설이나 시설을 갖추는 데 필요한 자금을 보유하여야 한다.'라고만 규정하고 있어 종전에는 보건복지부에서 의료법인의 설립 및 운영에 관한 지침을 마련하여 설립기준을 정하였으나 지금은 각 지방자치단체가 실정에 맞게 운영지침을 마련하여 시행하고 있다.

2. 의료법인의 설립절차

1) 재산출연

(1) 재산의 종류

의료법인을 설립하려는 설립자는 법인에 재산을 출연해야 하고 그 재산의 종류에는 제한이 없다. 의료법인의 출연재산에 대한 규모는 해당 법인의 목적을 수행할 수 있는 정도인지 여부가 그 기준이 되어 있다.

출연 재산목록은 기본재산과 보통재산으로 명확하게 구분되어야 하며 출연재산이 기본재산인 경우에는 소재지, 지번, 지목, 면적, 평가가액 등을 기재하고 보통재산인 경우에는 재산의 종류, 수량 및 금액 등이 기재되어야 한다.
출연재산의 구체적인 내용을 기록하고 기부신청자의 인적사항 및 기부일자를 기재한 후 인감을 날인하고 기부신청자의 인감증명서가 첨부되어야 하며 인감증명서의 사용 용도는 의료법인에 대한 재산출연용으로 한다.

(2) 재산기부신청서

재산기부신청서에는 부동산인 경우에는 부동산 등기부등본 및 감정평가서, 현금인 경우에는 예금잔고 증명서, 의료장비 및 비품 등인 경우에는 출연재산의 명세서, 기타 부동산인 경우에는 객관적으로 인정할 수 있는 증빙자료가 첨부되어야 한다.

(3) 사업계획서 및 수지예산서

사업계획서는 법인의 설립에서부터 의료기관을 개설하기까지의 구체적인 내용을 포함하여야 한다.

2) 정관의 작성

정관이란 법인의 기본준칙을 기재한 서면으로서 의료법인의 설립준비 단계에서는 설립자가 일정한 재산을 출연하고 법인의 명칭 및 목적을 정한 후 민법 제43조에 따라 정관을 작성하고 기관을 구성하여야 한다.
정관은 의료법인의 유지운영을 위하여 준수하여야 할 기본이 되는 규칙이므로 향후 법인운영에 필요한 사항을 망라하고 관계법규에 어긋남이 없도록 하여 발기인 전원이 기명날인하여야 한다.
의료법인은 특수법인으로서 의료법에 규정된 것 외에는 민법 중 재단법인에 관한 규정을 준용하므로 의료법인의 설립자는 일정한 재산을 출연하고 정관에는 목적 명칭 사무소의 소재지 자산에 관한 규정 이사의 임면에 관한 사항을 기재하여 기명날인하여야 한다. 이는 필요적 기재사항이다.

3) 시 · 도지사의 설립허가

(1) 설립허가

의료법인의 허가에 관한 권한은 현재 각 시도지사에 위임되어 있으므로 설립허가를 받고자 하는 자는 법인의 주된 사무소의 소재지를 관할하는 시 · 도지사의 허가를 받아야 한다.

(2) 신청서류

① 의료법인 설립허가신청서
신청인의 인적사항, 법인명칭 및 주소, 정관 등이 기재된 신청서로 보건복지부 소관 비영리 법인의 설립 및 감독에 관한규칙 별지 1호서식이다.

② 설립취지서
법인설립 취지를 6하 원칙에 따라 기재하는 서식으로서, 법인설립취지. 동기 등을 간략 명료하게 정리하여 기재해야 한다.

③ 창립총회회의록
회의일시, 회의장소, 참석자, 의제 등을 기재하는 것으로 의제별로 구체적인 토의사항을 발표자 순서대로 기록정리 하는 서류다. 회의록에는 발기인 전원이 인감 날인해야 한다.

④ 설립발기인 명단
설립발기인들의 직위, 성명, 주민등록번호, 주소 및 약력 등을 간략하게 기재하면 된다.

⑤ 정 관
법에 명시된 정관기재사항은(필수적 기재사항) 반드시 기재하고, 기타 관련법규에 어긋남이 없도록 작성해야 하며, 발기인 전원이 기명하고 인감날인 해야 한다.

⑥ 재산목록
설립당시의 기본재산을 소재지, 규모, 평가가액(현금이 아닌 경우), 출연자 등이 나타나도록 작성하는 기본재산 목록이다.

⑦ 부동산, 예금, 유가증권 등 주된재산에 관한 등기소, 금융기관의 증명서

⑧ 사업계획서 및 수입 · 지출예산서

⑨ 임원취임 예정자의 이력서(반명함사진을 첨부), 취임승낙서(인감첨부), 기본증명서

⑩ 발기인이 둘이상인 경우 대표자가 신청하는 경우 나머지 발기인의 위임장

[서식] 의료법인 설립허가신청서

■ 보건복지부 소관 비영리법인의 설립 및 감독에 관한 규칙 [별지 제1호서식] <개정 2015.12.31.>

법인 설립허가 신청서

접수번호	접수일	처리일	처리기간 20일

신청인	성명		생년월일 (외국인등록번호)
	주소		전화번호
법 인	명칭		전화번호
	소재지		
대표자	성명		생년월일 (외국인등록번호)
	주소		전화번호

「민법」 제32조 및 「보건복지부 소관 비영리법인의 설립 및 감독에 관한 규칙」 제3조에 따라 위와 같이 법인 설립허가를 신청합니다.

년 월 일

신청인

(서명 또는 인)

보 건 복 지 부 장 관 귀하

<table>
<tr><td>신청(신고)인
제출서류</td><td>1. 설립발기인의 성명·생년월일·주소·약력을 적은 서류(설립발기인이 법인인 경우에는 그 명칭, 주된 사무소의 소재지, 대표자의 성명·생년월일·주소와 정관을 적은 서류) 1부
2. 정관 1부
3. 재산목록(재단법인의 경우에는 기본재산과 운영재산으로 구분하여 적어야 합니다) 및 그 증명서류와 출연 신청이 있는 경우에는 그 사실을 증명하는 서류 각 1부
4. 해당 사업연도분의 사업계획 및 수입·지출 예산을 적은 서류 1부
5. 임원 취임 예정자의 성명·생년월일·주소·약력을 적은 서류 및 취임승낙서 각 1부
6. 창립총회 회의록(설립발기인이 법인인 경우에는 법인 설립에 관한 의사 결정을 증명하는 서류) 1부
※ 제3호의 서류 중 담당 공무원 확인사항인 증명 서류는 제출하지 않아도 됩니다.</td><td rowspan="2">수수료
없 음</td></tr>
<tr><td>담당 공무원
확인사항</td><td>재산목록에 적힌 재산의 토지(건물) 등기부</td></tr>
</table>

처리절차

신청서 작성	→	접 수	→	확 인	→	결 재	→	허가증 작성	→	허가증 발급
신청인		보건복지부(비영리법인의 설립 및 감독 업무 담당부서)								

210mm×297mm[일반용지 60g/㎡(재활용품)]

[서식] 설립취지서

설립취지서

1. 법인설립치지

우리는 현재 산업사회의 급격한 발전으로 인하여

~~~~~~~~~~

~~~~~~

도와주고자 하는 것이 본 의료법인 00의 설립취지이다.

2. 사업내용

이 법인은 비영리 의료법인으로서 의료기관을 설치 운영하고 보건의료에 관한 연구개발 등을 통하여 국민보건향상에 이바지함을 목적으로 의료기관의 설치운영, 지역영세민 무료 및 무의촌 순회진료를 통하여 많은 사람들이 겪고 있는 고통을 나누어지고자 합니다.

~~~~~~ 의료법인 00병원을 설립할 것을 선언합니다.
~~~~~~

[서식] 발기인 명단

발기인 명단					
번호	성명	약력	주민등록번호	주소	서명 날인
1	김00	00병원 이사장	711108-1045698	서울 00구00동00	
2	김00	00병원 교수	000000-0000000	00시 00구 00동	
3	박00	00병원 내과과장	000000-0000000	00시 00구 00동	
4	최00	00병원 교수	000000-0000000	00시 00구 00동	
5	이00	00병원 과장	000000-0000000	00시 00구 00동	

정 관

제1장 총 칙

제1조 (명 칭) 본 법인은 "OO 의료법인" 이라 한다.

제2조 (사무소의 소재지)
본 법인은 주된 사무소는 OO시 OO구 OO로 OO(OO동)에 둔다.

제3조 (목 적) 본 법인은 비영리 의료법인으로서 의료기관을 설치 운영하고 보건의료에 관한 연구개발 등을 총하여 국민보건향상에 이바지함을 목적으로 한다.

제4조 (사업의 종류) 본 법인은 제3조의 목적을 달성하기 위하여 다음 사업을 행한다.
1. 의료기관의 설치운영
2. 지역영세민 무료 및 무의촌 순회진료
3. 기타 위 각호에 부대하는 사업

제2장 재산 및 회계

제5조 (재산의 구분)
① 본 법인의 재산은 기본재산과 보통재산으로 구분하여 관리한다.
② 기본재산은 다음 각 호의 재산으로 하며, 그 이외에 재산은 보통재산으로 한다.
1. 별지 1의 기본재산목록에 기재된 재산
2. 부동산
3. 이사회결의에 의하여 기본재산에 편입된 재산

제6조 (재산의 관리)
① 기본재산을 매도, 증여, 교환, 임대, 담보제공 또는 용도변경을 하고자 하거나 그 밖에 권리의 포기, 의무의 부담 등의 처분을 하고자 하는 때에는 이사회 재적 3분의 2 이상의 찬성으로 의결하여 시 · 도지사의 허가를 얻어야 한다.

② 보통재산의 유지운영 및 그 관리에 관하여는 이사회에서 정하는 바에 의한다.

제7조 (경비와 유지방법) 본 법인의 경비는 기본재산에서 생기는 과실, 수익사업의 수익금, 기부금과 그 밖의 수입으로 충당한다.

제8조 (사업계획 및 사업실적)

① 본 법인은 매 회계연도 개시 전에 다음 회계연도에 실시하여야 할 사업계획과 수지예산에 관한 서류를 작성하여 이사회의 의결을 거친 후 시도지사에 제출하여야 한다.

② 본 법인은 매 회계연도 종료 후 2월 이내에 지난 회계연도의 사업실적과 수지예산에 관한 서류를 작성하여 감사의 감사를 받은 후 이사회의 의결을 거쳐 시도지사에 제출하여야 한다.

제9조 (회계연도) 본 법인의 회계연도는 정부의 회계연도에 따른다.

제10조 (회계손익금의 처리) 본 법인의 매 회계연도 결산잉여금은 이사회의 의결에 의하여 다음 회계연도에 이월 사용하거나 시설대체 적립금으로 보전하여야 하고 결손금은 다음 회계연도의 세계잉여금으로 충당한다.

제3장 임 원

제11조 (임원의 종별과 정수) 본 법인에는 다음의 임원을 둔다.

1. 이사장 1인
2. 상임이사 1인
3. 이사(이사장 포함) 5인이상 15인 이내
4. 감사 2인 이내

제12조 (임원의 선임과 해임)

① 임원은 임기만료 1월전에 이사회에서 선임하고 그 결과를 시 · 도지사에 보고한다.

② 본 법인이 이사회의 개최지연 등으로 차기임원을 선출하지 못한 채 임원의 임기가 만료된 경우에는 차기 임원이 선출될 때까지 전임 이사장 및 임원이 이 법인의 업무를 관장한다.

③ 제1항의 규정에 의하여 취임한 임원이 법인 또는 공익을 해하는 행위를 하거나 임원으

로서 직무를 정상적으로 수행할 수 없다고 인정되어 임기만료 전에 자신의 의사에 반하여 해임하고자 할 때에는 이사회에서 재적이사 3분의 2 이상 찬성으로 해임을 의결하고 그 결과를 시 · 도지사에게 보고하여야 한다.

④ 본 법인의 임원 중 결원이 발생할 경우에는 그 결원이 발생한 날부터 2월 이내에 이사회에서 후임자를 선임하고 그 결과를 시 · 도지사에게 보고하여야 한다.

제13조 (임원의 임기 등)

① 본 법인의 대표이사 및 이사의 임기는 3년으로 하고 감사의 임기는 2년으로 한다.

② 보궐에 의하여 취임한 이사와 감사의 임시는 전임자의 잔임기간으로 한다.

③ 임원은 연임할 수 있다.

제14조 (임원의 결격사유) 다음 각호의 1에 해당하는 자는 이 법인의 임원이 될 수 없다.

1. 미성년자
2. 금치산자 또는 한정치산자
3. 파산자로서 복권되지 아니한 자
4. 금고이상의 형을 받고 집행이 종료되거나 집행을 받지 아니하기로 확정된 후 3년이 경과되지 아니한 자

제15조 (이사장 및 상임이사의 선출)

① 이사장은 이사 중에서 호선하되 이사회에서 재적이사 3분의 2 이상의 찬성으로 선출하여 취임하며 그 임기는 이사로서의 재직기간으로 한다.

② 상임이사는 이사장이 지명하되 그 임기는 이사로서의 재임기간으로 한다.

제16조 (이사장의 직무)

이사장은 이 법인의 업무를 대표하고 법인의 업무를 총괄하며 이사회의 의장이 된다.

제17조 (이사장의 직무대행)

① 이사장이 유고 또는 궐위된 때에는 상임이사가 이사장의 직무를 대행하고 이사장 및 상임이사가 동시에 유고 또는 궐위된 때에는 이사 중 연장자가 이사장의 직무를 대행한다.

② 이사장이 궐위된 때에는 이사장 직무 대행자는 지체 없이 이사장 선임절차를 취하여야 한다.

제18조 (임원의 직무)

① 이사는 이사회의 구성원으로서 이사회를 구성하며 법인의 유지운영과 관리 등에 대한 중요업무를 심의 결정하고 이사회 또는 이사장으로부터 법인의 업무에 관하여 수임된 직무를 수행한다.

② 상임이사는 이사로서의 직무 이외에 이사장을 보좌하며 이사회 또는 이사장으로부터 수임된 소관업무를 상근하며 집행한다.

③ 감사는 다음 각호의 직무를 수행한다.

1. 이 법인의 재산상황과 재정집행상황을 감사하는 일
2. 이사회의 운영과 임직원(이사장 및 이사포함)의 업무진행상황을 감사하는 일
3. 제1호 및 제2호의 감사결과 부정 또는 부당한 점이 있음을 발견한 때는 이사회에 그 시정을 요구하거나 감독관청에 보고하는 일
4. 제3호의 보고를 하기 위하여 필요한 때에는 이사회의 소집을 요구하는 일
5. 이사회에 출석하여 이견을 진술하는 일

제19조 (대표권 제한)

이 법인의 이사장을 제외하고는 이 법인을 대표할 수 없다.

제4장 이사회

제20조 (이사회의 구성 및 구분)

① 이 법인의 최고의결기관으로서 이사회를 두며 이사회는 정관 제12조의 규정에 의하여 선임된 이사로서 구성한다.

② 이사회는 정기이사회와 임시이사회로 구분하며 정기이사회는 매년 2회 개최하되 그 개최시기는 2월과 12월로 하고 임시이사회는 필요에 따라 수시로 개최할 수 있다.

제21조 (이사회의 소집 및 절차)

① 이사회는 다음 각호의 1에 해당하는 경우 이사장이 이를 소집 개최한다.

1. 정기이사회 개최시기가 도래되었을 때
2. 이사장이 필요하다고 인정할 때
3. 재적이사 3분의 1 이상이 이사회 소집을 요구할 때
4. 감사가 감사결과를 보고하기 위하여 이사회 소집을 요구할 때

② 이사장은 재적이사 3분의 1 이상이 회의안건을 명시하여 소집을 요구한 때와 감사가 연서로 소집을 요구한 때로부터 20일 이내에 이사회를 소집하여야 한다.

③ 이사회를 소집하고자 할 때에는 늦어도 회의 7일전에 목적과 부의안건, 일시, 장소 등을 명시한 서면에 의하여 각 이사 및 감사에게 소집통지를 해야 한다.

④ 이사회는 제2항의 규정에 의하여 통지한 사항에 한하여 의결할 수 있다. 다만 재적이사 전원이 참석하고 참석이사 전원이 참석할 때에는 예외로 할 수 있다.

⑤ 소집권자인 이사장이 정당한 이유 없이 이사회 소집을 거절하는 경우에는 재적이사 과반수의 찬성으로 다른 이사가 이사회를 소집할 수 있다.

제22조 (이사회의 의결사항) 이사회는 이 법인의 업무에 관한 다음 각호의 사항을 심의 의결한다.

① 사업계획 실적 및 예산 · 결산에 관한 사항

② 재산의 취득 · 처분 및 관리에 관한 사항

③ 임원선출에 관한 사항

④ 수익사업에 관한 사항

⑤ 법인의 해산에 관한 사항

⑥ 정관의 변경, 제 규정의 제정 및 개정에 관한 사항

⑦ 기타 법인사업수행에 중요한 사항

⑧ 그 밖에 법령이나 이 정관에 의하여 이사회의 권한에 속하는 사항

제23조 (이사회의 의결정족수) 이사회는 이 정관에서 따로 정한 바를 제외하고는 재적이사 과반수의 출석으로 개의하고, 출석이사 과반수의 찬성으로 의결한다.

제24조 (의결제척 사유)

이사장 또는 이사가 다음 각호의 1에 해당하게 된 때에는 그 의결에 참가하지 못한다.

1. 임원의 취임 및 해임에 있어 자신에 관한 사항을 의결할 때
2. 금전 및 재산의 수수를 수반하는 사항으로서 임원 자신이 법인과 직접 관계되는 사항

제5장 사업기관

제25조 (사업기관의 설치)

① 이 법인의 사업을 효율적으로 수행하기 위하여 이사회의의결에 의하여 필요한 사업기

관을 설치할 수 있다.

② 제1항의 규정에 의한 사업기관의 설치 및 운영에 관하여 필요한 사항은 이사회의 의결을 거쳐 내규로 정한다.

③ 병원과 사업기관의 임직원, 병원장 임명에 관한 사항은 이사회의 의결을 거쳐 내규로 정한다.

④ 제1항 및 제2항의 규정에 의하여 사업기관을 설치할 때에는 이를 시도지사에게 보고하여야 한다.

제6장 정관변경

제26조 (정관변경) 본 법인의 정관을 변경하고자 하는 때에는 재적이사 3분의 2 이상의 의결을 거쳐 시도지사의 허가를 받아야 한다.

제7장 해산

제27조 (해산) 본 법인을 해산 하고자 하는 때에는 재적이사 4분의 3 이상의 의결을 거쳐 시도지사의 허가를 받아야 한다.

제28조 (잔여재산의 처분) 본 법인이 해산하는 때의 잔여재산은 해산 당시의 이사회 또는 청산인회에서 재적인원 4분의 3 이상의 찬성으로 의결하고 시도지사의 허가를 받아 이 법인의 설립목적과 유사한 목적을 가지 비영리법인에 기증 처분하거나 국가 또는 지방자치단체에 귀속 처분한다.

제9장 보 칙

제30조 (공고의 방법)

본 법인이 법령과 정관 및 이사회의 의결에 의하여 공고하여야 할 사항은 본 법인의 게시판이나 일간신문에 싣는다.

제31조 (준용규정) 이 정관에 규정하지 아니한 사항에 대하여는 의료법 및 민법 중 재단법인에 관한 규정을 준용하며 기타는 일반 관례에 의한다.

제32조 (시행세칙) 이 정관의 시행과 법인의 유지운영 및 관리에 관하여 필요한 사항은 이사회의 의결을 거쳐 세칙으로 정한다.

부 칙

제1조 (시행일) 이 정관은 시도지사의 허가를 받은 날로부터 시행한다.

제2조 (발기인 회의) 이 정관을 의결한 설립발기인회의는 이 정관에서 규정한 이사회로 본다.

이상과 같이 의료법인 OOO원을 설립하기 위하여 재산을 출연하고 정관을 작성하여 발기인 전원이 기명날인하다.

2000년 0월 0일

발기인대표 O O O (인)
발기인 O O O (인)
발기인 O O O (인)
발기인 O O O (인)

[별지] 재산목록

재 산 목 록

1. 기본재산

구 분	소　재　지	수량	평가가액(천원)	취득원인	비 고
현 금		계좌			
주 식		주			
토 지	OO시 OO동 OO				
건 물	OO시 OO로 OO(OO동)			OOO	
				OOO	
	계				

2. 보통재산

구 분	소　재　지	수량	평가가액(천원)	출연자	비 고
현 금		계좌			
주식		주			
토 지	OO시 OO구 OO동 OO			OOO	
건 물	OO시 OO로 OO(OO동)			OOO	
	계				

[별지] 재산기부(출연)신청서

재산기부(출연)신청서

의료법인 00병원 설립대표자 귀하
본인소유의 다음의 재산을 설립코자 하는 00법인에게 무상기부(출연) 합니다.

기부(출연)재산표시

구 분	소 재 지	종별	수량	금액	비 고
현 금		계좌			
주식		주			
토 지					
건 물					

제3절 의료법인의 설립등기

1. 총 설

의료법인은 소정의 절차를 마친 후 그 주된 사무소의 소재지를 관할하는 등기소에서 설립등기를 함으로서 성립한다.

설립등기 외의 등기사항에 대해서는 그 등기가 제3자에 대한 대항요건일 뿐이지만 법인의 설립사실 그 자체에 대해서는 설립등기가 그 성립요건이 된다.

2. 등기절차

1) 등기신청인 및 등기기간

의료법인은 그 대표이사가 주된 사무소의 소재지에서 설립등기를 함으로써 성립한다. 의료법인의 설립의 허가서가 있는 때로부터 3주간 내에 주된 사무소 소재지에서 설립등기를 하여야 한다. 등기기간의 기산은 주무관청의 허가서가 도달한 다음날부터이다. 그 기간 내에 등기를 신청하지 아니하면 과태료가 부과된다.

2) 첨부서류

(1) 정 관

정관에는 목적, 명칭, 주된 사무소의 소재지, 사업의 종류, 자산 및 회계에 관한 사항, 임원의 임면 등에 관한 사항, 회의에 관한 사항, 정관의 변경에 관한 사항, 존립시기와 해산사유를 정한 때에는 그 시기와 사유 및 잔여재산의 처리방법, 공고 및 그 방법에 관한 사항을 기재한다.

(2) 창립총회의사록

창립총회 회의록은 법인설립 시 적법한 절차를 거쳐 성립되느냐를 판단하는 중요한 기준이 되므로 육하원칙에 따라 작성하되 진행자 등이 누락되지 않도록 한다. 특히 회의진행과 관련하여 정관 심의과정 및 임원선출의 표결사항, 찬반 토론내용 등을 상세히 기재하고 회의록 작성이 끝나면 참석한 서명위원들이 기록내용을 확인하고 연명으로 날인하여야 한다. 회의록의 내용 중 별첨 유인물로 진행된 것은 회의록에 첨부하여 서명위원들이 간인하여야 한다.

(3) 이사회의사록

정관에서 이사회의 권한으로 정하고 있는 사항을 이사회에서 결의한 경우 이사회의사록을 첨부하여야 한다.

(4) 이사의 자격증명서

이사의 자격을 증명하는 서면으로서는 정관에서 정하지 않은 경우 이사선임서 또는 창립총회의사록 및 취임승낙서를 첨부한다.

이사는 취임함으로서 법적인 책임과 의무가 발생하므로 취임자의 진정한 의사를 확인하기 위하여 취임자의 인감도장을 날인한 취임승낙서와 인감증명법에 의하여 신고한 인감증명서를 첨부하여야 한다.

(5) 재산목록

(6) 주무관청의 허가서나 그 인증있는 등본

시 · 도지사부터 설립허가를 받은 허가서나 허가기관의 인증이 있는 등본을 첨부해야 한다.

(7) 등록면허세 등

등록면허세는 자본금의 1,000분의 2이고 지방교육세는 등록면허세의 100분의 20이다. 설립 시에 자산이 없다면 112,500원의 등록면허세를 납부해야 한다.

설립등기의 경우 등기신청수수료는 30,000원이다.

[서식] 의료법인 설립등기신청서

의료법인 설립등기신청

<table>
<tr><td rowspan="2">접
수</td><td>년 월 일</td><td rowspan="2">처
리
인</td><td>접 수</td><td>조 사</td><td>기 입</td><td>교 합</td><td>각종통지</td></tr>
<tr><td>제 호</td><td></td><td></td><td></td><td></td><td></td></tr>
</table>

<table>
<tr><td>등 기 의 목 적</td><td>의료법인 설립</td></tr>
<tr><td>등 기 의 사 유</td><td>의료법인을 설립하기 위하여 정관을 작성하고 20ㅇㅇ년 ㅇ월 ㅇ일 주무관청의 허가를 얻었으므로 다음 사항의 등기를 구함.</td></tr>
<tr><td>설 립 허 가 서
도 착 연 월 일</td><td>20ㅇㅇ년 ㅇ월 ㅇ일</td></tr>
<tr><td>주사무소/분사무소
신청구분</td><td>1.주사무소 신청 □ 2.분사무소 신청 □ 3.주 · 분사무소 일괄신청 □</td></tr>
<tr><td colspan="2">등 기 할 사 항</td></tr>
<tr><td>명 칭</td><td>의료법인 ㅇㅇㅇ병원</td></tr>
<tr><td>주 사 무 소</td><td>OO시 OO구 OO로 OO(OO동)</td></tr>
<tr><td>이사의 성명 및
주민등록번호</td><td>이사 ㅇ ㅇ ㅇ (OOOOOO-OOOOOOO)
이사 ㅇ ㅇ ㅇ (OOOOOO-OOOOOOO)
이사 ㅇ ㅇ ㅇ (OOOOOO-OOOOOOO)
이사 ㅇ ㅇ ㅇ (OOOOOO-OOOOOOO)</td></tr>
<tr><td>이사의 대표권에
대한 제한</td><td>이사 ㅇㅇㅇ 외에는 대표권이 없음
OO시 OO구 OO로 OO(OO동)</td></tr>
<tr><td colspan="2">등 기 할 사 항</td></tr>
<tr><td>목 적</td><td>본 법인은 비영리 의료법인으로서 의료기관을 설치 운영하고 보건의료에 관한 연구개발 등을 통하여 국민건강향상에 이바지함을 목적으로 다음 각호의 사업을 수행한다.
1. 의료기관의 설치 운영
1. 지역영세민 무료 및 무의촌 순회진료
1. 기타 위 각호에 부대하는 사업</td></tr>
</table>

분 사 무 소	없음
설립허가연월일	20○○년 ○월 ○일
존립기간 또는 해산사유	해산사유 : 이법인을 해산하고자 할 때에는 이사회에서재적이사 4분의 3이상의 찬성으로 의결하여 시도지사의허가를 받아야 한다.
자산의 총액	금 ○○○○○원
기 타	해당 없음

신청등기소 및 등록면허세/수수료

순번	신청등기소	구분	등록면허세	지방교육세	세액합계	등기신청수수료
			금 원	금 원	금 원	금 원
합 계						

등기신청수수료 은행수납번호	
과 세 표 준 액	금 원

첨 부 서 면

1. 정 관 통
1. 이사선임서 통
1. 이사회의사록 통
1. 재산목록(자산총액증명서) 통
1. 주무관청의 설립허가서 (또는 허가서 등본) 통
1. 이사 취임승낙서와 인감증명서, 주민등록등(초)본 통
1. 대표이사의 인감신고서(인감대지 포함) 통
1. 대표이사의 인감증명서 통
1. 법인인감카드발급신청서 통
1. 등록면허세영수필확인서및통지서 통
1. 위임장(대리인이 신청할 경우) 통

년　　월　　일

신청인 명　　칭
주사무소
대표자 성　　명　　　　　　　　㊞ (전화 :　　　　)
주　　소
대리인 성　　명　　　　　　　　㊞ (전화 :　　　　)
주　　소

지방법원　　　　등기소　귀중

[신청서 작성요령 및 등기수입증지 첩부란]

1. 해당란이 부족할 때에는 별지를 이용합니다.
1. 해당 등기신청과 관계없는 사항에 대하여는 "해당없음"으로 기재하거나 삭제하고, 필요한 사항은 추가 기재합니다.
1. 등기신청수수료 상당의 대법원등기수입증지를 이 난에 붙입니다.

(용지규격 21㎝×29.7㎝)

[서식] 위 임 장

위 임 장

변 호 사 0 0 0
OO시 OO구 OO로 OO(OO동)
전화 : OOO-OOO, 팩스 : OOO-OOO

위 사람을 대리인으로 정하고 다음사항의 권한을 위임한다.

다 음

1. 의료법인 OOO 병원 설립등기신청서의 작성 및 제출하는 행위
1. 등기신청의 취하에 관한 행위
1. OOO의 원본환부 및 수령하는 행위
1. 기타 이에 부수되는 일체의 행위

20OO년 O월 O일

위임인 의료법인 OOO 병원
OO시 OO구 OO로 OO(OO동)
대표이사 O O O (인)

[서식] 정관

정 관

제1장 총 칙

제1조 (명 칭) 본 법인은 "OO 의료법인" 이라 한다.

제2조 (사무소의 소재지)

본 법인은 주된 사무소는 OO시 OO구 OO로 OO(OO동)에 둔다.

제3조 (목 적) 본 법인은 비영리 의료법인으로서 의료기관을 설치 운영하고 보건의료에 관한 연구개발 등을 충하여 국민보건향상에 이바지함을 목적으로 한다.

제4조 (사업의 종류) 본 법인은 제3조의 목적을 달성하기 위하여 다음 사업을 행한다.

1. 의료기관의 설치운영
2. 지역영세민 무료 및 무의촌 순회진료
3. 기타 위 각호에 부대하는 사업

제2장 재산 및 회계

제5조 (재산의 구분)

① 본 법인의 재산은 기본재산과 보통재산으로 구분하여 관리한다.

② 기본재산은 다음 각 호의 재산으로 하며, 그 이외에 재산은 보통재산으로 한다.

1. 별지 1의 기본재산목록에 기재된 재산
2. 부동산
3. 이사회결의에 의하여 기본재산에 편입된 재산

제6조 (재산의 관리)

① 기본재산을 매도, 증여, 교환, 임대, 담보제공 또는 용도변경을 하고자 하거나 그 밖에 권리의 포기, 의무의 부담 등의 처분을 하고자 하는 때에는 이사회 재적 3분의 2 이상의 찬성으로 의결하여 시·도지사의 허가를 얻어야 한다.

② 보통재산의 유지운영 및 그 관리에 관하여는 이사회에서 정하는 바에 의한다.

제7조 (경비와 유지방법) 본 법인의 경비는 기본재산에서 생기는 과실, 수익사업의 수익금, 기부금과 그 밖의 수입으로 충당한다.

제8조 (사업계획 및 사업실적)

① 본 법인은 매 회계연도 개시 전에 다음 회계연도에 실시하여야 할 사업계획과 수지예산에 관한 서류를 작성하여 이사회의 의결을 거친 후 시도지사에 제출하여야 한다.

② 본 법인은 매 회계연도 종료 후 2월 이내에 지난 회계연도의 사업실적과 수지예산에 관한 서류를 작성하여 감사의 감사를 받은 후 이사회의 의결을 거쳐 시도지사에 제출하여야 한다.

제9조 (회계연도) 본 법인의 회계연도는 정부의 회계연도에 따른다.

제10조 (회계손익금의 처리) 본 법인의 매 회계연도 결산잉여금은 이사회의 의결에 의하여 다음 회계연도에 이월 사용하거나 시설대체 적립금으로 보전하여야 하고 결손금은 다음 회계연도의 세계잉여금으로 충당한다.

제3장 임 원

제11조 (임원의 종별과 정수) 본 법인에는 다음의 임원을 둔다.

1. 이사장 1인
2. 상임이사 1인
3. 이사(이사장 포함) 5인이상 15인 이내
4. 감사 2인 이내

제12조 (임원의 선임과 해임)

① 임원은 임기만료 1월전에 이사회에서 선임하고 그 결과를 시·도지사에 보고한다.

② 본 법인이 이사회의 개최지연 등으로 차기임원을 선출하지 못한 채 임원의 임기가 만료된 경우에는 차기 임원이 선출될 때까지 전임 이사장 및 임원이 이 법인의 업무를 관장한다.

③ 제1항의 규정에 의하여 취임한 임원이 법인 또는 공익을 해하는 행위를 하거나 임원으로서 직무를 정상적으로 수행할 수 없다고 인정되어 임기만료 전에 자신의 의사에 반

하여 해임하고자 할 때에는 이사회에서 재적이사 3분의 2 이상 찬성으로 해임을 의결하고 그 결과를 시·도지사에게 보고하여야 한다.

④ 본 법인의 임원 중 결원이 발생할 경우에는 그 결원이 발생한 날부터 2월 이내에 이사회에서 후임자를 선임하고 그 결과를 시·도지사에게 보고하여야 한다.

제13조 (임원의 임기 등)

① 본 법인의 대표이사 및 이사의 임기는 3년으로 하고 감사의 임기는 2년으로 한다.

② 보궐에 의하여 취임한 이사와 감사의 임시는 전임자의 잔임기간으로 한다.

③ 임원은 연임할 수 있다.

제14조 (임원의 결격사유) 다음 각호의 1에 해당하는 자는 이 법인의 임원이 될 수 없다.

1. 미성년자
2. 금치산자 또는 한정치산자
3. 파산자로서 복권되지 아니한 자
4. 금고이상의 형을 받고 집행이 종료되거나 집행을 받지 아니하기로 확정된 후 3년이 경과되지 아니한 자

제15조 (이사장 및 상임이사의 선출)

① 이사장은 이사 중에서 호선하되 이사회에서 재적이사 3분의 2 이상의 찬성으로 선출하여 취임하며 그 임기는 이사로서의 재직기간으로 한다.

② 상임이사는 이사장이 지명하되 그 임기는 이사로서의 재임기간으로 한다.

제16조 (이사장의 직무)

이사장은 이 법인의 업무를 대표하고 법인의 업무를 총괄하며 이사회의 의장이 된다.

제17조 (이사장의 직무대행)

① 이사장이 유고 또는 궐위된 때에는 상임이사가 이사장의 직무를 대행하고 이사장 및 상임이사가 동시에 유고 또는 궐위된 때에는 이사 중 연장자가 이사장의 직무를 대행한다.

② 이사장이 궐위된 때에는 이사장 직무 대행자는 지체 없이 이사장 선임절차를 취하여야 한다.

제18조 (임원의 직무)

① 이사는 이사회의 구성원으로서 이사회를 구성하며 법인의 유지운영과 관리 등에 대한 중요업무를 심의 결정하고 이사회 또는 이사장으로부터 법인의 업무에 관하여 수임된 직무를 수행한다.

② 상임이사는 이사로서의 직무 이외에 이사장을 보좌하며 이사회 또는 이사장으로부터 수임된 소관업무를 상근하며 집행한다.

③ 감사는 다음 각호의 직무를 수행한다.

1. 이 법인의 재산상황과 재정집행상황을 감사하는 일
2. 이사회의 운영과 임직원(이사장 및 이사포함)의 업무진행상황을 감사하는 일
3. 제1호 및 제2호의 감사결과 부정 또는 부당한 점이 있음을 발견한 때는 이사회에 그 시정을 요구하거나 감독관청에 보고하는 일
4. 제3호의 보고를 하기 위하여 필요한 때에는 이사회의 소집을 요구하는 일
5. 이사회에 출석하여 이견을 진술하는 일

제19조 (대표권 제한)

이 법인의 이사장을 제외하고는 이 법인을 대표할 수 없다.

제4장 이사회

제20조 (이사회의 구성 및 구분)

① 이 법인의 최고의결기관으로서 이사회를 두며 이사회는 정관 제12조의 규정에 의하여 선임된 이사로서 구성한다.

② 이사회는 정기이사회와 임시이사회로 구분하며 정기이사회는 매년 2회 개최하되 그 개최시기는 2월과 12월로 하고 임시이사회는 필요에 따라 수시로 개최할 수 있다.

제21조 (이사회의 소집 및 절차)

① 이사회는 다음 각호의 1에 해당하는 경우 이사장이 이를 소집 개최한다.

1. 정기이사회 개최시기가 도래되었을 때
2. 이사장이 필요하다고 인정할 때
3. 재적이사 3분의 1 이상이 이사회 소집을 요구할 때
4. 감사가 감사결과를 보고하기 위하여 이사회 소집을 요구할 때

② 이사장은 재적이사 3분의 1 이상이 회의안건을 명시하여 소집을 요구한 때와 감사가

연서로 소집을 요구한 때로부터 20일 이내에 이사회를 소집하여야 한다.

③ 이사회를 소집하고자 할 때에는 늦어도 회의 7일전에 목적과 부의안건, 일시, 장소 등을 명시한 서면에 의하여 각 이사 및 감사에게 소집통지를 해야 한다.

④ 이사회는 제2항의 규정에 의하여 통지한 사항에 한하여 의결할 수 있다. 다만 재적이사 전원이 참석하고 참석이사 전원이 참석할 때에는 예외로 할 수 있다.

⑤ 소집권자인 이사장이 정당한 이유 없이 이사회 소집을 거절하는 경우에는 재적이사 과반수의 찬성으로 다른 이사가 이사회를 소집할 수 있다.

제22조 (이사회의 의결사항) 이사회는 이 법인의 업무에 관한 다음 각호의 사항을 심의 의결한다.

① 사업계획 실적 및 예산 · 결산에 관한 사항

② 재산의 취득 · 처분 및 관리에 관한 사항

③ 임원선출에 관한 사항

④ 수익사업에 관한 사항

⑤ 법인의 해산에 관한 사항

⑥ 정관의 변경, 제 규정의 제정 및 개정에 관한 사항

⑦ 기타 법인사업수행에 중요한 사항

⑧ 그 밖에 법령이나 이 정관에 의하여 이사회의 권한에 속하는 사항

제23조 (이사회의 의결정족수) 이사회는 이 정관에서 따로 정한 바를 제외하고는 재적이사 과반수의 출석으로 개의하고, 출석이사 과반수의 찬성으로 의결한다.

제24조 (의결제척 사유)

이사장 또는 이사가 다음 각호의 1에 해당하게 된 때에는 그 의결에 참가하지 못한다.

1. 임원의 취임 및 해임에 있어 자신에 관한 사항을 의결할 때
2. 금전 및 재산의 수수를 수반하는 사항으로서 임원 자신이 법인과 직접 관계되는 사항

제5장 사업기관

제25조 (사업기관의 설치)

① 이 법인의 사업을 효율적으로 수행하기 위하여 이사회의의결에 의하여 필요한 사업기관을 설치할 수 있다.

② 제1항의 규정에 의한 사업기관의 설치 및 운영에 관하여 필요한 사항은 이사회의 의결을 거쳐 내규로 정한다.

③ 병원과 사업기관의 임직원, 병원장 임명에 관한 사항은 이사회의 의결을 거쳐 내규로 정한다.

④ 제1항 및 제2항의 규정에 의하여 사업기관을 설치할 때에는 이를 시도지사에게 보고하여야 한다.

제6장 정관변경

제26조 (정관변경) 본 법인의 정관을 변경하고자 하는 때에는 재적이사 3분의 2 이상의 의결을 거쳐 시도지사의 허가를 받아야 한다.

제7장 해산

제27조 (해산) 본 법인을 해산 하고자 하는 때에는 재적이사 4분의 3 이상의 의결을 거쳐 시도지사의 허가를 받아야 한다.

제28조 (잔여재산의 처분) 본 법인이 해산하는 때의 잔여재산은 해산 당시의 이사회 또는 청산인회에서 재적인원 4분의 3 이상의 찬성으로 의결하고 시도지사의 허가를 받아 이 법인의 설립목적과 유사한 목적을 가지 비영리법인에 기증 처분하거나 국가 또는 지방자치단체에 귀속 처분한다.

제9장 보 칙

제30조 (공고의 방법)

본 법인이 법령과 정관 및 이사회의 의결에 의하여 공고하여야 할 사항은 본 법인의 게시판이나 일간신문에 싣는다.

제31조 (준용규정) 이 정관에 규정하지 아니한 사항에 대하여는 의료법 및 민법 중 재단법인에 관한 규정을 준용하며 기타는 일반 관례에 의한다.

제32조 (시행세칙) 이 정관의 시행과 법인의 유지운영 및 관리에 관하여 필요한 사항은 이사회의 의결을 거쳐 세칙으로 정한다.

부　　칙

제1조 (시행일) 이 정관은 시도지사의 허가를 받은 날로부터 시행한다.

제2조 (발기인 회의) 이 정관을 의결한 설립발기인회의는 이 정관에서 규정한 이사회로 본다.

이상과 같이 의료법인 OOO원을 설립하기 위하여 재산을 출연하고 정관을 작성하여 발기인 전원이 기명날인하다.

2000년　0월　0일

발기인대표　O　O　O　(인)
발기인　O　O　O　(인)
발기인　O　O　O　(인)
발기인　O　O　O　(인)

[별지] 재산목록

재 산 목 록

1. 기본재산

구 분	소 재 지	규모(㎡)	평가가액	출연자	비 고
토 지					
건 물					
현 금					
	계				

2. 보통재산

구 분					
현금					
합계					

[별지] 임원명단

임 원 명 단

연번	직 위	임기	성 명	주민등록번호	주 소
1	대표이사	O년	O O O	000000-0000000	OO시 OO로 OO(OO동)
2	이 사	O년	O O O	000000-0000000	OO시 OO로 OO(OO동)
3	이 사	O년	O O O	000000-0000000	OO시 OO로 OO(OO동)
4	감 사	O년	O O O	000000-0000000	OO시 OO로 OO(OO동)
5	감 사	O년	O O O	000000-0000000	OO시 OO로 OO(OO동)

[서식] 취임승낙서

취 임 승 낙 서

본인은 20OO년 O월 O일 귀 법인의 대표이사(또는 이사)로 선임되었으므로 그 취임을 승낙합니다.

20OO년 O월 O일

대표이사(또는 이사) O O O (인)

(000000-0000000)

OO시 OO구 OO로 OO(OO동)

사회복지법인 OOO 귀중

※ 인감도장을 날인하고 인감증명서 및 주민등록등(초)본을 첨부 한다.

[서식] 인감신고서

인감 · 개인(改印) 신고서

(신고하는 인감날인란) (인감제출자에 관한 사항)

상호(명 칭)		의료법인 OOO병원	등기번호	
본점(주사무소)		OO시 OO구 OO로 OO(OO동)		
인감제출자	자격/성명	대표이사 O O O		
	주민등록번호	OOOOOO-OOOOOOO		
	주 소	OO시 OO구 OO로 OO(OO동)		

␣ 위와 같이 인감을 신고합니다.
␣ 위와 같이 개인(改印)하였음을 신고합니다.

년 월 일 (인감 날인란)

신고인 본 인 성 명 (인)
대리인 성 명 (인)

지방법원 등기소 귀중

주 1. 인감 날인란에는 「인감증명법」에 의하여 신고한 인감을 날인하고 그 인감증명서(발행일로부터 3개월 이내의 것)를 첨부하여야 합니다. 개인(改印)신고의 경우, 개인인감을 날인하는 대신에 등기소에 신고한 유효한 종전 인감을 날인하여도 됩니다.
2. 인감 · 개인신고서에는 신고하는 인감을 날인한 인감대지를 첨부하여야 합니다.
3. 지배인이 인감을 신고하는 경우에는 인감제출자의 주소란에 지배인을 둔 장소를 기재하고, 「상업등기규칙」 제36조제4항의 보증서면(영업주가 등기소에 신고한 인감 날인)을 첨부하여야 합니다. 위 보증서면은 아래의 보증서면란에 기재하는 것으로 갈음할 수 있습니다.

보 증 서 면

위 신고하는 인감은 지배인 OOO의 인감임이 틀림없음을 보증합니다.

대표이사 (법인인감)

위 임 장

성 명 : 주민등록번호(-)
주 소 :

위의 사람에게, 위 인감신고 또는 개인신고에 관한 일체의 권한을 위임함.

20 년 월 일

인감(개인) 신고인 성 명 (인)

[서식] 인감대지

인 감 대 지

	신고하는 인감날인란	상 호(명 칭) : 의료법인 OOO병원 자격 및 성명 : 대표이사 O O O 주민등록번호 : OOOOOO-OOOOOOO

[서식] 인감카드 등 (재)발급신청서

인감카드 등 (재)발급신청서

(인감제출자에 관한 사항)

상호(명　　칭)			등기번호	
본점(주사무소)				
인감 제출자	자격 / 성명			
	주민등록번호			

발급사유	␣ 최초발급　␣ 카드분실　␣ 카드훼손 ␣ 인감증명서발급기능 ␣ 기타 (　　　　　　　　　)		
매체구분	␣ 인감카드　␣ HSM USB	인감카드 비밀번호	

위와 같이 인감카드 등의 (재)발급을 신청합니다.

년　　월　　일

신청인 인감제출자 (본　인) 성　　명　　　　(인)　(전화 :　　　　　)
　　　　　　　　　(대리인) 성　　명　　　　(인)　(전화 :　　　　　)

지방법원　　　　등기소　　귀중

접수번호		인감카드번호	

- 대법원수입증지를 붙이는 란 -

주 1. 인감카드 비밀번호란에는 (재)발급받아 사용할 인감카드의 비밀번호를 기재하며, 아라비아숫자 6자릿수를 기재하여야 합니다. 비밀번호는 인감카드와 함께 인감증명서의 발급을 신청할 권한이 있는 것으로 보게 되는 중요한 자료이므로 권한이 없는 사람이 알지 못하도록 주의하시기 바랍니다.

2. 인감카드의 재발급을 신청할 때에는 「등기부 등 · 초본 등 수수료규칙」 제5조의7에 의하여 5,000원 상당의 대법원수입증지를 이 란에 붙여야 합니다. 다만, 인감카드를 반납할 때에는 붙일 필요가 없습니다.

위 임 장

성 명 : 주민등록번호(-)

주 소 :

위의 사람에게, 위 (재)발급신청서에 기재된 인감카드 등의 발급신청과 그 수령 등에 관한 일체의 권한을 위임함.

20 년 월 일

인감(개인) 신고인 성 명 (인)

제4절 의료법인의 변경허가와 변경등기

1. 임원변경등기

1) 임원변경

이사의 임면방법에 관하여 민법은 정관으로 규정하도록 하고 있으며 사단법인의 경우에는 사원총회, 재단법인의 경우에는 이사회에서 선임한다. 공익법인과 사회복지법인 등의 경우에는 임원선임과 관련하여 결격사유를 규정하고 있다. 한편 공익법인의 경우나 정관으로 주무관청의 승인을 받도록 규정하고 있는 경우 또는 설립허가조건으로 이사선임에 관하여 주무관청의 승인을 받도록 한 경우 등에는 사원총회의 선임결의 외에 주무관청의 승인을 받아야 한다.

의료법인은 임원을 임면하는 경우에는 지체 없이 시도지사에게 보고하여야 한다. 감사와 이사는 특별한 관계에 있는 사람이 아니어야 한다. 이사 또는 감사 중에 결원이 생겼을 때에는 2개월 이내에 보충하여야 한다. 이사는 법인이 설치한 사회복지시설의 장을 제외한 그 시설의 직원을 겸할 수 없다.

2) 변경등기 사항

(1) 이사의 취임등기

법인의 이사의 성명과 주소 그리고 이사의 대표권을 제한한 때에는 그 제한사항은 등기사항이다. 그러나 감사는 등기사항이 아니고 공익법인의 경우에는 감사가 필적 기관이나 등기사항으로 규정하고 있지는 아니하다.

이사 취임등기에는 취임한 이사의 성명, 주민등록번호와 취임취지 및 등기연월일을 임원란에 기재하여야 하고 이사의 취임일자는 당해 이사의 선임행위 및 취임승낙일과 전임자의 임기만료일, 주무관청의 허가일 중 늦은 쪽의 일자를 기재한다.

(2) 이사의 중임등기

법인의 이사의 임기가 만료된 때에는 같은 사람이 재선되어 같은 직에 다시 취임하는 경우에 변경등기를 하는데 동일인이 다시 취임하여 전임 임기만료일과 후임 임기개시일이 동일한 경우에도 이사의 임기가 연장되는 것이 아니라 이사의 지위가 새로 시작되는 것이므로 원칙적으로 취임등기와 퇴임등기를 하여야 하나 등기실무상 중임이라 하여 그 퇴임취지와 재취임 취지를 중복하여 기재하지 않고 단순히 중임의 취지만 기재하는 중임등기로 특별한 취급

을 하고 있다.

임기만료 된 이사가 정관규정에 따라 후임자가 취임할 때까지 계속 권리의무를 행사하던 중에 재선된 때처럼 전임 임기만료일과 후임 임기개시일이 서로 다른 경우에는 설사 동일인이 같은 직에 다시 취임한 경우라 할지라도 중임등기로 취급할 수는 없고 퇴임 및 취임등기로 하여야 하고 그 퇴임등기를 하는 경우의 퇴임일자는 그 권리의무행사 종료일이 아니라 당초의 임기만료일로 기재해야 한다.

(3) 이사의 퇴임등기

법인이사 퇴임의 등기는 퇴임한 이사의 성명과 퇴임사유 및 그 등기연월일을 기재하여야 한다. 퇴임자의 등기기간은 초임일로부터 기산하나 결원으로 인하여 후임자가 없어 이사의 권리의무를 행사하고 있는 동안은 퇴임에 의한 변경등기를 할 필요가 없으며 이때의 퇴임등기의 등기기간은 후임자의 취임 시 부터 기산한다. 이사가 권리의무를 행사하고 있는 경우에 후임자를 선임하였으나 여전히 법률 또는 정관에 정한 원수에 미달하는 때에는 권리의무행사자의 퇴임등기는 법률 또는 정관에 정하는 원수에 달하는 후임자의 취임등기와 동시에 하지 않으면 이를 할 수 없지만 법률 또는 정관에 정한 원수에 미달되는 경우라도 후임자의 취임의 등기는 하여야 한다.

(4) 이사의 사임등기

임기만료나 사임으로 퇴임한 이사가 정관규정에 따라 계속 그 권리의무를 행사하다가 후임자가 취임하여 전임자의 퇴임등기를 하는 경우의 퇴임일자는 그 권리의무행사 종료일이 아니라 당초의 임기만료일이나 사임일이다.

(5) 이사의 해임등기

임기종료 전에 임원을 해임하고자 하는 경우 이사회의 의결을 거쳐야 하며 정관이 정하는 바에 따라 새로 선임된 임원의 임기는 전임자의 잔여기간으로 한다.

(6) 대표권제한 구정의 설정, 변경, 폐지

등기기간은 이사나 대표권이 있는 이사가 취임 또는 퇴임하거나 대표권제한규정이 설정, 폐지 임원승인이 취소된 날 등으로부터 3주간 내이다. 대표권 제한 규정의 설정, 변경, 폐지 등 정관변경을 필요로 하는 사항을 등기하는 경우에는 그에 관한 주무관청의 허가서가 도착한 날로부터 그 기간을 기산한다. 민법법인의 대표권 있는 이사가 1명이어야 한다는 제한은 없고 원칙적으로 이사는 법인을 각자 대표하므로 수인을 대표권 있는 이사로 등기할 수 있다.

3) 등기기간

변경등기기간은 법령, 재판상의 처분 또는 법률행위에 다른 정한 바가 없으면 민법의 규정에 의한다. 등기기간은 민법 제52조의 규정에 의하여 등기사항에 변경이 있는 때로부터 3주내에 변경등기를 신청하여야 한다.

4) 첨부서면

(1) 정관

이사의 취임, 퇴임등기의 경우 신청서에 정관을 첨부하여야 한다. 이는 당해 법인이 이사의 수를 정한 경우와 임기를 정한 경우에 정관을 확인하지 않고는 당해 이사의 퇴임등기 수리여부를 등기관이 결정할 수 없기 때문이다.

(2) 의사록

이사 임면은 사단법인의 경우에는 사원총회 재단법인의 경우에는 이사회에서 선임하므로 사원총회 의사록 또는 이사회 의사록을 첨부하여야 한다. 법인의 총회 등의 의사록은 의사록 인증 제외 대상 법인에 해당되지 않는 한 공증인의 인증을 받아야 한다.

(3) 취임승낙서

이사 취임 시 취임승낙서를 첨부하여야 하고 이를 증명하는 인감증명서를 첨부하여야 한다. 그리고 취임이 주무관청의 승낙사항일 경우에는 주무관청의 승인도 받아야 한다.

(4) 주민등록등본 등

대표권 있는 이사는 주소와 성명, 주민등록번호를 등기하여야 하고, 대표권 없는 이사는 성명과 주민등록번호를 등기하여야 하며, 외국인의 경우에는 주민등록번호에 갈음하여 생년월일을 등기하여야 하므로 주소, 주민등록번호 또는 생년월일을 증명하는 주민등록등본 등의 서면을 첨부하여야 한다.

5) 등록세 등

(1) 등록세

정액등록세는 40,200원(임원변경)이고, 교육세는 등록면허세의 100분의 20이다. 조세특례제한법, 관세법, 지방세법에 의하여 등록면허세가 감면되는 경우에 그 감면세액의 100분의

20의 농어촌특별세를 납부하여야 하나, 농어촌특별세도 감면 또는 면제되는 경우가 있다(농특세법 4조).

(2) 수수료

등기신청수수료는 6,000원(서면방문), 4,000원(전자표준양식), 2,000원(전자신청)이며, 명칭, 주사무소, 이사, 청산인변경등기를 하나의 신청서로 신청할 경우에는 각각의 수수료 각 6,000원(서면방문), 4,000원(전자표준양식), 2,000원(전자신청)을 합산하여야 한다.

[서식] 의료법인 변경등기신청서(이사임기만료)

의료법인 변경등기신청

접수	년 월 일	처리인	접 수	조 사	기 입	교 합	각종통지
	제 호						

명 칭	의료법인 ○○○	등기번호	제○○○○호
주 사 무 소	OO시 OO구 OO로 OO(OO동)		
등기의 목적	이사변경등기		
등기의 사유	이사 ○○○은 20○○년 ○월 ○일 임기만료로 퇴임하고 같은 날 이사회에서 다음 사람이 이사로 선임되어 같은 날 취임하였으므로 그 등기를 구함.		
인가서도착연월일	20○○년 ○월 ○일		
주사무소/분사무소 신청구분	1.주사무소 신청 □	2.분사무소 신청 □	3.주 · 분사무소 일괄신청 □

등 기 할 사 항
이사 ○○○ 20○○. ○. ○. 퇴임 이사 ○ ○ ○ (OOOOOO-OOOOOOO) 20○○. ○. ○. 취임

신청등기소 및 등록면허세/수수료						
순번	신청등기소	구분	등록면허세	지방교육세	세액합계	등기신청수수료

			금 40,200원	금 8,040원	금 48,240원	금 6,000원
합 계						
등기신청수수료 은행수납번호						
첨 부 서 면						
1. 이사회의사록 통 1. 정관등본 통 1. 취임승낙서 통 1. 대표이사의 인감신고 통				1. 등록면허세영수필확인서및통지서 통 1. 위임장(대리인이 신청할 경우) 통 〈기 타〉		

년 월 일

신청인 명 칭
주사무소
대표자 성 명 ㉞ (전화 :)
주 소
대리인 성 명 ㉞ (전화 :)
주 소

지방법원 등기소 귀중

[신청서 작성요령 및 등기수입증지 첩부란]

1. 해당란이 부족할 때에는 별지를 이용합니다.
1. 해당 등기신청과 관계없는 사항에 대하여는 "해당없음"으로 기재하거나 삭제하고, 필요한 사항은 추가 기재합니다.
1. 등기신청수수료 상당의 대법원등기수입증지를 이 난에 붙입니다.

(용지규격 21㎝×29.7㎝)

※ 등록면허세는 변경등기의 등록면허세인 40,200원, 교육세는 등록면허세의 100분의 20(8,040원)을 납부하여야 한다(지방세법 제28조). 그 등기신청수수료는 6,000원(서면방문), 4,000원(전자표준양식), 2,000원(전자신청)이며, 명칭, 주사무소, 이사변경등기를 하나의 신청서로 신청할 경우에는 각각의 수수료 각 6,000원(서면방문), 4,000원(전자표준양식), 2,000원(전자신청)을 합산하여야 한다. 그러나 수인의 이사, 대표자 등 임원의 퇴임, 취임으로 인한 변경등기는 일괄하여 하나의 임원변경등기신청으로 보아 6,000원(서면방문), 4,000원(전자표준양식), 2,000원(전자신청)만을 납부한다.

[서식] 이사회의사록

이 사 회 의 사 록

2000년 0월 0일 00시 00분, 00시 00구 00로 00(00동) 당 법인 회의실(또는 사무소)에서 이사회를 개최하다.

총이사수 : 0명 출석이사수 : 0명

의장인 대표이사 000는 정관규정에 따라 의장석에 등단하여 위와 같이 법정수에 달하는 이사가 출석하였으므로 본 이사회가 적법히 성립되었음을 알리고 개회를 선언한 후, 다음의 의안을 부의하고 심의를 구하다.

제1호 의 안 이사 선임의 건

의장은 이사 000이 2000년 0월 0일 임기만료로 퇴임함에 따라 금일 이사회에서 이사를 보선하여야 한다고 상세히 설명한 바, 출석한 이사전원 일치되어 아래 사람을 이사로 선임한다.

이사 0 0 0 (000000-0000000)
00시 00구 00로 00(00동)

위 피선자는 즉석에서 그 취임을 승낙하다.

의장은 이상으로서 회의목적인 의안 전부의 심의를 종료하였으므로 폐회한다고 선언하다(회의종료시각 : OO시 OO분).

위 결의를 명확히 하기 위하여 이 의사록을 작성하고 의장과 출석한 이사가 기명날인하다.

2000년 O월 O일

의료법인 OOO
OO시 OO구 OO로 OO(OO동)
의장겸 대표이사 O O O (인)
이사 O O O (인)
이사 O O O (인)
이사 O O O (인)

[서식] 취임승낙서

취 임 승 낙 서

본인은 2000년 O월 O일 이사회에서 귀 법인의 이사로 선임되었으므로 그 취임을 승낙합니다.

2000년 O월 O일

이사 O O O (인)
(000000-0000000)
OO시 OO구 OO로 OO(OO동)

의료법인 OOO 귀중

※ 인감도장 날인 후 인감증명서를 첨부한다.

2. 주사무소 이전등기

1) 의 의

의료법인의 주사무소 이전의 등기란 의료법인을 총괄 지휘하는 등기부상에 기재된 주 사무소의 구체적인 소재장소를 이전하는 등기를 말한다. 주 사무소 이전의 등기는 등기소의 관할을 기준으로 동일한 등기소의 관할 구역 내에서 주사무소를 이전하는 경우와 다른 등기소의 관할 구역 내로 이전하는 경우로 구분할 수 있다.

2) 관내이전

(1) 신청방법

다른 등기소의 관할 구역 내로 주 사무소를 이전한 경우에는 구소재지에서 하는 주사무소 이전의 등기신청과 신소재지에서의 이전등기신청을 하여야 하나 동일한 등기소 관할 구역 내에서 주사무소를 이전하는 경우에는 신소재지에서의 이전등기만 하면 된다. 주사무소 이전의 등기는 대표자가 등기신청서를 제출함으로서 한다.

(2) 기간

법인이 그 사무소를 이전하는 때에는 구소재지에서 3주간 내에 이전등기를 하고 신소재지에서는 동 기간 내에 변경등기를 하여야 한다.

(3) 첨부서면

첨부서면으로 원칙적으로 이사회의사록을 첨부하여야 한다. 다만 정관상 주사무소의 소재지가 그 소재지번, 동, 호수까지 기재되어 있을 경우에는 정관변경을 하여야 하므로 정관변경의 이사회의사록을 제출하여야 한다. 주사무소 이전의 등기 시에는 인감의 제출자에 관한 사항에 변경이 생기지만 대표자의 인감을 다시 제출할 필요가 없고 주사무소 이전과 동시에 인감 자체를 변경한 경우에만 개인신고서를 제출하면 된다.

(4) 등록세 등

신소재지가 동일 등기소 관할 구역내인 경우에는 등록면허세 112,500원과 등록면허세의 20/100의 지방교육세를 납부한다.

등기신청수수료는 6,000원(서면방문), 4,000원(전자표준양식), 2,000원(전자신청)이며, 명칭, 주사무소, 이사, 청산인변경등기를 하나의 신청서로 신청할 경우에는 각각의 수수료 각 6,000원(서면방문), 4,000원(전자표준양식), 2,000원(전자신청)을 합산하여야 한다.

[서식] 의료법인 주사무소이전등기신청서(동일관할 내 이전)

의료법인 주사무소이전등기신청

접수	년 월 일	처리인	접 수	조 사	기 입	교 합	각종통지
	제 호						

명 칭	의료법인 ○○○	등기번호	제○○○○호
주 사 무 소	OO시 OO구 OO로 OO(OO동)		
등기의 목적	주사무소 이전등기		
등기의 사유	20○○년 ○월 ○일 이사회의 결의에 의하여(20○○년 ○월 ○일 이사회에서 정관변경을 결의하고 20○○년 ○월 ○일 주무관청의 인가를 받아) 20○○년 ○월 ○일 주사무소를 다음 장소로 이전하였으므로 그 등기를 구함.		
인가서도착연월일	20○○년 ○월 ○일		
주사무소/분사무소 신청구분	1.주사무소 신청 ☐ 2.분사무소 신청 ☐ 3.주 · 분사무소 일괄신청 ☐		

등 기 할 사 항

주사무소 : OO시 OO구 OO로 OO(OO동)

20○○. ○. ○. 이전

신청등기소 및 등록면허세/수수료

순번	신청등기소	구분	등록면허세	지방교육세	세액합계	등기신청수수료
			금 112,500원	금 22,500원	금 원	금 원
합 계						
등기신청수수료 은행수납번호						

첨 부 서 면

1. 이사회의사록 통	1. 대표자의 인감증명서 통
1. 주무관청의 정관변경인가서 (또는 인가서 등본) 통	1. 등록면허세영수필확인서및통지서 통
	1. 위임장(대리인이 신청할 경우) 통

1. 인감신고서 및 인감대지 통	〈기 타〉

년 월 일

신청인 명 칭
주사무소
대표자 성 명 (인) (전화 :)
주 소
대리인 성 명 (인) (전화 :)
주 소

지방법원 등기소 귀중

[신청서 작성요령 및 등기수입증지 첩부란]

1. 해당란이 부족할 때에는 별지를 이용합니다.
1. 해당 등기신청과 관계없는 사항에 대하여는 "해당없음"으로 기재하거나 삭제하고, 필요한 사항은 추가 기재합니다.
1. 등기신청수수료 상당의 대법원등기수입증지를 이 난에 붙입니다.

(용지규격 21㎝×29.7㎝)

[서식] 이사회의사록

이 사 회 의 사 록

2000년 0월 0일 00시 00분, 00시 00구 00로 00(00동) 당 법인 회의실(또는 사무소)에서 이사회를 개최하다.

총이사수 : 0명 출석이사수 : 0명

의장 000는 정관규정에 따라 의장석에 등단하여 위와 같이 법정수에 달하는 이사가 출석하였으므로 본 이사회가 적법히 성립되었음을 알리고 개회를 선언한 후, 다음의 의안을 부의하고 심의를 구하다.

제1호 의 안 주사무소이전의 건

의장은 사업형편상 당 법인의 주사무소를 다음 장소로 이전할 필요가 있음을 상세히 설명하고 그 가부를 물은 바, 전원 이의 없이 찬성하여 만장일치로 승인가결하다.

주사무소 이전장소 : OO시 OO구 OO로 OO(OO동)
이전연월일 : 20OO년 O월 O일

제2호 의 안 정관변경의 건

의장은 위 주사무소이전에 수반하여 현행 정관 제O조를 다음과 같이 변경해야 한다는 취지를 설명하고 그 가부를 물으니 전원 이의 없이 찬성하여 만장일치로 그를 승인 가결하다.

제O조(주사무소) 당 법인의 주사무소는 OO시 OO구 OO로 OO(OO동)에 둔다.

의장은 이상으로서 회의목적인 의안 전부의 심의를 종료하였으므로 폐회한다고 선언하다(회의종료시각 : OO시 OO분)

위 결의를 명확히 하기 위하여 이 의사록을 작성하고 의장과 출석한 이사가 기명날인하다.

20OO년 O월 O일

의료법인 OOO
OO시 OO구 OO로 OO(OO동)
의장겸 대표이사 O O O (인)
이사 O O O (인)
이사 O O O (인)
이사 O O O (인)

[서식] 의료법인 주사무소이전등기신청서(분사무소소재지에서 신청하는 경우)

의료법인 주사무소이전등기신청

접수	년 월 일	처리인	접 수	조 사	기 입	교 합	각종통지
	제 호						

명 칭	의료법인 ○○○	등기번호	제○○○○호
주 사 무 소	OO시 OO구 OO로 OO(OO동)		
등기의 목적	주사무소 이전등기		
등기의 사유	20○○년 ○월 ○일 이사회의 결의에 의하여(20○○년 ○월 ○일 정관변경을 결의하고 20○○년 ○월 ○일 주무관청의 인가를 받아) 20○○년 ○월 ○일 주사무소를 다음 장소로 이전하고 20○○년 ○월 ○일 주사무소소재지 관할등기소에서 그 등기를 하였으므로 이 등기소에서 이 등기소에서 그 등기를 구함.		
인가서도착연월일	20○○년 ○월 ○일		
주사무소/분사무소 신청구분	1.주사무소 신청 ☐ 2.분사무소 신청 ☐ 3.주 · 분사무소 일괄신청 ☐		

등 기 할 사 항

주사무소 : OO시 OO구 OO로 OO(OO동)

20○○. ○. ○. 이전

신청등기소 및 등록면허세/수수료

순번	신청등기소	구분	등록면허세	지방교육세	세액합계	등기신청수수료
			금 원	금 원	금 원	금 원
합 계						
등기신청수수료 은행수납번호						

<table>
<tr><td colspan="2">첨 부 서 면</td></tr>
<tr><td>1. 주사무소의 법인등기부등본 통
1. 주무관청의 정관변경인가서
(또는 인가서 등본) 통
1. 법인등기부등본 통</td><td>1. 등록면허세영수필확인서및통지서 통
1. 위임장(대리인이 신청할 경우) 통
〈기 타〉</td></tr>
<tr><td colspan="2">년 월 일

신청인 명 칭
주사무소
대표자 성 명 ㉢ (전화 :)
주 소
대리인 성 명 ㉢ (전화 :)
주 소

지방법원 등기소 귀중</td></tr>
</table>

[신청서 작성요령 및 등기수입증지 첩부란]

1. 해당란이 부족할 때에는 별지를 이용합니다.
1. 해당 등기신청과 관계없는 사항에 대하여는 “해당없음”으로 기재하거나 삭제하고, 필요한 사항은 추가 기재합니다.
1. 등기신청수수료 상당의 대법원등기수입증지를 이 난에 붙입니다.

(용지규격 21㎝×29.7㎝)

3. 지사무소 설치 · 이전 · 폐지등기

1) 의 의

지사무소의 소재지는 정관의 절대적 기재사항이 아니고 지사무소의 설치, 이전, 폐지는 이사회의 권한에 속하는 사항이므로 지사무소를 설치하거나 이전 또는 폐지하는 경우에는 원칙적으로 이사회의 결의만으로 족하다.

정관에 지사무소의 소재지가 기재되어 있는 경우에는 이외의 경우에 지사무소를 설치 또는 이전하는 경우에는 정관의 변경절차를 거쳐야 한다.

2) 등기신청

지사무소의 설치, 이전, 폐지에 관한 사항은 주사무소와 지사무소 소재지에서 모두 등기할 사항에 해당하므로 주사무소 소재지에서 지사무소의 설치, 이전, 폐지에 관한 사항을 등기한 다음에 지사무소 소재지에서 그에 관한 사항을 등기할 수 있지만 주사무소와 지사무소 소재지를 관할하는 등기소가 다른 경우에는 지사무소 소재지에서 하는 등기를 주사무소 소재지를 관할하는 등기소에 할 수 있는데 이 경위 동시에 하여야 한다.

[서식] 의료법인 지사무소설치등기신청서

의료법인 지사무소 설치등기신청

접수	년 월 일	처리인	접 수	조 사	기 입	교 합	각종통지
	제 호						

명 칭	의료법인 ○○○	등기번호	제○○○○호
주 사 무 소	OO시 OO구 OO로 OO(OO동)		
등기의 목적	지사무소 설치등기		
등기의 사유	20○○년 ○월 ○일 이사회의 결의에 의하여(20○○년 ○월 ○일 이사회에서 정관변경을 결의하고 20○○년 ○월 ○일 주무관청의 인가를 받아) 지사무소를 설치하였으므로 그 등기를 구함.		
인가서도착연월일	20○○년 ○월 ○일		
주사무소/분사무소 신청구분	1.주사무소 신청 □ 2.분사무소 신청 □ 3.주 · 분사무소 일괄신청 □		

등 기 할 사 항		
분사무소	명 칭	○○지사무소
	소재지	OO시 OO구 OO로 OO(OO동)
설치연월일		20○○년 ○월 ○일
기 타		

신청등기소 및 등록면허세/수수료

순번	신청등기소	구분	등록면허세	지방교육세	세액합계	등기신청수수료

			금 40,200원	금 8,040원	금 48,240원	금 6,000원
합 계						
등기신청수수료 은행수납번호						
첨 부 서 면						
1. 이사회의사록 통 1. 주무관청의 정관변경인가서 (또는 인가서등본) 통				1. 등록면허세영수필확인서및통지서 통 1. 위임장(대리인이 신청할 경우) 통 〈기 타〉		

년 월 일

신청인 명 칭
주사무소
대표자 성 명 ㊞ (전화 :)
주 소
대리인 성 명 ㊞ (전화 :)
주 소

지방법원 등기소 귀중

[신청서 작성요령 및 등기수입증지 첩부란]

1. 해당란이 부족할 때에는 별지를 이용합니다.
1. 해당 등기신청과 관계없는 사항에 대하여는 "해당없음"으로 기재하거나 삭제하고, 필요한 사항은 추가 기재합니다.
1. 등기신청수수료 상당의 대법원등기수입증지를 이 난에 붙입니다.

(용지규격 21㎝×29.7㎝)

[서식] 이사회의사록

이 사 회 의 사 록

2000년 0월 0일 00시 00분, 00시 00구 00로 00(00동) 당 법인 회의실(또는 사무소)에서 이사회를 개최하다.

총이사수 : 0명 출석이사수 : 0명

의장 000는 정관규정에 따라 의장석에 등단하여 위와 같이 법정수에 달하는 이사가 출석하였으므로 본 이사회가 적법히 성립되었음을 알리고 개회를 선언한 후, 다음의 의안을 부의하고 심의를 구하다.

제1호 의 안 지사무소설치의 건
의장은 당 법인의 사업이 날로 번창함에 따라 사업을 확장하기 위하여 다음 장소에 지사무소를 설치한 필요가 있음을 설명하고 그 가부를 물은 바, 전원 이의 없이 찬성하여 만장일치로 승인가결하다.

지사무소 : 00시 00구 00로 00(00동)
설치연월일 : 2000년 0월 0일

의장은 이상으로서 회의목적인 의안 전부의 심의를 종료하였으므로 폐회한다고 선언하다(회의종료시각 : 00시 00분)

위 결의를 명확히 하기 위하여 이 의사록을 작성하고 의장과 출석한 이사가 기명날인하다.

2000년 0월 0일

의료법인 000
00시 00구 00로 00(00동)
의장겸 대표이사 0 0 0 (인)
이사 0 0 0 (인)
이사 0 0 0 (인)
이사 0 0 0 (인)

[서식] 의료법인 지사무소설치등기신청서(지사무소에서 신청하는 경우)

의료법인 지사무소 설치등기신청

<table>
<tr><td rowspan="2">접
수</td><td>년 월 일</td><td rowspan="2">처
리
인</td><td>접 수</td><td>조 사</td><td>기 입</td><td>교 합</td><td>각종통지</td></tr>
<tr><td>제 호</td><td></td><td></td><td></td><td></td><td></td></tr>
</table>

<table>
<tr><td colspan="2">명 칭</td><td>의료법인 ○○○</td><td>등록번호</td><td>0000000-000000</td></tr>
<tr><td colspan="2">주 사 무 소</td><td colspan="3">OO시 OO구 OO로 OO(OO동)</td></tr>
<tr><td colspan="2">등기의 목적</td><td colspan="3">지사무소 설치등기</td></tr>
<tr><td colspan="2">등기의 사유</td><td colspan="3">20○○년 ○월 ○일 이사회의 결의에 의하여(20○○년 ○월 ○일 이사회에서 정관변경을 결의하고 20○○년 ○월 ○일 주무관청의 인가를 받아) 20○○년 ○월 ○일 ○○시 ○○구 ○○로 ○○에 지사무소를 설치하고 20○○년 ○월 ○일 ○○시 ○○ 주사무소소재지 관할등기소에서 그 등기를 하였으므로 이 등기소에서 다음 사항의 등기를 구함.</td></tr>
<tr><td colspan="2">인가서도착연월일</td><td colspan="3">20○○년 ○월 ○일</td></tr>
<tr><td colspan="2">주사무소/분사무소
신청구분</td><td colspan="3">1.주사무소 신청 ☐ 2.분사무소 신청 ☐ 3.주 · 분사무소 일괄신청 ☐</td></tr>
<tr><td colspan="5">등 기 할 사 항</td></tr>
<tr><td colspan="2">명 칭</td><td colspan="3">의료법인 ○○○</td></tr>
<tr><td colspan="2">주 사 무 소</td><td colspan="3">OO시 OO구 OO로 OO(OO동)</td></tr>
<tr><td rowspan="2">분사무소</td><td>명 칭</td><td colspan="3">○○지사무소</td></tr>
<tr><td>소재지</td><td colspan="3">OO시 OO구 OO로 OO(OO동)</td></tr>
<tr><td colspan="2">대표이사의 성명,
주민등록번호, 주소
및 취임연월일</td><td colspan="3">대표이사 ○ ○ ○ (000000-0000000)
OO시 OO구 OO로 OO(OO동)
20○○년 ○월 ○일 취임</td></tr>
<tr><td colspan="2">법인성립연월일</td><td colspan="3">20○○년 ○월 ○일</td></tr>
<tr><td colspan="2">지사무소설치연월일</td><td colspan="3">20○○년 ○월 ○일</td></tr>
<tr><td colspan="2">목 적</td><td colspan="3">목적 1. ○○○○○○○○○
1. ○○○○○○○○○</td></tr>
<tr><td colspan="2">존립기간 또는
해산사유</td><td colspan="3">1. ○○○○○○○○○
2. ○○○○○○○○○</td></tr>
<tr><td colspan="2">기 타</td><td colspan="3"></td></tr>
</table>

<table>
<tr><td colspan="7">신청등기소 및 등록면허세/수수료</td></tr>
<tr><td>순번</td><td>신청등기소</td><td>구분</td><td>등록면허세</td><td>지방교육세</td><td>세액합계</td><td>등기신청수수료</td></tr>
<tr><td></td><td></td><td></td><td>금 40,200원</td><td>금 8,040원</td><td>금 48,240원</td><td>금 6,000원</td></tr>
<tr><td></td><td></td><td></td><td></td><td></td><td></td><td></td></tr>
<tr><td></td><td></td><td></td><td></td><td></td><td></td><td></td></tr>
<tr><td></td><td></td><td></td><td></td><td></td><td></td><td></td></tr>
<tr><td colspan="3">합 계</td><td></td><td></td><td></td><td></td></tr>
<tr><td colspan="4">등기신청수수료 은행수납번호</td><td colspan="3"></td></tr>
<tr><td colspan="7">첨 부 서 면</td></tr>
<tr><td colspan="4">1. 주사무소의 법인등기부등본 통
1. 등록면허세영수필확인서및통지서 통</td><td colspan="3">1. 위임장(대리인이 신청할 경우) 통
〈기 타〉</td></tr>
<tr><td colspan="7">년 월 일

신청인 명 칭
주사무소
대표자 성 명 ㊞ (전화 :)
주 소
대리인 성 명 ㊞ (전화 :)
주 소

지방법원 등기소 귀중</td></tr>
</table>

[신청서 작성요령 및 등기수입증지 첨부란]

1. 해당란이 부족할 때에는 별지를 이용합니다.
1. 해당 등기신청과 관계없는 사항에 대하여는 "해당없음"으로 기재하거나 삭제하고, 필요한 사항은 추가 기재합니다.
1. 등기신청수수료 상당의 대법원등기수입증지를 이 난에 붙입니다.

(용지규격 21㎝×29.7㎝)

[서식] 의료법인 지사무소이전등기신청서(주사무소소재지에서 신청하는 경우)

의료법인 지사무소이전등기신청

<table>
<tr><td rowspan="2">접
수</td><td>년 월 일</td><td rowspan="2">처
리
인</td><td>접 수</td><td>조 사</td><td>기 입</td><td>교 합</td><td>각종통지</td></tr>
<tr><td>제 호</td><td></td><td></td><td></td><td></td><td></td></tr>
</table>

<table>
<tr><td>명 칭</td><td colspan="3">의료법인 ○○○</td><td colspan="2">등기번호</td><td colspan="2">제○○○○호</td></tr>
<tr><td>주 사 무 소</td><td colspan="7">OO시 OO구 OO로 OO(OO동)</td></tr>
<tr><td>등기의 목적</td><td colspan="7">지사무소 이전등기</td></tr>
<tr><td>등기의 사유</td><td colspan="7">20○○년 ○월 ○일 이사회의 결의에 의하여(20○○년 ○월 ○일 이사회에서 정관변경을 결의하고 20○○년 ○월 ○일 주무관청의 인가를 받아) 20○○년 ○월 ○일 ○○시 ○○구 ○○로 ○○(○○동)의 지사무소를 다음 장소로 이전하였으므로 그 등기를 구함.</td></tr>
<tr><td>인가서도착연월일</td><td colspan="7">20○○년 ○월 ○일</td></tr>
<tr><td>주사무소/분사무소
신청구분</td><td colspan="7">1.주사무소 신청 □ 2.분사무소 신청 □ 3.주 · 분사무소 일괄신청 □</td></tr>
<tr><td colspan="8">등 기 할 사 항</td></tr>
<tr><td>신분사무소</td><td colspan="7">OO시 OO구 OO로 OO(OO동)(○○분사무소)</td></tr>
<tr><td>이전연월일</td><td colspan="7">20○○년 ○월 ○일</td></tr>
<tr><td>기 타</td><td colspan="7"></td></tr>
<tr><td colspan="8">신청등기소 및 등록면허세/수수료</td></tr>
<tr><td>순번</td><td>신청등기소</td><td>구분</td><td>등록면허세</td><td>지방교육세</td><td>세액합계</td><td colspan="2">등기신청수수료</td></tr>
<tr><td></td><td></td><td></td><td>금 40,200원</td><td>금 8,040원</td><td>금 48,240원</td><td colspan="2">금 6,000원</td></tr>
<tr><td></td><td></td><td></td><td></td><td></td><td></td><td colspan="2"></td></tr>
<tr><td></td><td></td><td></td><td></td><td></td><td></td><td colspan="2"></td></tr>
<tr><td></td><td></td><td></td><td></td><td></td><td></td><td colspan="2"></td></tr>
<tr><td colspan="3">합 계</td><td></td><td></td><td></td><td colspan="2"></td></tr>
<tr><td colspan="4">등기신청수수료 은행수납번호</td><td colspan="4"></td></tr>
<tr><td colspan="8">첨 부 서 면</td></tr>
</table>

1. 이사회의사록 통 1. 주무관청의 정관변경인가서 (또는 인가서등본) 통	1. 등록면허세영수필확인서및통지서 통 1. 위임장(대리인이 신청할 경우) 통 〈기 타〉

년 월 일

신청인 명 칭

주사무소

대표자 성 명 ㉞ (전화 :)

주 소

대리인 성 명 ㉞ (전화 :)

주 소

지방법원 등기소 귀중

[신청서 작성요령 및 등기수입증지 첩부란]

1. 해당란이 부족할 때에는 별지를 이용합니다.
1. 해당 등기신청과 관계없는 사항에 대하여는 "해당없음"으로 기재하거나 삭제하고, 필요한 사항은 추가 기재합니다.
1. 등기신청수수료 상당의 대법원등기수입증지를 이 난에 붙입니다.

(용지규격 21㎝×29.7㎝)

[서식] 의료법인 지사무소이전등기신청서(당해 신지사무소소재지에서 신청하는 경우)

의료법인 지사무소이전등기신청

<table>
<tr><td rowspan="2">접
수</td><td>년 월 일</td><td rowspan="2">처
리
인</td><td>접 수</td><td>조 사</td><td>기 입</td><td>교 합</td><td>각종통지</td></tr>
<tr><td>제 호</td><td></td><td></td><td></td><td></td><td></td></tr>
</table>

<table>
<tr><td>명 칭</td><td>의료법인 ○○○</td><td>등록번호</td><td>제○○○○○호</td></tr>
<tr><td>주 사 무 소</td><td colspan="3">OO시 OO구 OO로 OO(OO동)</td></tr>
<tr><td>등기의 목적</td><td colspan="3">지사무소 이전등기</td></tr>
<tr><td>등기의 사유</td><td colspan="3">20○○년 ○월 ○일 이사회의 결의에 의하여(20○○년 ○월 ○일 이사회에서 정관변경을 결의하고 20○○년 ○월 ○일 주무관청의 인가를 받아) 20○○년 ○월 ○일 OO시 OO구 OO로 OO(OO동)의 지사무소를 OO시 OO구 OO로 OO(OO동)로 이전하고, 20○○년 ○월 ○일 주사무소소재지 관할등기소에서 그 등기를 하였으므로 등기소에서 다음 사항의 등기를 구함.</td></tr>
<tr><td>인가서도착연월일</td><td colspan="3">20○○년 ○월 ○일</td></tr>
<tr><td>주사무소/분사무소
신청구분</td><td colspan="3">1.주사무소 신청 □ 2.분사무소 신청 □ 3.주 · 분사무소 일괄신청 □</td></tr>
<tr><td colspan="4">등 기 할 사 항</td></tr>
<tr><td>기 타</td><td colspan="3">명 칭 : 의료법인 ○○○
주사무소 : OO시 OO구 OO로 OO(OO동)
지사무소 : OO시 OO구 OO로 OO(OO동)
목 적 : ○○○○○○
존립시기 또는 해산사유 : ○○○○○○○
대표이사의 성명, 주소와 주민등록번호
○ ○ ○ (000000-0000000)
OO시 OO구 OO로 OO(OO동)
20○○년 ○월 ○일 취임
지사무소이전연월일 20○○년 ○월 ○일
법인성립연월일 : 20○○년 ○월 ○일</td></tr>
<tr><td colspan="4">신청등기소 및 등록면허세/수수료</td></tr>
</table>

<table>
<tr><td>순번</td><td>신청등기소</td><td>구분</td><td>등록면허세</td><td>지방교육세</td><td>세액합계</td><td>등기신청수수료</td></tr>
<tr><td></td><td></td><td></td><td>금 40,200원</td><td>금8,040원</td><td>금 48,240원</td><td>금 6,000원</td></tr>
<tr><td></td><td></td><td></td><td></td><td></td><td></td><td></td></tr>
<tr><td></td><td></td><td></td><td></td><td></td><td></td><td></td></tr>
<tr><td></td><td></td><td></td><td></td><td></td><td></td><td></td></tr>
<tr><td colspan="3">합 계</td><td></td><td></td><td></td><td></td></tr>
<tr><td colspan="4">등기신청수수료 은행수납번호</td><td colspan="3"></td></tr>
<tr><td colspan="7">첨 부 서 면</td></tr>
<tr><td colspan="4">1. 주사무소의 법인등기부등본 통
1. 등록면허세영수필확인서및통지서 통</td><td colspan="3">1. 위임장(대리인이 신청할 경우) 통
〈기 타〉</td></tr>
<tr><td colspan="7">년 월 일

신청인 명 칭
주사무소
대표자 성 명 ㊞ (전화 :)
주 소
대리인 성 명 ㊞ (전화 :)
주 소

지방법원 등기소 귀중</td></tr>
</table>

[신청서 작성요령 및 등기수입증지 첨부란]

1. 해당란이 부족할 때에는 별지를 이용합니다.
1. 해당 등기신청과 관계없는 사항에 대하여는 "해당없음"으로 기재하거나 삭제하고, 필요한 사항은 추가 기재합니다.
1. 등기신청수수료 상당의 대법원등기수입증지를 이 난에 붙입니다.

(용지규격 21㎝×29.7㎝)

[서식] 의료법인 지사무소이전등기신청서(구 지사무소소재지에서 신청하는 경우)

의료법인 지사무소이전등기신청

접수	년 월 일	처리인	접 수	조 사	기 입	교 합	각종통지
	제 호						

명 칭	의료법인 ○○○	등기번호	제○○○○호
주 사 무 소	OO시 OO구 OO로 OO(OO동)		
등기의 목적	지사무소 이전등기		
등기의 사유	20○○년 ○월 ○일 이사회의 결의에 의하여(20○○년 ○월 ○일 이사회에서 정관변경을 결의하고 20○○년 ○월 ○일 주무관청의 인가를 받아) OO시 OO구 OO로 OO(OO동)의 지사무소를 다음 장소로 이전하고 20○○년 ○월 ○일 주사무소소재지 관할등기소에서 등기를 하였으므로 이 등기소에서 그 등기를 구함.		
인가서도착연월일	20○○년 ○월 ○일		
주사무소/분사무소 신청구분	1.주사무소 신청 □ 2.분사무소 신청 □ 3.주 · 분사무소 일괄신청 □		

등 기 할 사 항

분 사 무 소	OO시 OO구 OO로 OO(OO동)(○○분사무소)
이전연월일	20○○년 ○월 ○일
기 타	

신청등기소 및 등록면허세/수수료

순번	신청등기소	구분	등록면허세	지방교육세	세액합계	등기신청수수료
			금 40,200원	금 8,040원	금 48,240원	금 6,000 원
합 계						
등기신청수수료 은행수납번호						

첨 부 서 면

<table>
<tr><td>1. 주사무소의 법인등기부등본 통
1. 등록면허세영수필확인서및통지서 통</td><td>1. 위임장(대리인이 신청할 경우) 통
〈기 타〉</td></tr>
<tr><td colspan="2">년 월 일

신청인 명 칭
주사무소
대표자 성 명 ㊞ (전화 :)
주 소
대리인 성 명 ㊞ (전화 :)
주 소

지방법원 등기소 귀중</td></tr>
</table>

[신청서 작성요령 및 등기수입증지 첩부란]

1. 해당란이 부족할 때에는 별지를 이용합니다.
1. 해당 등기신청과 관계없는 사항에 대하여는 "해당없음"으로 기재하거나 삭제하고, 필요한 사항은 추가 기재합니다.
1. 등기신청수수료 상당의 대법원등기수입증지를 이 난에 붙입니다.

(용지규격 21㎝×29.7㎝)

[서식] 의료법인 지사무소폐지등기신청서(주사무소소재지에서 신청하는 경우)

의료법인 지사무소폐지등기신청

접수	년 월 일	처리인	접 수	조 사	기 입	교 합	각종통지
	제 호						

명 칭	의료법인 ○○○	등기번호	제○○○○호
주 사 무 소	OO시 OO구 OO로 OO(OO동)		
등기의 목적	지사무소 폐지등기		
등기의 사유	20○○년 ○월 ○일 이사회의 결의에 의하여(20○○년 ○월 ○일 이사회에서 정관변경을 결의하고 20○○년 ○월 ○일 주무관청의 인가를 받아) 지사무소를 폐지하였으므로 그 등기를 구함.		
인가서도착연월일	20○○년 ○월 ○일		
주사무소/분사무소 신청구분	1.주사무소 신청 □	2.분사무소 신청 □	3.주 · 분사무소 일괄신청 □
등 기 할 사 항			
지 사 무 소	OO시 OO구 OO로 OO(OO동)(○○지사무소)		
폐 지 연 월 일	20○○년 ○월 ○일		
기 타			

신청등기소 및 등록면허세/수수료

순번	신청등기소	구분	등록면허세	지방교육세	세액합계	등기신청수수료
			금 원	금 원	금 원	금 원
합 계						
등기신청수수료 은행수납번호						

첨 부 서 면

1. 의사회의사록 통	1. 등록면허세영수필확인서및통지서 통
1. 주무관청의 정관변경인가서	1. 위임장(대리인이 신청할 경우) 통

(또는 인가서등본) 통	〈기 타〉

년 월 일

신청인 명 칭
주사무소
대표자 성 명 ㊞ (전화 :)
주 소
대리인 성 명 ㊞ (전화 :)
주 소

지방법원 등기소 귀중

[신청서 작성요령 및 등기수입증지 첩부란]

1. 해당란이 부족할 때에는 별지를 이용합니다.
1. 해당 등기신청과 관계없는 사항에 대하여는 "해당없음"으로 기재하거나 삭제하고, 필요한 사항은 추가 기재합니다.
1. 등기신청수수료 상당의 대법원등기수입증지를 이 난에 붙입니다.

(용지규격 21cm×29.7cm)

[서식] 의료법인 지사무소폐지등기신청서(폐지하는 지사무소소재지에서 신청하는 경우)

의료법인 지사무소폐지등기신청

<table>
<tr><td rowspan="2">접
수</td><td>년 월 일</td><td rowspan="2">처
리
인</td><td>접 수</td><td>조 사</td><td>기 입</td><td>교 합</td><td>각종통지</td></tr>
<tr><td>제 호</td><td></td><td></td><td></td><td></td><td></td></tr>
</table>

<table>
<tr><td>명 칭</td><td>의료법인 ○○○</td><td>등기번호</td><td>제○○○○호</td></tr>
<tr><td>주 사 무 소</td><td colspan="3">OO시 OO구 OO로 OO(OO동)</td></tr>
<tr><td>등기의 목적</td><td colspan="3">지사무소 폐지등기</td></tr>
<tr><td>등기의 사유</td><td colspan="3">20○○년 ○월 ○일 이사회의 결의에 의하여(20○○년 ○월 ○일 이사회에서 정관변경을 결의하고 20○○년 ○월 ○일 주무관청의 인가를 받아) 20○○년 ○월 ○일 OO시 OO구 OO로 OO(OO동)의 지사무소를 폐지하고 20○○년 ○월 ○일 주사무소소재지 관할등기소에서 등기를 하였으므로 이 등기소에서 그 등기를 구함.</td></tr>
<tr><td>인가서도착연월일</td><td colspan="3">20○○년 ○월 ○일</td></tr>
<tr><td>주사무소/분사무소
신청구분</td><td colspan="3">1.주사무소 신청 □ 2.분사무소 신청 □ 3.주 · 분사무소 일괄신청 □</td></tr>
<tr><td colspan="4">등 기 할 사 항</td></tr>
<tr><td>지 사 무 소</td><td colspan="3">OO시 OO구 OO로 OO(OO동)(○○지사무소)</td></tr>
<tr><td>폐지연월일</td><td colspan="3">20○○년 ○월 ○일</td></tr>
<tr><td>기 타</td><td colspan="3"></td></tr>
</table>

<table>
<tr><td colspan="7">신청등기소 및 등록면허세/수수료</td></tr>
<tr><td>순번</td><td>신청등기소</td><td>구분</td><td>등록면허세</td><td>지방교육세</td><td>세액합계</td><td>등기신청수수료</td></tr>
<tr><td></td><td></td><td></td><td>금 원</td><td>금 원</td><td>금 원</td><td>금 원</td></tr>
<tr><td></td><td></td><td></td><td></td><td></td><td></td><td></td></tr>
<tr><td></td><td></td><td></td><td></td><td></td><td></td><td></td></tr>
<tr><td></td><td></td><td></td><td></td><td></td><td></td><td></td></tr>
<tr><td colspan="3">합 계</td><td></td><td></td><td></td><td></td></tr>
<tr><td colspan="4">등기신청수수료 은행수납번호</td><td colspan="3"></td></tr>
</table>

<table>
<tr><th colspan="2">첨 부 서 면</th></tr>
<tr><td>1. 주사무소의 법인등기부등본 통
1. 등록면허세영수필확인서및통지서 통</td><td>1. 위임장(대리인이 신청할 경우) 통
〈기 타〉</td></tr>
<tr><td colspan="2">년 월 일

신청인 명 칭
주사무소
대표자 성 명 ㉠ (전화 :)
주 소
대리인 성 명 ㉠ (전화 :)
주 소

지방법원 등기소 귀중</td></tr>
</table>

[신청서 작성요령 및 등기수입증지 첨부란]

1. 해당란이 부족할 때에는 별지를 이용합니다.
1. 해당 등기신청과 관계없는 사항에 대하여는 "해당없음"으로 기재하거나 삭제하고, 필요한 사항은 추가 기재합니다.
1. 등기신청수수료 상당의 대법원등기수입증지를 이 난에 붙입니다.

(용지규격 21㎝×29.7㎝)

4. 목적 · 명칭 등 기타변경등기

명칭 목적 등은 정관의 기재사항에 해당하므로 이를 변경하는 경우에는 정관을 변경하여야 한다.

[서식] 의료법인 변경등기신청서(명칭변경)

의료법인 변경등기신청

접수	년 월 일	처리인	접 수	조 사	기 입	교 합	각종통지
	제 호						

명 칭	의료법인 ㅇㅇㅇ	등기번호	제ㅇㅇㅇㅇ호
주 사 무 소	OO시 OO구 OO로 OO(OO동)		
등기의 목적	명칭변경등기		
등기의 사유	20ㅇㅇ년 ㅇ월 ㅇ일 이사회에서 정관변경을 결의하고 20ㅇㅇ년 ㅇ월 ㅇ일 주무관청의 인가를 받아 다음과 같이 명칭을 변경하였으므로 그 등기를 구함.		
인가서도착연월일	20ㅇㅇ년 ㅇ월 ㅇ일		
주사무소/분사무소 신청구분	1.주사무소 신청 □	2.분사무소 신청 □	3.주 · 분사무소 일괄신청 □
등 기 할 사 항			
명 칭 : 의료법인 ㅇㅇㅇㅇ 20ㅇㅇ. ㅇ. ㅇ. 변경			
신청등기소 및 등록면허세/수수료			

<table>
<tr><td>순번</td><td>신청등기소</td><td>구분</td><td>등록면허세</td><td>지방교육세</td><td>세액합계</td><td>등기신청수수료</td></tr>
<tr><td></td><td></td><td></td><td>금　　　원</td><td>금　　　원</td><td>금　　　원</td><td>금　　　원</td></tr>
<tr><td></td><td></td><td></td><td></td><td></td><td></td><td></td></tr>
<tr><td></td><td></td><td></td><td></td><td></td><td></td><td></td></tr>
<tr><td></td><td></td><td></td><td></td><td></td><td></td><td></td></tr>
<tr><td colspan="3">합　　계</td><td></td><td></td><td></td><td></td></tr>
<tr><td colspan="4">등기신청수수료 은행수납번호</td><td colspan="3"></td></tr>
<tr><td colspan="7">첨　부　서　면</td></tr>
<tr><td colspan="4">1. 이사회의사록　통
1. 주무관청의 정관변경인가서
(또는 인가서등본　통
1. 인감신고서(인감대지 포함)　통
1. 대표이사의 인감증명서　통</td><td colspan="3">1. 주사무소의 법인등기부등본　통
1. 등록면허세영수필확인서및통지서　통
1. 위임장(대리인이 신청할 경우)　통
〈기 타〉</td></tr>
<tr><td colspan="7">년　월　일

신청인 명　칭
주사무소
대표자 성　명　㊞ (전화 :)
주　소
대리인 성　명　㊞ (전화 :)
주　소

지방법원　등기소　귀중</td></tr>
</table>

[신청서 작성요령 및 등기수입증지 첨부란]

1. 해당란이 부족할 때에는 별지를 이용합니다.
1. 해당 등기신청과 관계없는 사항에 대하여는 "해당없음"으로 기재하거나 삭제하고, 필요한 사항은 추가 기재합니다.
1. 등기신청수수료 상당의 대법원등기수입증지를 이 난에 붙입니다.

(용지규격 21㎝×29.7㎝)

[서식] 이사회의사록

이 사 회 의 사 록

2000년 0월 0일 00시 00분, 00시 00구 00로 00(00동) 당 법인 회의실(또는 사무소)에서 이사회를 개최하다.

총이사수 : 0명　　　출석이사수 : 0명

의장인 대표이사 000는 정관규정에 따라 의장석에 등단하여 위와 같이 법정수에 달하는 이사가 출석하였으므로 본 이사회가 적법히 성립되었음을 알리고 개회를 선언한 후, 다음의 의안을 부의하고 심의를 구하다.

제1호　의 안　법인명칭변경의 건
의장은 당 법인의 사업형편상 당 법인의 본래의 명칭인 의료법인 000를 다음과 같이 변경해야 할 필요가 있음을 상세히 설명하고 그 가부를 물은 바, 전원 이의 없이 찬성하여 만장일치로 그를 승인 가결하다.

명칭 : 의료법인 0000

제2호　의 안　정관변경의 건
의장은 위 명칭변경에 수반하여 현행 정관 제0조를 다음과 같이 변경해야 한다는 취지를 설명하고 그 가부를 물으니 전원 이의 없이 그와 같이 변경할 것을 만장일치로 승인 가결하다.

제0조(명칭) 당 법인은 의료법인 ㅇㅇㅇㅇ"이라 칭한다.

의장은 이상으로서 회의목적인 의안 전부의 심의를 종료하였으므로 폐회한다고 선언하다(회의종료시각 : 00시 00분)

위 결의를 명확히 하기 위하여 이 의사록을 작성하고 의장과 출석한 이사가 기명날인하다.

2000년　0월　0일

의료법인 OOO

OO시 OO구 OO로 OO(OO동)

의장겸 대표이사 O O O (인)

이사 O O O (인)

이사 O O O (인)

이사 O O O (인)

[서식] 의료법인 변경등기신청서(목적사업변경)

의료법인 변경등기신청

<table>
<tr><td rowspan="2">접
수</td><td>년 월 일</td><td rowspan="2">처
리
인</td><td>접 수</td><td>조 사</td><td>기 입</td><td>교 합</td><td>각종통지</td></tr>
<tr><td>제 호</td><td></td><td></td><td></td><td></td><td></td></tr>
</table>

<table>
<tr><td>명 칭</td><td>의료법인 ○○○</td><td>등기번호</td><td>제○○○○호</td></tr>
<tr><td>주 사 무 소</td><td colspan="3">OO시 OO구 OO로 OO(OO동)</td></tr>
<tr><td>등기의 목적</td><td colspan="3">목적변경등기</td></tr>
<tr><td>등기의 사유</td><td colspan="3">20○○년 ○월 ○일 이사회에서 정관변경을 결의하고 20○○년 ○월 ○일 주무관청의 인가를 받아 다음과 같이 목적을 변경하였으므로 그 등기를 구함.</td></tr>
<tr><td>인가서도착연월일</td><td colspan="3">20○○년 ○월 ○일</td></tr>
<tr><td>주사무소/분사무소
신청구분</td><td colspan="3">1.주사무소 신청 □ 2.분사무소 신청 □ 3.주 · 분사무소 일괄신청 □</td></tr>
<tr><td colspan="4">등 기 할 사 항</td></tr>
<tr><td colspan="4">목 적 : 다음 목적을 변경
"1. ○○○○○○○○"을
"1. ○○○○○○○○○○○"으로 변경

다음 목적을 삭제
1. 각 항에 부대하는 사업

다음 목적을 추가
1. ○○○○○○○○
1. ○○○○○○○○
1. 위 각 항에 관련된 부대사업 일체

20○○년 ○월 ○일 변경</td></tr>
</table>

<table>
<tr><th colspan="7">신청등기소 및 등록면허세/수수료</th></tr>
<tr><td>순번</td><td>신청등기소</td><td>구분</td><td>등록면허세</td><td>지방교육세</td><td>세액합계</td><td>등기신청수수료</td></tr>
<tr><td></td><td></td><td></td><td>금　　　원</td><td>금　　　원</td><td>금　　　원</td><td>금　　　원</td></tr>
<tr><td></td><td></td><td></td><td></td><td></td><td></td><td></td></tr>
<tr><td></td><td></td><td></td><td></td><td></td><td></td><td></td></tr>
<tr><td></td><td></td><td></td><td></td><td></td><td></td><td></td></tr>
<tr><td colspan="3">합　　계</td><td></td><td></td><td></td><td></td></tr>
<tr><td colspan="4">등기신청수수료 은행수납번호</td><td colspan="3"></td></tr>
<tr><td colspan="7">첨　부　서　면</td></tr>
<tr><td colspan="4">1. 이사회의사록　통
1. 주무관청의 정관변경인가서
(또는 인가서 등본)　통
1. 주사무소의 법인등기부등본　통</td><td colspan="3">1. 등록면허세영수필확인서및통지서　통
1. 위임장(대리인이 신청할 경우)　통
〈기 타〉</td></tr>
<tr><td colspan="7">년　　월　　일

신청인 명　칭
주사무소
대표자 성　명　　㊞ (전화 :　　　)
주　　소
대리인 성　명　　㊞ (전화 :　　　)
주　　소

지방법원　　　등기소　귀중</td></tr>
</table>

[신청서 작성요령 및 등기수입증지 첨부란]

1. 해당란이 부족할 때에는 별지를 이용합니다.
1. 해당 등기신청과 관계없는 사항에 대하여는 "해당없음"으로 기재하거나 삭제하고, 필요한 사항은 추가 기재합니다.
1. 등기신청수수료 상당의 대법원등기수입증지를 이 난에 붙입니다.

(용지규격 21㎝×29.7㎝)

[서식] 이사회의사록

이 사 회 의 사 록

2000년 0월 0일 00시 00분, 00시 00구 00로 00(00동) 당 법인 회의실(또는 사무소)에서 이사회를 개최하다.

총이사수 : 0명 출석이사수 : 0명

의장인 대표이사 000는 정관규정에 따라 의장석에 등단하여 위와 같이 법정수에 달하는 이사가 출석하였으므로 본 이사회가 적법히 성립되었음을 알리고 개회를 선언한 후, 다음의 의안을 부의하고 심의를 구하다.

제1호 의 안 목적변경의 건

의장은 당 법인의 사업형편상 당 법인의 목적을 다음과 같이 변경해야 할 필요가 있음을 상세히 설명하고 그 가부를 물은 바, 전원 이의 없이 찬성하여 만장일치로 그를 승인 가결하다.

목 적 : 다음 목적을 변경

"1. ○○○○○○○"을

"1. ○○○○○○○○○○"으로 변경

다음 목적을 삭제

1. 각 항에 부대하는 사업

다음 목적을 추가

1. ○○○○○○○

1. ○○○○○○○

1. 위 각 항에 관련된 부대사업 일체

제2호 의 안 정관변경의 건

의장은 위 목적의 변경에 수반하여 현행 정관 제0조를 다음과 같이 변경해야 한다는 취지를 설명하고 그 가부를 물으니 전원 이의 없이 그와 같이 변경할 것을 만장일치로 승인 가결하다.

목 적 : 다음 목적을 변경

“1. ○○○○○○○○”을

“1. ○○○○○○○○○○”으로 변경

다음 목적을 삭제

1. 각 항에 부대하는 사업

다음 목적을 추가

1. ○○○○○○○○

1. ○○○○○○○○

1. 위 각 항에 관련된 부대사업 일체

의장은 이상으로서 회의목적인 의안 전부의 심의를 종료하였으므로 폐회한다고 선언하다(회의종료시각 : OO시 OO분).

위 결의를 명확히 하기 위하여 이 의사록을 작성하고 의장과 출석한 이사가 기명날인하다.

2000년 0월 0일

의료법인 OOO

OO시 OO구 OO로 OO(OO동)

의장겸 대표이사 O O O (인)

이사 O O O (인)

이사 O O O (인)

이사 O O O (인)

제4장 영농(영어)조합법인 설립과 변경등기

제1절 서 설

1. 의 의

협업적 농업경영을 통하여 생산성을 높이고 농산물의 출하 · 유통 · 가공 · 수출 등을 공동으로 하려는 농업인 또는 농어업 · 농어촌및식품산업기본법 제3조 제4호에 따른 농업관련 생산자단체는 5인 이상을 조합원으로 하여 영농조합법인을 설립할 수 있다.

2. 법인의 성격

영농조합법인은 법인이 농지를 소유하면서 협업적 영농을 하는 제도로서 영리법인의 성격을 가지며, 법인세법 적용에 있어서도 영리법인으로 취급된다. 영농조합법인은 농어업 · 농어촌및식품산업기본법에 의한 특수법인으로서 법인설립에 따른 별도의 인가나 허가가 필요 없다.

제2절 영농조합의 설립등기

1. 서설

영농조합법인은 그 주된 사무소소재지에서 조합법인을 대표할 조합원 또는 대표이사가 관할등기소에서 등기 신청하여 설립등기를 함으로써 성립한다. 설립등기는 법인의 성립요건으로서 설립등기를 하지 아니하면 정관을 작성하고 창립총회를 하여도 법인으로 성립하지 아니한다.

2. 정관작성

영농조합법인을 설립하려면 정관을 작성해야 한다.
정관이란 영농조합법인의조직, 사업 관리 운영 등 영농조합법인에 관한 기본적인 사항을 정하는 자치규범으로 조합법인 설립 시 발기인 5인 이상이 공동으로 작성하여야 한다.

3. 출자

영농조합법인의 조합원은 정관에서 정하는 바에 따라 농지, 현금 및 그 밖의 현물로 출자할 수 있다. 출자를 불입한 조합원에게는 대표자 명의로 출자증서를 발급하고 출자증서에도 출자좌수, 출자액, 출자재산의 표시 등을 기재하여야 한다. 영농조합법인의 조합원 및 준조합원의 책임은 납입한 출자액을 한도로 한다.

4. 창립총회

정관, 기타 설립에 필요한 행위는 창립총회의 의결을 거쳐 최종확정한다. 창립총회에서는 다음 사항을 의결하여야 한다.

1) 정관의 승인
2) 정관에서 정한 임원의 선임
3) 출자납입에 관한 사항
4) 설립당해년도 사업계획의 승인 등

5. 설립등기절차

1) 등기신청

조합법인의 설립등기신청서에는 명칭, 목적, 사업, 사무소의 소재지, 출자액의 납입방법, 산정방법과 조합원 1명이 출자할 수 있는 출자액의 최고한도에 관한 사항, 해산사유를 정한 경우 그 사유에 관한 사항, 조합법인을 대표할 조합원 및 임원의 주소와 성명, 2명이상의 조합원이 공동으로 조합법인을 대표할 것을 정한 경우에는 그 규정, 출자총좌수와 납입할 총출자액을 기재 한다.

2) 첨부서류

(1) 정 관

정관에는 목적, 명칭, 사무소의 소재지, 사업의 종류, 자산 및 회계에 관한 사항, 임원의 임면 등에 관한 사항, 회의에 관한 사항, 정관의 변경에 관한 사항, 존립시기와 해산사유를 정한 때에는 그 시기와 사유 및 잔여재산의 처리방법, 공고 및 그 방법에 관한 사항을 기재한다.

(2) 창립총회의사록

창립총회 회의록은 법인설립 시 적법한 절차를 거쳐 성립 되었느냐를 판단하는 중요한 기준이 되므로 육하원칙에 따라 작성하되 진행자 등이 누락되지 않도록 한다. 특히 회의진행과 관련하여 정관 심의과정 및 임원선출의 표결사항, 찬반 토론내용 등을 상세히 기재하고 회의록 작성이 끝나면 참석한 서명위원들이 기록내용을 확인하고 연명으로 날인하여야 한다. 회의록의 내용 중 별첨 유인물로 진행된 것은 회의록에 첨부하여 서명위원들이 간인하여야 한다.

(3) 출자자의 명세를 적은 서류

(4) 조합법인을 대표할 조합원임을 증명하는 서류

(5) 영농조합법인의 경우에는 5인 이상의 조합원이 농업인 또는 농업, 농촌 및 식품산업 기본법 제3조 제4호에 따른 농업 관련 생산자단체임을 확인할 수 있는 서류

(6) 영어조합법인의 경우에는 5인 이상의 조합원이 어업인 또는 농업, 농촌 및 식품산업 기본법 제3조 제4호에 따른 어업관련 생산자단체임을 확인할 수 있는 서류

[서식] 영농조합법인 설립등기신청서

영농조합법인 설립등기신청

접수	년 월 일	처리인	접 수	조 사	기 입	교 합	각종통지
	제 호						

등기의목적	영농조합법인 설립
등기의사유	농어업경영체육성및지원에관한법률의 규정에 의하여 영농조합을 설립하기 위하여 20○○년 ○월 ○일 정관을 작성하고 20○○년 ○월 ○일 출자금을 납입하고 창립총회를 종료하여 영농조합법인의 설립절차를 마쳤으므로 다음 사항의 등기를 구함.
주사무소/분사무소 신청구분	1.주사무소 신청 □ 2.분사무소 신청 □ 3.주·분사무소 일괄신청 □
등 기 할 사 항	
명 칭	○○영농조합법인
주 사 무 소	OO시 OO구 OO로 OO(OO동)
목 적	본 조합법인은 협업적 농업경영을 통하여 생산성을 높이고 농산물의 출하, 가공, 수출 등을 통하여 조합원의 소득증대를 도모함을 목적으로 다음 사업을 한다. 1. 집단재배 및 공동작업에 관한 사업 1. 농업에 관련된 공동이용시설의 설치 및 운영 1. 농기계 및 시설의 대여사업 1. 농작물의 대행 1. 농산물의 공동출하·가공 및 수출 1. 위 사업에 관련된 부대사업 일체
분 사 무 소	OO시 OO구 OO로 OO(OO동)
존립시기 또는 해산 사유	1. 총회에서 해산 및 합병을 의결한 경우 2. 파산한 경우 또는 법원의 해산명령을 받은 경우

	3. 조합원이 5인 미만이 된 후 1년 이내에 5인 이상이 되지 아니한 경우
자산의 총액	금 ○○○○○원
출자 1좌의 금액	금 ○○○○○원
출자액의 산정방법	농지 · 농기계 등 현물의 출자액 산출은 이사회(설립시는 창립총회)에서 정하는 평가율에 의하여 환가한다. 조합원 1명이 출자할 수 있는 출자액의 최고한도 : 총출자좌수의 0분의0
출자의 방법	농지, 현금 기타 현물을 이사회에서 정하는 납입일자에 일시 납입한다.
조합원출자한도	조합원 1명이 출자할 수 있는 출자액의 최고한도 : 총출자좌수의 0분의0
총출자좌수와 납입한 총출자액	총출좌수 : ○○○○좌 납입한 출자의 총액 : 금 ○○○○○○원
이사 · 감사의 성명, 주민등록번호	이사 ○ ○ ○ (000000-0000000) 이사 ○ ○ ○ (000000-0000000) 이사 ○ ○ ○ (000000-0000000) 감사 ○ ○ ○ (000000-0000000)
법인을 대표할 조합원(대표이사)의 성명, 주민등록번호, 주소	대표이사 ○ ○ ○ (000000-0000000) OO시 OO구 OO로 OO(OO동)
기 타	

신청등기소 및 등록면허세/수수료						
순번	신청등기소	구분	등록면허세	지방교육세	세액합계	등기신청수수료
			금 원	금 원	금 원	금 원
합 계						
등기신청수수료 은행수납번호						

<table>
<tr><td>과 세 표 준 액</td><td colspan="2">금 원</td></tr>
<tr><td colspan="3">첨 부 서 면</td></tr>
<tr><td colspan="2">1. 정관등본 통
1. 창립총회의사록 통
1. 출자자산의 내역을 기재한 서류 (납입증명) 통
1. 임원 및 대표조합원 증명서류 통
1. 대표자의 인감신고서 및 인감 증명 통</td><td>1. 이사 취임승낙서와 인감증명서 통
1. 주민등록등(초)본(임원) 통
1. 법인인감카드발급신청서 통
1. 등록면허세영수필확인서및통지서 통
1. 위임장(대리인이 신청할 경우) 통</td></tr>
<tr><td colspan="3">년 월 일
신청인 명 칭
주사무소
대표자 성 명 ㊞ (전화 :)
주 소
대리인 성 명 ㊞ (전화 :)
주 소

지방법원 등기소 귀중</td></tr>
</table>

[신청서 작성요령 및 등기수입증지 첨부란]

1. 해당란이 부족할 때에는 별지를 이용합니다.
1. 해당 등기신청과 관계없는 사항에 대하여는 "해당없음"으로 기재하거나 삭제하고, 필요한 사항은 추가 기재합니다.
1. 등기신청수수료 상당의 대법원등기수입증지를 이 난에 붙입니다.

(용지규격 21㎝×29.7㎝)

[서식] 위 임 장

위　　임　　장

변호사　000
OO시 OO구 OO동 OO(OO동)
전화 : OOO-OOO, 팩스 : OOO-OOO

위 사람을 대리인으로 정하고 다음사항의 권한을 위임한다.

다　　　음

1. OO영농조합법인 설립등기신청서의 작성 및 제출하는 행위
1. 등기신청의 취하에 관한 행위
1. OOO의 원본환부 및 수령하는 행위
1. 기타 이에 부수되는 일체의 행위

2OOO년　O월　O일

위임인　OO영농조합법인
OO시 OO구 OO로 OO(OO동)
대표이사　O O O (인)

[서식] 정관

OO영농조합법인 정관

제1장 총 칙

제1조 (명 칭) 본 조합법인은 농어업경영체육성및지원에관한법률 제16조에 의하여 설립된 영농조합법인으로서 그 명칭은 OO영농조합법인(이하 "조합법인"이라 한다)이라 한다.

제2조 (목 적) 본 조합법인은 협업적 농업경영을 통하여 생산성을 높이고 농산물의 공동출하 · 가공 · 수출 등을 통하여 조합원의 소득증대를 도모함을 목적으로 한다.

제3조 (사무소의 소재지) 1. 본 조합법인의 사무소는 OO시 OO구 OO로 OO(OO동)에 둔다.
2. 본 조합법인의 분사무소는 OO시 OO구 OO로 OO(OO동)에 둔다.

제4조 (사업의 종류) 본 조합법인은 생산성 향상을 위한 협업적 농업의 경영과 OO사업을 주사업으로 하며 다음 각 호의 사업을 부대사업으로 한다.

1) 집단재배 및 공동작업에 관한 사업
2) 농업에 관련된 공동이용시설의 설치 및 운영
3) 농기계 및 시설의 대여사업
4) 농작업의 대행
5) 농산물의 공동출하 · 가공 및 수출
6) 위 사업에 관련된 부대사업 일체

제5조 (협동조합에의 가입) 본 조합법인은 OO농업협동조합에 준조합원으로 가입한다.

제6조 (공고방법)

1. 본 조합법인의 공고는 본 조합법인의 사무소 게시판에 게시하고 필요하다고 인정할 때는 서면으로 조합원과 준조합원에게 통지하거나 일간신문에 게재할 수 있다(또는 일간 OO경제신문에 게재한다).
2. 제1항의 공고기간은 7일 이상으로 한다.

제7조 (규정의 제정) 이 정관에서 정한 것 이외에 업무의 집행, 회계, 직원의 채용, 기타 필요한 사항은 별도의 규정으로 정할 수 있다.

제2장 조 합 원

제8조 (조합원의 자격)

1. 본 조합법인의 조합원이 될 수 있는 농업인은 다음 각 호의 요건을 갖춘 자로 한다.
   1) 1천제곱미터 이상의 농지(농어촌정비법 제98조에 따라 비농업인이나 분양받거나 임대받은 농어촌 주택 등에 부속된 농지는 제외한다)를 경영하거나 경작하는 자
   2) 농업경영을 통한 농산물의 연간 판매액이 120만원 이상인 자
   3) 만 19세 이상의 성년으로서 본 조합법인의 설립취지에 찬동하는 자
   4) 1년 중 90일 이상 농업에 종사하는 자
   5) 200만원 이상의 현금 또는 이외에 농지, 농기계, 가축, 기타의 현물을 출자한 자.
   6) 농어업경영체육성및지원에관한법률 제16조 제1항에 따라 설립된 영농조합법인의 농산물 출하 · 유통 · 가공 · 수출활동에 1년 이상 계속하여 고용된 자
   7) 농어업경영체육성및지원에관한법률 제19조 제1항에 따라 설립된 농업회사법인의 농산물 유통 · 가공 · 판매활동에 1년 이상 계속하여 고용된 자
2. 본 조합법인의 조합원이 될 수 있는 농산물의 생산자단체는 OO협동조합, OOOOO 법인으로 한다.

제9조 (준조합원의 자격) 본 조합 법인의 준조합원이 될 수 있는 자는 다음 각 호의 요건을 갖춘 자로 한다.

1) 본 조합법인에 생산자재를 공급하거나 생산기술을 제공하는 자
2) 본 조합법인에 농지를 임대하거나 농지의 경영을 위탁하는 자
3) 본 조합법인이 생산한 농산물을 대량으로 구입 · 유통 · 가공 또는 수출하는 자
4) 그 밖에 농업인이 아닌 자로서 영농조합법인의 사업에 참여하기 위하여 영농조합법인에 출자하는 자

제10조 (가 입)

1. 본 조합법인에 조합원으로 가입하고자 하는 자는 다음 각 호의 사항을 기재한(혹은 증명할 수 있는 서류를 첨부한) 가입신청서를 본 조합법인에 제출하여야 한다. 단

생산자단체의 경우는 제3호 및 사업자등록증(혹은 등기사항전부증명서)을 제출한다.

1) 성명, 주민등록번호, 주소

2) 가족관계

3) 납입 혹은 인수하고자 하는 출자좌수 및 출자의 목적인 재산

4) 경영규모(경지면적, 농산물의 연간판매액) 및 연중 농업종사일 수

2. 본 조합법인에 준조합원으로 가입하고자 하는 자는 제1항 제1호 내지 제3호 및 제9조에 의한 준조합의 자격에 해당함을 증명할 수 있는 서류를 제출하여야 한다. 다만, 사업자등록이 된 자(법인포함)는 제1항 제1호 및 제2호 대신 사업자등록증(혹은 등기사항전부증명서)을 제출한다.

3. 조합법인은 제1항 및 제2항에 의한 조합원 또는 준조합원 가입신청서를 접수하였을 경우에는 총회에서 그 가입여부를 결정하고, 가입을 승인한 때에는 가입신청자에게 통지하여 출자의 불입(출자의 목적인 재산을 양도하고 등기 · 등록 기타 권리의 설정 또는 이전이 필요한 경우에는 이에 관한 서류를 완비하여 교부하는 것을 말한다. 이와 같다)을 하게한 후 조합원 또는 준조합원의 명부에 기재한다.

4. 가입신청자는 제3항의 규정에 의하여 출자를 불입함으로써 조합원 또는 준조합의 자격을 갖는다.

5. 출자좌수를 늘리려는 조합원에 대해서는 제1항 내지 제3항의 규정을 준용한다.

제11조 (권 리)

1. 본 조합법인의 조합원의 권리는 다음 각 호와 같다.

1) 조합법인의 공동작업에 종사하여 노동에 대한 응분의 대가를 받을 권리

2) 지분환불에 대한 청구권

3) 조합법인의 해산시 잔여재산분배청구권

4) 조합법인의 임원선거권과 피선거권

5) 조합법인의 제반회의에 참석하여 의견을 제시할 권리

6) 조합법인의 운영에 참여하여 의견을 제시할 권리

7) 조합법인의 업무집행에 대한 감독 및 감사의 권리

2. 제1항 제1호의 조합원의 노동의 대가에 대한 사항은 별도의 규정으로 정한다.

3. 조합원의 출자지분의 다소에 관계없이 1개의 의결권과 선거권을 가진다.

4. 본 조합법인의 준조합원은 제1항 제2호, 제3호 및 제6호의 권리를 가진다.

제12조 (의 무)

1. 본 조합 법인의 조합원의 의무는 다음 각 호와 같다.
   1) 정관 및 제규정을 준수할 의무
   2) 조합법인에 대한 출자의무
   3) 조합법인의 제반 노동에 참가하고 노동규정을 준수할 의무
   4) 총회에 출석할 의무와 총회의 의결사항을 준수할 의무
   5) 조합법인의 발전을 위하여 노력할 의무
2. 본 조합법인의 준조합원은 제1항 제1호, 제2호, 제5호 및 제4호 중 총회의 의결사항을 준수할 의무를 가진다.

제13조 (탈 퇴)

1. 탈퇴를 원하는 조합원 또는 준조합원은 60일 전에 탈퇴의사를 서면으로 본 조합법인에 예고하여 탈퇴하며, 그에 따른 모든 정산은 당 회계연도 말에 한다.
2. 조합원 또는 준조합원은 다음 각 호에 해당하는 사유가 발생하였을 때에는 자연탈퇴된다.
   1) 제8조에 의한 조합원 및 제9조에 의한 준조합원의 자격을 상실하였을 경우
   2) 사망
   3) 파산(법인의 경우 파산 또는 해산)
   4) 금치산 선고
   5) 제명
   6) 지분을 전부 양도하였을 경우
3. 제2항 제1호의 자격상실은 총회의 결의에 의한다.
4. 조합원 또는 준조합원은 1항의 규정에 불구하고 부득이한 사유 없이 조합법인의 경영상 어려움에 처해 있는 시기에 탈퇴하지 못한다.

제14조 (제 명)

1. 조합원 또는 준조합원이 다음 각 호의 1에 해당하는 경우에는 총회의 의결로서 제명할 수 있다.
   1) 제12조에서 규정한 의무를 이행하지 아니한 경우
   2) 고의 또는 중대한 과실로 조합법인에 상당한 손해를 입힌 경우
   3) 조합을 빙자하여 부당이익을 취한 경우

2. 조합법인은 제1항 각 호의 사유로 인한 제명대상 조합원 또는 준조합원에게 총회개최 10일 전에 제명의 사유를 통지하고, 총회에서 변명할 기회를 주어야 하며, 제명을 결정한 때에는 서면으로 통지하여야 한다.

제3장 출자와 적립금 및 자본

제15조 (출 자)

1. 본 조합법인에의 출자는 농지 · 현금 · 기타 현물(농기계, 가축, 창고, 차량 등)로 할 수 있다.
2. 농지 · 농기계 등 현물의 출자액 산출은 이사회(설립시는 창립총회)에서 정하는 평가율에 의하여 환가한다.
3. 1좌의 금액은 10,000원으로 한다.
4. 조합원은 200좌 이상의 출자를 불입하여야 하며, 준조합원은 100좌 이상의 출자를 불입하여야 한다.
5. 제1항의 규정에 의하여 본 조합 법인에 농지를 출자하는 조합원 및 준조합원의 성명, 출자대상 농지 및 그 평가액과 농지출자 좌수를 조합법인의 소정의 서식에 기재하여 관리한다.
6. 현물로 출자한 농지는 해당 농지를 출자한 조합원 또는 준조합원의 동의가 없으면 처분하지 못한다.

제16조 (출자증서의 발행)

1. 조합법인은 출자를 불입한 조합원 또는 준조합원에게 지체 없이 출자증서를 발급하여야 한다.
2. 출자증서는 대표이사 명의로 발급하고 출자좌수, 출자액, 출자재산의 표시(토지의 경우 지번, 지목, 면적을 말한다) 등을 기재하여야 한다.
3. 조합법인이 토지 등을 취득하여 조합원 또는 준조합원에게 증좌 배분하는 경우에 대해서는 제1항과 제2항의 규정을 준용한다.

제17조 (출자의 균등화) 조합원 또는 준조합원의 출자를 균등하게 하기 위하여 소액출자자에게 증좌를 허용할 경우에는 그 사정을 고려하여 총회의 의결로써 회계연도 말에 증좌를 허용할 수 있다.

제18조 (법정적립금) 본 조합법인은 출자총액과 같은 금액이 될 때까지 매 회계연도 이익금의 100분의 10 이상을 법정적립금으로 적립한다.

제19조 (사업준비금) 본 조합법인은 장기적인 사업확장 및 다음연도의 사업운영을 위하여 매 회계년도 이익금의 100분의 OO 이상을 사업준비금으로 적립한다.

제20조 (자본적립금) 본 조합법인은 다음 각 호에 의하여 생기는 금액을 자본적립금으로 적립한다.

1) 재산재평가 차익
2) 합병에 의한 차익
3) 인수재산 차익
4) 외부로부터 증여된 현물 및 현금
5) 국고보조금 등
6) 감자에 의한 차익
7) 고정자산에 대한 보험차익

제21조 (적립금 등의 사용 및 처분)

1. 제18조 규정에 의한 법정적립금(이하 '법정적립금'이라 한다)과 제20조에 의한 자본적립금(이하 "자본적립금'이라 한다)은 조합법인의 결손을 보전하는 데 사용한다.
2. 법정적립금과 자본적립금은 조합원 또는 준조합원의 탈퇴나 제명시 지분으로 환불할 수 없다.
3. 제19조의 규정에 의한 사업준비금(이하 '사업준비금'이라 한다)은 조합원 또는 준조합원이 가입한 날로 부터 5년 이내에 탈퇴하거나 제명되는 경우에는 환불할 수 없다.

제22조 (지분의 계산) 본 조합법인의 재산에 대한 조합원과 준조합원의 지분은 다음의 기준에 의하여 계산한다.

1) 납입출자금에 대하여는 납입한 출자액에 따라 매 회계연도마다 이를 계산한다. 다만, 그 재산이 납입출자액의 총액보다 감소되었을 경우에는 조합원과 준조합원의 출자액에 따라 감액하여 계산한다.
2) 사업준비금은 매 회계연도마다 전조합원에게 분할하여 가산하되 제35조 제2항

의 규정을 준용한다.

제23조 (지분의 상속)

1. 조합원 또는 준조합원의 상속인으로서 조합원 또는 준조합원의 사망으로 인하여 지분환불권의 전부 또는 일부를 취득한 자가 즉시 본 조합법인에 가입을 신청하고 조합법인이 이를 승인한 경우에는 상속인은 피상속인의 지분을 승계한다.
2. 제1항의 규정에 의한 상속인의 가입신청과 조합법인의 가입승인은 제10조 제1항 내지 제4항의 규정을 준용한다.

제24조 (조합의 지분 취득금지) 본 조합법인은 조합원 또는 준조합원의 지분을 취득하거나 또는 담보의 목적으로 취득하지 못한다.

제25조 (지분의 양도, 양수 및 공유금지) 조합원 및 준조합원은 총회의 승인 의결 없이는 그 지분을 양도, 양수할 수 없으며 공유할 수 없다.

제26조 (탈퇴시의 지분환불)

1. 조합원 또는 준조합원이 탈퇴하는 경우에는 탈퇴한 그 조합원의 지분을 현금 또는 현물로 환불한다.
2. 환불할 재산 가운데 토지나 건물 등이 조합법인의 공동경영조직을 깨뜨릴 염려가 있어 환불이 곤란한 경우에는 그에 상당하는 다른 토지 및 현금으로 지불할 수 있다.
3. 탈퇴 조합원 및 준조합원이 출자한 토지가 공동경영의 결과로 인하여 지력이 증대되었거나, 노력과 자본의 투자로 인하여 가치가 상승하였을 경우에는 이에 상당하는 금액을 환불받은 자로부터 징수한다.
4. 탈퇴 조합원 또는 준조합원이 조합법인에 대하여 채무가 있는 경우에는 환불해야 될 지분에서 상계할 수 있다.
5. 지분의 환불은 당해 회계연도 말에 한다.

제27조 (출자액의 일부 환불)

1. 조합원 또는 준조합원은 부득이한 사유가 있는 경우에는 조합법인에 대하여 출자액의 일부의 환불을 요구할 수 있다.
2. 제1항의 규정에 의하여 환불요구를 받은 조합법인은 총회의 의결이 있는 경우에

회계연도 말에 환불할 수 있다. 다만, 부득이한 사유가 있는 경우에는 회계연도 중에 환불하고 회계연도 말에 정산한다.

제4장 회 계

제28조 (회계년도) 본 조합법인의 회계연도는 매년 1월 1일에 시작하여 12월 31일에 종료한다.

제29조 (자금관리) 본 조합원의 여유자금은 다음 각 호의 방법에 따라 운용한다.

1) 농업협동조합, 축산업협동조합, 수산업협동조합, 은행, 신용금고에의 예치
2) 국채, 지방채, 정부보증채권 등 금융기관이 발행하는 채권의 취득

제30조 (경리공개) 본 조합법인의 모든 장부는 사무소에 비치하여 항상 조합원 및 준조합원에게 공개하며 주요개정에 대한 내역은 정기적으로 게시한다.

제31조 (사용료 및 수수료)

1. 본 조합법인은 조합법인이 행하는 사업에 대하여 사용료 또는 수수료를 징수할 수 있다.
2. 제1항의 규정에 의한 사용료 및 수수료에 관하여는 별도의 규정으로 정할 수 있다.

제32조 (선급금제) 조합법인은 조합원에게 지불할 노임을 회계연도 말에 결산 전에 선급금으로 지불할 수 있다.

제33조 (차입금) 조합법인은 제4조의 사업을 위하여 이사회의 의결을 거쳐 자금을 차입할 수 있다.

제34조 (수익 배분 순위) 본 조합법인의 총수익은 다음 각 호의 순서로 배분한다.

1) 제세공과금
2) 생산자재비, 임차료, 고용노임 및 생산부대비용("제잡비"를 말한다)
3) 차입금에 대한 원리금 상환
4) 조합원 노임
5) 자산설비에 대한 감가상각

6) 이월결손금 보전

제35조 (이익금의 처분)

1. 조합법인의 결산결과 발생된 매 회계연도의 이익금은 제18조의 규정에 의한 법정적립금, 제19조의 규정에 의한 사업준비금을 공제하고 나머지에 대해서는 조합원과 준조합원에게 배당한다.
2. 제1항의 배당은 배당할 이익금의 총액을 전조합원과 준조합원의 출자지분의 비율에 따라 배당한다.

제36조 (손실금의 처리) 조합법인의 결산결과 손실이 발생하였을 경우에는 사업준비금으로 보전하고 사업준비금으로도 부족할 때에는 법정적립금 및 자본적립금 순서로 보전하며 그 적립금으로 부족할 때에는 차년도에 이월한다.

제5장 임 원

제37조 (임원의 수) 본 조합법인은 다음 각 호의 임원을 둔다.

1) 대표이사 : 1인
2) 이사 : 4인 이상
3) 감사 : 1인 이상
4) 총무 : 1인
5) 부장 : 1인

제38조 (임원의 선출) 임원은 총회의 의결로 조합원 중에서 선출한다.

제39조 (이사회)

1. 이사회는 대표이사 및 이사로 구성하며, 대표이사가 그 의장이 된다.
2. 이사회는 대표이사가 필요하다고 인정되는 경우 또는 이사 2인 이상의 요구가 있을 경우 소집한다.

제40조 (이사회의 기능) 이사회는 다음 각 호의 사항을 재적이사 과반수의 출석과 출석이사 과반수이상의 찬성으로 의결한다.

1) 총회의 소집과 총회에 부의할 안건

2) 업무를 운영하는 기본방침에 관한 안건
3) 고정자산의 취득 또는 처분에 관한 사항
4) 총회에서 위임된 사항의 의결
5) 준조합원의 가입, 탈퇴, 및 제명
6) 기타 조합법인의 운영상 필요한 사항

제41조 (이사회의사록) 이사회에서 의결된 사항은 총무가 기록하여 이사회에 출석한 의장과 이사가 기명날인하여 조합법인에 보관한다.

제42조 (임원의 임무)

1. 대표이사는 본 조합법인을 대표하고 조합법인의 각종 회의의 의장이 되며, 조합법인의 업무를 총괄하고 조합법인의 경영성과에 대해 책임을 진다.
2. 감사는 회계연도마다 조합의 재산과 업무집행상황을 1회 이상 감사하여 그 결과를 총회 및 대표이사에게 보고하여야 한다.
3. 이사는 이사회에서 미리 정한 순서에 따라 대표이사 유고시 그 직무를 대리하고 궐위되었을 때에는 그 직무를 대행한다.
4. 총무는 이사 중에서 선임하여 조합법인의 일반사무와 회계사무를 담당한다.
5. 각 부장은 대표이사와 총무를 보좌하며 각부의 업무를 관장 · 집행한다.

제43조 (임원의 책임)

1. 본 조합법인의 임원은 법령에 의한 행정기관의 처분과 정관 · 규정 · 사업지침 및 총회와 이사회의 의결사항을 준수하고 본 조합법인을 위하여 그 직무를 성실히 수행하여야 한다.
2. 임원이 그 직무를 수행함에 있어 태만, 고의 또는 중대한 과실로 조합법인이나 다른 사람에게 끼친 손해에 대하여는 단독 또는 연대하여 손해배상의 책임을 진다.
3. 이사회가 불법행위 또는 중대한 과실로 조합법인에게 손해를 끼친 경우에는 그 불법행위 또는 중대한 과실에 관련된 이사회에 출석한 구성원은 그 손해에 대하여 조합법인에 연대하여 책임을 진다. 다만, 그 회의에서 명백히 반대의사를 표시한 구성원은 그러하지 아니한다.
4. 제2항 내지 제3항의 구상권의 행사는 이사회에 대하여는 대표이사가, 대표이사와 이사에 대하여는 감사가, 임원 전원에 대하여는 조합원의 3분의 1 이상의 동의를 얻은 조합원 대표가 이를 행한다.

제44조 (임원의 임기)

1. 임원의 임기는 3년으로 하되 감사의 임기는 2년으로 한다.
2. 제1항의 임원의 임기는 전임자의 임기만료일의 다음날로부터 기산한다.
3. 보궐선거에 의한 임원의 임기는 전임자의 잔여기간으로 한다.

제45조 (임원의 해임)

1. 조합원이 임원을 해임하고자 하는 경우에는 조합원의 3분의 1 이상의 서면 동의를 얻어 총회에 해임을 요구하고, 해임을 요구하는 총회의 의결로서 해임한다.
2. 해임을 의결을 할 때에는 총회 10일전에 해당 임원에게 서면 통지하여 총회에서 변명할 기회를 주어야 한다.

제46조 (임원의 보수) 임원에 대한 보수는 지급하지 아니하며, 여비 등 필요한 경비는 별도 규정에 의하여 실비로 지급할 수 있다.

제47조 (서류비치의 의무)

1. 대표이사는 다음 각 호의 서류를 조합법인의 사무소에 비치하여야 한다.
   1) 정관 및 규정
   2) 조합원과 준조합원 명부 및 지분대장
   3) 총회의사록
   4) 기타 필요한 서류
2. 대표이사는 정기총회 1주일 전까지 결산보고서를 사무소에 비치하여야 한다.

제6장 회의의 운영

제48조 (총 회) 총회는 조합원으로 구성하며, 정기총회와 임시총회로 구분한다.

제49조 (총회의 소집)

1. 정기총회는 회계연도마다 1회 1월에 대표이사가 소집하며, 대표이사는 총회소집 5일 전까지 회의내용과 회의자료를 서면으로 조합원에게 통지하여야 한다.
2. 임시총회는 조합원 3분의 1 이상의 소집요구가 있거나 이사회가 필요하다고 인정

하여 소집을 요구할 때 또는 대표이사가 필요하다고 인정할 때 대표이사가 소집한다.

3. 감사는 다음 각 호에 해당하는 경우에는 임시총회를 소집한다.
   1) 대표이사의 직무를 행할 자가 없을 때
   2) 제2항의 요구가 있는 경우에 대표이사가 정당한 사유 없이 2주일 이내에 총회 소집의 절차를 취하지 아니한 때
   3) 감사가 조합법인의 재산상황 또는 사업의 집행에 관하여 부정사실을 발견한 경우에 이를 신속히 총회에 보고할 필요가 있을 때

제50조 (총회의 의결사항) 다음 각 호의 사항은 총회의 의결을 얻어야 한다.

1) 정관의 변경
2) 규정의 제정 및 개정
3) 해산 · 합병 또는 분할
4) 조합원의 가입 · 탈퇴 및 제명
5) 사업계획 및 수지예산의 승인 · 책정과 변경
6) 사업보고서, 결산서, 이익금 처분 및 결손금 처리
7) 출자에 관한 사항
8) 임원의 선출
9) 임기 중 임원의 해임

제51조 (총회의 개의와 의결 정족수)

1. 총회는 조합원 과반수의 출석으로 개의하고 출석조합원 과반수 이상의 찬성으로 의결한다.
2. 다음 각 호에 해당하는 사항은 총조합원 3분의 2 이상의 출석과 출석조합원 3분의 2 이상의 찬성으로 의결한다.
   1) 정관의 변경
   2) 해산 · 합병 또는 분할
   3) 조합원의 가입 승인
   4) 제14조의 규정에 의한 조합원의 제명
   5) 제45조의 규정에 의한 임원의 해임
3. 제1항의 총회 소집이 정족수 미달로 유회된 경우에는 10일 이내에 다시 소집하여야

한다.

제52조 (의결권의 대리)

1. 조합원은 대리인으로 하여금 의결권을 행사하게 할 수 있다.
2. 대리인은 조합원과 동일 세대에 속하는 성년이어야 하며, 대리인이 대리할 수 있는 조합원의 수는 1인에 한한다.
3. 제1항의 규정에 의한 대리인은 대리권을 증명하는 위임장을 조합법인에게 제출하여야 한다.

제53조 (의사록의 작성) 총회의 이사에 관하여는 의사의 경과 및 결과를 기재한 의사록을 작성하고 대표이사 및 총회에 참석한 조합원 3분의 2 이상이 기명날인 또는 서명 날인한다.

제54조 (회의내용 공고) 총회의 의결사항은 제6조의 공고방법에 의하여 공고한다.

제7장 해 산

제55조 (해 산) 본 조합원은 다음 각 호의 1에 해당하는 경우에는 해산한다.

1) 총회에서 해산 및 합병을 의결한 경우
2) 파산한 경우 또는 법원의 해산명령을 받은 경우
3) 조합원이 5인 미만이 된 후 1년 이내에 5인 이상이 되지 아니한 경우

제56조 (청산인) 본 조합원이 해산하는 경우에는 파산으로 인한 경우를 제외하고는 청산인은 대표이사가 된다. 다만, 총회에서 다른 사람을 청산인으로 정한 경우에는 그러하지 아니한다.

제57조 (청산인의 직무)

1. 청산인은 취임 후 지체 없이 재산상황을 조사하여 재산목록과 대차대조표를 작성하고 재산처분의 방법을 정하여 총회의 승인을 얻어야 한다.
2. 청산사무가 종결된 경우에는 청산인은 지체 없이 결산보고서를 작성하여 총회의 승인을 얻어야 한다.
3. 청산인은 취임 후 2주일 이내에 해산의 사유 및 연월일과 청산인의 성명 및 주소를

등기하여야 한다.

제58조 (청산 재산의 처리) 해산의 경우 조합법인의 재산은 채무를 완제하고 잔여가 있는 경우에는 다음 각 호의 방법에 의하여 조합원과 준조합원에게 분배한다.

1) 출자금액은 출자조합원과 출자준조합원에게 환급하되 출자총액에 미달시는 출자액의 비례로 분배한다.
2) 자본적립금, 법정적립금, 사업준비금, 외부증여금은 출자지분의 비율에 따라 분배한다.

부 칙

본 정관은 창립총회의 의결을 얻은 날부터 시행한다.

위 OO영농조합법인을 설립하기 위하여 위 정관을 작성하고 발기인 전원이 기명 날인한다.

2OOO. O. O.

OO영농조합법인
OO시 OO구 OO로 OO(OO동)

발기인 성 명 : O O O ㊞
주민등록번호 : 000000-0000000
주 소 : OO시 OO구 OO로 OO(OO동)

발기인 성 명 : O O O ㊞
주민등록번호 : 000000-0000000
주 소 : OO시 OO구 OO로 OO(OO동)

발기인 성 명 : O O O ㊞
주민등록번호 : 000000-0000000
주 소 : OO시 OO구 OO로 OO(OO동)

(이하 생략)

[서식] 출자자명부

출 자 자 명 부

(1좌의 금액 : 10,000원)

조합원 성명	출 자 내 역		평가액(원)	출자좌수(좌)
	현 물	현 금		
O O O	OO시 OO구 O O동 OOO	답 1,026㎡	10,000,000원	1,000좌
	기계장치		20,000,000원	2,000좌
	비 품		10,000,000원	1,000좌
	차량운반구		20,000,000원	2,000좌
	소 계		60,000,000원	6,000좌
O O O		30,000,000원	30,000,000원	3,000좌
O O O		30,000,000원	30,000,000원	3,000좌
O O O		20,000,000원	20,000,000원	2,000좌
O O O		10,000,000원	10,000,000원	1,000좌
합 계			150,000,000원	15,000좌

위 출자자명부는 본 조합법인 사무소에 비치된 출자자명부와 대조하여 틀림이 없음을 증명합니다.

2000년 O월 O일

법인명 : OO영농조합법인
소재지 : OO시 OO구 OO로 OO(OO동)
대표이사 : O O O (인)

[서식] 창립총회의사록

창 립 총 회 의 사 록

2000년 0월 0일 00시 00분, 00시 00구 00로 00(00동) 00영농조합법인 창립사무소에서 창립총회를 개최하다.

발 기 인 : 000, 000, 000, 000, 000
출석발기인 : 발기인 전원

발기인 대표 000는 위와 같이 발기인 전원이 출석하여 본 총회가 적법하게 성립되었음을 알리고 회의 진행상 임시의장을 선임하여 줄 것을 요청한 바, 발기인 전원일치 합의로 발기인 000를 임시의장으로 선임하고, 동인은 즉석에서 그 취임을 승낙하고 개회를 선언한 후 다음의 의안에 관하여 심의를 요청하다.

제1호 의 안 정관 승인의 건
의장은 농어업 · 농어촌및식품산업기본법 및 농어업경영체육성및지원에관한법률의 규정에 근거하여 농림수산부에서 고시한 정관례를 기준으로 하여 정관을 작성하였음을 설명하고 그 정관을 축소 설명한 후 이의 승인 여부에 심의를 구한 바 발기인 전원일치된 의견으로 이를 승인 가결하다.

제2호 의 안 임원 선임의 건
의장은 정관에 정하여진 대표이사, 이사, 감사 등 임원의 선임방법을 물은 바, 발기인 전원일치로 무기명 비밀투표로 선임하기로 합의되어 그에 따라 투표한 결과 다음 사람이 임원으로 선출되다.

이사겸 대표이사 ○ ○ ○
이 사 ○ ○ ○, ○ ○ ○, ○ ○ ○
감 사 ○ ○ ○

위 피선자들은 즉석에서 각 그 직에 취임할 것을 승낙하다.

제3호 의 안 제1회 출자금 납입 및 출자금 평가방법
의장은 본 영농조합법인 설립당시의 제1회 출자금 납입에 관하여 심의를 요청한 바, 별첨 출자

자산 내역서와 같이 납입키로 전원일치의 합의로 의결하다.

제4호 의 안　주사무소 지정의 건

의장은 본 영농조합법인의 주사무소를 설치할 장소를 결정하자고 제의한 바, 전원일치된 의견으로 다음의 장소에 주사무소를 설치하기로 가결하다.

주사무소 : OO시 OO구 OO로 OO(OO동)

의장은 이상으로서 의안 전부를 심의를 종료하였으므로 폐회를 선언하다.

(회의종료시간 : OO시 OO분)

위 의사의 경과와 결의를 명확히 하기 위하여 이 의사록을 작성하여 의장과 출석한 발기인이 다음과 같이 기명날인하다.

2OOO. O. O.

OO영농조합법인

OO시 OO구 OO로 OO(OO동)

의장겸	발기인	성　명	: O O O ㊞
		주민등록번호	: 000000-0000000
		주　소	: OO시 OO구 OO로 OO(OO동)
	발기인	성　명	: O O O ㊞
		주민등록번호	: 000000-0000000
		주　소	: OO시 OO구 OO로 OO(OO동)
	발기인	성　명	: O O O ㊞
		주민등록번호	: 000000-0000000
		주　소	: OO시 OO구 OO로 OO(OO동)
	발기인	성　명	: O O O ㊞
		주민등록번호	: 000000-0000000
		주　소	: OO시 OO구 OO로 OO(OO동)
	발기인	성　명	: O O O ㊞
		주민등록번호	: 000000-0000000
		주　소	: OO시 OO구 OO로 OO(OO동)

[서식] 출자자산내역서

출 자 자 산 내 역 서

(1좌의 금액 : 10,000원)

조합원 성명	출 자 내 역		평가액(원)	출자좌수(좌)
	현 물	현 금		
○ ○ ○	OO시 OO구 OO 동 OOO	답 1,026㎡	10,000,000원	1,000좌
	기계장치		20,000,000원	2,000좌
	비 품		10,000,000원	1,000좌
	차량운반구		20,000,000원	2,000좌
	소 계		60,000,000원	6,000좌
○ ○ ○		30,000,000원	30,000,000원	3,000좌
○ ○ ○		30,000,000원	30,000,000원	3,000좌
○ ○ ○		20,000,000원	20,000,000원	2,000좌
○ ○ ○		10,000,000원	10,000,000원	1,000좌
합 계			150,000,000원	15,000좌

위와 같이 출자하고 출자금이 납입되었음을 증명합니다.

2000년 0월 0일
OO영농조합법인
대표이사 ○ ○ ○ (인)
감사 ○ ○ ○ (인)

[서식] 현물출자계약서

현 물 출 자 계 약 서

(갑) ○ ○ ○
(을) ○○영농조합법인

부동산의 표시 : ○○시 ○○구 ○○동 ○○○ 전 530㎡
나. 평가액 : ○○○○○원
다. 출자금액 : ○○○○○원(출자좌수 : ○○○좌)

계약당사자인 양도인 (갑)과 (을) ○○영농조합법인은 다음과 같이 약정함.

1. 양도인 (갑)은 위 부동산을 현물출자하고 그 소유권을 (을) ○○영농조합법인에게 양도함.
2. (을) ○○영농조합법인은 ○○○ 소유의 상기 부동산을 양수하고 출자액 ○○○○○○원의 출자증서를 교부함.
3. 양도인 (갑) ○○○은 위 부동산을 소정절차가 완료되는 즉시 (을) ○○영농조합법인 명의로 소유권을 이전할 수 있도록 등기절차에 필요한 서류를 넘겨주기로 한다.

위 계약의 성립을 증명하기 위하여 이 계약서 2통을 작성하고 계약당사자가 이의 없음을 확인하고 각자 기명날인하다.

20○○년 ○월 ○일

위 (갑) 성 명 : ○ ○ ○ (인)
주민등록번호 : 000000-0000000
주 소 : ○○시 ○○구 ○○로 ○○(○○동)

위 (을) 명 칭 : ○○영농조합법인
사무소 : ○○시 ○○구 ○○로 ○○(○○동)
대표이사 ○ ○ ○ (인)

[서식] 출자증서

출 자 증 서

1. 출자좌수 : OOOO주
2. 1좌당 금액 : 10,000원
3. 출자액 : 금 OOOOOO원
4. 출자자명 : O O O
5. 주 소 : OO시 OO구 OO로 OO(OO동)

OO영농조합법인을 설립함에 있어 위 OOO는 위와 같은 금액을 출자하였으므로 본 증서를 교부합니다.

2OOO년 O월 O일

OO영농조합법인
대표이사 O O O (인)

O O O 귀하

[서식] 출자금납입금보관증명서

출자금납입금보관증명서

금 150,000,000원
총출자좌수 : 15,000좌
1좌의 금액 : 10,000원

위 금액을 귀 법인 설립시에 발행하는 출자총수에 대한 납입금으로서 2OOO년 O월 O일 현재 이를 보관중임을 증명합니다.

2000년 0월 0일

OO농업협동조합
OO시 OO구 OO로 OO(OO동)
조합장 O O O (인)

[서식] 이사회의사록

이 사 회 의 사 록

2000년 0월 0일 OO시 OO분, OO시 OO구 OO로 OO(OO동) 당 법인 회의실(또는 사무소)에서 이사회를 개최하다.

총이사수 : O명 출석이사수 : O명

의장 OOO는 정관규정에 따라 의장석에 등단하여 위와 같이 법정수에 달하는 이사가 출석하였으므로 본 이사회가 적법히 성립되었음을 알리고 개회를 선언한 후, 다음의 의안을 부의하고 심의를 구하다.

제1호 의 안 대표이사 선임의 건
의장은 창립총회에서 선임된 이사 중에서 대표이사 1명을 선임하여 줄 것을 구한 바, 이사 전원일치로 다음 사람을 대표이사로 선출하고 만장일치로 그를 승인 가결하다.

대표이사 O O O (000000-0000000)
OO시 OO구 OO로 OO(OO동)

위 피선자는 즉석에서 그 취임을 승낙하다.
의장은 이상으로서 회의목적인 의안 전부의 심의를 종료하였으므로 폐회한다고 선언하다(회의종료시각 : OO시 OO분)

위 결의를 명확히 하기 위하여 이 의사록을 작성하고 의장과 출석한 이사가 기명날인하다.

2000. 0. 0.

OO영농조합법인
OO시 OO구 OO로 OO(OO동)
의장겸 대표이사 O O O (인)
이사 O O O (인)
이사 O O O (인)
이사 O O O (인)

[서식] 취임승낙서

취 임 승 낙 서

본인은 2000년 0월 0일 귀 법인의 창립총회에서 대표이사(또는 이사, 감사)로 선임되었으므로 그 취임을 승낙합니다.

2000년 0월 0일

대표이사 OOO (000000-0000000) (인)
OO시 OO구 OO로 OO(OO동)

OO영농조합법인 귀중

[서식] 인감신고서

인감 · 개인(改印) 신고서

(신고하는 인감날인란) (인감제출자에 관한 사항)

	상호(명 칭)		OO영농조합법인	등기번호	
	본점(주사무소)		OO시 OO구 OO로 OO(OO동)		
	인감제출자	자격/성명	대표이사 O O O		
		주민등록번호	OOOOOO-OOOOOOO		
		주 소	OO시 OO구 OO로 OO(OO동)		

□ 위와 같이 인감을 신고합니다.
□ 위와 같이 개인(改印)하였음을 신고합니다.

년 월 일

(인감 날인란)

신고인 본 인 성 명 (인)

대리인 성 명 (인)

지방법원 등기소 귀중

주 1. 인감 날인란에는 「인감증명법」에 의하여 신고한 인감을 날인하고 그 인감증명서(발행일로부터 3개월 이내의 것)를 첨부하여야 합니다. 개인(改印)신고의 경우, 개인인감을 날인하는 대신에 등기소에 신고한 유효한 종전 인감을 날인하여도 됩니다.

2. 인감 · 개인신고서에는 신고하는 인감을 날인한 인감대지를 첨부하여야 합니다.

3. 지배인이 인감을 신고하는 경우에는 인감제출자의 주소란에 지배인을 둔 장소를 기재하고, 「상업등기규칙」 제36조제4항의 보증서면(영업주가 등기소에 신고한 인감 날인)을 첨부하여야 합니다. 위 보증서면은 아래의 보증서면란에 기재하는 것으로 갈음할 수 있습니다.

보 증 서 면
위 신고하는 인감은 지배인 OOO의 인감임이 틀림없음을 보증합니다. 대표이사 (법인인감)
위 임 장 성 명 : 주민등록번호(-) 주 소 : 위의 사람에게, 위 인감신고 또는 개인신고에 관한 일체의 권한을 위임함. 20 년 월 일 인감(개인) 신고인 성 명 (인)

[서식] 인감대지

인 감 대 지

	신고하는 인감날인란	상 호(명 칭) : OO영농조합법인 자격 및 성명 : 대표이사 O O O 주민등록번호 : OOOOOO-OOOOOOO

[서식] 인감카드 등 (재)발급신청서

인감카드 등 (재)발급신청서

(인감제출자에 관한 사항)

상호(명칭)			등기번호	
본점(주사무소)				
인감 제출자	자격 / 성명			
	주민등록번호			

발급사유	␣ 최초발급 ␣ 카드분실 ␣ 카드훼손 ␣ 인감증명서발급기능 ␣ 기타 ( )		
매체구분	␣ 인감카드 ␣ HSM USB	인감카드 비밀번호	

위와 같이 인감카드 등의 (재)발급을 신청합니다.

년 월 일

신청인 인감제출자 (본 인) 성 명 (인) (전화 :)

(대리인) 성 명 (인) (전화 :)

지방법원 등기소 귀중

접수번호		인감카드번호	

- 대법원수입증지를 붙이는 란 -

주 1. 인감카드 비밀번호란에는 (재)발급받아 사용할 인감카드의 비밀번호를 기재하며, 아라비아숫자 6자릿수를 기재하여야 합니다. 비밀번호는 인감카드와 함께 인감증명서의 발급을 신청할 권한이 있는 것으로 보게 되는 중요한 자료이므로 권한이 없는 사람이 알지 못하도록 주의하시기 바랍니다.

2. 인감카드의 재발급을 신청할 때에는 「등기부 등 · 초본 등 수수료규칙」 제5조의7에 의하여 5,000원 상당의 대법원수입증지를 이 란에 붙여야 합니다. 다만, 인감카드를 반납할 때에는 붙일 필요가 없습니다.

위　임　장

성 명 :　　　　　　　　　　　주민등록번호(　　　　　－　　　　　)

주 소 :

위의 사람에게, 위 (재)발급신청서에 기재된 인감카드 등의 발급신청과 그 수령 등에 관한 일체의 권한을 위임함.

20OO년　O월　O일

인감신고인　성 명　　　　　　　　　　(인)

[서식] 영어조합법인 설립등기신청서

영어조합법인 설립등기신청

<table>
<tr><td rowspan="2">접
수</td><td>년 월 일</td><td rowspan="2">처
리
인</td><td>접 수</td><td>조 사</td><td>기 입</td><td>교 합</td><td>각종통지</td></tr>
<tr><td>제 호</td><td></td><td></td><td></td><td></td><td></td></tr>
</table>

등 기 의 목 적	영어조합법인 설립
등 기 의 사 유	농어업경영체육성및지원에관한법률의 규정에 의하여 영어조합을 설립하기 위하여 20○○년 ○월 ○일 정관을 작성하고 20○○년 ○월 ○일 출자금을 납입하고 창립총회를 종료하여 영어조합법인의 설립절차를 마쳤으므로 다음 사항의 등기를 구함.
주사무소/분사무소 신청구분	1.주사무소 신청 □ 2.분사무소 신청 □ 3.주 · 분사무소 일괄신청 □
등 기 할 사 항	
명 칭	○○영어조합법인
주 사 무 소	OO시 OO구 OO로 OO(OO동)
목 적	본 조합법인은 협업적 어업경영을 통하여 생산성을 높이고 수산물의 공동출하 및 가공, 수출 등을 통하여 조합원의 소득증대를 도모함을 목적으로 다음 사업을 한다. 1. 수산물의 공동출하 · 가공 및 수출 1. 수산물의 신품종개발에 관한 사업 1. 수산물에 관한 사료제조업 1. 수산물의 유통 및 도 · 소매업 1. 수산물 작업의 대행 및 시설의 대여 1. 위 각 호에 부대하는 사업일체
분 사 무 소	OO시 OO구 OO로 OO(OO동)
존립시기 또는 해산 사유	본 조합은 다음의 경우에는 해산된다. 1, 총회에서 해산 및 합병을 의결한 경우

	2. 파산한 경우 또는 법원의 해산명령을 받은 경우 3. 조합원이 5인 미만이 된 후 1년 이내에 5인 이상이 되지 아니한 경우
자산의 총액	금 ○○○○○원
출자 1좌의 금액	금 10,000원
출자액의 산정방법	어장, 어선, 육상양식, 종묘시설 등 현물이 출자액 산출은 이사회(설립시는 사원총회)에서 정하는 평가율에 의하여 환가한다.
출자의 방법	본 조합법인에의 출자는 현금이나 어장, 어선 · 육상양식, 종묘시설, 기타 현물(부동산, 차량 등)로 이사회에서 정하는 납입일자에 일시 납입한다.
조합원과 준조합원의 출자한도	조합원은 ○○○좌 이상의 출자를 불입하여야 하며, 준조합원은 ○○○좌 이상의 출자를 불입하여야 한다.
총출자좌수와 납입한 총출자액	총출좌수 : ○○○○좌 납입한 출자의 총액 : 금 ○○○○○○원
이사 · 감사의 성명, 주민등록번호	이사 ○ ○ ○ (000000-0000000) 이사 ○ ○ ○ (000000-0000000) 이사 ○ ○ ○ (000000-0000000) 감사 ○ ○ ○ (000000-0000000)
법인을 대표할 조합원(대표이사)의 성명, 주민등록번호, 주소	대표이사 ○ ○ ○ (000000-0000000) OO시 OO구 OO로 OO(OO동)
기 타	

신청등기소 및 등록면허세/수수료

순번	신청등기소	구분	등록면허세	지방교육세	세액합계	등기신청수수료
			금 원	금 원	금 원	금 원

<table>
<tr><td></td><td></td><td></td><td></td><td></td><td></td><td></td></tr>
<tr><td colspan="3">합 계</td><td></td><td></td><td></td><td></td></tr>
<tr><td colspan="4">등기신청수수료 은행수납번호</td><td colspan="3"></td></tr>
<tr><td colspan="3">과 세 표 준 액</td><td colspan="4">금 원</td></tr>
<tr><td colspan="7">첨 부 서 면</td></tr>
<tr><td colspan="4">1. 정관등본 통
1. 창립총회의사록 통
1. 출자자산의 내역을 기재한 서류
(납입증명) 통
1. 임원 및 대표조합원 증명서류 통
1. 대표자의 인감신고서 및 인감
증명 통</td><td colspan="3">1. 이사 취임승낙서와 인감증명서 통
1. 주민등록등(초)본(임원) 통
1. 법인인감카드발급신청서 통
1. 등록면허세영수필확인서및통지서 통
1. 위임장(대리인이 신청할 경우) 통</td></tr>
<tr><td colspan="7">년 월 일
신청인 명 칭
주사무소
대표자 성 명 ㊞ (전화 :)
주 소
대리인 성 명 ㊞ (전화 :)
주 소

지방법원 등기소 귀중</td></tr>
</table>

[신청서 작성요령 및 등기수입증지 첨부란]

1. 해당란이 부족할 때에는 별지를 이용합니다.
1. 해당 등기신청과 관계없는 사항에 대하여는 "해당없음"으로 기재하거나 삭제하고, 필요한 사항은 추가 기재합니다.
1. 등기신청수수료 상당의 대법원등기수입증지를 이 난에 붙입니다.

(용지규격 21㎝×29.7㎝)

[서식] 정관

OO영어조합법인 정관

제1장 총 칙

제1조 (명 칭) 본 조합법인은 농어업경영체육성및지원에관한법률 제16조에 의하여 설립된 영어조합법인으로서 그 명칭은 OO영조합법인(이하 "조합법인"이라 한다)이라 한다.

제2조 (목 적) 본 조합법인은 협업적 어업경영을 통하여 생산성을 높이고 수산물의 공동출하 · 가공 · 수출 등을 통하여 조합원의 소득증대를 도모함을 목적으로 한다.

제3조 (사무소의 소재지) 본 조합법인의 사무소는 OO시 OO구 OO로 OO(OO동)에 두고 필요시 이사회의 결의로 분사무소를 둘 수 있다.

제4조 (사업의 종류) 본 조합법인은 생산성향상을 위한 협업적 어업의 경영과 OO사업을 주사업으로 하며 다음 각 호의 사업을 부대사업으로 한다.

1. 수산물의 공동출하 · 가공 및 수출
1. 수산물의 신품종개발에 관한 사업
1. 수산물에 관한 사료제조업
1. 수산물의 유통 및 도 · 소매업
1. 수산물 작업의 대행 및 시설의 대여
1. 위 각 호에 부대하는 사업일체

제5조 (협동조합에의 가입) 본 조합법인은 OO수산업협동조합에 준조합원으로 가입한다.

제6조 (공고방법)

본 조합법인의 공고는 본 조합법인의 사무소 게시판에 게시하고 필요하다고 인정할 때는 서면으로 조합원과 준조합원에게 통지하거나 일간 OO경제신문에 게재한다.

제7조 (규정의 제정) 이 정관에서 정한 것 이외에 업무의 집행, 회계, 직원의 채용, 기타 필요한 사항은 별도의 규정으로 정할 수 있다.

제2장 조 합 원

제8조 (조합원의 자격) 본 조합법인의 조합원이 될 수 있는 어업인은 다음 각 호의 요건을 갖춘 자로 한다.

1) 연간 60일 이상 어업을 경영하거나 이에 종사한 자.

2) 만 19세 이상의 성년으로서 본 조합법인의 설립취지에 찬동하는 자

3) 출자할 수 있는 어장, 어선, 육상양식 · 종묘시설, 현금 기타의 현물을 소유한 자

제9조 (준조합원의 자격) 본 조합 법인의 준조합원이 될 수 있는 자는 다음 각 호의 요건을 갖춘 자로 한다.

1) 본 조합법인에 생산자재를 공급하거나 생산기술 및 자본을 제공하는 자

2) 본 조합법인이 생산한 수산물을 대량으로 구입 · 유통 또는 가공하는 자

제10조 (가 입)

1. 본 조합법인에 조합원으로 가입하고자 하는 자는 다음 각 호의 사항을 기재한(혹은 증명할 수 있는 서류를 첨부한) 가입신청서를 본 조합법인에 제출하여야 한다. 단 생산자단체의 경우는 제3호 및 사업자등록증(혹은 등기사항전부증명서)을 제출한다.

   1) 성명, 주민등록번호, 주소

   2) 납입 혹은 인수하고자 하는 출자좌수 및 출자의 목적인 재산

   3) 경영규모(어장면적, 어선 등) 및 연중 어업종사일 수

2. 본 조합법인에 준조합원으로 가입하고자 하는 자는 제1항 제1호, 제2호 및 제9조에 의한 준조합의 자격에 해당함을 증명할 수 있는 서류를 제출하여야 한다. 다만, 사업자등록이 된 자(법인포함)는 제1항 제1호 및 제2호 대신 사업자등록증(혹은 등기사항전부증명서)을 제출한다.

3. 조합법인은 제1항 및 제2항에 의한 조합원 또는 준조합원의 가입신청서를 접수하였을 경우에는 총회에서 그 가입여부를 결정하고, 가입을 승인한 때에는 가입신청자에게 통지하여 출자의 불입(출자의 목적인 재산을 양도하고 등기 · 등록 기타 권리의 설정 또는 이전이 필요한 경우에는 이에 관한 서류를 완비하여 교부하는 것을 말한다. 이와 같다)을 하게한 후 조합원 또는 준조합원 명부에 기재한다.

4. 가입신청자는 제3항의 규정에 의하여 출자를 불입함으로써 조합원 또는 준조합의 자격을 갖는다.

5. 출자좌수를 늘리려는 조합원에 대해서는 제1항 내지 제3항의 규정을 준용한다.

제11조 (권 리)

1. 본 조합법인의 조합원의 권리는 다음 각 호와 같다.
   1) 조합법인의 공동작업에 종사하여 노동에 대한 응분의 대가를 받을 권리
   2) 지분환불에 대한 청구권
   3) 조합법인의 해산시 잔여재산분배청구권
   4) 조합법인의 임원선거권과 피선거권
   5) 조합법인의 제반회의에 참석하여 의견을 제시할 권리
   6) 조합법인의 운영에 참여하여 의견을 제시할 권리
   7) 조합법인의 업무집행에 대한 감독 및 감사의 권리
2. 제1항 제1호의 조합원의 노동의 대가에 대한 사항은 별도의 규정으로 정한다.
3. 조합원의 출자지분의 다소에 관계없이 1개의 의결권과 선거권을 가진다.
4. 본 조합법인의 준조합원은 제1항 제2호, 제3호 및 제6호의 권리를 가진다.

제12조 (의 무)

1. 본 조합 법인의 조합원의 의무는 다음 각 호와 같다.
   1) 정관 및 제규정을 준수할 의무
   2) 조합법인에 대한 출자의무
   3) 조합법인의 제반 노동에 참가하고 노동규정을 준수할 의무
   4) 총회에 출석할 의무와 총회의 의결사항을 준수할 의무
   5) 조합법인의 발전을 위하여 노력할 의무
2. 본 조합법인의 준조합원은 제1항 제1호, 제2호, 제5호 및 제4호 중 총회의 의결사항을 준수할 의무를 가진다.

제13조 (탈 퇴)

1. 탈퇴를 원하는 조합원 또는 준조합원은 60일 전에 탈퇴의사를 서면으로 본 조합법인에 예고하여 탈퇴하며, 그에 따른 모든 정산은 당 회계연도 말에 한다.
2. 조합원 또는 준조합원은 다음 각 호에 해당하는 사유가 발생하였을 때에는 자연탈퇴된다.
   1) 제8조에 의한 조합원 및 제9조에 의한 준조합원의 자격을 상실하였을 경우
   2) 사망
   3) 파산(법인의 경우 파산 또는 해산)

4) 금치산 선고

5) 제명

6) 지분을 전부 양도하였을 경우

3. 제2항 제1호의 자격상실은 총회의 결의에 의한다.
4. 조합원 또는 준조합원은 1항의 규정에 불구하고 부득이한 사유 없이 조합법인의 경영상 어려움에 처해 있는 시기에 탈퇴하지 못한다.

제14조 (제 명)

1. 조합원 또는 준조합원이 다음 각 호의 1에 해당하는 경우에는 총회의 의결로서 제명할 수 있다.

   1) 제12조에서 규정한 의무를 이행하지 아니한 경우

   2) 고의 또는 중대한 과실로 조합법인에 상당한 손해를 입힌 경우

   3) 조합을 빙자하여 부당이익을 취한 경우
2. 조합법인은 제1항 각 호의 사유로 인한 제명대상 조합원 또는 준조합원에게 총회개최 10일 전에 제명의 사유를 통지하고, 총회에서 변명할 기회를 주어야 하며, 제명을 결정한 때에는 서면으로 통지하여야 한다.

제3장 출자와 적립금 및 자본

제15조 (출 자)

1. 본 조합법인에의 출자는 현금이나 어장, 어선, 육상양식 · 종묘시설, 기타 현물(부동산, 차량, 어업기자재, 창고, 어업권 등)로 할 수 있다.
2. 어장, 어선, 육상양식 · 종묘시설 등 현물(이사 "현물출자물"이라 한다)의 출자액 산출은 이사회(설립시는 창립총회)에서 정하는 평가율에 의하여 환가한다.
3. 1좌의 금액은 10,000원으로 한다.
4. 조합원은 200좌 이상의 출자를 불입하여야 하며, 준조합원은 100좌 이상의 출자를 불입하여야 한다.
5. 제1항의 규정에 의하여 본 조합 법인에 현물출자물을 출자하는 경우에는 조합원 및 준조합원의 성명, 현물출자물 및 그 평가액과 현물출자물에 의한 출자좌수를 조합법인의 소정의 서식에 기재하여 관리한다.
6. 현물출자물은 이를 출자한 조합원 또는 준조합원의 동의가 없으면 처분하지 못한다.

제16조 (출자증서의 발행)

1. 조합법인은 출자를 불입한 조합원 또는 준조합원에게 지체 없이 출자증서를 발급하여야 한다.
2. 출자증서는 대표이사 명의로 발급하고 출자좌수, 출자액, 출자재산의 표시{(어장(양식장)의 경우에는 어장(양식장)의 종류, 면허번호, 유효기간, 위치, 면적을 말하며, 어선의 경우에는 어선명, 어선번호, 건조연도, 총톤수, 어업종류(허가번호)를 말하며, 부동산이 경우에는 지번, 지목, 면적을 말한다} 등을 기재하여야 한다.
3. 조합법인이 토지 등을 취득하여 조합원 또는 준조합원에게 증좌 배분하는 경우에 대해서는 제1항과 제2항의 규정을 준용한다.

제17조 (출자의 균등화) 조합원 또는 준조합원의 출자를 균등하게 하기 위하여 소액출자자에게 증좌를 허용할 경우에는 그 사정을 고려하여 총회의 의결로써 회계연도 말에 증좌를 허용할 수 있다.

제18조 (법정적립금) 본 조합법인은 출자총액과 같은 금액이 될 때까지 매 회계연도 이익금의 100분의 10 이상을 법정적립금으로 적립한다.

제19조 (사업준비금) 본 조합법인은 장기적인 사업확장 및 다음연도의 사업운영을 위하여 매 회계년도 이익금의 100분의 OO 이상을 사업준비금으로 적립한다.

제20조 (자본적립금) 본 조합법인은 다음 각 호에 의하여 생기는 금액을 자본적립금으로 적립한다.

1) 재산재평가 차익
2) 합병에 의한 차익
3) 인수재산 차익
4) 외부로부터 증여된 현물 및 현금
5) 국고보조금 등
6) 감자에 의한 차익
7) 고정자산에 대한 보험차익

제21조 (적립금 등의 사용 및 처분)

1. 제18조 규정에 의한 법정적립금(이하 '법정적립금'이라 한다)과 제20조에 의한 자본적립금(이하 "자본적립금'이라 한다)은 조합법인의 결손을 보전하는 데 사용한다.
2. 법정적립금과 자본적립금은 조합원 또는 준조합원의 탈퇴나 제명시 지분으로 환불할 수 없다.
3. 제19조의 규정에 의한 사업준비금(이하 '사업준비금'이라 한다)은 조합 또는 준조합원이 가입한 날로 부터 5년 이내에 탈퇴하거나 제명되는 경우에는 환불할 수 없다.

제22조 (지분의 계산) 본 조합법인의 재산에 대한 조합원과 준조합원의 지분은 다음의 기준에 의하여 계산한다.

1) 납입출자금에 대하여는 납입한 출자액에 따라 매 회계년도마다 이를 계산한다. 다만, 그 재산이 납입출자액의 총액보다 감소되었을 경우에는 조합원과 준조합원의 출자액에 따라 감액하여 계산한다.
2) 사업준비금은 매 회계연도마다 전조합원에게 분할하여 가산하되 제35조 제2항의 규정을 준용한다.

제23조 (지분의 상속)

1. 조합원 또는 준조합원의 상속인으로서 조합원 또는 준조합원의 사망으로 인하여 지분환불권의 전부 또는 일부를 취득한 자가 즉시 본 조합법인에 가입을 신청하고 조합법인이 이를 승인한 경우에는 상속인은 피상속인의 지분을 승계한다.
2. 제1항의 규정에 의한 상속인의 가입신청과 조합법인의 가입승인은 제10조 제1항 내지 제4항의 규정을 준용한다.

제24조 (조합의 지분 취득금지) 본 조합법인은 조합원 또는 준조합원의 지분을 취득하거나 또는 담보의 목적으로 취득하지 못한다.

제25조 (지분의 양도, 양수 및 공유금지) 조합원 및 준조합원은 총회의 승인 의결 없이는 그 지분을 양도, 양수할 수 없으며 공유할 수 없다.

제26조 (탈퇴시의 지분환불)

1. 조합원 또는 준조합원이 탈퇴하는 경우에는 탈퇴한 그 조합원의 지분을 현금 또는

현물로 환불한다.

2. 환불할 재산 가운데 어장(양식장), 어선, 토지, 건물 등이 조합법인의 경영에 심각한 지장을 초래할 우려가 있어 환불이 곤란한 경우에는 그에 상당하는 다른 어장(양식장), 어선, 토지, 시설 및 현금으로 지불할 수 있다.
3. 탈퇴 조합원 및 준조합원이 출자한 어장(양식장), 어선, 토지, 시설 등이 조합경영의 결과로 인하여 그 가치가 현저히 증대되었거나, 자본의 투자로 인하여 가치가 상승하였을 경우에는 이에 상당하는 금액을 환불받은 자로부터 징수한다.
4. 탈퇴 조합원 또는 준조합원이 조합법인에 대하여 채무가 있는 경우에는 환불해야 될 지분에서 상계할 수 있다.
5. 지분의 환불은 당해 회계연도 말에 한다.

제27조 (출자액의 일부 환불)

1. 조합원 또는 준조합원은 부득이한 사유가 있는 경우에는 조합법인에 대하여 출자액의 일부의 환불을 요구할 수 있다.
2. 제1항의 규정에 의하여 환불요구를 받은 조합법인은 총회의 의결이 있는 경우에 회계연도 말에 환불할 수 있다. 다만, 부득이한 사유가 있는 경우에는 회계연도 중에 환불하고 회계연도 말에 정산한다.

제4장 회 계

제28조 (회계년도) 본 조합법인의 회계연도는 매년 1월 1일에 시작하여 12월 31일에 종료한다.

제29조 (자금관리) 본 조합원의 여유자금은 다음 각 호의 방법에 따라 운용한다.

1) 수산업협동조합, 농업협동조합(지역농업협동조합, 지역축산업협동조합 포함), 은행, 신용금고에의 예치
2) 국채, 지방채, 정부보증채권 등 금융기관이 발행하는 채권의 취득

제30조 (경리공개) 본 조합법인의 모든 장부는 사무소에 비치하여 항상 조합원 및 준조합원에게 공개하며 주요개정에 대한 내역은 정기적으로 게시한다.

제31조 (사용료 및 수수료)

1. 본 조합법인은 조합법인이 행하는 사업에 대하여 사용료 또는 수수료를 징수할 수 있다.
2. 제1항의 규정에 의한 사용료 및 수수료에 관하여는 별도의 규정으로 정할 수 있다.

제32조 (선급금제) 조합법인은 조합원에게 지불할 노임을 회계연도 말에 결산 전에 선급금으로 지불할 수 있다.

제33조 (차입금) 조합법인은 제4조의 사업을 위하여 이사회의 의결을 거쳐 자금을 차입할 수 있다.

제34조 (수익 배분 순위) 본 조합법인의 총수익은 다음 각 호의 순서로 배분한다.

1) 제세공과금
2) 생산자재비, 임차료, 고용노임 및 생산부대비용("제잡비"를 말한다)
3) 차입금에 대한 원리금 상환
4) 조합원 노임
5) 자산설비에 대한 감가상각
6) 이월결손금 보전

제35조 (이익금의 처분)

1. 조합법인의 결산결과 발생된 매 회계연도의 이익금은 제18조의 규정에 의한 법정적립금, 제19조의 규정에 의한 사업준비금을 공제하고 나머지에 대해서는 조합원과 준조합원에게 배당한다.
2. 제1항의 배당은 배당할 이익금의 총액을 전조합원과 준조합원의 출자지분의 비율에 따라 배당한다.

제36조 (손실금의 처리) 조합법인의 결산결과 손실이 발생하였을 경우에는 사업준비금으로 보전하고 사업준비금으로도 부족할 때에는 법정적립금 및 자본적립금 순서로 보전하며 그 적립금으로 부족할 때에는 차년도에 이월한다.

제5장 임 원

제37조 (임원의 수) 본 조합법인은 다음 각 호의 임원을 둔다.

1) 대표이사 : 1인
2) 이사 : 4인 이상
3) 감사 : 1인 이상
4) 총무 : 1인
5) 부장 : 1인

제38조 (임원의 선출) 임원은 총회의 의결로 조합원 중에서 선출한다. 단, 대표이사는 이사 중에서 이사회 결의로 선출한다.

제39조 (이사회)

1. 이사회는 대표이사 및 이사로 구성하며, 대표이사가 그 의장이 된다.
2. 이사회는 대표이사가 필요하다고 인정되는 경우 또는 이사 2인 이상의 요구가 있을 경우 소집한다.

제40조 (이사회의 기능) 이사회는 다음 각 호의 사항을 재적이사 과반수의 출석과 출석이사 과반수이상의 찬성으로 의결한다.

1) 총회의 소집과 총회에 부의할 안건
2) 업무를 운영하는 기본방침에 관한 안건
3) 고정자산의 취득 또는 처분에 관한 사항
4) 총회에서 위임된 사항의 의결
5) 준조합원의 가입, 탈퇴, 및 제명
6) 기타 조합법인의 운영상 필요한 사항

제41조 (이사회의사록) 이사회에서 의결된 사항은 총무가 기록하여 이사회에 출석한 의장과 이사가 기명날인하여 조합법인에 보관한다.

제42조 (임원의 임무)

1. 대표이사는 본 조합법인을 대표하고 조합법인의 각종 회의의 의장이 되며, 조합의 업무를 총괄하고 조합법인의 경영성과에 대해 책임을 진다.
2. 감사는 회계연도마다 조합법인의 재산과 업무집행상황을 1회 이상 감사하여 그 결과를 총회 및 대표이사에게 보고하여야 한다.

3. 이사는 이사회에서 미리 정한 순서에 따라 대표이사 유고시 그 직무를 대리하고 궐위되었을 때에는 그 직무를 대행한다.
4. 총무는 이사 중에서 선임하여 조합법인의 일반사무와 회계사무를 담당한다.
5. 각 부장은 대표이사와 총무를 보좌하며 각부의 업무를 관장 · 집행한다.

제43조 (임원의 책임)

1. 본 조합법인의 임원은 법령에 의한 행정기관의 처분과 정관 · 규정 · 사업지침 및 총회와 이사회의 의결사항을 준수하고 본 조합법인을 위하여 그 직무를 성실히 수행하여야 한다.
2. 임원이 그 직무를 수행함에 있어 태만, 고의 또는 중대한 과실로 조합법인이나 다른 사람에게 끼친 손해에 대하여는 단독 또는 연대하여 손해배상의 책임을 진다.
3. 이사회가 불법행위 또는 중대한 과실로 조합법인에게 손해를 끼친 경우에는 그 불법행위 또는 중대한 과실에 관련된 이사회에 출석한 구성원은 그 손해에 대하여 조합법인에 연대하여 책임을 진다. 다만, 그 회의에서 명백히 반대의사를 표시한 구성원은 그러하지 아니한다.
4. 제2항 내지 제3항의 구상권의 행사는 이사회에 대하여는 대표이사가, 대표이사와 이사에 대하여는 감사가, 임원 전원에 대하여는 조합원의 3분의 1 이상의 동의를 얻은 조합원 대표가 이를 행한다.

제44조 (임원의 임기)

1. 임원의 임기는 3년으로 하되 감사의 임기는 취임 후 O년 내의 최종의 결산기에 관한 정기조합원총회의 종결시까지로 한다.
2. 제1항의 임원의 임기는 전임자의 임기만료일의 다음날로부터 기산한다.
3. 보궐선거에 의한 임원의 임기는 전임자의 잔여기간으로 한다.

제45조 (임원의 해임)

1. 조합원이 임원을 해임하고자 하는 경우에는 조합원의 3분의 1 이상의 서면 동의를 얻어 총회에 해임을 요구하고, 해임을 요구하는 총회의 의결로서 해임한다.
2. 해임을 의결을 할 때에는 총회 10일전에 해당 임원에게 서면 통지하여 총회에서 변명할 기회를 주어야 한다.

제46조 (임원의 보수) 임원에 대한 보수는 지급하지 아니하며, 여비 등 필요한 경비는 별도

규정에 의하여 실비로 지급할 수 있다.

제47조 (서류비치의 의무)

1. 대표이사는 다음 각 호의 서류를 조합법인의 사무소에 비치하여야 한다.
   1) 정관 및 규정
   2) 조합원과 준조합원 명부 및 지분대장
   3) 총회의사록
   4) 기타 필요한 서류
2. 대표이사는 정기총회 1주일 전까지 결산보고서를 사무소에 비치하여야 한다.

제6장 회의의 운영

제48조 (총 회) 총회는 조합원으로 구성하며, 정기총회와 임시총회로 구분한다.

제49조 (총회의 소집)

1. 정기총회는 회계연도마다 1회 1월에 대표이사가 소집하며, 대표이사는 총회소집 5일 전까지 회의내용과 회의자료를 서면으로 조합원에게 통지하여야 한다.
2. 임시총회는 조합원 3분의 1 이상의 소집요구가 있거나 이사회가 필요하다고 인정하여 소집을 요구할 때 또는 대표이사가 필요하다고 인정할 때 대표이사가 소집한다.
3. 감사는 다음 각 호에 해당하는 경우에는 임시총회를 소집한다.
   1) 대표이사의 직무를 행할 자가 없을 때
   2) 제2항의 요구가 있는 경우에 대표이사가 정당한 사유 없이 2주일 이내에 총회소집의 절차를 취하지 아니한 때
   3) 감사가 조합법인의 재산상황 또는 사업의 집행에 관하여 부정사실을 발견한 경우에 이를 신속히 총회에 보고할 필요가 있을 때

제50조 (총회의 의결사항) 다음 각 호의 사항은 총회의 의결을 얻어야 한다.

1) 정관의 변경
2) 규정의 제정 및 개정
3) 해산 · 합병 또는 분할
4) 조합원의 가입 · 탈퇴 및 제명

5) 사업계획 및 수지예산의 승인 · 책정과 변경
6) 사업보고서, 결산서, 이익금 처분 및 결손금 처리
7) 출자에 관한 사항
8) 임원의 선출
9) 임기 중 임원의 해임

제51조 (총회의 개의와 의결 정족수)

1. 총회는 조합원 과반수의 출석으로 개의하고 출석조합원 과반수 이상의 찬성으로 의결한다.
2. 다음 각 호에 해당하는 사항은 총조합원 3분의 2 이상의 출석과 출석조합원 3분의 2 이상의 찬성으로 의결한다.
   1) 정관의 변경
   2) 해산 · 합병 또는 분할
   3) 조합원의 가입 승인
   4) 제14조의 규정에 의한 조합원의 제명
   5) 제45조의 규정에 의한 임원의 해임
3. 제1항의 총회 소집이 정족수 미달로 유회된 경우에는 10일 이내에 다시 소집하여야 한다.

제52조 (의결권의 대리)

1. 조합원은 대리인으로 하여금 의결권을 행사하게 할 수 있다.
2. 대리인은 조합원과 동일 세대에 속하는 성년이어야 하며, 대리인이 대리할 수 있는 조합원의 수는 1인에 한한다.
3. 제1항의 규정에 의한 대리인은 대리권을 증명하는 위임장을 조합법인에게 제출하여야 한다.

제53조 (의사록의 작성) 총회의 이사에 관하여는 의사의 경과 및 결과를 기재한 의사록을 작성하고 대표이사 및 총회에 참석한 조합원 3분의 2 이상이 기명날인 또는 서명 날인한다.

제54조 (회의내용 공고) 총회의 의결사항은 제6조의 공고방법에 의하여 공고한다.

제7장 해　　산

제55조 (해 산) 본 조합원은 다음 각 호의 1에 해당하는 경우에는 해산한다.

1) 총회에서 해산 및 합병을 의결한 경우
2) 파산한 경우 또는 법원의 해산명령을 받은 경우
3) 조합원이 5인 미만이 된 후 1년 이내에 5인 이상이 되지 아니한 경우

제56조 (청산인) 본 조합원이 해산하는 경우에는 파산으로 인한 경우를 제외하고는 청산인은 대표이사가 된다. 다만, 총회에서 다른 사람을 청산인으로 정한 경우에는 그러하지 아니한다.

제57조 (청산인의 직무)

1. 청산인은 취임 후 지체 없이 재산상황을 조사하여 재산목록과 대차대조표를 작성하고 재산처분의 방법을 정하여 총회의 승인을 얻어야 한다.
2. 청산사무가 종결된 경우에는 청산인은 지체 없이 결산보고서를 작성하여 총회의 승인을 얻어야 한다.
3. 청산인은 취임 후 2주일 이내에 해산의 사유 및 연월일과 청산인의 성명 및 주소를 등기하여야 한다.

제58조 (청산 재산의 처리) 해산의 경우 조합법인의 재산은 채무를 완제하고 잔여가 있는 경우에는 다음 각 호의 방법에 의하여 조합원과 준조합원에게 분배한다.

1) 출자금액은 출자조합원과 출자준조합원에게 환급하되 출자총액에 미달시는 출자액의 비례로 분배한다.
2) 자본적립금, 법정적립금, 사업준비금, 외부증여금은 출자지분의 비율에 따라 분배한다.

부　　칙

본 정관은 창립총회의 의결을 얻은 날부터 시행한다.

위 OO영농조합법인을 설립하기 위하여 위 정관을 작성하고 발기인 전원이 기명날인하다.

2000년 0월 0일

OO영농조합법인
OO시 OO구 OO로 OO(OO동)

발기인 성　　명 : O　O　O ㊞
주민등록번호 : 000000-0000000
주　　소 : OO시 OO구 OO로 OO(OO동)
발기인 성　　명 : O　O　O ㊞
주민등록번호 : 000000-0000000
주　　소 : OO시 OO구 OO로 OO(OO동)

발기인 성　　명 : O　O　O ㊞
주민등록번호 : 000000-0000000
주　　소 : OO시 OO구 OO로 OO(OO동)
(이하 생략)

[서식] 출자자명부

출 자 자 명 부

(1좌의 금액 : 10,000원)

조합원 성명	출 자 내 역		평가액(원)	출자좌수(좌)
	항 목 별	출자목적물 표시		
O O O	어　선	어선명 : OO호(동력선) 어선번호 : 000-0000 총톤수 : 5톤 건조연도 : 20OO년	30,000,000원	3,000좌
	어선면허	어업면호 : 제OOO호	10,000,000원	1,000좌

		양식 : 전복양식		
	어 업 권	면허번호 : 제OOO호 어업, 체포물의 종류 : 굴양식	10,000,000원	1,000좌
	부 동 산	OO시 OO구 OO동 OO 전 500㎡	10,000,000원	1,000좌
	소 계		60,000,000원	6,000좌
O O O	현 금		30,000,000원	3,000좌
O O O	현 금		30,000,000원	3,000좌
O O O	현 금		20,000,000원	2,000좌
O O O	현 금		10,000,000원	1,000좌
합 계			150,000,000원	15,000좌

위 출자자명부는 본 조합법인 사무소에 비치된 출자자명부와 대조하여 틀림이 없음을 증명합니다.

2000년 0월 0일

법인명 : OO영어조합법인
소재지 : OO시 OO구 OO로 OO(OO동)
대표이사 : O O O (인)

[서식] 창립총회의사록

창 립 총 회 의 사 록

2000년 0월 0일 OO시 OO분, OO시 OO구 OO로 OO(OO동) OO영어조합법인 창립사무소에서 창립총회를 개최하다.

발 기 인 : OOO, OOO, OOO, OOO, OOO
출석발기인 : 발기인 전원

발기인 대표 OOO는 위와 같이 발기인 전원이 출석하여 본 총회가 적법하게 성립되었음을 알리고 회의 진행상 임시의장을 선임하여 줄 것을 요청한 바, 발기인 전원일치 합의로 발기인 OOO를 임시의장으로 선임하고, 동인은 즉석에서 그 취임을 승낙하고 개회를 선언한 후 다음의 의안에 관하여 심의를 요청하다.

제1호 의 안 정관 승인의 건

의장은 농어업·농어촌및식품산업기본법 및 농어업경영체육성및지원에관한법률의 규정에 근거하여 농림수산부에서 고시한 정관례를 기준으로 하여 정관을 작성하였음을 설명하고 그 정관을 축소 설명한 후 이의 승인 여부에 심의를 구한 바 발기인 전원일치된 의견으로 이를 승인 가결하다.

제2호 의 안 임원 선임의 건

의장은 정관에 정하여진 대표이사, 이사, 감사 등 임원의 선임방법을 물은 바, 발기인 전원일치로 무기명 비밀투표로 선임하기로 합의되어 그에 따라 투표한 결과 다음 사람이 임원으로 선출되다.

이사겸 대표이사 O O O

이 사 O O O, O O O, O O O

감 사 O O O

위 피선자들은 즉석에서 각 그 직에 취임 할 것을 승낙하다.

제3호 의 안 제1회 출자금 납입 및 출자금 평가방법

의장은 본 영어조합법인 설립당시의 제1회 출자금 납입에 관하여 심의를 요청한 바, 별첨 출자자산 내역서와 같이 납입키로 전원일치의 합의로 의결하다.

제4호 의 안 주사무소 지정의 건

의장은 본 영어조합법인의 주사무소를 설치할 장소를 결정하자고 제의한 바, 전원일치된 의견으로 다음의 장소에 주사무소를 설치하기로 가결하다.

주사무소 : OO시 OO구 OO로 OO(OO동)

의장은 이상으로서 의안 전부를 심의를 종료하였으므로 폐회를 선언하다.

(회의종료시간 : OO시 OO분)

위 의사의 경과와 결의를 명확히 하기 위하여 이 의사록을 작성하여 의장과 출석한 발기인이 다음과 같이 기명날인하다.

2000년 0월 0일

OO영어조합법인

OO시 OO구 OO로 OO(OO동)

의장겸 발기인 성 명 : O O O ㊞
주민등록번호 : 000000-0000000
주 소 : OO시 OO구 OO로 OO(OO동)

발기인 성 명 : O O O ㊞
주민등록번호 : 000000-0000000
주 소 : OO시 OO구 OO로 OO(OO동)

발기인 성 명 : O O O ㊞
주민등록번호 : 000000-0000000
주 소 : OO시 OO구 OO로 OO(OO동)

발기인 성 명 : O O O ㊞
주민등록번호 : 000000-0000000
주 소 : OO시 OO구 OO로 OO(OO동)

발기인 성 명 : O O O ㊞
주민등록번호 : 000000-0000000
주 소 : OO시 OO구 OO로 OO(OO동)

[서식] 이사회의사록

이 사 회 의 사 록

2000년 0월 0일 00시 00분, 00시 00구 00로 00(00동) 당 법인 회의실(또는 사무소)에서 이사회를 개최하다.

총이사수 : 0명　　　　출석이사수 : 0명

의장 000는 정관규정에 따라 의장석에 등단하여 위와 같이 법정수에 달하는 이사가 출석하였으므로 본 이사회가 적법히 성립되었음을 알리고 개회를 선언한 후, 다음의 의안을 부의하고 심의를 구하다.

제1호 의 안 대표이사 선임의 건

의장은 창립총회에서 선임된 이사 중에서 대표이사 1명을 선임하여 줄 것을 구한 바, 이사 전원일치로 다음 사람을 대표이사로 선출하고 이를 찬성하여 만장일치로 그를 승인 가결하다.

대표이사 0 0 0 (000000-0000000)
00시 00구 00로 00(00동)

위 피선자는 즉석에서 그 취임을 승낙하다.

의장은 이상으로서 회의목적인 의안 전부의 심의를 종료하였으므로 폐회한다고 선언하다(회의종료시각 : 00시 00분)

위 결의를 명확히 하기 위하여 이 의사록을 작성하고 의장과 출석한 이사가 기명날인하다.

2000년 0월 0일

00영어조합법인
00시 00구 00로 00(00동)
의장겸 대표이사 0 0 0 (인)
이사 0 0 0 (인)
이사 0 0 0 (인)
이사 0 0 0 (인)

[서식] 취임승낙서

취 임 승 낙 서

본인은 20OO년 O월 O일 귀 법인의 창립총회에서 대표이사(또는 이사, 감사)로 선임되었으므로 그 취임을 승낙합니다.

20OO년 O월 O일

대표이사(또는 이사, 감사) O O O (인)
(000000-0000000)
OO시 OO구 OO로 OO(OO동)

OO영어조합법인 귀중

[서식] 인감신고서

인감 · 개인(改印) 신고서

(신고하는 인감날인란) (인감제출자에 관한 사항)

상호(명 칭)		OO영어조합법인	등기번호	
본점(주사무소)		OO시 OO구 OO로 OO(OO동)		
인감제출자	자격/성명	대표이사 ○ ○ ○		
	주민등록번호	OOOOOO-OOOOOOO		
	주 소	OO시 OO구 OO로 OO(OO동)		

□ 위와 같이 인감을 신고합니다.

□ 위와 같이 개인(改印)하였음을 신고합니다.

년 월 일

(인감 날인란)

신고인 본 인 성 명 (인)

대리인 성 명 (인)

지방법원 등기소 귀중

주 1. 인감 날인란에는 「인감증명법」에 의하여 신고한 인감을 날인하고 그 인감증명서(발행일로부터 3개월 이내의 것)를 첨부하여야 합니다. 개인(改印)신고의 경우, 개인인감을 날인하는 대신에 등기소에 신고한 유효한 종전 인감을 날인하여도 됩니다.

2. 인감 · 개인신고서에는 신고하는 인감을 날인한 인감대지를 첨부하여야 합니다.

3. 지배인이 인감을 신고하는 경우에는 인감제출자의 주소란에 지배인을 둔 장소를 기재하고, 「상업등기규칙」 제36조제4항의 보증서면(영업주가 등기소에 신고한 인감 날인)을 첨부하여야 합니다. 위 보증서면은 아래의 보증서면란에 기재하는 것으로 갈음할 수 있습니다.

보 증 서 면
위 신고하는 인감은 지배인 OOO의 인감임이 틀림없음을 보증합니다. 대표이사 (법인인감)
위 임 장
성 명 : 주민등록번호(-) 주 소 : 위의 사람에게, 위 인감신고 또는 개인신고에 관한 일체의 권한을 위임함. 20 년 월 일 인감(개인) 신고인 성 명 (인)

[서식] 인감대지

인 감 대 지

	신고하는 인감날인란	상 호(명 칭) : OO영농조합법인 자격 및 성명 : 대표이사 O O O 주민등록번호 : OOOOOO-OOOOOOO

제3절 영농조합법인의 변경등기

1. 임원변경등기

1) 임원변경

이사의 임면방법에 관하여 민법은 정관으로 규정하도록 하고 있으며 사단법인의 경우에는 사원총회, 재단법인의 경우에는 이사회에서 선임한다. 공익법인과 사회복지법인 등의 경우에는 임원선임과 관련하여 결격사유를 규정하고 있다. 한편 공익법인의 경우나 정관으로 주무관청의 승인을 받도록 규정하고 있는 경우 또는 설립허가조건으로 이사선임에 관하여 주무관청의 승인을 받도록 한 경우 등에는 사원총회의 선임결의 외에 주무관청의 승인을 받아야 한다.

영농조합법인은 임원을 임면하는 경우에는 지체 없이 시도지사에게 보고하여야 한다. 감사와 이사는 특별한 관계에 있는 사람이 아니어야 한다. 이사 또는 감사 중에 결원이 생겼을 때에는 2개월 이내에 보충하여야 한다. 이사는 법인이 설치한 사회복지시설의 장을 제외한 그 시설의 직원을 겸할 수 없다.

2) 변경등기 사항

(1) 이사의 취임등기

법인의 이사의 성명과 주소 그리고 이사의 대표권을 제한한 때에는 그 제한사항은 등기사항이다. 그러나 감사는 등기사항이 아니고 공익법인의 경우에는 감사가 필적 기관이나 등기사항으로 규정하고 있지는 아니하다.

이사 취임등기에는 취임한 이사의 성명, 주민등록번호와 취임취지 및 등기연월일을 임원란에 기재하여야 하고 이사의 취임일자는 당해 이사의 선임행위 및 취임승낙일과 전임자의 임기만료일, 주무관청의 허가일 중 늦은 쪽의 일자를 기재한다.

(2) 이사의 중임등기

법인의 이사의 임기가 만료된 때에는 같은 사람이 재선되어 같은 직에 다시 취임하는 경우에 변경등기를 하는데 동일인이 다시 취임하여 전임 임기만료일과 후임 임기개시일이 동일한 경우에도 이사의 임기가 연장되는 것이 아니라 이사의 지위가 새로 시작되는 것이므로 원칙적으로 취임등기와 퇴임등기를 하여야 하나 등기실무상 중임이라 하여 그 퇴임취지와 재취임 취지를 중복하여 기재하지 않고 단순히 중임의 취지만 기재하는 중임등기로 특별한 취급

을 하고 있다.

임기만료 된 이사가 정관규정에 따라 후임자가 취임할 때까지 계속 권리의무를 행사하던 중에 재선된 때처럼 전임 임기만료일과 후임 임기개시일이 서로 다른 경우에는 설사 동일인이 같은 직에 다시 취임한 경우라 할지라도 중임등기로 취급할 수는 없고 퇴임 및 취임등기로 하여야 하고 그 퇴임등기를 하는 경우의 퇴임일자는 그 권리의무행사 종료일이 아니라 당초의 임기만료일로 기재해야 한다.

(3) 이사의 퇴임등기

법인이사 퇴임의 등기는 퇴임한 이사의 성명과 퇴임사유 및 그 등기연월일을 기재하여야 한다. 퇴임자의 등기기간은 초임일로부터 기산하나 결원으로 인하여 후임자가 없어 이사의 권리의무를 행사하고 있는 동안은 퇴임에 의한 변경등기를 할 필요가 없으며 이때의 퇴임등기의 등기기간은 후임자의 취임 시 부터 기산한다. 이사가 권리의무를 행사하고 있는 경우에 후임자를 선임하였으나 여전히 법률 또는 정관에 정한 원수에 미달하는 때에는 권리의무행사자의 퇴임등기는 법률 또는 정관에 정하는 원수에 달하는 후임자의 취임등기와 동시에 하지 않으면 이를 할 수 없지만 법률 또는 정관에 정한 원수에 미달되는 경우라도 후임자의 취임의 등기는 하여야 한다.

(4) 이사의 사임등기

임기만료나 사임으로 퇴임한 이사가 정관규정에 따라 계속 그 권리의무를 행사하다가 후임자가 취임하여 전임자의 퇴임등기를 하는 경우의 퇴임일자는 그 권리의무행사 종료일이 아니라 당초의 임기만료일이나 사임일이다.

(5) 이사의 해임등기

임기종료 전에 임원을 해임하고자 하는 경우 이사회의 의결을 거쳐야 하며 정관이 정하는 바에 따라 새로 선임된 임원의 임기는 전임자의 잔여기간으로 한다.

(6) 대표권제한 구정의 설정, 변경, 폐지

등기기간은 이사나 대표권이 있는 이사가 취임 또는 퇴임하거나 대표권제한규정이 설정, 폐지 임원승인이 취소된 날 등으로부터 3주간 내이다. 대표권 제한 규정의 설정, 변경, 폐지 등 정관변경을 필요로 하는 사항을 등기하는 경우에는 그에 관한 주무관청의 허가서가 도착한 날로부터 그 기간을 기산한다. 민법법인의 대표권 있는 이사가 1명이어야 한다는 제한은 없고 원칙적으로 이사는 법인을 각자 대표하므로 수인을 대표권 있는 이사로 등기할 수 있다.

3) 등기기간

변경등기기간은 법령, 재판상의 처분 또는 법률행위에 다른 정한 바가 없으면 민법의 규정에 의한다. 등기기간은 민법 제52조의 규정에 의하여 등기사항에 변경이 있는 때로부터 3주내에 변경등기를 신청하여야 한다.

4) 첨부서면

(1) 정관

이사의 취임, 퇴임등기의 경우 신청서에 정관을 첨부하여야 한다. 이는 당해 법인이 이사의 수를 정한 경우와 임기를 정한 경우에 정관을 확인하지 않고는 당해 이사의 퇴임등기 수리여부를 등기관이 결정할 수 없기 때문이다.

(2) 의사록

이사 임면은 사단법인의 경우에는 사원총회 재단법인의 경우에는 이사회에서 선임하므로 사원총회 의사록 또는 이사회 의사록을 첨부하여야 한다. 법인의 총회 등의 의사록은 의사록 인증 제외 대상 법인에 해당되지 않는 한 공증인의 인증을 받아야 한다.

(3) 취임승낙서

이사 취임 시 취임승낙서를 첨부하여야 하고 이를 증명하는 인감증명서를 첨부하여야 한다. 그리고 취임이 주무관청의 승낙사항일 경우에는 주무관청의 승인도 받아야 한다.

(4) 주민등록등본 등

대표권 있는 이사는 주소와 성명, 주민등록번호를 등기하여야 하고, 대표권 없는 이사는 성명과 주민등록번호를 등기하여야 하며, 외국인의 경우에는 주민등록번호에 갈음하여 생년월일을 등기하여야 하므로 주소, 주민등록번호 또는 생년월일을 증명하는 주민등록등본 등의 서면을 첨부하여야 한다.

5) 등록세 등

(1) 등록세

정액등록세는 40,200원(임원변경)이고, 교육세는 등록면허세의 100분의 20이다. 조세특례제한법, 관세법, 지방세법에 의하여 등록면허세가 감면되는 경우에 그 감면세액의 100분의

20의 농어촌특별세를 납부하여야 하나, 농어촌특별세도 감면 또는 면제되는 경우가 있다(농특세법 4조).

(2) 수수료

등기신청수수료는 6,000원(서면방문), 4,000원(전자표준양식), 2,000원(전자신청)이며, 명칭, 주사무소, 이사, 청산인변경등기를 하나의 신청서로 신청할 경우에는 각각의 수수료 각 6,000원(서면방문), 4,000원(전자표준양식), 2,000원(전자신청)을 합산하여야 한다.

[서식] 영농조합법인 변경등기신청서(이사임기만료)

영농(영어)조합법인 변경등기신청

접수	년 월 일	처리인	접 수	조 사	기 입	교 합	각종통지
	제 호						

명 칭	영농(영어)조합법인 ○○○	등기번호	제○○○○호
주 사 무 소	OO시 OO구 OO로 OO(OO동)		
등기의 목적	이사변경등기		
등기의 사유	이사 ○○○은 20○○년 ○월 ○일 임기만료로 퇴임하고 같은 날 조합원총회에서 다음 사람이 이사로 선임되어 같은 날 취임하였으므로 그 등기를 구함.		
인가서도착연월일	20○○년 ○월 ○일		
주사무소/분사무소 신청구분	1.주사무소 신청 □	2.분사무소 신청 □	3.주 · 분사무소 일괄신청 □

등 기 할 사 항
이사 ○○○ 20○○. ○. ○. 퇴임 이사 ○ ○ ○ (OOOOOO-OOOOOOO) 20○○. ○. ○. 취임

신청등기소 및 등록면허세/수수료						
순번	신청등기소	구분	등록면허세	지방교육세	세액합계	등기신청수수료

<table>
<tr><td></td><td></td><td></td><td>금 40,200원</td><td>금 8,040원</td><td>금 48,240원</td><td>금 6,000원</td></tr>
<tr><td></td><td></td><td></td><td></td><td></td><td></td><td></td></tr>
<tr><td></td><td></td><td></td><td></td><td></td><td></td><td></td></tr>
<tr><td></td><td></td><td></td><td></td><td></td><td></td><td></td></tr>
<tr><td colspan="3">합 계</td><td></td><td></td><td></td><td></td></tr>
<tr><td colspan="4">등기신청수수료 은행수납번호</td><td colspan="3"></td></tr>
<tr><td colspan="7">첨 부 서 면</td></tr>
<tr><td colspan="4">1.조합원총회의사록 통
1. 정관등본 통
1. 취임승낙서 통
1. 대표이사의 인감신고 통</td><td colspan="3">1. 등록면허세영수필확인서및통지서 통
1. 위임장(대리인이 신청할 경우) 통
〈기 타〉</td></tr>
<tr><td colspan="7">년 월 일

신청인 명 칭
주사무소
대표자 성 명 ㊞ (전화 :)
주 소
대리인 성 명 ㊞ (전화 :)
주 소

지방법원 등기소 귀중</td></tr>
</table>

[신청서 작성요령 및 등기수입증지 첨부란]

1. 해당란이 부족할 때에는 별지를 이용합니다.
1. 해당 등기신청과 관계없는 사항에 대하여는 "해당없음"으로 기재하거나 삭제하고, 필요한 사항은 추가 기재합니다.
1. 등기신청수수료 상당의 대법원등기수입증지를 이 난에 붙입니다.

(용지규격 21㎝×29.7㎝)

※ 등록면허세는 변경등기의 등록면허세인 40,200원, 교육세는 등록면허세의 100분의 20(8,040원)을 납부하여야 한다(지방세법 제28조). 그 등기신청수수료는 6,000원(서면방문), 4,000원(전자표준양식), 2,000원(전자신청)이며, 명칭, 주사무소, 이사변경등기를 하나의 신청서로 신청할 경우에는 각각의 수수료 각 6,000원(서면방문), 4,000원(전자표준양식), 2,000원(전자신청)을 합산하여야 한다. 그러나 수인의 이사, 대표자 등 임원의 퇴임, 취임으로 인한 변경등기는 일괄하여 하나의 임원변경등기신청으로 보아 6,000원(서면방문), 4,000원(전자표준양식), 2,000원(전자신청)만을 납부한다.

[서식] 이사회의사록

조 합 총 회 의 사 록

2000년 0월 0일 00시 00분, 00시 00구 00로 00(00동) 당 법인 회의실(또는 사무소)에서 총회를 개최하다.

총조합원수 : 0명　　　출석조합원수 : 0명

의장인 000는 정관규정에 따라 의장석에 등단하여 위와 같이 법정수에 달하는 조합원이 출석하였으므로 본 총회가 적법히 성립되었음을 알리고 개회를 선언한 후, 다음의 의안을 부의하고 심의를 구하다.

제1호 의 안 이사 선임의 건
의장은 이사 000이 2000년 0월 0일 임기만료로 퇴임함에 따라 금일 이사회에서 이사를 보선하여야 한다고 상세히 설명한 바, 출석한 이사전원 일치되어 아래 사람을 이사로 선임한다.

이사 0 0 0 (000000-0000000)
00시 00구 00로 00(00동)

위 피선자는 즉석에서 그 취임을 승낙하다.

의장은 이상으로서 회의목적인 의안 전부의 심의를 종료하였으므로 폐회한다고 선언하다(회의종료시각 : OO시 OO분).

위 결의를 명확히 하기 위하여 이 의사록을 작성하고 의장과 출석한 이사가 기명날인하다.

2000년 0월 0일

영농조합법인 OOO
OO시 OO구 OO로 OO(OO동)
의장겸 대표이사 O O O (인)
이사 O O O (인)
이사 O O O (인)
이사 O O O (인)

[서식] 취임승낙서

취 임 승 낙 서

본인은 2000년 0월 0일 이사회에서 귀 법인의 이사로 선임되었으므로 그 취임을 승낙합니다.

2000년 0월 0일

이사 O O O (인)
(000000-0000000)
OO시 OO구 OO로 OO(OO동)

영농조합법인 OOO 귀중

※ 인감도장 날인 후 인감증명서를 첨부한다.

2. 주사무소 이전등기

1) 의 의

영농보합법인의 주사무소 이전의 등기란 법인을 총괄 지휘하는 등기부상에 기재된 주 사무소의 구체적인 소재장소를 이전하는 등기를 마한다. 주 사무소 이전의 등기는 등기소의 관할을 기준으로 동일한 등기소의 관할 구역 내에서 주사무소를 이전하는 경우와 다른 등기소의 관할 구역 내로 이전하는 경우로 구분할 수 있다.

2) 관내이전

(1) 신청방법

다른 등기소의 관할 구역 내로 주 사무소를 이전한 경우에는 구소재지에서 하는 주사무소 이전의 등기신청과 신소재지에서의 이전등기신청을 하여야 하나 동일한 등기소 관할 구역 내에서 주사무소를 이전하는 경우에는 신소재지에서의 이전등기만 하면 된다. 주사무소 이전의 등기는 대표자가 등기신청서를 제출함으로서 한다.

(2) 기간

법인이 그 사무소를 이전하는 때에는 구소재지에서 3주간 내에 이전등기를 하고 신소재지에서는 동 기간 내에 변경등기를 하여야 한다.

(3) 첨부서면

첨부서면으로 원칙적으로 이사회의사록을 첨부하여야 한다. 다만 정관상 주사무소의 소재지가 그 소재지번, 동, 호수까지 기재되어 있을 경우에는 정관변경을 하여야 하므로 정관변경의 이사회의사록을 제출하여야 한다. 주사무소 이전의 등기 시에는 인감의 제출자에 관한 사항에 변경이 생기지만 대표자의 인감을 다시 제출할 필요가 없고 주사무소 이전과 동시에 인감 자체를 변경한 경우에만 개인신고서를 제출하면 된다.

(4) 등록세 등

신소재지가 동일 등기소 관할 구역내인 경우에는 등록면허세 112,500원과 등록면허세의 20/100의 지방교육세를 납부한다.

등기신청수수료는 6,000원(서면방문), 4,000원(전자표준양식), 2,000원(전자신청)이며, 명칭, 주사무소, 이사, 청산인변경등기를 하나의 신청서로 신청할 경우에는 각각의 수수료 각 6,000원(서면방문), 4,000원(전자표준양식), 2,000원(전자신청)을 합산하여야 한다.

[서식] 영농(영어)조합법인 주사무소이전등기신청서(동일관할 내 이전)

영농(영어)조합법인 주사무소이전등기신청

접수	년 월 일	처리인	접 수	조 사	기 입	교 합	각종통지
	제 호						

명 칭	영농(영어)조합법인 ○○○	등기번호	제○○○○호
주 사 무 소	OO시 OO구 OO로 OO(OO동)		
등기의 목적	주사무소 이전등기		
등기의 사유	20○○년 ○월 ○일 이사회의 결의에 의하여(20○○년 ○월 ○일 이사회에서 정관변경을 결의하고 20○○년 ○월 ○일 주무관청의 인가를 받아) 20○○년 ○월 ○일 주사무소를 다음 장소로 이전하였으므로 그 등기를 구함.		
인가서도착연월일	20○○년 ○월 ○일		
주사무소/분사무소 신청구분	1.주사무소 신청 □	2.분사무소 신청 □	3.주 · 분사무소 일괄신청 □

등 기 할 사 항

주사무소 : OO시 OO구 OO로 OO(OO동)

20○○. ○. ○. 이전

신청등기소 및 등록면허세/수수료

순번	신청등기소	구분	등록면허세	지방교육세	세액합계	등기신청수수료
			금 112,500원	금 22,500원	금 135,000원	금 6,000원
합 계						
등기신청수수료 은행수납번호						

<table>
<tr><td colspan="2">첨 부 서 면</td></tr>
<tr><td>1. 이사회의사록 통
1. 주무관청의 정관변경인가서
(또는 인가서 등본) 통
1. 인감신고서 및 인감대지 통</td><td>1. 대표자의 인감증명서
통
1. 등록면허세영수필확인서및통지서 통
1. 위임장(대리인이 신청할 경우) 통
〈기 타〉</td></tr>
<tr><td colspan="2">년 월 일

신청인 명 칭
주사무소
대표자 성 명 (인) (전화 :)
주 소
대리인 성 명 (인) (전화 :)
주 소

지방법원 등기소 귀중</td></tr>
</table>

[신청서 작성요령 및 등기수입증지 첨부란]

1. 해당란이 부족할 때에는 별지를 이용합니다.
1. 해당 등기신청과 관계없는 사항에 대하여는 "해당없음"으로 기재하거나 삭제하고, 필요한 사항은 추가 기재합니다.
1. 등기신청수수료 상당의 대법원등기수입증지를 이 난에 붙입니다.

(용지규격 21cm×29.7cm)

[서식] 이사회의사록

이 사 회 의 사 록

2000년 0월 0일 00시 00분, 00시 00구 00로 00(00동) 당 법인 회의실(또는 사무소)에서 이사회를 개최하다.

총이사수 : 0명 출석이사수 : 0명

의장 OOO는 정관규정에 따라 의장석에 등단하여 위와 같이 법정수에 달하는 이사가 출석하였으므로 본 이사회가 적법히 성립되었음을 알리고 개회를 선언한 후, 다음의 의안을 부의하고 심의를 구하다.

제1호 의 안 주사무소이전의 건

의장은 사업형편상 당 법인의 주사무소를 다음 장소로 이전할 필요가 있음을 상세히 설명하고 그 가부를 물은 바, 전원 이의 없이 찬성하여 만장일치로 승인가결하다.

주사무소 이전장소 : OO시 OO구 OO로 OO(OO동)
이전연월일 : 20OO년 O월 O일

제2호 의 안 정관변경의 건

의장은 위 주사무소이전에 수반하여 현행 정관 제O조를 다음과 같이 변경해야 한다는 취지를 설명하고 그 가부를 물으니 전원 이의 없이 찬성하여 만장일치로 그를 승인 가결하다.

제O조(주사무소) 당 법인의 주사무소는 OO시 OO구 OO로 OO(OO동)에 둔다.

의장은 이상으로서 회의목적인 의안 전부의 심의를 종료하였으므로 폐회한다고 선언하다(회의종료시각 : OO시 OO분)

위 결의를 명확히 하기 위하여 이 의사록을 작성하고 의장과 출석한 이사가 기명날인하다.

20OO년 O월 O일

영농(영어)조합법인 OOO
OO시 OO구 OO로 OO(OO동)
의장겸 대표이사 O O O (인)
이사 O O O (인)
이사 O O O (인)
이사 O O O (인)

[서식] 영농(영어)조합법인법인 주사무소이전등기신청서(분사무소소재지에서 신청하는 경우)

영어(영어)조합법인 주사무소이전등기신청

접수	년 월 일	처리인	접 수	조 사	기 입	교 합	각종통지
	제 호						

명 칭	영농(영어)조합법인 ○○○	등기번호	제○○○○○호
주 사 무 소	OO시 OO구 OO로 OO(OO동)		
등기의 목적	주사무소 이전등기		
등기의 사유	20○○년 ○월 ○일 이사회의 결의에 의하여(20○○년 ○월 ○일 정관변경을 결의하고 20○○년 ○월 ○일 주무관청의 인가를 받아) 20○○년 ○월 ○일 주사무소를 다음 장소로 이전하고 20○○년 ○월 ○일 주사무소소재지 관할등기소에서 그 등기를 하였으므로 이 등기소에서 이 등기소에서 그 등기를 구함.		
인가서도착연월일	20○○년 ○월 ○일		
주사무소/분사무소 신청구분	1.주사무소 신청 □ 2.분사무소 신청 □ 3.주ㆍ분사무소 일괄신청 □		
등 기 할 사 항			
주사무소 : OO시 OO구 OO로 OO(OO동) 20○○. ○. ○. 이전			

신청등기소 및 등록면허세/수수료

순번	신청등기소	구분	등록면허세	지방교육세	세액합계	등기신청수수료
			금 원	금 원	금 원	금 원
합 계						
등기신청수수료 은행수납번호						

<table>
<tr><td colspan="2">첨　　　부　　　서　　　면</td></tr>
<tr><td>1. 주사무소의 법인등기부등본　　　　통
1. 주무관청의 정관변경인가서
(또는 인가서 등본)　　　　　　　　통
1. 법인등기부등본　　　　　　　　　통</td><td>1. 등록면허세영수필확인서및통지서　　통
1. 위임장(대리인이 신청할 경우)　　통
〈기 타〉</td></tr>
<tr><td colspan="2">년　　　월　　　일

신청인　명　　칭
주사무소
대표자　성　　명　　　　　　㊞　(전화 :　　　)
주　　소
대리인　성　　명　　　　　　㊞　(전화 :　　　)
주　　소

지방법원　　　　등기소　귀중</td></tr>
</table>

[신청서 작성요령 및 등기수입증지 첨부란]
1. 해당란이 부족할 때에는 별지를 이용합니다.
1. 해당 등기신청과 관계없는 사항에 대하여는 "해당없음"으로 기재하거나 삭제하고, 필요한 사항은 추가 기재합니다.
1. 등기신청수수료 상당의 대법원등기수입증지를 이 난에 붙입니다.

(용지규격 21㎝×29.7㎝)

3. 지사무소 설치 · 이전 · 폐지등기

1) 의 의

지사무소의 소재지는 정관의 절대적 기재사항이 아니고 지사무소의 설치, 이전, 폐지는 이사회의 권한에 속하는 사항이므로 지사무소를 설치하거나 이전 또는 폐지하는 경우에는 원칙적으로 이사회의 결의만으로 족하다.

정관에 지사무소의 소재지가 기재되어 있는 경우에는 이외의 경우에 지사무소를 설치 또는 이전하는 경우에는 정관의 변경절차를 거쳐야 한다.

2) 등기신청

지사무소의 설치, 이전, 폐지에 관한 사항은 주사무소와 지사무소 소재지에서 모두 등기할 사항에 해당하므로 주사무소 소재지에서 지사무소의 설치, 이전, 폐지에 관한 사항을 등기한 다음에 지사무소 소재지에서 그에 관한 사항을 등기할 수 있지만 주사무소와 지사무소 소재지를 관할하는 등기소가 다른 경우에는 지사무소 소재지에서 하는 등기를 주사무소 소재지를 관할하는 등기소에 할 수 있는데 이 경위 동시에 하여야 한다.

[서식] 영농(영어)조합법인법인 지사무소설치등기신청서

영농(영어)조합법인 지사무소 설치등기신청

접수	년 월 일	처리인	접 수	조 사	기 입	교 합	각종통지
	제 호						

명 칭	영농(영어)조합법인 ○○○	등기번호	제○○○○호
주 사 무 소	OO시 OO구 OO로 OO(OO동)		
등기의 목적	지사무소 설치등기		
등기의 사유	20○○년 ○월 ○일 이사회의 결의에 의하여(20○○년 ○월 ○일 이사회에서 정관변경을 결의하고 20○○년 ○월 ○일 주무관청의 인가를 받아) 지사무소를 설치하였으므로 그 등기를 구함.		
인가서도착연월일	20○○년 ○월 ○일		
주사무소/분사무소 신청구분	1.주사무소 신청 □ 2.분사무소 신청 □ 3.주 · 분사무소 일괄신청 □		
등 기 할 사 항			
분사무소 명 칭	○○지사무소		
분사무소 소재지	OO시 OO구 OO로 OO(OO동)		
설치연월일	20○○년 ○월 ○일		
기 타			

신청등기소 및 등록면허세/수수료

순번	신청등기소	구분	등록면허세	지방교육세	세액합계	등기신청수수료

<table>
<tr><td></td><td></td><td></td><td>금 40,200원</td><td>금 8,040원</td><td>금 48,240원</td><td>금 6,000원</td></tr>
<tr><td></td><td></td><td></td><td></td><td></td><td></td><td></td></tr>
<tr><td></td><td></td><td></td><td></td><td></td><td></td><td></td></tr>
<tr><td></td><td></td><td></td><td></td><td></td><td></td><td></td></tr>
<tr><td colspan="3">합 계</td><td></td><td></td><td></td><td></td></tr>
<tr><td colspan="4">등기신청수수료 은행수납번호</td><td colspan="3"></td></tr>
<tr><td colspan="7">첨 부 서 면</td></tr>
<tr><td colspan="4">1. 이사회의사록 통
1. 주무관청의 정관변경인가서
(또는 인가서등본) 통</td><td colspan="3">1. 등록면허세영수필확인서및통지서 통
1. 위임장(대리인이 신청할 경우) 통
〈기 타〉</td></tr>
<tr><td colspan="7">년 월 일

신청인 명 칭
주사무소
대표자 성 명 ㊞ (전화 :)
주 소
대리인 성 명 ㊞ (전화 :)
주 소

지방법원 등기소 귀중</td></tr>
</table>

[신청서 작성요령 및 등기수입증지 첨부란]

1. 해당란이 부족할 때에는 별지를 이용합니다.
1. 해당 등기신청과 관계없는 사항에 대하여는 "해당없음"으로 기재하거나 삭제하고, 필요한 사항은 추가 기재합니다.
1. 등기신청수수료 상당의 대법원등기수입증지를 이 난에 붙입니다.

(용지규격 21㎝×29.7㎝)

[서식] 이사회의사록

이 사 회 의 사 록

2000년 0월 0일 00시 00분, 00시 00구 00로 00(00동) 당 법인 회의실(또는 사무소)에서 이사회를 개최하다.

총이사수 : 0명 출석이사수 : 0명

의장 000는 정관규정에 따라 의장석에 등단하여 위와 같이 법정수에 달하는 이사가 출석하였으므로 본 이사회가 적법히 성립되었음을 알리고 개회를 선언한 후, 다음의 의안을 부의하고 심의를 구하다.

제1호 의 안 지사무소설치의 건

의장은 당 법인의 사업이 날로 번창함에 따라 사업을 확장하기 위하여 다음 장소에 지사무소를 설치한 필요가 있음을 설명하고 그 가부를 물은 바, 전원 이의 없이 찬성하여 만장일치로 승인가결하다.

지사무소 : 00시 00구 00로 00(00동)
설치연월일 : 2000년 0월 0일

의장은 이상으로서 회의목적인 의안 전부의 심의를 종료하였으므로 폐회한다고 선언하다(회의종료시각 : 00시 00분)

위 결의를 명확히 하기 위하여 이 의사록을 작성하고 의장과 출석한 이사가 기명날인하다.

2000년 0월 0일

영농(영어)조합법인 000
00시 00구 00로 00(00동)
의장겸 대표이사 0 0 0 (인)
이사 0 0 0 (인)
이사 0 0 0 (인)
이사 0 0 0 (인)

[서식] 영농(영어)조합법인법인 지사무소설치등기신청서(지사무소에서 신청하는 경우)

영농(영어)조합법인 지사무소 설치등기신청

접수	년 월 일	처리인	접 수	조 사	기 입	교 합	각종통지
	제 호						

명 칭	영농(영어)조합법인 ○○○	등록번호	0000000-000000
주 사 무 소	OO시 OO구 OO로 OO(OO동)		
등기의 목적	지사무소 설치등기		
등기의 사유	20○○년 ○월 ○일 이사회의 결의에 의하여(20○○년 ○월 ○일 이사회에서 정관변경을 결의하고 20○○년 ○월 ○일 주무관청의 인가를 받아) 20○○년 ○월 ○일 ○○시 ○○구 ○○로 ○○에 지사무소를 설치하고 20○○년 ○월 ○일 ○○시 ○○ 주사무소소재지 관할등기소에서 그 등기를 하였으므로 이 등기소에서 다음 사항의 등기를 구함.		
인가서도착연월일	20○○년 ○월 ○일		
주사무소/분사무소 신청구분	1.주사무소 신청 □ 2.분사무소 신청 □ 3.주·분사무소 일괄신청 □		

등 기 할 사 항		
명 칭		영농(영어)조합법인 ○○○
주 사 무 소		OO시 OO구 OO로 OO(OO동)
분사무소	명 칭	○○지사무소
	소재지	OO시 OO구 OO로 OO(OO동)
대표이사의 성명, 주민등록번호, 주소 및 취임연월일		대표이사 ○ ○ ○ (000000-0000000) OO시 OO구 OO로 OO(OO동) 20○○년 ○월 ○일 취임
법인성립연월일		20○○년 ○월 ○일
지사무소설치연월일		20○○년 ○월 ○일
목 적		목적 1. ○○○○○○○○○ 1. ○○○○○○○○○
존립기간 또는 해산사유		1. ○○○○○○○○○ 2. ○○○○○○○○○

기 타	

신청등기소 및 등록면허세/수수료

순번	신청등기소	구분	등록면허세	지방교육세	세액합계	등기신청수수료
			금 40,200원	금 8,040원	금 48,240원	금 6,000원
합 계						

등기신청수수료 은행수납번호	

첨 부 서 면

1. 주사무소의 법인등기부등본 통 1. 등록면허세영수필확인서및통지서 통	1. 위임장(대리인이 신청할 경우) 통 〈기 타〉

년 월 일

신청인 명 칭
주사무소
대표자 성 명 ㉟ (전화 :)
주 소
대리인 성 명 ㉟ (전화 :)
주 소

지방법원 등기소 귀중

[신청서 작성요령 및 등기수입증지 첨부란]

1. 해당란이 부족할 때에는 별지를 이용합니다.
1. 해당 등기신청과 관계없는 사항에 대하여는 "해당없음"으로 기재하거나 삭제하고, 필요한 사항은 추가 기재합니다.
1. 등기신청수수료 상당의 대법원등기수입증지를 이 난에 붙입니다.

(용지규격 21㎝×29.7㎝)

[서식] 영농(영어)조합법인법인 지사무소이전등기신청서(주사무소소재지에서 신청하는 경우)

영농(영어)조합법인 지사무소이전등기신청

접수	년 월 일	처리인	접 수	조 사	기 입	교 합	각종통지
	제 호						

명 칭	영농(영어)조합법인 ○○○	등기번호	제○○○○호
주 사 무 소	OO시 OO구 OO로 OO(OO동)		
등기의 목적	지사무소 이전등기		
등기의 사유	20○○년 ○월 ○일 이사회의 결의에 의하여(20○○년 ○월 ○일 이사회에서 정관변경을 결의하고 20○○년 ○월 ○일 주무관청의 인가를 받아) 20○○년 ○월 ○일 ○○시 ○○구 ○○로 ○○(○○동)의 지사무소를 다음 장소로 이전하였으므로 그 등기를 구함.		
인가서도착연월일	20○○년 ○월 ○일		
주사무소/분사무소 신청구분	1. 주사무소 신청 □	2. 분사무소 신청 □	3. 주 · 분사무소 일괄신청 □
등 기 할 사 항			
신분사무소	OO시 OO구 OO로 OO(OO동)(○○분사무소)		
이전연월일	20○○년 ○월 ○일		
기 타			

신청등기소 및 등록면허세/수수료						
순번	신청등기소	구분	등록면허세	지방교육세	세액합계	등기신청수수료
			금 40,200원	금 8,040원	금 48,240원	금 6,000원
합 계						
등기신청수수료 은행수납번호						

첨 부 서 면	
1. 이사회의사록 통 1. 주무관청의 정관변경인가서 (또는 인가서등본) 통	1. 등록면허세영수필확인서및통지서 통 1. 위임장(대리인이 신청할 경우) 통 〈기 타〉
년 월 일 신청인 명 칭 주사무소 대표자 성 명 ㊞ (전화 :) 주 소 대리인 성 명 ㊞ (전화 :) 주 소 **지방법원 등기소 귀중**	

[신청서 작성요령 및 등기수입증지 첩부란]

1. 해당란이 부족할 때에는 별지를 이용합니다.
1. 해당 등기신청과 관계없는 사항에 대하여는 "해당없음"으로 기재하거나 삭제하고, 필요한 사항은 추가 기재합니다.
1. 등기신청수수료 상당의 대법원등기수입증지를 이 난에 붙입니다.

(용지규격 21㎝×29.7㎝)

[서식] 영농(영어)조합법인 지사무소이전등기신청서(당해 신지사무소소재지에서 신청하는 경우)

영농(영어)조합법인 지사무소이전등기신청

접수	년 월 일	처리인	접 수	조 사	기 입	교 합	각종통지
	제 호						

명 칭	영농(영어)조합법인 ○○○	등록번호	제○○○○호
주 사 무 소	OO시 OO구 OO로 OO(OO동)		
등기의 목적	지사무소 이전등기		
등기의 사유	20○○년 ○월 ○일 이사회의 결의에 의하여(20○○년 ○월 ○일 이사회에서 정관변경을 결의하고 20○○년 ○월 ○일 주무관청의 인가를 받아) 20○○년 ○월 ○일 OO시 OO구 OO로 OO(OO동)의 지사무소를 OO시 OO구 OO로 OO(OO동)로 이전하고, 20○○년 ○월 ○일 주사무소소재지 관할등기소에서 그 등기를 하였으므로 등기소에서 다음 사항의 등기를 구함.		
인가서도착연월일	20○○년 ○월 ○일		
주사무소/분사무소 신청구분	1.주사무소 신청 □ 2.분사무소 신청 □ 3.주 · 분사무소 일괄신청 □		
등 기 할 사 항			
기 타	명 칭 : 영농(영어)조합법인 ○○○ 주사무소 : OO시 OO구 OO로 OO(OO동) 지사무소 : OO시 OO구 OO로 OO(OO동) 목 적 : ○○○○○○ 존립시기 또는 해산사유 : ○○○○○○○ 대표이사의 성명, 주소와 주민등록번호 ○ ○ ○ (000000-0000000) OO시 OO구 OO로 OO(OO동) 20○○년 ○월 ○일 취임 지사무소이전연월일 20○○년 ○월 ○일 법인성립연월일 : 20○○년 ○월 ○일		

<table>
<tr><th colspan="7">신청등기소 및 등록면허세/수수료</th></tr>
<tr><td>순번</td><td>신청등기소</td><td>구분</td><td>등록면허세</td><td>지방교육세</td><td>세액합계</td><td>등기신청수수료</td></tr>
<tr><td></td><td></td><td></td><td>금 40,200원</td><td>금8,040원</td><td>금 48,240원</td><td>금 6,000원</td></tr>
<tr><td></td><td></td><td></td><td></td><td></td><td></td><td></td></tr>
<tr><td></td><td></td><td></td><td></td><td></td><td></td><td></td></tr>
<tr><td></td><td></td><td></td><td></td><td></td><td></td><td></td></tr>
<tr><td colspan="3">합 계</td><td></td><td></td><td></td><td></td></tr>
<tr><td colspan="4">등기신청수수료 은행수납번호</td><td colspan="3"></td></tr>
<tr><th colspan="7">첨 부 서 면</th></tr>
<tr><td colspan="4">1. 주사무소의 법인등기부등본 통
1. 등록면허세영수필확인서및통지서 통</td><td colspan="3">1. 위임장(대리인이 신청할 경우) 통
〈기 타〉</td></tr>
<tr><td colspan="7">년 월 일

신청인 명 칭
주사무소
대표자 성 명 ㊞ (전화 :)
주 소
대리인 성 명 ㊞ (전화 :)
주 소

지방법원 등기소 귀중</td></tr>
</table>

[신청서 작성요령 및 등기수입증지 첨부란]

1. 해당란이 부족할 때에는 별지를 이용합니다.
1. 해당 등기신청과 관계없는 사항에 대하여는 "해당없음"으로 기재하거나 삭제하고, 필요한 사항은 추가 기재합니다.
1. 등기신청수수료 상당의 대법원등기수입증지를 이 난에 붙입니다.

(용지규격 21㎝×29.7㎝)

[서식] 영농(영어)조합법인 지사무소이전등기신청서(구 지사무소소재지에서 신청하는 경우)

영농(영어)조합법인 지사무소이전등기신청

<table>
<tr><td rowspan="2">접수</td><td>년 월 일</td><td rowspan="2">처리인</td><td>접 수</td><td>조 사</td><td>기 입</td><td>교 합</td><td>각종통지</td></tr>
<tr><td>제 호</td><td></td><td></td><td></td><td></td><td></td></tr>
</table>

<table>
<tr><td>명 칭</td><td colspan="3">영농(영어)조합법인 ○○○</td><td colspan="2">등기번호</td><td colspan="2">제○○○○호</td></tr>
<tr><td>주 사 무 소</td><td colspan="7">OO시 OO구 OO로 OO(OO동)</td></tr>
<tr><td>등기의 목적</td><td colspan="7">지사무소 이전등기</td></tr>
<tr><td>등기의 사유</td><td colspan="7">20○○년 ○월 ○일 이사회의 결의에 의하여(20○○년 ○월 ○일 이사회에서 정관변경을 결의하고 20○○년 ○월 ○일 주무관청의 인가를 받아) OO시 OO구 OO로 OO(OO동)의 지사무소를 다음 장소로 이전하고 20○○년 ○월 ○일 주사무소소재지 관할등기소에서 등기를 하였으므로 이 등기소에서 그 등기를 구함.</td></tr>
<tr><td>인가서도착연월일</td><td colspan="7">20○○년 ○월 ○일</td></tr>
<tr><td>주사무소/분사무소 신청구분</td><td colspan="7">1.주사무소 신청 □ 2.분사무소 신청 □ 3.주 · 분사무소 일괄신청 □</td></tr>
<tr><td colspan="8">등 기 할 사 항</td></tr>
<tr><td>분 사 무 소</td><td colspan="7">OO시 OO구 OO로 OO(OO동)(○○분사무소)</td></tr>
<tr><td>이전연월일</td><td colspan="7">20○○년 ○월 ○일</td></tr>
<tr><td>기 타</td><td colspan="7"></td></tr>
<tr><td colspan="8">신청등기소 및 등록면허세/수수료</td></tr>
<tr><td>순번</td><td>신청등기소</td><td>구분</td><td>등록면허세</td><td>지방교육세</td><td>세액합계</td><td colspan="2">등기신청수수료</td></tr>
<tr><td></td><td></td><td></td><td>금 40,200원</td><td>금 8,040원</td><td>금 48,240원</td><td colspan="2">금 6,000 원</td></tr>
<tr><td></td><td></td><td></td><td></td><td></td><td></td><td colspan="2"></td></tr>
<tr><td></td><td></td><td></td><td></td><td></td><td></td><td colspan="2"></td></tr>
<tr><td colspan="3">합 계</td><td></td><td></td><td></td><td colspan="2"></td></tr>
<tr><td colspan="4">등기신청수수료 은행수납번호</td><td colspan="4"></td></tr>
<tr><td colspan="8">첨 부 서 면</td></tr>
</table>

<table>
<tr><td>1. 주사무소의 법인등기부등본 통
1. 등록면허세영수필확인서및통지서 통</td><td>1. 위임장(대리인이 신청할 경우) 통
〈기 타〉</td></tr>
<tr><td colspan="2">년 월 일

신청인 명 칭
주사무소
대표자 성 명 ㊞ (전화 :)
주 소
대리인 성 명 ㊞ (전화 :)
주 소

지방법원 등기소 귀중</td></tr>
</table>

[신청서 작성요령 및 등기수입증지 첩부란]

1. 해당란이 부족할 때에는 별지를 이용합니다.
1. 해당 등기신청과 관계없는 사항에 대하여는 “해당없음”으로 기재하거나 삭제하고, 필요한 사항은 추가 기재합니다.
1. 등기신청수수료 상당의 대법원등기수입증지를 이 난에 붙입니다.

(용지규격 21㎝×29.7㎝)

[서식] 영농(영어)조합법인 지사무소폐지등기신청서(주사무소소재지에서 신청하는 경우)

영농(영어)조합법인 지사무소폐지등기신청

접수	년 월 일	처리인	접 수	조 사	기 입	교 합	각종통지
	제 호						

명 칭	영농(영어)조합법인 ○○○	등기번호	제○○○○호
주 사 무 소	OO시 OO구 OO로 OO(OO동)		
등기의 목적	지사무소 폐지등기		
등기의 사유	20○○년 ○월 ○일 이사회의 결의에 의하여(20○○년 ○월 ○일 이사회에서 정관변경을 결의하고 20○○년 ○월 ○일 주무관청의 인가를 받아) 지사무소를 폐지하였으므로 그 등기를 구함.		
인가서도착연월일	20○○년 ○월 ○일		
주사무소/분사무소 신청구분	1.주사무소 신청 □ 2.분사무소 신청 □ 3.주 · 분사무소 일괄신청 □		
등 기 할 사 항			
지 사 무 소	OO시 OO구 OO로 OO(OO동)(○○지사무소)		
폐 지 연 월 일	20○○년 ○월 ○일		
기 타			

신청등기소 및 등록면허세/수수료

순번	신청등기소	구분	등록면허세	지방교육세	세액합계	등기신청수수료
			금 원	금 원	금 원	금 원
합 계						
등기신청수수료 은행수납번호						

첨 부 서 면

1. 의사회의사록 통	1. 등록면허세영수필확인서및통지서 통
1. 주무관청의 정관변경인가서	1. 위임장(대리인이 신청할 경우) 통

(또는 인가서등본) 통	〈기 타〉

년 월 일

신청인 명 칭
주사무소
대표자 성 명 ㊞ (전화 :)
주 소
대리인 성 명 ㊞ (전화 :)
주 소

지방법원 등기소 귀중

[신청서 작성요령 및 등기수입증지 첩부란]

1. 해당란이 부족할 때에는 별지를 이용합니다.
1. 해당 등기신청과 관계없는 사항에 대하여는 "해당없음"으로 기재하거나 삭제하고, 필요한 사항은 추가 기재합니다.
1. 등기신청수수료 상당의 대법원등기수입증지를 이 난에 붙입니다.

(용지규격 21㎝×29.7㎝)

[서식] 영농(영어)조합법인 지사무소폐지등기신청서(폐지하는 지사무소소재지에서 신청하는 경우)

영농(영어)법인 지사무소폐지등기신청

접수	년 월 일	처리인	접 수	조 사	기 입	교 합	각종통지
	제 호						

명 칭	영농(영어)조합법인 ○○○	등기번호	제○○○○호
주 사 무 소	OO시 OO구 OO로 OO(OO동)		
등기의 목적	지사무소 폐지등기		
등기의 사유	20○○년 ○월 ○일 이사회의 결의에 의하여(20○○년 ○월 ○일 이사회에서 정관변경을 결의하고 20○○년 ○월 ○일 주무관청의 인가를 받아) 20○○년 ○월 ○일 OO시 OO구 OO로 OO(OO동)의 지사무소를 폐지하고 20○○년 ○월 ○일 주사무소소재지 관할등기소에서 등기를 하였으므로 이 등기소에서 그 등기를 구함.		
인가서도착연월일	20○○년 ○월 ○일		
주사무소/분사무소 신청구분	1.주사무소 신청 □	2.분사무소 신청 □	3.주·분사무소 일괄신청 □
등 기 할 사 항			
지 사 무 소	OO시 OO구 OO로 OO(OO동)(○○지사무소)		
폐지연월일	20○○년 ○월 ○일		
기 타			

신청등기소 및 등록면허세/수수료

순번	신청등기소	구분	등록면허세	지방교육세	세액합계	등기신청수수료
			금 원	금 원	금 원	금 원
합 계						

<table>
<tr><td>등기신청수수료 은행수납번호</td><td></td></tr>
<tr><td colspan="2">첨 부 서 면</td></tr>
<tr><td>1. 주사무소의 법인등기부등본 통
1. 등록면허세영수필확인서및통지서 통</td><td>1. 위임장(대리인이 신청할 경우) 통
〈기 타〉</td></tr>
<tr><td colspan="2">년 월 일

신청인 명 칭
주사무소
대표자 성 명 ㊞ (전화 :)
주 소
대리인 성 명 ㊞ (전화 :)
주 소

지방법원 등기소 귀중</td></tr>
</table>

[신청서 작성요령 및 등기수입증지 첨부란]

1. 해당란이 부족할 때에는 별지를 이용합니다.
1. 해당 등기신청과 관계없는 사항에 대하여는 "해당없음"으로 기재하거나 삭제하고, 필요한 사항은 추가 기재합니다.
1. 등기신청수수료 상당의 대법원등기수입증지를 이 난에 붙입니다.

(용지규격 21cm×29.7cm)

4. 목적 · 명칭 등 기타변경등기

명칭 목적 등은 정관의 기재사항에 해당하므로 이를 변경하는 경우에는 정관을 변경하여야 한다.

[서식] 영농(영어)조합법인 변경등기신청서(명칭변경)

영농(영어)조합법인 변경등기신청

접수	년 월 일	처리인	접 수	조 사	기 입	교 합	각종통지
	제 호						

명 칭	영농(영어)조합법인 ○○○	등기번호	제○○○○호
주 사 무 소	OO시 OO구 OO로 OO(OO동)		
등기의 목적	명칭변경등기		
등기의 사유	20○○년 ○월 ○일 조합총회결의에서 정관변경을 결의하고 20○○년 ○월 ○일 명칭을 변경하였으므로 그 등기를 구함.		
인가서도착연월일	20○○년 ○월 ○일		
주사무소/분사무소 신청구분	1.주사무소 신청 □ 2.분사무소 신청 □ 3.주 · 분사무소 일괄신청 □		
등 기 할 사 항			
명 칭 : 의료법인 ○○○○ 20○○. ○. ○. 변경			

<table>
<tr><th colspan="7">신청등기소 및 등록면허세/수수료</th></tr>
<tr><td>순번</td><td>신청등기소</td><td>구분</td><td>등록면허세</td><td>지방교육세</td><td>세액합계</td><td>등기신청수수료</td></tr>
<tr><td></td><td></td><td></td><td>금 원</td><td>금 원</td><td>금 원</td><td>금 원</td></tr>
<tr><td></td><td></td><td></td><td></td><td></td><td></td><td></td></tr>
<tr><td></td><td></td><td></td><td></td><td></td><td></td><td></td></tr>
<tr><td></td><td></td><td></td><td></td><td></td><td></td><td></td></tr>
<tr><td colspan="3">합 계</td><td></td><td></td><td></td><td></td></tr>
<tr><td colspan="4">등기신청수수료 은행수납번호</td><td colspan="3"></td></tr>
<tr><td colspan="7">첨 부 서 면</td></tr>
<tr><td colspan="4">1. 이사회의사록 통
1. 주무관청의 정관변경인가서
(또는 인가서등본 통
1. 인감신고서(인감대지 포함) 통
1. 대표이사의 인감증명서 통</td><td colspan="3">1. 주사무소의 법인등기부등본 통
1. 등록면허세영수필확인서및통지서 통
1. 위임장(대리인이 신청할 경우) 통
〈기 타〉</td></tr>
<tr><td colspan="7">년 월 일

신청인 명 칭
주사무소
대표자 성 명 ㊞ (전화 :)
주 소
대리인 성 명 ㊞ (전화 :)
주 소

지방법원 등기소 귀중</td></tr>
</table>

[신청서 작성요령 및 등기수입증지 첨부란]

1. 해당란이 부족할 때에는 별지를 이용합니다.
1. 해당 등기신청과 관계없는 사항에 대하여는 “해당없음”으로 기재하거나 삭제하고, 필요한 사항은 추가 기재합니다.
1. 등기신청수수료 상당의 대법원등기수입증지를 이 난에 붙입니다.

(용지규격 21㎝×29.7㎝)

[서식] 조합원총회의사록

총 회 의 사 록

2000년 0월 0일 00시 00분, 00시 00구 00로 00(00동) 당 법인 회의실(또는 사무소)에서 조합원총회를 개최하다.

총조합원수 : 0명　　　　출석조합원수 : 0명

의장인 000는 정관규정에 따라 의장석에 등단하여 위와 같이 법정수에 달하는 이사가 출석하였으므로 본 조합원총회가 적법히 성립되었음을 알리고 개회를 선언한 후, 다음의 의안을 부의하고 심의를 구하다.

제1호 의 안 법인명칭변경의 건

의장은 당 법인의 사업형편상 당 법인의 본래의 명칭인 영농(영어)조합법인 000를 다음과 같이 변경해야 할 필요가 있음을 상세히 설명하고 그 가부를 물은 바, 전원 이의 없이 찬성하여 만장일치로 그를 승인 가결하다.

명칭 : 영농(영어)조합법인 0000

제2호 의 안 정관변경의 건

의장은 위 명칭변경에 수반하여 현행 정관 제0조를 다음과 같이 변경해야 한다는 취지를 설명하고 그 가부를 물으니 전원 이의 없이 그와 같이 변경할 것을 만장일치로 승인 가결하다.

제0조(명칭) 당 법인은 영농(영어)조합법인 ○○○○"이라 칭한다.

의장은 이상으로서 회의목적인 의안 전부의 심의를 종료하였으므로 폐회한다고 선언하다(회의종료시각 : 00시 00분)

위 결의를 명확히 하기 위하여 이 의사록을 작성하고 의장과 출석한 이사가 기명날인하다.

2000년 0월 0일

영농(영어)조합법인 000
00시 00구 00로 00(00동)
의장겸 대표이사 0 0 0 (인)
이사 0 0 0 (인)
이사 0 0 0 (인)
이사 0 0 0 (인)

[서식] 영농(영어)조합법인 변경등기신청서(목적사업변경)

영농(영어)조합법인 변경등기신청

접수	년 월 일	처리인	접 수	조 사	기 입	교 합	각종통지
	제 호						

명 칭	영농(영어)조합법인 ○○○	등기번호	제○○○○호
주 사 무 소	OO시 OO구 OO로 OO(OO동)		
등기의 목적	목적변경등기		
등기의 사유	20○○년 ○월 ○일 이사회에서 정관변경을 결의하고 20○○년 ○월 ○일 목적사업 중 제1호를 다음과 같이 목적을 변경하였으므로 그 등기를 구함.		
인가서도착연월일	20○○년 ○월 ○일		
주사무소/분사무소 신청구분	1.주사무소 신청 □	2.분사무소 신청 □	3.주 · 분사무소 일괄신청 □

등 기 할 사 항

목 적 : 다음 목적을 변경

"1. ○○○○○○○○"을

"1. ○○○○○○○○○○○"으로 변경

다음 목적을 삭제

1. 각 항에 부대하는 사업

다음 목적을 추가

1. ○○○○○○○○

1. ○○○○○○○○

1. 위 각 항에 관련된 부대사업 일체

20○○년 ○월 ○일 변경

신청등기소 및 등록면허세/수수료						
순번	신청등기소	구분	등록면허세	지방교육세	세액합계	등기신청수수료
			금 원	금 원	금 원	금 원
합 계						
등기신청수수료 은행수납번호						

첨 부 서 면

1. 이사회의사록 통
1. 주무관청의 정관변경인가서
   (또는 인가서 등본) 통
1. 주사무소의 법인등기부등본 통

1. 등록면허세영수필확인서및통지서 통
1. 위임장(대리인이 신청할 경우) 통
   〈기 타〉

년 월 일

신청인 명 칭
주사무소
대표자 성 명 ㊞ (전화 :)
주 소
대리인 성 명 ㊞ (전화 :)
주 소

지방법원 등기소 귀중

[신청서 작성요령 및 등기수입증지 첨부란]

1. 해당란이 부족할 때에는 별지를 이용합니다.
1. 해당 등기신청과 관계없는 사항에 대하여는 "해당없음"으로 기재하거나 삭제하고, 필요한 사항은 추가 기재합니다.
1. 등기신청수수료 상당의 대법원등기수입증지를 이 난에 붙입니다.

(용지규격 21㎝×29.7㎝)

[서식] 조합원총회의사록

총 회 의 사 록

2000년 0월 0일 00시 00분, 00시 00구 00로 00(00동) 당 법인 회의실(또는 사무소)에서 조합원총회를 개최하다.

총조합원수 : 0명　　　　출석조합원수 : 0명

의장인 000는 정관규정에 따라 의장석에 등단하여 위와 같이 법정수에 달하는 이사가 출석하였으므로 본 총회가 적법히 성립되었음을 알리고 개회를 선언한 후, 다음의 의안을 부의하고 심의를 구하다.

제1호　의 안　목적변경의 건
의장은 당 법인의 사업형편상 당 법인의 목적을 다음과 같이 변경해야 할 필요가 있음을 상세히 설명하고 그 가부를 물은 바, 전원 이의 없이 찬성하여 만장일치로 그를 승인 가결하다.

목 적 : 다음 목적을 변경
"1. ○○○○○○○○"을
"1. ○○○○○○○○○○○"으로 변경
다음 목적을 삭제
1. 각 항에 부대하는 사업
다음 목적을 추가
1. ○○○○○○○○
1. ○○○○○○○○
1. 위 각 항에 관련된 부대사업 일체

제2호　의 안　정관변경의 건
의장은 위 목적의 변경에 수반하여 현행 정관 제0조를 다음과 같이 변경해야 한다는 취지를 설명하고 그 가부를 물으니 전원 이의 없이 그와 같이 변경할 것을 만장일치로 승인 가결하다.

목 적 : 다음 목적을 변경

"1. ○○○○○○○○"을

"1. ○○○○○○○○○○"으로 변경

다음 목적을 삭제

1. 각 항에 부대하는 사업

다음 목적을 추가

1. ○○○○○○○○

1. ○○○○○○○○

1. 위 각 항에 관련된 부대사업 일체

의장은 이상으로서 회의목적인 의안 전부의 심의를 종료하였으므로 폐회한다고 선언하다(회의종료시각 : OO시 OO분).

위 결의를 명확히 하기 위하여 이 의사록을 작성하고 의장과 출석한 이사가 기명날인하다.

2000년 0월 0일

영농(영어)조합법인 OOO

OO시 OO구 OO로 OO(OO동)

의장겸 대표이사 O O O (인)

이사 O O O (인)

이사 O O O (인)

이사 O O O (인)

제5장 농업회사법인 설립과 변경등기

제1절 서 설

1. 의 의

농업회사법인이란 농업경영, 농산물의 유통, 가공, 판매, 농작업 대행 이외에 부대사업으로 영농자재 생산공급, 종묘생산 및 종균배양사업 농산물의 매취 비축사업, 농기계 장비의 임대수리보관 등을 하기 위해 농어업 경영체 육성 및 지원에 관한 법률 제19조의 규정에 의하여 설립하는 상법상의 회사형태를 말한다.

2. 법인의 성격

농업회사법인이란 기업적 농업경영을 통하여 생산성을 향상시키거나 생산된 농산물을 유통 · 가공 · 판매함으로써 농업의 부가가치성을 높이고 농업경영이 곤란한 농업인의 농작업의 전부 또는 일부를 대행하여 영농의 편의를 도모하고자 농업인과 농산물의 생산자단체가 설립하는 법인으로서, 농업회사법인은 합명회사, 합자회사, 유한회사, 주식회사 등으로 설립할 수 있다.
농업회사법인은 상법 중 회사에 관한 규정을 준용하고 그 설립형태가 합명회사, 합자회사, 유한회사, 주식회사이므로, 이는 상법상의 회사와 같다.

〈영농조합법인과 농업회사법인의 차이점〉

구 분	영농조합법인	농업회사법인
성 격		기업적 농업경영
설립관련 법률	농어업경영체육성및지원에관한법률 제16조	농어업경영체육성및지원에관한법률 제19조
설립자격	농업인, 농산물의 생산자단체	농업인, 농산물의 생산자단체
발기인수 및 임원	조합원이 되고자 하는 5인 이상의 농업인 또는 농산물의 생산자 단체	1인이상의 농업인, 농업인생산자단체

출자액	농지, 현금, 기타현물 조합원 1인 출자한도-제한없음 준조합원출자한도-제한없음	비농업법인의 출자액의 합계는 그 농업회사법인 총출자액의 1/2을 초과할 수 없다. ※ 농업의 경영 및 그 부대사업
사 업	* 농업인과 관련된 공동이용시설의 설치 또는 운영 * 농작물의 공동출하 · 가공 및 수출 * 농작물의 대행 * 기타 조합원의 목적달성을 위하여 정관으로 정한 상업	* 기업적 농업경영 * 생산된 농작물의 유통 · 가공 · 판매 * 농작물의 대행(부대사업) * 영농에 필요한 자재의 생산 · 공급 * 영농에 필요한 종료생산 및 종균 배양 * 농산물의 구매, 비축사업 * 농업기계 기타 장비의 임대 · 수리 · 보관사업 * 소규모 관개시설의 수탁 · 관리사업
의 결 권	1인 1표	출자지분에 한함
농지소유	농지소유 가능	농지소유 가능
준용법률	민법 중 조합에 관한 규정	상법 중 회사에 관한 규정
설립운용	농업인이 자율적으로 설립 · 운영(정부의 인 · 허가없음)	좌동
생산자단체의 가입	농업 · 축협 · 임협 · 엽연초생산협 · 인삼협동조합	농협 · 축협 · 임협 · 엽연초생산협 · 인삼협동조합
국 세	* 법인세 면제 * 부가가치세 면제 * 인지세 면제	* 법인세감면(5년간 50% 감면) * 부가가치세 면제 * 인지세 면제
지방세	취득세, 등록면허세(설립시), 재산세, 종합소득세, 사업소득세 면제	영농조합법인과 같음
출자조합원 대한 감면	* 양소소득세 면제 * 배당소득 감면	* 없음 * 없음

제2절 농업회사법인 주식회사 설립등기

1. 서설

농업회사법인은 기업적 경영체로 합명회사, 합자회사, 주식회사, 유한회사 형태로 설립할 수 있는데 주식회사 설립에는 발기설립과 모집설립이 있고 주식회사의 설립은 본점소재지에서 설립등기를 함으로서 설립한다.

※ 주식회사 설립절차의 개관

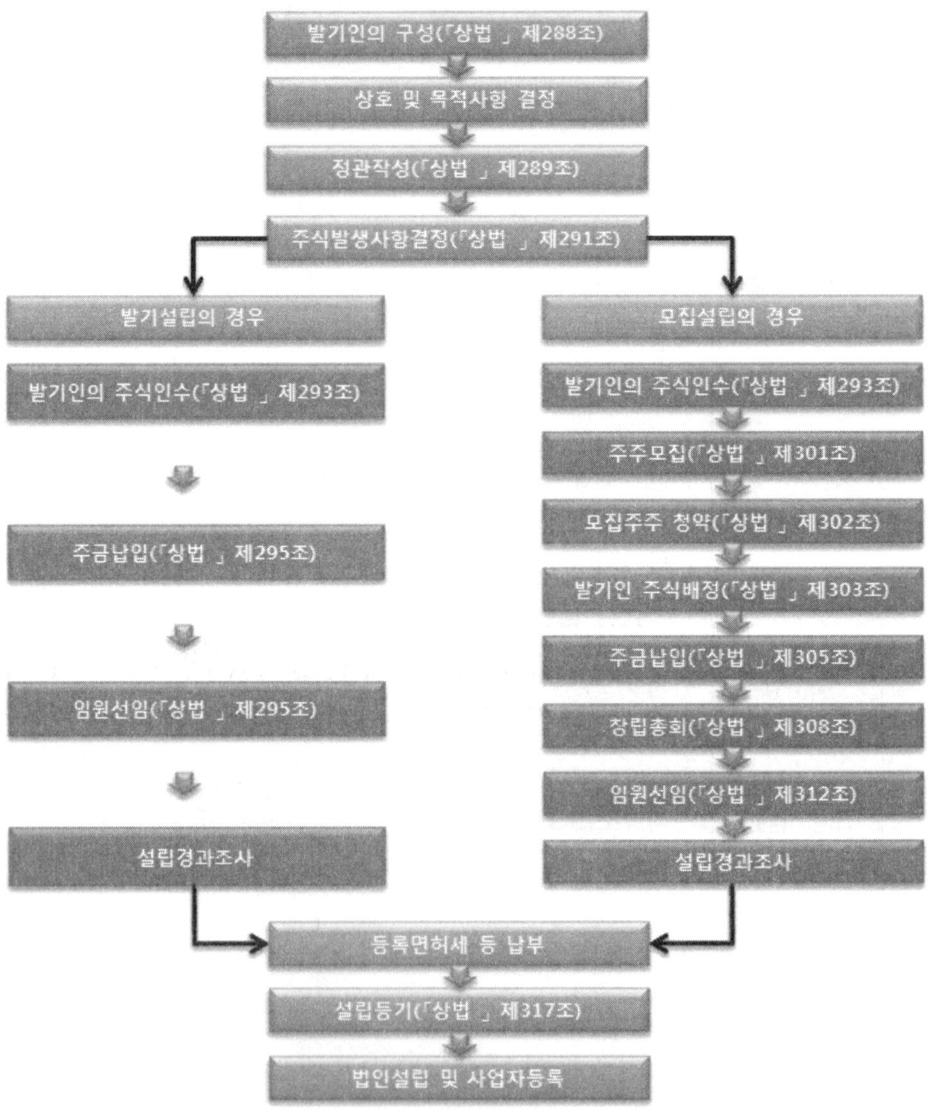

※ 발기설립과 모집설립의 차이점

	발기설립	모집설립
기능	소규모 회사설립에 용이	대규모 자본 조달에 유리
주식의 인수	주식의 총수를 발기인이 인수	발기인과 모집주주가 함께 주식 인수
인수 방식	단순한 서면주의	법정기재사항이 있는 주식청약서에 의함
주식의 납입	발기인이 지정한 은행 기타 금융기관에 납입	주식청약서에 기재한 은행 기타 금융기관에 납입
납입의 해태	민법의 일반원칙에 따름	실권절차(상법 제307조)가 있음
창립총회	불필요	필요
기관구성	발기인의 의결권의 과반수로 선임	창립총회에 출석한 주식인수인의 의결권의 3분의 2이상이고 인수된 주식의 총수의 과반수에 해당하는 다수로 선임
설립경과조사	이사와 감사가 조사하여 발기인에게 보고	이사와 감사가 조사하여 창립총회에 보고
변태설립사항	이사가 법원에 검사인 선임 청구, 검사인은 조사하여 법원에 보고	발기인은 법원에 검사인 선임 청구, 검사인은 조사하여 창립총회에 보고

2. 주식회사 설립

1) 발기인의 구성

주식회사를 설립하는 사람을 '발기인'이라고 부른다. 주식회사 설립절차에는 이 발기인이 중요한 역할을 많이 하므로, 누가 발기인이 될 수 있는가는 주식회사 설립에 있어서 중요한 문제다. 발기인은 한 사람이 될 수도 있고 여러 사람이 될 수도 있으며, 그 자격에는 아무런 제한이 없으므로 원칙적으로 누구나 발기인이 될 수 있다. 그러나 주식회사 설립에 있어 중요한 역할을 많이 하므로, 미성년자와 같이 그 능력이 제한된 사람인 경우에는 법정대리인의 허락과 등기 등 일정한 절차를 거쳐야 할 것이다.

2) 자본금의 결정

상법 개정안에 의하면, 최저 자본금 규정이 삭제되었으므로 금액에 제한이 없다.

3) 상호

주식회사의 이름을 '상호'라고 한다. 상호는 원칙적으로 자유롭게 지을 수 있다. 그러나 부정한 목적으로 타인의 영업으로 오인할 수 있는 상호를 사용하지 못하고, 동일한 특별시 · 광역시 · 시 · 군에서 동종영업으로 타인이 등기한 상호를 사용하는 자는 부정한 목적으로 사용하는 것으로 추정된다(상법 제23조 제1항, 제4항). 또한 국내에 널리 인식된 타인의 상호 등 타인의 영업임을 표시하는 표지와 동일하거나 유사한 것을 사용하여 타인의 영업상의 시설 또는 활동과 혼동하게 하는 행위도 금지된다(부정경쟁방지 및 영업비밀보호에 관한 법률 제2조 제1호 나목). 동일한 특별시 · 광역시 · 시 또는 군 내에서는 동일한 영업을 위하여 다른 사람이 등기한 것과 확연히 구별할 수 있는 상호가 아니면 등기할 수 없다(상업등기법 제30조). 다만, 상업등기법 개정안에 의하면, 다른 사람이 등기한 것과 동일한 상호만 등기할 수 없게 된다.

참 고

새로 지은 주식회사의 상호가 이미 등기되어 있는지 알아보려면 대법원 홈페이지(http://www.scourt.go.kr) → 인터넷등기소 → 법인등기부 → 열람 → 상호검색을 해보면 된다.

4) 정관 작성

주식회사의 내부규칙을 '정관'이라고 부르며, 주식회사의 내부규칙을 만드는 것을 '정관의 작성'이라고 한다. 상법 제288조는 발기인이 정관의 작성을 통해 주식회사를 설립하도록 정하고 있으므로, 주식회사를 설립하기 위해서는 반드시 주식회사의 내부규칙인 정관을 작성하여야 한다.

5) 주식발행사항의 결정

발기인은 '주식회사 설립 시 발행하는 주식'의 종류와 수, 액면 이상의 주식을 발행하는 때에는 그 수와 금액을 발기인 전원의 동의로 정할 수 있다(상법 제291조).

6) 설립방식의 선택(발기설립 또는 모집설립)

주식회사를 설립하는 방법에는 발기설립과 모집설립의 두 가지가 있는데 발기설립은 발기인만 모여서 주식회사를 설립하는 방법이고, 모집설립은 발기인 외에 다른 사람들도 모여서 주식회사를 설립하는 방법인데, 발기인이 각각의 사정에 따라 자유롭게 한 가지 방법을 선택할 수 있다. 발기설립과 모집설립의 차이점에 대하여는 위에서 살펴보았다.

7) 발기설립 시 주식인수

발기인은 서면에 주식회사의 설립 시 발행하는 모든 주식을 인수한다는 내용을 적고 기명날인 또는 서명하여 주식을 인수할 수 있고 발기인이 여러 명인 경우에는 각 발기인은 반드시 1주 이상의 주식을 인수하여야 하며, 위 서면에 각 발기인이 어떤 종류의 주식을 몇 주 인수한다는 내용이 포함되어야 한다.

8) 발기설립 시 출자의 이행

출자의 이행 방법에는 주금납입과 현물출자의 두 가지가 있는데 주금납입이란 발기인이 주식인수를 한 후 인수할 주식금액을 은행에 입금하는 방법을 말한다.

은행에 입금한 후 은행으로부터 주금납입금 보관증명서를 발급받는데, 자본금 10억원 미만인 주식회사를 발기설립하는 경우 주금납입금 보관증명서를 금융기관의 잔고증명서로 대체할 수 있다.

현물출자란 돈이 아닌 사무실, 공장부지, 업무용차량 등을 제공하는 방법을 말한다.

현물출자를 하는 발기인은 납입기일에 지체없이 출자의 목적인 재산을 인도하고 등기, 등록 기타 권리의 설정 또는 이전을 요할 경우에는 이에 관한 서류를 완비하여 교부하여야 한다.

9) 발기설립 시 이사와 감사의 선임

주식회사의 주요 업무를 처리하고 주식회사를 대표하는 대표이사가 될 자격을 지니는 사람을 '이사'라고 하며, 이사의 업무처리를 감시하는 사람을 '감사'라고 한다.

○ 발기인이 이사 또는 감사를 선택하거나 회사의 주요한 사항을 결정할 수 있는 권리를 '의결권'이라고 부르며, 상법 제296조 제2항에 의하여 발기인이 인수한 주식의 수만큼 의결권의 수가 정해진다.

○ 주금납입과 현물출자가 완료된 후 발기인은 지체없이 의결권의 과반수로 이사와 감사를 선임하여야 한다(상법 제296조 제1항).

○ 발기인은 의사록을 작성하여 의사의 경과와 그 결과를 기재하고 기명날인 또는 서명하여야 한다(상법 제297조).

10) 발기설립 시 조사와 보고

○ 선임된 이사와 감사는 지체없이 주식회사의 설립에 관한 모든 사항이 법령 또는 정관의 규정에 어긋나는 부분이 없는지 조사하여 발기인에게 보고하여야 한다(상법 제298조 제1항).

○ 이사 또는 감사가 발기인, 현물출자자, 재산인수의 당사자인 경우에는 조사에 참여하지 못하며, 이사 또는 감사 전원이 발기인, 현물출자자 또는 재산인수인인 경우에는 별도의 공증인이 조사 및 보고를 하여야 한다(상법 제298조 제2, 3항).

○ 변태설립사항을 정한 때 이사는 검사인의 선임을 법원에 청구하여야 한다(상법 제298조 제4항). 선임된 검사인은 변태설립사항과 현물출자의 이행을 조사하여 법원에 보고하여야 하고, 그 조사보고서의 등본을 발기인에게 교부하여야 한다(상법 제299조 제1, 2항). 보고서에 사실과 다른 사실이 있는 때에는 발기인은 그에 관한 설명서를 법원에 제출할 수 있다(상법 제299조 제3항)

○ 법원은 변태설립사항이 부당하다고 인정한 때에는 이를 변경하여 각 발기인에게 통고할 수 있다(상법 제300조 제1항).

○ 변태설립사항이 발기인의 특별이익, 보수 또는 설립비용인 때에는 공증인의 조사, 보고로 갈음하고, 현물출자 또는 재산인수인 때에는 감정인의 감정으로 갈음할 수 있다(상법 제299조의2).

11) 발기설립 시 대표이사의 선임

○ 대표이사는 설립등기 시 등기하여야 할 사항이므로 대표이사를 선임하여야 한다.

○ 대표이사 선임 방법이나 절차에 관하여 정관으로 정한 경우에는 그에 따르고, 특별히 정관으로 정하지 않은 경우에는 이사회에서 이사 과반수 출석과 출석한 이사의 과반수로 결의하여 한다.

12) 정관, 의사록 등 공증

○ 상법 제292조에 의해 정관은 공증인의 인증을 받음으로써 효력이 발생하고, 공증인법 제66조의2에 의해 총회 등의 의사록도 공증인의 인증을 받아야 한다. 다만, 자본금 총액이 10억원 미만인 회사를 발기설립하는 경우 정관, 의사록에 공증을 받지 않아도 효력이 발생할 수 있게 된다.

○ 공증받아야 하는 서류

- 모집설립 : 정관, 창립총회의사록, 이사회의사록
- 발기설립 : 정관, 발기인총회의사록, 이사회의사록

○ 공증절차

- 인증을 촉탁하려고 할 경우 위의 서류 각 3통을 제출하고, 공증인의 면전에서 정관 각

통의 서명 또는 기명날인을 한 후 그 사실을 기재한다.

- 공증된 서류 3부 중 1부는 촉탁인이 보관, 1부는 공증사무실에서 보관, 1부는 상업등기소에 제출하면 된다.

13) 등록세, 지방교육세 납입 및 채권 매입

○ 시 · 군 · 구 세무과에서 법인등록세고지서를 발급받는다.

○ 대도시 내에서 설립하는 경우에는 위 금액의 3배이고(지방세법 제138조 제1항), 지방교육세로 등록세의 약 20/100에 상당하는 금액을 납입하여야 한다(지방세법 제260조의3).

○ 납부 후 고지서 중 등기소 소인용과 세입관서 통보용은 등기신청서 별지 첨부용지로 첨부한다.

3. 설립등기절차

1) 등기신청

농업회사법인의 등기에 관하여는 농업회사법인을 상법상의 회사로 본다. 따라서 상업등기에 관한 규정을 적용한다. 주식회사의 설립등기의 신청은 회사의 대표가 한다. 즉 회사가 3명 이상의 이사를 선임한 경우 또는 설립시 자본금의 총액이 10억 미만으로 2명의 이사를 선임하면서 정관에 따라 대표이사를 정한 경우에는 그 대표이사가 설립등기를 신청하여야 한다.

2) 첨부서면

(1) 정관

정관이란 회사의 조직과 활동에 관하여 규정한 근본규칙을 기재한 서면을 말하며, 발기인이 정관을 작성하고 기명날인 또는 서명하여 공증인의 인증을 받음으로써 효력이 생긴다. 다만 소규모회사를 발기설립하는 경우는 공증인의 인증이 없더라도 발기인들의 기명날인 또는 서명만으로 효력이 생긴다. 정관의 기재사항 중에는 그 기재가 없거나 위법인 때에는 정관은 무효가 되고 나아가 회사설립이 무효가 되는 절대적 기재사항, 정관의 효력에는 영향이 없으나 기재하지 않으면 그 사항이 회사와 주주에 대하여 효력이 생기지 않는 상대적 기재사항, 회사의 필요에 의하여 기재하는 임의적 기재사항이 있다.

가. 절대적 기재사항

▶ 목적 : 회사가 경영하려는 사업을 뜻하며 영리성이 있어야 한다. 기재의 정도는 사회 통념상 무엇인지 알 수 있을 정도로 구체적이고 명확하게 기재하여야 하므로 "제조업", "도매업"등과 같이 포괄적이고 불분명하게 기재하여서는 안 된다.

▶ 상호 : 상호는 상인이 영업활동을 함에 있어 자기를 표시하는 명칭으로, 상호에는 법령상 특별한 규정이 없는 한 반드시 "주식회사"라는 문자를 사용하여야 하며, 등기부상 상호란에 로마자 등의 표기를 병기하고자 할 경우 한글로 상호를 기재한 후 괄호 안에 로마자 등의 표기를 함께 기재하여야 한다. 또한 동일 특별시 · 광역시 · 시 · 군내에서는 동일한 영업을 위하여 다른 사람이 등기한 것과 동일한 상호는 등기할 수 없다.

▶ 회사가 발행할 주식의 총수 : 회사가 발행할 수 있는 주식의 한도로서 발행예정주식총수 또는 수권주식총수라 한다.

▶ 1주의 금액 : 1주의 금액은 100원 이상이어야 하며 또한 균일하여야 합니다. 회사가 수종의 주식을 발행하는 경우에도 마찬가지다.

▶ 회사의 설립시에 발행하는 주식의 총수 : 회사가 발행할 주식의 총수 중 회사 설립시에 실제로 발행되어 인수되는 주식의 수를 의미하며 신청서 상에는 발행주식의 총수와 그 종류 및 각각의 수로 기재된다.

▶ 본점소재지 : 본점소재지란 회사의 주된 영업소로 회사의 주소가 되기 때문에 한 장소만을 기재하여야 하며, 정관에는 최소행정구역을 표시하는 정도로 충분하다.

▶ 회사가 공고를 하는 방법 : 회사의 공고는 관보 또는 시사에 관한 사항을 게재하는 일간신문에 게재하도록 규정하고 있으므로 월간지, 주간지, 지하철 역 등에서 불특정 다수인에게 무료로 배포되는 신문은 이에 해당하지 않는다. 또한 2개 이상의 신문을 정할 수도 있으나 선택적(A신문 또는 B신문)으로 기재하여서는 안 된다.

▶ 발기인의 성명, 주민등록번호 및 주소 : 발기인이 누구인지 명확하게 하고 책임소재를 분명하게 하기 위한 것으로 발기인의 성명, 주소, 주민등록번호를 기재하여야 한다.

나. 상대적 기재사항

정관의 상대적 기재사항은 상법 여러 곳에 산재해 있으며 절대적 기재사항과는 달리 정관에 반드시 기재할 필요는 없고 설사 기재가 없더라도 정관의 효력에는 영향이 없으나 기재하지 아니하면 효력이 발생하지 않는 것을 말합니다. 이에는 변태설립사항, 회사의 존립기간, 해산사유, 주식매수선택권의 부여, 주식양도제한규정 등이 이에 해당된다.

다. 임의적 기재사항

정관에 기재를 하지 않더라도 정관의 효력에는 영향이 없으나, 회사의 필요에 의하여 임의적으로 정관에 기재하는 항목을 말한다. 이에는 이사·감사의 원수, 정기주주총회의 소집시기, 회사의 영업연도 등이 이에 해당된다.

라. 정관의 인증

정관은 발기인이 기명날인 또는 서명한 후 공증인의 인증을 받음으로써 효력이 생긴다. 다만 소규모 회사를 발기설립하는 경우는 공증인의 인증이 없더라도 발기인들의 기명날인 또는 서명만으로 효력이 생긴다.

(2) 주식의 인수를 증명하는 서면

발기인은 회사 설립시 발행하는 주식 전부를 인수하여야 합니다. 인수의 방법은 반드시 서면으로 하여야 하며, 설립등기 신청시 이를 증명하는 서면으로 주식인수증명서면을 제출하여야 한다. 실무상 상호, 인수할 주식의 종류와 수, 1주의 금액, 인수가액, 주금납입기관, 발기인 성명 주소를 기재하고, 기명날인 또는 서명하여 제출하고 있다.

(3) 주식발행사항 동의서

정관으로 달리 정함이 없는 경우에는 회사 설립시 발행하는 주식의 종류와 수, 액면 이상의 주식을 발행하는 경우의 그 수와 금액, 무액면주식을 발행하는 경우의 주식의 발행가액과 주식의 발행가액 중 자본금으로 계상하는 금액에 관하여 발기인 전원의 동의로 이를 결정하여야 하며, 이를 증명하는 서면으로 발기인 전원이 기명날인 또는 서명한 주식발행사항 동의서를 제출하여야 한다.

(4) 발기인회의사록

주금의 납입이 완료된 때에는 발기인은 회의를 열어 의결권의 과반수로 이사와 감사를 선임하여야 한다. 발기인들이 회의를 개최하여 의사결정을 한 경우에는 의사록을 작성하여야 하며, 의사록에는 의사의 경과와 그 결과를 기재하고 발기인이 기명날인 또는 서명하여야 한다.

가. 사내이사 · 사외이사 · 기타비상무이사 및 감사의 선임

이사 및 감사를 선임하여야 하며 이사는 사내이사 · 사외이사 · 기타비상무이사를 명확하게 구분하여 선출하여야 한다. 이사는 3명 이상이어야 하며, 사외이사 · 기타비상무이사는 필요에 따라 둘 수 있으나 사내이사는 반드시 1명 이상을 두어야 한다. 다만 소규모회사는 이사를 1명 또는 2명으로 할 수 있으며, 감사를 선임하지 않을 수 있다.

나. 의사록 공증

발기인회의사록은 공증인의 인증을 받아야 한다. 다만 소규모 회사를 발기설립하는 경우는 공증인의 인증이 면제된다.

(5) 이사회의사록

이사회의 의사에 관하여는 의사록을 작성하여야 하고 의사록에는 의사의 경과요령과 그 결과를 기재하고 출석한 이사 및 감사가 기명날인 또는 서명하여야 한다. 등기할 사항에 관하여 이사회의 결의를 필요로 하는 경우에는 등기신청서에 공증인의 인증을 받은 이사회의사록을 첨부하여야 한다. 다만 소규모 회사의 이사가 1명 또는 2명인 경우 이사회를 구성하지 않으며 이사회의 권한을 각 이사(정관에 따라 대표이사를 정한 경우에는 그 대표이사) 또는 주주총회에서 행사한다(상법 제383조 제4항, 제5항, 제6항).

(6) 주금납입보관증명서

주식을 인수한 발기인은 지체 없이 그 인수가액을 지정된 금융기관에 납입하여야 하며, 발기인 또는 이사는 납입금을 보관하고 있는 금융기관에 보관금액에 관하여 증명서를 교부받아 제출하여야 한다. 다만 소규모 회사의 경우 주금납입증명서를 잔고증명서로 대체할 수 있다.

(7) 이사 · 감사의 조사보고서

이사와 감사는 회사 설립에 관한 사항이 법령 또는 정관의 규정에 위반되는지 여부를 조사하여 발기인에게 보고하여야 하며, 그 조사보고서를 제출하여야 한다.

(8) 변태설립사항에 관한 검사인의 조사보고서 또는 공증인의 조사보고서나 공인된 감정인의 감정서 등본

현물출자 등 변태설립사항이 있을 경우 검사인이 변태설립사항에 관하여 조사하여 작성한 조사보고서, 또는 이에 관련된 조사를 공증인이나 감정인이 하였을 때에는 공증인의 조사보고서나 감정인의 감정서를 법원에 보고한 후 법원으로부터 송부 받은 부본을 제출하여야 한다.

(9) 취임승낙서(인감증명서나 본인서명사실확인서 또는 전자본인서명확인서의 발급증 포함)

이사, 대표이사, 감사는 회사의 임원으로 취임함으로써 법적인 책임과 의무가 부과되므로, 취임자의 진정한 의사를 확인하기 위하여 취임자의 인감도장을 날인한 취임승낙서와 인감증명법에 의하여 신고한 인감증명서(발행일로부터 3개월 이내)나 본인서명사실확인서 또는 전자본인서명확인서의 발급증을 첨부하여야 합니다. 취임하는 자가 외국인인 경우에는 그 서면에 관공서에 신고한 인감을 날인하고 그 인감증명서를 첨부할 수 있으며, 본국에 인감증명제도가 없는 외국인의 경우에는 본인이 서명을 하였다는 본국 관공서의 증명서면이나 공증인의 공증서면으로 대신할 수 있다.

(10) 주민등록표 등(초)본

취임하는 이사·감사는 주민등록번호를 증명하는 서면으로, 회사를 대표할 이사는 주민등록번호 및 주소를 증명하는 서면으로 주민등록표 등(초)본을 제출하여야 합니다. 회사를 대표할 이사 이외의 임원은 주민등록증 사본, 자동차운전면허증 사본으로도 가능합니다.

(11) 인감신고서

등기신청서에 기명날인할 사람(법인의 대표자 등)은 미리(설립등기신청과 동시에) 그 인감을 등기소에 제출하여야 한다. 인감제출을 위한 인감신고서에는 인감증명법에 의한 인감을 날인하고 발행일로부터 3월 이내의 인감증명서를 첨부하여야 한다. 또한 인감신고서와 함께 인감대지도 함께 제출하여야 한다(인감의 제출·관리 및 인감증명서 발급에 관한 업무처리지침).

(12) 등록면허세영수필확인서

본점소재지 관할 시 · 군 · 구청장으로부터 등록면허세납부서(자본금의 4/1000에 해당하는 등록면허세와 그 등록면허세의 20/100에 해당하는 지방교육세)를 발부받아 납부한 후 등록면허세 영수필확인서를 첨부하여야 한다. 대통령령으로 정하는 대도시 내에서의 설립등기시에는 당해 세율의 3배의 등록면허세를 납부하여야 한다. 여기서 대도시라 함은 수도권정비계획법 시행령 제9조 별표1에 지정되어 있는 권역을 의미한다.

(13) 위임장

등기신청권자 이외의 대리인에 의하여 등기신청을 하는 때에는 그 권한을 증명하는 서면으로 위임장을 첨부하여야 한다. 실무상 수임자, 위임자, 위임내용을 기재하고 등기소에 제출하는 인감을 날인한다.

(14) 기타

▸ 명의개서 대리인을 둔 때에는 명의개서 대리인과의 계약을 증명하는 서면
▸ 정관에 건설이자의 배당에 관한 규정이 있는 때에는 이에 관한 법원의 인가서 등본
▸ 관청의 허가서 : 관청의 허가(인가)를 필요로 하는 사항의 등기를 신청할 때에는 관청의 허가서(인가서) 또는 그 인증 있는 등본을 첨부하여야 한다.
▸ 번역문 : 등기신청 서류 중 외국어로 작성된 문서는 이를 번역하여 번역문을 첨부하여야 하며, 번역인의 자격에는 제한이 없으나 번역인의 성명 주소를 기재하고 기명날인 또는 서명하여야 한다.
▸ 법인인감카드 발급 : 법인인감증명서는 법인인감카드 또는 전자증명서(HSM USB)로 발급받을 수 있으므로 등기 완료 후 법인인감도장을 지참하여 법인인감카드 또는 전자증명서(HSM USB)를 발급받으시기 바란다.

[서식] 농업회사법인 주식회사 설립등기신청서(발기설립)

농업회사법인 주식회사설립등기신청

<table>
<tr><td rowspan="2">접 수</td><td>년 월 일</td><td rowspan="2">처 리 인</td><td>등기관 확인</td><td>각종 통지</td></tr>
<tr><td>제 호</td><td></td><td></td></tr>
</table>

① 등 기 의 목 적	주식회사 설립
② 등 기 의 사 유	농어업경영체육성및지원에 관한 법률 제19조의 규정에 의하여 정관을 작성하고 발기인이 회사설립시에 발행하는 주식의 총수를 인수받고, 20○○년 ○월 ○일 발기인 총회를 종결하였으므로 다음 사항의 등기를 구함
③ 본/지점 신청구분	1.본점신청 ☐ 2.지점신청 ☐ 3.본 · 지점 일괄신청 ☐
등 기 할 사 항	
④ 상 호	농업회사법인 ○○ 주식회사 (또는 주식회사 ○○)
⑤ 본 점	서울특별시 ○○구 ○○로 ○○
⑥ 공 고 방 법	서울시내에서 발행하는 일간 ○○일보에 게재한다
⑦ 1 주 의 금 액	10,000원
⑧ 발 행 할 주식의 총수	20,000주
⑨ 발행주식의 총수와 그 종류 및 각각의 수	발행주식의 총수 5,000주 보통주식 3,000주 제1종우선주식 2,000주
⑩ 자본금총액	50,000,000원

등 기 할 사 항	
⑪ 목 적	1. 농산물의 가공 · 유통 및 판매사업 1. 농작물의 전부 또는 일부대행 1. 농자재 생산 · 공급 및 공동구매, 판매업 1. 영농에 필요한 종묘생산 및 종묘배양사업 1. 위 각 호에 부수하는 일체의 사업
⑫ 이사 · 감사의 성명 및 주민등록번호	사내이사 ○ ○ ○ (-) 사내이사 ○ ○ ○ (-) 사외이사 ○ ○ ○ (-) 기타비상무이사 ○ ○ ○ (-) 감사 ○ ○ ○ (-)
⑬ 대표이사의 성명과주소	대표이사 ○ ○ ○(-) 서울특별시 ○○구 ○○로 ○○
⑭ 종류주식의 내용	제1종 우선주식 1. 발행할 주식의 총수 : 1,200주 2. 발행하는 주식의 내용 1) 이익배당 등에 관한 사항 : 생략 2) 의결권에 관한 사항 : 생략 3) 상환권 또는 전환권에 관한 사항 : 생략 4) 기타
⑮ 지 점	경기도 ○○시 ○○구 ○○로 ○○ (○○지점)
⑯ 존립기간 또는 해산사유	없음(정관에 규정이 되어있으면 기재)
⑰ 기 타 (주식의 양도에 관하여 이사회의 승인을 얻도록 정한 때에는 그 규정, 명의개서대리인을 둔 때에는 그 상호와 본점소재지 등)	없음(정관에 규정이 되어있으면 기재)

– 신청서 작성요령 –

1. 해당란이 부족할 때에는 별지를 이용합니다.
1. 해당 등기신청과 관계없는 사항에 대하여는 "해당없음"으로 기재하거나 삭제하고, 필요한 사항은 추가 기재합니다.
1. 「인감증명법」에 따른 인감증명서 제출과 함께 관련 서면에 인감을 날인하여야 하는 경우, 본인서명사실확인서를 제출하고 관련 서면에 서명을 하거나 전자본인서명확인서 발급증을 제출하고 관련 서면에 서명을 하면 인감증명서를 제출하고 관련 서면에 인감을 날인한 것으로 봅니다.

(용지규격 21㎝× 29.7㎝)

⑱ 신청등기소 및 등록면허세/수수료						
순번	신청등기소	구분	등록면허세 지방교육세	농어촌특별세	세액합계	등기신청수수료
			금 원 금 원	금 원	금 원	금 원
합 계						
등기신청수수료 납부번호						
⑲과 세 표 준 액	금 원					

⑳첨 부 서 면

1. 정관(자본금금 10억 이상일 경우 공증받은 것) 통	1. 공증인의 변태설립사항보고서 통
1. 주식의 인수를 증명하는 서면 통	1. 공인된 감정인의 감정서 통
1. 주식발행사항동의서 통	1. 검사인조사보고서등본 통
1. 발기인회의사록(자본금금 10억 이상일 경우 공증받은 것) 통	1. 취임승낙서(인감증명서나 본인서명사실확인서 또는 전자본인서명확인서의 발급증 포함) 통
1. 이사회의사록(공증받은 것) 통	1. 명의개서대리인과의 계약서 통
1. 주금납입보관증명서 또는 잔고증명서 통	1. 주민등록표등(초)본 통
1. 재산인도증 통	1. 인감신고서 통
1. 이사·감사 또는 감사위원회의 조사보고서 통	1. 등록면허세영수필확인서 통
	1. 등기신청수수료영수필확인서 통

	1. 위임장(대리인이 신청할 경우) 통 〈기 타〉

년 월 일

Ⓐ 신청인 상 호
본 점
대표이사 성 명 (인) (전화 :)
주 소
대리인 성 명 (인) (전화 :)
주 소

지방법원 등기소 귀중

※신청서 기재사항

신청서는 원칙적으로 한글과 아라비아 숫자로 기재한다(다만 상호와 외국인의 성명은 먼저 한글과 아라비아숫자로 기재한 후, 로마자 · 한자 · 아라비아숫자 및 일정한 부호를 사용하여 영문 표기나 한자 표기를 병기할 수 있습니다). 신청서의 기재사항 난이 부족할 경우 별지를 사용하고 신청서와 별지 각 장 사이에 간인을 하여야 한다.

① 등기의 목적

"주식회사 설립(발기설립)"으로 기재합니다.

② 등기의 사유

등기를 신청하는 이유를 기재하는 항목으로 일반적으로 "정관을 작성하여 공증인의 인증을 받아(자본금 총액이 10억 원 미만인 소규모 회사의 경우 공증인의 인증 면제) 발기인이 회사설립시 발행하는 주식의 전부를 인수하고 20ㅇㅇ년 ㅇ월ㅇ일 발기인회에서 상법 제298조의 절차를 종료하였으므로 다음 사항의 등기를 구함"으로 기재합니다.

③ 본/지점 신청 구분

본점에서의 등기신청, 지점에서의 등기신청, 또는 본점 및 지점에 관한 등기를 본점에서 일괄하여 신청하는지 여부를 표시하는 항목입니다. 회사설립과 동시에 지점을 설치(본점과 다른 관할)하여 본점관할 등기소에서 설립등기와 지점설치등기를 일괄하여 동시에 신청하는 경우 본·지점 일괄신청임을 표시하면 됩니다. 다만 지점에 지배인이 선임된 경우에는 지배인에 관한 등기는 이를 일괄하여 신청할 수 없고 지점관할 등기소에서 별도로 신청하여야 합니다.

④ 상호

정관에 기재된 상호를 기재하며, 상호 중에는 법령에 특별한 규정이 없는 한 "주식회사"라는 문자를 반드시 사용하여야 합니다. 등기부상 로마자 등의 표기를 병기하고 자 할 경우(대법원 등기예규 제1455호 참조)는 상호 오른쪽에 괄호를 사용하여 병기할 수 있으며, 병기되는 로마자 등의 표기는 반드시 정관에 기재되어 있어야 합니다.
(예 : 주식회사 에이비씨건설 (ABC Constructions Co., Ltd))

⑤ 본점

이사회에서 결의한 본점소재지를 기재하며, 정관에는 본점소재지를 최소행정구역을 표시함으로써 족하지만 신청서에는 그 소재 지번까지 정확히 기재하여야 합니다.

⑥ 공고방법

정관에 기재된 공고방법을 기재하며, 관보나 시사에 관한 사항을 게재하는 일간신문이어야 합니다. 일간신문은 특정한 1개 또는 수 개의 신문을 기재하여야 하며 추상적, 선택적(A신문 또는 B신문)으로 기재하여서는 안 됩니다.

⑦ 1주의 금액

정관에 기재된 1주의 금액을 기재합니다(무액면주식으로 발행한 경우에는 '무액면주식'이라고 기재합니다). 1주의 금액은 100원 이상이어야 하며, 또한 균일하여야 합니다.

⑧ 발행할 주식의 총수

회사가 발행할 수 있는 주식 수의 한도로서 정관에 기재된 발행할 주식의 총수를 기재합니다.

⑨ 발행주식의 총수와 그 종류 및 각각의 수

정관에 규정된 설립시에 발행하는 주식의 총수와 그 종류 및 각각의 수를 기재합니다. 종류주식을 발행한 경우에는 회사가 정관에 정한 종류주식의 명칭(예 : 제1종종류주식, 제2종종류주식 등)을 기재하고, 그 내용은 종류주식의 내용란에 기재합니다.

⑩ 자본금총액

회사 설립시에 발행하는 주식총수의 액면총액이 자본금총액입니다. 무액면주식으로 발행한 경우에는 주식의 발행가액총액 중 자본금으로 계상하는 금액의 총액이 자본금총액입니다.

⑪ 목적

정관에 규정된 목적을 기재하며, 영업의 목적은 영리사업으로 영업내용을 구체적으로 명확히 기재하여야 합니다. “제조업”, “도매업” 등과 같이 포괄적이고 불분명하게 기재하여서는 안 됩니다.

⑫ 이사 · 감사의 성명 및 주민등록번호

사내이사 · 사외이사 · 기타비상무이사와 감사의 성명 · 주민등록번호를 기재하고 주민등록번호가 없는 재외국민 또는 외국인의 경우에는 주민등록번호 대신 생년월일을 기재하여야 합니다. 외국인의 성명은 국적과 원지음을 한글 등으로 기재한 후, 괄호를 사용하여 로마자 등의 표기를 병기할 수 있습니다[예 : 사내이사 미합중국인 존에프케네디(John. F. Kennedy)]. 이사의 수는 3인 이상이어야 하나, 소규모회사(자본금의 총액이 10억 원 미만인 회사, 이하 소규모회사라 함)에서는 1명 또는 2명으로 할 수 있으며 감사를 선임하지 않을 수 있습니다.

⑬ 대표이사의 성명, 주민등록번호 및 주소

회사를 대표할 이사(집행임원 설치회사의 경우에는 집행임원)의 성명, 주민등록번호 및 주소를 기재합니다.

⑭ 종류주식의 내용

정관의 규정에 따라 이익의 배당, 잔여재산의 분배, 주주총회에서의 의결권의 행사, 상환 및 전환 등에 관하여 내용이 다른 종류주식을 발행한 경우 그 내용을 기재합니다.

⑮ 지점

이사회에서 지점 설치를 결의하였을 때 기재하며, 본점과 동일하게 소재 지번까지 기재하여야 합니다. 설립등기시 본·지점 일괄신청을 하지 않았을 경우, 설립등기 후 2주 이내에 지점소재지 관할등기소에 지점설치등기신청을 하여야 합니다.

⑯ 존립기간 또는 해산사유

정관으로 회사의 존립기간이나 해산사유를 정하였을 때 기재하는 사항이며 정관의 상대적인 기재사항입니다.

⑰ 기타

상법 제317조 제2항 각호에 규정된 등기사항 중 위 ① ~ ⑮의 기재사항 이외에 등기를 하고자 하는 사항에 대하여 기재를 하는 항목으로 정관에 주식의 양도에 관하여 이사회의 승인을 얻도록 정한 때, 주식매수선택권을 부여하도록 정한 때에는 그 규정, 명의개서대리인을 둔 때에는 그 상호와 본점소재지 등이 이에 해당됩니다.

⑱ 신청등기소 및 등록면허세 · 수수료

신청하는 등기소별로 기재하여야 하며, 등록면허세는 과세표준액의 4/1000, 지방교육세는 등록면허세의 20/100이며 대통령령으로 정하는 대도시 내에서 설립하는 경우에는 당해 세율의 3배의 등록면허세를 납부하여야 합니다. 설립과 동시에 지점을 설치하여 본·지점 일괄신청을 하는 경우, 지점등기 신청과 관련된 별도의 등록면허세 · 수수료를 납부하여야 합니다. 여기서 대도시라 함은, 수도권정비계획법 시행령 제9조 별표1에 지정되어 있는 권역을 의미합니다. 등기신청수수료는 등기사항증명서 등 수수료규칙 제5조의3에서 정한 금액을 납부하여야 합니다.

⑲ 과세표준액

과세표준은 자본의 총액, 즉 회사 설립시 발행하는 주식의 총액입니다.

⑳ 신청인 등

설립등기를 신청하는 법인의 상호와 본점, 대표이사의 성명과 주소를 기재하며, 위임받은 대리인이 신청할 경우 대리인의 성명과 주소를 기재합니다. 대표이사는 등기신청과 동시에 제출하는 법인 인감도장을 날인하여야 하며 대리인의 경우는 날인할 도장에 대한 제한은 없습니다.

[서식] 농업회사법인 주식회사 설립등기신청서(발기설립)

농업회사법인 주식회사 설립등기신청

접수	년 월 일	처리인	접 수	조 사	기 입	교 합	각종통지
	제 호						

등 기 의 목 적	농업회사법인 주식회사 설립
등 기 의 사 유	농어업경영체육성및지원에 관한 법률 제19조의 규정에 의하여 정관을 작성하고 발기인이 회사설립시에 발행하는 주식의 총수를 인수받고, 20○○년 ○월 ○일 발기인 총회를 종결하였으므로 다음 사항의 등기를 구함.
본/지점 신청구분	1.본점신청 □ 2.지점신청 □ 3.본 · 지점 일괄신청 □
등 기 할 사 항	
상 호	농업회사법인 ○○주식회사
본 점	OO시 OO구 OO로 OO(OO동)
공 고 방 법	○○시에서 발생하는 일간지 ○○일보에 게재한다.
1주의 금액	10,000원
발행할 주식의 총수	50,000주
발행주식의 총수와 그 종류 및 각각의 수	보통주식 15,000주 우선주식 5,000주
자본의 총액	200,000,000원
목 적	본 회사는 기업적 농업경영을 통하여 생산성을 향상시키거나 생산된 농산물을 유통, 가공, 판매함으로써 농업의 부가가치를 높이고 노동력의 부족 등으로 농업경영이 곤란한 농업인의 농작업의 전부 또는 일부를 대행하여 영농의 편의를 도모함을 목적으로 다음 각 호의 사업을 한다. 1. 농산물의 가공 · 유통 및 판매사업 1. 농작물의 전부 또는 일부대행 1. 농자재 생산 · 공급 및 공동구매, 판매업 1. 영농에 필요한 종묘생산 및 종묘배양사업 1. 위 각 호에 부수하는 일체의 사업
이사 · 감사의 성명 · 주민등록번호	이사 ○ ○ ○ (000000-0000000) 이사 ○ ○ ○ (000000-0000000)

	이사 ○ ○ ○ (000000-0000000) 감사 ○ ○ ○ (000000-0000000)
대표이사의 성명과 주소	○ ○ ○ (000000-0000000) ○○시 ○○구 ○○로 ○○(○○동)
지 점	없 음
존립기간 또는 해산사유	존립기간 : 회사성립일부터 만 50년간으로 한다. 해산사유 : 본 회사는 다음 사유로 인하여 해산한다. 1. 정관 제36조에서 정한 존립기간의 만료 1. 합병 1. 파산 1. 법원의 명령 또는 파산 1. 주주총회의 결의
기 타	주식양도제한규정 : 주식의 양도는 이사회의 승인이 있어야 함.

신청등기소 및 등록면허세/수수료						
순번	신청등기소	구분	등록면허세	지방교육세	세액합계	등기신청수수료
			금 원	금 원	금 원	금 원
합 계						
등기신청수수료 은행수납번호						
과 세 표 준 액			금 원			

첨 부 서 면	
1. 정관 통 1. 주식인수증 통 1. 주식발행사항동의서 통 1. 재산인도증 통 1. 발기인총회의사록 통 1. 이사회의사록 통 1. 주식납입금보관증명서 통 1. 이사 · 감사 또는 감사위원회의 조사보고서(공증인의조사보고서) 통	1. 검사인조사보고서 통 1. 취임승낙서(대표이사, 이사, 감사 또는 감사위원회위원 통 1. 주민등록등(초)본(임원) 통 1. 인감신고서 및 인감증명서 통 1. 법인인감카드발급신청서 통 1. 등록면허세영수필확인서및통지서 통 1. 위임장(대리인이 신청할 경우) 통

년 월 일

신청인 명 칭
주사무소
대표자 성 명 ㊞ (전화 :)
주 소
대리인 성 명 ㊞ (전화 :)
주 소

지방법원 등기소 귀중

[신청서 작성요령 및 등기수입증지 첩부란]

1. 해당란이 부족할 때에는 별지를 이용합니다.
1. 해당 등기신청과 관계없는 사항에 대하여는 "해당없음"으로 기재하거나 삭제하고, 필요한 사항은 추가 기재합니다.
1. 등기신청수수료 상당의 대법원등기수입증지를 이 난에 붙입니다.

(용지규격 21㎝×29.7㎝)

[서식] 정관

농업회사법인 주식회사 정관

제1장 총 칙

제1조 (상 호) 본 회사는 농어업경영체육성및지원에관한법률 제19조에 의하여 설립된 회사로서 그 명칭은 '농업회사법인 OO주식회사'라고 부른다.

제2조 (목 적) 본 회사는 기업적 농업경영을 통하여 생산성을 향상시키거나, 생산된 농산물을 유통 · 가공 · 판매함으로써 농업의 부가가치를 높이고 노동력부족 등으로 농업경영이 곤란한 농업인의 농작업의 전부 또는 일부를 대행하여 영농의 편의를 도모함을 목적으로 한다.

제3조 (주주의 가격) 본 회사의 주주는 농업인, 농산물의 생산자단체로 하되, 제10조에서 정한 출자한도 내에서 출자한 비농업인도 주주가 될 수 있다.

제4조 (사 업)

1. 본 회사는 생산성 향상을 위한 기업적 농업경영과 OO사업을 주사업으로 한다.
2. 본 회사는 다음 각 호의 사업을 부대사업으로 한다.
   1) 농산물의 가공 · 유통 · 판매사업
   2) 영농에 필요한 자재의 생산 · 공급
   3) 농업에 관련된 공동이용시설의 설치 및 운영
   4) 공동육묘장 설치 및 운영
   5) 영농에 필요한 종묘생산 및 종균배양사업
   6) 농산물의 매취 · 비축사업
   7) 농산물직판장 설치 및 운영
   8) 농작업의 대행사업
   9) 비닐하우스 특용작물재배
   10) 관광농원 및 주말농장 설치운영
   11) 농업기계 기타장비의 임대 · 수리 · 보관사업
   12) 농기계 수리센타 설치 및 운영, 농기계 대여산업
   13) 소규모 관개시설의 수탁 · 관리사업
   14) 위 사업에 관련된 부대사업 일체

제5조 (본점의 소재지 및 지점의 설치)

1. 본 회사의 본점은 OO시 · 도 OO시 · 군에 둔다.
2. 본 회사는 필요한 경우에 주주총회의 결의로 지점, 영업소, 출장소를 둘 수 있다.

제6조 (공고방법) 본 회사의 공고사항은 OO시 · 도에서 발간되는 OO신문에 게재한다.

제7조 (존립기간) 본 회사의 존립기간은 회사성립일로부터 만 OO년으로 한다.

제2장 주식과 주권

제8조 (회사가 발행할 주식의 총수 및 각종 주식의 내용과 수) 본 회사가 발행할 주식의 총수는 OOOOO주로써 보통주식으로 한다.

제9조 (1주의 금액) 본 회사가 발행하는 주식 1주의 금액은 금 OOO원으로 한다.

제10조 (비농업인의 출자한도) 농업인, 농산물의 생산자단체가 아닌 자가 출자하는 출자액의 합계는 본 회사의 총출자액의 10분의 9를 초과할 수 없다.

제11조 (회사설립시 발행하는 주식의 총수) 본 회사가 회사설립시에 발행하는 주식의 총수는 OOOOO주로 한다.

제12조 (주 권) 본 회사의 주식은 기명주식으로써 주권은 1주권, 10주권, 100주권 의 3종으로 한다.

제13조 (주권의 명의개서) 주식의 양도로 인하여 명의개서를 청구할 때에는 본 회사 소정의 청구서에 주권을 첨부하여 제출하여야 한다. 상속, 유증, 기타 계약 이외의 사유로 인하여 명의개서를 청구할 때에는 본 회사 청구서에 주권 및 취득원인을 증명하는 서류를 첨부하여 제출하여야 한다.

제14조 (주식의 양도제한)

1. 본 회사의 주식은 이사회의 승인이 없으면 양도할 수 없다.
2. 전항과 관련하여 비농업인인 주주에게 양도하여 비농업인의 총출자액이 제10조에서 규정한 제한을 초과하는 경우에는 그 양도는 효력이 없다.
3. 상속 또는 유증에 의하여 비농업인의 총출자액의 제10조에서 규정한 한도를 초과하는 경우에는 그 초과지분을 지체 없이 농업인에게 양도하여야 한다.

제15조 (주권의 재발행) 주권의 재발행을 청구할 때에는 본 회사 소정의 청구서에 다음 서류를 첨부하여 제출해야 한다.

1) 주권을 상실한 때에는 확정된 제권판결정본
2) 주권을 훼손한 때에는 그 주권, 다만, 훼손으로 인하여 그 진위를 판별할 수 없는 때에는 전호에 준한다.

제16조 (주주의 주소신고 등) 주주나 등록질권자 및 그 법정대리인은 성명, 주소 및 인감을 신고해야 한다. 그 변경이 있는 때에도 역시 같다.

제17조 (주주명부의 폐쇄) 본 회사는 매 결산기종료일 다음날부터 그 결산에 관한 정기주주총회 종료일까지 주주명부 기재의 변경을 정지한다.

제3장 주 주 총 회

제18조 (정기총회와 임시총회) 정기주주총회는 매 결산기종료 후 1월 내에 이를 소집하고 임시주주총회는 필요한 경우에 수시로 이를 소집할 수 있다.

제19조 (의 장) 주주총회의 의장은 대표이사가 된다. 대표이사가 유고인 때에는 이사회에서 정한 순서에 따라 다른 이사가, 다른 이사 전원이 유고인 때에는 출석한 주주 중에서 선임된 자가 그 직무를 대행한다.

제20조 (결의사항) 주주총회는 법령에서 정한 사항 이외에 다음 사항을 결의한다.

1) 신주발행사항의 결정
2) 주식의 분할
3) 영업의 전부 또는 일부의 양도

제21조 (결 의) 주주총회의 결의는 법령에 별도의 규정이 있는 경우를 제외하고는 발행주식총수의 과반수에 해당하는 주식을 가진 주주의 출석과 그 의결권을 과반수로 한다.

제22조 (의결권의 대리행사) 주주는 본 회사의 주주 중에서 정한 대리인으로 하여금 대리행사하게 할 수 있다. 이 경우에는 총회개최 전에 그 대리권을 증명하는 서면을 제출해야 한다.

제4장 이사와 감사

제23조 (이사와 감사의 수)

본 회사의 이사는 3인 이상 5인 이내, 감사는 1인 이상 3인 이내로 한다.

제24조 (선 임) 이사와 감사는 주주총회에서 선임하되, 이사의 과반수는 농업인으로 한다.

제25조 (업무집행과 회사대표) 본 회사의 업무집행과 회사대표는 이사회의 결의로 이사 중에서 선임한 대표이사가 행한다.

제26조 (임 기) 이사와 대표이사의 임기는 2년, 감사의 임기는 1년으로 한다. 다만 재임 중 최종결산기에 관한 정기주주총회 이전에 그 임기가 만료될 때에는 그 총회종결시까지 임기를 연장할 수 있다.

제27조 (보 선) 이사와 감사에 결원이 생긴 경우에는 임시주주총회에서 그를 보선한다. 다만, 그 법정원수를 결하지 아니하는 때에는 그러하지 아니할 수 있다. 보선된 이사나 감사의 임기는 전임자의 잔여기간으로 한다.

제28조 (보 수) 이사와 감사의 보수는 주주총회에서 이를 정한다.

제5장 이 사 회

제29조 (이사회) 본 회사의 이사회는 정기이사회와 임시이사회로 한다. 정기이사회는 매월 최초의 월요일에, 임시이사회는 필요에 따라 수시로 이를 소집한다.

제30조 (지배인의 임면) 이사회의 결의로 회사의 영업전반에 걸쳐 포괄적인 대리권을 갖고 보조하기 위한 지배인(혹은 지점장, 영업부장)을 둘 수 있다.

제31조 (소집권자와 의장) 이사회는 대표이사가 소집하고 그 의장이 된다. 다만 대표이사의 유고 중에는 제19조의 순서에 따라 다른 이사가 의장의 직무를 대행한다.

제32조 (결 의) 이사회의 결의는 의사 전원의 과반수로 하고 가 · 부동수인 때에는 의장이 결정한다.

제33조 (고 문) 본 회사는 이사회의 결의로 고문 약간명을 둘 수 있다.

제6장 계 산

제34조 (영업연도) 본 회사의 영업연도는 매년 O월 O일부터 O월 O일까지로 하여 결산한다.

제35조 (이익배당) 이익배당금은 매 결산기 말일 현재의 주주명부에 기재된 주주 또는 등록질권자에게 이를 지급한다. 위 배당금은 지급개시일로부터 3년 이내에 지급청구를 하지 아니한 때에는 그 청구권을 포기한 것으로 간주하고 이를 본 회사에 귀속시킨다.

제7장 해 산

제36조 (해산사유) 본 회사는 다음 사유로 인하여 해산한다.

1. 제7조에서 정한 존립기간의 만료
2. 합병
3. 파산
4. 법원의 명령 또는 판결
5. 주주총회의 결의

제37조 (해산의 결의) 해산의 결의는 발행주식 총수의 과반수에 해당하는 주식을 가진 주주의 출석으로 그 의결권의 3분의 2 이상의 다수로써 하여야 한다.

제38조 (회사계속) 회사가 존립기간의 만료, 주주총회의 결의에 의하여 해산한 경우에는 제37조의 규정에 의한 결의로 회사를 계속할 수 있다.

제39조 (해산의 통지) 회사가 해산한 때에는 파산의 경우 외에는 대표이사는 지체없이 주주에 대하여 그 통지를 한다.

제40조 (합병계약과 그 승인의결) 회사가 합병을 함에는 합병계약서를 작성하여 주주총회의 승인을 얻어야 한다.

제8장 청 산

제41조 (청산방법) 본 회사가 해산한 경우, 회사재산의 처분은 주주총회의 동의로써 정한 방법에 의한다.

제42조 (청산인의 임면) 청산인의 선임 및 해임은 주주총회의 결의에 의한다.

제43조 (잔여재산의 분배) 잔여재산은 각 주주가 가진 주식의 수에 따라 주주에게 분배한다.

부 칙

제1조 (적용범위) 본 정관에 규정되지 않는 사항은 농어업경영체육성및지원에관한법률과 상법 및 기타 법령에 정한 규정에 따른다.

제2조 (내부세규) 본 회사는 필요에 따라 주주총회의 결의로서 업무추진 및 경영상 필요한 회사 세부내규를 정할 수 있다.

제3조 (최초의 영업연도) 본 회사의 제1기 영업연도는 본 회사 설립일로부터 20OO년 O월 O일까지로 한다.

제4조 (최초의 이사 및 감사의 임기) 본 회사의 최초의 이사와 감사의 임기는 그 취임 후 최초의 정기주주총회의 종료일까지로 한다.

제5조 (발기인의 성명과 주소) 본 회사 발기인의 성명과 주소는 이 정관 말미의 기재와 같다.

위 농업회사법인 OO주식회사를 설립하기 위하여 이 정관을 작성하고 발기인 전원이 기명날인하다.

20OO년 O월 O일

농업회사법인 OO주식회사
OO시 OO구 OO로 OO(OO동)

발기인 성 명 : O O O ㊞
주민등록번호 : 000000-0000000
주 소 : OO시 OO구 OO로 OO(OO동)

발기인 성 명 : O O O ㊞

주민등록번호 : 000000-0000000
주 소 : OO시 OO구 OO로 OO(OO동)

발기인 성 명 : O O O ㊞
주민등록번호 : 000000-0000000
주 소 : OO시 OO구 OO로 OO(OO동)
(이하 생략)

※ 자본금 총액이 10억원 미만인 경우 종증의무 면제

[서식] 발기인총회의사록

발기인총회의사록

20OO년 O월 O일 OO시 OO분, OO시 OO구 OO로 OO(OO동) 농업회사법인 OO주식회사 사무소에서 발기인총회를 개최하다.

주식총수 : 10,000주　　출석주식수 : 10,000주
주주총수 : 2명　　출석주주수 : 2명

발기인 대표 홍길동은 위와 같이 법정 수에 달하는 주주가 출석하였으므로 본 총회가 적법하게 성립되었음을 알리고, 회의 진행상 의장을 선임하여 줄 것을 요청한 바, 주주전원 만장일치로 발기인 대표를 의장으로 선임한 즉, 동인은 즉석에서 그 취임을 승낙하고 개회를 선언한 후 다음의 의안에 관하여 심의를 요청하다.

제1호 의 안 정관 승인의 건
의장은 농어업 · 농어촌및식품산업기본법 및 농어업경영체육성및지원에 관한 법률의 규정에 근거하여 농림수산부에서 고시한 정관례를 기준으로 하여 정관을 작성하였음을 설명하고 그 승인 여부를 물은 바 발기인 전원 일치된 의견으로 이를 승인 가결하다.

제2호 의 안 이사 · 감사 선임의 건

의장은 감사를 두지 않고 이사 2명을 두기로 하는 정관규정에 따라 이사의 선임방법을 물은즉 사내이사 2명을 무기명 비밀투표로 선출하기로 전원 일치되어 그에 따라 투표한 결과 다음 사람이 이사와 감사로 선출되다.

사내이사 0 0 0 (000000-0000000)
사내이사 0 0 0 (000000-0000000)

위 피선자들은 즉석에서 그 취임을 승낙하다.

제3호 의 안 상법 제298조 소정사항 조사보고의 건

의장은 이사는 상법 제298조 소정사항을 조사 · 보고하여야 함을 설명하고, 이어 발기인이었던 이사는 그러한 조사를 참가하지 못함을 밝히고 발기인이 아니었던 사내이사 이몽룡으로 하여금 조사 · 보고를 하여야 한다고 하자 전원 이의없이 사내이사 이몽룡을 검사인으로 선임할 것을 만장일치로 가결하다.

검사인 사내이사 O O O (000000-0000000)

위 사람은 즉석에서 이를 승낙하고 조사에 착수하다.

의장은 위 조사보고를 기다리기 위하여 잠시 휴회한 후 속회하다.
검사인은 별지 조사보고서와 같이 보고한 즉 만장일치로 승인하다.

제4호 의 안 본점설치 장소 결정의 건

의장은 본 회사 본점을 다음 장소에 설치함이 적당한 뜻을 설명하고 그 가 · 부를 물은 즉, 만장일치로 이의없이 승인하다.

본 점 : OO시 OO구 OO로 OO(OO동)

의장은 이상으로서 의안 전부를 심의를 종료하였으므로 폐회를 선언하다.

(회의종료시간 : OO시 OO분)

위 의사의 경과와 결의를 명확히 하기 위하여 이 의사록을 작성하여 의장과 출석한 발기인이 다음과 같이 기명날인하다.

2000년 0월 0일

농업회사법인 00주식회사
00시 00구 00로 00(00동)

의장겸 사내이사	성 명	: 0 0 0 ㉤
	주민등록번호	: 000000-0000000
	주 소	: 00시 00구 00로 00(00동)
사내이사	성 명	: 0 0 0 ㉤
	주민등록번호	: 000000-0000000
	주 소	: 00시 00구 00로 00(00동)

[서식] 이사회의사록

이 사 회 의 사 록

2000년 0월 0일 00시 00분, 00시 00구 00로 00(00동) 농업회사법인 00주식회사 사무소에서 이사회를 개최하다.

이사총수 : 2명　　　　출석이사수 : 2명

제1호 의 안 대표이사 선임의 건

이사 전원의 호선에 따라 사내이사 000를 임시의장으로 선출하다.

의장 000은 즉석에서 이를 승낙하고 의장석에 등단하여 개회를 선언한 후 발기인총회의 종결에 이어 본 회사의 대표이사를 선임하여 줄 것을 물은 즉, 이사 전원 신중히 협의한 결과 다음 사람이 대표이사에 선임되어 동인은 즉석에서 그 취임을 승낙하다.

대표이사 O O O (000000-0000000)
00시 00구 00로 00(00동)

위 피선자는 즉석에서 그 취임을 승낙하다.

의장은 이상으로서 회의목적인 의안 전부의 심의를 종료하였으므로 폐회한다고 선언하다(회의종료시각 : 00시 00분)

위 결의를 명확히 하기 위하여 이 의사록을 작성하고 의장과 출석한 이사가 기명날인하다.

2000년 0월 0일
농업회사법인 00주식회사
00시 00구 00로 00(00동)
의장겸 대표이사 O O O (인)
사내이사 O O O (인)

[서식] 조사보고서

조 사 보 고 서

본인은 20OO년 O월 O일 농업회사법인 OO주식회사의 발기인 총회에서 검사인으로 선임되었으므로 상법 제298조 제1항의 규정에 의하여 조사한 결과는 다음과 같음.

조 사 사 항

1. 회사설립시 발행하는 주식총수에 대한 인수의 정확여부

   본 회사가 발행할 주식의 총수는 40,000주이며, 설립시 발행하는 주식의 총수 10,000주(1주의 금액 금 10,000원)로서 다음과 같이 인수가 완료되었음이 인정됨.

   발기인이 인수한 총수

   보통주식 6,000주　　우선주식 4,000주　　20OO년 O월 O일 인수완료

2. 인수 주식수에 대한 납입의 정확 여부

   설립시에 발행하는 주식총수 10,000주에 대하여 금 100,000원의 납입금이 20OO년 O월 O일 납입이 완료되었으므로 OO은행 OO지점이 발행한 잔고증명서에 의하여 명확히 확인됨.

3. 현물출자 기타 조사사항

   정관에 변태설립사항은 없음.

4. 기타 설립에 관한 모든 사항이 법령 또는 정관의 규정에 위반하지 아니함이 인정된다.

이상 상법의 규정에 의하여 보고함.

20OO년　O월　O일

농업회사법인 OO주식회사

OO시 OO구 OO로 OO(OO동)

검사인 검사　O　O　O (인)

[서식] 주금납입잔고증명서

잔 고 증 명 서

금 80,000,000원

발행주식의 총수 : 8,000주

1주의 금액 : 금 10,000원

위 금액은 귀 회사 설립시에 발행하는 주식총수에 대한 납입금으로써 20OO년 O월 O일 납입이 완료되어 이를 보관 중에 있음을 증명합니다.

20OO년 O월 O일

주식회사 OO은행 OO지점

지점장 O O O (인)

농업회사법인 OO주식회사 발기인대표 귀하

[서식] 주식인수증

주 식 인 수 증

상 호	농업회사법인 OO주식회사
인수할 주식 수	보통주(또는 우선주식) 5,000주
금 액	금 00,000,000원
1주의 금액	금 00,000원

위 주식을 발기인으로서 인수합니다.

20OO년 O월 O일

발기인 O O O (인)

농업회사법인 OO주식회사 발기인대표 귀하

[서식] 주식발행사항 동의서

주식발행사항 동의서

발기인 전원이 동의로서 회사설립시 주식에 관한 사항을 다음과 같이 결정함에 대하여 이의 없이 동의함.

다　　　음

1. 주식의 종류와 수 : 보통주식 0,000주
   우선주식 0,000주
2. 주식의 발행가액 : 1주의 금액 00,000원
3. 주식의 총수와 주식금액 : 0,000주, 금 00,000,000원

위 동의사항을 확실히 하기 위하여 발기인 전원이 다음에 기명날인하다.

20OO년 O월　일

농업회사법인 OO주식회사

발기인　O　O　O (인)
(000000-0000000)
OO시 OO구 OO로 OO(OO동)

발기인　O　O　O (인)
(000000-0000000)
OO시 OO구 OO로 OO(OO동)

발기인　O　O　O (인)
(000000-0000000)
OO시 OO구 OO로 OO(OO동)

[서식] 발기인총회 소집기간 생략 동의서

발기인총회 소집기간 생략 동의서

본인 등은 농업회사법인 OO주식회사 발기인총회를 상법 제363조 제5항에 따라 소집절차를 생략하여 2000년 0월 0일 발기인사무소에서 개최하는데 대하여 이의 없이 동의합니다.

2000년 0월 0일

발기인(주주) O O O (인)
발기인(주주) O O O (인)

[서식] 주주명부

주 주 명 부

주 주	주소	인수주식수	1주금액	납 입 금 액
O O O	OO시 OO구 OO로 OO(OO동)	0,000주	00,000원	금 00,000,000원
O O O	OO시 OO구 OO로 OO(OO동)	0,000주	00,000원	금 00,000,000원
O O O	OO시 OO구 OO로 OO(OO동)	0,000주	00,000원	금 00,000,000원
		00,000주		금 000,000,000원

위 주주명부는 본사에 비치된 주주명부와 대조하여 틀림 없음을 증명합니다.

2000년 0월 0일

상 호 농업회사법인 OO주식회사
본 점 OO시 OO구 OO로 OO(OO동)
대표이사 O O O (인)

[서식] 취임승낙서

취 임 승 낙 서

본인은 20OO년 O월 O일 귀 법인의 발기인총회에서 사내이사로 선임되었으므로 그 취임을 승낙합니다.

20OO년 O월 O일

사내이사 O O O (인)
(000000-0000000)
OO시 OO구 OO로 OO(OO동)

농업회사법인 OO주식회사 귀중

※ 인감증명서 및 주민등록등(초)본을 첨부하여야 한다.

[서식] 취임승낙서

취 임 승 낙 서

본인은 20OO년 O월 O일 귀 법인의 이사회에서 대표이사로 선임되었으므로 그 취임을 승낙합니다.

20OO년 O월 O일

대표이사 O O O (인)
(000000-0000000)
OO시 OO구 OO로 OO(OO동)

농업회사법인 OO주식회사 귀중

※ 인감증명서 및 주민등록등(초)본을 첨부하여야 한다.

[서식] 취임승낙서

취 임 승 낙 서

본인은 20OO년 O월 O일 귀 법인의 이사회에서 감사로 선임되었으므로 그 취임을 승낙합니다.

20OO년 O월 O일

감사 O O O (인)

(000000-0000000)

OO시 OO구 OO로 OO(OO동)

농업회사법인 OO주식회사 귀중

※ 인감증명서 및 주민등록등(초)본을 첨부하여야 한다.

[서식] 인감신고서

인감 · 개인(改印) 신고서

(신고하는 인감날인란) (인감제출자에 관한 사항)

상호(명 칭)		농업회사법인 OO주식회사	등기번호	
본점(주사무소)		OO시 OO구 OO로 OO(OO동)		
인감제출자	자격/성명	대표이사 O O O		
	주민등록번호	OOOOOO-OOOOOOO		
	주 소	OO시 OO구 OO로 OO(OO동)		

␣ 위와 같이 인감을 신고합니다.

␣ 위와 같이 개인(改印)하였음을 신고합니다.

년 월 일 (인감 날인란)

신고인 본 인 성 명 (인)

대리인 성 명 (인)

지방법원 등기소 귀중

주 1. 인감 날인란에는 「인감증명법」에 의하여 신고한 인감을 날인하고 그 인감증명서(발행일로부터 3개월 이내의 것)를 첨부하여야 합니다. 개인(改印)신고의 경우, 개인인감을 날인하는 대신에 등기소에 신고한 유효한 종전 인감을 날인하여도 됩니다.
2. 인감 · 개인신고서에는 신고하는 인감을 날인한 인감대지를 첨부하여야 합니다.
3. 지배인이 인감을 신고하는 경우에는 인감제출자의 주소란에 지배인을 둔 장소를 기재하고, 「상업등기규칙」 제36조제4항의 보증서면(영업주가 등기소에 신고한 인감 날인)을 첨부하여야 합니다. 위 보증서면은 아래의 보증서면란에 기재하는 것으로 갈음할 수 있습니다.

보 증 서 면
위 신고하는 인감은 지배인 OOO의 인감임이 틀림없음을 보증합니다. 대표이사 (법인인감)
위 임 장
성 명 : 주민등록번호(-) 주 소 : 위의 사람에게, 위 인감신고 또는 개인신고에 관한 일체의 권한을 위임함. 20 년 월 일 인감(개인) 신고인 성 명 (인)

[서식] 인감대지

인 감 대 지

	신고하는 인감날인란	상 호(명 칭) : 농업회사법인 OO주식회사 자격 및 성명 : 대표이사 O O O 주민등록번호 : OOOOOO-OOOOOOO

[서식] 인감카드 등 (재)발급신청서

인감카드 등 (재)발급신청서

(인감제출자에 관한 사항)

상호(명칭)			등기번호	
본점(주사무소)				
인감 제출자	자격 / 성명			
	주민등록번호			

발급사유	␣ 최초발급 ␣ 카드분실 ␣ 카드훼손 ␣ 인감증명서발급기능 ␣ 기타 ( )		
매체구분	␣ 인감카드 ␣ HSM USB	인감카드 비밀번호	

위와 같이 인감카드 등의 (재)발급을 신청합니다.

년 월 일

신청인 인감제출자 (본 인) 성 명 (인) (전화 :)
(대리인) 성 명 (인) (전화 :)

지방법원 등기소 귀중

접수번호		인감카드번호	

– 대법원수입증지를 붙이는 란 –

주 1. 인감카드 비밀번호란에는 (재)발급받아 사용할 인감카드의 비밀번호를 기재하며, 아라비아숫자 6자릿수를 기재하여야 합니다. 비밀번호는 인감카드와 함께 인감증명서의 발급을 신청할 권한이 있는 것으로 보게 되는 중요한 자료이므로 권한이 없는 사람이 알지 못하도록 주의하시기 바랍니다.

2. 인감카드의 재발급을 신청할 때에는 「등기부 등·초본 등 수수료규칙」 제5조의7에 의하여 5,000원 상당의 대법원수입증지를 이 란에 붙여야 합니다. 다만, 인감카드를 반납할 때에는 붙일 필요가 없습니다.

위 임 장

성 명 : 주민등록번호(-)

주 소 :

위의 사람에게, 위 (재)발급신청서에 기재된 인감카드 등의 발급신청과 그 수령 등에 관한 일체의 권한을 위임함.

20OO년 O월 O일

인감신고인 성 명 (인)

[서식] 어업회사법인 주식회사 설립등기신청서(발기설립)

어업회사법인 주식회사 설립등기신청

<table>
<tr><td rowspan="2">접
수</td><td>년 월 일</td><td rowspan="2">처
리
인</td><td>접 수</td><td>조 사</td><td>기 입</td><td>교 합</td><td>각종통지</td></tr>
<tr><td>제 호</td><td></td><td></td><td></td><td></td><td></td></tr>
</table>

<table>
<tr><td>등 기 의 목 적</td><td>농업회사법인 주식회사 설립</td></tr>
<tr><td>등 기 의 사 유</td><td>농어업경영체육성및지원에 관한 법률 제19조의 규정에 의하여 정관을 작성하고 발기인이 회사설립시에 발행하는 주식의 총수를 인수받고, 20ㅇㅇ년 ㅇ월 ㅇ일 발기인 총회를 종결하였으므로 다음 사항의 등기를 구함.</td></tr>
<tr><td>본/지점 신청구분</td><td>1.본점신청 ☐ 2.지점신청 ☐ 3.본·지점 일괄신청 ☐</td></tr>
<tr><td colspan="2">등 기 할 사 항</td></tr>
<tr><td>상 호</td><td>어업회사법인 ㅇㅇ주식회사</td></tr>
<tr><td>본 점</td><td>OO시 OO구 OO로 OO(OO동)</td></tr>
<tr><td>공 고 방 법</td><td>ㅇㅇ시에서 발생하는 일간지 ㅇㅇ일보에 게재한다.</td></tr>
<tr><td>1주의 금액</td><td>10,000원</td></tr>
<tr><td>발행할 주식의 총수</td><td>50,000주</td></tr>
<tr><td>발행주식의 총수와 그 종류 및 각각의 수</td><td>보통주식 15,000주
우선주식 5,000주</td></tr>
<tr><td>자본의 총액</td><td>200,000,000원</td></tr>
<tr><td>목 적</td><td>1. 수산물의 공동양식, 어로 및 공동작업에 관한 사업
1. 어업에 관련된 공동이용시설의 설치 및 사업
1. 수산물의 공동출하 가공 및 수출
1. 수산물의 유통 및 도·소매업
1. 위 각 호에 부수하는 일체의 사업</td></tr>
<tr><td>이사·감사의 성명·주민등록번호</td><td>이사 ㅇ ㅇ ㅇ (000000-0000000)
이사 ㅇ ㅇ ㅇ (000000-0000000)</td></tr>
</table>

<table>
<tr><td></td><td colspan="6">이사 ㅇ ㅇ ㅇ (000000-0000000)
감사 ㅇ ㅇ ㅇ (000000-0000000)</td></tr>
<tr><td>대표이사의
성명과 주소</td><td colspan="6">ㅇ ㅇ ㅇ (000000-0000000)
ㅇㅇ시 ㅇㅇ구 ㅇㅇ로 ㅇㅇ(ㅇㅇ동)</td></tr>
<tr><td>지 점</td><td colspan="6">없 음</td></tr>
<tr><td>존립기간 또는
해산사유</td><td colspan="6">없음</td></tr>
<tr><td>기 타</td><td colspan="6"></td></tr>
<tr><td colspan="7">신청등기소 및 등록면허세/수수료</td></tr>
<tr><td>순번</td><td>신청등기소</td><td>구분</td><td>등록면허세</td><td>지방교육세</td><td>세액합계</td><td>등기신청수수료</td></tr>
<tr><td></td><td></td><td></td><td>금 원</td><td>금 원</td><td>금 원</td><td>금 원</td></tr>
<tr><td></td><td></td><td></td><td></td><td></td><td></td><td></td></tr>
<tr><td></td><td></td><td></td><td></td><td></td><td></td><td></td></tr>
<tr><td></td><td></td><td></td><td></td><td></td><td></td><td></td></tr>
<tr><td colspan="3">합 계</td><td></td><td></td><td></td><td></td></tr>
<tr><td colspan="4">등기신청수수료 은행수납번호</td><td colspan="3"></td></tr>
<tr><td colspan="3">과 세 표 준 액</td><td colspan="4">금 원</td></tr>
<tr><td colspan="7">첨 부 서 면</td></tr>
<tr><td colspan="4">1. 정관 통
1. 주식인수증 통
1. 주식발행사항동의서 통
1. 재산인도증 통
1. 발기인총회의사록 통
1. 이사회의사록 통
1. 주식납입금보관증명서 통
1. 이사 · 감사 또는 감사위원회의
조사보고서(공증인의조사보고서) 통</td><td colspan="3">1. 검사인조사보고서 통
1. 취임승낙서(대표이사, 이사, 감사
또는 감사위원회위원 통
1. 주민등록등(초)본(임원) 통
1. 인감신고서 및 인감증명서 통
1. 법인인감카드발급신청서 통
1. 등록면허세영수필확인서및통지서 통
1. 위임장(대리인이 신청할 경우) 통</td></tr>
</table>

년　　월　　일

신청인 명　칭
주사무소
대표자 성　명　　　　　　　　㊞　(전화 :　　　　)
주　　소
대리인 성　명　　　　　　　　㊞　(전화 :　　　　)
주　　소

지방법원　　　등기소 귀중

[신청서 작성요령 및 등기수입증지 첩부란]

1. 해당란이 부족할 때에는 별지를 이용합니다.
1. 해당 등기신청과 관계없는 사항에 대하여는 "해당없음"으로 기재하거나 삭제하고, 필요한 사항은 추가 기재합니다.
1. 등기신청수수료 상당의 대법원등기수입증지를 이 난에 붙입니다.

(용지규격 21cm×29.7cm)

[서식] 정관

어업회사법인 주식회사 정관

제1장 총　　칙

제1조 (상 호) 본 회사는 농어업경영체육성및지원에관한법률 제19조에 의하여 설립된 회사로서 그 명칭은 '어업회사법인 OO주식회사'라고 부른다.

제2조 (목 적) 본 회사는 기업적 어업경영을 통하여 생산성을 향상시키거나, 생산된 수산물을 유통 · 가공 · 판매함으로써 어업의 부가가치를 높이고 노동력부족 등으로 어업경영이 곤란한 어업인의 어작업의 전부 또는 일부를 대행하여 어업인의 편의를 도모함을 목적으로 한다.

제3조 (주주의 가격) 본 회사의 주주는 어업인, 수산물의 생산자단체로 하되, 제10조에서 정한 출자한도 내에서 출자한 비어업인도 주주가 될 수 있다.

제4조 (사 업)

1. 본 회사는 생산성 향상을 위한 기업적 어업경영과 OO사업을 주사업으로 한다.
2. 본 회사는 다음 각 호의 사업을 부대사업으로 한다.
   1) 수산물의 공동출하 · 가공 및 수출
   2) 수산물의 신품종개발에 관한 사업
   3) 어업에 관련된 공동이용시설의 설치 및 운영
   4) 사료제조업
   5) 수산물의 냉동냉장업
   6) 수산물의 구매사업
   7) 수산물의 유통 및 도 · 소매업
   8) 프랜차이져 사업
   9) 수산물의 수출 · 입업
   10) 수산물직판장 설치 및 운영
   11) 어선 및 어업기자재의 임대 · 수리 · 보관사업
   12) 조합원에 대한 보조금에 관한 대리행위
   13) 수산물 작업의 대행 및 시설의 대여
   14) 기타 위 어업회사법인의 목적달성에 필요한 사업으로서 주무관청의 승인을 얻은 사업
   15) 위 각 호에 부수하는 일체의 사업

제5조 (본점의 소재지 및 지점의 설치)

1. 본 회사의 본점은 OO시 · 도 OO시 · 군에 둔다.
   ※ 그 소재장소의 지번까지 확정해야 하는 것은 아니고 최소행정구역까지만 정해도 된다.
2. 본 회사는 필요한 경우에 주주총회의 결의로 지점, 영업소, 출장소를 둘 수 있다.

제6조 (공고방법) 본 회사의 공고사항은 OO시 · 도에서 발간되는 OO신문에 게재한다.

제7조 (존립기간) 본 회사의 존립기간은 회사성립일로부터 만 OO년으로 한다.

제2장 주식과 주권

제8조 (회사가 발행할 주식의 총수 및 각종 주식의 내용과 수) 본 회사가 발행할 주식의 총수는 OOOOO주로써 보통주식으로 한다.

제9조 (1주의 금액) 본 회사가 발행하는 주식 1주의 금액은 금 OOO원으로 한다.

제10조 (비어업인의 출자한도) 어업인, 수산물의 생산자단체가 아닌 자가 출자하는 출자액의 합계는 본 회사의 총출자액의 10분의 9를 초과할 수 없다.

제11조 (회사설립시 발행하는 주식의 총수) 본 회사가 회사설립시에 발행하는 주식의 총수는 OOOOO주로 한다.

제12조 (주 권) 본 회사의 주식은 기명주식으로써 주권은 1주권, 10주권, 100주권 의 3종으로 한다.

제13조 (주권의 명의개서) 주식의 양도로 인하여 명의개서를 청구할 때에는 본 회사 소정의 청구서에 주권을 첨부하여 제출하여야 한다. 상속, 유증, 기타 계약 이외의 사유로 인하여 명의개서를 청구할 때에는 본 회사 청구서에 주권 및 취득원인을 증명하는 서류를 첨부하여 제출하여야 한다.

제14조 (주식의 양도제한)

1. 본 회사의 주식은 이사회의 승인이 없으면 양도할 수 없다.
2. 전항과 관련하여 비어업인인 주주에게 양도하여 비어업인의 총출자액이 제10조에서 규정한 제한을 초과하는 경우에는 그 양도는 효력이 없다.
3. 상속 또는 유증에 의하여 비어업인의 총출자액의 제10조에서 규정한 한도를 초과하는 경우에는 그 초과지분을 지체 없이 어업인에게 양도하여야 한다.

제15조 (주권의 재발행) 주권의 재발행을 청구할 때에는 본 회사 소정의 청구서에 다음 서류

를 첨부하여 제출해야 한다.

1) 주권을 상실한 때에는 확정된 제권판결정본

2) 주권을 훼손한 때에는 그 주권, 다만, 훼손으로 인하여 그 진위를 판별할 수 없는 때에는 전호에 준한다.

제16조 (주주의 주소신고 등) 주주나 등록질권자 및 그 법정대리인은 성명, 주소 및 인감을 신고해야 한다. 그 변경이 있는 때에도 역시 같다.

제17조 (주주명부의 폐쇄) 본 회사는 매 결산기 종료일 다음날부터 그 결산에 관한 정기주주총회 종료일까지 주주명부 기재의 변경을 정지한다.

제3장 주 주 총 회

제18조 (정기총회와 임시총회) 정기주주총회는 매 결산기 종료 후 1월 내에 이를 소집하고 임시주주총회는 필요한 경우에 수시로 이를 소집할 수 있다.

제19조 (의 장) 주주총회의 의장은 대표이사가 된다. 대표이사가 유고인 때에는 이사회에서 정한 순서에 따라 다른 이사가, 다른 이사 전원이 유고인 때에는 출석한 주주 중에서 선임된 자가 그 직무를 대행한다.

제20조 (결의사항) 주주총회는 법령에서 정한 사항 이외에 다음 사항을 결의한다.

1) 신주발행사항의 결정

2) 주식의 분할

3) 영업의 전부 또는 일부의 양도

제21조 (결 의) 주주총회의 결의는 법령에 별도의 규정이 있는 경우를 제외하고는 발행주식총수의 과반수에 해당하는 주식을 가진 주주의 출석과 그 의결권을 과반수로 한다.

제22조 (의결권의 대리행사) 주주는 본 회사의 주주 중에서 정한 대리인으로 하여금 대리행사하게 할 수 있다. 이 경우에는 총회개최 전에 그 대리권을 증명하는 서면을 제출해야 한다.

제4장 이사와 감사

제23조 (이사와 감사의 수)

본 회사의 이사는 3인 이상 5인 이내, 감사는 1인 이상 3인 이내로 한다.

제24조 (선 임) 이사와 감사는 주주총회에서 선임하되, 이사의 과반수는 어업인으로 한다.

제25조 (업무집행과 회사대표) 본 회사의 업무집행과 회사대표는 이사회의 결의로 이사 중에서 선임한 대표이사가 행한다.

제26조 (임 기) 이사와 대표이사의 임기는 2년, 감사의 임기는 1년으로 한다. 다만 재임 중 최종결산기에 관한 정기주주총회 이전에 그 임기가 만료될 때에는 그 총회종결시까지 임기를 연장할 수 있다.

제27조 (보 선) 이사와 감사에 결원이 생긴 경우에는 임시주주총회에서 그를 보선한다. 다만, 그 법정원수를 결하지 아니하는 때에는 그러하지 아니할 수 있다. 보선된 이사나 감사의 임기는 전임자의 잔여기간으로 한다.

제28조 (보 수) 이사와 감사의 보수는 주주총회에서 이를 정한다.

제5장 이 사 회

제29조 (이사회) 본 회사의 이사회는 정기이사회와 임시이사회로 한다. 정기이사회는 매월 최초의 월요일에, 임시이사회는 필요에 따라 수시로 이를 소집한다.

제30조 (지배인의 임면) 이사회의 결의로 회사의 영업전반에 걸쳐 포괄적인 대리권을 갖고 보조하기 위한 지배인(혹은 지점장, 영업부장)을 둘 수 있다.

제31조 (소집권자와 의장) 이사회는 대표이사가 소집하고 그 의장이 된다. 다만 대표이사의 유고 중에는 제19조의 순서에 따라 다른 이사가 의장의 직무를 대행한다.

제32조 (결 의) 이사회의 결의는 의사 전원의 과반수로 하고 가 · 부동수인 때에는 의장이 결정한다.

제33조 (고 문) 본 회사는 이사회의 결의로 고문 약간명을 둘 수 있다.

제6장 계 산

제34조 (영업연도) 본 회사의 영업연도는 매년 O월 O일부터 O월 O일까지로 하여 결산한다.

제35조 (이익배당) 이익배당금은 매 결산기 말일 현재의 주주명부에 기재된 주주 또는 등록질권자에게 이를 지급한다. 위 배당금은 지급개시일로부터 3년 이내에 지급청구를 하지 아니한 때에는 그 청구권을 포기한 것으로 간주하고 이를 본 회사에 귀속시킨다.

제7장 해 산

제36조 (해산사유) 본 회사는 다음 사유로 인하여 해산한다.

1. 제7조에서 정한 존립기간의 만료
2. 합병
3. 파산
4. 법원의 명령 또는 판결
5. 주주총회의 결의

제37조 (해산의 결의) 해산의 결의는 발행주식 총수의 과반수에 해당하는 주식을 가진 주주의 출석으로 그 의결권의 3분의 2 이상의 다수로써 하여야 한다.

제38조 (회사계속) 회사가 존립기간의 만료, 주주총회의 결의에 의하여 해산한 경우에는 제37조의 규정에 의한 결의로 회사를 계속할 수 있다.

제39조 (해산의 통지) 회사가 해산한 때에는 파산의 경우 외에는 대표이사는 지체없이 주주에 대하여 그 통지를 한다.

제40조 (합병계약과 그 승인의결) 회사가 합병을 함에는 합병계약서를 작성하여 주주총회의 승인을 얻어야 한다.

제8장 청　　산

제41조 (청산방법) 본 회사가 해산한 경우, 회사재산의 처분은 주주총회의 동의로써 정한 방법에 의한다.

제42조 (청산인의 임면) 청산인의 선임 및 해임은 주주총회의 결의에 의한다.

제43조 (잔여재산의 분배) 잔여재산은 각 주주가 가진 주식의 수에 따라 주주에게 분배한다.

부　　칙

제1조 (적용범위) 본 정관에 규정되지 않는 사항은 농어업경영체육성및지원에관한법률과 상법 및 기타 법령에 정한 규정에 따른다.

제2조 (내부세규) 본 회사는 필요에 따라 주주총회의 결의로서 업무추진 및 경영상 필요한 회사 세부내규를 정할 수 있다.

제3조 (최초의 영업연도) 본 회사의 제1기 영업연도는 본 회사 설립일로부터 20OO년 O월 O일까지로 한다.

제4조 (최초의 이사 및 감사의 임기) 본 회사의 최초의 이사와 감사의 임기는 그 취임 후 최초의 정기주주총회의 종료일까지로 한다.

제5조 (발기인의 성명과 주소) 본 회사 발기인의 성명과 주소는 이 정관 말미의 기재와 같다.

위 어업회사법인 OO주식회사를 설립하기 위하여 이 정관을 작성하고 발기인 전원이 기명날인하다.

20OO년　O월　O일

어업회사법인 OO주식회사

OO시 OO구 OO로 OO(OO동)

발기인 성 명 : ○ ○ ○ ㊞
주민등록번호 : 000000-0000000
주 소 : ○○시 ○○구 ○○로 ○○(○○동)

발기인 성 명 : ○ ○ ○ ㊞
주민등록번호 : 000000-0000000
주 소 : ○○시 ○○구 ○○로 ○○(○○동)

발기인 성 명 : ○ ○ ○ ㊞
주민등록번호 : 000000-0000000
주 소 : ○○시 ○○구 ○○로 ○○(○○동)

(이하 생략)

[서식] 발기인총회의사록

발기인총회의사록

2000년 0월 0일 00시 00분, 00시 00구 00로 00(00동) 어업회사법인 00주식회사 사무소에서 발기인총회를 개최하다.

주식총수 : 10,000주　　출석주식수 : 10,000주
주주총수 : 2명　　출석주주수 : 2명

발기인 대표 홍길동은 위와 같이 법정 수에 달하는 주주가 출석하였으므로 본 총회가 적법하게 성립되었음을 알리고, 회의 진행상 의장을 선임하여 줄 것을 요청한 바, 주주전원 만장일치로 발기인 대표를 의장으로 선임한 즉, 동인은 즉석에서 그 취임을 승낙하고 개회를 선언한 후 다음의 의안에 관하여 심의를 요청하다.

제1호 의 안 정관 승인의 건
의장은 농어업 · 농어촌및식품산업기본법 및 농어업경영체육성및지원에 관한 법률의 규정에 근거하여 농림수산부에서 고시한 정관례를 기준으로 하여 정관을 작성하였음을 설명하고 그 승인 여부를 물은 바 발기인 전원일치된 의견으로 이를 승인 가결하다.

제2호 의 안 이사 · 감사 선임의 건
의장은 감사를 두지 않고 이사 2명을 두기로 하는 정관규정에 따라 이사의 선임방법을 물은 즉 사내이사 2명을 무기명 비밀투표로 선출하기로 전원 일치되어 그에 따라 투표한 결과 다음 사람이 이사와 감사로 선출되다.

사내이사 000 (000000-0000000)
사내이사 000 (000000-0000000)

위 피선자들은 즉석에서 그 취임을 승낙하다.

제3호 의 안 상법 제298조 소정사항 조사보고의 건
의장은 이사는 상법 제298조 소정사항을 조사 · 보고하여야 함을 설명하고, 이어 발기인이었던 이사는 그러한 조사를 참가하지 못함을 밝히고 발기인이 아니었던 사내이사 이몽룡으로 하여금 조사 · 보고를 하여야 한다고 하자 전원 이의 없이 사내이사 이몽룡을 검사인으로 선임

할 것을 만장일치로 가결하다

검사인 사내이사 O O O (000000-0000000)

위 사람은 즉석에서 이를 승낙하고 조사에 착수하다.
의장은 위 조사보고를 기다리기 위하여 잠시 휴회한 후 속회하다.
검사인은 별지 조사보고서와 같이 보고한 즉 만장일치로 승인하다.

제4호 의 안 본점설치 장소 결정의 건
의장은 본 회사 본점을 다음 장소에 설치함이 적당한 뜻을 설명하고 그 가 · 부를 물은 즉, 만장일치로 이의 없이 승인하다.

본 점 : OO시 OO구 OO로 OO(OO동)

의장은 이상으로서 의안 전부를 심의를 종료하였으므로 폐회를 선언하다.
(회의종료시간 : OO시 OO분)

위 의사의 경과와 결의를 명확히 하기 위하여 이 의사록을 작성하여 의장과 출석한 발기인이 다음과 같이 기명날인하다.

20OO년 O월 O일

어업회사법인 OO주식회사
OO시 OO구 OO로 OO(OO동)

의장겸 사내이사	성 명	: 000 ㊞
	주민등록번호	: 000000-0000000
	주 소	: OO시 OO구 OO로 OO(OO동)
사내이사	성 명	: 000 ㊞
	주민등록번호	: 000000-0000000
	주 소	: OO시 OO구 OO로 OO(OO동)

[서식] 이사회의사록

이 사 회 의 사 록

2000년 0월 0일 00시 00분, 00시 00구 00로 00(00동) 어업회사법인 00주식회사 사무소에서 이사회를 개최하다.

이사총수 : 2명　　　출석이사수 : 2명

제1호　의 안　대표이사 선임의 건

이사 전원의 호선에 따라 사내이사 000를 임시의장으로 선출하다.

의장 000은 즉석에서 이를 승낙하고 의장석에 등단하여 개회를 선언한 후 발기인총회의 종결에 이어 본 회사의 대표이사를 선임하여 줄 것을 물은 즉, 이사 전원 신중히 협의한 결과 다음 사람이 대표이사에 선임되어 동인은 즉석에서 그 취임을 승낙하다.

대표이사　O　O　O (000000-0000000)
00시 00구 00로 00(00동)

위 피선자는 즉석에서 그 취임을 승낙하다.

의장은 이상으로서 회의목적인 의안 전부의 심의를 종료하였으므로 폐회한다고 선언하다(회의종료시각 : 00시 00분)

위 결의를 명확히 하기 위하여 이 의사록을 작성하고 의장과 출석한 이사가 기명날인하다.

2000년　0월　0일

어업회사법인 00주식회사
00시 00구 00로 00(00동)
의장겸 대표이사　O　O　O　(인)
사내이사　O　O　O　(인)

[서식] 조사보고서

조 사 보 고 서

본인은 20OO년 O월 O일 어업회사법인 OO주식회사의 발기인 총회에서 검사인으로 선임되었으므로 상법 제298조 소정사항을 조사하여 다음과 같이 보고함.

조 사 사 항

1. 회사설립시 발행하는 주식총수에 대한 인수의 정확여부
   본 회사가 발행할 주식의 총수는 40,000주이며, 설립시 발행하는 주식의 총수 10,000주(1주의 금액 금 10,000원)로서 다음과 같이 인수가 완료되었음이 인정됨.
   발기인이 인수한 총수
   보통주식 6,000주　　우선주식 4,000주　　20OO년 O월 O일 인수완료

2. 인수 주식수에 대한 납입의 정확 여부
   설립시에 발행하는 주식총수 10,000주에 대하여 금 100,000원의 납입금이 20OO년 O월 O일 납입이 완료되었으므로 OO은행 OO지점이 발행한 잔고증명서에 의하여 명확히 확인됨.

3. 현물출자 기타 조사사항
   정관에 변태설립사항은 없음.

4. 기타 설립에 관한 모든 사항이 법령 또는 정관의 규정에 위반하지 아니함이 인정된다.

이상 상법의 규정에 의하여 보고함.

20OO년　O월　O일

어업회사법인 OO주식회사
OO시 OO구 OO로 OO(OO동)
검사인 검사　O　O　O (인)

[서식] 주금납입잔고증명서

잔 고 증 명 서

금 80,000,000원

발행주식의 총수 : 8,000주

1주의 금액 : 금 10,000원

위 금액은 귀 회사 설립시에 발행하는 주식총수에 대한 납입금으로써 20OO년 O월 O일 납입이 완료되어 이를 보관 중에 있음을 증명합니다.

20OO년 O월 O일

주식회사 OO은행 OO지점

지점장 O O O (인)

어업회사법인 OO주식회사 발기인대표 귀하

[서식] 주식인수증

주 식 인 수 증

상 호	어업회사법인 OO주식회사
인수할 주식 수	보통주(또는 우선주식) 5,000주
금 액	금 30,000,000원
1주의 금액	금 10,000원

위 주식을 발기인으로서 인수합니다.

20OO년 O월 O일

발기인 O O O (인)

어업회사법인 OO주식회사 발기인대표 귀하

[서식] 주식발행사항 동의서

주식발행사항 동의서

발기인 전원이 동의로서 회사설립시 주식에 관한 사항을 다음과 같이 결정함에 대하여 이의 없이 동의함.

다 음

1. 주식의 종류와 수 : 보통주식 5,000주
   우선주식 3,000주
2. 주식의 발행가액 : 1주의 금액 10,000원
3. 주식의 총수와 주식금액 : 8,000주, 금 80,000,000원

위 동의사항을 확실히 하기 위하여 발기인 전원이 다음에 기명 날인하다.

20OO년 O월 O일

어업회사법인 OO주식회사

발기인 O O O (인)
(000000-0000000)
OO시 OO구 OO로 OO(OO동)

발기인 O O O (인)
(000000-0000000)
OO시 OO구 OO로 OO(OO동)

발기인 O O O (인)
(000000-0000000)
OO시 OO구 OO로 OO(OO동)

[서식] 발기인총회 소집기간 생략 동의서

발기인총회 소집기간 생략 동의서

본인 등은 어업회사법인 OO주식회사 발기인총회를 상법 제363조 제5항에 따라 소집절차를 생략하여 200O년 O월 O일 발기인사무소에서 개최하는데 대하여 이의 없이 동의합니다.

200O년 O월 O일

발기인(주주) O O O (인)
발기인(주주) O O O (인)

[서식] 주주명부

주 주 명 부

주 주	주소	인수주식수	1주금액	납 입 금 액
O O O	OO시 OO구 OO로 OO(OO동)	0,000주	00,000원	금 00,000,000원
O O O	OO시 OO구 OO로 OO(OO동)	0,000주	00,000원	금 00,000,000원
O O O	OO시 OO구 OO로 OO(OO동)	0,000주	00,000원	금 00,000,000원
		00,000주		금 000,000,000원

위 주주명부는 본사에 비치된 주주명부와 대조하여 틀림이 없음을 증명합니다.

200O년 O월 O일

상 호 어업회사법인 OO주식회사
본 점 OO시 OO구 OO로 OO(OO동)
대표이사 O O O (인)

제3절 농업회사법인 합명회사 설립등기

1. 서 설

합명회사는 각 사원의 신용 기타 인적요소가 중시되는 전형적인 인적회사로써 회사의 재산으로서 회사 채무를 완제할 수 없는 때에는 각 사원이 연대하여 변제할 무한책임을 지는 회사이다. 즉 합명회사의 사원은 회사 채무에 대하여 직접, 연대무한책임을 부담한다. 여기의 연대는 사원과 회사 간의 연대가 아니라 사원 상호간의 연대를 의미한다.

2. 농업회사법인 합명회사 설립

합명회사의 설립절차는 극히 간단하여 사원으로 되고자 하는 2인 이상의 자가 정관을 작성하고 이에 기명날인 또는 서명하여 본점소재지에서 설립등기를 함으로써 성립한다.

1) 정관의 작성

합명회사는 정관의 작성에 의하여 회사의 실체가 형성된다. 정관에는 법정사항을 기재하고 총사원이 기명날인 또는 서명하여야 한다. 합명회사의 원시정관은 공증인의 인증을 받지 않아도 효력이 발생한다.

2) 사원의 구성

합명회사는 2명이사의 무한책임사원으로 구성된다. 합명회사 사원이 1인으로 된 때에는 회사의 해산원인이 되므로 합명회사는 반드시 2인 이상으로 구성되어야 한다. 회사는 다른 회사의 무한책임사원이 되지 못하므로 무한책임사원만으로 구성되는 합명회사의 사원이 될 수 없고 자연인만이 사원이 될 수 있다. 자연인은 무능력자도 법정대리인의 허락을 얻은 때에는 사원이 될 수 있다. 각 사원은 회사의 업무를 집행하고 회사를 대표하는 것이 원칙이나 정관으로 업무집행사원을 정할 수 있고 정관 또는 총사원의 동의로 업무집행사원 중 특히 회사를 대표할 자를 정할 수도 있다.

3) 출 자

합명회사의 사원은 재산, 노무, 신용 중 어느 하나를 반드시 출자하여야 하고 정관의 규정으로 이를 배제할 수 없다. 출자의무는 사원의 자격취득과 동시에 발생하고 사원자격의 상실로 소멸하며 출자의무는 회사의 설립 또는 입사 시에 즉시 이행할 필요는 없고 상계도 가능하다. 농업회사법인의 자본금액에 관하여는 제한이 없으나 지분율에 있어서는 비농업인의 경우 출자금의 총자본금액의 90%를 넘을 수는 없으므로 출자자가 다수인 경우 농업인은 자본금의 지분율은 10%이상이어야 하므로 주식총액 10%이상에 해당하는 금액을 출자하여야 한다.

4) 사원의 구성

합명회사는 2명이상의 무한책임사원으로 구성된다. 합명회사 사원이 1인으로 된 때에는 회사의 해산원인이 되므로 합명회사는 반드시 2인 이상으로 구성되어야 한다.
회사는 다른 회사의 무한책임사원이 되지 못하므로 무한책임사원만으로 구성되는 합명회사의 사원이 될 수 없고 자연인만이 사원이 될 수 있다. 자연인은 무능력자도 법정대리인의 허락을 얻은 때에는 사원이 될 수 있다.

3. 농업회사법인 합명회사 설립등기절차

1) 등기신청

농업회사법인의 설립에 관하여는 상법상 회사에 관한 규정을 준용하므로 상법의 규정에 의하여 그 주된 사무소의 소재지에서 상업등기에 관한 규정을 적용한다. 설립등기의 신청은 회사를 대표하는 사원의 신청에 의하여 목적, 상호, 사원의 성명과 주민등록번호, 본점과 지점의 소재지, 사원의 출자의 목적, 존립기간 또는 해산사유를 정하는 때에는 그 기간 또는 사유 등을 등기하여야 한다.

2) 첨부서면

(1) 정관

정관이란 회사의 조직과 활동에 관하여 규정한 근본규칙을 기재한 서면을 말하며, 발기인이 정관을 작성하고 기명날인 또는 서명한다.
합명회사는 주식회사와는 달리 원시정관도 공증인의 인증을 요하지 않는다. 회사의 설립 후에 정관을 변경함에는 총사원의 동의가 있어야 한다.

(2) 재산출자에 관하여 이행한 서면

재산출연에 관하여 이행을 한 부분을 증명하는 서면을 첨부해야 한다.

(3) 취임승낙서

대표사원 취임을 증명하는 서면을 제출하여야 한다. 취임자의 진정한 의사를 확인하기 위하여 취임자의 인감도장을 날인한 취임승낙서와 인감증명법에 의하여 신고한 인감증명서(발행일로부터 3개월 이내)나 본인서명사실확인서 또는 전자본인서명확인서의 발급증을 첨부하여야 한다. 취임하는 자가 외국인인 경우에는 그 서면에 관공서에 신고한 인감을 날인하고 그 인감증명서를 첨부할 수 있으며, 본국에 인감증명제도가 없는 외국인의 경우에는 본인이 서명을 하였다는 본국 관공서의 증명서면이나 공증인의 공증서면으로 대신할 수 있다.

(4) 주민등록표 등(초)본

취임하는 대표사원의 주민등록번호를 증명하는 서면으로, 회사를 대표할 이사는 주민등록번호 및 주소를 증명하는 서면으로 주민등록표 등(초)본을 제출하여야 한다.

(5) 인감신고서

등기신청서에 기명날인할 사람(법인의 대표자 등)은 미리(설립등기신청과 동시에) 그 인감을 등기소에 제출하여야 한다. 인감제출을 위한 인감신고서에는 인감증명법에 의한 인감을 날인하고 발행일로부터 3월 이내의 인감증명서를 첨부하여야 한다. 또한 인감신고서와 함께 인감대지도 함께 제출하여야 한다(인감의 제출·관리 및 인감증명서 발급에 관한 업무처리지침).

(6) 등록면허세영수필확인서

본점소재지 관할 시 · 군 · 구청장으로부터 등록면허세와 그 등록면허세의 20/100에 해당하는 지방교육세를 발부받아 납부한 후 등록면허세 영수필확인서를 첨부하여야 한다. 대통령령으로 정하는 대도시 내에서의 설립등기 시에는 당해 세율의 3배의 등록면허세를 납부하여야 한다. 여기서 대도시라 함은 수도권정비계획법 시행령 제9조 별표1에 지정되어 있는 권역을 의미한다.

(7) 위임장

등기신청권자 이외의 대리인에 의하여 등기신청을 하는 때에는 그 권한을 증명하는 서면으로 위임장을 첨부하여야 한다. 실무상 수임자, 위임자, 위임내용을 기재하고 등기소에 제출하는 인감을 날인한다.

[서식] 농업회사법인 합명회사 설립등기신청서

농업회사법인 합명회사 설립등기신청

접수	년 월 일	처리인	접 수	조 사	기 입	교 합	각종통지
	제 호						

등 기 의 목 적	농업회사법인 합명회사 설립
등 기 의 사 유	농어업경영체육성및지원에관한법률의 규정에 의하여 농업회사법인 합명회사를 설립하기 위하여 20○○년 ○월 ○일 정관을 작성하고 설립절차를 종료하였으므로 다음 사항의 등기를 구함.
본/지점 신청구분	1.본점신청 ☐ 2.지점신청 ☐ 3.본 · 지점 일괄신청 ☐
등 기 할 사 항	
상 호	농업회사법인 ○○합명회사
본 점	OO시 OO구 OO로 OO(OO동)
목 적	본 회사는 기업적 농업경영을 통하여 생산성을 향상시키거나 생산된 농산물을 유통, 가공, 판매함으로써 농업의 부가가치를 높이고 노동력의 부족 등으로 농업경영이 곤란한 농업인의 농작업의 전부 또는 일부를 대행하여 영농 의 편의를 도모함을 목적으로 다음 각 호의 사업을 한다. 1. 농산물의 가공 · 유통 및 판매사업 1. 집단영농 및 공동작업에 관한 사업 1. 농작물의 전부 또는 일부대행 1. 농자재 생산 · 공급 및 공동구매, 판매업 1. 영농에 필요한 종묘생산 및 종묘배양사업 1. 농작물의 매취 · 비축사업 1. 농산물직판장 설치 및 운영 1. 관공농업 및 주말농장 설치 · 운영 1. 농업기계 기타장비의 임대 · 수리 · 보관사업 1. 소규모 관개시설의 수탁 · 관리사업 1. 위 각 호에 부수하는 일체의 사업
사원의 성명,	1. 사원 ○ ○ ○ (000000-0000000)

주민등록번호와 출자의 목적, 가격이행한 부분	금전 금 10,000,000원 중 6,000,000원 이행 2. 사원 ○ ○ ○ (000000-0000000) 부동산 ○○시 ○○구 ○○로 ○○(○○동)○ 대 180㎡ ○○시 ○○구 ○○로 ○○○(○○동) 시멘트 블록조 슬래브지붕 1층 사무실 96㎡ 가격 금 30,000,000원 전부이행 3. 사원 ○ ○ ○ (000000-0000000) 채권 금 3,000,000원(단, ○○○에 대하여 가지고 있는 대여금채권 가격 금 3,000,000원 전부이행 4. 사원 ○ ○ ○ (000000-0000000) 노무 5. 사원 ○ ○ ○ (000000-0000000) 신용
대표사원의 성명과 주소	○ ○ ○ (000000-0000000) OO시 OO구 OO로 OO(OO동)
존립기간 또는 해산사유	존립기간 본 회사의 존립기간은 설립등기일로부터 만 50년간으로 한다. 해산사유 본 회사는 다음 사유로 인하여 해산한다. 1. 정관 제29조에서 정한 존립기간의 만료 1. 총사원의 동의 1. 사원이 1인으로 된 때 1. 합병 1. 파산 1. 법원의 명령 또는 판결
기 타 (공동대표규정 등)	

신청등기소 및 등록면허세/수수료						
순번	신청등기소	구분	등록면허세	지방교육세	세액합계	등기신청수수료
			금 원	금 원	금 원	금 원

<table>
<tr><td></td><td></td><td></td><td></td><td></td><td></td><td></td></tr>
<tr><td></td><td></td><td></td><td></td><td></td><td></td><td></td></tr>
<tr><td colspan="3">합 계</td><td></td><td></td><td></td><td></td></tr>
<tr><td colspan="4">등기신청수수료 은행수납번호</td><td colspan="3"></td></tr>
<tr><td colspan="3">과 세 표 준 액</td><td colspan="4">금 원</td></tr>
<tr><td colspan="7">첨 부 서 면</td></tr>
<tr><td colspan="4">1. 정관(공증인 인증불요) 통
1. 총사원의 동의서(필요시) 통
1. 영수증 또는 출자이행증명서(금전 출자이행부분이 있는 경우) 통
1. 인도증(현물출자의 이행부분이 있는 경우) 통</td><td colspan="3">1. 대표사원의 취임승낙서 통
1. 사원의 주민등록등(초)본 통
1. 대표사원의 인감신고서 통
1. 법인인감카드발급신청서 통
1. 등록면허세영수필확인서및통지서 통
1. 위임장(대리인이 신청할 경우) 통</td></tr>
<tr><td colspan="7">년 월 일

신청인 명 칭
주사무소
대표자 성 명 ㊞ (전화 :)
주 소
대리인 성 명 ㊞ (전화 :)
주 소

지방법원 등기소 귀중</td></tr>
</table>

[신청서 작성요령 및 등기수입증지 첩부란]

1. 해당란이 부족할 때에는 별지를 이용합니다.
1. 해당 등기신청과 관계없는 사항에 대하여는 “해당없음”으로 기재하거나 삭제하고, 필요한 사항은 추가 기재합니다.
1. 등기신청수수료 상당의 대법원등기수입증지를 이 난에 붙입니다.

(용지규격 21㎝×29.7㎝)

[서식] 정관

농업회사법인 합명회사 정관

제1장 총　　칙

제1조 (상 호) 본 회사는 농어업경영체육성및지원에관한법률 제19조에 의하여 설립된 회사로서 그 명칭은 농업회사법인 OO합명회사라 칭한다.

제2조 (목 적) 본 회사는 기업적 농업경영을 통하여 생산성을 향상시키거나 농산물을 유통 · 가공 · 판매함으로서 농업의 부가가치를 높이고 노동력 부족 등으로 농업경영이 곤란한 농업인의 농작업의 전부 또는 일부를 대행하여 영농의 편의를 도모함을 목적으로 한다.

제3조 (사 업)

1. 본 회사는 생산성 향상을 위한 기업적 농업경영과 OO사업을 주사업으로 한다.
2. 본 회사는 다음 각 호의 사업을 부대사업으로 한다.
   1) 농산물의 가공 · 유통 및 판매사업
   2) 영농에 필요한 자재의 생산 · 공급
   3) 농업에 관련된 공동이용시설의 설치 및 운영
   4) 공동육묘장 설치 및 운영
   5) 영농에 필요한 종묘생산 및 종균배양사업
   6) 농산물의 매취 · 비축사업
   7) 농산물직판장 설치 및 운영
   8) 농작업의 대행사업
   9) 비닐하우스 특용작물재배
   10) 관광농원 및 주말농장 설치운영
   11) 농업기계 기타장비의 임대 · 수리 · 보관사업
   12) 농기계 수리센타 설치 및 운영, 농기계 대여산업
   13) 소규모 관개시설의 수탁 · 관리사업
   14) 위 사업에 관련된 부대사업 일체

제4조 (본 점) 본 회사는 본점을 OO시 OO구 OO로 OO(OO동)에 둔다.

[유례] 본 회사의 본점을 OO시내에 둔다.

제5조 (지 점) 본 회사는 OO시 OO구 OO로 OO(OO동)에 지점을 둔다.

제6조 (공고방법) 본 회사의 공고사항은 OO시 · 도에서 발간되는 OO신문에 게재한다.

제2장 사원과 출자

제7조 (사원의 자격) 본 회사의 사원은 농업인으로 하되 제8조에서 정한 출자한도 내에서 출자한 비농업인도 사원이 될 수 있다.

제8조 (비농업인의 출자한도) 농업인, 농산물의 생산자단체가 아닌 자가 출자하는 출자액의 합계는 본 회사의 총출자액의 10분의 9를 초과할 수 없다.

제9조 (사원의 성명, 주소 및 출자) 사원의 성명과 주소, 그 출자목적, 가격 또는 평가의 표준은 다음과 같다.

1. 사원 O O O ( ) (000000-0000000)
   OO시 OO구 OO동 OO 대 180㎡
   금전 금 10,000,000원 중 6,000,000원 이행
2. 사원 O O O ( ) (000000-0000000)
   OO시 OO구 OO동 OO 대 180㎡
   부동산
   OO시 OO구 OO동 OO 대 180㎡
   OO시 OO구 OO로 OO(OO동)
   시멘트 블록조 슬래브지붕 1층 사무실 96㎡
   가격 금 30,000,000원 전부이행
3. 사원 O O O ( ) (000000-0000000)
   OO시 OO구 OO동 OO 대 180㎡
   채권
   금 3,000,000원(단, OOO에 대하여 가지고 있는 대여금채권
   가격 금 3,000,000원
4. 사원 O O O ( ) (000000-0000000)

OO시 OO구 OO동 OO 대 180㎡
노무, 단 회사를 위하여 OOOO를 하는 것
가격표준 1년 금 35,000,000원

5. 사원 O O O ( ) (000000-0000000)
OO시 OO구 OO동 OO 대 180㎡
신용
평가표준 1년 금 30,000,000원

제10조 (지분의 양도)

1. 사원은 다른 사원 전원의 동의에 의하여 그 지분의 전부나 일부를 타인에게 양도할 수 있다.
2. 전항의 경우 비농업인인 사원에게 양도하여 비농업인의 총출자액의 제8조에서 규정한 한도를 초과할 때에는 그 양도는 효력이 없다.
3. 상속 또는 유증에 의하여 비농업인의 총출자액이 제8조에서 규정한 한도를 초과할 경우에는 그 초과지분을 지체 없이 농업인에게 양도하여야 한다.

제11조 (경업금지) 사원은 다른 사원 과반수의 승낙이 없으면 자기 또는 제3자를 위하여 회사의 영업부류에 속하는 거래를 하거나 동종영업을 목적으로 하는 다른 회사의 무한책임사원이나 이사가 될 수 없다.

제12조 (자기거래) 사원은 다른 사원 과반수의 승낙이 없으면 자기 또는 제3자를 위하여 회사와 거래할 수 없다.

제3장 업무집행과 회사대표

제13조 (업무집행사원과 대표사원) 본 회사는 사원 OOO을 업무집행사원겸 대표사원으로 한다.

[유례] 1. 본 회사는 사원 OOO과 사원 OOO이 공동하여 업무를 집행하고 회사를 대표한다.
2. 본 회사는 사원 OOO과 사원 OOO을 업무집행사원으로 하고 사원 OOO을 대표사원으로 한다.

제14조 (선임과 임기) 업무집행사원과 대표사원은 총사원의 동의로 선임하고 그 임기는 2년으로 한다.

제15조 (통지의무) 업무를 집행하고 회사를 대표하는 사원은 다른 사원의 청구가 있으면 언제든지 회사의 업무 및 재산상태를 그 사원에게 통지하여야 한다.

제16조 (지배인의 임면)

1. 회사의 영업전반에 걸쳐 포괄적인 대리권을 갖고 보조하기 위한 지배인(혹은 지점장, 영업부장)을 둘 수 있다.
2. 지배인의 선임 및 해임은 사원 과반수의 동의로 결정한다.

제17조 (업무집행사원과 대표사원의 권한상실) 업무를 집행하고 회사를 대표하는 사원에게 다음 사유가 있는 때에는 다른 사원은 과반수의 결의로써 법원에 그 권한상실선고를 청구할 수 있다.

1. 업무집행 또는 회사대표에 현저히 부적임한 때
2. 기타 중대한 의무위반이 있는 때

제4장 사원의 입사와 퇴사

제18조 (입 사) 총사원의 동의가 없으면 새로운 사원으로 입사할 수 없다.

제19조 (퇴 사) 각 사원은 부득이한 사유가 있는 때에는 언제든지 퇴사할 수 있으며, 이 경우 3개월 전에 이를 예고하여야 한다.

제20조 (퇴사사유) 사원은 전조 및 지분압류가 있는 경우 외에 다음 사유로 인하여 퇴사한다.

1. 총사원의 동의
2. 사망
3. 파산
4. 금치산
5. 제명

제21조 (상 속) 재산을 출자의 목적으로 한 사원이 사망한 때에는 그 상속인은 다른 사원 전원의 동의를 얻어 피상속인의 지분을 승계하여 사원이 될 수 있다.

제22조 (제명선고) 사원에게 다음의 사유가 있는 때에는 다른 사원은 과반수의 결의로 법원에 그 사원의 제명선고를 청구할 수 있다.

1. 출자의무를 이행하지 아니한 때
2. 사원의 경업금지의무에 위한한 때
3. 회사의 업무집행과 회사대표에 관하여 부정한 행위가 있거나 권한없이 업무를 집행하거나 회사를 대표한 때
4. 기타 중대한 의무를 위반한 때

제23조 (지분의 환급)

1. 퇴사한 사원은 퇴사 당시 회사재산에서 그 출자비율에 따라 그 지분을 환급받을 수 있다. 다만, 노무 또는 신용을 출자의 목적으로 한 사원과 제명선고로 인하여 퇴사한 사원은 그 지분을 환급받지 못한다.
2. 제1항의 경우 농지를 출자한 비농업인 사원이 퇴사한 경우에는 회사는 그에 상당하는 현금 등으로 그 지분을 환급할 수 있다.

제5장 계　　산

제24조 (영업연도) 본 회사의 영업연도는 매년 1월 1일부터 12월 31일까지로 한다.

제25조 (계산서류의 승인) 업무집행사원은 매 영업연도말에 각 사원에게 다음 서류를 제출하고 그 승인을 받아야 한다.

1. 재산목록
2. 대차대조표
3. 영업보고서
4. 손익계산서
5. 손익금 처분에 관한 의안
6. 이익배당에 관한 의안

제26조 (손익계산) 본 회사의 손익계산은 영업연도의 총이익금에서 총손실금을 공제한 차액금

을 순이익금으로 하고 총손실금에서 총이익금을 공제한 차액을 결손금으로 한다.

제27조 (이익배당)

1. 본 회사는 순이익금으로 결손금을 채운 후가 아니면 어떠한 명목으로도 사원에게 이익배당을 할 수 없다. 또한 본 회사 사원은 본 회사의 결손의 경우에는 어떠한 명목으로라도 본 회사로부터 배당을 받을 수 없다.
2. 각 사원의 이익배당비율은 그 출자액의 비율에 의한다.

제28조 (장부의 열람) 본 회사의 사원은 언제든지 이유를 명시한 서면으로서 회계에 관한 장부 및 기타 서류의 열람 또는 등사를 청구할 수 있다.

제6장 해 산

제29조 (존립기간) 본 회사의 존립기간은 회사성립일로부터 만 50년으로 한다.

제30조 (해산사유) 본 회사는 다음의 사유로 인하여 해산한다.

1. 전조에서 정한 존립기간의 만료
2. 총사원의 동의
3. 사원이 1인으로 된 때
4. 합병
5. 파산
6. 법원의 명령 또는 판결

제31조 (회사의 계속)

1. 전조 제1호와 제2호의 사유로 인하여 해산한 경우에는 사원의 전부 또는 일부의 동의로써 회사를 계속할 수 있다. 그러나 동의하지 아니한 사원은 퇴사한 것으로 본다.
2. 전조 제3호의 사유로 인하여 해산한 경우에는 새로운 사원을 가입시켜 회사를 계속할 수 있다.

제32조 (합 병) 본 회사 합병을 함에는 총사원의 동의를 얻어야 한다.

제7장 청 산

제33조 (청산방법) 본 회사가 해산한 경우, 회사재산의 처분은 총사원의 동의로써 정한 방법에 의한다.

제34조 (청산인의 임면) 청산인의 선임 및 해임은 총사원 과반수의 결의에 의한다.

제35조 (잔여재산분배) 잔여재산은 각 사원의 출자액의 비율에 따라 분배하되, 농지는 농업인에게 분배한다.

부 칙

제1조 (적용범위) 본 정관에 규정되지 않은 사항은 농어업경영체육성및지원에관한 법률과 상법 및 기타 법령에 정한 규정에 따른다.

제2조 (세부내규) 본 회사는 필요에 따라 총사원의 결의로써 업무추진 및 경영상 필요한 회사 세부내규를 정할 수 있다.

위 농업회사법인 OO합명회사를 설립하기 위하여 본 정관을 작성하고 사원전원이 이에 기명날인하다.

2000. O. O.

농업회사법인 OO합명회사
OO시 OO구 OO로 OO(OO동)

사 원	성 명	:	O O O ㊞
	주민등록번호	:	000000-0000000
	주 소	:	OO시 OO구 OO로 OO(OO동)
사 원	성 명	:	O O O ㊞
	주민등록번호	:	000000-0000000
	주 소	:	OO시 OO구 OO로 OO(OO동)
사 원	성 명	:	O O O ㊞
	주민등록번호	:	000000-0000000

주 소 : OO시 OO구 OO로 OO(OO동)

– 이하 생략 –

※ 사원전원이 기명날인하고 정관은 공증인의 인증을 받을 필요가 없다.

[서식] 총사원의 동의서

총사원의 동의서

총사원은 20OO년 O월 O일 결의에 의하여 다음 사항을 동의한다.

1. 본 회사의 구체적 소재장소를 다음과 같이 정한다.
   본 점 : OO시 OO구 OO로 OO(OO동)

2. 본 회사를 대표할 사원으로 다음 사람을 선임한다.
   대표사원 O O O (000000–0000000)
   OO시 OO구 OO로 OO(OO동)

위 동의사실을 확실히 하기 위하여 총사원이 이에 기명날인하다.

20OO년 O월 O일

농업회사법인 OO합명회사
OO시 OO구 OO로 OO(OO동)
대표사원 O O O (인)
사원 O O O (인)
사원 O O O (인)
사원 O O O (인)

[서식] 영수증

영　　수　　증

금 일천만원(금 10,000,000원)

위 금액은 아래 사원이 본 회사에 대하여 출자한 금 20,000,000원 전부를 이행한 것으로 이를 정히 영수합니다.

20OO년 O월 O일

농업회사법인 OO합명회사
OO시 OO구 OO로 OO(OO동)
대표사원　O　O　O　(인)

사원　O　O　O　귀하

[서식] 영수증

영　　수　　증

금 일천만원(금 10,000,000원)
(단, OOO에 대하여 가지고 있는 어음금 가격 금 10,000,000원)

위 금액은 아래 사원이 본 회사에 대하여 출자한 금 10,000,000원 전부를 이행한 것으로 이를 정히 영수합니다.

20OO년 O월 O일

농업회사법인 OO합명회사
OO시 OO구 OO로 OO(OO동)
대표사원　O　O　O　(인)

사원　O　O　O　귀하

[서식] 인 도 증

인　도　증

부동산의 표시

1. OO시 OO구 OO동 OO　대 180㎡
2. OO시 OO구 OO로 OO(OO동)
   시멘트 블록조 슬래브지붕 1층 사무실 96㎡

토지, 건물가격 금 30,000,000원

위 부동산을 귀 회사에 정히 인도합니다.

2000년 0월 0일

사원 O　O　O (인)

농업회사법인 OO합명회사 대표사원　귀하

위 부동산을 정히 인수하였음을 증명합니다.

2000년 0월 0일

농업회사법인 OO합명회사

OO시 OO구 OO로 OO(OO동)

대표사원 O O O (인)

[서식] 취임승낙서

취 임 승 낙 서

2000년 0월 0일 총사원의 동의로 본인을 귀 회사의 대표사원으로 선임되었으므로 그 취임을 승낙합니다.

2000년 0월 0일

대표사원 O O O (인)

(000000-0000000)

OO시 OO구 OO로 OO(OO동)

농업회사법인 OO합명회사 귀중

※ 인감 날인, 인감증명서 및 주민등록등(초)본을 첨부.

제4절 농업회사법인 합자회사 설립등기

1. 서 설

합자회사는 무한책임사원과 유한책임사원 각 1인 이상으로 구성되는 회사이다. 유한 책임사원은 그 출자가액을 한도로 회사채권자에 대하여 책임을 부담한다. 이와 같은 책임의 유한성으로 인하여 유한책임사원의 회사의 업무를 집행하거나 회사를 대표할 권한이 없다. 그러므로 회사의 유한 책임사원이 정관 또는 총사원의 동의로서 회사의 대표자로 지정되어 그와 같은 등기까지 경료되었다 하더라도 회사의 대표권을 가질 수 없다.

2. 농업회사법인 합자회사 설립

합자회사의 설립절차는 무한책임사원이 될 자와 유한책임사원이 될 자 각 1인 이상이 정관을 작성하고 설립등기를 함으로써 성립하지만. 무한책임사원은 자연인이어야 하지만 유한책임사원은 회사 기타 법인도 될 수 있다.

1) 정관의 작성

합자회사는 정관의 작성에 의하여 회사의 실체가 형성된다. 정관에는 법정사항을 기재하고 총사원이 기명날인 또는 서명하여야 한다. 합명회사의 원시정관은 공증인의 인증을 받지 않아도 효력이 발생한다.

2) 사원의 구성

합자회사는 무한책임사원과 유한책임사원 각 1인 이상으로 구성되는 회사이다. 합자회사 무한책임사원은 경업피지의무와 자기거래제한 의무를 부담하나 유한책임사원은 이러한 의무가 없다고 해석된다. 합자회사는 구성원 중 유한책임사원이 있는 점을 제외하고는 합명화사와 같으므로 합명회사에 관한 규정이 준용된다.

3) 출 자

농업회사법인의 자본금액에 관하여는 제한이 없으나 지분율에 있어서는 비농업인의 경우 출자금이 총자본금액의 90%를 넘을 수는 없으므로 출자자가 다수인 경우 농업인은 자본금의 지분율은 10%이상이어야 하므로 주식총액 10%이상에 해당하는 금액을 출자하여야 한다.

3. 농업회사법인 합자회사 설립등기절차

1) 등기신청

농업회사법인의 설립에 관하여는 상법상 회사에 관한 규정을 준용하므로 상법의 규정에 의하여 그 주된 사무소의 소재지에서 상업등기에 관한 규정을 적용한다. 설립등기의 신청은 회사를 대표하는 사원의 신청에 의하여 목적, 상호, 사원의 성명과 주민등록번호, 본점과 지점의 소재지, 사원의 출자의 목적, 존립기간 또는 해산사유를 정하는 때에는 그 기간 또는 사유 등을 등기하여야 한다.

2) 첨부서면

(1) 정관

정관이란 회사의 조직과 활동에 관하여 규정한 근본규칙을 기재한 서면을 말하며, 발기인이 정관을 작성하고 기명날인 또는 서명한다.
합자회사는 주식회사와는 달리 원시정관도 공증인의 인증을 요하지 않는다. 회사의 설립 후에 정관을 변경함에는 총사원의 동의가 있어야 한다.

(2) 재산출자에 관하여 이행한 서면

재산출연에 관하여 이행을 한 부분을 증명하는 서면을 첨부해야 한다.

(3) 취임승낙서

대표사원 취임을 증명하는 서면을 제출하여야 한다. 취임자의 진정한 의사를 확인하기 위하여 취임자의 인감도장을 날인한 취임승낙서와 인감증명법에 의하여 신고한 인감증명서(발행일로부터 3개월 이내)나 본인서명사실확인서 또는 전자본인서명확인서의 발급증을 첨부하여야 한다. 취임하는 자가 외국인인 경우에는 그 서면에 관공서에 신고한 인감을 날인하고 그 인감증명서를 첨부할 수 있으며, 본국에 인감증명제도가 없는 외국인의 경우에는 본인이 서명을 하였다는 본국 관공서의 증명서면이나 공증인의 공증서면으로 대신할 수 있다.

(4) 주민등록표 등(초)본

취임하는 대표사원의 주민등록번호를 증명하는 서면으로, 회사를 대표할 이사는 주민등록번호 및 주소를 증명하는 서면으로 주민등록표 등(초)본을 제출하여야 한다.

(5) 인감신고서

등기신청서에 기명날인할 사람(법인의 대표자 등)은 미리(설립등기신청과 동시에) 그 인감을 등기소에 제출하여야 한다. 인감제출을 위한 인감신고서에는 인감증명법에 의한 인감을 날인하고 발행일로부터 3월 이내의 인감증명서를 첨부하여야 한다. 또한 인감신고서와 함께 인감대지도 함께 제출하여야 한다(인감의 제출·관리 및 인감증명서 발급에 관한 업무처리지침).

(6) 등록면허세영수필확인서

본점소재지 관할 시 · 군 · 구청장으로부터 등록면허세와 그 등록면허세의 20/100에 해당하는 지방교육세)를 발부받아 납부한 후 등록면허세 영수필확인서를 첨부하여야 한다. 대통령령으로 정하는 대도시 내에서의 설립등기 시에는 당해 세율의 3배의 등록면허세를 납부하여야 한다. 여기서 대도시라 함은 수도권정비계획법 시행령 제9조 별표1에 지정되어 있는 권역을 의미한다.

(7) 위임장

등기신청권자 이외의 대리인에 의하여 등기신청을 하는 때에는 그 권한을 증명하는 서면으로 위임장을 첨부하여야 한다. 실무상 수임자, 위임자, 위임내용을 기재하고 등기소에 제출하는 인감을 날인한다.

[서식] 농업회사법인 합자회사 설립등기신청서

농업회사법인 합자회사 설립등기신청

접수	년 월 일	처리인	접 수	조 사	기 입	교 합	각종통지
	제 호						

등 기 의 목 적	농업회사법인 합자회사 설립
등 기 의 사 유	농어업경영체육성및지원에관한법률의 규정에 의하여 농업회사법인 합자회사를 설립하기 위하여 20OO년 O월 O일 정관을 작성하고 설립절차를 종료하였으므로 다음 사항의 등기를 구함.
본/지점 신청구분	1.본점신청 ☐ 2.지점신청 ☐ 3.본 · 지점 일괄신청 ☐
등 기 할 사 항	
상 호	농업회사법인 OO합자회사
본 점	OO시 OO구 OO로 OO(OO동)
목 적	본 회사는 기업적 농업경영을 통하여 생산성을 향상시키거나 생산된 농산물을 유통, 가공, 판매함으로써 농업의 부가가치를 높이고 노동력의 부족 등으로 농업경영이 곤란한 농업인의 농작업의 전부 또는 일부를 대행하여 영농의 편의를 도모함을 목적으로 다음 각 호의 사업을 한다. 1. 농산물의 가공 · 유통 및 판매사업 1. 집단영농 및 공동작업에 관한 사업 1. 농작물의 전부 또는 일부대행 1. 농자재 생산 · 공급 및 공동구매, 판매업 1. 영농에 필요한 종묘생산 및 종묘배양사업 1. 농작물의 매취 · 비축사업 1. 농산물직판장 설치 및 운영 1. 관공농업 및 주말농장 설치 운영 1. 농업기계 기타장비의 임대 · 수리 · 보관사업 1. 소규모 관개시설의 수탁 · 관리사업 1. 위 각 호에 부수하는 일체의 사업
무한 · 유한책임사	1. 무한책임사원 O O O (000000-0000000)

원 의 성명, 주민등록 번호와 출자의 목적, 가격이행한 부분	금전 금 10,000,000원 중 6,000,000원 이행 2. 무한책임사원 O O O (000000-0000000) 부동산 OO시 OO구 OO동 OO 대 180㎡ OO시 OO구 OO로 OO(OO동) 시멘트 블록조 슬래브지붕 1층 사무실 96㎡ 가격 금 30,000,000원 전부이행 3. 무한책임사원 O O O (000000-0000000) 채권 금 3,000,000원(단, OO에 대하여 가지고 있는 대여금채권 가격 금 3,000,000원 전부이행 4. 유한책임사원 O O O (000000-0000000) 노무 5. 무한책임사원 O O O (000000-0000000) 신용
대표사원의 성명과 주소	무한책임사원 O O O (000000-0000000) OO시 OO구 OO로 OO(OO동)
지 점	없 음
존립기간 또는 해산사유	존립기간 본 회사의 존립기간은 설립등기일로부터 만 50년간으로 한다. 해산사유 본 회사는 다음 사유로 인하여 해산한다. 1. 정관 제29조에서 정한 존립기간의 만료 1. 총사원의 동의 1. 무한책임사원 또는 유한책임사원 전원의 퇴사 1. 합병 1. 파산 1. 법원의 명령 또는 판결
기 타	

신청등기소 및 등록면허세/수수료						
순번	신청등기소	구분	등록면허세	지방교육세	세액합계	등기신청수수료
			금 원	금 원	금 원	금 원

<table>
<tr><td></td><td></td><td></td><td></td><td></td><td></td><td></td></tr>
<tr><td></td><td></td><td></td><td></td><td></td><td></td><td></td></tr>
<tr><td></td><td></td><td></td><td></td><td></td><td></td><td></td></tr>
<tr><td colspan="3">합 계</td><td></td><td></td><td></td><td></td></tr>
<tr><td colspan="4">등기신청수수료 은행수납번호</td><td colspan="3"></td></tr>
<tr><td colspan="3">과 세 표 준 액</td><td colspan="4">금 원</td></tr>
<tr><td colspan="7">첨 부 서 면</td></tr>
<tr><td colspan="4">1. 정관(공증인 인증불요) 통
1. 총사원의 동의서(필요시) 통
1. 영수증 또는 출자이행증명서(금전 출자이행부분이 있는 경우) 통
1. 인도증(현물출자의 이행부분이 있는 경우) 통</td><td colspan="3">1. 대표사원의 취임승낙서 통
1. 사원의 주민등록등(초)본 통
1. 대표사원의 인감신고서 통
1. 법인인감카드발급신청서 통
1. 등록면허세영수필확인서및통지서 통
1. 위임장(대리인이 신청할 경우) 통</td></tr>
<tr><td colspan="7">년 월 일

신청인 명 칭
주사무소
대표자 성 명 ㊞ (전화 :)
주 소
대리인 성 명 ㊞ (전화 :)
주 소

지방법원 등기소 귀중</td></tr>
</table>

[신청서 작성요령 및 등기수입증지 첨부란]
1. 해당란이 부족할 때에는 별지를 이용합니다.
1. 해당 등기신청과 관계없는 사항에 대하여는 "해당없음"으로 기재하거나 삭제하고, 필요한 사항은 추가 기재합니다.
1. 등기신청수수료 상당의 대법원등기수입증지를 이 난에 붙입니다.

(용지규격 21㎝×29.7㎝)

[서식] 정관

농업회사법인 합자회사 정관

제1장 총 칙

제1조 (상 호) 본 회사는 농어업경영체육성및지원에관한법률 제19조에 의하여 설립된 회사로서 그 명칭은 농업회사법인 OO합자회사라 칭한다.

제2조 (목 적) 본 회사는 기업적 농업경영을 통하여 생산성을 향상시키거나 농산물을 유통·가공·판매함으로서 농업의 부가가치를 높이고 노동력 부족 등으로 농업경영이 곤란한 농업인의 농작업의 전부 또는 일부를 대행하여 영농의 편의를 도모함을 목적으로 한다.

제3조 (사 업)

1. 본 회사는 생산성 향상을 위한 기업적 농업경영과 OO사업을 주사업으로 한다.
2. 본 회사는 다음 각 호의 사업을 부대사업으로 한다.
   1) 농산물의 가공·유통·판매사업
   2) 영농에 필요한 자재의 생산·공급
   3) 농업에 관련된 공동이용시설의 설치 및 운영
   4) 공동육묘장 설치 및 운영
   5) 영농에 필요한 종묘생산 및 종균배양사업
   6) 농산물의 매취·비축사업
   7) 농산물직판장 설치 및 운영
   8) 농작업의 대행사업
   9) 비닐하우스 특용작물재배
   10) 관광농원 및 주말농장 설치운영
   11) 농업기계 기타장비의 임대·수리·보관사업
   12) 농기계 수리센타 설치 및 운영, 농기계 대여산업
   13) 소규모 관개시설의 수탁·관리사업
   14) 위 사업에 관련된 부대사업 일체

제4조 (본 점) 본 회사는 본점을 OO시 OO구 OO로 OO(OO동)에 둔다.

[유례] 본 회사의 본점을 OO시내에 둔다.

제5조 (지 점) 본 회사는 OO시 OO구 OO로 OO(OO동)에 지점을 둔다.

제6조 (공고방법) 본 회사의 공고사항은 OO시 · 도에서 발간되는 OO신문에 게재한다.

제2장 사원과 출자

제7조 (사원의 자격) 본 회사의 사원은 농업인으로 하되 제8조에서 정한 출자한도 내에서 출자한 비농업인도 사원이 될 수 있다. 단, 농산물의 생산자단체 및 비농업인도 무한책임사원이 될 수 있다.

제8조 (비농업인의 출자한도) 농업인, 농산물의 생산자단체가 아닌 자가 출자하는 출자액의 합계는 본 회사의 총출자액의 4분의 3을 초과할 수 없다.

제9조 (사원의 성명, 주소 및 출자) 사원의 성명과 주소 및 책임과 그 출자의 목적, 가격 또는 평가의 표준은 다음과 같다.

1. (대표사원)무한책임사원 O O O ( ) (000000-0000000)
   OO시 OO구 OO동 OO 대 180㎡
   금전 금 10,000,000원 중 6,000,000원 이행
2. 무한책임사원 O O O ( ) (000000-0000000)
   OO시 OO구 OO동 OO 대 180㎡
   부동산
   OO시 OO구 OO동 OO 대 180㎡
   OO시 OO구 OO로 OO(OO동)
   시멘트 블록조 슬래브지붕 1층 사무실 96㎡
   가격 금 30,000,000원 전부이행
3. 유한책임사원 O O O ( ) (000000-0000000)
   OO시 OO구 OO동 OO 대 180㎡
   채권
   금 3,000,000원(단, OOO에 대하여 가지고 있는 대여금채권
   가격 금 3,000,000원

4. 무한책임사원 O　O　O (　　) (000000-0000000)

OO시 OO구 OO동 OO　대 180㎡

노무, 단 회사를 위하여 OOOO를 하는 것

가격표준 1년 금 35,000,000원

5. 무한책임사원 O　O　O (　　) (000000-0000000)

OO시 OO구 OO동 OO　대 180㎡

신용

평가표준 1년 금 30,000,000원

제10조 (지분의 양도)

1. 사원은 무한책임사원 전원의 동의가 있으면 그 지분의 전부나 일부를 타인에게 양도할 수 있다.
2. 전항의 경우 비농업인인 사원에게 양도하여 비농업인의 총출자액의 제8조에서 규정한 한도를 초과할 때에는 그 양도는 효력이 없다.
3. 상속 또는 유증에 의하여 비농업인의 총출자액이 제8조에서 규정한 한도를 초과할 경우에는 그 초과지분을 지체 없이 농업인에게 양도하여야 한다.

제11조 (유한책임사원의 경업의 자유) 유한책임사원은 다른 사원의 동의없이 자기 또는 제3자의 재산으로 회사의 영업부류에 속하는 거래를 할 수 있고 동종영업을 목적으로 하는 다른 회사의 무한책임사원이나 이사가 될 수 있다.

제12조 (자기거래) 사원은 다른 사원 과반수의 승낙이 없으면 자기 또는 제3자를 위하여 회사와 거래할 수 없다.

제3장　업무집행과 회사대표

제13조 (업무집행사원과 대표사원) 본 회사는 무한책임사원 OOO을 업무집행사원겸 대표사원으로 한다.

제14조 (선임과 임기) 업무집행사원과 대표사원은 총사원의 동의로 선임하고 그 임기는 2년으로 한다.

제15조 (통지의무) 업무를 집행하고 회사를 대표하는 사원은 다른 사원의 청구가 있으면 언제든지 회사의 업무 및 재산상태를 그 사원에게 통지하여야 한다.

제16조 (지배인의 임면)

1. 회사의 영업전반에 걸쳐 포괄적인 대리권을 갖고 보조하기 위한 지배인(혹은 지점장, 영업부장)을 둘 수 있다.
2. 지배인의 선임 및 해임은 무한책임사원사원 과반수의 동의로 결정한다.

제17조 (업무집행사원과 대표사원의 권한상실) 업무를 집행하고 회사를 대표하는 사원에게 다음 사유가 있는 때에는 다른 사원은 과반수의 결의로써 법원에 그 권한상실선고를 청구할 수 있다.

1. 업무집행 또는 회사대표에 현저히 부적임한 때
2. 기타 중대한 의무위반이 있는 때

제4장 사원의 입사와 퇴사

제18조 (입 사) 총사원의 동의가 없으면 새로운 사원으로 입사할 수 없다.

제19조 (퇴 사) 각 사원은 부득이한 사유가 있는 때에는 언제든지 퇴사할 수 있으며, 이 경우 3개월 전에 이를 예고하여야 한다.

제20조 (퇴사사유) 사원은 전조 및 지분압류가 있는 경우 외에 다음 사유로 인하여 퇴사한다.

1. 총사원의 동의
2. 사망
3. 파산 또는 해산
4. 금치산
5. 제명

제21조 (상 속) 재산을 출자의 목적으로 한 사원이 사망한 때에는 그 상속인은 다른 사원 전원의 동의를 얻어 피상속인의 지분을 승계하여 사원이 될 수 있다.

제22조 (제명선고) 사원에게 다음의 사유가 있는 때에는 다른 사원은 과반수의 결의로 법원에 그 사원의 제명선고를 청구할 수 있다.

1. 출자의무를 이행하지 아니한 때
2. 사원의 경업금지의무에 위한한 때
3. 회사의 업무집행과 회사대표에 관하여 부정한 행위가 있거나 권한없이 업무를 집행하거나 회사를 대표한 때
4. 기타 중대한 의무를 위반한 때

제23조 (지분의 환급)

1. 퇴사한 사원은 퇴사 당시 회사재산에서 그 출자비율에 따라 그 지분을 환급받을 수 있다. 다만, 노무 또는 신용을 출자의 목적으로 한 사원과 제명선고로 인하여 퇴사한 사원은 그 지분을 환급받지 못한다.
2. 제1항의 경우 농지를 출자한 비농업인 사원이 퇴사한 경우에는 회사는 그에 상당하는 현금 등으로 그 지분을 환급할 수 있다.

제5장 계 산

제24조 (영업연도) 본 회사의 영업연도는 매년 1월 1일부터 12월 31일까지로 한다.

제25조 (계산서류의 승인) 업무집행사원은 매 영업연도말에 각 사원에게 다음 서류를 제출하고 그 승인을 받아야 한다.

1. 재산목록
2. 대차대조표
3. 영업보고서
4. 손익계산서
5. 이익배당에 관한 의안

제26조 (손익계산) 본 회사의 손익계산은 영업연도의 총이익금에서 총손실금을 공제한 차액금을 순이익금으로 하고 총손실금에서 총이익금을 공제한 차액을 결손금으로 한다.

제27조 (이익배당)

1. 본 회사는 순이익금으로 결손금을 채운 후가 아니면 어떠한 명목으로도 사원에게 이익배당을 할 수 없다.
2. 각 사원의 이익배당비율은 그 출자액의 비율에 의한다.

제28조 (장부의 열람) 본 회사의 사원은 언제든지 이유를 명시한 서면으로서 회계에 관한 장부 및 기타 서류의 열람 또는 등사를 청구할 수 있다.

제6장 해　　산

제29조 (존립기간) 본 회사의 존립기간은 회사성립일로부터 만 50년으로 한다.

제30조 (해산사유) 본 회사는 다음의 사유로 인하여 해산한다.

1. 전조에서 정한 존립기간의 만료
2. 총사원의 동의
3. 무한책임사원 또는 유한책임사원 전원의 퇴사
4. 합병
5. 파산
6. 법원의 명령 또는 판결

제31조 (회사의 계속)

1. 전조 제1호와 제2호의 사유로 인하여 해산한 경우에는 사원의 전부 또는 일부의 동의로써 회사를 계속할 수 있다. 그러나 동의하지 아니한 사원은 퇴사한 것으로 본다.
2. 전조 제3호의 사유로 인하여 해산한 경우에는 새로운 사원을 가입시켜 회사를 계속할 수 있다.

제32조 (합 병) 본 회사 합병을 함에는 총사원의 동의를 얻어야 한다.

제7장 청　　산

제33조 (청산방법) 본 회사가 해산한 경우, 회사재산의 처분은 총사원의 동의로써 정한 방법에 의한다.

제34조 (청산인의 임면) 청산인의 선임 및 해임은 총사원 과반수의 결의에 의한다.

제35조 (잔여재산분배) 잔여재산은 각 사원의 출자액의 비율에 따라 분배하되, 농지는 농업인에게 분배한다.

부 칙

제1조 (적용범위) 본 정관에 규정되지 않은 사항은 농어업경영체육성및지원에관한 법률과 상법 및 기타 법령에 정한 규정에 따른다.

제2조 (세부내규) 본 회사는 필요에 따라 총사원의 결의로써 업무추진 및 경영상 필요한 회사 세부내규를 정할 수 있다.

위 농업회사법인 OO합자회사를 설립하기 위하여 본 정관을 작성하고 사원 전원이 이에 기명날인하다.

20OO년 O월 O일

농업회사법인 OO합자회사
OO시 OO구 OO로 OO(OO동)

무한책임사원 성 명 : O O O ㊞
주민등록번호 : 000000-0000000
주 소 : OO시 OO구 OO로 OO(OO동)

무한책임사원 성 명 : O O O ㊞
주민등록번호 : 000000-0000000
주 소 : OO시 OO구 OO로 OO(OO동)

무한책임사원 성 명 : O O O ㊞

주민등록번호 : 000000-0000000
주 소 : OO시 OO구 OO로 OO(OO동)

무한책임사원 성 명 : O O O ㊞
주민등록번호 : 000000-0000000
주 소 : OO시 OO구 OO로 OO(OO동)

유한책임사원 성 명 : O O O ㊞
주민등록번호 : 000000-0000000
주 소 : OO시 OO구 OO로 OO(OO동)

※ 사원전원이 기명날인하고 정관은 공증인의 인증을 필요 없다.

[서식] 총사원의 동의서

총사원의 동의서

총사원은 2000년 0월 0일 결의에 의하여 다음 사항을 동의한다.

1. 본 회사의 구체적 소재장소를 다음과 같이 정한다.
   본 점 : OO시 OO구 OO로 OO(OO동)
2. 본 회사를 대표할 사원으로 다음 사람을 선임한다.
   무한책임사원 O O O (000000-0000000)
   OO시 OO구 OO로 OO(OO동)

위 동의사실을 확실히 하기 위하여 총사원이 이에 기명날인하다.

2000년 0월 0일
농업회사법인 OO합자회사
OO시 OO구 OO로 OO(OO동)
대표사원 무한책임사원 O O O (인)
무한책임사원 O O O (인)
무한책임사원 O O O (인)
무한책임사원 O O O (인)
유한책임사원 O O O (인)

[서식] 영수증

영 수 증

금 일천만원정(금 10,000,000원정)

위 금액은 아래 사원이 본 회사에 대하여 출자한 금 10,000,000원 전부를 이행한 것으로 이를 정히 영수합니다.

2000년 0월 0일

농업회사법인 OO합자회사
OO시 OO구 OO로 OO(OO동)
대표사원 무한책임사원 O O O (인)

무한책임사원 O O O 귀하

[서식] 영수증

영 수 증

금 일천만원정(금 10,000,000원정)

위 금액은 유한책임사원 OOO이 본 회사에 대하여 출자한 금 10,000,000원 전부를 이행한 것으로 이를 정히 영수합니다.

2000년 0월 0일

농업회사법인 OO합자회사
OO시 OO구 OO로 OO(OO동)
대표사원 무한책임사원 O O O (인)

유한책임사원 O O O 귀하

[서식] 인 도 증

인 도 증

부동산의 표시

1. OO시 OO구 OO동 OO 대 180㎡
2. OO시 OO구 OO로 OO(OO동)

시멘트 블록조 슬래브지붕 1층 사무실 96㎡

토지, 건물가격 금 30,000,000원

위 부동산을 귀 회사에 정히 인도합니다.

2000년 O월 O일

무한책임사원 O O O (인)

농업회사법인 OO합자회사 대표사원 귀하

위 부동산을 정히 인수하였음을 증명합니다.

2000년 O월 O일

농업회사법인 OO합자회사
OO시 OO구 OO로 OO(OO동)
대표사원 무한책임사원 O O O (인)

[서식] 취임승낙서

취 임 승 낙 서

2000년 0월 0일 총사원의 동의로 본인을 귀 회사의 대표사원으로 선임되었으므로 그 취임을 승낙합니다.

2000년 0월 0일

대표사원 0 0 0 (인)
(000000-0000000)
00시 00구 00로 00(00동)

농업회사법인 00합자회사 귀중

※인감을 날인하고 인감증명서 및 주민등록등(초)본을 첨부 한다.

제5절 농업회사법인 유한회사 설립등기

1. 서 설

유한회사는 상법에 규정된 회사의 하나로 주식회사, 합명회사, 합자회사와 함께 물적 회사와 인적 회사의 요소를 가미한 중간형태의 회사이다. 유한회사란 상행위 기타 영리를 목적으로 하여 설립된 사단으로서 전사원의 책임이 출자금액을 한도로 하고 채권자의 담보가 되는 것은 회사재산뿐이고 회사재산을 확보하기 위하여 자본제도가 법정되어 있는 점은 주식회사와 비슷하다. 그러나 사원의 구성이 폐쇄적이고 사원 상호간의 관계에 대하여는 자치에 맡기고 있는 점이 주식회사와 다르다.

2. 농업회사법인 유한회사 설립

유한회사도 사원에 의한 정관의 작성, 사원의 출자, 설립등기에 의하여 성립한다. 그러나 주식회사와 달리 모집설립과 같은 방법은 인정되지 않으며 발기설립과 비슷한 방법만이 인정된다. 변태설립사항에 대한 검사인의 조사제도는 필요 없다.

1) 정관의 작성

정관이란 실질적으로 회사의 조직 활동을 정하는 근본규범으로 형식적으로 그 근본규칙을 기재한 서면을 말한다. 정관은 1인 이상의 사원이 되고자 하는 자가 정관을 작성하고 기명날인 또는 서명함으로써 효력이 생긴다.

2) 사원의 구성

개정상법은 유한회사의 사원총수에 대한 제한규정인 상법 제545조를 삭제하였다. 구상법은 유한회사의 사원총수는 50인으로 제한되어 있는데 유한회사의 성격에 비추어 사원수에 대한 특별한 제한이 없더라도 지분양도의 제한이 있고 지분의 증권화가 금지되어 있어 사원수의 제한을 폐지하더라도 폐해가 발생할 우려가 적다고 보여 지므로 사원총수의 제한을 폐지한 것이다.

3) 출 자

유한회사는 정관의 작성에 의하여 사원이 될 자와 출자의 인수가 확정되며 이사는 사원으로 하여금 출자전액의 납입 또는 현물출자의 목적인 재산 전부를 인도시켜야 한다. 주식회사와 달리 출자의 납입장소에 대한 규정이 없다. 따라서 주식회사와 달리 납입은 반드시 은행 기타 금융기관에 할 필요는 없다.

3. 농업회사법인 유한회사 설립등기절차

1) 등기신청

농업회사법인의 설립에 관하여는 상법상 회사에 관한 규정을 준용하므로 상법의 규정에 의하여 그 주된 사무소의 소재지에서 상업등기에 관한 규정을 적용한다. 설립등기의 신청은 회사를 대표하는 사원의 신청에 의하여 목적, 상호, 사원의 성명과 주민등록번호, 본점과 지점의 소재지, 사원의 출자의 목적, 존립기간 또는 해산사유를 정하는 때에는 그 기간 또는 사유 등을 등기하여야 한다.

2) 첨부서면

(1) 정관

정관이란 회사의 조직과 활동에 관하여 규정한 근본규칙을 기재한 서면을 말하며, 1인 이상 의사원이 되고자 하는 자가 정관을 작성하고 기명날인 또는 서명한다.

(2) 농업회사법인을 설립하려는 자가 농업인 또는 농업생산자단체임을 확인할 수 있는 서류

(3) 출자전액납입 또는 현물출자의 목적인 재산전부의 급여가 있음을 증명하는 정보

(4) 취임승낙서

이사 또는 대표이사를 정한 경우 취임을 증명하는 서면을 제출하여야 한다. 취임자의 진정한 의사를 확인하기 위하여 취임자의 인감도장을 날인한 취임승낙서와 인감증명법에 의하여 신고한 인감증명서(발행일로부터 3개월 이내)나 본인서명사실확인서 또는 전자본인서명확인서의 발급증을 첨부하여야 합니다. 취임하는 자가 외국인인 경우에는 그 서면에 관공서에 신고한 인감을 날인하고 그 인감증명서를 첨부할 수 있으며, 본국에 인감증명제도가 없는 외국인의 경우에는 본인이 서명을 하였다는 본국 관공서의 증명서면이나 공증인의 공증서면으로 대신할 수 있습니다.

(5) 주민등록표 등(초)본

취임하는 이사의 주민등록번호를 증명하는 서면으로, 회사를 대표할 이사는 주민등록번호 및 주소를 증명하는 서면으로 주민등록표 등(초)본을 제출하여야 합니다.

(6) 인감신고서

등기신청서에 기명날인할 사람(법인의 대표자 등)은 미리(설립등기신청과 동시에) 그 인감을 등기소에 제출하여야 합니다. 인감제출을 위한 인감신고서에는 인감증명법에 의한 인감을 날인하고 발행일로부터 3월 이내의 인감증명서를 첨부하여야 합니다. 또한 인감신고서와 함께 인감대지도 함께 제출하여야 합니다(인감의 제출·관리 및 인감증명서 발급에 관한 업무처리지침).

(7) 등록면허세영수필확인서

본점소재지 관할 시 · 군 · 구청장으로부터 등록면허세와 그 등록면허세의 20/100에 해당하는 지방교육세)를 발부받아 납부한 후 등록면허세 영수필확인서를 첨부하여야 합니다. 대통령령으로 정하는 대도시 내에서의 설립등기 시에는 당해 세율의 3배의 등록면허세를 납부하여야 합니다. 여기서 대도시라 함은 수도권정비계획법 시행령 제9조 별표1에 지정되어 있는 권역을 의미합니다.

(8) 위임장

등기신청권자 이외의 대리인에 의하여 등기신청을 하는 때에는 그 권한을 증명하는 서면으로 위임장을 첨부하여야 합니다. 실무상 수임자, 위임자, 위임내용을 기재하고 등기소에 제출하는 인감을 날인합니다.

[서식] 농업회사법인 유한회사 설립등기신청서

농업회사법인 유한회사 설립등기신청

접수	년 월 일	처리인	접 수	조 사	기 입	교 합	각종통지
	제 호						

등기의목적	농업회사법인 유한회사 설립
등기의사유	농어업경영체육성및지원에관한법률 제19조의 규정에 의하여 정관을 작성하고 공증인의 인증을 받고 20ㅇㅇ년 ㅇ일 출자전액을 납부하였으므로[현물출자가 있는 경우에는(20ㅇㅇ년 ㅇ월 ㅇ일 출자전액을 납입하고 목적재산 전부를 급여하였으므로)], 다음 사항의 등기를 구함.
본/지점 신청구분	1.본점신청 ☐ 2.지점신청 ☐ 3.본 · 지점 일괄신청 ☐
등 기 할 사 항	
상 호	농업회사법인 ㅇㅇ유한회사
본 점	OO시 OO구 OO로 OO(OO동)
출자 1좌의 금액	금 10,000원
자본의 총액	금 000,000,000원
목 적	본 회사는 기업적 농업경영을 통하여 생산성을 향상시키거나 생산된 농산물을 유통, 가공, 판매함으로써 농업의 부가가치를 높이고 노동력의 부족 등으로 농업경영이 곤란한 농업인의 농작업의 전부 또는 일부를 대행하여 영농 의 편의를 도모함을 목적으로 다음 각 호의 사업을 한다. 1. 농산물의 가공 · 유통 및 판매사업 1. 농작물의 전부 또는 일부대행 1. 농자재 생산 공급 및 공동구매, 판매업 1. 영농에 필요한 종묘생산 및 종묘배양사업 1. 위 각 호에 부수하는 일체의 사업
이사 · 감사의 성명 및 주민등록번호	이사 ㅇ ㅇ ㅇ (000000-0000000) 이사 ㅇ ㅇ ㅇ (000000-0000000) 이사 ㅇ ㅇ ㅇ (000000-0000000) 감사 ㅇ ㅇ ㅇ (000000-0000000)
대표이사의	ㅇ ㅇ ㅇ (000000-0000000)

성명과 주소	○○시 ○○구 ○○로 ○○(○○동)
지 점	없음
존립기간 또는 해산사유	본 회사의 존립기간은 회사성립일로부터 만 50년으로 한다.
기 타	

신청등기소 및 등록면허세/수수료						
순번	신청등기소	구분	등록면허세	지방교육세	세액합계	등기신청수수료
			금 원	금 원	금 원	금 원
합 계						
등기신청수수료 은행수납번호						
과 세 표 준 액			금 원			

첨 부 서 면	
1. 정관 통 1. 사원총회의사록 통 1. 이사과반수결의서(또는 이사과반수 동의서) 통 1. 출자금납입증명서(출자금영수증) 통 1. 현물출자재산인수증 통	1. 임원취임승낙서 및 인감증명, 주민등록등(초)본 통 1. 인감신고서 및 인감증명서 통 1. 법인인감카드발급신청서 통 1. 등록면허세영수필확인서및통지서 통 1. 위임장(대리인이 신청할 경우) 통

년 월 일

신청인 명 칭
주사무소
대표자 성 명 ㊞ (전화 :)
주 소
대리인 성 명 ㊞ (전화 :)
주 소

지방법원 등기소 귀중

[신청서 작성요령 및 등기수입증지 첩부란]
1. 해당란이 부족할 때에는 별지를 이용합니다.
1. 해당 등기신청과 관계없는 사항에 대하여는 "해당없음"으로 기재하거나 삭제하고, 필요한 사항은 추가 기재합니다.
1. 등기신청수수료 상당의 대법원등기수입증지를 이 난에 붙입니다.

(용지규격 21cm×29.7cm)

[서식] 정관

농업회사법인 유한회사 정관

제1장 총 칙

제1조 (상 호) 본 회사는 농어업경영체육성및지원에관한법률 제19조에 의하여 설립된 회사로서 그 명칭은 '농업회사법인 OO유한회사'라고 부른다.

제2조 (목 적) 본 회사는 기업적 농업경영을 통하여 생산성을 향상시키거나, 생산된 농산물을 유통 · 가공 · 판매함으로써 농업의 부가가치를 높이고 노동력부족 등으로 농업경영이 곤란한 농업인의 농작업의 전부 또는 일부를 대행하여 영농의 편의를 도모함을 목적으로 한다.

제3조 (사 업)

1. 본 회사는 생산성 향상을 위한 기업적 농업경영과 OO사업을 주사업으로 한다.
2. 본 회사는 다음 각 호의 사업을 부대사업으로 한다.
   1) 농산물의 가공 · 유통 및 판매사업
   2) 영농에 필요한 자재의 생산 · 공급
   3) 농업에 관련된 공동이용시설의 설치 및 운영
   4) 공동육묘장 설치 및 운영
   5) 영농에 필요한 종묘생산 및 종균배양사업
   6) 농산물의 매취 · 비축사업
   7) 농산물 직판장설치 및 운영

8) 농작업의 대행사업

9) 비닐하우스 특용작물재배

10) 관광농원 및 주말농장 설치운영

11) 농업기계 기타장비의 임대 · 수리 · 보관사업

12) 농기계 수리센타 설치 및 운영, 농기계 대여산업

13) 소규모 관개시설의 수탁 · 관리사업

14) 위 사업에 관련된 부대사업 일체

제4조 (본점의 소재지 및 지점의 설치)

1. 본 회사의 본점은 OO시 · 도 OO시 · 군에 둔다.
2. 본 회사는 필요한 경우에 총사원의 결의로 지점, 영업소, 출장소를 둘 수 있다.

제5조 (공고방법) 본 회사의 공고사항은 OO시 · 도에서 발간되는 OO신문에 게재한다.

제6조 (자본의 총액) 본 회사의 자본의 총액금 금 OOOOOOO원으로 한다.

제7조 (존립기간) 본 회사의 존립기간은 회사성립일로부터 만 OO년으로 한다.

제2장 사원과 출자

제8조 (사원의 자격) 본 회사의 사업은 농업인, 농산물의 생산자단체로 하되, 제9조에서 정한 출자한도 내에서 출자한 비농업인도 사원이 될 수 있다.

제9조 (비농업의 출자한도) 농업인, 농산물의 생산자단체가 아닌 자가 출자하는 출자액의 합계는 본 회사의 총출자액의 10분의 9를 초과할 수 없다.

제10조 (출자의 좌수 및 1좌의 금액) 본 회사의 자본을 이를 OOOO좌로 나누고, 1좌의 금액은 OOOOO원으로 한다.

제11조 (사원의 성명, 주소 및 출자좌수) 사원의 성명, 주소 및 주민등록번호 및 그 출자좌수는 다음과 같다.

0,000좌 OOO (　　) (000000-0000000)
OO시 OO구 OO로 OO(OO동)
0,000좌 OOO (　　) (000000-0000000)
OO시 OO구 OO로 OO(OO동)
0,000좌 OOO (　　) (000000-0000000)
OO시 OO구 OO로 OO(OO동)

제12조 (지분의 양도제한)

1. 사원은 사원총회의 결의가 있는 때에 한하여 그 지분의 전부 또는 일부를 타인에게 양도할 수 있다.
2. 전항과 관련 비농업인 사원에게 양도하여 비농업인의 총출자액이 제9조에서 규정한 제한을 초과하는 경우에는 그 양도는 효력이 없다.
3. 상속 또는 유증에 의하여 비농업인의 총출자액이 제9조에서 규정한 한도를 초과할 경우에는 그 초과지분을 지체 없이 농업인에게 필요에 따라 수시로 개최할 수 있다.

제3장 사 원 총 회

제13조 (사원총회) 본 회사의 사원총회는 정기총회와 임시총회로 하고, 정기총회는 매년 3월과 9월에 개최하고 임시총회는 필요에 따라 수시로 개최할 수 있다.

제14조 (총회의 소집) 사원총회는 대표이사가 회의일자 5일 전까지 회의일자와 회의목적 · 사항 등을 각 사원에게 통지하여 이를 소집한다.

제15조 (결의방법) 사원총회의 결의는 법령에 다른 규정이 있는 경우를 제외하고는 총사원 의결권의 과반수 이상을 가지는 사원의 출석과 출석사원의 의결권의 과반수로써 한다.

제16조 (의결권) 각 사원은 출좌 1좌에 대하여 1개의 의결권을 가진다.

제17조 (의 장) 사원총회의 의장은 대표이사가 된다. 대표이사가 유고인 때에는 이사회에서 정한 순서에 따라 다른 이사가, 이사 전원이 유고인 때에는 출석한 사원 중에서 선임된

자가 그 직무를 대행한다.

제4장 임 원

제18조 (임 원) 본 회사는 이사 3인과 감사 1인을 두되, 이사 중 2인 이상은 농업인이어야 한다.

제19조 (선 임) 이사와 감사는 사원인 자 중에서 사원총회에서 선임한다.

제20조 (임 기) 이사의 임기는 2년, 감사의 임기는 1년으로 한다. 다만 재임 중 최종결산일에 관한 정기총회 이전에 그 임기가 만료될 때에는 그 총회종결시까지로 그 임기를 연장할 수 있다.

제21조 (대표이사) 본 회사는 대표이사 1인을 둔다. 단 대표이사는 사원총회에서 선임한다.

제22조 (업무집행과 회사대표) 본 회사의 업무집행은 이사과반수로서 결정하고 회사의 대표는 대표이사가 행한다.

제23조 (지배인의 임면)

1. 회사의 영업전반에 걸쳐 포괄적인 대리권을 갖고 보조하기 위한 지배인(혹은 지점장, 영업부장)을 둘 수 있다.
2. 지배인의 선임 및 해임은 사원과반수의 동의로 결정한다.

제5장 계 산

제24조 (영업연도) 본 회사의 영업연도는 매년 O월 O일부터 O월 O일까지로 하여 결산한다.

제25조 (이익배당) 본 회사의 이익배당금은 매 결산기 말일 현재의 사원에게 그 출자좌수의 비율에 따라 배당한다.

제26조 (장부의 열람) 본 회사의 사원은 언제든지 이유를 붙인 서면으로서 회계에 관한 장부 및 기타 서류의 열람 또는 등사를 청구할 수 있다.

제6장 해　　산

제27조 (임 원) 본 회사는 다음 사유로 인하여 해산한다.

1) 존립기간의 만료
2) 사원총회의 결의
3) 사원이 1인으로 된 때
4) 합병
5) 파산
6) 법원의 명령 또는 판결

제28조 (청산인) 본 회사가 해산한 경우에는 해상당시의 대표이사가 청산인이 된다.

제29조 (잔여재산분배) 잔여재산은 각 사원의 출자액의 비율에 따라 분배하되 농지는 농업인 사원에게 분배한다.

부　　칙

제1조 (재산인수) 회사성립 후 양수할 것을 약정한 재산, 그 가격 및 양도인의 성명은 다음과 같다.

1) 양도인의 성명 : O O O (　　　) (000000-0000000)
OO시 OO구 OO로 OO(OO동)
2) 계 산 : OOOOOO
3) 가 격 : 금 OOOO원

제2조 (현물출자) 본 회사의 설립당시 현물출자를 하는 자의 성명과 그 목적재산의 종류 · 수량 · 가격과 이에 대하여 부여하는 출자좌수는 다음과 같다.

1) 현물출자자의 성명
사원 O O O (　　　) (000000-0000000)
2) 출자목적 및 재산
가. OO시 OO구 OO동 OO　대 180㎡
나. OO시 OO구 OO로 OO(OO동)

시멘트 블록조 슬래브지붕 1층 사무실 96㎡

3) 출자재산의 가격 : 금 OOOOO원

4) 이에 대하여 부여하는 출자좌수 : OOO좌

제3조 (적용범위) 본 정관에 규정되지 않는 사항은 농어업경영체육성및지원에관한법률과 상법 및 기타 법령에 정한 규정에 따른다.

제4조 (세부내규) 회사는 필요에 따라 사원총회의 결의로서 업무추진 및 경영상 필요한 회사 세부내규를 정할 수 있다.

위 농업회사법인 OO유한회사를 설립하기 위하여 이 정관을 작성하고 사원 전원이 기명 날인하다.

2000년 O월 O일

농업회사법인 OO유한회사
OO시 OO구 OO로 OO(OO동)

사 원 성 명 : O O O ㊞
주민등록번호 : 000000-0000000
주 소 : OO시 OO구 OO로 OO(OO동)

사 원 성 명 : O O O ㊞
주민등록번호 : 000000-0000000
주 소 : OO시 OO구 OO로 OO(OO동)

사 원 성 명 : O O O ㊞
주민등록번호 : 000000-0000000
주 소 : OO시 OO구 OO로 OO(OO동)

[서식] 사원총회의사록

사 원 총 회 의 사 록

2000년 0월 0일 00시 00분, 00시 00구 00로 00(00동) 농업회사법인 00유한회사 창립사무소에서 사원총회를 개최하다.

사원총수 : 20명　　　이의출자좌수 20,000좌
출석사원수 : 20명　　이의출자좌수 20,000좌

출석사원 전원에 의하여 의장으로 추대된 사원 OOO은 의장석에 등단하여, 위와 같이 법정수에 달하는 사원이 출석하여 본 총회가 적법히 성립되었음을 알리고 개회를 선언한 후 다음 의안의 심의를 구하다.

제1호 의 안 정관 승인의 건
의장은 농어업·농어촌및식품산업기본법 및 농어업경영체육성및지원에관한법률의 규정에 근거하여 농림수산부에서 고시란 정관례를 기준으로 하여 정관을 작성하였음을 설명하고 승인가부를 물은 즉, 전원일치 원안대로 승인 가결되다.

제2호 의 안 임원선임의 건
의장은 초대이사와 감사의 선임방법을 물은 바, 출석사원 전원은 무기명 비밀투표로 선임키로 합의되어 그에 따라 투표한 결과 다음과 같이 선출되다.

이 사 O O O (000000-0000000)
이 사 O O O (000000-0000000)
이 사 O O O (000000-0000000)
감 사 O O O (000000-0000000)

위 피선자들은 각자 즉석에서 그 취임을 승낙하다.

[유례] 정관에 본점의 소재지가 최소행정구역까지만 기재되어 그 설치장소를 사원총회에서 정한 경우

제3호 의 안 대표이사 선임의 건

의장은 대표이사 선출방법을 물은바 무기명 비밀투표로 선출키로 전원일치되어 투표를 실시한 결과 다음과 같이 선출되다.

대표사원 O O O (000000-0000000)

OO시 OO구 OO로 OO(OO동)

위 피선자는 즉석에서 취임을 승낙하다.

제4호 의 안 본법 설치장소 결정의 건

의장은 정관에 본점을 OO시에 둔다고만 정해져 있으므로, 그 설치장소를 결정하여 달라는 취지를 말한 바, 전원 이의 없이 다음과 같이 본점 설치장소를 결정하다.

본 점 : OO시 OO구 OO로 OO(OO동)

의장은 이상으로서 회의목적인 의안 전부의 심의를 종료하였으므로 폐회한다고 선언하다(회의종료시각 : OO시 OO분)

위 결의를 명확히 하기 위하여 이 의사록을 작성하고 의장과 출석한 이사가 다음과 같이 기명날인하다.

2000년 0월 0일

농업회사법인 OO유한회사

OO시 OO구 OO로 OO(OO동)

의장겸 대표이사 O O O (인)

이사 O O O (인)

이사 O O O (인)

[서식] 출자납입금영수증

출자납입금영수증

1. 출자 1좌 : 금 10,000원
1. 현금출자 : 금 5,000,000원

위 금액을 출자 500좌에 대한 납입금으로서 정히 영수함.

2000년 0월 0일

농업회사법인 OO유한회사
OO시 OO구 OO로 OO(OO동)
대표이사 O O O (인)

사원 ○○○ 귀하

위와 같이 납입되었음을 확인함.

감사 O O O (인)

[서식] 현물출자재산인수증

현물출자재산인수증

1. 현물출자 목적재산의 표시
   가. OO시 OO구 OO동 OO 대 180㎡
   나. OO시 OO구 OO로 OO(OO동)
   시멘트 블록조 슬래브지붕 1층 사무실 96㎡

2. 출자자산의 가격 : 금 50,000,000원
3. 이에 대하여 부여하는 출자좌수 : 5,000좌

위 금액을 출자 5,000좌에 대한 납입금으로서 정히 영수함.

2000년 0월 0일

농업회사법인 OO유한회사
OO시 OO구 OO로 OO(OO동)
대표이사 O O O (인)

사원 O O O 귀하

위와 같이 납입되었음을 확인함.

감사 O O O (인)

[서식] 주식 및 출자자명부

주식 및 출자자명부

직 책	사원명	주소와 전자우편주소	출자좌수	1좌의 금액	납 입 금 액
대표이사	○ ○ ○	OO시 OO구 OO로 OO	0,000좌	00,000원	금 00,000,000원
이 사	○ ○ ○	OO시 OO구 OO로 OO	0,000좌	00,000원	금 00,000,000원
사 원	○ ○ ○	OO시 OO구 OO로 OO	0,000주	00,000원	금 00,000,000원
사 원	○ ○ ○	OO시 OO구 OO로 OO	000좌		금 0,000,000원
이하생략					
합 계			00,000좌		금 000,000,000원

위 사원명부는 본사에 비치된 주식 및 출자자명부와 대조하여 틀림이 없음을 증명합니다.

2000년 0월 0일

상 호 농업회사법인 OO유한회사
소 재 지 OO시 OO구 OO로 OO(OO동)
대표이사 ○ ○ ○

[서식] 취임승낙서

취 임 승 낙 서

본인은 20OO년 O월 O일 귀 법인의 사원총회에서 대표이사(또는 이사, 감사)로 선임되었으므로 그 취임을 승낙합니다.

20OO년 O월 O일

대표이사(이사, 감사) O O O (인)

(000000-0000000)

OO시 OO구 OO로 OO(OO동)

농업회사법인 OO유한회사 귀중

[서식] 인감신고서

인감 · 개인(改印) 신고서

(신고하는 인감날인란) (인감제출자에 관한 사항)

상호(명 칭)		농업회사법인 OO유한회사	등기번호	
본점(주사무소)		OO시 OO구 OO로 OO(OO동)		
인감제출자	자격/성명	대표이사 O O O		
	주민등록번호	000000-0000000		
	주 소	OO시 OO구 OO로 OO(OO동)		

␣ 위와 같이 인감을 신고합니다.

␣ 위와 같이 개인(改印)하였음을 신고합니다.

년 월 일 (인감 날인란)

신고인 본 인 성 명 (인)

대리인 성 명 (인)

지방법원 등기소 귀중

주 1. 인감 날인란에는 「인감증명법」에 의하여 신고한 인감을 날인하고 그 인감증명서(발행일로부터 3개월 이내의 것)를 첨부하여야 합니다. 개인(改印)신고의 경우, 개인인감을 날인하는 대신에 등기소에 신고한 유효한 종전 인감을 날인하여도 됩니다.

2. 인감 · 개인신고서에는 신고하는 인감을 날인한 인감대지를 첨부하여야 합니다.

3. 지배인이 인감을 신고하는 경우에는 인감제출자의 주소란에 지배인을 둔 장소를 기재하고, 「상업등기규칙」 제36조제4항의 보증서면(영업주가 등기소에 신고한 인감 날인)을 첨부하여야 합니다. 위 보증서면은 아래의 보증서면란에 기재하는 것으로 갈음할 수 있습니다.

보 증 서 면

위 신고하는 인감은 지배인 OOO의 인감임이 틀림없음을 보증합니다.

대표이사 (법인인감)

위 임 장

성 명 : 주민등록번호(−)

주 소 :

위의 사람에게, 위 인감신고 또는 개인신고에 관한 일체의 권한을 위임함.

20 년 월 일

인감(개인) 신고인 성 명 (인)

[서식] 인감대지

인 감 대 지

<table>
<tr><td rowspan="2"></td><td> </td><td rowspan="2">상 호(명 칭) : 농업회사법인 OO유한회사
자격 및 성명 : 대표이사 O O O
주민등록번호 : OOOOOO-OOOOOOO</td></tr>
<tr><td>신고하는 인감날인란</td></tr>
</table>

[서식] 인감카드 등 (재)발급신청서

인감카드 등 (재)발급신청서

(인감제출자에 관한 사항)

<table>
<tr><td colspan="2">상호(명칭)</td><td></td><td>등기번호</td><td></td></tr>
<tr><td colspan="2">본점(주사무소)</td><td colspan="3"></td></tr>
<tr><td rowspan="2">인감
제출자</td><td>자격 / 성명</td><td colspan="3"></td></tr>
<tr><td>주민등록번호</td><td colspan="3"></td></tr>
</table>

<table>
<tr><td>발급사유</td><td colspan="3">␣ 최초발급 ␣ 카드분실 ␣ 카드훼손 ␣ 인감증명서발급기능
␣ 기타 ( )</td></tr>
<tr><td>매체구분</td><td>␣ 인감카드 ␣ HSM USB</td><td>인감카드 비밀번호</td><td></td></tr>
</table>

위와 같이 인감카드 등의 (재)발급을 신청합니다.

년 월 일

신청인 인감제출자 (본 인) 성 명 (인) (전화 :)

(대리인) 성 명 (인) (전화 :)

지방법원 등기소 귀중			
접수번호		인감카드번호	

- 대법원수입증지를 붙이는 란 -

주 1. 인감카드 비밀번호란에는 (재)발급받아 사용할 인감카드의 비밀번호를 기재하며, 아라비아숫자 6자릿수를 기재하여야 합니다. 비밀번호는 인감카드와 함께 인감증명서의 발급을 신청할 권한이 있는 것으로 보게 되는 중요한 자료이므로 권한이 없는 사람이 알지 못하도록 주의하시기 바랍니다.

2. 인감카드의 재발급을 신청할 때에는 「등기부 등 · 초본 등 수수료규칙」 제5조의7에 의하여 5,000원 상당의 대법원수입증지를 이 란에 붙여야 합니다. 다만, 인감카드를 반납할 때에는 붙일 필요가 없습니다.

위 임 장

성 명 : 주민등록번호(-)
주 소 :

위의 사람에게, 위 (재)발급신청서에 기재된 인감카드 등의 발급신청과 그 수령 등에 관한 일체의 권한을 위임함.

20OO년 O월 O일

인감신고인 성 명 (인)

제6장 신용협동조합

제1절 총 설

신용협동조합이라 함은 공동유대를 바탕으로 하는 신용협동조직의 건전한 육성을 통하여 그 구성원의 경제적 · 사회적 지위를 향상시키고, 지역주민에 대한 금융편의를 제공함으로써 지역경제의 발전에 기여함을 목적으로 신용협동조합법에 의하여 설립된 비영리법인을 말한다.

제2절 신용협동조합 설립

1. 설립절차

1) 절 차

신용협동조합을 설립하고자 하는 때에는 30인 이상의 발기인이 정관을 작성하여 창립총회의 결의를 얻어 대통령령이 정하는 바에 따라 중앙회의 회장을 거쳐 금융위원회의 인가를 받아 그 주된 사무소의 소재지에서 설립등기를 함으로서 성립한다.

2) 정관의 작성

정관이란 법인의 조직과 활동의 기본준칙을 기재한 서면으로 신용협동조합의 정관에는 신용협동조합법 제10조 각 호 소정의 사항을 기재하고 발기인이 이에 기명 날인하여야 한다. 조합의 정관에는 다음 각 호의 사항이 포함되어야 한다.

1. 목적
2. 명칭
3. 주된 사무소의 소재지
4. 공동유대에 관한 사항
5. 조합원의 자격과 가입 · 탈퇴 및 제명(除名)에 관한 사항
6. 출자 1좌(座)의 금액과 그 납입 방법 및 시기
7. 조합원의 권리와 의무에 관한 사항

8. 사업의 범위 및 회계에 관한 사항
9. 기관 및 임원에 관한 사항
10. 해산에 관한 사항
11. 공고의 방법
12. 출자금의 양도에 관한 사항
13. 그 밖에 총회의 운영 등에 필요한 사항

3) 창립총회

발기인이 정관을 작성한 후 조합원이 되고자 하는 자로부터 가입신청서를 받고 창립총회를 개최하여 정관과 사업계획서의 승인을 얻고, 임원의 선출 및 기타 설립에 필요한 사항을 의결해야 하며, 설립등기시에 이를 증명하는 창립총회의사록을 첨부해야 한다.

1조합의 조합원의 수는 100인 이상이어야 하며, 조합원은 출자좌수에 관계없이 평등한 의결권과 선거권을 가지며, 대리인에 의하여 그 권한을 행사할 수 있으나 그 대리할 수 있는 조합원의 수는 정관으로 정하며, 임원선출은 선거에 의할 경우 당선인은 선거인의 과반수투표로 결정한다.

중앙회의 설립에 관하여도 조합의 설립규정을 준용하고 있다.

명문규정은 없지만 설립등기신청서의 첨부서면이 되는 창립총회의사록은 그 의사에 관하여 이사의 경과, 요령 및 결과를 기재한 의사록을 작성해야 할 것이며, 신용협동조합의 등기신청서에 첨부하는 의사록은 공증인의 인증대상에서 제외된다.

4) 설립인가

신청인은 금융위원회가 정하는 설립인가신청서에 ① 정관, ② 창립총회 의사록, ③ 사업계획서, ④ 발기인 대표 및 임원의 이력서, ⑤ 신용협동조합 제7조 제2항의 규정에 의한 설립동의서를 제출한 자의 명부, ⑥ 사무소 소재지의 약도, ⑦ 발기인회 의사록, ⑧ 기타 조합설립에 관련된 사항을 기재한 서류를 중앙회장을 거쳐 금융위원회에 제출하여야 하며, 중앙회장은 설립인가신청서를 접수한 때에는 의견을 붙여 30일 이내에 금융위원회에 제출하여야 한다.

2. 설립등기절차

1) 등기신청인과 등기기간

신용협동조합의 설립등기는 이사장이 신청해야 하며(신협령 9조 1항), 설립등기에 있어서는 등기기간에 관한 특별한 규정이 없다.

그러나 금융위원회의 설립인가가 있은 날로부터 6월 이내에 설립등기를 하지 아니하면 설립인가를 취소할 수 있다.

2) 등기사항

신용협동조합 또는 신용협동조합중앙회는 설립인가서가 도달한 날부터 3주일이내에 ① 목적, ② 명칭, ③ 사무소의 소재지, ④ 설립인가연월일, ⑤ 해산사유를 정한 때에는 그 사유, ⑥ 출자 1좌의 금액과 납입방법, ⑦ 이사장 또는 중앙회의 회장 및 신용 · 공제사업대표이사의 성명 · 주민등록번호 및 주소, ⑧ 이사장 또는 중앙회장 및 신용 · 공제사업대표이사를 제외한 임원의 성명 · 주민등록번호, ⑨ 공고의 방법, ⑩ 이사의 대표권을 제한한 때에는 그 내용 등을 등기하여야 한다(신협령 2조 1항).

3. 첨부서류

(1) 설립인가서 사본

등기신청서에는 금융위원회의 설립인가서 사본을 첨부해야 한다. 그러나 등기관의 진위여부를 확인하기 위하여 그 원본도 함께 제출해야 한다.

(2) 정관의 사본

정관의 사본을 첨부하도록 규정하고 있으나, 이는 인증있는 등본을 의미하므로 정관등본을 첨부함이 타당할 것이다.

(3) 임원취임승낙서 사본

조합임원으로서 이사장 1인, 부이사장 1인을 포함한 이사 5인 이상 9인과 감사 2인 또는 3인을 두되, 임원은 조합원 중에서 정관이 정하는 바에 따라 총회에서 선출한다. 다만, 임원의 결원으로 인한 보궐선거의 경우에는 정관이 따로 정하는 바에 의한다.

이사장과 부이사장의 선출은 선거인 과반수의 투표로서 다수득표자를 당선인으로 결정하고,

이사장 및 부이사장을 제외한 임원의 선출은 선거인 과반수의 투표로써 다수특표순으로 당선인을 결정한다. 이 경우 조합원이 500인 이상인 경우에는 251인 이상의 출석으로 개의하고 출석조합원 과반수의 찬성으로 의결한다.

임원의 취임에는 취임승낙서가 필요하고, 그 승낙을 증명할 수 있는 인감증명을 첨부하여야 한다. 다만, 창립총회의사록에 피선자의 취임승낙의 기재가 있고 또 그의 기명날인이 있는 때에는 그의 첨부를 생략할 수 있다.

[서식] 신용협동조합 설립등기신청서

신용협동조합 설립등기신청

접수	년 월 일	처리인	접 수	조 사	기 입	교 합	각종통지
	제 호						

등 기 의 목 적	신용협동조합 설립
등 기 의 사 유	신용협동조합을 설립하기 위하여 정관을 작성하고 창립총회의 의결을 거쳐 20ㅇㅇ년 ㅇ월 ㅇ일 금융위원회의 설립인가를 받고 20ㅇㅇ년 ㅇ월ㅇ일 출자금 납입을 완료하였으므로 그 등기를 구함.
설 립 인 가 서 도 착 연 월 일	20ㅇㅇ년 ㅇ월 ㅇ일
주사무소/분사무소 신청구분	1.주사무소 신청 □ 2.분사무소 신청 □ 3.주 · 분사무소 일괄신청 □
등 기 할 사 항	
명 칭	ㅇㅇ신용협동조합
주 사 무 소	OO시 OO구 OO로 OO(OO동)
이사 · 감사의 성명 및 주민 등록번호	이사의 성명과 주민등록번호 부이사장 ㅇ ㅇ ㅇ (OOOOOO-OOOOOOO) 이사 ㅇ ㅇ ㅇ (OOOOOO-OOOOOOO) 이사 ㅇ ㅇ ㅇ (OOOOOO-OOOOOOO) (이하 생략) 감사의 성명과 주민등록번호 감사 ㅇ ㅇ ㅇ (OOOOOO-OOOOOOO) 감사 ㅇ ㅇ ㅇ (OOOOOO-OOOOOOO)
이사장의 성명 및 주민등록번호, 주소	이사장 ㅇ ㅇ ㅇ(OOOOOO-OOOOOOO) OO시 OO구 OO로 OO(OO동)
등 기 할 사 항	
목 적	이 법인은 조합원의 저축심을 함양하고 조합자금의 민주적 관리와 활용으로 조합원의 자질향상과 경제적, 사회적 지위향샹을 도모함을 목적으로 다음 사랑을 행한다.

	1.조합원으로부터의 출자금 · 예탁금 및 적금의 수입 1. 조합원에 대한 자금 대출 1. 조합원의 보험료 등의 대리수납 1. 조합 여유자금의 외부투자 1. 자금의 차입 1. 조합원을 위한 교육 및 지역사회 개발사업 1. 조합원을 위한 각종 유가증권 · 귀금속 · 서류의 보호예수 1. 내국환 1. 국가 · 공공단체 및 금융기관의 대리업무 1. 위 각 호에 관련된 부대사업
분 사 무 소	OO시 OO구 OO로 OO(OO동) 또는 없음
설립인가연월일	20○○년 ○월 ○일
존립기간 또는 해산사유	해산사유 : 1. 총회의 해산결의 1. 합병 또는 분할로 인하여 소멸되는 경우 1. 설립인가의 취소 1. 파 산
자산의 총액	금 ○○○○○원
출자 1좌의 금액	금 ○○○원
총출자좌수와 납입한 총출자액	총출자좌수 : ○○○좌 납입한 출자금총액 : 금 ○○○○○원
출 자 방 법	1. 출자금은 현금으로 납입하여야 하며, 제1회 출자금의 납입은 1좌금액 이상이라야 한다. 2. 제1회 이후의 출자금의 납입은 완납할 수 있으나 정관 제74조의 규정에 의한 배당금은 제2회 이후의 출자의 납입에 충당할 수 있다. 3. 조합원은 제1항 및 제2항의 규정에 의한 출자금 납입에 관하여 조합에 대한 채권과 상계하지 못한다.
기 타	해당 없음

신청등기소 및 등록면허세/수수료						
순번	신청등기소	구분	등록면허세	지방교육세	세액합계	등기신청수수료
			금 원	금 원	금 원	금 원

<table>
<tr><td></td><td></td><td></td><td></td><td></td><td></td><td></td></tr>
<tr><td></td><td></td><td></td><td></td><td></td><td></td><td></td></tr>
<tr><td></td><td></td><td></td><td></td><td></td><td></td><td></td></tr>
<tr><td colspan="3">합 계</td><td></td><td></td><td></td><td></td></tr>
<tr><td colspan="4">등기신청수수료 은행수납번호</td><td colspan="3"></td></tr>
<tr><td colspan="3">과 세 표 준 액</td><td colspan="4">금 원</td></tr>
<tr><td colspan="7">첨 부 서 면</td></tr>
<tr><td colspan="4">1. 정관 통
1. 창립총회의사록 통
1. 설립인가서 통
1. 자산총액증명서(재산목록) 통
1. 임원 취임승낙서와 인감증명서,
주민등록등(초)본 통</td><td colspan="3">1. 이사장의 인감신고서(인감대지
포함) 통
1. 이사장의 인감증명서 통
1. 법인인감카드발급신청서 통
1. 등록면허세영수필확인서및통지서 통
1. 위임장(대리인이 신청할 경우)</td></tr>
<tr><td colspan="7">년 월 일

신청인 명 칭
주사무소
이사장 성 명 ㊞ (전화 :)
주 소
대리인 성 명 ㊞ (전화 :)
주 소

지방법원 등기소 귀중</td></tr>
</table>

[신청서 작성요령 및 등기수입증지 첨부란]

1. 해당란이 부족할 때에는 별지를 이용합니다.
1. 해당 등기신청과 관계없는 사항에 대하여는 “해당없음”으로 기재하거나 삭제하고, 필요한 사항은 추가 기재합니다.
1. 등기신청수수료 상당의 대법원등기수입증지를 이 난에 붙입니다.

(용지규격 21㎝×29.7㎝)

[서식] 위 임 장

위　　임　　장

변호사 000
OO시 OO구 OO로 OO(OO동)
전화 : OOO-OOO, 팩스 : OOO-OOO

위 사람을 대리인으로 정하고 다음사항의 권한을 위임한다.

다　　음

1. OO신용협동조합 설립등기신청서의 작성 및 제출하는 행위
1. 등기신청의 취하에 관한 행위
1. OOO의 원본환부 및 수령하는 행위
1. 기타 이에 부수되는 일체의 행위

20OO년 O월 O일

위임인 OO신용협동조합
OO시 OO구 OO로 OO(OO동)
이사장 O O O (인)

[서식] 창립총회의사록

창 립 총 회 의 사 록

2000년 0월 0일 00시 00분, 00시 00구 00로 00(00동) 00신용협동조합 창립사무소에서 창립총회를 개최하다.

발 기 인 : 000, 000, 000, 000, 000
출석발기인 : 발기인 전원

발기인 대표 000는 위와 같이 발기인 전원이 출석하여 본 총회가 적법하게 성립되었음을 알리고 회의 진행상 임시의장을 선임하여 줄 것을 요청한 바, 발기인 전원일치 합의로 발기인 000를 임시의장으로 선임하고, 동인은 즉석에서 그 취임을 승낙하고 개회를 선언한 후 다음의 의안에 관하여 심의를 요청하다.

제1호 의 안 창립사항 보고의 건

의장은 발기인을 대표하여 본 조합의 설립에 관하여 조합설립의 발기로부터 본 창립총회 개최에 이르기까지의 결과를 상세히 보고하고 의견을 물은 바, 전원 이의 없이 만장일치로 이를 원안대로 승인하다.

제2호 의 안 정관 승인의 건

의장은 발기인이 작성한 정관의 내용을 상세히 축조 설명하고 그 승인을 구한 바, 전원 이의 없이 만장일치로 이를 원안대로 승인 가결하다.

제3호 의 안 사업계획책정의 건

의장은 발기인이 작성한 사업계획서의 주요내용을 설명하고 원안대로 사업계획서를 책정하여 줄 것을 요구한 바, 전원 이의 없이 만장일치로 이를 승인 가결하다.

제4호 의 안 임원 선임의 건

의장은 정관에 정하여진 이사장, 이사, 감사 등 임원의 선임방법을 물은 바, 발기인 전원일치로 무기명 비밀투표로 선임하기로 합의되어 그에 따라 투표한 결과 다음 사람이 임원으로 선출되다.

이 사 장　○ ○ ○
부이사장　○ ○ ○
이　　사　○ ○ ○, ○ ○ ○, ○ ○ ○
감　　사　○ ○ ○, ○ ○ ○

위 피선자들은 즉석에서 각 그 직에 취임할 것을 승낙하다.

제5호 의 안　출자금 납입의 건

의장은 본 조합의 설립당시의 출자납입에 대하여 심의를 요청한 바, 별첨 출자자산 내역표와 같이 납입키로 전원일치 합의로 승인 가결하다.

제6호 의 안　주사무소 지정의 건

의장은 본 조합의 주사무소를 설치할 장소를 결정하자고 제의한 바, 전원일치된 의견으로 다음의 장소에 주사무소를 설치하기로 가결하다.

주사무소 : OO시 OO구 OO로 OO(OO동)

의장은 이상으로서 회의목적인 의안 전부를 심의를 종료하였으므로 폐회를 선언하다(회의종료시간 : OO시 OO분).

위 의사의 경과와 결의를 명확히 하기 위하여 이 의사록을 작성하여 의장과 출석한 이사가 다음과 같이 기명날인하다.

2000년 0월 0일

OO신용협동조합
OO시 OO구 OO로 OO(OO동)

의장겸 발기인　성　　명　: ○　○　○ ㊞
주민등록번호　: 000000-0000000
주　　소　: OO시 OO구 OO로 OO(OO동)

발기인　성　　명　: ○　○　○ ㊞

주민등록번호 : 000000-0000000
주 소 : OO시 OO구 OO로 OO(OO동)

발기인 성 명 : O O O ㊞
주민등록번호 : 000000-0000000
주 소 : OO시 OO구 OO로 OO(OO동)

벌기인 성 명 : O O O ㊞
주민등록번호 : 000000-0000000
주 소 : OO시 OO구 OO로 OO(OO동)

발기인 성 명 : O O O ㊞
주민등록번호 : 000000-0000000
주 소 : OO시 OO구 OO로 OO(OO동)

[서식] 취임승낙서

취 임 승 낙 서

본인은 20OO년 O월 O일 귀 조합의 창립총회에서 이사장(또는 이사, 감사)로 선임되었으므로 그 취임을 승낙합니다.

20OO년 O월 O일

이사장 O O O (인)
(000000-0000000)
OO시 OO구 OO로 OO(OO동)

O O 신용협동조합 귀중

[서식] 인감신고서

인감 · 개인(改印) 신고서

(신고하는 인감날인란) (인감제출자에 관한 사항)

<table>
<tr><td colspan="2">상호(명 칭)</td><td>OO신용협동조합</td><td>등기번호</td><td></td></tr>
<tr><td colspan="2">본점(주사무소)</td><td colspan="3">OO시 OO구 OO로 OO(OO동)</td></tr>
<tr><td rowspan="3">인감제출자</td><td>자격/성명</td><td colspan="3">이사장 O O O</td></tr>
<tr><td>주민등록번호</td><td colspan="3">OOOOOO-OOOOOOO</td></tr>
<tr><td>주 소</td><td colspan="3">OO시 OO구 OO로 OO(OO동)</td></tr>
</table>

␣ 위와 같이 인감을 신고합니다.
␣ 위와 같이 개인(改印)하였음을 신고합니다.

년 월 일 (인감 날인란)

신고인 본 인 성 명 (인)
대리인 성 명 (인)

지방법원 등기소 귀중

주 1. 인감 날인란에는 「인감증명법」에 의하여 신고한 인감을 날인하고 그 인감증명서(발행일로부터 3개월 이내의 것)를 첨부하여야 합니다. 개인(改印)신고의 경우, 개인 인감을 날인하는 대신에 등기소에 신고한 유효한 종전 인감을 날인하여도 됩니다.
2. 인감 · 개인신고서에는 신고하는 인감을 날인한 인감대지를 첨부하여야 합니다.
3. 지배인이 인감을 신고하는 경우에는 인감제출자의 주소란에 지배인을 둔 장소를 기재하고, 「상업등기규칙」 제36조제4항의 보증서면(영업주가 등기소에 신고한 인감 날인)을 첨부하여야 합니다. 위 보증서면은 아래의 보증서면란에 기재하는 것으로 갈음할 수 있습니다.

보 증 서 면	
위 신고하는 인감은 지배인 OOO의 인감임이 틀림없음을 보증합니다. 대표이사 (법인인감)	
위 임 장 성 명 : 주민등록번호(–) 주 소 : 위의 사람에게, 위 인감신고 또는 개인신고에 관한 일체의 권한을 위임함. 20 년 월 일 인감(개인) 신고인 성 명 (인)	

[서식] 인감대지

인 감 대 지

	신고하는 인감날인란	상 호(명 칭) : OO신용협동조합 자격 및 성명 : 이사장 O O O 주민등록번호 : OOOOOO-OOOOOOO

[서식] 인감카드 등 (재)발급신청서

인감카드 등 (재)발급신청서

(인감제출자에 관한 사항)

<table>
<tr><td colspan="2">상호(명칭)</td><td></td><td>등기번호</td><td></td></tr>
<tr><td colspan="2">본점(주사무소)</td><td colspan="3"></td></tr>
<tr><td rowspan="2">인감
제출자</td><td>자격 / 성명</td><td colspan="3"></td></tr>
<tr><td>주민등록번호</td><td colspan="3"></td></tr>
</table>

<table>
<tr><td>발급사유</td><td colspan="3">␣ 최초발급 ␣ 카드분실 ␣ 카드훼손 ␣ 인감증명서발급기능
␣ 기타 ( )</td></tr>
<tr><td>매체구분</td><td>␣ 인감카드 ␣ HSM USB</td><td>인감카드 비밀번호</td><td></td></tr>
</table>

위와 같이 인감카드 등의 (재)발급을 신청합니다.

년 월 일

신청인 인감제출자 (본 인) 성 명 (인) (전화 :)
(대리인) 성 명 (인) (전화 :)

지방법원 등기소 귀중

접수번호		인감카드번호	

- 대법원수입증지를 붙이는 란 -

주 1. 인감카드 비밀번호란에는 (재)발급받아 사용할 인감카드의 비밀번호를 기재하며, 아라비아숫자 6자릿수를 기재하여야 합니다. 비밀번호는 인감카드와 함께 인감증명서의 발급을 신청할 권한이 있는 것으로 보게 되는 중요한 자료이므로 권한이 없는 사람이 알지 못하도록 주의하시기 바랍니다.

2. 인감카드의 재발급을 신청할 때에는 「등기부 등 · 초본 등 수수료규칙」 제5조의7에 의하여 5,000원 상당의 대법원수입증지를 이 란에 붙여야 합니다. 다만, 인감카드를 반납할 때에는 붙일 필요가 없습니다.

위 임 장

성 명 : 주민등록번호(-)

주 소 :

위의 사람에게, 위 (재)발급신청서에 기재된 인감카드 등의 발급신청과 그 수령 등에 관한 일체의 권한을 위임함.

2000년 0월 0일

인감신고인 성 명 (인)

제3절 신용협동조합 변경

[서식] 신용협동조합 변경등기신청서(이사,감사 변경)

신용협동조합 변경등기신청

접수	년 월 일	처리인	접 수	조 사	기 입	교 합	각종통지
	제 호						

명 칭	○○신용협동조합	등기번호	제○○○○호
주 사 무 소	OO시 OO구 OO로 OO(OO동)		
등기의 목적	이사변경등기		
등기의 사유	이사(감사) ○○○은 20○○년 ○월 ○일 사망(사임)하고 20○○년 ○월 ○일 다음 사람이 정기총회에서 이사에 선임되어 같은 날 취임하였으므로 그 등기를 구함.		
주사무소/분사무소 신청구분	1.주사무소 신청 □	2.분사무소 신청 □	3.주·분사무소 일괄신청 □

등 기 할 사 항

이사 ○ ○ ○ 20○○. ○. ○. 사임
감사 ○ ○ ○ 20○○. ○. ○. 사임
이사 ○ ○ ○ (OOOOOO-OOOOOOO)
20○○. ○. ○. 취임
감사 ○ ○ ○ (OOOOOO-OOOOOOO)
20○○. ○. ○. 취임

신청등기소 및 등록면허세/수수료

순번	신청등기소	구분	등록면허세	지방교육세	세액합계	등기신청수수료

			금 원	금 원	금 원	금 원
합 계						
등기신청수수료 은행수납번호						

첨 부 서 면

1. 정관(필요한 경우) 통 1. 총회(이사회)의사록 통 1. 사임서(인감증명 첨부) 통 1. 취임승낙서(인감증명서 및 주민등록초본 첨부) 통 1. 이사장의 인감신고서와 인감대지 통	1. 이사장의 인감증명서 통 1. 가족관계등록증명서(사망시) 통 1. 재판서등본(파산, 금치산) 통 1. 등록면허세영수필확인서및통지서 통 1. 위임장(대리인이 신청할 경우) 통 〈기 타〉

년 월 일

신청인 명 칭
주사무소
이사장 성 명 ㊞ (전화 :)
주 소
대리인 성 명 ㊞ (전화 :)
주 소

지방법원 등기소 귀중

[신청서 작성요령 및 등기수입증지 첩부란]

1. 해당란이 부족할 때에는 별지를 이용합니다.
1. 해당 등기신청과 관계없는 사항에 대하여는 “해당없음”으로 기재하거나 삭제하고, 필요한 사항은 추가 기재합니다.
1. 등기신청수수료 상당의 대법원등기수입증지를 이 난에 붙입니다.

(용지규격 21㎝×29.7㎝)

[서식] 총회의사록

총 회 의 사 록

2000년 0월 0일 00시 00분, 00시 00구 00로 00(00동) 당 조합 회의실에서 총회를 개최하다.

총조합원수 : 00명 출석조합원수 : 00명

의장인 이사 000는 정관규정에 따라 의장석에 등단하여 위와 같이 법정수에 달하는 조합원이 출석하였으므로 본 총회가 적법히 성립되었음을 알리고 개회를 선언한 후, 다음의 의안을 부의하고 심의를 구하다.

제1호 의 안 이사 보선의 건

의장은 이사 000, 감사사 000은 2000년 0월 0일 사임(사망, 임기만료로 퇴임, 해임, 금치산 또는 파산선고로 퇴임)하였으므로 후임 이사 및 감사를 보선해야 한다는 취지를 설명하고 그 선출방법을 물은 바, 무기명비밀투표로 선출하기로 결의하고 즉시 투표를 실시한 결과 다음과 같이 선출되다.

이사 0 0 0 (000000-0000000)
00시 00구 00로 00(00동)

감사 0 0 0 (000000-0000000)
00시 00구 00로 00(00동)

위 피선자는 즉석에서 그 취임을 승낙하다

의장은 이상으로서 회의목적인 의안 전부의 심의를 종료하였으므로 폐회한다고 선언하다(회의종료시각 : 00시 00분)

위 결의를 명확히 하기 위하여 이 의사록을 작성하고 의장과 출석한 이사가 기명날인하다.

2000년 0월 0일

00신용협동조합

OO시 OO구 OO로 OO(OO동)

의장겸 이사장 O O O (인)

조합원 O O O (인)

조합원 O O O (인)

조합원 O O O (인)

조합원 O O O (인)

(이하 생략)

[서식] 사 임 서

사 임 서

본인은 귀 조합의 이사인 바, 이번에 일신상의 형편에 의하여 그 직을 사임합니다.

20OO년 O월 O일

이사 O O O (인)

OO신용협동조합 귀중

※ 인감을 찍고 그 인감증명을 첨부 한다.

[서식] 사 임 서

사 임 서
본인은 귀 조합의 감사인 바, 이번에 일신상의 형편에 의하여 그 직을 사임합니다.
2000년 0월 0일
감사 0 0 0 (인)
00신용협동조합 귀중

※ 인감을 찍고 그 인감증명을 첨부 한다.

[서식] 취임승낙서

취 임 승 낙 서
본인은 2000년 0월 0일 총회에서 이사(또는감사)로 선임되었으므로 그 취임을 승낙합니다.
2000년 0월 0일
이사(감사) 0 0 0 (인)
00신용협동조합 귀중

※ 인감을 찍고 그 인감증명과 주민등록등(초)을 첨부한다.

[서식] 신용협동조합 변경등기신청서

신용협동조합 변경등기신청

접수	년 월 일	처리인	접 수	조 사	기 입	교 합	각종통지
	제 호						

명 칭	○○신용협동조합	등기번호	제○○○○호
주 사 무 소	OO시 OO구 OO로 OO(OO동)		
등기의 목적	출자 1좌의 금액 및 그 납입방법의 변경등기		
등기의 사유	20○○년 ○월 ○일 총회에서 정관변경을 결의하고 20○○년 ○월 ○일 중앙회장의 승인을 받아 출자 1좌의 금액 및 그 납입방법을 다음과 같이 변경하였으므로 그 등기를 구함.		
인가서도착연월일	20○○년 ○월 ○일		
주사무소/분사무소 신청구분	1. 주사무소 신청 ☐ 2. 분사무소 신청 ☐ 3. 주 · 분사무소 일괄신청 ☐		

등 기 할 사 항

출자 1좌의 금액 : 금 ○○○○○원
출자납입방법 : 1. ○○○○○○○○○
2. ○○○○○○○○○
3. ○○○○○○○○○

20○○. ○. ○. 변경

신청등기소 및 등록면허세/수수료

순번	신청등기소	구분	등록면허세	지방교육세	세액합계	등기신청수수료
			금 원	금 원	금 원	금 원
합 계						
등기신청수수료 은행수납번호						

<table>
<tr><td colspan="2" align="center">첨 부 서 면</td></tr>
<tr><td>1. 총회의사록 통
1. 정관변경승인서(또는 승인서 등본) 통</td><td>1. 등록면허세영수필확인서및통지서 통
1. 위임장(대리인이 신청할 경우) 통
〈기 타〉</td></tr>
<tr><td colspan="2">년 월 일

신청인 명 칭
주사무소
이사장 성 명 ㉞ (전화 :)
주 소
대리인 성 명 ㉞ (전화 :)
주 소

지방법원 등기소 귀중</td></tr>
</table>

[신청서 작성요령 및 등기수입증지 첨부란]

1. 해당란이 부족할 때에는 별지를 이용합니다.
1. 해당 등기신청과 관계없는 사항에 대하여는 “해당없음”으로 기재하거나 삭제하고, 필요한 사항은 추가 기재합니다.
1. 등기신청수수료 상당의 대법원등기수입증지를 이 난에 붙입니다.

(용지규격 21㎝×29.7㎝)

[서식] 조합임시총회의사록

조합임시총회의사록

2000년 0월 0일 00시 00분, 00시 00구 00로 00(00동) 당 조합 회의실에서 임시총회를 개최하다.

총조합원수 : 00명　　　출석조합원수 : 00명

의장인 이사장 000은 정관규정에 따라 의장석에 등단하여 위와 같이 법정수에 달하는 조합원이 출석하였으므로 본 총회가 적법히 성립되었음을 알리고 개회를 선언한 후, 다음의 의안을 부의하고 심의를 구하다.

제1호　의 안　출자 1좌의 금액 및 그 납입방법 변경의 건

의장은 당 조합의 출자 1좌의 금액 금 00000원을 금 00000원으로 감소해야 할 형편을 상세히 설명하고 그 가부를 물은 바 전원 이의 없이 찬성하여 만장일치로 그를 승인 가결하다.

출자 1좌의 금액 : 금 00000원
납입방법 : 000000000

제2호　의 안　정관변경의 건

의장은 위 출자 1좌의 금액과 그 납입방법의 변경에 수반하여 현행 정관 제0조와 제0조를 다음과 같이 변경해야 한다는 취지를 설명하고 그 가부를 물은 바 전원 이의 없이 그와 같이 변경할 것을 만장일치로 승인 가결하다.

제0조(출자금액)　당 조합의 출자 1좌의 금액은 금 00000원으로 한다.
제0조(출자방법의 납입방법과 시기)　000000000

의장은 이상으로서 회의목적인 의안 전부의 심의를 종료하였으므로 폐회한다고 선언하다(회의종료시각 : 00시 00분)

위 결의를 명확히 하기 위하여 이 의사록을 작성하고 의장과 출석한 이사가 기명날인하다.

2000년　0월　0일

OO신용협동조합

OO시 OO구 OO로 OO(OO동)

의장겸 이사장 O O O (인)

조합원 O O O (인)

조합원 O O O (인)

조합원 O O O (인)

조합원 O O O (인)

(이하 생략)

[서식] 신용협동조합 해산 및 청산인취임등기신청서

신용협동조합 해산 및 청산인 선임등기신청

접수	년 월 일	처리인	접 수	조 사	기 입	교 합	각종통지
	제 호						

명 칭	ㅇㅇ신용협동조합	등기번호	제ㅇㅇㅇㅇ호
주 사 무 소	OO시 OO구 OO로 OO(OO동)		
등기의 목적	신용협동조합 해산 및 청산인선임등기		
등기의 사유	1) 20ㅇㅇ년 ㅇ월 ㅇ일 임시총회 결의에 의하여 해산하였으므로 그 등기를 구하고 2) 20ㅇㅇ년 ㅇ월 ㅇ일 청산인회결의로 이사였던 사람들이 20ㅇㅇ년 ㅇ월 ㅇ일 청산인 및 대표 청산인에 취임하였으므로 다음과 같이 등기를 구함.		
인가서도착연월일			
주사무소/분사무소 신청구분	1.주사무소 신청 □ 2.분사무소 신청 □ 3.주 · 분사무소 일괄신청 □		

등 기 할 사 항

해산사유	20ㅇㅇ년 ㅇ월 ㅇ일 임시총회에서 해산결의
청산인의 성명,주민번호 및 취임연월일	청산인 000(000000-0000000) 20ㅇㅇ년 ㅇ월 ㅇ일 취임 청산인 000(000000-0000000) 20ㅇㅇ년 ㅇ월 ㅇ일 취임 청산인 000(000000-0000000) 20ㅇㅇ년 ㅇ월 ㅇ일 취임
대표청산인의 성명,주민번호 및 취임연월일	청산인 000(000000-0000000) 서울 00구 00동 00, 00동 00호 20ㅇㅇ년 ㅇ월 ㅇ일 취임

신청등기소 및 등록면허세/수수료

순번	신청등기소	구분	등록면허세	지방교육세	세액합계	등기신청수수료
			금 원	금 원	금 원	금 원
합 계						
등기신청수수료 은행수납번호						

<table>
<tr><th colspan="2">첨 부 서 면</th></tr>
<tr><td>1청산인회의사록 통
1. 정관 통
1. 취임승낙서 통</td><td>1. 등록면허세영수필확인서및통지서 통
1. 위임장(대리인이 신청할 경우) 통
〈기 타〉</td></tr>
<tr><td colspan="2">년 월 일

신청인 명 칭
주사무소
이사장 성 명 ㊞ (전화 :)
주 소
대리인 성 명 ㊞ (전화 :)
주 소

지방법원 등기소 귀중</td></tr>
</table>

[신청서 작성요령 및 등기수입증지 첨부란]

1. 해당란이 부족할 때에는 별지를 이용합니다.
1. 해당 등기신청과 관계없는 사항에 대하여는 "해당없음"으로 기재하거나 삭제하고, 필요한 사항은 추가 기재합니다.
1. 등기신청수수료 상당의 대법원등기수입증지를 이 난에 붙입니다.

(용지규격 21㎝×29.7㎝)

[서식] 조합임시총회의사록

임시총회의사록

2000년 0월 0일 00시 00분, 00시 00구 00로 00(00동) 당 조합 회의실에서 임시총회를 개최하다.

총조합원수 : OO명　　　출석조합원수 : OO명

의장인 이사장 OOO은 정관규정에 따라 의장석에 등단하여 위와 같이 법정수에 달하는 조합원이 출석하였으므로 본 총회가 적법히 성립되었음을 알리고 개회를 선언한 후, 다음의 의안을 부의하고 심의를 구하다.

제1호　의 안　조합해산의 건
의장은 당 조합이 소수 조합원으로 구성된 어려움에 대해 이야기하고 조합원들의 의견제안을 묻고 조합해산을 상세히 설명하고 그 가부를 물은 바 전원 이의 없이 찬성하여 만장일치로 그를 승인 가결하다.

제2호　의 안　청산인 선임의 건
의장은 조합해산의 안이 가결된 바, 청산인을 선임 해야 한다는 취지를 설명하고 그 선출방법을 물은 바, 무기명비밀투표로 선출하기로 결의하고 즉시 투표를 실시한 결과 다음과 같이 선출되다.

청산인　O　O　O (000000-0000000)
OO시 OO구 OO로 OO(OO동)

청산인　O　O　O (000000-0000000)
OO시 OO구 OO로 OO(OO동)

위 피선자는 즉석에서 그 취임을 승낙하다

의장은 이상으로서 회의목적인 의안 전부의 심의를 종료하였으므로 폐회한다고 선언하다(회의종료시각 : OO시 OO분)

위 결의를 명확히 하기 위하여 이 의사록을 작성하고 의장과 출석한 이사가 기명날인하다.

2000년 0월 0일

OO신용협동조합
OO시 OO구 OO로 OO(OO동)
의장겸 이사장 O O O (인)
조합원 O O O (인)
조합원 O O O (인)
조합원 O O O (인)
조합원 O O O (인)
(이하 생략)

제7장 농업협동조합

제1절 총 설

1. 의의

농업협동조합이라 함은 농업인의 자주적인 협동조직을 바탕으로 농업인의 경제적 ·사회적·문화적 지위의 향상과 농업의 경쟁력강화를 통하여 농업인의 삶의 질을 높이고, 국민경제의 균형있는 발전에 이바지함을 목적으로 하여 설립된 특수법인체이다. 농업인이 모여 협동을 통하여 경제적 이익을 얻고 자신의 권리를 지켜나가기 위하여 만든 농업생산자 단체로 농업 및 생활자재 구입, 농산물 판매, 필요자금 조달 등 가입 조합원의 경제활동과 관련된 사업을 하고 있다. 농업협동조합법에서의 조합이란 지역조합과 품목조합을 말하고, 지역조합이란 지역농업협동조합과 지역축산업협동조합을 말한다. 지역조합은 지역명을 붙이거나 지역의 특성을 나타내는 농업협동조합 또는 축산업협동조합의 명칭을, 품목조합은 지역명과 품목명 또는 업종명을 붙인 협동조합의 명칭을, 중앙회는 농업협동조합중앙회의 명칭을 각각 사용 한다.

2. 명칭

품목조합연합회는 그 명칭 중에 품목명이나 업종명을 붙인 연합회라는 명칭을 사용하여야 하며, 농업협동조합법에 의하여 설립된 자가 아니면 품목명이나 업종명을 붙인 연합회의 명칭이나 이와 유사한 명칭을 사용하지 못하고, 농업협동조합법에 의하여 설립된 조합과 중앙회가 아니면 지역조합 또는 품목조합, 농업협동조합중앙회 등의 명칭 또는 이와 유사한 명칭을 사용하지 못한다.

3. 조합원

1) 조합원의 자격

지역농업협동조합의 조합원은 지역농협의 구역에 주소, 거소나 사업장이 있는 농업인이어야 한다. 농업인의 범위는 다음과 같다

1. 1천제곱미터 이상의 농지를 경영하거나 경작하는 자
2. 1년 중 90일 이상 농업에 종사하는 자

3. 누에씨 0.5상자[2만립(粒) 기준상자]분 이상의 누에를 사육하는 자
4. 별표 1에 따른 기준 이상의 가축을 사육하는 자와 그 밖에 「축산법」 제2조제1호에 따른 가축으로서 농림축산식품부장관이 정하여 고시하는 기준 이상을 사육하는 자
5. 농지에서 330제곱미터 이상의 시설을 설치하고 원예작물을 재배하는 자
6. 660제곱미터 이상의 농지에서 채소 · 과수 또는 화훼를 재배하는 자

2) 조합원의 가입

조합원은 지역농협의 구역에 주소, 거소(居所)나 사업장이 있는 농업인이어야 하며, 둘 이상의 지역농협에 가입할 수 없다. 그러나 조합원은 해당 지역농협에 가입한 지 1년 6개월 이 지난경우에는 같은 구역에 설립된 다른 지역농협에 가입할 수 있다. 지역농협은 정당한 사유 없이 조합원 자격을 갖추고 있는 자의 가입을 거절하거나 다른 조합원보다 불리한 가입 조건을 달 수 없다.

3) 준조합원

지역농협은 정관으로 정하는 바에 따라 지역농협의 구역에 주소나 거소를 둔 자로서 그 지역농협의 사업을 이용함이 적당하다고 인정되는 자를 준조합원으로 할 수 있다.

4) 조합원의 탈퇴

조합원은 지역농협에 탈퇴 의사를 알리고 탈퇴할 수 있으며, 조합원의 자격이 없는 경우, 사망한 경우, 파산한 경우, 성년후견개시의 심판을 받은 경우, 조합원인 법인이 해산한 경우 당연히 탈퇴된다.

제2절 농업협동조합의 설립등기

1. 농업협동조합의 설립

농업협동조합을 설립하고자 할 때에는 발기인이 발기인회를 개최하고 정관을 작성하고 창립총회의 의결을 거친 후 농림수산식품부장관의 인가를 받아 주된 사무소의 소재지에서 설립등기를 함으로써 성립한다.

1) 발기인회

지역조합, 조합공동사업법인, 품목조합연합회 또는 중앙회를 설립하려는 발기인은 ① 명칭, ② 구역, ③ 조합원 또는 회원의 자격, ④ 조합원 또는 회원의 권리 · 의무, ⑤ 그 밖에 필요한 사항을 기재한 설립준비서를 작성한 후 발기인회를 개최하여야 한다. 발기인회는 정관안과 사업계획서안을 작성하고 가입신청에 관한 사항과 창립총회개최일시 및 장소 등을 결정하여야 한다.

2) 정관의 작성

지역농협을 설립하려면 그 구역에서 20인 이상의 조합원 자격을 가진 자가 발기인이 되어 정관을 작성하여야 한다.

정관이란 법인의 조직과 기본준칙을 기재한 서면으로서 농업협동조합법에 ① 목적, ② 명칭, ③ 구역, ④ 주된 사무소의 소재지, ⑤ 조합원의 자격과 가입, 탈퇴 및 제명에 관한 사항, ⑥ 출자 1좌의 금액과 조합원의 출자좌수 한도 및 납입 방법과 지분 계산에 관한 사항, ⑦ 우선출자에 관한 사항, ⑧ 경비부과와 과태금의 징수에 관한 사항, ⑨ 적립금의 종류와 적립 방법에 관한 사항, ⑩ 잉여금의 처분과 손실금의 처리 방법에 관한 사항, ⑪ 회계연도와 회계에 관한 사항, ⑫ 사업의 종류와 그 집행에 관한 사항, ⑬ 총회나 그 밖의 의결기관과 임원의 정수, 선출 및 해임에 관한 사항, ⑭ 간부직원의 임면에 관한 사항, ⑮ 공고의 방법에 관한 사항, ⑯ 존립시기 또는 해산의 사유를 정한 경우에는 그 시기 또는 사유, ⑰ 설립 후 현물출자를 약정한 경우에는 그 출자 재산의 명칭, 수량, 가격, 출자자의 성명 · 주소와 현금출자 전환 및 환매특약 조건, ⑱ 설립 후 양수를 약정한 재산이 있는 경우에는 그 재산의 명칭, 수량, 가격과 양도인의 성명 · 주소, ⑲ 그 밖에 이 법에서 정관으로 정하도록 한 사항이 있다.

3) 창립총회

정관과 사업계획서를 작성한 후 설립동의자로부터 가입신청서를 받은 다음 설립준비회에서 정한 일시와 장소에서 창립총회를 개최하여 정관과 사업계획서의 승인, 임원선출 그 밖에 필요한 사항을 의결해야 한다. 창립총회에서는 정관 사업계획서 임원의 선출 그 밖에 설립에 필요한 사항의 의결을 받아야 한다. 창립총회의 의사는 개의 전까지 발기인에게 설립동의서를 제출한 자 과반수의 찬성으로 의결한다.

4) 설립인가

조합의 설립인가를 받으려는 자는 설립인가신청서에 정관, 창립총회의사록, 사업계획서, 임원명부, 조합원의 자격과 조합의 설립인가기준에 적합함을 증명할 수 있는 서류, 분할 또는 합병을 의결한 총회의사록 또는 조합원투표록의 서류를 첨부하여 농림축산식품부장관에게 제출하여야 한다. 발기인 중 설립인가의 신청을 할 때 이를 거부하는 자가 있으면 나머지 발기인이 신청서에 그 사유서를 첨부하여 신청하여야 한다. 농림축산식품부장관은 제1항에 따라 지역농협의 설립인가 신청을 받으면 신청일로부터 60일 이내에 인가하여야 한다.

2. 설립등기절차

농업협동조합은 주된 사무소소재지에서 설립등기를 함으로써 성립한다. 지역농협은 출자금의 납입이 끝난 날부터 2주일 이내에 하여야 한다.

1) 등기신청인과 등기기간

지역농협, 지역축협, 품목별조합의 설립등기는 조합장이 신청해야 하며(농협 90조 3항, 107조, 112조), 중앙회의 설립등기는 회장이 신청해야 한다(농협 161조, 90조).
조합(중앙회)의 설립등기의 등기기간은 출자금의 납입이 끝난 날부터 2주일 이내에 하여야 한다(농협 90조 1항, 107조, 112조, 161조). 그러나 조합(중앙회)의 각종 등기기간해태에 관한 아무런 벌칙규정을 두고 있지 않다.

2) 등기사항

조합의 등기사항은 ① 목적, ② 명칭, ③ 구역, ④ 사무소의 소재지, ⑤ 출자총좌수와 납입한 출자의 총액, ⑥ 임원의 성명, 주소와 주민등록번호, ⑦ 존립시기 또는 해산의 사유를 정한 경우에는 그 시기 또는 사유, ⑧ 설립 후 현물출자를 약정한 경우에는 그 출자 재산의 명칭, 수량, 가격, 출자자의 성명 · 주소와 현금출자 전환 및 환매특약 조건, ⑨ 설립 후 양수를 약정한 재산이 있는 경우에는 그 재산의 명칭, 수량, 가격과 양도인의 성명 · 주소, ⑩ 설립인가연월일, ⑪ 설립등기 및 법인설립연월일을 기재해야 한다.

3) 첨부서류 등

설립등기신청서에는 설립인가서, 창립총회의사록, 정관, 출자납입증명서, 임원취임승낙서를 첨부하여야 한다.

(1) 설립인가서

농림수산식품부장관의 인가서를 첨부 한다.

(2) 창립총회의사록

정관과 사업계획서의 승낙을 얻고, 임원의 선출 및 기타 설립에 필요한 사항을 의결한 사항을 증명하는 창립총회의사록을 첨부 한다.

(3) 출자납입증명서

자본금 및 이에 준하는 사항을 등기하여야 할 경우에는 그 납입 또는 급부가 있었음을 증명하는 서면을 첨부하여야 한다. 따라서 이 출자금을 납입한 증명서로서 출자금영수증이나 은행 등 금융기관의 출자금보관증명서를 첨부하여야 한다.

(4) 정관

농업협동조합법 제90조 제4항은 정관의 사본을 설립등기신청서에 첨부하도록 규정하고 있으나, 이는 인증있는 등본을 의미한다고 해석되므로, 정관등본을 첨부하여야 한다.

(5) 임취임승낙서

임원은 총회에서 선출하되, 다만 상임이사는 조합업무에 대한 전문지식과 경험이 풍부한 사람으로서 대통령령으로 정하는 요건에 맞는 사람 중에서 인사추천위원회에서 추천된 사람을 이사회의 의결을 거쳐 총회에서 선출한다.

중앙회의 회장은 조합의 조합원 중에서 선출하고, 사업전담대표이사는 전담사업에 관하여 전문지식과 경험이 풍부한 사람으로서 대통령령으로 정하는 요건에 맞는 사람 중에서 인사추천위원회에서 추천된 사람을 이사회의 의결을 거쳐 총회에서 선출한다.

임원의 취임에는 그 승낙서가 필요하고, 그 승낙을 증명할 수 있는 인감증명을 첨부하여야 한다. 한다.

(6) 주소를 증명하는 서면

임원의 성명과 주민등록번호는 등기사항이므로, 임원의 주민등록번호를 증명하는 서면으로서 주민등록등(초)본 등을 제출하여야 한다.

(7) 대표자의 인감신고서와 인감대지 및 인감증명

(8) 등록면허세 등 납부

조합의 설립 등록면허세는 설립시 자본금의 1,000분의 4이고, 지방교육세는 등록면허세의 100분의 20이다. 설립등기시 자산이 전혀 없다면 112,500원의 등록면허세를 납부한다. 등기신청수수료는 설립의 경우 30,000원(서면방문), 17,000원(전자표준양식), 10,000원(전자신청)이고, 설립과 동시에 분사무소를 설치하는 경우에는 36,000원(서면방문), 21,000원(전자표준양식), 12,000원(전자신청)이다.

[서식] 농업협동조합 설립등기신청서

농업협동조합 설립등기신청

<table>
<tr><td rowspan="2">접
수</td><td>년 월 일</td><td rowspan="2">처
리
인</td><td>접 수</td><td>조 사</td><td>기 입</td><td>교 합</td><td>각종통지</td></tr>
<tr><td>제 호</td><td></td><td></td><td></td><td></td><td></td></tr>
</table>

<table>
<tr><td>등 기 의 목 적</td><td colspan="3">지역농업협동조합 설립</td></tr>
<tr><td>등 기 의 사 유</td><td colspan="3">지역협동조합을 설립하기 위하여 정관을 작성하고 20○○년 ○월 ○일 창립총회의 의결을 거쳐 20○○년 ○월 ○일 농림수산식품부장관의 설립인가를 받고 20○○년 ○월○일 출자금 납입을 완료하였으므로 그 등기를 구함.</td></tr>
<tr><td>설 립 인 가 서
도 착 연 월 일</td><td colspan="3">20○○년 ○월 ○일</td></tr>
<tr><td>주사무소/분사무소
신청구분</td><td>1.주사무소
신청 □</td><td>2.분사무소
신청 □</td><td>3.주 · 분사무소
일괄신청 □</td></tr>
<tr><td colspan="4">등 기 할 사 항</td></tr>
<tr><td>명 칭</td><td colspan="3">○○농업협동조합(○○축산업협동조합, ○○품목조합)</td></tr>
<tr><td>주 사 무 소</td><td colspan="3">OO시 OO구 OO로 OO(OO동)</td></tr>
<tr><td>이사 · 감사의 성명
및 주민 등록번호</td><td colspan="3">별지1과 같음</td></tr>
<tr><td>조합장의 성명 및
주민등록번호, 주소</td><td colspan="3">조합장 ○ ○ ○(OOOOOO-OOOOOOO)
OO시 OO구 OO로 OO(OO동)</td></tr>
<tr><td colspan="4">등 기 할 사 항</td></tr>
<tr><td>목 적</td><td colspan="3">별지2와 같음</td></tr>
</table>

분 사 무 소	OO시 OO구 OO로 OO(OO동) 또는 없음
설립인가연월일	20○○년 ○월 ○일
존립기간 또는 해산사유	해산사유 : 1. 정관으로 정한 해산 사유의 발생 1. 총회의 의결 1. 합병, 분할 1. 설립인가의 취소
총출자좌수와 납입한 총출자액	총출자좌수 : ○○○좌 납입한 출자금총액 : 금 ○○○○○원
구 역	○○시 ○○구 일원
기 타	

신청등기소 및 등록면허세/수수료

순번	신청등기소	구분	등록면허세	지방교육세	세액합계	등기신청수수료
			금 원	금 원	금 원	금 원
합 계						
등기신청수수료 은행수납번호						
과 세 표 준 액			금 원			
첨 부 서 면						

<table>
<tr><td>1. 정관 통
1. 창립총회의사록(조합장 · 이사 · 감사 선임서) 통
1. 설립인가서 통
1. 출자금보관증명서 통
1. 임원 취임승낙서와 인감증명서, 주민등록등(초)본 통</td><td>1. 이사장의 인감신고서(인감대지 포함) 통
1. 이사장의 인감증명서 통
1. 법인인감카드발급신청서 통
1. 등록면허세영수필확인서및통지서 통
1. 위임장(대리인이 신청할 경우) 통</td></tr>
<tr><td colspan="2">년 월 일

신청인 명 칭
주사무소
조합장 성 명 ㊞ (전화 :)
주 소
대리인 성 명 ㊞ (전화 :)
주 소

지방법원 등기소 귀중</td></tr>
</table>

[신청서 작성요령 및 등기수입증지 첨부란]

1. 해당란이 부족할 때에는 별지를 이용합니다.
1. 해당 등기신청과 관계없는 사항에 대하여는 "해당없음"으로 기재하거나 삭제하고, 필요한 사항은 추가 기재합니다.
1. 등기신청수수료 상당의 대법원등기수입증지를 이 난에 붙입니다.

(용지규격 21㎝×29.7㎝)

별지

이사 ○ ○ ○ (OOOOOO-OOOOOOO)
이사 ○ ○ ○ (OOOOOO-OOOOOOO)
이사 ○ ○ ○ (OOOOOO-OOOOOOO)

감사 ○ ○ ○ (OOOOOO-OOOOOOO)
감사 ○ ○ ○ (OOOOOO-OOOOOOO)

[서식] 위 임 장

위　　임　　장

변호사 000
OO시 OO구 OO로 OO(OO동)
전화 : OOO-OOO, 팩스 : OOO-OOO

위 사람을 대리인으로 정하고 다음사항의 권한을 위임한다.

다　　　음

1. OO농업협동조합 설립등기신청서의 작성 및 제출하는 행위
1. 등기신청의 취하에 관한 행위
1. OOO의 원본환부 및 수령하는 행위
1. 기타 이에 부수되는 일체의 행위

2000년 O월 O일

위임인 OO농업협동조합
OO시 OO구 OO로 OO(OO동)
조합장 O O O (인)

지역농업협동조합정관

소관부서 : 기획실(T:5137)
제정 2000. 6.10. 농림부고시 제2000-48호
개정 2001. 3.13. 농림부고시 제2001-14호
개정 2003. 2. 5. 농림부고시 제2003- 5호
개정 2003. 3.11. 농림부고시 제2003-11호
전문개정 2005. 6.14. 농림부고시 제2005-42호
개정 2005.10.18. 농림부고시 제2005-71호
개정 2007.11.16. 농림부고시 제2007-74호
개정 2009.11.11. 농림수산식품부고시 제2009-394호
개정 2012. 2.13. 농림수산식품부고시 제2012- 16호
개정 2012.11.20. 농림수산식품부고시 제2012-273호
개정 2013.10. 7. 농림축산식품부고시 제2013-268호
개정 2014.11.12. 농림축산식품부고시 제2014- 98호
개정 2015. 6.17. 농림축산식품부고시 제2015- 37호
개정 2017.12.26. 농림축산식품부고시 제2017-119호

제1편 총 칙

제1조(명칭) 우리 조합은 정안농업협동조합이라 한다.

제2조(목적) 우리 조합은 조합원의 농업생산성을 높이고 조합원이 생산한 농산물의 판로확대 및 유통원활화를 도모하며, 조합원이 필요로 하는 기술 · 자금 · 자재 및 정보 등을 제공함으로써 조합원의 경제적 · 사회적 · 문화적 지위를 향상시킴을 목적으로 한다.

제3조(사무소의 소재지) 우리 조합의 주된 사무소는 충청남도 공주시 정안면에 두며, 규정이 정하는 바에 따라 필요한 곳에 지사무소를 둘 수 있다.

제4조(구역) 우리 조합의 구역은 공주시 정안면 일원으로 한다.

제5조(사업의 종류) ① 조합은 다음 각 호의 사업을 수행한다.

1. 교육 · 지원사업

가. 조합원이 생산한 농산물의 공동출하와 판매를 위한 교육 · 지원

나. 농업생산의 증진과 경영능력의 향상을 위한 상담 및 교육훈련

다. 농업 및 농촌생활관련 정보의 수집 및 제공

라. 주거 및 생활환경 개선과 문화향상을 위한 교육 · 지원

마. 도시와의 교류촉진을 위한 사업

바. 신품종의 개발, 보급 및 농업기술의 확산을 위한 시범포, 육묘장, 연구소의 운영

사. 농촌 및 농업인의 정보화지원

아. 귀농인 · 귀촌인의 농업경영 및 농촌생활 정착을 위한 교육 · 지원

자. 조합의 사업수행과 관련한 교육 및 홍보

2. 경제사업

가. 조합원이 생산하는 물자의 제조 · 가공 · 판매 · 수출 등의 사업

나. 조합원의 사업과 생활에 필요한 물자의 구입 · 제조 · 가공 · 공급 등의 사업

다. 조합원이 생산한 농산물의 유통조절 및 비축사업

라. 조합원의 사업이나 생활에 필요한 공동이용시설의 운영 및 기자재의 임대사업

마. 조합원의 노동력이나 농촌의 부존자원을 활용한 가공사업 · 관광사업 등 농외소득증대사업

바. 농지의 매매 · 임대차 · 교환의 중개

사. 위탁영농사업

아. 농업노동력의 알선 및 제공

자. 농촌형 주택보급 등 농촌주택사업

차. 보관사업

카. 조합원과 출자법인의 경제사업의 조성, 지원 및 지도

3. 신용사업

가. 조합원으로부터의 예금과 적금의 수납

나. 조합원에 대한 자금의 대출

다. 내국환

라. 어음할인

마. 국가 · 공공단체 및 금융기관의 업무 대리

바. 조합원을 위한 유가증권 · 귀금속 · 중요물품의 보관 등 보호예수업무

사. 공과금, 관리비 등의 수납 및 지급대행

아. 수입인지, 복권, 상품권의 판매대행

4. 금융기관보험대리점사업
5. 복지후생사업
가. 복지시설의 설치 및 관리
나. 장제사업
다. 의료지원사업
6. 다른 경제단체 · 사회단체 및 문화단체와의 교류 · 협력
7. 국가, 공공단체, 농업협동조합중앙회(이하 "중앙회"라 한다), 농협경제지주회사 및 그 자회사, 농협은행 또는 다른 조합이 위탁 하는 사업
8. 다른 법령에서 조합의 사업으로 규정하는 사업
9. 제1호부터 제8호까지의 사업과 관련되는 부대사업(조합이 보유하는 자산의 임대를 포함한다)

② 조합은 제1항의 사업을 수행하기 위하여 필요한 때에는 다른 조합, 중앙회 또는 농협경제지주회사 및 그 자회사와의 공동사업 및 대리 업무를 할 수 있다.

③ 조합이 제1항의 사업을 수행하기 위하여 출자하거나 출연한 법인의 농업협동조합법 제3조제1항에 따른 명칭이나 이와 유사한 명칭 사용을 승인하기 위하여 필요한 사항은 규정으로 정한다.

제5조의2(농산물 판매활성화) ① 조합은 조합원이 생산한 농산물의 효율적인 판매를 위하여 다음 각 호의 사항을 추진하여야 한다.
1. 다른 조합, 중앙회, 농협경제지주회사 및 그 자회사와의 공동사업
2. 농산물의 계약재배 및 판매 등에 관한 규정의 제정 및 개정
3. 그 밖에 거래처 확보 등 농산물의 판매활성화 사업에 필요한 사항

② 조합은 제1항에 따른 사업수행에 필요한 경우 농협경제지주회사 및 그 자회사에 농산물의 판매위탁을 요청할 수 있다.

제6조(손실보전자금 등의 조성 · 운용) ① 조합은 제5조제1항의 사업을 수행하기 위하여 사업손실보전자금 및 대손보전자금을 조성 · 운용할 수 있다.

② 조합은 조합원이나 조합공동사업법인이 생산한 농산물 및 그 가공품등의 원활한 유통을 지원하기 위하여 유통지원자금을 조성 · 운용할 수 있다.

③ 제1항 및 제2항의 자금의 조성 · 운용 및 관리 등에 관하여 필요한 사항은 규정으로 정한다.

④ 조합은 중앙회가 회원의 균형있는 발전을 위하여 사업손실보전자금, 대손보전자금, 조합상호지원자금 및 조합합병지원자금을 조성하는 경우에는 중앙회장이 정하는 바에 따라 자금을

출연한다.

제7조(공고방법) 조합의 공고는 주된 사무소의 게시판(지사무소의 게시판을 포함한다)과 인터넷 홈페이지(홈페이지를 운영하는 조합에 한한다)에 게시하며, 필요하다고 인정하는 때에는 서면으로 조합원에게 통지한다.

제8조(통지 또는 최고방법) 조합의 조합원에 대한 통지나 최고는 조합원명부에 적힌 조합원의 주소로 한다. 다만, 조합원이 따로 조합에 연락처를 통지하였을 경우에는 이에 따른다.

제2편 조 합 원

제9조(조합원) ① 우리 조합의 조합원은 다음 각 호의 어느 하나에 해당하는 자로 한다.

1. 조합의 구역에 주소, 거소나 사업장이 있는 자로서 농업협동조합법(이하 "법"이라 한다) 제19조제4항에 따른 농업인의 범위에 해당하는 자
2. 「농어업경영체 육성 및 지원에 관한 법률」 제16조와 제19조에 따른 영농조합법인 및 농업회사법인으로서 그 주된 사무소를 조합의 구역에 두고 농업을 경영하는 법인

② 조합원은 다른 지역농협의 조합원으로 가입할 수 없다.

제10조(가입) ① 우리 조합에 가입하고자 하는 자는 다음 사항을 적은 가입신청서를 조합에 제출한다.

1. 성명 · 주민등록번호 · 주소
2. 가구원수
3. 인수하고자 하는 출자좌수
4. 경작면적과 주 작물명 등 조합원자격에 해당하는 사항
5. 조합운영 참여 및 사업이용 동의

② 우리 조합에 가입하고자 하는 법인은 다음 사항을 적은 가입신청서에 법인정관과 가입을 의결한 총회의사록, 사업계획서, 재무상태표 및 손익계산서를 붙여 조합에 제출한다.

1. 법인의 명칭 · 법인등록번호 · 주된 사무소의 소재지, 대표자의 성명 · 생년월일 및 주소
2. 구성원수
3. 인수하고자 하는 출자좌수
4. 주된 사업의 종류
5. 조합운영 참여 및 사업이용 동의

③ 조합은 제1항 또는 제2항에 따른 신청서를 접수하였을 때에는 이사회에 부의하여 조합원으

로서의 자격유무를 심사하고, 가입 승낙여부를 서면으로 가입신청자에게 통지한다.

④ 조합은 정당한 사유 없이 조합원 자격을 갖추고 있는 자의 가입을 거절하거나 다른 조합원보다 불리한 가입 조건을 달 수 없다. 다만, 제명된 후 2년이 지나지 아니한 자에 대하여는 가입을 거절할 수 있다.

⑤ 제9조제1항제1호에 따른 조합원은 조합에 가입한 지 1년 6개월 이내에는 같은 구역에 설립된 다른 지역농협에 가입할 수 없다.

⑥ 가입신청자는 제1회의 출자를 납입함으로써 조합원이 되며, 조합은 조합원의 성명과 주소 또는 거소 및 가입연월일을 조합원명부에 적는다.

제11조(탈퇴) ① 조합원은 조합에 탈퇴의사를 알리고 탈퇴할 수 있다.

② 조합원이 다음 각 호의 어느 하나에 해당하면 당연히 탈퇴된다.

1. 조합원의 자격이 없는 경우
2. 사망한 경우
3. 파산한 경우
4. 성년후견개시의 심판을 받은 경우
5. 조합원인 법인이 해산한 경우

③ 조합원이 다음 각 호의 어느 하나에 해당할 경우에는 「농업협동조합법 시행령」(이하 "영"이라 한다) 제4조제1항에서 정하는 조합원의 자격요건인 농업인의 범위를 충족하는 것으로 인정할 수 있다. 이 경우 제5항에 따라 조합원의 전부 또는 일부를 대상으로 제2항제1호를 확인할 경우에 적용하며 그 기간은 다음 각 호의 사유가 발생한 날로부터 1년을 초과하지 아니한다.

1. 영 제4조제1항제1호 및 제3호부터 제6호까지에 따른 농지 또는 농업 · 축산업 경영에 사용되는 토지 · 건물 등 시설물의 수용 및 일시적인 매매
2. 영 제4조제1항제3호 · 제4호에 따른 가축의 일시적인 매매 및 「가축전염병 예방법」 제20조에 따른 가축의 살처분
3. 그 밖에 천재지변 등 불가피한 사유로 영 제4조제1항의 조합원의 자격요건인 농업인의 범위를 충족하지 못하는 경우

④ 법인인 조합원이 탈퇴하고자 하는 때에는 탈퇴를 의결한 총회의사록을 첨부하여 조합에 탈퇴의사를 알린다.

⑤ 조합의 이사회는 조합원의 전부 또는 일부를 대상으로 제2항 각 호의 어느 하나에 해당하는지를 확인한다. 이 경우 조합원 전부를 대상으로 하는 확인은 매년 1회이상 실시하여야 한다.

제12조(제명) ① 조합은 조합원이 다음 각 호의 어느 하나에 해당하면 총회의 의결을 거쳐 제명할 수 있다.

1. 1년이상 조합의 사업을 이용하지 아니한 경우
2. 2년 이상 제5조제1항제2호의 경제사업을 이용하지 아니한 경우. 다만, 다음 각 목의 어느 하나에 해당하는 사유로 경제사업을 이용하지 아니한 경우에는 그러하지 아니하다.
   가. 영 제4조제1항제2호의 자격기준(1년 중 90일 이상 농업에 종사하는 자)으로 가입한 조합원인 경우. 다만 가족원인 농업종사자는 농업경영주가 본 호의 제명사유에 해당하지 않는 경우에 한한다.
   나. 조합이 취급하지 않는 농산물 또는 축산물을 생산하는 경우
   다. 다른 조합 또는 조합공동사업법인의 경제사업을 이용하는 경우
3. 출자 및 경비의 납입, 그 밖의 조합에 대한 의무를 이행하지 아니한 경우
4. 고의 또는 중대한 과실로 조합에 손실을 끼치거나 조합의 신용을 잃게 한 경우

② 조합은 조합원이 제1항 각 호의 어느 하나에 해당하여 제명하려는 경우에는 총회 개회 10일 전까지 그 조합원에게 제명의 사유를 알리고 총회에서 의견을 진술할 기회를 주어야 한다.

제13조(지분환급) ① 조합은 탈퇴조합원(제명된 조합원을 포함한다. 이하 이 조와 제14조에서 같다)의 청구에 따라 탈퇴(제명을 포함한다. 이하 이 조와 제14조에서 같다)한 회계연도말의 조합 재산에 대하여 제28조제1호부터 제3호까지에 따라 산출된 지분의 합계액을 환급한다. 다만, 제명으로 말미암아 탈퇴된 조합원에 대하여는 같은조 제1호 및 제2호에 따라 산출된 지분액에 한한다.

② 제1항에 따른 지분의 환급은 탈퇴당시 회계연도의 다음 회계연도 결산총회승인일로부터 청구할 수 있다.

③ 제2항의 지분환급의 청구권은 2년간 행사하지 아니하면 소멸된다.

④ 조합은 탈퇴조합원이 조합에 대한 채무를 다 갚을 때까지는 제1항에 따른 환급을 정지할 수 있다.

제14조(탈퇴조합원의 손실액부담) ① 탈퇴한 조합원의 환급지분을 계산함에 있어서 조합의 재산으로 그 채무를 다 갚을 수 없는 경우에는 탈퇴한 조합원은 납입의무를 이행하지 아니한 출자액의 범위 에서 그가 부담하여야 할 손실액을 납입한다.

② 제13조 제2항 및 제3항은 본조의 경우에 이를 준용한다.

제14조의2(조합원의 우대) ① 조합은 제5조제1항제2호의 경제사업에 대하여 조합원과 이용계약을 체결하고, 이를 성실히 이행하는 조합원(이하 "약정조합원"이라 한다)에게 사업이용 · 배당 등을 우대할 수 있다.

② 약정조합원은 이용계약에 따라 조합의 사업을 성실히 이용하여야 한다.

③ 약정조합원의 범위, 교육, 책임, 계약의 체결 · 이행의 확인 및 우대 내용 등에 관한 세부사항은 규정으로 정한다. 이 경우 사업이용에 따른 수수료, 장려금 등에 대한 우대 내용을 포함하여야 한다.

④ 조합은 약정조합원 육성계획을 매년 수립하여 시행하여야 한다.(2019.1.1.시행)

제15조(준조합원) 조합은 조합의 구역에 주소나 거소를 둔 자로서 조합의 사업을 이용함이 적당하다고 인정되는 자를 준조합원으로 할 수 있다.

제16조(준조합원의 가입 · 탈퇴) ① 준조합원으로 가입하고자 하는 자는 다음 사항을 적은 가입신청서를 조합에 제출한다.

1. 성명 · 주민등록번호 · 주소
2. 가구원수
3. 납입하고자 하는 가입금
4. 다른 조합에의 가입유무와 그 조합과의 관계

② 준조합원으로 가입하고자 하는 법인은 다음 사항을 적은 가입신청서에 법인정관을 붙여 조합에 제출한다.

1. 법인의 명칭 · 법인등록번호 · 주된 사무소의 소재지, 대표자의 성명 · 생년월일 및 주소
2. 구성원수
3. 납입하고자 하는 가입금
4. 주된 사업의 종류
5. 다른 조합에의 가입 유무

③ 준조합원에 관하여는 제11조 및 제12조(제1항제2호는 제외한다)를 준용한다.

④ 조합은 탈퇴한 준조합원의 청구에 따라 가입금을 환급할 수 있으며, 이 경우에는 제13조제3항을 준용한다.

제17조(준조합원의 권리 · 의무) ① 준조합원은 사업이용권 · 이용고배당청구권 및 가입금환급청구권을 가진다.

② 준조합원은 출자를 하지 아니하되, 조합의 규정이 정하는 바에 따라 가입금 · 경비 및 과태금을 납입한다.

제3편 출자와 경비부담 및 적립금

제18조(출자) ① 출자 1좌의 금액은 5천원으로 한다.

② 조합원은 100좌이상의 출자를 한다. 다만, 제9조제1항제2호의 법인조합원은 200좌이상을 출자 한다.

③ 조합원 1인의 출자는 1만좌를 초과하지 못한다. 다만, 조합 총출자좌수의 100분의 10이내에서는 그러하지 아니하다.

제19조(출자금 납입방법) ① 출자는 일시에 납입한다. 다만, 불가피한 경우에는 2회로 나누어 납입할 수 있다.

② 제1항 단서의 경우 출자 제1회의 납입금액은 출자금액의 2분의 1로 하고 제2회 납입일자는 제1회 출자납입일부터 6개월 이내로 한다.

③ 조합은 제147조에 따른 배당금을 제2회의 출자납입에 충당할 수 있다.

④ 조합원은 제1항부터 제3항까지에 따른 납입 시 조합에 대한 채권과 상계할 수 없다.

제19조의2(출자배당금의 출자전환) ① 조합원은 제148조제2항에 따라 배당할 금액 중 총회에서 정하는 금액을 조합에 출자할 수 있다.

② 제1항의 경우 그 조합원은 배당받을 금액을 조합에 대한 채무와 상계할 수 없다.

제20조(회전출자) ① 조합원은 제148조제1항에 따라 배당할 금액중 총회에서 정하는 금액을 회전 출자금으로 조합에 출자할 수 있다.

② 제1항의 경우 그 조합원은 배당받을 금액을 조합에 대한 채무와 상계할 수 없다.

③ 회전출자금은 출자후 5년이 경과하면 출자금으로 전환한다.

제21조(우선출자) ① 조합은 자기자본의 확충을 통한 경영의 건전성을 도모하기 위하여 잉여금배당에서 우선적 지위를 가지는 우선출자를 발행할 수 있다. 다만, 다른 조합, 조합공동사업법인, 품목조합연합회 또는 중앙회(중앙회의 자회사 및 손자회사 포함)에 대하여는 우선출자를 발행할 수 없다.

② 제1항에 따른 우선출자 1좌의 금액은 5천원으로 하며, 우선출자의 총액은 자기자본의 2분의 1을 초과할 수 없다.

③ 우선출자자에 대하여는 의결권과 선거권을 인정하지 아니한다.

④ 우선출자에 대한 배당은 제18조에 따른 출자에 대한 배당보다 우선하여 실시하되, 그 배당률은 액면금액의 100분의 3이상 100분의 10이하의 범위안에서 정기총회에서 정한다. 다만, 당해 회계 연도의 이익잉여금이 우선출자총액의 100분의 3에 해당하는 금액에 미치지 못할 때 또는 우선출자자와 별도계약에 의할 때에는 달리 정할 수 있다.

⑤ 우선출자에 대하여는 당해 회계연도의 이익잉여금으로써 제4항에 따른 배당을 할 수 없는 경우에 그 부족액에 대하여 다음 회계연도로 이월하지 아니한다.

⑥ 조합은 정관을 변경함으로써 우선출자자에게 손해를 미치게 되는 때에는 발행한 우선출자 총좌수의 과반수가 출석한 우선출자자총회에서 출석한 출자좌수의 3분의 2이상의 찬성을 얻어야 한다.

⑦ 제6항에 따른 우선출자자총회를 소집할 때에는 개최일 7일전에 각 우선출자자에게 회의목적을 적은 소집통지서를 발송하여야 한다.

⑧ 우선출자자총회는 우선출자자 전원으로 구성하고, 조합장이 소집하며 그 의장이 된다.

⑨ 우선출자자총회의 운영 등에 관하여 필요한 사항은 규정으로 정한다.

제22조(경비부담) ① 조합은 제5조제1항제1호의 사업에 필요한 경비에 충당하기 위하여 조합원에게 경비를 부과할 수 있다.

② 제1항의 부과금액과 부과방법, 징수시기와 징수방법은 이사회에서 정한다.

③ 조합원은 제1항에 따라 납입하여야 하는 경비를 조합에 대한 채권과 상계할 수 없다.

제23조(과태금) ① 조합은 조합원이 출자금 또는 경비납입의무를 그 기한까지 이행하지 아니하는 경우에는 납입기한 다음날부터 납입완료일까지 납입할 금액에 대하여 1일에 1만분의 4의 율로써 과태금을 징수할 수 있다.

② 조합원은 제1항에 따른 과태금을 조합에 대한 채권과 상계할 수 없다.

제24조(법정적립금) 조합은 매 회계연도 손실보전과 재산에 대한 감가상각에 충당하고도 남으면 자기자본의 3배가 될 때까지 매 회계연도 잉여금의 100분의 10이상을 적립한다.

제25조(이월금) 조합은 제5조제1항제1호의 교육·지원사업비용에 충당하기 위하여 매 회계연도 잉여금의 100분의 20이상의 금액을 다음 회계연도에 이월한다.

제26조(임의적립금) 조합은 다음 각 호의 기준에 따라 임의적립금을 적립한다.

1. 매 회계연도의 잉여금에서 제24조에 따른 법정적립금과 제25조에 따른 이월금을 빼고 나머지가 있을 때에는 매 회계연도 잉여금의 100분의 20이상을 사업준비금으로 적립한다.
2. 조합은 제1호에 따른 사업준비금을 적립하고 나머지가 있을 때에는 이를 유통손실보전자금과 유통시설투자를 위한 경제사업활성화적립금으로 추가 적립한다. 이 경우 추가적립 여부 및 적립 금액은 총회에서 정하는 바에 따른다.
3. 조합은 국고보조금(지방자치단체 또는 중앙회로부터 수령한 보조금을 포함한다. 이하 같다) 으로 자산을 취득함에 따라 당해 자산의 내용연수에 걸쳐 상각금액을 국고보조금과 상계함으로써 발생하는 이익금 및 당해 자산 중도처분에 따라 발생하는 국고보조금잔액에 해당하는 처분이익금은 당해 이익금에 대한 법인세비용, 제24조에 따른 법정적립금, 제25조에 따른 이월금과 제1호 및 제2호에 따른 적립금을 빼고 나머지가 있을 때에는 이를 사업활성화적립금으로 추가 적립 한다.
4. 조합은 고정자산처분으로 발생한 이익금에서 당해자산의 처분에 따른 제비용과 제24조에 따른 법정적립금, 제25조에 따른 이월금과 제1호 및 제2호에 따른 적립금을 빼고 나머지가 있을 때에는 이를 사업활성화적립금으로 추가 적립한다.

제27조(자본적립금) 조합은 다음 각 호의 금액을 자본적립금으로 적립한다.
1. 감자에 따른 차익
2. 자산재평가차익
3. 합병차익
4. 청산조합으로부터 인수한 잔여재산

제28조(지분계산) 조합의 재산에 대한 조합원의 지분은 다음 기준에 따라 이를 계산한다.
1. 납입출자금에 대하여는 각 조합원이 납입한 출자액에 따라 매 회계연도마다 이를 계산한다. 다만, 그 재산이 납입출자액의 총액보다 감소되었을 때에는 각 조합원의 출자액에 따라 감액 하여 계산한다.
2. 회전출자금에 대하여는 각 조합원이 납입한 회전출자액에 따라 매 회계연도마다 이를 계산하여 가산한다. 다만, 회전출자금이 감소되었을 때에는 각 조합원의 출자액에 따라 감액하여 계산 한다.
3. 제26조제1호의 사업준비금에 대하여는 매 회계연도마다 제148조제1항의 방법에 따라 이를 계산하여 가산한다. 다만, 사업준비금이 감소되었을 때에는 각 조합원의 지분액에 따라 감액 하여 계산한다.

4. 지분을 계산함에 있어 그 기초가 되는 금액과 산정된 지분금액이 1원미만의 것은 버린다.

제29조(출자감소의 의결) ① 조합은 출자 1좌의 금액 또는 출자좌수의 감소(이하 “출자감소”라 한다)를 총회에서 의결한 경우에는 그 의결을 한 날부터 2주일 이내에 재무상태표를 작성한다.

② 조합은 제1항에 따른 의결을 한 날부터 2주일 이내에 채권자에 대하여 이의가 있으면 공고 후 3개월 이내에 조합의 주된 사무소에 이를 서면으로 진술하라는 취지를 공고하고, 이미 알고 있는 채권자에게는 따로 최고한다.

③ 제2항의 공고나 최고는 제1항에 따른 의결을 한 날부터 2주일 이내에 하여야 하며, 공고기간은 1개월 이상으로 하고, 개별최고는 2회 이상으로 한다.

제30조(출자감소에 대한 채권자의 이의) ① 채권자가 제29조제2항의 기간 내에 출자감소에 관한 의결에 대하여 서면으로 이의를 진술하지 아니하면 이를 승인한 것으로 본다.

② 채권자가 이의를 진술한 경우에는 조합이 이를 변제하거나 상당한 담보를 제공하지 아니하면 그 출자감소의 의결은 효력을 발생하지 아니한다.

제4편 총회와 이사회

제31조(총회) ① 총회는 조합원으로 구성하며, 조합장이 그 의장이 된다.

② 총회는 정기총회와 임시총회로 이를 구분한다.

제32조(정기총회) 정기총회는 매년 1회 회계연도 종료 후 2개월 이내에 조합장이 이를 소집한다.

제33조(임시총회) ① 임시총회는 다음 각 호의 어느 하나에 해당하는 경우에 조합장이 이를 소집한다.

1. 조합장이 필요하다고 인정한 때
2. 이사회가 필요하다고 인정하여 소집을 청구한 때
3. 조합원이 조합원 300인 또는 100분의 10이상의 동의를 받아 소집의 목적과 이유를 적은 서면을 제출하여 조합장에게 소집을 청구한 때
4. 감사가 조합의 재산상황이나 업무집행에 부정한 사실이 있는 것을 발견하고 그 내용을 총회에 신속히 보고할 필요가 있다고 인정하여 조합장에게 소집을 요구한 때

② 조합장은 제1항제2호 및 제3호에 따른 청구를 받으면 정당한 사유가 없는 한 2주일 이내에

총회소집통지서를 발송하여야 하며, 제4호의 경우에는 7일 이내에 총회소집통지서를 발송하여야 한다.

제34조(감사의 총회소집) ① 감사는 다음 각 호의 어느 하나에 해당하는 경우에 임시총회를 소집한다.

1. 총회를 소집할 사람이 없는 때
2. 조합장이 정당한 사유없이 제33조제1항제2호부터 제4호까지의 청구가 있는 날부터 제33조제2항의 기간 이내에 총회소집통지서를 발송하지 아니할 때

② 제1항의 경우에 감사는 총회소집사유가 발생한 날부터 5일 이내에 총회소집통지서를 발송하여야 한다. 이 경우 감사가 의장의 직무를 대행한다.

제35조(조합원대표의 총회소집) ① 다음 각 호의 어느 하나에 해당하는 경우에는 조합원 300인 또는 100분의 10이상의 동의를 얻은 조합원대표가 총회를 소집한다.

1. 감사가 정당한 사유없이 제34조제2항의 기간 이내에 총회소집통지서를 발송하지 아니할 때
2. 임원의 결원으로 총회를 소집할 사람이 없는 때

② 제1항의 경우에는 조합원대표가 의장의 직무를 수행한다.

제36조(총회소집통지) 총회를 소집하려면 총회 개회 7일 전까지 회의목적 · 부의안건 및 회의일자를 적은 총회소집통지서를 조합원에게 발송하여야 한다. 다만, 같은 목적으로 총회를 다시 소집할 때에는 개회 전날까지 알린다.

제37조(총회의결사항) ① 다음 각 호의 사항은 총회의 의결을 거쳐야 한다.

1. 정관의 변경
2. 해산 · 분할 또는 품목조합으로의 조직변경
3. 조합원의 제명
4. 합병
5. 임원의 선출 및 해임
6. 조합장 및 감사에 대한 징계 및 변상(감독기관 또는 중앙회장으로부터 조치요구가 있는 경우에는 감독기관 또는 중앙회장의 조치요구보다 가중하여 직무의정지 이상의 징계를 의결하는 경우에 한한다)
7. 규약의 제정 · 개정 및 폐지

8. 사업계획의 수립, 수지예산의 편성과 사업계획 및 수지예산중 다음 사항의 변경

가. 수지예산 확정후 발생한 사유로 소요되는 총지출예산의 추가편성에 관한 사항. 다만, 비례성 예산과 규정에서 정하는 법적 의무비용·영업외비용 및 특별손실의 경우에는 그러하지 아니 하다.

나. 업무용 부동산 취득과 관련된 총액 1억원 이상의 예산 추가편성 또는 1억원 이상의 업무용 부동산 취득예산의 용도조정에 관한 사항

다. 다른 법인에 대한 출자와 관련된 총액 1억원 이상의 예산 추가편성 또는 1억원 이상의 다른 법인에 대한 출자예산의 용도조정에 관한 사항. 다만, 중앙회에 대한 출자예산 및 중앙회와 공동으로 출자하거나, 중앙회가 실질적 경영지배력을 가지는 법인에 대한 출자 예산의 추가편성의 경우에는 그러하지 아니하다.

9. 사업보고서, 재무상태표, 손익계산서, 잉여금처분안과 손실금처리안

10. 중앙회의 설립발기인이 되거나 이에 가입 또는 탈퇴하는 것

11. 임원의 보수 및 실비변상

12. 그 밖에 조합장이나 이사회가 필요하다고 인정하는 사항

② 제1항 각호의 사항을 부의하는 때에는 이를 서면으로 하여야 한다.

제38조(총회의 개의와 의결정족수) ① 총회의 의사는 이 정관에 다른 규정이 있는 경우를 제외하고는 조합원 과반수의 출석으로 개의하며, 출석조합원 과반수의 찬성으로 의결한다.

② 의장은 총회의 의결에 참여한다.

제39조(총회의 특별의결) 다음 각 호의 사항은 조합원 과반수의 출석과 출석조합원 3분의 2 이상의 찬성으로 의결한다.

1. 정관의 변경
2. 해산·분할 또는 품목조합으로의 조직 변경
3. 조합원의 제명

제40조(총회의결의 특례) ① 다음 각 호의 사항에 대하여는 제37조에도 불구하고 조합원의 투표로 총회의 의결을 갈음할 수 있다.

1. 해산·분할 또는 품목조합으로의 조직변경
2. 조합원이 총회 또는 총회 외에서 투표로 조합장을 직접선출
3. 제57조제1항에 따른 임원의 해임
4. 합병

② 제1항 각 호의 사항에 대한 의결이나 선출은 다음 각 호의 방법에 따른다.

1. 제1항제1호의 사항은 조합원 과반수의 투표와 투표한 조합원 3분의 2이상의 찬성으로 의결
2. 제1항제2호의 사항은 유효투표의 최다득표자를 선출. 다만, 최다득표자가 2명 이상이면 연장자를 당선인으로 결정한다.
3. 제1항제3호의 사항은 조합원 과반수의 투표와 투표한 조합원 3분의 2이상의 찬성으로 의결
4. 제1항제4호의 사항은 조합원 과반수의 투표와 투표한 조합원 과반수의 찬성으로 의결

③ 제1항제1호 · 제3호 · 제4호 및 제57조제2항제3호에 따른 조합원 투표의 통지 · 방법 기타 투표에 관하여 필요한 사항은 규약으로 정한다.

제41조(의결권의 제한 등) ① 총회에서는 제36조에 따라 미리 통지한 사항에 대해서만 의결할 수 있다. 다만, 제37조제1항제1호부터 제6호까지의 사항을 제외한 긴급한 사항으로서 조합원 과반수의 출석과 출석조합원 3분의 2 이상의 찬성이 있을 때에는 그러하지 아니하다.

② 조합과 조합원의 이해가 상반되는 의사를 의결할 때에는 해당 조합원은 그 의결에 참여할 수 없다.

③ 조합원은 조합원 100인이나 100분의 3 이상의 동의를 받아 조합장에게 서면으로 일정한 사항을 총회의 목적사항으로 할 것을 제안할 수 있다.

④ 제3항에 따라 제안한 조합원은 조합장에게 총회 개회 30일전에 서면으로 총회의 목적사항에 추가하여 제36조의 통지서에 적을 것을 청구할 수 있다.

⑤ 조합장은 제3항에 따른 제안이 있는 경우 제안의 내용이 법령 또는 정관에 위반되는 경우를 제외하고는 총회의 목적사항으로 하여야 한다. 이 경우 제안을 한 조합원의 청구가 있는 때에는 총회에서 당해 의안을 설명할 기회를 주어야 한다.

제42조(의결취소의 청구 등) ① 조합원은 총회(창립총회를 포함한다)나 대의원회의 소집절차, 의결 방법, 의결내용 또는 임원의 선거가 법령, 법령에 따른 행정처분 또는 정관을 위반한 것을 사유로 하여 그 의결이나 선거에 따른 당선의 취소 또는 무효확인을 농림축산식품부장관에게 청구하거나 이를 청구하는 소를 법원에 제기할 수 있다. 다만, 농림축산식품부장관은 조합원의 청구와 같은 내용의 소가 법원에 제기된 사실을 알았을 때에는 청구에 따른 조치를 하지 아니한다.

② 제1항에 따라 농림축산식품부장관에게 청구하는 때에는 의결일이나 선거일부터 1개월 이내에 조합원 300인 또는 100분의 5이상의 동의를 받아 청구하여야 한다.

제43조(위법 또는 부당의결사항의 취소 또는 집행정지) 조합장은 농림축산식품부장관이 총회의 의결사항에 대한 전부 또는 일부의 취소나 집행정지의 조치를 하였을 때에는 지체없이 총회를 소집하여 이를 보고하거나 조합원에게 통지하여야 한다.

제44조(총회의 연기 등) ① 총회에서는 회의의 연기 또는 속행의 의결을 할 수 있다.

② 제1항의 경우에는 제36조를 적용하지 아니한다.

제45조(총회의 의사록) ① 총회의 의사에 관하여는 의사록을 작성하여야 한다.

② 의사록에는 의사의 진행상황과 그 결과를 적고 의장과 총회에서 선출한 조합원 5인 이상이 기명 날인하거나 서명하여야 한다.

제46조(대의원회) ① 조합은 제40조제1항 각 호에 규정된 사항외의 사항에 대하여 총회를 갈음하는 대의원회를 둔다.

② 대의원회는 조합장을 포함한 대의원 56명(여성대의원 7명을 포함한다)으로 구성하며, 조합장이 그 의장이 된다.

③ 조합장을 제외한 대의원의 선출구역은 다음 각 호와 같으며, 조합원수에 비례하여 선출하여야 한다.

1. 상용리 2인
2. 화봉1리 2인
3. 화봉2리 1인
4. 평정1리 1인
5. 평정2리 1인
6. 북계1리 2인
7. 북계2리 1인
8. 석송리 2인
9. 전평리 2인
10. 쌍달리 1인
11. 고성리 2인
12. 운궁리 2인
13. 장원1리 2인
14. 장원2리 1인
15. 보물리 2인
16. 내촌1리 1인
17. 내촌2리 1인
18. 어물리 2인
19. 광정1리 1인
20. 광정2리 1인
21. 광정3리 1인
22. 사현1리 2인
23. 사현2리 1인
24. 인풍리 2인
25. 태성리 1인
26. 대산1리 2인
27. 대산2리 2인
28. 월산1리 1인
29. 월산2리 2인
30. 문천리 2인
31. 내문리 1인
32. 산성리 1인
33. 여성대의원의 선출구역은 다음 각목과 같으며, 선출구역안의 여성조합원 중에서 선출한다.

가. 화봉2리 1인　나. 운궁리 1인　다. 광정리2리 1인　라. 사현1리 1인　마. 인풍리 1인　바. 대산1리 1인　사. 내문리 1인

④ 조합장을 제외한 대의원의 임기는 2년으로 한다. 다만, 임기만료연도 결산기의 마지막 달부터 그 결산기에 관한 정기총회 전에 임기가 끝난 경우에는 정기총회가 끝날 때까지 그 임기를 연장 하되 그 정기총회가 속하는 연도의 6월을 초과할 수 없다.

⑤ 대의원은 우리 조합의 조합장을 제외한 임직원과 다른 조합의 임직원을 겸직하여서는 아니된다.

⑥ 대의원회에는 총회에 관한 규정을 준용한다.

⑦ 임기만료로 인한 선거에 따라 선출된 대의원의 임기개시일은 전임자의 임기만료일 다음날로 한다.

⑧ 제7항외의 경우 대의원의 임기개시일은 당선공고일로 한다.

⑨ 보궐선거에 따라 선출된 대의원의 임기는 전임자의 잔임기간으로 한다. 다만, 대의원 전원의 결원으로 인하여 실시하는 보궐선거에서 당선되는 대의원의 임기는 당선이 결정된 때부터 새로이 기산한다.

⑩ 대의원에 관하여는 제56조제1항제1호부터 제3호까지 · 제11호, 제2항 및 제3항을 준용한다. 이 경우 제56조제1항제11호 중 "5백만원"은 "1천만원"으로, "6월"은 "1년" 으로 하고, 제2항 중 "각 호"는 "제1호부터 제3호까지 및 제11호"로 한다.

제47조(대의원의 해임) ① 조합원은 제46조제3항에 따른 대의원 선출구역안의 조합원 5분의 1이상의 서면동의를 얻어 조합장에게 대의원의 해임을 위한 투표를 요구할 수 있다. 이 경우 대의원의 해임은 대의원 선출구역안의 조합원 과반수의 투표와 투표조합원 3분의 2이상의 찬성으로 결정 한다.

② 조합장은 제1항에 따른 해임요구가 있는 경우 10일이내에 투표일을 정하여 대의원 선출구역안의 조합원으로 구성된 회의를 소집하되, 소집의 통지는 개회 7일전까지 목적 · 일시 · 장소 등을 적은 회의소집통지서의 발송에 따른다.

③ 제2항에 따른 회의의 의장은 출석한 조합원 중에서 호선하며, 의장은 출석 조합원 중 투 · 개표관리자 각 2명을 선정하여 투 · 개표사무를 관리하게 한다.

④ 의장은 회의에 관한 의사록을 작성하고 투 · 개표관리자와 함께 기명날인하여 조합장에게 제출 하고, 조합장은 그 결과를 즉시 공고한다.

⑤ 제57조제3항은 대의원의 해임에 관하여 준용한다. 이 경우 "임원"은 "대의원"으로, "총회 또는 대의원회"는 "회의"로 한다.

제48조(이사회) ① 조합에 이사회를 둔다.

② 이사회는 조합장을 포함한 이사로 구성하며, 조합장이 소집하고, 그 의장이 된다.

③ 감사와 간부직원은 이사회에 출석하여 의견을 진술할 수 있다.

④ 이사회는 정기회와 임시회로 구분한다.

⑤ 조합장은 회의개최일 3일전까지 회의사항을 서면으로 구성원과 감사에게 알린다. 다만, 긴급을 요할 경우에는 그러하지 아니하다.

⑥ 조합장은 이사 3분의 1 이상 또는 감사가 회의목적 및 부의안건과 소집이유를 적은 서면으로 회의소집을 요구하였을 때에는 지체없이 회의를 소집하여야 한다.

⑦ 조합장이 제6항에 따라 소집이 요구된 이사회를 정당한 사유없이 소집하지 아니하는 경우에는 이사 3분의 1이상의 동의를 얻어 소집을 요구한 이사대표(감사가 소집을 요구한 경우에는 감사)가 이를 소집한다. 이 경우 이사회가 정하는 이사가 의장의 직무를 수행한다.

⑧ 이사회는 구성원 과반수의 출석으로 개의하며, 출석구성원 과반수의 찬성으로 의결한다.

⑨ 이사회는 제49조에 따라 의결된 사항에 대하여 조합장의 업무집행상황을 감독한다.

⑩ 이사회의 의사에 관하여는 의사의 진행상황과 그 결과를 적은 의사록을 작성하고 의장과 출석 구성원이 기명날인하거나 서명하여야 한다.

⑪이사회의 운영에 필요한 사항은 규정으로 정한다.

제49조(이사회의 의결사항) ① 이사회는 다음 각호의 사항을 의결한다.

1. 조합원의 자격심사 및 가입승낙
2. 법정적립금의 사용
3. 차입금의 최고한도
4. 경비의 부과와 징수방법
5. 사업계획 및 수지예산중 제37조제1항제8호에서 정한 사항외의 변경
6. 간부직원의 임면
7. 1억원 이상의 업무용 부동산의 취득과 처분
8. 업무규정의 제정 · 개정 및 폐지와 사업집행방침의 결정
9. 임원에 대한 징계 및 변상(조합장 및 감사의 경우에는 감독기관 또는 중앙회장으로부터 조치 요구가 있는 경우에 한한다)
10. 총회로부터 위임된 사항
11. 법령 또는 정관에 규정된 사항
12. 기타 조합장 또는 이사 3분의 1이상이 필요하다고 인정하는 사항

② 제1항제9호에도 불구하고 조합장 및 감사에 대한 감독기관 또는 중앙회장의 조치요구보다

가중 하여 직무의정지 이상의 징계를 의결하고자 하는 경우에는 총회에 상정한다.

③ 조합장은 제37조제1항 각 호(제5호 및 제6호를 제외한다)의 사항을 총회에 부의하기 전에 이사회의 심의를 거쳐야 하며, 심의결과를 총회부의안건에 첨부하여야 한다.

제50조(운영평가자문회의의 구성 · 운영) ① 조합은 조합의 건전한 발전을 도모하기 위하여 조합원 5인과 외부전문가 3인으로 운영평가자문회의를 구성 · 운영할 수 있다.

② 제1항에 따라 운영되는 운영평가자문회의는 조합의 운영상황을 평가하였으면 그 결과를 이사회에 보고하여야 한다.

③ 이사회는 운영평가자문회의의 평가결과를 총회에 보고하여야 한다.

④ 조합장은 운영평가자문회의의 평가결과를 조합의 운영에 적극 반영하여야 한다.

⑤ 운영평가자문회의의 구성과 운영에 관하여 필요한 사항은 규정으로 정한다.

제5편 임원과 직원

제51조(임원의 정수)

① 조합에 다음 각 호의 임원을 둔다.

1. 조합장(상임으로 한다) : 1명
2. 조합원인 이사 : 6명
3. 조합원이 아닌 이사 : 0명
4. 감사 : 2 명

② 제1항의 임원 중 비상임인 임원은 그 임기 중(당선이 결정된 때부터 임기개시 전일까지의 기간을 포함한다)에 상임으로 변경할 수 없다.

제52조(임원의 직무)

① 조합장은 조합을 대표하며 업무를 집행한다.

② 조합장이 다음 각 호의 어느 하나의 사유로 그 직무를 수행할 수 없을 때에는 이사회가 정하는 순서에 따라 이사(조합원이 아닌 이사는 제외한다)가 그 직무를 대행한다.

1. 궐위된 경우
2. 공소 제기된 후 구금상태에 있는 경우
3. 삭제
4. 의료법에 따른 의료기관에 60일 이상 계속하여 입원한 경우
5. 제57조제2항제3호에 따라 조합장의 해임을 대의원회에서 의결한 경우
6. 그 밖에 부득이한 사유로 직무를 수행할 수 없는 경우

③ 조합장이 그 직을 가지고 조합장 선거에 입후보하면 후보자로 등록한 날부터 선거일까지 제2항에 따라 이사회가 정하는 순서에 따른 이사가 그 조합장의 직무를 대행한다. 다만, 제86조제2항에 따라 투표를 실시하지 아니하는 때에는 그러하지 아니하다.

④ 감사는 조합의 재산과 업무집행상황을 감사하고, 전문적인 회계감사가 필요하다고 인정되는 때에는 중앙회에 회계감사를 의뢰할 수 있으며, 조합의 재산 또는 업무집행에 관하여 부정한 사실이 있는 것을 발견한 때에는 총회에 이를 보고한다.

⑤ 감사는 그 직무를 수행하기 위하여 필요한 때에는 본 조합의 자회사(상법 제342조의2에 따른 자회사를 말한다. 이하 같다)에 대하여 영업의 보고를 요구할 수 있으며 그 회사가 지체없이 보고를 하지 아니할 때 또는 그 보고의 내용을 확인할 필요가 있는 때에는 그 회사의 업무와 재산상태를 조사할 수 있다.

⑥ 감사는 조합장이 총회에 제출할 의안 및 서류를 조사하여 법령 또는 정관에 위반하거나 현저하게 부당한 사항이 있는지의 여부에 관하여 총회에서 그 의견을 진술한다.

⑦ 감사는 감사의 실시요령과 그 결과를 적은 감사록을 작성하고 감사를 실시한 감사가 기명날인 한다.

제53조(감사의 대표권) ① 조합이 조합장이나 이사와 계약을 할 때에는 감사가 조합을 대표한다.

② 조합과 조합장 또는 이사 간의 소송에 관하여는 제1항을 준용한다.

제54조(임원의 선출) ① 조합장은 조합원중에서 조합원이 총회 또는 총회외에서 투표로 직접 선출한다.

② 조합장외의 임원은 총회에서 선출한다.

③ 삭제

④ 다음 각 호의 어느 하나에 해당하는 사람은 당선인의 당선무효로 실시사유가 확정된 재선거 (당선인이 그 기소 후 확정판결 전에 사직함으로 인하여 실시사유가 확정된 보궐선거를 포함 한다)의 후보자가 될 수 없다.

1. 법 제173조제1항제2호 또는 「공공단체등 위탁선거에 관한 법률」제70조(위탁선거범죄로 인한 당선무효)제2호에 따라 당선이 무효로 된 사람(그 기소 후 확정판결 전에 사직한 사람을 포함한다)
2. 당선되지 아니한 사람(후보자가 되려던 사람을 포함한다)으로서 법 제173조제1항제2호 또는 「공공단체등 위탁선거에 관한 법률」제70조(위탁선거범죄로 인한 당선무효)제2호에 따른 직계 존속 · 비속이나 배우자의 죄로 당선무효에 해당하는 형이 확정된 사람

제55조(임원의 임기) ① 조합장과 이사의 임기는 다음 각 호와 같고 감사의 임기는 3년으로 한다. 다만, 조합장은 2차에 한하여 연임할 수 있다.

① 조합장과 이사의 임기는 다음 각 호와 같고 감사의 임기는 3년으로 한다.

1. 조합장과 조합원인 이사 : 4년
2. 제1호의 이사를 제외한 이사 : 2년

② 제1항에 따른 임원의 임기는 전임자의 임기만료일의 다음날부터 기산한다. 다만, 임기개시 전에 재임중인 임원이 궐위된 경우로서 그 궐위시점이 선거기간중인 경우는 당선공고일을 임기개시일로 하고, 궐위시점이 당선자 확정후인 경우에는 사유발생일 다음날을 임기개시일로 한다.

③ 제2항외의 경우 임기개시일을 당선공고일로 한다.

④ 보궐선거(조합장의 경우에는 재선거 또는 보궐선거)에 따른 임원의 임기는 전임자의 잔임기간으로 한다. 다만, 이사 또는 감사 전원의 결원으로 인하여 실시하는 보궐선거에서 당선되는 이사 또는 감사의 임기는 당선이 결정된 때부터 새로이 기산한다.

⑤ 제46조제4항 단서는 제1항의 임원의 임기만료의 경우에 이를 준용한다.

⑥ 임원의 수가 그 정수를 결한 경우에는 임기의 만료 또는 사임으로 말미암아 퇴임한 임원은 새로 선임된 임원이 취임할 때까지 그 권리의무가 있다.

제56조(임원의 결격사유) ① 다음 각호의 어느 하나에 해당하는 사람은 조합의 임원이 될 수 없다. 다만, 제10호와 제12호는 조합원인 임원에게만 적용한다.

1. 대한민국 국민이 아닌 사람
2. 미성년자 · 피성년후견인 또는 피한정후견인
3. 파산선고를 받고 복권되지 아니한 사람
4. 법원의 판결이나 다른 법률에 따라 자격이 상실되거나 정지된 사람
5. 금고이상의 실형을 선고받고 그 집행이 끝나거나(집행이 끝난 것으로 보는 경우를 포함한다) 집행이 면제된 날부터 3년이 지나지 아니한 사람
6. 법 제164조제1항이나 신용협동조합법 제84조에 규정된 개선(改選) 또는 징계면직의 처분을 받은 날부터 5년이 지나지 아니한 사람
7. 형의 집행유예선고를 받고 그 유예기간 중에 있는 사람
8. 법 제172조 또는 「공공단체등 위탁선거에 관한 법률」제58조(매수 및 이해유도죄) · 제59조(기부행위의 금지 · 제한 등 위반죄) · 제61조(허위사실 공표죄)부터 제66조(각종 제한규정 위반죄) 까지에 규정된 죄를 범하여 벌금 100만원이상의 형을 선고받고 4년이 지나지 아니한 사람

9. 임원선거에서 당선되었으나 법 제173조제1항제1호 또는 「공공단체등 위탁선거에 관한 법률」 제70조(위탁선거범죄로 인한 당선무효)제1호에 따라 당선이 무효로 된 사람으로서 그 무효가 확정된 날부터 5년이 지나지 아니한 사람

10. 선거일공고일 현재 조합에 대하여 200좌이상의 납입출자분을 2년이상 계속 보유하고 있지 아니한 사람

11. 선거일공고일 현재 우리 조합, 중앙회 또는 법 제49조제1항제11호 각 목의 금융기관에 대하여 5백만원이상의 채무(보증채무를 제외한다)를 6월을 초과하여 연체한 사람

12. 선거일공고일 현재 우리 조합의 사업이용실적(선거일공고일 현재의 1년 전부터 선거일공고일 현재의 전일까지의 기간동안 이용한 금액)이 가목의 기준금액에 해당하지 아니하거나 가목을 제외한 각 목의 기준금액의 모두에 해당하지 아니한 사람

가. 제5조제1항제2호가목 및 나목의 경제사업(우리 조합이 출자한 법 제112조의2에 따른 조합공동사업법인의 사업 중 법 제112조의8제1호에 따른 상품의 공동판매 사업을 포함한다)을 이용한 금액 : 265만원 이상

나. 제5조제1항제3호가목의 신용사업 이용에 따른 예금 · 적금의 평균잔액 : 249만원 이상

다. 제5조제1항제3호나목의 신용사업 이용에 따른 대출금의 평균잔액 : 331만원 이상

라. 제5조제1항제4호의 금융기관보험대리점사업 이용에 따른 수입수수료 : 1만원 이상

② 제1항 각호 사유가 발생하면 해당 임원은 당연히 퇴직된다. 이 경우 제1항제10호부터 제12호 까지를 적용함에 있어서는 “선거일공고일 현재”를 “현재”로 한다.

③ 제2항에 따라 퇴직한 임원이 퇴직전에 관여한 행위는 그 효력을 상실하지 아니한다.

제57조(임원의 해임)

① 조합원은 조합원 5분의 1이상의 서면동의를 받아 총회에 임원의 해임을 요구할 수 있다. 이 경우 총회는 조합원 과반수의 출석과 출석조합원 3분의 2이상의 찬성으로 의결한다.

② 조합원은 제54조에 따른 임원의 선출방법에 따라 다음 각 호의 어느 하나의 방법으로 임원을 해임할 수 있다.

1. 대의원회에서 선출된 임원은 대의원 3분의 1이상의 요구로 대의원 과반수의 출석과 출석 대의원 3분의 2이상의 찬성으로 해임의결

2. 이사회에서 선출된 조합장은 이사회의 해임요구에 의하여 총회에서 해임의결. 이 경우 이사회의 해임요구와 총회의 해임의결은 제1호에 따른 의결정족수를 준용한다.

3. 조합원이 직접선출한 조합장은 대의원회의 의결을 거쳐 조합원투표로 해임결정. 이 경우 대의원회의 요구 및 의결은 제1호의 규정을 준용하며, 조합원투표에 의한 해임결정은

조합원 과반수의 투표와 투표조합원 과반수의 찬성으로 한다.

③ 해임을 의결하려면 해당 임원에게 해임의 이유를 적은 서면으로 해임의결일 7일전까지 통지 하여 총회나 대의원회에서 의견을 진술할 기회를 주어야 한다.

제58조(임원의 의무와 책임) ① 조합의 임원은 법, 법에 따른 명령과 정관 · 규약 · 규정 또는 총회와 대의원회 및 이사회의 의결을 지키고 조합을 위하여 충실히 그 직무를 수행하여야 한다.

② 조합의 임원이 그 직무를 수행할 때 법령이나 정관을 위반한 행위를 하거나 그 임무를 게을리 하여 조합에 끼친 손해에 대하여는 연대하여 손해배상의 책임을 진다.

③ 조합의 임원이 그 직무를 수행할 때 고의나 중대한 과실로 제3자에게 끼친 손해에 대하여는 연대하여 손해배상의 책임을 진다.

④ 제2항과 제3항의 행위가 이사회의 의결에 따른 것이면 그 의결에 찬성한 이사도 연대하여 손해 배상의 책임을 진다. 이 경우 의결에 참여한 이사 중 이의를 제기한 사실이 의사록에 적혀 있지 아니한 이사는 그 의결에 찬성한 것으로 추정한다.

⑤ 임원이 거짓으로 결산보고 · 등기 또는 공고를 하여 조합이나 제3자에게 끼친 손해에 대하여도 제2항 및 제3항과 같다.

⑥ 제1항부터 제5항까지의 손해배상청구권의 행사는 이사회 또는 조합장을 포함한 이사에 대하여는 감사가, 임원전원에 대하여는 조합원 100인 또는 100분의 1이상의 동의를 받은 조합원대표가 이를 행한다.

⑦ 조합장과 이사는 자기 또는 제3자의 계산으로 조합과 거래할 때 대출 또는 외상거래 등 조합의 자금부담이 있는 경우로서 신용사업(신용카드로 구매하는 거래를 제외한다)은 3억원을 초과하는 거래에 대하여, 신용사업외의 사업은 거래건당 1천만원 이상 또는 거래총잔액 5천만원을 초과 하는 거래에 대하여 이사회의 승인을 얻어야 한다.

제59조(임원의 보수 및 실비변상) ① 상임임원을 제외한 임원은 명예직으로 한다.

② 상임임원의 보수 및 상임임원을 제외한 임원의 여비 기타 실비변상에 대하여는 규약으로 정한다.

제60조(직원의 임면)

① 조합의 직원은 조합장이 임면한다.

② 조합에 간부직원으로 전무 1명과 상무 3명 이내를 둘 수 있다. 다만, 지사무소에는 필요에 따라 상무 1명을 둘 수 있다.

③ 제2항에 따른 간부직원은 중앙회장이 실시하는 전형시험에 합격한 자 중에서 조합장이 이사회의 의결을 거쳐 임면한다.

제61조(간부직원의 직무)

① 전무는 조합장의 명을 받아 조합의 업무를 처리하며, 상무는 전무를 보좌하여 조합의 업무를 분장 하고, 전무가 다음 각 호의 어느 하나의 사유로 그 직무를 수행할 수 없을 때에는 조합장이 정하는 상무가 그 직무를 대행한다.

1. 궐위된 경우
2. 공소 제기된 후 구금상태에 있는 경우
3. 금고 이상의 형을 선고받고 그 형이 확정되지 아니한 경우
4. 의료법에 따른 의료기관에 30일 이상 계속하여 입원한 경우
5. 그 밖에 부득이한 사유로 직무를 수행할 수 없는 경우

제6편 임원선거

제1장 총 칙

제62조(선거인) ① 선거인이란 선거권이 있는 자로서 선거인명부에 올라있는 자를 말한다.

② 조합은 선거일공고일 다음날부터 5일이내에 선거일공고일 현재 조합원명부를 기준으로 선거인 명부를 작성하여야 한다. 다만, 임원의 임기만료일(보궐선거 등의 경우 그 선거의 실시사유가 확정된 날)전 180일 후 조합원으로 가입한 자는 제외한다.

③ 선거인명부는 선거인명부작성기간만료일의 다음날부터 선거일전일까지 열람할 수 있다.

④ 선거인은 선거인명부에 누락 또는 오기가 있거나 자격이 없는 선거인이 올라 있다고 인정되면 선거인명부 열람기간 내에 구술 또는 서면으로 선거관리위원회(조합원이 직접 선출하거나 대의원회에서 선출하는 조합장선거의 경우에는 조합장)에 이의를 신청할 수 있다.

⑤ 제4항의 이의신청이 있는 때에는 선거관리위원회(조합원이 직접 선출하거나 대의원회에서 선출 하는 조합장선거의 경우에는 조합장)는 지체없이(조합원이 직접 선출하거나 대의원회에서 선출 하는 조합장선거의 경우에는 이의신청을 받은 날의 다음 날까지) 심사 · 결정하되, 그 신청에 이유가 있다고 결정한 때에는 즉시 선거인명부를 정정하고 신청인(조합원이 직접 선출하거나 대의원회에서 선출하는 조합장선거의 경우에는 제65조제5항에 따른 관할위원회 · 신청인 · 관계인)에게 통지 하여야 하며, 이유가 없다고 결정한 때에는 그 뜻을 신청인에게 통지하여야 한다.

제63조(선거권) ① 선거권은 임원의 임기만료일(보궐선거 등의 경우 그 선거의 실시사유가 확정된 날)전 180일까지 조합원으로 가입한 자만 행사할 수 있다.

② 선거인은 다른 사람으로 하여금 선거권을 대리하여 행사하게 할 수 없다.

제64조(대의원회에서 선출하는 경우의 선거인등) ① 선거인은 대의원명부에 등재된 자로 하며, 대의원회에서 선출하는 조합장선거의 경우 조합은 선거일공고일 다음날부터 5일이내에 대의원명부를 작성 하여야 한다.

② 선거인은 선거일전일까지 대의원명부를 열람할 수 있다.

③ 선거일전일까지 대의원명부에 변동이 있는 경우에는 이를 수정하여야 한다.

④ 선거인은 선거권을 대리하여 행사하게 할 수 없다. 다만, 조합장이 제52조제2항 및 제3항에 따라 직무를 수행할 수 없는 때에는 그 직무대행자가 선거권을 가진다.

⑤ 선거에 입후보하는 대의원(조합장을 포함한다)은 당해 선거에서 선거권을 행사할 수 없다.

제65조(선거일) ① 임원의 임기만료로 인한 선거는 임원의 임기만료일전 40일부터 15일까지 실시 하되 선거일은 이사회에서 정한다. 다만, 대의원회에서 선출하는 임원의 임기가 당해연도 결산기의 최종월 이후 다음해 3월까지의 기간 중에 만료하는 경우에는 정기대의원회일을 선거일로 정할 수 있다.

② 재선거 및 보궐선거는 그 사유가 발생한 날부터 30일 이내에 실시하되, 선거일은 이사회가 정한다.

③ 천재지변 기타 불가피한 사유로 선거일에 선거가 불가능한 경우에는 이사회가 선거일을 다시 정한다.

④ 제1항 및 제2항에 따른 선거의 경우 다음 각 호의 어느 하나에 해당되는 때에는 이사회의 의결에 따라 당해 선거를 실시하지 아니할 수 있다. 다만, 다음 각 호에 해당되지 아니하게 된 때에는 지체 없이 이사회 의결로 선거일을 지정하여 30일 이내에 당해 선거를 실시하여야 한다.

1. 제150조에 따른 합병의결이 있는 때
2. 다음 각 목의 어느 하나에 해당되어 농림축산식품부장관 또는 중앙회장이 선거를 실시하지 아니하도록 권고한 때

가. 「농업협동조합법」 또는 「농업협동조합의 구조개선에 관한 법률」에 따라 합병권고 · 요구 또는 명령을 받은 경우

나. 거액의 금융사고, 천재지변 등으로 선거를 실시하기 곤란한 경우

⑤ 조합원이 직접 선출하거나 대의원회에서 선출하는 조합장선거의 선거일은 제1항부터 제4항 까지에 따라 선거일로 정할 수 있는 기간내에 조합의 주된 사무소의 소재지를 관할하는 「선거관리위원회법」에 따른 구 · 시 · 군선거관리위원회(세종특별자치시선거관리위원회를 포함한다, 이하 "관할 위원회"라 한다)가 조합과 협의하여 정한다. 다만, 관할위원회의 관할구역에서 공직 선거등이 실시되는 경우 「공공단체등 위탁선거에 관한 법률」이 정하는 기간에는 선거일을 정할 수 없다.

⑥ 제1항 및 제5항에도 불구하고 「농업협동조합법」에 따라 관할위원회에 위탁하여 동시에 실시 하는 임기만료에 따른 조합장선거(이하 "동시조합장선거"라 한다)의 선거일은 그 임기가 만료 되는 해당 연도 3월 중 두 번째 수요일로 한다.

제66조(선거관리위원회의 설치) ① 임원선거사무를 관리하기 위하여 조합에 선거관리위원회 (이하 "위원회"라 한다)를 둔다.

② 위원회는 이사회가 조합원(임직원은 제외한다)과 선거의 경험이 풍부한 자중에서 위촉 하는 7명의 선거관리위원(이하 "위원"이라 한다)으로 구성한다.

③ 위원의 위촉기간은 위촉일부터 2년간으로 하되 조합원중에서 위촉된 위원의 경우 조합원 자격을 상실한 때에는 위원의 직을 상실한다. 다만, 선거일공고일 이후 임기가 만료된 때에는 당해 선거가 종료될 때까지 그 임기가 연장된다.

④ 위원회에 위원장과 부위원장 각 1명을 두되, 위원중에서 호선한다.

⑤ 임원후보자는 위원이 될 수 없다.

⑥ 위원장은 위원회를 대표하고 위원회를 소집하여 이를 주재하며, 부위원장은 위원장을 보좌하고 위원장이 부득이한 사유로 직무를 수행할 수 없는 때에는 위원장의 직무를 대행한다.

⑦ 위원은 위원장이 지정하는 바에 따라 선거관리 · 투표관리 및 개표관리사무를 분장 처리한다.

⑧ 위원장은 중요한 사항에 대하여는 위원회에 부의하여 처리하여야 하며, 위원회는 구성원 과반 수의 출석으로 개의하고 출석자 과반수의 찬성으로 의결한다.

⑨ 위원이 궐원된 때에는 이사회가 이를 보충하되, 위촉기간은 전임자의 잔여기간으로 한다. 다만, 선거기간 중 궐원위원의 수가 2명 이내인 때에는 위원장이 위원회의 협의를 거쳐 궐원위원을 보충 하고 그 사실을 다음 이사회에 보고한다.

⑩ 삭제

⑪이사회는 위원이 제67조제5항을 현저히 위반하였다고 판단하는 경우에는 해촉할 수 있다.

⑫제1항에 불구하고 조합장을 조합원이 직접 선출하거나 대의원회에서 선출하는 경우에 선거사무의 관리는 조합장의 임기만료일전 180일(재선거, 보궐선거 및 제65조제4항 단서규정에 의한 선거에 있어서는 선거의 실시사유가 확정된 날부터 5일)까지 조합의 주된 사무소의 소

재지를 관할하는 관할위원회에 위탁하여야 한다. 다만, 동시조합장선거에서는 임기만료일 전 180일에 별도의 신청 없이 위탁한 것으로 본다.

제67조(위원회의 직무) ① 위원회는 다음 각 호의 사무를 관장한다.

1. 임원후보자의 자격심사
2. 선거인명부의 확정
3. 선거인자격 이의신청에 대한 판정
4. 선거관련 분쟁조정
5. 선거운동방법에 대한 위반여부의 조사 및 심사
6. 위반사례 발생시 이에 대한 경고 및 기한을 정한 시정요구, 고발 등 필요한 조치
7. 제6호에 위반한 경우 그 사실의 게시
8. 투표의 유효 · 무효에 관한 이의에 대한 판정
9. 선거관리 · 투표관리 및 개표관리에 관한 사항
10. 투표소 및 개표소 설치에 관한 사항
11. 투표소 및 개표소의 질서유지에 관한 사항
12. 선거홍보 및 선거운동계도에 관한 사항
13. 기타 위원장이 필요하다고 인정하는 사항

② 위원회에 간사를 두되, 위원장이 조합의 직원중에서 위촉하며, 간사는 위원장을 보좌하여 위원회의 사무를 처리한다.

③ 위원장은 선거기간 중 조합의 직원중에서 종사원을 위촉하며, 종사원은 위원장이 정하는 바에 따라 선거관리사무에 종사한다.

④ 위원회는 의사의 진행상황 및 그 결과를 적은 의사록을 작성하고, 참석위원이 기명날인하여야 한다.

⑤ 위원 · 간사 및 종사원은 선거관리사무를 행함에 있어 공정을 기하여야 한다.

제68조(선거사무의 협조 등) ① 조합은 위원회의 선거사무에 관하여 적극적으로 협력하여야 한다.

② 조합은 위원에 대하여 위원회 참석에 따른 실비를 지급할 수 있다.

제2장 조합장 선거

제1절 조합원이 직접 선출하는 경우

제69조(피선거권) ① 다음 각 호의 어느 하나에 해당하는 사람은 피선거권이 없다.

1. 제56조제1항의 결격사유에 해당하는 사람. 다만, 제56조제1항제10호부터 제12호까지를 제외한 결격사유의 기준일은 임기개시일로 한다.
2. 조합장임기만료일 현재 우리조합 · 다른조합 · 품목조합연합회(이하 “연합회”라 한다) · 중앙회 · 농협경제지주회사 · 농협금융지주회사 · 농협은행 · 농협생명보험 · 농협손해보험의 직원 · 상임이사 · 상임감사(중앙회의 경우 상임감사위원장을 말한다), 우리조합 자회사(공동사업법인을 포함 한다. 이하 이 편에서 같다)의 상근임직원, 다른조합의 조합장, 연합회의 회장, 중앙회의 회장 또는 공무원(선거에 따라 취임하는 공무원을 제외한다)의 직을 사직한 지 90일을 경과하지 아니한 자. 다만, 조합장이 임기만료외의 사유로 궐위된 때와 제65조제4항 단서에 따라 선거를 실시하는 때에는 후보자등록일전일까지 사직하지 아니한 사람
3. 후보자등록일전일까지 우리조합의 비상임이사 · 비상임감사 또는 자회사의 비상근임원의 직을 사직하지 아니한 사람
4. 후보자등록일전일까지 법 제52조제4항에서 정한 경업관계를 해소하지 아니한 사람

② 제1항제2호 및 제3호의 적용에 있어서는 조합 또는 그 소속기관의 장에게 사직원이 접수된 때에 사직한 것으로 본다.

제70조 삭제

제71조(선거공고) 관할위원회는 선거일전 20일에 다음의 사항을 공고하여야 한다.

1. 선거하여야 할 임원
2. 선거인
3. 선거일
4. 피선거권자
5. 후보자등록접수장소
6. 후보자등록기간
7. 투표개시시각 및 종료시각
8. 투표소 및 개표소의 위치
9. 선거인명부 열람장소와 기간
10. 기타 필요한 사항

제72조(선거인명부 작성 및 열람) ① 조합은 선거인명부를 작성한 때에는 즉시 그 등본(전산자료

복사본을 포함한다. 이하 이 조에서 같다) 1통을, 선거인명부가 확정된 때에는 지체 없이 확정된 선거인명부 등본 1통을 각각 관할위원회에 송부하여야 한다. 이 경우 둘 이상의 투표소를 설치 하는 경우에는 투표소별로 분철하여 선거인명부를 작성 · 확정하여야 한다.

② 제1항에도 불구하고 동시조합장선거를 실시하는 경우 조합은 중앙선거관리위원회규칙으로 정하는 구역단위로 선거인명부를 작성 · 확정하여야 하며, 중앙선거관리위원회는 확정된 선거인명부의 전산 자료 복사본을 해당 조합으로부터 제출받아 전산조직을 이용하여 하나의 선거인명부를 작성한 후 투표소에서 사용하게 할 수 있다.

③ 선거인명부는 제62조제3항에 불구하고 선거인명부작성기간만료일의 다음날부터 선거일전 11일 까지 열람할 수 있다

④ 선거인명부는 선거일전 10일에 확정된다.

제73조(후보자등록기간) ① 후보자등록기간은 선거기간(선거일전 13일부터 선거일까지, 이하 같다) 개시일 전 2일부터 2일간(공휴일을 포함한다)으로 한다.

② 삭제

③ 「공공단체등 위탁선거에 관한 법률」제54조에 따라 동시선거를 실시하는 경우 제1항의 등록 기간내에 후보자등록이 없을 때에는 등록기간을 연장할 수 있다. 이 경우 이를 즉시 공고하여야 한다.

제74조(후보자등록신청) 후보자가 되고자 하는 자는 후보등록마감시각까지 "별표"의 구비서류를 갖추어 본인이 직접 관할위원회에 등록신청하여야 하며, 조합원이 직접 선출하거나 대의원회에서 선출하는 조합장선거의 경우에는 제76조의2제1항에서 정하는 기탁금을 납부하여야 한다. 다만, 질병 · 사고 등 본인이 직접 접수할 수 없는 부득이한 경우에는 관할위원회가 본인의 의사를 확인 하고 접수할 수 있다.

제75조(등록심사 및 접수) ① 관할위원회는 제74조에 따른 후보자등록신청이 있는 때에는 이를 수리 하되, 자격이 없거나 제76조의2제1항에 따른 기탁금(조합원이 직접 선출하거나 대의원회에서 선출하는 조합장선거의 경우에 한함) 및 "별표"중 피선거권에 관한 증명서류를 갖추지 아니한 등록신청은 수리하지 아니한다.

② 관할위원회는 후보자등록 마감 즉시 후보자 전원에 대하여 신원조회 등을 거쳐 후보자의 자격을 확인하여야 한다.

③ 제2항에 따라 조합이 그 조사를 의뢰받은 경우에는 지체없이 그 사실을 확인하여 회보하여야 한다.

④ 후보자등록신청서의 접수시간은 공휴일에 불구하고 매일 오전 9시부터 오후 6시까지로 한

다.

⑤ 관할위원회는 등록마감일 다음날에 후보자 등록사항을 공고한다.

제76조(등록무효 등) ① 후보자등록 후에 후보자의 피선거권이 없는 것이 발견된 때에는 후보자 등록을 무효로 하고, 당해 후보자에게 그 사유를 밝혀 지체없이 이를 통보한다.

② 후보자가 사퇴하고자 하는 경우에는 본인이 직접 관할위원회에 서면으로 신고하여야 한다.

③ 관할위원회는 후보자가 사퇴 · 사망하거나 등록이 무효로 된 경우에는 이를 지체없이 공고한다.

제76조의2(기탁금) ① 후보자등록을 신청하는 자는 등록신청시 1,000만원의 기탁금을 관할위원회에 납부하여야 한다.

② 관할위원회는 다음 각 호 금액을 선거일 후 30일 이내에 기탁자에게 반환하고, 반환하지 아니하는 기탁금은 우리조합에 귀속한다. 이 경우 기탁금 반환은 1차 투표 결과에 따른다.

1. 후보자가 당선되거나 사망한 경우와 유효투표총수의 100분의 15 이상을 득표한 경우에는 기탁금 전액
2. 후보자가 유효투표총수의 100분의 10 이상 100분의 15 미만을 득표한 경우에는 기탁금의 100분의 50에 해당하는 금액

③ 관할위원회는 제2항에 따라 반환하지 아니하는 기탁금을 선거일 후 30일 이내에 우리조합에 반환한다.

제77조(선거운동의 정의) 이 정관에서 "선거운동"이란 당선되거나 되게 하거나 되지 못하게 하기 위한 행위를 말한다. 다만, 다음 각 호의 어느 하나에 해당하는 행위는 선거운동으로 보지 아니한다.

1. 선거에 관한 단순한 의견개진 및 의사표시
2. 입후보와 선거운동을 위한 준비행위

제77조의2(선거운동의 주체 · 기간 · 방법) ① 후보자가 제77조의3부터 제77조의8까지의 규정에 따라 선거운동을 하는 경우를 제외하고는 누구든지 어떠한 방법으로도 선거운동을 할 수 없다.

② 선거운동은 후보자등록마감일의 다음 날부터 선거일 전일까지에 한정하여 할 수 있다.

제77조의3(선거공보) ① 후보자는 선거운동을 위하여 선거공보 1종을 작성할 수 있다. 이 경우

후보자는 선거인명부확정일 전일까지 관할위원회에 선거공보를 제출하여야 한다.

② 관할위원회는 제1항에 따라 제출된 선거공보를 선거인명부확정일 후 2일까지 제80조에 따른 투표안내문과 동봉하여 선거인에게 발송하여야 한다.

③ 후보자가 제1항 후단에 따른 기한까지 선거공보를 제출하지 아니하거나 규격을 넘는 선거공보를 제출한 때에는 그 선거공보는 발송하지 아니한다.

④ 제출된 선거공보는 정정 또는 철회할 수 없다. 다만, 오기나 「공공단체등 위탁선거에 관한 법률」에 위반되는 내용이 게재되었을 경우에는 제출마감일까지 해당 후보자가 정정할 수 있다.

⑤ 선거인은 선거공보의 내용 중 경력 · 학력 · 학위 · 상벌에 관하여 거짓으로 게재되어 있음을 이유로 이의제기를 하는 때에는 관할위원회에 서면으로 하여야 하고, 이의제기를 받은 관할위원회는 후보자와 이의제기자에게 그 증명서류의 제출을 요구할 수 있으며, 그 증명서류의 제출이 없거나 거짓 사실임이 판명된 때에는 그 사실을 공고하여야 한다.

⑥ 관할위원회는 제5항에 따라 허위게재사실을 공고한 때에는 그 공고문 사본 1매를 선거일에 투표소의 입구에 첩부하여야 한다.

⑦ 선거공보의 작성수량 · 규격 · 면수 · 제출, 그 밖에 필요한 사항은 중앙선거관리위원회규칙에 따른다.

제77조의4(선거벽보) ① 후보자는 선거운동을 위하여 선거벽보 1종을 작성할 수 있다. 이 경우 후보자는 선거인명부확정일 전일까지 관할위원회에 선거벽보를 제출하여야 한다.

② 관할위원회는 제1항에 따라 제출된 선거벽보를 제출마감일 후 2일까지 해당 위탁단체의 주된 사무소와 지사무소의 건물 또는 게시판에 첩부하여야 한다.

③ 제77조의3 제3항부터 제6항까지의 규정은 선거벽보에 이를 준용한다. 이 경우 "선거공보"는 "선거벽보"로, "발송"은 "첩부"로, "규격을 넘는"은 "규격을 넘거나 미달하는"으로 본다.

④ 선거벽보의 작성수량 · 첩부수량 · 규격 · 제출, 그 밖에 필요한 사항은 중앙선거관리위원회규칙에 따른다.

제77조의5(어깨띠 · 윗옷 · 소품) 후보자는 선거운동기간 중 어깨띠나 윗옷(上衣)을 착용하거나 소품을 이용하여 선거운동을 할 수 있다.

제77조의6(전화를 이용한 선거운동) 후보자는 선거운동기간 중 다음 각 호의 어느 하나에 해당하는 방법으로 선거운동을 할 수 있다. 다만, 오후 10시부터 다음 날 오전 7시까지는 그러하지 아니하다.

1. 전화를 이용하여 송화자 · 수화자 간 직접 통화하는 방법
2. 문자(문자 외의 음성 · 화상 · 동영상 등은 제외한다)메시지를 전송하는 방법

제77조의7(정보통신망을 이용한 선거운동) 후보자는 선거운동기간 중 다음 각 호의 어느 하나에 해당하는 방법으로 선거운동을 할 수 있다.
1. 조합이 개설 · 운영하는 인터넷 홈페이지의 게시판 · 대화방 등에 글이나 동영상 등을 게시하는 방법
2. 전자우편(컴퓨터 이용자끼리 네트워크를 통하여 문자 · 음성 · 화상 또는 동영상 등의 정보를 주고받는 통신시스템을 말한다)을 전송하는 방법

제77조의8(명함을 이용한 선거운동) 후보자는 선거운동기간 중 다수인이 왕래하거나 집합하는 공개된 장소에서 길이 9센티미터 너비 5센티미터 이내의 선거운동을 위한 명함을 선거인에게 직접 주거나 지지를 호소하는 방법으로 선거운동을 할 수 있다. 다만, 중앙선거관리위원회규칙으로 정하는 장소에서는 그러하지 아니하다.

제77조의9(지위를 이용한 선거운동금지 등) 조합의 임직원은 다음 각 호의 어느 하나에 해당하는 행위를 할 수 없다.
1. 지위를 이용하여 선거운동을 하는 행위
2. 지위를 이용하여 선거운동의 기획에 참여하거나 그 기획의 실시에 관여하는 행위
3. 후보자(후보자가 되려는 사람을 포함한다)에 대한 선거권자의 지지도를 조사하거나 이를 발표하는 행위

제77조의10(매수 및 이해유도금지 등) 선거운동을 목적으로 다음 각 호의 어느 하나에 해당하는 행위를 할 수 없다.
1. 선거인(선거인명부를 작성하기 전에는 그 선거인명부에 오를 자격이 있는 자를 포함한다. 이하 이 조에서 같다)이나 그 가족(선거인의 배우자, 선거인 또는 그 배우자의 직계존비속과 형제자매, 선거인의 직계존비속 및 형제자매의 배우자를 말한다. 이하 이 절에서 같다) 또는 선거인이나 그 가족이 설립 · 운영하고 있는 기관 · 단체 · 시설에 대하여 금전 · 물품 · 향응이나 그 밖의 재산상 이익이나 공사(公私)의 직을 제공하거나 그 제공의 의사를 표시하거나 그 제공을 약속하는 행위
2. 후보자가 되지 아니하도록 하거나 후보자가 된 것을 사퇴하게 할 목적으로 후보자가 되려는 사람이나 후보자에게 제1호에 규정된 이익이나 직을 제공하거나 그 제공의 의사

를 표시하거나 그 제공을 약속하는 행위

3. 제1호 또는 제2호에 규정된 이익이나 직을 제공받거나 그 제공의 의사표시를 승낙하는 행위
4. 제1호부터 제3호까지에 규정된 행위에 관하여 지시 · 권유 · 알선하거나 요구하는 행위
5. 후보자등록개시일부터 선거일까지 포장된 선물 또는 돈봉투 등 다수의 선거인(선거인의 가족 또는 선거인이나 그 가족이 설립 · 운영하고 있는 기관 · 단체 · 시설을 포함한다)에게 배부하도록 구분된 형태로 되어 있는 금품을 운반하는 행위

제77조의11(허위사실 공표 금지) ① 누구든지 당선되거나 되게 할 목적으로 선거공보나 그 밖의 방법으로 후보자(후보자가 되려는 사람을 포함한다. 이하 이 조에서 같다)에게 유리하도록 후보자, 그의 배우자 또는 직계존비속이나 형제자매에 관하여 허위의 사실을 공표하는 행위를 할 수 없다.

② 누구든지 당선되지 못하게 할 목적으로 선거공보나 그 밖의 방법으로 후보자에게 불리하도록 후보자, 그의 배우자 또는 직계존비속이나 형제자매에 관하여 허위의 사실을 공표하는 행위를 할 수 없다.

제77조의12(후보자 등 비방 금지) 선거운동을 목적으로 선거공보나 그 밖의 방법으로 공연히 사실을 적시하여 후보자(후보자가 되려는 사람을 포함한다), 그의 배우자 또는 직계존비속이나 형제자매를 비방할 수 없다.

제77조의13(사위등재금지) ① 거짓의 방법으로 선거인명부에 오르게 할 수 없다.

② 선거인명부작성에 관계 있는 자가 선거인명부에 고의로 선거권자를 기재하지 아니하거나 거짓 사실을 기재하거나 하게 할 수 없다.

제77조의14(사위투표금지) 성명을 사칭하거나 신분증명서를 위조 또는 변조하여 사용하거나 그 밖에 거짓의 방법으로 투표하거나 투표를 하려고 하거나 또는 투표하게 할 수 없다.

제77조의15(호별방문 등의 제한) 누구든지 선거운동을 위하여 선거인(선거인명부작성 전에는 선거인명부에 오를 자격이 있는 자를 포함한다)을 호별로 방문하거나 특정 장소에 모이게 할 수 없다.

제77조의16(기부행위의 정의) 이 정관에서 "기부행위"란 다음 각 호의 어느 하나에 해당하는 사

람이나 기관·단체·시설을 대상으로 금전·물품 또는 그 밖의 재산상 이익을 제공하거나 그 이익제공의 의사를 표시하거나 그 제공을 약속하는 행위를 말한다.

1. 선거인(선거인명부를 작성하기 전에는 그 선거인명부에 오를 자격이 있는 자를 포함한다. 이하 이 조에서 같다)이나 그 가족
2. 선거인이나 그 가족이 설립·운영하고 있는 기관·단체·시설

제77조의17(기부행위로 보지 아니하는 행위) ① 다음 각 호의 어느 하나에 해당하는 행위는 기부행위로 보지 아니한다.

1. 직무상의 행위
  가. 기관·단체·시설(나목에 따른 조합을 제외한다)이 자체사업계획과 예산에 따라 의례적인 금전·물품을 그 기관·단체·시설의 명의로 제공하는 행위(포상을 포함하되, 화환·화분을 제공하는 행위는 제외한다. 이하 나목에서 같다)
  나. 조합이 해당 법령이나 정관등에 따른 사업계획 및 수지예산에 따라 집행하는 금전·물품을 그 조합의 명의로 제공하는 행위
  다. 물품구매·공사·역무의 제공 등에 대한 대가의 제공 또는 부담금의 납부 등 채무를 이행하는 행위
  라. 가목부터 다목까지의 규정에 따른 행위 외에 법령에 근거하여 물품 등을 찬조·출연 또는 제공하는 행위
2. 의례적 행위
  가. 「민법」 제777조(친족의 범위)에 따른 친족(이하 이 조에서 "친족"이라 한다)의 관혼상제의식이나 그 밖의 경조사에 축의·부의금품을 제공하는 행위
  나. 친족 외의 사람의 관혼상제의식에 통상적인 범위에서 축의·부의금품(화환·화분을 제외한다)을 제공하거나 주례를 서는 행위
  다. 관혼상제의식이나 그 밖의 경조사에 참석한 하객이나 조객 등에게 통상적인 범위에서 음식물 또는 답례품을 제공하는 행위
  라. 소속 기관·단체·시설(조합은 제외한다)의 유급 사무직원이나 친족에게 연말·설 또는 추석에 의례적인 선물을 제공하는 행위
  마. 친목회·향우회·종친회·동창회 등 각종 사교·친목단체 및 사회단체의 구성원으로서 그 단체의 정관 등 또는 운영관례상의 의무에 기하여 종전의 범위에서 회비를 납부하는 행위
  바. 평소 자신이 다니는 교회·성당·사찰 등에 통상의 예에 따라 헌금(물품의 제공을 포함한다)하는 행위

3. 「공직선거법」 제112조제2항제3호에 따른 구호적 · 자선적 행위에 준하는 행위

4. 그 밖에 제1호부터 제3호까지의 어느 하나에 준하는 행위로서 중앙선거관리위원회규칙에 따른 행위

② 제1항에 따라 통상적인 범위에서 1명에게 제공할 수 있는 축의 · 부의금품, 음식물, 답례품 및 의례적인 선물의 금액범위는 중앙선거관리위원회규칙에 따른다.

제77조의18(기부행위제한기간) 기부행위를 할 수 없는 기간(이하 "기부행위제한기간"이라 한다)은 다음 각 호와 같다.

1. 임기만료에 따른 선거: 임기만료일 전 180일부터 선거일까지
2. 재선거, 보궐선거, 조합의 설립 · 분할 또는 합병으로 인한 선거: 그 선거의 실시 사유가 발생한 날부터 선거일까지

제77조의19(기부행위제한) ① 후보자(후보자가 되려는 사람을 포함한다. 이하 이 조에서 같다), 후보자의 배우자, 후보자가 속한 기관 · 단체 · 시설은 기부행위제한기간 중 기부행위를 할 수 없다.

② 누구든지 기부행위제한기간 중 해당 선거에 관하여 후보자를 위하여 기부행위를 하거나 하게 할 수 없다. 이 경우 후보자의 명의를 밝혀 기부행위를 하거나 후보자가 기부하는 것으로 추정할 수 있는 방법으로 기부행위를 하는 것은 해당 선거에 관하여 후보자를 위한 기부행위로 본다.

③ 누구든지 기부행위제한기간 중 해당 선거에 관하여 제1항 또는 제2항에 규정된 자로부터 기부를 받거나 기부의 의사표시를 승낙할 수 없다.

④ 누구든지 제1항부터 제3항까지 규정된 행위에 관하여 지시 · 권유 · 알선 또는 요구할 수 없다.

⑤ 조합장은 재임 중에 기부행위를 할 수 없다.

제77조의20(조합장 등의 축의 · 부의금품 제공제한) 조합의 경비로 관혼상제의식이나 그 밖의 경조사에 축의 · 부의금품을 제공하는 경우에는 조합의 경비임을 명기하여 조합의 명의로 하여야 하며, 조합장의 직명 또는 성명을 밝히거나 그가 하는 것으로 추정할 수 있는 방법으로 하는 행위는 기부행위로 본다.

제77조의21 (선거일 후 답례금지) 후보자, 후보자의 배우자, 후보자가 속한 기관 · 단체 · 시설은 선거일 후 당선되거나 되지 아니한 데 대하여 선거인에게 축하 · 위로나 그 밖의 답례를 하기

위하여 다음 각 호의 어느 하나에 해당하는 행위를 할 수 없다.

1. 금전 · 물품 또는 향응을 제공하는 행위
2. 선거인을 모이게 하여 당선축하회 또는 낙선에 대한 위로회를 개최하는 행위

제78조(선거방법) ① 선거는 무기명 비밀투표로 한다.

② 선거권 행사는 1인1표로 한다.

제79조(투표소의 설치 등) ① 관할위원회는 조합과 투표소의 설치수, 설치장소 등을 협의하여 선거일 전일까지 투표소를 설치하여야 한다.

② 관할위원회는 공정하고 중립적인 사람 중에서 투표소마다 투표에 관한 사무를 관리할 투표관리관 1명과 투표사무를 보조할 투표사무원을 위촉하여야 한다.

제79조의2(동시조합장선거의 투표소의 설치 등) ① 동시조합장선거를 실시하는 경우 관할위원회는 제79조제1항에도 불구하고 그 관할구역 안의 읍 · 면[「지방자치법」 제4조의2(자치구가 아닌 구와 읍 · 면 · 동 등의 명칭과 구역)제3항에 따라 행정면을 둔 경우에는 행정면을 말한다] · 동(「지방자치법」 제4조의2제4항에 따라 행정동을 둔 경우에는 행정동을 말한다)마다 1개소씩 투표소를 설치 · 운영 하여야 한다. 다만, 동의 경우에는 관할위원회가 해당 조합과 협의하여 일부 동에만 투표소를 설치할 수 있다.

② 동시조합장선거에서 선거인은 자신이 올라 있는 선거인명부의 작성 구역단위에 설치된 어느 투표소에서나 투표할 수 있다.

③ 투표관리관은 제2항에 따라 투표하려는 선거인에 대해서는 본인임을 확인할 수 있는 신분증명서를 제시하게 하여 본인여부를 확인한 다음 전자적 방식으로 무인 또는 서명하게 하고, 투표용지 발급기를 이용하여 선거권이 있는 해당 선거의 투표용지를 출력하여 자신의 도장을 찍은 후 선거인에게 교부한다.

④ 중앙선거관리위원회는 2개 이상 조합장선거의 선거권이 있는 선거인이 투표하는 데 지장이 없도록 하고, 같은 사람이 2회 이상 투표를 할 수 없도록 하는 데 필요한 기술적 조치를 하여야 한다.

⑤ 관할위원회는 섬 또는 산간오지 등에 거주하는 등 부득이한 사유로 투표소에 가기 어려운 선거인에게는 그 의결로 거소투표, 순회투표, 인터넷투표 등 중앙선거관리위원회규칙으로 정하는 방법으로 투표를 하게 할 수 있다. 이 경우 투표방법 등에 관하여는 해당 조합과 협의하여야 한다.

⑥ 제5항에 따른 거소투표, 순회투표, 인터넷투표 등의 대상 · 절차 · 기간 · 방법, 그 밖에 필요한 사항은 중앙선거관리위원회규칙에 따른다.

제80조(투표안내문의 발송) 관할위원회는 선거인의 성명 · 선거인명부등재번호 · 투표소의 위치 · 투표시간 · 지참물 · 투표절차 그 밖의 투표참여를 권유하는 내용 등이 적힌 투표안내문을 선거인명부확정일 후 2일까지 선거인에게 우편으로 발송한다.

제81조(투표 · 개표의 참관) ① 후보자는 선거인 중에서 투표소마다 2명 이내의 투표참관인을 선정 하여 선거일 전 2일까지, 개표소마다 2명 이내의 개표참관인을 선정하여 선거일 전일까지 관할 위원회에 서면으로 신고하여야 한다. 이 경우 개표참관인은 투표참관인이 겸임하게 할 수 있다.

② 관할위원회는 제1항에 따라 신고한 투표참관인 · 개표참관인이 투표 및 개표 상황을 참관하게 하여야 한다.

③ 후보자가 제1항에 따른 투표참관인 · 개표참관인의 신고를 하지 아니한 때에는 투표 · 개표 참관을 포기한 것으로 본다.

④ 후보자 또는 후보자의 배우자와 해당 위탁단체의 임직원은 투표참관인 · 개표참관인이 될 수 없다.

⑤ 제1항에도 불구하고 동시조합장선거의 투표참관인은 투표소마다 12명으로 하며, 후보자수가 12명을 넘는 경우에는 후보자별로 1명씩 우선 선정한 후 추첨에 따라 12명을 지정하고, 후보자수가 12명에 미달하되 후보자가 선정 · 신고한 인원수가 12명을 넘는 때에는 후보자별로 1명씩 선정한 자를 우선 지정한 후 나머지 인원은 추첨에 의하여 지정한다.

⑥ 투표참관인 · 개표참관인의 선정 · 신고 및 투표참관인 지정의 구체적인 절차 · 방법, 그 밖에 필요한 사항은 중앙선거관리위원회규칙에 따른다.

제82조(투표절차) ① 관할위원회는 선거인이 투표할 때 선거인명부에 따라 선거인자격을 확인한다.

② 관할위원회는 투표당일 투표소에서 주민등록증 등에 따라 본인임을 확인하고 선거인명부에 날인 · 무인 또는 서명하게 하고 투표용지를 교부한다.

③ 선거인은 후보자간의 추첨에 따라 부여받은 기호 및 후보자의 성명을 적은 소정의 투표용지를 사용하여야 한다.

④ 선거인은 투표소에 비치된 소정의 기표용구로 투표용지에 "卜"표를 하여 이를 투표함에 넣는다.

제83조(투표시간) ① 관할위원회는 조합과 협의하여 투표시간을 정한다. 다만, 동시조합장선거

의 투표시간은 오전 7시부터 오후 5시까지로 한다.

② 투표를 마감할 때에 투표소에서 투표하기 위하여 대기하고 있는 선거인에게는 번호표를 부여하여 투표하게 한 후에 닫아야 한다.

제84조(무효투표) ① 다음 각호의 어느 하나에 해당하는 투표는 무효로 한다.

1. 정규의 투표용지를 사용하지 아니한 것
2. 2이상의 난에 표를 한 것
3. 어느 난에도 표를 하지 아니한 것
4. 어느 난에 표를 한 것인지 식별할 수 없는 것
5. ㉦표가 아닌 다른 문자 또는 기호 등을 기입한 것
6. ㉦표 외에 다른 사항을 기입한 것
7. 정규의 기표용구가 아닌 용구로 표를 한 것

② 다음 각 호의 어느 하나에 해당하는 투표는 무효로 하지 아니한다.

1. ㉦표가 일부분 표시되거나 ㉦표 안이 메워진 것으로서 소정의 기표용구를 사용하여 기표를 한 것이 명확한 것
2. 한 후보자란에만 2이상 기표된 것
3. 후보자란 외에 추가 기표되었으나 추가 기표된 것이 어느 후보자에게도 기표한 것으로 볼 수 없는 것
4. 두 후보자란의 구분선상에 기표된 것으로서 어느 후보자에게 기표한 것인지가 명확한 것
5. 기표한 것이 옮겨 묻은 것으로서 어느 후보자에게 기표한 것인지가 명확한 것
6. 인주로 오손되거나 훼손되었으나 정규의 투표용지임이 명백하고 어느 후보자에게 기표한 것인지가 명확한 것

제85조(개표시기 및 장소) ① 개표는 공고된 개표소에서 투표함을 모아 투표당일에 실시한다.

② 2이상의 투표소를 설치한 경우 투표소가 산간·오지 또는 도서지역 등에 설치된 경우로서 천재지변 등의 부득이한 사유로 투표당일 투표함의 일부가 개표소에 도착하지 못할 때에는 관할위원회가 정하는 바에 따른다.

제86조(당선인 결정) ① 후보자 중 유효투표의 최다득표자를 당선인으로 결정한다. 다만, 최다득표자가 2인 이상인 경우에는 연장자를 당선인으로 결정한다.

② 후보자등록마감시각에 등록된 후보자가 1인이거나 후보자등록마감 후 선거일의 투표마감

시각 까지 후보자가 사퇴 · 사망하거나 등록이 무효로 되어 후보자수가 1인이 된 때에는 투표를 실시 하지 아니하고 선거일에 그 후보자를 당선인으로 결정한다.

③ 선거일의 투표마감시각 후 당선인결정 전까지 후보자가 사퇴 · 사망하거나 등록이 무효로 된 경우에는 개표결과 나머지 후보자 중에서 제1항에 따라 당선인을 결정한다.

④ 당선인의 결정에 명백한 착오가 있는 때에는 당선인의 결정을 시정한다.

제87조(재선거 및 보궐선거) ① 다음 각 호의 어느 하나에 해당하는 경우에는 재선거를 실시한다.

1. 선거결과 당선인이 없는 때
2. 법 제33조의 규정에 따라 선거에 따른 당선이 취소 또는 무효로 된 때
3. 법 제173조 또는 「공공단체등 위탁선거에 관한 법률」 제70조(위탁선거범죄로 인한 당선무효)의 규정에 따라 당선이 무효로 된 때
4. 선거의 전부무효판결이 있는 때
5. 당선인이 임기개시 전에 사퇴 · 사망하거나 피선거권이 없게 된 때

② 제1항에 따른 경우 외에 조합장이 임기 중 궐위된 때에는 보궐선거를 실시한다.

③ 제1항 및 제2항에도 불구하고 그 실시사유가 발생한 날부터 임기만료일까지의 기간이 1년 미만인 경우에는 재선거 또는 보궐선거를 실시하지 아니한다.

④ 제3항에 따라 재선거 또는 보궐선거를 실시하지 아니하는 경우 조합장의 직무는 그 재선거 또는 보궐선거 실시사유가 발생한 날부터 전임 조합장 임기만료일까지 제52조제2항에 따른 직무대행자가 대행한다.

제88조(선거의 일부무효로 인한 재선거) ① 선거의 일부무효의 판결이 확정된 때에는 관할위원회는 선거가 무효로 된 당해 투표소의 재선거를 실시한 후 다시 당선인을 결정하여야 한다.

② 제1항의 재선거를 실시함에 있어서 판결에 특정한 명시가 없는 한 제62조 및 제72조의 규정에 불구하고 당초 선거에 사용된 선거인명부를 사용한다.

③ 조합장의 임기개시 후 제1항에 따른 재선거를 실시한 결과 당선인의 변경이 없는 경우에는 조합장의 임기를 새로이 기산하지 아니한다.

제89조(당선의 통지) 제86조의 규정에 따라 당선인이 결정된 경우 관할위원회는 즉시 당선인에게 당선을 통지하고, 당선인의 주소 · 성명을 공고한다.

제90조(선거기록) ① 관할위원회는 투표 · 개표 및 선거상황을 기록한 투표록 · 개표록 및 선거록

을 작성한다.

② 제1항에 따른 투표록 · 개표록 및 선거록 그 밖에 선거관련서류는 투표지와 함께 당해 선거에 의한 당선인의 임기 중 관할위원회에서 보관한다. 다만, 당해 선거소송이 법원에 조합장의 재임 기간이상 계속 중인 때에는 소송이 완료될 때까지 관할위원회에서 보관한다.

제2절 대의원회에서 선출하는 경우

제91조(선거공고) 관할위원회는 선거일전 20일에 다음의 사항을 공고하여야 한다.

1. 선거하여야 할 임원
2. 선거인
3. 선거일시 및 장소
4. 피선거권자
5. 후보자등록접수장소
6. 후보자등록기간
7. 기타 필요한 사항

제92조(선거방법) ① 조합장은 대의원회에서 선출한다.

② 제1항의 조합장을 선출할 때에는 조합장은 대의원회를 소집하여야 한다.

③ 조합장이 후보자일 경우에는 제52조제3항에 따른 직무대행자가 의장의 직무를 행한다.

제93조(대의원회 진행) ① 의장은 투표에 앞서 각 후보자를 소개한다.

② 후보자는 제1항의 후보자 소개시 조합운영에 대한 자신의 소견을 간략히 발표할 수 있다.

③ 의장은 투표 및 개표사무를 관할위원회로 하여금 진행하게 한다.

제94조(투표 및 개표방법) ① 투표용지는 투표당일 선거인에게 교부한다.

② 투표는 투표용지에 소정의 기표용구로 "卜"표를 한다.

③ 선거인은 투표시각까지 대의원회에 출석하지 아니하면 투표할 수 없다.

④ 개표는 투표당일 투표소에서 실시한다.

제94조의2(투표시간) 관할위원회는 조합과 협의하여 투표시간을 정하되, 동시조합장선거의 경우 투표마감시각은 오후 5시까지로 한다.

제95조(당선인의 결정) ① 선거인 과반수의 투표와 투표자 과반수의 득표자를 당선인으로 한다.

② 제1항에 따른 당선인이 없을 경우에는 최다수득표자와 차순위득표자에 대하여, 최다수득표자가 2인 이상이면 그 최다수득표자에 대하여 결선투표를 실시하여 다수득표자를 당선인으로 한다. 다만, 결선투표에서 다수득표자가 2인 이상인 경우에는 연장자를 당선인으로 한다.

③ 등록된 후보자가 1인인 경우에는 투표를 하지 아니하고 선거일에 그 후보자를 당선인으로 하며, 후보자의 등록이 무효가 되어 등록된 후보자가 1인이 된 경우에도 또한 같다.

④ 관할위원회는 개표결과에 따라 당선인을 결정하고, 이를 의장에게 통지한다.

제96조(준용규정) 제69조, 제72조제1항 · 제3항 · 제4항, 제73조부터 제76조까지, 제76조의2, 제77조, 제77조의2, 제77조의3, 제77조의6, 제77조의7, 제77조의9부터 제77조의21까지, 제78조, 제79조, 제80조, 제81조, 제82조, 제84조, 제87조, 제89조 및 제90조의 규정은 조합장을 대의원회에서 선출하는 경우에 이를 준용한다. 이 경우 제72조제3항 중 "제62조제3항에 불구하고"는 "제64조 제2항에 불구하고"로 하고, 제72조 · 제77조의3 · 제77조의10 · 제77조의13 · 제77조의15 · 제77조의16 · 제80조 및 제82조 중 "선거인명부"는 각각 "대의원명부"로 하며, 제77조의2 중 "제77조의3부터 제77조의8까지의 규정에 따라"는 "제77조의3, 제77조의6 및 제77조의7의 규정에 따라"로 한다.

제3절 이사회에서 선출하는 경우

제97조(선거공고) 조합은 선거일전 12일에 다음의 사항을 공고하여야 한다.

1. 선거하여야 할 임원
2. 선거인
3. 선거일시 및 장소
4. 피선거권자

제98조(선거방법) ① 조합장은 이사회에서 조합원인 이사 중에서 구두추천에 따라 추천된 후보자를 대상으로 무기명 비밀투표로 선출한다.

② 제1항의 조합장을 선출할 때에는 조합장은 이사회를 소집하여야 한다.

③ 조합장이 후보자일 경우에는 후보자가 아닌 이사 중 이사회가 정하는 이사(상임이사를 제외한다)가 의장의 직무를 행한다.

제98조의2(선거운동) ① "선거운동"이란 제77조에 따른 행위를 말한다.

② 누구든지 자기 또는 특정인을 임원으로 당선되게 하거나 당선되지 못하게 할 목적으로 다음 각 호의 어느 하나에 해당하는 행위를 할 수 없다.

1. 조합원(조합에 가입신청을 한 자를 포함한다. 이하 이 조에서 같다)이나 그 가족(조합원의 배우자, 조합원 또는 그 배우자의 직계 존속 · 비속과 형제자매, 조합원의 직계 존속 · 비속 및 형제자매의 배우자를 말한다. 이하 같다) 또는 조합원이나 그 가족이 설립 · 운영하고 있는 기관 · 단체 · 시설에 대한 다음 각 목의 어느 하나에 해당하는 행위

가. 금전 · 물품 · 향응이나 그 밖의 재산상의 이익을 제공하는 행위

나. 공사의 직을 제공하는 행위

다. 금전 · 물품 · 향응, 그 밖의 재산상의 이익이나 공사의 직을 제공하겠다는 의사표시 또는 그 제공을 약속하는 행위

2. 후보자가 되지 못하도록 하거나 후보자를 사퇴하게 할 목적으로 후보자가 되려는 사람이나 후보자에게 제1호 각 목에 규정된 행위를 하는 행위

3. 제1호나 제2호에 규정된 이익이나 직을 제공받거나 그 제공의 의사표시를 승낙하는 행위 또는 그 제공을 요구하거나 알선하는 행위

③ 임원이 되려는 사람은 선거운동을 위하여 임기만료일전 90일(보궐선거 등의 경우 그 선거의 실시사유가 확정된 날)부터 선거일까지 조합원을 호별로 방문하거나 특정장소에 모이게 할 수 없다.

④ 누구든지 선거와 관련하여 연설 · 벽보, 그 밖의 방법으로 허위의 사실을 공표하거나 공연히 사실을 적시하여 후보자(후보자가 되려는 사람을 포함한다. 이하 같다)를 비방할 수 없다.

⑤ 누구든지 선거에 투표하거나 하게 할 목적으로 사위의 방법으로 선거인명부에 오르게 할 수 없다.

⑥ 누구든지 선거와 관련하여 자기 또는 특정인을 당선되게 하거나 당선되지 못하게 할 목적으로 후보자등록시작일부터 선거일까지 다수의 조합원(조합원의 가족 또는 조합원이나 그 가족이 설립 · 운영하고 있는 기관 · 단체 · 시설을 포함한다)에게 배부하도록 구분된 형태로 되어 있는 포장된 선물 또는 돈봉투 등 금품을 운반하지 못한다.

⑦ 위원회는 제2항부터 제6항까지에 위반하여 선거운동 등을 하는 경우에는 이를 중지시키거나 철거 · 회수 등 필요한 조치를 할 수 있다.

⑧ 조합의 임직원은 다음 각 호의 어느 하나에 해당하는 행위를 할 수 없다.

1. 그 지위를 이용하여 선거운동을 하는 행위
2. 선거운동의 기획에 참여하거나 그 기획의 실시에 관여하는 행위

3. 후보자에 대한 조합원의 지지도를 조사하거나 발표하는 행위

제98조의3(기부행위의 제한) ① 임원 선거 후보자, 그 배우자 및 후보자가 속한 기관·단체·시설은 임원의 임기만료일 전 180일(보궐선거 등의 경우에는 그 선거의 실시 사유가 확정된 날)부터 그 선거일까지 조합원(조합에 가입신청을 한 사람을 포함한다. 이하 이 조에서 같다)이나 그 가족 또는 조합원이나 그 가족이 설립·운영하고 있는 기관·단체·시설에 대하여 금전·물품이나 그 밖의 재산상 이익의 제공, 이익 제공의 의사 표시 또는 그 제공을 약속하는 행위(이하 "기부행위"라 한다)를 할 수 없다. 다만, 법 제50조의2제2항에 따라 기부행위로 보지 아니하는 행위는 그러하지 아니하다.

② 누구든지 제1항의 행위를 약속·지시·권유·알선 또는 요구할 수 없다.

③ 누구든지 해당 선거에 관하여 후보자를 위하여 제1항의 행위를 하거나 하게 할 수 없다. 이 경우 후보자의 명의를 밝혀 기부행위를 하거나 후보자가 기부하는 것으로 추정할 수 있는 방법으로 기부행위를 하는 것은 해당 선거에 관하여 후보자를 위한 기부행위로 본다.

④ 조합장은 재임 중 제1항에 따른 기부행위를 할 수 없다. 다만, 법 제50조의2제2항에 따라 기부행위로 보지 아니하는 행위는 그러하지 아니하다.

⑤ 조합의 경비로 관혼상제 의식이나 그 밖의 경조사에 축의·부의금품을 제공할 때에는 조합의 명의로 하여야 하며, 조합의 경비임을 명기하여야 한다.

⑥ 제5항에 따라 축의·부의금품을 제공할 경우 조합장의 직명 또는 성명을 밝히거나 그가 하는 것으로 추정할 수 있는 방법으로 하는 행위는 제4항 단서에도 불구하고 기부행위로 본다.

제99조(준용규정) 제69조제1항제1호, 제87조, 제89조, 제90조, 제93조제1항·제2항 및 제95조제1항의 규정은 조합장을 이사회에서 선출하는 경우에 이를 준용한다. 이 경우 제89조 중 "관할위원회"는 "의장"으로 하고, 제90조제1항 중 "관할위원회"는 "의장"으로, "투표록·개표록 및 선거록"은 "의사록"으로 하며, 제90조제2항 중 "투표록·개표록 및 선거록"은 "의사록"으로, "관할위원회"는 "조합"으로 한다.

제3장 이사 선거

제1절 비상임이사

제1관 조합원인 이사

제100조(피선거권) 다음 각 호의 어느 하나에 해당하는 사람은 피선거권이 없다.

1. 제56조제1항의 결격사유에 해당하는 사람. 다만, 제56조제1항제10호부터 제12호까지를 제외한 결격사유의 기준일은 임기개시일로 한다.
2. 후보자등록일전일까지 우리조합 · 다른조합 · 연합회 · 중앙회 · 농협경제지주회사 · 농협금융지주회사 · 농협은행 · 농협생명보험 · 농협손해보험의 직원이나 이사 · 감사, 우리조합 자회사의 임원 또는 공무원(선거에 따라 취임하는 공무원을 제외한다)의 직을 사직하지 아니한 사람. 다만, 우리 조합 조합원이어야 하는 이사(이하 이 관에서는 "이사"라 한다)가 그 직을 가지고 입후보하는 경우에는 그러하지 아니하다.
3. 후보자등록일전일까지 법 제52조제4항에서 정한 경업관계를 해소하지 아니한 사람
4. 우리조합 조합장선거에 입후보하기 위하여 임기 중 조합원이어야 하는 이사의 직을 사직함으로 인하여 실시사유가 확정된 보궐선거의 경우 그 조합원이어야 하는 이사의 직을 사직한 사람

제101조(선거방법) ① 이사는 여성조합원 중에서 1명 이상이 선출되도록 성별로 배분하여 총회에서 선출한다. 이 경우 선출할 이사의 수는 조합원수, 조합구역, 지세, 교통 기타의 조건을 감안하여 지역별 또는 품목별로 배분할 수 있다.
② 제1항의 이사를 선출할 때에는 조합장은 총회를 소집하여야 한다.

제101조의2(선거운동) ① 누구든지 선거와 관련하여 다음 각 호의 방법 외의 선거운동을 할 수 없다. 이 경우 선거운동은 후보자등록마감일의 다음 날부터 선거일 전일까지에 한정하여 할 수 있다.
1. 선거공보의 배부
2. 전화(문자메시지를 포함한다) · 컴퓨터통신(전자우편을 포함한다)을 이용한 지지 호소
② 위원회는 제1항에 위반하여 선거운동 등을 하는 경우에는 이를 중지시키거나 철거 · 회수 등 필요한 조치를 할 수 있다.
③ 위원회는 법령 및 정관에서 규정한 제한행위에 해당하는 정보가 조합의 인터넷 홈페이지의 게시판 · 대화방 등에 게시된 경우 그 인터넷 홈페이지를 관리 · 운영하는 자에게 해당 정보의 삭제를 요청할 수 있으며, 그 요청을 받은 인터넷 홈페이지 관리 · 운영자는 지체 없이 이에 따라야 한다.
④ 제3항에 따라 정보가 삭제된 경우 해당 정보를 게시한 자는 그 정보가 삭제된 날부터 3일 이내에 위원회에 서면으로 이의신청을 할 수 있다.
⑤ 위원회는 제4항에 따른 이의신청을 받은 때에는 지체 없이 심의하여야 하며, 이의신청기간을 경과한 이의신청은 각하하고, 이의신청이 이유 있다고 인정되는 때에는 해당 인터넷 홈페이지 관리 · 운영자에게 제3항의 요청을 철회하고 이의신청인에게 그 처리결과를 통지하여야

하며, 이유 없다고 인정되는 때에는 이를 기각하고 이의신청인에게 그 처리결과를 통지하여야 한다.

⑥ 위원회는 법 제50조를 위반한 행위에 대한 조치 결과를 선거인이 알 수 있도록 투표안내문 동봉 · 선거일 투표소 첩부 · 인터넷홈페이지 게시 및 그 밖의 방법을 통하여 공개할 수 있다.

제101조의3(후보자등록기간) ① 후보자등록기간은 선거일전 10일부터 2일간(공휴일을 포함한다)으로 한다.

② 제1항에 따른 후보자등록기간내에 후보자 등록이 없을 때에는 등록기간을 2일간 연장하고 선거일을 2일 연기하여 이를 즉시 공고하여야 한다. 이 경우 당초 선거인을 대상으로 하여 선거를 실시한다.

제102조(선거공고) 위원회는 선거일전 12일에 다음의 사항을 공고하여야 한다.

1. 선거하여야 할 임원 및 그 정수
2. 선거인
3. 선거일시 및 장소
4. 피선거권자
5. 후보자등록접수장소
6. 후보자등록기간
7. 기타 필요한 사항

제103조(투표 및 개표방법) ① 투표용지는 투표당일 선거인에게 교부한다.

② 투표는 투표용지에 소정의 기표용구로 기표하며 선거인이 기표할 이사의 수는 선출하여야 할 인원수 이내로 한다.

③ 선거인은 투표개시시각까지 총회에 출석하지 아니하면 투표할 수 없다.

④ 개표는 투표당일 투표소에서 실시한다.

제104조(무효투표) ① 다음 각 호의 어느 하나에 해당하는 경우에는 무효로 한다.

1. 제84조제1항제1호 및 제3호 부터 제7호까지의 경우
2. 선출하여야 할 이사의 수를 초과하는 인원을 기표한 경우

② 다음 각 호의 어느 하나에 해당하는 경우에는 무효로 하지 아니한다.

1. 제84조제2항 각 호의 어느 하나에 해당하는 경우
2. "㉧"표 수가 선출하여야 할 이사의 수 이내인 것으로서 어느 후보자에게 기표한 것인지

가 명확한 경우

제105조(당선인의 결정) ① 이사는 선거인 과반수의 투표와 투표자 과반수의 득표자 중 다수득표자순으로 당선인을 결정한다. 다만, 다수득표자가 경합될 때에는 연장자순에 따라 당선인을 결정 한다.

② 1차투표에서 과반수득표자가 없거나 선출하여야 할 이사의 수에 미달하는 경우에는 과반수를 얻지 못한 후보자에 대하여 재투표를 실시하여 다수득표자순으로 당선인을 결정하되, 득표수가 같은 후보자가 2인 이상일 경우에는 연장자순에 의한다.

③ 등록된 후보자의 수가 선출하여야 할 이사의 수 이하(제101조제1항에 따라 지역별, 성별 또는 품목별로 이사를 배분하여 선출하는 경우는 지역별, 성별 또는 품목별로 등록된 후보자의 수가 당해 지역별, 성별 또는 품목별로 선출하여야 할 이사의 수이하인 때를 포함한다)일 경우에는 등록된 후보자를 선거일에 당선인으로 한다.

④ 위원장은 개표결과를 의장에게 보고하고 의장은 이에 따라 당선인을 결정한다.

제106조(재선거 및 보궐선거) ① 제87조제1항 각 호의 어느 하나에 해당하는 경우에는 부족한 이사의 수에 대하여 재선거를 실시한다.

② 제1항의 경우외에 이사가 임기 중 궐원된 때에는 그 부족한 이사의 수에 대하여 보궐선거를 실시한다.

③ 제1항 및 제2항에 불구하고 궐원된 이사의 수가 제51조에 따른 이사정수의 4분의 1미만인 경우에는 다음 총회까지 선거를 연기할 수 있다.

④ 제3항의 경우에 있어서 궐원된 이사의 잔여임기가 재선거 또는 보궐선거를 실시하여야 하는 사유가 발생한 날부터 1년 이내인 경우에는 선거를 실시하지 아니할 수 있다.

제107조(준용규정) ① 제69조제2항, 제74조부터 제76조까지, 제78조, 제82조, 제89조, 제90조, 제93조, 제98조의2 및 제98조의3제1항부터 제3항까지의 규정은 이사선거에 이를 준용한다. 이 경우 제74조부터 제76조까지 및 제82조 · 제93조 중 "관할위원회"는 각각 "위원회"로 하고, 제75조제4항 중 "오후 6시까지"는 "오후 5시까지"로 하며, 제89조 및 제90조제1항 중 "관할위원회"는 각각 "의장"으로 하고, 제90조제2항 중 "관할위원회"는 "조합"으로 한다.

② 이사를 대의원회에서 선출하는 경우에는 제82조 중 "선거인명부"를 각각 "대의원명부"로 한다.

제2관 조합원이 아닌 이사

제108조(자격제한 등) ① 조합원이 아닌 이사(이하 이 관에서는 "이사"라 한다)는 조합원이 아닌 사람 중 학식과 경험이 풍부한 사람으로 한다.

② 다음 각 호의 어느 하나에 해당하는 사람은 피선거권이 없다.

1. 제56조제1항(제10호와 제12호를 제외한다)의 결격사유에 해당하는 사람. 다만, 제56조제1항 제11호를 제외한 결격사유의 기준일은 임기개시일로 하며, 제11호 중 "선거일공고일"은 "추천일"로 한다.
2. 추천일전일까지 우리조합의 조합원이어야 하는 이사, 비상임감사 또는 자회사의 비상근임원의 직을 사직하지 아니한 사람
3. 추천일전일까지 우리조합 · 다른조합 · 연합회 · 중앙회 · 농협경제지주회사 · 농협금융지주회사 · 농협은행 · 농협생명보험 · 농협손해보험의 직원 · 상임이사 · 상임감사(중앙회의 경우 상임감사위원장을 말한다) 또는 공무원(교육공무원과 선거에 따라 취임하는 공무원을 제외한다)의 직을 사직하지 아니한 사람
4. 추천일전일까지 법 제52조제4항에서 정한 경업관계를 해소하지 아니한 사람
5. 우리조합 조합장선거에 입후보하기 위하여 임기 중 조합원이 아닌 이사의 직을 사직함으로 인하여 실시사유가 확정된 보궐선거의 경우 그 조합원이 아닌 이사의 직을 사직한 사람

제109조(선거방법) 이사는 조합장이 추천한 후보자를 대상으로 하여 총회에서 선출한다.

제110조(선거절차) ① 조합장은 이사후보자를 추천할 때에는 선출의안을 작성하여 총회에 부의한다.

② 제1항에 따른 의안은 이사의 수에 따라 단기명 또는 연기명으로 일괄 작성하되, 후보자의 성명 · 인적사항 및 주요경력을 적는다.

③ 제1항에 따른 의안은 1개의 의안으로 일괄하여 의결하되, 선거인 과반수의 투표와 투표자 과반수의 찬성에 의한다.

제111조(준용규정) ① 제69조제2항, 제78조, 제82조제1항 · 제2항, 제84조, 제89조, 제90조, 제93조, 제94조, 제98조의2, 제98조의3제1항부터 제3항까지, 제105조제4항 및 제106조의 규정은 이사선거에 이를 준용한다. 이 경우 제82조 및 제93조 중 "관할위원회"는 각각 "위원회"로 하고, 제89조 및 제90조제1항 중 "관할위원회"는 각각 "의장"으로 하며, 제90조제2항 중 "관할위원회"는 "조합"으로 한다.

② 이사를 대의원회에서 선출하는 경우에는 제82조 중 “선거인명부”를 각각 “대의원명부”로 한다.

제2절 상임이사

제112조(자격제한 등) ① 상임이사는 조합원이 아닌 사람 중 다음 각 호의 어느 하나에 해당하는 경력을 가진 사람으로 한다.

1. 조합, 중앙회(중앙회의 자회사 및 손자회사를 포함한다) 또는 연합회에서 상근직으로 5년이상 종사한 경력이 있는 사람
2. 농 · 축산업과 관련된 국가기관 · 지방자치단체 · 「공공기관의 운영에 관한 법률」 제4조에 따른 공공기관(이하 "공공기관"이라 한다) 또는 「금융위원회의 설치 등에 관한 법률」 제38조에 따른 검사대상기관(이에 상당하는 외국금융기관을 포함한다)에서 상근직으로 5년이상 종사한 경력이 있는 사람
3. 농 · 축산업 또는 금융업과 관련된 국가기관 · 연구기관 또는 교육기관에서 농 · 축산업 또는 금융업에 관한 업무에 5년이상 종사한 경력이 있는 사람
4. 농 · 축산업 또는 금융업과 관련된 회사(일반 유통회사를 포함한다)로서 자기자본 200억원 이상인 회사에서 농 · 축산업(농 · 축산물유통업을 포함한다) 또는 금융업에 5년이상 종사한 경력이 있는 사람

② 다음 각 호의 어느 하나에 해당하는 사람은 피선거권이 없다.

1. 제56조제1항(제10호와 제12호를 제외한다)의 결격사유에 해당하는 사람. 다만, 제56조제1항 제11호를 제외한 결격사유의 기준일은 임기개시일로 하며, 제11호중 “선거일공고일”은 “추천일”로 한다.
2. 추천일전일까지 우리조합의 비상임이사, 감사 또는 자회사의 임원의 직을 사직하지 아니한 사람
3. 추천일전일까지 법 제52조제4항에서 정한 경업관계를 해소하지 아니한 사람
4. 우리조합 및 다른조합 조합장선거에 입후보하기 위하여 임기 중 상임이사의 직을 사직함으로 인하여 실시사유가 확정된 보궐선거의 경우 그 상임이사의 직을 사직한 사람

제113조(선거방법) 상임이사는 제54조제2항에 따라 인사추천위원회에서 추천된 사람을 대상으로 하여 총회에서 선출한다.

제114조(선거절차) ① 의장은 상임이사 선출의안을 상임이사의 수에 따라 단기명 또는 연기명으

로 작성하되, 성명 · 인적사항 및 주요경력을 적어 1개의 의안으로 총회에 부의한다.

② 제1항에 따른 상임이사 선출의안은 선거인 과반수의 투표와 투표자 과반수의 찬성으로 의결 한다.

제115조(준용규정) ① 제69조제2항, 제78조, 제82조제1항 · 제2항, 제84조, 제87조제1항 · 제2항, 제89조, 제90조, 제93조, 제94조, 제98조의2, 제98조의3제1항부터 제3항까지 및 제105조제4항의 규정은 상임이사선거에 이를 준용한다. 이 경우 제82조 및 제93조 중 "관할위원회"는 각각 "위원회"로 하고, 제87조제2항 중 "조합장"은 "상임이사"로 하며, 제89조 및 제90조제1항 중 "관할위원회"는 각각 "의장"으로 하고, 제90조제2항 중 "관할위원회"는 "조합"으로 한다.

② 상임이사를 대의원회에서 선출하는 경우에는 제82조 중 "선거인명부"를 각각 "대의원명부"로 한다.

제4장 감사 선거

제1절 비상임감사

제116조(피선거권) 다음 각 호의 어느 하나에 해당하는 사람은 피선거권이 없다.

1. 제56조제1항의 결격사유에 해당하는 사람. 다만, 제56조제1항제10호부터 제12호까지를 제외한 결격사유의 기준일은 임기개시일로 한다.
2. 후보자등록일전일까지 우리조합 · 다른조합 · 연합회 · 중앙회 · 농협경제지주회사 · 농협금융지주회사 · 농협은행 · 농협생명보험 · 농협손해보험의 직원이나 이사 · 감사, 우리조합 자회사의 임원 또는 공무원(선거에 따라 취임하는 공무원을 제외한다)의 직을 사직하지 아니한 사람. 다만, 우리 조합 비상임감사가 그 직을 가지고 입후보하는 경우에는 그러하지 아니하다.
3. 후보자등록일전일까지 법 제52조제4항에서 정한 경업관계를 해소하지 아니한 사람
4. 우리조합 조합장선거에 입후보하기 위하여 임기 중 비상임감사의 직을 사직함으로 인하여 실시 사유가 확정된 보궐선거의 경우 그 비상임감사의 직을 사직한 사람

제116조의2(선거방법) ① 비상임감사는 총회에서 선출한다.

② 제1항의 비상임감사를 선출할 때에는 조합장은 총회를 소집하여야 한다.

제117조(재선거 및 보궐선거) ① 제87조제1항 각 호의 어느 하나에 해당하는 경우에는 부족한

감사 수에 대하여 재선거를 실시한다.

② 제1항의 경우외에 감사가 임기 중 궐원된 때에는 그 부족한 감사수에 대해 보궐선거를 실시 하여야 한다.

③ 제1항 및 제2항에 불구하고 궐원된 감사의 수가 1인인 경우에는 다음 총회까지 선거를 연기할 수 있다.

④ 제3항의 경우에 있어서 궐원된 감사의 잔여임기가 재선거 또는 보궐선거를 실시하여야 하는 사유가 발생한 날부터 1년이내인 경우에는 선거를 실시하지 아니할 수 있다.

제118조(준용규정) ① 제69조제2항, 제74조부터 제76조까지, 제78조, 제82조, 제89조, 제90조, 제93조, 제98조의2, 제98조의3제1항부터 제3항까지, 제101조의2, 제101조의3, 제102조, 제103조, 제104조(단기명에 의한 선거의 경우에는 제104조를 제외하고 제84조를 준용한다) 및 제105조의 규정은 비상임감사선거에 이를 준용한다. 이 경우 제74조부터 제76조까지 및 제82조 · 제93조 중 "관할위원회"는 각각 "위원회"로 하고, 제75조제4항 중 "오후 6시까지"는 "오후 5시까지"로 하며, 제89조 및 제90조제1항 중 "관할위원회"는 각각 "의장"으로 하고, 제90조제2항 중 "관할위원회"는 "조합"으로 한다.

② 비상임감사를 대의원회에서 선출하는 경우에는 제82조 중 "선거인명부"를 각각 "대의원명부"로 한다.

제2절 상임감사

제119조(자격제한 등) ① 상임감사는 조합원이 아닌 사람 중 다음 각 호의 어느 하나에 해당하는 경력을 가진 사람으로 한다.

1. 조합 또는 연합회에서 감사 · 회계 · 금융 또는 재무 관련 업무에 상근직으로 5년 이상 종사한 경력이 있는 사람. 다만, 우리 조합에서 최근 2년 이내 임직원으로 근무한 사람(조합 감사로 근무 중이거나 근무한 사람은 제외한다)은 제외한다.
2. 농 · 축산업과 관련된 국가기관 · 지방자치단체 · 공공기관 · 연구기관 또는 교육기관에서 감사 · 회계 · 재무 또는 조합 관련 업무에 상근직으로 5년 이상 종사한 경력이 있는 사람
3. 중앙회(중앙회의 자회사 및 손자회사를 포함한다), 금융업과 관련된 국가기관 · 연구기관 · 교육기관 또는 「금융위원회의 설치 등에 관한 법률」 제38조에 따른 검사대상기관(이에 상당하는 외국금융기관을 포함한다)에서 감사 · 회계 · 금융 · 재무 또는 조합 관련 업무에 상근직으로 5년 이상 종사한 경력이 있는 사람

② 다음 각 호의 어느 하나에 해당하는 사람은 피선거권이 없다.

1. 제56조제1항(제10호와 제12호를 제외한다)의 결격사유에 해당하는 사람. 다만, 제56조제1항 제11호를 제외한 결격사유의 기준일은 임기개시일로 하며, 제11호 중 "선거일공고일"은 "추천일"로 한다.
2. 상임감사 임기만료일 현재 다른조합 · 연합회 · 중앙회 · 농협경제지주회사 · 농협금융지주회사 · 농협은행 · 농협생명보험 · 농협손해보험의 직원 · 상임이사, 다른조합의 조합장, 연합회의 회장, 중앙회의 회장 또는 공무원(선거에 따라 취임하는 공무원을 제외한다)의 직을 사직한 지 90일을 경과하지 아니한 사람. 다만, 상임감사 임기만료외의 사유로 실시하는 선거의 경우에는 추천일 전일까지 사직하지 아니한 사람
3. 추천일전일까지 법 제52조제4항에서 정한 경업관계를 해소하지 아니한 사람
4. 우리조합 및 다른조합 조합장선거에 입후보하기 위하여 임기 중 상임감사의 직을 사직함으로 인하여 실시사유가 확정된 보궐선거의 경우 그 상임감사의 직을 사직한 사람
5. 삭제

제119조의2(선거방법) 상임감사는 제54조제2항에 따라 인사추천위원회에서 추천된 후보자를 총회에서 선출한다.

제119조의3(선거절차) ① 의장은 상임감사 선출의안을 작성하여 총회에 부의한다.

② 제1항에 따른 의안은 단기명으로 작성하되, 후보자의 성명 · 인적사항 및 주요경력을 적는다.

③ 제1항에 따른 의안은 1개의 의안으로 의결하되, 선거인 과반수의 투표와 투표자 과반수의 찬성에 의한다.

제120조(준용규정) ① 제69조제2항, 제78조, 제82조제1항 · 제2항, 제84조, 제87조 제1항 · 제2항, 제89조, 제90조, 제93조, 제94조, 제98조의2, 제98조의3제1항부터 제3항까지 및 제105조제4항의 규정은 상임감사의 선거에 이를 준용한다. 이 경우 제82조 및 제93조 중 "관할위원회"는 각각 "위원회"로 하고, 제87조제2항 중 "조합장"은 "상임감사"로 하며, 제89조 및 제90조제1항 중 "관할위원회"는 각각 "의장"으로 하고, 제90조제2항 중 "관할위원회"는 "조합"으로 한다.

② 상임감사를 대의원회에서 선출하는 경우에는 제82조 중 "선거인명부"를 각각 "대의원명부"로 한다.

제5장 보　칙

제121조(준칙의 제정 등) 임원선거에 관하여 이 정관의 시행에 필요한 기타 세부사항은 중앙회장이 따로 정하는 바에 의한다. 이 경우 조합원이 직접 선출하거나 대의원회에서 선출하는 조합장선거와 관련된 사항에 대하여는 중앙선거관리위원회와 협의하여 정한다.

제7편　대의원선거

제122조(자격제한 등) ① 대의원은 선거일공고일 현재 해당 선출구역(이하 "선거구"라 한다) 조합원명부에 조합원으로 등재된 사람이어야 한다.

② 다음 각호의 어느 하나에 해당하는 사람은 피선거권이 없다.

1. 제56조제1항제1호부터 제3호까지, 제11호의 결격사유에 해당하는 사람. 이 경우 제56조제1항제1호부터 제3호까지의 결격사유의 기준일은 임기개시일로 하고, 제56조 제1항제11호 중 "5백만원"은 "1천만원"으로, "6월"은 "1년"으로 한다.
2. 선거일공고일 현재 조합에 대하여 100좌이상의 납입출자분을 2년이상 계속 보유하고 있지 아니한 사람
3. 선거일공고일 현재 우리 조합의 사업이용실적(선거일공고일 현재의 1년 전부터 선거일공고일 현재의 전일까지의 기간동안 이용한 금액)이 가목의 기준금액에 해당하지 아니하거나 가목을 제외한 각 목의 기준금액의 모두에 해당하지 아니한 사람
   가. 제5조제1항제2호가목 및 나목의 경제사업(우리 조합이 출자한 법 제112조의2에 따른 조합공동사업법인의 사업 중 법 제112조의8제1호에 따른 상품의 공동판매 사업을 포함한다)을 이용한 금액　: 132만원 이상
   나. 제5조제1항제3호가목의 신용사업 이용에 따른 예금 · 적금의 평균잔액 : 124만원 이상
   다. 제5조제1항제3호나목의 신용사업 이용에 따른 대출금의 평균잔액 : 165만원 이상
   라. 제5조제1항제4호의 금융기관보험대리점사업 이용에 따른 수입수수료 : 5천원 이상
4. 후보자등록일전일까지 법 제52조제4항에서 정한 경업관계를 해소하지 아니한 사람

제123조(선거인명부 작성) ① 조합장은 선거일공고일부터 2일이내에 선거일공고일 현재 조합원명부를 기준으로 선거인명부를 작성하여야 한다. 다만, 대의원의 임기만료일(보궐선거 등의 경우 그 선거의 실시사유가 확정된 날)전 180일 후 조합원으로 가입한 자는 제외한다.

② 선거인명부는 선거구별로 작성하여야 하며 등재번호, 조합원가입일, 조합원명부상 주소, 성별, 성명, 생년월일 및 기타 필요한 사항을 적어야 한다.

제124조(선거인명부 열람 및 수정) ① 조합장은 제123조에 따른 선거인 명부를 주된 사무소 및

신용사업을 수행하는 지사무소에서 선거일 전일까지 선거인이 열람할 수 있도록 하여야 한다.

② 선거인은 선거인명부에 누락 또는 오기가 있는 경우에는 열람기간내에 조합에 이의를 신청할 수 있다.

③ 조합장은 제2항에 따른 이의신청에 이유가 있거나 조합원자격에 변동이 있는 경우에는 선거일 전일까지 선거인명부를 수정하여야 한다.

제125조(선거일) ① 대의원의 임기만료로 인한 선거는 대의원의 임기만료일전 60일부터 15일까지 실시하되 선거일은 이사회에서 정한다.

② 제1항외의 사유로 인한 선거는 그 사유가 발생한 날부터 30일이내에 실시하되 선거일은 조합장이 정한다.

제126조(선거준비) 조합장은 대의원선거에 따른 공고문, 통지서, 투표함, 투표용지 등 제반준비물을 조합에 사전 비치하여 각 선거구의 사용에 제공하여야 한다.

제127조(선거구 및 선출방법 등) ① 대의원은 선거구별로 선거구내의 조합원이 후보등록에 의하는 방법으로 선출한다.

② 동일 선거구내에서 선출할 대의원의 수가 2인 이상일 경우에는 조합원수에 비례하여 조합장이 선거구를 구분하여 선거를 실시할 수 있다.

제128조(선거일의 통지 및 공고) 조합장은 선거일전 12일에 다음 각 호의 사항을 주된 사무소(신용사업을 수행하는 지사무소를 포함한다) 및 조합장이 정하는 선거구내의 장소에 공고하고 선거인에게 공고일전 5일까지 서면으로 발송한다.

1. 선거구의 명칭
2. 선출하여야 할 대의원의 수
3. 제102조제3호부터 제6호까지의 사항
4. 투표개시시각 및 종료시각
5. 기타 필요한 사항

제129조(선거관리 지원) ① 조합장은 선거의 공정한 관리를 위하여 조합의 직원으로 하여금 선거관리를 지원하게 할 수 있다.

② 조합장은 조합의 주된 사무소(신용사업을 수행하는 지사무소를 포함한다)에 후보자등록에

필요한 서류를 비치하고 등록 업무를 수행하여야 한다.

제130조(선거관리) ① 선거관리는 제66조에 따른 위원회에서 관리함을 원칙으로 한다. 다만, 위원회에서 필요하다고 인정하는 때에는 조합장이 관리하게 할 수 있다. 이 경우 조합장은 후보자등록 마감후 해당선거구(제6항에 따른 경우에는 통합된 선거구를 말한다)의 선거인 중에서 선거관리위원(선거관리자, 투표관리자, 개표관리자 각 2인 이상)을 선정한다.

② 선거관리자는 선거준비 · 선거진행 기타 선거관리에 관한 업무를, 투표관리자는 투표준비 · 투표진행 기타 투표관리에 관한 업무를, 개표관리자는 개표준비 · 개표진행 기타 개표관리에 관한 업무를 담당한다.

③ 위원장(조합장이 관리하는 경우에는 조합장을 말한다. 이하 같다)은 선거, 투표 및 개표상황을 기록한 선거록을 작성하고, 위원장, 선거관리자 및 투 · 개표관리자 전원이 이에 기명날인한다.

④ 후보자는 제1항 본문에 따라 위원회에서 선거를 관리하는 경우 위원회의 위원장 또는 위원이 될 수 없으며, 제1항 단서에 따라 조합장이 선거를 관리하는 경우 조합장이 선정하는 선거관리위원이 될 수 없다.

⑤ 위원회의 위원장과 위원은 상호 겸직할 수 없다.

⑥ 위원장은 지세, 교통 기타의 조건을 감안하여 5개 이내의 선거구를 통합하여 관리할 수 있다.

제131조(선거방법) ① 대의원은 무기명 비밀투표(선출해야 할 대의원이 1인인 경우 단기명, 2인 이상인 경우 연기명)에 따라 선출한다.

② 투표는 조합장 또는 위원회가 정하는 시작시간부터 종료시각까지 실시한다. 다만, 투표 종료시각 현재 투표하기 위하여 투표소에 대기하고 있는 선거인은 투표할 수 있다.

③ 제2항의 투표시간은 5시간이상이 되도록 하여야 한다.

④ 투표용지의 기호순서는 후보자 성명의 가, 나 ,다 순에 의한다

⑤ 선거인은 투표용지에 선출하고자 하는 자의 해당란에 "卜"표를 기표하되, 기표하여야 할 대의원수는 선출하여야 할 인원수 이내로 한다.

⑥ 개표는 선거구별로 투표완료 즉시 그 장소에서 실시한다.

제132조(무효투표) ① 무효투표에 관한 사항은 단기명에 의한 선거의 경우에는 제84조를, 연기명에 의한 선거의 경우에는 제104조를 준용한다.

② 유 · 무효 투표의 판단이 곤란한 경우에는 위원의 과반수 출석과 출석위원 과반수 찬성으로

의결 한다.

제133조(당선인 결정) ① 당선인은 유효투표의 다수득표자 순으로 결정한다. 다만, 득표수가 같은 후보자가 2인 이상일 경우에는 연장자순에 따라 당선인을 결정한다.

② 후보자등록마감 결과 등록된 후보자의 수가 당해 선거구에서 선출하여야 할 대의원의 수 이하(제46조제3항에 따라 성별로 대의원을 배분하여 선출하는 경우는 성별로 등록된 후보자의 수가 당해 성별로 선출하여야 할 대의원의 수이하인 때를 포함한다)인 때에는 투표를 하지 아니하고 후보자 전원을 선거일에 당선인으로 한다.

② 후보자등록마감 결과 등록된 후보자의 수가 당해 선거구에서 선출하여야 할 대의원의 수 이하인 때에는 투표를 하지 아니하고 후보자 전원을 선거일에 당선인으로 한다.

③ 후보자 등록마감 후 선거일전일까지 후보자가 사퇴 또는 사망하거나 등록이 무효되어 후보자가 당해 선거구에서 선출하여야 할 대의원의 수 이하로 된 때에는 제2항을 준용한다.

제134조(재선거 및 보궐선거) ① 제87조제1항제1호 · 제4호 · 제5호에 해당하는 경우에는 부족한 대의원의 수에 대하여 재선거를 실시한다.

② 제1항에 따른 경우외에 대의원이 임기중 궐원된 때에는 그 부족한 수의 대의원에 대하여 보궐 선거를 실시하여야 한다.

③ 제1항 및 제2항에 불구하고 궐원된 대의원의 수가 제46조제2항에 따른 대의원 정수의 10분의 1미만이거나 잔여임기가 3월 이내인 때에는 선거를 실시하지 아니할 수 있다.

제135조(당선인의 통지 및 공고) 조합장은 제133조에 따라 당선인이 결정되면 즉시 그 결과를 당선인에게 통지하고 주된 사무소(신용사업을 수행하는 지사무소를 포함한다) 및 조합장이 정하는 선거구내의 장소에 당선인의 주소, 성명을 공고하여야 한다.

제136조(선거기록) ① 위원장은 대의원선거에 따른 선거인명부, 선거록 기타 선거관련 서류를 조합장에게 제출한다.

② 제1항의 서류는 당해 선거에 의한 대의원의 임기가 만료하는 때까지 조합에서 보관한다. 다만, 당해 선거소송이 법원에 대의원의 재임기간이상 계속중인 때에는 소송이 완료될 때까지 조합에서 보관한다.

제137조(준용규정) 제62조제1항, 제63조, 제74조, 제75조제1항 · 제4항 · 제5항, 제76조, 제78조제2항, 제98조의2제2항 · 제4항 · 제6항부터 제8항까지, 제101조의2제1항제1호 · 제2항 ·

제6항 및 제101조의3의 규정은 대의원 선거에 이를 준용한다. 이 경우 제63조 중 "임원"은 "대의원"으로, 제74조 중 "관할위원회"는 "조합"으로 하고, 제75조제4항 중 "오후 6시까지"는 "오후 5시까지"로 하며, 제75조 및 제76조 중 "관할위원회"는 각각 "조합장"으로 하고, 제98조의2 중 "임원"은 "대의원"으로, "위원회"는 "조합장 또는 위원회"로, 제101조의2 중 "위원회"는 "조합장 또는 위원회"로 본다.

제137조의2(준칙의 제정) 대의원선거에 관하여 이 정관의 시행에 필요한 기타 세부사항은 중앙회장이 따로 정하는 바에 의한다.

제8편 사업의 집행

제138조(사업계획과 수지예산) ① 조합은 매 회계연도의 사업계획서 및 수지예산서를 작성하여 그 회계연도가 시작되기 1개월 전에 이사회의 심의와 총회의 의결을 거쳐야 한다.

② 사업계획과 수지예산을 변경하려면 이사회의 의결을 거쳐야 한다. 다만, 제37조제1항제8호에 따른 중요한 사항을 변경하려면 총회의 의결을 거쳐야 한다.

③ 사업계획서와 수지예산서는 조합원이 알기 쉽게 작성하여야 하며, 특히 임원보수 및 실비변상 기준, 직원급여기준과 조합운영에 소요되는 활동경비 등 지출예산에 대하여는 산출근거를 명시 하여야 한다.

④ 조합은 법 제142조제2항에 따른 경제사업 기준을 사업계획서 및 수지예산서에 명시하여야 한다. 이 경우 매출액 등 경제사업 기준에 관한 세부사항은 중앙회장이 정하는 바에 따른다.

제139조(결산보고서 제출 및 승인) ① 조합장은 정기총회일 1주일 전까지 결산보고서(사업보고서, 재무상태표, 손익계산서, 잉여금처분안 또는 손실금처리안 등)를 감사에게 제출하고, 주된 사무소 및 신용사업을 수행하는 지사무소에 갖추어 두어야 한다.

② 조합장은 제1항에 따른 서류와 감사의 의견서(외부감사인에 의한 회계감사를 받은 경우의 회계 감사보고서를 포함한다)를 정기총회에 제출하여 그 승인을 받아야 한다.

③ 조합장은 총회에서 결산보고서의 승인을 얻었을 때에는 2주일 이내에 재무상태표를 공고한다.

④ 삭제 〈2017.12.26.〉

⑤ 삭제 〈2017.12.26.〉

⑥ 삭제 〈2017.12.26.〉

⑦ 삭제 〈2017.12.26.〉

⑧ 삭제 〈2017.12.26.〉

⑨ 삭제 〈2017.12.26.〉

⑩ 삭제 〈2017.12.26.〉

제140조(외부감사인에 의한 회계감사) ① 조합은 조합장 임기개시일전 제139조제2항의 규정에 따라 총회의 승인을 얻은 결산보고서에 적힌 자산총액이 5백억원 이상에 해당하는 경우 조합장의 임기개시일부터 2년이 지난 날이 속하는 회계연도에 대하여 주식회사의외부감사에관한법률 제3조에 따른 감사인(이하 이 조에서 "감사인"이라 한다)의 회계감사를 받아야 한다.

② 감사인은 제1항에 따른 회계감사를 하였으면 회계감사보고서를 작성하여 다음 각 호의 기간 이내에 조합의 이사회, 감사 및 중앙회의 회장에게 제출하여야 한다.

1. 조합의 이사회 및 감사에 대하여는 회계연도의 결산승인을 위한 총회 개최일 1주일 전까지
2. 중앙회장에 대하여는 총회의 결산승인이 종료된 날부터 2주일 이내

③ 조합은 제1항의 자산총액에 미달한 경우로서 조합장 임기중 1회에 한하여 대의원 3분의 1이상의 청구가 있으면 청구한 날이 속하는 해의 직전 회계연도에 대하여 감사인의 회계감사를 받아야 한다.

④ 감사인은 제3항에 따른 회계감사를 하였으면 회계감사보고서를 작성하여 회계감사가 종료된 날부터 2주일 이내에 조합의 이사회, 감사 및 중앙회의 회장에게 제출하여야 한다.

제140조의2(운영의 공개) ① 조합장은 정관, 규약, 총회의 의사록 및 조합원명부(대의원명부를 포함한다)를 주된 사무소 및 신용 사업을 수행하는 지사무소에 갖추어 두어야 한다.

② 조합장은 정관 및 3월말 · 6월말 · 9월말 기준 사업 전반에 관한 사업보고서를 작성하여 인터넷 홈페이지(홈페이지를 운영하는 조합에 한정한다)에 게시하고 사업보고서(정관이 변경된 경우 정관변경 사항 포함)의 경우 조합원(대의원회를 둔 조합은 대의원)에게 송부하여야 한다.

③ 조합원은 제138조제1항 및 제2항에 따라 총회 및 이사회의 의결을 거친 사업계획서 및 수지예산서를 주된 사무소 및 신용사업을 수행하는 지사무소에서 열람할 수 있다.

④ 조합원과 조합의 채권자는 영업시간 내에 언제든지 이사회 의사록(조합원의 경우에만 해당한다)과 제1항(규약은 조합원에 한함) 및 제139조제1항에 따른 서류를 열람하거나 조합이 실비의 범위 내에서 정한 비용을 지급하고 그 서류의 사본 발급을 청구할 수 있다.

⑤ 조합원은 조합원 100인이나 100분의 3 이상의 동의를 받아 조합의 회계장부 및 서류의 열람이나 사본의 발급을 청구할 수 있다. 이 경우 조합은 「공공기관의 정보공개에 관한 법률」 제9조제1항에 준하는 사유가 없으면 발급을 거부할 수 없으며, 거부하려면 그 사유를 서면으로 알려야 한다.

⑥ 조합원은 제2항부터 제5항까지에 따라 취득한 사항을 조합의 경영 건전화, 부조리 방지 등 정당한 목적을 위하여 사용하여야 하며, 임원선거를 위한 상대방 비방, 경영기밀 누설, 조합과 경합관계에 있는 사업을 수행하기 위한 목적 등 부당한 목적을 위하여 사용하여서는 아니 된다.

⑦ 조합원은 조합의 업무집행에 관하여 부정행위 또는 법령이나 정관을 위반한 중대한 사실이 있다고 의심이 되는 사유가 있으면 조합원 100인이나 100분의 3 이상의 동의를 받아 조합의 업무와 재산 상태를 조사하게 하기 위하여 법원에 검사인의 선임을 청구할 수 있다.

⑧ 조합장을 포함한 이사와 감사는 지체 없이 제7항에 따라 선임된 검사인의 보고서의 정확 여부를 조사하여 총회에 보고한다.

제141조(비조합원의 사업이용) ① 조합은 조합원이 이용하는 데에 지장이 없는 범위에서 조합원이 아닌 자에게 제5조에 따른 사업을 이용하게 할 수 있다.

② 1회계연도에 있어서 비조합원(판매사업의 경우는 비농업인)의 사업이용량은 각 사업별로 당해 회계연도 사업량의 2분의 1을 초과할 수 없다. 다만, 제5조제1항제1호, 제2호가목(농업인의 경우에 한한다) · 나목 · 바목부터 차목까지, 제3호다목부터 아목까지, 제4호, 제5호, 제7호, 제10호의 사업 및 그에 부대하는 업무에 있어서는 그 이용량을 제한하지 아니한다.

③ 제2항에 따라 비조합원의 사업이용이 제한되는 경우에 있어서 비조합원의 사업이용이 각 사업별로 당해 회계연도 사업량의 3분의 1을 초과하는 부분에서 발생하는 수익의 일부는 회원의 균형발전과 사업활성화를 위하여 중앙회장이 정하는 바에 따라 중앙회에 출연한다.

④ 제1항 및 제2항을 적용함에 있어서 조합원과 동일한 세대에 속한 사람, 준조합원, 다른 조합 또는 다른 조합의 조합원이 조합의 사업을 이용하는 경우에는 이를 조합원이 이용한 것으로 본다.

제142조(규약 등) ① 다음 사항은 정관으로 정하는 것을 제외하고는 규약으로 정한다.

1. 대의원회 운영에 관한 사항
2. 기타 정관의 시행에 관하여 중요한 사항

② 조합의 제규정의 제정 · 개폐 및 관리에 관한 사항은 중앙회장이 정하는 바에 따른다.

제143조(경영상태평가결과 등에 따른 조치요구사항 공고 등) ① 조합장은 다음 각 호의 어느 하나에 해당하는 경우에 그 사실을 지체없이 공고하고 서면으로 조합원에게 통지하여야 하며, 조치결과를 이사회 및 총회에 보고하여야 한다.

1. 농림축산식품부장관이 합병명령(요구, 권고를 포함한다), 계약이전 명령 등의 조치를

요구한 경우

2. 중앙회장이 조합의 경영상태 및 제138조제4항에 따른 경제사업 기준 이행현황을 평가한 결과에 따라 경영개선, 합병권고 등의 조치를 요구한 경우

3. 제42조에 따라 농림축산식품부장관이 의결 및 당선의 취소 또는 무효를 확인한 경우

② 조합장은 조합감사위원회 및 감독기관이 조합에 대하여 감사한 결과 중 중요한 사항에 대하여는 이를 이사회 및 총회에 보고하여야 한다.

제9편 회 계

제144조(회계연도) 조합의 회계연도는 매년 1월 1일에 시작하여 12월 31일에 종료한다.

제145조(회계의 구분 등) ① 조합의 회계는 일반회계와 특별회계로 구분한다.

② 일반회계는 종합회계로 하되, 신용사업 부문과 신용사업외의 부문으로 구분한다.

③ 조합의 회계처리기준에 관하여 필요한 사항은 중앙회장이 정하는 바에 의한다. 다만, 신용사업의 회계처리기준에 필요한 사항을 금융위원회가 따로 정한 경우에는 그에 따른다.

제146조(특별회계의 설치) ① 특별회계는 특정사업을 운영할 때, 특정자금을 보유하여 운영할 때 그 밖에 일반회계와 구분 경리할 필요가 있을 때에 설치한다.

② 특별회계의 설치에 관한 사항은 규정으로 정한다.

제147조(잉여금의 배당 또는 이월) ① 매 회계연도의 잉여금은 제24조에 따른 법정적립금, 제25조에 따른 이월금과 제26조에 따른 임의적립금을 빼고 나머지가 있는 때에는 이를 조합원 또는 준조합원에게 배당하거나 다음 회계연도에 이월한다.

② 잉여금은 다음 각 호의 순서대로 배당한다.

1. 조합원의 사업이용실적에 대한 배당
2. 조합원의 납입출자액에 대한 배당
3. 준조합원의 사업이용실적에 대한 배당

제148조(잉여금의 배당방법) ① 사업이용실적에 대한 배당은 그 회계연도에 있어 취급된 물자의 수량 · 가액 기타 사업의 분량을 참작하여 회계연도말 기준 조합원 및 준조합원의 자격이 있는 자의 사업이용실적에 따라 행하되, 조합원의 사업이용실적에 대한 배당은 제147조제2항에 따른 배당액의 100분의 20 이상으로 정하여야 한다. 이 경우 사업이용실적의 항목, 대상,

배점구성 등 구체적인 사항은 이사회에서 정하되, 약정조합원에 대한 우대 내용을 포함하여야 한다.

② 출자에 대한 배당은 매 회계연도말에 있어 조합원이 납입한 출자액에 따라 이를 행한다. 이 경우 그 율은 조합의 1년 만기 정기예탁금 결산기준 연 평균금리에 2퍼센트를 더한 범위 내에서 정하되, 최고 연 100분의 10을 초과할 수 없다.

③ 제147조제2항에 따른 배당은 매 회계연도 잉여금의 100분의 20 이상을 배당하되, 조합경영을 고려하여 이사회가 의결한 경우에는 예외로 할 수 있다.

④ 제28조제4호는 배당금계산에 이를 준용한다.

제149조(결손보전) 조합은 매 회계연도 결산의 결과 손실금(당기손실금을 말한다)이 발생하면 미처분이월금 · 임의적립금 · 법정적립금 · 자본적립금 · 회전출자금의 순으로 보전하며, 보전 후에도 부족할 때에는 이를 다음 회계연도에 이월한다. 이 경우 임의적립금은 사업활성화적립금 · 유통손실보전자금 · 경제사업활성화적립금 · 사업준비금의 순으로 보전한다.

제10편 합병 · 분할 · 조직변경 및 청산

제150조(합병) 조합이 다른 조합과 합병하려면 합병계약서를 작성하고 총회의 의결을 거쳐야 한다.

제151조(분할) 조합의 일부를 분할할 때에는 분할후 설립될 조합이 승계하여야 할 권리 · 의무의 범위를 정하고 총회의 의결을 얻어야 한다.

제152조(조직변경) 조합이 품목조합으로 조직을 변경하려면 정관을 작성하여 총회의 의결을 얻어야 한다.

제153조(청산) ① 조합의 청산은 해산후에 실시된다.

② 해산의 경우에 채무를 완제하고도 남은 재산이 있는 때에는 제28조에 따라 산정한 지분의 비율에 따라 이를 조합원에게 분배한다.

③ 제2항에 따라 조합원에게 분배하는 재산 외의 재산은 청산조합의 총회에서 정하는 조합에 귀속 하는 것을 원칙으로 한다. 다만, 2회이상 총회를 소집하여도 총회가 개의되지 아니하여 귀속 조합을 정할 수 없는 때에는 농림축산식품부장관이 중앙회장의 의견과 행정구역 또는 경제권을 고려하여 정하는 조합에 귀속한다.

④ 청산인은 제2항에 따라 조합원에게 분배하는 재산 외의 재산을 인수할 조합이 정해질 때까지 중앙회에 위탁한다.

부　　칙(2005.6.14. 전문개정)

제1조(시행일) 이 정관은 2005년 7월 1일부터 시행한다.

제2조(폐지규약) 이 정관 시행일 현재 종전의 정관부속서임원선거규약은 이를 폐지한다.

제3조(임원의 임기등에 관한 적용례) 제55조 및 제108조제1항의 개정규정은 2005년 7월 1일 이후 새로이 임기가 개시되는 임원부터 이를 적용한다.

제4조(임원결격사유에 관한 경과조치) 제56조의 개정규정은 2005년 7월 1일 이후 새로이 임기가 개시되는 임원부터 적용하며, 2005년 7월 1일 현재 임원선거일이 공고된 경우 그 임원의 결격 사유는 종전의 규정에 따른다.

제5조(대의원의 정수 및 결격사유에 관한 경과조치) ① 제46조제2항 및 제3항의 개정규정은 이 정관 시행일 현재 재임중인 대의원의 임기가 종료된 후부터 적용한다.

② 제46조제10항의 개정규정은 이 정관 시행일 이후 새로 선출되는 대의원부터 적용한다.

제6조(선거방법 등에 관한 경과조치) 이 정관 시행일 현재 임원 또는 대의원 선거일이 공고된 경우 선거방법 및 절차 등에 관하여는 개정규정에 불구하고 종전의 규정에 의한다. 다만 선거권의 행사에 관해서는 그러하지 아니하다.

제7조(외부회계감사에 관한 적용례) 제140조의 규정은 2005년 7월 1일 이후 새로이 임기가 개시되는 조합장부터 적용한다.

부　　칙(2005.6.14. 개정)

제1조(시행일) 이 정관은 2005년 7월 1일부터 시행한다.

제2조(폐지규약) 이 정관 시행일 현재 종전의 정관부속서임원선거규약은 이를 폐지한다.

제3조(임원의 임기등에 관한 적용례) 제55조 및 제108조제1항의 개정규정은 2005년 7월 1일 이

후 새로이 임기가 개시되는 임원부터 이를 적용한다.

제4조(임원결격사유에 관한 경과조치) 제56조의 개정규정은 2005년 7월 1일 이후 새로이 임기가 개시되는 임원부터 적용하며, 2005년 7월 1일 현재 임원선거일이 공고된 경우 그 임원의 결격 사유는 종전의 규정에 따른다.

제5조(대의원의 정수 및 결격사유에 관한 경과조치) ① 제46조제2항 및 제3항의 개정규정은 이 정관 시행일 현재 재임중인 대의원의 임기가 종료된 후부터 적용한다.

② 제46조제10항의 개정규정은 이 정관 시행일 이후 새로 선출되는 대의원부터 적용한다.

제6조(선거방법 등에 관한 경과조치) 이 정관 시행일 현재 임원 또는 대의원 선거일이 공고된 경우 선거방법 및 절차 등에 관하여는 개정규정에 불구하고 종전의 규정에 의한다. 다만 선거권의 행사에 관해서는 그러하지 아니하다.

제7조(외부회계감사에 관한 적용례) 제140조의 규정은 2005년 7월 1일 이후 새로이 임기가 개시되는 조합장부터 적용한다.

제8조(임원의 피선거권에 관한 경과조치) ① 이 정관 시행일 현재 재직중인 임원은 제56조제1항제10호에 따른 자격을 갖춘 것으로 본다.

② 이 정관 시행일로부터 2년이내에 선거일이 공고된 경우에는 선거일공고일 현재 종전의 규정(2003년 8월 4일 시행 정관의 규정)에 따른 필요로 하는 납입출자를 보유하고 있는 자는 선거일공고일 전일까지 미달하는 출자를 일시에 납입하면 제56조제1항제10호에 따른 출자좌수를 보유한 것으로 본다.

제9조(납입출자 미달 조합원에 관한 경과조치) ① 이 정관 시행일 현재 제18조제2항의 개정규정에 따른 납입출자를 보유하고 있지 아니한 자는 이 정관 시행일로부터 1년 이내에 미달하는 출자금을 납입하여야 한다.

② 제19조제1항에 따른 출자금의 납입에 이를 준용한다.

부　　칙(2005.10.18. 개정)

이 정관례는 2005년 11월 30일부터 시행한다.

부 칙(2007.11.16. 개정)

제1조(시행일) 이 정관례는 2007년 11월 23일부터 시행한다.

제2조(대의원의 정수에 관한 경과조치) 제46조제2항 및 제3항의 개정규정은 이 정관 시행일 현재 재임중인 대의원의 임기가 종료된 후부터 적용한다.

부 칙(2009.11.11. 개정)

제1조(시행일) 이 정관은 2009년 12월 10일부터 시행한다. 다만, 제10조제5항의 개정규정은 2010년 12월 10일부터 시행한다.

제2조(제명조합원의 재가입에 관한 적용례) 제10조제4항 단서의 개정규정은 이 정관 시행 후 제명된 조합원부터 적용한다.

제3조(출자배당금의 출자전환에 관한 적용례) 제19조의2의 개정규정은 이 정관 시행 후 최초로 실시하는 출자배당부터 적용한다.

제4조(대의원 겸직금지에 관한 적용례) 제46조제5항의 개정규정은 이 정관 시행 후 새로이 임기가 개시되는 대의원부터 적용한다.

제5조(운영상황 평가보고에 관한 적용례) 제50조제2항 및 제3항의 개정규정은 이 정관 시행 후 최초로 조합의 운영상황을 평가하는 분부터 적용한다.

제6조(임원의 직무대행에 관한 적용례) 제52조제2항 및 제3항의 개정규정은 이 정관 시행 후 최초로 임원의 직무를 대행할 사유가 발생하는 경우부터 적용한다.

제7조(임원의 결격사유에 관한 경과조치) 이 정관 시행 당시 재임 중인 임원에 대하여는 제56조제1항 제11호 및 제12호의 개정규정에도 불구하고 해당 임원의 임기가 만료될 때까지는 종전의 규정에 따른다.

부 칙(2012.2.13. 개정)

제1조(시행일) 이 정관은 2012년 3월 2일부터 시행한다.

제2조(임원의 선출 등에 관한 적용례) 제77조제4항부터 제8항까지, 제77조의2제3항후단 · 제5항 · 제6항, 제92조제3항, 제100조제4호, 제108조제2항제5호, 제112조 제2항제4호, 제116조제4호 및 제119조제2항제5호의 개정규정은 이 정관 시행 후 최초로 선거일이 공고된 선거부터 적용한다.

제3조(조합장 임기 및 선출 등에 관한 특례) ① 2009년 3월 22일부터 2013년 3월 21일까지의 기간 동안 조합장의 임기가 개시되었거나 개시되는 경우에는 제55조제1항에도 불구하고 해당 조합장의 임기를 2015년 3월 20일까지로 한다.

② 제1항에 따라 임기가 2015년 3월 20일에 만료되는 조합장 선거는 2015년 3월의 두 번째 수요일에 실시하고, 이후 임기만료에 따른 조합장 선거는 임기가 만료되는 해당 연도 3월의 두 번째 수요일에 실시한다.

③ 2013년 3월 22일부터 재선거 또는 보궐선거로 선출되는 조합장의 임기는 제55조제4항 단서 에도 불구하고 전임자 임기의 남은 기간으로 한다. 다만, 그 실시사유가 발생한 날부터 임기만료일 까지의 기간이 1년 미만인 경우에는 재선거 또는 보궐선거를 실시하지 아니한다.

④ 제3항 단서에 따라 재선거 또는 보궐선거를 실시하지 아니하는 경우 조합장의 직무는 그 재선거 또는 보궐선거 실시사유가 발생한 날부터 전임 조합장 임기만료일까지 제52조제2항에 따른 직무 대행자가 대행한다.

제4조(임원의 결격사유에 관한 경과조치) 이 정관 시행 당시 종전의 "공제사업 이용에 따른 수입수수료"는 제56조제1항제12호라목의 개정규정에 따른 "금융기관보험대리점사업 이용에 따른 수입수수료"로 본다.

부 칙(2012.11.20. 개정)

제1조(시행일) 이 정관은 2012년 12월 2일부터 시행한다.

제2조(임원의 결격사유에 관한 경과조치) ① 이 정관 시행 당시 재임 중인 임원이 이 정관 시행 전에 발생한 사유로 인하여 제56조제1항제9호의 개정규정에 따른 결격사유에 해당하게 되는 경우에는 종전의 규정에 따른다.

② 이 정관 시행 당시 재임 중인 임원에 대하여는 제56조제1항제11호의 개정규정에도 불구하고 해당 임원의 임기가 만료될 때까지는 종전의 규정에 따른다.

제3조(경과조치) 이 정관 시행 전의 위반행위로 제54조제4항의 개정규정에 해당하게 되는 사람의 재선거 제한에 관하여는 종전의 규정에 따른다.

부　　칙(2014.11.12. 개정)

제1조(시행일) 이 정관례는 2014년 11월 28일부터 시행한다.

제2조(상임감사의 자격제한 등에 관한 경과조치) 이 정관 시행일 현재 재직중인 상임감사는 임기가 만료될 때까지 제119조에 따른 자격을 갖춘 것으로 본다.

제3조(대의원의 피선거권에 관한 경과조치) ① 제122조제1항의 개정규정에도 불구하고 이 정관 시행일부터 6월 이내에 선거일이 공고된 경우에는 종전의 규정에 따른다.

② 이 정관 시행일 현재 재직중인 대의원은 임기가 만료될 때까지 제122조제2항제2호 및 제3호에 따른 자격을 갖춘 것으로 본다.

③ 이 정관 시행일부터 2년 이내에 선거일이 공고된 경우에는 선거일공고일 전일까지 미달하는 출자를 일시에 납입하면 제122조제2항제2호에 따른 출자좌수를 보유한 것으로 본다.

부　　칙(2015.6.17. 개정)

제1조(시행일) 이 정관은 2015년 7월 1일부터 시행한다.

제2조(상임이사 및 이사의 선출에 관한 적용례) 제54조제2항, 제101조제1항, 제113조의 개정규정은 이 정관 시행 후 새로이 임기가 개시되는 상임이사 및 이사부터 적용한다.

부　　칙(2017.12.26. 개정)

제1조(시행일) 이 정관례는 2018년 2월 7일부터 시행한다.

제2조(사업이용기간에 관한 적용례) 이 정관 시행 당시 조합원에 대한 제12조제1항제2호의 개정

규정에 따른 2년 이상의 기간은 이 정관 시행일부터 기산한다.

제3조(상임감사의 자격제한에 관한 적용례) 제119조의 개정규정은 이 정관 시행 후 새로이 임기가 개시되는 상임감사부터 적용한다.

제4조(대의원의 자격제한에 관한 적용례) 제122조제1항의 개정규정은 이 정관 시행 후 최초로 선거일이 공고된 선거부터 적용한다.

제5조(재검토 기한) 농림축산식품부장관은 이 고시에 대하여 2018년 1월 1일을 기준으로 매 3년이 되는 시점(매 3년째의 12월 31일까지를 말한다.)마다 그 타당성을 검토하여 개선 등의 조치를 하여야 한다.

〈별표〉

구비서류 일람표

구 분	부 수	발 급 자
1. 후보자등록신청서(소정양식)	1 부	본 인
2. 출자금원장 사본	1 부	조 합 장
3. 연체채무유무 확인서	1 부	채권보유사무소장
4. 최종학력증명서(해당자에 한함)	1 부	해당기관장
5. 퇴직증명서(해당자에 한함)	1 부	해당기관장
6. 사업이용실적 충족유무 확인서	1 부	조 합 장
7. 비경업관계사실 확인서	1 부	조 합 장
8. 주민등록초본 또는 가족관계증명서	1 부	해당기관장
9. 범죄경력조회회보서(실효된 형 포함)	1 부	해당기관장
10. 공명선거실천 서약서	1 부	본 인
11. 기타 증명서(해당자에 한함)	1 부	해당기관장

(주) 1. 구비서류의 서식은 중앙회장이 따로 정함
2. 「공공단체등 위탁선거에 관한 법률」에 따른 조합장선거 및 대의원선거의 경우 범죄경력조회회보서는 구비서류에서 제외함

[서식] 창립총회의사록

창 립 총 회 의 사 록

2000. O. O. OO시 OO분, OO시 OO구 OO로 OO(OO동) OO농업협동조합 창립사무소에서 창립총회를 개최하다.

총 설립동의자수 : OOO명　　　　출석한 설립동의자수 : OOO명

발기인 대표 OOO는 위와 같이 법정수에 달하는 설립동의자가 출석하여 본 총회가 적법히 성립되었음을 알리고 개회를 선언한 후 회의 진행상 임시의장을 선임하여 줄 것을 요청한 바, 출석한 설립동의자 전원일치 합의로 발기인 대표 OOO를 임시의장으로 선임한 즉, 동인은 즉석에서 그 취임을 승낙한 후, 다음의 의안을 부의하고 심의를 구하다.

제1호　의 안　창립사항 보고의 건

의장은 발기인을 대표하여 본 조합의 설립에 관하여 조합설립의 발기로부터 본 창립총회 개최에 이르기까지의 결과를 상세히 보고하고 의견을 물은 바, 전원 이의 없이 만장일치로 이를 원안대로 승인하다.

제2호　의 안　정관 승인의 건

의장은 정관작성위원이 작성한 정관은 농림수산식품부장관이 고시한 농업협동조합정관례에 따라 작성되었음을 설명하고 그 승인을 구한 바, 전원 이의 없이 만장일치로 이를 원안대로 승인 가결하다.

제3호　의 안　사업계획책정의 건

의장은 사업계획서의 주요내용을 설명하고 원안대로 사업계획서를 책정하여 줄 것을 요구한 바, 전원 이의 없이 만장일치로 이를 승인 가결하다.

제4호　의 안　임원 선임의 건

의장은 정관의 규정에 따라 이사 7명과 감사 2명을 무기명 비밀투표로 선출하겠다고 말하고 즉시 별지 선거관리록과 같이 선거를 실시한 결과 다음 사람이 임원으로 선출되다.

이 사　O O O, O O O, O O O, O O O, O O O, O O O, O O O
감 사　O O O, O O O

위 피선자들은 즉석에서 각 그 직에 취임 할 것을 승낙하다.

제5호　의 안　출자금 납입의 건

의장은 본 조합의 설립당시의 출자납입에 대하여 심의를 요청한 바, 별첨 출자자산 내역표와 같이 납입키로 전원일치 합의로 승인 가결하다.

제6호 의 안 설립비용 승인의 건
의장은 별첨 설립비용계산서의 내용을 설명하고 그 승인을 구한 바, 전원 이의 없이 만장일치로 그를 승인 가결하다.

의장은 이상으로서 회의목적인 의안 전부를 심의를 종료하였으므로 폐회를 선언하다(회의종료시간 : OO시 OO분).

위 의사의 경과와 결의를 명확히 하기 위하여 이 의사록을 작성하여 의장과 출석동의자가 다음과 같이 기명날인하다.

20OO년 O월 O일

OO농업협동조합
OO시 OO구 OO로 OO(OO동)

의 장	성 명	: O O O ㉣
	주민등록번호	: 000000-0000000
	주 소	: OO시 OO구 OO로 OO(OO동)
출석동의자	성 명	: O O O ㉣
	주민등록번호	: 000000-0000000
	주 소	: OO시 OO구 OO로 OO(OO동)
출석동의자	성 명	: O O O ㉣
	주민등록번호	: 000000-0000000
	주 소	: OO시 OO구 OO로 OO(OO동)
출석동의자	성 명	: O O O ㉣
	주민등록번호	: 000000-0000000
	주 소	: OO시 OO구 OO로 OO(OO동)

(이하 생략)

[서식] 이사회의사록

이 사 회 의 사 록

2000년 0월 0일 00시 00분, 00시 00구 00로 00(00동) 당 조합 회의실에서 이사회를 개최하다.

총이사수 : 0명　　　　출석이사수 : 0명

제1호　의 안　조합장 선임의 건

최연장 이사인 000의 사회로 이사 000를 의장으로 선출하다.

의장은 이사 중에서 본 조합의 조합장을 선출하여 줄 것을 요구한 바, 신중히 토의한 결과 출석한 이사 전원의 일치로 다음 사람을 조합장으로 선출하고 만장일치로 그를 승인 가결하다.

조합장　0　0　0 (000000-0000000)
00시 00구 00로 00(00동)

위 피선자는 즉석에서 그 취임을 승낙하다.

의장은 이상으로서 회의목적인 의안 전부의 심의를 종료하였으므로 폐회한다고 선언하다(회의종료시각 : 00시 00분).

위 결의를 명확히 하기 위하여 이 의사록을 작성하고 의장과 출석한 이사가 기명날인하다.

2000년　0월　0일

00농업협동조합
00시 00구 00로 00(00동)
의　장　0　0　0　(인)
조합장　0　0　0　(인)
이　사　0　0　0　(인)
이　사　0　0　0　(인)
이　사　0　0　0　(인)
이　사　0　0　0　(인)
이　사　0　0　0　(인)

[서식] 출자인수증

출 자 인 수 증

조합원의 성명과 주소	인수할 출자의 좌수
O O O OO시 OO구 OO로 OO(OO동)	OO좌
O O O OO시 OO구 OO로 OO(OO동)	OO좌
O O O OO시 OO구 OO로 OO(OO동)	OO좌
O O O OO시 OO구 OO로 OO(OO동)	OO좌
O O O OO시 OO구 OO로 OO(OO동)	OO좌
O O O OO시 OO구 OO로 OO(OO동)	OO좌

위와 같이 출자를 인수함.

2000년 0월 0일

O O O (인)
OO시 OO구 OO로 OO(OO동)

O O O (인)
OO시 OO구 OO로 OO(OO동)

O O O (인)
OO시 OO구 OO로 OO(OO동)

O O O (인)
OO시 OO구 OO로 OO(OO동)

O O O (인)
OO시 OO구 OO로 OO(OO동)

O O O (인)
OO시 OO구 OO로 OO(OO동)

OO농업협동조합 발기인 대표 귀하

[서식] 출자금보관증명서

출자금보관증명서

금 OOOO원(₩ OOOOOO)

출자의 좌수 : OOO좌

출자 1좌의 금액 : OOOO원

출자 1좌에 대한 제1회 출자납입금액 : 금 OOOO원

위 금액은 귀 조합의 출자금으로서 2OOO년 O월 O일 납입이 완료되어 현재 이를 보관중임을 증명합니다.

2OOO년 O월 O일

주식회사 OO은행 OO지점

OO시 OO구 OO로 OO(OO동)

지점장 O O O (인)

OO농업협동조합장 귀하

[서식] 출자금납입영수증

출 자 금 납 입 영 수 증

1. 출자 1좌 금 OOOOO원
1. 현금출자 금 OOOOO원

위 금액을 출자 00000좌에 납입금으로서 영수함.

2000년　O월　O일

OO농업협동조합
OO시 OO구 OO로 OO(OO동)
조합장 O　O　O　(인)

조합원 O　O　O　귀하

위와 같이 납입되었음을 확인함

감사　O　O　O　(인)

[서식] 취임승낙서

취 임 승 낙 서

본인 등은　2000년　O월　O일 귀 조합의 창립총회에서 이사, 감사로 각 선임 되었으므로 그 취임을 승낙합니다

2000년　O월　O일

이사 O　O　O　(인)
이사 O　O　O　(인)
이사 O　O　O　(인)
감사 O　O　O　(인)

OOO 농업협동조합　귀하

제3절 농업협동조합의 변경등기

1. 정관변경

법인이 동일성을 유지하면서 그 조직을 변경하는 것을 정관변경이라 하며 농업협동조합이 목적사업의 수행을 하다 정관변경을 하고자 하는 경우에는 인가를 받아야 한다. 조합의 정관변경은 조합원 과반수의 출석과 출석조합원 3분의 2 이상의 찬성에 의한 총회의 의결을 거친 후 농림수산식품부장관의 인가를 받아야 한다.

정관변경은 조합원총회의 전권사항이며 정관에서 총회의 결의에 의하지 않고서 변경 할 수 있다고 규정하여도 무효가 된다.

2. 변경등기절차

1) 총회의 개의와 의결

정관변경은 총회에서 결의하고 조합원 과반수의 출석으로 개의하고 출석조합원 과반수의 찬성으로 의결한다.

2) 등기신청

변경 등기신청 시 총회에서 결의한 의사록을 첨부하여야 하고 주무관청의 허가서나 인증있는 등본을 첨부하여야 한다. 농업협동조합설립 시의 등기사항이 변경되면 주된 사무소 및 해당 지사무소의 소재지에서 각각 3주일 이내에 변경등기를 하여야 한다.

3) 첨부서면

① 지역농협은 출자 1좌의 금액 또는 출자좌수의 감소를 의결한 경우에는 그 의결을 한 날로부터 2주일 이내에 재무상태표를 작성하여야 한다.

② 출자감소의 경우 이의가 있는 채권자는 일정한 기일 내에 이를 진술하라는 취지를 정관으로 정하는 바에 따라 1개월 이상 공고하고 이미 알고 있는 채권자에게 따로 최고하여야 한다.

③ 공고나 최고는 의결을 한 날부터 2주일 이내에 하여야 한다.

④ 채권자가 1개월 내에 지역농협의 출자감소에 관한 의결에 대하여 이의를 진술하지 아니하면 이를 승인한 것으로 본다.

4) 등록세 등

정관변경의 경우에는 40,200원이나 출자총액변경등기에서는 출자총액 증가분의 1000분의 4를 납부하여야 한다.

[서식] 농업협동조합 변경등기신청서(명칭)

농업협동조합 변경등기신청

접수	년 월 일	처리인	접 수	조 사	기 입	교 합	각종통지
	제 호						

명 칭	ㅇㅇ농업협동조합	등기번호	제ㅇㅇㅇㅇ호
주 사 무 소	OO시 OO구 OO로 OO(OO동)		
등기의 목적	명칭과 구역의 변경등기		
등기의 사유	20ㅇㅇ년 ㅇ월 ㅇ일 총회에서 정관변경을 결의하고 20ㅇㅇ년 ㅇ월 ㅇ일 농림수산식품부장관의 인가를 받아 다음과 같이 명칭과 구역을 변경하였으므로 그 등기를 구함.		
인가서도착연월일	20ㅇㅇ년 ㅇ월 ㅇ일		
주사무소/분사무소 신청구분	1.주사무소 신청 □	2.분사무소 신청 □	3.주 · 분사무소 일괄신청 □

등 기 할 사 항

명 칭 : ㅇㅇ농업협동조합
구 역 : ㅇㅇ시 ㅇㅇ구 일원
20ㅇㅇ. ㅇ. ㅇ. 변경

<table>
<tr><td colspan="7">신청등기소 및 등록면허세/수수료</td></tr>
<tr><td>순번</td><td>신청등기소</td><td>구분</td><td>등록면허세</td><td>지방교육세</td><td>세액합계</td><td>등기신청수수료</td></tr>
<tr><td></td><td></td><td></td><td>금 원</td><td>금 원</td><td>금 원</td><td>금 원</td></tr>
<tr><td></td><td></td><td></td><td></td><td></td><td></td><td></td></tr>
<tr><td></td><td></td><td></td><td></td><td></td><td></td><td></td></tr>
<tr><td></td><td></td><td></td><td></td><td></td><td></td><td></td></tr>
<tr><td colspan="3">합 계</td><td></td><td></td><td></td><td></td></tr>
<tr><td colspan="4">등기신청수수료 은행수납번호</td><td colspan="3"></td></tr>
<tr><td colspan="7">첨 부 서 면</td></tr>
<tr><td colspan="4">1. 총회(대의원회)의사록 통
1. 주무관청의 정관변경인가서
(또는 인가서등본 통
1. 조합장의 인감신고서(인감대지
포함) 통</td><td colspan="3">1. 조합장의 인감증명서 통
1. 등록면허세영수필확인서및통지서 통
1. 위임장(대리인이 신청할 경우) 통
〈기 타〉</td></tr>
<tr><td colspan="7">년 월 일

신청인 명 칭
주사무소
조합장 성 명 ㉿ (전화 :)
주 소
대리인 성 명 ㉿ (전화 :)
주 소

지방법원 등기소 귀중</td></tr>
</table>

[신청서 작성요령 및 등기수입증지 첨부란]

1. 해당란이 부족할 때에는 별지를 이용합니다.
1. 해당 등기신청과 관계없는 사항에 대하여는 “해당없음”으로 기재하거나 삭제하고, 필요한 사항은 추가 기재합니다.
1. 등기신청수수료 상당의 대법원등기수입증지를 이 난에 붙입니다.

(용지규격 21㎝×29.7㎝)

[서식] 총회의사록

총 회 의 사 록

2000. O. O. OO시 OO분, OO시 OO구 OO로 OO(OO동) 당 조합 회의실에서 조합원총회(대의원회)를 개최하다.

총조합원수 : OO명　　　출석조합원수 : OO명

조합장 OOO는 정관규정에 따라 의장석에 등단하여 위와 같이 법정수에 달하는 조합원(대의원)이 출석하였으므로 본 총회(대의원회)가 적법히 성립되었음을 알리고 개회를 선언한 후, 다음의 의안을 부의하고 심의를 구하다.

제1호 의 안 명칭 · 구역변경의 건
의장은 사업형편상 당 조합의 명칭과 구역을 다음과 같이 변경할 필요가 있음을 상세히 설명하고 그 가부를 물은 바, 전원 이의 없이 그를 찬성하여 만장일치로 그를 승인 가결하다.

명 칭 OO농업협동조합
구 역 OO시 OO구 일원

제2호 의 안 정관변경의 건
의장은 위 명칭 구역의 변경에 수반하여 현행 정관 제O조, 제O조를 다음과 같이 각 변경해야 한다는 취지를 설명하고 그 가부를 물은 바, 전원 이의 없이 찬성하여 그와 같이 변경할 것을 만장일치로 승인 가결하다.

제O조(명 칭) 본 조합은 OO농업협동조합이라 한다.
제O조(구 역) 본 조합의 구역은 OO시 OO구 일원으로 한다.

의장은 이상으로서 회의목적인 의안 전부를 심의를 종료하였으므로 폐회를 선언하다(회의종료시간 : OO시 OO분).

위 결의를 명확히 하기 위하여 이 의사록을 작성하여 의장과 출석한 조합원이 다음과 같이 기명날인하다.

2000년 0월 0일

OO농업협동조합
OO시 OO구 OO로 OO(OO동)

의장겸 조합장	성　　명	: O　O　O ㊞
	주민등록번호	: 000000-0000000
	주　　소	: OO시 OO구 OO로 OO(OO동)
조합원	성　　명	: O　O　O ㊞
	주민등록번호	: 000000-0000000
	주　　소	: OO시 OO구 OO로 OO(OO동)
조합원	성　　명	: O　O　O ㊞
	주민등록번호	: 000000-0000000
	주　　소	: OO시 OO구 OO로 OO(OO동)
조합원	성　　명	: O　O　O ㊞
	주민등록번호	: 000000-0000000
	주　　소	: OO시 OO구 OO로 OO(OO동)

(이하 생략)

[서식] 농업협동조합 변경등기신청서(목적 등)

농업협동조합 변경등기신청

접수	년 월 일	처리인	접 수	조 사	기 입	교 합	각종통지
	제 호						

명 칭	ㅇㅇ농업협동조합	등기번호	제ㅇㅇㅇㅇ호
주 사 무 소	OO시 OO구 OO로 OO(OO동)		
등기의 목적	목적, 공고방법, 구역의 변경등기		
등기의 사유	20ㅇㅇ년 ㅇ월 ㅇ일 총회(대의원회)에서 정관변경을 결의하고 20ㅇㅇ년 ㅇ월 ㅇ일 농림수산식품부장관의 인가를 받아 목적을 다음과 같이 변경하였으므로 그 등기를 구함.		
인가서도착연월일	20ㅇㅇ년 ㅇ월 ㅇ일		
주사무소/분사무소 신청구분	1.주사무소 신청 □ 2.분사무소 신청 □ 3.주·분사무소 일괄신청 □		

등 기 할 사 항

목 적 : 다음 목적을 변경
"1. ㅇㅇㅇㅇㅇㅇㅇ"을
"1. ㅇㅇㅇㅇㅇㅇㅇㅇㅇㅇ"으로 변경
20ㅇㅇ. ㅇ. ㅇ. 변경

신청등기소 및 등록면허세/수수료

순번	신청등기소	구분	등록면허세	지방교육세	세액합계	등기신청수수료
			금 원	금 원	금 원	금 원

<table>
<tr><td></td><td></td><td></td><td></td><td></td><td></td><td></td></tr>
<tr><td></td><td></td><td></td><td></td><td></td><td></td><td></td></tr>
<tr><td colspan="3">합 계</td><td></td><td></td><td></td><td></td></tr>
<tr><td colspan="4">등기신청수수료 은행수납번호</td><td colspan="3"></td></tr>
<tr><td colspan="3">과 세 표 준 액</td><td colspan="4">금 원</td></tr>
<tr><td colspan="7">첨 부 서 면</td></tr>
<tr><td colspan="4">1. 총회(대의원회)의사록 통
1. 주무관청의 정관변경인가서
(또는 인가서 등본 통</td><td colspan="3">1. 등록면허세영수필확인서및통지서 통
1. 위임장(대리인이 신청할 경우) 통
〈기 타〉</td></tr>
<tr><td colspan="7">년 월 일

신청인 명 칭
주사무소
조합장 성 명 ㊞ (전화 :)
주 소
대리인 성 명 ㊞ (전화 :)
주 소

지방법원 등기소 귀중</td></tr>
</table>

[신청서 작성요령 및 등기수입증지 첨부란]

1. 해당란이 부족할 때에는 별지를 이용합니다.
1. 해당 등기신청과 관계없는 사항에 대하여는 "해당없음"으로 기재하거나 삭제하고, 필요한 사항은 추가 기재합니다.
1. 등기신청수수료 상당의 대법원등기수입증지를 이 난에 붙입니다.

(용지규격 21㎝×29.7㎝)

[서식] 농업협동조합 변경등기신청서(출자총좌수,출자금총액변경)

농업협동조합 변경등기신청

접수	년 월 일	처리인	접 수	조 사	기 입	교 합	각종통지
	제 호						

명 칭	ㅇㅇ농업협동조합	등기번호	제ㅇㅇㅇㅇ호
주 사 무 소	OO시 OO구 OO로 OO(OO동)		
등기의 목적	출자의 총좌수와 납입한 출자총액의 변경등기		
등기의 사유	20ㅇㅇ년 ㅇ월 ㅇ일부터 20ㅇㅇ년 ㅇ월 ㅇ일까지의 사업연도 중 출자의 좌수 ㅇㅇ좌가 증가하고 납입한 출자액 금 ㅇㅇㅇ원이 증가하여 20ㅇㅇ년 ㅇ월 ㅇ일 현재 출자총좌수와 납입한 출자총액이 변경되었으므로 그 등기를 구함.		
주사무소/분사무소 신청구분	1.주사무소 신청 □	2.분사무소 신청 □	3.주 · 분사무소 일괄신청 □

등 기 할 사 항

출자의 총좌수 : ㅇㅇㅇㅇ좌
납입한 출자의 총액 : 금 ㅇㅇㅇㅇ원

20ㅇㅇ. ㅇ. ㅇ. 변경

신청등기소 및 등록면허세/수수료

순번	신청등기소	구분	등록면허세	지방교육세	세액합계	등기신청수수료
			금 원	금 원	금 원	금 원

합　　　계				
등기신청수수료 은행수납번호				
과 세 표 준 액	금　　　　　　　　　　　　　　　　　　원			
첨　부　서　면				
1. 출자의 좌수 및 출자납입증명서　통 1. 이사회의사록　통	1. 등록면허세영수필확인서및통지서　통 1. 위임장(대리인이 신청할 경우)　통			
년　월　일 신청인 명　칭 주사무소 조합장 성　명　㊞　(전화 :　) 주　소 대리인 성　명　㊞　(전화 :　) 주　소 **지방법원　등기소　귀중**				

[신청서 작성요령 및 등기수입증지 첨부란]
1. 해당란이 부족할 때에는 별지를 이용합니다.
1. 해당 등기신청과 관계없는 사항에 대하여는 "해당없음"으로 기재하거나 삭제하고, 필요한 사항은 추가 기재합니다.
1. 등기신청수수료 상당의 대법원등기수입증지를 이 난에 붙입니다.

(용지규격 21㎝×29.7㎝)

[서식] 농업협동조합 변경등기신청서(이사 등 변경)

농업협동조합 변경등기신청

접수	년 월 일	처리인	접 수	조 사	기 입	교 합	각종통지
	제 호						

명 칭	ㅇㅇ농업협동조합	등기번호	제ㅇㅇㅇㅇ호
주 사 무 소	OO시 OO구 OO로 OO(OO동)		
등기의 목적	이사 변경등기		
등기의 사유	이사 ㅇㅇㅇ은 20ㅇㅇ년 ㅇ월 ㅇ일 임기만료로 퇴임하고 20ㅇㅇ년 ㅇ월 ㅇ일 총회에서 다음 사람이 이사로 선임되어 같은 날 취임하였으므로 그 등기를 구함.		
주사무소/분사무소 신청구분	1.주사무소 신청 □ 2.분사무소 신청 □ 3.주 · 분사무소 일괄신청 □		

등 기 할 사 항

이사 ㅇㅇㅇ 20ㅇㅇ. ㅇ. ㅇ. 퇴임

이사 ㅇ ㅇ ㅇ (OOOOOO-OOOOOOO)

20ㅇㅇ. ㅇ. ㅇ. 취임

신청등기소 및 등록면허세/수수료

순번	신청등기소	구분	등록면허세	지방교육세	세액합계	등기신청수수료
			금 원	금 원	금 원	금 원
합 계						
등기신청수수료 은행수납번호						

첨 부 서 면

1. 총회(대의원회, 이사회)의사록 통	1. 가족관계등록부의 증명서(사망시) 통
1. 정관 등본 통	1. 재판서등본(파산, 금치산) 통
1. 취임승낙서{인감증명, 주민	1. 등록면허세영수필확인서및통지서 통

등록등(초)본 첨부} 1. 사임서(인감증명서 첨부)	통 통	1. 위임장(대리인이 신청할 경우)	통

년　　월　　일

신청인 명 칭
주사무소
조합장 성 명　　㊞　(전화 :　　)
주 소
대리인 성 명　　㊞　(전화 :　　)
주 소

지방법원　　등기소　귀중

[신청서 작성요령 및 등기수입증지 첨부란]

1. 해당란이 부족할 때에는 별지를 이용합니다.
1. 해당 등기신청과 관계없는 사항에 대하여는 "해당없음"으로 기재하거나 삭제하고, 필요한 사항은 추가 기재합니다.
1. 등기신청수수료 상당의 대법원등기수입증지를 이 난에 붙입니다.

(용지규격 21㎝×29.7㎝)

[서식] 총회의사록

총 회 의 사 록

2000. O. O. OO시 OO분, OO시 OO구 OO로 OO(OO동) OO농업협동조합 회의실에서 조합원총회를 개최하다.

총조합원수(총대의원수) : OO명　출석조합원수(출석대의원수) : OO명

조합장 OOO는 정관규정에 따라 의장석에 등단하여 위와 같이 법정수에 달하는 조합원(대의원)이 출석하였으므로 본 총회(대의원회)가 적법히 성립되었음을 알리고 개회를 선언한 후 회의 진행상 임시의장을 선임하여 줄 것을 요청한 바, 출석한 조합원 전원일치 합의로 조합장 OOO를 임시의장으로 선임한 즉, 동인은 즉석에서 그 취임을 승낙한 후, 다음의 의안을 부의하고 심의를 구하다.

제1호 의 안　이사 및 감사 보선의 건

의장은 이사 OOO은 2000년 O월 O일 사망하고, 같은 OOO은 2000년 O월 O일 사임하여 결원이 생겼으므로 그를 보선해야 한다는 취지를 설명하고 무기명 비밀투표로 그 선거를 실시한 결과 별첨 선거관리록과 같이 다음 사람이 이사 및 감사로 선출되다.

이 사　O　O　O (000000-0000000)
OO시 OO구 OO로 OO(OO동)
감 사　O　O　O (000000-0000000)
OO시 OO구 OO로 OO(OO동)

위 피선자들은 즉석에서 각 그 직에 취임할 것을 승낙하다.

의장은 이상으로서 회의목적인 의안 전부를 심의를 종료하였으므로 폐회를 선언하다(회의종료시간 : OO시 OO분).

위 결의를 명확히 하기 위하여 이 의사록을 작성하여 의장과 출석한 조합원이 다음과 같이 기명날인하다.

2000년　O월　O일

OO농업협동조합
OO시 OO구 OO로 OO(OO동)

의장겸 조합장 성 명 : O O O ㊞
주민등록번호 : 000000-0000000
주 소 : OO시 OO구 OO로 OO(OO동)

조합원 성 명 : O O O ㊞
주민등록번호 : 000000-0000000
주 소 : OO시 OO구 OO로 OO(OO동)

조합원 성 명 : O O O ㊞
주민등록번호 : 000000-0000000
주 소 : OO시 OO구 OO로 OO(OO동)

(이하 생략)

[서식] 농업협동조합 변경등기신청서(조합장변경)

농업협동조합 변경등기신청

접수	년 월 일	처리인	접 수	조 사	기 입	교 합	각종통지
	제 호						

명 칭	○○농업협동조합	등기번호	제○○○○○호
주 사 무 소	OO시 OO구 OO로 OO(OO동)		
등기의 목적	조합장 변경등기		
등기의 사유	조합장 ○○○은 20○○년 ○월 ○일 사임하고 20○○년 ○월 ○일 총회(대의원회, 이사회)에서 다음 사람이 조합장으로 선임되어 20○○년 ○월 ○일 취임하였으므로 그 등기를 구함.		
주사무소/분사무소 신청구분	1.주사무소 신청 □	2.분사무소 신청 □	3.주 · 분사무소 일괄신청 □

등 기 할 사 항

조합장 ○○○ 20○○. ○. ○. 사임

조합장 ○ ○ ○ (OOOOOO-OOOOOOO)
OO시 OO구 OO로 OO(OO동)

20○○. ○. ○. 취임

신청등기소 및 등록면허세/수수료

순번	신청등기소	구분	등록면허세	지방교육세	세액합계	등기신청수수료
			금 원	금 원	금 원	금 원
합 계						
등기신청수수료 은행수납번호						

첨 부 서 면

1. 총회(대의원회)의사록 통	1. 가족관계등록부의 증명서(사망시) 통
1. 이사회의사록 통	1. 조합장의 인감신고서와 인감대지 통
1. 사임서(인감증명서 첨부) 통	1. 조합장의 인감증명서 통
1. 취임승낙서{인감증명, 주민 등록등(초)본 첨부} 통	1. 등록면허세영수필확인서및통지서 통
	1. 위임장(대리인이 신청할 경우) 통

년 월 일

신청인 명 칭

주사무소

조합장 성 명 ㊞ (전화 :)

주 소

대리인 성 명 ㊞ (전화 :)

주 소

지방법원 등기소 귀중

제4절 농업협동조합의 주사무소이전

1. 서 설

조합의 주사무소 이전의 등기란 등기부상에 기재된 조합의 영업을 총괄하는 영업소의 구체적인 소재장소를 이전하는 등기를 말한다. 실제로 주사무소를 이전하지 않은 상태에서 이전일자를 미리 예정하여 주사무소 이전의 등기를 하는 것은 허용되지 않는다. 주사무소 이전의 등기는 등기소의 관할을 기준으로 동일한 등기소의 관할구역 내에서의 주사무소를 이전하는 경우와 다른 등기소의 관할 구역내로 이전하는 경우로 구분된다.

2. 동일한 등기소 관할 구역내에서 이전

1) 의의

정관상 주사무소의 소재지로 최소행정구역만을 기재하고 있는 경우에 동일한 최소행정구역 내에서 주사무소의 소재장소만을 이전하는 때에는 이사회의 주사무소 이전에 관한 결의로 주사무소를 이전할 수 있다. 하지만 정관상 주사무소의 소재지로 최소행정구역 외에 그 소재지번까지 기재하고 있는 경우에는 동일한 등기소의 관할 구역 내에서 주사무소를 이전하는 경우에도 정관의 변경이 필요하므로 총회의 특별결의로 정관을 변경한 후 이사회 결의로 의사결정을 하여야 한다.

2) 등기신청

구소재지에서 하는 주사무소 이전의 등기신청과 신소재지에서의 이전등기신청을 하여야 하나 동일한 등기소 관할구역 내에서 주사무소를 이전하는 경우에는 신소재지에서의 이전등기만 하면 된다. 주사무소 이전의 등기는 조합장이 등기신청서를 등기소에 제출함으로서 한다.

3) 첨부서면

① 지역농협이 구역을 변경하려면 중앙회장의 승인을 받아야 하므로 그 승인서를 첨부하여야 한다.

② 이사회의사록을 첨부하여야 한다. 다만 정관상 주사무소의 소재지가 기재되어 있을 경우에는 정관변경을 하여야 하므로 총회의사록을 제출하여야 한다.

4) 등록세 등

조합이 주사무소를 다른 등기소 관할 구역 내로 이전한 경우에는 구소재지에서 40,200원, 신소재지에서는 112,500과 등록면허세의 20/100분의 지방교육세를 납부한다.

[서식] 농업협동조합 주사무소이전등기신청서

농업협동조합 주사무소이전등기신청

접수	년 월 일	처리인	접 수	조 사	기 입	교 합	각종통지
	제 호						

명 칭	ㅇㅇ농업협동조합	등기번호	제ㅇㅇㅇㅇ호
주 사 무 소	OO시 OO구 OO로 OO(OO동)		
등기의 목적	주사무소 이전등기		
등기의 사유	20ㅇㅇ년 ㅇ월 ㅇ일 이사회의 결의에 의하여(20ㅇㅇ년 ㅇ월 ㅇ일 총회에서 정관변경을 결의하고 20ㅇㅇ년 ㅇ월 ㅇ일 농림수산식품부장관의 인가를 받아) 20ㅇㅇ년 ㅇ월 ㅇ일 주사무소를 다음 장소로 이전하였으므로 그 등기를 구함.		
인가서도착연월일	20ㅇㅇ년 ㅇ월 ㅇ일		
주사무소/분사무소 신청구분	1.주사무소 신청 □	2.분사무소 신청 □	3.주 · 분사무소 일괄신청 □
등 기 할 사 항			
주사무소 : OO시 OO구 OO로 OO(OO동) 20ㅇㅇ. ㅇ. ㅇ. 이전			
신청등기소 및 등록면허세/수수료			

순번	신청등기소	구분	등록면허세	지방교육세	세액합계	등기신청수수료
			금 원	금 원	금 원	금 원
합 계						
등기신청수수료 은행수납번호						

<table>
<tr><td colspan="2">첨 부 서 면</td></tr>
<tr><td>1. 정관 통
1. 총회의사록 통
1. 이사회의사록 통
1. 주무관청의 정관변경인가서
(또는 인가서 등본) 통</td><td>1. 인감신고서 및 인감대지 통
1. 대표자의 인감증명서 통
1. 등록면허세영수필확인서및통지서 통
1. 위임장(대리인이 신청할 경우) 통
〈기 타〉</td></tr>
<tr><td colspan="2">년 월 일

신청인 명 칭
주사무소
조합장 성 명 ㊞ (전화 :)
주 소
대리인 성 명 ㊞ (전화 :)
주 소

지방법원 등기소 귀중</td></tr>
</table>

[신청서 작성요령 및 등기수입증지 첨부란]

1. 해당란이 부족할 때에는 별지를 이용합니다.
1. 해당 등기신청과 관계없는 사항에 대하여는 "해당없음"으로 기재하거나 삭제하고, 필요한 사항은 추가 기재합니다.
1. 등기신청수수료 상당의 대법원등기수입증지를 이 난에 붙입니다.

(용지규격 21㎝×29.7㎝)

[서식] 총회의사록

총 회 의 사 록

2000. 0. 0. 00시 00분, 00시 00구 00로 00(00동) 당 조합 회의실에서 조합원총회(대의원회)를 개최하다.

총조합원수 : 00명 출석조합원수 : 00명

조합장 000는 정관규정에 따라 의장석에 등단하여 위와 같이 법정수에 달하는 조합원이 출석하였으므로 본 총회(대의원회)가 적법히 성립되었음을 알리고 개회를 선언한 후, 다음의 의안을 부의하고 심의를 구하다.

제1호 의 안 사무소이전의 건
의장은 사업형편상 당 조합의 주사무소를 다음 장소로 이전할 필요가 있음을 설명하고 그 가부을 물은 바, 전원 이의 없이 그를 찬성하여 만장일치로 그를 승인 가결하다.

제2호 의 안 정관변경의 건
의장은 위 주사무소이전에 수반하여 현행 정관 제0를 다음과 같이 변경해야 함을 설명하고 그 가부를 물은 바, 전원 이의 없이 찬성하여 만장일치로 그를 승인 가결하다.

제0조(사무소의 소재지) 본 조합의 주된 사무소는 00시 00구 00로 00(00동)에 둔다.

의장은 이상으로서 회의목적인 의안 전부를 심의를 종료하였으므로 폐회를 선언하다(회의종료시간 : 00시 00분).

위 결의를 명확히 하기 위하여 이 의사록을 작성하여 의장과 출석한 조합원이 다음과 같이 기명날인하다.

2000년 0월 0일

00농업협동조합
00시 00구 00로 00(00동)

의장겸 조합장	성　　명	:	○ ○ ○ ㉟
	주민등록번호	:	000000-0000000
	주　　소	:	OO시 OO구 OO로 OO(OO동)
조합원	성　　명	:	○ ○ ○ ㉟
	주민등록번호	:	000000-0000000
	주　　소	:	OO시 OO구 OO로 OO(OO동)
조합원	성　　명	:	○ ○ ○ ㉟
	주민등록번호	:	000000-0000000
	주　　소	:	OO시 OO구 OO로 OO(OO동)
조합원	성　　명	:	○ ○ ○ ㉟
	주민등록번호	:	000000-0000000
	주　　소	:	OO시 OO구 OO로 OO(OO동)

(이하 생략)

[서식] 이사회의사록

이 사 회 의 사 록

2000년 0월 0일 00시 00분, 00시 00구 00로 00(00동) 당 조합 회의실에서 이사회를 개최하다.

총이사수 : 0명　　　출석이사수 : 0명

의장인 조합장 000는 정관규정에 따라 의장석에 등단하여 위와 같이 법정수에 달하는 이사가 출석하였으므로 본 이사회가 적법히 성립되었음을 알리고 개회를 선언한 후, 다음의 의안을 부의하고 심의를 구하다.

제1호 의 안 사무소이전의 건

의장은 총회의결을 거쳐 농림수산식품부장관의 인가를 받아 변경한 정관 제0조의 규정에 따라 주사무소를 다음 장소로 이전함에 있어서 그 이전업무집행에 필요한 사항을 결정하여 줄 것을 요구한 바, 진원 이의 없이 만장일치로 다음과 같이 가결하다.

주사무소 이전장소 : 00시 00구 00로 00(00동)
이전연월일 : 2000년 0월 0일

의장은 이상으로서 회의목적인 의안 전부의 심의를 종료하였으므로 폐회한다고 선언하다(회의종료시각 : 00시 00분)

위 결의를 명확히 하기 위하여 이 의사록을 작성하고 의장과 출석한 이사가 기명날인하다.

2000년 0월 0일

00농업협동조합
00시 00구 00로 00(00동)
의장겸 조합장 0 0 0 (인)
이 사 0 0 0 (인)
이 사 0 0 0 (인)
이 사 0 0 0 (인)
이 사 0 0 0 (인)

[서식] 농업협동조합 주사무소이전등기신청서(분사무소소재지에서 신청하는 경우)

농업협동조합 주사무소이전등기신청

<table>
<tr><td rowspan="2">접
수</td><td>년 월 일</td><td rowspan="2">처
리
인</td><td>접 수</td><td>조 사</td><td>기 입</td><td>교 합</td><td>각종통지</td></tr>
<tr><td>제 호</td><td></td><td></td><td></td><td></td><td></td></tr>
</table>

<table>
<tr><td>명 칭</td><td>○○농업협동조합</td><td>등기번호</td><td>제○○○○호</td></tr>
<tr><td>주 사 무 소</td><td colspan="3">OO시 OO구 OO로 OO(OO동)</td></tr>
<tr><td>등기의 목적</td><td colspan="3">주사무소 이전등기</td></tr>
<tr><td>등기의 사유</td><td colspan="3">20○○년 ○월 ○일 이사회의 결의에 의하여(20○○년 ○월○일 총회에서 정관변경을 결의하고 20○○년 ○월 ○일 농림수산식품부장관의 인가를 받아) 20○○년 ○월 ○일 주사무소를 다음 장소로 이전하고 20○○년 ○월 ○일 주사무소 소재지 관할등기소에서 그 등기를 하였으므로 이 등기소에서 그 등기를 구함.</td></tr>
<tr><td>인가서도착연월일</td><td colspan="3">20○○년 ○월 ○일</td></tr>
<tr><td>주사무소/분사무소
신청구분</td><td colspan="3">1.주사무소 신청 □ 2.분사무소 신청 □ 3.주 · 분사무소 일괄신청 □</td></tr>
<tr><td colspan="4">등 기 할 사 항</td></tr>
<tr><td colspan="4">주사무소 : OO시 OO구 OO로 OO(OO동)
20○○. ○. ○. 이전</td></tr>
</table>

<table>
<tr><td colspan="8">신청등기소 및 등록면허세/수수료</td></tr>
<tr><td>순번</td><td>신청등기소</td><td>구분</td><td>등록면허세</td><td>지방교육세</td><td>세액합계</td><td>등기신청수수료</td></tr>
<tr><td></td><td></td><td></td><td>금 원</td><td>금 원</td><td>금 원</td><td>금 원</td></tr>
<tr><td></td><td></td><td></td><td></td><td></td><td></td><td></td></tr>
<tr><td></td><td></td><td></td><td></td><td></td><td></td><td></td></tr>
<tr><td></td><td></td><td></td><td></td><td></td><td></td><td></td></tr>
<tr><td colspan="3">합 계</td><td></td><td></td><td></td><td></td></tr>
</table>

<table>
<tr><td colspan="2">등기신청수수료 은행수납번호</td><td colspan="2"></td></tr>
<tr><td colspan="4">첨 부 서 면</td></tr>
<tr><td>1. 정관(필요한 경우)
1. 주사무소의 법인등기부등본</td><td>통
통</td><td>1. 등록면허세영수필확인서및통지서
1. 위임장(대리인이 신청할 경우)</td><td>통
통</td></tr>
<tr><td colspan="4">년 월 일

신청인 명 칭
주사무소
조합장 성 명 ㉿ (전화 :)
주 소
대리인 성 명 ㉿ (전화 :)
주 소

지방법원 등기소 귀중</td></tr>
</table>

[신청서 작성요령 및 등기수입증지 첩부란]

1. 해당란이 부족할 때에는 별지를 이용합니다.
1. 해당 등기신청과 관계없는 사항에 대하여는 “해당없음”으로 기재하거나 삭제하고, 필요한 사항은 추가 기재합니다.
1. 등기신청수수료 상당의 대법원등기수입증지를 이 난에 붙입니다.

(용지규격 21㎝×29.7㎝)

[서식] 농업협동조합 분사무소설치등기신청서(조합설립 후 분사무소를 설치시 주사무소소재지에서 신청하는 경우)

농업협동조합 분사무소 설치등기신청

접수	년 월 일	처리인	접 수	조 사	기 입	교 합	각종통지
	제 호						

명 칭	ㅇㅇ농업협동조합	등기번호	제ㅇㅇㅇㅇ호
주 사 무 소	OO시 OO구 OO로 OO(OO동)		
등기의 목적	분사무소 설치등기		
등기의 사유	20ㅇㅇ년 ㅇ월 ㅇ일 이사회(총회, 대의원회)에서 ㅇㅇ분사무소의 설치를 결의하여 20ㅇㅇ년 ㅇ월 ㅇ일 ㅇㅇ분사무소를 설치하였으므로(20ㅇㅇ년 ㅇ월 ㅇ일 총회에서 정관변경을 결의하여 20ㅇㅇ년 ㅇ월 ㅇ일 분사무소를 설치하였으므로) 그 등기를 구함.		
인가서도착연월일	20ㅇㅇ년 ㅇ월 ㅇ일		
주사무소/분사무소 신청구분	1.주사무소 신청 □ 2.분사무소 신청 □ 3.주 · 분사무소 일괄신청 □		

등 기 할 사 항		
분사무소	명 칭	ㅇㅇ분사무소
	소재지	OO시 OO구 OO로 OO(OO동)
설 치 연 월 일		20ㅇㅇ년 ㅇ월 ㅇ일 취임
기 타		

신청등기소 및 등록면허세/수수료						
순번	신청등기소	구분	등록면허세	지방교육세	세액합계	등기신청수수료
			금 원	금 원	금 원	금 원
합 계						
등기신청수수료 은행수납번호						

<table>
<tr><th colspan="2">첨 부 서 면</th></tr>
<tr><td>1. 이사회(총회, 대의원회)의사록 통
1. 주무관청의 정관변경인가서
(또는 인가서 등본) 통</td><td>1. 등록면허세영수필확인서및통지서 통
1. 위임장(대리인이 신청할 경우) 통
〈기 타〉</td></tr>
<tr><td colspan="2">년 월 일

신청인 명 칭
주사무소
조합장 성 명 ㊞ (전화 :)
주 소
대리인 성 명 ㊞ (전화 :)
주 소

지방법원 등기소 귀중</td></tr>
</table>

[신청서 작성요령 및 등기수입증지 첩부란]

1. 해당란이 부족할 때에는 별지를 이용합니다.
1. 해당 등기신청과 관계없는 사항에 대하여는 “해당없음”으로 기재하거나 삭제하고, 필요한 사항은 추가 기재합니다.
1. 등기신청수수료 상당의 대법원등기수입증지를 이 난에 붙입니다.

(용지규격 21㎝×29.7㎝)

[서식] 총회의사록

총 회 의 사 록

2000. 0. 0. 00시 00분, 00시 00구 00로 00(00동) 당 조합 회의실에서 조합원총회(대의원회)를 개최하다.

총조합원수 : 00명　　　출석조합원수 : 00명

조합장 000는 정관규정에 따라 의장석에 등단하여 위와 같이 법정수에 달하는 조합원(대의원)이 출석하였으므로 본 총회(대의원회)가 적법히 성립되었음을 알리고 개회를 선언한 후, 다음의 의안을 부의하고 심의를 구하다.

제1호 의 안　　분사무소 설치의 건

의장은 당 조합이 번창함에 따라 사업을 확장하기 위하여 다음 장소에 분사무소를 설치할 필요가 있음을 설명하고 그 가부을 물은 바 전원 이의 없이 그를 찬성하여 만장일치로 그를 승인 가결하다.

분사무소　00시 00구 00로 00(00동)

제2호 의 안　　정관변경의 건

의장은 위 주사무소이전에 수반하여 현행 정관 제0를 다음과 같이 변경해야 함을 설명하고 그 가부를 물은 바, 전원 이의 없이 찬성하여 만장일치로 그를 승인 가결하다.

제0조(사무소의 소재지) 본 조합의 사무소는 00시 00구 00로 00(00동)에 두고 분사무소를 다음 장소에 둔다.
분사무소　00시 00구 00로 00(00동)

의장은 이상으로서 회의목적인 의안 전부를 심의를 종료하였으므로 폐회를 선언하다(회의종료시간 : 00시 00분).

위 결의를 명확히 하기 위하여 이 의사록을 작성하여 의장과 출석한 조합원이 다음과 같이 기명날인하다.

2000년 0월 0일

OO농업협동조합
OO시 OO구 OO로 OO(OO동)

의장겸 조합장	성 명	: O O O ㊞
	주민등록번호	: 000000-0000000
	주 소	: OO시 OO구 OO로 OO(OO동)
조합원	성 명	: O O O ㊞
	주민등록번호	: 000000-0000000
	주 소	: OO시 OO구 OO로 OO(OO동)
조합원	성 명	: O O O ㊞
	주민등록번호	: 000000-0000000
	주 소	: OO시 OO구 OO로 OO(OO동)
조합원	성 명	: O O O ㊞
	주민등록번호	: 000000-0000000
	주 소	: OO시 OO구 OO로 OO(OO동)

(이하 생략)

[서식] 이사회의사록

이 사 회 의 사 록

2000년 0월 0일 00시 00분, 00시 00구 00로 00(00동) 당 조합 회의실에서 이사회를 개최하다.

총이사수 : 0명　　　출석이사수 : 0명

의장인 조합장 000는 정관규정에 따라 의장석에 등단하여 위와 같이 법정수에 달하는 이사가 출석하였으므로 본 이사회(대의원회)가 적법히 성립되었음을 알리고 개회를 선언한 후, 다음의 의안을 부의하고 심의를 구하다.

제1호　의 안　분사무소 설치의 건
의장은 총회(대의원회)의 의결을 거쳐 농림수산식품부장관의 인가를 받아 변경한 정관 제0조의 규정에 따라 다음 장소에 분사무소를 설치함에 있어서 그 설치시기를 결정하여 줄 것을 요구한 바, 전원 이의 없이 찬성하여 만장일치로 다음과 같이 승인가결하다.

분사무소설치장소 : 00시 00구 00로 00(00동)
이전연월일 : 2000년 0월 0일

의장은 이상으로서 회의목적인 의안 전부의 심의를 종료하였으므로 폐회한다고 선언하다(회의종료시각 : 00시 00분)

위 결의를 명확히 하기 위하여 이 의사록을 작성하고 의장과 출석한 이사가 기명날인하다.

2000년　0월　0일

00농업협동조합
00시 00구 00로 00(00동)
의장겸 조합장 0　0　0 (인)
이　사 0　0　0 (인)
이　사 0　0　0 (인)
이　사 0　0　0 (인)
이　사 0　0　0 (인)
이　사 0　0　0 (인)

[서식] 농업협동조합 분사무소설치등기신청서(당해 신설분사무소소재지에서 신청하는 경우)

농업협동조합 분사무소 설치등기신청

<table>
<tr><td rowspan="2">접
수</td><td>년 월 일</td><td rowspan="2">처
리
인</td><td>접 수</td><td>조 사</td><td>기 입</td><td>교 합</td><td>각종통지</td></tr>
<tr><td>제 호</td><td></td><td></td><td></td><td></td><td></td></tr>
</table>

<table>
<tr><td colspan="2">명 칭</td><td>○○농업협동조합</td><td>등록번호</td><td>0000000-000000</td></tr>
<tr><td colspan="2">주 사 무 소</td><td colspan="3">OO시 OO구 OO로 OO(OO동)</td></tr>
<tr><td colspan="2">등기의 목적</td><td colspan="3">분사무소 설치등기</td></tr>
<tr><td colspan="2">등기의 사유</td><td colspan="3">20○○년 ○월 ○일 이사회(총회, 대의원회)의 결의로 분사무소를 설치하고 20○○년 ○월 ○일 주사무소소재지 관할등기소에 등기를 하였으므로 분사무소소재지에서 그 등기를 구함(20○○년 ○월 ○일 총회에서 정관변경을 한 후, 농림수산식품부장관의 인가를 받아 분사무소를 설치하고, 20○○년 ○월 ○일 주사무소소재지 관할등기소에서 등기하였으므로 분사무소소재지에서 그 등기를 구함).</td></tr>
<tr><td colspan="2">인가서도착연월일</td><td colspan="3">20○○년 ○월 ○일</td></tr>
<tr><td colspan="2">주사무소/분사무소 신청구분</td><td colspan="3">1.주사무소 신청 □ 2.분사무소 신청 □ 3.주 · 분사무소 일괄신청 □</td></tr>
<tr><td colspan="5">등 기 할 사 항</td></tr>
<tr><td colspan="2">명 칭</td><td colspan="3">○○농업협동조합</td></tr>
<tr><td colspan="2">주 사 무 소</td><td colspan="3">OO시 OO구 OO로 OO(OO동)</td></tr>
<tr><td rowspan="2">분사무소</td><td>명 칭</td><td colspan="3">○○농업협동조합 ○○지점</td></tr>
<tr><td>소재지</td><td colspan="3">OO시 OO구 OO로 OO(OO동)</td></tr>
<tr><td colspan="2">조합장의 성명, 주민등록번호, 주소 및 취임연월일</td><td colspan="3">조합장 ○ ○ ○ (000000-0000000)
OO시 OO구 OO로 OO(OO동)
20○○년 ○월 ○일 취임</td></tr>
<tr><td colspan="2">법인성립연월일</td><td colspan="3">20○○년 ○월 ○일</td></tr>
<tr><td colspan="2">분사무소설치연월일</td><td colspan="3">20○○년 ○월 ○일</td></tr>
</table>

목　　적	1. ○○○○○○○○○ 1. ○○○○○○○○○
존립기간 또는 해산사유	1. ○○○○○○○○○ 1. ○○○○○○○○○
기　　타	상무의 성명, 주소와 주민등록번호 상무 ○ ○ ○ (000000-0000000) OO시 OO구 OO로 OO(OO동) 상무를 둔 장소 OO시 OO구 OO로 OO(OO동)

신청등기소 및 등록면허세/수수료

순번	신청등기소	구분	등록면허세	지방교육세	세액합계	등기신청수수료
			금　　원	금　　원	금　　원	금　　원
합　　계						

등기신청수수료 은행수납번호	

첨　부　서　면

1. 주사무소의 법인등기부등본　통 1. 간부직원의 인감신고서 및 인감대지　통	1. 인감증명서(조합장)　통 1. 등록면허세영수필확인서및통지서　통 1. 위임장(대리인이 신청할 경우)　통

년　　월　　일

신청인 명 칭
주사무소
조합장 성 명　　㊞　(전화 :　　　)
주 소
대리인 성 명　　㊞　(전화 :　　　)
주 소

지방법원　　　등기소　귀중

[신청서 작성요령 및 등기수입증지 첨부란]

1. 해당란이 부족할 때에는 별지를 이용합니다.
1. 해당 등기신청과 관계없는 사항에 대하여는 "해당없음"으로 기재하거나 삭제하고, 필요한 사항은 추가 기재합니다.
1. 등기신청수수료 상당의 대법원등기수입증지를 이 난에 붙입니다.

(용지규격 21㎝×29.7㎝)

[서식] 농업협동조합 분사무소이전등기신청서(주사무소소재지에서 신청하는 경우)

농업협동조합 분사무소이전등기신청

접수	년 월 일	처리인	접 수	조 사	기 입	교 합	각종통지
	제 호						

명 칭	ㅇㅇ농업협동조합	등기번호	제ㅇㅇㅇㅇ호
주 사 무 소	OO시 OO구 OO로 OO(OO동)		
등기의 목적	분사무소 이전등기		
등기의 사유	20ㅇㅇ년 ㅇ월 ㅇ일 총회(대의원회)의 결의에 의하여 20ㅇㅇ년 ㅇ월 ㅇ일 분사무소를 이전하였으므로 그 등기를 구함.		
주사무소/분사무소 신청구분	1.주사무소 신청 □	2.분사무소 신청 □	3.주 · 분사무소 일괄신청 □
등 기 할 사 항			
신분사무소	OO시 OO구 OO로 OO(OO동)(ㅇㅇ농업협동조합 ㅇㅇ지점)		
이전연월일	20ㅇㅇ년 ㅇ월 ㅇ일		
기 타			

신청등기소 및 등록면허세/수수료						
순번	신청등기소	구분	등록면허세	지방교육세	세액합계	등기신청수수료
			금 원	금 원	금 원	금 원
합 계						
등기신청수수료 은행수납번호						
첨 부 서 면						
1. 이사회의사록(총회의사록 등) 통 1. 등록면허세영수필확인서및통지서 통				1. 위임장(대리인이 신청할 경우) 통 〈기 타〉		

년 월 일

신청인 명 칭
주사무소
조합장 성 명 ㊞ (전화 :)
주 소
대리인 성 명 ㊞ (전화 :)
주 소

지방법원 등기소 귀중

[신청서 작성요령 및 등기수입증지 첩부란]

1. 해당란이 부족할 때에는 별지를 이용합니다.
1. 해당 등기신청과 관계없는 사항에 대하여는 "해당없음"으로 기재하거나 삭제하고, 필요한 사항은 추가 기재합니다.
1. 등기신청수수료 상당의 대법원등기수입증지를 이 난에 붙입니다.

(용지규격 21㎝×29.7㎝)

[서식] 농업협동조합 분사무소폐지등기신청서(주사무소소재지에서 신청하는 경우)

농업협동조합 분사무소폐지등기신청

접수	년 월 일	처리인	접 수	조 사	기 입	교 합	각종통지
	제 호						

명 칭	ㅇㅇ농업협동조합	등기번호	제ㅇㅇㅇㅇ호
주 사 무 소	OO시 OO구 OO로 OO(OO동)		
등기의 목적	분사무소 폐지등기		
등기의 사유	20ㅇㅇ년 ㅇ월 ㅇ일 이사회에서 OO시 OO구 OO로 OO(OO동) 분사무소를 폐지하기로 결의하였으므로 그 등기를 구함.		
주사무소/분사무소 신청구분	1.주사무소 신청 □	2.분사무소 신청 □	3.주 · 분사무소 일괄신청 □

등 기 할 사 항	
분 사 무 소	ㅇㅇ시 ㅇㅇ구 ㅇㅇ로 ㅇㅇ(ㅇㅇ로) (ㅇㅇ농업협동조합 ㅇㅇ지점)
폐지연월일	20ㅇㅇ년 ㅇ월 ㅇ일
기 타	

신청등기소 및 등록면허세/수수료

순번	신청등기소	구분	등록면허세	지방교육세	세액합계	등기신청수수료
			금 원	금 원	금 원	금 원
합 계						
등기신청수수료 은행수납번호						

첨 부 서 면	
1. 의사회의사록 통	1. 위임장(대리인이 신청할 경우) 통

1. 등록면허세영수필확인서및통지서 통	

년 월 일

신청인 명 칭
주사무소
조합장 성 명 ㊞ (전화 :)
주 소
대리인 성 명 ㊞ (전화 :)
주 소

지방법원 등기소 귀중

[신청서 작성요령 및 등기수입증지 첩부란]

1. 해당란이 부족할 때에는 별지를 이용합니다.
1. 해당 등기신청과 관계없는 사항에 대하여는 "해당없음"으로 기재하거나 삭제하고, 필요한 사항은 추가 기재합니다.
1. 등기신청수수료 상당의 대법원등기수입증지를 이 난에 붙입니다.

(용지규격 21㎝×29.7㎝)

[서식] 농업협동조합 분사무소폐지등기신청서(폐지하는 분사무소소재지에서 신청하는 경우)

농업협동조합 분사무소폐지등기신청

접수	년 월 일	처리인	접 수	조 사	기 입	교 합	각종통지
	제 호						

명 칭	○○농업협동조합	등기번호	제○○○○호
주 사 무 소	OO시 OO구 OO로 OO(OO동)		
등기의 목적	분사무소 폐지등기		
등기의 사유	20○○년 ○월 ○일 이사회의 결의로 OO시 OO구 OO로 OO(OO동)의 분사무소를 폐지하고 20○○년 ○월 ○일 주사무소소재지 관할등기소에서 등기를 하였으므로 이 등기소에서 그 등기를 구함.		
주사무소/분사무소 신청구분	1.주사무소 신청 □ 2.분사무소 신청 □ 3.주 · 분사무소 일괄신청 □		
등 기 할 사 항			
분 사 무 소	OO시 OO구 OO로 OO(OO동) (○○농업협동조합 ○○지점)		
폐지연월일	20○○년 ○월 ○일		
기 타			

신청등기소 및 등록면허세/수수료						
순번	신청등기소	구분	등록면허세	지방교육세	세액합계	등기신청수수료
			금 원	금 원	금 원	금 원
합 계						
등기신청수수료 은행수납번호						

첨 부 서 면	
1. 주사무소의 법인등기부등본 통 1. 등록면허세영수필확인서및통지서 통	1. 위임장(대리인이 신청할 경우) 통 〈기 타〉

년 월 일

신청인 명 칭
주사무소
조합장 성 명 ㊞ (전화 :)
주 소
대리인 성 명 ㊞ (전화 :)
주 소

지방법원 등기소 귀중

[신청서 작성요령 및 등기수입증지 첨부란]

1. 해당란이 부족할 때에는 별지를 이용합니다.
1. 해당 등기신청과 관계없는 사항에 대하여는 “해당없음”으로 기재하거나 삭제하고, 필요한 사항은 추가 기재합니다.
1. 등기신청수수료 상당의 대법원등기수입증지를 이 난에 붙입니다.

(용지규격 21㎝×29.7㎝)

제8장 새마을금고

제1절 총 설

1. 의의

새마을금고라 함은 새마을금고법에 의하여 설립·운영되는 주민협동조합을 말한다. 금고의 설립에는 행정자치부장관의 인가를 받아야 한다. 금고의 회원은 당해 금고의 정관으로 정하는 업무구역 안에 주소나 거소가 있는 자 또는 생업에 종사하는 자로 한다.

2. 성립요건

새마을금고는 50명 이상의 발기인이 연합회장이 정하는 정관 례에 따라 정관을 작성하여 창립총회의 의결을 거친 뒤에 행정자치부강관의 인가를 받아 그 주된 사무소의 소재지에서 설립등기를 함으로써 성립한다.

3. 설립인가 신청

새마을금고는 50명 이상의 발기인이 연합회장이 정하는 정관 례에 따라 정관을 작성

■ 새마을금고법 시행규칙 [별지 제1호서식] 〈개정 2011.9.9〉

새마을금고 설립인가 신청서

접수번호	접수일자	처리기간 90일

신청인	성명	생년월일
	주소	전화번호

신청내용	금고의 명칭	새마을금고
	업무구역	회원 수
	총회 개최일	
	주된 사무소의 소재지	

「새마을금고법」 제7조제1항 또는 제37조제3항에 따라 다음과 같이 새마을금고의 설립인가를 신청합니다.

년 월 일

신청인(대표자) (서명 또는 인)

특별시장·광역시장·도지사·특별자치도지사 귀하

첨부서류	1. 정관 2. 창립총회 의사록 사본 3. 사업계획서 4. 발기인 대표와 임원의 이력서 및 취임승낙서 5. 금고 설립 동의서를 제출한 자의 명부 6. 합병총회의 의사록 사본(금고의 설립이 법 제37조에 따른 합병으로 인한 경우)	수수료 없 음

처 리 절 차

신청서 작성	→	접 수	→	검 토	→	결 재	→	설립인가서 발급
신청인		처 리 기 관 (새마을금고중앙회)		처 리 기 관 (시·도 / 새마을금고 설립인가 담당부서)				

210mm×297mm[일반용지 60g/㎡(재활용품)]

제2절 새마을금고 설립등기

1. 총설

새마을금고는 그 주된 사무소의 소재지에서 설립등기를 함으로써 성립한다(새마을금고법 7조 1항). 행정안전부장관은 금고가 설립인가를 받은 날로부터 90일이 지나도 설립등기를 하지 아니하면 그 설립인가를 취소할 수 있다(새마을금고법 82조 1항).

2. 성립요건

1) 정관작성

금고를 설립하기 위해서는 우선 발기인이 공동하여 정관을 작성하여야 한다(신협 7조 1항). 정관이란 법인의 조직과 활동의 기본준칙을 기재한 서면으로 금고의 정관에는 새마을금고법 제8조 각 호 소정의 사항을 기재하고 발기인이 이에 기명날인하여야 한다(신협 8조).

2) 창립총회

창립총회의 의사는 발기인에게 금고 설립 동의서를 개의 전까지 제출한 자 과반수의 출석과 출석자 3분의 2 이상의 찬성으로 의결해야 하며, 설립 등기시에 이를 증명하는 창립총회의사록을 첨부해야 한다.

한 금고의 회원 수는 100명 이상이어야 하며(새마을금고법 9조 2항), 회원은 출자좌수에 관계없이 평등한 의결권과 선거권을 가지며, 대리인에 의하여 그 권한을 행사할 수 있으나 그 대리할 수 있는 회원의 수는 두 명을 초과할 수 없으며(신협 9조 6항), 임원선출은 선거에 의할 경우 당선인은 선거인의 과반수투표로 결정한다.

임원의 선출은 총회에서 무기명 비밀투표로 선임하되, 이사장과 부이사장은 출석선거인의 과반수 득표자로 하며, 그 밖의 임원은 다수 득표자 순으로 임원의 정수에 해당하는 자로 한다. 다만, 제1항에 따른 이사장, 부이사장, 이사 및 감사의 후보자가 각각 그 정수 이내일 경우에는 총회가 따로 정하는 방법에 따라 선임할 수 있다.

3) 설립인가

금고의 설립인가신청을 하고자 하는 자는 행정안전부장관의 인가를 받아야 하는 바(신협 7조 1항), 신청인은 행정안전부장관이 정하는 설립인가신청서에 ① 정관, ② 창립총회 의사록 사본, ③ 사업계획서, ④ 발기인 대표와 임원의 이력서 및 취임승낙서, ⑤ 금고설립동의서를 제출한 자의 명부를 첨부하여 중앙회장을 거쳐 행정안전부장관에게 설립인가신청을 하여야 한다(새마를금고법시행령 3조 1항).

3. 설립등기절차

1) 등기신청인과 등기기간

새마을금고의 설립등기는 이사장이 신청해야 하며, 설립등기는 설립인가를 받은 경우에는 그 설립인가서가 도달한 날부터 3주간 내에 하여야 한다.

그러나 행정안전부장관은 금고가 설립인가를 받은 날로부터 90일이 지나도 설립등기를 하지 아니하면 그 설립인가를 취소할 수 있다(새마을금고법 82조 1항).

2) 등기사항

새마을금고는 설립인가서가 도달한 날부터 3주간이내에 ① 목적, ② 명칭, ③ 업무구역, ④ 사무소의 소재지, ⑤ 설립인가연월일, ⑥ 출자 1좌의 금액, ⑦ 존립시기나 해산사유를 정한 때에는 그 시기나 사유, ⑧ 임원의 성명과 주소, ⑨ 공고의 방법을 등기하여야 한다(새마을금고법 45조 1항).

3) 첨부서류

설립등기신청서에 일반적인 첨부서류 이외에 다음 서류를 첨부해야 한다(신협령 2조 2항).

(1) 설립인가서 사본

등기신청서에는 행정안전부장관의 설립인가서 사본을 첨부해야 한다. 그러나 등기관의 진위여부를 확인하기 위하여 그 원본도 함께 제출해야 한다. 합병분할의 경우에도 동일하다.

(2) 정관의 등본

이는 인증 있는 등본을 의미한다.

(3) 임원취임승낙서 사본

금고의 임원으로서 이사장 1명, 부이사장 1인을 포함한 7명 이상 15명 이하의 이사와 3명 이하의 감사를 두며, 임원은 다른 금고의 다른 직을 겸할 수 없다(새마을금고법 18조 1항).

금고의 자산 규모, 재무구조 등을 고려하여 대통령령으로 정하는 금고의 경우에는 정관으로 정하는 바에 따라 임원 중 1명 이상을 상근으로 할 수 있되, 상근하는 임원의 수는 이사장을 포함한 이사 중 2명, 감사 중 1명을 초과할 수 없다. 다만 이사장이 상근하지 아니하는 지역금고의 경우에는 금고 업무에 대한 전문지식과 경험이 풍부한 자로서 대통령령으로 정하는 요건에 맞는 자 중에서 이사회의 추천을 받아 총회에서 선임된 상근이사를 두어야 한다(새마을금고법 18조 2항, 3항, 4항).

임원은 총회에서 무기명 비밀투표로 선임하되, 이사장과 부이사장은 출석선거인의 과반수득표자로 하며, 그 밖의 임원은 다수득표자 순으로 임원의 정수에 해당하는 자로 한다. 다만, 이사장, 부이사장, 이사 및 감사의 후보자가 각각 그 정수 이내일 경우에는 총회가 따로 정하는 방법에 따라 선임할 수 있다(새마을금고법 18조 5항).

이사장과 부이사장 선임을 위한 투표에서 과반수득표자가 없을 경우에는 1위와 2위 다수득표자만을 후보로 다시 투표를 실시하여 당선자를 결정한다(새마을금고법 18조 6항).

임원의 취임에는 취임승낙서가 필요하고, 그 승낙을 증명할 수 있는 인감증명을 첨부하여야 한다. 다만, 창립총회의사록에 피선자의 취임승낙의 기재가 있고 또 그의 기명날인이 있는 때에는 그의 첨부를 생략할 수 있다(등기예규 978-1).

총회의사록에는 총회의 진행상황 및 결과를 적고, 의장과 총회에서 선출한 5명 이상의 출석회원이 기명날인하여야 한다(새마을금고법시행령 5조).

새마을금고는 그 주된 사무소의 소재지에서 설립등기를 함으로써 성립한다(새마을금고법 7조 1항).

행정안전부장관은 금고가 설립인가를 받은 날로부터 90일이 지나도 설립등기를 하지 아니하면 그 설립인가를 취소할 수 있다(새마을금고법 82조 1항).

[서식] 새마을금고 설립등기신청서

새마을금고 설립등기신청

접수	년 월 일	처리인	접 수	조 사	기 입	교 합	각종통지
	제 호						

등 기 의 목 적	새마을금고의 설립
등 기 의 사 유	새마을금고를 설립하기 위하여 정관을 작성하고 창립총회의 의결을 거쳐 20○○년 ○월 ○일 행정안전부장관의 설립인가를 받고 20○○년 ○월○일 출자금 납입을 완료하였으므로 그 등기를 구함.
설 립 인 가 서 도 착 연 월 일	20○○년 ○월 ○일
주사무소/분사무소 신청구분	1.주사무소 신청 □ 2.분사무소 신청 □ 3.주 · 분사무소 일괄신청 □
등 기 할 사 항	
명 칭	○○새마을금고
주 사 무 소	OO시 OO구 OO로 OO(OO동)
이사 · 감사의 성명 및 주민 등록번호	이사의 성명과 주민등록번호 이사 ○ ○ ○ (OOOOOO-OOOOOOO) 이사 ○ ○ ○ (OOOOOO-OOOOOOO) 이사 ○ ○ ○ (OOOOOO-OOOOOOO) (이하 생략) 감사의 성명과 주민등록번호 감사 ○ ○ ○ (OOOOOO-OOOOOOO) 감사 ○ ○ ○ (OOOOOO-OOOOOOO)
이사장의 성명 및 주민등록번호, 주소	이사장 ○ ○ ○(OOOOOO-OOOOOOO) OO시 OO구 OO로 OO(OO동)
등 기 할 사 항	
목 적	이 새마을금고는 회원의 자주적인 협동조직을 바탕으로 우리나라 고유의 상부상조 정신에 입각하여 자금의 조성 및 이용과 회원의 경제적 · 사회적 · 문화적 지위의 향상 및 지역사회개발을 통한 건전한 국민정신의 함양과 국가경제 발전에 기여함을 목적으로 다음의 사업을 행한다. 1. 신용사업 가. 회원으로부터 예탁금과 적금 수납

<table>
<tr><td colspan="2"></td><td colspan="5">나. 회원을 대상으로 한 자금의 대출
다. 회원을 위한 보호예수
1. 지역사회 개발사업
1. 중앙회가 위탁하는 사업
1. 그 밖에 목적 달성에 필요한 사업으로서 주무부장관의 승인을 받은 사업</td></tr>
<tr><td colspan="2">분 사 무 소</td><td colspan="5">OO시 OO구 OO로 OO(OO동) 또는 없음</td></tr>
<tr><td colspan="2">설립인가연월일</td><td colspan="5">20○○년 ○월 ○일</td></tr>
<tr><td colspan="2">존립기간 또는
해산사유</td><td colspan="5">해산사유 : 1. 정관에 정한 해산 사유의 발생
2. 총회의 해산 의결
3. 합병이나 파산
4. 설립인가의 취소</td></tr>
<tr><td colspan="2">자산의 총액</td><td colspan="5">금 ○○○○○원</td></tr>
<tr><td colspan="2">출자 1좌의 금액</td><td colspan="5">금 ○○○원</td></tr>
<tr><td colspan="2">총출자좌수와
납입한 총출자액</td><td colspan="5">총출자좌수 : ○○○좌
납입한 출자금총액 : 금 ○○○○○원</td></tr>
<tr><td colspan="2">출 자 방 법</td><td colspan="5">1. 금고의 출자 1좌의 금액은 2만원으로 하며, 한 회원이 가질 수 있는 출자좌수의 최고한도는 총출자좌수의 100분의 15를 초과할 수 없다.
2. 회원은 출자 1좌 이상을 가져야 하며, 출자금은 현금으로 납입하여야 한다. 다만, 회원의 편의를 위해 회원가입시 납입하는 출자금 외의 출자금은 이를 분할하여 납입하게 할 수 있다.</td></tr>
<tr><td colspan="2">기 타</td><td colspan="5">해당 없음</td></tr>
<tr><td colspan="7">신청등기소 및 등록면허세/수수료</td></tr>
<tr><td>순번</td><td>신청등기소</td><td>구분</td><td>등록면허세</td><td>지방교육세</td><td>세액합계</td><td>등기신청수수료</td></tr>
<tr><td></td><td></td><td></td><td>금 원</td><td>금 원</td><td>금 원</td><td>금 원</td></tr>
<tr><td></td><td></td><td></td><td></td><td></td><td></td><td></td></tr>
<tr><td></td><td></td><td></td><td></td><td></td><td></td><td></td></tr>
<tr><td></td><td></td><td></td><td></td><td></td><td></td><td></td></tr>
<tr><td colspan="3">합 계</td><td></td><td></td><td></td><td></td></tr>
<tr><td colspan="4">등기신청수수료 은행수납번호</td><td colspan="3"></td></tr>
</table>

<table>
<tr><td>과 세 표 준 액</td><td colspan="2">금 　　　　　　　　　　　　　　　　　　원</td></tr>
<tr><td colspan="3">첨 부 서 면</td></tr>
<tr><td colspan="2">1. 정관 통
1. 창립총회의사록 통
1. 설립인가서 통
1. 자산총액증명서(재산목록) 통
1. 임원 취임승낙서와 인감증명서,
주민등록등(초)본 통</td><td>1. 이사장의 인감신고서(인감대지 포함) 통
1. 이사장의 인감증명서 통
1. 법인인감카드발급신청서 통
1. 등록면허세영수필확인서및통지서 통
1. 위임장(대리인이 신청할 경우)</td></tr>
<tr><td colspan="3">년 월 일

신청인 명 칭
주사무소
이사장 성 명 ㊞ (전화 :)
주 소
대리인 성 명 ㊞ (전화 :)
주 소

지방법원 등기소 귀중</td></tr>
</table>

[신청서 작성요령 및 등기수입증지 첩부란]

1. 해당란이 부족할 때에는 별지를 이용합니다.
1. 해당 등기신청과 관계없는 사항에 대하여는 “해당없음”으로 기재하거나 삭제하고, 필요한 사항은 추가 기재합니다.
1. 등기신청수수료 상당의 대법원등기수입증지를 이 난에 붙입니다.

(용지규격 21㎝×29.7㎝)

[서식] 정관

○○새마을금고 정관

제1장 총　　칙

제1조 (목 적) 이 새마을금고는 회원의 자주적인 협동조직을 바탕으로 우리나라 고유의 상부상조 정신에 입각하여 자금의 조성 및 이용과 회원의 경제적 · 사회적 · 문화적 지위의 향상 및 지역사회개발을 통한 건전한 국민정신의 함양과 국가경제 발전에 기여함을 목적으로 한다.

제2조 (명 칭) 이 새마을금고는 OO새마을금고(이하 "금고"라 한다)라 칭한다.

제3조 (용어의 정의)

① 이 정관에서 "법"이라 함은 새마을금고법을 말한다.

② 이 정관에서 "영"이라 함은 새마을금고법시행령을 말한다.

③ 이 정관에서 "규칙"이라 함은 새마을금고법시행규칙을 말한다.

④ 이 정관에서 "중앙회"라 함은 새마을금고중앙회를, "중앙회장"이라 함은 새마을금고중앙회장을 말한다.

제4조 (사무소의 소재지)

① 이 금고의 주된 사무소는 OO시 OO구 OO로 OO(OO동)에 둔다.

② 이 금고의 분사무소는 OO시 OO구 OO로 OO(OO동)에 둔다.

제5조 (업무구역) 이 금고의 업무구역은 OO시 OO구 일원으로 한다.

제6조 (공고방법) 금고에서 행하는 공고는 법령 및 이 정관에서 따로 규정한 것을 제외하고는 금고의 게시판에 7일 이상 게시하여야 한다.

제7조 (통지 및 최고방법)

① 회원에 대한 통지 또는 최고는 회원명부에 기재된 주소(직장 또는 단체금고의 경우에는 회원의 주된 근무처)로 한다. 다만, 회원이 따로 연락처를 고지하였을 경우에는 이에 의한다.

② 제1항에 의한 통지 또는 최고는 보통 도착할 수 있었던 시기에 도달한 것으로 본다.

제2장 회　　원

제8조 (회 원) 금고의 회원은 본 금고의 업무구역 안에 주소나 거소가 있는 자 또는 생업에

종사하는 자(법인 단체에 소속된 자를 포함한다). 중에서 회원으로 가입한 자로 한다.

제9조 (회원가입)

① 금고의 회원으로 가입하고자 하는 자는 다음 각 호에 게기하는 사항을 기재한 회원가입신청서를 금고에 제출하여야 한다.

1. 주소 또는 거소 및 주민등록번호
2. 회원가입시에 출자하고자 하는 출자좌수

② 금고가 회원가입신청서를 접수한 때에는 이를 심사하여 제8조의 규정에 의한 회원자격에 적합하다고 판단될 때에는 제1항 제2호의 규정에 의한 출자좌수에 상응한 출자금을 납입하게 하고 지체 없이 회원명부에 회원으로 등재하여야 한다.

③ 회원가입을 신청한 자는 출자금을 납입함으로써 금고의 회원이 된다.

제10조 (의결권 등)

① 회원은 출자좌수에 관계없이 평등한 의결권 및 선거권을 가진다. 다만, 정관으로 정하는 바에 따라 미성년자 또는 해당 금고의 회원 자격을 유지한 기간이 6개월 미만인 회원에 대하여만 의결권과 선거권을 제한할 수 있다.

② 회원은 다른 회원을 대리인으로 하여 그의 의결권을 행사할 수 있다. 이 경우 그 회원은 출석한 것으로 본다. 다만 제24조의 단서의 규정에 의하여 개의 및 의결하는 경우에는 그러하지 아니하다.

③ 1회원이 대리할 수 있는 회원의 수는 2인 이내로 하고 대리인은 대리권을 증명하는 서면을 금고에 제출하여야 한다.

제11조 (회원의 신고의무) 회원이 제9조의 규정에 의하여 제출한 가입신청서의 기재사항에 변경이 있을 때에는 지체 없이 이를 금고에 신고하여야 한다.

제12조 (탈 퇴)

① 회원은 언제라도 서면으로 탈퇴의 뜻을 통고하고 탈퇴할 수 있다.

② 법 제10조 제3항의 규정에 의한 자격상실의 요건은 다음 각 호의 1과 같다.

1. 제5조의 규정에 의한 업무구역에 속하지 아니한 때
2. 출자좌수가 1좌 미만이 될 때

제13조 (제 명)

① 금고는 다음 각 호의 1에 해당하는 회원에 대하여는 총회의 의결로 제명할 수 있다.

1. 1년 이상의 장기간에 걸쳐 대출금상환을 지체한 때
2. 금고의 사업집행을 고의로 방해한 사실이 입증될 때
3. 3년 이상 계속하여 금고의 사업을 이용하지 아니한 때
4. 법령 · 볍령에 의한 감독기관의 명령 또는 정관에 위반하여 이의 시정요구를 받고

서도 이에 불응하거나 고의 또는 중대한 과실로 금고에 직접적인 재산상의 손해를 가져오게 했을 때

② 제1항의 규정에 의하여 회원을 제명하고자 할 때에는 총회개최일 7일 전까지 그 회원에 대하여 제명의 사유를 통지하고 당해 회원의 총회에서 의견을 진술할 기회를 주어야 한다.

③ 제1항의 규정에 의하여 제명된 회원은 제명된 날로부터 3년간 금고회원이 될 수 없다.

제14조 (탈퇴조합원의 환급청구 등)

① 금고는 탈퇴 또는 제명된 회원의 청구에 따라 그의 출자금 · 예탁금 및 적금을 환급한다.

② 제1항의 규정에 의한 환급금 중 출자금과 예탁금 및 적금은 그 이자를 포함하여 탈퇴 또는 제명됨과 동시에, 출자금에 대한 배당금은 당해 사업연도의 결산 후에 각각 지급한다.

③ 제1항의 규정에 의한 환급청구권은 탈퇴된 다음날부터 출자금인 경우에는 2년간, 예탁금 및 적금인 경우에는 5년간 행사하지 아니하면 각각 시효로 소멸한다.

④ 탈퇴 또는 제명된 회원이 금고에 대하여 채무가 있을 때에는 제1항의 규정에 의한 환급을 정지할 수 있다.

⑤ 금고의 자본금이 감소된 경우에는 제1항의 규정에 불구하고 탈퇴회원의 출자금을 감액하여 지급할 수 있다.

제15조 (출자금액과 납입방법)

① 금고의 출자 1좌의 금액은 2만원으로 하며, 한 회원이 가질 수 있는 출자좌수의 최고한도는 총출자좌수의 100분의 15를 초과할 수 없다.

② 회원은 출자 1좌 이상을 가져야 하며, 출자금은 현금으로 납입하여야 한다. 다만, 회원의 편의를 위해 회원가입시 납입하는 출자금 외의 출자금은 이를 분할하여 납입하게 할 수 있다.

제16조 (출자금의 양도 · 양수)

① 출자금의 양도 · 양수는 금고의 회원간에 한하며, 회원의 출자금을 양도 · 양수하고자 할 때에는 이사장의 승인을 얻어야 한다.

② 출자금을 양수한 회원은 그 출자금을 양도한 회원의 출자금에 관한 재산상의 권리의무를 승계한다.

③ 출자금은 이를 공유할 수 없다.

제1절 총 회

제17조 (총 회)

① 금고에 회원으로 구성하는 총회를 둔다.

② 총회는 정기총회와 임시총회로 구분하며 이사장이 이를 소집한다.

제18조 (정기총회) 정기총회는 매 사업연도 종료 후 2개월 이내에 개최하며, 그 일시 및 장소는 이사회에서 정한다.

제19조 (임시총회)

① 임시총회는 다음 각 호의 1에 해당하는 경우에 이사장이 이를 소집한다.

1. 이사장이 필요하다고 인정할 때
2. 이사회가 필요하다가 인정하여 서면으로 소집을 요구한 때
3. 회원 3분의 1 이상이 그들의 대표자를 선임한 후 회의의 목적과 이유를 기재하고 기명 · 날인한 서면으로 그 소집을 요구한 때
4. 감사가 금고의 재산상황 또는 사업의 집행에 관하여 위법한 사실을 발견한 경우 이를 신속하게 총회에 보고할 필요가 있다고 판단(감사가 2인 이상인 경우에는 합의하여 판단)하여 그 소집을 요구한 때
5. 중앙회장이 법 제61조 제1항의 규정에 의한 감독상 필요하여 그 소집을 요구한 때

② 제1항 제2호 내지 제4호의 규정에 의한 감독상 필요하여 그 소집을 요구한 때

제20조 (감사의 총회소집)

① 다음 각 호의 1에 해당하는 경우에는 감사가 5일 이내에 총회를 소집한다. 이 경우 감사가 의장의 직무를 대행한다.

1. 이사장이 직무를 행할 자가 없을 때
2. 제19조 제2항의 규정에 의한 총회개최를 이사장이 정당한 이유없이 이를 행하지 아니한 때

② 제1항의 규정에 의하여 감사가 총회를 소집하는 때에는 그 소집공고 전에 중앙회장에게 통지하여야 한다.

제21조 (회원대표의 총회소집)

① 감사가 제20조 제1항의 기간 내에 총회를 소집하지 아니한 때에는 제19조 제1항 제3호의 규정에 의한 회원의 대표가 5일 이내에 총회를 소집하며, 이 경우 그 회원의 대표가 의장의 직무를 대행한다.

② 제1항의 규정에 의한 회원대표가 총회를 개최하는 때에는 그 소집공고 전에 중앙회장

에게 통지하여야 한다.

제22조 (중앙회장의 총회소집)

① 제19조 제1항 제5호의 규정에 의하여 총회의 소집을 요구하였음에도 이사장이 총회를 소집하지 아니한 때에는 중앙회장이 지정한 자가 총회를 소집한다.

② 제1항의 경우에는 중앙회장이 지정한 자가 의장의 직무를 대행한다.

제23조 (총회의 소집방법)

① 총회는 개최일 7일 전까지 그 회의 개회일지, 개회장소, 회의목적사항 등을 금고의 게시판에 공고함과 아울러 회원에게 서면으로 통지하여야 한다.

② 재적회원 과반수가 출석하지 아니하여 총회를 개의하지 못한 때에는 15일 이내에 다시 총회를 소집하여야 한다.

제24조 (총회의 개의와 의결) 총회의 의사는 법령 또는 정관에 특별한 규정이 있는 경우를 제외하고는 재적회원 과반수의 출석으로 개의하고 출석회원 과반수의 찬성으로 의결한다. 다만, 재적회원의 300인을 초과하는 경우에는 151인 이상 출석으로 개의하고 출석회원 과반수의 찬성으로 의결할 수 있다.

제25조 (총회의 의결사항) 총회에서 의결할 사항은 법 제11조 제4항 제1호 내지 제7호에 제기한 규약의 제정 · 변경 및 이사회가 정하는 중요한 사항으로 한다.

제26조 (기본재산)

① 법 제12조 제4항 제4호 중 "기본재산"이라 함은 다음 각 호의 1에 해당하는 금고의 재산을 말한다.

1. 업무용 부동산
2. 이사회의 의결로 기본재산으로 정한 재산

② 법 12조 제4항 제4호의 기본재산의 처분이라 함은 제1항의 규정에 의한 기본재산을 매도 · 증여 · 교환 또는 담보제공자가 하는 행위를 말한다.

제27조 (의사록) 총회의사록에는 의사의 경과 및 결과를 기재하고 의장과 총회에서 지명한 5인 이상의 출석회원이 기명 · 날인하여야 한다.

제28조 (대의원회)

① 금고의 회원수가 300인을 초과하는 경우에는 총회에 갈음하여 대의원으로 구성하는 대의원회를 둘 수 있다.

② 대의원의 정수는 19인 이상으로 하고 선거구별도 회원수에 비례한 정수를 정하여 선임한다. 이 경우 선거구와 정수는 이사회의 의결을 얻어 규정으로 정한다.

③ 대의원 선거는 투표로써 한다. 다만, 대의원선거회의(직장 · 단체금고는 이사회)에서 따로 선거방법을 정하는 경우에는 그 방법으로 선거할 수 있다.

④ 대의원은 다른 금고의 대의원을 겸할 수 없다.

⑤ 대의원회에는 총회에 관한 규정을 준용하되, 그 의결권은 대리인으로 하여금 행사하게 할 수 없다.

⑥ 대의원의 임기는 3년으로 한다. 다만, 보궐선거에 의하여 선출된 대의원의 임기는 전임자의 잔임기간으로 한다.

⑦ 대의원선거에 관하여 법령 및 이 정관에서 규정한 것을 제외하고는 중앙회장이 정하는 규약예에 의한다.

제2절 이 사 회

제29조 (이사회)

① 금고에 이사회를 둔다.

② 이사회는 이사장 · 부이사장을 포함한 이사로 구성하며 이사장이 이를 소집한다.

제30조 (이사회 소집)

① 이사회는 2월마다 1회 이상 개최함을 원칙으로 하고 다음 각 호의 1에 해당하는 경우에는 이사회를 개최하여야 한다.

1. 이사장이 필요하다고 인정한 때
2. 이사 3분의 1 이상의 요구가 있을 때
3. 감사의 요구가 있을 때

② 제1항 제2호 및 제3호의 규정에 의한 소집요구가 있을 경우에 이사장이 정당한 이유 없이 7일 이내에 이사회를 소집하지 아니한 때에는 이사회의 소집을 요구한 이사 또는 감사가 이사회를 소집한다.

③ 제2항의 경우에는 이사 중에서 선임된 이사가 의장의 직무를 대행한다.

④ 이사회의 소집방법은 그 개최일 3일 전까지 그 회의의 일시 · 장소 · 목적사항 등을 기재한 서면으로 통지하는 것으로 한다. 다만, 이사 전원의 동의가 있거나 또는 긴급을 요할 경우에는 그러하지 아니하다.

제31조 (이사회의 의결사항 등)

① 이사회에서 의결할 사항은 법 제17조 제3항 각 호에 게기한 사항으로 한다.

② 이사회의사록에는 의사의 경과 및 결과를 기재하고 의장과 출석한 이사 전원이 기명 · 날인하여야 한다.

③ 금고와 특정이사와의 관련사항을 의결하는 경우에는 그 이사는 의결권이 없다.

제3절 이사장과 감사

제32조 (이사장의 직무)

① 이사장은 금고를 대표하고 금고의 업무를 통할한다.

② 이사장은 정관에 다른 규정이 있는 경우를 제외하고는 총회와 이사회의 의장이 된다.

③ 이사장은 정관에서 따로 정한 경우를 제외하고는 총회와 이사회의 의결에 참가한다.

④ 이사장은 정관과 총회의사록 및 회원명부를 주된 사무소에 비치하여야 한다.

⑤ 회원 또는 금고의 채권자는 제4항의 서류를 열람할 수 있으며, 금고가 정한 비용을 지급하고 그 서류의 사본을 청구할 수 있다.

제33조 (이사장 직무대행) 이사장이 사고가 있을 때에는 부이사장이, 이사장과 부이사장이 사고가 있을 때에는 이사회가 정하는 이사가 그 직무를 대행한다.

제34조 (감사의 직무) 감사는 금고의 재산과 업무집행상황을 매분기마다 1회 이상 감사하며, 그 결과를 총회 및 이사회에 보고하여야 한다.

제35조 (감사의 대표권) 금고가 이사장과 소송 · 계약 등의 법률행위를 하는 때에는 감사가 금고를 대표한다.

제36조 (감사의 의결 진술권) 감사는 총회 또는 이사회에 출석하여 그 의견을 진술할 수 있다.

제3장 임원과 직원

제37조 (임원의 정수 등) 금고의 임원으로서 이사장 1인, 부이사장 1인을 포함한 이사 7인 이상 15인 이하와 감사 3인 이하를 둔다.

제38조 (임원의 임기 등)

① 이사장과 부이사장을 포함한 이사의 임가는 4년으로 하며, 감사의 임기는 3년으로 한다.

② 보선으로 인하여 선임된 임원의 임기는 전임자의 잔임기간으로 한다.

제39조 (임원의 결격사유)

① 다음 각 호의 어느 하나에 해당하는 사람은 금고의 임원이 될 수 없다. 다만, 제18조 제3항에 따른 상근이사는 제16호를 적용하지 아니한다.

1. 미성년자 · 금치산자 또는 한정치산자
2. 파산선고를 받고 복권되지 아니한 사람
3. 제85조 제1항, 형법 제355조부터 제357조까지의 죄(금고나 중앙회의 사업과 관련된 죄만 해당한다)를 범하여 금고 이상의 실형을 선고받고 그 집행이 끝나거나

(집행이 끝난 것으로 보는 경우를 포함한다. 이하 이 항에서 같다) 집행이 면제된 날부터 5년이 지나지 아니한 사람

4. 제3호의 죄를 범하여 금고 이상의 형의 집행유예를 선고받고 그 집행유예 기간이 끝난 날부터 3년이 지나지 아니한 사람
5. 제3호의 죄를 범하여 금고 이상의 형의 선고유예를 받고 그 선고유예 기간이 끝난 날부터 3년이 지나지 아니한 사람
6. 제3호의 죄를 범하여 벌금형을 선고받고 3년이 지나지 아니한 사람
7. 제85조 제2항, 제4항 및 제5항의 죄를 범하여 금고 이상의 실형을 선고받고 그 집행이 끝나거나 집행이 면제된 날부터 3년이 지나지 아니한 사람
8. 제85조 제3항의 죄를 범하여 징역형 또는 100만원 이상의 벌금형을 선고받고 그 집행이 끝나거나 집행이 면제된 날부터 3년이 지나지 아니한 사람
9. 제3호 · 제7호 · 제8호의 죄 외의 죄로 금고 이상의 실형을 선고받고 그 집행이 끝나거나 집행이 면제된 날부터 2년이 지나지 아니한 사람
10. 제3호 · 제7호 · 제8호의 죄 외의 죄로 금고 이상의 형의 집행유예를 선고받고 그 집행유예 기간 중에 있는 사람
11. 제3호의 죄 외의 죄로 금고 이상의 형의 선고유예를 받고 그 선고유예 기간 중에 있는 사람
12. 이 법 또는 금융관계법령에 따라 징계면직 또는 해임(임원에 대한 개선을 포함한다. 이하 이 항에서 같다)된 사람으로서 징계면직 또는 해임된 날부터 5년이 지나지 아니한 사람
13. 이 법 또는 금융관계법령에 따라 재직 또는 재임 중이었더라면 징계면직 또는 해임요구의 조치를 받았을 것으로 통보된 퇴임 직원이나 임원으로서 그 통보가 있은 날부터 5년(통보가 있은 날부터 5년이 퇴직 또는 퇴임한 날부터 7년을 초과하는 경우에는 퇴직 또는 퇴임한 날부터 7년으로 한다)이 지나지 아니한 사람
14. 법원의 판결이나 다른 법률에 따라 자격을 잃거나 정지된 사람
15. 공공기관 또는 다른 법인이나 회사에서 징계면직된 사람으로서 징계면직된 날부터 2년이 지나지 아니한 사람
16. 회원으로서 임원 선임 선거일공고일 현재의 정관으로 정하는 출자좌수 이상을 2년 이상 계속 보유하고 있지 아니한 사람. 다만, 설립이나 합병 후 2년이 지나지 아니한 금고의 경우에는 그러하지 아니하다.
17. 임원 선임 선거일공고일 현재 해당 금고에 대하여 정관으로 정하는 금액이나 기간을 초과하는 채무를 연체한 사람

18. 그 밖에 정관으로 정하는 자격 제한 사유에 해당하는 사람

② 제1항에 따른 사유가 발견되거나 발생한 경우에는 해당 임원은 당연 퇴임된다.

③ 제2항에 따라 퇴임한 임원이 퇴임 전에 관여한 행위는 그 효력을 잃지 아니한다.

제40조 (선거운동방법 등)

① 누구든지 임원 선거와 관련하여 다음 각 호의 방법 외의 선거운동을 할 수 없다.

② 금고가 부담하는 임원선거운동에 관한 비용은 선고공보의 발행에 따른 인쇄비 및 우송비에 한한다.

③ 임원의 선임방법 및 절차 등에 관하여 법령 및 이 정관에서 규정한 것을 제외하고는 중앙회장이 정하는 규약예에 의한다.

제41조 (임원의 해임)

① 영 제13조 제1항의 규정에 의한 임원의 해임요구는 재적회원 3분의 1 이상이 기명 · 날인한 서면으로 하여야 한다.

② 이사장의 해임을 의결하는 총회에서는 그 이사장은 의결에 참가할 수 없고 의장은 법 제18조 제3항의 이사장 직무대행 규정에 의한 임원순으로 의장의 직무를 대행한다.

③ 임원의 해임이 총회에서 의결된 때에는 당해임원은 그 날부터 해임된 것으로 본다.

제42조 (신원보증)

① 이사장 및 상근임원은 신원보증인 2인 이상을 두어야 한다.

② 제1항의 규정에 의한 임원을 제외한 임원은 이사회가 정하는 바에 따라 신원보증인을 두거나 보증보험 등에 가입하게 할 수 있다.

③ 제1항 및 제2항의 규정에 의한 신원보증기준은 중앙회장이 정하는 바에 의한다.

제43조 (임원의 성실의무 및 책임)

① 임원은 법 · 법에 의하여 발하는 명령 · 정관 · 규약 · 규정 및 총회와 이사회의 의결을 준수하고 금고를 위하여 성실히 그 직무를 수행하여야 한다.

② 임원이 그 직무를 수행함에 있어서 고의 또는 중대한 과실로 금고 또는 타인에게 끼친 손해에 대하여는 연대하여 손해배상의 책임을 진다.

③ 임원이 결산보고서에 허위의 기록 등기 또는 공고를 하여 금고 또는 타인에게 손해를 끼친 때에도 제2항과 같다.

④ 이사회가 고의 또는 중대한 과실로 금고에 손해를 끼쳤을 때에는 그 고의 또는 중대한 과실에 관련된 이사회에 출석한 임원은 그 손해에 대하여 연대하여 손해배상의 책임을 진다. 다만, 그 회의에서 반대의사를 표시한 임원은 그러하지 아니하다.

⑤ 제2항 내지 제4항의 규정에 의한 구상권의 행사는 이사장과 부이사장을 포함한 이사에 대하여는 감사가, 임원 전원에 대하여는 회원 3분의 1 이상의 동의를 얻은 회원대표가 이를 행사한다.

제44조 (임원의 겸직금지)

① 이사장, 부이사장을 포함한 이사와 감사는 상호 겸직할 수 없다.

② 임원은 금고의 직원을 겸할 수 없다.

③ 상근하는 임원은 다른 법인이나 회사의 상근직을 겸할 수 없다.

제45조 (직원의 임면)

① 직원은 간부직원으로 전무 · 상무와 기타 직원으로 구분한다.

② 전무 또는 상무는 영 제14조 제1항 및 제2항의 규정에 따라 중앙회장이 실시하는 전형시험에 합격한 자이어야 한다.

③ 직원의 직위 및 직급 등 임면에 관한 사항은 중앙회장이 정하는 기준에 따라 이사회가 정하는 바에 의한다.

④ 기타 직원은 이사회의 의결을 얻어 이사장이 임면한다.

⑤ 중앙회 정관의 규정에 의하여 구성 · 운영되는 인사관리위원회가 정하는 기준에 따라 금고간 직원 전보를 할 수 있다.

제46조 (직원의 성실의무 및 책임)

① 금고의 직원은 법 · 영 · 규칙 · 정관 · 규정 및 총회나 이사회의 의결을 준수하고 금고를 위하여 성실히 그 직무를 수행하여야 한다.

② 직원이 그 직무를 수행함에 있어서 고의 또는 중대한 과실로 금고 또는 타인에게 끼친 손해에 대하여는 손해배상의 책임을 진다.

③ 직원은 그 직무에 관하여 신원보증을 하여야 하며, 신원보증의 기준은 중앙회장이 정하는 바에 의한다.

④ 금고의 간부직원은 총회와 이사회에 출석하여 그 의견을 진술할 수 있다.

제47조 (규약 · 규정 등)

① 금고운영에 필요한 사항은 법령 및 정관이 정하는 것을 제외하고는 규약 또는 규정으로 정하여 시행한다.

② 금고의 균형발전을 위하여 직제 · 인사 · 급여 및 법 제26조 제1항 제1호에 규정한 사업의 시행과 관련하여 필요한 사항은 중앙회장이 정하는 바에 의한다.

제4장 사　　업

제48조 (공제가입)

① 금고는 제1조의 목적을 달성하기 위하여 다음 각 호의 사업을 행한다.

1. 신용사업
   가. 회원으로부터 예탁금과 적금 수납
   나. 회원을 대상으로 한 자금의 대출
   다. 내국환과 외국환거래법에 따른 환전 업무
   라. 국가, 공공단체 및 금융기관의 업무 대리
   마. 회원을 위한 보호예수
2. 문화복지 후생사업
3. 회원에 대한 교육사업
4. 지역사회 개발사업
5. 회원을 위한 공제사업
6. 중앙회가 위탁하는 사업
7. 국가나 공공단체가 위탁하거나 다른 법령으로 금고의 사업으로 정하는 사업
8. 그 밖에 목적 달성에 필요한 사업으로서 주무부장관의 승인을 받은 사업

② 제1항 제2호부터 제4호까지의 사업에 대한 투자한도는 금고의 출자금 총액과 적립금 합계액의 100분의 50을 초과하지 아니하는 범위에서 정관으로 정한다.

③ 제1항 제1호의 신용사업에 관련되는 소요 자금의 차입한도, 여유자금의 운용 및 제1항 제6호의 위탁사업의 범위, 그 밖에 필요한 사항은 대통령령이 정한 바에 따른다.

④ 제1항 제5호의 사업 시행을 위하여 필요한 사항은 대통령령으로 정한다.

⑤ 금고는 전월 말일 현재의 예탁금 및 적금 잔액의 100분의 10 이상을 상환준비금으로 보유하여야 하며, 상환준비금 중 2분의 1 이상을 중앙회에 예치하여야 한다. 이 경우 상환준비금의 보유 및 예치에 관하여 필요한 사항은 대통령령이 정한 바에 따른다.

⑥ 금고는 제1항의 사업을 수행하기 위하여 필요하면 제2항의 범위에서 정관으로 정하는 바에 따라 다른 법인에 출자할 수 있다. 이 경우 같은 법인에 대한 출자한도는 출자금 총액과 적립금 합계액의 100분의 20을 초과하지 못한다.

제49조 (대출한도)

① 금고의 동일인에 대한 대출은 출자금 총액과 적립금 합계액의 100분의 20 또는 총자산의 100분의 1 중 큰 금액을 초과하지 못한다. 다만, 주무부장관이 정하는 기준에 따라 회장의 승인을 받은 경우에는 그러하지 아니하다.

② 제1항을 적용할 때에 본인의 계산으로 다른 사람의 명의에 의하여 행하는 대출은 그

본인의 대출로 본다.

제50조 (여유자금의 운용)

① 금고의 여유자금은 다음 각 호에 따라 이를 운용한다.

1. 중앙회에의 예탁
2. 금융기관에의 예탁 또는 신탁회사에의 금전신탁
3. 국채, 지방채 및 중앙회장이 정하는 유가증권의 매입

② 제1항 제2호 및 제3호에 의한 방법으로 여유자금을 운용할 때에는 수익율이 높은 종목과 안정성이 보장되는 금융기관과 회사를 이용하여야 한다.

제51조 (사업계획과 예산)

① 이사장은 매 사업연도마다 중앙회장이 정하는 사업계획 및 예산지침에 따라 사업계획서 및 예산안이 의결되지 못할 때에는 총회에서 예산안이 의결될 때까지 금고의 유지운용에 필요한 경상사무비와 인건비 또는 법령 등에 의한 지출의무의 이행을 위한 경비는 전연도 수준에 준하여 이를 집행할 수 있다.

제52조 (규정 등)

① 금고의 운영 및 사업실시에 관하여 필요한 사항으로서 정관에 규정한 것을 제외하고는 규정으로 이를 정한다.

② 중앙회의 정관, 규약, 규정 중 금고에 관한 사항은 금고에 이를 적용한다.

제5장 회 계

제53조 (사업연도) 금고의 조합의 사업회계연도는 매년 1월 1일부터 12월 31일까지로 한다.

제54조 (회 계)

① 금고의 회계처리에 관한 기준은 중앙회장이 정하는 회계준칙에 의한다.

② 금고의 회계는 일반회계와 특별회계로 구분하되 신용사업은 일반회계로 하며, 특별회계는 특정사업을 운영할 때 기타 일반회계와 구분 정리할 필요가 있을 때 설치한다.

③ 금고는 총회의 의결을 얻어 각 회계의 수익금의 일부를 회계간에 전 · 출입 할 수 있다.

제55조 (결 산)

① 금고의 결산은 일일결산, 월말결산, 분기말결산, 연말결산으로 구분하여 행한다.

② 이사장은 사업연도 종료 후 2월 이내에 당해 사업연도의 결산을 완료하고 정기총회 1주 전까지 결산보고서(사업보고서, 대차대조표, 손익계산서와 잉여금처분안 또는

손실금처리안을 포함한다)를 감사에게 제출하고 이를 주된 사무소에 비치하여야 한다.

③ 이사장은 감사의 의견서를 첨부한 제2항의 서류를 정기총회에 제출하여 그 승인을 얻어야 한다.

④ 제3항의 규정에 의하여 총회의 승인을 받은 결산보고서 1부를 그 승인을 얻은 날로부터 7일 이내에 중앙회에 제출하여야 한다.

⑤ 회원 또는 금고의 채권자는 제2항에 게기한 서류를 열람할 수 있으며, 금고가 정한 비용을 지급하고 그 서류의 사본을 청구할 수 있다.

⑥ 제1항의 규정에 의한 결산방법 등 기타 필요한 사항은 중앙회장이 정하는 바에 의한다.

제56조 (적립금)

① 금고는 매 사업연도마다 잉여금의 100분의 15 이상을 자기자본의 총액에 달하는 때까지 법정적립금으로 적립한다.

② 법정적립금은 다음 각 호의 1에 해당하는 경우를 제외하고는 사용하거나 배당에 충당할 수 없다.

1. 대손금을 상각할 때
2. 금고가 해산한 때

③ 금고는 결손의 보전 및 불가항력에 의한 회계사고에 충당하기 위한 준비금으로서 매 사업연도마다 잉여금의 100분의 15의 범위 안에서 특별적립금을 적립할 수 있다.

④ 금고는 사업 또는 배당준비금으로서 매 사업연도마다 잉여금의 일부를 임의적립금으로 적립할 수 있다.

제57조 (손실금의 처리) 금고는 매 사업연도 결산의 결과 손실금이 발생하였을 때에는 특별적립금, 임의적립금 순으로 이를 보전하되, 보전 후에도 잔여손실금이 있을 경우에는 이를 다음 사업연도로 이월한다.

제58조 (자본금의 감소)

① 금고가 여러 사업연도에 걸쳐 계속하여 손실이 있고 이를 보전할 적립금이 없을 때에는 총회에서 회원 과반수(법 제13조 제1항 단서의 경우에는 151인 이상의 회원)의 출석과 출석회원 3분의 2 이상의 찬성의결을 받아 자본금을 감소하여 각 회원의 납입출자액이 감소된 것으로 할 수 있으며, 자본금을 감소한 때에는 이를 중앙회장에게 보고하여야 한다.

② 금고는 제1항의 규정에 의하여 자본금을 감소한 경우에 총회의 의결이 있는 날로부터 10일 이내에 다음 각 호의 사항을 공고하고 채권자에게는 개별적으로 이를 서면으로

최고하여야 한다.

1. 자본금의 감소내용
2. 재무제표
3. 채권자의 이의 신고에 관한 사항
4. 2월 이상 신고기간에 관한 사항
5. 이의신고를 하지 않을 경우의 채권자 부담에 관한 사항

③ 제2항의 규정에 의한 공고는 당해 금고의 게시판에 게시하여야 하되, 그 공고기간은 1월 이상이어야 하며 채권자에 대한 개별최고는 2회 이상으로 한다.

④ 채권자가 제2항 제4호의 규정에 의한 신고기간 내에 자본금의 감소에 대한 이의신고를 하지 아니할 때에는 이의가 없는 것으로 본다.

⑤ 채권자가 이의신고를 할 때에는 금고에 대하여 채무를 변제 또는 채권액에 상당하는 담보의 제공을 요구할 수 있다.

제59조 (잉여금의 배당)

① 매 사업연도의 잉여금은 손실금을 보전하고 제56조의 규정에 의한 적립금을 공제한 후 나머지가 있을 때에 한하여 총회의 의결에 따라 이를 배당한다.

② 제1항의 규정에 의한 배당은 회원이 납입한 출자좌수에 비례하여 행한다. 이 경우 회원의 사업이용실적이 비율에 따른 배당을 병행할 수 있다.

제6장 합병 · 해산과 청산

제60조 (합 병)

① 금고가 다른 금고와 합병하고자 할 때에는 합병계약서를 작성하여 총회의 의결을 얻어야 한다.

② 이사장은 법 제38조 제1항의 규정에 따라 중앙회장으로부터 합병권고를 받은 때에는 지체 없이 그 사실을 금고의 게판에 공고하고 6개월 이내에 합병에 관한 의결절차를 이행하여야 한다.

제61조 (해 산)

① 금고는 이음 각 호의 1에 해당하는 사유가 발생하였을 때에는 해산한다.

1. 정관에 정한 해산 사유의 발생
2. 총회의 해산 의결
3. 합 병
4. 파 산

5. 설립인가의 취소

② 제1항 제2호 및 제4호의 규정에 의한 사유로 금고가 해산하는 때에는 청산인을 취임일로부터 7일 이내에 중앙회장과 인가권자에게 그 사유를 보고하여야 한다.

제62조 (청산인)

① 금고가 해산한 때에는 파산의 경우를 제외하고는 총회에서 청산인을 선임한다.

② 제1항의 경우에 총회를 2회 이상 소집하여도 총회가 구성되지 아니하는 경우에는 중앙회장이 청산인을 선임할 수 있다.

제63조 (청산인의 직무)

① 청산인은 취임 후 지체 없이 재산상황을 조사하고 재산목록과 대차대조표를 작성하여 재산처분방법을 정하고 총회에 제출하여 승인을 받아야 한다.

② 청산사무가 종결된 때에는 청산인은 지체 없이 결산보고서를 작성하여 총회의 승인을 얻어야 한다.

③ 제1항 및 제2항의 경우에 총회를 2회 이상 소집하여도 총회가 구성되지 아니하는 경우에는 중앙회장의 승인으로써 이를 갈음할 수 있다.

제64조 (청산잔여재산의 처리) 금고가 해산한 경우에 그 채무를 완제하고 남은 재산이 있을 때에는 총회의 의결에 의하여 이를 처분한다.

부 칙

제1조 (시행일) 이 정관은 2000년 0월 0일부터 시행한다.

제2조 (임원의 자격제한에 관한 적용례)

① 이 정관 시행당시 재임 중인 금고의 임원은 제39조 제1항 제2호의 개정규정에도 불구하고 종전의 규정에 의한다.

② 2000년 0월 0일부터 2년 이내에 임원선거를 실시하는 경우에는 임원선거일공고일까지 제39조 제1항 제2호에 의한 출자금을 납입할 때에는 2년 이상 계속보유하고 있는 자로 본다.

[서식] 창립총회의사록

창 립 총 회 의 사 록

2000년 0월 0일 00시 00분, 00시 00구 00로 00(00동) 00새마을금고 창립사무소에서 창립총회를 개최하다.

발 기 인 : 000, 000, 000, 000, 000
출석발기인 : 발기인 전원

발기인 대표 000는 위와 같이 발기인 전원이 출석하여 본 총회가 적법하게 성립되었음을 알리고 회의 진행상 임시의장을 선임하여 줄 것을 요청한 바, 발기인 전원일치 합의로 발기인 000를 임시의장으로 선임하고, 동인은 즉석에서 그 취임을 승낙하고 개회를 선언한 후 다음의 의안에 관하여 심의를 요청하다.

제1호 의 안 창립사항 보고의 건
의장은 발기인을 대표하여 본 금고의 설립에 관하여 금고설립의 발기로부터 본 창립총회 개최에 이르기까지의 결과를 상세히 보고하고 의견을 물은 바, 전원 이의 없이 만장일치로 이를 원안대로 승인하다.

제2호 의 안 정관 승인의 건
의장은 발기인이 작성한 정관의 내용을 상세히 축조 설명하고 그 승인을 구한 바, 전원 이의 없이 만장일치로 이를 원안대로 승인 가결하다.

제3호 의 안 사업계획서 및 수지예산표 승인의 건
의장은 발기인이 작성한 사업계획서 및 수지예산표에 대한 내역을 상세히 설명하고 원안대로 사업계획서 및 수지예산표를 책정하여 줄 것을 요구한 바, 전원 이의 없이 만장일치로 이를 승인 가결하다.

제4호 의 안 임원 선임의 건
의장은 정관에 정하여진 이사장, 이사, 감사 등 임원의 선임방법을 물은 바, 발기인 전원일치로 무기명 비밀투표로 선임하기로 합의되어 그에 따라 투표한 결과 다음 사람이 임원으로 선출되다.

이 사 장　○ ○ ○
이　　사　○ ○ ○, ○ ○ ○, ○ ○ ○, ○ ○ ○, ○ ○ ○
감　　사　○ ○ ○, ○ ○ ○

위 피선자들은 즉석에서 각 그 직에 취임 할 것을 승낙하다.

제5호 의 안 출자금 납입의 건
의장은 본 금고의 설립당시의 출자납입에 대하여 심의를 요청한 바, 별첨 출자자산 내역표와 같이 납입키로 전원일치 합의로 승인 가결하다.

제6호 의 안 주사무소 지정의 건
의장은 본 금고의 주사무소를 설치할 장소를 결정하자고 제의한 바, 전원일치된 의견으로 다음의 장소에 주사무소를 설치하기로 가결하다.

주사무소 : OO시 OO구 OO로 OO(OO동)

의장은 이상으로서 회의목적인 의안 전부를 심의를 종료하였으므로 폐회를 선언하다(회의종료시간 : OO시 OO분).

위 의사의 경과와 결의를 명확히 하기 위하여 이 의사록을 작성하여 의장과 출석한 이사가 다음과 같이 기명날인하다.

2000년 0월 0일

OO새마을금고
OO시 OO구 OO로 OO(OO동)

의장겸 발기인　성　　명 : ○ ○ ○ ㉐
주민등록번호 : 000000-0000000
주　　소 : OO시 OO구 OO로 OO(OO동)

발기인 성 명 : ○ ○ ○ (인)
주민등록번호 : 000000-0000000
주 소 : ○○시 ○○구 ○○로 ○○(○○동)

발기인 성 명 : ○ ○ ○ (인)
주민등록번호 : 000000-0000000
주 소 : ○○시 ○○구 ○○로 ○○(○○동)

벌기인 성 명 : ○ ○ ○ (인)
주민등록번호 : 000000-0000000
주 소 : ○○시 ○○구 ○○로 ○○(○○동)

발기인 성 명 : ○ ○ ○ (인)
주민등록번호 : 000000-0000000
주 소 : ○○시 ○○구 ○○로 ○○(○○동)

제3절 새마을금고 변경등기

새마을금고법과 동법시행령 및 민법법인및특수법인등기규칙이 적용되지만 변경등기 절차는 민법법인과 거의 동일하다.

[서식] 새마을금고 변경등기신청서

새마을금고 이사변경등기신청

접수	년 월 일	처리인	접 수	조 사	기 입	교 합	각종통지
	제 호						

명 칭	○○새마을금고	등기번호	제○○○○호
주 사 무 소	OO시 OO구 OO로 OO(OO동)		
등기의 목적	이사변경등기		
등기의 사유	이사(감사) ○○○은 20○○년 ○월 ○일 사임하고 20○○년 ○월 ○일 다음 사람이 정기총회에서 이사에 선임되어 같은 날 취임하였으므로 그 등기를 구함.		
주사무소/분사무소 신청구분	1.주사무소 신청 □	2.분사무소 신청 □	3.주 · 분사무소 일괄신청 □
등 기 할 사 항			
이사 ○ ○ ○ (OOOOOO-OOOOOOO) 20○○. ○. ○. 사임 이사 ○ ○ ○ (OOOOOO-OOOOOOO) 20○○. ○. ○. 취임			

신청등기소 및 등록면허세/수수료						
순번	신청등기소	구분	등록면허세	지방교육세	세액합계	등기신청수수료
			금 원	금 원	금 원	금 원
합 계						
등기신청수수료 은행수납번호						

첨 부 서 면	
1. 정관(필요한 경우) 통 1. 총회(이사회)의사록 통 1. 사임서(인감증명 첨부) 통 1. 취임승낙서(인감증명서 및 주민등록초본 첨부) 통 1. 이사장의 인감신고서와 인감대지 통	1. 이사장의 인감증명서 통 1. 가족관계등록증명서(사망시) 통 1. 재판서등본(파산, 금치산) 통 1. 등록면허세영수필확인서및통지서 통 1. 위임장(대리인이 신청할 경우) 통 〈기 타〉

년 월 일

신청인 명 칭
주사무소
이사장 성 명 ㉾ (전화 :)
주 소
대리인 성 명 ㉾ (전화 :)
주 소

지방법원 등기소 귀중

[신청서 작성요령 및 등기수입증지 첨부란]

1. 해당란이 부족할 때에는 별지를 이용합니다.
1. 해당 등기신청과 관계없는 사항에 대하여는 “해당없음”으로 기재하거나 삭제하고, 필요한 사항은 추가 기재합니다.
1. 등기신청수수료 상당의 대법원등기수입증지를 이 난에 붙입니다.

(용지규격 21㎝×29.7㎝)

[서식] 총회의사록

총 회 의 사 록

2000년 0월 0일 00시 00분, 00시 00구 00로 00(00동) 당 금고 회의실에서 총회를 개최하다.

총회원수 : 00명　　　　출석회원수 : 00명

의장인 이사 000는 정관규정에 따라 의장석에 등단하여 위와 같이 법정수에 달하는 회원이 출석하였으므로 본 총회가 적법히 성립되었음을 알리고 개회를 선언한 후, 다음의 의안을 부의하고 심의를 구하다.

제1호　의 안　이사 보선의 건

의장은 이사 000은 2000년 0월 0일 사임하였으므로 후임 이사를 보선해야 한다는 취지를 설명하고 그 선출방법을 물은 바, 무기명 비밀투표로 선출하기로 결의하고 즉시 투표를 실시한 결과 다음과 같이 선출되다.

이사　　0　0　0 (000000-0000000)

00시 00구 00로 00(00동)

위 피선자는 즉석에서 그 취임을 승낙하다

의장은 이상으로서 회의목적인 의안 전부의 심의를 종료하였으므로 폐회한다고 선언하다(회의종료시각 : 00시 00분)

위 결의를 명확히 하기 위하여 이 의사록을 작성하고 의장과 출석한 이사가 기명날인하다.

2000년　0월　0일

00새마을금고

00시 00구 00로 00(00동)

의장겸　이사장　0　0　0　(인)

회　원　0　0　0　(인)

회　원　0　0　0　(인)

회　원　0　0　0　(인)

회　원　0　0　0　(인)

(이하 생략)

제9장 학교법인

제1절 총 설

1. 의 의

학교법인은 일정한 재산을 제공하고, 목적 · 명칭 · 소재지 등 정관을 작성한 뒤 대통령령이 정하는 바에 따라 교육부장관의 허가를 받아 설립한 법인을 말한다. 사립학교법(1963.6.26. 법률 1362호)에 따르면, 사립학교를 설치하여 운영하려면 필요한 시설 및 설비와 재산을 갖추어야 하고(5조), 교육에 지장이 없는 범위 안에서 사립학교의 경영에 충당하기 위한 수익사업을 할 수 있다. 법인설립 허가를 받기 위해서는 3주일 안에 목적, 명칭, 사무소, 설립허가 연월일, 존립 시기나 해산사유를 정한 때에는 그 시기 또는 사유, 자산 총액, 출자 방법, 이사의 성명 · 주소 등을 등기해야 한다.

2. 기 관

학교법인의 기관으로는 이사회(理事會)를 두며(15조), 임원으로 7인 이상의 이사와 2인 이상의 감사를 두되, 유치원만 설치 · 경영하는 학교법인에는 5인 이상의 이사와 1인 이상의 감사를 둘 수 있다. 이사 가운데 1인은 이사장이 된다. 이사장은 학교법인을 대표하고 사립학교법과 정관에 정해진 직무를 수행하며, 기타 학교법인 내부의 사무를 통할한다.

이사회는 학교법인의 업무에 관한 사항을 심의 · 결정하고, 이사회 또는 이사장으로부터 위임받은 사항을 처리한다.

감사는 재산상황과 회계감사, 이사회 운영과 업무에 관한 사항 등을 감사한다.

임원은 이사회에서 뽑힌 뒤 관할청의 승인을 얻어 취임한다. 이사의 임기는 5년, 감사의 임기는 2년을 넘을 수 없지만 중임은 가능하다. 그 밖에 국가공무원법 제33조 규정에 해당하는 자, 임원 취임 승인이 취소된 자로서 2년이 지나지 않은 자, 해임요구에 의해 해임된 자로서 2년이 지나지 않은 자는 임원이 될 수 없다.

또 이사장은 해당 학교법인이 설치 · 경영하는 사립학교의 장을 겸할 수 없고, 이사는 감사 또는 해당 학교법인의 교원이나 직원을 겸할 수 없다. 감사는 이사장 · 이사 또는 학교법인의 직원을 겸할 수 없다.

해산은 정관에 정한 해산사유가 생기거나 목적 달성이 불가능할 때, 다른 학교법인과 합병할 때, 파산할 때, 교육부장관의 해산명령이 있을 때에 한하며, 이사 정수 3분의 2 이상의 동의를 얻어 교육부장관의 인가를 받아야 한다.
합병 역시 이사 정수 3분의 2 이상의 동의를 얻어 교육부 장관의 인가를 받아야 한다. 한편 해산명령은 설립허가 조건을 위반하거나 목적 달성이 불가능할 때 등에 한해 교육부 장관이 내릴 수 있다.

제2절 학교법인 설립

1. 총 설

학교법인은 그 법인을 설립하고자 하는 자(이하 '설립자'라 한다)가 사립학교의 설치 경영만을 목적으로 하여 일정한 재산을 출연하고 정관을 작성하여 교육과학기술부장관의 설립허가를 받은 후 그 주된 사무소의 소재지에서 설립등기를 함으로써 성립한다.
즉 학교법인의 성립에는 다음의 요건이 필요하다.

2. 학교법인의 설립절차

1) 설립요건의 검토

학교법인을 설립하고자 하는 자는 관계법령 및 규정에 의한 학교법인의 설립요건에 대하여 사전 검토를 한다.

2) 법인설립 사전준비

임원취임 대상자 확정, 법인의 명칭 확정, 설립취지 채택, 학교법인의 설치 · 경영할 학교의 설립계획(학교의 종별, 명칭, 위치, 규모, 교직원 등) 확정, 기타 학교법인 운영과 관련한 중요한 사항을 준비한다.

3) 설립행위

(1) 창립총회

이사장의 선임, 학교법인의 설립취지와 학교 설립계획 채택, 학교법인의 정관 심의 · 의결, 학교헌장 심의 · 의결, 출연재산(소요자금 조달계획) 결정, 이사와 감사의 선임, 기타 중요한 사항을 의결한다.

참 고

창립총회 회의록에 기재사항

창립총회의 심의 · 의결사항, 회의연월일, 장소, 참석인원과 결석임원 및 출석임원 전원이 기명 날인.

(2) 재산출연행위

학교법인은 그 설치 · 경영하는 사립학교에 필요한 시설 · 설비와 당해 학교 경영에 필요한 재산을 갖추어야 하고(사학 5조 1항), 그 설립자는 법인을 설립하기 위하여 반드시 일정한 재산을 출연해야 한다(사학 10조 1항).
재산의 출연이란 자기의 재산상의 손실로서 상대방을 이득케 하는 무상행위를 말하는 것으로서 생전행위인 증여든, 사후행위인 유증이든 상관없다.

(3) 정관의 작성

정관이란 법인의 기본준칙을 기재한 서면으로서 학교법인의 정관에는 반드시 사립학교법 제10조 제1항 각호 소정의 필요적 기재사항을 기재해야 하고 그 외에 어떠한 사항이라도 이를 임의로 기재할 수 있는 이러한 임의적 기재사항도 공서양속과 강행법규에 반하지 않는 한 일단 정관에 기재되면 필요적 기재사항과 똑같이 정관의 기재로서 유효함은 물론이다.

4) 법인 설립허가 신청

관할청에 법인설립에 필요로 하는 관계서류와 함께 법인 설립허가 신청을 한다.학교법인의 설립에는 허가주의를 택하고 있다(사학 10조 1항). 허가주의란 법률이 정한 요건만 구비되면 인가권자는 반드시 인가해야만 하는 인가주의와는 달리 허가 여부가 전적으로 허가권자의 자유재량에 맡겨져 있기 때문에 허가를 하지 않더라도 이는 행정소송의 대상에 속하지 않는다. 학교법인의 설립인가신청서에는 다음 서류를 첨부해야 한다(사학령 4조).

(1) 설립취지서

(2) 정관
(3) 재산목록
(4) 재산출연증서
(5) 재산출연자의 인감증명
(6) 재산의 소유권증명
(7) 재산의 평가조서
(8) 재산의 수익조서
(9) 임원의 이력서
(10) 임원의 신원증명서
(11) 임원의 취임승낙서
(12) 임원의 가족관계등록부 증명서
(13) 임원상호간의 관계에 있어서 사립학교법 제21조 제2항 및 동조 제4항의 규정에 저촉되지 아니함을 입증하는 각서
(14) 수익사업을 하는 경우에는 설립 후 3년간의 사업계획서(예산서 첨부)

5) 학교법인 설립허가

설립허가신청서 기재사항 및 요건 등을 검토하여 적합할 경우 관할청은 허가 신청을 받은 날로부터 3월 이내에 신청인에게 통보한다.

참 고

법인설립불허가처분취소(대법원 '96. 9.10. 선고 95누18437)

학교법인 설립허가를 함에 있어서 "불허가처분에 사실의 기초를 결여하였다든지 또는 사회관념상 현저하게 타당성을 잃었다든지의 사유가 있지 아니하고 관할청이 그와 같은 결론을 이루게 된 판단과정에 합리성이 있음을 부정할 수 없는 경우에는 다른 특별한 사정이 없는 한 불허가처분에 재량권을 일탈 남용한 위법이 있다고 할 수 없다. ⇒ 학교법인의 설립허가는 관할청의 자유재량임

6) 법인 설립등기

법인설립의 허가를 받은 때부터 3주간 내에 그 주된 사무소 소재지의 지방법원에 설립등기를 해야한다. 등기할 사항은 등기한 후가 아니면 제3자에게 대항할 수 없으며(사학 8조 2항) 설립등기 이외의 등기의 등기사항은 그 등기가 제3자에 대한 대항요건일 뿐이지만(사학 13조, 민법 54조) 학교법인의 설립사실 그 자체에 대해서는 설립등기가 그 성립요건인 것이다.

7) 법인 설립공고

법령의 규정에 의한 사항과 법인의 명칭 및 사무소 소재지 등에 관한 사항을 서울 일간지 신문에 공고를 한다.

8) 재산이전 보고

설립등기를 마친 후 지체 없이 재산출연을 증빙할 수 있는 서류를 첨부하여 관할청에 재산출연결과를 보고한다.

제3절 학교법인의 등기절차

1. 의 의

사립학교법에 의하여 설립되는 학교법인의 등기절차에 관하여는 사립학교법과 동법시행령(사학 13조, 27조, 42조)이 준용하고 있는 민법의 규정과 비송사건절차법, 민법법인및특수법인등기규칙, 상업등기규칙이 적용 또는 준용된다.

2. 등기절차

1) 등기신청인과 등기기간

학교법인의 등기신청은 그 법인을 대표하는 이사장이 신청해야 한다.

등기기간은 교육과학기술부장관으로부터 설립허가를 받은 날로부터 3주일 이내이다. 이 등기기간은 그 허가서가 도착한 날로부터 기산해야 한다. 여기서 '허가서가 도착한 날로부터'라 함은 그 도착일은 삽입하지 않고 그 다음날부터 기산하는 것임에 유의해야 한다.

2) 등기사항

민법법인은 감사를 등기사항으로 하지 아니하였고 정관에 임의규정으로 둘 수 있도록 하고 있는데 비해, 학교법인은 2인 이상의 감사를 필요적으로 두도록 하고 있다. 또한 감사에 관하여는 사립학교법에 특별히 등기하도록 규정하고 있지 아니하므로 민법의 준용 규정에 의하여 등기할 사항이 아니다.

(1) 명　칭

학교법인이 자기를 표창하는 칭호로서 이를 등기할 때에는 정관에 기재된 명칭을 그대로 기재한다.

(2) 사 무 소

사무소라 함은 분사무소를 모두 포함하여 말하는 것이므로 분사무소를 설치한 때에는 분사무소도 등기해야 한다. 이를 등기함에 있어서는 최소행정구역까지만 기재해도 무방한 정관의 경우와는 달리 사무소는 반드시 그 소재지까지 확정하여 등기하여야 한다.

(3) 목　적

학교법인이 목적을 등기함에 있어서는 법인의 권리능력의 범위를 명확히 알 수 있도록 하기 위하여 정관의 목적조항에 기재된 사항뿐만 아니라, 정관에 기재된 당해 학교법인이 설치,경영할 사립학교의 종류와 명칭 및 수익사업의 종류 등도 아울러 기재해야 한다.

(4) 주무관청의 설립허가연월일

교육과학기술부장관으로부터 설립허가를 받은 연월일을 말한다.

(5) 존립기간이나 해산사유를 정한 때에는 그 시기 또는 사유

(6) 자산의 총액

자산의 총액이란 학교법인이 보유하고 있는 정관상의 기본재산은 물론 기타 부동산, 동산 및 채권 등을 포함하는 적극재산의 총액에서 채무 등의 소극재산을 공제한 총재산액을 의미한다.

(7) 출자의 방법을 정한 때에는 그 방법

출자의 방법에 관한 정함은 자산 및 회계에 관한 규정으로서 이를 정하지 아니한 때에는 등기할 필요가 없으나 정관에 따로 정한 때에 한하여 출자의 방법으로서 재산출연의 방법, 시기, 액수 등을 등기해야 한다.

(8) 이사의 성명, 주민등록번호와 이사장의 성명, 주소

학교법인에는 그 업무집행에 관한 의사결정기관으로 이사로서 구성되는 필요상설의 이사회를 두어야 하고, 그 이사회의 구성원인 이사의 성명과 주소를 등기해야 한다. 다만, 학교법인을 대표하는 이사장 외에는 그 주소는 기재할 필요가 없고, 등기할 때의 법인을 대표할 자의 주소는 주민등록지 주소를 기재해야 한다.

3) 첨부서류 등

학교법인등기의 각종 등기신청서에 첨부해야 할 서류도 각 경우에 따라 다양하기 때문에 일률적으로 설명하기는 힘드나 그 중 가장 대표적인 것은 정관과 이사회의사록이라 할 수 있을 것이다.

(1) 정 관

정관이란 법인의 조직과 활동에 관한 기본규칙으로서 이는 법인의 자치법규이기 때문에 외부에 대해서는 구속력이 없지만, 내부에 대해서는 설립당초 뿐만 아니라 그 후에도 계속하여 구속력을 가진다.
학교법인이 설립등기를 신청할 때에는 반드시 정관을 첨부해야 한다.
그러나 목적이나 명칭변경의 경우처럼 그 등기사유가 정관의 변경인 경우라 할지라도 변경등기신청서에는 정관을 첨부할 필요가 없다. 왜냐하면 변경등기신청서에는 그 등기사항의 변경을 증명하는 서면을 첨부해야 하지만 정관의 변경은 그에 관한 이사회의 의결을 거쳐 주무관청의 인가를 받음으로서 그 효력이 발생하는 것이지 정관문서의 기재문자를 변경 기재해야만 그 효력이 발생하는 것은 아니기 때문이다.

(2) 이사회의사록

학교법인은 업무에 관한 의사결정기관으로서 필요상설기관인 이사회를 두어야 하며(사학 5조) 임원의 임면, 법인의 합병 또는 해산, 정관에 사무소소재지를 최소행정구역까지만 정한 경우에 있어서 구체적 설치장소 확정 등에 따른 등기에는 이사회의 결의를 거쳐야 하고 그러한 등기신청서에는 그 등기사유를 증명하는 서면으로서 이사회의사록을 첨부해야 한다.
이사회의 의사에 관하여는 그 결의의 적법 여부에 대한 후일의 증거로 하기 위하여 의사의 경과요령과 그 결과를 기재하고 의장과 출석한 이사가 기명날인한 의사록을 작성함이 타당하다.

(3) 이사의 자격증명서

학교법인의 설립등기신청서에는 이사의 자격을 증명하는 서면도 첨부해야 할 것이나(비송 67조, 63조), 학교법인의 설립당초 임원은 정관으로 정해야 하기 때문에(사학 10조 2항) 이는 별도로 첨부할 필요 없이 전술한 최초의 원시정관의 기재를 원용하면 된다. 그러나 그의 취임승낙서는 따로 첨부해야 한다.

(4) 이사의 취임승낙서

이사와 법인의 관계는 위임관계이므로 이사로 취임하는 자의 승낙이 필요한 바, 이 승낙서는 원칙적으로 본인의 진정한 의사를 확인할 수 있도록 인감증명법에 의한 인감증명서를 첨부하여야 한다. 다만, 이사를 선임하는 이사회 등에서 당해 이사가 출석하여 그 취임을 승낙하고 그 의사록에 기명날인을 하였으면 이 서면을 첨부하지 아니하여도 된다. 그러나 대표권 있는 이사는 의사록에 승낙의사가 기재되어도 이 서면을 생략할 수 없다.

(5) 주민등록등(초)본

이사의 주소와 성명이 등기사항이나(사학 8조 1항), 대표자를 제외하고는 주민등록번호와 성명을 기재하고 주소기재를 생략하는 바, 이 주민등록번호를 증명하는 서면을 첨부하여야 한다.

(6) 설립허가서나 그 인증있는 등본

학교법인의 법인설립은 반드시 교육과학기술부장관의 허가를 받아야 하고, 그 설립등기신청서에는 허가서나 허가서의 등본을 첨부해야 한다. 등본은 허가기관이 인증한 등본이어야 한다.

(7) 재산목록

학교법인의 정관에는 자산 및 회계에 관한 규정을 두어야 하고, 그 등기사항으로 자산의 총액을 등기하도록 규정하고 있으므로, 자산의 총액을 등기하는 경우에는 실제와 부합하는 등기를 위하여 재산목록을 첨부하여야 한다. 이 재산목록은 주무관청에서 설립허가시에 인가한 재산목록을 첨부하면 된다.

(8) 인감신고서 및 인감증명

법인의 인감증명은 지방법원 및 동지원 등기과, 등기소에서 발행하므로 법인의 대표자의 인감증명을 받기 위하여는 인감신고서를 제출하여야 하는 바, 이 신고서에는 인감대지도 제출하여야 하고, 그 신청인의 진정한 의사를 확인할 수 있는 인감증명을 첨부하여야 한다.

(9) 등록면허세 등

[서식] 학교법인 설립등기신청서

학교법인 설립등기신청

<table>
<tr><td rowspan="2">접
수</td><td>년 월 일</td><td rowspan="2">처
리
인</td><td>접 수</td><td>조 사</td><td>기 입</td><td>교 합</td><td>각종통지</td></tr>
<tr><td>제 호</td><td></td><td></td><td></td><td></td><td></td></tr>
</table>

<table>
<tr><td>등 기 의 목 적</td><td>학교법인 설립</td></tr>
<tr><td>등 기 의 사 유</td><td>학교법인을 설립하기 위하여 정관을 작성하고 20○○년 ○월 ○일 창립총회를 마치고 20○○년 ○월 ○일 주무관청인 교육과학기술부 장관의 허가를 받았으므로 다음 사항의 등기를 구함.</td></tr>
<tr><td>설 립 허 가 서
도 착 연 월 일</td><td>20○○년 ○월 ○일</td></tr>
<tr><td>주사무소/분사무소
신청구분</td><td>1.주사무소 신청 □ 2.분사무소 신청 □ 3.주 · 분사무소 일괄신청 □</td></tr>
<tr><td colspan="2">등 기 할 사 항</td></tr>
<tr><td>명 칭</td><td>학교법인 ○○학원</td></tr>
<tr><td>주 사 무 소</td><td>OO시 OO구 OO로 OO(OO동)</td></tr>
<tr><td>이사의 성명 및
주민등록번호</td><td>이사 ○ ○ ○ (OOOOOO-OOOOOOO)
이사 ○ ○ ○ (OOOOOO-OOOOOOO)
이사 ○ ○ ○ (OOOOOO-OOOOOOO)
이사 ○ ○ ○ (OOOOOO-OOOOOOO)
이사 ○ ○ ○ (OOOOOO-OOOOOOO)</td></tr>
<tr><td>이사장의 성명 및
주민등록번호, 주소</td><td>이사장 ○ ○ ○(OOOOOO-OOOOOOO)
OO시 OO구 OO로 OO(OO동)</td></tr>
<tr><td colspan="2">등 기 할 사 항</td></tr>
<tr><td>목 적</td><td>이 법인은 대한민국의 교육이념에 입각하여 중등보통교육(기타 필요에 따라 기재)을 실시함을 목적으로 한다.
위 목적을 달성하기 위하여 다음의 학교를 설치 · 경영한다.
1. ○○○○○중학교
1. ○○○○○고등학교</td></tr>
</table>

	1. ○○○○○대학교
분 사 무 소	○○시 ○○구 ○○로 ○○(○○동)
설립허가연월일	20○○년 ○월 ○일
존립기간 또는 해산사유	존립시기 : 법인성립일로부터 만 20년 해산사유 : 이 법인을 해산하고자 할 때에는 이사정수의 3분의 2 이상의 동의를 얻어 교육과학기술부장관의 인가를 받아야 한다.
자산의 총액	금 ○○○○○원
출 자 방 법	1. 기본재산과정에서 나는 과실 1. 수익사업의 수익 1. 기타 수입금
기 타	해당 없음

신청등기소 및 등록면허세/수수료

순번	신청등기소	구분	등록면허세	지방교육세	세액합계	등기신청수수료
			금 원	금 원	금 원	금 원
합 계						
등기신청수수료 은행수납번호						
과 세 표 준 액			금 원			

첨 부 서 면

1. 정 관 통	1. 이사장의 인감신고서(인감대지 포함) 통
1. 창립총회의사록 통	1. 이사장의 인감증명서 통
1. 주무관청의 설립허가서(또는 허가서등본) 통	1. 법인인감카드발급신청서 통
1. 재산목록 통	1. 등록면허세영수필확인서및통지서 통
1. 이사 취임승낙서와 인감증명서,	1. 위임장(대리인이 신청할 경우) 통

주민등록등(초)본 통	

년 월 일

신청인 명 칭
주사무소
대표자 성 명 ㊞ (전화 :)
주 소
대리인 성 명 ㊞ (전화 :)
주 소

지방법원 등기소 귀중

[신청서 작성요령 및 등기수입증지 첨부란]

1. 해당란이 부족할 때에는 별지를 이용합니다.
1. 해당 등기신청과 관계없는 사항에 대하여는 "해당없음"으로 기재하거나 삭제하고, 필요한 사항은 추가 기재합니다.
1. 등기신청수수료 상당의 대법원등기수입증지를 이 난에 붙입니다.

(용지규격 21㎝×29.7㎝)

[서식] 위 임 장

위　　임　　장

변호사 000
OO시 OO구 OO로 OO(OO동)
전화 : OOO-OOO, 팩스 : OOO-OOO

위 사람을 대리인으로 정하고 다음사항의 권한을 위임한다.

다　　음

1. 학교법인 OOO 설립등기신청서의 작성 및 제출하는 행위
1. 등기신청의 취하에 관한 행위
1. OOO의 원본환부 및 수령하는 행위
1. 기타 이에 부수되는 일체의 행위

2000년 0월 0일

위임인 학교법인 OO학원
OO시 OO구 OO로 OO(OO동)
이사장 O O O (인)

[서식] 정관

학교법인 ○○학원 정관

제1장 총 칙

제1조 (목 적) 이 법인은 대한민국의 교육이념에 입각하여 교육(중등보통교육 또는 고등보통교육)을 실시함을 목적으로 한다.

제2조 (명 칭) 이 법인은 학교법인 OO학원(이하 "법인"이라 한다)이라 한다.

제3조 (설치학교) 이 법인은 제1조의 목적을 달성하기 위하여 다음 각 호의 학교를 설치 · 경영한다.

1. ○○○○유치원
2. ○○○○초등학교
3. ○○○○중학교
4. ○○○○고등학교
5. ○○○○대학교

제4조 (주 소) 이 법인의 사무소는 OO시 OO구 OO로 OO(OO동)에 둔다.

제5조 (정관의 변경) 이 법인이 정관의 변경은 이사정수의 3분의 2 이상의 찬성에 의한 이사회의 의결을 거쳐 교육과학기술부장관의 인가를 받아야 한다.

제2장 자산과 회계

제1절 자 산

제6조 (자산의 구분)

① 이 법인의 자산은 기본재산과 보통재산으로 구분하되 기본재산은 교육용 기본재산과 수익용 기본재산으로 구분하여 관리한다.

② 기본재산은 별지 목록의 재산과 제11조의 규정에 의한 적립금 및 기타 이사회의 의결에 의하여 기본재산으로 정하는 재산으로 한다.

③ 보통재산은 제2항에서 정하는 기본재산 이외의 재산으로 한다.

제7조 (재산의 관리)

① 제6조 제2항의 규정에 의한 기본재산의 매도 · 증여 · 교환 또는 용도를 변경하거나 담보에 제공하고자 할 때에는 이사회의 의결을 거쳐 관할청의 허가를 받아야 한다.

② 기본재산과 보통재산의 운영과 관리에 관하여는 법령과 이 정관에 특별히 규정이 있는 경우를 제외하고는 이사회에서 따로 정한다.

제8조 (경비와 유지방법) 이 법인의 경비는 기본재산에서 생기는 과실과 수익사업의 수익 및 기타의 수입으로 충당한다.

제2절 회 계

제9조 (회계의 구분)

① 이 법인의 회계는 학교에 속하는 회계와 법인에 속하는 회계로 구분한다.

② 법인회계는 일반회계와 수익사업회계로 구분할 수 있다

③ 제1항의 학교에 속하는 회계(부속병원이 있을 경우에는 부속병원회계를 따로 두어야 한다)의 예산은 당해 학교의 장이 편성하여 학교법인 이사회가 심의 · 의결하고 학교의 장이 집행하고, 법인의 업무에 속하는 회계의 예산은 이사장이 편성하여 학교법인 이사회가 심의 · 의결하고 이사장이 집행한다.

제10조 (예산 외의 채무부담) 수지예산으로써 정한 이외의 의무부담 또는 권리포기는 이사회의 의결을 거쳐 관할청의 허가를 받아야 한다.

제11조 (세계 잉여금의 처리) 이 법인에 속하는 회계의 매연도 세계 잉여금은 차입금의 상환과 익년도에 사용하는 분을 제외하고는 적립하여야 하며, 이 적립금은 기본재산으로 한다.

제12조 (회계연도) 이 법인의 회계연도는 3월 1일부터 익년 2월 말일까지로 한다.

제3절 예산 · 결산자문위원회

제13조 (예산 · 결산자문위원회의 설치) 학교회계에 속하는 예산의 편성 및 결산에 관하여 학교의 장의 자문에 응하기 위하여 학교별로 예산 · 결산자문위원회(이사 이 절에서 "위원회"라 한다)를 설치한다.

제14조 (위원회의 조직)

① 위원회는 10인 이상의 교직원으로 구성하되 교원인 위원의 수가 위원의 2분의 1 이상이어야 한다. 다만, 당해학교 교원 및 사무직원의 수가 10인 이하인 학교에서는 교원 및 사무직원회가 위원회의 기능을 수행할 수 있다.

② 위원회의 위원은 학교의 장이 임명하되, 임기는 1년으로 한다.

제15조 (위원장 선출 및 직무)

① 위원회의 위원장은 위원의 호선으로 선출한다.

② 위원장은 위원회를 대표하며, 회무를 통리한다.

③ 위원회는 위원장이 소집하고 그 의장이 된다.

제16조 (회 의) 위원회의 회의는 학교의 장의 요청이 있을 때 또는 위원장이 필요하다고 요구한 때에는 소집한다. 이 경우 학교의 장이 회의목적을 명시하여 회의 소집을 요구한 때에는 3일 이내에 회의를 소집하여야 한다.

제17조 (위원회의 간사 등)

① 위원회의 사무를 처리하기 위하여 간사를 둘 수 있다.

② 간사는 교직원 중에서 학교의 장이 임명한다.

제3장 기　관

제1절 임　원

제18조 (임원의 종류와 정수) 이 법인에 다음의 임원을 둔다.

1. 이사 O인(이사장 1인을 포함한다)
2. 감사 O인

법인은 이사 5인 이상 감사 1인 이상이면 된다(사학 14조 1항).

제19조 (임원의 임기)

① 임원의 임기는 다음 각 호와 같다. 다만, 최초의 임원 반수의 임기는 그 임기의 반으로 한다.

1. 이사 O년
2. 감사 O년

② 보선에 의하여 취임하는 임원의 임기는 전임자의 잔임기간으로 한다.

제20조 (임원의 선임방법)

① 이사와 감사는 이사회에서 선임하여 관할청의 승인을 받아 취임한다.

② 임기 전의 임원의 해임은 이사회의 의결을 거쳐 관할청의 승인을 받아야 한다.

③ 임원 중 결원이 생긴 때에는 2월 이내에 이를 보충하여야 한다.

④ 임원의 선임은 임기만료 2개월 전에 하여야 하며 늦어도 임기개시 1개월 전에 관할청에 취임승인을 신청하여야 한다.

제21조 (임원선임의 제한)

① 이사정수의 반수 이상은 대한민국 국민이어야 한다.

② 이사회의 구성에 있어서 각 이사 상호간에 민법 제777조에 규정된 친족관계가 있는 자가 이사정수의 4분의 1을 초과하여서는 아니된다.

③ 이사정수의 3분의 1 이상은 교육경험이 3년 이상 있는 자로 선임하여야 한다.

④ 감사는 감사상호간 또는 이사와 민법 제777조에 규정된 친족관계에 있는 자가 아니어야 한다.

⑤ 감사 중 1인은 추천위원회에서 추천하는 자를 선임한다.

⑥ 감사 중 1인은 공인회계사의 자격을 가진 자라야 한다.

제22조 (이사장의 선출방법과 그 임기 등)

① 이사장은 이사의 호선으로 관할청의 승인을 받아 취임한다.

② 이사장의 임기는 이사로 재임하는 기간으로 한다.

③ 이사장은 이 법인이 설치 · 경영하는 학교의 장을 겸하지 못한다.

※ 이사장이 선임권을 법인의 설립자에게 준다는 취지로 규정하면 이사장 선임권은 설립자가 행사할 수 있다.

제23조 (이사장 및 이사의 직무)

① 이사장은 법인을 대표하고 법인의 업무를 통리한다.

② 이사는 이사회에 출석하여 법인의 업무에 관한 사항을 심의 결정하며, 이사회 또는 이사장으로부터 위임받은 사항을 처리한다.

제24조 (이사장 직무대행자 지정)

① 이사장이 사고가 있을 때에는 이사장이 지명하는 이사가 이사장의 직무를 대행한다

② 이사장이 궐위되었을 때에는 이사회에서 지명하는 이사가 직무를 대행한다.

③ 제1항 및 제2항의 규정에 의하여 이사장 직무대행자로 지명된 이사는 지체 없이 이사장 선출의 절차를 밟아야 한다.

제25조 (감사의 직무) 감사는 다음의 직무를 행한다.

1. 법인의 재산상황과 회계를 감사하는 일
2. 이사회의 운영과 그 업무에 관한 사항을 감사하는 일
3. 제1호 및 제2호의 감사결과 부정 또는 불비한 점이 있음을 발견한 때 이를 이사회와 관할청에 보고하는 일
4. 제3호의 보고를 하기 위하여 필요한 때에는 이사회의 소집을 요구하는 일
5. 법인의 재산상황과 회계 또는 이사회의 운영과 그 업무에 관한 사항에 대하여 이사장 또는 이사에게 의견을 진술하는 일

제26조 (임원의 겸직금지)

① 이사는 감사 또는 당해 학교법인이 설치 · 경영하는 학교의 교원 및 기타 직원을 겸할 수 없다. 다만, 학교의 장은 예외로 한다.

② 감사는 이사장 · 이사 또는 학교법인의 직원(당해 학교법인이 설치 · 경영하는 학교의 교원, 기타 직원을 포함한다)을 겸할 수 없다.

제2절 이 사 회

제27조 (이사회의 구성 및 기능 등)

① 이사회는 이사로서 구성한다.

② 이사회는 다음 각 호의 사항을 심의 · 결정한다.

1. 학교법인의 예산 · 결산 · 차입금 및 재산의 취득 · 처분과 관리에 관한 사항
2. 정관의 변경에 관한 사항
3. 학교법인의 합병 또는 해산에 관한 사항
4. 임원의 임면에 관한 사항
5. 법인이 설치한 학교의 장 및 교원의 임면에 관한 사항(사립학교법 제53조조의2 제2항의 규정에 의하여 교원 임면권을 전부 총학장에게 위임하는 경우에는 제외한다)
6. 법인이 설치한 학교의 경영에 관한 중요사항
7. 수익사업에 관한 사항
8. 기타 법령이나 정관에 의하여 그 권한에 속하는 사항

③ 감사는 이사회에 출석하여 발언할 수 있다.

제28조 (이사회의 개회 및 의결정족수)

① 이사회는 이사정수의 과반수가 출석하지 아니하면 개회하지 못한다.

② 이사회의 의사는 이 정관에 특별히 규정한 경우를 제외하고는 재적이사 과반수의 찬성으로 한다.

제29조 (이사회의결 제척사유) 이사장 또는 이사가 다음 각 호의 1에 해당할 때에는 그 의결에 참여하지 못한다.

1. 임원 및 학교의 장의 선임과 해임에 있어 자신에 관한 사항
2. 금전 및 재산의 수수를 수반하는 사항으로서 임원 자신이 법인과 직접 관계되는 사항

제30조 (이사회의 소집)

① 이사회는 이사장 또는 이사장 직무대행자가 소집하고 그 의장이 된다.

② 이사회를 소집하고자 할 때에는 적어도 회의 7일 전에 회의의 목적 · 일시 및 장소 등을 명시하여 각 이사에게 통지하여야 한다. 다만, 이사 전원이 집합되고 또 그 전원이 이사회의 개최를 요구한 때에는 예외로 한다.

제31조 (이사회 소집의 특례)

① 이사장은 다음 각 호의 1에 해당하는 소집 요구가 있을 때에는 그 소집요구일로부터 20일 이내에 이사회가 개최될 수 있도록 7일 이내에 회의소집통지를 하여야 한다.

1. 재적이사 반수 이상이 회의의 목적을 제시하여 소집을 요구한 때
2. 제25조 제4호의 규정에 의하여 감사가 소집을 요구한 때

② 이사회 소집권자가 궐위되거나 또는 이를 기피함으로서 7일 이상 회의소집이 불가능할 때에는 재적이사 과반수의 찬성으로 관할청의 승인을 받아 이사회를 소집할 수 있다.

제3절 대학평의원회

제32조 (대학평의원회의 설치) 대학교육기관에 교육에 관한 중요사항을 심의하기 위하여 대학평의원회를 둔다.

제33조 (대학평의원회의 조직)

① 대학평의원회는 당해 대학교 직원 · 학교법인 임원 · 대학 외의 교육에 지명한 인사 중에서 학교법인이 임명 또는 위촉하는 OO인으로 구성하되, 보직교수{부총(학)장 · 대학원장 · 단과대학장 · 교무처(과)장 · 학생처(과)장을 말한다. 이하 같다)}, 학교법인 임원 및 대학 외의 인사 중에서 임명 또는 위촉하는 평의원의 수는 전 평의원의 2분의 1 이내로 한다.

② 평의원의 임기는 2년으로 하되, 평의원에 임명된 보직교수 또는 학교법인 임원은 평의원의 임기 중에 보직교수 또는 학교법인 임원의 임기가 만료되거나 해임된 때에는 평의원에서 해촉되며, 보궐평의원의 임기는 전임자의 잔임기간으로 한다.

제34조 (의장 등)

① 평의원회에 의장과 부의장 각 1인을 둔다.

② 의장과 부의장은 평의원회에서 호선하되, 그 임기는 평의원 임기와 같다.

의장은 평의원회를 대표하며, 회의를 주재하고, 부의장은 의장을 보좌하며, 의장유고시 이를 대리한다.

제35조 (소 집) 평의원회는 이사장, 대학교육기관의 장 또는 재적 평의원 3분의 1 이상의 요구에 의하여 의장이 소집한다.

제36조 (심의사항) 평의원회에서는 대학교육기관의 장의 권한에 속하는 사항 중 다음 사항을 심의한다.

1. 학부 또는 학과의 설치 · 폐지에 관한 사항
2. 학칙 기타 제규정의 제정과 변경에 관한 사항
3. 예산운영의 기본계획에 관한 사항
4. 교원인사에 관한 주요 사항
5. 기타 이사장 또는 총(학)장이 대학의 운영상 중요하다고 인정하여 심의 요구하는 사항

제4장 수익사업

제37조 (수익사업의 종류)

① 이 법인이 설치하여 유지 · 경영하는 학교의 운영을 위하여 다음 각 호의 사업을 한다.

1. OOOOOOO
2. OOOOOOO
3. OOOOOOO

② 제1항의 규정에 의하여 수익사업을 할 경우 사업체의 사무소는 필요한 곳에 둘 수 있다.

제38조 (수익사업체의 관리인)

① 제37조의 규정에 의한 수익사업을 할 경우 사업의 원만한 경영을 위하여 관리인을 둔다.

② 제1항의 규정에 의한 관리인의 임용, 복무 및 기타 필요한 사항은 이사회의 의결을 거쳐 이사장이 정한다.

제5장 해 산

제39조 (해 산) 이 법인을 해산하고자 할 때에는 이사정수의 3분의 2 이상의 찬성으로 교육과학기술부장관의 인가를 받아야 한다.

제40조 (잔여재산의 귀속) 이 법인을 해산하였을 때의 잔여재산은 합병 및 파산의 경우를 제외하고는 교육과학기술부장관에 대한 청산종결의 신고가 종료된 후 국고(또는 OO지방자치단체, OO학교법인, 다른 학교법인이나 기타 교육사업을 경영하는 자)에 귀속된다.

제41조 (청산인) 이 법인이 해산한 때에는 청산인은 해산 당시의 이사 중에서 선출하되 교육과학기술부장관의 승인을 받아야 한다.

제6장 교 직 원

제1절 교 원

제1관 임 명

제42조 (임 면)

① 이 법인이 설치 · 경영하는 학교의 장은 이사회의 의결을 거쳐 이사장이 임면한다(그 임기는 O년으로 한다).

② 학교의 장 이외의 교원은 당해학교의 장의 제청으로 이사회의 의결을 거쳐 이사장이 임면한다.

제43조 (임시교원)

① 교원이 직무를 이탈하여 후임자의 보충이 불가피할 때에는 그 기간 중 당해 교원자격기준에 해당하는 자를 임시교원으로 임용할 수 있다.

② 임시교원은 임용기간이 만료되면 당연히 퇴직된다.

제2관 신분보장

제44조 (휴직의 사유) 교원이 다음 각 호의 1에 해당하는 사유로 휴직을 원하는 경우에는 당해 교원의 임면권자는 휴직을 명할 수 있다. 제1호 내지 제4호의 경우에는 휴직을 명하여야 한다.

1. 신체 또는 정신상의 장애로 장기의 휴양을 요할 때
2. 병역법의 규정에 의하여 징집 또는 소집한 때
3. 천재지변 또는 전시사변이나 기타의 사유로 인하여 생사 또는 소재가 불명하게 된 때
4. 기타 법률의 규정에 의한 의무를 수행하기 위하여 직무를 이탈하게 된 때
5. 학위취득을 목적으로 해외유학을 하게 된 때 또는 외국에서 1년 이상 연수하게 된 때
6. 국제기구 · 외국기관 또는 제외국민교육기관에 고용된 때
7. 여교원이 임신 또는 출산하게 된 때
8. 교육과학기술부장관이 지정하는 연구기관이나 교육기관 등에서 연수하게 된 때

제45조 (휴직의 기간) 교원의 휴직기간은 다음과 같다.

1. 제44조 제1호의 규정에 의한 휴직기간은 1년 이내로 한다.
2. 제44조 제2호 및 제4호의 규정에 의한 휴직기간은 그 복무기간이 만료될때까지로 한다.
3. 제44조 제3호의 규정에 의한 휴직기간은 3월로 한다.
4. 제44조 제5호의 규정에 의한 휴직기간은 3년 이내로 한다.
5. 제44조 제6호의 규정에 의한 휴직기간은 그 고용기간으로 한다.

6. 제44조 제7호의 사유로 인한 휴직은 재직 중 2회에 한하되, 그 기간은 각각 3년 이내로 한다.

7. 제44조 제8호의 규정에 의한 휴직기간은 2년 이내로 한다.

제46조 (휴직교원의 신분)

① 휴직 중의 교원은 신분을 보유하나 직무에 종사하지는 못한다.

② 휴직기간 중에 그 사유가 소멸된 때에는 30일 이내에 임용권자에게 이를 신고하여야 하며, 임용권자는 지체 없이 복직을 명하여야 한다.

③ 제44조 제3호의 경우를 제외하고는 휴직기간이 만료된 교원이 30일 이내에 복귀를 신고한 때에는 당연히 복직된다.

제47조 (휴직교원의 처우)

① 제44조 제1호 및 제5호의 규정에 의하여 휴직된 교원에 대하여는 그 휴직기간 중 봉급의 반액을 지급한다. 다만, 결핵성 질환으로 인한 휴직의 경우에는 그 휴직기간 중 봉급의 8할을 지급한다.

② 제44조 제2호 내지 제4호와 제6호 내지 제8호의 규정에 의하여 휴직된 교원에 대하여는 봉급을 지급하지 아니한다.

제48조 (직위해제 및 해임)

① 임면권자는 다음 각 호에 해당하는 교원에 대하여는 직위를 부여하지 아니할 수 있다.

1. 직무수행능력이 부족하거나 근무성적이 극히 불량한 자로서 근무태도가 심히 불성실한 자

2. 징계의결이 요구된 자

3. 형사사건으로 기소된 자(단, 약식명령이 청구된 자는 제외한다)

② 제1항 또는 제2항의 규정에 의하여 직위를 부여하지 아니한 경우에는 그 사유가 소멸된 때에는 임면권자는 지체 없이 직위를 부여하여야 한다.

③ 제1항 또는 제2항의 규정에 의하여 직위가 해제된 자에 대하여는 봉급의 8항을 지급한다. 다만, 제1항 또는 제2항 제2호의 규정에 의하여 직위해제된 자가 직위해제일로부터 3월이 경과하여도 직위를 부여받지 못할 때에는 그 3개월이 경과한 이후의 기간 중에는 봉급의 5할을 지급한다.

④ 임면권자는 제2항 제1호에 의하여 직위해제된 자에 대하여 3월 이내에 기간 대기를 명한다.

⑤ 제4항의 규정에 의하여 대기명령을 받은 자에 대하여는 임면권자는 능력회복이나 태도개선을 위한 교육훈련 또는 특별한 연구과제의 부여 등 필요한 조치를 하여야 한

다.

⑥ 제1항 각 호의 직위해제사유가 경합하는 때에는 제1항 제2호 또는 제3호의 직위해제 처분을 하여야 한다.

⑦ 제1항 제1호의 규정에 의하여 대기명령을 받은 자가 그 기간 중 능력의 향상 또는 개전의 정이 없다고 인정된 때에는 임면권자는 교원징계위원회의 동의를 얻어 면직시킬 수 있다.

제49조 (보 수) 교원의 보수는 자격과 경력 및 직무의 곤란성과 책임의 정도에 따라 이사회의 의결을 거쳐 따로 규칙으로 정한다.

제50조 (의사에 반한 휴직 · 면직 등의 금지)

① 교원은 형의 선고 · 징계처분 또는 사립학교법이 정하는 사유에 의하지 아니하고는 본인의 의사에 반하여 휴직 또는 면직 등 부당한 처분을 당하지 아니한다. 다만, 학급 · 학과의 개폐에 의하여 폐직이나 과원이 된 때에는 그러하지 아니한다.

② 교원은 권고에 의하여 해직을 당하지 아니한다.

③ 교원은 징계처분 기타 그 의사에 반한 불리한 처분에 불복이 있을 때에는 재심위원회에 재심을 청구할 수 있다.

제51조 (명예퇴직수당) (명예퇴직수당 지급제도 실시여부와 지급대상, 지급액, 지급절차에 대하여는 법인에서 자율결정)

예) ① 교원이 정년 전에 자진하여 퇴직하는 경우에는 예산의 범위 안에서 명예퇴직수당을 지급할 수 있다.

② 명예퇴직수당을 지급받을 수 있는 자는 교원으로 20년 이상 근속한 자[교육경력(교육행정경력과 교육연구경력 포함)이 30년 이상인 자 또는 교육경력이 20년 이상이고 재직 중 현저한 공로가 있는 자]로서 정년퇴직일 전 1년 이상 10년 이내에 자진 퇴직한 자로 한다. 다, 근속기간은 사립학교교원 연금법상 재직기간에 따라 기산한다.

③ 수당지급액은 "별표 3"에 의하여 산정한 금액으로 한다.

④ 수당지급절차는 다음 각 호의 순서에 따라 행한다.

1. 수당지급공고 : 임면권자는 예산이 편성되어 있는 경우에 수당을 받을 수 있는 자의 범위 · 수당지급신청기간 · 수당지급방법 · 수당지급일 · 기타 수당지급에 관한 사항을 명시하여 늦어도 수당지급 신청기간 개시일 30일 전까지 이를 공고한다.
2. 지급심사 · 결정 : 임면권자는 수당지급신청서를 받은 때에는 이를 심사 · 결정하기 위하여 30일 이내에 이사회의 의결을 거친다.

3. 지급대상자 통지 : 지급대상자를 결정한 때에는 10일 이내에 이를 학교장을 거쳐 신청인에게 통지하여야 한다.

4. 수당지급 대상자의 사직원 제출 : 수당지급 대상자는 통지를 받은 날로부터 10일 이내에 사직원을 제출하여야 한다.

⑤ 기타 필요한 사항은 이사회의 의결을 거쳐 규칙으로 정한다.

第52条 (후임자 보충발령의 유예) 교원이 본인의 의사에 반하여 파면 또는 해임되거나 근무성적불량으로 면직되었을 때에는 그 처분한 날로부터 30일 이내에 후임자의 발령을 하지 못한다.

제3관 교원인사위원회

第53条 (교원인사위원회 설치) 교원(학교의 장을 제외한다)의 인사에 관한 중요사항을 심의하게 하기 위하여 당해 학교에 교원인사위원회(이하 "인사위원회"라 한다)를 둔다.

[초등학교, 기술학교, 고등기술학교, 유치원과 이들에 준하는 학교는 제외한다]

第54条 (인사위원회의 기능)

① 인사위원회는 다음 각 호의 사항을 심의한다.

1. 대학교육기관의 장이 교수·부교수·조교수·전임강사·조교를 임면 또는 임면제청하고자 할 때의 임면 또는 임면제청 동의에 관한 사항
2. 대학교육기관의 장이 부총장·대학원장·학장(대학교의 학장에 한한다)을 보하고자 할 때에 그 보직 동의에 관한 사항
3. 인사위원회의 심의를 요하거나 학교장이 필요하다고 인정하는 사항

② 인사위원회가 제42조 제2항의 규정에 의하여 임용기간이 만료되는 교원에 대하여 제1항의 규정에 의한 임명의 동의를 함에 있어서 전임용기간 중의 다음 사항을 참작하여야 한다.

1. 연구실적 및 전문영역의 학회 활동
2. 학생의 교수·연구 및 생활지도에 대한 능력과 실적
3. 교육관계법령의 준수 및 기타 교원으로서의 품위 유지

第55条 (인사위원회의 조직)

① 인사위원회는 학교별로 학교의 장이 임명하는 7인의 교원으로 조직한다.

② 인사위원회의 위원의 임기는 1년 이내로 하되, 중임할 수 있다.

第56条 (인사위원회위원장 및 직무)

① 인사위원회의 위원장은 당해 학교의 장이 임명한다. 다만, 대학교육기관의 경우에는 교무처(과)장이 위원장이 된다.

② 인사위원회위원장은 위원회를 대표하며, 회무를 통리한다.

③ 인사위원회의 회의는 위원장이 이를 소집하고 의장이 된다.

제57조 (인사위원회의 회의소집 등)

① 인사위원회의 회의는 학교의 장의 요청이 있을 때 또는 위원장이 필요하다고 인정할 때에 위원장이 이를 소집한다.

② 인사위원회는 재적위원 과반수의 출석과 출석위원 과반수의 찬성으로 의결한다.

제58조 (회의록 작성)

① 인사위원회는 회의록을 작성하여 당해 학교의 장에게 보고하여야 한다.

② 제1항의 회의록에는 위원장을 포함한 출석위원 2인 이상이 서명 날인한다.

제59조 (위원회의 간사 등)

① 인사위원회의 사무를 처리하기 위하여 간사와 서기를 둘 수 있다.

② 간사와 서기는 당해 학교의 교직원 중에서 학교의 장이 임명한다.

제60조 (운영세칙) 인사위원회의 운영에 관하여 이 정관에 규정되지 아니한 사항은 당해 인사위원회의 의결을 거쳐 위원장이 이를 정한다.

제2절 교원징계위원회

제61조 (교원징계위원회의 조직)

① 교원의 징계사건을 심의 처리하기 위하여 교원징계위원회를 둔다.

② 교원징계위원회는 O인의 위원으로 조직한다.

③ 교원징계위원회의 위원은 교원 또는 학교법인의 이사 중에서 이사회의 의결을 거쳐 이사장이 임명한다. 다만, 학교법인의 이사인 위원의 수가 위원의 2분의 1을 초과할 수 없다.

제62조 (교원징계위원회의 위원장 선출 및 직무)

① 교원징계위원회 위원장은 위원의 호선으로 선출한다.

② 교원징계위원회의 위원장은 위원회를 대표하며 회무를 통리한다.

③ 교원징계위원회의 회의는 위원장이 이를 소집하고 그 의장이 된다.

④ 위원장이 사고가 있을 때에는 위원 중에서 연장자가 그 직무를 대행한다.

제63조 (징계의원회의 기한) 교원징계위원회가 징계의결 요구를 받은 때에는 그 요구서를 접수한 날로부터 60일 이내에 징계에 관한 의결을 하여야 하다. 다만, 부득이한 사유가 있을 때에는 당해 징계위원회의 의결로 30일의 범위 안에서 1차에 한하여 그 기한을 연장할 수 있다.

제64조 (제척사유) 교원징계위원회 위원은 그 자신에 대한 징계사건을 심리하거나 피징계자의 친족관계가 있을 때에는 당해 징계사건의 심리에 관여하지 못한다.

제65조 (위원의 기피 등)

① 징계대상자는 교원징계위원회의 위원이 불공정한 의결을 할 우려가 있다고 인정할만한 상당한 사유가 있을 때에는 그 사실을 서면으로 소명하고 기피를 신청할 수 있다.

② 제1항의 규정에 의한 기피신청이 있는 때에는 위원회의 의결로 기피여부를 결정하여야 하다. 이 경우 기피신청을 받은 자는 그 의결에 참여하지 못한다.

③ 제64항의 규정에 의한 제척 또는 제1항의 규정에 의한 기피로 교원징계위원회의 출석위원이 재적위원의 3분의 2에 미달되어 징계사건을 심리할 수 없게 된 때에는 교원징계위원회의 위원장은 위원의 수가 재적위원수의 3분의 2 이상이 될 수 있도록 위원의 임명권자에게 임시위원의 임명을 요청하여야 한다.

제66조 (징계의결 요구사유 통지) 교원의 임면권자가 교원에 대한 징계의결을 요구한 때에는 징계의결요구와 동시에 징계대상자에게 징계사유를 기재한 설명서를 송부하여야 한다.

제67조 (진상조사 및 의견의 개진)

① 교원징계위원회는 징계사건을 심리함에 있어서 진상을 조사하여야 하며, 징계의결을 행하기 전에 본인의 진술을 들어야 한다. 단, 2회 이상 서면으로 소환하여도 불응한 때에는 그 사실을 기록에 명시하고 징계의결을 할 수 있다.

② 교원징계위원회는 필요하다고 인정한 때에는 관계인을 출석시켜 의견을 들을 수 있다.

제68조 (징계의결)

① 징계의결은 재적위원 3분의 2 이상의 출석과 재적위원 과반수의 찬성으로 행하여야 한다.

② 교원징계위원회는 징계사건을 심리하고 징계를 의결한 때에는 주문과 사유를 기록한 징계의결서를 작성하고 이를 임명권자에게 통고하여야 한다.

③ 임명권자가 제2항의 통고를 받은 때에는 그 통고를 받은 날로부터 7일 이내에 그 의결내용에 따라 징계처분을 하여야 한다. 이 경우에 임명권자가 법인인 때에는 징계처분을 이사장에게 위임한다.

④ 징계처분권자는 징계처분의 사유를 기재한 결정서를 당해 교원에게 교부하여야 한다.

⑤ 교원징계위원회의 회의는 공개하지 아니한다.

제69조 (징계의결시의 정상참작 등) 교원징계위원회가 징계사건을 의결함에 있어서는 징계대상자의 소행, 근무성적, 개전의 정, 징계요구의 내용, 기타 정상을 참작하여야 하다.

제70조 (징계사유의 시효)

① 교원징계의결의 요구는 징계사유가 발생한 날부터 2년을 경과한 때에는 이를 행하지 못한다.

② 징계위원회의 구성 · 징계의결 기타절차상의 하자나 징계양성의 과다를 이유로 교원지위향상을위한특별법에 의한 교원징계재심위원회 또는 법원에서 징계처분의 무효 또는 취소의 결정이나 판결을 한 때에는 제1항의 기간이 경과하거나 그 잔여기간이 3월 미만인 경우에도 그 결정 또는 판결이 확정된 날로부터 3월 이내에는 다시 징계의결을 요구할 수 있다.

제71조 (교원징계위원회의 간사 등)

① 교원징계위원회의 서무를 처리하게 하기 위하여 간사와 약간의 서기를 둘 수 있다.

② 간사와 서기는 교원징계위원회가 설치된 당해기관 소속직원 중에서 그 임명권자가 임명한다.

제72조 (운영세칙) 교원징계위원회의 운영에 관하여 이 정관에 규정되지 아니한 사항은 당해 교원징계위원회의 의결을 거쳐 위원장이 정한다.

제3절 사무직원

제73조 (자 격)

① 다음 각 호의 1에 해당하는 자는 사무직원(기능직 및 고용인원 등을 포함한다). 이하 "일반직원"이라 한다)으로 임용될 수 없다.

1. 금치산자 또는 한정치산자
2. 파산자로서 복권되지 아니한 자
3. 금고 이상의 형을 받고 그 집행이 종료되거나 집행을 받지 아니하기로 확정된 후 5년을 경과하지 아니한 자
4. 금고 이상의 형을 받고 그 집행유예의 기간이 완료된 날로부터 2년을 경과하지 아니한 자
5. 금고 이상의 선고유예를 받은 경우에 그 선고유예기간 중에 있는 자
6. 법원의 판결 또는 다른 법률에 의하여 자격이 상실 또는 정지된 자
7. 이 법인과 이 법인이 설치 · 경영하는 학교에서 징계에 의하여 파면의 처분을 받은 때로부터 5년을 경과하지 아니한 자와 해임처분을 받은 때로부터 3년을 경과하지 아니한 자

② 일반직원의 신규임용에 있어서는 학력에 제한을 두지 아니한다. 다만, 기술직 및 기능직은 임용될 직종에 관한 자격증 · 면허증 기타 임용권자가 필요로 하는 자격이 있는 자를 인사규칙이 정하는 바에 따라 우선 임용할 수 있다.

③ 재직중인 일반직원이 제1항의 규정에 해당하게 될 때에는 당연 퇴직한다.

제74조 (임 용)

① 일반직원의 신규임용 · 승진 · 승급 · 전직 · 전보 · 강임 · 휴직 · 직위해제 · 복직 · 면직 · 해임 및 파면(이하 "임용"이라 한다)은 임용권자가 공개채용 · 전형 또는 근무성적 기타 능력의 실증에 의하여 행함을 원칙으로 한다.

② 제1항의 규정에 의한 임용에 있어서 그 시험과목 · 방법 · 절차 등에 관하여는 따로 인사규칙으로 정한다.

③ 일반직원은 이사장이 임용하되, 학교소속 일반직원은 당해 학교의 장의 제청이 있어야 한다.

제75조 (복 무) 일반직원의 복무에 관하여는 사립학교 교원에게 적용하는 규정을 준용한다.

제76조 (보 수) 일반직원의 보수는 일반의 표준생계비 및 민간인의 임금 등을 고려하여 직무의 난이성 및 책임의 정도에 따라 적당하도록 직급 및 근속기간에 따라 이사회의 의결을 거쳐 따라 인사규칙으로 정한다.

제77조 (신분보장) 일반직원의 신분보장에 과하여는 사립학교 교원에게 적용하는 규정을 준용한다.

제78조 (징계 및 재심청구)

① 일반직원의 징계는 사립학교 교원에게 적용하는 규정을 준용하되, 일반직원 징계위원회는 법인에 따로 두어야 한다.

② 일반직원의 재심청구를 위하여 법인에 일반직원 재심위원회를 두되, 그 조직 및 운영 등에 관하여는 이사회의 의결을 거쳐 이사장이 따로 규칙으로 정한다.

제7장 직 제

제1절 법 인

제79조 (법인사무조직)

① 이 법인이 직무를 처리하게 하기 위하여 법인 사무국을 두며, 국장은 참여 또는 참사로 보한다.

② 법인사무국에는 OO과와 OO과를 두며 각 과장은 참사 또는 부참사로 보한다.

③ 제1항 및 제2항의 규정에 의한 분장 업무는 따로 규칙으로 정한다.

제2절 대 학 교

제80조 (총장 등)

① 대학교에 총장을 둔다.

② 총장은 교무를 통할하고 소속교직원을 지휘 · 감독하며 학생을 지도하고 대학교를 대표한다.

③ 대학교에 O인의 부총장을 둘 수 있으며, 교수 또는 부교수로 보한다.

④ 부총장은 총장을 보좌하며 총장이 사고가 있을 때에는 총장의 직무를 대행한다.

제81조 (학장 · 대학원장)

① 대학교의 각 단과대학에 학장을, 대학원에 대학원장을 둔다.

② 학장과 대학원장은 교수 또는 부교수로 겸보한다.

③ 학장과 대학원장은 총장의 명을 받아 당해 단과대학 또는 대학원의 교무를 통할하고, 소속직원을 지휘 · 감독하여 학생을 지도한다.

제82조 (하부조직)

① 대학교에 사무국, 교무처 및 학생처를 둔다(필요한 경우 재무처 또는 기획실을 둘 수 있다).

② 국장은 교수, 실 · 처장은 교수 · 부교수 또는 참여로 보한다.

③ 사무국(재무처, 기획실)에 OO과와 OO과를 두며 각 과장은 참사로 보한다.

④ 사무국(재무처, 기획실)에 OO과를 두며 각 과장은 조교수 이상의 직원 또는 참사로 보한다.

⑤ 학생처에 OO과와 OO과를 두며 각 과장은 조교수 이상의 교원 또는 참사로 보한다.

⑥ 제1항 내지 제5항의 규정에 분장 업무는 따로 규칙으로 정한다.

제83조 (단과대학 등의 하부조직)

① 대학교의 단과대학 및 대학원에 행정실 · 교무과 및 학생과를 둔다.

② 행정실장은 참사로 보하고 교무과장 및 학생과장은 조교수 이상의 교원으로 겸보한다.

③ 제1항 및 제2항의 규정에 의한 분장업무는 따로 규칙으로 정한다.

제84조 (부속시설)

① 대학교에는 다음의 부속시설을 둔다.

1. OOOOOOOOOOOO
2. OOOOOOOOOOOO

② 부속시설에 각각 장을 두며 부속시설의 장은 조교수 이상의 교원으로 겸보한다.

③ 부속시설의 장은 총장 또는 학장의 명을 받아 시설에 관한 사무를 관장하고 소속 교

직원을 지휘 · 감독한다.

④ 부속시설에 필요한 부서를 둘 수 있으며 부서장은 일반직 또는 교원으로 보하되 그 분장업무는 따로 규칙으로 정한다.

제85조 (도서관)

① 도서관에 수서과 열람과를 두며, 수서과장은 참사로 보하고, 열람과장은 사서자격증을 소지한 일반직 또는 교원으로 보한다.

② 제1항의 규정에 의한 분장업무는 따로 규칙으로 정한다.

제86조 (부속병원)

① 대학교 부속병원에 원장을 둔다.

② 원장은 총장 또는 학장의 명을 받아 당해 부속병원의 업무 및 시설에 관한 사무를 관장하고 소속직원을 지휘 · 감독한다.

③ 부속병원에 1인의 부원장을 둘 수 있으며, 교수 또는 부교수로 겸보한다.

④ 부원장은 원장을 보좌하며, 원장이 사고가 있을 때에는 그 직무를 보좌한다.

⑤ 부속병원에는 사무처와 의무처를 두며 각 처장은 교수 · 부교수 또는 참사로 보한다.

⑥ 사무국에는 총무과와 회계과를 두며 각 과장은 참사로 보한다.

⑦ 의무처에는 간호과 · 약제과와 진료 각과를 두며, 간호과장과 약제과장은 당해 자격증을 소지한 일반직(참여)으로 보하고, 각 과장은 조교수 이상 교원으로 보한다.

⑧ 제5항 내지 제7항의 규정에 의한 분장업무는 따로 규칙으로 정한다.

제3절 대　　학

제87조 (학장 등)

① 대학에 학장을 둔다.

② 학장은 교무를 통할하고 소속교직원을 지휘 · 감독하며 학생을 지도하고 대학을 대표한다.

③ 대학에 1인의 부학장을 둘 수 있으며 교수 · 부교수 또는 조교수로 겸보한다.

④ 부학장은 학장을 보좌하며 학장이 사고가 있을 때에는 학장의 직무를 대행한다.

제88조 (하부조직)

① 대학에 사무국 · 교무처 및 학생처를 둔다(필요한 경우 재무처 또는 기획실을 둘 수 있다).

② 국장은 참여 또는 부참여로 보하고 각 처장은 교수 · 부교수 또는 조교수로 보한다.

③ 사무국에는 OO과와 OO과를 두며 각 과장은 참사로 보한다.

④ 교무처에는 OO과와 OO과를 두며 각 과장은 조교수 이상의 교원 또는 참사로 보한다.

⑤ 학생처에는 OO과와 OO과를 두며 각 과장은 조교수 이상의 교원 또는 참사로 보한다.

⑥ 제1항 내지 제5항의 규정에 의한 분장업무는 따로 규칙으로 정한다.

제89조 (부속시설)

① 대학에는 필요한 부속시설을 둘 수 있다.

② 부속시설에 각각 장을 두며 부속시설의 장은 조교수 이상의 교원으로 겸보한다.

③ 부속시설의 장은 학장의 명을 받아 시설에 관한 사무를 관장하고 소속 교직원을 지휘 · 감독한다

④ 부속시설에 필요한 부서를 둘 수 있으며 부서장은 일반직 또는 교원으로 보하되 그 분장업무는 따로 규칙으로 정한다.

제90조 (도서관)

① 도서관에 수서과 · 열람과를 두며 수서과장은 참사로 보하고, 열람과장은 사서자격증을 소지한 일반직 또는 교원으로 보한다.

② 제1항의 규정에 의한 분장업무는 따로 규칙으로 정한다.

제4절 개방대학

제91조 (개방대학) 개방대학의 "학장 등" "하부조직" "부속시설" "도서관"에 관한 사항은 "제87조" 내지 "제90조"를 준용한다. 단, "제88조(하부조직)" 중 개방대학에는 교재개발과, 산학협력과, 실습과를 둘 수 있으며, 각 과장은 조교수 이상의 교원 또는 참사로 한다.

제5절 전문대학

제92조 (학장 등)

① 전문대학에 학장을 둔다.

② 학장은 교무를 통할하고 소속교직원을 지휘 · 감독하며 학생을 지도하고 대학을 대표한다.

③ 대학에 1인의 부학장을 둘 수 있으며 교수 · 부교수 또는 조교수로 겸보한다.

④ 부학장은 학장을 보좌하며 학장이 사고가 있을 때에는 학장의 직무를 대행한다.

제93조 (하부조직)

① 전문대학에 행정실 · 교무과와 학생과를 둔다.

② 행정실장은 참사로 보하고 교무과장 및 학생과장은 조교수 이상의 교원으로 겸보한다.

③ 제1항 및 제2항의 규정에 의한 분장업무는 따로 규칙으로 정한다.

제94조 (부속시설)

① 전문대학에는 필요한 부속시설을 둘 수 있다.

② 부속시설에 각각 장을 두며 부속시설의 장은 전임강사 이상의 교원으로 겸보한다.

③ 부속시설의 장은 학장의 명을 받아 시설에 관한 사무를 관장하고 소속 교직원을 지휘 · 감독한다.

④ 부속시설에 필요한 부서를 둘 수 있으며 부서장은 일반직 또는 교원으로 보하되 그 분장업무는 따로 규칙으로 정한다.

제95조 (도서관)

① 도서관에 수서과 · 열람과를 두며 수서과장은 참사로 보하고, 열람과장은 사서자격증을 소지한 일반직 또는 교원으로 보한다.

② 제1항의 규정에 의한 분장업무는 따로 규칙으로 정한다.

제6절 고등학교

제96조 (교장 등)

① 고등학교에 교장 1인과 교감 1인을 둔다.

② 교장은 교무를 통할하고 소속교직원을 지휘 · 감독하며 학생을 지도하고 학교를 대표한다.

③ 교감은 교장을 보좌하며 교장이 사고가 있을 때에는 교장의 직무를 대행한다.

제97조 (하부조직) 고등학교에 행정실을 두고, 실장은 사무관으로 보하되 그 분장업무는 규칙으로 정한다.

제7절 중 학 교

제98조 (교장 등)

① 중학교에 교장 1인과 교감 1인을 둔다.

② 교장은 교무를 통할하고 소속교직원을 지휘 · 감독하며 학생을 지도하고 학교를 대표한다.

③ 교감은 교장을 보좌하며 교장이 사고가 있을 때에는 교장의 직무를 대행한다.

제99조 (하부조직) 중학교에 행정실을 두고, 실장은 주사로 보하되 그 분장업무는 규칙으로

정한다.

제8절 초등학교

제100조 (교장 등)

① 초등학교에 교장 1인과 교감 1인을 둔다.

② 교장은 교무를 통할하고 소속교직원을 지휘 · 감독하며 학생을 지도하고 학교를 대표한다.

③ 교감은 교장을 보좌하며 교장이 사고가 있을 때에는 교장의 직무를 대행한다.

제101조 (하부조직) 초등학교에 행정실을 두고, 실장은 주사보로 보하되 그 분장업무는 규칙으로 정한다.

제9절 기술학교 · 고등기술학교 · 특수학교

제102조 (교장 등 하부조직) 기술학교는 제98조 및 제99조의 규정을, 고등기술학교는 제96조 및 제97조의 규정을, 특수학교는 그 정도에 따라 제96조 내지 제101조의 규정을 준용한다.

제10절 각 종 학 교

제103조 (교장 등 하부조직) 각급 학교에 준하는 각종 학교는 그 정도에 따라 제80조 내지 제101조의 규정을 준용한다.

제11절 유 치 원

제104조 (원장 등)

① 유치원에 원장과 원감 1인을 둔다.

② 원감은 원무를 통할하고 소속직원을 감독하며 원아를 보육한다.

③ 원감은 원장의 명을 받아 원무를 정리하며 원아를 보육하고 원장 유고시에는 원장의 직무를 대행한다.

④ 유치원에 행정실을 두며 실장은 주사보로 보하되 그 분장업무는 규칙으로 정한다.

제12절 정 원

제105조 (정 원) 법인 및 각급 학교에 두는 일반직원의 정원은 각각 별표 1 및 별표 2와 같다.

제8장 보　칙

제106조 (공 고) 이 법인이 법령과 정관 및 기타 이사회의 의결에 공고하여야 할 사항은 OO 신문에 공고한다.

제107조 (시행세칙) 이 정관의 시행에 관하여 필요한 사항은 이사회의 의결을 거쳐 세칙으로 정한다.

제108조 (설립당초의 임원) 이 법인의 설립당초의 임원은 다음과 같다.

직 위	성 명	주민등록번호	주 소	임기
이사장	O O O	000000-0000000	OO시 OO구 OO로 OO(OO동)	5년
이 사	O O O	000000-0000000	OO시 OO구 OO로 OO(OO동)	5년
이 사	O O O	000000-0000000	OO시 OO구 OO로 OO(OO동)	5년
이 사	O O O	000000-0000000	OO시 OO구 OO로 OO(OO동)	5년
이 사	O O O	000000-0000000	OO시 OO구 OO로 OO(OO동)	5년
이 사	O O O	000000-0000000	OO시 OO구 OO로 OO(OO동)	5년
이 사	O O O	000000-0000000	OO시 OO구 OO로 OO(OO동)	5년
감 사	O O O	000000-0000000	OO시 OO구 OO로 OO(OO동)	2년
감 사	O O O	000000-0000000	OO시 OO구 OO로 OO(OO동)	2년

부　칙

① (시행일) 이 정관은 20OO년 O월 O일부터 시행한다. 다만 설치 · 경영학원과 관련된 사항에 대하여는 학교 설립인가를 받은 날로부터 시행한다.

[서식] 창립총회의사록

창 립 총 회 의 사 록

2000년 0월 0일 00시 00분, 00시 00구 00로 00(00동) 3층 대회의실에서 창립총회를 개최하다.

발 기 인 : 000, 000, 000, 000, 000, 000, 000
출석발기인 : 발기인 전원

최연장자인 이사 000는 위와 같이 발기인 전원이 출석하여 본 총회가 적법하게 성립되었음을 알리고 회의 진행상 임시의장을 선임하여 줄 것을 요청한 바, 발기인 전원일치 합의로 발기인 000를 임시의장으로 선임하고, 동인은 즉석에서 그 취임을 승낙하고 개회를 선언한 후 다음의 의안에 관하여 심의를 요청하다.

제1호 의 안 창립총회 보고의 건
임시의장은 이 법인을 설립하기 위하여 의장 외 0명이 발기인이 되어 설립에 필요한 소정의 절차를 완료하고 이 법인 설립취지와 사업목적에 찬성하는 발기인 여러분의 성원에 힘입어 오늘 총회를 개최하게 된 경위를 설명하고 상세히 그 경과를 보고하다.

제2호 의 안 정관 승인의 건
임시의장은 별지 정관을 낭독하고 축조설명을 가한 후, 그 승인 여부를 물은 바, 참석사원 전원의 찬성으로 원안대로 승인하여 가결하다.

제3호 의 안 사무소 설치장소 결정의 건
임시의장은 본 법인의 사무소를 다음 장소에 설치함이 상당하다는 취지를 설명하고 그 가부를 물은 바, 전원 이의 없이 찬성하여 그를 승인 가결하다.

사무소 : 00시 00구 00로 00(00동)

제4호 의 안 법인조직 및 상근 임직원 정수 결정의 건
임시의장은 본 법인의 조직 및 상근 임직원 정수에 대하여 심의를 구하자 000가 법인 조

직은 이사장에게 위임하고 상근임직원은 9명으로 하여 법인을 설립키로 제의하고 OOO가 제청하자 참석 발기인 전원 이의 없이 찬성하여 법인 조직 및 상근임직원 정수를 별지와 같이 승인 가결하다.

제5호 의 안 임원의 선임 및 임기 결정의 건

임시의장은 본 법인의 임원의 정수와 선출방법을 부의하자 OOO가 법이 정한 범위 안에서 임원의 정수는 이사 7인과 감사 2인으로 하고 이사 선임은 임시의장인 OOO에게 위임하여 이사 7인의 지명 선출 및 그 임기를 정할 것을 제의하자 OOO가 동의하고 OOO의 제청으로 만장일치로 찬성하다

이에 임시의장 OOO은 5년 임기이사에 OOO, OOO, OOO를, 4년 임기이사에 OOO, OOO, OOO, OOO를 선출하니 선출자 모두가 수락하고 박수로써 환영하여 가결하다. 이어 감사 2인의 선임을 부의하자 OOO가 2년 임기 감사에 OOO를, 1년 임기 감사에 OOO를 추천하여 참석자 전원 만장일치로 찬성하여 감사에 선출하자, 위 피선자들은 즉석에서 각 그 직에 취임할 것을 승낙하다.

제6호 의 안 이사장 선임의 건

이어 임시의장은 본 학교법인의 이사장을 선출할 것을 제의하자 이사 OOO가 이사장으로 OOO를 추천하자 참석자 전원 이사 OOO를 이사장으로 선임하는데 동의하고 참석임원 전원 일치로 이사 OOO를 이사장으로 선출하다, 이에 이사 OOO는 이사장직에 취임할 것을 승낙하다.

제7호 의 안 재산출연 내용의 건

이어 이사장은 설립자인 OOO가 금 OO억 상당의 OO회사 주식을 출연하였으며, 이사 OOO가 금 OO억 상당의 OO회사 주식을 출연하였음을 재산출연증서에 의거 설명하다.

이에 이사 OOO가 출연재산 중 금 OOOOOOO원은 기본재산으로 편입하여 관리하고 잔여액은 사업비 등으로 사용할 것을 제의하자 이사 OOO가 제청하고 참석임원 전원일치로 승인 가결하다

제8호 의 안 사업계획서 및 수지예산표 승인의 건

의장은 별지 사업계획서 및 수지예산표에 대한 내역을 상세히 설명하고, 그 승인여부를 물은 바, 참석임원 전원 이의 없이 이를 원안대로 승인 가결하다.

의장은 이상으로서 의안 전부를 심의를 종료하였으므로 폐회를 선언하다.

(회의종료시각 : OO시 OO분)

위 의사의 경과와 결의를 명확히 하기 위하여 이 의사록을 작성하여 의장과 출석한 발기인이 다음과 같이 기명 날인하다.

첨부서류 : 재산출연증서 사본, 임원취임예정자명단, 사업계획서 및 수지예산표, 법인조직표 및 상근임직원정수표

2000년 0월 0일

학교법인 OO학원

OO시 OO구 OO로 OO(OO동)

의장겸 발기인	성 명	: O O O ㊞
	주민등록번호	: 000000-0000000
	주 소	: OO시 OO구 OO로 OO(OO동)
발기인	성 명	: O O O ㊞
	주민등록번호	: 000000-0000000
	주 소	: OO시 OO구 OO로 OO(OO동)
발기인	성 명	: O O O ㊞
	주민등록번호	: 000000-0000000
	주 소	: OO시 OO구 OO로 OO(OO동)

– 이하 생략 –

[서식] 취임승낙서

취 임 승 낙 서

본인은 20OO년 O월 O일 귀 법인의 이사장(또는 이사, 감사)로 선임되었으므로 그 취임을 승낙합니다.

20OO년 O월 O일

이사장(이사, 감사) O O O (인)
(000000-0000000)
OO시 OO구 OO로 OO(OO동)

학교법인 OO학원 귀중

[서식] 인감신고서

인감 · 개인(改印) 신고서

(신고하는 인감날인란) (인감제출자에 관한 사항)

		상호(명　　칭)	학교법인 OO학원	등기번호	
		본점(주사무소)	OO시 OO구 OO로 OO(OO동)		
	인감제출자	자격/성명	이사장 ○ ○ ○		
		주민등록번호	OOOOOO-OOOOOOO		
		주　소	OO시 OO구 OO로 OO(OO동)		

␣ 위와 같이 인감을 신고합니다.
␣ 위와 같이 개인(改印)하였음을 신고합니다.

년　　월　　일　　　(인감 날인란)

신고인 본 인 성 명　　　　(인)
대리인 성 명　　　　(인)

지방법원　　등기소　귀중

주 1. 인감 날인란에는 「인감증명법」에 의하여 신고한 인감을 날인하고 그 인감증명서(발행일로부터 3개월 이내의 것)를 첨부하여야 합니다. 개인(改印)신고의 경우, 개인인감을 날인하는 대신에 등기소에 신고한 유효한 종전 인감을 날인하여도 됩니다.
2. 인감 · 개인신고서에는 신고하는 인감을 날인한 인감대지를 첨부하여야 합니다.
3. 지배인이 인감을 신고하는 경우에는 인감제출자의 주소란에 지배인을 둔 장소를 기재하고, 「상업등기규칙」 제36조제4항의 보증서면(영업주가 등기소에 신고한 인감 날인)을 첨부하여야 합니다. 위 보증서면은 아래의 보증서면란에 기재하는 것으로 갈음할 수 있습니다.

보 증 서 면
위 신고하는 인감은 지배인 OOO의 인감임이 틀림없음을 보증합니다. 대표이사 (법인인감)
위 임 장 성 명 : 주민등록번호(-) 주 소 : 위의 사람에게, 위 인감신고 또는 개인신고에 관한 일체의 권한을 위임함. 20 년 월 일 인감(개인) 신고인 성 명 (인)

[서식] 인감대지

인 감 대 지

	신고하는 인감날인란	상 호(명 칭) : 학교법인 OO학원 자격 및 성명 : 이사장 O O O 주민등록번호 : OOOOOO-OOOOOOO

[서식] 인감카드 등 (재)발급신청서

인감카드 등 (재)발급신청서

(인감제출자에 관한 사항)

상호(명칭)			등기번호	
본점(주사무소)				
인감 제출자	자격 / 성명			
	주민등록번호			

발급사유	␣ 최초발급 ␣ 카드분실 ␣ 카드훼손 ␣ 인감증명서발급기능 ␣ 기타 ( )		
매체구분	␣ 인감카드 ␣ HSM USB	인감카드 비밀번호	

위와 같이 인감카드 등의 (재)발급을 신청합니다.

년 월 일

신청인 인감제출자 (본 인) 성 명 (인) (전화 :)

(대리인) 성 명 (인) (전화 :)

지방법원 등기소 귀중

접수번호		인감카드번호	

- 대법원수입증지를 붙이는 란 -

주 1. 인감카드 비밀번호란에는 (재)발급받아 사용할 인감카드의 비밀번호를 기재하며, 아라비아숫자 6자릿수를 기재하여야 합니다. 비밀번호는 인감카드와 함께 인감증명서의 발급을 신청할 권한이 있는 것으로 보게 되는 중요한 자료이므로 권한이 없는

사람이 알지 못하도록 주의하시기 바랍니다.

2. 인감카드의 재발급을 신청할 때에는 「등기부 등 · 초본 등 수수료규칙」 제5조의7에 의하여 5,000원 상당의 대법원수입증지를 이 란에 붙여야 합니다. 다만, 인감카드를 반납할 때에는 붙일 필요가 없습니다.

위 임 장

성 명 : 주민등록번호(-)

주 소 :

위의 사람에게, 위 (재)발급신청서에 기재된 인감카드 등의 발급신청과 그 수령 등에 관한 일체의 권한을 위임함.

2000년 0월 0일

인감신고인 성 명 (인)

[서식] 학교법인 변경등기신청서(목적변경)

학교법인 변경등기신청

<table>
<tr><td rowspan="2">접
수</td><td>년 월 일</td><td rowspan="2">처
리
인</td><td>접 수</td><td>조 사</td><td>기 입</td><td>교 합</td><td>각종통지</td></tr>
<tr><td>제 호</td><td></td><td></td><td></td><td></td><td></td></tr>
</table>

<table>
<tr><td>명 칭</td><td>학교법인 ㅇㅇ학원</td><td>등기번호</td><td>제ㅇㅇㅇㅇ호</td></tr>
<tr><td>주 사 무 소</td><td colspan="3">OO시 OO구 OO로 OO(OO동)</td></tr>
<tr><td>등기의 목적</td><td colspan="3">목적변경등기</td></tr>
<tr><td>등기의 사유</td><td colspan="3">20ㅇㅇ년 ㅇ월 ㅇ일 이사회에서 정관변경을 결의하고 20ㅇㅇ년 ㅇ월 ㅇ일 주무관청의 인가를 받아 다음과 같이 목적을 변경하였으므로 그 등기를 구함.</td></tr>
<tr><td>인가서도착연월일</td><td colspan="3">20ㅇㅇ년 ㅇ월 ㅇ일</td></tr>
<tr><td>주사무소/분사무소
신청구분</td><td colspan="3">1.주사무소 신청 ☐ 2.분사무소 신청 ☐ 3.주 · 분사무소 일괄신청 ☐</td></tr>
<tr><td colspan="4">등 기 할 사 항</td></tr>
<tr><td colspan="4">목적사업 : “3. ㅇㅇㅇㅇㅇㅇㅇㅇㅇ”을
“3 ㅇㅇㅇㅇㅇㅇㅇㅇㅇㅇ”으로 변경

20ㅇㅇ. ㅇ. ㅇ. 변경</td></tr>
</table>

<table>
<tr><td colspan="7">신청등기소 및 등록면허세/수수료</td></tr>
<tr><td>순번</td><td>신청등기소</td><td>구분</td><td>등록면허세</td><td>지방교육세</td><td>세액합계</td><td>등기신청수수료</td></tr>
<tr><td></td><td></td><td></td><td>금 원</td><td>금 원</td><td>금 원</td><td>금 원</td></tr>
<tr><td></td><td></td><td></td><td></td><td></td><td></td><td></td></tr>
<tr><td></td><td></td><td></td><td></td><td></td><td></td><td></td></tr>
<tr><td></td><td></td><td></td><td></td><td></td><td></td><td></td></tr>
<tr><td colspan="3">합 계</td><td></td><td></td><td></td><td></td></tr>
<tr><td colspan="4">등기신청수수료 은행수납번호</td><td colspan="3"></td></tr>
</table>

<table>
<tr><th colspan="2">첨 부 서 면</th></tr>
<tr><td>1. 이사회회의록 통
1. 주무관청의 정관변경인가서
(또는 인증있는 인가서등본) 통</td><td>1. 등록면허세영수필확인서및통지서 통
1. 위임장(대리인이 신청할 경우) 통
〈기 타〉</td></tr>
<tr><td colspan="2">년 월 일

신청인 명 칭
주사무소
이사장 성 명 ㊞ (전화 :)
주 소
대리인 성 명 ㊞ (전화 :)
주 소

지방법원 등기소 귀중</td></tr>
</table>

[신청서 작성요령 및 등기수입증지 첩부란]

1. 해당란이 부족할 때에는 별지를 이용합니다.
1. 해당 등기신청과 관계없는 사항에 대하여는 “해당없음”으로 기재하거나 삭제하고, 필요한 사항은 추가 기재합니다.
1. 등기신청수수료 상당의 대법원등기수입증지를 이 난에 붙입니다.

(용지규격 21㎝×29.7㎝)

[서식] 이사회회의록

학교법인 OO학원 이사회회의록

2000년 O월 O일 OO시 OO분, OO시 OO구 OO로 OO(OO동) 당 법인 회의실에서 이사회를 개최하다.

총이사수 : O명　　　출석이사수 : O명

이사장 OOO은 정관규정에 따라 의장석에 등단하여 위와 같이 법정수에 달하는 이사가 출석하였으므로 본 이사회가 적법히 성립되었음을 알리고 개회를 선언한 후, 다음의 의안을 부의하고 심의를 구하다.

제1호 의 안 정관변경의 건
의장은 현행 정관 제O조를 다음과 같이 변경해야 한다는 취지를 설명하고 그 가부를 물으니 전원 이의 없이 만장일치로 그를 승인 가결하다.

제O조(목적)
목적사업 : "3. ○○○○○○○○○"

의장은 이상으로서 회의목적인 의안 전부의 심의를 종료하였으므로 폐회한다고 선언하다(회의종료시각 : OO시 OO분)

위 결의를 명확히 하기 위하여 이 회의록을 작성하고 의장과 출석한 이사가 기명날인하다.

2000년 O월 O일

학교법인 OO학원
OO시 OO구 OO로 OO(OO동)
의장겸 이사장 O O O (인)
이 사 O O O (인)
이 사 O O O (인)
이 사 O O O (인)

[서식] 학교법인 변경등기신청서

학교법인 변경등기신청

접수	년 월 일	처리인	접 수	조 사	기 입	교 합	각종통지
	제 호						

명 칭	학교법인 ㅇㅇ학원	등기번호	제ㅇㅇㅇㅇ호
주 사 무 소	OO시 OO구 OO로 OO(OO동)		
등기의 목적	자산총액변경등기		
등기의 사유	20ㅇㅇ년 ㅇ월 ㅇ일 자산의 총액이 다음과 같이 변경되었으므로 그 등기를 구함(또는 200ㅇㅇ년 ㅇ월 ㅇ일 이사회의 결의로 주무관청의 인가를 받아 자산을 매도하여 정관의 자산총액이 다음과 같이 변경되었으므로 그 등기를 구함).		
인가서도착연월일	20ㅇㅇ년 ㅇ월 ㅇ일		
주사무소/분사무소 신청구분	1.주사무소 신청 ☐	2.분사무소 신청 ☐	3.주·분사무소 일괄신청 ☐

등 기 할 사 항

자산총액 : 금 50,000,000,000원

20ㅇㅇ. ㅇ. ㅇ. 변경

신청등기소 및 등록면허세/수수료

순번	신청등기소	구분	등록면허세	지방교육세	세액합계	등기신청수수료
			금 원	금 원	금 원	금 원
합 계						

<table>
<tr><td colspan="2">등기신청수수료 은행수납번호</td><td colspan="2"></td></tr>
<tr><td>과 세 표 준 액</td><td colspan="3">금 원</td></tr>
<tr><td colspan="4">첨 부 서 면</td></tr>
<tr><td colspan="2">1. 재산목록(또는 이사회회의록) 통
1. 주무관청의 정관변경인가서
(또는 인증있는 인가서등본) 통</td><td colspan="2">1. 등록면허세영수필확인서및통지서 통
1. 위임장(대리인이 신청할 경우) 통
〈기 타〉</td></tr>
<tr><td colspan="4">년 월 일

신청인 명 칭
주사무소
이사장 성 명 ㊞ (전화 :)
주 소
대리인 성 명 ㊞ (전화 :)
주 소

지방법원 등기소 귀중</td></tr>
</table>

[신청서 작성요령 및 등기수입증지 첩부란]

1. 해당란이 부족할 때에는 별지를 이용합니다.
1. 해당 등기신청과 관계없는 사항에 대하여는 "해당없음"으로 기재하거나 삭제하고, 필요한 사항은 추가 기재합니다.
1. 등기신청수수료 상당의 대법원등기수입증지를 이 난에 붙입니다.

(용지규격 21㎝×29.7㎝)

[서식] 재산목록

재 산 목 록

1. 자산의 총액
   가. 교육용 기본재산 금 OOOOOO원
   나. 수익용 기본재산 금 OOOOOO원
   다. 보통재산 금 OOOOOO원

2. 부채의 총액 금 OOOOOO원

3. 순재산의 총액 금 OOOOOO원

가. 교육용기본재산 금 OOOOOO원
(1) 토지 OOOO㎡ 금 OOOOOO원

종 별	소 재 지	지목	면적	가격(원)
교사부지				
00장부지				
00관부지				
00관부지				
00회관부지				
00부지				
계				

(2) 건물 OOOO㎡ 금 OOOOOO원

종 별	소 재 지	지목	면적	가격(원)
교 사				
운 동 장				
체 육 관				
도 서 관				
00회관				

OO				
계				

(3) 도서 OOOOO권　　　　　금 OOOOOO원

종　　별	수 량	가　격(원)	비　고
계			

(4) 교구 및 비품 OOOOO점　　금 OOOOOO원

종　　별	수 량	가　격(원)	비　고
계			

나. 수익용기본재산　　　　　금 OOOOOO원

(1) 수익용토지 OOO㎡　　　금 OOOOOO원

(2) 수익용건물 OOO㎡　　　금 OOOOOO원

다. 보통재산　　　　　　　　금 OOOOOO원

(1) 예금　　　　　　　　　금 OOOOOO원

예금종별	예치은행	금　액(원)	비　고
계			

(2) 적립금　　　　　　　　금 OOOOOO원

적립종별	예치은행	금　액(원)	비　고
계			

(3) 현금　　　　　　　　　금 OOOOOO원

(4) 미수금　　　　　　　　금 OOOOOO원

(5) 기타기본재산 이외의 기타재산)　금 OOOOOO원

라. 부 채

(1) 차입금　　　　　　　　금 OOOOOO원

(2) 선수금　　　　　　　　금 OOOOOO원

(3) 미지급금　　　　　　　금 OOOOOO원

위 설립당초의 당 법인의 재산목록임.

2000년　0월　0일

학교법인 OO학원

OO시 OO구 OO로 OO(OO동)

이사장 O　O　O (인)

[서식] 이사회회의록

학교법인 OO학원 이사회회의록

2000년 O월 O일 OO시 OO분, OO시 OO구 OO로 OO(OO동) 당 법인 회의실에서 이사회를 개최하다.

총이사수 : O명 출석이사수 : O명

이사장 OOO은 정관규정에 따라 의장석에 등단하여 위와 같이 법정수에 달하는 이사가 출석하였으므로 본 이사회가 적법히 성립되었음을 알리고 개회를 선언한 후, 다음의 의안을 부의하고 심의를 구하다.

제1호 의 안 자산총액변경 및 재산목록, 수지계산서 승인의 건

의장은 감사 OOO로 하여금 별첨 재산목록과 수지계산서를 출석이사 전원에게 배포한 후 검토를 위하여 약 30분간 정회를 선포한다.

곧이어 회의를 속개하여 자산총액을 변경하여야 할 필요성을 설명하고 그 의안의 승인 여부를 물은 바, 전원 이의 없이 찬성하여 만장일치로 그를 승인 가결하다.

자산총액 : 금 OOOOOOO원

의장은 이상으로서 회의목적인 의안 전부의 심의를 종료하였으므로 폐회한다고 선언하다(회의종료시각 : OO시 OO분)

위 결의를 명확히 하기 위하여 이 회의록을 작성하고 의장과 출석한 이사가 기명날인하다.

2000년 O월 O일

학교법인 OO학원

OO시 OO구 OO로 OO(OO동)

의장겸 이사장 O O O (인)

이 사 O O O (인)

이 사 O O O (인)

이 사 O O O (인)

이 사 O O O (인)

[서식] 학교법인 임원변경등기신청서

학교법인 임원변경등기신청

접수	년 월 일	처리인	접 수	조 사	기 입	교 합	각종통지
	제 호						

명 칭	학교법인 ㅇㅇ학원	등기번호	제ㅇㅇㅇㅇ호
주 사 무 소	ㅇㅇ시 ㅇㅇ구 ㅇㅇ로 ㅇㅇ(ㅇㅇ동)		
등기의 목적	임원변경등기		
등기의 사유	이사 ㅇㅇㅇ은 20ㅇㅇ년 ㅇ월 ㅇ일 임기만료로 퇴임하고 20ㅇㅇ년 ㅇ월 ㅇ일 이사회에서 다음 사람이 이사로 선임되어 20ㅇㅇ년 ㅇ월 ㅇ일 주무관청으로부터 승인을 받았으므로 그 등기를 구함.		
인가(승인)서 도착연월일	20ㅇㅇ년 ㅇ월 ㅇ일		
주사무소/분사무소 신청구분	1.주사무소 신청 □	2.분사무소 신청 □	3.주 · 분사무소 일괄신청 □

등 기 할 사 항

이사 ㅇ ㅇ ㅇ 20ㅇㅇ년 ㅇ월 ㅇ일 퇴임

이사 ㅇ ㅇ ㅇ (000000-0000000)
20ㅇㅇ. ㅇ. ㅇ. 취임

신청등기소 및 등록면허세/수수료

순번	신청등기소	구분	등록면허세	지방교육세	세액합계	등기신청수수료
			금 원	금 원	금 원	금 원
합 계						

<table>
<tr><td>등기신청수수료 은행수납번호</td><td></td></tr>
<tr><td colspan="2">첨 부 서 면</td></tr>
<tr><td>1. 이사회의사록 통
1. 정관변경인가서(또는 인증 있는 인가서등본 통
1. 주무관청의 승인서(또는 승인서등본) 통
1. 정관등본 통
1. 취임승낙서{인감증명, 주민 등록등(초)본 첨부} 통</td><td>1. 사임서(인감증명서 첨부) 통
1. 가족관계등록부의 증명서(사망시) 통
1. 재판서등본(파산, 금치산) 통
1. 승인취소통지서 통
1. 이사장의 인감신고서와 인감증명서 통
1. 등록면허세영수필확인서및통지서 통
1. 위임장(대리인이 신청할 경우) 통
〈기 타〉</td></tr>
<tr><td colspan="2">년 월 일

신청인 명 칭
주사무소
이사장 성 명 ㉠ (전화 :)
주 소
대리인 성 명 ㉠ (전화 :)
주 소

지방법원 등기소 귀중</td></tr>
</table>

[신청서 작성요령 및 등기수입증지 첨부란]

1. 해당란이 부족할 때에는 별지를 이용합니다.
1. 해당 등기신청과 관계없는 사항에 대하여는 “해당없음”으로 기재하거나 삭제하고, 필요한 사항은 추가 기재합니다.
1. 등기신청수수료 상당의 대법원등기수입증지를 이 난에 붙입니다.

(용지규격 21㎝×29.7㎝)

[서식] 이사회의사록

학교법인 OO학원 이사회의사록

2000년 0월 0일 00시 00분, 00시 00구 00로 00(00동) 당 법인 회의실에서 이사회를 개최하다.

총이사수 : 0명　　　　출석이사수 : 0명

의장인 이사장 000은 정관규정에 따라 의장석에 등단하여 위와 같이 법정수에 달하는 이사가 출석하였으므로 본 이사회가 적법히 성립되었음을 알리고 개회를 선언한 후, 다음의 의안을 부의하고 심의를 구하다.

제1호 의 안 이사의 법정수 증원의 건
의장은 당 법인의 OO학교의 추가 설립인가로 인하여 현행 정관상 이사정원인 0명의 이사만으로는 업무처리가 불가능하므로 부득이 정관상의 이사정원을 0명으로 증원해야 할 필요가 있음을 상세히 설명하고 그 가부를 물은 바, 전원 이의 없이 찬성하여 만장일치로 그를 승인 가결하다.

제2호 의 안 정관변경의 건
의장은 위 이사의 인원수 증원에 수반하여 현행 정관 제0조를 다음과 같이 변경해야 한다는 취지를 설명하고 그 가부를 물은 바, 전원 이의 없이 찬성하여 만장일치로 그를 승인 가결하다.

제0조(임원의 종별 및 인원수) 당 법인에는 다음의 임원을 둔다.
이사 0명(이사장 1명 포함)
감사 0명

의장은 이상으로서 회의목적인 의안 전부의 심의를 종료하였으므로 폐회한다고 선언하다(회의종료시각 : 00시 00분)

위 결의를 명확히 하기 위하여 이 의사록을 작성하고 의장과 출석한 이사가 기명날인하다.

2000년 0월 0일

학교법인 00학원
00시 00구 00로 00(00동)
의장겸 이사장 0 0 0 (인)
이 사 0 0 0 (인)
이 사 0 0 0 (인)
이 사 0 0 0 (인)
이 사 0 0 0 (인)

[서식] 취임승낙서

취 임 승 낙 서

본인은 2000년 0월 0일 이사회에서 귀 법인의 이사로 선임되었으므로 그 취임을 승낙합니다.

2000년 0월 0일

이사 0 0 0 (인)
(000000-0000000)
00시 00구 00로 00(00동)

학교법인 00학원 귀중

[서식] 사 임 서

사 임 서
본인은 귀 법인의 이사인 바, 이번에 일신상의 형편에 의하여 그 직을 사임합니다.
20OO년 O월 O일
이사 O O O (인)
학교법인 OO학원 귀중

제10장 재건축정비사업 조합

제1절 총 설

1. 의 의

재건축정비사업조합은 노후, 불량주택을 법률에서 정한 절차에 따라 철거하고 그 철거한 대지 위에 새로운 주택을 건설하기 위해 기존 주택의 소유자가 자율적으로 설립한 주택조합을 말한다. 주택재건축이란 정비기반시설은 양호하나 노후·불량건축물이 밀집한 지역에서 주거환경을 개선하기 위하여 시행하는 사업을 말한다. 아파트가 건립되어 있는 지역의 경우 연립, 다세대가 밀집한 지역보다는 도로나 학교등 기반시설이 양호하기 때문에 보통 재건축사업으로 개발을 한다. 사업대상이 아파트이기 때문에 재건축 사업을 하는 것은 적절치 않다. 만일 정비시설이 양호한 단독주택 밀집지역의 경우엔 재개발 사업이 아닌 단독주택 재건축 사업을 진행한다.

2. 조합설립추진위원회의 구성

조합을 설립하려는 경우에는 정비구역 지정·고시 후 다음 토지등소유자 과반수의 동의를 받아 조합설립을 위한 추진위원회를 구성하여 국토교통부령으로 정하는 방법과 절차에 따라 시장·군수 등의 승인을 받아야 한다.

추진위원회는 추진위원회를 대표하는 위원장 1명과 감사를 두어야 한다. 추진위원회는 부원장을 둘 수 있다. 추진위원회 위원의 수는 토지 등 소유자의 10분의 1이상으로 하되 5명 이하인 경우에는 5명으로 하며 100명을 초과하는 경우에는 토지 등 소유자의 10분의 1범위에서 100명이상으로 할 수 있다.

제2절 재건축정비사업조합 설립

재개발사업의 추진위원회(제31조제4항에 따라 추진위원회를 구성하지 아니하는 경우에는 토지등소유자를 말한다)가 조합을 설립하려면 토지등소유자의 4분의 3 이상 및 토지면적의 2분의 1 이상의 토지소유자의 동의를 받아 다음 각 호의 사항을 첨부하여 시장 · 군수 등의 인가를 받아야 한다.

[서식] 정비사업조합 설립등기신청서

정비사업조합 설립등기신청

<table>
<tr><td rowspan="2">접수</td><td>년 월 일</td><td rowspan="2">처리인</td><td>접 수</td><td>조 사</td><td>기 입</td><td>교 합</td><td>각종통지</td></tr>
<tr><td>제 호</td><td></td><td></td><td></td><td></td><td></td></tr>
</table>

<table>
<tr><td>등 기 의 목 적</td><td colspan="3">정비사업조합설립</td></tr>
<tr><td>등 기 의 사 유</td><td colspan="3">정비사업조합법인을 설립하기 위하여 정관을 작성하고 조합원을 모집하여 20○○년 ○월 ○일 창립총회를 마치고 20○○년 ○월 ○일 주무관청의 인가를 받았으므로 다음 사항의 등기를 구함.</td></tr>
<tr><td>설 립 인 가 서
도 착 연 월 일</td><td colspan="3">20○○년 ○월 ○일</td></tr>
<tr><td>주사무소/분사무소
신청구분</td><td>1.주사무소
신청 □</td><td>2.분사무소
신청 □</td><td>3.주 · 분사무소
일괄신청 □</td></tr>
<tr><td colspan="4">등 기 할 사 항</td></tr>
<tr><td>명 칭</td><td colspan="3">○○주택 재건축정비사업조합</td></tr>
<tr><td>주 사 무 소</td><td colspan="3">OO시 OO구 OO로 OO(OO동)</td></tr>
</table>

<table>
<tr><td colspan="3">이사 · 감사의
성명 및
주민등록번호와
주소</td><td colspan="4">이사 ○ ○ ○ (000000-0000000)
이사 ○ ○ ○ (000000-0000000)
이사 ○ ○ ○ (000000-0000000)
이사 ○ ○ ○ (000000-0000000)
감사 ○ ○ ○ (000000-0000000)</td></tr>
<tr><td colspan="3">조합장의 성명과
주소,
주민등록번호</td><td colspan="4">조합장 ○ ○ ○ (000000-0000000)
OO시 OO구 OO로 OO(OO동)</td></tr>
<tr><td colspan="7">등 기 할 사 항</td></tr>
<tr><td colspan="3">목 적</td><td colspan="4">조합은 주택법령과 조합규약 및 정관이 정하는 바에 따라 OO시 OO구 OO동 OO-O 필지상의 OO주택의 재건축사업시행구역 안의 주택 등을 건설하여 도시의 건전한 발전과 쾌적한 주거환경을 조성함으로써 조합원의 주거안정을 도모함을 목적으로 한다.</td></tr>
<tr><td colspan="3">설립인가연월일</td><td colspan="4">20○○년 ○월 ○일</td></tr>
<tr><td colspan="3">출 자 방 법</td><td colspan="4">사업시행구역 내의 조합원 소유의 토지를 현물로 출자</td></tr>
<tr><td colspan="3">기 타</td><td colspan="4">해당 없음</td></tr>
<tr><td colspan="7">신청등기소 및 등록면허세/수수료</td></tr>
<tr><td>순번</td><td>신청등기소</td><td>구분</td><td>등록면허세</td><td>지방교육세</td><td>세액합계</td><td>등기신청수수료</td></tr>
<tr><td></td><td></td><td></td><td>금 원</td><td>금 원</td><td>금 원</td><td>금 원</td></tr>
<tr><td></td><td></td><td></td><td></td><td></td><td></td><td></td></tr>
<tr><td></td><td></td><td></td><td></td><td></td><td></td><td></td></tr>
<tr><td></td><td></td><td></td><td></td><td></td><td></td><td></td></tr>
<tr><td colspan="3">합 계</td><td></td><td></td><td></td><td></td></tr>
<tr><td colspan="4">등기신청수수료 은행수납번호</td><td colspan="3"></td></tr>
<tr><td colspan="3">과 세 표 준 액</td><td colspan="4">금 원</td></tr>
</table>

<table>
<tr><th colspan="2">첨 부 서 면</th></tr>
<tr><td>1. 정관 통
1. 창립총회의사록 통
1. 대의원회의사록 통
1. 주관청의 인가서(또는 인증있는 인가서 등본) 통
1. 임원 취임승낙서와 인감증명서 통</td><td>1. 주민등록표등(초)본 통
1. 조합장의 인감신고서 및 인감대지 통
1. 조합장의 인감증명서 통
1. 등록면허세영수필확인서및통지서 통
1. 위임장(대리인이 신청할 경우) 통</td></tr>
<tr><td colspan="2">년 월 일

신청인 명 칭
주사무소
대표자 성 명 ㉹ (전화 :)
주 소
대리인 성 명 ㉹ (전화 :)
주 소

지방법원 등기소 귀중</td></tr>
</table>

[신청서 작성요령 및 등기수입증지 첩부란]

1. 해당란이 부족할 때에는 별지를 이용합니다.
1. 해당 등기신청과 관계없는 사항에 대하여는 "해당없음"으로 기재하거나 삭제하고, 필요한 사항은 추가 기재합니다.
1. 등기신청수수료 상당의 대법원등기수입증지를 이 난에 붙입니다.

(용지규격 21㎝×29.7㎝)

[서식] 위 임 장

위 임 장

변호사 000
OO시 OO구 OO로 OO(OO동)
전화 : OOO-OOO, 팩스 : OOO-OOO

위 사람을 대리인으로 정하고 다음사항의 권한을 위임한다.

다 음

1. OO주택 재건축정비사업조합 설립등기신청서의 작성 및 제출하는 행위
1. 등기신청의 취하에 관한 행위
1. OOO의 원본환부 및 수령하는 행위
1. 기타 이에 부수되는 일체의 행위

2000년 O월 O일

위임인 OO주택 재건축정비사업조합
OO시 OO구 OO로 OO(OO동)
조합장 김 갑 동 (인)

주택재건축정비사업조합 표준정관

제 1 장 총 칙

제1조(명칭) ① 본 조합의 명칭은 ○○○ 주택재건축정비사업조합(이하 "조합"이라 한다)이라 한다
② 본 조합이 시행하는 주택재건축사업의 명칭은 ○○○ 주택재건축사업(이하 "사업"이라 한다)이라 한다.

제2조(목적) 조합은 도시 및 주거환경정비법(이하 "법"이라 한다)과 이 정관이 정하는 바에 따라 제3조의 사업시행구역(이하 "사업시행구역"이라 한다)안의 건축물을 철거하고 그 토지 위에 새로운 건축물을 건설하여 도시 및 주거환경을 개선하고 조합원의 주거안정 및 주거생활의 질적 향상에 이바지함을 목적으로 한다.

제3조(사업시행구역) 조합의 사업시행구역은 ○○ (시 · 도) ○○ (시 · 군 · 구) ○○ (읍 · 면) ○○ (리 · 동) ○○번지 외 ○○필지(상의 ○○아파트 단지)로서 토지의 총면적은 ○○㎡(○○평)으로 한다. 다만, 사업시행상 불가피하다고 인정되어 관계법령 및 이 정관이 정하는 바에 따라 추가로 편입되는 토지 등이 있을 경우에는 사업시행구역과 토지의 총면적이 변경된 것으로 본다.

【주】 도시 및 주거환경정비법 제6조제3항에 근거하여 지형여건, 주변 환경으로 보아 사업시행상 불가피하다고 인정할 경우 인근의 단독 · 다세대주택 등을 일부 포함할 수 있음을 감안한 것임

제4조(사무소) ① 조합의 주된 사무소는 ○○ (시 · 도) ○○ (시 · 군 · 구) ○○ (읍 · 면) ○○ (리 · 동) ○○ 번지 ○○호에 둔다.
② 조합사무소를 이전하는 경우 대의원회(대의원회가 없는 경우 이사회)의 의결을 거쳐 인근지역으로 이전할 수 있으며, 조합원에게 통지한다.

제5조(시행방법) ① 조합원은 소유한 토지 및 건축물을 조합에 현물로 출자하고, 조합은 법 제48조 규정에 의하여 인가받은 관리처분계획에 따라 공동주택 및 부대 · 복리시설을 건설하여

공급한다.

② 조합은 사업시행을 위하여 필요한 경우 정비사업비 일부를 금융기관 등으로부터 대여 받아 사업을 시행할 수 있다.

③ 조합은 인 · 허가 등 행정업무지원, 사업성검토, 설계자 · 시공자 등의 선정에 관한 업무의 지원, 관리처분계획의 수립 및 분양업무 등을 지원하는 정비사업전문관리업자를 선정 또는 변경할 수 있다.

【주】 도시 및 주거환경정비법 제14조 및 제69조의 규정에 의하여 정비사업전문관리업자를 선정하고 관련 업무를 지원할 수 있음.

④ 조합은 조합원의 과반수 동의를 얻어 관할시장 · 군수 또는 자치구의 구청장(이하 "시장 · 군수"라 한다) 또는 법 제2조제10호의 규정에 의한 주택공사등과 공동으로 사업을 시행할 수 있다.

⑤ 조합은 일부 건축물의 존치 또는 리모델링에 관한 내용이 포함된 사업시행계획서를 작성하여 사업시행인가를 신청할 수 있으며, 이 경우 존치 또는 리모델링되는 건축물 소유자의 동의(구분소유자가 있는 경우 구분소유자 3분의 2 이상의 동의와 당해 건축물 연면적의 3분의 2 이상의 구분소유자의 동의로 한다)를 얻어야 한다.

제6조(사업기간) 사업기간은 조합설립인가일부터 법 제57조에서 규정한 청산업무가 종료되는 날까지로 한다.

제7조(권리 · 의무에 관한 사항의 고지 · 공고방법) ① 조합은 조합원의 권리 · 의무에 관한 사항을 조합원에게 성실히 고지 · 공고하여야 한다.

② 제1항의 고지 · 공고방법은 이 정관에서 따로 정하는 경우를 제외하고는 다음 각호의 방법에 따른다.

1. 관련 조합원에게 등기우편으로 개별 고지하여야 하며, 등기우편이 주소불명, 수취거절 등의 사유로 반송되는 경우에는 1회에 한하여 일반우편으로 추가 발송한다.
2. 조합원이 쉽게 접할 수 있는 일정한 장소의 게시판(이하 "게시판"이라 한다)에 14일 이상 공고하고 게시판에 게시한 날부터 3월 이상 조합사무소에 관련서류와 도면 등을 비치하여 조합원이 열람할 수 있도록 한다.
3. 인터넷 홈페이지가 있는 경우 홈페이지에도 공개하여야 한다. 다만, 특정인의 권리에 관계되거나 외부에 공개하는 것이 곤란한 경우에는 그 요지만을 공개할 수 있다.

【주】 조합이 조합원의 권리 · 의무 변동에 관한 사항을 사전에 성실히 고지토록 하여 조합원이 권리 · 의무에 관한 사항을 제대로 알고 사업추진에 협조할 수 있도록 하고, 집행부의 권한남용이나 조합과 조합원간의 분쟁을 방지하기 위한 것으로 조합여건에 따라 조합사무소의 게시기간, 열람기간, 등기우편 발송횟수, 통지갈음 여부 등 구체적인 내용은 달리 정할 수 있음

4. 제1호의 등기우편이 발송되고, 제2호의 게시판에 공고가 있는 날부터 고지 · 공고된 것으로 본다.

제8조(정관의 변경) ① 정관을 변경하고자 할 때에는 조합원 5분의 1 이상, 대의원 과반수 또는 조합장의 발의가 있어야 한다.

② 정관을 변경하고자 하는 경우에는 조합원 과반수(법 제20조 제1항제2호 내지 제4호 · 제8호 · 제12호 또는 제15호의 경우에는 3분의 2 이상을 말한다)의 동의를 얻어 시장 · 군수의 인가를 받아야 한다. 다만, 도시 및 주거환경정비법시행령(이하 "시행령"이라 한다) 제32조에서 정하는 경미한 사항을 변경하고자 하는 때에는 조합원의 동의에 갈음하여 총회의 의결을 얻어야 한다.

【주】 도시 및 주거환경정비법 제20조제3항 정관의 변경관련 규정을 정리한 것임.

③ 법 제17조의 규정은 제2항의 규정에 의한 동의에 이를 준용한다.

제 2 장 조 합 원

제9조(조합원의 자격 등) ① 조합원은 법 제2조제9호나목의 규정에 의한 토지등소유자(이하 "토지등소유자"라 한다)로서 조합설립에 동의한 자로 한다. 다만, 조합설립에 동의하지 아니한 자는 제44조의 규정에 의한 분양신청기한까지 다음 각호의 사항이 기재된 별지 1의 동의서를 조합에 제출하여 조합원이 될 수 있다.

【주】 조합설립당시 재건축에 동의하지는 않았으나 여건변동 등으로 참여를 원할 경우 분양신청기간 종료전까지는 조합원이 될 수 있도록 하여 기존 건축물의 소유자의 권익을 가급적 보호하도록 한 것임.

1. 건설되는 건축물의 설계의 개요
2. 건물의 철거 및 건축물의 신축에 소요되는 비용의 개략적인 금액
3. 제2호의 비용의 분담에 관한 사항(제1호의 설계개요가 변경되는 경우 비용의 부담기준을 포함한다)
4. 사업완료후의 (구분)소유권의 귀속에 관한 사항
5. 조합정관

【주】 도시 및 주거환경정비법 시행령 제26조제1항에서 규정하고 있는 조합원동의서 내용을 조합정관에 포함함으로서 소송 등 민원을 예방코자 함

② 동일인이 2개 이상의 주택 등을 소유하는 경우에는 그 주택 등의 수에 관계없이 1인의 조합원으로 본다.

③ 1세대로 구성된 세대원이 각각 주택 등을 소유하고 있는 경우 및 하나의 (구분)소유권이 수인

의 공유에 속하는 때에는 그 수인을 대표하는 1인을 조합원으로 본다. 이 경우 그 수인은 대표자 1인을 대표조합원으로 지정하고 별지 2의 대표조합원선임동의서를 작성하여 조합에 신고하여야 하며, 조합원으로서의 법률행위는 그 대표조합원이 행한다.

④ 양도 · 상속 · 증여 및 판결 등으로 조합원의 권리가 이전된 때에는 조합원의 권리를 취득한 자로 조합원이 변경된 것으로 보며, 권리를 양수받은 자는 조합원의 권리와 의무 및 종전의 권리자가 행하였거나 조합이 종전의 권리자에게 행한 처분, 청산 시 권리 · 의무에 관한 범위 등을 포괄승계한다.

⑤ 당해 정비사업의 건축물 또는 토지를 양수한 자라 하더라도 법 제19조제2항 본문에 해당하는 경우 조합원이 될 수 없고 조합원이 될 수 없는 자는 법 제19조제3항이 정하는 바에 따른다.

제10조(조합원의 권리 · 의무) ① 조합원은 다음 각호의 권리와 의무를 갖는다.

1. 토지 또는 건축물의 분양청구권
2. 총회의 출석권 · 발언권 및 의결권
3. 임원의 선임권 및 피선임권.
4. 대의원의 선출권 및 피선출권
5. 정비사업비, 청산금, 부과금과 이에 대한 연체료 및 지연손실금(이주지연, 계약지연, 조합원 분쟁으로 인한 지연 등을 포함함)등의 비용납부의무

【주】 조합원에게 금전적 부담이 되는 사항을 보다 명확히 규정하기 위한 것으로 조합에 따라 보다 구체적으로 명시할 수도 있음

6. 사업시행계획에 의한 철거 및 이주 의무
7. 그 밖에 관계법령 및 이 정관, 총회 등의 의결사항 준수의무

② 조합원의 권한은 평등하며 권한의 대리행사는 원칙적으로 인정하지 아니하되, 다음 각호에 해당하는 경우에는 권한을 대리할 수 있다. 이 경우 조합원의 자격은 변동되지 아니한다.

1. 조합원이 권한을 행사할 수 없어 배우자 · 직계존비속 · 형제자매 중에서 성년자를 대리인으로 정하여 위임장을 제출하는 경우
2. 해외거주자가 대리인을 지정한 경우
3. 법인인 토지등소유자가 대리인을 지정한 경우(이 경우 법인의 대리인은 조합의 임원 또는 대의원으로 선임될 수 있다.

【주】 조합원의 부재, 유고 등으로 조합원의 권한을 대리로 행사하는 경우에 자격 등에 대한 분쟁이 많은 점을 감안한 것임

③ 조합원이 그 권리를 양도하거나 주소 또는 인감을 변경하였을 경우에는 그 양수자 또는 변경 당사자는 그 행위의 종료일부터 14일이내에 조합에 그 변경내용을 신고하여야 한다. 이 경우 신고하지 아니하여 발생되는 불이익 등에 대하여 해당 조합원은 조합에 이의를 제기할 수

없다.

【주】 전매 등으로 조합원의 권리가 양도되는 경우가 많으나 제때에 신고가 되지 않아 조합원과 조합사이에 마찰이 생기고 사업추진에 지장을 초래하는 경우가 많은 점을 감안한 것임.

④ 조합원은 조합이 사업시행에 필요한 서류를 요구하는 경우 이를 제출할 의무가 있으며 조합의 승낙이 없는 한 이를 회수할 수 없다. 이 경우 조합은 요구서류에 대한 용도와 수량을 명확히 하여야 하며, 조합의 승낙이 없는 한 회수할 수 없다는 것을 미리 고지하여야 한다.

【주】 조합에서 인감증명 등 사업시행에 필요한 서류를 불필요하게 많이 제출받아 이를 악용하는 경우가 있고, 조합원은 기제출한 서류를 반환해 줄 것을 요구하여 사업에 지장을 주고 있는 경우 등이 많아 이를 방지하기 위한 것임

제11조(조합원 자격의 상실) ① 조합원이 건축물의 소유권이나 입주자로 선정된 지위등을 양도하였을 때에는 조합원의 자격을 즉시 상실한다.

② 관계법령 및 이 정관에서 정하는 바에 따라 조합원의 자격에 해당하지 않게 된 자의 조합원자격은 자동 상실된다.

【주】 조합원이 권리나 지위 등을 양도하였을 경우 또는 관계법령 및 정관에서 정하는 조합원에 해당하지 않게 된 경우에 조합원의 자격이 조합내부의 별도 절차(총회, 대의원회 의결등)나 행정절차(변경신고, 인가등)를 받을 때까지 지속되는지 여부에 대한 논란이 많은 점을 감안한 것임

③ 조합원으로서 고의 또는 중대한 과실 및 의무불이행 등으로 조합에 대하여 막대한 손해를 입힌 경우에는 총회의 의결에 따라 조합원을 제명할 수 있다. 이 경우 제명전에 해당 조합원에 대해 청문등 소명기회를 부여하여야 하며, 청문등 소명기회를 부여하였음에도 이에 응하지 아니한 경우에는 소명기회를 부여한 것으로 본다.

【주】 소수의 조합원이 의무 등을 불이행하여 피해를 주고 있는 사례가 많아 이를 최소화하기 위한 것이나, 조합이 이를 남용할 소지도 있으므로 청문 등 소명기회를 부여토록 한 것이다.

④ 조합원은 임의로 조합을 탈퇴할 수 없다. 다만, 부득이한 사유가 발생한 경우 총회 또는 대의원회의 의결에 따라 탈퇴할 수 있다.

【주】 조합원에게 부득이한 사유가 생겼을 경우 탈퇴를 인정하되 개인사정에 따라 빈번하게 탈퇴가 이루어진다면 사업추진에 지장이 많으므로 총회 또는 대의원회의 의결에 따르도록 한 것이며, 총회에서 의결할 것인지 대의원회에서 의결할 것인지는 당해 조합의 조합원수, 단지 규모, 탈퇴가 조합에 미치는 영향 등을 감안하여 결정하면 될 것임

제 3 장 시공자, 설계자 및 정비사업전문관리업자의 선정

제12조(시공자의 선정 및 계약) ① 조합은 사업시행인가를 받은 후 법 제11조제2항의 의하여 고시된 시공자 선정기준에 따라 시공자를 선정하여야 한다. 선정된 시공자를 변경하는 경우도

또한 같다.

② 조합은 제1항의 규정에 의하여 선정된 시공자와 그 업무범위 및 관련사업비의 부담 등 사업시행 전반에 대한 내용을 협의한 후 미리 총회의 의결을 거쳐 별도의 계약을 체결하여야 하며, 그 계약내용에 따라 상호간의 권리와 의무가 부여된다. 계약내용을 변경하는 경우도 같다. 다만, 금전적인 부담이 수반되지 아니하는 사항의 변경은 대의원회(대의원회가 없는 경우 이사회)의 의결을 거쳐야 한다.

【주】 조합과 시공자간의 계약은 조합원의 권익보호 및 사업추진에 매우 중요한 사항이므로 미리 총회의 인준을 받고 계약을 체결토록 한 것이나, 경미한 사항의 경우에도 총회의 의결로 하는 경우 사업추진에 지장을 줄 수도 있으므로 금전적 부담이 수반되지 않는 경미한 사항 등은 대의원회 또는 이사회의결 등으로 할 수 있을 것임

③ 조합은 제2항의 규정에 의하여 시공자와 체결한 계약서를 조합해산 일까지 조합사무소에 비치하여야 하며, 조합원의 열람 또는 복사요구에 응하여야 한다. 이 경우 복사에 드는 비용은 복사를 원하는 조합원이 부담한다.

④ 제2항의 계약내용에는 토지 및 건축물의 사용 · 처분, 공사비 및 부대비용 등 사업비의 부담, 시공보증, 시공상의 책임, 공사기간, 하자보수 책임 등에 관한 사항을 포함하여야 한다.

제13조(설계자의 선정 및 계약) ① 설계자는 건축사법 제23조의 규정에 적합하여야 하며, 설계자의 선정은 일반경쟁입찰방법 또는 지명경쟁입찰방법으로 하되, 1회 이상 일간신문에 입찰공고를 하고, 현장설명회를 개최한 후 참여제안서를 제출받아 총회에서 선정한다. 다만, 미응찰 등의 이유로 3회 이상 유찰된 경우에는 총회의 의결을 거쳐 수의계약할 수 있다. 선정된 설계자를 변경하는 경우도 같다.

② 제12조제2항 및 제3항의 규정은 설계자의 선정 및 계약에 관하여 이를 준용한다. 이 경우 “시공자”는 각각 “설계자”로 본다.

제14조(정비사업전문관리업자의 선정 및 계약) ① 조합이 정비사업전문관리업자를 선정 또는 계약하고자 하는 경우에는 제13조의 규정을 준용한다. 이 경우 “설계자”는 각각 “정비사업전문관리업자”로 본다.

② 조합은 정비사업전문관리업자가 법 제73조제1항 규정에 의해 등록취소처분 등을 받은 경우, 처분 등을 통지받거나 처분사실을 안날로부터 3월 이내 당해 업무계약의 해지여부를 결정하여야 한다.

③ 조합은 정비사업전문관리업자가 법 제73조제5항에 해당하게 되는 경우 즉시 업무를 중지시키고 관련서류를 인계받아야 한다.

제 4 장 임원 등

제15조(임원) ① 조합에는 다음 각호의 임원을 둔다.

1. 조합장 1인
2. 이사 _인
3. 감사 _인

【주】 조합장 1인과 3인 이상 5인 이하(토지등소유자가 100인을 초과하는 때에는 5인 이상 10인 이하)의 이사와 1인 이상 3인 이하의 감사를 둔다.

② 조합임원은 총회에서 조합원 과반수 출석과 출석 조합원 과반수의 동의를 얻어 다음 각호의 1에 해당하는 조합원 중에서 선임한다. 다만, 임기중 궐위된 경우에는 다음 각호의 1에 해당하는 조합원 중에서 대의원회가 이를 보궐선임한다.

1. 피선출일 현재 사업시행구역 안에서 3년 이내 1년 이상 거주하고 있는 자(다만, 거주의 목적이 아닌 상가 등의 건축물에서 영업 등을 하고 있는 경우 영업 등은 거주로 본다)
2. 피선출일 현재 사업시행구역 안에서 5년 이상 건축물 및 그 부속토지를 소유한 자

【주】 도시 및 주거환경정비법 제21조제3항에서 규정한 조합임원선임관련 내용을 정리한 것임.

③ 임원의 임기는 선임된 날부터 2년까지로 하되, 총회의 의결을 거쳐 연임할 수 있다.

【주】 소규모 주택단지 등 사업이 단기간 내에 완료될 수 있다고 판단하는 경우 3년으로 정할 수 있을 것임

④ 제2항 단서의 규정에 따라 보궐선임된 임원의 임기는 전임자의 잔임기간으로 한다.

⑤ 임기가 만료된 임원은 그 후임자가 선임될 때까지 그 직무를 수행한다.

제16조(임원의 직무 등) ① 조합장은 조합을 대표하고 조합의 사무를 총괄하며 총회와 대의원회 및 이사회의 의장이 된다.

② 이사는 조합장을 보좌하고, 이사회에 부의된 사항을 심의 · 의결하며 이 정관이 정하는 바에 의하여 조합의 사무를 분장한다.

③ 감사는 조합의 사무 및 재산상태와 회계에 관하여 감사하며 정기 총회에 감사결과보고서를 제출하여야 하며, 조합원 5분의1 이상의 요청이 있을 때에는 공인회계사에게 회계감사를 의뢰하여 공인회계사가 작성한 감사보고서를 총회 또는 대의원회에 제출하여야 한다.

【주】 조합회계 등 감사의 업무에 관하여 의혹이 있을 경우 공인회계사에게 회계감사를 의뢰토록 하여 의혹을 해소할 수 있도록 한 것으로 요청정족수는 조합의 규모 등에 따라 적정하게 조정할 수 있음.

④ 감사는 조합의 재산관리 또는 조합의 업무집행이 공정하지 못하거나 부정이 있음을 발견하였을 때에는 대의원회 또는 총회에 보고하여야 하며, 조합장은 보고를 위한 대의원회 또는 총회를 소집하여야 한다. 이 경우 감사의 요구에도 조합장이 소집하지 아니하는 경우에는 감사가 직접 대의원회를 소집할 수 있으며 대의원회 의결에 의하여 총회를 소집할 수 있다. 회의

소집 절차와 의결방법 등은 제22조, 제24조제7항 및 제26조의 규정을 준용한다.

【주】 소집요구권을 감사, 대의원, 조합원에게 부여하여 부정에 대한 신속한 조치를 기할 수 있도록 함.

⑤ 감사는 제4항 직무위배행위로 인해 감사가 필요한 경우 조합임원 또는 외부전문가로 구성된 감사위원회를 구성할 수 있다. 이 경우 감사는 감사위원회의 의장이 된다.

⑥ 다음 각호의 경우에는 당해 안건에 관해 (상근)이사중에서 연장자 순으로 조합을 대표한다.

1. 조합장이 유고 등으로 인하여 그 직무를 수행할 수 없을 경우
2. 조합장이 자기를 위한 조합과의 계약이나 소송 등에 관련되었을 경우
3. 조합장의 해임에 관한 사항

⑦ 조합은 그 사무를 집행하기 위하여 필요하다고 인정하는 때에는 조합의 인사규정이 정하는 바에 따라 상근하는 임원 또는 유급직원을 둘 수 있다. 이 경우 조합의 인사규정은 미리 총회의 의결을 받아야 한다.

【주】 상근임원의 종류 및 상근임원의 업무범위 · 권한 · 의무, 유급 직원의 수 및 직함, 업무내용 등을 별도의 인사규정을 마련하여 운영하도록 한 것이나, 조합의 규모나 성격에 따라 별도의 인사규정이 없이 정관에 직접 정할 수도 있을 것임

⑧ 조합 임원은 같은 목적의 사업을 시행하는 다른 조합 · 추진위원회 또는 당해 사업과 관련된 시공자 · 설계자 · 정비사업전문관리업자 등 관련단체의 임원 · 위원 또는 직원을 겸할 수 없다.

제17조(임원의 결격사유 및 자격상실 등) ① 다음 각호의 자는 조합의 임원 및 대의원이 될 수 없다.

1. 미성년자 · 금치산자 · 한정치산자
2. 파산자로서 복권되지 아니한 자
3. 금고이상의 실형의 선고를 받고 그 집행이 종료(종료된 것으로 보는 경우를 포함한다)되거나 집행이 면제된 날부터 2년이 경과되지 아니한자
4. 금고이상의 형의 집행유예를 받고 그 유예기간중에 있는 자
5. 법 또는 관련법률에 의한 징계에 의하여 면직의 처분을 받은 때로부터 2년이 경과되지 아니한 자

② 임원이 제1항 각호의 1에 해당하게 되거나 선임당시 그에 해당하는 자이었음이 판명되거나, 선임당시에 제15조제2항 각호에 해당하지 않은 것으로 판명된 경우 당연 퇴임한다.

③ 제2항의 규정에 의하여 퇴임된 임원이 퇴임 전에 관여한 행위는 그 효력을 잃지 아니한다.

【주】 도시 및 주거환경정비법 제23조 규정에 의하여 임원의 퇴임전에 행위에 대한 효력을 인정함으로서, 업무의 영속성을 유지가능토록 함.

④ 임원으로 선임된 후 직무위배행위로 인한 형사사건으로 기소된 경우에는 그 내용에 따라 확정판결이 있을 때까지 제18조제4항의 절차에 따라 그 자격을 정지할 수 있다. 또한, 임원이

그 사건으로 받은 확정판결내용이 법 제85조 및 제86조 벌칙규정에 의한 벌금형에 해당하는 경우에는 총회에서 자격상실여부를 의결한다.

【주】 직무와 관련된 사건으로 기소된 후 확정판결까지의 기간이 장기화 될 경우 해당 임원의 자격시비 등으로 조합 업무추진에 지장이 많음을 감안한 것임

제18조(임원의 해임 등) ① 임원이 직무유기 및 태만 또는 관계법령 및 이 정관에 위반하여 조합에 부당한 손해를 초래한 경우에는 해임할 수 있다. 이 경우 사전에 해당 임원에 대해 청문 등 소명기회를 부여하여야 하며, 청문 등 소명기회를 부여하였음에도 이에 응하지 아니한 경우에는 소명기회를 부여한 것으로 본다. 다만, 제17조제2항의 규정에 의하여 당연 퇴임한 임원에 대해서는 해임절차 없이 그 사유가 발생한 날로부터 그 자격을 상실한다.

② 임원이 자의로 사임하거나 제1항의 규정에 의하여 해임되는 경우에는 지체없이 새로운 임원을 선출하여야 한다. 이 경우 새로 선임된 임원의 자격은 시장 · 군수의 조합설립변경인가 및 법인의 임원변경등기를 하여야 대외적으로 효력이 발생한다.

③ 임원의 해임은 조합원 10분의 1 이상 또는 대의원 3분의 2 이상의 발의로 조합장(조합장이 해임 대상인 경우는 발의자 공동명의로 한다)이 소집한 총회에서 조합원 과반수의 출석과 출석조합원 과반수의 동의를 얻어 해임할 수 있다. 조합장이 해임 대상인 경우 발의자 대표의 임시사회로 선출된 자가 그 의장이 된다.

④ 제2항의 규정에 의하여 사임하거나 또는 해임되는 임원의 새로운 임원이 선임, 취임할 때까지 직무를 수행하는 것이 적합하지 아니하다고 인정될 때에는 이사회 또는 대의원회 의결에 따라 그의 직무수행을 정지하고 조합장이 임원의 직무를 수행할 자를 임시로 선임할 수 있다. 다만, 조합장이 사임하거나 퇴임 · 해임되는 경우에는 제16조제6항을 준용한다.

【주】 임원이 직무태만, 부정 등으로 해임되는 경우에는 새로운 임원이 선출될 때까지 업무를 수행하는 것이 적정하지 못한 경우가 대부분이므로 업무공백이나 부작용이 없도록 그 절차를 정한 것임

제19조(임직원의 보수 등) ① 조합은 상근임원 외의 임원에 대하여는 보수를 지급하지 아니한다. 다만, 임원의 직무수행으로 발생되는 경비는 지급할 수 있다.

② 조합은 상근하는 임원 및 유급직원에 대하여 조합이 정하는 별도의 보수규정에 따라 보수를 지급하여야 한다. 이 경우 보수규정은 미리 총회의 의결을 거쳐야 한다.

【주】 상근하는 임원 및 유급직원에 대한 보수는 사업비에 영향을 미치므로 별도의 보수규정을 마련하여 운영토록 하고 총회의결을 거치도록 한 것이나, 조합의 규모에 따라 정관에 보수에 관한 사항 등을 직접 규정할 수도 있음

③ 유급직원은 조합의 인사규정이 정하는 바에 따라 조합장이 임명한다. 이 경우 임명결과에 대하여 사후에 대의원회의 인준을 받아야 하며 인준을 받지 못하면 즉시 해임하여야 한다.

【주】 유급직원은 조합사무를 실무적으로 수행하므로 조합장이 관련규정에 따라 임명토록 한 것이며, 사후에 대의원

회의 인준(또는 총회인준으로 조정가능)을 받도록 한 것임

제 5 장 기 관

제20조(총회의 설치) ① 조합에는 조합원 전원으로 구성하는 총회를 둔다.

② 총회는 정기총회 · 임시총회로 구분하며 조합장이 소집한다.

③ 정기총회는 매년 1회, 회계연도 종료일부터 2월 이내에 개최한다. 다만, 부득이한 사정이 있는 경우에는 3월 범위내에서 사유와 기간을 명시하여 일시를 변경할 수 있다.

【주】 조합의 내부 사정에 따라 정기총회 일시를 탄력적으로 운영할 수 있도록 한 것이나, 총회소집을 무기한 연기하거나 지체할 수 있도록 하는 것은 바람직하지 못하므로 3월 범위내로 한 것임

④ 임시총회는 조합장이 필요하다고 인정하는 경우에 개최한다. 다만, 다음 각호의 1에 해당하는 때에는 조합장은 해당일로부터 2월 이내에 총회를 개최하여야 한다.

1. 조합원 5분의 1 이상이 총회의 목적사항을 제시하여 청구하는 때
2. 대의원 3분의 2 이상으로부터 개최요구가 있는 때

⑤ 제4항의 각호의 규정에 의한 청구 또는 요구가 있는 경우로서 조합장이 2월 이내에 정당한 이유없이 총회를 소집하지 아니하는 때에는 감사가 지체없이 총회를 소집하여야 하며, 감사가 소집하지 아니하는 때에는 제4항 각호의 규정에 의하여 소집을 청구한 자의 공동명의로 이를 소집한다.

【주】 일정 비율 이상의 조합원, 대의원 또는 감사에게 총회소집요구권을 부여함으로써 조합원의 권익을 보호하도록 함. 이때, 총회소집요구 정족수는 조합원수, 조합의 규모 등에 따라 적절히 정할 수 있을 것임

⑥ 제2항 내지 제5항의 규정에 의하여 총회를 개최하거나 일시를 변경하는 경우에는 총회의 목적 · 안건 · 일시 · 장소 · 변경사유 등에 관하여 미리 이사회의 의결을 거쳐야 한다. 다만, 제5항의 규정에 의한 조합장이 아닌 공동명의로 총회를 소집하는 경우에는 그러하지 아니하다.

⑦ 제2항 내지 제5항의 규정에 의하여 총회를 소집하는 경우에는 회의개최 14일전부터 회의목적 · 안건 · 일시 및 장소 등을 게시판에 게시하여야 하며 각 조합원에게는 회의개최 7일전까지 등기우편으로 이를 발송, 통지하여야 한다.

⑧ 총회는 제7항에 의하여 통지한 안건에 대해서만 의결할 수 있다.

제21조(총회의 의결사항) 다음 각호의 사항은 총회의 의결을 거쳐 결정한다.

1. 정관의 변경
2. 자금의 차입과 그 방법 · 이율 및 상환방법

3. 법 제61조의 규정에 의한 부과금의 금액 및 징수방법

4. 정비사업비의 사용계획 등 예산안

5. 예산으로 정한 사항외에 조합원의 부담이 될 계약

6. 철거업자 · 시공자 · 설계자의 선정 및 변경

7. 정비사업전문관리업자의 선정 및 변경

8. 조합임원 및 대의원의 선임 및 해임(임기중 궐위된 자를 보궐선임하는 경우 제외한다)

9. 정비사업비의 조합원별 분담내역

10. 법 제48조의 규정에 의한 관리처분계획의 수립 및 변경(동법 제48조제1항 단서의 규정에 의한 경미한 변경을 제외한다)

11. 법 제57조의 규정에 의한 청산금의 징수 · 지급(분할징수 · 분할지급을 포함한다)과 조합 해산시의 회계보고

12. 조합의 합병 또는 해산(사업완료로 인한 해산은 제외한다)

13. 법 제30조에 의한 사업시행계획서의 작성 및 변경(법 제28조제1항 단서에 의한 경미한 변경의 경우는 제외한다)

14. 그 밖에 이 정관에서 총회의 의결 또는 인준을 거치도록 한 사항

【주】 조합원의 재산권과 관련된 정관 조문, 계약관계 및 관리처분계획 등 재건축사업의 시행에 있어서 핵심적인 사항에 대해서는 가급적 총회에서 조합원 스스로가 결정하도록 하여야 할 것이며, 그 밖의 조합원에게 경제적으로 부담되는 사항 등 주요 사항을 조합특성에 맞게 정할 수 있음.

제22조(총회의 의결방법) ① 총회는 법, 이 정관에서 특별히 정한 경우를 제외하고는 조합원 과반수 출석으로 개의하고 출석조합원의 과반수 찬성으로 의결한다.

② 제1항의 규정에 불구하고 다음 각호에 관한 사항은 조합원 과반수 출석과 출석조합원 3분의 2 이상의 찬성으로 의결한다.

1. 정관 제○조, 제○조제○항의 개정 및 폐지에 관한 사항

2.........................

3.........................

【주】 조합원의 재산권 · 비용부담에 관한 사항 등 조합원의 권익과 직결되는 중요한 사항을 발췌하여 개의요건 및 의결정족수를 강화할 수 있도록 한 것으로 중요한 정관의 개폐, 그 밖에 중요한 사항을 구체적으로 명시할 수 있음

③ 조합원은 서면 또는 제10조제2항 각호에 해당하는 대리인을 통하여 의결권을 행사할 수 있다. 서면행사하는 경우에는 제1항 및 제2항의 규정에 의한 출석으로 본다.

④ 조합원은 제3항의 규정에 의하여 출석을 서면으로 하는 때에는 안건내용에 대한 의사를 표시하여 총회 전일까지 조합에 도착되도록 하여야 한다.

⑤ 조합원은 제3항의 규정에 의하여 출석을 대리인으로 하고자 하는 경우에는 위임장 및 대리인 관계를 증명하는 서류를 조합에 제출하여야 한다.

⑥ 총회 소집결과 정족수에 미달되는 때에는 재소집하여야 하며, 재소집의 경우에도 정족수에 미달되는 때에는 대의원회로 총회를 갈음할 수 있다(단, 제21조제1호 · 제2호 · 제5호 내지 제8호 · 제10호 및 제12호에 관한 사항은 그러하지 아니하다).

【주】 대의원회가 총회를 대신하여 의결할 경우에도 특례를 두어, 조합원의 권익을 보호하도록 한 것으로, 조합원의 권익에 직결되는 사항에 대해서는 대의원회가 총회를 대신할 수 없도록 하여 조합원 스스로가 총회에 참석하여 의결권을 행사하여야 할 것임.

⑦ 제3항의 규정에도 불구하고 시공자 선정을 위한 총회는 조합원 과반수가 직접 참석한 경우(대리인이 참석한 때에는 직접 참석으로 본다)에 한하여 의사를 진행할 수 있다.

제23조(총회운영 등) ① 총회는 이 정관 및 의사진행의 일반적인 규칙에 따라 운영한다.

② 의장은 총회의 안건의 내용 등을 고려하여 다음 각호에 해당하는 자등 조합원이 아닌 자를 총회에 참석하여 발언하도록 할 수 있다.

1. 조합직원
2. 정비사업전문관리업자 · 시공자 또는 설계자
3. 그 밖에 의장이 총회운영을 위하여 필요하다고 인정하는 자

③ 의장은 총회의 질서를 유지하고 의사를 정리하며, 고의로 의사진행을 방해하는 발언 · 행동 등으로 총회질서를 문란하게 하는 자에 대하여 그 발언의 정지 · 제한 또는 퇴장을 명할 수 있다.

④ 제1항과 제3항의 의사규칙은 대의원회에서 정하여 운영할 수 있다.

제24조(대의원회의 설치) ① 조합에는 대의원회를 둔다.

【주】 조합원이 100인 이상인 경우만 해당됨

② 대의원의 수는 __인 이상 __인 이하로 하되, 동별(街區別)로 최소__인의 대의원을 선출하여야 한다.

【주】 대의원 수는 동별 또는 단지규모 등을 고려하여 조합원의 10분의 1 이상으로 하되, 조합원의 10분의 1 이 100인을 넘는 경우에는 100인의 대의원으로 구성한다. 동별로 고루 선출하되, 단독주택지의 경우에는 가구별로 균형있게 선출함

③ 대의원은 조합원중에서 선출하며, 조합장이 아닌 조합임원은 대의원이 될 수 없다.

【주】 도시 및 주거환경정비법 제25조제3항에 규정된 내용으로서 대의원회에서 의결함에 있어 순수 대의원회의 의견을 충분히 반영하기 위한 것임

④ 대의원의 선출 또는 궐위된 대의원의 보선은 다음 각호의 1에 해당하는 조합원 중에서 선임한다. 다만, 궐위된 대위원의 보선은 대의원 5인 이상의 추천을 받아 대의원회가 이를 보궐선

임한다.

1. 피선출일 현재 사업시행구역 안에서 3년 이내 1년 이상 거주하고 있는 자(다만, 거주의 목적이 아닌 상가 등의 건축물에서 영업 등을 하고 있는 경우 영업 등은 거주로 본다)
2. 피선출일 현재 사업시행구역 안에서 5년 이상 토지 및 건축물을 소유한 자

【주】 대의원은 원칙적으로 조합원이 직접 선출하여야 할 것이나, 조합원의 이주로 인하여 소집이 어려울 경우에는 보선에 한해 대의원회에서 선출할 수 있도록 한 것이며, 대의원자격요건으로 거주기간을 조합여건에 따라 정할 수 있음.

⑤ 대의원회는 조합장이 필요하다고 인정하는 때에 소집한다. 다만, 다음 각호의 1에 해당하는 때에는 조합장은 해당일부터 14일 이내에 대의원회를 소집하여야 한다.

1. 조합원 10분의 1 이상이 총회의 목적사항을 제시하여 소집을 청구하는 때
2. 대의원의 3분의 1 이상이 회의의 목적사항을 제시하여 청구하는 때

⑥ 제5항 각호의 1에 의한 소집청구가 있는 경우로서 조합장이 14일 이내에 정당한 이유없이 대의원회를 소집하지 아니한 때에는 감사가 지체없이 이를 소집하여야 하며, 감사가 소집하지 아니하는 때에는 제5항 각호의 규정에 의하여 소집을 청구한 자의 공동명의로 이를 소집한다.

【주】 일정수 이상의 대의원이 대의원회의 소집을 요구하였으나 의장(조합장)이 이에 불응할 경우에 대비하여 보완한 것임

⑦ 대의원회 소집은 회의개최 7일전에 회의목적 · 안건 · 일시 및 장소를 기재한 통지서를 대의원에게 송부하고, 게시판에 게시하여야 한다. 다만, 사업추진상 시급히 대의원회 의결을 요하는 사안이 발생하는 경우에는 회의 개최 3일 전에 통지하고 대의원회에서 안건상정여부를 묻고 의결할 수 있다.

⑧ 대의원 해임에 관한 사항은 제18조제1항을 준용한다.

제25조(대의원회 의결사항) ① 대의원회는 다음 각호의 사항을 의결한다.

1. 궐위된 임원 및 대의원의 보궐선임
2. 예산 및 결산의 승인에 관한 방법
3. 총회 부의안건의 사전심의 및 총회로부터 위임받은 사항
4. 총회의결로 정한 예산의 범위내에서의 용역계약 등

【주】 사업추진상 불가피하게 발생하는 계약(세무사, 법무사, 회계사, 교통영향평가 및 감정평가업체 등)에 대하여 대의원회에서 결정 가능토록 함.

② 대의원회는 제24조제7항의 규정에 의하여 통지한 사항에 관하여만 의결할 수 있다. 다만, 통지 후 시급히 의결할 사항이 발생한 경우, 의장의 발의와 출석대의원 과반수 동의를 얻어 안건으로 채택한 경우에는 그 사항을 의결할 수 있다.

③ 대의원 자신과 관련된 사항에 대하여는 그 대의원은 의결권을 행사할 수 없다.

④ 이사 · 감사는 대의원회에 참석하여 의견을 진술할 수 있다.

제26조(대의원회 의결방법) ① 대의원회는 법 및 이 정관에서 특별히 정한 경우를 제외하고는 대의원 과반수 출석으로 개의하고 출석대의원 과반수의 찬성으로 의결한다. 다만, 제22조제6항의 규정에 의하여 대의원회가 총회의 권한을 대행하여 의결하는 경우에는 재적 대의원 3분의 2 이상의 출석과 출석대의원 3분의 2 이상의 동의를 얻어야 한다.

【주】 총회의 권한을 대행하는 사항에 대해서는 출석 및 의결 정족수를 강화하여 조합운영을 보다 신중하게 하도록 한 것임

② 대의원은 대리인을 통한 출석을 할 수 없다. 다만, 서면으로 대의원회에 출석하거나 의결권을 행사할 수 있다. 이 경우 제1항의 규정에 의한 출석으로 본다.

③ 제23조의 규정은 대의원회에 이를 준용한다.

제27조(이사회의 설치) ① 조합에는 조합의 사무를 집행하기 위하여 조합장과 이사로 구성하는 이사회를 둔다.

② 이사회는 조합장이 소집하며, 조합장은 이사회의 의장이 된다.

제28조(이사회의 사무) 이사회는 다음 각호의 사무를 집행한다.

1. 조합의 예산 및 통상업무의 집행에 관한 사항
2. 총회 및 대의원회의 상정안건의 심의 · 결정에 관한 사항
3. 업무규정 등 조합 내부규정의 제정 및 개정안 작성에 관한 사항
4. 그 밖에 조합의 운영 및 사업시행에 관하여 필요한 사항

【주】 별도의 조항으로 전문적이고 효율적인 조합운영을 위하여 이사회 보좌기관으로서 자문 또는 고문기관을 둘 수 있음.

제29조(이사회의 의결방법) ① 이사회는 대리인 참석이 불가하며, 구성원 과반수 출석으로 개의하고 출석 구성원 과반수 찬성으로 의결한다.

② 구성원 자신과 관련된 사항에 대하여는 그 구성원은 의결권을 행사할 수 없다.

③ 제26조제2항의 규정은 이사회의 의결에 준용한다.

제30조(감사의 이사회 출석권한 및 감사요청) ① 감사는 이사회에 출석하여 의견을 진술할 수 있다. 다만, 의결권은 가지지 아니한다.

② 이사회는 조합운영상 필요하다고 인정될 때에는 감사에게 조합의 업무에 대하여 감사를 실시하도록 요청할 수 있다.

제31조(의사록의 작성 및 관리) 조합은 총회 · 대의원회 및 이사회의 의사록을 작성하여 청산시까지 보관하여야 하며, 그 작성기준 및 관리 등은 다음 각호와 같다. 다만, 속기사의 속기록일 경우에는 제1호의 규정을 적용하지 아니한다.

1. 의사록에는 의사의 경과, 요령 및 결과를 기재하고 의장 및 출석한 이사가 기명날인하여야 한다.
2. 의사록은 조합사무소에 비치하여 조합원이 항시 열람할 수 있도록 하여야 한다.
3. 임원의 선임 또는 대의원의 선출과 관련된 총회의 의사록을 관할 시장 · 군수에게 송부하고자 할 때에는 임원 또는 대의원 명부와 그 피선자격을 증명하는 서류를 첨부하여야 한다.

제 6 장 재 정

제32조(조합의 회계) ① 조합의 회계는 매년 1월1일(설립인가를 받은 당해년도는 인가일)부터 12월말일 까지로 한다.

② 조합의 예산 · 회계는 기업회계의 원칙에 따르되 조합은 필요하다고 인정하는 때에는 다음 사항에 관하여 별도의 회계규정을 정하여 운영할 수 있다. 이 경우 회계규정을 정할 때는 미리 총회의 인준을 받아야 한다.

1. 예산의 편성과 집행기준에 관한 사항
2. 세입 · 세출예산서 및 결산보고서의 작성에 관한 사항
3. 수입의 관리 · 징수방법 및 수납기관 등에 관한 사항
4. 지출의 관리 및 지급 등에 관한 사항
5. 계약 및 채무관리에 관한 사항
6. 그 밖에 회계문서와 장부에 관한 사항

③ 조합은 매 회계년도 종료일부터 30일내에 결산보고서를 작성한 후 감사의 의견서를 첨부하여 대의원회에 제출하여 의결을 거쳐야 하며, 대의원회 의결을 거친 결산보고서를 총회 또는 조합원에게 서면으로 보고하고 조합사무소에 이를 3월 이상 비치하여 조합원들이 열람할 수 있도록 하여야 한다.

④ 조합은 다음 각호의 1에 해당하는 시기에 주식회사의외부감사에관한법률 제3조 규정에 의한 감사인의 회계감사를 받아야 한다.

1. 추진위원회에서 조합으로 인계되기 전까지 납부 또는 지출된 금액이 3억 5천만원 이상

인 경우

2. 사업시행인가고시일전까지 납부 또는 지출된 금액이 7억원 이상인 경우에 고시일부터 20일 이내

3. 준공인가신청일까지 납부 또는 지출된 금액이 14억원 이상인 경우에 준공검사의 신청일부터 7일 이내

【주】 도시 및 주거환경정비법 제76조의 규정에 의한 회계감사를 실시함에 있어 동법 시행령 제67조제1항의 규정에 의한 시기별로 회계감사를 받아야 한다.

⑤ 제4항의 규정에도 불구하고 비용의 납부 및 지출내역에 대하여 조합원 5분의 4 이상 동의할 경우 회계감사를 받지 아니할 수 있다.

⑥ 조합은 제4항의 규정에 의하여 실시한 회계감사 결과를 회계감사종료일로부터 15일 이내에 시장 · 군수에게 보고하고, 조합사무소에 이를 비치하여 조합원들이 열람할 수 있도록 하여야 한다.

제33조(재원) 조합의 운영 및 사업시행을 위한 자금은 다음 각호에 의하여 조달한다.

1. 조합원이 현물로 출자한 토지 및 건축물
2. 조합원이 납부하는 정비사업비 등 부과금
3. 건축물 및 부대 · 복리시설의 분양 수입금
4. 조합이 금융기관 및 시공자 등으로부터 조달하는 차입금
5. 대여금의 이자 및 연체료 등 수입금
6. 청산금
7. 그 밖에 조합재산의 사용수익 또는 처분에 의한 수익금

제34조(정비사업비의 부과 및 징수) ① 조합은 사업시행에 필요한 비용을 충당하기 위하여 조합원에게 공사비 등 주택사업에 소요되는 비용(이하 "정비사업비"라 한다)을 부과 · 징수 할 수 있다.

② 제1항의 규정에 의한 정비사업비는 총회의결을 거쳐 부과할 수 있으며, 추후 사업시행구역안의 토지 및 건축물 등의 위치 · 면적 · 이용상황 · 환경 등 제반여건을 종합적으로 고려하여 관리처분계획에 따라 공평하게 금액을 조정하여야 한다.

③ 조합은 납부기한 내에 정비사업비를 납부하지 아니한 조합원에 대하여는 금유기관에서 적용하는 연체금리의 범위 내에서 연체료를 부과할 수 있으며 법 제61조제4항의 규정에 따라 시장 · 군수에게 정비사업비의 징수를 위탁할 수 있다.

【주】 사업추진을 위한 경비 등 정비사업비의 납부 및 이의 연체에 대한 조합의 처분 등에 대한 규정을 두어 조합원이 이를 숙지토록 하고, 일부 미납자로 인한 다수 조합원의 피해를 방지할 수 있도록 한 것임

제 7 장 사 업 시 행

제35조(임대주택 건설의무) 법 제30조의2 주택재건축사업의 임대주택 건설의무 규정으로 인하여 재건축 임대주택을 공급하여야 할 경우에는 관계 법령에 적합한 범위 내에서 임대주택공급에 대한 사업계획을 작성하여 총회의 의결을 받아야 한다.

제36조(사업시행계획의 동의) 조합은 사업시행인가를 신청하기 전에 조합원 과반수의 동의를 얻어야 한다. 다만 법 제28조제1항 단서에 의한 경미한 사항의 변경의 경우 5분의 1 이상의 동의를 얻어야 한다.

제37조(이주대책) ① 사업시행으로 주택이 철거되는 조합원은 사업을 시행하는 동안 자신의 부담으로 이주하여야 한다.

② 조합은 이주비의 지원을 희망하는 조합원에게 조합이 직접 금융기관과 약정을 체결하거나, 시공자와 약정을 체결하여 지원하도록 알선할 수 있다. 이 경우 이주비를 지원받은 조합원은 사업시행구역안의 소유 토지 및 건축물을 담보로 제공하여야 한다.

【주】 이주비에 있어 차입대상에 따라 조정 가능함.

③ 제2항의 규정에 의하여 이주비를 지원받은 조합원 또는 그 권리를 승계한 조합원은 지원받은 이주비를 주택 등에 입주시까지 시공자(또는 금융기관)에게 환불하여야 한다.

④ 조합원은 조합이 정하여 통지하는 이주기한 내에 당해 건축물에서 퇴거하여야 하며, 세입자 또는 임시거주자 등이 있을 때에는 당해 조합원의 책임으로 함께 퇴거하도록 조치하여야 한다.

⑤ 조합원은 본인 또는 세입자 등이 당해 건축물에서 퇴거하지 아니하여 기존 주택 등의 철거 등 사업시행에 지장을 초래하는 때에는 그에 따라 발생되는 모든 손해에 대하여 변상할 책임을 진다.

⑥ 제5항의 규정에 의하여 조합원이 변상할 손해금액과 징수방법 등은 대의원회에서 정하여 총회의 승인을 얻어 당해 조합원에게 부과하며, 이를 기한 내에 납부하지 아니한 때에는 당해 조합원의 권리물건을 환가처분하여 그 금액으로 충당할 수 있다.

【주】 소수 조합원의 의무불이행으로 사업지연 등 다수 조합원의 피해를 초래한 경우에는 변상책임이 있음을 미리 모든 조합원이 숙지토록 하여 분쟁을 예방하고 사업수행에 원활을 기하기 위한 것임

제38조(지장물 철거 등) ① 조합은 관리처분계획인가 후, 사업시행구역안의 건축물을 철거할 수

있다.

② 조합은 제1항의 규정에 의하여 건축물을 철거하고자 하는 때에는 30일 이상의 기간을 정하여 구체적인 철거계획에 관한 내용을 미리 조합원 등에게 통지하여야 한다.

③ 사업시행구역안의 통신시설 · 전기시설 · 급수시설 · 도시가스시설등 공급시설에 대하여는 당해 시설물 관리권자와 협의하여 철거기간이나 방법 등을 따로 정할 수 있다.

④ 조합원의 이주 후 건축법 제27조의 규정에 의한 철거 및 멸실신고는 조합이 일괄 위임받아 처리하도록 한다.

【주】 철거 및 멸실신고 절차를 조합이 일괄처리함으로서 사업기간의 단축 등의 효과가 나타날 수 있음

제39조(보상의 예외 등) 사업시행구역안의 철거되는 일체의 지장물중 등기 또는 행정기관의 공부에 등재되지 아니한 지장물은 보상대상이 될 수 없다.

제40조(지상권 등 계약의 해지) ① 조합은 사업의 시행으로 인하여 지상권 · 전세권 또는 임차권의 설정목적을 달성할 수 없는 권리자가 계약상 금전의 반환청구권을 조합에 행사할 경우 조합은 당해 금전을 지급할 수 있다.

② 조합은 제1항에 의하여 금전을 지급하였을 경우 당해 조합원에게 이를 구상할 수 있으며 구상이 되지 아니 한 때에는 당해 조합원에게 귀속될 건축물을 압류할 수 있으며 이 경우 압류한 권리는 저당권과 동일한 효력을 가진다.

③ 조합설립인가일 이후에 체결되는 지상권 · 전세권설정계약 또는 임대차계약의 계약기간에 대하여는 민법 제280조 · 제281조 및 제312조제2항, 주택임대차보호법 제4조제1항, 상가건물 임대차보호법 제9조제1항의 규정은 이를 적용하지 아니한다.

제41조(매도청구 등) ① 조합은 주택재건축사업을 시행함에 있어 법 제16조제2항 및 제3항의 규정에 의한 조합 설립의 동의를 하지 아니한 자(건축물 또는 토지만 소유한 자를 포함한다)의 토지 및 건축물에 대하여는 집합건물의 소유 및 관리에 관한법률 제48조의 규정을 준용하여 매도청구를 할 수 있다. 이 경우 재건축결의는 조합설립의 동의로 보며, (구분)소유권 및 토지사용권은 사업시행구역안의 매도청구의 대상이 되는 토지 또는 건축물의 소유권과 그 밖의 권리로 본다.

② 제1항에 의한 매도청구시 매도청구의 소에 관한 조합측 당사자는 조합장에게 있다.

제42조(소유자의 확인이 곤란한 건축물 등에 대한 처분) ① 조합은 사업을 시행함에 있어 조합설립인가일 현재 토지 또는 건축물의 소유자의 소재확인이 현저히 곤란한 경우 전국적으로 배포되는 2 이상의 일간신문에 2회 이상 공고하고, 그 공고한 날부터 30일 이상이 지난 때에는

그 소유자의 소재확인이 현저히 곤란한 토지 또는 건축물의 감정평가액에 해당하는 금액을 법원에 공탁하고 사업을 시행할 수 있다. 이 경우 그 감정평가액은 시장 · 군수가 추천하는 지가공시및토지등의평가에관한법률에 의한 감정평가업자(이하 "감정평가업자"라 한다) 2인 이상이 평가한 금액을 산술평균하여 산정한다.

② 사업을 시행함에 있어 조합설립인가일 현재 조합원 전체의 공동소유인 토지 또는 건축물에 대하여는 조합소유의 토지 또는 주택 등으로 보며 이를 관리처분계획에 명시한다.

제 8 장 관리처분계획

제43조(분양통지 및 공고 등) 조합은 제12조의 규정에 의하여 시공사를 선정하여 계약을 체결한 날부터 21일 이내에 다음 각호의 사항을 토지등소유자에게 통지하고, 해당지역에서 발간되는 (2 또는 1)이상의 일간신문에 공고하여야 한다. 이 경우 제9호의 사항은 통지하지 아니하고, 제3호 및 제6호의 사항은 공고하지 아니한다.

1. 사업시행인가의 내용
2. 사업의 종류 · 명칭 및 정비구역의 위치 · 면적
3. 분양신청서
4. 분양신청기간 및 장소
5. 분양대상 토지 또는 건축물의 내역
6. 개략적인 부담금 내역
7. 분양신청자격
8. 분양신청방법
9. 토지등소유자외의 권리자의 권리신고방법
10. 분양을 신청하지 아니한 자에 대한 조치
11. 그 밖에 시 · 도 조례가 정하는 사항

【주】 분양신청 · 계약 및 이와 관련한 조합원의 권리 · 의무 등을 제8조에 따라 철저히 고지 · 공고하도록 하되, 분양신청을 하지 않을 경우 청산토록 법에 명시하고 있는 바, 조합은 선의 피해자가 없도록 하기 위해 추가적인 통지방법을 강구 할 수 있음

제44조(분양신청 등) ① 제43조제4호의 분양신청기간은 그 통지한 날부터 30일 이상 60일 이내로 한다. 다만, 조합은 관리처분계획의 수립에 지장이 없다고 판단되는 경우에는 분양신청기간을 20일 범위 이내에서 연장할 수 있다.

② 토지 또는 건축물을 분양받고자 하는 조합원은 분양신청서에 소유권의 내역을 명시하고, 그

소유의 토지 및 건축물에 관한 등기부등본 등 그 권리를 입증할 수 있는 증명서류를 조합에 제출하여야 한다.

③ 제1항 및 제2항의 규정에 의한 분양신청서를 우편으로 제출하고자 할 경우에는 그 신청서가 분양신청기간 내에 발송된 것임을 증명할 수 있도록 등기우편 등으로 제출하여야 한다.

④ 조합은 조합원이 다음 각호의 1에 해당하는 경우에는 그 해당하게 된 날부터 150일 이내에 건축물 또는 그 밖의 권리에 대하여 현금으로 청산 한다. 그 금액은 시장 · 군수가 추천하는 감정평가업자 2 이상이 평가한 금액을 산술평균하여 산정한다.

1. 분양신청을 하지 아니한 자
2. 분양신청을 철회한 자
3. 인가된 관리처분계획에 의하여 분양대상에서 제외된 자

【주】 도시 및 주거환경정비법 제47조 및 시행령 제48조에 근거하여 주택재건축사업에 동의하고도 분양신청을 하지 않아 원활한 사업진행에 차질을 빚을 경우에 대비한 것으로, 조합원의 권리 · 의무와 직결되는 중요한 사항이므로 이를 이행치 않을 경우의 불이익 등에 대해 충분히 설명, 고지하여야 할 것임

⑤ 조합원은 관리처분계획인가 후 ○일 이내에 분양계약체결을 하여야 하며 분양계약체결을 하지 않는 경우 제4항의 규정을 준용한다.

【주】 관리처분계획인가후 조합은 분양계약체결 장기화를 방지하기 위해 계약체결과 관련하여 일정기간을 정할 수 있음.

제45조(보류지) 분양대상의 누락, 착오 등의 사유로 인한 관리처분계획의 변경과 소송 등의 사유로 향후 추가분양이 예상되는 경우 분양하는 공동주택 총 건립세대수의 __% 이내와 부대복리시설의 일부를 보류지로 정할 수 있다.

제46조(관리처분계획의 기준) 조합원의 소유재산에 관한 관리처분계획은 분양신청 및 공사비가 확정된 후 건축물철거 전에 수립하며 다음 각호의 기준에 따라 수립하여야 한다.

1. 조합원이 출자한 종전의 토지 및 건축물의 가격/면적을 기준으로 새로이 건설되는 주택 등을 분양함을 원칙으로 한다.
2. 사업시행 후 분양받을 건축물의 면적은 분양면적(전용면적+공유면적)을 기준으로 하며, 1필지의 대지위에 2인 이상에게 분양될 건축물이 설치된 경우에는 건축물의 분양면적의 비율에 의하여 그 대지소유권이 주어지도록 하여야 한다. 이 경우 토지의 소유관계는 공유로 한다.(시행령 52조)
3. 조합원에게 분양하는 주택의 규모는 건축계획을 작성하여 사업시행인가를 받은 후 평형별로 확정한다.
4. 조합원에 대한 신축건축물의 평형별 배정에 있어 조합원 소유 종전건축물의 가격 · 면적 · 유형 · 규모 등에 따라 우선순위를 정할 수 있다.

【주】 일정평형에 신청이 몰릴 경우 다툼이 예상되는 바, 이에 대한 기준을 미리 설정할 수 있으며, 면적으로 결정이 불합리한 경우에는 금액으로 순위를 정할 수 있다.

5. 조합원이 출자한 종전의 토지 및 건축물의 면적을 기준으로 산정한 주택의 분양대상면적과 사업시행 후 조합원이 분양받을 주택의 규모에 차이가 있을 때에는 당해 사업계획서에 의하여 산정하는 평형별 가격을 기준으로 환산한 금액의 부과 및 지급은 제54조 및 제55조의 규정을 준용한다.

6. 사업시행구역 안에 건립하는 상가 등 부대 · 복리시설은 조합이 시공자와 협의하여 별도로 정하는 약정에 따라 공동주택과 구분하여 관리처분계획을 수립할 수 있다.

7. 조합원에게 공급하고 남는 잔여주택이 20세대 이상인 경우에는 일반에게 분양하며, 그 잔여주택의 공급시기와 절차 및 방법 등에 대하여는 주택공급에관한규칙이 정하는 바에 따라야 한다. 잔여주택이 20세대 미만인 경우에는 그러하지 아니하다.

【주】 주택공급에관한규칙에 따라 일반분양하는 경우는 잔여주택이 20세대 이상일 때임을 설명한 것임

8. 1세대가 1 이상의 주택을 소유한 경우 1주택을 공급하고 2인 이상이 1주택을 공유한 경우에는 1주택만 공급한다. 다만 다음 각목의 어느 하나에 해당하는 토지등소유자에 대하여는 소유한 주택 수만큼 공급할 수 있다.

가. 투기과열지구 안에 위치하지 아니하는 주택재건축 사업의 토지등소유자

나. 근로자(공무원인 근로자를 포함한다) 숙소기숙사 용도로 주택을 소유하고 있는 토지등소유자

다. 국가, 지방자치단체 및 주택공사 등

9. 부대 · 복리시설(부속 토지를 포함한다. 이하 이 호에서 같다)의 소유자에게는 부대 · 복리시설을 공급한다. 다만, 다음 각목의 1에 해당하는 경우에는 부대 · 복리시설의 소유자에게 1주택을 공급할 수 있다.

가. 새로운 부대 · 복리시설을 공급받지 아니하는 경우로서 종전의 부대 · 복리시설의 가액이 분양주택의 최소분양단위규모 추산액에 총회에서 정하는 비율(정하지 아니한 경우에는 1로 한다)을 곱한 가액 이상일 것

나. 종전 부대 · 복리시설의 가액에서 새로이 공급받는 부대 · 복리시설의 추산액을 차감한 금액이 분양주택의 최소분양단위규모 추산액에 총회에서 정하는 비율을 곱한 가액 이상일 것

다. 새로이 공급받는 부대 · 복리시설의 추산액이 분양주택의 최소분양단위규모 추산액 이상일 것

라. 조합원 전원이 동의한 경우

10. 종전의 주택 및 부대복리시설(부속되는 토지를 포함한다)의 평가는 감정평가업자 2인 이상이 평가한 금액을 산술평가한 금액으로 한다.

【주】 동별 입지상 주거환경이 크지 않고, 유사한 주택구조 또는 층별시세차가 크지 않는 경우 등 감정평가를 실시할 필요가 크지 않은 경우에는 면적기준으로 가치평가 하는 것으로 규정할 수 있음

11. 분양예정인 주택 및 부대복리시설(부속되는 토지를 포함한다)의 평가는 감정평가업자 2인 이상이 평가한 금액을 산술평가한 금액으로 한다.

【주】 감정평가업자를 선정할 때 재개발사업과 같이 시장 · 군수의 추천을 받는 것으로도 규정할 수 있음

12. 그 밖에 관리처분계획을 수립하기 위하여 필요한 세부적인 사항은 관계규정 등에 따라 조합장이 정하여 대의원회의 의결을 거쳐 시행한다.

제47조(분양받을 권리의 양도 등) ① 조합원은 조합원의 자격이나 권한, 입주자로 선정된 지위 등을 양도한 경우에는 조합에 변동 신고를 하여야 하며, 양수자에게는 조합원의 권리와 의무, 자신이 행하였거나 조합이 자신에게 행한 처분 · 절차, 청산시 권리의무에 범위 등이 포괄승계됨을 명확히 하여 양도하여야 한다.

② 제1항의 규정에 의하여 사업시행구역안의 토지 또는 건축물에 대한 권리를 양도받은 자는 등기부등본 등 증명서류를 첨부하여 조합에 신고하여야 하며, 신고하지 아니하면 조합에 대항할 수 없다.

③ 조합은 조합원의 변동이 있는 경우 변경의 내용을 증명하는 서류를 첨부하여 시장 · 군수에 신고하여야 한다.

【주】 조합설립인가 당시의 제출서류에 변동이 있을 때에는 반드시 변경인가를 받아야 하는 점을 감안하여, 이를 정확히 숙지토록 하기 위하여 동 내용을 추가로 규정한 것임

제48조(관리처분계획의 공람 등) ① 조합은 관리처분계획의 인가를 받기 전에 관계서류의 사본을 30일 이상 토지등소유자에게 공람하고 다음 각호의 사항을 각 조합원에게 통지하여야 한다.

1. 관리처분계획의 개요
2. 주택 및 토지지분면적 등 분양대상 물건의 명세
3. 그 밖에 조합원의 권리 · 의무와 이의신청 등에 관한 사항

② 조합원은 제1항의 규정에 의한 통지를 받은 때에는 조합에서 정하는 기간 안에 관리처분계획에 관한 이의신청을 조합에 제출 할 수 있다.

③ 조합은 제2항의 규정에 의하여 제출된 조합원의 이의신청내용을 검토하여 합당하다고 인정되는 경우에는 관리처분계획의 수정 등 필요한 조치를 취하고, 그 조치 결과를 공람 · 공고 마감일부터 10일 안에 당해 조합원에게 통지하여야 하며, 이의신청이 이유없다고 인정되는 경우에도 그 사유를 명시하여 당해 조합원에게 통지하여야 한다.

【주】 관리처분계획의 수립에 있어서 합당한 의견일 경우에는 조합원의 의사가 최대한 반영될 수 있도록 한 것임

④ 조합은 제3항의 규정에 따라 관리처분계획을 수정한 때에는 총회의 의결을 거쳐 확정한 후

그 내용을 각 조합원에게 통지하여야 한다.

⑤ 조합원의 동 · 호수추첨은 OO은행 전산추첨을 원칙으로 경찰관입회하에 공정하게 실시하여야 하며 추첨결과는 시장 · 군수에게 통보하여야 한다.

제49조(관리처분계획의 통지 등) ① 조합은 관리처분계획고시가 있은 때에는 지체없이 다음 각 호의 사항을 분양신청을 한 각 조합원에게 통지하여야 한다.

1. 사업의 명칭
2. 사업시행구역의 면적
3. 조합의 명칭 및 주된 사무소의 소재지
4. 관리처분계획인가일
5. 분양대상자별로 기존의 토지 또는 건축물의 명세 및 가격과 분양예정인 토지 또는 건축물의 명세 및 추산가액

② 관리처분계획의 인가고시가 있은 때에는 종전의 건축물의 소유자 · 지상권자 · 전세권자 · 임차권자 등 권리자는 법 제54조의 규정에 의한 이전의 고시가 있은 날(이하 "이전고시일"이라 한다)까지 종전의 토지 또는 건축물에 대하여 이를 사용하거나 수익할 수 없다. 다만, 조합의 동의를 얻은 경우에는 그러하지 아니한다.

제 9 장 완료조치

제50조(준공인가 및 입주통지 등) ① 조합은 관할 시장 · 군수로부터 준공인가증을 교부 받은 때에는 지체없이 조합원에게 입주하도록 통지하여야 한다.

② 조합은 제1항의 규정에 의하여 입주통지를 한 때에는 통지된 날부터 1월 이내에 소유자별로 통지내용에 따라 등기신청을 할 수 있도록 필요한 조치를 하여야 하며, 토지 및 건축물중 일반분양분에 대해서는 조합명의로 등기한 후 매입자가 이전등기절차를 이행하도록 하여야 한다.

제51조(이전고시 등) ① 조합은 공사의 완료고시가 있은 때에는 지체없이 토지확정측량을 하고 토지의 분할절차를 거쳐 조합원과 일반분양자에게 이전하여야 한다. 다만, 사업의 효율적인 추진을 하는데 필요한 경우에는 당해사업에 관한 공사가 전부 완료되기 전에 완공된 부분에 대하여 준공인가를 받아 토지 및 건축물별로 이를 분양받을 자에게 이전할 수 있다.

② 조합은 제1항의 규정에 의하여 건축물을 이전하고자 하는 때에는 조합원과 일반분양자에게

통지하고 그 내용을 당해 지방자치단체의 공보에 고시한 후 이를 시장 · 군수에게 보고하여야 한다.

제52조(토지 및 건축물에 대한 권리의 확정) 대지 또는 건축물을 분양받을 자에게 법 제54조제2항의 규정에 의하여 소유권을 이전한 경우 종전의 토지 또는 건축물에 관한 지상권 · 전세권 · 저당권 또는 등기된 임차권과 주택임대차보호법 제3조제1항의 요건을 갖춘 임차권은 분양받은 토지 또는 건축물에 설정된 것으로 본다.

제53조(등기절차 등) 조합은 제51조 제2항의 규정에 의한 이전의 고시가 있은 때에는 지체없이 토지 및 건축물에 관한 등기를 지방법원지원 또는 등기소에 촉탁 또는 신청하여야 한다

제54조(청산금 등) ① 토지 또는 건축물을 분양받은 자가 종전에 소유하고 있던 토지 또는 건축물의 가격과 분양받은 토지 또는 건축물의 가격사이에 차이가 있는 경우에는 조합은 이전고시일 후에 그 차액에 상당하는 금액(이하 "청산금"이라 한다)을 분양받은 자로부터 징수하거나 분양받은 자에게 지급하여야 한다. 다만, 분할징수 및 분할지급에 대하여 총회의 의결을 거쳐 따로 정한 경우에는 관리처분계획인가후부터 이전고시일까지 일정기간별로 분할징수하거나 분할 지급할 수 있다.

② 제1항의 규정을 적용함에 있어서 종전에 소유하고 있던 토지 또는 건축물의 가격과 분양받은 토지 또는 건축물의 가격은 감정평가업자 2인 이상이 평가한 금액을 산술평균하여 산정한다.

③ 제2항의 분양받은 토지 또는 건축물의 가격산정에 있어 다음 각호의 비용을 가산한다. 다만, 법 제63조의 규정에 의한 보조금은 이를 공제하여야 한다.

1. 조사 · 측량 · 설계 및 감리에 소요된 비용
2. 공사비
3. 정비사업의 관리에 소요된 등기비용 · 인건비 · 통신비 · 사무용품비 · 이자 그 밖에 필요한 경비
4. 법 제63조의 규정에 의한 융자금이 있는 경우에는 그 이자에 해당하는 금액
5. 정비기반시설 및 공동이용시설의 설치에 소요된 비용(법 제63조제1항의 규정에 의하여 시장 · 군수가 부담한 비용을 제외한다)
6. 안전진단의 실시, 정비사업전문관리업자의 선정, 회계감사, 감정평가비용
7. 그 밖에 정비사업추진과 관련하여 지출한 비용으로서 총회에서 포함하기로 정한 것

제55조(청산금의 징수방법) ① 청산금을 납부하지 않은 조합원이 있을 경우 조합은 청산금 납부요청을 2회 이상 최고하고 최고최종일로부터 1월 이내 시장 · 군수에게 청산금과 연체료의 징수를 위탁할 수 있다.

② 청산금을 지급받을 조합원이 이를 받을 수 없거나 거부한 때에는 조합은 그 청산금을 공탁한다.

③ 청산금을 지급받을 권리 또는 이를 징수할 권리는 이전고시일 다음 날부터 5년간 이를 행사하지 아니하면 소멸한다.

제56조(조합의 해산) ① 조합은 준공인가를 받은 날로부터 1년 이내에 이전고시 및 건축물 등에 대한 등기절차를 완료하고 총회 또는 대의원회를 소집하여 해산 의결을 하여야 하며, 해산을 의결한 경우 시장 · 군수에게 신고하여야 한다.

② 조합이 해산의결을 한 때에는 해산의결 당시의 임원이 청산인이 된다.

③ 조합이 해산하는 경우에 청산에 관한 업무와 채권의 추심 및 채무의 변제 등에 관하여 필요한 사항은 민법의 관계규정에 따른다.

제57조(청산인의 임무) 청산인은 다음 각호의 업무를 성실히 수행하여야 한다.

1. 현존하는 조합의 사무종결
2. 채권의 추심 및 채무의 변제
3. 잔여재산의 처분
4. 그 밖에 청산에 필요한 사항

제58조(채무변제 및 잔여재산의 처분) 청산 종결 후 조합의 채무 및 잔여재산이 있을 때에는 해산당시의 조합원에게 분양받은 토지 또는 건축물의 부담비용 등을 종합적으로 고려하여 형평이 유지되도록 공정하게 배분하여야 한다.

【주】 잔여재산뿐 아니라 채무에 대해서도 규정하여 청산시의 혼란을 줄이도록 한 것임

제59조(관계서류의 이관) 조합은 사업을 완료하거나 폐지한 때에는 시 · 도 조례가 정하는 바에 따라 관계서류를 시장 · 군수에게 인계하여야 한다.

제 10 장 보 칙

제60조(관련자료의 공개와 보존) ① 조합은 사업시행에 관하여 다음 각호의 서류 및 관련자료를 인터넷 등을 통하여 공개하여야 하며, 조합원의 공람요청이 있는 경우에는 이를 공람시켜 주어야 한다. 다만, 개인비밀의 보호, 자료의 특성상 인터넷 등에 공개하기 어려운 사항은 개략적인 내용만 공개할 수 있다.

1. 정관
2. 설계자 · 시공자 및 정비사업전문관리업자의 선정계약서
3. 총회의사록
4. 추진위원회, 조합의 이사회 및 대의원회 의사록
5. 사업시행계획서
6. 관리처분계획서
7. 당해 사업의 시행에 관한 행정기관의 문서
8. 회계감사결과

② 조합 또는 정비사업전문관리업자는 총회 또는 중요한 회의가 있은 때에는 속기록녹음 또는 영상자료를 만들어 이를 청산시까지 보관하여야 한다.

③ 조합원이 제1항 각호의 사항을 열람하고자 하는 때에는 서면으로 열람을 요청하여야 하며, 조합은 특별한 사유가 없는 한 이에 응하여야 한다.

제61조(약정의 효력) 조합이 사업시행에 관하여 시공자 및 설계자, 정비사업전문관리업자와 체결한 약정은 관계법령 및 이 정관이 정하는 범위 안에서 조합원에게 효력을 갖는다.

제62조(주택재건축정비사업조합 설립추진위원회 행위의 효력) 조합설립인가일 전에 조합의 설립과 사업시행에 관하여 추진위원회가 행한 행위는 관계법령 및 이 정관이 정하는 범위 안에서 조합이 이를 승계한 것으로 본다.

제63조(정관의 해석) 이 정관의 해석에 대하여 이견이 있을 경우 일차적으로 이사회에서 해석하고, 그래도 이견이 있을 경우는 대의원회에서 해석한다.

【주】 이 정관의 해석상 다툼이 있을 경우를 대비하여 해석에 관한 권한을 미리 규정한 것으로, 이사회, 대의원회의 해석에도 이견이 있을 경우는 관할 행정기관의 해석이나 법원의 판결에 따를 수밖에 없을 것임

제64조(소송 관할 법원) 조합과 조합원간에 법률상 다툼이 있는 경우 소송관할 법원은 조합소재지 관할 법원으로 한다.

제65조(민법의 준용 등) ① 조합에 관하여는 도시 및 주거환경정비법에 규정된 것을 제외하고는

민법 중 사단법인에 관한 규정을 준용한다.

② 법, 민법, 이 정관에서 정하는 사항 외에 조합의 운영과 사업시행 등에 관하여 필요한 사항은 관계법령 및 관련행정기관의 지침 · 지시 또는 유권해석 등에 따른다.

③ 이 정관이 법령의 개정으로 변경하여야 할 경우 정관의 개정절차에 관계없이 변경되는 것으로 본다. 그러나 관계법령의 내용이 임의규정인 경우에는 그러하지 아니하다.

부 칙

이 정관은 ㅇㅇ구청의 조합설립인가를 받은 날부터 시행한다.

〈별지 1 : 주택재건축정비사업조합가입동의서〉

주택재건축정비사업조합가입동의서

1. 주택(상가) 구분소유자 인적사항

성 명		주민등록번호	−
주민등록상현주소		전화번호	( ) −

2. 소유주택(상가) 구분소유권 현황

소유권 위치	번지 아파트 동 호, 상가 동 호		
등기상 건축물지분	㎡	등기상 토지지분	㎡

3. 조합설립 및 정비사업 내용 동의

가. 신축건축물의 설계개요

토지면적 (공부상면적)	건축연면적	규　　모	기　　타
㎡	㎡		

나. 건축물철거 및 신축비용 개산액

철 거 비	신 축 비	기타사업비용	합　　계

다. 나목의 비용의 분담사항

(1) 조합정관에 따라 경비를 부과하고 징수하며, 관리처분계획인가후 분할징수 · 지급하고, 조합청산시 청산금을 최종 확정함

(2) 조합원의 소유자산의 가치를 조합정관이 정하는 바에 따라 산정하여 형평의 원칙에 의거 조합정관에서 규정한 관리처분기준에 따라 비용 및 수익을 균등하게 부담 · 배분함

(3) 시공자에 지급할 공사금액 및 사업 관련 제반비용은 주택 및 부대복리시설의 일반분양 수입금과 조합원총회에서 결의되거나 서면동의한 조합원분담금으로 우선 충당하고, 부족금이 발생할 경우 조합정관 및 관리처분기준에 따라 공평하게 분담함

라. 신축건축물 구분소유권의 귀속에 관한 사항

(1) 조합정관의 관리처분기준에 따르며, 주택을 소유한 조합원의 신축 건축물에 대한 분양평형 결정은 조합원 분양신청 및 종전권리가액의 다액순에 의하고 동 · 호수 결정은 조합정관 제__조의 규정에 의한 전산추첨 등에 의한다. 단 경합이 있는 경우에는 조합정관 및 관리처분기준에 의한 방법에 따름

(2) 상가 등 복리시설의 소유자는 조합정관 및 관리처분기준에 의하여 종전 토지 및 건축물의 가치를 고려하여 새로이 설치되는 복리시설을 공급받되, 동 · 호수 결정은 관리처분계획이 정하는 바에 따른다. 단, 복리시설을 설치하지 아니하는 경우 또는 조합정관 제__조에 해당하는 경우 주택을 공급받을 수 있음

(3) 사업시행 후 분양받을 주택 등의 면적은 분양면적(전용면적+공용면적)을 기준으로 하며, 토지는 분양받은 주택 등의 면적비례에 따라 공유지분으로 분양함

(4) 조합원에게 우선분양하고 남는 잔여주택 및 상가 등 복리시설은 관계법령과 조합정관이 정하는 바에 따라 일반분양함

(5) 토지는 사업완료 후 지분등기하며 건축물은 입주조합원 각자 보존등기함

4. 조합장 선정동의

본 조합의 대표자(조합장)는 조합원총회에서 조합정관에 따라 선출된 자를 조합장으로 하는데 동의함

5. 조합정관 승인 동의

조합정관안에 동의하고 그 조합정관을 신의성실의 원칙에 의거 준수하며 조합정관이 정하는 바에 따라 조합정관이 변경되는 경우 이의 없이 따를 것에 동의함

* 조합정관 간인은 임원 및 감사 날인으로 대체하는 것에 동의함.

6. 사업계획 동의

00 주택재건축정비사업조합에서 작성한 사업계획서(안)(추후 사업계획에 따라 변경될 수 있음)을 충분히 숙지하고 사업계획서(안)와 같이 주택재건축사업을 하기로 동의함

7. 동의내용

위와 같이 본인은 00주택재건축사업시행구역안의 토지등소유자로서 제3호 내지 제6호의 사항을 숙지하고 동의하고 00주택재건축정비사업조합에 가입하고자 합니다. 아울러 제3호의 "조합설립 및 정비사업 내용 동의"는 사업시행인가내용, 시공자 등과의 계약내용 및 제 사업비 지출내용에 따라 변경될 수 있으며, 동내용이 변경되거나 이에 따라 조합원 청산금 등의 조정이 필요할 경우 추후 조합원 총회에서 의결된 내용으로 변경키로 하고 조합원 총회에서 결정된 내용에 대하여 별도 동의서 제출없이 본 동의서로 갈음하는 것에 동의합니다.

※ 첨부 : 조합원 인감증명서 1통.
(사용용도: 조합설립, 조합정관, 사업계획동의용)

년 월 일

위 동의자 : (인) 인감날인

ㅇㅇ 주택재건축정비사업조합 귀중

〈별지 2 : 대표조합원 선임동의서〉

대표조합원 선임동의서

□ **소유권 현황**

소유권 위치	동 호, 상가 번지 동 아파트 호		
등기상 건축물지분(면적)	㎡	등기상 토지지분(면적)	㎡

상기 소유 물건의 공동소유자는 ㅇㅇㅇ을 대표조합원으로 선임하고 ㅇㅇ주택재건축정비사업조합과 관련한 소유자로서의 법률행위는 대표소유자가 행하는데 동의합니다.

년 월 일

ㅇ 대표자(선임수락자)

성 명 : (인) 날인

주민등록번호 :

전 화 번 호 :

ㅇ 위임자(동의자)

① 성 명 : (인)인감날인

주민등록번호 :

전 화 번 호 :

② 성 명 : (인)인감날인

주민등록번호 :

전 화 번 호 :

③ 성　　　명 :　　　　　(인)인감날인
주민등록번호 :
전 화 번 호 :

첨부 : 대표자 및 위임자 인감증서 각1부

○○주택재건축정비사업조합 귀중

주택재건축정비사업조합표준정관의 성격과 활용방법

□ **표준정관의 성격과 목적**

– 본 표준정관은 도시 및 주거환경정비법령의 규정에 의한 노후 · 불량건축물 등의 소유자가 주택재건축정비사업조합을 설립하여 사업을 시행하는 경우에 조합정관에 규정하여야 할 사항과 정관 작성상 유의할 점등을 조합설립인가권자 및 조합설립추진위원회, 관련주민들에게 제공하여 주택재건축정비사업조합이 적법타당하고 민주적, 합리적으로 운영될 수 있도록 함은 물론 재건축이 효율적, 경제적으로 추진될 수 있도록 하는 데 있음

□ **표준정관의 활용방법**

– 본 표준정관(안)은 하나의 예시로 법적 구속력은 없으며 조합의 특징과 여건에 따라 관련 조항을 추가, 삭제, 수정하여 달리 규정할 수도 있으나, 조합원의 권익과 관계되는 사항에 대한 규정완화 등은 치밀한 검토와 전체적인 합의절차 등을 거쳐 신중하게 하는 것이 바람직하며 관계법령에 위반되게 하여서는 아니됨

※ 본 표준정관에서 사용하는 용어 또는 기호의 정의는 다음과 같음

"【주】" : 표준정관에 직접 규정하되, 해당 조항이 지니는 의의와 성격, 실제 정관제정이나 개정시 주의해야 할 점, 내용 · 기준 · 범위등을 설명한 것임

○○주택재건축정비사업조합 표준정관

제1장 총 칙

제1조 (명 칭)

① 본 조합의 명칭은 ○○○ 주택재건축정비사업조합(이하 "조합"이라 한다)이라 한다

② 본 조합이 시행하는 주택재건축사업의 명칭은 ○○○ 주택재건축사업(이하 "사업"이라 한다)이라 한다.

제2조 (목 적) 조합은 도시 및 주거환경정비법(이하 "법"이라 한다)과 이 정관이 정하는 바에 따라 제3조의 사업시행구역(이하 "사업시행구역"이라 한다)안의 건축물을 철거하고 그 토지 위에 새로운 건축물을 건설하여 도시 및 주거환경을 개선하고 조합원의 주거안정 및 주거생활의 질적 향상에 이바지함을 목적으로 한다.

제3조 (사업시행구역) 조합의 사업시행구역은 OO시 OO구 OO로 OO(OO동)외 ○○필지(상의 ○○아파트 단지)로서 토지의 총면적은 ○○㎡(○○평)으로 한다. 다만, 사업시행상 불가피하다고 인정되어 관계법령 및 이 정관이 정하는 바에 따라 추가로 편입되는 토지 등이 있을 경우에는 사업시행구역과 토지의 총면적이 변경된 것으로 본다.

※ 도시 및 주거환경정비법 제6조 제3항에 근거하여 지형여건, 주변 환경으로 보아 사업시행상 불가피하다고 인정할 경우 인근의 단독·다세대주택 등을 일부 포함할 수 있음을 감안한 것임.

제4조 (사무소)

① 조합의 주된 사무소는 OO시 OO구 OO로 OO(OO동)에 둔다.

② 조합사무소를 이전하는 경우 대의원회(대의원회가 없는 경우 이사회)의 의결을 거쳐 인근지역으로 이전할 수 있으며, 조합원에게 통지한다.

제5조 (시행방법)

① 조합원은 소유한 토지 및 건축물을 조합에 현물로 출자하고, 조합은 법 제48조 규정에 의하여 인가받은 관리처분계획에 따라 공동주택 및 부대·복리시설을 건설하여 공급한다.

② 조합은 사업시행을 위하여 필요한 경우 정비사업비 일부를 금융기관 등으로부터 대여받아 사업을 시행할 수 있다.

③ 조합은 인 · 허가 등 행정업무지원, 사업성검토, 설계자 · 시공자 등의 선정에 관한 업무의 지원, 관리처분계획의 수립 및 분양업무 등을 지원하는 정비사업전문관리업자를 선정 또는 변경할 수 있다.

※ 도시 및 주거환경정비법 제14조 및 제69조의 규정에 의하여 정비사업전문관리업자를 선정하고 관련 업무를 지원할 수 있음.

④ 조합은 조합원의 과반수 동의를 얻어 관할시장 · 군수 또는 자치구의 구청장(이하 "시장 · 군수"라 한다) 또는 법 제2조 제10호의 규정에 의한 주택공사 등과 공동으로 사업을 시행할 수 있다.

⑤ 조합은 일부 건축물의 존치 또는 리모델링에 관한 내용이 포함된 사업시행계획서를 작성하여 사업시행인가를 신청할 수 있으며, 이 경우 존치 또는 리모델링되는 건축물 소유자의 동의(구분소유자가 있는 경우 구분소유자 3분의 2 이상의 동의와 당해 건축물 연면적의 3분의 2 이상의 구분소유자의 동의로 한다)를 얻어야 한다.

제6조 (사업기간) 사업기간은 조합설립인가일부터 법 제57조에서 규정한 청산업무가 종료되는 날까지로 한다.

제7조 (권리 · 의무에 관한 사항의 고지 · 공고방법)

① 조합은 조합원의 권리 · 의무에 관한 사항을 조합원에게 성실히 고지 · 공고하여야 한다.

② 제1항의 고지 · 공고방법은 이 정관에서 따로 정하는 경우를 제외하고는 다음 각 호의 방법에 따른다.

1. 관련 조합원에게 등기우편으로 개별 고지하여야 하며, 등기우편이 주소불명, 수취거절 등의 사유로 반송되는 경우에는 1회에 한하여 일반우편으로 추가 발송한다.
2. 조합원이 쉽게 접할 수 있는 일정한 장소의 게시판(이하 "게시판"이라 한다)에 14일 이상 공고하고 게시판에 게시한 날부터 3월 이상 조합사무소에 관련서류와 도면 등을 비치하여 조합원이 열람할 수 있도록 한다.
3. 인터넷 홈페이지가 있는 경우 홈페이지에도 공개하여야 한다. 다만, 특정인의 권리에 관계되거나 외부에 공개하는 것이 곤란한 경우에는 그 요지만을 공개할 수 있다.

제8조 (정관의 변경)

① 정관을 변경하고자 할 때에는 조합원 5분의 1 이상, 대의원 과반수 또는 조합장의 발의가 있어야 한다.

② 정관을 변경하고자 하는 경우에는 조합원 과반수(법 제20조 제1항 제2호 내지 제4호 · 제8호 · 제12호 또는 제15호의 경우에는 3분의 2 이상을 말한다)의 동의를 얻어

시장 · 군수의 인가를 받아야 한다. 다만, 도시 및 주거환경정비법시행령(이하 "시행령"이라 한다) 제32조에서 정하는 경미한 사항을 변경하고자 하는 때에는 조합원의 동의에 갈음하여 총회의 의결을 얻어야 한다.

※ 도시 및 주거환경정비법 제20조 제3항 정관의 변경관련 규정을 정리한 것임.

③ 법 제17조의 규정은 제2항의 규정에 의한 동의에 이를 준용한다.

제2장 조 합 원

제9조 (조합원의 자격 등)

① 조합원은 법 제2조 제9호 나목의 규정에 의한 토지등소유자(이하 "토지등소유자"라 한다)로서 조합설립에 동의한 자로 한다. 다만, 조합설립에 동의하지 아니한 자는 제44조의 규정에 의한 분양신청기한까지 다음 각 호의 사항이 기재된 별지 1의 동의서를 조합에 제출하여 조합원이 될 수 있다.

② 동일인이 2개 이상의 주택 등을 소유하는 경우에는 그 주택 등의 수에 관계없이 1인의 조합원으로 본다.

③ 1세대로 구성된 세대원이 각각 주택 등을 소유하고 있는 경우 및 하나의 (구분)소유권이 수인의 공유에 속하는 때에는 그 수인을 대표하는 1인을 조합원으로 본다. 이 경우 그 수인은 대표자 1인을 대표조합원으로 지정하고 별지 2의 대표조합원선임동의서를 작성하여 조합에 신고하여야 하며, 조합원으로서의 법률행위는 그 대표조합원이 행한다.

④ 양도 · 상속 · 증여 및 판결 등으로 조합원의 권리가 이전된 때에는 조합원의 권리를 취득한 자로 조합원이 변경된 것으로 보며, 권리를 양수받은 자는 조합원의 권리와 의무 및 종전의 권리자가 행하였거나 조합이 종전의 권리자에게 행한 처분, 청산 시 권리 · 의무에 관한 범위 등을 포괄승계한다.

⑤ 당해 정비사업의 건축물 또는 토지를 양수한 자라 하더라도 법 제19조 제2항 본문에 해당하는 경우 조합원이 될 수 없고 조합원이 될 수 없는 자는 법 제19조 제3항이 정하는 바에 따른다.

제10조 (조합원의 권리 · 의무)

① 조합원은 다음 각 호의 권리와 의무를 갖는다.

1. 토지 또는 건축물의 분양청구권
2. 총회의 출석권 · 발언권 및 의결권
3. 임원의 선임권 및 피선임권.
4. 대의원의 선출권 및 피선출권

5. 정비사업비, 청산금, 부과금과 이에 대한 연체료 및 지연손실금(이주지연, 계약지연, 조합원 분쟁으로 인한 지연 등을 포함함)등의 비용납부의무
6. 사업시행계획에 의한 철거 및 이주 의무
7. 그 밖에 관계법령 및 이 정관, 총회 등의 의결사항 준수의무

② 조합원의 권한은 평등하며 권한의 대리행사는 원칙적으로 인정하지 아니하되, 다음 각 호에 해당하는 경우에는 권한을 대리할 수 있다. 이 경우 조합원의 자격은 변동되지 아니한다.

1. 조합원이 권한을 행사할 수 없어 배우자 · 직계존비속 · 형제자매 중에서 성년자를 대리인으로 정하여 위임장을 제출하는 경우
2. 해외거주자가 대리인을 지정한 경우
3. 법인인 토지등소유자가 대리인을 지정한 경우(이 경우 법인의 대리인은 조합의 임원 또는 대의원으로 선임될 수 있다)

③ 조합원이 그 권리를 양도하거나 주소 또는 인감을 변경하였을 경우에는 그 양수자 또는 변경 당사자는 그 행위의 종료일부터 14일 이내에 조합에 그 변경내용을 신고하여야 한다. 이 경우 신고하지 아니하여 발생되는 불이익 등에 대하여 해당 조합원은 조합에 이의를 제기할 수 없다.

※ 전매 등으로 조합원의 권리가 양도되는 경우가 많으나 제때에 신고가 되지 않아 조합원과 조합 사이에 마찰이 생기고 사업추진에 지장을 초래하는 경우가 많은 점을 감안한 것임.

④ 조합원은 조합이 사업시행에 필요한 서류를 요구하는 경우 이를 제출할 의무가 있으며 조합의 승낙이 없는 한 이를 회수할 수 없다. 이 경우 조합은 요구서류에 대한 용도와 수량을 명확히 하여야 하며, 조합의 승낙이 없는 한 회수할 수 없다는 것을 미리 고지하여야 한다.

제11조 (조합원 자격의 상실)

① 조합원이 건축물의 소유권이나 입주자로 선정된 지위 등을 양도하였을 때에는 조합원의 자격을 즉시 상실한다.

② 관계법령 및 이 정관에서 정하는 바에 따라 조합원의 자격에 해당하지 않게 된 자의 조합원자격은 자동 상실된다.

③ 조합원으로서 고의 또는 중대한 과실 및 의무불이행 등으로 조합에 대하여 막대한 손해를 입힌 경우에는 총회의 의결에 따라 조합원을 제명할 수 있다. 이 경우 제명 전에 해당 조합원에 대해 청문 등 소명기회를 부여하여야 하며, 청문 등 소명기회를 부여하였음에도 이에 응하지 아니한 경우에는 소명기회를 부여한 것으로 본다.

④ 조합원은 임의로 조합을 탈퇴할 수 없다. 다만, 부득이한 사유가 발생한 경우 총회 또는 대의원회의 의결에 따라 탈퇴할 수 있다.

제3장 시공자, 설계자 및 정비사업전문관리업자의 선정

제12조 (시공자의 선정 및 계약)

① 조합은 사업시행인가를 받은 후 법 제11조 제2항의 의하여 고시된 시공자 선정기준에 따라 시공자를 선정하여야 한다. 선정된 시공자를 변경하는 경우도 또한 같다.

② 조합은 제1항의 규정에 의하여 선정된 시공자와 그 업무범위 및 관련 사업비의 부담 등 사업시행 전반에 대한 내용을 협의한 후 미리 총회의 의결을 거쳐 별도의 계약을 체결하여야 하며, 그 계약내용에 따라 상호간의 권리와 의무가 부여된다. 계약내용을 변경하는 경우도 같다. 다만, 금전적인 부담이 수반되지 아니하는 사항의 변경은 대의원회(대의원회가 없는 경우 이사회)의 의결을 거쳐야 한다.

③ 조합은 제2항의 규정에 의하여 시공자와 체결한 계약서를 조합해산일까지 조합사무소에 비치하여야 하며, 조합원의 열람 또는 복사요구에 응하여야 한다. 이 경우 복사에 드는 비용은 복사를 원하는 조합원이 부담한다.

④ 제2항의 계약내용에는 토지 및 건축물의 사용 · 처분, 공사비 및 부대비용 등 사업비의 부담, 시공보증, 시공상의 책임, 공사기간, 하자보수 책임 등에 관한 사항을 포함하여야 한다.

제13조 (설계자의 선정 및 계약)

① 설계자는 건축사법 제23조의 규정에 적합하여야 하며, 설계자의 선정은 일반경쟁입찰방법 또는 지명경쟁입찰방법으로 하되, 1회 이상 일간신문에 입찰공고를 하고, 현장설명회를 개최한 후 참여제안서를 제출받아 총회에서 선정한다. 다만, 미응찰 등의 이유로 3회 이상 유찰된 경우에는 총회의 의결을 거쳐 수의계약할 수 있다. 선정된 설계자를 변경하는 경우도 같다.

② 제12조 제2항 및 제3항의 규정은 설계자의 선정 및 계약에 관하여 이를 준용한다. 이 경우 "시공자"는 각각 "설계자"로 본다.

제14조 (정비사업전문관리업자의 선정 및 계약)

① 조합이 정비사업전문관리업자를 선정 또는 계약하고자 하는 경우에는 제13조의 규정을 준용한다. 이 경우 "설계자"는 각각 "정비사업전문관리업자"로 본다.

② 조합은 정비사업전문관리업자가 법 제73조제1항 규정에 의해 등록취소처분 등을 받은 경우, 처분 등을 통지받거나 처분사실을 안날로부터 3월 이내 당해 업무계약의 해지여부를 결정하여야 한다.

③ 조합은 정비사업전문관리업자가 법 제73조 제5항에 해당하게 되는 경우 즉시 업무를 중지시키고 관련서류를 인계받아야 한다.

제4장 임 원 등

제15조 (임 원)

① 조합에는 다음 각 호의 임원을 둔다.

1. 조합장 1인
2. 이사 O인
3. 감사 O인

※ 조합장 1인과 3인 이상 5인 이하(토지등소유자가 100인을 초과하는 때에는 5인 이상 10인 이하)의 이사와 1인 이상 3인 이하의 감사를 둔다.

② 조합임원은 총회에서 조합원 과반수 출석과 출석 조합원 과반수의 동의를 얻어 다음 각 호의 1에 해당하는 조합원 중에서 선임한다. 다만, 임기 중 궐위된 경우에는 다음 각 호의 1에 해당하는 조합원 중에서 대의원회가 이를 보궐선임한다.

1. 피선출일 현재 사업시행구역 안에서 3년 이내 1년 이상 거주하고 있는 자(다만, 거주의 목적이 아닌 상가 등의 건축물에서 영업 등을 하고 있는 경우 영업 등은 거주로 본다)
2. 피선출일 현재 사업시행구역 안에서 5년 이상 건축물 및 그 부속토지를 소유한 자

※ 도시 및 주거환경정비법 제21조제3항에서 규정한 조합임원선임관련 내용을 정리한 것임.

③ 임원의 임기는 선임된 날부터 2년까지로 하되, 총회의 의결을 거쳐 연임할 수 있다.

④ 제2항 단서의 규정에 따라 보궐선임된 임원의 임기는 전임자의 잔임기간으로 한다.

⑤ 임기가 만료된 임원은 그 후임자가 선임될 때까지 그 직무를 수행한다.

제16조 (임원의 직무 등)

① 조합장은 조합을 대표하고 조합의 사무를 총괄하며 총회와 대의원회 및 이사회의 의장이 된다.

② 이사는 조합장을 보좌하고, 이사회에 부의된 사항을 심의 · 의결하며 이 정관이 정하는 바에 의하여 조합의 사무를 분장한다.

③ 감사는 조합의 사무 및 재산상태와 회계에 관하여 감사하며 정기총회에 감사결과보고서를 제출하여야 하며, 조합원 5분의 1 이상의 요청이 있을 때에는 공인회계사에게

회계감사를 의뢰하여 공인회계사가 작성한 감사보고서를 총회 또는 대의원회에 제출하여야 한다.

④ 감사는 조합의 재산관리 또는 조합의 업무집행이 공정하지 못하거나 부정이 있음을 발견하였을 때에는 대의원회 또는 총회에 보고하여야 하며, 조합장은 보고를 위한 대의원회 또는 총회를 소집하여야 한다. 이 경우 감사의 요구에도 조합장이 소집하지 아니하는 경우에는 감사가 직접 대의원회를 소집할 수 있으며 대의원회 의결에 의하여 총회를 소집할 수 있다. 회의소집 절차와 의결방법 등은 제22조, 제24조 제7항 및 제26조의 규정을 준용한다.

⑤ 감사는 제4항 직무위배행위로 인해 감사가 필요한 경우 조합임원 또는 외부전문가로 구성된 감사위원회를 구성할 수 있다. 이 경우 감사는 감사위원회의 의장이 된다.

⑥ 다음 각 호의 경우에는 당해 안건에 관해 (상근)이사 중에서 연장자 순으로 조합을 대표한다.

1. 조합장이 유고 등으로 인하여 그 직무를 수행할 수 없을 경우
2. 조합장이 자기를 위한 조합과의 계약이나 소송 등에 관련되었을 경우
3. 조합장의 해임에 관한 사항

⑦ 조합은 그 사무를 집행하기 위하여 필요하다고 인정하는 때에는 조합의 인사규정이 정하는 바에 따라 상근하는 임원 또는 유급직원을 둘 수 있다. 이 경우 조합의 인사규정은 미리 총회의 의결을 받아야 한다.

⑧ 조합 임원은 같은 목적의 사업을 시행하는 다른 조합 · 추진위원회 또는 당해 사업과 관련된 시공자 · 설계자 · 정비사업전문관리업자 등 관련단체의 임원 · 위원 또는 직원을 겸할 수 없다.

제17조 (임원의 결격사유 및 자격상실 등)

① 다음 각 호의 자는 조합의 임원 및 대의원이 될 수 없다.

1. 미성년자 · 금치산자 · 한정치산자
2. 파산자로서 복권되지 아니한 자
3. 금고이상의 실형의 선고를 받고 그 집행이 종료(종료된 것으로 보는 경우를 포함한다)되거나 집행이 면제된 날부터 2년이 경과되지 아니한 자
4. 금고이상의 형의 집행유예를 받고 그 유예기간 중에 있는 자
5. 법 또는 관련법률에 의한 징계에 의하여 면직의 처분을 받은 때로부터 2년이 경과되지 아니한 자

② 임원이 제1항 각 호의 1에 해당하게 되거나 선임당시 그에 해당하는 자이었음이 판명되거나, 선임당시에 제15조 제2항 각호에 해당하지 않은 것으로 판명된 경우 당연

퇴임한다.

③ 제2항의 규정에 의하여 퇴임된 임원이 퇴임 전에 관여한 행위는 그 효력을 잃지 아니한다.

④ 임원으로 선임된 후 직무위배행위로 인한 형사사건으로 기소된 경우에는 그 내용에 따라 확정판결이 있을 때까지 제18조 제4항의 절차에 따라 그 자격을 정지할 수 있다. 또한, 임원이 그 사건으로 받은 확정판결내용이 법 제85조 및 제86조 벌칙규정에 의한 벌금형에 해당하는 경우에는 총회에서 자격상실여부를 의결한다.

제18조 (임원의 해임 등)

① 임원이 직무유기 및 태만 또는 관계법령 및 이 정관에 위반하여 조합에 부당한 손해를 초래한 경우에는 해임할 수 있다. 이 경우 사전에 해당 임원에 대해 청문 등 소명기회를 부여하여야 하며, 청문 등 소명기회를 부여하였음에도 이에 응하지 아니한 경우에는 소명기회를 부여한 것으로 본다. 다만, 제17조 제2항의 규정에 의하여 당연 퇴임한 임원에 대해서는 해임절차 없이 그 사유가 발생한 날로부터 그 자격을 상실한다.

② 임원이 자의로 사임하거나 제1항의 규정에 의하여 해임되는 경우에는 지체없이 새로운 임원을 선출하여야 한다. 이 경우 새로 선임된 임원의 자격은 시장 · 군수의 조합설립변경인가 및 법인의 임원변경등기를 하여야 대외적으로 효력이 발생한다.

③ 임원의 해임은 조합원 10분의 1 이상 또는 대의원 3분의 2 이상의 발의로 조합장(조합장이 해임 대상인 경우는 발의자 공동명의로 한다)이 소집한 총회에서 조합원 과반수의 출석과 출석조합원 과반수의 동의를 얻어 해임할 수 있다. 조합장이 해임 대상인 경우 발의자 대표의 임시사회로 선출된 자가 그 의장이 된다.

④ 제2항의 규정에 의하여 사임하거나 또는 해임되는 임원의 새로운 임원이 선임, 취임할 때까지 직무를 수행하는 것이 적합하지 아니하다고 인정될 때에는 이사회 또는 대의원회 의결에 따라 그의 직무수행을 정지하고 조합장이 임원의 직무를 수행할 자를 임시로 선임할 수 있다. 다만, 조합장이 사임하거나 퇴임 · 해임되는 경우에는 제16조 제6항을 준용한다.

제19조 (임직원의 보수 등)

① 조합은 상근임원 외의 임원에 대하여는 보수를 지급하지 아니한다. 다만, 임원의 직무수행으로 발생되는 경비는 지급할 수 있다.

② 조합은 상근하는 임원 및 유급직원에 대하여 조합이 정하는 별도의 보수규정에 따라 보수를 지급하여야 한다. 이 경우 보수규정은 미리 총회의 의결을 거쳐야 한다.

③ 유급직원은 조합의 인사규정이 정하는 바에 따라 조합장이 임명한다. 이 경우 임명결

과에 대하여 사후에 대의원회의 인준을 받아야 하며 인준을 받지 못하면 즉시 해임하여야 한다.

제5장 기 관

제20조 (총회의 설치)

① 조합에는 조합원 전원으로 구성하는 총회를 둔다.

② 총회는 정기총회 · 임시총회로 구분하며 조합장이 소집한다.

③ 정기총회는 매년 1회, 회계연도 종료일부터 2월 이내에 개최한다. 다만, 부득이한 사정이 있는 경우에는 3월 범위 내에서 사유와 기간을 명시하여 일시를 변경할 수 있다.

④ 임시총회는 조합장이 필요하다고 인정하는 경우에 개최한다. 다만, 다음 각 호의 1에 해당하는 때에는 조합장은 해당일로부터 2월 이내에 총회를 개최하여야 한다.

1. 조합원 5분의 1 이상이 총회의 목적사항을 제시하여 청구하는 때
2. 대의원 3분의 2 이상으로부터 개최요구가 있는 때

⑤ 제4항의 각 호의 규정에 의한 청구 또는 요구가 있는 경우로서 조합장이 2월 이내에 정당한 이유없이 총회를 소집하지 아니하는 때에는 감사가 지체없이 총회를 소집하여야 하며, 감사가 소집하지 아니하는 때에는 제4항 각호의 규정에 의하여 소집을 청구한 자의 공동명의로 이를 소집한다.

⑥ 제2항 내지 제5항의 규정에 의하여 총회를 개최하거나 일시를 변경하는 경우에는 총회의 목적 · 안건 · 일시 · 장소 · 변경사유 등에 관하여 미리 이사회의 의결을 거쳐야 한다. 다만, 제5항의 규정에 의한 조합장이 아닌 공동명의로 총회를 소집하는 경우에는 그러하지 아니하다.

⑦ 제2항 내지 제5항의 규정에 의하여 총회를 소집하는 경우에는 회의개최 14일 전부터 회의목적 · 안건 · 일시 및 장소 등을 게시판에 게시하여야 하며 각 조합원에게는 회의개최 7일 전까지 등기우편으로 이를 발송, 통지하여야 한다.

⑧ 총회는 제7항에 의하여 통지한 안건에 대해서만 의결할 수 있다.

제21조 (총회의 의결사항) 다음 각 호의 사항은 총회의 의결을 거쳐 결정한다.

1. 정관의 변경
2. 자금의 차입과 그 방법 · 이율 및 상환방법
3. 법 제61조의 규정에 의한 부과금의 금액 및 징수방법
4. 정비사업비의 사용계획 등 예산안

5. 예산으로 정한 사항 외에 조합원의 부담이 될 계약
6. 철거업자 · 시공자 · 설계자의 선정 및 변경
7. 정비사업전문관리업자의 선정 및 변경
8. 조합임원 및 대의원의 선임 및 해임(임기중 궐위된 자를 보궐선임하는 경우 제외한다)
9. 정비사업비의 조합원별 분담내역
10. 법 제48조의 규정에 의한 관리처분계획의 수립 및 변경(동법 제48조 제1항 단서의 규정에 의한 경미한 변경을 제외한다)
11. 법 제57조의 규정에 의한 청산금의 징수 · 지급(분할징수 · 분할지급을 포함한다)과 조합 해산시의 회계보고
12. 조합의 합병 또는 해산(사업완료로 인한 해산은 제외한다)
13. 법 제30조에 의한 사업시행계획서의 작성 및 변경(법 제28조 제1항 단서에 의한 경미한 변경의 경우는 제외한다)
14. 그 밖에 이 정관에서 총회의 의결 또는 인준을 거치도록 한 사항

제22조 (총회의 의결방법)

① 총회는 법, 이 정관에서 특별히 정한 경우를 제외하고는 조합원 과반수 출석으로 개의하고 출석조합원의 과반수 찬성으로 의결한다.

② 제1항의 규정에 불구하고 다음 각 호에 관한 사항은 조합원 과반수 출석과 출석조합원 3분의 2 이상의 찬성으로 의결한다.

1. 정관 제○조, 제○조 제○항의 개정 및 폐지에 관한 사항
2. OOOOOOOOOOOOO
3. OOOOOOOOOOOOO

③ 조합원은 서면 또는 제10조 제2항 각호에 해당하는 대리인을 통하여 의결권을 행사할 수 있다. 서면행사하는 경우에는 제1항 및 제2항의 규정에 의한 출석으로 본다.

④ 조합원은 제3항의 규정에 의하여 출석을 서면으로 하는 때에는 안건내용에 대한 의사를 표시하여 총회 전일까지 조합에 도착되도록 하여야 한다.

⑤ 조합원은 제3항의 규정에 의하여 출석을 대리인으로 하고자 하는 경우에는 위임장 및 대리인 관계를 증명하는 서류를 조합에 제출하여야 한다.

⑥ 총회 소집결과 정족수에 미달되는 때에는 재소집하여야 하며, 재소집의 경우에도 정족수에 미달되는 때에는 대의원회로 총회를 갈음할 수 있다(단, 제21조 제1호 · 제2호 · 제5호 내지 제8호 · 제10호 및 제12호에 관한 사항은 그러하지 아니하다).

⑦ 제3항의 규정에도 불구하고 시공자 선정을 위한 총회는 조합원 과반수가 직접 참석한

경우(대리인이 참석한 때에는 직접 참석으로 본다)에 한하여 의사를 진행할 수 있다.

제23조 (총회운영 등)

① 총회는 이 정관 및 의사진행의 일반적인 규칙에 따라 운영한다.

② 의장은 총회의 안건의 내용 등을 고려하여 다음 각 호에 해당하는 자 등 조합원이 아닌 자를 총회에 참석하여 발언하도록 할 수 있다.

1. 조합직원
2. 정비사업전문관리업자 · 시공자 또는 설계자
3. 그 밖에 의장이 총회운영을 위하여 필요하다고 인정하는 자

③ 의장은 총회의 질서를 유지하고 의사를 정리하며, 고의로 의사진행을 방해하는 발언 · 행동 등으로 총회질서를 문란하게 하는 자에 대하여 그 발언의 정지 · 제한 또는 퇴장을 명할 수 있다.

④ 제1항과 제3항의 의사규칙은 대의원회에서 정하여 운영할 수 있다.

제24조 (대의원회의 설치)

① 조합에는 대의원회를 둔다.

② 대의원의 수는 OO인 이상 OO인 이하로 하되, 동별(街區별)로 최소 OO인의 대의원을 선출하여야 한다.

③ 대의원은 조합원 중에서 선출하며, 조합장이 아닌 조합임원은 대의원이 될 수 없다.

④ 대의원의 선출 또는 궐위된 대의원의 보선은 다음 각 호의 1에 해당하는 조합원 중에서 선임한다. 다만, 궐위된 대위원의 보선은 대의원 5인 이상의 추천을 받아 대의원회가 이를 보궐선임한다.

1. 피선출일 현재 사업시행구역 안에서 3년 이내 1년 이상 거주하고 있는 자(다만, 거주의 목적이 아닌 상가 등의 건축물에서 영업 등을 하고 있는 경우 영업 등은 거주로 본다)

⑤ 대의원회는 조합장이 필요하다고 인정하는 때에 소집한다. 다만, 다음 각 호의 1에 해당하는 때에는 조합장은 해당일부터 14일 이내에 대의원회를 소집하여야 한다.

1. 조합원 10분의 1 이상이 총회의 목적사항을 제시하여 소집을 청구하는 때
2. 대의원의 3분의 1 이상이 회의의 목적사항을 제시하여 청구하는 때

⑥ 제5항 각 호의 1에 의한 소집청구가 있는 경우로서 조합장이 14일 이내에 정당한 이유 없이 대의원회를 소집하지 아니한 때에는 감사가 지체 없이 이를 소집하여야 하며, 감사가 소집하지 아니하는 때에는 제5항 각호의 규정에 의하여 소집을 청구한 자의 공동명의로 이를 소집한다.

⑦ 대의원회 소집은 회의개최 7일 전에 회의목적 · 안건 · 일시 및 장소를 기재한 통지서

를 대의원에게 송부하고, 게시판에 게시하여야 한다. 다만, 사업추진상 시급히 대의원회 의결을 요하는 사안이 발생하는 경우에는 회의 개최 3일 전에 통지하고 대의원회에서 안건상정여부를 묻고 의결할 수 있다.

⑧ 대의원 해임에 관한 사항은 제18조 제1항을 준용한다.

제25조 (대의원회 의결사항)

① 대의원회는 다음 각 호의 사항을 의결한다.

1. 궐위된 임원 및 대의원의 보궐선임
2. 예산 및 결산의 승인에 관한 방법
3. 총회 부의안건의 사전심의 및 총회로부터 위임받은 사항
4. 총회의결로 정한 예산의 범위 내에서의 용역계약 등

② 대의원회는 제24조 제7항의 규정에 의하여 통지한 사항에 관하여만 의결할 수 있다. 다만, 통지 후 시급히 의결할 사항이 발생한 경우, 의장의 발의와 출석대의원 과반수 동의를 얻어 안건으로 채택한 경우에는 그 사항을 의결할 수 있다.

③ 대의원 자신과 관련된 사항에 대하여는 그 대의원은 의결권을 행사할 수 없다.

④ 이사 · 감사는 대의원회에 참석하여 의견을 진술할 수 있다.

제26조 (대의원회 의결방법)

① 대의원회는 법 및 이 정관에서 특별히 정한 경우를 제외하고는 대의원 과반수 출석으로 개의하고 출석대의원 과반수의 찬성으로 의결한다. 다만, 제22조제6항의 규정에 의하여 대의원회가 총회의 권한을 대행하여 의결하는 경우에는 재적대의원 3분의 2 이상의 출석과 출석대의원 3분의 2 이상의 동의를 얻어야 한다.

② 대의원은 대리인을 통한 출석을 할 수 없다. 다만, 서면으로 대의원회에 출석하거나 의결권을 행사할 수 있다. 이 경우 제1항의 규정에 의한 출석으로 본다.

③ 제23조의 규정은 대의원회에 이를 준용한다.

제27조 (이사회의 설치)

① 조합에는 조합의 사무를 집행하기 위하여 조합장과 이사로 구성하는 이사회를 둔다.

② 이사회는 조합장이 소집하며, 조합장은 이사회의 의장이 된다.

제28조 (이사회의 사무) 이사회는 다음 각 호의 사무를 집행한다.

1. 조합의 예산 및 통상업무의 집행에 관한 사항
2. 총회 및 대의원회의 상정안건의 심의 · 결정에 관한 사항
3. 업무규정 등 조합 내부규정의 제정 및 개정안 작성에 관한 사항
4. 그 밖에 조합의 운영 및 사업시행에 관하여 필요한 사항

제29조 (이사회의 의결방법)

① 이사회는 대리인 참석이 불가하며, 구성원 과반수 출석으로 개의하고 출석 구성원 과반수 찬성으로 의결한다.

② 구성원 자신과 관련된 사항에 대하여는 그 구성원은 의결권을 행사할 수 없다.

③ 제26조 제2항의 규정은 이사회의 의결에 준용한다.

제30조 (감사의 이사회 출석권한 및 감사요청)

① 감사는 이사회에 출석하여 의견을 진술할 수 있다. 다만, 의결권은 가지지 아니한다.

② 이사회는 조합운영상 필요하다고 인정될 때에는 감사에게 조합의 업무에 대하여 감사를 실시하도록 요청할 수 있다.

제31조 (의사록의 작성 및 관리) 조합은 총회 · 대의원회 및 이사회의사록을 작성하여 청산시까지 보관하여야 하며, 그 작성기준 및 관리 등은 다음 각 호와 같다. 다만, 속기사의 속기록일 경우에는 제1호의 규정을 적용하지 아니한다.

1. 의사록에는 의사의 경과, 요령 및 결과를 기재하고 의장 및 출석한 이사가 기명날인하여야 한다.
2. 의사록은 조합사무소에 비치하여 조합원이 항시 열람할 수 있도록 하여야 한다.
3. 임원의 선임 또는 대의원의 선출과 관련된 총회의사록을 관할 시장 · 군수에게 송부하고자 할 때에는 임원 또는 대의원 명부와 그 피선자격을 증명하는 서류를 첨부하여야 한다.

제6장 재 정

제32조 (조합의 회계)

① 조합의 회계는 매년 1월1일(설립인가를 받은 당해년도는 인가일)부터 12월말일까지로 한다.

② 조합의 예산 · 회계는 기업회계의 원칙에 따르되 조합은 필요하다고 인정하는 때에는 다음 사항에 관하여 별도의 회계규정을 정하여 운영할 수 있다. 이 경우 회계규정을 정할 때는 미리 총회의 인준을 받아야 한다.

1. 예산의 편성과 집행기준에 관한 사항
2. 세입 · 세출예산서 및 결산보고서의 작성에 관한 사항
3. 수입의 관리 · 징수방법 및 수납기관 등에 관한 사항
4. 지출의 관리 및 지급 등에 관한 사항
5. 계약 및 채무관리에 관한 사항
6. 그 밖에 회계문서와 장부에 관한 사항

③ 조합은 매 회계년도 종료일부터 30일 내에 결산보고서를 작성한 후 감사의 의견서를 첨부하여 대의원회에 제출하여 의결을 거쳐야 하며, 대의원회 의결을 거친 결산보고서를 총회 또는 조합원에게 서면으로 보고하고 조합사무소에 이를 3월 이상 비치하여 조합원들이 열람할 수 있도록 하여야 한다.

④ 조합은 다음 각 호의 1에 해당하는 시기에 주식회사의외부감사에관한법률 제3조 규정에 의한 감사인의 회계감사를 받아야 한다.

1. 추진위원회에서 조합으로 인계되기 전까지 납부 또는 지출된 금액이 3억 5천만원 이상인 경우
2. 사업시행인가고시일 전까지 납부 또는 지출된 금액이 7억원 이상인 경우에 고시일부터 20일 이내
3. 준공인가신청일까지 납부 또는 지출된 금액이 14억원 이상인 경우에 준공검사의 신청일부터 7일 이내

⑤ 제4항의 규정에도 불구하고 비용의 납부 및 지출내역에 대하여 조합원 5분의 4 이상 동의할 경우 회계감사를 받지 아니할 수 있다.

⑥ 조합은 제4항의 규정에 의하여 실시한 회계감사 결과를 회계감사종료일로부터 15일 이내에 시장 · 군수에게 보고하고, 조합사무소에 이를 비치하여 조합원들이 열람할 수 있도록 하여야 한다.

제33조 (재 원) 조합의 운영 및 사업시행을 위한 자금은 다음 각 호에 의하여 조달한다.

1. 조합원이 현물로 출자한 토지 및 건축물
2. 조합원이 납부하는 정비사업비 등 부과금
3. 건축물 및 부대 · 복리시설의 분양 수입금
4. 조합이 금융기관 및 시공자 등으로부터 조달하는 차입금
5. 대여금의 이자 및 연체료 등 수입금
6. 청산금
7. 그 밖에 조합재산의 사용수익 또는 처분에 의한 수익금

제34조 (정비사업비의 부과 및 징수)

① 조합은 사업시행에 필요한 비용을 충당하기 위하여 조합원에게 공사비 등 주택사업에 소요되는 비용(이하 "정비사업비"라 한다)을 부과 · 징수할 수 있다.

② 제1항의 규정에 의한 정비사업비는 총회의결을 거쳐 부과할 수 있으며, 추후 사업시행구역안의 토지 및 건축물 등의 위치 · 면적 · 이용상황 · 환경 등 제반여건을 종합적으로 고려하여 관리처분계획에 따라 공평하게 금액을 조정하여야 한다.

③ 조합은 납부기한 내에 정비사업비를 납부하지 아니한 조합원에 대하여는 금융기관

에서 적용하는 연체금리의 범위 내에서 연체료를 부과할 수 있으며 법 제61조 제4항의 규정에 따라 시장 · 군수에게 정비사업비의 징수를 위탁할 수 있다.

제7장 사 업 시 행

제35조 (임대주택 건설의무) 법 제30조의2 주택재건축사업의 임대주택 건설의무 규정으로 인하여 재건축 임대주택을 공급하여야 할 경우에는 관계 법령에 적합한 범위 내에서 임대주택공급에 대한 사업계획을 작성하여 총회의 의결을 받아야 한다.

제36조 (사업시행계획의 동의) 조합은 사업시행인가를 신청하기 전에 조합원 과반수의 동의를 얻어야 한다. 다만 법 제28조 제1항 단서에 의한 경미한 사항의 변경의 경우 5분의 1 이상의 동의를 얻어야 한다.

제37조 (이주대책)

① 사업시행으로 주택이 철거되는 조합원은 사업을 시행하는 동안 자신의 부담으로 이주하여야 한다.

② 조합은 이주비의 지원을 희망하는 조합원에게 조합이 직접 금융기관과 약정을 체결하거나, 시공자와 약정을 체결하여 지원하도록 알선할 수 있다. 이 경우 이주비를 지원받은 조합원은 사업시행구역안의 소유 토지 및 건축물을 담보로 제공하여야 한다.

③ 제2항의 규정에 의하여 이주비를 지원받은 조합원 또는 그 권리를 승계한 조합원은 지원받은 이주비를 주택 등에 입주시까지 시공자(또는 금융기관)에게 환불하여야 한다.

④ 조합원은 조합이 정하여 통지하는 이주기한 내에 당해 건축물에서 퇴거하여야 하며, 세입자 또는 임시거주자 등이 있을 때에는 당해 조합원의 책임으로 함께 퇴거하도록 조치하여야 한다.

⑤ 조합원은 본인 또는 세입자 등이 당해 건축물에서 퇴거하지 아니하여 기존 주택 등의 철거 등 사업시행에 지장을 초래하는 때에는 그에 따라 발생되는 모든 손해에 대하여 변상할 책임을 진다.

⑥ 제5항의 규정에 의하여 조합원이 변상할 손해금액과 징수방법 등은 대의원회에서 정하여 총회의 승인을 얻어 당해 조합원에게 부과하며, 이를 기한 내에 납부하지 아니한 때에는 당해 조합원의 권리물건을 환가처분하여 그 금액으로 충당할 수 있다.

제38조 (지장물 철거 등)

① 조합은 관리처분계획인가 후, 사업시행구역안의 건축물을 철거할 수 있다.

② 조합은 제1항의 규정에 의하여 건축물을 철거하고자 하는 때에는 30일 이상의 기간을 정하여 구체적인 철거계획에 관한 내용을 미리 조합원 등에게 통지하여야 한다.

③ 사업시행구역안의 통신시설 · 전기시설 · 급수시설 · 도시가스시설 등 공급시설에 대하여는 당해 시설물 관리권자와 협의하여 철거기간이나 방법 등을 따로 정할 수 있다.

④ 조합원의 이주 후 건축법 제27조의 규정에 의한 철거 및 멸실신고는 조합이 일괄 위임받아 처리하도록 한다.

제39조 (보상의 예외 등) 사업시행구역안의 철거되는 일체의 지장물 중 등기 또는 행정기관의 공부에 등재되지 아니한 지장물은 보상대상이 될 수 없다.

제40조 (지상권 등 계약의 해지)

① 조합은 사업의 시행으로 인하여 지상권 · 전세권 또는 임차권의 설정목적을 달성할 수 없는 권리자가 계약상 금전의 반환청구권을 조합에 행사할 경우 조합은 당해 금전을 지급할 수 있다.

② 조합은 제1항에 의하여 금전을 지급하였을 경우 당해 조합원에게 이를 구상할 수 있으며 구상이 되지 아니한 때에는 당해 조합원에게 귀속될 건축물을 압류할 수 있으며 이 경우 압류한 권리는 저당권과 동일한 효력을 가진다.

③ 조합설립인가일 이후에 체결되는 지상권 · 전세권설정계약 또는 임대차계약의 계약기간에 대하여는 민법 제280조 · 제281조 및 제312조 제2항, 주택임대차보호법 제4조 제1항, 상가건물임대차보호법 제9조 제1항의 규정은 이를 적용하지 아니한다.

제41조 (매도청구 등)

① 조합은 주택재건축사업을 시행함에 있어 법 제16조 제2항 및 제3항의 규정에 의한 조합 설립의 동의를 하지 아니한 자(건축물 또는 토지만 소유한 자를 포함한다)의 토지 및 건축물에 대하여는 집합건물의 소유및관리에관한법률 제48조의 규정을 준용하여 매도청구를 할 수 있다. 이 경우 재건축결의는 조합설립의 동의로 보며, (구분)소유권 및 토지사용권은 사업시행구역안의 매도청구의 대상이 되는 토지 또는 건축물의 소유권과 그 밖의 권리로 본다.

② 제1항에 의한 매도청구시 매도청구의 소에 관한 조합측 당사자는 조합장에게 있다.

제42조 (소유자의 확인이 곤란한 건축물 등에 대한 처분)

① 조합은 사업을 시행함에 있어 조합설립인가일 현재 토지 또는 건축물의 소유자의 소재확인이 현저히 곤란한 경우 전국적으로 배포되는 2 이상의 일간신문에 2회 이상 공고하고, 그 공고한 날부터 30일 이상이 지난 때에는 그 소유자의 소재확인이 현저히 곤란한 토지 또는 건축물의 감정평가액에 해당하는 금액을 법원에 공탁하고 사업을 시행할 수 있다. 이 경우 그 감정평가액은 시장 · 군수가 추천하는 지가공시및토지등의평가에관한법률에 의한 감정평가업자(이하 "감정평가업자"라 한다) 2인 이상

이 평가한 금액을 산술평균하여 산정한다.

② 사업을 시행함에 있어 조합설립인가일 현재 조합원 전체의 공동소유인 토지 또는 건축물에 대하여는 조합소유의 토지 또는 주택 등으로 보며 이를 관리처분계획에 명시한다.

제8장 관리처분계획

제43조 (분양통지 및 공고 등) 조합은 제12조의 규정에 의하여 시공사를 선정하여 계약을 체결한 날부터 21일 이내에 다음 각 호의 사항을 토지등소유자에게 통지하고, 해당지역에서 발간되는 (2 또는 1)이상의 일간신문에 공고하여야 한다. 이 경우 제9호의 사항은 통지하지 아니하고, 제3호 및 제6호의 사항은 공고하지 아니한다.

1. 사업시행인가의 내용
2. 사업의 종류 · 명칭 및 정비구역의 위치 · 면적
3. 분양신청서
4. 분양신청기간 및 장소
5. 분양대상 토지 또는 건축물의 내역
6. 개략적인 부담금 내역
7. 분양신청자격
8. 분양신청방법
9. 토지등소유자 외의 권리자의 권리신고방법
10. 분양을 신청하지 아니한 자에 대한 조치
11. 그 밖에 시 · 도 조례가 정하는 사항

제44조 (분양신청 등)

① 제43조 제4호의 분양신청기간은 그 통지한 날부터 30일 이상 60일 이내로 한다. 다만, 조합은 관리처분계획의 수립에 지장이 없다고 판단되는 경우에는 분양신청기간을 20일 범위 이내에서 연장할 수 있다.

② 토지 또는 건축물을 분양받고자 하는 조합원은 분양신청서에 소유권의 내역을 명시하고, 그 소유의 토지 및 건축물에 관한 등기부등본 등 그 권리를 입증할 수 있는 증명서류를 조합에 제출하여야 한다.

③ 제1항 및 제2항의 규정에 의한 분양신청서를 우편으로 제출하고자 할 경우에는 그 신청서가 분양신청기간 내에 발송된 것임을 증명할 수 있도록 등기우편 등으로 제출하여야 한다.

④ 조합은 조합원이 다음 각 호의 1에 해당하는 경우에는 그 해당하게 된 날부터 150일 이내에 건축물 또는 그 밖의 권리에 대하여 현금으로 청산한다.

그 금액은 시장 · 군수가 추천하는 감정평가업자 2 이상이 평가한 금액을 산술평균하여 산정한다.

1. 분양신청을 하지 아니한 자
2. 분양신청을 철회한 자
3. 인가된 관리처분계획에 의하여 분양대상에서 제외된 자

⑤ 조합원은 관리처분계획인가 후 ○일 이내에 분양계약체결을 하여야 하며 분양계약체결을 하지 않는 경우 제4항의 규정을 준용한다.

제45조 (보류지) 분양대상의 누락, 착오 등의 사유로 인한 관리처분계획의 변경과 소송 등의 사유로 향후 추가분양이 예상되는 경우 분양하는 공동주택 총 건립세대수의 ○○% 이내와 부대복리시설의 일부를 보류지로 정할 수 있다.

제46조 (관리처분계획의 기준) 조합원의 소유재산에 관한 관리처분계획은 분양신청 및 공사비가 확정된 후 건축물철거 전에 수립하며 다음 각 호의 기준에 따라 수립하여야 한다.

1. 조합원이 출자한 종전의 토지 및 건축물의 가격/면적을 기준으로 새로이 건설되는 주택 등을 분양함을 원칙으로 한다.
2. 사업시행 후 분양받을 건축물의 면적은 분양면적(전용면적+공유면적)을 기준으로 하며, 1필지의 대지위에 2인 이상에게 분양될 건축물이 설치된 경우에는 건축물의 분양면적의 비율에 의하여 그 대지소유권이 주어지도록 하여야 한다. 이 경우 토지의 소유관계는 공유로 한다(시행령 52조).
3. 조합원에게 분양하는 주택의 규모는 건축계획을 작성하여 사업시행인가를 받은 후 평형별로 확정한다.
4. 조합원에 대한 신축건축물의 평형별 배정에 있어 조합원 소유 종전건축물의 가격 · 면적 · 유형 · 규모 등에 따라 우선순위를 정할 수 있다.
5. 조합원이 출자한 종전의 토지 및 건축물의 면적을 기준으로 산정한 주택의 분양대상면적과 사업시행 후 조합원이 분양받을 주택의 규모에 차이가 있을 때에는 당해 사업계획서에 의하여 산정하는 평형별 가격을 기준으로 환산한 금액의 부과 및 지급은 제54조 및 제55조의 규정을 준용한다.
6. 사업시행구역 안에 건립하는 상가 등 부대 · 복리시설은 조합이 시공자와 협의하여 별도로 정하는 약정에 따라 공동주택과 구분하여 관리처분계획을 수립할 수 있다.
7. 조합원에게 공급하고 남은 잔여주택이 20세대 이상인 경우에는 일반에게 분양

하며, 그 잔여주택의 공급시기와 절차 및 방법 등에 대하여는 주택공급에관한 규칙이 정하는 바에 따라야 한다. 잔여주택이 20세대 미만인 경우에는 그러하지 아니하다.

8. 1세대가 1 이상의 주택을 소유한 경우 1주택을 공급하고 2인 이상이 1주택을 공유한 경우에는 1주택만 공급한다. 다만 다음 각목의 어느 하나에 해당하는 토지 등 소유자에 대하여는 소유한 주택 수만큼 공급할 수 있다.
   가. 투기과열지구 안에 위치하지 아니하는 주택재건축 사업의 토지등소유자
   나. 근로자(공무원인 근로자를 포함한다) 숙소기숙사 용도로 주택을 소유하고 있는 토지 등 소유자
   다. 국가, 지방자치단체 및 주택공사 등
9. 부대 · 복리시설(부속 토지를 포함한다. 이하 이 호에서 같다)의 소유자에게는 부대 · 복리시설을 공급한다. 다만, 다음 각목의 1에 해당하는 경우에는 부대 · 복리시설의 소유자에게 1주택을 공급할 수 있다.
   가. 새로운 부대 · 복리시설을 공급받지 아니하는 경우로서 종전의 부대 · 복리시설의 가액이 분양주택의 최소분양단위규모 추산액에 총회에서 정하는 비율(정하지 아니한 경우에는 1로 한다)을 곱한 가액 이상일 것
   나. 종전 부대 · 복리시설의 가액에서 새로이 공급받는 부대 · 복리시설의 추산액을 차감한 금액이 분양주택의 최소분양단위규모 추산액에 총회에서 정하는 비율을 곱한 가액 이상일 것
   다. 새로이 공급받는 부대 · 복리시설의 추산액이 분양주택의 최소분양단위규모 추산액 이상일 것
   라. 조합원 전원이 동의한 경우
10. 종전의 주택 및 부대복리시설(부속되는 토지를 포함한다)의 평가는 감정평가업자 2인 이상이 평가한 금액을 산술평가한 금액으로 한다.
11. 분양예정인 주택 및 부대복리시설(부속되는 토지를 포함한다)의 평가는 감정평가업자 2인 이상이 평가한 금액을 산술평가한 금액으로 한다.
12. 그 밖에 관리처분계획을 수립하기 위하여 필요한 세부적인 사항은 관계규정 등에 따라 조합장이 정하여 대의원회의 의결을 거쳐 시행한다.

제47조 (분양받을 권리의 양도 등)

① 조합원은 조합원의 자격이나 권한, 입주자로 선정된 지위 등을 양도한 경우에는 조합에 변동 신고를 하여야 하며, 양수자에게는 조합원의 권리와 의무, 자신이 행하였거나 조합이 자신에게 행한 처분 · 절차, 청산시 권리의무에 범위 등이 포괄승계됨을

명확히 하여 양도하여야 한다.

② 제1항의 규정에 의하여 사업시행구역안의 토지 또는 건축물에 대한 권리를 양도받은 자는 등기부등본 등 증명서류를 첨부하여 조합에 신고하여야 하며, 신고하지 아니하면 조합에 대항할 수 없다.

③ 조합은 조합원의 변동이 있는 경우 변경의 내용을 증명하는 서류를 첨부하여 시장 · 군수에 신고하여야 한다.

제48조 (관리처분계획의 공람 등)

① 조합은 관리처분계획의 인가를 받기 전에 관계서류의 사본을 30일 이상 토지등소유자에게 공람하고 다음 각 호의 사항을 각 조합원에게 통지하여야 한다.

1. 관리처분계획의 개요
2. 주택 및 토지지분면적 등 분양대상 물건의 명세
3. 그 밖에 조합원의 권리 · 의무와 이의신청 등에 관한 사항

② 조합원은 제1항의 규정에 의한 통지를 받은 때에는 조합에서 정하는 기간 안에 관리처분계획에 관한 이의신청을 조합에 제출 할 수 있다.

③ 조합은 제2항의 규정에 의하여 제출된 조합원의 이의신청내용을 검토하여 합당하다고 인정되는 경우에는 관리처분계획의 수정 등 필요한 조치를 취하고, 그 조치 결과를 공람 · 공고 마감일부터 10일 안에 당해 조합원에게 통지하여야 하며, 이의신청이 이유 없다고 인정되는 경우에도 그 사유를 명시하여 당해 조합원에게 통지하여야 한다.

④ 조합은 제3항의 규정에 따라 관리처분계획을 수정한 때에는 총회의 의결을 거쳐 확정한 후 그 내용을 각 조합원에게 통지하여야 한다.

⑤ 조합원의 동 · 호수추첨은 OO은행 전산추첨을 원칙으로 경찰관입회하에 공정하게 실시하여야 하며 추첨결과는 시장 · 군수에게 통보하여야 한다.

제49조 (관리처분계획의 통지 등)

① 조합은 관리처분계획고시가 있은 때에는 지체 없이 다음 각 호의 사항을 분양신청을 한 각 조합원에게 통지하여야 한다.

1. 사업의 명칭
2. 사업시행구역의 면적
3. 조합의 명칭 및 주된 사무소의 소재지
4. 관리처분계획인가일
5. 분양대상자별로 기존의 토지 또는 건축물의 명세 및 가격과 분양예정인 토지

또는 건축물의 명세 및 추산가액

② 관리처분계획의 인가고시가 있은 때에는 종전의 건축물의 소유자 · 지상권자 · 전세권자 · 임차권자 등 권리자는 법 제54조의 규정에 의한 이전의 고시가 있은 날(이하 "이전고시일"이라 한다)까지 종전의 토지 또는 건축물에 대하여 이를 사용하거나 수익할 수 없다. 다만, 조합의 동의를 얻은 경우에는 그러하지 아니한다.

제9장 완 료 조 치

제50조 (준공인가 및 입주통지 등)

① 조합은 관할 시장 · 군수로부터 준공인가증을 교부 받은 때에는 지체 없이 조합원에게 입주하도록 통지하여야 한다.

② 조합은 제1항의 규정에 의하여 입주통지를 한 때에는 통지된 날부터 1월 이내에 소유자별로 통지내용에 따라 등기신청을 할 수 있도록 필요한 조치를 하여야 하며, 토지 및 건축물 중 일반분양분에 대해서는 조합명의로 등기한 후 매입자가 이전등기절차를 이행하도록 하여야 한다.

제51조 (이전고시 등)

① 조합은 공사의 완료고시가 있은 때에는 지체 없이 토지확정측량을 하고 토지의 분할절차를 거쳐 조합원과 일반분양자에게 이전하여야 한다. 다만, 사업의 효율적인 추진을 하는데 필요한 경우에는 당해사업에 관한 공사가 전부 완료되기 전에 완공된 부분에 대하여 준공인가를 받아 토지 및 건축물별로 이를 분양받을 자에게 이전할 수 있다.

② 조합은 제1항의 규정에 의하여 건축물을 이전하고자 하는 때에는 조합원과 일반분양자에게 통지하고 그 내용을 당해 지방자치단체의 공보에 고시한 후 이를 시장 · 군수에게 보고하여야 한다.

제52조 (토지 및 건축물에 대한 권리의 확정) 대지 또는 건축물을 분양받을 자에게 법 제54조 제2항의 규정에 의하여 소유권을 이전한 경우 종전의 토지 또는 건축물에 관한 지상권 · 전세권 · 저당권 또는 등기된 임차권과 주택임대차보호법 제3조 제1항의 요건을 갖춘 임차권은 분양받은 토지 또는 건축물에 설정된 것으로 본다.

제53조 (등기절차 등) 조합은 제51조 제2항의 규정에 의한 이전의 고시가 있은 때에는 지체 없이 토지 및 건축물에 관한 등기를 지방법원, 지원 또는 등기소에 촉탁 또는 신청하여야 한다.

제54조 (청산금 등)

① 토지 또는 건축물을 분양받은 자가 종전에 소유하고 있던 토지 또는 건축물의 가격과

분양받은 토지 또는 건축물의 가격사이에 차이가 있는 경우에는 조합은 이전고시일 후에 그 차액에 상당하는 금액(이하 "청산금"이라 한다)을 분양받은 자로부터 징수하거나 분양받은 자에게 지급하여야 한다. 다만, 분할징수 및 분할지급에 대하여 총회의 의결을 거쳐 따로 정한 경우에는 관리처분계획인가후부터 이전고시일까지 일정기간별로 분할징수하거나 분할 지급할 수 있다.

② 제1항의 규정을 적용함에 있어서 종전에 소유하고 있던 토지 또는 건축물의 가격과 분양받은 토지 또는 건축물의 가격은 감정평가업자 2인 이상이 평가한 금액을 산술평균하여 산정한다.

③ 제2항의 분양받은 토지 또는 건축물의 가격산정에 있어 다음 각 호의 비용을 가산한다. 다만, 법 제63조의 규정에 의한 보조금은 이를 공제하여야 한다.

1. 조사 · 측량 · 설계 및 감리에 소요된 비용
2. 공사비
3. 정비사업의 관리에 소요된 등기비용 · 인건비 · 통신비 · 사무용품비 · 이자 그 밖에 필요한 경비
4. 법 제63조의 규정에 의한 융자금이 있는 경우에는 그 이자에 해당하는 금액
5. 정비기반시설 및 공동이용시설의 설치에 소요된 비용(법 제63조 제1항의 규정에 의하여 시장 · 군수가 부담한 비용을 제외한다)
6. 안전진단의 실시, 정비사업전문관리업자의 선정, 회계감사, 감정평가비용
7. 그 밖에 정비사업추진과 관련하여 지출한 비용으로서 총회에서 포함하기로 정한 것

제55조 (청산금의 징수방법)

① 청산금을 납부하지 않은 조합원이 있을 경우 조합은 청산금 납부요청을 2회 이상 최고하고 최고최종일로부터 1월 이내 시장 · 군수에게 청산금과 연체료의 징수를 위탁할 수 있다.

② 청산금을 지급받을 조합원이 이를 받을 수 없거나 거부한 때에는 조합은 그 청산금을 공탁한다.

③ 청산금을 지급받을 권리 또는 이를 징수할 권리는 이전고시일 다음 날부터 5년간 이를 행사하지 아니하면 소멸한다.

제56조 (조합의 해산)

① 조합은 준공인가를 받은 날로부터 1년 이내에 이전고시 및 건축물 등에 대한 등기절차를 완료하고 총회 또는 대의원회를 소집하여 해산 의결을 하여야 하며, 해산을 의결한 경우 시장 · 군수에게 신고하여야 한다.

② 조합이 해산의결을 한 때에는 해산의결 당시의 임원이 청산인이 된다.

③ 조합이 해산하는 경우에 청산에 관한 업무와 채권의 추심 및 채무의 변제 등에 관하여 필요한 사항은 민법의 관계규정에 따른다.

제57조 (청산인의 임무) 청산인은 다음 각 호의 업무를 성실히 수행하여야 한다.

1. 현존하는 조합의 사무종결
2. 채권의 추심 및 채무의 변제
3. 잔여재산의 처분
4. 그 밖에 청산에 필요한 사항

제58조 (채무변제 및 잔여재산의 처분) 청산 종결 후 조합의 채무 및 잔여재산이 있을 때에는 해산당시의 조합원에게 분양받은 토지 또는 건축물의 부담비용 등을 종합적으로 고려하여 형평이 유지되도록 공정하게 배분하여야 한다.

제59조 (관계서류의 이관) 조합은 사업을 완료하거나 폐지한 때에는 시 · 도 조례가 정하는 바에 따라 관계서류를 시장 · 군수에게 인계하여야 한다.

제10장 보　　칙

제60조 (관련자료의 공개와 보존)

① 조합은 사업시행에 관하여 다음 각 호의 서류 및 관련자료를 인터넷 등을 통하여 공개하여야 하며, 조합원의 공람요청이 있는 경우에는 이를 공람시켜 주어야 한다. 다만, 개인비밀의 보호, 자료의 특성상 인터넷 등에 공개하기 어려운 사항은 개략적인 내용만 공개할 수 있다.

1. 정관
2. 설계자 · 시공자 및 정비사업전문관리업자의 선정계약서
3. 총회의사록
4. 추진위원회, 조합의 이사회 및 대의원회 의사록
5. 사업시행계획서
6. 관리처분계획서
7. 당해 사업의 시행에 관한 행정기관의 문서
8. 회계감사결과

② 조합 또는 정비사업전문관리업자는 총회 또는 중요한 회의가 있은 때에는 속기록녹음 또는 영상자료를 만들어 이를 청산시까지 보관하여야 한다.

③ 조합원이 제1항 각호의 사항을 열람하고자 하는 때에는 서면으로 열람을 요청하여야

하며, 조합은 특별한 사유가 없는 한 이에 응하여야 한다.

제61조 (약정의 효력) 조합이 사업시행에 관하여 시공자 및 설계자, 정비사업전문관리업자와 체결한 약정은 관계법령 및 이 정관이 정하는 범위 안에서 조합원에게 효력을 갖는다.

제62조 (주택재건축정비사업조합 설립추진위원회 행위의 효력) 조합설립인가일 전에 조합의 설립과 사업시행에 관하여 추진위원회가 행한 행위는 관계법령 및 이 정관이 정하는 범위 안에서 조합이 이를 승계한 것으로 본다.

제63조 (정관의 해석) 이 정관의 해석에 대하여 이견이 있을 경우 일차적으로 이사회에서 해석하고, 그래도 이견이 있을 경우는 대의원회에서 해석한다.

제64조 (소송 관할 법원) 조합과 조합원간에 법률상 다툼이 있는 경우 소송관할 법원은 조합 소재지 관할 법원으로 한다.

제65조 (민법의 준용 등)

① 조합에 관하여는 도시 및 주거환경정비법에 규정된 것을 제외하고는 민법 중 사단법인에 관한 규정을 준용한다.

② 법, 민법, 이 정관에서 정하는 사항 외에 조합의 운영과 사업시행 등에 관하여 필요한 사항은 관계법령 및 관련행정기관의 지침 · 지시 또는 유권해석 등에 따른다.

③ 이 정관이 법령의 개정으로 변경하여야 할 경우 정관의 개정절차에 관계없이 변경되는 것으로 본다. 그러나 관계법령의 내용이 임의규정인 경우에는 그러하지 아니하다.

부　　칙

이 정관은 ㅇㅇ시장의 조합설립인가를 받은 날부터 시행한다.

[서식] 창립총회의사록

창립총회의사록

2000년 0월 0일 00시 00분, 00시 00구 00로 00(00동) 창립사무소에서 창립총회를 개최하다.

총조합원수 0명　　　　　　출석조합원수 0명

설립자대표 000는 위와 같이 법정수에 달하는 조합원이 출석하여 본 총회가 적법히 성립되었음을 알리고 회의 진행을 위하여 의장을 선임하여 줄 것을 요구한 바, 참석조합원 전원일치 합의로 설립자대표 000를 의장으로 선임한 즉, 동인은 즉석에서 그 취임을 승낙하고 개회를 선언한 후 다음의 의안에 관하여 심의를 구하다

제1호 의 안 재건축조합 설립의 건

의장은 당 조합의 사업개요를 설명하고 재건축정비사업조합의 설립필요성을 제안한 바, 참석조합원 전원일치 찬성으로 조합설립을 가결하다.

제2호 의 안 정관 승인의 건

의장은 당 조합의 사업추진을 위하여 조합정관을 낭독하고 축조설명을 가한 후, 그 승인 여부를 물은 바, 참석조합원 전원의 찬성으로 원안대로 승인하여 가결하다.

제3호 의 안 조합장 및 임원 선임의 건

의장은 조합장 및 이사 0인, 감사 0인을 정관의 규정에 따라 선임할 필요성이 있음을 설명하고 그 선임방법을 물은 바, 무기명 비밀투표로 선출하자는 제안이 있자 전원이 이의 없이 그에 찬동하여 즉시 투표를 행한 결과 다음과 같이 선출되다.

조합장겸 이사 0 0 0 (000000-0000000)
이사 0 0 0 (000000-0000000)
이사 0 0 0 (000000-0000000)
이사 0 0 0 (000000-0000000)
감사 0 0 0 (000000-0000000)

위 피선자들은 즉석에서 그 취임을 승낙하다.

제4호 의 안 사업계획서 승인의 건

의장은 당 조합의 재건축 사업계획서안을 상세히 설명하고, 그 승인여부를 물은 바, 참석조합원 전원 이의 없이 이를 원안대로 승인 가결하다.

의장은 이상으로서 의안 전부를 심의를 종료하였으므로 폐회를 선언하다.

회의종료시각 : OO시 OO분

위 의사의 경과와 결의를 명확히 하기 위하여 이 의사록을 작성하여 의장과 출석한 이사, 감사가 다음과 같이 기명날인하다.

2000년 O월 O일

OO재건축 정비사업조합

OO시 OO구 OO로 OO(OO동)

조합장겸 이사 O O O (인)

이사 O O O (인)

이사 O O O (인)

이사 O O O (인)

감사 O O O (인)

[서식] 취임승낙서

취 임 승 낙 서

본인은 2000년 O월 O일 창립총회에서 조합장, 이사, 감사 로 선임되었으므로 그 취임을 승낙합니다.

2000년 O월 O일

조합장 O O O (인)

이 사 O O O (인)

감 사 O O O (인)

OO재건축 정비사업조합 귀중

[서식] 인감신고서

인감 · 개인(改印) 신고서

(신고하는 인감날인란) (인감제출자에 관한 사항)

상호(명 칭)		OO재건축정비 사업조합	등기번호	
본점(주사무소)		OO시 OO구 OO로 OO(OO동)		
인감제출자	자격/성명	조합장 ㅇ ㅇ ㅇ		
	주민등록번호	OOOOOO-OOOOOOO		
	주 소	OO시 OO구 OO로 OO(OO동)		

␣ 위와 같이 인감을 신고합니다.
␣ 위와 같이 개인(改印)하였음을 신고합니다.

년 월 일 (인감 날인란)

신고인 본 인 성 명 (인)
대리인 성 명 (인)

지방법원 등기소 귀중

주 1. 인감 날인란에는 「인감증명법」에 의하여 신고한 인감을 날인하고 그 인감증명서(발행일로부터 3개월 이내의 것)를 첨부하여야 합니다. 개인(改印)신고의 경우, 개인 인감을 날인하는 대신에 등기소에 신고한 유효한 종전 인감을 날인하여도 됩니다.
2. 인감 · 개인신고서에는 신고하는 인감을 날인한 인감대지를 첨부하여야 합니다.
3. 지배인이 인감을 신고하는 경우에는 인감제출자의 주소란에 지배인을 둔 장소를 기재하고, 「상업등기규칙」 제36조제4항의 보증서면(영업주가 등기소에 신고한 인감 날인)을 첨부하여야 합니다. 위 보증서면은 아래의 보증서면란에 기재하는 것으로 갈음할 수 있습니다.

보 증 서 면
위 신고하는 인감은 지배인 OOO의 인감임이 틀림없음을 보증합니다. 대표이사 (법인인감)
위 임 장 성 명 : 주민등록번호(-) 주 소 : 위의 사람에게, 위 인감신고 또는 개인신고에 관한 일체의 권한을 위임함. 20 년 월 일 인감(개인) 신고인 성 명 (인)

[서식] 인감대지

인 감 대 지

	신고하는 인감날인란	상 호(명 칭) : OO재건축정비사업조합 자격 및 성명 : 조합장 O O O 주민등록번호 : OOOOOO-OOOOOOO

[서식] 정비사업조합 변경등기신청서(이사 등 변경)

정비사업조합 변경등기신청

접수	년 월 일	처리인	접 수	조 사	기 입	교 합	각종통지
	제 호						

명 칭	○○정비사업조합	등기번호	제○○○○호
주 사 무 소	OO시 OO구 OO로 OO(OO동)		
등기의 목적	이사변경등기		
등기의 사유	이사 ○○○은 20○○년 ○월 ○일 임기만료로 퇴임하고 20○○년 ○월 ○일 조합원총회에서 다음 사람이 이사로 선임되어 같은 날 취임하였으므로 그 등기를 구함.		
인가서도착연월일	20○○년 ○월 ○일		
주사무소/분사무소 신청구분	1.주사무소 신청 ☐ 2.분사무소 신청 ☐ 3.주 · 분사무소 일괄신청 ☐		

등 기 할 사 항

이사 ○ ○ ○ 20○○. ○. ○. 퇴임

이사 ○ ○ ○ (OOOOOO-OOOOOOO)

20○○. ○. ○. 취임

신청등기소 및 등록면허세/수수료

순번	신청등기소	구분	등록면허세	지방교육세	세액합계	등기신청수수료
			금 원	금 원	금 원	금 원
합 계						

등기신청수수료 은행수납번호	
첨 부 서 면	
1. 정관(필요한 경우) 통 1. 조합원총회(대의원회)의사록 통 1. 주무관청의 정관변경인가서 (인증있는 인가서등본) 통 1. 취임승낙서(인감증명, 주민 등록초본 첨부) 통	1. 사임서(인감증명 첨부) 통 1. 가족관계등록증명서(사망시) 통 1. 재판서등본(파산, 금치산) 통 1. 등록면허세영수필확인서및통지서 통 1. 위임장(대리인이 신청할 경우) 통 〈기 타〉
년 월 일 신청인 명 칭 주사무소 조합장 성 명 ㊞ (전화 :) 주 소 대리인 성 명 ㊞ (전화 :) 주 소 **지방법원 등기소 귀중**	

[신청서 작성요령 및 등기수입증지 첨부란]

1. 해당란이 부족할 때에는 별지를 이용합니다.
1. 해당 등기신청과 관계없는 사항에 대하여는 "해당없음"으로 기재하거나 삭제하고, 필요한 사항은 추가 기재합니다.
1. 등기신청수수료 상당의 대법원등기수입증지를 이 난에 붙입니다.

(용지규격 21㎝×29.7㎝)

[서식] 정비사업조합 변경등기신청서

정비사업조합 변경등기신청

<table>
<tr><td rowspan="2">접
수</td><td>년 월 일</td><td rowspan="2">처
리
인</td><td>접 수</td><td>조 사</td><td>기 입</td><td>교 합</td><td>각종통지</td></tr>
<tr><td>제 호</td><td></td><td></td><td></td><td></td><td></td></tr>
</table>

<table>
<tr><td>명 칭</td><td>ㅇㅇ정비사업조합</td><td>등기번호</td><td>제ㅇㅇㅇㅇ호</td></tr>
<tr><td>주 사 무 소</td><td colspan="3">OO시 OO구 OO로 OO(OO동)</td></tr>
<tr><td>등기의 목적</td><td colspan="3">조합장변경등기</td></tr>
<tr><td>등기의 사유</td><td colspan="3">조합장 ㅇㅇㅇ은 20ㅇㅇ년 ㅇ월 ㅇ일 임기만료로 퇴임하고, 20ㅇㅇ년 ㅇ월 ㅇ일 조합원총회에서 다음 사람이 조합장으로 선임되어 같은 날 취임하였으므로 그 등기를 구함.</td></tr>
<tr><td>인가서도착연월일</td><td colspan="3">20ㅇㅇ년 ㅇ월 ㅇ일</td></tr>
<tr><td>주사무소/분사무소
신청구분</td><td colspan="3">1.주사무소 신청 ☐ 2.분사무소 신청 ☐ 3.주 · 분사무소 일괄신청 ☐</td></tr>
<tr><td colspan="4">등 기 할 사 항</td></tr>
<tr><td colspan="4">조합장 ㅇ ㅇ ㅇ (000000-0000000) OO시 OO구 OO로 OO(OO동)
20ㅇㅇ년 ㅇ월 ㅇ일 중임</td></tr>
</table>

신청등기소 및 등록면허세/수수료						
순번	신청등기소	구분	등록면허세	지방교육세	세액합계	등기신청수수료
			금 원	금 원	금 원	금 원
합 계						
등기신청수수료 은행수납번호						

첨 부 서 면

1. 정관(필요한 경우) 통 1. 조합원총회의사록 통 1. 주무관청의 정관변경인가서 (인증있는 인가서등본) 통 1. 사임서, 임원결격증명서 통 1. 취임승낙서(인감증명, 주민등록초본 첨부) 통	1. 조합장 인감신고서 및 인감대지 통 1. 조합장 인감증명서 통 1. 등록면허세영수필확인서및통지서 통 1. 위임장(대리인이 신청할 경우) 통 〈기 타〉

년 월 일

신청인 명 칭
주사무소
조합장 성 명 ㉼ (전화 :)
주 소
대리인 성 명 ㉼ (전화 :)
주 소

지방법원 등기소 귀중

[신청서 작성요령 및 등기수입증지 첨부란]

1. 해당란이 부족할 때에는 별지를 이용합니다.
1. 해당 등기신청과 관계없는 사항에 대하여는 "해당없음"으로 기재하거나 삭제하고, 필요한 사항은 추가 기재합니다.
1. 등기신청수수료 상당의 대법원등기수입증지를 이 난에 붙입니다.

(용지규격 21㎝×29.7㎝)

[서식] 관리처분계획인가신청서

■ 도시 및 주거환경정비법 시행규칙[별지 제9호서식]

관리처분계획 (인가, 변경 · 중지 · 폐지인가)신청서

[□ 재개발사업, □ 재건축사업, □ 주거환경개선사업]

※ 색상이 어두운 란은 신청인이 적지 않습니다. (3쪽 중 제1쪽)

접수번호	접수일	처리기간 30일

<table>
<tr><td rowspan="4">신청인</td><td colspan="2">사업시행자 명칭</td><td colspan="3"></td></tr>
<tr><td rowspan="2">대표자</td><td>성 명</td><td></td><td>생년월일</td><td></td></tr>
<tr><td>주 소</td><td></td><td>전화번호</td><td></td></tr>
<tr><td colspan="2">주된 사무소 소재지</td><td></td><td>전화번호</td><td></td></tr>
</table>

<table>
<tr><td rowspan="4">계획대상</td><td>사업의 명칭</td><td colspan="3"></td></tr>
<tr><td>위치</td><td colspan="3"></td></tr>
<tr><td>계획면적</td><td>㎡</td><td>정 비 건 축 물</td><td>동</td></tr>
<tr><td>사업시행계획인가 고시일</td><td></td><td>시 행 기 간</td><td></td></tr>
</table>

<table>
<tr><td rowspan="3">토지소유권변환</td><td>총면적</td><td>시행전</td><td>사유토지</td><td colspan="3"></td><td>국공유지</td><td colspan="2"></td><td>그 밖의 토지</td><td colspan="2"></td></tr>
<tr><td rowspan="2">㎡
(필지)</td><td rowspan="2">시행후</td><td colspan="3">환지 대상</td><td colspan="5">시행자 보유</td><td rowspan="2">시행자 보유 토지 배분면적</td><td rowspan="2">그밖의 토지</td></tr>
<tr><td>기존 사유</td><td>점유자</td><td>존치 국공유지</td><td>청산</td><td>수용</td><td>협의 매수</td><td>국공 유지 매각</td><td>국공 유지 무상</td></tr>
</table>

			지	매수					양수		

토지용도변환	용도	택지				공공시설				그 밖의 용도		
		소 계	공동주택	단독주택	그밖의 건축시설	소 계				소 계		
	시행전 (㎡)											
	시행후 (㎡)											

210㎜×297㎜[백상지(80g/㎡) 또는 중질지(80g/㎡)]

<table>
<tr><td rowspan="7">건축물 및 건축시설</td><td>시행전 건축물</td><td colspan="2">허가 건축물</td><td colspan="2">동</td><td>무허가 건축물</td><td colspan="3">동(새로 발생 동)</td></tr>
<tr><td rowspan="6">시행후 건축물</td><td colspan="2">용도</td><td>대지면적</td><td>동수</td><td>층수</td><td>세대수</td><td>건축 연면적</td><td>비고</td></tr>
<tr><td rowspan="3">주택</td><td>소계</td><td></td><td></td><td></td><td></td><td></td><td></td></tr>
<tr><td>분양</td><td></td><td></td><td></td><td></td><td></td><td></td></tr>
<tr><td>임대</td><td></td><td></td><td></td><td></td><td></td><td></td></tr>
<tr><td colspan="2">상가</td><td></td><td></td><td></td><td></td><td></td><td></td></tr>
</table>

<table>
<tr><td rowspan="7">공급 계획</td><td rowspan="2">공급대상</td><td colspan="5">주택규모별(전용면적기준) 공급세대수</td><td rowspan="2">상가 면적 (㎡)</td><td colspan="2">그 밖의 건축 시설면적(㎡)</td></tr>
<tr><td>계</td><td>㎡</td><td>㎡</td><td>㎡</td><td>㎡</td><td></td><td></td></tr>
<tr><td>계</td><td></td><td></td><td></td><td></td><td></td><td></td><td></td><td></td></tr>
<tr><td>토지등 소유자</td><td></td><td></td><td></td><td></td><td></td><td></td><td></td><td></td></tr>
<tr><td>보류시설</td><td></td><td></td><td></td><td></td><td></td><td></td><td></td><td></td></tr>
<tr><td>일반분양</td><td></td><td></td><td></td><td></td><td></td><td></td><td></td><td></td></tr>
<tr><td>임대</td><td></td><td></td><td></td><td></td><td></td><td></td><td></td><td></td></tr>
</table>

<table>
<tr><td rowspan="3">분양신청 및 권리신고</td><td rowspan="2">구분</td><td colspan="4">분양신청</td><td rowspan="2">수인이 1인의 분양 대상자로 신청</td><td colspan="4">권리신고(권리종류별)</td></tr>
<tr><td>소계</td><td>토지 및 건축물 소유자</td><td>토지 소유자</td><td>건축물 소유자</td><td>소계</td><td></td><td></td><td></td></tr>
<tr><td>신청인수</td><td></td><td></td><td></td><td></td><td>건
(인)</td><td></td><td></td><td></td><td></td></tr>
</table>

권리자별 관리처분 (단위: 인)	권리자별	대상	분양				청산	수용	협의 매수	그 밖 의처분
			소계	주택	상가	그 밖 의용도				
	계									
	토지 및 건축물소유자									
	토지 소유자									
	건축물 소유자									

210㎜×297㎜[백상지(80g/㎡) 또는 중질지(80g/㎡)]

(3쪽 중 제3쪽)

소유권외의 권리	대 상	건	이전 설정	건	해지 또는 소멸	건

세 입 자 대 책	대 상		임대 주택 공급		주거이전 비지급		비대상	

공공시설	신 설					용 도 폐 지				
	종류	명칭	규모	설치비용	관리청	종류	명칭	규모	국공유지 (㎡)	무상양여 (㎡)

평가액 또는 추산액	시행 전			시행 후		
	계	토 지	건 축 물	계	토 지	건 축 물

자금운용	총 소요사업비			수입 추산액		

「도시 및 주거환경정비법」 제74조제1항 및 같은 법 시행규칙 제12조에 따라 위와 같이 관리처분계획(인가, 변경 · 중지 · 폐지인가)를 신청합니다.

년 월 일

신청인 대표 (서명 또는 인)

특별자치시장 · 특별자치도지사

시장 · 군수 · 구청장 귀하

신청인 제출서류	1. 관리처분계획인가의 경우 가. 관리처분계획서 나. 총회의결서 사본 2. 관리처분계획 변경 · 중지 · 폐지인가의 경우: 변경 · 중지 · 폐지의 사유와 그 내용을 설명하는 서류 ※ 유의사항: 이 서식은 사업유형별 여건에 따라 일부 항목을 추가 또는 삭제하여 작성할 수 있습니다.	수수료 없음

처 리 절 차

신청서 작성	➔	접 수	➔	검 토	➔	인 가	➔	고 시
신청인		특별자치시 특별자치도 시·군·구		특별자치시 특별자치도 시·군·구		특별자치시 특별자치도 시·군·구		특별자치시 특별자치도 시·군·구

SMS수신: 동의( ), 비동의( )
(HP: - -)

→ SMS수신에 동의하시면 처리 완료시 SMS(문자)가 전송됩니다.

210㎜×297㎜[백상지(80g/㎡) 또는 중질지(80g/㎡)]

제11장 법무법인

제1절 총 설

1. 의 의

현행 변호사법은 공동법률사무소 형태를 법무법인, 법무법인 유한, 법무조합 이렇게 세 가지로 규정하고 있다. 법무법인과 법무조합의 설립절차도 법무법인의 설립절차와 기본적인 내용을 같이 하나 구성원의 수 자본금의 납입 등 일부 설립요건이 상이하고 손해배상책임에 대한 담보조치가 요구되는 등 일부 차이가 있다.

2. 법무법인의 구성

1) 설 립

법무법인을 설립하려면 구성원이 될 변호사가 정관을 작성하여 주사무소 소재지의 지방변호사회와 대한 변호사협회를 거쳐 법무부장관의 인가를 받아야 한다. 정관을 변경할 때에도 같다. 법무법인은 구성원인 변호사와 별개의 법인격을 가진 단체로서 변호사법이 인정하는 특수한 법인으로 상법상 회사와 구별된다. 법무법인의 설립인가를 받으려면 법무법인 설립 인가 신청서에 정관 구성원회의 회의록의 서류를 첨부하여 주사무소 소재지의 지방변호사회 및 대한변호사협회를 거쳐 법무부 장관에게 제출하여야 한다.

2) 법무법인의 구성원

법무법인은 3인 이상의 변호사로 구성되며 그 중 1인은 5년 이상 법원조직법 제42조 1항 각호의 어느 하나에 해당하는 직에 있었던 자이어야 한다. 구성원은 변호사 자격이 있는 자로서 대한변협에 등록을 하고 개업신고를 마친 자에 한한다. 현행 변호사법은 법무법인을 설립하려면 변호사 자격을 가진 사람이 3명 이상 있어야 하는 데 그 변호사 중에 판사, 검사, 변호사 등으로 5년 이상 있었거나 변호사 자격을 갖고 국가기관 등에 5년 이상 법률사무에 종사하였거나 변호사 자격을 갖고 대학의 법률학 조교수 이상으로 5년 이상 종사를 한 사람이 1명 이상 있어야 한다.

3. 설립인가신청

법무법인을 설립하려면 구성원이 될 변호사가 정관을 작성하여 주사무소 소재지의 지방변호사회와 대한변호사협회를 거쳐 법무부장관의 인가를 받아야 한다. 정관을 변경할 때에도 같다.

제2절 법무법인 설립등기

1. 의 의

법무법인은 주무관청으로부터 설립인가를 받으면 2주일 이내에 설립등기를 하여야 한다. 법무법인은 주사무소의 소재지에서 설립등기를 함으로서 성립한다.

2. 등기사항

등기사항은 다음 각 호와 같다.
1) 목적, 명칭, 주사무소 및 분사무소(分事務所)의 소재지
2) 구성원의 성명 · 주민등록번호 및 법무법인을 대표할 구성원의 주소
3) 출자(出資)의 종류와 그 가액(價額) 또는 평가의 기준
4) 구성원의 가입 · 탈퇴와 그 밖의 변경에 관한 사항
5) 구성원 회의에 관한 사항
6) 법무법인의 대표에 관한 사항
7) 자산과 회계에 관한 사항
8) 존립 시기나 해산 사유를 정한 경우에는 그 시기 또는 사유

3. 등기신청

법무법인의 등기는 그 주사무소 및 분사무소의 소재지를 관할하는 등기소에서 하고 구성원 전원이 공동으로 신청하여야 하며, 그 신청서에는 정관, 법무법인 설립인가증의 서류를 첨부하여야 한다. 법무법인은 설립등기를 한 경우에는 7일 이내에 법무법인 설립등기 보고서(전자문서로 된 보고서를 포함한다)를 법무부장관에게 제출하여야 한다. 이 경우 법무부장관은 「전자정부법」 제36조제1항에 따른 행정정보의 공동이용을 통하여 법인 등기사항증명서를 확인하여야 한다.

4. 첨부서류

1) 정관
2) 법무법인 설립인증
3) 등록면허세 등

법인의 성립 등록면허세는 설립 시 자본금의 1,000분의 4를, 지방교육세는 등록면허세의 100분의 20을 납부하여야 한다. 설립등기 신청 시 자산이 전혀 없다면 112,500원의 등록면허세를 납부하여야 한다.

[서식] 법무법인 설립등기신청서

법무법인 설립등기신청

<table>
<tr><td rowspan="2">접
수</td><td>년 월 일</td><td rowspan="2">처
리
인</td><td>접 수</td><td>조 사</td><td>기 입</td><td>교 합</td><td>각종통지</td></tr>
<tr><td>제 호</td><td></td><td></td><td></td><td></td><td></td></tr>
</table>

<table>
<tr><td>등 기 의 목 적</td><td colspan="3">법무법인 설립</td></tr>
<tr><td>등 기 의 사 유</td><td colspan="3">법무법인을 설립하기 위하여 정관을 작성하고 20○○년 ○월 ○일 창립총회의 의결을 거쳐 20○○년 ○월 ○일 주무관청으로부터 설립인가를 받았으므로 다음 사항의 등기를 구함.</td></tr>
<tr><td>설 립 인 가 서
도 착 연 월 일</td><td colspan="3">20○○년 ○월 ○일</td></tr>
<tr><td>주사무소/분사무소
신청구분</td><td>1.주사무소
신청 □</td><td>2.분사무소
신청 □</td><td>3.주 · 분사무소
일괄신청 □</td></tr>
<tr><td colspan="4">등 기 할 사 항</td></tr>
<tr><td>명 칭</td><td colspan="3">법무법인 ○○○</td></tr>
<tr><td>주 사 무 소</td><td colspan="3">OO시 OO구 OO로 OO(OO동)</td></tr>
<tr><td>구성원변호사의
성명 및
주민등록번호</td><td colspan="3">구성원 변호사 ○ ○ ○ (OOOOOO-OOOOOOO)
구성원 변호사 ○ ○ ○ (OOOOOO-OOOOOOO)
구성원 변호사 ○ ○ ○ (OOOOOO-OOOOOOO)</td></tr>
<tr><td>대표변호사의
성명과 주소</td><td colspan="3">대표변호사 ○ ○ ○(OOOOOO-OOOOOOO)
OO시 OO구 OO로 OO(OO동)</td></tr>
</table>

등 기 할 사 항	
목 적	이 법인은 변호사의 직무를 조직적 · 전문적으로 수행하기 위하여 다음 각 호의 업무를 수행한다. 1. 변호사의 직무에 속하는 업무 1. 공증인의 직무에 속하는 업무 1. 변호사법 제49조 제2항에 의한 업무 1. 기타 위 각 호에 부대하는 업무
분 사 무 소	OO시 OO구 OO로 OO(OO동)
설립인가연월일	20○○년 ○월 ○일
존립기간 또는 해산사유	해산사유 1. 정관에 정한 해산 사유가 발생하였을 때 1. 구성원 전원의 동의가 있을 때 1. 합병하였을 때 1. 파산하였을 때 1. 설립인가가 취소되었을 때
출자의 종류, 가액 및 이행부분	구성원변호사 ○ ○ ○ (OOOOOO-OOOOOOO) 금전 ○○○○○원 전부이행 용역제공 구성원변호사 ○ ○ ○ (OOOOOO-OOOOOOO) 금전 ○○○○○원 전부이행 용역제공 구성원변호사 ○ ○ ○ (OOOOOO-OOOOOOO) 용역제공
기 타	해당 없음

신청등기소 및 등록면허세/수수료

순번	신청등기소	구분	등록면허세	지방교육세	세액합계	등기신청수수료
			금 원	금 원	금 원	금 원
합 계						
등기신청수수료 은행수납번호						
과 세 표 준 액			금 원			

첨 부 서 면

1. 정 관 통 1. 창립총회의사록 통 1. 설립인가서 (또는 인증 있는 인가서등본) 통 1. 출자이행증명서 통 1. 대표변호사 취임승낙서와 인감증명서,주민등록표등(초)본 통	1. 대표변호사의 인감신고서와 인감증명 통 1. 법인인감카드발급신청서 통 1. 등록면허세영수필확인서및통지서 통 1. 위임장(대리인이 신청할 경우) 통

년 월 일

신청인 명 칭
주사무소
대표변호사 성 명 ㉺ (전화 :)
주 소
대리인 성 명 ㉺ (전화 :)
주 소

지방법원 등기소 귀중

[신청서 작성요령 및 등기수입증지 첩부란]

1. 해당란이 부족할 때에는 별지를 이용합니다.
1. 해당 등기신청과 관계없는 사항에 대하여는 "해당없음"으로 기재하거나 삭제하고, 필요한 사항은 추가 기재합니다.
1. 등기신청수수료 상당의 대법원등기수입증지를 이 난에 붙입니다.

(용지규격 21㎝×29.7㎝)

[서식] 법무법인 설립신청서

법무법인 설립인가신청서

법무법인 ○ ○

대표변호사 ○○○

법무부장관 귀중

법무법인 설립인가신청서

1. 명칭 : 국문 법무법인 ○○ 한문 法務法人 ○○ 영문 ○○

2. 사무실 소재지

   (1) 주 사 무 소 : 서울 ○○○ ○○○ ○○○(도로명 주소 기재)

   전화 팩스

   (2) ○○ 분사무소 : ○○○ ○○○ ○○○(도로명 주소 기재)

   전화 팩스

3. 구성원의 성명 및 주민등록번호

   (1) 주사무소 주재 구성원의 성명 및 주민등록번호

   ① 변호사 ○○○

   ○○○-○○○

   ② 변호사 ○○○

   ○○○-○○○

   ③ 변호사 ○○○

   ○○○-○○○

   (2) 분사무소 주재 구성원의 성명 및 주민등록번호

   변호사 ○○○

   ○○○-○○○

4. 대표자 : 변호사 ○○○

변호사법 제41조 및 같은 법 시행령 제9조에 의거하여 위와 같이 법무법인을 설립하고자 신청하오니 인가하여 주시기 바랍니다.

첨 부 서 류

1. 정관	1부
2. 창립총회 구성원회의 의사록	1부
3. 대표변호사 취임승낙서	1부
4. 구성원 출자이행증명서	1부
5. 구성원 변호사 등록 증명원	1부
6. 구성원 이력서(컬러사진 부착)	1부
7. 구성원 주민등록초본 또는 등본	1부
8. 주사무소 건물임대차 계약서 사본	1부
9. ○○ 분사무소 건물임대차 계약서 사본	1부

20 . . .

위 신청인 법무법인 ○○○
서울 ○○○ ○○○ ○○○

대표자 변호사 ○○○

법무부장관 귀 중

1. 법무부, 대한변호사협회 제출용 서류(주민등록등본, 등록증명원 등) 1부는 원본으로, 소속회 제출본(사본) 1부, 사무실보관용 1부(사본)
총 3부를 제출하시기 바랍니다.

2. 원본의 의사록 및 정관에는 반드시 간인이 필요합니다.

3. 이력서에는 반명함판 컬러사진을 부착하여야 합니다.(출력본 가능)

4. 다른 법인의 구성원 또는 소속변호사가 설립하고자 하는 법인의 구성원이 되려면 구성원 또는 소속변호사 탈퇴가 반드시 먼저 되어있어야 합니다.

5. 법무부의 인가(주사무소로 인가증 송달)후 2주 이내에 등기하여야 합니다.

6. 법인설립 인가 후 사무소를 이전한 각 구성원은 '법인등사무소이전신고서'를 제출하여야 합니다.

7. 관할구청에 등록면허세 면허분을 선납한 후 영수증 사본을 법무부에 제출할 서류에 반드시 첨부하시기 바랍니다.(서울기준40,500원)

8. 설립비용 50만 원(법정 기준인 3인이며, 3인을 초과 할 때 1인 당 20만 원씩 추가)을 납입하여야 합니다.
   ※ ex. 4인의 경우 70만 원, 5인의 경우 90만 원.
   ※ 계좌번호 국민은행 548501-01-354111 예금주 대한변호사협회, 납입 시 '법인설립 OO'으로 기재하시고 입금확인증을 협회 제출본 서류에 첨부하시기 바랍니다.

창립총회 구성원회의 의사록

20　 .　 .　 . 10:00 서울시 ○○○ ○○○ ○○○에서 창립구성원회의를 개최하다.

구성원 총수 3명,　　　　　출석 구성원 수 3명

발기인 대표 변호사 ○○○은 발기인인 구성원 전원이 출석하였으므로 본 구성원회의가 유효하게 성립되었음을 고하고 의사를 진행하기 전에 의장을 선임할 것을 요구하였던 바, 만장일치로 발기인 대표 변호사 ○○○을 의장으로 선임하자 동인은 그 취임을 승낙하고 의장석에 착석하여 개회를 선언하고 다음 의사의 심의를 구하다.

제1호 의안 : 정관승인의 건

의장은 정관 초안을 낭독하고 축조 설명을 가한 후 그 가부를 문의하였던바, 만장일치로 원안대로 승인하다.

제2호 의안 : 대표변호사 선임 건

의장은 정관 제17조 제1항의 규정에 의하여 대표변호사를 선임할 것을 고하고 그 선임방법을 문의하였던바, 참석 구성원 전원은 구두호선에 의한 거수표를 선출하자고 결의하고 그 선임방법에 따라 아래 사람을 대표변호사로 선임하다.

구성원 변호사　○○○

의장은 구성원 회의의 목적인 의안 전부를 심의 종료하였으므로 구성원회의를 종료한다고 선언하다.

폐회시간 11:00

위 의사의 경과와 결과를 명백히 하기 위하여 의사록을 작성하고 의장과 출석한 구성원 전원은 다음과 같이 기명 · 날인하다.

20 . . .

법무법인 ○○○

의장 구성원 변호사 ○○○

구성원 변호사 ○○○

구성원 변호사 ○○○

법 무 법 인 정 관

법무법인 ○○○

대표변호사 ○○○

법무부장관 귀 중

법 무 법 인 정 관

제1장 총칙

제1조 [명칭] 이 법인은 "법무법인 ○○○(法務法人 한자, 영문) (이하 '법인'이라고 부른다)"이라 한다.

제2조 [목적] 이 법인은 다음의 업무를 행함을 목적으로 한다.

1. 변호사의 직무에 속하는 업무
2. 변호사법 제 49조 제2항에 의한 업무
3. 위 각 호에 부대되는 일체의 업무

제3조 [사무소의 소재지]

① 이 법인의 주사무소는 서울특별시 ○○구 (도로명 주소)에 둔다.

② 이 법인은 다음의 분사무소를 둔다.

북부 분사무소 서울 ○○구 (도로명 주소)

이 법인은 필요에 따라 이 정관을 개정하고 주무관청의 인가를 얻어 필요한 곳에 분사무소를 둘 수 있다.

제4조 [존립시기] 이 법인은 설립등기일부터 만 ○○년간 존립한다. 다만, 구성원회의의 결의로 그 기간을 연장 또는 단축할 수 있다.

제2장 구성원과 출자

제5조 [구성원]

1. 구성원의 성명과 주민등록번호는 다음과 같다.

번호	구 분	성 명	주민등록번호
1	주사무소 주재구성원		
2	주사무소 주재구성원		
3	주사무소 주재구성원		

2. 대표변호사의 성명과 주소는 다음과 같다.

성 명 : ○○○

주 소 : ○○○ ○○○ ○○○ ○○○

제6조 [구성원이 아닌 소속변호사] 법인은 구성원 아닌 소속변호사를 둘 수 있다. 다만, 구성원이 아닌 소속변호사의 가입은 구성원회의의 결의를 요한다.

제7조 [출자] 각 구성원이 출자할 출자의 목적, 가액, 평가기준 및 지분은 다음과 같다.

구 성 원	목 적	가 액	평가기준	출자지분
000				
000				
000				
합계				100%

제8조 [지분의 양도] 구성원은 그 지분의 전부 또는 일부를 구성원회의의 결의에 따른 승인 없이 타인에게 양도할 수 없다.

제9조 [자기거래] 구성원은 다른 구성원과반수의 결의가 있는 때에 한하여 자기 또는 제3자 계산으로 법인과 거래할 수 있다. 이 경우에는 민법 제124조의 규정을 적용하지 아니한다.

제3장 구성원회의

제10조 [구성] 구성원회의는 구성원인 변호사 전원으로 구성한다.

제11조 [권한] 구성원회의는 다음 사항을 결의한다.

1. 정관의 변경
2. 구성원의 가입, 승계 및 제명
3. 출자지분의 양도에 관한 승인
4. 대표변호사 선임 및 해임
5. 대표변호사 및 업무담당구성원의 보수결정
6. 분사무소주재구성원의 결정
7. 계산서류의 승인
8. 법인의 해산, 합병
9. 해산에 따른 청산의 선임, 해임 및 잔여재산의 처분
10. 기타 법인의 운영에 관한 중요사항

제12조 [소집]

① 구성원회의는 정기회와 임시회로 한다.

② 정기회는 매 결산기 종료 후 2월 이내에 소집하고, 임시회는 필요에 따라 수시 소집한다.

③ 구성원회의는 대표변호사가 소집한다. 다만, 구성원 0분의 0이상이 회의의 목적사항을 명시하여 임시회의 소집을 요구하면 대표변호사는 0일 이내에 이를 소집하여야 한다.

제13조 [결의방법]

① 구성원회의의 결의는 재적구성원의 과반수이상이 출석하고, 그 의결권의 과반수찬성으로 하여야 한다. 다만, 제11조 제1호, 제2호 및 제8호에 정한 사항에 관하여는 구성원전원의 출석과 찬성이 있어야 한다.

② 구성원은 다른 구성원으로 하여금 그 의결권을 대리행사하게 할 수 있다.

제14조 [의결권] 각 구성원은 평등한 의결권을 가진다.

제15조 [회의]

① 구성원회의의 의장은 대표변호사가 된다.

② 구성원회의의 의사에 관하여는 의사록을 작성하여야 한다. 의사록에는 의사의 경과요령과 그 결과를 기재하고, 의장과 출석한 구성원이 기명 · 날인하여야 한다.

제4장 업무집행과 법인대표

제16조 [업무담당변호사의 지정]

① 이 법인이 변호사법 제50조 제1항 및 제2항에 의하여 업무를 담당할 변호사를 지정할 때에는 대표변호사가 그 취지를 기재한 서면을 작성하여야 한다.

② 제1항의 규정에 의한 담당변호사는 지정된 업무의 집행에 한하여 이 법인을 대표한다.

제17조 [대표변호사]

① 이 법인에 대표변호사 ○인을 둔다.

② 대표변호사는 구성원회의의 결의로 구성원 중에서 선임한다.

③ 대표변호사는 이 법인을 대표하고 일절의 업무를 통할한다.

④ 대표변호사 유고시에는 대표변호사가 미리 지정한 구성원이 그 직무를 대행한다.

⑤ 대표변호사 임기는 O년으로 한다. 다만, 구성원회의의 결의로 연임할 수 있다.

제18조 [보고업무] 대표변호사는 다른 구성원의 요구가 있으면 언제든지 법인의 업무 및 재산 상태를 보고하여야 한다.

제19조 [보수] 대표변호사와 업무를 담당하는 구성원의 보수는 구성원회의의 결의로 정한다.

제20조 [분사무소주재구성원]

① 분사무소에 주재할 구성원은 구성원회의의 결의로 정한다.

② 분사무소에 주재하는 구성원은 그 분사무소의 지배인으로 한다.

제5장 구성원의 가입 및 탈퇴

제21조 [가입]

① 구성원의 신규가입은 구성원회의의 결의로 정한다.

② 구성원이 새로 가입한 때에는 각 구성원의 출자지분을 다시 정하여야 한다.

제22조 [탈퇴]

① 구성원은 언제든지 임의로 탈퇴할 수 있다. 다만, 6월 전에 그 뜻을 법인에 예고하여야 한다.

② 구성원은 변호사법 제46조 제2항 제1호 내지 제3호의 사유가 발생한 때 외에 법원으로부터 제명의 선고가 있는 때에는 당연히 탈퇴한다.

제23조 [상속]

① 구성원이 사망한 때에는 그 상속인이 변호사의 자격이 있고, 구성원회의의 결의로 승낙한 때에 한하여 권리의무를 승계하여 구성원이 될 수 있다.

② 상속인이 상속의 개시를 안 날로부터 3월내에 법인에 대하여 승계 또는 포기의 여부를 법인에 통지하여야 한다.

③ 제2항의 통지 없이 3월을 경과한 때에는 구성원이 될 권리를 포기한 것으로 본다.

제24조 [제명의 선고] 구성원에게 다음의 사유가 있는 때에는 법인은 구성원회의의 결의에 의하여 그 구성원의 제명의 선고를 법원에 청구할 수 있다.

1. 출자의 의무를 이행하지 아니한 때
2. 변호사법 제52조 제1항에 위반한 때
3. 법인의 업무집행 또는 대표에 관하여 부정한 행위가 있는 때
4. 권한 없이 업무를 집행하거나 법인을 대표한 때
5. 기타 중요한 사유가 있는 때

제25조 [지분의 환급] 재산을 출자의 목적으로 한 구성원이 탈퇴한 때에는 탈퇴일 현재 법인재산에 그 구성원의 지분비율을 곱하여 계산한 금액을 환급받을 권리가 있다. 다만, 노무 또는 신용을 출자의 목적으로 한 구성원이 탈퇴한 때에는 그 지분의 환급을 받을 수 없다.

제6장 계　　산

제26조 [영업연도] 이 법인의 영업연도는 매년 1월 1일부터 12월 31일까지로 한다.

제27조 [계산서류의 승인] 대표변호사는 매 영업연도 말에 다음 서류를 구성원회의에 제출하고 그 승인을 받아야 한다.

1. 재산목록
2. 대차대조표

3. 영업보고서
4. 손익계산서
5. 손익금처분에 관한 의안
6. 이익배당에 관한 의안

제28조 [손익계산] 이 법인의 손익계산은 영업연도의 총익금에서 총손금을 공제한 차액을 수익금으로 한고, 총손금에서 총익금을 공제한 차액을 결손금으로 한다.

제29조 [배당]

① 이 법인은 수익금으로 결손금을 충당한 후가 아니면 구성원에게 이익금배당을 할 수 없다.

② 이 법인의 구성원은 법인의 결손금이 발생한 경우에는 어떠한 명목으로든지 법인으로부터 배당을 받을 수 없다.

제30조 [배당비율] 각 구성원의 이익배당은 출자지분의 비율에 따른다.

제7장 해산 및 청산

제31조 [해산사유] 이 법인은 다음의 사유로 해산한다.

1. 제4조에 정한 존립시기의 도래
2. 구성원회의의 결의
3. 합병
4. 파산
5. 설립인가의 취소
6. 법원의 명령 또는 판결

제32조 [재산처분] 법인이 해산한 경우 법인의 재산은 구성원회의의 결의로 정한 방법에 따라 이를 처분한다.

제33조 [청산인의 임면] 청산인의 선임 및 해임은 구성원회의의 결의로 한다.

제34조 [잔여재산의 배분] 법인의 잔여재산은 각 구성원의 출자지분비율에 따라 배분한다.

제8장 부칙

제35조 [정관의 변경] 이 정관을 변경하고자 할 때에는 구성원회의에서 구성원 전원의 출석과 전원의 찬성으로 결의하고, 소속 지방변호사회와 대한변호사협회를 거쳐 법무부장관의 인가를 받아야 한다.

제36조 [시행규칙] 이 정관의 시행에 관하여 필요한 사항은 구성원회의의 결의를 거쳐 규정한다.

제37조 [제1기의 결산] 본 법인의 제1기 결산은 이 법인의 설립일부터 ○○○. 12. 31.까지의 것으로 한다.

제38조 [초대대표변호사] 이 법인의 초대대표변호사는 변호사 ○○○으로 선임하고, 그 임기는 이 법인의 설립일로부터 2년까지로 한다.

제39조 [정관의 효력] 이 정관의 법무부장관의 인가를 받는 날로부터 효력이 발생한다.

위 **법무법인** ○○○을 설립하기 위하여 정관을 작성하고, 각 구성원이 기명날인한다.

20 . . .

법무법인 ○○○

구성원 변호사 ○○○
구성원 변호사 ○○○
구성원 변호사 ○○○

대 표 변 호 사 취 임 승 낙 서

20 . . . 창립 구성원회의에서 대표변호사로 선임되었으므로 그 취임을 승낙함.

20 . . .

대표변호사 ○○○

법무법인 ○○○ **귀중**

출 자 이 행 증 명 서

일금 ○○○원정

귀하가 위 금원을 본 법인에 출자할 금전 전액으로 출자 이행하였음을 증명함.

20 . . .

법무법인 ○○○

대표변호사 ○○○

구성원 변호사 ○○○ 귀하

제3절 법무법인 변경등기

1. 의 의

법무법인은 정관을 변경할 때에는 구성원 변호사가 변경정관을 작성하여 주사무소 소재지의 지방변호사회와 대한변호사협회를 거쳐 법무부장관의 인가를 받아야 한다.

2. 정관변경 인가사유

1) 목적, 명칭, 주사무소 및 분사무소(分事務所)의 소재지를 변경할 때
2) 구성원의 변경 및 법무법인을 대표할 구성원이 변경될 때
3) 구성원회의에 관련된 사항을 바꿀 때
4) 법인의 자산 및 회계에 관한 사항을 바꿀 때
5) 정관에 법인의 존립시기 또는 해산사유를 정하고 있는데 그 시기 또는 사유를 바꿀 때
6) 기타 기존 정관에 없던 사항을 추가하거나 삭제한 때

3. 첨부서류

정관변경의 인가를 받으려면 정관변경 인사신청서에 정관변경이유서, 정관변경 안, 정관변경에 관한 구성원회의의 회의록의 서류를 첨부하여 주사무소 소재지의 지방변호사회 및 대한변호사협회를 거쳐 법무부장관에게 제출하여야 한다.

[서식] 법무법인 변경등기등기신청서(대표변호사 및 구성원변호사 등 변경)

법무법인 변경등기신청

접수	년 월 일	처리인	접 수	조 사	기 입	교 합	각종통지
	제 호						

명 칭	법무법인 ○○○	등기번호	제○○○○○호
주 사 무 소	○○시 ○○구 ○○로 ○○(○○동)		
등기의 목적	대표변호사, 구성원변호사 및 출자금 변경등기		
등기의 사유	20○○년 ○월 ○일 당 구성원회의의 결의로 정관을 변경하고 20○○년 ○월 ○일 주무관청의 인가를 받았으므로 다음 사항의 등기를 구함.		
인가서도착연월일	20○○년 ○월 ○일		
주사무소/분사무소 신청구분	1.주사무소 신청 □ 2.분사무소 신청 □ 3.주 · 분사무소 일괄신청 □		

등 기 할 사 항

구성원 변호사 ○○○ 20○○. ○. ○. 탈퇴
구성원 변호사 ○ ○ ○ (000000-0000000)
○○시 ○○구 ○○로 ○○(○○동)
20○○. ○. ○. 가입

대표변호사 ○○○ 20○○. ○. ○. 사임
대표변호사 ○ ○ ○ (000000-0000000)
○○시 ○○구 ○○로 ○○(○○동)
20○○. ○. ○. 취임

출자의 종류, 가액 및 이행부분
구성원변호사 ○ ○ ○ (OOOOOO-OOOOOOO)
금전 ○○○○○원 전부이행
용역제공
구성원변호사 ○ ○ ○ (OOOOOO-OOOOOOO)
용역제공

<table>
<tr><td colspan="7">신청등기소 및 등록면허세/수수료</td></tr>
<tr><td>순번</td><td>신청등기소</td><td>구분</td><td>등록면허세</td><td>지방교육세</td><td>세액합계</td><td>등기신청수수료</td></tr>
<tr><td></td><td></td><td></td><td>금 원</td><td>금 원</td><td>금 원</td><td>금 원</td></tr>
<tr><td></td><td></td><td></td><td></td><td></td><td></td><td></td></tr>
<tr><td></td><td></td><td></td><td></td><td></td><td></td><td></td></tr>
<tr><td></td><td></td><td></td><td></td><td></td><td></td><td></td></tr>
<tr><td colspan="3">합 계</td><td></td><td></td><td></td><td></td></tr>
<tr><td colspan="4">등기신청수수료 은행수납번호</td><td colspan="3"></td></tr>
<tr><td colspan="7">첨 부 서 면</td></tr>
<tr><td colspan="4">1. 정관 통
1. 주무관청의 인가서 통
1. 임시구성원회의 의사록 통
1. 구성원탈퇴신청서 통
1. 구성원가입승낙서 통
1. 출자이행증명서 통</td><td colspan="3">1. 대표변호사 사임서 및 인감증명서 통
1. 대표변호사 취임승낙서 및 인감 증명서 통
1. 등록면허세영수필확인서및통지서 통
1. 위임장(대리인이 신청할 경우) 통
〈기 타〉</td></tr>
<tr><td colspan="7">년 월 일

신청인 명 칭
주사무소
대표변호사 성 명 ㉒ (전화 :)
주 소
대리인 성 명 ㉒ (전화 :)
주 소

지방법원 등기소 귀중</td></tr>
</table>

[신청서 작성요령 및 등기수입증지 첨부란]

1. 해당란이 부족할 때에는 별지를 이용합니다.
1. 해당 등기신청과 관계없는 사항에 대하여는 "해당없음"으로 기재하거나 삭제하고, 필요한 사항은 추가 기재합니다.
1. 등기신청수수료 상당의 대법원등기수입증지를 이 난에 붙입니다.

(용지규격 21㎝×29.7㎝)

대표변호사 변경에 의한

정관변경인가신청

20 . . .

법무법인 ○○○

수신 법무부장관

경유 OO지방변호사회장, 대한변호사협회장

제목 법무법인 대표변호사 변경에 따른 정관변경인가 신청에 관한 건

법무법인 ○○의 대표변호사 사임 및 선임에 따라 별첨과 같이 정관변경을 신청하오니 인가하여 주시기 바랍니다.

첨　부　서　류

1. 구성원회의의사록
2. 정관변경이유서
3. 정관변경안
4. 정관 신/구조문 대비표
5. 최종정관(안)
6. 대표변호사 취임승낙서
7. 대표변호사 사임서

20　.　.　.

법무법인 ○○○

대표변호사 ○○○

구성원회의의사록

20 . ○○. ○○. ○○시 ○○에서 임시구성원회의를 개최하다.

재적구성원수 ○명
출석구성원수 ○명

대표변호사 변경으로 정관 규정에 따라 의장 겸 대표변호사 ○○○ 변호사가 의장석에 등단하여 위와 같이 법정수에 달하는 구성원이 출석하였으므로 본 구성원 회의가 적법하게 성립되었음을 알리고 개회를 선언한 후 다음 의안을 부의하고 심의를 구하다.

제1호 의안 대표변호사 변경에 관한 건

의장은 본 사무소의 대표자 변경이 있음을 알리고 심의에 부의한 바. 구성원 전원일치로 승인 가결하다.

제2호 의안 정관변경에 관한 건

의장은 대표변호사의 변경에 따라 다음과 같이 정관을 변경할 것을 제의한 바, 만장일치로 원안대로 가결하다.

다 음

1. 정관 제5조를 다음과 같이 변경한다.

제5조 [구성원]

2. 대표변호사의 성명과 주소는 다음과 같다.

성 명 : ○○○

주 소 : ○○○ ○○○ ○○○ ○○○

의장은 구성원 회의의 의안 심의를 모두 종료하였으므로 폐회한다고 선언하다.
회의종료시간 12:00

위 결의를 명백하기 위하여 이 의사록을 작성하고 의장과 출석구성원이 기명날인하다.

20 . . .

법무법인 ○○○

OO시 OOO

의장 구성원변호사 ○○○

구성원변호사 ○○○

구성원변호사 ○○○

구성원변호사 ○○○

구성원변호사 ○○○

정 관 변 경 이 유 서

변경요지 :

제5조 [구성원]

2. 대표변호사의 성명과 주소는 다음과 같다.

성 명 : ○○○

주 소 : ○○○ ○○○ ○○○ ○○○

변경이유 : 대표변호사 변경에 따라 정관의 필요적 기재사항에 변경이 있었으므로, 이에 맞추어 정관을 변경하고자 함.

20 . . .

법무법인 ○○○

대표변호사 ○○○

정 관 변 경 안

법무법인 ○○○의 정관을 다음과 같이 변경한다.

제5조 [구성원]

2. 대표변호사의 성명과 주소는 다음과 같다.

성 명 : ○○○

주 소 : ○○○ ○○○ ○○○ ○○○

정관 신/구조문 대비표

현행정관	변경정관
제5조 [구성원] 2. 대표변호사의 성명과 주소는 다음과 같다. 성 명 : ○○○ 주 소 : ○○○ ○○○ ○○○ ○○○	**제5조 [구성원]** 2. 대표변호사의 성명과 주소는 다음과 같다. 성 명 : ○○○ 주 소 : ○○○ ○○○ ○○○ ○○○

최종정관(안)

대표변호사 취임승낙서

20 . . . 구성원회의에서 대표변호사로 선임되었으므로 그 취임을 승낙함.

20 . . .

구성원 변호사 ○○○ (인)

법 무 법 인 ○○○ **귀 중**

대표변호사 사임서

법무법인 OOO 대표변호사 OOO는 본인의 사정에 따라 대표변호사 사임신고를 제출합니다.

20 . . .

구성원 변호사 ㅇㅇㅇ (인)

법 무 법 인 ○○○ **귀 중**

주 · 분사무소 이전에 의한 정관변경인가신청

20 . . .

법무법인 ○○○

수신 법무부장관

경유 OO지방변호사회장, 대한변호사협회장

제목 법무법인 주사무소 이전 및 분사무소 개설에 따른 정관변경인가 신청에 관한 건

법무법인의 주사무소 이전 및 분사무소 개설에 따라 본 법무법인의 정관을 변경하고자 신청하오니 인가하여 주시기 바랍니다.

첨 부 서 류

1. 구성원회의의사록
2. 정관변경이유서
3. 정관변경안
4. 정관 신/구조문 대비표
5. 최종정관(안)
6. 사무소 임대차계약서 사본 또는 등기부등본

20 . . .

법무법인 ○○○

대표변호사 ○○○

구성원회의의사록

20 . ○○. ○○. ○○시 ○○에서 임시구성원회의를 개최하다.

재적구성원수 ○명
출석구성원수 ○명

주사무소 이전 및 북부 분사무소 설치로 정관 규정에 따라 의장 겸 대표변호사 ○○○ 변호사가 의장석에 등단하여 위와 같이 법정수에 달하는 구성원이 출석하였으므로 본 구성원 회의가 적법하게 성립되었음을 알리고 개회를 선언한 후 다음 의안을 부의하고 심의를 구하다.

제1호 의안 법무법인의 주사무소 이전 및 분사무소 개설에 관한 건
의장은 OOO 한 사유로 인해 주사무소를 이전하고, OOO를 위하여 북부 분사무소 설치에 대하여 부의한 바, 구성원 전원일치로 가결하다.

제2호 의안 정관변경에 관한건
의장은 위 주사무소 이전 및 북부 분사무소 설치에 따라 다음과 같이 정관을 변경할 것을 제의한 바, 만장일치로 원안대로 가결하다.

다 음

제3조 [사무소의 소재지]
① 이 법인의 주사무소는 서울특별시 (도로명 주소 기재)에 둔다.

② 이 법인은 다음의 분사무소를 둔다.

북부 분사무소　서울 (도로명 주소 기재)

제5조(구성원) 구성원의 성명과 주민등록번호는 다음과 같다.

1. 주사무소 주재구성원

(1) 변호사 ○○○ 주민등록번호 ○○○-○○○

(2) 변호사 ○○○ 주민등록번호 ○○○-○○○

2. 북부 분사무소 주재구성원

(1) 변호사 ○○○ 주민등록번호 ○○○-○○○

의장은 구성원 회의의 의안 심의를 모두 종료하였으므로 폐회한다고 선언하다.
회의종료시간 12:00

위 결의를 명백하기 위하여 이 의사록을 작성하고 의장과 출석구성원이 기명날인하다.

20 . . .

법무법인 ○○○

OO시 OOO

의장　구성원변호사 ○○○

구성원변호사 ○○○

구성원변호사 ○○○

구성원변호사 ○○○

구성원변호사 ○○○

정 관 변 경 이 유 서

변경요지 :

제3조 [사무소의 소재지]

① 이 법인의 주사무소는 서울특별시 (도로명 주소 기재)에 둔다.

② 이 법인은 다음의 분사무소를 둔다.

북부 분사무소　서울　(도로명 주소 기재)

제5조(구성원) 구성원의 성명과 주민등록번호는 다음과 같다.

1. 주사무소 주재구성원

(1) 변호사 ○○○ 주민등록번호 ○○○-○○○

(2) 변호사 ○○○ 주민등록번호 ○○○-○○○

2. 북부 분사무소 주재구성원

(1) 변호사 ○○○ 주민등록번호 ○○○-○○○

변경이유 : 구본 법무법인의 주사무소 이전과 북부 분사무소 설치로 인해 정관의 필요적 기재사항에 변경이 있었으므로, 이에 맞추어 정관을 변경하고자 함.

20 . . .

법무법인 ○○○

대표변호사 ○○○

정 관 변 경 안

법무법인 ○○○의 정관을 다음과 같이 변경한다.

1. 정관 제3조를 다음과 같이 변경한다.

제3조 [사무소의 소재지]

① 이 법인의 주사무소는 서울특별시 (도로명 주소 기재)에 둔다.

② 이 법인은 다음의 분사무소를 둔다.

북부 분사무소　서울 (도로명 주소 기재)

이 법인은 필요에 따라 이 정관을 개정하고 주무관청의 인가를 얻어 필요한 곳에 분사무소를 둘 수 있다.

2. 정관 제5조를 다음과 같이 변경한다.

제5조(구성원) 구성원의 성명과 주민등록번호는 다음과 같다.

1. 주사무소 주재구성원
   (1) 변호사 ○○○ 주민등록번호 ○○○-○○○
   (2) 변호사 ○○○ 주민등록번호 ○○○-○○○
   (3) 변호사 ○○○ 주민등록번호 ○○○-○○○
   (4) 변호사 ○○○ 주민등록번호 ○○○-○○○
2. 북부 분사무소 주재구성원
   (1) 변호사 ○○○ 주민등록번호 ○○○-○○○

정관 신/구조문 대비표

현행정관	변경정관
제3조 [사무소의 소재지] ① 이 법인의 주사무소는 서울특별시 ○○구 ○○동 ○○번지(○○빌딩)에 둔다. 이 법인은 필요에 따라 이 정관을 개정하고 주무관청의 인가를 얻어 필요한 곳에 분사무소를 둘 수 있다.	**제3조 [사무소의 소재지]** ① 이 법인의 주사무소는 서울특별시 ○○구 (도로명 주소 기재)에 둔다. ② 이 법인은 다음의 분사무소를 둔다. 북부 분사무소 서울 ○○구 (도로명 주소 기재) 이 법인은 필요에 따라 이 정관을 개정하고 주무관청의 인가를 얻어 필요한 곳에 분사무소를 둘 수 있다.
제5조(구성원) 구성원의 성명과 주민등록번호는 다음과 같다. 1. 주사무소 주재구성원 (1) 변호사 ○○○ 주민등록번호 ○○○-○○○ (2) 변호사 ○○○ 주민등록번호 ○○○-○○○ (3) 변호사 ○○○ 주민등록번호 ○○○-○○○	제5조(구성원) 구성원의 성명과 주민등록번호는 다음과 같다. 1. 주사무소 주재구성원 (1) 변호사 ○○○ 주민등록번호 ○○○-○○○ (2) 변호사 ○○○ 주민등록번호 ○○○-○○○ (3) 변호사 ○○○ 주민등록번호 ○○○-○○○ (4) 변호사 ○○○ 주민등록번호 ○○○-○○○ 2. 분사무소 주재구성원 (1) 변호사 ○○○ 주민등록번호 ○○○-○○○

구성원 탈퇴에 의한 정관변경인가신청

20 . . .

법무법인 ○○○

수신 법무부장관

경유 OO지방변호사회장, 대한변호사협회장

제목 법무법인 구성원 변호사 탈퇴에 따른 정관변경인가 신청에 관한 건

법무법인 ○○의 구성원 변호사 ○○○의 탈퇴 및 이에 따른 금전출자액과 출자비율의 변경에 관련된 정관변경인가를 다음과 같이 신청합니다.

다 음

1. 탈퇴할 구성원의 성명과 주민등록번호 :
   변호사 ○○○ 주민번호 ○○ – ○○

2. 위 구성원의 가입과 탈퇴에 따른 금전출자액 및 출자비율의 변경으로 인한 본 법인정관의 필요적 기재사항에 변경이 있으므로, 이에 맞추어 정관을 변경하고자 별첨 서류를 갖추어 그 변경의 인가를 신청하오니 인가하여 주시기 바랍니다.

첨 부 서 류

1. 구성원회의의사록
2. 정관변경이유서
3. 정관변경안
4. 정관 신/구조문 대비표
5. 최종정관(안)
6. 구성원 탈퇴원
7. 출자환급증명서 또는 지분양도양수증명서

2008. . .

법무법인 ○○○

대표변호사 ○○○

구성원회의의사록

2007. ○○. ○○. ○○시 ○○에서 임시구성원회의를 개최하다.

재적구성원수 ○명

출석구성원수 ○명

○○○의 탈퇴로 정관 규정에 따라 의장 겸 대표변호사 ○○○ 변호사가 의장석에 등단하여 위와 같이 법정수에 달하는 구성원이 출석하였으므로 본 구성원 회의가 적법하게 성립되었음을 알리고 개회를 선언한 후 다음 의안을 부의하고 심의를 구하다.

제1호 의안 구성원변호사 ○○○의 탈퇴에 관한 건

○○○변호사가 사정에 의하여 당 법인을 탈퇴하여야 함을 부의한 바, 구성원 전원일치로 가결하다.

제2호 의안 배분양도 승인에 관한 건

의장은 구성원 변호사 ○○○의 지분을 양도함을 부의한 바, 구성원 전원일치로 가결하다.

제3호 의안 정관변경에 관한건

의장은 구성원 변호사 ○○○의 탈퇴로 구성원의 성명과 주소, 금전출자가액 및 출자배분 비율의 변경에 따라 다음과 같이 정관을 변경할 것을 제의한 바, 만장일치로 원안대로 가결하다.

다 음

1. 정관 제5조를 다음과 같이 변경한다.

제5조 [구성원]

1. 구성원의 성명과 주민등록번호는 다음과 같다.

번호	구 분	성 명	주민등록번호
1	주사무소 주재구성원		
2	주사무소 주재구성원		
3	주사무소 주재구성원		
4	주사무소 주재구성원		
5	분사무소 주재구성원		

3. 정관 제6조를 다음과 같이 변경한다.

제6조(출자)

1. 구성원은 아래 표시의 가액 및 비율에 의한 금전을 출자하기로 하고, 설립인가신청 전까지 전행 이행한다.

구성원	목적	금전출자가액	출자지분
성명	금전	원	%
	노무		%
합계		원	100%

의장은 구성원 회의의 의안 심의를 모두 종료하였으므로 폐회한다고 선언하다.

회의종료시간 12:00

위 결의를 명백하기 위하여 이 의사록을 작성하고 의장과 출석구성원이 기명날인하다.

2008. . .

법무법인 ○○○

OO시 OOO

의장 구성원변호사 ○○○

구성원변호사 ○○○

구성원변호사 ○○○

구성원변호사 ○○○

구성원변호사 ○○○

정 관 변 경 이 유 서

변경요지 : 구성원변호사 탈퇴 및 금전출자액, 출자지분변경

변경이유 : 구성원변호사 ○○○의 탈퇴 및 이에 따른 출자지분변경으로 인한 정관의 필요적 기재사항에 변경이 있었으므로, 이에 맞추어 정관을 변경하고자 함.

20 . . .

법무법인 ○○○

대표변호사 ○○○

정 관 변 경 안

법무법인 ○○○의 정관을 다음과 같이 변경한다.

1. 정관 제5조를 다음과 같이 변경한다.

제5조 [구성원]

1. 구성원의 성명과 주민등록번호는 다음과 같다.

번호	구 분	성 명	주민등록번호
1	주사무소 주재구성원		
2	주사무소 주재구성원		
3	주사무소 주재구성원		
4	주사무소 주재구성원		
5	분사무소 주재구성원		

3. 정관 제6조를 다음과 같이 변경한다.

제6조(출자)

1. 각 구성원은 아래 표시의 가액 및 비율에 의한 금전을 출자하기로 하고, 설립인가 신청전까지 전행 이행한다.

구성원	목적	금전출자가액	출자지분
성명	금전	원	%
	노무		%
합계		원	100%

정관 신/구조문 대비표

<table>
<tr><th>현행정관</th><th>변경정관</th></tr>
<tr><td>

제5조 [구성원]

1. 구성원의 성명과 주민등록번호는 다음과 같다.

<table>
<tr><th>번호</th><th>구분</th><th>성 명</th><th>주민등록번호</th></tr>
<tr><td>1</td><td>주사무소</td><td></td><td></td></tr>
<tr><td>2</td><td>주사무소</td><td></td><td></td></tr>
<tr><td>3</td><td>주사무소</td><td></td><td></td></tr>
<tr><td>4</td><td>주사무소</td><td></td><td></td></tr>
<tr><td>5</td><td>분사무소</td><td></td><td></td></tr>
<tr><td>6</td><td>분사무소</td><td></td><td></td></tr>
</table>

</td><td>

제5조 [구성원]

1. 구성원의 성명과 주민등록번호는 다음과 같다.

<table>
<tr><th>번호</th><th>구분</th><th>성명</th><th>주민등록번호</th></tr>
<tr><td>1</td><td>주사무소</td><td></td><td></td></tr>
<tr><td>2</td><td>주사무소</td><td></td><td></td></tr>
<tr><td>3</td><td>주사무소</td><td></td><td></td></tr>
<tr><td>4</td><td>분사무소</td><td></td><td></td></tr>
<tr><td>5</td><td>분사무소</td><td></td><td></td></tr>
</table>

</td></tr>
<tr><td>

제6조(출자) (1) 각 구성원은 다음표시의 가액 및 비율에 의한 금원을 출자하기로 한다.

<table>
<tr><th>구성원</th><th>목적</th><th>금전출자가액</th><th>출자지분</th></tr>
<tr><td>성명</td><td>금전</td><td>원</td><td>%</td></tr>
<tr><td>성명</td><td>노무</td><td></td><td></td></tr>
<tr><td>성명</td><td></td><td></td><td></td></tr>
<tr><td>성명</td><td></td><td></td><td></td></tr>
<tr><td>성명</td><td></td><td></td><td></td></tr>
<tr><td>성명</td><td></td><td></td><td></td></tr>
<tr><td>합계</td><td></td><td>원</td><td>100%</td></tr>
</table>

</td><td>

제6조(출자) (1) 각 구성원은 다음표시의 가액 및 비율에 의한 금원을 출자하기로 한다.

<table>
<tr><th>구성원</th><th>목적</th><th>금전출자가액</th><th>출자지분</th></tr>
<tr><td>성명</td><td>금전</td><td>원</td><td>%</td></tr>
<tr><td>성명</td><td>노무</td><td></td><td></td></tr>
<tr><td>성명</td><td></td><td></td><td></td></tr>
<tr><td>성명</td><td></td><td></td><td></td></tr>
<tr><td>성명</td><td></td><td></td><td></td></tr>
<tr><td>합계</td><td></td><td>원</td><td>100%</td></tr>
</table>

</td></tr>
</table>

최종정관(안)

구성원 탈퇴원

법무법인 ○○○의 구성원 변호사인 ○○○은 정관 제7조 규정에 의하여 구성원 전원의 동의를 얻어 본인 지분의 전부를 변호사법 제46조와 정관 21조 규정에 의하여 양도받고 일신상 사정으로 탈퇴합니다.

20 . . .

구성원 변호사 ○○○ (인)

법 무 법 인 ○○○ **귀 중**

지분 양도 · 양수 증명서

양 도 금 액: ○○○ 원정

양　도　인 : 변호사 ○○○

양　수　인 : 변호사 ○○○

법무법인○○○의 구성원 변호사 ○○○의 출자지분 금 ○○○원(전부이행 출자지분 ○○○)를 구성원 변호사 ○○○**에** 양도함에 있어 이의가 없으므로 이에 동의함.

20　.　.　.

양도인: 변호사 ○○○ **(인)**

양수인: 변호사 ○○○ **(인)**

법무법인 ○○○ 귀중

출자금 환급 증명서

환 급 금 액: ○○○ 원

법무법인○○○의 구성원 탈퇴로 인한 출자지분 중 금 ○○○원을 환급받았음.

20 . . .

변호사 ○○○ **(인)**

법무법인 ○○○ 귀중

분사무소 개설에 의한 정관변경인가신청

20 . . .

법무법인 ○○○

수신 법무부장관

경유 OO지방변호사회장, 대한변호사협회장

제목 법무법인 주사무소 이전 및 분사무소 개설에 따른 정관변경인가 신청에 관한 건

법무법인OO의 분사무소 개설에 따라 본 법무법인의 정관을 변경하고자 신청하오니 인가하여 주시기 바랍니다.

첨 부 서 류

1. 구성원회의의사록
2. 정관변경이유서
3. 정관변경안
4. 정관 신/구조문 대비표
5. 최종정관(안)
6. 사무소 임대차계약서 사본 또는 등기부등본
7. 분사무소 약도
8. 분사무소 배치도

20 . . .

법무법인 ○○○

대표변호사 ○○○

구성원회의의사록

20 . ○○. ○○. ○○시 ○○에서 임시구성원회의를 개최하다.

재적구성원수　　　　○명

출석구성원수　　　　○명

북부 분사무소 설치로 정관 규정에 따라 의장 겸 대표변호사 ○○○ 변호사가 의장석에 등단하여 위와 같이 법정수에 달하는 구성원이 출석하였으므로 본 구성원 회의가 적법하게 성립되었음을 알리고 개회를 선언한 후 다음 의안을 부의하고 심의를 구하다.

제1호 의안 분사무소 개설에 관한 건

의장은 OOO 한 사유로 인해, OOO를 위하여 북부 분사무소 설치에 대하여 부의한 바, 구성원 전원일치로 가결하다.

제2호 의안 정관변경에 관한건

의장은 북부 분사무소 설치에 따라 다음과 같이 정관을 변경할 것을 제의한 바, 만장일치로 원안대로 가결하다.

다　　음

제3조 [사무소의 소재지]

① 이 법인의 주사무소는 서울특별시 ○○구 **(도로명 주소 기재)**에 둔다.

② 이 법인은 다음의 분사무소를 둔다.

북부 분사무소　서울 ○○구 **(도로명 주소 기재)**

제5조(구성원) 구성원의 성명과 주민등록번호는 다음과 같다.

1. 주사무소 주재구성원

(1) 변호사 ○○○ 주민등록번호 ○○○-○○○

(2) 변호사 ○○○ 주민등록번호 ○○○-○○○

2. 북부 분사무소 주재구성원

(1) 변호사 ○○○ 주민등록번호 ○○○-○○○

의장은 구성원 회의의 의안 심의를 모두 종료하였으므로 폐회한다고 선언하다.

회의종료시간 12:00

위 결의를 명백하기 위하여 이 의사록을 작성하고 의장과 출석구성원이 기명날인하다.

20　.　.　.

법무법인 ○○○

OO시 OOO

의장　구성원변호사 ○○○

구성원변호사 ○○○

구성원변호사 ○○○

정 관 변 경 이 유 서

변경요지 :

제3조 [사무소의 소재지]

① 이 법인의 주사무소는 서울특별시 (도로명 주소 기재)에 둔다.

② 이 법인은 다음의 분사무소를 둔다.

북부 분사무소　서울　(도로명 주소 기재)

제5조(구성원) 구성원의 성명과 주민등록번호는 다음과 같다.

1. 주사무소 주재구성원

(1) 변호사 ○○○ 주민등록번호 ○○○-○○○

(2) 변호사 ○○○ 주민등록번호 ○○○-○○○

2. 북부 분사무소 주재구성원

(1) 변호사 ○○○ 주민등록번호 ○○○-○○○

변경이유 : ○○○ 법무법인의 북부 분사무소 설치로 인해 정관의 필요적 기재사항에 변경이 있었으므로, 이에 맞추어 정관을 변경하고자 함.

20　.　.　.

법무법인 ○○○

대표변호사 ○○○

정 관 변 경 안

법무법인 ○○○의 정관을 다음과 같이 변경한다.

1. 정관 제3조를 다음과 같이 변경한다.

제3조 [사무소의 소재지]

① 이 법인의 주사무소는 서울특별시 (도로명 주소 기재)에 둔다.

② 이 법인은 다음의 분사무소를 둔다.

북부 분사무소 서울 (도로명 주소 기재)

이 법인은 필요에 따라 이 정관을 개정하고 주무관청의 인가를 얻어 필요한 곳에 분사무소를 둘 수 있다.

2. 정관 제5조를 다음과 같이 변경한다.

제5조(구성원) 구성원의 성명과 주민등록번호는 다음과 같다.

1. 주사무소 주재구성원
   (1) 변호사 ○○○ 주민등록번호 ○○○-○○○
   (2) 변호사 ○○○ 주민등록번호 ○○○-○○○
   (3) 변호사 ○○○ 주민등록번호 ○○○-○○○
   (4) 변호사 ○○○ 주민등록번호 ○○○-○○○
2. 북부 분사무소 주재구성원
   (1)변호사 ○○○ 주민등록번호 ○○○-○○○

정관 신/구조문 대비표

현행정관	변경정관
제3조 [사무소의 소재지] ① 이 법인의 주사무소는 서울특별시 ○○**구** ○○**동** ○○**번지**(○○**빌딩**)에 둔다. 이 법인은 필요에 따라 이 정관을 개정하고 주무관청의 인가를 얻어 필요한 곳에 분사무소를 둘 수 있다.	**제3조 [사무소의 소재지]** ① 이 법인의 주사무소는 서울특별시 ○○구(도로명 주소 기재)에 둔다. ② 이 법인은 다음의 분사무소를 둔다. 북부 분사무소 서울 ○○구(도로명 주소 기재) 이 법인은 필요에 따라 이 정관을 개정하고 주무관청의 인가를 얻어 필요한 곳에 분사무소를 둘 수 있다.
제5조(구성원) 구성원의 성명과 주민등록번호는 다음과 같다. 1. 주사무소 주재구성원 (1) 변호사 ○○○ 주민등록번호 ○○○-○○○ (2) 변호사 ○○○ 주민등록번호 ○○○-○○○ (3) 변호사 ○○○ 주민등록번호 ○○○-○○○	제5조(구성원) 구성원의 성명과 주민등록번호는 다음과 같다. 1. 주사무소 주재구성원 (1) 변호사 ○○○ 주민등록번호 ○○○-○○○ (2) 변호사 ○○○ 주민등록번호 ○○○-○○○ (3) 변호사 ○○○ 주민등록번호 ○○○-○○○ (4) 변호사 ○○○ 주민등록번호 ○○○-○○○ 2. 분사무소 주재구성원 (1) 변호사 ○○○ 주민등록번호 ○○○-○○○

제12장 세무법인

제1절 총　설

1. 의 의

세무법인의 설립 및 변경에 관하여는 세무사법 제16조의3 내지 제16조의 16에서 규정하고 있으며 세무법인이 그 직무를 수행하려면 기획재정부장관에게 등록하여야 한다.
세무법인의 설립 및 변경에 관하여 세무사법에 규정되지 아니한 사항은 상법 중 유한회사에 관한 규정을 준용하도록 하였다.

2. 세무법인의 성립요건

1) 정관을 작성하고 필수사항을 기재해야 한다(세무사법 제16조의 3 참조)
2) 자본금이 2억원 이상이어야 한다(세무사법 제16조의 4 제2항 제2호 참조) 이를 입증하기 위한 잔고 증명서가 필요하다
3) 사원은 세무사로서 3명 이상이어야 한다.(세무사법 제16조의 5 참조)
4) 이사는 사원으로서 3명 이상이어야 한다.(세무사법 제16조의 5 참조)
5) 직원(소속 세무사)과 이사를 포함하여 세무사가 5명 이상이어야 한다.(세무사법 제16조의 5 참조)
6) 대표이사는 필수이고 3명 이내이어야 한다.(세무사법 제16조의 5 참조), 대표이사 등록시 이력서가 필요하다.
7) 분사무소를 설치하는 경우 분사무소마다 1명 이상의 이사인 세무사가 상근을 요한다(시행령 제14조의6 참조).

제2절 세무법인 설립등기

1. 의 의

세무법인의 설립 및 변경에 관하여 세무사법에 규정되지 아니한 사항은 상법 중 유한회사에 관한 규정을 준용하도록 하였다. 세무법인의 설립등기는 출자 전액의 납입 또는 현물출자의 이행이 있는 날로부터 본점소재지에서는 2주, 지점소재지에서는 본점소재지에서 등기를 한 후 2주 내에 등기를 하여야 한다. 다만 지점소재지에서는 법인의 등기사항에 관하 특례법 제3조 및 법인 등의 등기사항에 관한 특례규칙 제3조에서 정한 사항만을 등기한다. 설립등기는 회사를 대표할 자가 신청한다.

2. 등기사항

세무법인의 기재사항은 다음과 같다

1) 목적, 상호, 본점의 소재지, 지점을 둔 때에는 그 소재지
2) 자본금의 총액과 출자 1좌의 금액
3) 이사의 성명, 주민등록번호 및 주소
4) 회사를 대표할 이사를 정한 때에는 그 성명, 주소와 주민등록번호
5) 수인의 이사가 공동으로 회사를 대표한 것을 정한 때에는 그 규정
6) 존립기간 또는 해산사유를 정한 때에는 그 기간과 사유
7) 감사가 있는 때에는 그 성명, 주민등록번호

3. 첨부서면

1) 정관
2) 출자전액납입 또는 현물출자의 목적인 재산전부의 급여가 있음을 증명하는 서면
3) 이사의 취임을 증명하는 서면
4) 감사를 둔 경우 그 취임승낙을 증명하는 서면
5) 대표이사를 정한 경우 그 취임승낙을 증명하는 서면
6) 등록면허세 등
   영리를 목적으로 하는 법인은 자본금의 4/1000에 해당하는 등록면허세를 납부하여야 한다. 그러나 대도시내에서의 설립등기 시에는 당해세율의 3배의 등록면허세를 납부하여야 한다. 등록면허세가 112,500원 미만인 경우에는 112,500원을 납부하여야 한다.

[서식] 세무법인 설립등기신청서

세무법인 설립등기신청

<table>
<tr><td rowspan="2">접
수</td><td>년 월 일</td><td rowspan="2">처
리
인</td><td>접 수</td><td>조 사</td><td>기 입</td><td>교 합</td><td>각종통지</td></tr>
<tr><td>제 호</td><td></td><td></td><td></td><td></td><td></td></tr>
</table>

<table>
<tr><td>등 기 의 목 적</td><td colspan="3">세무법인 설립</td></tr>
<tr><td>등 기 의 사 유</td><td colspan="3">세무법인을 설립하기 위하여 정관을 작성하고 20ㅇㅇ년 ㅇ월 ㅇ일 창립총회의 의결을 거쳐 20ㅇㅇ년 ㅇ월 ㅇ일 기획재정부에 등록하였으므로 다음 사항의 등기를 구함.</td></tr>
<tr><td>설 립 인 가 서
도 착 연 월 일</td><td colspan="3">20ㅇㅇ년 ㅇ월 ㅇ일</td></tr>
<tr><td>주사무소/분사무소
신청구분</td><td>1.주사무소
신청 ☐</td><td>2.분사무소
신청 ☐</td><td>3.주 · 분사무소
일괄신청 ☐</td></tr>
<tr><td colspan="4">등 기 할 사 항</td></tr>
<tr><td>명 칭</td><td colspan="3">세무법인 ㅇㅇㅇ</td></tr>
<tr><td>주 사 무 소</td><td colspan="3">OO시 OO구 OO로 OO(OO동)</td></tr>
<tr><td>출자1좌의 금액</td><td colspan="3">금 00,000원</td></tr>
<tr><td>자본금의 총액</td><td colspan="3">금 00,000,000원</td></tr>
<tr><td>이사,감사의
성명,주민등록번호,
주소</td><td colspan="3">이 사 ㅇ ㅇ ㅇ (000000-0000000)
이 사 ㅇ ㅇ ㅇ (000000-0000000)
이 사 ㅇ ㅇ ㅇ (000000-0000000)</td></tr>
<tr><td>대표이사의
성명과 주소</td><td colspan="3">대표이 사 ㅇ ㅇ ㅇ(000000-0000000)
OO시 OO구 OO로 OO(OO동)</td></tr>
<tr><td colspan="4">등 기 할 사 항</td></tr>
<tr><td>목 적</td><td colspan="3">1. 조세에 관한 신고신청청구 등의 대리
1. 세무조정계산서 기타 세무관련 서류의 작성
1. 조세에 관한 신고를 위한 기장의 대행
1. 조세에 관한 상담 또는 자문
1. 세무관서의 조사 또는 처분 등과 관련된 납세자의 의견진술의 대리
1. 개별공시지가에 대한 이의신청의 대리
1. 기타 다른 법률에 의하여 세무법인이수 행할 수 있는 업무
1. 기타 위 각 호에 부대하는 업무</td></tr>
<tr><td>분 사 무 소</td><td colspan="3">없음</td></tr>
<tr><td>기 타</td><td colspan="3">해당 없음</td></tr>
</table>

<table>
<tr><td colspan="7">신청등기소 및 등록면허세/수수료</td></tr>
<tr><td>순번</td><td>신청등기소</td><td>구분</td><td>등록면허세</td><td>지방교육세</td><td>세액합계</td><td>등기신청수수료</td></tr>
<tr><td></td><td></td><td></td><td>금 원</td><td>금 원</td><td>금 원</td><td>금 원</td></tr>
<tr><td></td><td></td><td></td><td></td><td></td><td></td><td></td></tr>
<tr><td></td><td></td><td></td><td></td><td></td><td></td><td></td></tr>
<tr><td></td><td></td><td></td><td></td><td></td><td></td><td></td></tr>
<tr><td colspan="3">합 계</td><td></td><td></td><td></td><td></td></tr>
<tr><td colspan="4">등기신청수수료 은행수납번호</td><td colspan="3"></td></tr>
<tr><td colspan="3">과 세 표 준 액</td><td colspan="4">금 원</td></tr>
<tr><td colspan="7">첨 부 서 면</td></tr>
<tr><td colspan="4">1. 정 관 통
1. 창립총회의사록 통
1. 설립인가서(또는 인증있는 인가서등본) 통
1. 출자이행증명서 통
1. 이사 취임승낙서와 인감증명서,주민등록표등(초)본 통</td><td colspan="3">1. 대표이사의 인감신고서와 인감증명 통
1. 법인인감카드발급신청서 통
1. 등록면허세영수필확인서및통지서 통
1. 위임장(대리인이 신청할 경우) 통</td></tr>
<tr><td colspan="7">년 월 일

신청인 명 칭
주사무소
대표변호사 성 명 ㊞ (전화 :)
주 소
대리인 성 명 ㊞ (전화 :)
주 소

지방법원 등기소 귀중</td></tr>
</table>

[신청서 작성요령 및 등기수입증지 첨부란]

1. 해당란이 부족할 때에는 별지를 이용합니다.
1. 해당 등기신청과 관계없는 사항에 대하여는 “해당없음”으로 기재하거나 삭제하고, 필요한 사항은 추가 기재합니다.
1. 등기신청수수료 상당의 대법원등기수입증지를 이 난에 붙입니다.

(용지규격 21㎝×29.7㎝)

[서식] 위 임 장

위　　임　　장

변호사 000
OO시 OO구 OO로 OO(OO동)
전화 : OOO-OOO, 팩스 : OOO-OOO

위 사람을 대리인으로 정하고 다음사항의 권한을 위임한다.

다　　음

1. 세무법인 OOO 설립등기신청서의 작성 및 제출하는 행위
    1. 등기신청의 취하에 관한 행위
    1. OOO의 원본환부 및 수령하는 행위
    1. 기타 이에 부수되는 일체의 행위

2000년 O월 O일

위임인　세무법인 OO
OO시 OO구 OO로 OO(OO동)
대표이사　O O O (인)

[서식] 정관

제 1 장 총 칙

제1조 (명칭) 본 법인은 세무법인 메가넷이라 칭한다.(주: 명칭은 세무법인이라는 문자를 사용하여야함)

제2조 (목적) 본 법인은 다음의 업무를 수행함을 목적으로 한다.(주: 세무사법 제2조에 규정된 것만 가능)

1. 조세에 관한 신고, 신청, 청구(이의신청, 심사청구 및 심판청구를 포함한다) 등의 대리
2. 세무조정계산서 기타 세무관련서류의 작성
3. 조세에 관한 신고를 위한 기장의 대행
4. 조세에 관한 상담 또는 자문
5. 세무관서의 조사 또는 처분 등과 관련된 납세자의 의견진술의 대리
6. 개별공시지가에 대한 이의신청의 대리
7. 조세에 관한 신고서류의 확인
8. 4대보험 사무업무대행 업무
9. 기타 다른 법률에 의하여 세무법인이 수행할 수 있는 업무
10. 위 각호의 업무에 부대되는 업무

제3조 (주사무소 및 분사무소의 소재지)

① 본 법인은 주사무소(본점)를 서울시 강남구 테헤란로 8길, 6(역삼동 메가시티오피스텔 403호)에 둔다.

② 본 법인은 분사무소(지점)를 서울특별시 금천구 독산본동 101에 둔다.(주: 분사무소를 여러개 둘 수 있고 등기 사항임)

제4조 (자본의 총액) 본 법인의 자본의 총액은 이억(200,000,000)원으로 한다.

제 2 장 사원, 출자와 이사

제5조 (출자의 좌수 및 1좌의 금액) 본 법인의 자본은 이를 20,000좌로 나누고 1좌의 금액은

10,000원으로 한다.

제6조 (사원의 성명, 주민등록번호, 주소 및 출자) 사원인 세무사의 성명, 주민등록번호, 주소 및 출자내역은 다음과 같다.(주: 사원은 모두 세무사 일 것 요하고 3인 이상일 것)

사원 서ㅇㅇ (620505-111111) 5,000좌 금50,000,000원
서울시 강남구

사원 이사원 (610801-1111111) 5,000좌 금30,000,000원
서울시 강남구

(일부 생략)

제7조 (이사의 성명, 주민등록번호, 주소) 이사인 세무사의 성명, 주민등록번호, 주소는 다음과 같다.(주: 이사는 제6조의 사원일 것 요하고 3인 이상 요)

이사 서ㅇㅇ (620505-)
서울시 양천구 신정동 329

이사 이사원 (610801-1111111)
서울시 강남구

(일부 생략)

제8조 (결손금의 보전)

① 직전 사업연도말 대차대조표의 자산총액에서 부채총액을 차감한 금액(이하 "자기자본"이라 한다)이 2억원에 미달한 경우에는 미달한 금액을 매 사업연도 종료 후 6월 이내에 사원총회의 결의에 따라 사원들의 증여로 이를 보전하거나 증자한다.

② 제1항의 규정에 의하여 증여한 경우에는 이를 특별이익으로 계상한다.

제9조 (지분의 양도제한) 사원은 사원총회의 결의 없이는 그 지분의 전부나 일부를 타인에게 양도할 수 없다.

제10조 (타법인출자의 제한) 본 법인은 타법인에 출자하거나 타인을 위하여 채무를 보증한 금액의 합계액이 자기자본의 100분의 25(타인을 위한 채무보증액은 자기자본의 100분의 10)에 해당하는 금액을 초과하여서는 아니 된다. 다만, 자기자본에서 손해배상준비금을 차감한 금액이 2억원을 초과하는 경우에는 그 초과액의 100분의 50에 해당하는 금액의 범위 안에서 타법인에 출자할 수 있다.

제 3 장 사원총회

제11조 (정기총회와 임시총회) 사원총회는 정기총회와 임시총회로 하고 정기총회는 매 결산기 종료후 3월 이내에 이를 개최하고, 임시총회는 필요한 경우에 수시로 이를 개최할 수 있다.

제12조 (의장) 대표이사가 사원총회의 의장이 된다. 그러나 대표이사가 유고시에는 이사회에서 정한 순서에 따라 다른 이사가, 다른 이사 전원이 유고인 때에는 출석한 사원 중에서 선임된 자가 그 직무를 대행한다.

제13조 (총회의 소집) 사원총회는 대표이사가 회일 일주일전에 회일과 회의 목적사항 등을 각 사원에게 통지하여 이를 소집한다.

제14조 (결의방법)

① 사원총회의 결의는 법령에 별단의 규정이 있는 경우를 제외하고는, 총 사원 의결권의 과반수 이상을 가지는 사원의 출석과 출석 사원의 의결권의 과반수 이상의 찬성으로 한다.

② 특별결의는 총 사원 과반수의 출석과 총 사원 의결권의 4분의 3 이상의 찬성으로 한다.

제15조 (의결권) 각 사원은 출자좌수 1좌에 대하여 1개의 의결권을 갖는다.

제 4 장 임원, 이사회와 업무집행 등

제16조 (임원) 본 법인의 이사는 3인 이상으로 한다.

제17조 (임원의 선임) 이사는 사원 중 사원총회에서 선임한다.

제18조 (임기) 이사의 임기는 3년으로 한다. 다만 재임 중 최종의 결산기에 관한 정기총회 이전에 그 임기가 만료될 때에는 그 총회 종결시까지 그 임기를 연장 할 수 있다.

제19조 (보선) 이사의 결원이 생긴 경우에는 사원총회에서 보선한다. 다만 그 법정원수를 결하지 아니하는 때에는 그러하지 아니할 수 있다. 보선된 이사의 임기는 전임자의 잔여기간으로 한다.

제20조 (이사회)

① 이사회는 이사로 구성하며, 본 법인의 업무에 관한 중요사항을 의결한다.

② 이사회는 대표이사가 회일 7일전에 각 이사에게 통지하여 소집한다.

③ 이사회의 결의는 이사 과반수의 출석과 출석이사 과반수의 찬성으로 한다.

④ 이사회의 의장은 대표이사로 한다.

제21조 (대표이사)

① 본 법인은 이사회의 결의에 의하여 3인 이내의 대표이사를 선임한다.

② 대표이사는 업무를 총괄집행하고 회사를 대표한다.

③ 대표이사 유고시에는 이사회의 결의에 의하여 다른 이사가 대행한다.

제22조 (보수) 본 법인의 임원의 보수와 퇴직금은 사원총회의 결의로 정한다.

제23조 (업무집행방법)

① 본 법인은 법인의 명의로 업무를 행하며, 업무를 수행함에 있어서는 그 업무를 담당할 세무사를 지정한다. 이 경우 소속세무사가 그 업무를 수행할 경우에 있어서는 이사를 공동으로 지정한다.

② 본 법인이 재무제표, 신고서 등 업무에 관하여 작성하는 문서에는 본 법인의 명의를 표시하고, 그 업무를 담당하는 세무사가 기명날인한다.

③ 본 법인의 이사 또는 소속세무사는 자기 또는 제3자를 위하여 본 법인의 업무범위에 속하는 업무를 행하거나 다른 세무법인의 이사 또는 소속세무사가 되어서는 아니 된다.

④ 본 법인의 이사 또는 소속세무사이었던 자는 당해 세무법인에 소속한 기간 중에 본 법인이 수행 또는 수행을 승낙한 업무에 관하여는 세무사의 업무를 행할 수 없다. 다만, 본 법인의 이사회에서 동의한 경우에는 그러하지 아니하다.

제 5 장 계 산

제24조 (영업연도) 본 법인의 영업연도는 매년 1월 1일부터 12월 31일까지로 한다.

제25조 (계산서류의 승인) 대표이사는 매 영업년도 말로부터 정기사원총회일 1주일전까지 각 사원에게 다음 서류를 제출하여 그 승인을 얻어야 한다.

① 대차대조표

② 손익계산서

③ 이익잉여금처분계산서 또는 결손금처리계산서

④ 상기의 재무제표 부속명세서

⑤ 영업보고서

제26조 (손해배상준비금 등)

① 본 법인은 그 직무를 행하다가 발생시킨 위임인의 손해에 대한 배상책임을 보장하기 위하여 세무사법에서 정하는 바에 따라 사업연도마다 손해배상준비금을 적립하거나 손해배상책임보험에 가입하여야 한다.

② 제1항의 규정에 의한 손해배상준비금 또는 손해배상책임보험은 세무사법에서 정하는 기관의 승인 없이는 손해배상 외의 다른 용도로 사용하거나 그 보험계약을 해제 또는 해지하여서는 아니 된다.

제27조 (손익계산) 본 법인의 손익계산은 영업년도의 총익금에서 총손금을 공제한 차액을 손익금으로 하고, 총손금에서 총익금을 공제한 차액을 결손금으로 한다.

제28조 (이익금의 처분) 본 법인은 매 사업연도의 처분전 이익잉여금을 다음과 같이 처분한다.

1. 이익준비금
2. 기타의 법정적립금
3. 배당금
4. 임의적립금
5. 기타의 이익잉여금 처분액

제29조 (이익배당)

① 본 법인의 손익금으로 결손금을 충당한 후가 아니면 사원에게 이익배당을 할 수 없다.
② 이익배당금은 매 결산기 말일 현재의 사원에게 그 출자좌수의 비율에 따라 배당한다.

제30조 (장부의 열람) 본 법인의 사원은 언제든지 이유를 명시한 서면으로 회계에 관한 장부 및 기타서류의 열람이나 등사를 청구할 수 있다.

제 6 장 해산 및 청산

제31조 (해산사유)
① 본 법인은 다음의 사유로 인하여 해산한다.
1. 사원총회의 결의
2. 합병
3. 등록의 취소
4. 파산
5. 법원의 명령 또는 판결
② 제1항 제1호 내지 제2호의 사유로 해산하는 경우에는 제13조 제2항 에서 정하는 특별결의에 의한다.

제32조 (예치금)
① 본 법인이 제31조에 의하여 해산되는 경우에는 손해배상준비금에 해당하는 금액을 세무사법에 의하여 설립된 세무사회에 별도로 예치하여야 한다. 다만, 합병의 사유로 해산하는 경우에 있어서 손해배상준비금은 존속 또는 신설되는 세무법인이 승계하는 것으로 한다.
② 제1항의 규정에 의하여 예치하는 경우 반환받을 이사와 그 금액을 지정하여야 하며, 반환받을 이사는 해산 당시의 이사로 하고 그 금액은 해산 당시의 출자비율에 의한다.

제33조 (자산의 처분) ① 본 법인이 해산하는 경우 법인자산의 처분 방법은 사원총회의 결의에 의한다.
② 제1항의 규정에 의한 처분 후의 잔여재산은 법인채무를 우선 변제하고 각 사원의 출자좌수에 따라 사원에게 분배한다.

제34조 (청산인의 임면) 본 법인을 청산하는 경우에 있어서 청산인의 선임 및 해임은 총 사원 과반수의 결의에 의한다.

제 7 장 보 칙

제35조 (최초의 영업연도) 본 회사의 제1기 영업연도는 본 회사 성립일로부터 동년 12월 말일까지로 한다.

제36조 (기타) 이 정관 및 세무사법, 상법, 기타 관계법령에 정하지 아니한 사항과 이 법인의 운영에 필요한 사항은 내규로 정한다.

제37조 (시행일) 이 정관은 2018. 9. .부터 시행한다.

2018년 9월 일

세무법인 메가넷

사원 서00

사원

사원

사원

[서식] 출자이행증명서

출자이행증명서

일금 000만원정(금 00,000,000원)

위 금액을 구성원 세무사 000가 본 법인에 출자할 금전출자전액으로서 이행하였음을 증명함.

2000년 0월 0일
세무법인 00
대표이사 : O O O (인)

대표이사 000귀하

[서식] 출자금납입의뢰서

출자금납입의뢰서

세무법인 00을 설립하는 것과 관련하여 아래와 같은 출자금을 납입할 은행으로 귀 은행을 지정하였사오니 이를 취급하여 주시길 의뢰합니다.

1. 법인의 총출자좌수 00,000좌
1. 1좌의 금액 00,000원
1. 법인자본총액 금 000,000,000원

2000년 0월 0일
의뢰인 세무법인 00
대표이사 : O O O (인)

00은행 지점 귀하

[서식] 출자금납입증명서

출자금납입증명서

금 000원정(금 000,000,000원)

위 금액은 귀 세무법인의 설립시 출자 00,000좌에 대한 납입금으로서 2000. 0월 0일 납입이 완료되어 현재 이를 보관중임을 증명함

2OOO년 O월 O일
00은행 00동 지점
지점장 000

세무법인 00
대표이사 000 귀하

[서식] 창립총회의사록

발 기 인 회 의 사 록

일시 2000년 00월 00일
장소 서울 00구 00동 00
발 기 인 : OOO, OOO, OOO, OOO, OOO
출석발기인 : 발기인 전원

세무법인 00의 발기인 전원이 출석하여 발기인회의가 적법하게 성립되었음을 알리고 회의 진행상 임시의장을 선임하여 줄 것을 요청한 바, 발기인 전원일치 합의로 발기인 OOO를 임시의장으로 선임하고, 동인은 즉석에서 그 취임을 승낙하고 개회를 선언한 후 다음의 의안에 관하여 심의를 요청하다.

제1호 의 안 정관 승인의 건

의장은 정관을 작성하였음을 설명하고 그 정관을 축소 설명한 후 이의 승인 여부에 심의를 구한 바 발기인 전원일치된 의견으로 이를 승인 가결하다.

의장은 이상으로서 의안 전부를 심의를 종료하였으므로 폐회를 선언하다.

(회의종료시간 : OO시 OO분)

위 의사의 경과와 결의를 명확히 하기 위하여 이 의사록을 작성하여 의장과 출석한 발기인이 다음과 같이 기명날인하다.

2000. O. O.

세무법인 00

OO시 OO구 OO로 OO(OO동)

의장겸 발기인	성 명	:	O O O ㉤
	주민등록번호	:	000000-0000000
	주 소	:	OO시 OO구 OO로 OO(OO동)
발기인	성 명	:	O O O ㉤
	주민등록번호	:	000000-0000000
	주 소	:	OO시 OO구 OO로 OO(OO동)
발기인	성 명	:	O O O ㉤
	주민등록번호	:	000000-0000000
	주 소	:	OO시 OO구 OO로 OO(OO동)
발기인	성 명	:	O O O ㉤
	주민등록번호	:	000000-0000000
	주 소	:	OO시 OO구 OO로 OO(OO동)
발기인	성 명	:	O O O ㉤
	주민등록번호	:	000000-0000000
	주 소	:	OO시 OO구 OO로 OO(OO동)

[서식] 이사회의사록

이 사 회 의 사 록

20OO년 O월 O일 OO시 OO분, OO시 OO구 OO로 OO(OO동) 당 법인 회의실(또는 사무소)에서 이사회를 개최하다.

총이사수 : O명 출석이사수 : O명

의장 OOO는 정관규정에 따라 의장석에 등단하여 위와 같이 법정수에 달하는 이사가 출석하였으므로 본 이사회가 적법히 성립되었음을 알리고 개회를 선언한 후, 다음의 의안을 부의하고 심의를 구하다.

제1호 의 안 대표이사 선임의 건

의장은 창립총회에서 선임된 이사 중에서 대표이사 1명을 선임하여 줄 것을 구한 바, 이사 전원일치로 다음 사람을 대표이사로 선출하고 만장일치로 그를 승인 가결하다.

대표이사 O O O (000000-0000000)
OO시 OO구 OO로 OO(OO동)

위 피선자는 즉석에서 그 취임을 승낙하다.

의장은 이상으로서 회의목적인 의안 전부의 심의를 종료하였으므로 폐회한다고 선언하다(회의종료시각 : OO시 OO분)

위 결의를 명확히 하기 위하여 이 의사록을 작성하고 의장과 출석한 이사가 기명날인하다.

20OO. O. O.

세무법인 00
OO시 OO구 OO로 OO(OO동)
의장겸 대표이사 O O O (인)
이사 O O O (인)
이사 O O O (인)
이사 O O O (인)

[서식] 취임승낙서

취 임 승 낙 서

주소 : 00시 00구   00로00길 00

성명 : 000

주민등록번호 : 000000-0000000

직위 : 대표이사

본인은 세무법인 00의 대표이사직에 취임할 것을 승낙합니다 .

2000년 0월 0일

대표이사 : ○ ○ ○ (인)

[서식] 인감신고서

인감 · 개인(改印) 신고서

(신고하는 인감날인란) (인감제출자에 관한 사항)

상호(명 칭)		세무법인 00	등기번호	
본점(주사무소)		OO시 OO구 OO로 OO(OO동)		
인감제출자	자격/성명	대표이사 ○ ○ ○		
	주민등록번호	OOOOOO-OOOOOOO		
	주 소	OO시 OO구 OO로 OO(OO동)		

␣ 위와 같이 인감을 신고합니다.
␣ 위와 같이 개인(改印)하였음을 신고합니다.

년 월 일 (인감 날인란)

신고인 본 인 성 명 (인)

대리인 성 명 (인)

지방법원 등기소 귀중

> 주 1. 인감 날인란에는 「인감증명법」에 의하여 신고한 인감을 날인하고 그 인감증명서(발행일로부터 3개월 이내의 것)를 첨부하여야 합니다. 개인(改印)신고의 경우, 개인인감을 날인하는 대신에 등기소에 신고한 유효한 종전 인감을 날인하여도 됩니다.
> 2. 인감 · 개인신고서에는 신고하는 인감을 날인한 인감대지를 첨부하여야 합니다.
> 3. 지배인이 인감을 신고하는 경우에는 인감제출자의 주소란에 지배인을 둔 장소를 기재하고, 「상업등기규칙」 제36조제4항의 보증서면(영업주가 등기소에 신고한 인감 날인)을 첨부하여야 합니다. 위 보증서면은 아래의 보증서면란에 기재하는 것으로 갈음할 수 있습니다.

보 증 서 면

위 신고하는 인감은 지배인 OOO의 인감임이 틀림없음을 보증합니다.

대표이사 (법인인감)

위 임 장

성 명 : 주민등록번호(-)

주 소 :

위의 사람에게, 위 인감신고 또는 개인신고에 관한 일체의 권한을 위임함.

20 년 월 일

인감(개인) 신고인 성 명 (인)

[서식] 인감대지

인 감 대 지

<table>
<tr><td rowspan="1"></td><td>신고하는 인감날인란</td><td>상 호(명 칭) : 세무법인 00
자격 및 성명 : 대표이사 ○ ○ ○
주민등록번호 : 000000-0000000</td></tr>
</table>

[서식] 인감카드 등 (재)발급신청서

인감카드 등 (재)발급신청서

(인감제출자에 관한 사항)

<table>
<tr><td colspan="2">상호(명칭)</td><td></td><td>등기번호</td><td></td></tr>
<tr><td colspan="2">본점(주사무소)</td><td colspan="3"></td></tr>
<tr><td rowspan="2">인감
제출자</td><td>자격 / 성명</td><td colspan="3"></td></tr>
<tr><td>주민등록번호</td><td colspan="3"></td></tr>
</table>

<table>
<tr><td>발급사유</td><td colspan="3">␣ 최초발급 ␣ 카드분실 ␣ 카드훼손 ␣ 인감증명서발급기능
␣ 기타 ( )</td></tr>
<tr><td>매체구분</td><td>␣ 인감카드 ␣ HSM USB</td><td>인감카드 비밀번호</td><td></td></tr>
</table>

위와 같이 인감카드 등의 (재)발급을 신청합니다.

년 월 일

신청인 인감제출자 (본　인) 성 명　　　　　　　(인)　(전화 :　　　)
　　　　　　　　(대리인) 성 명　　　　　　　(인)　(전화 :　　　)

지방법원　　　등기소　귀중

접수번호		인감카드번호	

- 대법원수입증지를 붙이는 란 -

주 1. 인감카드 비밀번호란에는 (재)발급받아 사용할 인감카드의 비밀번호를 기재하며, 아라비아숫자 6자릿수를 기재하여야 합니다. 비밀번호는 인감카드와 함께 인감증명서의 발급을 신청할 권한이 있는 것으로 보게 되는 중요한 자료이므로 권한이 없는 사람이 알지 못하도록 주의하시기 바랍니다.

2. 인감카드의 재발급을 신청할 때에는 「등기부 등 · 초본 등 수수료규칙」 제5조의7에 의하여 5,000원 상당의 대법원수입증지를 이 란에 붙여야 합니다. 다만, 인감카드를 반납할 때에는 붙일 필요가 없습니다.

위　임　장

성 명 :　　　　　　　　주민등록번호(　　　　－　　　　)

주 소 :

위의 사람에게, 위 (재)발급신청서에 기재된 인감카드 등의 발급신청과 그 수령 등에 관한 일체의 권한을 위임함.

20OO년　O월　O일

인감신고인　성 명　　　　　　　(인)

서식색인

저자약력

저자 법학박사

행 정 사 김동근

숭실대학교 법학과 졸업

숭실대학교 대학원 법학과 졸업(법학박사 -행정법)

현, 행정법률 사무소 청신호 대표행정사

숭실대학교 초빙교수

공인행정심판학회 학회장

공인행정사협회 법제위원회 위원장

공인행정사협회 행정심판전문가과정 전임교수

공무원연금관리공단 행정사지원 양성과정 강사

중앙법률사무교육원 교수

YMCA병설 월남시민문화연구소 연구위원

내외일보 논설위원

전, 서울시장후보 법률특보단장

저서, 한권으로 끝내는 운전면허취소정지구제 행정심판(법률출판사)

한권으로 끝내는 영업정지취소구제 행정심판(법률출판사)

한권으로 끝내는 공무원 · 교원 소청심사청구(법률출판사)

사건유형별 행정소송 이론 및 실무(법률출판사)

사건유형별 행정심판 이론 및 실무(진원사)

출입국관리법 이론 및 실무(법률출판사)

한권으로 끝내는 토지수용 및 손실보상 절차(법률출판사)

한권으로 끝내는 비송사건처리절차법 이론 및 실무(법률출판사) 외 50여 권

감수 변호사 정동근

학력
서울대학교 법학부, 경제학부
서울대학교 대학원 법학과
사법연수원 40기

주요 경력
(現) 법무법인 조율 변호사, 변리사
(前) 법무법인 주원(유한) 구성원 변호사
(前) 법무법인 태한 구성원 변호사
(前) 법무법인 광장 실무수습
(前) 부산지방법원 조정위원
(前) 의정부지방검찰청 고양지청 검사직무대리

저서
부동산소송(진원사)
건축분쟁소송실무(진원사)
건축법 이론 및 실무(진원사)
주택법 이론 및 실무(진원사)
핵심 재개발 · 재건축분쟁실무(진원사)

비영리법인
설립절차
실무총람

비영리법인 설립절차 실무총람

2019년 12월 20일 1판 1쇄 인쇄
2020년 01월 02일 1판 1쇄 발행

저 자 김 동 근
감 수 정 동 근
발 행 인 김 용 성
발 행 처 **법률출판사**
서울시 동대문구 휘경로2길 3, 4층
☎ 02) 962-9154 팩스 02) 962-9156
등 록 번 호 제1-1982호
ISBN : 978-89-5821-358-1 13360
e-mail : lawnbook@hanmail.net

정 가 80,000원

한권으로 끝내는

비영리법인

설립절차 실무총람

법학박사 · 행정사 김동근 저 · 변호사 정동근 감수

[부록]

법인설립신청서

법률출판사

법인설립 구비서류 목록

구비서류 \ 법인별		근거법령	비영리법인 (민법제32조)		공익법인 (공익법)		비 고
			사단	재단	사단	재단	
1	법인설립허가신청서 (비영리법인용, 공익법인용 구분)	부령 별지1호	○	○	○	○	
2	설립취지서 (임의서식으로 작성)	공익령4-①-2	△	△	○	○	공익법인
3	발기인의 인적사항 (성명·주민등록번호·주소·약력) ※ 설립발기인이 법인인 경우에는 그 명칭, 주된 사무소의 소재지, 대표자의 성명·주민등록번호·주소와 정관, 최근의 사업활동을 기재한 서류)	부령 3-1 공익령4-①-1	○	×	○	×	사단법인
4	임원취임예정자 인적사항 (성명·주민등록번호·주소·약력)	부령 3-5	○	○	○	○	공통
5	임원취임승락서, (필요시 겸직동의서)	부령 3-5	○	○	○	○	공통
6	특수관계 부존재 확인서 (※ 사후 발견시 임원취임 취소)	공익령12	×	×	○	○	공익법인
7	창립(발기인) 총회 회의록 (회의록 내용상 별첨서류 첨부·간인) ※ 설립발기인이 법인인 경우에는 법인의 설립에 관한 의사의 결정을 증명하는 서류	부령 3-6 공익령4-①-8	○	×	○	×	사단법인
8	출연자 확인서 (※ 정관을 첨부하여 간인)	민법 43	×	○	×	○	재단법인
9	정관 (정관작성기준 준수) (※ 재단법인의 경우 8호 첨부물로 갈음 가능)	부령 3-2 공익령4-①-3	○	○	○	○	공통
10	법인조직 및 상근임직원 정수표	공익령14	×	×	○	○	공익법인
11	재산출연증서(기부승락서) : 공익법인의 경우 기부승락서에 해당 ※ 인감증명서, 잔고증명 등 출연재산의 소유증명서 첨부	부령 3-3 공익령4-①-4	○	○	○	○	공통
12	재산총괄표와 그 입증서류 (특히 공익법인의 경우, 부동산·예금·유가증권 등 주된 재산에 관한 등기소·금융기관 등의 증명서)	부령 3-3 공익령4-①-4 공익령4-①-6	○	○	○	○	공통
13	기본재산 목록	부령 3-3 공익령4-①-4	○	○	○	○	공통
14	(보통·운영)재산 목록 ※ 비영리법인은 "운영재산", 공익법인은 "보통재산"에 해당	부령 3-3 공익령4-①-4	○	○	○	○	공통
15	회비징수 예정증명서 또는 기부신청서	공익령4-①-4	×	×	○	×	공익사단
16	사원명부 (성명·주소·**연락처**) ※ 100명이 넘을 경우 "이상 100명외 ○○명"으로 총수 기재서류	공익령4-①-8	△	×	○	×	공익사단
17	당해연도 사업계획서 및 수지예산서	부령 3-4	○	○	×	×	비영리법인
18	사업개시**예정일** 및 사업개시이후 2 사업년도분의 사업계획서 및 수지예산서	공익령4-1-7	×	×	○	○	공익법인
19	사무실 확보증명서 ※ 건물사용승락서 또는 임대차계약서, 건물소유권 입증서류, 인감증명서	민법33, 36	○	○	○	○	공통

주) 1. 법정서식 : 민법·공익법·공익령은 별지 서식이 없으며, 부령에서 "법인설립허가신청서, 법인설립허가증을 별지 서식으로 정하고 있을 뿐임.
2. 非營利法人은 지식경제부령에서 규정하고 있는 서류만 징구하여야 할 것이고,
3. 공익법 제1조에 의하면 "법인의 설립·운영에 관한 민법의 규정을 보완"하는데 목적이 있다고 규정하고 있어 광의로 보면 공익법인 전체가 비영리법인에 포함되므로, 공익법인은 비영리법인에서 요구하고 있는 서류를 모두 갖춘 다음, 공익법에서 별도로 요구하고 있는 서류를 추가하여 징구하여야 할 것임.

[별지 제1호서식] 〈개정 2010.8.10〉 (앞 쪽)

법인설립 허가 신청서

처리기간
14일

신청인	① 성명		② 주민등록번호 (외국인등록번호)	
	③ 주소		④ 전 화 번 호	
법인	⑤ 법인 명칭			
	⑥ 법인 소재지		⑦ 법인 전화번호	
	⑧ 대표자 성명		⑨ 대표자 주민등록번호 (외국인등록번호)	
	⑩ 대표자 주소		⑪ 대표자 전화번호	

「민법」 제32조와 「지식경제부장관 및 그 소속청장의 주관에 속하는 비영리법인의 설립 및 감독에 관한 규칙」 제3조에 따라 위와 같이 법인설립허가를 신청합니다.

년 월 일

신청인: (서명 또는 인)

○○○○○ 귀하

구비서류	신청인 제출서류	주무관청 확인 사항	
	1. 설립발기인의 성명 · 주민등록번호 · 주소와 약력을 적은 서류(설립발기인이 법인인 경우에는 그 명칭, 주된 사무소의 소재지, 대표자의 성명 · 주민등록번호 · 주소와 정관을 적은 서류) 1부 2. 정관 1부 3. 재산목록(재단법인은 기본재산과 운영재산으로 구분하여 적어야 합니다) 및 그 입증 서류와 출연의 신청이 있는 경우에는 그 사실을 증명하는 서류 각 1부 4. 해당 사업연도의 사업계획과 수지예산을 적은 서류 1부 5. 임원 취임예정자의 성명 · 주민등록번호 · 주소와 약력을 적은 서류와 취임 승낙서 각 1부 6. 창립총회 회의록(설립발기인이 법인인 경우에는 법인 설립에 관한 의사 결정을 증명하는 서류) 1부 ※ 제3호의 서류 중 주무관청이 확인하도록 되어 있는 입증 서류는 제출을 생략할 수 있습니다.	재산목록에 있는 재산의 토지나 건물의 등기부등본	수수료 없 음

210㎜×297㎜[일반용지 60g/㎡(재활용품)]

이 신청서는 아래와 같이 처리됩니다. (뒤 쪽)

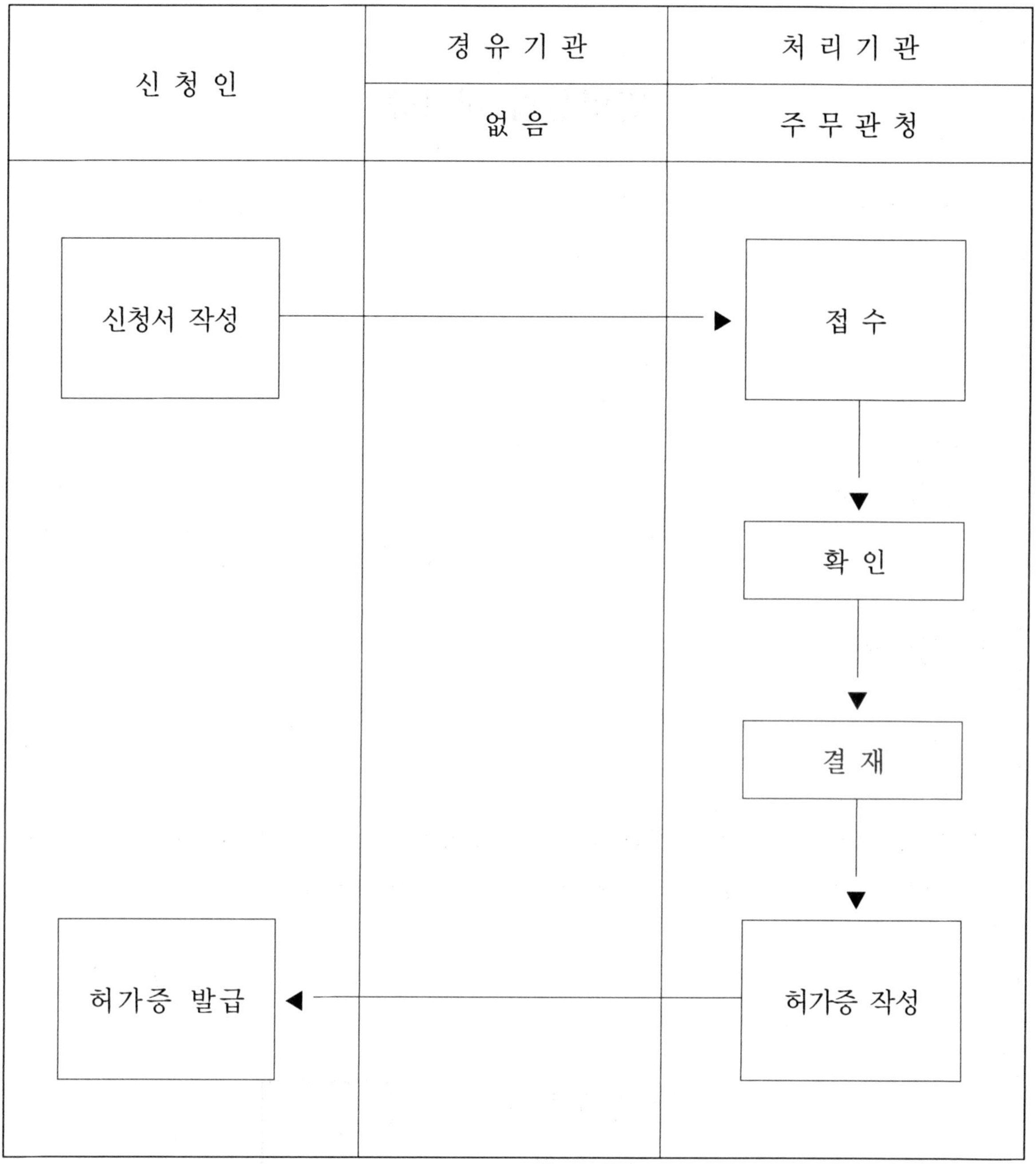

[별지 제2호서식] <개정 2010.8.10> (앞 쪽)

제 호

법인설립 허가증

1. 법인 명칭:

2. 소 재 지:

3. 대 표 자
   ○ 성 명:
   ○ 생년월일:
   ○ 주 소:

4. 사업내용:

5. 허가조건:

「민법」 제32조와 「지식경제부장관 및 그 소속청장의 주관에 속하는 비영리법인의 설립 및 감독에 관한 규칙」 제4조에 따라 위 법인의 설립을 허가합니다.

년 월 일

지식경제부장관
○○청장

직인

210㎜×297㎜[보존용지(1종)120g/㎡]

(뒤 쪽)

〈준수 사항〉

1. 정관에서 정하는 목적사업 중 다른 법률에 따른 허가 · 인가 · 등록 · 신고의 대상이 되는 사업을 하려는 경우에는 관련 법령에 따른 절차를 거쳐 시행해야 합니다.

2. 매 사업연도 종료 후 2개월 이내에 다음 서류를 주무관청에 제출해야 합니다.
   가. 다음 사업연도의 사업계획과 수지예산서 1부
   나. 해당 사업연도의 사업실적과 수지결산서 1부
   다. 해당 사업연도 말 현재의 재산목록 1부

3. 다음 사항에 해당되는 경우에는 「민법」 제38조에 따라 법인의 설립허가를 취소할 수 있습니다.
   가. 설립목적 외의 사업을 한 경우
   나. 설립허가 조건을 위반한 경우
   다. 공익을 해치는 행위를 한 경우

4. 법인이 해산(파산에 의한 해산을 제외합니다)한 때에는 해산등기를 완료한 후 지체 없이 주무관청에 해산신고를 해야 합니다.

5. 법인의 청산이 종결된 때에는 이를 등기한 후 주무관청에 신고해야 합니다.

〈서식 2〉

설 립 취 지 서

사단법인 ○○○○ 발기인 대표 ○○○ (날인 또는 서명)

재단법인 ○○○○ 출연자 ○○○ (날인 또는 서명)

주) 설립취지서는 법인설립의 허가에 있어서 허가권자의 공익사업 여부 판단의 주요자료가 됨에 유의

발 기 인 인 적 사 항

성 명 (한 자)	주민등록 번 호	주 소 (우편번호)	주 요 약 력	연락처(☎)
홍길동 (洪吉東)		서울 종로구 계동 123번지 (123 ~ 456)	○(현) ○(전) ○(전)	
			○ ○ ○	
			○ ○ ○	
			○ ○ ○	
			○ ○ ○	
			○ ○ ○	

작성자 : 사단법인 ○○○○ 발기인 대표 ○○○ (날인 또는 서명)

주) 약력은 가급적 법인의 목적사업과 관련된 것을 중심으로 3 ~ 4개 정도를 적고 전·현직 여부를 표시

임원취임 예정자 인적사항

직위	성 명 (한 자)	주민등록 번 호	본 적 (호주성명 :)	주 소 (우편번호)	주요약력	임기	연락처 (☎)
이사장	홍길동 (洪吉東)		서울 종로구 명륜동 2가 123번지 (호주 : 홍길동)	서울 중구 계동 123번지 (123 ~ 456)	○(현) ○(전) ○(전)	4년	
					○ ○ ○		
					○ ○ ○		
					○ ○ ○		
					○ ○ ○		
					○ ○ ○		

작성자 : 사단법인 ○○○○ 발기인 대표 ○○○ (서명 또는 날인)

재단법인 ○○○○ 출연자 ○○○ (서명 또는 날인)

주) 1. 본적과 호주는 공익법 제5조 제6항에서 규정하고 있는 임원의 결격여부를 본적지에 조회하기 위한 것이며, 이 란의 기록이 없을 경우 호적등본 제출로 갈음할 수 있다.

2. 약력은 가급적 법인의 목적사업과 관련된 것을 중심으로 3 ~ 4개 정도를 적고, 전·현직 여부를 표시

취 임 승 락 서

주소 :

성명 :

주민등록번호 :

본인은 이번에 새로 설립하는 사단(재단)법인 ○○○○의 이사(감사)에 취임하는 것을 승낙합니다.

2002년 12월 일

이사(감사) 취임예정자 ○○○ (날인 또는 서명)

사단(재단)법인 ○○○○ 설립자 대표 ○○○ 귀하

〈특수관계가 존재하지 않을 경우〉

특수관계 부존재 확인서

본인은 사단(재단)법인 ○○○○의 ○○에 취임함에 있어 공익법인의설립·운영에관한법률시행령 제12조 각항에 규정된 특수관계자의 범위에 해당되지 아니하며, 이 후 동 제한규정에 위배되는 사유가 발견된 때에는 취임승인의 취소 등 행정처분에 대하여도 아무런 이의가 없음을 확인합니다.

2002년 월 일

이사(감사) 취임예정자 ○○○ (날인 또는 서명)

지식경제부장관 귀하

<특수관계가 존재할 경우>

특수관계 내용설명서

본인은 사단(재단)법인 ○○○○의 ○○에 취임함에 있어 본 법인 임원간에 공익법인설립·운영에관한법률 시행령 제12조의 규정에 의한 특수관계자의 범위에 해당하는 자임을 설명합니다.

○ 특수관계의 내용 : 출연자

2002년 월 일

이사(감사) 취임예정자 ○○○ (날인 또는 서명)

지식경제부장관 귀하

〈사단법인용〉

사단법인 ○○○○ 창립(발기인) 총회 회의록

(아래는 예시문입니다)

1. 회의일시 : 2002년 ○○월 ○○일 (15:00~17:00)

2. 회의장소 : 서울특별시 ○○구 ○○동 ○○번지 ○○호실

3. 회의안건 : ① 의장선출 ② 설립취지 채택 ③ 정관심의 ④ 출연내용 ⑤ 이사장 선임 ⑥ 임원선임 및 임기결정 ⑦ 사업계획 및 예산심의 ⑧ 사무소 설치 ⑨ 법인조직 및 상근임직원 정수 책정

4. 회원총수 : ○○명 ("회원 명부" 참조)

5. 출석회원(발기인 포함) : ○○명

6. 결석회원(발기인 포함) : ○○명

7. 회의내용

임시 사회자 ○○○은 본 총회가 적법하게 성립되었음을 성원보고한 후 "임시의장 선출" 안건을 상정하다.

[제1의안 상정] : 임시의장 선출

사회자 : - "임시의장 선출(안)"을 상정하겠습니다.
- 추천하여 주시기 바랍니다.

○○○ : ○○○를 임시의장으로 선출할 것을 제안합니다.

사회자 : - 다른 분 추천 있습니까? (더 이상의 추천이 없다)

사회자 : - ○○○께서 추천한 ○○○을 임시의장으로 선출하겠습니다. 이의 있으시면 말씀해 주시고, 찬성하시면 박수로 의결하여 주시기 바랍니다.
(만장일치로 전원 박수)

사회자 : - 임시의장에 ○○○가 선출되었음을 선포합니다.
(의사봉 3타)
(이후의 의사진행은 임시의장 ○○○에게 인계하고 사회자는 물러나다)

[제2의안 상정] 설립취지 채택

의　장 : (간단하게 임시의장 취임 인사를 하다)

- 우리 법인의 "설립취지 채택" 안건을 상정합니다.
- ○○○ 발기인께서 설립취지(안)을 낭독해 주시기 바랍니다.

○○○ : (유인물로 작성되어 배포된 설립취지문안을 낭독하다)

의　장 : - ○○○께서 낭독하신 설립취지에 대하여 의견이 있으시면 말씀해 주십시오.

○○○ : - 이미 준비된 설립취지문에 찬성하며 원안 의결할 것을 제안합니다.

(회원전원) : (○○○의 제안에 찬성하며 모두 박수치다)

의　장 : - 본 설립취지(안)에 이의 없으신 것으로 알고 원안대로 가결되었음을 선포합니다. (의사봉 3타)

[제3의안 상정] 정관심의의 건

의　장 : - 이어서 "정관심의"에 들어가겠습니다.
(○○○ 발기인에게 준비된 정관(안) 낭독을 요청하다)

○○○ : (정관 초안을 낭독하다)

○○○ : - 정관의 내용이 무리없이 잘 구성되었다고 생각합니다.
- 본 정관이 어떠한 과정으로 작성되었는지 의장님께서 부연설명 해 주시면 고맙겠습니다.

의　장 : - 본 정관은 우리 법인의 주무관청인 지식경제부에서 만든 정관예문(준칙)을 기초로 하여 작성하였습니다.
- 본 정관에 추가 또는 삭제할 내용이 있으시면 말씀해 주십시오.

○○○ : - 본 정관에 특별히 추가 또는 삭제할 내용은 없는 것 같습니다.
- 원안대로 의결할 것을 제안합니다. (전원 박수)

의　장 : - 그러면 본 정관도 초안에 이의 없으신 것으로 보고 원안대로 가결되었음을 선포합니다. (의사봉 3타)

[제4의안 상정] 출연내용 채택의 건

의　장 : - 다음은 "출연재산 채택(안)"을 상정합니다.
- 우리 법인의 출발을 위하여 ○○○께서 현금 0000원을 출연하시겠다는 의사를 밝혔고, ○○○께서 현금 000원을 출연하시겠다는 의사를 밝혔습니다. 본 출연이 채택될 경우 ○○○의 출연금 0000원은 기본재산으로, ○○○의 출연금 000원은 설립 당해연도의 설립 제비용 등의 경비로 사용하기 위하여 보통재산으로 구분 채택하고자 합니다.

- 출연내용에 대하여 의견 나누어 주시기 바랍니다.

○○○ : - 의장께서 설명하신 출연내용과 의견에 대하여 적극 찬성하며 출연하신 분의 뜻을 따라 원안대로 채택할 것을 제안합니다.

○○○ : - ○○○의 제안에 찬성합니다. (회원 모두 박수)

의 장 : - 출연재산을 원안대로 모두 채택합니다.

- 출연재산 채택 의결내용

▷000님 출연금 : 현금 0000원 → 기본재산

▷000님 출연금 : 현금 0000원 → 보통재산

[제5의안 상정] 이사장 선임의 건

의 장 : - 우리 법인을 이끌어 나갈 "이사장 선임(안)"을 상정합니다.

- 회원님들께서 덕망있고 훌륭하신 분을 추천하여 주시기 바랍니다.

○○○ : - 이사장에는 현재 임시의장으로 사회를 보시는 ○○○께서 맡아 주실 것을 제안합니다. (전원 박수)

의 장 : 부족한 저를 추천해 주셔서 감사합니다. 그러나 저보다 더 훌륭하신 분들이 더 많으신 줄 아니 다른 분을 더 추천해 주시면 좋겠습니다.

○○○ : - ○○○의 제안에 회원 모두 찬성하는 것 같습니다. 다시 한번 의장님을 이사장에 추천합니다. (전원 박수)

의 장 : - 그러면 여러분의 뜻에 따라 당분간 우리 법인의 이사장 직을 맡아보겠습니다.

- 이사장 선임 건에 본인 000가 선출되었음을 선포합니다. (의사봉 3타)

[제6의안] 임원선임 및 임기결정의 건

의 장 : - 이어서 "임원선임 및 임기결정"에 관한 안건을 상정합니다.

- 우선 임원의 수는 정관심의에서 기 결정되었듯이 00명으로 되어 있으니, 이에 대한 임원 후보자들을 추천하여 주시기 바랍니다.

- 아울러 임원의 임기 문제도 함께 제시하여 주시기 바랍니다.

(회원들의 추천과 논의 끝에 다음과 같이 뜻이 모아지다)

▷ 이사(00명) : 0000, 0000, 0000, 0000, 이상 00명 → 임기 4년

0000, 0000, 0000, 0000, 이상 00명 → 임기 2년

▷ 감사(2명) : 0000 → 임기 2년

0000 → 임기 1년

의　장 : - 임원의 선출 및 임기의 내용이 결정된 것 같습니다.
- 본 내용에 다른 의견이 있으시면 말씀해 주십시오.
(회중에서 이의 없음을 말하고 박수치다)

의　장 : - 임원의 선출 및 임기를 여러분의 결정대로 가결되었음을 선포합니다.
(전원박수 - 의사봉 3타)

의　장 : - 이어서 우리 법인설립 최초의 회원을 채택하고 회원의 회비 징수액을 결정하고자 하는데, 현재의 회원은 회원명부와 같이 총 00명이며 회비는 년 000원으로 하고자 하는 바, 여러분의 의견을 말씀해 주시고, 이의가 없이 찬성하신다면 박수로 의결하여 주시기 바랍니다.

(회 중) : (전원 찬성하며 박수)

의　장 : 설립최초의 회원 및 회비징수액을 원안대로 가결되었음을 선포합니다.
(의사봉 3타)
▷ 회원수 : 총 00명
▷ 회비징수액 : 년 000원

[제7의안 상정] 사업계획 및 예산심의의 건

의　장 : - 향후 "3개년간의 사업계획 및 수지예산(안)"을 상정합니다.
- ○○○께서 본 안에 대하여 설명하여 주시기 바랍니다.

○○○ : (유인물을 통하여 "3개년간의 사업계획 및 수지예산" 사항을 설명하다)

○○○ : - 상정(안)에 찬성합니다. 원안의결을 제안합니다. (전원 동의 - 박수)

의　장 : - 전원 찬성으로 향후 3개년간의 사업계획 및 예산(안)을 원안대로 가결 선포합니다.
(의사봉 3타)

[제8의안 상정] 사무소· · 설치의 건

의　장 : - 다음은 본 법인의 "사무소 설치(안)"을 상정합니다.
- (사무소는 ○○○가 oooooo소재 건물을 법인 사무실로 무상 사용할 것을 허락하였다는 내용을 설명하고 이에 대한 동의 여부를 묻다.)

○○○ : 사무실을 무상으로 내어 주신 ○○○께 감사 드리며 원안의결을 제안합니다. (전원 박수)

의　장 : 우리 법인의 사무소를 "서울특별시 oo구 oo동 oo-oo"로 결정되었음을 선포합니다.
(의사봉 3타)

[제9의안] 법인조직 및 상근 임직원 정수 책정

의 장 : - 마지막으로 "법인의 조직 및 상근임직원의 정수 책정(안)"을 상정합니다.

- 유인물을 보시고 의견을 말씀해 주시고, 이의 없으시면 원안대로 통과하겠습니다 (전원 이의없음을 표시하다)

의 장 : - 이 안건도 전원 찬성으로 원안 가결되었음을 선포합니다 (의사봉 3타)

8. 폐 회

의 장 : - 마지막으로 회의록 서명위원으로 참석회원 중「ooo, ooo, 홍길동, ooo」의 ㅇ명을 지정하여 서명·날인토록 하겠습니다. 이견이 있으면 말씀해 주시기 바랍니다.(전원 이의없음을 표시하다). 지정받은 서명위원들께선 폐회후 남아서 작성된 회의록 내용의 사실여부를 확인하고 서명하여 주시기 바랍니다.

- 이상으로 모든 회의를 마치겠습니다. 감사합니다.

200ㅇ년 ㅇ월 ㅇ일

덧붙임 1. 설립취지문 1부.

2. 정관 1부.
3. 사업계획서 및 수지예산서(비영리법인은 1년, 공익법인은 3년) 1부.
4. 법인 조직 및 상근임직원 정수표 1부.

(※ 덧붙인 문서는 서명위원들이 본 회의록과 함께 간인하여야 함)

회원 대표 ㅇㅇㅇ (인)
회원 ㅇㅇㅇ (인)
〃 ㅇㅇㅇ (인)
〃 ㅇㅇㅇ (인)
〃 ㅇㅇㅇ (인)
〃 ㅇㅇㅇ (인)

주) 1. 창립총회 회의록은 법인설립이 적법한 절차를 거쳐 성립되었느냐를 판단하는 중요한 기준이 되므로 육하원칙에 따라 작성하되, 진행자 등이 누락되지 않도록 한다.

2. 특히 회의진행과 관련하여 정관 심의과정 및 임원선출의 표결사항, 찬반 토론내용 등을 상세히 기재하고 회의록 작성이 끝나면 참석한 서명위원들이 기록내용을 확인하고 연명으로 날인하여야 한다.
3. 회의록의 내용 중 별첨 유인물로 설명(진행)된 것은 회의록에 첨부하여 서명위원들이 간인하여야 한다.
4. 본 회의록에 첨부된 문서들은 첨부한 것으로 갈음한다. (별도로 첨부할 필요 없음)

〈공익 재단법인용〉

출 연 자 확 인 서

본인은 민법 제32조 및 지식경제부장관및그소속청장의주관에속하는비영리법인의설립및감독에관한규칙에 의거 신규 설립되는 재단법인에 대하여, 민법 제43조의 규정에 따라 다음의 사항을 정관으로 정함을 확인한다.

1. 목적 : 이 법인은 사회일반의 이익에 공여하기 위하여 민법 제32조 및 공익법인의 설립·운영에관한법률의 규정에 따라 …함을 목적으로 한다.
2. 명칭 : 법인의 명칭은 "재단법인 ○○○○"으로 한다.
3. 사무소의 소재지 : 법인의 주된 사무소의 소재지는 "서울특별시 ○○구 ○○동 ○○○~○○번지"에 둔다.
4. 자산에 관한 사항 : 본인은 위 법인에 (다음과 같이) 기본재산으로 금○○○원을, 보통재산으로 금○○○원을 무상으로 출연한다.
5. 이사의 임면에 관한 사항 :
   가. 임원은 이사 ○○인과 감사 2인을 둔다.
   나. 목적사업을 전담하게 하기 위하여 이사장은 이사회의 의결을 거쳐 이사중 1인을 상임이사로 임명한다.(생략 가능)
   다. 이사의 임기는 4년, 감사의 임기는 2년으로 한다. 다만 최초의 임원 반수의 임기는 그 반에 해당하는 기간으로 정한다.
6. 기타의 사항 : 별첨 정관과 같다.

2002. 12. .

출연자 (인)

지식경제부장관 귀하

주) 1. 출연자 날인과 별첨 정관 간인은 출연증서에 첨부된 인감(인감증명서상의 등록된 도장)으로 날인한다.
2. 출연자가 2인이상일 경우 : 「4. 자산에 관한 사항」에서 도표(출연자 성명, 주민등록번호, 기본재산 및 보통재산 출연금액, 비고 등)으로 표시하고, 하단에 출연자 연명으로 날인, 출연자 전체가 별첨 정관에 간인한다.
3. 출연자가 상사법인일 경우 : 출연자 도장은 상사법인 등기부 첨부(대표자 확인), 대표자 인감증명서 첨부, 등록인감으로 출연자 확인 및 별첨 정관에 간인한다.

〈비영리 재단법인용〉

출 연 자 확 인 서

본인은 민법 제32조 및 지식경제부장관및그소속청장의주관에속하는비영리법인의설립및감독에관한규칙에 의거 신규 설립되는 재단법인에 대하여, 민법 제43조의 규정에 따라 다음의 사항을 정관으로 정함을 확인한다.

1. 목적 : 이 법인은 사회일반의 이익에 공여하기 위하여 민법 제32조 및 지식경제부장관및그소속청장의주관에속하는비영리법인의설립및감독에관한규칙의 규정에 따라…함을 목적으로 한다.
2. 명칭 : 법인의 명칭은 "재단법인 ○○○○"으로 한다.
3. 사무소의 소재지 : 법인의 주된 사무소의 소재지는 "서울특별시 ○○구 ○○동 ○○○~○○번지"에 둔다.
4. 자산에 관한 사항 : 본인은 위 법인에 (다음과 같이) 기본재산으로 금○○○원을, 보통재산으로 금○○○원을 무상으로 출연한다.
5. 이사의 임면에 관한 사항 :
   가. 임원은 이사 ○○인과 감사 2인을 둔다.
   나. 목적사업을 전담하게 하기 위하여 이사장은 이사회의 의결을 거쳐 이사중 1인을 상임이사로 임명한다.(생략 가능)
   다. 이사의 임기는 4년, 감사의 임기는 2년으로 한다. 다만 최초의 임원 반수의 임기는 그 반에 해당하는 기간으로 정한다.
6. 기타의 사항 : 별첨 정관과 같다.

200 년 월 일

출연자 (인)

지식경제부장관 귀하

주) 1. 출연자 날인과 별첨 정관 간인은 출연증서에 첨부된 인감(인감증명서상의 등록된 도장)으로 날인한다.
2. 출연자가 2인이상일 경우 : 「4. 자산에 관한 사항」에서 도표(출연자 성명, 주민등록번호, 기본재산 및 보통재산 출연금액, 비고 등)으로 표시하고, 하단에 출연자 연명으로 날인, 출연자 전체가 별첨 정관에 간인한다.
3. 출연자가 상사법인일 경우 : 출연자 도장은 상사법인 등기부(대표자 확인), 대표자 인감증명서, 법인 잔고증명 첨부, 등록인감으로 출연자 확인 및 별첨 정관에 간인한다.

정관작성 기준

항목	작성기준	검토의견
제1장 총 칙	1. 법인의 명칭을 정하되, 명칭앞에 "사단법인"이라는 문구를 넣어야 한다.	
	2. 법인의 목적을 정한다.	
	3. 법인의 사무소의 위치를 정한다.	
	4. 법인의 목적을 달성하기 위한 사업을 종목별로 구체적으로 정한다.	
제2장 회원	1. 회원의 종류와 자격을 정하고 회원이 되는 절차를 정한다.	
	2. 회원의 권리·의무에 관한 사항을 정한다.	
	3. 회원은 임의로 탈퇴할 수 있게 정한다.	
	4. 회원의 제명 등의 징계는 총회 또는 이사회의 의결을 거치도록 정한다.	
제3장 임원	1. 임원의 종류와 수를 정하되, 특별한 사유가 없는 한 이사는 5인이상, 감사는 2인 이하로 정하고, 상임이사의 수를 정한다.	
	2. 임원의 임기는 3년으로 정함을 원칙으로 한다.	
	3. 임원의 임기중 궐위될 경우의 그 보충방법을 정한다.	
	4. 임원은 총회에서 선출하도록 정한다 (다만, 상임임원은 이사회에서 선출하도록 정할 수 있다)	
	5. 임원의 결격사유와 상임임원의 겸직금지에 관한 사항을 정한다.	
	6. 법인이 특별한 사유로 인하여 총회를 개최하지 못함으로써 차기 임원을 선출하기 전에 임원의 임기가 만료된 경우의 총회 소집권자 또는 업무의 계속성에 관한 사항을 정한다.	
	7. 대표자의 직무는 법인을 대표하고 법인의 업무를 총괄하는 것으로 정한다.	
	8. 이사의 직무는 이사회에 출석하여 법인의 업무에 관한 사항을 심의.의결하며 이사회 또는 대표자로부터 위임받은 사항을 처리하는 것으로 한다.	
	9. 대표자의 유고시 또는 궐위시의 직무대행에 관한 사항을 정한다.	
	10. 감사의 직무는 다음의 것으로 정한다. 가. 법인의 재산상황을 감사하는 일 나. 이사회의 운영 및 업무에 관한 사항을 감사하는 일 다. 가목 및 나목의 감사결과 부정 또는 부당한 점이 있음을 발견한 때에는 이사회·총회에 그 시정을 요구하고 주무관청에 보고하는 일 라. 다목의 시정요구 및 보고를 하기 위하여 필요한 때에는 총회·이사회의 소집을 요구하는 일 마. 법인의 재산상황과 업무에 관하여 이사회 및 총회 또는 대표자에게 의견을 진술하는 일	

항목	작성기준	검토의견
제4장 총회	1. 총회의 의결사항은 다음의 것으로 한다. 가. 임원선출 및 해임에 관한 사항 나. 정관변경에 관한 사항 다. 사업계획 예산 및 결산에 관한 사항 라. 기타 정관의 변경, 법인의 해산 등 중요한 사항	
	2. 총회는 정기총회와 임시총회로 하고 그 소집일자·소집방법·의결정족수 기타 필요한 사항을 정한다.	
	3. 의장 또는 사원의 의결권 없는 경우를 다음과 같이 정한다. 가. 법인과 의장 또는 사원간의 법률상의 소송의 개시 및 해결에 관한 사항 나. 금전 및 재산의 수수를 수반하는 사항으로서 의장 또는 사원 자신과 법인의 이해가 상반되는 사항	
제5장 이사회	1. 이사회의 기능은 다음과 같이 정한다. 가. 업무의 집행에 관한 사항 나. 사업계획의 운영에 관한 사항 다. 예산·결산서 작성에 관한 사항 라. 총회에서 위임받은 사항 마. 정관에 의하여 그 권한에 속하는 사항 바. 상임임원 선출 및 해임에 관한 사항(이사회에서 선출하도록 정하는 경우에 한하며, 대표자는 제외한다.) 사. 기타 주요사항	
	2. 이사회의 소집·의결정족수·결의·의결권 없는 경우, 기타사항에 관하여 정한다.	
제6장 재산 회계	1. 법인의 수익금은 사원의 회비 기타의 재원으로 하도록 정한다.	
	2. 법인의 회계는 정부 회계연도에 따르도록 정한다.	
	3. 법인의 사업계획 및 세입세출예산은 매회계연도 개시후 2월이내에 수립·편성하고, 당해 연도의 사업실적서 및 수지결산서는 매회계연도 종료후 2월이내에 작성하도록 정한다.	
	4. 임원의 보수에 관하여 정하되 상임임원을 제외한 임원에 대하여는 보수를 지급하지 아니함을 원칙으로 정한다.	
제7장 보칙	1. 법인을 해산하고자 할 때에는 총회에서 사원 3분의 2이상의 찬성으로 의결하도록 정한다.	
	2. 법인이 해산할 경우의 잔여재산 처분방법에 관하여 정한다.	
	3. 법인이 정관을 개정하고자 할 때에는 이사 3분의 2이상의 찬성과 총회의 결의를 거쳐 주무관청의 허가를 받도록 정한다.	
	4. 서면결의에 관하여 규정한다.	

〈사단법인용〉

법인조직 및 상근직원 정수표

1. 기　　구

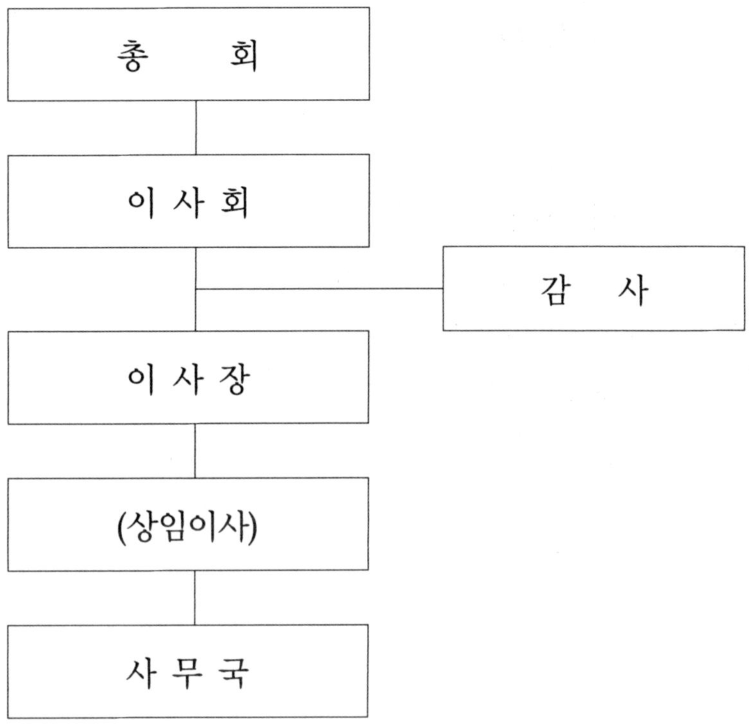

2. 정 수 표

직　위	인원수	보수지급	업 무 내 용
사무국장	1	유·무급	이사회의 의결을 거쳐 이사장이 임명하고 이사회의 결의사항과 정관에서 정한 제반 업무처리
사무직원	1	유·무급	사무국장을 보좌하여 재무관리, 문서관리, 금전출납 등 제반 실무취급

작성자 : 사단법인 ○○○○ 발기인 대표 ○○○ (날인 또는 서명)

〈재단법인용〉

법인조직 및 상근직원 정수표

1. 기 구

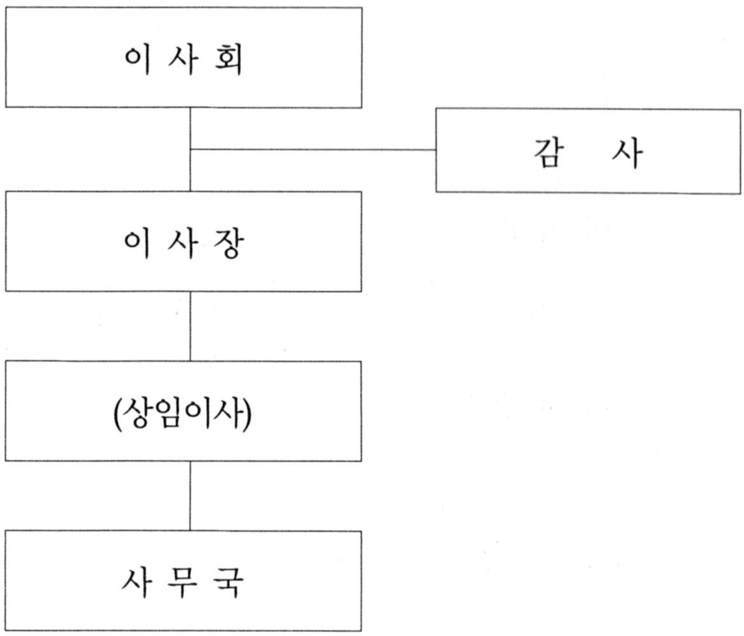

2. 정 수 표

직 위	인원수	보수지급	업 무 내 용
사무국장	1	유·무급	이사회의 의결을 거쳐 이사장이 임명하고 이사회의 결의사항과 정관에서 정한 제반 업무처리
사무직원	1	유·무급	사무국장을 보좌하여 재무관리, 문서관리, 금전출납 등 제반 실무취급

작성자 : 재단법인 ○○○○ 출연자 ○○○ (날인 또는 서명)

재산출연증서 (기부승낙서)

사단(재단)법인 ○○○○ 설립자 대표 홍길동 귀하

본인 소유 다음의 재산을 새로 설립하는 귀 사단(재단)법인 ○○○○에 무상 출연(기부)합니다.

【기부목적】

- ○○○○○ (※ 기부의 목적을 간단히 밝히고 금액별로 용도를 명기)

200 년 월 일

위 기부자 홍 길 동 (인)

기부재산의 표시

소 재 지	종 별	수 량	금 액	비 고
예금(계좌번호 : 농협 ....)	현금	1계좌		기본재산
영등포구 당산동 ○가 ○○번지	건물	1동		기본재산
예금(계좌번호 : 국민은행...)	현금	1계좌		보통재산
	아 래	빈 칸		
계				

주) 금융기관에 예치되어 있는 경우 이를 입증하는 서류 원본(잔고증명 등), 기타 부동산 등 출연재산의 소유증명서와 인감증명서를 함께 첨부

재 산 총 괄 표

재 산 구 분		수 량	금액(가액)	설립년도수입액	취득원인	비 고
기본재산	현 금	계좌				예치금
	주 식	주				
	채 권					기업(회사)채 포함
	【동산 소계】					
	건 물	㎡				
	전(田)	㎡				
	답(畓)	㎡				
	대(垈)	㎡				
	임야(林野)	㎡				
	etc					
	【부동산 소계】					
	기 타					
	【합 계】					
보통재산	현 금					
	【합 계】					
【총 계】						

주) 1. 금액(가액) : 부동산의 경우 건물(建物)은 평가액, 토지(土地)는 평가액 또는 공시지가

작성자 : 사단법인 ○○○○ 발기인 대표 ○○○ (날인 또는 서명)
재단법인 ○○○○ 출연자 ○○○ (날인 또는 서명)

기 본 재 산 목 록

(200 년도)

재산구분(지목별)	수 량 (평)	금액 (가액)	비 고
현금	계좌		정기예금
주식	주		
채권			기업(회사)채 포함
【동산 소계】			
건물	㎡		서울 동대문구 휘경동 123번지
건물	㎡		서울 강남구 역삼종 321번지
전(田)	㎡		
전(田)	㎡		
전(田)	㎡		
답(畓)	㎡		
답(畓)	㎡		
임야(林野)	㎡		
임야(林野)	㎡		
임야(林野)	㎡		
임야(林野)	㎡		
etc	㎡		
【부동산 소계】	㎡		
기타			
【합 계】			

주) 1. 금액(가액) : 부동산의 경우 건물(建物)은 평가액, 토지(土地)는 평가액 또는 공시지가
2. 부동산(建物·土地)의 경우 : 비고란에 필지별로 소재지를 기재

작성자 : 사단법인 ○○○○ 발기인 대표 ○○○ (날인 또는 서명)
재단법인 ○○○○ 출연자 ○○○ (날인 또는 서명)

보통(운영) 재산목록

(200　년도)

재산구분(지목별)	수 량 (坪)	금액 (가액)	비　고
현금			예치금
주식	주		
계		원	

※ 주) 1. 비영리법인의 경우 "운영재산"에, 공익법인의 경우 "보통재산"에 ㅇ표기

2. 부동산채권의 경우 특별한 사유가 없는 한 운영(보통)재산으로 인정하지 아니함.

작성자 : 사단법인 ㅇㅇㅇㅇ 발기인 대표 ㅇㅇㅇ (날인 또는 서명)

재단법인 ㅇㅇㅇㅇ 출연자 ㅇㅇㅇ (날인 또는 서명)

회비징수 예정명세서

(금액단위 : 천원)

회원구분	인 원	연(월)회비	회 비 수 입			비 고
			200□년도	200□년도	200□년도	
합 계						

작성자 : 사단법인 ○○○○ 발기인 대표 ○○○ (날인 또는 서명)

(※ 사단법인만 해당)

회 원 명 부

순	성　　명	주　　　　소	직　업	전화번호	비 고
1					
2					
3					
·					
·					
·					
·					
·					
100	0 0 0				
		이상 100명외 ㅇㅇ명			

※ 회원명부에는 발기인을 포함, 회원별로 구분(일반회원·특별회원 또는 정회원·준회원 등)하여 비고란에 기재

※ 회원이 100명이 넘을 경우 "이상 100명외 ㅇㅇ명"으로 기재

작성자 : 사단법인 ㅇㅇㅇㅇ 발기인 대표 ㅇㅇㅇ (날인 또는 서명)

(※ 사단법인만 해당)

사 업 계 획 서

Ⅰ. 주요사업 목표

1.
2.
3.

Ⅱ. 세부사업 내용

1. (제1사업명)

가. 목　　적 :

나. 사업내용 :

o 시행시기 :

o 장　　소 :

o 사업내용 :

다. 시행방법 :

라. 소요예산 : 금○○○원

o 인건비 :

o 운영비 :

o 기　타 :

라. 기타사항 :

마. 향후계획 :

2. (제2사업명)

3. (제3사업명)

작성자 : 사단법인 ○○○○ 발기인 대표 ○○○ (날인 또는 서명)

재단법인 ○○○○ 출연자 ○○○ (날인 또는 서명)

사업수지예산서

회계연도 : 20　년도 (단위 : 천원)

<table>
<tr><th colspan="3">수　　입</th><th colspan="4">지　　출</th></tr>
<tr><th colspan="2">구　분</th><th>금 액</th><th colspan="3">구　분</th><th>금 액</th></tr>
<tr><td rowspan="3">① 회 비</td><td>120명×10,000원×12월</td><td></td><td rowspan="3">① 경상비</td><td colspan="2">인 건 비</td><td></td></tr>
<tr><td></td><td></td><td colspan="2">운 영 비</td><td></td></tr>
<tr><td>소 계</td><td></td><td colspan="2">소 계</td><td></td></tr>
<tr><td rowspan="3">② 출연금</td><td>기본재산</td><td></td><td colspan="3">② 퇴직 적립금</td><td></td></tr>
<tr><td>보통재산</td><td></td><td colspan="3">③ 법인세</td><td></td></tr>
<tr><td>소 계</td><td></td><td rowspan="4">④ 목적 사업비</td><td colspan="2">※ 사업계획별로 작성</td><td></td></tr>
<tr><td colspan="2">③ 과실소득 (3억×4.5%)</td><td></td><td colspan="2"></td><td></td></tr>
<tr><td rowspan="4">④ 수 익 사 업</td><td></td><td></td><td colspan="2"></td><td></td></tr>
<tr><td></td><td></td><td colspan="2">소 계</td><td></td></tr>
<tr><td></td><td></td><td colspan="3">⑤ 기본재산 편입액</td><td></td></tr>
<tr><td>소 계</td><td></td><td rowspan="5">⑥ 차기 이월액</td><td rowspan="2">목적사업 준비금</td><td>전 기</td><td></td></tr>
<tr><td rowspan="4">⑤ 전 기 이월액</td><td></td><td></td><td>당 기</td><td></td></tr>
<tr><td></td><td></td><td colspan="2">이월잉여금</td><td></td></tr>
<tr><td></td><td></td><td colspan="2"></td><td></td></tr>
<tr><td>소 계</td><td></td><td colspan="2">소 계</td><td></td></tr>
<tr><td colspan="2">⑥ 법인세 환급액</td><td></td><td colspan="3">⑦</td><td></td></tr>
<tr><td colspan="2">⑦</td><td></td><td colspan="3">⑧</td><td></td></tr>
<tr><th colspan="2">합　계</th><td></td><th colspan="3">합　계</th><td></td></tr>
</table>

작성자 : 사단법인 ○○○○ 발기인 대표 ○○○ (날인 또는 서명)

　　　　재단법인 ○○○○ 출연자 ○○○ (날인 또는 서명)

주) 1. 법인의 설립목적과 정관에 따른 사업내용을 판단할 수 있도록 작성하되, 사업의 목적범위내에서 실현가능한 사업을 구체적으로 기재하며, **사업계획과 예산 내역서는 반드시 상호 연계(連繫)되도록 작성**

2. 설립허가 신청시기가 하반기(下半期)인 경우에는 익년도를 설립연도로 간주하여 작성

3. 사업의 제1차년도 : 수입의 ②출연금란 중 기본재산 금액과, 지출의 ⑤기본재산 편입액은 일치되어야 함.

부동산(건물) 사용승락서

1. 소 재 지 :

2. 소 유 자 :

3. 사용면적 :

위 부동산에 대하여 아래와 같이 재단(사단)법인 ㅇㅇㅇㅇ이 사용토록 승낙하였음을 확인합니다.

가. 사용기간 :

나. 사용조건 :

20 년 월 일

소유자 : (인)

지식경제부장관 귀하

(※ 타인 소유의 건물의 경우 건물사용승낙서나 임대차계약서 사본, 건물소유권 입증서류 첨부)

[부록]

비영리법인 설립절차 실무총람

법인설립신청서

2019년 12월 20일 1판 1쇄 인쇄
2020년 01월 02일 1판 1쇄 발행

저 자 김 동 근
감 수 정 동 근
발 행 인 김 용 성
발 행 처 **법률출판사**
서울시 동대문구 휘경로2길 3, 4층
☎ 02) 962-9154 팩스 02) 962-9156

등 록 번 호 제1-1982호
ISBN : 978-89-5821-358-1 13360
e-mail : lawnbook@hanmail.net